Alwin Petersilie

Die Volks- und die Mittelschulen

sowie die sonstigen niederen Schulen im preussischen Staate im Jahre 1891

Alwin Petersilie

Die Volks- und die Mittelschulen
sowie die sonstigen niederen Schulen im preussischen Staate im Jahre 1891

ISBN/EAN: 9783744618861

Hergestellt in Europa, USA, Kanada, Australien, Japan

Cover: Foto ©ninafisch / pixelio.de

Weitere Bücher finden Sie auf **www.hansebooks.com**

Königreich Preußen.

Die Volks- und die Mittelschulen

sowie die sonstigen niederen Schulen

im preußischen Staate

im Jahre 1891.

Nebst geschichtlichen und statistischen Rückblicken in die Vergangenheit.

Denkschrift,

im Auftrage des Herrn Ministers der geistlichen, Unterrichts- und Medizinal-Angelegenheiten bearbeitet

von

Dr. K. Schneider,
Wirklichem Geheimen Ober-Regierungs-Rath,

und

Dr. A. Petersilie,
Professor und Mitglied des Königlichen statistischen Bureaus.

Berlin, 1893.

Gedruckt in der Buchdruckerei W. Koebke,

Alexandrinenstraße 99.

Inhaltsübersicht.

(Die eingeklammerten Theile der Inhaltsübersicht bezeichnen die wichtigeren in den Text eingefügten tabellarischen Darstellungen.)

Vorbemerkung.

Die öffentlichen Volksschulen.

Anlagen,

betreffend die öffentlichen Volksschulen im preußischen Staate nach der Erhebung vom 25. Mai 1891.

Die öffentlichen Mittel- und die höheren Mädchenschulen.

Anlagen,

betreffend die öffentlichen Mittel- und die höheren Mädchenschulen im preußischen Staate nach der Erhebung vom 25. Mai 1891.

A. Die öffentlichen Knaben-Mittelschulen.

I. Anlage: Die lehrplanmäßige Einrichtung und die Zahl der Unterrichtsklassen.
II. „ Schulgebäude, Klassenräume, Lehrerwohnungen und Landdotation.
III. „ Die Schulwege der Schulkinder; die Schulkinder nach Geschlecht, Religionsbekenntniß und Familiensprache.
IV. „ Die konfessionellen Verhältnisse.
V. „ Lehrerstellen und Lehrkräfte.
VI. „ Die mit Kirchenämtern verbundenen Schulstellen; Ertrag des zur Stellendotation vorhandenen Schulvermögens; Wohnungs- und Feuerungswerth für die vollbeschäftigten Lehrkräfte.
VII. „ Die persönlichen Unterhaltungskosten.
VIII. „ Die sächlichen Unterhaltungskosten; Bauschulden.

B. Die öffentlichen höheren Mädchenschulen.

I. Anlage: Die lehrplanmäßige Einrichtung und die Zahl der Unterrichtsklassen.
II. „ Schulgebäude, Klassenräume und Lehrerwohnungen.
III. „ Die Schulwege der Schulkinder; die Schulkinder nach Geschlecht, Religionsbekenntniß und Familiensprache.
IV. „ Die konfessionellen Verhältnisse.
V. „ Lehrerstellen und Lehrkräfte.
VI. „ Die mit Kirchenämtern verbundenen Schulstellen; Ertrag des zur Stellendotation vorhandenen Schulvermögens; Wohnungs- und Feuerungswerth für die vollbeschäftigten Lehrkräfte.
VII. „ Die persönlichen Unterhaltungskosten.
VIII. „ Die sächlichen Unterhaltungskosten; Bauschulden.

Die Privatschulen und die sonstigen besonderen Schulveranstaltungen auf dem Gebiete des niederen Schulwesens.

Anlagen,

betreffend die Privatschulen und die sonstigen besonderen Schulveranstaltungen auf dem Gebiete des niederen Schulwesens im preußischen Staate nach der Erhebung vom 25. Mai 1891.

A. Die Privatschulen mit dem Ziele der Volksschule.

I. Anlage: Die lehrplanmäßige Einrichtung und die Zahl der Unterrichtsklassen.
II. „ Die Schulwege der Schulkinder; die Schulkinder nach Geschlecht, Religionsbekenntniß und Familiensprache.
III. „ Die Lehrkräfte.

B. Die Privatschulen mit dem Ziele der Mittelschule.

a) Die privaten Knaben-Mittelschulen.

I. Anlage: Die lehrplanmäßige Einrichtung und die Zahl der Unterrichtsklassen.
II. „ Die Schulwege der Schulkinder; die Schulkinder nach Geschlecht, Religionsbekenntniß und Familiensprache.
III. „ Die Lehrkräfte.

b) Die privaten höheren Mädchenschulen und die Mädchen-Mittelschulen.

I. Anlage: Die lehrplanmäßige Einrichtung und die Zahl der Unterrichtsklassen.
II. „ Die Schulwege der Schulkinder; die Schulkinder nach Geschlecht, Religionsbekenntniß und Familiensprache.
III. „ Die Lehrkräfte.

c) Die sonstigen von Knaben und Mädchen besuchten Privatschulen mit dem Ziele der Mittelschule.

I. Anlage: Die lehrplanmäßige Einrichtung und die Zahl der Unterrichtsklassen.
II. „ Die Schulwege der Schulkinder; die Schulkinder nach Geschlecht, Religionsbekenntniß und Familiensprache.
III. „ Die Lehrkräfte.

C. Die Seminar-Übungsschulen.

a) Die mit staatlichen Schullehrer-Seminaren verbundenen Übungsschulen.

I. Anlage: Schulkinder, Schulwege, Unterrichtsklassen und lehrplanmäßige Einrichtung.
II. „ Die Schulkinder nach Geschlecht, Religionsbekenntniß und Familiensprache; die Handarbeits-Lehrerinnen.

b) Die mit privaten Lehrer- bezw. Lehrerinnen-Bildungsanstalten ꝛc. verbundenen Übungsschulen.

D. Die Blindenanstalten.

E. Die Taubstummenanstalten.

F. Die Unterrichtsanstalten für Schwachsinnige, Idioten und Epileptische.

G. Die Schulen in Rettungshäusern.

H. Die Schulen in Waisenhäusern.

Nachrichten über das Volksschulwesen der außerpreußischen deutschen Bundesstaaten.

Vorbemerkung.

1. Entwickelung der Volksschulstatistik in Preußen.

Im Anschlusse an die Erhebung aus dem Jahre 1886 ist im Jahre 1891 zum zweiten Mal über den umfangreichsten und vielseitigsten Zweig des Unterrichtswesens in Preußen, nämlich über diejenigen Unterrichtsveranstaltungen, welche nicht in das Gebiet des akademischen, des höheren oder des Fachunterrichts fallen, eine vollständige statistische Erhebung ausgeführt worden. Da beide Erhebungen auf einheitlichen Grundsätzen beruhen und die von den Erhebungsbehörden mitgetheilten Nachrichten seitens des Königlichen statistischen Bureaus in beiden Fällen einer genauen Prüfung bezw. Berichtigung nach gleichartigen Gesichtspunkten unterzogen sind, so bietet eine Vergleichung der Ergebnisse dieser letzten Erhebungen eine sichere Grundlage zur Beurtheilung der Fortschritte, welche das Volksschulwesen in den letzten fünf Jahren gemacht hat. Beide Ermittelungen entsprechen soweit als möglich dem Bedürfniß nach Vollständigkeit, und die Ergebnisse derselben bieten reiche Unterlagen zur Beantwortung von wichtigen Zeitfragen auf dem Gebiete der Schulgesetzgebung und -Verwaltung. Derartigen Anforderungen wurde durch die Aufnahmen vor dem Jahre 1886 nur theilweise genügt.

Bereits im Jahre 1822 hat für Preußen eine besondere amtliche Statistik auf dem Unterrichtsgebiete mit der Einrichtung der „Kirchen- und Schultabelle" begonnen (vergleiche „Zeitschrift des Königlich preußischen statistischen Bureaus", Jahrgang 1869, S. 99 ff.). Soweit die Schulen in Betracht kommen, wurde für die Erhebungen das folgende Schema benutzt.

Zahl der Schulen.	Zahl der dabei festangestellten		Zahl der dabei arbeitenden Hülfslehrer und -Lehrerinnen	Zahl der Kinder, welche die Schule gewöhnlich besuchen	
	Lehrer	Lehrerinnen		Knaben	Mädchen
1	2	3	4	5	6

Diese Tabelle wurde je für „Elementarschulen", für „Bürger- oder Mittelschulen" (und zwar unter Trennung der Schulen „für Söhne" und „für Töchter" mit entsprechender Abänderung bez. Weglassung der Spalten 3 und bez. 5 und 6) und mit Weglassung von Spalte 3 und 6 für „Gymnasien und andere Gelehrtenschulen" in dreijährigen Zwischenräumen von jeder Regierung aufgestellt und zwar in der Weise, daß darin die Zahlen für jede Stadt besonders, ferner summarisch für das platte Land jedes Kreises und für jeden Kreis bei Zusammenfassung von Stadt und Land Aufnahme fanden. Die Erhebung erstreckte sich jedoch nur auf „öffentliche Unterrichtsanstalten".

Eine Erweiterung erfuhr die Schultabelle zunächst im Jahre 1837, indem unter Benutzung des Schemas für Gymnasien gleiche Erhebungen für „Höhere Bürgerschulen" und „Progymnasien" angeordnet und bezüglich der „Seminare zur Bildung von Elementarschullehrern" in zwei Spalten die „Zahl der Anstalten" und die „Zahl der aufgenommenen Zöglinge" erfragt wurde. Vom Jahre 1858 ab wurden auch über die Privatunterrichtsanstalten statistische Angaben erfordert, und zwar bezüglich der Zahl der Anstalten, sowie der Lehrer und Schüler in denselben für „Elementarschulen", „Höhere Privatschulen und Erziehungsanstalten aller Art", „für Söhne" und „für Töchter" getrennt. Dazu kamen „Provinzial-, Gewerbe-, Kunst-, Ackerbau-, Navigations- und Handels-Schulen", die „Handwerker-Fortbildungsanstalten, sogenannte Sonntagsschulen" und die „Kleinkinder-Bewahranstalten"; bei letzteren fiel die „Zahl der Lehrer &c." fort. Diese „Schultabelle" ist als solche zum letzten Mal im Jahre 1864 aufgestellt worden; zur Veröffentlichung gelangte sie für die Jahre 1849, 1852, 1855 und 1858 in den „Tabellen und amtlichen Nachrichten für den Preußischen Staat"; anfänglich (1849) wurden die Zahlen für jeden Kreis, und zwar für die Städte, das platte Land und beides zusammen, später bezüglich der Volksschulen nur für jeden Regierungsbezirk gegeben. Die Schultabellen von 1861 und

1864, hier nur die Summen für die einzelnen Provinzen, wurden veröffentlicht in der „Zeitschrift des Königlich preußischen statistischen Bureaus", Jahrgang 1863, S. 77—78 bez. Jahrgang 1866, S. 124—126.

Der von dem Königlichen statistischen Bureau im Jahre 1867 gemachte Versuch, eine umfassende Unterrichtsstatistik ins Leben zu rufen, hatte keinen Erfolg. Das vorhandene Material wurde von dem damaligen Direktor Dr. Engel in den „Beiträgen zur Geschichte und Statistik des Unterrichtes, insbesondere des Volksschul-Unterrichtes im preußischen Staate" im Jahrgange 1869 auf S. 99—116 und 153—211 der „Zeitschrift des Königlich preußischen statistischen Bureaus" zusammengefaßt.

Nach dem Wegfall der Schultabelle lag die Erhebung von Nachrichten über die Volksschulen ausschließlich in den Händen des Ministeriums der geistlichen 2c. Angelegenheiten, welches demnächst für die Jahre 1859—1861, 1862—1864, 1865—1867 und 1869—1871 Erhebungen über die „Elementarschulen", und zwar über die öffentlichen und privaten, veranstaltet, auch die Ergebnisse für die beiden zuerst genannten Zeitabschnitte in je einem selbständigen Hefte veröffentlicht hat. Das Ergebniß der Ermittelung für 1865—1867 ist nicht veröffentlicht, dasjenige für 1869—1871 nur auszugsweise im IV. Jahrgang (1876) des „Jahrbuchs für die amtliche Statistik des preußischen Staates", 2. Hälfte S. 1 ff., mitgetheilt worden.

Weitere Ergebnisse von Sonderermittelungen dieser Art finden sich im „Centralblatt für die gesammte Unterrichtsverwaltung in Preußen" abgedruckt. Das hier gebotene Material ist zwar ein ziemlich reichhaltiges, wie die weiter unten folgende Zusammenstellung der Literatur erkennen läßt, umfaßte aber immer nur einzelne Gebiete des Volksschulwesens, und die Sammlung und Veröffentlichung desselben im Centralblatte geschah lediglich nach den jeweilig in den Vordergrund getretenen Gesichtspunkten oder Bedürfnissen der Schulverwaltung.

Ein zweiter Anlauf zur Erreichung des Zieles einer allgemeinen Statistik des Schulwesens wurde in den siebziger Jahren gemacht. In Folge eines am 12. August 1872 erstatteten Berichtes des Königlichen statistischen Bureaus, welcher sich auch über die zweckmäßige Erweiterung der im Unterrichtsministerium bearbeiteten Aufstellungen aussprach und als Vorbild für die Begrenzung und Anordnung des Stoffes die im Jahre 1857 von dem statistischen Kongreß zu Wien veranlaßten bez. genehmigten wissenschaftlichen und technischen Ausarbeitungen empfahl, erklärte sich der Herr Minister des Innern in Uebereinstimmung mit dem Herrn Minister der geistlichen 2c. Angelegenheiten in einem Erlasse vom 22. Oktober 1873 damit einverstanden, daß die allgemeinen Gesichtspunkte einer Statistik der Staatsverwaltung auch auf dem Gebiete der Unterrichtsstatistik zur Geltung zu kommen hätten, und es deshalb wünschenswerth erscheine, die in Anregung gebrachte Frage über die Reform dieser Statistik der Begutachtung der statistischen Centralkommission zu unterstellen. Ein demensprechender „Ausführlicher Plan für eine allgemeine Unterrichtsstatistik des preußischen Staates" wurde von dem Direktor des Königlichen statistischen Bureaus dem Herrn Ressortminister unter dem 25. April 1877 überreicht (besondere Beilage zur „Zeitschrift des Königlich preußischen statistischen Bureaus" 1877). Die Berathungen im Schoße dieser Behörde wurden jedoch in Folge finanzieller Bedenken gegen die Ausführung des gedachten Planes einstweilen ausgesetzt.

Eine größere statistische Erhebung auf dem Gebiete des Volksschulwesens wurde sodann, ohne Mitwirkung des Königlichen statistischen Bureaus, behufs Vorbereitung für den Erlaß eines allgemeinen Unterrichtsgesetzes von den Herren Ministern der geistlichen 2c. Angelegenheiten, des Innern und der Finanzen im April 1879 veranlaßt. Der Schwerpunkt derselben lag in der Ermittelung der Unterhaltungskosten der öffentlichen Volksschulen. Die im Königlichen statistischen Bureau erfolgte Aufbereitung des Materials führte zu der im „X. Ergänzungsheft zur Zeitschrift des Königlich preußischen statistischen Bureaus" (Berlin 1882) veröffentlichten Bearbeitung.

Eine weitere Erhebung, die sich vorwiegend auf die Ermittelung der inneren Gestaltung der öffentlichen Volksschulen ohne Rücksicht auf die Unterhaltungskosten derselben erstreckte, wurde seitens des Herrn Unterrichtsministers den Regierungen im Jahre 1882 aufgetragen. Sie hatte den Zweck, Unterlagen zur Beantwortung einiger besonderer Fragen der Unterrichtsverwaltung zu liefern. Die Aufbereitung dieser Erhebung erfolgte wiederum im Königlichen statistischen Bureau. Das Ergebniß derselben wurde demnächst zugleich mit einer umfassenden, im Auftrage des Herrn Ministers der geistlichen 2c. Angelegenheiten bearbeiteten Denkschrift im „XIII. Ergänzungshefte zur Zeitschrift des Königlich preußischen statistischen Bureaus" (1883) der Oeffentlichkeit übergeben. Die im V. Jahrgang (1883) des „Jahrbuchs für die amtliche Statistik des preußischen Staates" S. 540ff. gegebenen Tabellen über das Unterrichtswesen gründen sich vorzugsweise auf die Erhebungen vom Jahre 1882 bez. 1878.

Die Statistik der Schulunterhaltungskosten hat noch besonders durch die kommunalfinanzstatistischen Erhebungen wichtige Unterlagen gewonnen. In dieser Beziehung ist auf die Veröffentlichung in dem

XVIII. Jahrgang (1878) der „Zeitschrift des Königlich preußischen statistischen Bureaus" S. 13 und 58, in dem „VI. Ergänzungshefte zur Zeitschrift rc." (1879) S. 106 ff. und in dem „XVI. Ergänzungshefte rc." (1884) Sp. 34 ff. der Tabelle A. und B. zu verweisen.

Eine Zusammenfassung des ganzen bis dahin vorhandenen schulstatistischen Stoffes enthält auszugsweise der XIV. Abschnitt (S. 414 ff.) des „Statistischen Handbuchs für den preußischen Staat" vom Jahre 1888.

Einen neuen Anstoß zur Vorbereitung einer allgemeinen Statistik, wenigstens des „Volksschulwesens", gab der Erlaß des Herrn Ministers der geistlichen rc. Angelegenheiten vom 8. Mai 1883 (U. IIIa. 11 789).

Der unter dem 6. Februar 1884 vom Königlichen statistischen Bureau erstattete Bericht, nebst den auf die Statistik des Volksschulwesens bezüglichen Vorschlägen, wurde im März 1886 seitens der statistischen Centralkommission berathen. Auf Grund der gutachtlichen Aeußerung der genannten Kommission ordnete der Herr Minister der geistlichen rc. Angelegenheiten durch den Erlaß vom 28. Juni 1886 (U. IIIb. 6 583) eine Erhebung über das gesammte Volksschulwesen im preußischen Staate nach dem Stande vom 20. Mai 1886 an. Die Aufbereitung erfolgte wiederum im statistischen Bureau, und das Ergebniß der Erhebung wurde mit einer umfangreichen Denkschrift im Hefte 101 des amtlichen Quellenwerkes der „Preußischen Statistik" der Oeffentlichkeit übergeben. Bald nach der Herausgabe dieses Heftes benachrichtigte der Herr Minister der geistlichen rc. Angelegenheiten durch Erlaß vom 18. Mai 1889 — U. IIIb. 6 758 — das Königliche statistische Bureau, daß wegen der wesentlichen Umänderungen, welche in der Schulverwaltung durch die neue Gesetzgebung bereits eingetreten wären bezw. noch eintreten würden, im Anschluße an die nächste Volkszählung eine neue statistische Aufnahme des gesammten Volksschulwesens geplant sei, die sich im Interesse der Ermöglichung von vergleichenden Zusammenstellungen an die Statistik von 1886 anschließen sollte. Das statistische Bureau wurde zugleich durch den genannten Erlaß beauftragt, seine Vorschläge wegen der im Jahre 1891 auszuführenden Erhebung dem Minister zu unterbreiten. Der diesbezügliche Bericht wurde in der Form einer ausführlichen Denkschrift unter dem 17. Oktober 1890 vorgelegt. Die hierin gemachten Vorschläge über die Art der Ausführung der vorzunehmenden Erhebung schlossen sich im Wesentlichen dem bereits erwähnten und auf S. 2 des Heftes 101 des amtlichen Quellenwerkes der „Preußischen Statistik" ausführlich mitgetheilten Gutachten der statistischen Centralkommission über die zukünftige Gestaltung der Statistik des Volksschulwesens an. Auf Grund dieses Berichtes ordnete der Herr Minister der geistlichen rc. Angelegenheiten durch folgenden Erlaß die vorliegende Erhebung vom 25. Mai 1891 an.

Ministerium
der geistlichen, Unterrichts- und Medizinal-
Angelegenheiten.
U. IIIb. 910. U. IIIe. 640.

Berlin, den 30. April 1891.

Nachdem auf Grund der statistischen Erhebungen vom Jahre 1886 ein Bild von der Entwickelung und dem Stande des preußischen Volksschulwesens gewonnen ist, habe ich mit Rücksicht auf die sehr wesentlichen Aenderungen, welche in Folge der neuen Gesetzgebung inzwischen eingetreten sind, zur Vervollständigung der bisherigen Erhebungen im Anschluß an die allgemeine Volkszählung vom 1. Dezember 1890 im Jahre 1891 eine neue statistische Aufnahme des gesammten Volksschulwesens in der Monarchie in Aussicht genommen und den Stichtag hierfür auf den 25. Mai d. J. festgesetzt.

Die Bearbeitung und Zusammenstellung der Erhebung wird von dem Königlichen statistischen Bureau erfolgen. Das Nähere ergeben die in fünf Exemplaren beifolgenden „Allgemeinen Vorschriften über die schulstatistische Erhebung vom 25. Mai 1891" nebst den dazu gehörigen Zählkarten. Nach Inhalt derselben soll die Versendung der Zählpapiere an die Erhebungsbehörden (Kreisschulinspektoren bezüglich der Schulen in den Landgemeinden, bezw. Gemeindevorstände für die Schulen in den Stadtgemeinden, Königliche Regierungen und Provinzialschulkollegien bezüglich der ihnen unmittelbar unterstehenden Schulen) seitens des Königlichen statistischen Bureaus direkt bewirkt werden.

Die Kreisschulinspektoren und die Gemeindevorstände der Stadtgemeinden sind von der in Aussicht genommenen statistischen Erhebung sofort in Kenntniß zu setzen und seitens der Königlichen Regierung bezw. seitens Ihres Herrn Präsidenten anzuweisen, den bezüglichen Requisitionen des Königlichen statistischen Bureaus ungesäumt zu entsprechen.

Die ausgefüllten Formulare sind, wie in den erwähnten „Allgemeinen Vorschriften" unter Nr. 4 bezw. 6 bestimmt ist, von den Erhebungsbehörden der Königlichen Regierung als Prüfungsbehörde einzureichen.

Ich erwarte, daß dieselbe alsdann Ihrerseits das Ihr vorgelegte Material namentlich hinsichtlich des Diensteinkommens der Lehrer, bezüglich dessen in der Statistik von 1886 unrichtige Angaben nicht ausgeblieben sind, einer genauen Prüfung unterziehen und im Uebrigen auf die pünktliche Innehaltung der festgesetzten Termine Ihr Augenmerk richten wird.

Schließlich bemerke ich, daß den Kreisschulinspektoren die ihnen entstehenden Portoauslagen erstattet werden sollen, und sehe einem bezüglichen Antrage s. Z. entgegen.

Graf Zedlitz.

An
sämmtliche Königliche Regierungen.

Derselbe Erlaß wurde auch mit entsprechenden Abänderungen an die Oberpräsidenten und die Provinzialschulkollegien gerichtet.

Der Inhalt der vorstehend erwähnten „Allgemeinen Vorschriften u. s. w." sowie der übrigen Zählpapiere wird im Nachstehenden unter den Buchstaben A. bis G. mitgetheilt:

A.

Allgemeine Vorschriften
über
die schulstatistische Erhebung am 25. Mai 1891.

1. Zeit und Umfang der Erhebung.

Am 25. Mai 1891 findet eine allgemeine statistische Erhebung über das niedere Schulwesen im preußischen Staate statt.

Die Erhebung umfaßt:

A. die öffentlichen Volksschulen im Sinne des Gesetzes vom $\frac{\text{14. Juni 1888}}{\text{31. März 1889}}$;

B. die öffentlichen Mittelschulen (gehobenen, Rektorats-, Mädchenmittelschulen u. dgl.), also diejenigen Schulen, welche weder zu den höheren Lehranstalten, noch zu den unter A. genannten Volksschulen gehören, sowie ferner die öffentlichen höheren Mädchenschulen;

C. die Privatschulen, welche nach dem Lehrplane der unter A. bezeichneten Schulen arbeiten;

D. die Privatschulen, welche nach dem Lehrplane der unter B. bezeichneten Schulen arbeiten;

E. alle sonstigen Schulveranstaltungen, wie Blinden-, Taubstummen-, Idiotenanstalten, Zwangserziehungsanstalten, Rettungshaus-, Waisenhaus- und Seminarübungsschulen, welche ihren Zöglingen eine der Volks- oder Mittelschulbildung entsprechende Bildung gewähren, gleichviel, ob diese Schulen öffentlichen oder privaten Charakters sind.

Ausgeschlossen von der Erhebung sind die Vorschulen der höheren Lehranstalten und die Schulen für noch nicht oder nicht mehr schulpflichtige Kinder, wie Kindergärten, ländliche Fortbildungsschulen, niedere Fachschulen.

2. Zählpapiere.

Der Erhebung sind zu Grunde zu legen:

a) die nachstehenden Vorschriften;

b) die Nachweisungen I bis IV mit den auf der Vorderseite derselben aufgedruckten besonderen Bestimmungen;

c) die Lehrerzählkarten mit der auf der Rückseite derselben abgedruckten Anweisung zur Ausfüllung;

d) der Sammelbogen.

Der Sammelbogen ist lediglich für die Erhebungsbehörden (siehe 3. a) bestimmt. Die „Allgemeinen Vorschriften" werden den Erhebungsbehörden und den Erhebungsorganen (siehe 3. b) zur Nachachtung zugefertigt. Die Nachweisungen I bis IV sind für die öffentlichen und die diesen gleich zu erachtenden Schulen, die Nachweisung I ist außerdem für die Privatschulen zu verwenden. Die Lehrerzählkarten sind von den Lehrern und Lehrerinnen aller Art an öffentlichen und Privatschulen auszufüllen.

Die vorbezeichneten Zählpapiere gehen den Erhebungsbehörden in der erforderlichen Anzahl unmittelbar von dem Königlichen statistischen Bureau in Berlin SW., Lindenstraße 28, zu, an welches auch etwaige Nachforderungen von Zählpapieren bezw. sonstige, auf die Erhebung bezügliche Anfragen zu richten sind.

3. Erhebungsbehörden und Erhebungsorgane. Prüfungsbehörden.

a) Erhebungsbehörden. Erhebungsbehörde ist für die Schulen in Landgemeinden und Gutsbezirken der Kreisschulinspektor, für die Schulen in Stadtgemeinden der Gemeindevorstand

(Magistrat, Bürgermeister), für die den Königlichen Regierungen oder den Königlichen Provinzialschulkollegien unmittelbar unterstehenden Schulen die Regierung bezw. das Provinzialschulkollegium.

b) Erhebungsorgane. Erhebungsorgane sind für die Schulen in den Landgemeinden und Gutsbezirken die Ortsschulinspektoren bezw. die mit der Führung der Schulaufsicht in erster Instanz betrauten Beamten, welche, soweit nöthig, die Schul- bezw. Gemeindevorstände bei der Ermittelung der erforderlen Angaben um Mitwirkung zu ersuchen haben; — für Schulen in den Stadtgemeinden die Gemeindevorstände, welchen die Ortsschulinspektoren und, soweit Sozietäts- rc. und Privatschulen in Frage kommen, die Schulvorstände bezw. Anstaltsvorsteher derselben Beistand zu leisten haben; — für die den Regierungen oder den Provinzialschulkollegien unmittelbar unterstehenden Schulen die Anstaltsvorsteher; diese haben, soweit es sich um öffentliche Schulen handelt, wegen der für die Erhebung zu machenden Angaben, wenn nöthig, mit den Gemeindevorständen oder den sonstigen Körperschaften, denen die Unterhaltung solcher Schulen obliegt, in Benehmen zu treten.

c) Prüfungsbehörden. Bezüglich dieser Erhebung ist die Königliche Regierung für sämmtliche, ihrer Aufsicht unterstellten Schulen, das Königliche Provinzialschulkollegium für die seiner Aufsicht unmittelbar unterstehenden Schulen die Prüfungsbehörde. Prüfungsbehörde in letzter Instanz ist das Königliche statistische Bureau.

4. Obliegenheiten der Erhebungsbehörden.

Den Erhebungsbehörden liegt die Leitung, die Ueberwachung und die Sorge für den ordnungsmäßigen Gang der Erhebung, insbesondere für die Austheilung der Zählpapiere, für den rechtzeitigen und ordnungsmäßigen Eingang der ausgefüllten Formulare und für die pünktliche Einsendung der letzteren an die Prüfungsbehörde (Königliche Regierung, Königliches Provinzialschulkollegium — siehe 3. c) ob.

Die Vertheilung der vom Königlichen statistischen Bureau gelieferten Zählpapiere ist seitens der Erhebungsbehörden unverzüglich in der Weise zu bewirken, daß die Erhebungsorgane für jede öffentliche und diesen gleich zu erachtende Schule je ein Stück der „Allgemeinen Vorschriften“ sowie je zwei Stück der Nachweisungen I bis IV und für jede Lehrperson eine Lehrerzählkarte erhalten. Für jede Privatschule ist je ein Stück der „Allgemeinen Vorschriften“ sowie je zwei Stück der Nachweisung I und für jede Lehrperson eine Lehrerzählkarte zu bestimmen. Der verbleibende Rest an Nachweisungen und Lehrerzählkarten ist für den Fall, daß ein Stück davon verloren geht oder unbrauchbar wird, oder für sonstigen unvorhergesehenen Mehr- oder Nachbedarf zurückzubehalten und seiner Zeit wieder mit einzusenden.

Die Erhebungsbehörden haben die Erhebungsorgane anzuweisen, daß für jede öffentliche oder diesen gleich zu erachtende Schule die Nachweisungen I bis IV, für jede Privatschule die Nachweisung I und für jede Lehrperson an öffentlichen und an Privatschulen eine Lehrerzählkarte nach Maßgabe dieser „Allgemeinen Vorschriften“ bezw. der den Zählpapieren aufgedruckten besonderen Bestimmungen unverzüglich ausgefüllt und spätestens bis zum 6. Juni d. Js. an die Erhebungsbehörde zurückgereicht werden. Spätestens bis zum 25. Juni d. Js. haben die Erhebungsbehörden die ausgefüllten Zählpapiere nebst den unverwendet gebliebenen Erhebungsbogen an die Prüfungsbehörde (Königliche Regierung, Königliches Provinzialschulkollegium) einzusenden, nachdem sie eine Prüfung der gemachten Angaben vorgenommen, etwaige Berichtigungen und Ergänzungen bewirkt und insbesondere die Richtigkeit, Vollständigkeit und Vollzähligkeit der ausgefüllten Zählpapiere auf dem Sammelbogen mit Ort, Datum und Unterschrift bescheinigt haben. Der Termin ist streng innezuhalten. Säumige Erhebungsorgane sind der Prüfungsbehörde zu bezeichnen. Etwa nachträglich noch eingehende Zählpapiere sind unmittelbar an das Königliche statistische Bureau in Berlin SW., Lindenstraße 28, einzureichen.

Behufs der Kontrole der Lückenlosigkeit der Erhebung wollen die Kreisschulinspektoren, die Königlichen Regierungen und die Königlichen Provinzialschulkollegien — diese als Erhebungsbehörden, siehe 3. a — dem Sammelbogen noch ein besonderes namentliches Verzeichniß aller ihrer Aufsicht unterstehenden Schulen unter Angabe des Schulortes und der Schulart beifügen; zur Bezeichnung der Schulart ist der zutreffende Buchstabe A.—K. der unter Nr. 1 dieser „Allgemeinen Vorschriften“ aufgeführten Gruppen zu verwenden.

Alle seitens des Königlichen statistischen Bureaus später etwa noch ergehenden Rückfragen u. s. w. sind mit thunlichster Beschleunigung zu erledigen.

5. Obliegenheiten der Erhebungsorgane.

Die Erhebungsorgane haben die ihnen von den Erhebungsbehörden zugesandten Zählpapiere nach Maßgabe dieser „Allgemeinen Vorschriften“ und der auf den Zählpapieren aufgedruckten besonderen Bestimmungen genau auszufüllen bezw. die Lehrerzählkarten durch die Lehrer und Lehrerinnen ausfüllen zu lassen. Soweit erforderlich, haben sie die zu machenden Angaben mit Hülfe der Lehrerschaft bezw. der Schul- und Gemeindevorstände, nöthigenfalls durch Einsichtnahme in die Schulverwaltungsakten und in die Gemeinderechnungen, zu ermitteln.

Für jede öffentliche und diesen gleich zu erachtende Schule sind, in doppelter Ausfertigung, die Nachweisungen I—IV, für jede Privatschule nur die Nachweisung I auszufüllen. Hierbei ist in der Regel für jede Schule ein besonderer Erhebungsbogen zu verwenden; nur wo, wie in größeren Gemeinden, mehrere Schulen eines Schulsystems (mehrere Gemeindeschulen, mehrere Schulen derselben Schulsozietät u. dgl.) vorhanden sind, dürfen mehrere Schulen des Schulsystems in einen Erhebungsbogen eingetragen werden; hierbei muß indessen wenigstens in der Nachweisung I und für öffentliche Schulen auch in den Spalten 32—38 der Nachweisung III jede einzelne Schule ersichtlich gemacht werden, während im Uebrigen eine das ganze Schulsystem der Gemeinde bezw. der Schulgemeinde umfassende Angabe genügt.

Die eine der beiden Ausfertigungen jeder Nachweisung ist bis spätestens zum 6. Juni d. Js. mit der unter Ort, Datum und Unterschrift zu ertheilenden Bescheinigung der Richtigkeit und Vollständigkeit der Angaben an die Erhebungsbehörde zurückzureichen; die zweite Ausfertigung verbleibt dagegen bei den örtlichen bezw. Anstaltsakten.

Für jede Lehrperson, einschließlich der nicht vollbeschäftigten Hülfslehrer und Hülfslehrerinnen, der Religions- und Fachlehrer und Fachlehrerinnen (Zeichnen-, Turnlehrer und -Lehrerinnen, Handarbeitslehrerinnen), ist ferner eine Zählkarte auszufüllen und gleichzeitig mit den vorerwähnten Nachweisungen an die Erhebungsbehörde einzusenden. Dabei ist streng darauf zu achten, daß von jeder Lehrperson, auch wenn eine solche an mehreren Schulen unterrichtet, immer nur eine Zählkarte vorhanden ist. Zu diesem Zwecke empfiehlt es sich, die Lehrpersonen, welche an mehreren Schulen unterrichten, dahin anzuweisen, daß sie die Zählkarte nur einmal ausfüllen, in der Regel bei der Schule, welcher sie als festangestellte Lehrer oder mit der größten Stundenzahl angehören.

Den Erhebungsorganen bleibt es überlassen, sich bei der Ausfüllung der Zählpapiere der Mitwirkung der Lehrerschaft, des Schul- bezw. Gemeindevorstandes in geeigneter Weise zu bedienen, oder die Schulverwaltungsakten bezw. die Gemeinderechnungen einzusehen. Sie behalten jedoch die Verantwortlichkeit für die Richtigkeit und die Vollständigkeit aller Eintragungen.

Etwa erforderlich werdende Rückfragen der Erhebungsbehörden und des Königlichen statistischen Bureaus sind mit thunlichster Beschleunigung zu erledigen.

6. Obliegenheiten der Erhebungsbehörden.

Die Königlichen Regierungen bezw. Provinzialschulkollegien, welchen die ausgefüllten Zählpapiere spätestens bis zum 25. Juni d. Js. seitens der Erhebungsbehörden (Magistrate, Kreisschulinspektoren, Anstaltsvorsteher u. s. w.) eingereicht werden, haben die gemachten Angaben auf Vollständigkeit und Richtigkeit zu prüfen und hierauf die Zählpapiere nebst den unbenutzt gebliebenen Erhebungsbogen bis spätestens zum 11. Juli d. Js. an das Königliche statistische Bureau einzusenden. Dieser Termin ist unfehlbar und auch dann innezuhalten, wenn einzelne Erhebungsbehörden bezw. Erhebungsorgane mit der Einreichung der Nachweisungen noch im Rückstande geblieben wären. Die etwaigen Lücken im Erhebungsmaterial sowie die säumigen Erhebungsbehörden sind dem Königlichen statistischen Bureau zu bezeichnen. Nachträglich von solchen Behörden noch einlaufende Zählpapiere sind ohne weiteren Aufenthalt an das Königliche statistische Bureau weiterzugeben.

7. Obliegenheiten des Königlichen statistischen Bureaus.

Das Königliche statistische Bureau ist mit der Ausführung und Aufbereitung der Erhebung beauftragt. Es hat insbesondere die zurückgelangenden Zählpapiere einer Prüfung zu unterziehen und die erforderlichen Berichtigungen und Ergänzungen zu veranlassen.

Das Königliche statistische Bureau ist angewiesen, mir bis zum 20. Juli d. Js. diejenigen Behörden namhaft zu machen, welche den vorstehenden Bestimmungen nicht nachgekommen sind.

Bei der Wichtigkeit, welche die Ergebnisse der Erhebung für die Gesetzgebung und Verwaltung auf dem Gebiete des Schulwesens haben, spreche ich die Erwartung aus, daß alle Betheiligten mit Eifer, Sorgfalt und Pünktlichkeit die ihnen zufallenden Obliegenheiten erfüllen werden.

Berlin, den 25. April 1891.

Der Minister der geistlichen, Unterrichts- und Medizinal-Angelegenheiten.
Graf Zedlitz.

U. IIIb. 910.
U. IIIa. 640.

Für alle Schulen. [Vorderseite.] Kreis . . . . . . Kreisschulinspektion . . . . B.

Nachweisung I.

Die öffentlichen und die Privatschulen, deren Besuch und Lehrkräfte am 25. Mai 1891.

Besondere Bestimmungen zur Ausfüllung der Nachweisung I.

1. In die Nachweisung I sind alle öffentlichen und Privatschulen, welche nach Nr. 1 der „Allgemeinen Vorschriften“ unter die Erhebung fallen, jede einzeln für sich, aufzunehmen. Mit A. sind die öffentlichen Volksschulen, mit B. die öffentlichen Mittel- und die öffentlichen höheren Mädchenschulen, mit C. bezw. D. die Privatschulen, welche nach dem Lehrplane der unter A. bezw. B. bezeichneten Schulen arbeiten, mit E. die sonstigen, nicht zu A. bis D. gehörigen besonderen Schulen, wie Blinden-, Taubstummen-, Idioten-Anstalten, Zwangserziehungsanstalten, Rettungshaus-, Waisenhaus- und Seminarübungs-Schulen zu bezeichnen.
2. Als Stichtag der Aufnahme gilt der 25. Mai 1891.
3. Als Schulort gilt diejenige Gemeinde, in welcher das Schulhaus liegt. Bildet der „Schulort“ nicht zugleich eine selbständige politische Gemeinde, so ist in Klammer anzugeben, zu welcher selbständigen politischen Gemeinde derselbe gehört.
4. Die Spalte 3 dient vorzugsweise zur genauen Ermittelung der Träger der Schulunterhaltungskosten der öffentlichen Volksschulen (A) und muß bezüglich der letzteren genau erkennen lassen, ob die Unterhaltung der Schule einer politischen Gemeinde, einer Schulsozietät — und welcher? — einem Schulverbande — und welchem? — oder wem sonst obliegt. Unter Schulsozietät wird vorliegendenfalls die Gesammtheit der schulunterhaltungspflichtigen (evangelischen u. s. w.) Hausväter verstanden, welche neben oder unabhängig von der Verwaltung der politischen Gemeinde die Unterhaltung der Volksschule übernommen hat. Schulverbände sind Vereinigungen mehrerer Ortschaften zum Zwecke der gemeinschaftlichen Unterhaltung einer oder mehrerer Volksschulen. — Etwaige eingeschulte Kommunaleinheiten bezw. Theile derselben (Wohnplätze) sind namentlich zu bezeichnen. — Für die mit B.—E. zu bezeichnenden Schulen sind die Träger der Schulunterhaltungspflicht ebenfalls in Spalte 3 ersichtlich zu machen.
5. Die Zahl der für Unterrichtszwecke benutzten Klassenzimmer in Sp. 7 muß in der Regel mit der Zahl der Stellen für vollbeschäftigte Lehrkräfte (Sp. 26 und 28) übereinstimmen. Abweichungen sind zu erläutern.
6. Als „Unterrichtsklassen“ im Sinne der Allgemeinen Verfügung vom 15. Oktober 1872 (Sp. 8) gelten alle zeitlich nach einander oder in verschiedenen Klassenräumen nebeneinander unterrichteten Stufen. Gleichzeitig in demselben Klassenraume unterrichtete Abtheilungen bezw. Unterrichtsstufen gelten als eine Unterrichtsklasse. Die Zahl der aufsteigenden Klassen, auf welche die Schule lehrplanmäßig eingerichtet ist, ist in Spalte 9 einzutragen.
7. In den Spalten 11 bis 14 ist die Schülerzahl jeder einzelnen Unterrichtsklasse (vergl. unter 6) in je einer besonderen Zeile mit Bezeichnung der Klassennummer in der Reihenfolge der aufsteigenden Klassen und mit der untersten Stufe beginnend anzugeben; in Spalte 13 und 14 sind die Knaben und Mädchen gemischter Klassen auf der betreffenden Zeile besonders einzutragen. Parallelklassen einzelner Stufen sind als solche kenntlich zu machen.
8. Die Spalten 16 bis 21 sind nur für die Schulverbände bezw. Gemeinden auszufüllen, müssen aber alle schulpflichtigen Kinder der betreffenden Gemeinde, des Schulverbandes und dergl. umfassen, auch wenn dieselben nicht in den Spalten 11 bis 14 bei öffentlichen Volksschulen nachgewiesen sind, gleichviel, ob sie in öffentlichen Mittel- u. s. w. Schulen, in Privatschulen, höheren oder sonstigen Lehranstalten Unterricht erhalten oder die Schule garnicht besuchen. Für jede Kommunaleinheit mit mehreren Schulen bezw. für jeden Schulverband ist selbstverständlich eine summarische Angabe für jede dieser Spalten ausreichend, welche bei der an erster Stelle aufgeführten Schule einzutragen ist. In Spalte 20 und 21 bleiben die lediglich wegen vorübergehender einfacher Schulversäumniß fehlenden Kinder außer Ansatz. — Als Beginn der Schulpflicht gilt durchgängig das vollendete 6. Lebensjahr, als Ende derselben das vollendete 14. Lebensjahr. Nicht vollsinnige Kinder sind den schulpflichtigen zuzurechnen.
9. Unter den Handarbeitslehrerinnen (Sp. 50 und 51) sind die lediglich für den Handarbeitsunterricht angestellten vollbeschäftigten ordentlichen Lehrerinnen oder Hülfslehrerinnen (Sp. 34, 38, 42, 46 bezw. 36, 40, 44, 48), sowie diejenigen wissenschaftlichen Lehrerinnen, welche etwa den Handarbeitsunterricht an ihrer Schule mit übernommen haben, nochmals aufzuführen, damit ein vollständiges Bild über die Verbreitung dieses Unterrichtszweiges gewonnen werde. Aus diesem Grunde ist auch in dem Falle, wenn eine Lehrerin an mehreren Schulen den Handarbeitsunterricht ertheilt, dieselbe für jede Schule aufzuführen.

[Innere Seiten.]

Kreis .... Kreisschulinspektion ....

Nachweisung I. Die öffentlichen und die privaten Schulen, deren Besuch und Lehrkräfte am 25. Mai 1891.

Laufende Nummer	Schulort. Genaue Bezeichnung der Schule (z. B. Nr., Armenschule, evangelische, katholische u. s. w., Marienschule, Wanderschule, Fabrikschule, Privatschule, Mädchen-Mittelschule u. dergl.). Die Schulen sind nach Maßgabe der Nr. 1 der vorstehenden besonderen Bestimmungen zu gruppiren bezw. zu kennzeichnen.	Wer unterhält die Schule? Die politische Gemeinde? Eine Schulsozietät? Ein Schulverband? Religiöse Gesellschaft? Privatunternehmer? Fabrikbesitzer? oder wer sonst? Genaue Bezeichnung der Schulsozietät, des Schulverbandes und Angabe der etwa eingeschulten Ortschaften	Wieviel von den eingeschulten Kindern haben einen Schulweg von mehr als 2½ km zurückzulegen?	Ist die Schule in eigenem oder gemiethetem Gebäude untergebracht?	Zahl der Klassen: Ueberhaupt vorhandener Klassenräume	Zahl der Klassen: Zu Unterrichtszwecken benutzte Klassenräume	Zahl der Klassen: Unterrichts-Klassen (im Sinne der Allgemeinen Verfügung vom 15. Oktober 1872)	Zahl der aufsteigenden Klassen, auf welche die Schule lehrplanmäßig eingerichtet ist	Zahl der Schulkinder für jede Schule (Summe der Sp. 11 bis 14)	Frequenz jeder einzelnen Unterrichtsklasse (Sp. 8) und zwar: jeder Knabenklasse	jeder Mädchenklasse	jeder gemischten Klasse und zwar: Knaben	Mädchen
1	2	3	4	5	6	7	8	9	10	11	12	13	14

[Fortsetzung der Nachweisung I.]

Befinden sich in der Klasse a) blinde, b) taubstumme Kinder? Zahl mit a) und b) anzugeben	Von den zum Schulverbande (zur Gemeinde) gehörigen schulpflichtigen Kindern: besuchen Privatunterricht, Privatschulen oder andere Lehranstalten	konnten wegen Ueberfüllung am letzten Aufnahmetermin nicht aufgenommen werden	sind aus zulässigen Gründen nach vollendetem 6. Lebensjahre noch nicht in die Schule eingetreten	sind aus zulässigen Gründen vor vollendetem 14. Lebensjahre aus der Schule entlassen	besuchen wegen körperlicher oder geistiger Mängel die Schule nicht	besuchen ohne triftigen Grund die Schule nicht	Religionsbekenntniß der Schulkinder: evangelisch (uniert, reformiert, lutherisch)	katholisch	sonst christlich	jüdisch	Stellen für vollbeschäftigte ordentliche a) Lehrer, b) Lehrerinnen: überhaupt vorhanden	davon am 25. Mai 1891 unbesetzt	Hülfs- a) Lehrer, b) Lehrerinnen: überhaupt vorhanden	davon am 25 Mai 1891 unbesetzt	Zahl der nicht vollbeschäftigten a) Hülfslehrer, b) Hülfslehrerinnen	Davon (Sp. 30): Religionslehrer für die konfessionelle Minderheit der Schulkinder	übrige Hülfslehrer für bestimmte einzelne Fächer (ohne Handarbeitsunterricht)	Zahl der Stellen für evangelische: ordentliche Lehrer	ordentliche Lehrerinnen	vollbeschäftigte Hülfs- Lehrer	vollbeschäftigte Hülfs- Lehrerinnen
15	16	17	18	19	20	21	22	23	24	25	26	27	28	29	30	31	32	33	34	35	36

[Fortsetzung der Nachweisung I.]

Stellen für katholische: ordentliche Lehrer	ordentliche Lehrerinnen	vollbeschäftigte Hülfs- Lehrer	vollbeschäftigte Hülfs- Lehrerinnen	sonst christliche: ordentliche Lehrer	ordentliche Lehrerinnen	vollbeschäftigte Hülfs- Lehrer	vollbeschäftigte Hülfs- Lehrerinnen	jüdische: ordentliche Lehrer	ordentliche Lehrerinnen	vollbeschäftigte Hülfs- Lehrer	vollbeschäftigte Hülfs- Lehrerinnen	Adjuvanten, Adjunkten u. dergl. (Hülfslehrer, welche mit Rücksicht auf den gegenwärtigen Stelleninhaber angenommen sind)	Von wie vielen Personen wird Handarbeitsunterricht ertheilt? a) von geprüften Handarbeitslehrerinnen	b) von ungeprüften Handarbeitslehrerinnen	Bemerkungen. Außer etwa sonst erforderlichen Erläuterungen ist hier für jede Schule genau anzugeben, wie viel Schüler derselben in ihrer Familie nur deutsch sprechen, nur polnisch sprechen, polnisch und deutsch sprechen, nur litauisch sprechen, litauisch und deutsch sprechen, nur wendisch sprechen, wendisch und deutsch sprechen, nur sonst slawisch sprechen, sonst slawisch und deutsch sprechen, nur dänisch sprechen, dänisch und deutsch sprechen, nur eine andere nicht deutsche Sprache (welche?) sprechen, eine andere nicht deutsche Sprache (welche?) und deutsch sprechen.
37	38	39	40	41	42	43	44	45	46	47	48	49	50	51	52

[Vorderseite.]

Nur für öffentliche Schulen.

Kreis . . . . C.
Kreisschulinspektion . . . .

Nachweisung II.

Ertrag des zur Gewährung des Stelleneinkommens der Lehrer an öffentlichen Volks- und Mittel- sowie höheren Mädchenschulen vorhandenen Schul-, Kirchen- und Stiftungsvermögens nach dem Durchschnitte der drei Jahre 1889, 1890 und 1891*).

Besondere Bestimmungen zur Ausfüllung der Nachweisung II.

1. Die Nachweisung II ist nur für die öffentlichen Volks- und Mittel- sowie höheren Mädchenschulen aufzustellen. Diese sind zu trennen in eine Gruppe A. für die eigentlichen Volksschulen und in eine Gruppe B. für die Mittel- und höheren Mädchenschulen. Jede Schule ist einzeln aufzuführen, soweit dies angängig ist.
2. In den Sp. 4 und 6 ist die Zahl derjenigen Stellen für vollbeschäftigte Lehrkräfte nach der Konfession der Inhaber anzugeben, welche gegenwärtig dauernd oder herkömmlich mit einem kirchlichen Amte (Prediger-, Küster-, Organistendienst u. s. w.) verbunden sind. Fälle, in denen ein Lehrer persönlich ein kirchliches Amt nebenamtlich übernommen hat, bleiben unberücksichtigt.
3. In den Sp. 11 bis 15 ist der pensionsfähige dreijährige Durchschnittsertrag (1889/91) des vorhandenen Schul- und Stiftungsvermögens nachzuweisen, welches zur Dotation von Stellen für vollbeschäftigte Lehrkräfte bestimmt ist. Der Nutzungswerth des eigenen Schulgebäudes bleibt in Sp. 11 bis 15 unberücksichtigt, ebenso wie etwaige Erträge des Schul- u. s. w. Vermögens, soweit dieselben zur Beschaffung der Lehrerwohnung und deren Heizung bestimmt sind. Beide Werthe gelangen als Deckung von sächlichen Schulunterhaltungskosten in Sp. 23 der Nachweisung IV zur Anschreibung. Die aus dem Vermögen kombinirter Kirchen- und Schulstellen fließenden Einnahmeerträge, welche ein Lehrer aus einem mit seiner Stelle verbundenen Kirchenamte bezieht, sind zu ihrem vollen Betrage einzurechnen. In Sp. 13 sind jedoch nicht die Bezüge aus der Kirchenkasse, in Sp. 14 nicht die aus der Gemeindekasse aufzuführen. Außer Acht bleiben hier auch diejenigen Vergütungen, welche für die Mühwaltungen bei kirchlichen Handlungen im einzelnen Falle entrichtet werden (Stolgebühren u. dergl.). Einnahmen dieser Art sowie Bezüge aus der Kirchenkasse sind in Sp. 6 der Nachweisung III anzugeben. — „Dotationsland" (Sp. 11) ist dasjenige, welches dem Lehrer unmittelbar zur Nutznießung überwiesen ist. — „Sonstiger Grundbesitz" (Sp. 12) ist derjenige, welcher nicht vom Lehrer, sondern von der Schule verwaltet wird, dessen Reinertrag jedoch dem Lehrer zufließt. — „Berechtigungen" (Sp. 13) sind z. B. die Befugniß des Lehrers, freie Fischerei zu üben, seinen Viehstand mit auf die Gemeindeweide zu treiben. „Naturalrenten" (Sp. 14) liegen z. B. vor, wenn den Eigenthümern bestimmter Grundstücke die Verpflichtung obliegt, jährlich an den Lehrer oder an die Schule „12 Laib Brot", oder „1 Scheffel Roggen" u. dergl. zu liefern. — Es wird ausdrücklich verlangt, daß nur der Ertrag des Vermögens, nicht auch der Werth des Vermögens selbst zur Nachweisung gelangt. Ebenso darf selbstverständlich das „Schulgeld" nicht etwa als eine Geldrente in Sp. 14 eingetragen werden; dasselbe kommt für die Nachweisung II überhaupt nicht in Betracht.

   Der Ertrag des Vermögens ist nach Maßgabe der gültigen Genußzettel, Dienstanschläge oder Schulmatrikeln, sofern letztere nach dem 1. Januar 1869 aufgestellt oder revidirt sind, anzugeben. In Ermangelung solcher oder etwaiger anderer etatsmäßiger Unterlagen hat eine Schätzung nach dem ortsüblichen Werthe stattzufinden.
4. In Spalte 17 und 19 handelt es sich um solche gemietheten Lehrerwohnungen, deren Miethe von der Gemeinde bezw. den Schulunterhaltungspflichtigen gezahlt wird.
5. In Spalte 20 ist in einer Summe für sämmtliche vollbeschäftigte Lehrkräfte einer Schule, also auch für solche, denen freie Wohnung und Feuerung nicht in natura gewährt wird, der Jahreswerth für Wohnung und Feuerung anzugeben.
6. Für die Angaben in Sp. 3 bis 8 und Sp. 16 bis 19 gilt der für Nachweisung I festgesetzte Stichtermin vom 25. Mai 1891.

---

*) oder der entsprechenden Etatsjahre; für das laufende Jahr bezw. Etatsjahr sind die im Haushaltsetat der Gemeinde (Schulgemeinde) ausgeworfenen, event. die voraussichtlich zu erwartenden Beträge einzusetzen.

Kreis.................................... Kreisschulinspektion..........................

Nachweisung II. Ertrag des zur Gewährung des Stelleneinkommens der Lehrer an öffentlichen Volks- und Mittel- sowie höheren Mädchenschulen vorhandenen Schul-, Kirchen- und Stiftungsvermögens nach dem Durchschnitte der drei Jahre 1889, 1890 und 1891.

Laufende Nummer.	Schulort. — Bezeichnung der einzelnen Schule (übereinstimmend mit der Bezeichnung in Spalte 2 der Nachweisung I).	Zahl der vorhandenen Stellen für vollbeschäftigte Lehrer und Lehrerinnen (muß übereinstimmen mit den Spalten 26 und 28 der Nachweisung I)	Von den Stellen in Spalte 3 sind dauernd mit einem kirchlichen Amte verbunden		Das gesammte Einkommen aus dem bezüglichen kirchlichen Amte beträgt für		Zahl der Stellen für vollbeschäftigte Lehrkräfte, zu deren Dotation überhaupt Schul-, Kirchen- und Stiftungsvermögen vorhanden ist	Flächeninhalt der Landdotation (einschließlich Gärten) in Hektar	Grundsteuer-Reinertrag der Landdotation in Mark pro Hektar
			evangelische	katholische	evangelische Stellen ℳ	katholische Stellen ℳ			
1	2	3	4	5	6	7	8	9	10

[Fortsetzung der Nachweisung II.]

Das zur Dotation der Stellen in Spalte 8 vorhandene Schul-, Kirchen- und Stiftungsvermögen ergiebt nach dem Durchschnitte der drei Jahre 1889, 1890 und 1891					Freie Wohnung und Feuerung (wird nur freie Wohnung gewährt, so ist dies ersichtlich zu machen) wird in natura gewährt an				Wie hoch beläuft sich der Jahreswerth der Wohnung und Feuerung für sämmtliche vollbeschäftigte Lehrkräfte (vergl. Spalte 33 und 34 der Nachweisung III) nach ortsüblichen Preisen	Bemerkungen. Außer den sonst etwa erforderlichen Erläuterungen ist hier anzugeben: ob die in den Spalten 11 bis 14 aufgeführten Beträge nach gültigen Schulmatrikeln, Genußzetteln oder Dienstanschlägen angegeben sind, wann letztere aufgestellt bezw. zuletzt revidirt sind, ob die Beträge an der Hand etwa vorhandener Etats angegeben, ob sie nach dem ortsüblichen Werthe geschätzt sind.
					Lehrer		Lehrerinnen			
an Reinertrag der Landdotation (einschließlich Gärten) ℳ	an Reinertrag des sonstigen Grundbesitzes ℳ	an Ertrag der etwaigen Berechtigungen ℳ	an Ertrag aus Kapitalzinsen, Geld- und Naturalrenten ℳ	zusammen (Spalte 11 bis 14) ℳ	im eigenen Schulgebäude	in gemietheten Wohnungen	im eigenen Schulgebäude	in gemietheten Wohnungen	ℳ	
11	12	13	14	15	16	17	18	19	20	21

(Vorderseite.)

Nur für öffentliche Schulen.

Kreis. D.
Kreisschulinspektion. . . . .

Nachweisung III.

Die zur Bestreitung der persönlichen Kosten der öffentlichen Volks- und Mittel- sowie höheren Mädchenschulen erfolgenden Aufwendungen.

Besondere Bestimmungen zur Ausfüllung der Nachweisung III.

1. Die Nachweisung III ist nur für die öffentlichen Volks- und Mittel- sowie höheren Mädchenschulen aufzustellen. Dieselben sind zu trennen in eine Gruppe A. für die eigentlichen Volksschulen und in eine Gruppe B für die Mittel- und höheren Mädchenschulen. Jede Schule ist einzeln aufzuführen, soweit dies angängig ist. In dem Falle, wo dieselben Lehrkräfte sowohl an einer Volksschule wie auch an einer Mittel- u. s. w. Schule unterrichten, ist das Einkommen derselben bei derjenigen Schule anzugeben, an welcher sie vorzugsweise ihre Lehrthätigkeit ausüben, falls die Vertheilung des Einkommens auf die verschiedenen Schulen nicht möglich ist.

2. Die Angaben haben sich auf das Jahr 1891 bezw. auf das Etatsjahr 1891/92 zu beziehen; es sind die im Haushaltsetat der Gemeinde (Schulgemeinde) ausgeworfenen Beträge einzutragen, ohne Rücksicht auf die gegenwärtige Besetzung oder etwaige Vacanz der Stelle.

3. Die Angaben in den Spalten 3 bis 11 haben sich nur auf die Stellen für vollbeschäftigte ordentliche und Hülfslehrkräfte (Sp. 26 u. 28 der Nachweisung I) zu erstrecken. Bei der Bezifferung des Stelleneinkommens bleibt der Werth der dem Lehrer in natura oder in Geld gewährten freien Wohnung und Feuerung außer Ansatz (vergl. Sp. 20 der Nachweisung II); wo dem Lehrer oder der Lehrerin freie Wohnung und Feuerung oder eine besondere Entschädigung dafür nicht gewährt wird, deren Aequivalent vielmehr in der baar gezahlten Gehaltssumme liegt, ist von letzterer ein dem ortsüblichen Werthe der Wohnung und Feuerung entsprechender Theil abzuziehen. Erhält ein Lehrer nur Miethsentschädigung, so ist von dem Betrage seines übrigen Einkommens noch der Werth für Feuerung in Abzug zu bringen. Der Werth der Wohnung und Feuerung kommt in den Spalten 22 bis 27 der Nachweisung IV zum Ansatz. Den Angaben sind die Jahresbeträge der Genußzettel, Schulmatrikeln, Dienstanschläge u. s. w. zu Grunde zu legen, wofern dieselben nach dem 1. Januar 1869 aufgestellt bezw. revidirt sind; andernfalls hat eine Schätzung nach dem gegenwärtigen ortsüblichen Werthe einzutreten.

   In Sp. 4 hat der volle Jahresbetrag des eigentlichen „Schulgeldes“ Aufnahme zu finden, gleichviel ob dasselbe für die einzelnen Schüler unmittelbar an den Lehrer gezahlt wird oder als solches in die Gemeinde- oder Schulkasse fließt und durch deren Vermittelung dem Lehrer zugeht, oder ob dasselbe in eben diese Kasse fließt, ohne daß dessen Betrag auf die von der Kasse an die Lehrer gezahlten fixirten Besoldungen einen Einfluß hat. Das „Schulgeld“ ist nicht zu verwechseln mit „Schulbeiträgen“, welche letzteren als steuerliche Leistungen der Schulunterhaltungspflichtigen in Sp. 7 bezw. 8 gehören.

   Spalte 5 muß übereinstimmen mit Spalte 15 der Nachweisung II. Abweichungen sind zu erläutern.

   Der Ausfüllung von Sp. 7 ist besondere Aufmerksamkeit dahin zuzuwenden, daß in derselben thatsächlich nur Leistungen der Schulsozietäten (vergl. die Begriffsbestimmung unter Nr. 4 der besonderen Bestimmungen zu der Nachweisung I), und diese vollständig, erscheinen. Eine Verwechselung derselben mit Leistungen der politischen Gemeinden bezw. eines oder mehrerer Wohnplätze, welche in Sp. 8 einzutragen sind, ist streng zu vermeiden.

   In Sp. 9, 10 und 11 handelt es sich lediglich um die aus Staatsmitteln gewährten Stellenzulagen bezw. Staatsbeiträge, nicht auch um die (in Sp. 13 aufzuführenden) persönlichen Zulagen. Dabei ist namentlich zu beachten, daß in Sp. 10 auch die Beträge aufzunehmen sind, welche aus Staatsmitteln ad dies vitae emeriti hergegeben werden, um ein Stellengehalt auf angemessene Höhe zu bringen, welches durch Bezüge eines Emeritus gekürzt wird. Derartige Beträge gehören

[b]

[Noch: Vorderseite.]

nicht, wie ausdrücklich bemerkt wird, in die Spalte 25; letztere hat vielmehr nur die Summe darzustellen, welche für Emeriten auf Grund des Gesetzes vom 6. Juli 1885 aus Staatsmitteln gewährt wird.

4. In Sp. 16 und 17 sind die Aufwendungen für Ertheilung des Handarbeitsunterrichts einzutragen. Entstehen hierfür keine besonderen Ausgaben, so ist der Grund dafür anzugeben.

5. In Sp. 18 sind lediglich die aus der Gemeinde-, der Schulkasse und dergl. an Adjuvanten und Adjunkten gezahlten Beiträge einzutragen, nicht auch diejenigen Remunerationen, welche der eigentliche Stelleninhaber auf Grund besonderer Vereinbarung dem Adjuvanten oder Adjunkten aus persönlichen Mitteln in Geld oder in natura gewährt.

6. **Auf die Ausfüllung der Spalten 32 bis 38 ist ganz besondere Sorgfalt zu verwenden.** Es ist in denselben das gesammte nach § 4 des Gesetzes vom 6. Juli 1885 pensionsberechtigte Einkommen und die persönlichen Zulagen aus Staats- bezw. Gemeindemitteln **für jede einzelne Stelle** der in Sp. 26 und 28 der Nachweisung I verzeichneten vollbeschäftigten ordentlichen und Hülfslehrkräfte nach seinen verschiedenen Bestandtheilen nachzuweisen und zwar mit **deutlicher Unterscheidung der Stellen für ordentliche Lehrer und ordentliche Lehrerinnen sowie der Stellen für vollbeschäftigte Hülfslehrer und vollbeschäftigte Hülfslehrerinnen.** Etwaige Abweichungen in der Anzahl der hier mit ihrem Einkommen nachgewiesenen Stellen gegen die Angaben der Sp. 26 und 28 der Nachweisung I sind zu erläutern, und es ist ferner nach Ausfüllung der Sp. 32 bis 37 zu prüfen, ob die Addition der Einzelbeträge jeder dieser Spalten diejenige Summe ergiebt, welche dieselbe nach den eingeklammerten Hinweisen ergeben muß. — Reicht der auf der Innenseite der Nachweisung III verfügbare Raum für diese Spezialisirung der Einkommensverhältnisse jeder einzelnen Lehrkraft nicht aus, so ist die Rückseite zu Hülfe zu nehmen oder eine besondere diesen Gegenstand behandelnde Anlage beizufügen.

[Innere Seiten.]

Kreis .... Kreisschulinspektion ....

Nachweisung III. Die zur Bestreitung der persönlichen Kosten der öffentlichen Volks- und Mittel- sowie höheren Mädchenschulen erfolgenden Aufwendungen.

Laufende Nummer	Schulort. — Bezeichnung der einzelnen Schule (übereinstimmend mit der Bezeichnung in Spalte 2 der Nachweisung I).	Jährliches Einkommen der Stellen für vollbeschäftigte Lehrkräfte, ausschließlich des Werthes der in natura oder in baar gewährten freien Wohnung und Feuerung bezw. unter Abzug der dafür aufzuwendenden Beträge.								
		Gesammt-Stelleneinkommen für vollbeschäftigte ordentliche und Hülfslehrkräfte	Von dem Gesammt-Stelleneinkommen (Spalte 3) werden beschafft (die Summe von Sp. 4 bis 11 muß gleich sein der Summe in Spalte 3)							
			durch Schulgeld	durch Aufkünfte vom Schul-, Kirchen- und Stiftungsvermögen	aus der Kirchenkasse bezw. durch den Ertrag der Stolgebühren, Accidenzien u. s. w.	durch Leistungen der Schulsozietäten	durch Gemeinde-, gutsherrliche und Patronatsleistungen	aus Staatsmitteln: in Folge rechtlicher Verpflichtung	aus Staatsmitteln: als Bedürfnißzuschuß	aus Staatsmitteln: auf Grund des Gesetzes vom 14. Juni 1888 bezw. 31. März 1889
		ℳ	ℳ	ℳ	ℳ	ℳ	ℳ	ℳ	ℳ	ℳ
1	2	3	4	5	6	7	8	9	10	11

[Fortsetzung der Nachweisung III.]

Betrag der persönlichen und Dienstalterszulagen aus			Aufwendungen für nicht vollbeschäftigte Hülfslehrkräfte (Spalte 30 der Nachweisung I)	Aufwendungen für Ertheilung des Handarbeitsunterrichts (vergl. Nr. 4 der besonderen Bestimmungen)		Aufwendungen für Adjunkten und Adjuvanten, welche mit Rücksicht auf das Unzureichende der Leistungen des Stelleninhabers von der Behörde, dem Schulvorstande u. dergl. angenommen sind (Sp. 49 der Nachweisung I)	Zahl der Lehrer, denen solche Adjunkten und Adjuvanten (Spalte 18) beigegeben sind	Pensionirte Lehrkräfte und deren Pensionen.									
Staatsmitteln		Mitteln der Gemeinde, Sozietät und sonstigen Verpflichteten						Gesammtbetrag der Pensionen		Von der Pension werden beschafft:				Zahl der pensionirten			
														Lehrer		Lehrerinnen	
Dienstalterszulage	persönliche Zulage			überhaupt	davon für vollbeschäftigte Handarbeitslehrerinnen in Sp. 3 bereits enthalten			für Lehrer	für Lehrerinnen	aus dem Stelleneinkommen	für wieviel Pensionäre?	durch Leistungen der Gemeinden und sonstigen Verpflichteten	aus Staatsfonds auf Grund des Gesetzes vom 6. Juli 1885	überhaupt	davon erst nach dem 1. April 1886 pensionirt	überhaupt	davon erst nach dem 1. April 1886 pensionirt
ℳ	ℳ	ℳ	ℳ	ℳ	ℳ	ℳ		ℳ	ℳ	ℳ		ℳ	ℳ				
12	13	14	15	16	17	18	19	20	21	22	23	24	25	26	27	28	29

[Fortsetzung der Nachweisung III.]

Schulgeldsatz, wenn verschieden, höchster und niedrigster, für das Jahr (etwaige an Stelle des Schulgeldes vorkommende Naturalleistungen sind ihrem Geldwerthe nach zu beziffern)		Bestandtheile des gesammten nach § 4 des Gesetzes vom 6. Juli 1885 pensionsberechtigten Einkommens jeder einzelnen vollbeschäftigten Lehrkraft unter Hinzurechnung der persönlichen Zulagen aus Staats- und Gemeindemitteln. (Vergl. die besonderen Bestimmungen unter Nr. 6.)						
Schulgeldsatz	Zahl der Schulgeld zahlenden Kinder	Stelleneinkommen ohne Wohnung und Feuerungswerth (die Summe der Einzeleinträge muß die Summe in Spalte 3 ergeben)	Werth der in natura gewährten freien Wohnung oder der Miethsentschädigung oder des von dem Gehalte dafür anzurechnenden Betrages	Werth der in natura oder in Geld gewährten Feuerung oder des von dem Gehalte dafür anzurechnenden Betrages	Dienstalterszulagen aus Staatsmitteln (die Summe der Einzeleinträge muß die Summe in Spalte 12 ergeben)	Persönliche Zulagen aus Staatsmitteln (die Summe der Einzeleinträge muß die Summe in Spalte 13 ergeben)	Persönliche Zulagen aus Mitteln der Gemeinde, Sozietät und sonstigen Verpflichteten (vergl. Sp. 14)	Gesammt-Einkommen jeder einzelnen vollbeschäftigten Lehrkraft
			(die Summe der Einzeleinträge der Sp. 33 + 34 muß die Summe in Sp. 20 der Nachweisung II ergeben)					
ℳ		ℳ	ℳ	ℳ	ℳ	ℳ	ℳ	ℳ
30	31	32	33	34	35	36	37	38

[Vorderseite.]

E. Nur für öffentliche Schulen.

Kreis . . . .
Kreisschulinspektion. . . . .

Nachweisung IV.

Die zur Bestreitung der sächlichen Kosten der öffentlichen Volks- und Mittel- sowie höheren Mädchenschulen erfolgenden Aufwendungen.

Besondere Bestimmungen zur Ausfüllung der Nachweisung IV.

1. Die Nachweisung IV ist nur für die öffentlichen Volks- und Mittel- sowie höheren Mädchenschulen aufzustellen. Dieselben sind zu trennen in eine Gruppe A für die eigentlichen Volksschulen und eine Gruppe B für die Mittel- und höheren Mädchenschulen. Jede Schule ist einzeln aufzuführen, soweit dies angängig ist.
2. Die Angaben haben sich auf jedes einzelne der Jahre 1889, 1890 und 1891 oder die entsprechenden Etatsjahre zu beziehen; für das laufende Jahr bezw. Etatsjahr sind die im Haushaltsetat der Gemeinde (Schulgemeinde) ausgeworfenen Beträge einzutragen.
3. In den Spalten 4, 5, 6, 10, 14 und 16 bis 21 sind die baaren oder der Werth der in natura gemachten Aufwendungen für Schul-Neu-, Erweiterungs- und Reparaturbauten einzutragen, mit Einschluß der Zinsen und Abtragsquoten etwa angeliehener Baukapitalien. Letztere selbst sind nicht in Anrechnung zu bringen. Wenn ein Bau mehrere Jahre hindurch dauerte, so ist er in dem Jahre, in welchem er fertig gestellt wurde, aufzuführen, jedoch nur mit denjenigen Beträgen, welche seit dem Beginne des Jahres 1889 für denselben aufgewendet sind. Wenn ein Bau Ende 1891 voraussichtlich noch unvollendet ist, so ist er in diesem Jahre mit dem Gesammtbetrage der bis dahin (bezw. seit 1889) entstandenen oder zu erwartenden Kosten nachzuweisen.
4. In den Spalten 22 bis 27 sind die übrigen sächlichen Schulunterhaltungskosten aufzunehmen, namentlich die Aufwendungen für folgende Zwecke:
   a) für Beschaffung, Einrichtung und Unterhaltung von Unterrichtsräumen und Lehrerwohnungen, soweit sie nicht unter die in den Spalten 4, 5, 6, 10, 14 und 16 bis 21 aufgeführten Baukosten fallen, für Miethen und dergleichen, sowie für Ausstattung der Schule mit den erforderlichen Einrichtungsgegenständen;
   b) für Beschaffung des Feuerungsbedarfs für die Schule und Lehrerwohnung, für Heizung und Reinigung der Schulräume;
   c) für Miethsentschädigungen an die Lehrer und Lehrerinnen.

   Ist freie Wohnung für Lehrkräfte im eigenen Schulhause vorhanden, so ist der Nutzungswerth derselben in Spalte 23 einzusetzen; wenn freie Wohnung und Feuerung an Lehrer und Lehrerinnen nicht gewährt wird, so ist der in Nachweisung III in der Spalte 3 in Absatz gestellte Betrag (vergl. unter 3 der besonderen Bestimmungen zur Ausfüllung der Nachweisung III) in Zurechnung zu bringen.
5. Auf sorgfältige Unterscheidung der Quellen, aus welchen die Deckung der baulichen und sonstigen sächlichen Aufwendungen geflossen ist — Spalten 16 bis 21 und 23 bis 27 —, wird großer Werth gelegt.

Kreis.......................... Kreisschulinspektion..........................

Nachweisung IV. Die zur Bestreitung der sächlichen Kosten der öffentlichen Volks- und Mittel- sowie höheren Mädchenschulen erfolgenden Aufwendungen.

Laufende Nummer.	Schulort. — Bezeichnung der einzelnen Schule (übereinstimmend mit der Bezeichnung in Spalte 2 der Nachweisung I).	Leistungen für Schulbauten in jedem der drei Jahre 1889, 1890 und 1891. Jahr, in welchem die Bauaufwendungen erfolgt sind	Gesammtbetrag der Aufwendungen für Bauten: in baar ℳ	Werth der in natura erfolgten Leistungen ℳ	Von dem Gesammtbetrage (Sp. 4 u. 5) entfallen auf: Neubauten. Betrag mit Einschluß des Werthes der in natura erfolgten Leistungen ℳ	Zahl der Neubauten	Durch die in Sp. 7 angegebenen Neubauten sind neu beschafft: Lehrerwohnungen	Klassenräume
1	2	3	4	5	6	7	8	9

[Fortsetzung der Nachweisung IV.]

Erweiterungsbauten. Betrag mit Einschluß des Werthes der in natura erfolgten Leistungen ℳ	Zahl der Erweiterungsbauten	Durch die in Sp. 11 angegebenen Erweiterungsbauten sind neu beschafft: Lehrerwohnungen	Klassenräume	Reparaturbauten. Betrag mit Einschluß des Werthes der in natura erfolgten Leistungen ℳ	Zahl der Reparaturbauten	Von dem Gesammtbetrage für Schulbauten (Sp. 4 und 5) wurden beschafft: durch Bewilligungen aus dem Patronatsbaufonds ℳ	durch Allerhöchste Gnadenbewilligungen ℳ	aus dem Schul-, Kirchen- und Stiftungsvermögen ℳ	aus Mitteln der Schulsozietäten ℳ	aus Mitteln der Gemeinden und sonstigen Verpflichteten ℳ	aus sonstigen Quellen ℳ
10	11	12	13	14	15	16	17	18	19	20	21

[Fortsetzung der Nachweisung IV.]

Sonstige sächliche Aufwendungen, mit Einschluß der Werthe für Wohnung und Feuerung für die vollbeschäftigten Lehrkräfte, in den drei Jahren 1889, 1890 und 1891. Gesammtbetrag der sonstigen sächlichen Aufwendungen ℳ	Von dem Gesammtbetrag (Sp. 22) wurden beschafft: aus dem Schul-, Kirchen- und Stiftungsvermögen ℳ	aus Mitteln der Schulsozietäten ℳ	aus Mitteln der Gemeinden und sonstigen Verpflichteten ℳ	aus Staatsmitteln ℳ	aus sonstigen Quellen ℳ	Betrag der gegenwärtig noch vorhandenen durch Schulbauten verursachten Bauschulden ℳ	Bemerkungen.
22	23	24	25	26	27	28	29

[Vorderseite.]

F. **Schulstatistische Erhebung vom 25. Mai 1891.**

Lehrerzählkarte.

Kreis . . . . Kreisschulinspektion . . Stadtgemeinde . . . . Landgemeinde . . . . . Gutsbezirk	innerhalb welcher der (die) unterzeichnete Lehrer (Lehrerin) im Hauptamte bezw. hauptsächlich unterrichtet	

1. Name und Vorname
2. Geburtstag, -Jahr und -Ort (im Kreise)
3. Beruf des Vaters (genau nach Art des Berufes und Stellung im Berufe anzugeben)
4. Religionsbekenntniß
5. Verheirathet, verheirathet gewesen? Zahl der lebenden Kinder ...., davon unter 18 Jahren
   (Zutreffendes zu unterstreichen!)
6. Tag und Jahr des Eintritts in den öffentlichen Schuldienst
7. Von wann bis wann hatten Sie etwa Ihre Stellung im öffentlichen Schuldienste aufgegeben?
8. Von wann bis wann haben Sie im privaten Schuldienste gestanden?
9. Welche Prüfungen haben Sie abgelegt? und wann?
10. Bezeichnung der öffentlichen oder privaten Schule (Schulen), an welcher (welchen) Sie gegenwärtig unterrichten:
    a) als ordentlicher(-e) Lehrer(-in)
    b) als vollbeschäftigter(-e) Hülfslehrer(-in)
    c) sonst als Hülfslehrer(-in)
11. Gesammtbetrag Ihres Einkommens als Lehrer(-in) ℳ
    davon ist: a) baares Stellengehalt aus der Schulstelle? . . . . ℳ
    b) Werth der freien Wohnung und Feuerung? . . . . ℳ
    c) Werth des Ertrages der Landdotation? . . . . ℳ
    d) Werth der Berechtigungen und dergl.? . . . . ℳ
    e) Einkommen aus einem mit der Stelle verbundenen Kirchenamte? ℳ
    f) Dienstalterszulage aus Staatsmitteln? . . . . ℳ
    g) Persönliche Zulage aus Staatsmitteln? . . . . ℳ
    h) Persönliche Zulage aus Mitteln der Schulgemeinde? . . . . ℳ
    i) Funktionszulage und dergl.? . . . . ℳ

Unterschrift des Lehrers (der Lehrerin):

Anleitung zur Ausfüllung umstehend.

[Rückseite.]

Anleitung zur Ausfüllung der Zählkarte.

1. Von jedem Lehrer (jeder Lehrerin) ist nur eine Zählkarte auszufüllen, auch in dem Falle, wenn derselbe (dieselbe) etwa an öffentlichen und an privaten Schulen Unterricht ertheilt.
2. Unterrichtet ein Lehrer (eine Lehrerin) in verschiedenen Gemeinden lediglich als nicht vollbeschäftigter(-e) Hülfslehrer(-in), wie z. B. ein Geistlicher in der Diaspora, welcher an mehreren Schulen der konfessionellen Minderheit Religionsunterricht ertheilt, so ist in der Ueberschrift der Zählkarte hinter „Gemeinde" auszufüllen: „Siehe 10. c".
3. Bei Angabe des Berufes und der Berufsstellung des Vaters ist größte Genauigkeit erforderlich; insbesondere ist die Stellung im Berufe überall da kenntlich zu machen, wo dieselbe aus der Berufsbezeichnung nicht schon hervorgeht; es genügt z. B. nicht, anzugeben: „Lehrer", es muß viel-

mehr heißen: „Volksschullehrer, Gymnasiallehrer, Rektor"; nicht „Landwirth", vielmehr: „Bauergutsbesitzer, Kossäth, Gärtnereibesitzer u. s. w."; nicht: „Klempner", vielmehr: „Klempnermeister, Klempnergehülfe u. s. w."; nicht: „Beamter", vielmehr „Amtsrichter, Rendant u. s. w."

4. Die Fragen 5, 6 und 7 sind nur für diejenigen Lehrpersonen bestimmt, welche — haupt- oder nebenamtlich — an öffentlichen Schulen thätig sind.

5 Bei Frage 9 würde z. B. anzugeben sein: „Erste Volksschullehrer-Prüfung 1863, zweite Volksschullehrer-Prüfung 1866"; oder: „Mittelschullehrer-Prüfung 1879."

6. Bei der Frage 10 sind sämmtliche öffentliche und private Schulen aufzuführen, an welchen die betreffende Lehrperson am 25. Mai 1891 beschäftigt ist. Erstreckt sich die Lehrthätigkeit als nicht vollbeschäftigter (-e) Hülfslehrer (-in) — 10. c — auf Religionsunterricht für die konfessionelle Minderheit, so ist ein *R.*, erstreckt sie sich lediglich auf Handarbeitsunterricht, ein *H.*, wenn auf einen anderen einzelnen Lehrgegenstand (z. B. Turnen, Singen, Zeichnen), ein *F.* hinter dem Namen der betreffenden Schule einzuklammern. Für einen Lehrer, welcher in einer benachbarten Gemeinde der konfessionellen Minderheit Religionsunterricht, außerdem an einer Privatschule Turnunterricht ertheilt, würde z. B. die Eintragung lauten:

10. a) als ordentlicher Lehrer: *evangelische Gemeindeschule V. zu Neustadt,*
    b) als vollbeschäftigter Hülfslehrer . . . . . .
    c) sonst als Hülfslehrer: *katholische Gemeindeschule zu Buchhain, Kreis N.N. (R.), private höhere Töchterschule von Frl. Jungmann zu Neustadt (F).*

7. Die Frage 11 ist nur an die Lehrer und Lehrerinnen der öffentlichen Volks-, Mittel- und höheren Mädchenschulen gerichtet. — Anzugeben ist nur das Einkommen aus dem öffentlichen Schuldienste und aus etwaigem, mit der Schulstelle dauernd verbundenem Kirchenamte. Bei 11. b muß unter allen Umständen ein Betrag eingetragen werden, auch da, wo freie Wohnung bezw. Feuerung oder baare Entschädigung dafür nicht gewährt wird; in diesem Falle ist der Werth nach ortsüblichem Preise zu beziffern und von dem baaren Stellengehalte — 11. a — abzusetzen.

[Vorderseite.]

G.

Schulstatistische Erhebung vom 25. Mai 1891.

Sammelbogen.

Kreis . . . . . .

Kreisschulinspektion . . . . . .

Enthält: . . . . . . Stück Nachweisungen I,
. . . . . . Stück Nachweisungen II,
. . . . . . Stück Nachweisungen III,
. . . . . . Stück Nachweisungen IV,
. . . . . . Stück Lehrerzählkarten

Die Richtigkeit und Vollständigkeit der inliegenden Nachweisungen wird bescheinigt.

. . . . . . , den . . . . Juni 1891.
(Ort)

(Unterschrift.)

Zur Beachtung.

Bemerkungen oder berichtliche Aeußerungen sind auf den folgenden Seiten dieses Sammelbogens zu geben. Insbesondere sind hier die etwaigen Lücken in der Vollzähligkeit der Zählpapiere und die etwa säumigen Behörden im Einzelnen namhaft zu machen. (Die inneren Seiten des Sammelbogens sind unbedruckt).

---

2. Statistische Veröffentlichungen über das Volksschulwesen.

Um denen, welche in dieses Gebiet der Statistik näher einzudringen wünschen, das Quellenstudium zu erleichtern, wird hierunter ein Nachweis der hauptsächlichsten einschlägigen Litteratur mitgetheilt.

A. Das **„Centralblatt für die gesammte Unterrichts-Verwaltung in Preußen"**, herausgegeben vom Ministerium der geistlichen, Unterrichts- und Medizinal-Angelegenheiten (Berlin, Verlag von W. Hertz), enthält statistisches Material über die Frequenzverhältnisse ꝛc. der Seminare, die vorhandenen Volksschullehrerstellen, die Besoldungen der Lehrer ꝛc. insbesondere in folgenden Jahrgängen:

I. Ueber die Schullehrer-Seminare, deren Zahl, Vermehrung, Frequenz ꝛc.:

Jahrgang 1871, S. 643,
„ 1876, „ 67 (einige kurze Angaben im Anschlusse an die Volksschullehrer-Statistik),
„ 1877, „ 505,
„ 1878, „ 507,
„ 1880, „ (351) 410 (in Verbindung mit der Volksschullehrer-Statistik),
„ 1882, „ (121) 211 (dgl.).

II. Ueber die Volksschulen:

1. Nachweisungen über die vorhandenen, besetzten und unbesetzten Lehrer- und Lehrerinnenstellen an öffentlichen Volksschulen (Die anfangs auf Tabellen und einige Bemerkungen beschränkten Mittheilungen gestalten sich je länger desto mehr zu ausführlichen statistischen Ausarbeitungen über die preußischen Volksschulen):

Jahrgang 1874, S. 210, und Bemerkungen dazu Jahrgang 1875, S. 661,
„ 1876, „ 52,
„ 1877, „ 567,
„ 1880, „ 351,
„ 1882, „ 121.

2. Statistische Nachrichten über das Volksschulwesen in Preußen (Schulen, Lehrer, Schulkinder, Lehrergehalte, Privatschulen ꝛc.):

Jahrgang 1859, S. 58, 122, 250, 314 für das Jahr 1857,
„ 1864, Augustheft, in Quartformat besonders ausgegeben für die Jahre 1859/61 (siehe unten),
„ 1868, S. 59, kurzer Auszug aus der im Verlage von W. Hertz herausgegebenen amtlichen Statistik für 1862/64 (siehe unten),
„ 1883, „ 300, kurzer Auszug aus dem „XIII. Ergänzungsheft zur Zeitschrift des Königlich preußischen statistischen Bureaus" (siehe unten),
„ 1889, „ 677, kurzer Auszug aus dem Hefte 101 des amtlichen Quellenwerkes der „Preußischen Statistik" (siehe unten).

3. Nachweisung über die Zahl der Schulstellen, der Lehrer an ein- und mehrklassigen Schulen, und der Schulen am 1. April 1878:

Jahrgang 1878, S. (507) 513.

4. Die Konfessionsverhältnisse an den Volksschulen:

Jahrgang 1880, S. 464.

5. Uebersicht über den Stand der Volksschullehrer- und -Lehrerinnen-Besoldungen am 1. September 1874:

Jahrgang 1875, S. 113.

6. Nachweisungen über die zu Gehaltsverbesserungen der Volksschullehrer verwendeten Beträge:

Jahrgang 1859, S. 47,
„ 1861, „ 340,
„ 1862, „ 432,
„ 1863, „ 604 und 605,
„ 1865, „ 30,
„ 1866, „ 112,
„ 1867, „ 166,
„ 1868, „ 434.

7. Nachrichten über den Betrieb des Unterrichtes in weiblichen Handarbeiten in den öffentlichen Volksschulen:

Jahrgang 1882, S. 229,
„ 1885, „ 220.

8. Die Kreis- und Lokalschulinspektoren im Haupt- und Nebenamte nach ihrem Religionsbekenntnisse:
Jahrgang 1884, S. 127.
9. Statistische Nachrichten über die vierwöchentlichen Turnkurse für im Amte stehende Volksschullehrer:
Jahrgang 1876, S. 110, 672,
" 1878, " 100,
" 1879, " 286,
" 1880, " 298,
" 1881, " 226, 626,
" 1883, " 578,
" 1886, " 202,
" 1887, " 224, 778,
" 1889, " 252,
" 1890, " 280,
" 1891, " 362, 638.
10. Nachweisungen über Obstbaukurse für Seminar- und Volksschullehrer:
Jahrgang 1889, S. 547,
" 1890, " 658,
" 1891, " 359,
" 1892, " 556.

III. Ueber die höheren Mädchenschulen:
Statistische Uebersicht über die in Preußen vorhandenen öffentlichen höheren Mädchenschulen:
Jahrgang 1886, S. 631,
" 1887, " 364.

IV. Ueber die Blinden- und Taubstummenanstalten:
1. Nachrichten über die Erziehung in Blindeninstituten. Denkschrift des Herrn Ministers der geistlichen rc. Angelegenheiten für das Abgeordnetenhaus:
Jahrgang 1871, S. 383.
2. Statistisches über Blinde von Rösner nach den Materialien des Königlich preußischen statistischen Bureaus:
Jahrgang 1873, S. 307.
3. Beiträge zur Geschichte und Statistik des Taubstummen-Bildungswesens in Preußen:
Jahrgang 1884, S. 523. (Die Abhandlung ist auch als Separatabdruck erschienen bei W. Hertz. Berlin 1884.)

Außerdem befinden sich über die Blinden- und Taubstummenanstalten in einzelnen Provinzen in mehreren Jahrgängen des Centralblattes ausführliche statistische Nachrichten.

B. **An sonstigen amtlichen oder auf amtlichem Material beruhenden Nachweisungen, Abhandlungen und Schriften sind folgende hervorzuheben:**
1. Die Ergebnisse der älteren statistischen Erhebungen über das Schulwesen in Preußen mittels der (im Jahre 1868 aufgehobenen) sogenannten „Kirchen- und Schultabelle“ finden sich, soweit sie veröffentlicht sind, theils in den vom Königlichen statistischen Bureau herausgegebenen „Tabellen und amtlichen Nachrichten über den preußischen Staat“ bezw. in den Heften V. und X. des amtlichen Quellenwerkes „Preußische Statistik“, theils in den weiter unten genannten Monographien von Hoffmann, Dieterici und Engel zusammengestellt.
2. J. G. Hoffmann, Uebersicht des Zahlenverhältnisses der schulfähigen Kinder zu denjenigen, welche wirklich Unterricht in öffentlichen Schulen erhalten. Nach den Ergebnissen der am Ende des Jahres 1840 im preußischen Staate aufgenommenen Kirchen- und Schultabelle. (Abgedruckt in der Sammlung seiner „kleinen Schriften“. Berlin 1843, Nicolai'sche Buchhandlung.)
3. Derselbe, Uebersicht der Seminarien zur Bildung von Elementarschul-Lehrern im preußischen Staate. Nach der zu Ende des Jahres 1840 aufgenommenen Kirchen- und Schultabelle. (Ebenda.)
4. Dr. F. W. C. Dieterici, Statistische Uebersicht des öffentlichen Unterrichtes im preußischen Staate im Jahre 1816 und im Jahre 1846. (Mittheilungen des statistischen Bureaus in Berlin. I. Band, 1848, S. 33. Berlin, E. S. Mittler.)
5. Statistische Nachrichten über das Elementar-Schulwesen in Preußen für die Jahre 1859 bis 1861. Veröffentlicht vom Königlich preußischen Ministerium der Unterrichtsangelegenheiten. Berlin 1864.

6. Statistische Nachrichten über das Elementar-Schulwesen in Preußen für die Jahre 1862 bis 1864. Veröffentlicht vom Königlich preußischen Ministerium der Unterrichtsangelegenheiten. Berlin 1867, W. Hertz (Besser'sche Buchhandlung).

7. Dr. E. Engel, Die Schulen und der Unterricht im preußischen Staate im Jahre 1861. (Zeitschrift des Königlich preußischen statistischen Bureaus, Jahrgang 1863, Seite 77—78 in der Abhandlung: Land und Leute des preußischen Staates und seiner Provinzen nach den statistischen Aufnahmen Ende 1861 und Anfang 1862.)

8. Derselbe, Anstalten und Personal für die Geistespflege der Bevölkerung des preußischen Staates (Zeitschrift des Königlich preußischen statistischen Bureaus, Jahrgang 1866, Seite 124 bis 126, in der Abhandlung: Die Ergebnisse der Volkszählung und Volksbeschreibung am 3. Dezember 1864 u. s. w.).

9. Derselbe, Beiträge zur Geschichte und Statistik des Unterrichtes, insbesondere des Volksschul-Unterrichtes im preußischen Staate (Zeitschrift des Königlich preußischen statistischen Bureaus, Jahrgang 1869, S. 99 ff., S. 153 ff.).

10. Das Volksschulwesen in Preußen im Jahre 1871 (Zeitschrift des Königlich preußischen statistischen Bureaus, Jahrgang 1876, Statistische Korrespondenz S. LXV).

11. Das Elementar-Schulwesen in den Städten und auf dem Lande in Preußen zu Ende des Jahres 1871 (Jahrbuch für die amtliche Statistik des preußischen Staates, IV. Jahrgang 2. Hälfte, S. ? ff. Berlin 1876).

12. A. Petersilie, Die Gehalts- und Pensionsverhältnisse der Elementarlehrer in Frankreich, mit einem Hinblick auf die entsprechenden Verhältnisse in Preußen (Zeitschrift des Königlich preußischen statistischen Bureaus, Jahrgang 1877, Seite 197 ff.).

13. L. Herrfurth, (in den „Beiträgen zur Statistik der Gemeindeabgaben in Preußen"): Uebersicht über die Aufwendungen für Volksschulzwecke und über die Beschaffung der dazu erforderlichen Mittel (vergl. Zeitschrift des Königlich preußischen statistischen Bureaus, Jahrgang 1878, S. 58).

14. Derselbe, Ueber die Aufwendungen zu Volksschulzwecken in den preußischen Gemeinden mit mehr als 10000 Einwohnern im Jahre 1876 (in den „Beiträgen zur Finanzstatistik der Gemeinden in Preußen"; auch unter dem Titel: VI. Ergänzungsheft zur Zeitschrift des Königlich preußischen statistischen Bureaus, namentlich S. 106 ff. Berlin 1879.).

15. A. Petersilie, Die öffentlichen Volksschulen in Preußen (einschl. Mittel- und höhere Mädchenschulen) und die zur Unterhaltung derselben erforderlichen persönlichen und sächlichen Gesammtaufwendungen im Jahre 1878. Im Auftrage des Herrn Ministers der geistlichen, Unterrichts- und Medizinal-Angelegenheiten bearbeitet (auch unter dem Titel: X. Ergänzungsheft zur Zeitschrift des Königlich preußischen statistischen Bureaus. Berlin 1882.).

16. Die öffentlichen Volksschulen in Preußen im Jahre 1878 (Statistische Korrespondenz, VIII. Jahrgang, 1882, Nr. 9).

17. Die Kosten der öffentlichen Volksschulen in Preußen im Jahre 1878 (ebenda Nr. 10).

18. Die öffentlichen Volksschulen im preußischen Staate. Bearbeitet im Auftrage des Herrn Ministers der geistlichen, Unterrichts- und Medizinalangelegenheiten. I. Theil: Die Aufgabe der preußischen Volksschulverwaltung. Denkschrift zur Erläuterung tabellarischer Nachweisungen über den Zustand der preußischen Volksschulen im Jahre 1882. II. Theil: Tabellarische Nachweisungen über den Zustand der preußischen Volksschulen im Jahre 1882 (auch unter dem Titel: XIII. Ergänzungsheft zur Zeitschrift des Königlich preußischen statistischen Bureaus. Berlin 1883.).

19. A. Petersilie, Preußens öffentliche Volksschulen (Zeitschrift des Königlich preußischen statistischen Bureaus, Jahrgang 1883, S. 45 ff.).

20. Das Einkommen der preußischen Volksschullehrer früher und jetzt (Statistische Korrespondenz, Jahrgang IX, 1883, Nr. 1).

21. Preußens Volksschulen im Jahre 1882 (ebenda Nr. 10).

22. Organisation und Kosten der preußischen Volksschulen (ebenda Nr. 11).

23. Die Waisenzöglinge im preußischen Staate (ebenda Nr. 36).

24. Der Schutz der jugendlichen Personen im preußischen Staate. Im Auftrage der Königlich preußischen Ministerien des Innern und der geistlichen, Unterrichts- und Medizinalangelegenheiten bearbeitet (auch unter dem Titel: XV. Ergänzungsheft zur Zeitschrift des Königlich preußischen statistischen Bureaus. Berlin 1883.).

25. Die Waisenanstalten in Preußen 1885 (Statistische Korrespondenz, Jahrgang XIII, 1887, Nr. 27).

26. L. Herrfurth und W. von Tzschoppe. In den „Beiträgen zur Finanzstatistik der Gemeinden in Preußen" (auch unter dem Titel: XVI. Ergänzungsheft zur Zeitschrift des Königlich preußischen statistischen Bureaus, Berlin 1884) finden sich in den Spalten 34 bis 36 bez. 37 bis 39 der Nachweisungen A. und B. die Ausgaben ꝛc. für Volksschulen bez. für Mittel-, Rektorats-, gehobene Bürger- und höhere Mädchenschulen in den preußischen Stadt- und Landgemeinden für das Jahr 1883/84 angegeben, die auf S. 264 f. einer nähern Besprechung unterzogen sind.

27. Auf S. 540 ff. im V. Jahrgange des „Jahrbuches für die amtliche Statistik des preußischen Staates" (Berlin 1883) und auf S. 414 ff. bezw. 573 ff. des I. Bandes des „statistischen Handbuches für den preußischen Staat" (Berlin 1888) finden sich in dem Abschnitt „Unterrichtswesen" zahlreiche Nachrichten über den Stand des Volks- und Mittelschulwesens Preußens bis zum Jahre 1882 bez. 1886. Diese Nachrichten sind in erweiterter Form bis zum Jahre 1891 fortgesetzt in dem II. Bande des „statistischen Handbuches für den preußischen Staat" (Berlin 1893.).

28. Die öffentlichen Volksschulen in Preußen 1871—1886 (Statistische Korrespondenz, XIV. Jahrgang, 1888, Nr. 5).

29. Die lehrplanmäßigen Einrichtungen der öffentlichen Volksschulen in Preußen 1882 und 1886 (ebenda Nr. 8).

30. Die Gehaltsverhältnisse der Lehrer an öffentlichen Volksschulen in Preußen 1874 und 1886 in den Städten und auf dem Lande (ebenda Nr. 12).

31. Was kostet der öffentliche Unterricht in Preußen 1888/89 (ebenda Nr. 28).

32. Die Staatsausgaben für Unterrichtszwecke aller Art in Preußen 1888/89 (ebenda Nr. 32).

33. Die Ausgaben der Gemeinden für öffentliche Unterrichtszwecke in Preußen (ebenda Nr. 33).

34. Die öffentlichen Mittel- und höheren Mädchenschulen in Preußen 1886 (ebenda Nr. 20).

35. Das gesammte Volksschulwesen im Preußischen Staate im Jahre 1886, mit einer einleitenden Denkschrift von Dr. K. Schneider und Dr. A. Petersilie. — Berlin 1889. — Verlag des Königlichen Statistischen Bureaus. (Auch unter dem Titel: Heft 101 des amtlichen Quellenwerkes der „Preußischen Statistik".)

36. Die Volksschulen in Wien und Berlin 1888/89. (Statistische Korrespondenz, XVI. Jahrgang, 1890, Nr. 34).

37. Der Unterricht der blinden und taubstummen Kinder im preußischen Staate (Zeitschrift des Königlich preußischen statistischen Bureaus, Jahrgang 1875, Statistische Korrespondenz S. XXXV).

38. Unterrichts- und Erziehungsanstalten für Taubstumme und Blinde (Zeitschrift des Königlich preußischen statistischen Bureaus, Jahrgang 1877, Statistische Korrespondenz LV).

39. Die Taubstummen in Preußen nach der Zählung vom 1. Dezember 1880 (Statistische Korrespondenz, VIII. Jahrgang, 1882, Nr. 28).

40. Die Blinden in Preußen nach der Zählung vom 1. Dezember 1880 (ebenda Nr. 29).

41. Dr. A. Guttstadt, Die Verbreitung der Blinden und Taubstummen nach der Volkszählung vom 1. Dezember 1880 und ihre Unterrichtsanstalten bis zum Jahre 1883 in Preußen (Zeitschrift des Königlich preußischen statistischen Bureaus, Jahrgang 1883, S. 191 ff.).

42. Dr. Treibel, Uebersicht der geschichtlichen Entwickelung des Taubstummenbildungswesens mit besonderer Berücksichtigung der Königlichen Taubstummenbildungsanstalt zu Berlin (ebenda S. 225 ff.).

43. Der Blindenunterricht in Preußen 1882 (Statistische Korrespondenz, X. Jahrgang, 1884, Nr. 29).

44. Die Taubstummenunterrichtsanstalten in Preußen 1882 (ebenda Nr. 32).

45. Die Blindenanstalten in Preußen (Statistische Korrespondenz, XVIII. Jahrgang, 1892, Nr. 14).

46. Die Taubstummenanstalten in Preußen 1891 (ebenda, Nr. 3).

47. Zahlreiche statistische Nachrichten über das Volksschulwesen in Preußen finden sich endlich auch in den Drucksachen des Abgeordnetenhauses sowie

48. in dem Werke: „Dr. K. Schneider und E. von Bremen, Das Volksschulwesen im preußischen Staate in systematischer Zusammenstellung der auf seine innere Einrichtung und seine Rechtsverhältnisse ꝛc. bezüglichen Gesetze und Verordnungen." 3 Bände. Berlin 1885/87 (bei W. Hertz).

3. Verzeichniß der auf das preußische Volksschulwesen bezüglichen Gesetze und Verordnungen.

1717. 28. September. Verordnung, daß die Eltern ihre Kinder zur Schule halten sollen.
1763. 12. August. General-Land-Schul-Reglement.
1765. 3. November. Katholisches Schulreglement für Schlesien.
1794. Allgemeines Landrecht für die Preußischen Staaten:
Theil II. Titel 10 §§ 94 ff. (Aufhebung des Beamtenverhältnisses).
Theil II. Titel 11 §§ 217/18, 619 ff. (Organe für die Vermögensverwaltung der Kirchen und Schulen).
Theil II. Titel 11 §§ 170/74, 193/94, 219, 227, 625/26, 629—700 (Grundsätze für die Vermögensverwaltung der Kirchen und Schulen).
Theil II. Titel 11 §§ 710 ff. (Vorschriften über die kirchliche Baulast).
Theil II. Titel 11 §§ 784 ff. (Pflicht zur Reparatur der Kirchenbeamtenwohnungen).
Theil II. Titel 12 §§ 1—53 (Schulrecht).
Theil II. Titel 12 §§ 3—8 (Von Privat-Erziehungsanstalten).
Theil II. Titel 14 §§ 4 ff., 78—80 (Rechtsweg über Staatssteuern).
1801. 18. Mai. Katholisches Schulreglement für Schlesien.
1808. 26. Dezember. Verordnung wegen verbesserter Einrichtung der Provinzialbehörden.
§§ 34—42 (Rechtsweg). § 48 (Executive Gewalt).
1810. 27. Oktober. Verordnung, betreffend die veränderte Verfassung der obersten Staatsbehörden.
1814. 24. August. Allgemeine Schulordnung für die Herzogthümer Schleswig und Holstein.
1817. 24. März. Edict, betreffend die Einrichtung der öffentlichen Unterrichtsanstalten im Herzogthum Nassau.
— 24. März. Allgemeine Schulordnung für das Herzogthum Nassau.
— 23. Oktober. Dienstinstruktion für die Konsistorien.
— 23. Oktober. Geschäftsinstruktion für die Regierungen.
— 3. November. Verordnung wegen der Geschäftsführung bei den Oberbehörden in Berlin.
1820. 30. Mai. Instruktion, betreffend die Verhältnisse der vormals unmittelbaren Deutschen Reichsstände.
1822. 11. Juli. Gesetz, betreffend die Heranziehung der Staatsdiener zu den Gemeindelasten.
1825. 14. Mai. Kabinetsordre, betreffend die Schulpflicht und die Schulzucht.
— 31. Dezember. Königliche Ordre, betreffend einige Abänderungen in der bisherigen Organisation der Provinzial-Verwaltungsbehörden

hinsichtlich der Konsistorien,
" " Regierungen,
" " executiven Gewalt.

— 31. Dezember. Geschäftsanweisung für die Regierungen.
1829. 22. Februar. Landtagsabschied, betreffend die Regelung der Schullehrerbesoldungen bei den evangelischen Schulen in Schlesien.
1831. 29. August. Regulativ, betreffend die Errichtung und Unterhaltung der Landschulen in Neuvorpommern.
1833. 15. August. Allerhöchste Ordre, betreffend die Ausführung dieses Regulativs (Abschaffung des Schulgeldes, Befreiung der 60jährigen Hausväter).
— 29. September. Allerhöchste Kabinetsordre, betreffend die Genehmigung zur Errichtung gemeinschaftlicher Wittwen-, Sterbe- und Aussteuerkassen.
1834. 10. Juni. Kabinetsordre, betreffend die Aufsicht des Staates über Privatanstalten und Privatpersonen, die sich mit dem Unterricht und der Erziehung der Jugend beschäftigen.
1836. 19. Juni. Kabinetsordre, betreffend die Einziehung der Kirchen-, Pfarr- und Schulabgaben.
1839. 31. Dezember. Staatsministerial-Instruktion, betreffend das Privatunterrichtswesen.
1840. 18. Juni. Gesetz über die Verjährungsfristen bei öffentlichen Abgaben.
1842. 11. Mai. Gesetz über die Zulässigkeit des Rechtsweges in Beziehung auf polizeiliche Verfügungen.
— 30. September. Gesetz über die Rechtsverhältnisse der Juden in Hannover.
1843. 4. Mai. Gesetz über das Wiederinkurssetzen von Inhaberpapieren.
1844. 24. Januar. Verordnung über die Festsetzung und den Ersatz der bei Kassen- und anderen Verwaltungen vorkommenden Defekte.
— 11. November. Verordnung, betreffend die Beitragspflicht der Rittergutsbesitzer und anderer Grundbesitzer in den vormals Königlich Sächsischen Landestheilen der Provinz Sachsen zur Unterhaltung der Kirchen, Pfarren und Schulen.

1845. 26. Mai. Gesetz, betreffend das christliche Volksschulwesen in Hannover[1]).

— 11. Juli. Kabinetsordre, betreffend die Vermögensverwaltung der Kirchen, Pfarren ꝛc. nach Märkischem Provinzialrecht.

— 11. Dezember. Schulordnung für die Elementarschulen der Provinz Preußen.

1846. 11. April. Verordnung, betreffend die Beitragspflicht zur Unterhaltung von Kirchen-, Pfarr- und Schulgebäuden in dem Markgrafenthum Oberlausitz.

— 21. Juli. Gesetz, betreffend den Bau der Schul- und Küsterhäuser.

1847. 8. April. Verordnung über das Verfahren bei Kompetenzkonflikten.

— 23. Juli. Gesetz über die Verhältnisse der Juden.

1848. 14. Oktober. Hannoversches Gesetz über Schulvorstände[2]).

1850. 31. Januar. Preußische Verfassungsurkunde, die Artikel 21—26, 112.

1852. 21. Juli. Gesetz, betreffend die Dienstvergehen der nichtrichterlichen Beamten.

1854. 13. Februar. Gesetz, betreffend die Konflikte bei gerichtlichen Verfolgungen wegen Amts- und Diensthandlungen.

1855. 10. Mai. Gesetz, betreffend die Pfarr- und Schulauseinandersetzungen in den vormals Königlich Sächsischen Landestheilen.

1860. 19. März. Gesetz, betreffend die Revision der Normalpreise für Ablösungen[3]).

1861. 24. Mai. Gesetz, betreffend die Erweiterung des Rechtsweges: §§ 1—7 (Vermögensrechtliche Ansprüche der Staatsbeamten); §§ 9 ff. (Oeffentliche Abgaben).

1862. 10. März. Nassauisches Gesetz, betreffend die Dotation der Schulstellen.

1864. 10. März. Gesetz, betreffend die Abänderung des ostpreußischen Provinzialrechts (Ablösung der Kalende).

— 16. Juli. Patente für das Herzogthum Holstein, betreffend die Errichtung von Schulkollegien; die Erwählung der ständigen Lehrer durch die Schulkommunen; die Dotation der Lehrerstellen.

1865. 10. April. Gesetz, betreffend die Regulirung der Schlesischen Zehnt-Verfassung.

1867. 13. Mai. Verordnung über die Kompetenz des Unterrichtsministers zur Verfügung über Gegenstände der Unterrichtsverwaltung in den neu erworbenen Landestheilen.

— 19. Juli. Verordnung, betreffend das Diensteinkommen der öffentlichen Volksschullehrer in dem Regierungsbezirke Kassel.

— 22. September. Verordnung, betreffend die Einrichtung von Provinzialschulkollegien für die neuen Landestheile.

— 23. September. Verordnung, betreffend die Heranziehung der Staatsdiener zu den Gemeindelasten in den neuerworbenen Landestheilen.

1868. 10. Oktober. Landschulordnung des Herzogthums Lauenburg.

1869. 22. Dezember. Gesetz, betreffend die Wittwen- und Waisenkassen für Elementarlehrer[4]).

1870. 23. Februar. Gesetz, betreffend die Genehmigung zu Schenkungen und letztwilligen Zuwendungen an juristische Personen.

1872. 11. März. Gesetz, betreffend die Beaufsichtigung des Unterrichts- und Erziehungswesens.

— 27. März. Gesetz, betreffend die Pensionirung der unmittelbaren Staatsbeamten[5]).

— 27. April. Gesetz, betreffend die Ablösung der den geistlichen und Schulinstituten zustehenden Realberechtigungen.

— 4. Juli. Gesetz, betreffend den Orden der Gesellschaft Jesu.

1873. 24. März. Gesetz, betreffend die Tagegelder und Reisekosten der Staatsbeamten.

— 25. März. Gesetz, betreffend die Kautionen der Staatsbeamten.

— 26. März. Gesetz, betreffend die Aufhebung bez. Ermäßigung gewisser Stempelabgaben.

— 12. Mai. Gesetz, betreffend die Gewährung von Wohnungsgeldzuschüssen an die unmittelbaren Staatsbeamten.

— 14. Mai. Gesetz, betreffend den Austritt aus der Kirche.

1874. 15. Februar. Gesetz, betreffend die Ablösung der den geistlichen und Schulinstituten zustehenden Realberechtigungen in Hannover.

---

[1]) vergl. das Zusatzgesetz vom 2. August 1856.

[2]) vergl. die Zusatzgesetze vom 5. November 1850 und 9. Oktober 1864.

[3]) vergl. das Zusatzgesetz vom 11. Juni 1873.

[4]) vergl. das Zusatzgesetz vom 24. Februar 1881.

[5]) vergl. das Zusatzgesetz vom 31. März 1882 und vom 30. April 1884.

1874. 16. Februar. Gesetz, betreffend den Beginn der verbindlichen Kraft der durch die Gesetzsammlung verkündeten Erlasse.

— 8. April. Reichs-Impfgesetz.

— 2. November. Verordnung, betreffend die Organisation der Disziplinarbehörden für die Lehrer und Beamten an den öffentlichen Unterrichtsanstalten in den Fürstenthümern Waldeck und Pyrmont[1]).

1875. 12. April. Gesetz, betreffend die Ausführung des Reichs-Impfgesetzes.

— 31. Mai. Gesetz, betreffend die geistlichen Orden der katholischen Kirche[2]).

— 5. Juli. Vormundschaftsordnung, § 39 (Anlegung von Kapitalien).

— 8. Juli. Gesetz, betreffend die Dotation der Provinzialverbände (Fürsorge für das Taubstummen-, Blinden- und Idiotenwesen).

1876. 28. Juli. Gesetz, betreffend den Austritt aus den jüdischen Synagogengemeinden.

— 25. August. Gesetz, betreffend die Vertheilung der öffentlichen Lasten bei Grundstückstheilungen und die Gründung neuer Ansiedelungen.

— 28. August. Gesetz, betreffend die Geschäftssprache der Behörden, Beamten und politischen Körperschaften des Staates.

1877. 24. Februar. Gesetz, betreffend die Umzugskosten der Staatsbeamten.

1878. 13. März. Gesetz, betreffend die Unterbringung verwahrloster Kinder.

1879. 1. August. Verordnung, betreffend die Konflikte zwischen Gerichten und Verwaltungsbehörden.

— 7. September. Verordnung, betreffend das Verwaltungszwangsverfahren wegen Beitreibung von Geldbeträgen.

1881. 6. Februar. Gesetz, betreffend die Zahlung der Beamtengehälter und Bestimmungen über das Gnadenquartal.

— 23. Februar. Gesetz, betreffend die Bewilligung von Staatsmitteln zur Hebung der wirthschaftlichen Lage in den nothleidenden Theilen des Regierungsbezirks Oppeln.

1882. 20. Mai. Gesetz, betreffend die Fürsorge für die Wittwen und Waisen der unmittelbaren Staatsbeamten.

1883. 23. April. Gesetz, betreffend den Erlaß polizeilicher Strafverfügungen wegen Uebertretungen.

— 1. Juli. Reichs-Gewerbeordnung: § 6 (Ausschluß der Anwendung auf das Unterrichtswesen), §§ 135 ff. (Fabrikschulen).

— 30. Juli. Gesetz, betreffend die Organisation der allgemeinen Landesverwaltung: §§ 1—47 (Behörden), §§ 50 ff. (Verfahren).

— 1. August. Gesetz, betreffend die Zuständigkeit der Verwaltungs- und Verwaltungsgerichtsbehörden: §§ 45—49 (Zuständigkeit in Schulangelegenheiten), §§ 18, 34 (Reklamationen gegen Gemeindeabgaben), §§ 19, 35, 48 (Zwangsetatisirungsrecht gegen Gemeinden).

1885. 14. Mai. Gesetz, betreffend Ueberweisung von Beträgen, welche aus landwirthschaftlichen Zöllen eingehen, an die Kommunalverbände (lex Huene).

— 6. Juli. Gesetz, betreffend die Pensionirung der Lehrer und Lehrerinnen an den öffentlichen Volksschulen.

— 27. Juli. Gesetz, betreffend Ergänzung und Abänderung einiger Bestimmungen über Erhebung der auf das Einkommen gelegten direkten Kommunalabgaben (Nothkommunalsteuergesetz).

1886. 26. April. Gesetz, betreffend die Beförderung deutscher Ansiedelungen in den Provinzen Westpreußen und Posen.

— 4. Mai. Gesetz, betreffend die Errichtung und Unterhaltung von Fortbildungsschulen in den Provinzen Westpreußen und Posen.

— 6. Mai. Gesetz, betreffend die Bestrafung der Schulversäumnisse im Gebiete der Schulordnung für die Elementarschulen der Provinz Preußen vom 11. Dezember 1845 und des Schulreglements vom 18. Mai 1801 für die niederen katholischen Schulen in den Städten und auf dem platten Lande von Schlesien und der Grafschaft Glatz.

— 22. Juni. Gesetz, betreffend die Feststellung eines Nachtrages zum Staatshaushalts-Etat für das Jahr vom 1. April 1886/87, durch welchen u. A. die Mittel zur Förderung des Deutschthumes in den Provinzen Westpreußen und Posen und im Regierungsbezirke Oppeln bereit gestellt werden.

---

[1]) vergl. jetzt die Verordnung vom 25. März 1885.

[2]) vergl. die Ergänzungsgesetze vom 14. Juli 1880, 21. Mai 1886 und 29. April 1887.

1886. 15. Juli. Gesetz, betreffend die Anstellung und das Dienstverhältniß der Lehrer und Lehrerinnen an den öffentlichen Volksschulen im Gebiete der Provinzen Posen und Westpreußen.

1887. 29. April. Gesetz, betreffend Abänderungen der kirchenpolitischen Gesetze (Artikel 5: Zulassung geistlicher Orden der katholischen Kirche zur Leitung höherer Mädchenschulen).

— 26. Mai. Gesetz, betreffend die Feststellung von Anforderungen für Volksschulen.

— 6. Juni. Gesetz, betreffend die Theilung von Kreisen in den Provinzen Posen und Westpreußen.

1888. 28. März. Gesetz, betreffend den Erlaß der Wittwen- und Waisengeldbeiträge der unmittelbaren Staatsbeamten.

— 22. Mai. Gesetz, betreffend Verleihung von Korporationsrechten an Niederlassungen geistlicher Orden und ordensähnlicher Kongregationen der katholischen Kirche.

— 14. Juni. Gesetz, betreffend die Erleichterung der Volksschullasten.

1889. 31. März. Gesetz, betreffend die Ergänzung des Gesetzes über die Erleichterung der Volksschullasten vom 14. Juni 1888.

— 19. Mai 1889. Gesetz, betreffend Abänderung mehrerer Bestimmungen der Gesetzgebung über Stempelsteuer.

— 19. Juni 1889. Gesetz, betreffend Abänderungen des Gesetzes über die Erweiterung, Umwandlung und Neuerrichtung von Wittwen- und Waisenkassen für Elementarlehrer vom 22. Dezember 1869.

1890. 20. März 1890. Gesetz, betreffend Abänderungen des § 19 Absatz 1 des Pensionsgesetzes vom 27. März 1872.

— 26. April 1890. Gesetz, betreffend die Abänderung des § 11 des Gesetzes über die Pensionirung der Lehrer und Lehrerinnen an den öffentlichen Volksschulen vom 6. Juli 1885.

— 27. Juni. Gesetz, betreffend die Fürsorge für die Waisen der Lehrer an öffentlichen Volksschulen.

1891. 1. März 1891. Gesetz, betreffend die Ausdehnung einiger Bestimmungen des Gesetzes vom 31. März 1882 wegen Abänderung des Pensionsgesetzes vom 27. März 1872 auf mittelbare Staatsbeamte.

— 11. Juli 1891. Gesetz, betreffend Abänderung der §§ 31, 65 und 68 des Gesetzes zur Ausführung des Bundesgesetzes über den Unterstützungswohnsitz vom 8. März 1871.

Die Verordnungen des Unterrichtsministers sowie diejenigen Verfügungen und Berichte der Provinzialbehörden, welche ein allgemeines Interesse beanspruchen, werden veröffentlicht durch das seit 1859 im Verlage von W. Hertz in Berlin erscheinende „Centralblatt für die gesammte Unterrichts-Verwaltung“[1]). Eine Zusammenstellung sämmtlicher auf das Volksschulwesen bezüglicher Bestimmungen enthält das oben unter Nr. 48 aufgeführte Werk von Schneider und von Bremen[2]).

[1]) Dieses Werk wird im weiteren Texte mit „Centralblatt“ bezeichnet werden.

[2]) Dieses Werk wird im weiteren Texte mit „a. a. O.“ bezeichnet werden.

Unter Wirkung der vorstehend bezeichneten Gesetze und der in Ausführung derselben ergangenen Verordnungen hat das preußische Schulwesen die Gestalt erhalten, welche die nachfolgenden Blätter zeichnen.

Die öffentlichen Volksschulen.

I. Abschnitt. Statistisches Gesammtbild und Rückblicke.

1. Statistisches Gesammtbild der Gegenwart.

Am 25. Mai 1891 wurden in den preußischen Volksschulen 4 916 476 Kinder in 34 742 Schulen unterrichtet; letztere waren mit 72 921 Klassenräumen ausgestattet, von welchen sich 70 564 in eigenem Schulgebäude oder in unentgeltlich zur Verfügung gestellten Räumen befanden.

Von den Schulen entfielen:

auf die Städte 3 871 mit 26 616 Unterrichtsräumen,
„ das Land 30 871 „ 46 305 „ ;

die 34 742 Schulen gliederten sich in 82 746 Klassen und zwar: 12 168 Knabenklassen,
12 281 Mädchenklassen,
58 297 gemischte Klassen.

Einklassig ihrem Lehrplane nach waren	16 600	Schulen mit	969 598	Kindern;
zweiklassig „ „ „ „	9 474	„ „	1 047 507	„
(darunter 5 878 Halbtagsschulen mit 568 235 Kindern);				
dreiklassig ihrem Lehrplane nach waren	4 447	Schulen mit	850 383	Kindern
(darunter 47 Schulen mit je 1 Lehrer und insgesammt 6 076 Kindern);				
vierklassig ihrem Lehrplane nach waren	1 553	Schulen mit	476 403	Kindern;
fünfklassig „ „ „ „	692	„ „	274 412	„ ;
sechsklassig „ „ „ „	1 551	„ „	394 952	„ ;
sieben- u. mehrklassig „ „ „	425	„ „	303 221	„ .

1 536 390 Kinder wurden in Schulen mit einem, 3 380 086 Kinder in Schulen mit zwei oder mehreren Lehrern unterrichtet.

Von den Schulkindern waren 2 467 558 Knaben, 2 448 918 Mädchen; 3 410 081 Knaben und Mädchen wurden in gemischten Klassen unterrichtet.

Den Bekenntnissen nach waren

3 107 701 Kinder evangelisch,
1 766 835 „ katholisch,
11 554 „ sonst christlich,
30 386 „ jüdisch.

4 699 087 Kinder hatten einen Schulweg von weniger als $2\frac{1}{2}$ Kilometer; einen weiteren Weg von $2\frac{1}{2}$ und mehr Kilometer hatten 217 389 Kinder; davon 20 244 in den Städten, 197 145 auf dem Lande.

Für den Unterricht an den preußischen Volksschulen waren am 25. Mai 1891: 71 731 Lehrerstellen begründet, von welchen 70 711 vorschriftsmäßig besetzt waren; außerdem waren noch 3 967 nicht vollbeschäftigte Hülfslehrer und 409 Hülfslehrerinnen thätig. Unter den vollbeschäftigten Hülfslehrern befanden sich 2 407, denen der Religionsunterricht für die konfessionellen Minderheiten übertragen war; endlich waren noch 37 129 Handarbeitslehrerinnen beschäftigt.

Dem Bekenntnisse nach bestanden Stellen:

für 44 937 evangelische Lehrer und
„ 3 545 „ Lehrerinnen,
„ 17 959 katholische Lehrer und
„ 4 890 „ Lehrerinnen,
„ 5 sonst christliche Lehrer und
„ 1 „ „ Lehrerin,
„ 336 jüdische Lehrer und
„ 58 „ Lehrerinnen.

Von den Schulen waren:

evangelisch	23 748	mit	3 050 820	Schulkindern,
katholisch	10 154	„	1 635 779	„ ,
sonst christlich	1	„	44	„ ,
jüdisch	244	„	9 519	„ ,
paritätisch	595	„	220 314	„ .

2 973 775 evangelische, 1 612 167 katholische Kinder wurden ausschließlich von Lehrern ihres Bekenntnisses unterrichtet.

Für die Unterhaltung der preußischen Volksschulen wurden im Jahre 1891 aufgewendet 146 225 312 ℳ. Diese Kosten scheiden sich in persönliche und sächliche; unter den persönlichen, welche 92 716 500 ℳ betragen, entfallen auf die Lehrergehalte 74 735 602 ℳ; von den sächlichen Kosten entfallen 21 820 194 ℳ auf die Ausführung von Bauten. An diesem Betrage sind 7 444 Neubauten, durch welche 2 828 Lehrerwohnungen und 5 990 Klassenräume neu beschafft worden sind, mit 15 065 910 ℳ betheiligt.

Weitere Mittheilungen über den gegenwärtigen Zustand des Volksschulwesens werden in den weiter unten folgenden statistischen Darstellungen gegeben werden.

2. Rückblicke und gedrängte Darstellung der Entwickelung des preußischen Schulwesens von seinen Anfängen bis zur Gegenwart.

Der vorstehend beschriebene Zustand ist das Ergebniß einer mehr als hundertjährigen stetigen Arbeit, in welcher der preußische Staat seine einigende Kraft bewährt, und in welcher, wie auf allen anderen Staatsgebieten, seine Könige vorangegangen sind. Zweihundert Jahre waren vergangen, seitdem das deutsche Volk zum ersten Male in ergreifender Rede an seine Christenpflicht gegen die heranwachsende Jugend erinnert worden und seitdem diese Pflicht zum ersten Male der Obrigkeit in das Gewissen geschrieben worden war[1]); hundert Jahre waren verstrichen, seit zum ersten Male in streng wissenschaftlicher Form überzeugend nachgewiesen worden war, daß jedem Menschen von seinem Schöpfer mit der Bildungsfähigkeit auch der Anspruch auf Bildung und Erziehung mit auf den Lebensweg gegeben worden sei, daß der Mensch zwar geschaffen sei, um Gottes Ebenbild zu sein, daß das Kind aber nur die Anlage dazu in sich trage und erst durch Unterricht und Erziehung werden könne, was es sein solle, — ehe diese Anregungen zu dauernder Geltung gelangten. Versuche, ihnen dazu zu verhelfen, waren wiederholt gemacht worden; es darf nur an den „Schulmethodus" des Herzogs Ernst von Gotha erinnert werden; aber man war nicht über Anfänge hinausgelangt. Ebenso hatte es nicht an Vorschriften in einzelnen Schulordnungen, an öffentlichen Kundgebungen und Ermahnungen der Landesherren und der Behörden im Interesse der Schulen, wohl aber an dem rechten Nachdrucke für diese gefehlt.

Auch im preußischen Staate war man trotz der besonderen Fürsorge, welche namentlich der große Kurfürst der Sache zuwendete, nicht wesentlich weiter gelangt, bis König Friedrich Wilhelm I. deren Förderung in die Hand nahm.

Schon in seinem ersten Regierungsjahre — am 24. Oktober 1713 — erließ er „die Königlich Preußische Evangelisch-Reformirte Inspektions- Presbyterial-Classikal-Gymnasien- und Schulordnung", welche für die gesammte Monarchie mit Ausnahme des Herzogthums Kleve, sowie der Grafschaft Mark und Ravensberg gelten sollte, das erste, wenn auch noch recht unvollkommene preußische Schulgesetz.

Am 28. September 1717 folgte mit der „Verordnung, daß die Eltern ihre Kinder zur Schule und die Prediger die Catechisationes halten sollten", die bestimmte Einführung der allgemeinen Schulpflicht.

> „Wir vernehmen mißfällig, und wird verschiedentlich von den Inspectoren und Predigern bei Uns geklagt, daß die Eltern, absonderlich auf dem Lande, in Schickung ihrer Kinder zur Schule sich sehr säumig erzeigen und dadurch die arme Jugend in große Unwissenheit, sowohl was das lesen, schreiben und rechnen betrifft, als auch in denen zu ihrem Heyl und Seligkeit dienenden höchstnöthigen Stücken aufwachsen lassen. Weshalb Wir umb diesem höchst verderblichen Uebel auff ein mahl abzuhelffen in Gnaden resolviret, dieses unser General-Edict ergehen zu lassen und darinn Allergnädigst und ernstlich zu verordnen, daß hinkünfftig an denen Orten, wo Schulen seyn, die Eltern bei nachdrücklicher Straffe gehalten sein sollen, Ihre Kinder gegen Zwey Dreyer[2]) Wöchentliches Schul-Geld von einem jeden Kinde im Winter täglich und im Sommer, wenn die Eltern die Kinder bey ihrer Wirthschaft benöthiget seyn, zum wenigsten ein- oder zweymahl die Woche, damit sie dasjenige, was im Winter erlernet worden, nicht gänzlich vergessen mögen, in die Schuel zu schicken. — — — — — — — — — — — — — — — — — — —."

[1]) „Darum will's hier dem Rath und der Obrigkeit gebühren, die allergrößte Sorge und Fleiß aufs junge Volk zu haben. Denn weil der ganzen Stadt Gut, Ehre, Leib und Leben ihnen zu treuer Hand befohlen ist, so thäten sie nicht redlich vor Gott und der Welt, wo sie der Stadt Gedeihen und Besserung nicht suchten mit allem Vermögen Tag und Nacht. Nun liegt einer Stadt Gedeihen nicht allein darin, daß man große Schätze sammle, feste Mauern, schöne Häuser, viel Büchsen und Harnisch zeuge; ja wo das viel ist und tolle Narren darüber kommen, ist so viel desto ärger und größer Schade derselben Stadt. Sondern das ist einer Stadt bestes und allerreichstes Gedeihen, Heil und Kraft, daß sie viel feiner, gelehrter, vernünftiger, ehrbarer, wohlerzogener Bürger hat, die können darnach wol Schätze und alles Gut sammeln, halten und recht brauchen." (Luther in dem Sendschreiben an die Rathsherren.) — [2]) 5 Pfennig unseres Geldes.

Damit war allerdings nur die eine Seite der allgemeinen Schulpflicht geordnet, die Verbindlichkeit der Eltern, ihre Kinder den vorhandenen Schulen zuzuführen; noch galt es, auch dafür zu sorgen, daß überall Schulen bereitstünden, also diejenigen zu bezeichnen, denen es obläge, die erforderlichen Schulen in das Leben zu rufen und sie zu erhalten. Auch dies ließ sich der König angelegen sein; doch erließ er nach dieser Richtung keine allgemeinen Edikte, sondern ordnete die Sache nach Provinzen. Am erschöpfendsten und am klarsten geschah dies im „Königreich Preußen". Dieses erhielt durch den „General-Schulenplan, nach welchem das Landschulwesen im Königreiche Preußen eingerichtet werden soll", bekannter unter seiner anderen Bezeichnung: „principia regulativa vom 30. Juli 1736", ein in seiner Art vollendetes Schulunterhaltungsgesetz. In dem folgenden Jahre bewilligte der Monarch mittels Ordre vom 21. Februar 1737 den für damalige Verhältnisse hohen Betrag von 50 000 Thaler, welcher unter dem Namen mons pietatis verwaltet werden und der Förderung des Schulwesens dienen sollte.

Friedrich der Große verfolgte die Ziele seines Vaters mit der ihm eigenen Energie, ließ sie auch während der drei schlesischen Kriege nicht aus dem Auge und gab unmittelbar nach deren Beendigung am 12. August 1763 der gesammten Monarchie das „General-Land-Schul-Reglement", „damit der so höchst schädlichen und dem Christenthum unanständigen Unwissenheit vorgebeuget und abgeholfen werde, um auf die folgende Zeit in den Schulen geschicktere und bessere Unterthanen bilden und erziehen zu können."

Das Reglement giebt ein ziemlich vollständiges Bild der Einrichtung, welche die Landschulen nach dem Plane des großen Königs haben sollten. An die Spitze stellt es die allgemeine Schulpflicht.

„§ 1. Zuvörderst wollen Wir, daß alle Unsere Unterthanen, es mögen seyn Eltern, Vormünder oder Herrschaften, denen die Erziehung der Jugend obliegt, ihre eigne sowohl als ihrer Pflege anvertraute Kinder, Knaben oder Mädchen, wo nicht eher, doch höchstens vom Fünften Jahre ihres Alters in die Schule schicken, auch damit ordentlich bis in das dreizehnte und vierzehnte Jahr continuiren und sie so lange zur Schule halten sollen, bis sie nicht nur das Nöthigste vom Christenthum gefasset haben und fertig lesen und schreiben, sondern auch von demjenigen Red' und Antwort geben können, was ihnen nach den von unseren Consistoriis verordneten und approbirten Lehrbüchern beigebracht werden soll."

Das Einkommen des Lehrers gründet das Reglement wesentlich auf die Einnahme aus dem Schulgelde.

„§ 7. Was das Schulgeld betrifft, so soll für jedes Kind, bis es zum Lesen gebracht wird, im Winter sechs Pfennige, wenn es aber zum Lesen gekommen, Neun Pfennige, und wenn es schreibt und rechnet, Ein Groschen wöchentlich gegeben werden. In den Sommer-Monaten dagegen wird nur Zwei Drittheil von diesem angesetzten Schulgelde entrichtet, so daß diejenige, welche Sechs Pfennige im Winter gegeben, nach dieser Proportion Vier, welche Neun Pfennige gegeben haben, Sechs und welche sonst Einen Groschen gegeben, nunmehro Acht Pfennige geben sollen. Ist etwa an ein und dem andern Ort ein mehreres an Schulgeld zum Besten der Schulmeister eingeführt, so hat es dabei auch ins künftige sein Bewenden.

„§ 8. Wenn aber einige Eltern notorisch so arm wären, daß sie für ihre Kinder das erforderliche und gesetzte Schul-Geld nicht bezahlen könnten, oder die Kinder, welche keine Eltern mehr haben, wären nicht im Stande, das Schulgeld zu entrichten, so müssen sie sich deshalb bei den Beamten, Patronen, Predigern und Kirchen-Vorstehern, insofern dieselben über die Kirchen-Mittel zu disponieren haben, melden, da dann, wenn kein anderer Weg vorhanden, entweder aus dem Klinge-Beutel oder aus einer Armen- oder Dorf-Kasse die Zahlung geschehen soll, damit den Schulmeistern an ihrem Unterhalte nichts abgehe, folglich dieselbe auch beydes, armer und reicher Leute Kinder, mit gleichem Fleiß und Treue unterrichten mögen."

Das Reglement giebt sodann — und zwar recht strenge — Vorschriften über die Bestrafung der Schulversäumnisse, über die Kontrole sowohl der Einschulung, wie des Schulbesuches, über die Prüfung und die Beaufsichtigung der Lehrer, über die Beseitigung der Winkelschulen, über die Gegenstände und den Gang des Unterrichtes, über die Lehrbücher, über das Verfahren bei deren Einführung, über Beschaffung derselben für die armen Kinder und über die Schulzucht.

Es darf behauptet werden, daß in diesem General-Land-Schul-Reglement, welches übrigens wiederum seine Ergänzung in Provinzialverordnungen, so beispielsweise im Reglement vom 3. November 1765 „für Unsre Römisch-Katholische Unterthanen von Schlesien und der Grafschaft Glatz" erhalten hat, die Linien vorgezeichnet sind, in welchen sich das preußische Volksschulwesen seitdem weiter bewegt hat.

Zunächst erhielt es freilich noch eine festere Grundlage in den Vorschriften des Allgemeinen Landrechtes. In kaum mehr als vierzig Sätzen (§§ 12 bis 53 Titel 12 Theil II.) werden Bestimmungen über Aufsicht und Direktion der gemeinen Schulen, über deren Rechte, die Bestellung der Lehrer, den Unterhalt der Schulen und der Schulgebäude, über Rechte und Pflichten der Schulmeister, der Schulaufseher, der Prediger, über die allgemeine Schulpflicht und die Schulzucht getroffen. Zum ersten Male wird die allgemeine Schulpflicht nach ihren beiden Seiten durch Gesetz klar und bestimmt ausgesprochen. Die einschlägigen Bestimmungen lauten:

„§ 29. Wo keine Stiftungen für die gemeinen Schulen vorhanden sind, liegt die Unterhaltung der Lehrer den sämmtlichen Hausvätern jedes Ortes, ohne Unterschied, ob sie Kinder haben oder nicht und ohne Unterschied des Glaubensbekenntnisses ob.

„§ 34. Auch die Unterhaltung der Schulgebäude und Schulmeisterwohnungen muß als gemeine Last von allen zu einer solchen Schule gewiesenen Einwohnern ohne Unterschied getragen werden."

und

„§ 43. Jeder Einwohner, welcher den nöthigen Unterricht für seine Kinder in seinem Hause nicht besorgen kann oder will, ist schuldig, dieselben nach zurückgelegtem fünften Jahre zur Schule zu schicken.

„§ 46. Der Schulunterricht muß so lange fortgesetzt werden, bis ein Kind nach dem Befunde seines Seelsorgers die einem jeden vernünftigen Menschen seines Standes nothwendigen Kenntnisse gefaßt hat."

Die auf den Erlaß des Allgemeinen Landrechtes folgenden Jahre waren der Entwickelung des Volksschulwesens in Preußen nicht besonders günstig. Der Stillstand allerdings, welchen die Verwaltung des Staatsministers von Wöllner in dieselbe zu bringen versuchte, und welcher seinen Ausdruck in der „Anweisung für die Schullehrer in den Land- und niederen Stadtschulen zu zweckmäßiger Besorgung des Unterrichtes der ihnen anvertrauten Jugend vom 16. Dezember 1794" fand, war nur vorübergehend, da König Friedrich Wilhelm III. vom ersten Tage seiner Regierung an der Förderung des Volkswohles die lebhafteste Theilnahme zuwendete. Ein Zeugniß für diese giebt beispielsweise das „Reglement für die niederen katholischen Schulen in den Städten und auf dem platten Lande von Schlesien und der Grafschaft Glatz vom 18. Mai 1801." Die politischen Bewegungen aber, welche den Wechsel des Jahrhunderts begleiteten, die bittere Noth, welche über unser deutsches Vaterland und ganz besonders über den preußischen Staat kam, erschwerte jeden Fortschritt des öffentlichen Lebens und beraubte das Volk der Mittel, um die Werke des Friedens zu fördern.

Dennoch hatten jene Jahre der schwersten Trübsal das Gute, daß sich das Auge der Regierenden im Lande auf die Punkte richtete, von welchen die Wiedergeburt des Volkes ausgehen sollte. So wurden gesetzgeberische Thaten vollzogen, durch welche die Voraussetzungen für eine gedeihliche Entwickelung des Staates überhaupt, mittelbar auch für eine solche auf dem Gebiete der Volksschule gegeben wurden. Dies geschah namentlich durch die Edikte vom 1. Juni und vom 27. Juli 1808 und vom 14. September 1811, welche einen freien Bauernstand in das Leben riefen, und durch das Gesetz vom 19. November 1808, welches den Städten die Selbstverwaltung gab. Die Verwerthung dieser Gesetze für das Schulwesen ließ nicht lange warten. Am 26. Juni 1811 erschien die Instruktion über die Zusammensetzung der Schuldeputationen in den Städten und am 28. Oktober 1812 folgte das Reskript des Königlichen Departements für den Kultus und öffentlichen Unterricht, betreffend die Anordnung von Schulvorständen auf dem Lande.

Wenige Jahre nach dem Friedensschlusse wurden dann noch die höheren und höchsten Unterrichtsbehörden neu gestaltet und mit Vollmachten versehen. Durch die Dienstinstruktionen vom 23. Oktober 1817 wurde dem Konsistorium, dessen Obliegenheiten, soweit sie das Schulwesen betreffen, durch Allerhöchste Ordre vom 31. Dezember 1825 auf eine eigene, neu geschaffene Behörde, das Königliche Provinzial-Schulkollegium übertragen worden sind, neben der Leitung und Beaufsichtigung des gesammten höheren Schulwesens die Sorge für die Ausbildung der Lehrer, sowie die Bearbeitung aller allgemeinen Angelegenheiten des Schulunterrichtes überwiesen, während den Regierungen die besondere Leitung und Beaufsichtigung der Volksschulen, sowohl nach ihrer inneren wie nach ihrer äußeren Seite, die Bestätigung und Beaufsichtigung der Lehrer, endlich die Einrichtung und Vertheilung der Schulsozietäten zufiel.

Den Schlußstein des mühsam von unten nach oben geführten Gebäudes bildete die Allerhöchste Verordnung vom 3. November 1817, welche unter III. bestimmt:

„Der Minister des Innern giebt das Departement für den Kultus und öffentlichen Unterricht und das damit in Verbindung stehende Medizinalwesen ab. Die Würde und Wichtigkeit der geistlichen und der Erziehungs- und Schulsachen macht es räthlich, diese einem eigenen Minister anzuvertrauen."

So war die Form vollendet, und es war die Aufgabe des neu gebildeten Ministeriums, ihr den richtigen Inhalt zu geben.

Die Aufgabe war keine leichte. Der preußische Staat war durch den Wiener Vertrag vom 10. Februar 1815 wesentlich umgebildet worden; sein Gebiet, welches durch den Frieden von Tilsit auf rund 2070 □-Meilen herabgesunken war, hatte sich auf rund 5040 □-Meilen erweitert, seine Einwohnerzahl sich um etwa 6 000 000 erhöht. Es war aber nicht etwa der Staat in der Gestalt, welche er vor 1807 gehabt hatte, wieder hergestellt worden, sondern es waren alte Gebiete abgezweigt, ganz neue hingefügt worden. Die natürliche Folge hiervon war, daß sich die einzelnen Theile des Staates durch die verschiedenartigsten Einrichtungen, Sitten und Gesetze von einander schieden. Diese Mannigfaltigkeit, wir dürfen sagen, innere Zerrissenheit, machte sich namentlich auf dem Gebiete des Volksschulwesens geltend. Die wohlthätigen Gesetze, welche die preußischen Könige ihren Ländern gegeben hatten, standen in weiten Strecken des Landes nicht in Kraft, und es war die Aufgabe der Verwaltung, wenn auch nicht Gleichförmigkeit, so doch Gleichartigkeit der Schuleinrichtungen auf dem Wege der Verordnungen herbeizuführen.

Ein zweites Hemmnis für eine gedeihliche Entwickelung des Volksschulwesens war die Verarmung der Bevölkerung in Folge des Krieges. Die Unruhen desselben hatten alle Kulturarbeit unterbrochen und jeden Fortschritt zum Stehen gebracht. Unter den Einwirkungen der Philanthropen, namentlich aber der Anhänger Pestalozzi's, waren an vielen Stellen des deutschen Landes Lehrerbildungsanstalten ins Leben getreten, bessere Schulen errichtet worden; fast alle diese Einrichtungen waren im Keime erstickt und die Verwaltung stand vor ganz neuen Aufgaben. Wer einen Blick in die Urkunden über die Schulzustände jener Zeit, etwa in Beckedorff's Jahrbücher, Nossel's Rheinisch-Westfälische Monatsschrift, Krüger's und Harnisch's „Schulrath an der Oder" thut, begegnet überall denselben Klagen: Schlechte Schulhäuser, unzureichend besoldete, unfähige Lehrer, eine verwilderte Schuljugend, welche noch obenein nur sehr unregelmäßig zur Schule kommt.

Der bekannte spätere Schulrath Carl Wilhelm von Türk schildert in seiner im Jahre 1804 erschienenen Schrift: „Ueber zweckmäßige Einrichtung der öffentlichen Schul- und Unterrichtsanstalten als eines der wirksamsten Beförderungsmittel einer wesentlichen Verbesserung der niedern Volksklassen" den Zustand seiner Zeit wie folgt:

> „Die Schule, die öffentliche Erziehung, sollte die Mängel der häuslichen verbessern, ihre Lücken ausfüllen, der Macht des übeln Beispiels, das die Eltern geben, entgegenarbeiten; allein wie entsprechen die Landschulen diesen Forderungen? So, daß ich keinen Anstand nehme zu behaupten, es wäre den meisten Kindern besser, sie gingen gar nicht in die Schule, als, daß sie in solche Schulen, zu solchen Lehrern gehen, wie die meisten es sind. Alles, was sich dem nur einigermaßen aufmerksamen Beobachter in den meisten der jetzt vorhandenen Landschulen darstellet, ist unbeschreiblich elend, widersinnig, verderblich in seinem Einflusse auf die Erziehung der Jugend.
>
> „Elende, enge, niedrige Schulzimmer, — denn nicht selten ist das Haus des Schulmeisters das schlechteste im Dorfe, — eine verdorbene, verpestete Luft, der höchste Grad der Unreinlichkeit, der nicht selten dadurch, daß die Schulstube zugleich Wohnzimmer, Werkstätte und Stall für das Federvieh ist, herbeigeführt wird.
>
> „Unwissende, ungesittete, unreinliche Schulmeister, welche die Schule als einen nothwendigen Nebenbehelf, die Betreibung ihres Handwerks als die Hauptsache betrachten und dieses leider!! nur zu oft thun müssen, wenn sie nicht hungern wollen. Eine Methode, (wenn man anders diesen Ausdruck mißbrauchen will, um die nothdürftige, erbärmliche Anwendung eines schon an sich höchst widersinnigen Schlendrians zu bezeichnen) — die nur darauf hinausläuft, das Gedächtniß des Kindes mit ihm unverständlichen Stellen und Sätzen des Katechismus und der Bibel zu überladen, es nothdürftig buchstabiren und lesen zu lehren (an Schreiben und Rechnen ist oft gar nicht zu denken), währenddem Kopf und Herz gleich leer bleiben und die Hände unbeschäftigt sind."

Mögen die Farben dieses Bildes auch etwas stark aufgetragen sein, so ersieht man doch wie richtig im Ganzen das von Herrn von Türk gegebene Bild ist, wenn man an einer späteren Stelle seines Buches liest, daß er für den Schullehrer neben einigen Naturalien und dem Schulgelde ein festes Gehalt von jährlich 12 Thalern fordert, das dem Lehrer zu gewährende Gesammteinkommen auf 65 Thaler berechnet und dabei noch Zweifel an der Möglichkeit ausspricht, „diese beträchtlichen Gehaltsverbesserungen auszuführen."

Er mochte wohl Recht haben; noch im Jahre 1820 bestanden im preußischen Staate Landschullehrerstellen mit einem Einkommen von:

unter 10 Thaler		. . . .	323
zwischen 10 und 20 Thlr.		. . . .	857
" 20 " 40	"	. . . .	2 287
" 40 " 60	"	. . . .	2 826
" 60 " 80	"	. . . .	2 957
" 80 " 100	"	. . . .	2 833
" 100 " 130	"	. . . .	2 418
" 130 " 150	"	. . . .	1 152
" 150 " 180	"	. . . .	1 086
" 180 " 200	"	. . . .	414
" 200 " 220	"	. . . .	256
" 220 " 250	"	. . . .	253
" 250 " 300	"	. . . .	244
" 300 " 350	"	. . . .	132
" 350 " 400	"	. . . .	84
" 400 " 450	"	. . . .	12
" 450 " 500	"	. . . .	6
		Summe	18 140.

Seitens des preußischen Ministeriums wurde die Aufgabe, hier Abhülfe zu schaffen, unter Aufbietung aller verfügbaren Kräfte ihrer Lösung entgegengeführt. Noch während der Kriegsjahre hatte König Friedrich Wilhelm III. eine Anzahl begabter junger Männer nach der Schweiz gesendet, damit sie in Pestalozzi's Schule sich für die Volksschulerziehung erwärmen und deren zweckmäßigste Betreibung erlernen möchten. Außerdem hatte er einige besonders hervorragende außerpreußische Schulmänner in das Land gezogen. In diesen und in den heimgekehrten Schülern Pestalozzi's hatte er nun die Männer gewonnen, welche als Schulräthe und als Seminardirektoren die Reorganisation des Volksschulwesens durchführen sollten. Diese fanden ihren Führer in dem Geheimen Ober-Regierungsrath Dr. **Beckedorff**, welcher 1819 als vortragender Rath in das Ministerium getreten war. Das Werk wurde jetzt mit frischem Eifer zielbewußt in Angriff genommen und von den Gesichtspunkten aus, welche von der höchsten Stelle gegeben wurden, gefördert. Die von Beckedorff herausgegebenen „Jahrbücher des Preußischen Volksschulwesens" dienten der gemeinsamen Verständigung und berichteten freimüthig über die zahlreich vorhandenen Mängel, wie über die erreichten Erfolge, vor allem aber hielten sie die Freude an der Arbeit wach; den nachfolgenden Geschlechtern sind sie eine dankenswerthe Quelle für die Kenntniß eines der wichtigsten Abschnitte in der Geschichte des preußischen Volksschulwesens.

Es sei gestattet in nachstehenden Bildern die Zustände von sonst und jetzt neben einander zu stellen.

a) Unregelmäßiger Schulbesuch, dessen Ursachen und deren Beseitigung.

Der Schulbesuch, vorzugsweise in den westlichen Provinzen. — Das Allgemeine Landrecht hatte durch die Vorschriften in Theil II Titel 12 §§ 43—46 (siehe S. 29) allen Eltern, welche ihre Kinder im eigenen Hause nicht unterrichten können oder wollen, die Pflicht auferlegt, sie zur öffentlichen Schule zu schicken und sie in derselben so lange zu halten, bis sie die einem vernünftigen Menschen ihres Standes nothwendigen Kenntnisse gefaßt hätten. Diejenigen Landestheile, in welchen das Allgemeine Landrecht nicht eingeführt ist, entbehrten einer entsprechenden Vorschrift, und es fand in Folge dessen in diesen ein ganz unregelmäßiger Schulbesuch statt. Die Bemühungen der Unterrichtsbehörden, auf dem Wege einer Verordnung oder durch unmittelbare Einwirkung auf die Eltern eine Besserung herbeizuführen, scheiterten an dem Widerspruche der Eltern. Der Versuch, den Schulbesuch durch polizeiliche oder gerichtliche Strafen zu erzwingen, mußte mißglücken, weil es an Gesetzen fehlte, auf Grund deren die Gerichte die von den Verwaltungsbehörden auferlegten Strafen zu Recht bestehen lassen konnten. So kam es, daß im Regierungsbezirke Aachen, über welchen uns Beckedorff's Jahrbücher genauere Auskunft geben, von 1 852 evangelischen Kindern zwischen 5 und 14 Jahren nur 1 600, von 64 401 katholischen Kindern nur 32 403 zur Schule kamen. Allerdings enthielten die vorhandenen Unterrichtsräume nur für 28 606 Kinder Platz, während die Gesammtzahl der christlichen und jüdischen Kinder 66 611 betrug. Das Nähere ergiebt die nachfolgende Tabelle:

Nachweisung über den Zustand des Schulwesens
(Die Angabe der schulbesuchenden Kinder ist vom Jahre 1824.

Kreis.	Bevölkerung	Kinder vom vollendeten 5. bis vollendeten 14. Jahre:									
		Evangelische			Katholische			Israelitische			Gesammtsumme
		vom vollendeten 5. bis 12. Jahre	vom vollendeten 12. bis 14. Jahre	Summe	vom vollendeten 5. bis 12. Jahre	vom vollendeten 12. bis 14. Jahre	Summe	vom vollendeten 5. bis 12. Jahre	vom vollendeten 12. bis 14. Jahre	Summe	
1	2	3	4	5	6	7	8	9	10	11	12
1. Stadtkreis Aachen	35 088	79	30	109	5 622	1 609	7 231	24	4	28	7 368
2. Landkreis Aachen	46 276	275	90	365	6 852	2 028	8 880	20	5	25	9 270
3. Düren	41 014	67	9	76	5 604	1 629	7 233	54	14	68	7 377
4. Erkelenz	31 780	265	68	333	4 836	1 383	6 219	25	7	32	6 584
5. Eupen	18 148	39	14	53	2 547	960	3 507	—	—	—	3 560
6. Geilenkirchen	22 780	77	24	101	3 595	965	4 560	27	5	32	4 693
7. Gemünd	31 152	193	65	258	5 441	1 255	6 696	38	11	49	7 003
8. Heinsberg	28 938	123	18	141	4 903	1 308	6 211	25	8	33	6 385
9. Jülich	32 008	107	27	134	4 364	1 170	5 534	67	24	91	5 759
10. Malmedy	25 228	3	—	3	3 706	1 328	5 034	—	—	—	5 037
11. Montjoie	17 564	210	69	279	2 579	717	3 296	—	—	—	3 575
Summe	**329 976**	**1 438**	**414**	**1 852**	**50 049**	**14 352**	**64 401**	**280**	**78**	**358**	**66 611**

Ein ähnliches Bild geben die andern vormals französischen Bezirke. Eine gründliche Besserung konnte nur auf gesetzlichem Wege herbeigeführt werden. Dieser Weg ist durch die Allerhöchste Ordre vom 14. Mai 1825 beschritten worden, welche die bezüglichen Vorschriften des Allgemeinen Landrechts über die Schulpflicht auch für diejenigen Provinzen, in welchen dasselbe nicht eingeführt ist, sogar in noch etwas schärferer Form in Geltung gebracht hat. Der § 1 dieser Verordnung schrieb vor: „Eltern oder deren gesetzliche Vertreter, welche nicht nachweisen können, daß sie für den nöthigen Unterricht der Kinder in ihrem Hause sorgen, sollen erforderlichen Falls durch Zwangsmittel und Strafen angehalten werden, jedes Kind nach zurückgelegtem 5. Jahre zur Schule zu schicken." Bekanntlich hat die Unterrichtsverwaltung im Laufe der Zeit den Schulbesuch der Kinder zwischen 5 und 6 Jahren nicht mehr gefordert, aber desto strenger darauf gehalten, daß derselbe bis zum vollendeten 14. Jahre ausgedehnt werde.

Die bezeichnete Ordre hat ihre Wirkung gethan, die Volksschulen werden jetzt auch in den obenbezeichneten Bezirken regelmäßig besucht. Für den Unterricht in denselben sind die erforderlichen Schulen und die erforderlichen Lehrkräfte vorhanden. Von den 94 471 der Volksschule zugewiesenen Kindern im Regierungsbezirke Aachen fehlte Ostern 1891 nur für 36 Kinder der Raum, während im Jahre 1824 für die damals 66611 Kinder 38005 Plätze fehlten, und während im Jahre 1824 sich 32471 schulpflichtige Kinder dem Schulbesuche entzogen, so besuchten im Mai 1891 nur 7 Kinder ohne triftigen Grund keine Schule. Die übrigen in der Volksschule nicht eingeschulten schulpflichtigen Kinder besuchten entweder höhere oder private Anstalten, oder waren aus triftigen Gründen vom Schulbesuch zeitweilig dispensirt. Der Regierungsbezirk hatte 624 Schulen und 1470 Klassen. Einen Schulweg von mehr als $2\frac{1}{2}$ Kilometer hatten 850 Kinder. Es waren 1413 Stellen für vollbeschäftigte Lehrer und Lehrerinnen vorhanden. Für Schulbauten waren in dem Jahre 1890/91: 414 568 Mark verwendet worden.

b) Schulpflichtige Kinder in den Fabriken.

Der Aufmerksamkeit der Unterrichtsbehörden konnte es nicht entgehen, daß der Grund für das Wegbleiben einer so großen Anzahl von Kindern aus der Schule seinen Grund in ihrer Ausnützung durch die allerdings in vielen Fällen sehr armen Eltern, ganz besonders in der Fabrikarbeit der Kinder lag. Der Minister erließ daher schon unterm 26. Juni 1824 folgendes Circular-Reskript:

im Regierungsbezirke Aachen im Jahre 1825.

die der schulpflichtigen und der Schulräume vom Jahre 1825.)

Zahl der Kinder, welche in den vorhandenen Schulräumen Platz haben, für jedes 6 □ Fuß gerechnet	Zahl der Schulen:		Zahl der schulbesuchenden Kinder:													Wiederholung der Bezeichnung in Spalte 1.
			Evangelische in				Katholische in				Israelitische in					
	Oeffentliche	Private	Elementarschulen	Mittelschulen	gelehrten Schulen	Summe	Elementarschulen	Mittelschulen	gelehrten Schulen	Summe	Elementarschulen	Mittelschulen	gelehrten Schulen	Summe	Gesammtsumme	
13	14	15	16	17	18	19	20	21	22	23	24	25	26	27	28	
2 828	9	29	157	27	10	194	2 150	291	302	2 752	10	6	3	19	2 965	1.
2 086	41	4	265	—	—	265	3 136	—	—	3 136	7	—	—	7	3 408	2.
3 633	65	4	85	19	—	104	3 629	158	—	3 787	20	—	—	20	3 911	3.
2 748	41	2	261	—	—	261	3 185	—	—	3 185	—	—	—	—	3 446	4.
867	6	8	30	7	—	37	1 183	104	—	1 287	—	—	—	—	1 324	5.
2 061	34	2	126	—	—	126	2 575	—	—	2 575	19	—	—	19	2 720	6.
3 862	76	—	157	—	—	157	4 010	—	—	4 010	27	—	—	27	4 194	7.
1 760	41	2	123	11	—	134	3 389	—	—	3 389	4	—	—	4	3 527	8.
4 072	49	2	178	7	—	185	3 472	71	—	3 543	41	—	—	41	3 769	9.
3 872	65	6	—	—	—	—	3 384	—	—	3 384	—	—	—	—	3 384	10.
1 815	21	—	137	—	—	137	1 355	—	—	1 355	—	—	—	—	1 492	11.
28 686	**448**	**59**	**1 519**	**71**	**10**	**1 660**	**31 477**	**624**	**302**	**32 403**	**128**	**6**	**3**	**137**	**34 148**	

„Bei der Unterrichts-Abtheilung des Ministerii ist zufällig zur Sprache gekommen, daß hin und wieder Kinder in Fabriken und Manufakturen sowohl bei Tage als zur Nachtzeit beschäftigt werden. Dieser Gegenstand ist in medizinisch-polizeilicher Hinsicht so wichtig, daß anscheinend eine nähere gesetzliche Bestimmung darüber nothwendig werden wird. Um aber die erforderlichen Materialien dazu zuvörderst zu sammeln, wird die Königliche Regierung hierdurch veranlaßt, nachstehende Fragen, insofern es die Umstände und Verhältnisse gestatten, baldmöglichst zu beantworten.

1. Werden in den Fabriken dortiger Gegend auch Kinder beschäftigt? und wenn dies der Fall ist,
2. zu welcher Arbeit?
3. in welchem Alter?
4. Täglich wie viel Stunden und in welchen Stunden des Tages oder der Nacht?
5. Wie ist im übrigen die Lebensart dieser sogenannten Fabrikkinder beschaffen, und in welcher Art ist sie verschieden von der Lebensart derjenigen Kinder gleichen Standes, welche nicht in Fabriken beschäftigt werden?
6. Wie ist der Gesundheitszustand dieser Kinder an sich und im Verhältnisse zu den nicht in Fabriken arbeitenden Kindern derselben Volksklasse?
7. Wenn der Gesundheitszustand der Fabrikkinder im Ganzen schlechter ist, als derjenige der übrigen Kinder, worin ist der Grund hiervon zu suchen, in den Arbeiten oder in andern Umständen?
8. Wie verhalten sich hinsichtlich der Gesundheit diejenigen Erwachsenen, die in ihrer Kindheit in Fabriken gearbeitet haben, zu denen, die dazu nicht gebraucht worden sind?
9. Welche gesetzliche Bestimmungen über Benutzung der Kinder zu Fabrikarbeiten würde die Königliche Regierung nach dem Resultate der hinsichtlich obiger Punkte angestellten Untersuchung für wünschenswerth und zweckmäßig halten?
10. Wie wird für den nöthigen Schulunterricht dieser Kinder gesorgt? und
11. Wie ist ihr sittlicher Zustand?"

Diese Verfügung erging zunächst an die Rheinischen und Westfälischen Regierungen und an diejenigen zu Liegnitz und Breslau in Schlesien.

Die von den betreffenden Königlichen Regierungen eingegangenen Berichte wurden in Beckedorff's Jahrbüchern veröffentlicht, zum Theil deshalb, weil ein Aufsatz in der Rheinisch-Westfälischen Monatsschrift von Nassel der Vorstellung Raum gegeben hatte, als habe die Unterrichtsverwaltung kein offenes Auge für die vorhandenen Uebelstände.

Wir lassen den Hauptinhalt dieser Berichte folgen, um zu zeigen, welche Nothstände die Unterrichtsverwaltung zu beseitigen hatte, und um den Fortschritt zu veranschaulichen, welcher innerhalb der letzten sechs Jahrzehnte in der Erziehung und der Versorgung der Kinder aus den ärmeren Volksklassen gemacht worden ist.

[**Zustand im Jahre 1824.**] Regierungsbezirk Breslau. Schulpflichtige Kinder in dem Alter von 8 bis 14 Jahren werden in Leinwand- und Tuchfabriken, bei der Baumwollspinnerei, in Kattundruckereien, in Tabacksfabriken und in Eisenhütten beschäftigt. Die Arbeitszeit ist täglich im Winter 10 bis 12 Stunden und im Sommer 14 Stunden, mit eingerechnet jedoch die zu ihrem Unterrichte bestimmte Zeit. In der Baumwollspinnerei zu Ullersdorff arbeitet abwechselnd die eine Hälfte der Kinder eine Woche hindurch bei Tage, die andere Woche aber bei Nacht.

Die Arbeitszimmer sind meistentheils geräumig und luftig, und wird daher der Gesundheitszustand der Kinder nicht gefährdet. Nur in Ullersdorff kann er weniger gut sein wegen des Durchwachens der Nächte, wegen der Ausdünstung vieler arbeitenden Menschen und wegen des Dunstes der Lampen. Die Kinder sehen blässer aus, und man fürchtet Nachtheil für die Augen, jedoch ist dies letztere nur noch bloße Besorgniß. Bei den erwachsenen Personen, welche in ihrer Kindheit in Fabriken gearbeitet haben, ist hinsichts ihrer Gesundheit nichts Nachtheiliges bemerkt worden.

Der sittliche Zustand ist einerseits vortheilhaft, weil die Kinder zu Fleiß, Geduld und großer Pünktlichkeit hingeleitet werden, andrerseits nachtheilig, weil die Redensarten erwachsener unmoralischer Personen in die jungen Gemüther sich tief einprägen.

Die Regierung hat Sorge getragen, daß alle Fabrikkinder mehr oder weniger die Schule besuchen.

Regierungsbezirk Liegnitz. In 5 Glasfabriken und 5 Wollmanufakturen werden Kinder resp. vom 6., 8., 9., 10., 11. und 12. Jahre beschäftigt. In der Glasfabrik zu Schreiberhau und in den beiden Wollspinnereien zu Grünberg werden nur Kinder mit dem 14. Jahre angenommen. Die Arbeitszeit geht aus der eingereichten Nachweisung nicht überall hervor; an einigen Orten währt sie 9 bis 14 Stunden täglich. Auch des Nachts wird in einigen Orten gearbeitet, doch ist auch hierin die Nachweisung nicht vollständig.

Der Gesundheitszustand der Kinder ist im Allgemeinen nicht nachtheilig, zum Theil selbst besser als anderer Kinder, weil die Eltern bei dem durch ihre Kinder vermehrten Erwerbe ihnen bessere Kost reichen können, ihre Arbeit nur leicht ist, und bei der Beschäftigung Frohsein herrscht. Die Regierung giebt indessen in ihrem Begleitberichte zu, daß die große Hitze in den Glasfabriken und die Tag und Nacht fortgehende Arbeit blasse Gesichtsfarbe erzeuge, auch die Gesundheit und Lebenskraft allmählich schwäche, weshalb diese Arbeiter ihr Alter gewöhnlich nicht viel über 50 Jahre bringen und nicht selten an Blödigkeit der Augen, an Nervenschwäche und Lähmung der Glieder leiden; sie fügt aber auch hinzu, daß, wenn die stufenweis zunehmende Gewöhnung an die Beschwerlichkeit dieses Berufes nicht schon früh beginnen würde, die angedeuteten Folgen vielleicht noch störender und eher sich äußern möchten.

Der sittliche Zustand ist meistens gut, und die Fabrikherren und Faktoren führen strenge Aufsicht über die Arbeiter. In den Wollspinnereien von Cockerell & Comp. sowie O'Brien & Comp. in Grünberg wird das Verhalten in der Fabrik durch affichirte Vorschriften geregelt, daher gute Zucht und Ordnung unter den Arbeitern herrscht. Nur in Kolzig und Wiesau wird über den Sittenzustand Klage geführt.

Die Kinder besuchen, wo sie sich noch im schulpflichtigen Alter befinden, selbst zum Theil mit Unterbrechung der Arbeit, die Schule.

Die Regierung hat verfügt, daß eine noch größere Theilnahme am Schulunterrichte, und in Wiesau auf die Sitten der Kinder strenge Aufsicht statt finden soll.

Regierungsbezirk Münster. Eine Beschäftigung von Kindern in Fabriken findet hauptsächlich statt in den Baumwollspinnereien zu Warendorf und Bocholt, und in der Flanellfabrik zu Neuenkirchen, Kreis Steinfurt. Die Zahl der Kinder beträgt im ersten Orte etwa 38, im zweiten 57, im letzteren 8. Die Arbeiten bestehen nach der Fabriksprache im Anlegen, Anmachen, Haspeln und Nobelspinnen. Die Kinder befinden sich gewöhnlich in einem Alter vom 6. bis zum 14., auch wohl 16. Jahre. Sie arbeiten in Warendorf Nachmittags von 2 bis 8 Uhr, im Winter bis 9 Uhr; in Bocholt täglich 7½ Stunde und zwar Vormittags von 9 bis 12 und Nachmittags von 1½ bis 4 Uhr und Abends von 5 bis 8 Uhr; in Neuenkirchen Morgens von 7½ bis 12 Uhr und Nachmittags von 2 bis 6 Uhr. Außer den Arbeitsstunden leben sie im elterlichen Hause.

Der Gesundheitszustand der Kinder in Warendorf, wo sie nur 6 Stunden arbeiten, ist ganz gut, dagegen ist er nachtheilig bei den Fabrikkindern zu Bocholt und Neuenkirchen, wo sie nicht selten ein blasses schwächliches Aussehen haben, auch häufiger als andere Kinder an Engbrüstigkeit, Lungensucht, Skrophelkrankheiten und Hautausschlägen leiden. Dieser Umstand ist nicht im Arbeiten selbst, sondern in den engen Zimmern und in dem zu verarbeitenden Material begründet.

Regierungsbezirk Minden. In der Schreme'schen Baumwollspinnerei zu Herford, in der Glasfabrik zu Gernheim, in den drei Glasfabriken im Kreise Büren und in einigen kleinen Tabacksfabriken in Minden werden Kinder beschäftigt.

In der Baumwollspinnerei zu Herford arbeiten die Kinder im Alter von 8 bis 14 Jahren täglich von 5 Uhr Morgens bis 12 Uhr Mittags und von 1 Uhr Nachmittags bis 8 Uhr Abends, genießen dieselbe Gesundheit wie alle übrigen Kinder, besuchen an 2 Wochentagen den Unterricht in den Schulen und betragen sich sittlich gut, worauf von dem Fabrikherrn ganz besonders gehalten wird. In Gernheim werden 17 Knaben beschäftigt im Alter von 10 bis 14 Jahren; sie arbeiten abwechselnd von 2 Uhr Mittags bis 2 Uhr Nachts und von 2 Uhr Nachts bis 2 Uhr Mittags, also 12 Stunden; der Gesundheitszustand dieser Kinder ist sehr gut und nicht schlechter als bei den übrigen Kindern. Auf dieser Glashütte zu Gernheim ist eine eigene Schule, wo die Kinder mit Rücksicht auf die Stunden, in denen sie nicht arbeiten, gut unterrichtet werden.

In den Tabacksfabriken zu Minden werden einige Monate des Jahres hindurch Knaben von 10 bis 14 Jahren von Morgens 6 bis Abends 7 Uhr, einige Mittagsstunden ausgenommen, beschäftigt, und in den übrigen Monaten von ihren Eltern zur Schule gehalten. Auf den drei Glasfabriken des Kreises Büren werden, so lange sie im Betriebe sind, Kinder von 8 bis 14 Jahren täglich einige Stunden, welche bald in die Tages- bald in die Nachtzeit fallen, beschäftigt. Was den Unterricht der letzteren Kinder anbetrifft, so ist zu bemerken, daß nicht alle, welche Arbeit in Fabriken suchen, wegen ihrer Menge angenommen werden können, und daß die Fabrikdirigenten mit ihnen wechseln, um alle Eltern Theil an dem geringen Verdienste nehmen zu lassen, und damit alle Kinder wenigstens abwechselnd den Unterricht besuchen können.

Der sittliche Zustand sämmtlicher Kinder ist gut, und der Gesundheitszustand derselben nicht schlechter als anderer Kinder, da sie nur leichte Arbeiten und zum Theil Bewegung dabei haben.

Regierungs-Bezirk Arnsberg. Es werden hier nicht allein Kinder in Fabriken, sondern auch außer denselben in den Wohnungen ihrer Eltern mit Fabrikarbeiten beschäftigt; die Zahl derselben kann daher nicht bestimmt angegeben werden. Ihre Aufnahme findet größtentheils im 6. Jahre, an einigen andern Orten im 10., im 12. und im 14. Jahre statt. Die Arbeitszeit ist sehr verschieden, bald 8, 10, 11 bis 15 Stunden; doch nur in seltenen Fällen, wenn der Drang der Bestellungen es erfordert, wird des Nachts gearbeitet.

Wenn die Landräthe der Kreise Iserlohn und Hagen bemerken, daß die Kinder fast alle kränklich und die Erwachsenen, welche früher in Fabriken gearbeitet, schwächlich seien und hiervon der Grund in der sitzenden Lebensart, in dem Mangel der frischen Luft, sowie in den schlechten Wohnungen der ärmeren Volksklasse in Fabrikgegenden liege, so glaubt die Regierung, daß hierbei ein Unterschied zwischen den Arbeiten in metallischen Fabrikanstalten und andern gemacht werden müsse. In den Spinnereien ist der Gesundheitszustand der Kinder von dem anderer Kinder nicht zu unterscheiden, dagegen ist die Arbeit der Drahtzieher und Nadelfabrikanten theils wegen der Hitze, welcher die Kinder ausgesetzt sind, theils wegen der damit verknüpften Anstrengung, wovon ohne Zweifel die vielen Bruchschäden herrühren, sehr nachtheilig. Im Kreise Brilon, wo die Kinder nur 9 Stunden arbeiten, ist der Gesundheitszustand gut; auch im Kreise Eslohe haben sich keine Nachtheile auf die Kinder geäußert. Im Allgemeinen ist die Regierung der Meinung, daß das Leben der Arbeiter in Metallen früher als bei andern Menschen konsumirt wird, dagegen bei Manufactur-Arbeitern, sowie bei Handwerkern, welche eine sitzende Lebensart führen, die Kränklichkeit des Körpers Exaltation herbeiführt, welche in Mystizismus, Schwärmerei rc. ausartet; auch in denjenigen Fabriken, wo die Kinder sitzend mit vorgebogenem Körper beschäftigt werden, der Geschlechtstrieb zu früh und zum Nachtheil der Kinder geweckt wird.

Die Kinder verlieren zu früh den jugendlichen Frohsinn, da der Ernst des Lebens zu zeitig auf sie einwirkt. An Erholung in Spielen ist nicht zu denken, und die Zeit der Freiheit wird zu Zügellosigkeit und zu Vergnügungen benutzt, welche für das kindliche Alter nicht passen.

In spezieller Beziehung sieht es besonders übel in den Fabriken zu Iserlohn aus. Es heißt: Die Lebensart dieser Fabrikkinder ist sehr verschieden von der Lebensart anderer Kinder gleichen Standes, welche nicht in Fabriken arbeiten. Während letztere den größten Theil des Tages im Freien und in der Schule unter bildender Aufsicht zubringen, sind jene den ganzen Tag, bis spät in die Nacht, in engen, dumpfen Stuben oder Werkstätten eingesperrt, wo sie, sitzend beschäftigt, zumal in den Herbst- und Wintertagen verpestete Luft einathmen. Hier sind sie Augen- und Ohrenzeugen grober unsittlicher Reden und Handlungen der Erwachsenen und erdulden oft die härtesten Mißhandlungen. Ihre magere Kost beschränkt sich hauptsächlich auf Kartoffeln, Kartoffelkuchen aus Salz und Wasser in Rüböl gebacken, und auf Cichorienbrühe, Kaffee genannt. Im Sommer und Herbst genießen sie unreifes Obst aller Art, das nebst Hülsen- und Gartenfrüchten gewöhnlich um die Mittagsstunde und zur Nachtzeit, besonders an Sonn- und Feiertagen, in den Gärten geraubt wird. Die Haupttendenz ihrer Erholung ist auf Spiel, Unzucht, Taback, Branntwein, Betrug und Rauferei gerichtet, woran sie nach dem Beispiel ihrer Eltern und Meister früh gewöhnt werden. Verbindet man hiermit noch den Begriff der höchsten Unreinlichkeit, so ist das Gemälde vollendet, ein wahres Jammerbild. Der Gesundheitszustand dieser Kinder ist dieser Lebensart angemessen. Fast alle ohne Ausnahme leiden an skrophulösen Zufällen. Ihr schwächlicher Körper trägt das Gepräge seiner siechen Herkunft. Ihre Kränklichkeit giebt sich sofort kund durch Abmagerung, Blässe, Aufgedunsenheit des Gesichts, triefende Augen und dergl.

Wie schon erwähnt, lautet der Zustand der Kinder in anderen Fabrikorten ungleich vortheilhafter.

Der Schulunterricht wird im Kreise Iserlohn in Abendschulen ertheilt, doch wird bezweifelt, daß dies regelmäßig geschehe. In Lünen wird gar kein Unterricht besucht; in Westhofen einen halben Tag hindurch. In Hörde ist dafür gesorgt, daß die Kinder nicht ohne Unterricht bleiben. Im Kreise Hagen wird entweder des Mittags oder des Abends die Schule besucht, und zu Rauenthal, in einer ansehnlichen Baumwollspinnerei, wird ein eigener Lehrer und ein gut eingerichtetes Zimmer gehalten. Im Kreise Altena wird der Schulunterricht ebenfalls besucht, dagegen werden im Kreise Siegen nur Kinder in die Fabriken aufgenommen, welche nachweisen, daß sie den Unterricht soweit bereits erhalten haben, daß sie künftig nur mit einer Stunde täglich ohne etwanigen Nachtheil ausreichen können, die sie dann auch erhalten. In Meisen existirt eine eigene Bergwerkschule. Im Kreise Olpe genießen die schulpflichtigen Kinder den Vormittags- und Nachmittagsunterricht im Winter, im Sommer aber nur täglich von 1 bis 3 Nachmittags. Im Kreise Brilon wird der Schulunterricht seitens der Kinder fortwährend besucht, und nur in den Freistunden arbeiten sie. Im Kreise Eslohe sind die Kinder entweder bereits aus dem Schulunterricht entlassen, oder sie genießen noch Unterricht und arbeiten bloß in den Freistunden.

Der sittliche Zustand ist im Allgemeinen nachtheilig geschildert. Vorzüglich von Iserlohn heißt es: Vorhin wurde schon der sittliche Zustand der Fabrikkinder bereits als höchst verderbt geschildert. Was außer dem in schwachen Zügen angedeuteten rohen Familienleben noch ganz besonders zur Verschlechterung des jugendlichen Charakters beiträgt, sind die über alle Maßen bösen Beispiele, welche die zwar gesetzlich verpönte, aber dennoch nie ganz zu unterdrücken gewesene, sogenannte Feier des blauen Montags zu begleiten pflegen und wovon sich leider wenige ausschließen. Daß es aber noch gleichwohl rühmliche Ausnahmen giebt, darf zur Ehre der Menschheit eben so wenig verschwiegen, als die Bemerkung unterdrückt werden, daß es nicht einzig und allein die Fabriken sind, welche das allgemein herrschende Sittenverderben verschulden.

In den Kreisen Olpe, Eslohe und Brilon ist der sittliche Zustand zum Theil gut, theils ist darüber nicht zu klagen; an andern Orten ist er nicht schlechter als der von anderen Kindern derselben Volksklasse.

Regierungsbezirk Koblenz. Hier werden Kinder in Wollspinnereien, Tuch-, Tabacks- und Papierfabriken &c. zum Theil vom 7. und 8. Jahre an beschäftigt. Ihre Arbeitszeit ist an einigen Orten 11, an andern 12, 13 und selbst 14 Stunden. In der Baumwollspinnerei zu Kirchen wird auch des Nachts gearbeitet und in der Tuchfabrik zu Kochem 5 bis 6 mal im Jahre bis Mitternacht.

Der Gesundheitszustand ist durchgängig gut.

Der sittliche Zustand der Kinder ist gut, oft selbst besser als bei andern Kindern. Hierbei macht jedoch das Stadtgebiet Neuwied, wo 107 Kinder in Fabriken beschäftigt werden, eine Ausnahme, denn hier heißt es: „nicht günstig!"

In den Kreisen Koblenz, Kochem und Mayen werden die Kinder erst nach vollendetem Schulunterricht zur Arbeit zugezogen, der aber doch höchst unvollständig sein muß, da die Kinder schon vom 11. Jahre ab in den Fabriken arbeiten. 6 Fabrikkinder im Kreise Adenau besuchen die Schule zu halben

Tagen; in der Baumwollspinnerei bei Kirchen erhalten die Kinder täglich eine Stunde unentgeltlichen Schul- und Religionsunterricht. Bei der Baumwollspinnerei zu Boppard heißt es: „Früher war ein eigener Lehrer angestellt, jetzt nicht mehr"; hinsichts der Kinder bei einem Berg- und Hüttenwerk im Standesgebiet Wied-Runkel wird bemerkt: „da sie aus der ärmsten Klasse genommen werden, so würden sie ohnehin die Schule nicht besuchen," — eine Bemerkung, die auf sehr unregelmäßigen Besuch der Schule schließen läßt.

Regierungsbezirk Düsseldorf. Die Zahl der mit Fabrikarbeiten beschäftigten Kinder wird auf **5 352** angegeben, doch sind darunter 2 052 mitgerechnet, welche im Kreise Krefeld bei einzelnen Meistern mit Weben zu thun haben, jedoch auch nicht ganz hierher zu passen scheinen. Meistentheils werden die Kinder in Woll- und Baumwollspinnereien beschäftigt.

Als das Alter, von welchem an man die Kinder in Fabriken aufnimmt, wird das 7. oder 8. Jahr angegeben, im Kreise Geldern aber das **vierte**. Die Regierung glaubt indessen, daß in den meisten Fabriken schon Kinder unter 6 Jahren angenommen werden. Die Zahl der Arbeitsstunden beträgt täglich **10, 11, 12,** auch an manchen Orten **15 und 16** Stunden. Die Regierung glaubt, daß die Geldgier in diesem Punkte sehr weit gehe; indem, wenn die Waare im Handel sehr begehrt wird, der Fabrikant gewiß die Kinder über die gewöhnlichen Tagesstunden fortarbeiten läßt, so lange keine gesetzlichen Bestimmungen ihn beschränken.

Die Zahl der steten Nachtarbeiter beträgt jetzt „nur" 125; als ungewöhnliche Nachtarbeiter kommen im Kreise Duisburg **80 bis 100 Kinder** vor.

Ueber den Gesundheitszustand sind die Angaben verschieden. Die Regierung mißt indessen denjenigen, welche denselben als nachtheilig schildern, mehr Glauben bei und nimmt an, daß diejenigen Personen, welche den Gesundheitszustand als nicht nachtheilig bemerkt haben wollen, weniger Theilnahme an der Sache gehabt haben und befangen gewesen sind. Die glaubwürdigsten Personen berichten, daß die Fabrikkinder denjenigen Kindern, welche nicht in Fabriken arbeiten, unverkennbar an Kraft und Gesundheit nachstehen; daß sich dieses an den bleichen Gesichtern, an den matten Augen, den gedunsenen Leibern und Backen, geschwollenen Lippen und Nasenflügeln und Drüsenanschwellungen am Halse erkennen lasse; daß entzündete Augen, böse Hautausschläge und asthmatische Zufälle sich bei diesen Kindern nicht selten zeigen. Die Ursache dieser Uebel liegt bei den Woll- und Baumwollspinnereien in der von den feinen Fasern der Wolle geschwängerten Luft, welche überdies von der Menge der Arbeiter verdorben ist; dann in der langen Dauer der Arbeitszeit und in der schlechten Kost, oder vielmehr in der verkehrten Weise, wie diese genossen wird. In letzter Beziehung wird gesagt, daß die Kinder ihre Kost, welche meistens nur in gekochten Kartoffeln besteht, in der Regel von Hause mitbringen und dann kalt genießen, was auf den Gesundheitszustand sehr nachtheilig wirken muß. Dieser soll bei den Kindern auch noch in späteren Jahren schlecht sein, welches durch eine Liste über die Aushebung der Ersatzmannschaften belegt wird. Die Regierung will jedoch keinen unumstößlichen Beweis aus dieser Vergleichung ziehen, sondern glaubt, daß ein solcher nur aus einer die ganze Monarchie umfassenden Vergleichung entnommen werden könne.

Das Weben, bei welchem über 2 000 Kinder im Kreise Krefeld beschäftigt sind, wird, wenn es von den Kindern getrieben wird, für die Gesundheit nachtheiliger als jedes andere Geschäft gehalten.

In den Kreisen Düsseldorf, Elberfeld, Lennep, Solingen und Kempen erhalten die Kinder zum Theil gar keinen Unterricht, theils nur des Abends, und im Kreise Solingen nur, wenn die Arbeit nicht dringend ist. Im Kreise Grevenbroich ist gar keine Fürsorge für den Unterricht getroffen. Im Gladbacher Kreise aber erhalten die Kinder im Fabrikgebäude täglich 2 Stunden Unterricht, und in den übrigen Kreisen werden Sonntags- und Abendschulen besucht.

Ihr sittlicher Zustand wird von den Landräthen der Kreise Düsseldorf, Solingen und Neuß als gut angegeben; von den Landräthen der Kreise Kempen und Geldern als mittelmäßig und ziemlich gut, in den übrigen Kreisen: Lennep, Grevenbroich, Gladbach, Krefeld und Duisburg ist er nachtheilig und im Kreise Elberfeld sehr schlecht.

Regierungs-Bezirk Köln. Hier werden in neun Fabrikorten eine große Anzahl Kinder oft vom 6. Lebensjahre ab beschäftigt.

Der Gesundheitszustand derselben in den Fabriken zu Königshofen, Wippers, Kloster Gummersbach, Neustadt, in den Tabacksfabriken zu Mülheim, zu Goldbach und Wipperfürth ist sehr gut und nicht verschieden von dem anderer Kinder, die in gleicher ärmlichen Lage nicht in Fabriken arbeiten.

Anders freilich ist es in den Baumwollspinnereien zu Bonn und in den Seidenfabriken zu Mülheim. Am ersteren Orte gehen die Kinder im Sommer Morgens um 5 Uhr nüchtern zur

Arbeit. Zwischen 8 und 9 Uhr wird ihnen ein Frühstück gebracht von dünnem Kaffee-Surrogat mit Milch und Schwarzbrodt. Die Mittagskost besteht in der Regel aus Kartoffeln und Brod oder Rumfordscher Suppe. Zwischen 4 und 5 Uhr Nachmittags erhalten sie ein dem Frühstück ähnliches Vesperbrod. Sie athmen eine eingeschlossene, mit feinen Wolltheilchen geschwängerte Luft und müssen im Sommer 14, im Winter 13 Stunden täglich an der Spinnmaschine stehend zubringen. Daher kommt es auch, daß diese Kinder ein höchst elendes Aussehen haben, welches dem Mangel an Schlaf, an guten Nahrungsmitteln und der unnatürlich anhaltenden Beschäftigung zugeschrieben werden muß. Ihr sittlicher Zustand ist dabei höchst roh und ungebildet, wie aller der Kinder, die ohne Unterricht und zur Moralität führende Erziehung aufwachsen.

In den Seidenfabriken zu Mülheim bewirkt das Stillsitzen mit herabhängenden Füßen und der Druck des Webestuhls auf die Brust, daß die hier arbeitenden Personen oft vom Blutspeien und von der Schwindsucht heimgesucht werden, auch an geschwollenen Füßen leiden. Der Sittenzustand soll aber sehr gut und oft besser wie bei anderen Kindern sein.

In der Stadt Köln sind gegen 700 Kinder bei den Fabrikarbeiten beschäftigt.

In Bonn, Mülheim, Gladbach, Wipperfürth erhalten die Kinder gar keinen Schulunterricht, in Köln besuchen sie die Sonntagsschule, an den übrigen Fabrikorten wird nothdürftig, täglich etwa eine Stunde, der Unterricht ertheilt.

Regierungsbezirk Trier. Die Kinder, welche in Fabriken beschäftigt werden, sind nicht unter dem 12. resp. 13. Jahre. Nur im Kreise Saarlouis wird hiervon eine Ausnahme gemacht, da man dort auch Kinder von 8 Jahren findet. Im Allgemeinen werden sie in den Fabriken so beschäftigt, daß in medizinisch-polizeilicher oder in sittlicher und intellektueller Hinsicht irgend ein Nachtheil für diese Klasse der heranwachsenden Jugend nicht zu befürchten steht. Die Arbeitszeit ist nicht sehr bedeutend und „nur" in der Baumwollspinnerei zu Ottweiler, in der Fabrik zu Wallerfangen und in der Papiermühle zu Dillingen werden 14 und 15 Arbeitsstunden, jedoch mit mehreren Ruhestunden, eingehalten. Die Arbeit ist überdies den Kräften der Kinder angemessen. „Nur" im Hammer der Dillinger Fabrik wird des Nachts gearbeitet, jedoch wechseln die Kinder hierin so ab, daß die Hälfte derselben von Morgens 6 bis Abends 6 Uhr, die andere Hälfte von Abends 6 bis Morgens 6 Uhr, jedoch mit mehreren Ruhestunden und ohne Anstrengung beschäftigt wird.

Die Kinder, welche in Fabriken beschäftigt werden, haben theils ihren Schulunterricht bereits genossen, theils wird denselben so viel freie Zeit gelassen, daß sie die Schule von Zeit zu Zeit besuchen können. Ihr Sittenzustand ist im Durchschnitt nicht verdorben und nach dem Beispiele der Eltern nicht besser oder schlechter, wie im übrigen gewöhnlichen Leben.

Regierungsbezirk Aachen. Eine große Anzahl Kinder werden in Nadelfabriken, Kratzfabriken, Spinnereien und Tuchwebereien beschäftigt. In der Regel werden sie dazu im 6. oder 7. Jahre genommen. Ihre Arbeitszeit ist im Sommer 10—12 und im Winter 8—10 Stunden. Von 12 bis 1 Uhr ist frei, auch sind während der Arbeitszeit kleine Erholungen gestattet. Zur Nachtzeit wird in den Fabriken nicht gearbeitet.

Der Gesundheitszustand ist bei den Fabrikkindern sehr verschieden von dem der Kinder des Landmannes, welche erst mit dem 10.—12. Jahre zu ländlichen Beschäftigungen herangezogen werden und den Genuß der freien Luft und körperliche Bewegung haben, wogegen die Fabrikkinder in eingeschlossenen Räumen entweder sitzend oder stehend arbeiten müssen und dabei wenige Bewegung haben. Bei einem Kinde, das mit 6 Jahren zu einer sitzenden Lebensart, mit herüberhängendem Körper, wie in den Nadel- und Kratzfabriken dies der Fall ist, bestimmt wird, können die Organe sich nicht so stark, nicht so vollkommen ausbilden, als bei einem Kinde, welches bei freier Luft, bei mäßig körperlicher Anstrengung aufwächst. Trübe Augen, blasses Aussehen, skrophulöse Anlagen und andere auf Verbildung und Störung des Organismus Bezug habende Uebel werden sich bei ihnen mehr wie bei andern Kindern zeigen, auch auf frühere Mortalität nicht unbedeutenden Einfluß haben.

In den Städten Eupen, Düren und Montjoie, die eine Bevölkerung von 18 270 Seelen haben, beschäftigt man sich fast ausschließlich mit Fabrikarbeiten. In den Städten Erkelenz, Heinsberg und Geilenkirchen ist eine Bevölkerung von 3 848 Seelen und Ackerbau ist die einzige Beschäftigung. In den Jahren 1821—1825 sind in jenen Fabrikstädten, vom zurückgelegten 5. bis zu dem vollendeten 20. Jahre, 141 Todesfälle vorgekommen, in diesen Landstädten 16. „Nach dem Verhältniß, daß von 3 848 Individuen 16 gestorben sind, hätten von 18 270 nur 76 sterben sollen, es sind aber 141, also in den Fabrikstädten 65 mehr wie in den Ackerbau treibenden Städten, gestorben."

Auf die Moralität der Kinder wirkt das Zusammenarbeiten mit Personen verschiedenen Geschlechts und Alters sehr nachtheilig. Es entsteht eine Frühreife, die schon als ein erkünstelter Zustand und ein Antrieb zu fleischlichen Vergehungen im frühern Alter nur nachtheilig wirken kann.

Für den Schulunterricht der Fabrikkinder ist eigentlich gar nicht gesorgt. Sobald sie in die Fabriken eintreten, hört der Schulbesuch in der Regel ganz auf, und wenn die Schule vorher besucht wurde, so waren dies schlecht eingerichtete Warte- und Winkelschulen, da es an tüchtigen Elementarlehrern und Schulen bis jetzt an vielen Orten noch gemangelt hat. Der Fabrikant begnügt sich, das wöchentliche streng berechnete Lohn auszuzahlen, und kümmert sich nicht um die geistige, sittliche, physische Verbesserung derjenigen, die mit Aufopferung ihres körperlichen Wohls für ihn arbeiten und ihn in den Stand setzen, die Gemächlichkeiten und Annehmlichkeiten des menschlichen Lebens zu genießen. Nur eine Ausnahme findet sich in dem Fabrikanten Hüffer zu Eupen, der eine Sonntagsschule für seine Fabrikkinder errichtet hat.

Nicht besser als in den Provinzen stand es in der Landeshauptstadt. Dort arbeiteten um dieselbe Zeit 1 153 Kinder in den Fabriken; von diesen waren

7	Jahre	alt	10
8	„	„	53
9	„	„	91
10	„	„	185
11	„	„	195
12	„	„	272
13	„	„	257
14	„	„	90.

Von diesen 1 153 Kindern genossen 252 einigen Unterricht, nämlich eines am Vor- und Nachmittage, 196 abends und am Sonntage, 28 nur am Abend, 27 nur am Sonntage; von 308 Kindern wurde angegeben, sie bedürften keines Unterrichts mehr; 478 hatten früher mangelhaften Unterricht genossen, 90 niemals eine Schule besucht.

Die meisten Regierungen machten in ihren Berichten geltend, daß die Fabriken den Wettbetrieb mit dem Auslande nicht würden behaupten können, wenn sie der Kinderarbeit entbehren sollten, und daraus mag es sich wohl erklären, daß der Minister sich in seinen Erlassen vom 27. April 1827 und vom 15. Dezember 1828 darauf beschränkte, die allgemeinen Vorschriften über den Schulbesuch einzuschärfen und polizeiliche Revisionen der Fabriken anzuordnen.

[**Abhülfe und gegenwärtiger Zustand.**] Am 9. März 1839 erging ein Regulativ über die Beschäftigung jugendlicher Arbeiter in den Fabriken, welches König Friedrich Wilhelm III. am 6. April 1839 mit dem Bemerken bestätigte, daß es einem längst gefühlten Bedürfnisse entspreche. Das Regulativ hielt sich in sehr bescheidenen Grenzen, verbot aber die Nachtarbeit und die Sonntagsarbeit und ordnete an, daß Kinder erst nach zurückgelegtem 9. Lebensjahre und nach 3jährigem regelmäßigen Schulbesuch zur Fabrikarbeit zugelassen werden durften. Ein weiteres Gesetz vom 16. Mai 1853 setzte das zurückgelegte 12. Lebensjahr als Grenze. Die Gewerbeordnung von 1869 und ihre Novellen haben den eingeschlagenen Weg weiter verfolgt, und durch das Reichsgesetz, betreffend Abänderung der Gewerbeordnung vom 1. Juni 1891, sind wir an das Ziel gelangt. § 135 Abs. 1 dieses Gesetzes schreibt nämlich vor: Kinder unter 13 Jahren dürfen in den Fabriken nicht beschäftigt werden. Kinder über 13 Jahre dürfen in Fabriken nur beschäftigt werden, wenn sie nicht mehr zum Besuche der Volksschule verpflichtet sind. Diese Vorschrift ist für alle Kinder, welche nach dem 1. Juni 1891 in Arbeit getreten sind, am 1. April 1892 in Kraft getreten. Für die übrigen Kinder tritt sie am 1. April 1894 in Kraft. — Von da an haben also die Kinder unserer ärmsten Volksschichten vollen Schutz, und ist ihnen die Wohlthat der Schule ganz in demselben Maße gesichert, wie ihren glücklicheren Altersgenossen.

e) Beiträge zur Geschichte der Volksschule in den einzelnen Bezirken.

[**Das Volksschulwesen in Berlin.**] Noch im Jahre 1818 entbehrten etwa 6000 schulpflichtige Kinder in Berlin des Unterrichtes (vergl. Beckedorff I., IV und VI.), obgleich damals bei einer Einwohnerzahl von 164 000 höchstens 27 000 schulpflichtige Kinder vorhanden gewesen sein können, und der Gesammtaufwand für das Volksschulwesen betrug jährlich 3 000 Thlr.

Als das städtische Volksschul- oder, wie es damals genannt wurde, das städtische Armenschulwesen mit der gesammten Armenverwaltung in das Ressort der städtischen Behörden überging, fehlte den Schulen noch jede sichere Begründung, jede feste Leitung, und an eine einheitliche Ordnung, eine planmäßige Befriedigung des örtlichen Schulbedürfnisses war überhaupt noch nicht gedacht.

Waisenhäuser und Erziehungsanstalten hatten eigene Schulen, außerdem unterhielt das Domkirchen-Kollegium eine solche; die französische Kolonie hatte deren mehrere, angeblich 25, errichtet, ebenso die katholische Gemeinde; endlich bestanden noch eine Garnisonschule und eine Anzahl, nach Beckedorff 18, jüdische Schulen.

Die Gesammtzahl der Armenkinder, welche in diesen Anstalten Aufnahme gefunden hatten, wurde auf 1 500 geschätzt. Die übrigen schulpflichtigen Kinder besuchten entweder eine höhere Lehranstalt oder eine der zahllosen, anscheinend meist ein- oder zweiklassigen, Privatschulen. An die Befähigung der Leiter dieser Schulen wurden sehr geringe Anforderungen gestellt; sie genossen aber auch in der Mehrzahl keinerlei Unterstützung aus staatlichen, städtischen oder kirchlichen Fonds. Eine solche wurde fast nur den Lehrern der sogenannten Parochialschulen, d. h. derjenigen privaten Volksschulen zu Theil, welche für den Umfang einer (kirchlichen) Parochie konzessionirt waren. Endlich existirten noch 6 von der Armenverwaltung nunmehr übernommene Armenschulen mit zusammen 7 Lehrern und 500 Kindern.

Den Ausgangspunkt für diese Entwickelung bildete der Organisationsplan, welcher unter Mitwirkung eines Ministerialkommissarius, des Geheimen Ober-Regierungsrathes Beckedorff, von Deputirten der städtischen Behörden ausgearbeitet wurde, und der auf eine Unterbringung sämmtlicher Armenkinder in öffentlichen, städtischen Schulen hinausging. Die Durchführung des Planes erforderte Zeit, und es wurde noch Jahrzehnte hindurch in dreierlei Art für die Beschulung der Armenkinder gesorgt: durch Unterbringung der Kinder in Privat- und Parochialschulen gegen ein aus Gemeindemitteln an deren Lehrer gezahltes Schulgeld, in öffentlichen Armenschulen, in welchen übrigens Schulgeld erhoben wurde, endlich in Abend- oder Nachhülfeschulen für Kinder, welche durch ihre Arbeit in Fabriken behindert waren, die Tagesschule zu besuchen. Der Unterricht in den letztgenannten Schulen wurde anfangs in wöchentlich 8 bis 12 Abendstunden, seit 1848 am Sonntage an 4 Vormittagsstunden ertheilt. Seit 1840 war der Besuch dieser Nachhülfeschulen nur Kindern gestattet, welche das elfte Lebensjahr vollendet hatten.

Durch den erwähnten Reorganisationsplan war auch die Errichtung von sechs Stadtschulen für die Kinder wohlhabender Eltern vorgesehen; fünf solche, 4 für Knaben, 1 für Mädchen, sind in dem nächsten Jahrzehnt wirklich ins Leben getreten. Aber zwischen ihnen und den öffentlichen Armenschulen war eine sehr weite Entfernung gelassen; außerdem folgten sie dem unwiderstehlichen Drange, sich zu höheren Lehranstalten zu entwickeln, der allen mittleren Schulen eigen ist, wenn von ihren Leitern und oberen Lehrern dieselbe Befähigung gefordert wird, wie von denjenigen der Gymnasien. Die Errichtung dieser Stadtschulen — jetzt Realgymnasien und höhere Mädchenschulen — hatte also auf die Geschichte des Volksschulwesens zu Berlin keinen Einfluß. Dieses entwickelte sich mit kräftigem Fortschritte, aber genau in den alten Bahnen. Erst am 1. Oktober 1837 ging seine Leitung von der Armenverwaltung an die Schuldeputation über, die Kommunal-Armenschulen oder Kommunalschulen, wie sie jetzt genannt werden, erhielten mehr aufsteigende Klassen, und es wurde ein neuer Lehrplan für sie gegeben; es vergingen jedoch noch zwei Jahrzehnte, ehe der Plan gefaßt wurde, auch in Berlin, wie das sonst überall geschah, die unterrichtliche Versorgung sämmtlicher schulpflichtiger Kinder durch öffentliche Schulen herbeizuführen. In Konsequenz dieses Gedankens wurde im Jahre 1863 den Berliner Volksschulen die Bezeichnung Gemeindeschulen gegeben und dadurch die Erinnerung an ihren Ursprung verwischt; den Charakter, welchen sie demselben verdankten, bewahrten sie indeß noch in mehrfacher Beziehung bis zum 1. Januar 1870, wo die am 22. Dezember 1869 beschlossene Schulgeld-Befreiung für alle Gemeindeschüler ausgesprochen wurde. Durch die Aufhebung des Schulgeldes verloren die Berliner Gemeindeschulen den Charakter der Armenschule vollständig. Die Hoffnung der Gemeindeverwaltung, daß die Kinder der minder begüterten Handwerker und Beamten jetzt in großer Zahl in die öffentlichen Schulen eintreten würden, hat sich bald erfüllt; die weitere Erwartung der städtischen Behörden, daß die Vereinigung mit günstiger Gestellten auch das beste Mittel zur sittlichen Hebung der Verlassenen sein und eine wohlthätige Annäherung der verschiedenen Volksklassen unter einander bewirken werde, wird sich voraussichtlich auch nicht als Täuschung erweisen. Der einmal gefaßte Beschluß legte den städtischen Behörden die Pflicht auf, dafür Sorge zu tragen, daß alle Zutritt begehrenden Kinder auch Raum in den Gemeindeschulen fänden. Wie sie dieser Pflicht genügt haben, mögen die nachstehenden Zeilen erkennen lassen.

Im Jahre 1830, in welchem die Ausführung des ersten Organisationsplanes vollendet war, bestanden 7 Kommunal-Armenschulen mit 28 Klassen und 3272 Kindern; außerdem wurden 4991 Armenkinder in Parochial- und Privatschulen, 249 im Waisen- und Arbeitshause unterrichtet. Im Jahre 1837, in welchem die Leitung der Angelegenheit an die Schuldeputation überging, wurden unterhalten:

9 Kommunal-Armenschulen mit 46 Klassen und 5211 Kindern, außerdem 6831 Kinder in Privat- rc. Schulen, 437 im Waisen- und Arbeitshause. Der gesammte Kommunalzuschuß betrug 35783 Thaler. Nach zehnjähriger Thätigkeit der Schuldeputation wurden unterhalten (im Jahre 1847): 15 Kommunal-Armenschulen mit 114 Klassen und 9735 Kindern; außerdem 8887 Kinder in Privat- rc. Schulen, 493 im Waisen- und Arbeitshause, 17 in der Königlichen Taubstummen-Anstalt. Der gesammte Kommunalzuschuß betrug 88300 Thaler.

Bis zum Jahre 1858 trat keine neue Schule ins Leben, aber die bestehenden wurden umgebildet und erweitert. 1858 gab es 15 Kommunalschulen mit 142 Klassen, 12082 Kindern; außerdem wurden 14159 Kinder in Privat- rc. Schulen, 306 im Waisen- rc. Hause, 20 in der Königlichen Taubstummen-Anstalt auf städtische Kosten unterhalten. Der gesammte Kommunalzuschuß betrug 143171 Thaler.

Nun folgte der erste mächtige Fortschritt: Im Jahre 1869 (unmittelbar vor Aufhebung des Schulgeldes): 49 Gemeindeschulen mit 557 Klassen, 31752 Kindern; außerdem in 19 Privat- rc. Schulen 9726 Kinder; im Jahre 1873: 76 Gemeindeschulen mit 950 Klassen, 73 Rektoren, 624 Lehrern, 161 Lehrerinnen und 48096 Kindern; außerdem noch 8031 Kinder in 14 Privat- rc. Schulen; im Jahre 1880 bestanden bereits 114 Gemeindeschulen und 3 Schulen für Vierfinnige mit 1763 Klassen und 94299 (darunter 232 vierfinnigen) Kindern; an denselben wirkten 114 Rektoren, 1082 Gemeindelehrer, 28 Anwärter, 490 Gemeindelehrerinnen, 28 Anwärterinnen, zusammen 1742 Lehrkräfte, nicht gezählt das Lehrpersonal an den Taubstummen- und Blindenschulen und die etwa 500 technischen Lehrerinnen. In zwei Privatschulen wurden noch Kinder auf städtische Kosten unterrichtet, aber nur 1505 d. h. 1,57 Proz. der eingeschulten Kinder; 98,43 Proz. derselben besuchten Gemeindeschulen. Der Gesammtaufwand der Stadt betrug ausschließlich der Baukosten 4161537 Mark 89 Pf. Den weiteren Fortschritt des Volksschulwesens in der Stadt Berlin bis zum Jahre 1889 schildern die folgenden Tabellen über die Zahl und den Besuch sowie die Kosten der Gemeindeschulen.

Anzahl und Besuch der Gemeindeschulen in Berlin von Ende 1881 bis 1888.

Jahre.	Gemeindeschulen			Privatelementarschulen, in denen Kinder auf Kosten der Gemeinde unterrichtet wurden			Gesammtzahl der Schüler	Gegen das Vorjahr mehr Schüler
	Zahl der Schulen	Zahl der Klassen	Zahl der Schüler	Zahl der Schulen	Zahl der Klassen	Zahl der Schüler		
Ende 1881	121	1 899	103 191	2	24	1 535	104 726	9 154
„ 1882	128	2 094	113 485	2	24	1 523	115 008	10 282
„ 1883	137	2 253	123 127	2	24	1 514	124 641	9 633
„ 1884	146	2 420	132 889	2	24	1 522	134 411	9 770
„ 1885	156	2 587	143 597	2	24	1 439	145 036	10 625
„ 1886	163	2 745	151 594	1	12	750	152 344	7 308
„ 1887	171	2 861	158 183	1	12	773	158 956	6 612
„ 1888	177	2 903	164 515	1	12	783	165 298	6 342

Ausgaben*) für die Gemeindeschulen in Berlin von 1881/82 bis 1888/89.

Jahre.	Ausgabe ℳ	Zunahme gegen das Vorjahr ℳ	Kosten für ein Kind ℳ
1881/82	5 019 689	352 346	47,93
1882/83	5 435 884	416 195	47,27
1883/84	5 801 776	365 892	46,55
1884/85	6 255 090	453 314	46,54
1885/86	6 713 070	457 980	46,29
1886/87	7 124 022	410 952	46,76
1887/88	7 408 229	284 207	46,61
1888/89	7 688 641	280 412	46,51

*) ausschließlich der Ausgaben für Neubauten.

Im Jahre 1891 bestanden 192 Gemeindeschulen mit 3 206 Klassen und 175 620 Schülern und es wurden für das öffentliche Volksschulwesen Berlins verausgabt 11 090 005 Mark.

Der Magistrat von Berlin war also wohl in seinem Rechte, wenn er in einem seiner „Jahresberichte aussprach:

„Ein über das ganze Weichbild ausgebreitetes Netz von gleichmäßig organisirten Elementarschulen, groß genug, um allen Kindern den kostenfreien Zutritt zu gewähren, zweckmäßig und wirksam genug, um das allgemeine Vertrauen zu verdienen, ein durch alle Bezirke verzweigtes System von Schulkommissionen, gebildet aus Bürgern im Ehrenamte, im Besitze ausreichender Befugniß und Personalkenntniß, um die Erfüllung der Schulpflicht jedem Kinde zu ermöglichen, ihre völlige Versäumniß bei keinem zu dulden; eine Centralverwaltung, ausgestattet mit solcher Vollmacht und solcher Technik, daß sie das wachsende Schulbedürfniß in dem Maße zu erfüllen vermag, wie es entsteht — das ist die unter steigender Theilnahme der Bürgerschaft in unserer Berichtsperiode gereifte Schöpfung des Gemeindeschulwesens.“

[**Das Volksschulwesen in Ermland.**] Regierungsbezirk Königsberg. — Wir lesen in R. Koser's „Forschungen zur Brandenburgischen und Preußischen Geschichte“ Band I, erste Hälfte S. 283 f., die nachstehende Beschreibung von der trostlosen Lage, in welche der Krieg von 1806 und 1807 die Provinz Ostpreußen versetzt hatte:

„In der ganzen Provinz Ostpreußen herrschte ein unübersehbares Elend. Die Gegenden an beiden Seiten der Alle, an beiden Seiten der Passarge, die hauptsächlich zum Kriegsschauplatze gedient hatten, waren beinahe völlig zu Grunde gerichtet. Wo ehemals ansehnliche Ortschaften gestanden hatten, war noch im Dezember 1810 kein einziges Gebäude wieder aufgeführt, keine Feldmark seit dem Kriege umgeackert oder besäet. Die verwüsteten Dorfstellen waren mit hohem Grase bewachsen. Der größte Theil der früheren Bevölkerung hatte die Heimath verlassen oder war gestorben: eine Folge des Mangels an Lebensmitteln im ersten Jahre nach dem Kriege. Ein großer Theil der Bauerhöfe war noch immer unbesetzt. Auch mehrere Städte waren fast völlig ruinirt: in den abgebrannten Städten Seeburg, Heiligenbeil, Guttstadt und Rössel lag der größte Theil der Brandstellen wüst. Freilich, so tief wie in den erwähnten Gegenden war der Wohlstand nirgends sonst gesunken, aber überall in Ostpreußen waren die verderblichen Folgen des Krieges sehr sichtbar. Tief lag das Gewerbe in den Städten wie auf dem platten Lande darnieder. Auf den Komplex derjenigen Güter, von welchen beim Oberlandesgericht die Hypothekenbücher geführt wurden, deren Werth 23 607 467 Thaler betrug, waren im Ganzen 20 718 355 Thaler Hypothekenschulden eingetragen: eine enorme Verschuldung — 87,76 Proz.! Ueber den Betrag der Wechselschulden, gewiß eine ungeheure Summe, läßt sich nichts annähernd Sicheres sagen. Auf keinem einzigen Gute war das Wirthschaftsinventar vollständig. 1809 wurden in Ostpreußen 91 492 Menschen weniger gezählt als 1805; bezüglich des Viehstandes betrug das Minus an Pferden 46 748, an Ochsen 54 913, an Kühen 76 064, an Schafen 170 050 u. s. w. Selbst zu den erbärmlichen, damals marktgängigen Preisen ließen sich beträchtliche Getreidequantitäten in Ostpreußen fast garnicht mehr anbringen. Der Speicher des Kaufmanns war überladen: in Folge hoher Vorschüsse an Abgaben für Kolonial- und Manufakturwaaren fehlte es ihm an Geld, selbst zu den niedrigsten Preisen zu kaufen.“

Besonders traurig sah es im Ermeland aus, und vorzugsweise schlecht stand es um das Volksschulwesen. Namentlich fehlte es an Lehrern; vorschriftsmäßig vorgebildete Lehrer waren überhaupt gar keine vorhanden. Das veranlaßte die Unterrichtsverwaltung, das Königliche Schullehrerseminar, oder wie man damals sagte: Schullehrer-Normal-Institut zu Braunsberg in das Leben zu rufen. Von dem Plane desselben machte das Departement für Kultus und öffentlichen Unterricht dem Fürstbischofe des Ermelandes, Fürsten von Hohenzollern, Mittheilung. Seine Antwort ist so geeignet, die damaligen Schulverhältnisse kennen zu lernen, daß wir sie hier mit Auslassung einer kurzen, rein persönlichen Stelle folgen lassen:

„Einem Königlichen Hochlöblichen Departement für den Kultus und öffentlichen Unterricht verfehle ich nicht, für die gefällige Mittheilung des, in der verehrtesten Zuschrift vom 5. Januar enthaltenen Plans eines, in Braunsberg baldigst zu organisirenden Schullehrer-Bildungs-Institutes meinen treusten und innigsten Dank abzustatten. Sehr glücklich fühle ich mich, von den hohen Schulbehörden würdig befunden zu sein, zu dem heiligen Werke der Menschenveredlung mitwirken zu dürfen. Dieses Zutrauens mich ganz werth zu machen, soll mein ernstes Streben bleiben. In diesem Augenblick, wo ein starker Schmerz über die Zerstörung des Hergebrachten, ein mißtrauisches Erwarten des Neuern und eine besondere Verwirrung der Dinge die Staaten drückt, wo kann wohl in einem solchen Augenblicke der Saame einer besseren Zukunft ausgestreut werden, als in die Herzen des aufwachsenden Geschlechts! Ermeland ist durch die Gnade unsers allgeliebten und verehrten Monarchen eine der ersten Provinzen, welche die gesegneten Wirkungen der mit ächt Königlichem Sinne unternommenen Verbesserung des Elementar-Schulwesens genießt. Dankbar erkennt auch Ermeland die Huld seines Landesvaters!

„Der Erlaubniß Eines Königlichen Hochlöblichen Departements für den Kultus und öffentlichen Unterricht zufolge, nehme ich mir die Freiheit, einige das Schulwesen im Allgemeinen betreffende Wünsche und Bemerkungen bei gegenwärtiger Veranlassung freimüthig und offen hier niederzulegen.

„Der Mangel geschickter Schullehrer ist es nicht allein, was den traurigen Zustand der niederen Volksschulen sowohl im Ermelande, als auch in den angrenzenden Diözesen herbeigeführt hat; der Abgang zweckmäßig eingerichteter Schulhäuser auf dem platten Lande hat nicht minder nachtheilig auf das Schulwesen überhaupt gewirkt. Das größte Hinderniß der steigenden Volkskultur bleibt indeß vor allem die allgemein stattfindende Versäumniß des Schulbesuchs von Seiten der Kinder. So lange der Staat nicht kräftige Maßregeln ergreift, um die öftere und einigermaßen regelmäßigere Schulfrequentation zu veranlassen und zu befördern, kann das Landvolk sich von der niedern Bildungsstufe, wo es sich leider immer noch befindet, durchaus nicht emporheben. Freilich wird man es nie dahin bringen können, daß die Kinder des Landmannes, die ihren Eltern im Sommer der häuslichen Arbeiten wegen unentbehrlich sind, das Jahr durch die Schulen regelmäßig besuchen werden; es ist doch aber andrerseits ganz unumgänglich nothwendig, daß dieser Besuch wenigstens mehrere Monate hindurch unausgesetzt stattfände. Allein das einhellige Zeugniß vieler Geistlichen, mit denen ich über diesen Gegenstand Rücksprache genommen, beweiset sattsam, daß auch das Letztere nicht geschieht. Diesem Uebel abzuhelfen, stehen dem Landgeistlichen keine andern Mittel zu Gebote, als die Eltern auf den großen Nachtheil aufmerksam zu machen, der daraus entspringt, daß sie ihre Kinder nicht ernstlich genug zum Schulbesuche anhalten. Es sind zwar auch zu Zeiten verschiedentliche Aufforderungen an die Amtleute in dieser Sache ergangen, indeß hat der Erfolg den gerechten Erwartungen der Geistlichen und Schullehrer keinesweges entsprochen. Vom Gefühle der herzlichsten Theilnahme für die heilige Angelegenheit der Volksbildung innigst durchdrungen, ersuche ich Ein Königliches Hochlöbliches Departement für den Kultus und öffentlichen Unterricht, ebenso dringendst als ergebenst, diesem ersten und schädlichsten Uebelstande durch positive Befehle geneigtest abhelfen zu wollen.

„Hinsichtlich des Planes zur Anlegung des Normal-Institutes in Braunsberg läßt sich an dem glücklichen Erfolge dieser Anstalt um so weniger zweifeln, da ein wahrhaft humaner Geist aus den Grundzügen desselben spricht, der nicht für die Zukunft allein wirken, sondern was besonders Noth thut, auch die Gegenwart umfassen will. Soll der Staat die Früchte seiner großen Anstrengungen bald reifen sehen, so ist durchaus nothwendig, daß auch die bereits angestellten Schullehrer mit der neu einzuführenden Methode bekannt und somit von einem besseren Geist angeregt werden.

„Was mich betrifft, so ersuche ich Ein Königliches Hochlöbliches Departement für den Kultus und öffentlichen Unterricht ganz ergebenst, von meiner regsten Mitwirkung und aufrichtigsten Theilnahme an dem Schul- und Erziehungswesen im Ermelande überzeugt zu sein. Ich werde sorgfältig und ernstlich jene Mittel beachten, welche mir mein Standpunkt darbietet, um in meiner, für alles Gute empfänglichen Geistlichkeit den Sinn für die so höchst nothwendige Verbesserung des Elementarschulwesens kräftig anzuregen. Zur gewisseren Erreichung dieses Zieles unterlasse ich zugleich nicht, derselben das fleißige Studium der Pestalozzi'schen und Zeller'schen Vorschriften zur besonderen Pflicht zu machen.

Heilsberg, den 24. Januar 1811.

Joseph von Hohenzollern,
gewählter Fürstbischof von Ermeland."

Die Anstalt wurde am 2. Juli 1811 eröffnet, aber es dauerte noch recht lange, ehe es möglich wurde, die Beseitigung der großen Mängel des Volksschulwesens im Ermelande ernstlich in Angriff zu nehmen. Anscheinend haben die Kompetenzstreitigkeiten der staatlichen und der geistlichen Behörden den Fortgang

(f)

der Sache gehemmt; hauptsächlich aber trugen die Armuth der Gemeinden und ihr Widerstreben gegen die Besserung ihrer Schulen die Schuld; dazu kam noch die Knappheit der Mittel, welche vom Staate gewährt werden konnten.

Im Jahre 1825 ließ die Königliche Regierung zu Königsberg sämmtliche Schulen der ermeländischen Kreise revidiren. Dem Berichte, welchen sie über das Ergebniß der Revision erstattete, fügte sie folgendes Schema bei:

Tableau des Elementarschulwesens im Ermelande.

Kreis	Fixirte Schulen	Privatschulen	Neue Schulsozietäten sind einzurichten	Lehrer sind noch anzustellen	Schulhäuser fehlen
Allenstein . .	2 kath. Stadtschulen 2 ev. „ 19 Landschulen	2 städt. Hülfsschulen 48 ländliche Privatschulen	67	2 bis — je nachdem unbrauchbare Lehrer entlassen werden	46 Häuser, außerdem 11 Lehrzimmer
Braunsberg .	4 kath. Stadtschulen 3 ev. „ 22 Landschulen	3 städt. Hülfsschulen 30 ländliche Privatschulen	12	7 neue, 30 bessere	7 Neu-, 4 Um-, 2 Erweiterungsbauten
Heilsberg . .	4 kath. Stadtschulen 2 ev. „ 34 Landschulen	32 ländliche Privatschulen	11	11	29
Rössel	5 kath. Stadtschulen 4 ev. „ 12 Landschulen	35 ländliche Privatschulen	9	9 neue, außerdem eine größere Zahl besserer	2 Häuser, 2 Erweiterungsbauten, Neu-, Umbauten
	118	150	99	59	84 4 15.
	268				

Nach einer weiteren Berechnung der Regierung kamen auf eine Schulklasse Kinder:

im Kreise Allenstein 297
„ „ Braunsberg . . 213,3
„ „ Heilsberg 206,88
„ „ Rössel . . . . 345,5.

Sollte, wie die Regierung wünschte, auf je 80 Kinder eine Schulklasse kommen, so fehlten noch 244 Lehrer.

In ihrem Begleitberichte vom 25. Juni 1826 schreibt die Regierung:

„Außer diesem augenfälligen Mangel der durchaus erforderlichen Lehranstalten ist aber auch die schlechte Beschaffenheit der meisten jetzt vorhandenen Schulen nicht außer Acht zu lassen, indem z. B. im Braunsbergschen Kreise allein, ungeachtet darin nur deutsch gesprochen wird, 30 schlechte und nur 15 mittelmäßige Elementarlehrer angetroffen wurden. Um aber dieses, dem Anscheine nach, harte Urtheil zu motiviren, bemerken wir gehorsamst, daß nach den Berichten des Schulraths nur der Gesang, das Lesen und Buchstabenschreiben in mehreren Schulen ziemlich gut stehet, jedoch die meisten Kinder keine Lesebücher und Rechentafeln haben, im Schreiben und Rechnen keine Fortschritte machen und noch weniger eigene Aufsätze zu fertigen angeleitet werden; die meisten Mädchen lernen sogar nicht einmal Geschriebenes lesen, und noch seltener schreiben, weil man das für sie gefährlich hält. Denk- und Sprechübungen sind den meisten Lehrern fremd ꝛc.

„Wie sollte es aber auch mit dem Unterrichte im Ermelande besser gehen, da es trotz aller seit 1792 von der Regierung angewandten Mühe, denselben von Grund aus zu verbessern, an den nöthigen Fonds, an dem guten Willen der Gemeinden und besonders an der Theilnahme des katholischen Klerus fehlte, der das Volk aufklären zu lassen bedenklich fand, weil er fürchtete oder zu fürchten vorgab, daß es sich gegen Geistliche und Regierung auflehnen möchte.

„Dazu kam in neuern Zeiten die Abneigung der katholischen Geistlichen gegen den Direktor Burgund in Braunsberg, dessen Zöglinge im Ermelande ungern gesehen und so selten als irgend möglich angestellt wurden. Ueberdies wurden und werden noch die meisten Schullehrer von den Gemeinden gewählt, welche nicht immer den besten, sondern häufig den wohlfeilsten annehmen und dem Pfarrer zur Prüfung und Genehmigung präsentiren. An vielen Orten ist kein

Schulhaus vorhanden, und die Schule wird in einem gemietheten Lokale, wohl gar in der Krugstube des Wirthshauses gehalten. Genaue Aufsicht über den Unterricht und die Schulzucht wurde von den Pfarrern, mit seltenen Ausnahmen, nicht geführt, noch weniger aber für die Fortbildung der Lehrer in Schulkonferenzen gesorgt, und die weltlichen Behörden nahmen sehr selten vom Schulbesuche Notiz.

„Schulvorsteher gab es nicht, und so blieb der ganze Unterricht dem Schulmeister überlassen, der es, die Kirchschullehrer ausgenommen, welche das Offizialat prüfen ließ, mit den Bauern nicht verderben durfte, wenn sie ihn nicht nach Ablauf seines Kontrakts fortschicken sollten.

„Um aber einen besseren Zustand wenigstens allmählich herbeizuführen, sind unseres Erachtens folgende Maßregeln durchaus zu ergreifen:

1. Die Aufhebung der Privatdorfschulen und die Bildung von ausreichenden Schulsozietäten;
2. die Hinstellung eigener, von den Wohnstuben der Schulmeister getrennter Lehrzimmer, in dem räumlichen Umfange, daß alle zur Sozietät gehörigen schulfähigen Kinder darin aufgenommen werden können;
3. die Anstellung oder Beibehaltung befähigter Lehrer, und an Orten, wo noch die polnische Sprache herrschend ist, nur die Anstellung solcher Subjekte, welche der polnischen und deutschen Sprache zugleich mächtig sind, damit dadurch gleichzeitig auch für die Verbreitung der letzteren gesorgt werde;
4. die angemessene Dotirung der Schullehrer nach den Grundsätzen des Allgemeinen Landrechts, welche auch für das Ermeland verbindend sind, sofern unser Bericht vom 24. Februar d. J. wegen der auf die Schulen im Ermelande anzuwendenden Regulativprinzipien nicht Beifall gefunden haben, oder das beiliegende Reglement für die Land- oder niederen Bürgerschulen in Neu-Ostpreußen vom 31. August 1805 nicht vorgezogen werden sollte;
5. die vollkommenere Organisirung der Prüfungsbehörde durch Beiordnung eines Kommissarius der Regierung und die jährliche Absendung des Schulraths zur Prüfung der Abiturienten des Schullehrerseminars in Braunsberg, damit auch hierdurch die Rechte der Provinzialschulbehörden vindizirt werden, welche bisher an diesem wichtigen Akt keinen Antheil genommen haben;
6. die Entwerfung eines allgemeinen Lehrplans für den in den Elementarschulen des Ermelandes zu ertheilenden Unterricht;
7. die Hinstellung einer wirksamen Kontrole des Schulbesuchs und Anwendung der gesetzmäßig bestimmten Strafen auf die Vernachlässigung desselben;
8. die genaue Bestimmung der Schulferienzeit, damit diese nicht zur Ungebühr ausgedehnt werde;
9. die Gründung eines Vorstandes für jede Sozietäts- oder Kirchschule und die Ernennung von Kreisschulinspektoren, wie in Schlesien, welchen die Pflicht aufzulegen ist, jährlich die Schulen zu revidiren und die Verhandlungen hierüber durch den Fürstbischof der Provinzialschulbehörde zur Verabschiedung einzusenden;
10. ist die Anordnung zu treffen rathsam, daß die Kinder nicht eher ad sacra gelassen werden, als bis sie den nothwendigen Unterricht in den Schulen empfangen und sich dadurch die jedem vernünftigen Menschen seines Standes erforderlichen Kenntnisse erworben haben, mit Zulassung nur unmittelbar von dem Fürstbischofe zu ertheilender Dispensationen in hierzu genügend motivirten Fällen;
11. die Vollziehung öfterer außerordentlicher Revisionen durch Mitglieder der Provinzialschulbehörde."

Noch schärfer als die Regierung verurtheilte der Fürstbischof die Einrichtung der Nebenschulen. Er schreibt am 25. Januar 1826 an die Regierung zu Königsberg:

„Diese Nebenschulen verdienen den Namen einer Schule keineswegs, zumal da es an den hierzu erforderlichen Schulgebäuden sowie an einem angemessenen Einkommen für die Schullehrer gänzlich mangelt, daher der Unterricht auch in Eigenkäthner- oder Bauerhäusern ertheilt wird und von Seiten der betreffenden Pfarrer nur darauf gehalten werden kann, daß wenigstens keine unsittlichen Lehrer angestellt werden, welche oft weder schreiben, noch rechnen, sondern nur nothwendig lesen können und gewöhnlich kontraktmäßig, auf längere oder kürzere Zeit, von den resp. Kommunen angenommen werden.

„Da nun dergleichen Nebenschulen für keine eigentlichen Schulen angesehen werden können, und diese in den resp. Kommunen bloß Armuth oder einen höheren oder geringeren Grad der Empfänglichkeit für das Schulwesen, oder noch andere Eigenthümlichkeiten begründen, so finde ich mich hierdurch veranlaßt, Eine Königlich Hochlöbliche Regierung angelegentlichst zu ersuchen, nicht nur an die Stelle der beregten Nebenschulen, insofern der Ort derselben hiezu wohl gelegen sein sollte, sondern auch an andern wohl gelegenen Orten, die für nöthig erachteten Elementarschulen desto schneller, je länger der traurige Zustand des Schulwesens bereits gewährt hat, zweckmäßig zu gründen und errichten lassen zu wollen."

Der Minister ertheilte den Vorschlägen der Regierung seine Genehmigung. Die Regierung ging unverzüglich an das Werk. Schon am 12. Dezember 1826 verfügte sie:

„Die uns von den Herren Landräthen der Kreise Braunsberg, Heilsberg, Rössel und Allenstein eingereichten, von den Herren Pfarrern zusammengestellten Schultabellen ergeben, daß die Angelegenheiten des katholischen Elementarschulwesens in jenen Kreisen nicht auf dem gesetzlichen Standpunkte sind. Namentlich ist dies bei den Lehrern der Fall, die häufig nur von den Gemeinden auf schriftliche Kontrakte, selbst nur auf mündliche Abmachungen und auf Kündigung, angenommen, einige von dem Pfarrer, andere von dem fürstbischöflichen Offizialat, andere überhaupt nicht bestätigt sind. Ihre Lage ist unsicher, daher sogar willkürliche Entlassungen stattgefunden haben. Ebenso ungewiß sind ihre Einnahmen und überhaupt die Schuleinrichtungen.

„Daß eine solche Lage des Schulwesens nicht geeignet ist, geschickte Leute anzureizen, sich dem Lehrerstande zu widmen, und selbst dadurch die Jugendbildung sehr zurückbleiben muß, ist klar.

„Das Königliche Ministerium der geistlichen, Unterrichts- und Medizinalangelegenheiten hat uns schon unterm 3. November 1824 zur besonderen Pflicht gemacht, bei der Bestellung der Lehrer, der Regierungsinstruktion vom 23. Oktober 1817 § 18 gemäß nach den Gesetzen und Verfassungen zu verfahren und es nicht zu gestatten, daß Gemeinen Lehrer auf bloße Kontrakte annehmen.

„Vermöge der uns in der Allerhöchsten Kabinetsordre vom 31. Dezember 1825, betreffend die Abänderungen in der bisherigen Organisation der Provinzialbehörden, zu D. II. 2 beigelegten Rechte und Pflichten werden wir mit der Vervollkommnung des Elementarschulwesens unablässig vorgehen.

„Die jetzt auf Schulstellen befindlichen Lehrer in den obengenannten Kreisen mögen ihre Stellen, vorausgesetzt daß sie sich solcher nicht unwürdig machen, so lange behalten, bis wir Gelegenheit finden, für die nicht qualifizirten wirklich geeignete eintreten zu lassen. Diejenigen unter den jetzt fungirenden Lehrern, welche sich durch überstandene Prüfung und Führung ihres Amtes geschickt, fleißig und würdig gezeigt haben, behalten wir uns vor mit Vokationen und Bestätigungen versehen zu lassen und ihre zeitherige unsichere Lage dadurch in das gesetzliche Amtsverhältniß eines Schullehrers auf Lebenszeit umzuwandeln. Wir hoffen, daß sich ein jeder bestreben werde, dies Ziel zu erlangen.

„In Zukunft werden wir aber keinen Lehrer bestätigen, der seine Qualifikation nicht vorher vorschriftsmäßig erwiesen hat, und der nicht auf gesetzmäßige Weise und auf Lebensdauer, nach wohl überstandener Probezeit, berufen wird.

„Wir sind beschäftigt, durch Vermehrung und Vervollkommnung der evangelischen und katholischen Schulen der Kreise Braunsberg, Heilsberg, Rössel und Allenstein für den vollkommnern Unterricht der Jugend zu sorgen, und werden bedürftige Gemeinen, soweit die zu unserer Verfügung stehenden Gelder es gestatten, dabei unterstützen. Nie ist es aber außer Acht zu lassen, daß die Gründung und Erhaltung der Elementarschulen eine gesetzliche und zugleich eine heilige Pflicht der Schulgemeinen ist, und weder Stadt noch Landgemeinen Entschuldigung finden werden, wenn sie die Erfüllung derselben aufzuschieben oder abzulehnen suchen. Ueben die weltlichen und geistlichen Beamten ihren Einfluß mit redlichem Eifer, so haben wir an dem Gelingen des guten und großen Werkes keinen Zweifel."

Es ist interessant, in den vierzehn Bänden Akten, aus welchen die hier mitgetheilten Thatsachen und Zahlen entnommen sind, die Mühe und Sorgsamkeit zu verfolgen, womit die Regierung ihre Arbeit weiter geführt, die Unermüdlichkeit zu ersehen, mit welcher sie die erforderlichen Mittel beantragt hat. Bei der Armuth des Staates, der knappen Haushaltung desselben, wurden diese Mittel bald aus anderweitigen Ersparnissen, bald aus Spezialfonds gewonnen, nicht selten erst von Königlicher Huld erbeten. In einem Falle ist selbst eine jährliche Zuwendung von 50 Thlr. Gegenstand einer Allerhöchsten Ordre; aber mit jeder Bewilligungsperiode steigt die Summe. Der Erfolg hat nicht gefehlt.

Ueber den jetzigen Zustand des Schulwesens in Ermeland giebt die nachstehende Uebersicht Auskunft.

Ergebnisse der schulstatistischen Erhebung vom 25. Mai 1891 für die Kreise Allenstein, Braunsberg, Heilsberg und Rössel.

Schilderungsgegenstände.	Kreis Allenstein	Kreis Braunsberg	Kreis Heilsberg	Kreis Rössel
1	2	3	4	5
Evangelische Schulen	3	4	6	9
Katholische "	95	71	91	70
Paritätische "	—	—	—	1
Schulen überhaupt	**98**	**75**	**97**	**80**
Anzahl der eigenen Schulhäuser	80	70	92	76
Anzahl der Lehrerwohnungen im eigenen Schulhause	135	91	129	96
Schulkinder überhaupt	**12 349**	**8 126**	**9 009**	**8 223**
davon: evangelische	796	738	316	598
katholische	11 514	7 336	8 666	7 578
jüdische	39	52	27	47
Von den Schulkindern haben einen Schulweg von mehr als 2½ km	1 009	483	665	493
Von den Schulkindern sprechen in ihrer Familie:				
nur deutsch	3 775	8 126	9 009	6 836
" polnisch	6 868	—	—	1 124
polnisch und deutsch	1 706	—	—	263
Vollbeschäftigte ordentliche Lehrkräfte überhaupt	**191**	**141**	**149**	**139**
davon: evangelische Lehrer	10	11	9	17
katholische "	175	109	127	110
Lehrer zusammen	**185**	**120**	**136**	**127**
evangelische Lehrerinnen	—	2	—	1
katholische "	6	19	13	11
Lehrerinnen zusammen	**6**	**21**	**13**	**12**
Handarbeitslehrerinnen	**99**	**77**	**98**	**77**
Das durchschnittliche **Gesammteinkommen** für eine vollbeschäftigte Lehrkraft beträgt. M	**1 076**	**1 188**	**1 136**	**1 060**
Jährliches Stelleneinkommen M	157 082	122 187	121 852	111 187
Sonstige persönliche Ausgaben M	35 788	41 284	42 595	33 884
Ausgaben für Schulbauten M	34 379	30 075	9 339	17 663
Sonstige sächliche Ausgaben M	[1]) 65 098	[2]) 38 426	[3]) 38 825	[4]) 34 059
Gesammte Schulunterhaltungskosten M	**292 347**	**231 972**	**212 611**	**196 793**

[1]) darunter 31 943 M als Wohnungs- und Feuerungswerth für die vollbeschäftigten Lehrkräfte. — [2]) desgl. 22 765 M. — [3]) desgl. 22 608 M. — [4]) desgl. 22 153 M.

(Das Volksschulwesen in den ehemals Königlich Sächsischen Landestheilen.) Regierungsbezirk Frankfurt. — Beckedorff giebt in seinen Jahrbüchern (Band VIII) den nachstehenden ausführlichen Bericht über den Zustand, in welchem die preußische Unterrichtsverwaltung die Volksschulen der Niederlausitz übernommen hat, und die Bemühungen um ihre Verbesserung.

„Das besonnene Verfahren einzelner Behörden, um unter schwierigen Umständen nöthige Schulverbesserungen glücklich durchzuführen, liefert der Darstellung einen ebenso interessanten als lehrreichen Stoff. Bessere Einrichtungen auszudenken und vorzuschreiben, erfordert schon Einsicht und Sachkenntniß, damit sie aber wirklich durchgesetzt werden und ihre Zwecke fruchtbar erfüllen, ist oft so viel Klugheit, Gewandtheit, Geduld, Festigkeit, Ruhe, Milde und Nachdruck nöthig, daß das Verdienst der Ausführung dem der Anordnung bei weitem voranzusetzen ist.

„Ganz besondere Schwierigkeiten bietet die Durchführung neuer Schuleinrichtungen dar, gegen die, zumal wenn vermehrte Ausgaben damit verbunden sind, sich von allen Seiten der Widerstand zu erheben pflegt.

„In demjenigen Falle aber, von welchem wir hier den Lesern Nachricht ertheilen wollen, darf angenommen werden, daß zu den gewöhnlichen, an den meisten Orten sich wiederholenden Schwierigkeiten noch Hindernisse ganz eigener Art hinzugetreten sein werden.

„Die von Sachsen abgetretenen Theile der Nieder- und Oberlausitz waren zum Regierungsbezirk Frankfurt gelegt.[1])

„Wenn schon die Trennung von einer geliebten Landesherrschaft mit Schmerz empfunden wurde, und sich nicht erwarten ließ, daß zu der neuen Verwaltung gleich allenthalben ein festes Vertrauen gefaßt werden würde, so mußte die bald nöthig gewordene Einführung von preußischen allgemeinen Verwaltungsformen und Einrichtungen den Uebergang an eine andere Landeshoheit noch empfindlicher machen.

„Es muß dahin namentlich die Anstellung von Landräthen und Superintendenten gerechnet werden. Ganz besonders durch die letzteren glaubten manche Dominien ihre Patronatsrechte bedroht, manche Pfarrer sich auf eine unangenehme Weise in ihrer Selbstständigkeit beschränkt zu sehen.

[1]) Der abgetretene Theil der Oberlausitz ist im Jahre 1825 zum Regierungsbezirke Liegnitz gelegt worden.

„Nicht minder verletzt fühlten sich die Dominien durch die Aufhebung der Unterthänigkeits-Verhältnisse; und daß von jetzt an bei neuen Einrichtungen auch auf die Erklärungen, Wünsche, Anträge und Einwendungen der Gemeinden eine billige Rücksicht genommen wurde, mochte hin und wieder ebenfalls Anstoß erregen, so daß wenigstens an ein entgegenkommendes Mitwirken von Seiten derer, auf deren guten Willen hauptsächlich hätte gerechnet werden sollen, nicht zu denken war.

„Hierzu kamen nun noch in spezieller Beziehung auf die projektirten Schuleinrichtungen Hindernisse eigener Art, die in der Sache selbst lagen, nämlich: Mangel und schlechte Ausstattung von Schulen und Lehrerstellen, fehlende Schulhäuser, untüchtige Lehrer und Mangel an ausreichenden Geldmitteln.

„Unter solchen Umständen war die Aufgabe für die Königliche Regierung nicht leicht.

„Es kam zunächst darauf an, bei denjenigen, deren Mitwirksamkeit in Anspruch genommen werden sollte, Antheil zu erwecken und diesem Antheile eine gemeinsame Richtung zu geben. Zu diesem Ende schien die Einführung von Schulvorständen in jeder Gemeinde das geeignetste Mittel, deren Zusammensetzung aus dem Kirchenpatron oder Gutsherrn, dem Geistlichen und einigen der verständigeren Gemeindeglieder jenem Zweck vorzugsweise entspricht.

„Die Regierung bewerkstelligte dies durch eine besondere Instruktion.

„Bei Publikation derselben erließ sie zugleich an die Superintendenten und Schulinspectoren eine Circular-Verfügung, in welcher über das von denselben zu beobachtende Verfahren bei der Einrichtung des Schulwesens überhaupt und besonders bei Einführung der Schulvorstände, bei der Regulirung des Schulgeldes, bei der Errichtung von Schul- und besonderen Lehr-Apparats-Kassen, bei Verbesserung des Einkommens der Lehrer, bei neuer Ausstattung der erledigten oder neu zu errichtenden Schullehrerstellen und bei der nöthigen Beschränkung der Privatschulen nähere Anweisung ertheilt und besonders die erforderliche Vorsicht zur Vermeidung unnützen Anstoßes bei Gutsherrschaften und Gemeinden empfohlen wurde.

„Der Erfolg hat die genommenen Maßregeln gerechtfertigt.

„Wie auch Anfangs erschwerende Umstände sich entgegengesetzt haben mögen, sie sind nach und nach beseitigt; und da die Superintendenten, und mit ihnen viele Prediger in ihrem Eifer für die Sache nicht ermüdet sind; da die Dominien und Gemeinden sich mehr und mehr überzeugt haben, daß es nicht blos um die äußere, sondern um die innere Verbesserung des Schulwesens zu thun sei, und daß ihre wirklichen, nicht auf leeren Ansprüchen beruhenden Rechte jederzeit geachtet werden; so hat die Sache allmählich einen erwünschten Fortgang gewonnen, ohne daß an irgend einem Orte auffallende Maßregeln der Strenge hätten genommen werden müssen. Das Wandern der Schulen von Haus zu Haus wurde untersagt, und es mußten, wo nicht Schulhäuser gebaut werden konnten, wenigstens miethsweise Schulstuben beschafft werden.

„Den Gemeinden wurde es nicht mehr erlaubt, ihre Schullehrer willkürlich anzunehmen oder wohl gar zu entlassen. Das Recht, die Schullehrer anzustellen, ward überall auf dem Lande für die Dominien in Anspruch genommen.

„Die Prüfung, die vor ihrer Anstellung vorherging, ward Anfangs im Auftrage der Königlichen Regierung von den Superintendenten und Schulinspektoren, späterhin von den geistlichen Mitgliedern des Regierungs-Collegii vorgenommen; die also Angestellten erhielten Vokationen, welche, wenn sie von Privatpersonen ausgingen, von der Regierung konfirmirt wurden, obwohl auch einzelne sonst sehr wohlgesinnte Gutsbesitzer gegen eine solche Bestätigung der von ihnen berufenen Schullehrer als gegen einen Eingriff in ihre Rechte protestirten.

„Das Einkommen der angestellten Schullehrer ward theils durch die nach örtlichen Rücksichten vorgenommene Regulirung des Schulgeldes, durch Zusammenziehung nahe liegender kleiner Gemeinden, die eine Schule nicht zu unterhalten vermochten, durch Zulage an Landnutzung, Holz und anderen Naturalien auf dem Wege gütlicher Verhandlungen, bei Stellen Königlichen Patronats insbesondere durch Zuschüsse aus dem Evangelischen Neuzelle'schen Schulfonds, soweit es nöthig und möglich war, verbessert. Erledigte Schulstellen wurden nicht eher definitiv besetzt, bis nicht zuvor alles versucht war, sie auskömmlich nach den Kräften der Gemeinden, ohne auf einem bestimmten Satz zu bestehen, zu dotiren; in vielen Fällen mußte bei der großen Zahl kleiner unzureichend ausgestatteter Schulen armer Gemeinden durch Zusammenziehung derselben zu einer Sozietätsschule geholfen werden. An manchen Orten wurde die Lage der Schullehrer durch Zutheilung von Land in Folge von Separationen und gutsherrlichen und bäuerlichen Auseinandersetzungen, an einigen wenigen nur durch die Trennung der Filialküstereien verbessert, da die Zahl der Filialkirchen in den genannten Kreisen nur klein ist. Die wirksamste und schnellste Hülfe bewirkten die Zuschüsse aus dem evangelischen Neuzelle'schen Schulfonds bei Schulstellen Königlichen Patronats. Da sie nirgends ertheilt wurden, ohne daß nicht zugleich sonst die äußeren Verhältnisse solcher Stellen möglichst geordnet worden wären, so ward dadurch nicht nur die Lage vieler angestellten Schullehrer auf die erwünschteste Art verbessert, sondern auch oft dadurch allein die gehörige Dotation neu zu stiftender oder erledigter Schullehrerstellen, die Pensionirung unbrauchbarer und die Anstellung neuer tüchtiger Lehrer möglich gemacht. Die Vergleichung einiger Angaben über die äußeren Verhältnisse der Schulen in den ehemals sächsischen Kreisen aus früherer mit denen aus neuerer Zeit gewährt in dieser Hinsicht sehr befriedigende Resultate.

„Im Jahre 1817 befanden sich unter den damals vorhandenen 396 Landschulen 102 ohne Schulhäuser; hier wanderte die Schule wöchentlich oder täglich von Haus zu Haus. — Jetzt giebt es keine Schule mehr, in welcher ein solcher Uebelstand noch stattfände und nicht entweder ein Schulhaus gebaut, oder doch eine Schulstube und eine Lehrerwohnung miethsweise beschafft wäre. Seit dem Jahre 1816 bis zum Ende des Jahres 1826 sind in den ehemals sächsischen Kreisen des Regierungsbezirks 61 Schulhäuser, worunter 33 Königlichen und 28 Privatpatronats, neu erbaut, 37 aber, worunter 20 Königlichen und 17 Privatpatronats, von Grund aus renovirt worden.

„In eben diesem Zeitraume sind 25 Lehrerstellen neu errichtet worden; es sind zu diesen Stellen alle diejenigen nicht gerechnet, die an Orten errichtet wurden, an welchen sich eine auch noch so schlechte und kaum den Namen verdienende Schule befunden hatte. Die Zahl der neu fundirten Schulen der letzteren Art beträgt während des angegebenen Zeitraums 56. Die besonderen Verhältnisse des Landschulwesens in den fraglichen Kreisen erforderten eher die Verminderung als die Vermehrung der Schulen in gewissen Gegenden. Gleichwohl ist die letztere nach einer vergleichenden Uebersicht der Jahre 1817 und 1825 nicht ganz zu verkennen, da nach derselben, wenn die aus dem Frankfurter Verwaltungsbezirk ausgeschiedenen Oberlausitzischen Schulen abgerechnet werden, sich gegen das Jahr 1817 im Jahre 1825 eine Mehrzahl von 3 städtischen Lehrerstellen und 22 Landschulen und Landschullehrerstellen ergiebt.

„Noch befriedigendere Resultate gewährt diese Vergleichung in Absicht der Verbesserung des Einkommens der Lehrer. Die Zahl der Landschullehrer in den genannten Kreisen mit einem Einkommen von

unter 20 Thlr.
betrug im Jahre 1817 62
1825 14
zwischen 20 und 40 Thlr.
betrug im Jahre 1817 109
1825 40
zwischen 40 und 60 Thlr.
betrug im Jahre 1817 61
1825 58
zwischen 60 und 80 Thlr.
betrug im Jahre 1817 44
1825 63
zwischen 80 und 100 Thlr.
betrug im Jahre 1817 47
1825 45
über 100 Thlr.
betrug im Jahre 1817 . . 73
1825 . 122.

„Gleichzeitig wurde jedoch die Sorge der Königlichen Behörden auch auf das Innere des Schulwesens gerichtet.

„Da eine Schule gut wird nur durch einen guten Lehrer, so wurde die nachhülfliche Ausbildung und weitere Fortbildung der Lehrer als das gewisseste Mittel der Verbesserung des Unterrichts betrachtet und fast von allen Superintendenten, Schulinspektoren und vielen Predigern mit vielem Eifer größtentheils auch mit vieler Einsicht und im Ganzen genommen mit sehr erwünschtem Erfolge betrieben. Halbjährliche und sechswöchentliche Lehrkurse in Neuzelle halfen die Wirksamkeit der in den einzelnen Kreisen und Bezirken von Superintendenten und Predigern auf verschiedene Weise bald als Lehrkurse, bald als Nachhülfeschulen oder als Lehrerkonferenzen oder Lesegesellschaften getroffenen Veranstaltungen mit unterstützen. Das Seminar zu Neuzelle lieferte immer mehrere und tüchtigere Subjekte, die in die vorher schlecht besetzt gewesenen Lehrämter eintraten. Bessere Methoden des Unterrichts wurden empfohlen, eine allgemeine Anweisung zur Einrichtung der Elementarschulen erlassen, brauchbare Schriften den Vorstehern der Schulen bekannt gemacht, oder ihnen unentgeltlich mitgetheilt. Der damals ergiebigere Neuzelle'sche Schulfonds gestattete reichliche Verwendungen zu allgemeinen Zwecken des Schulwesens, die sich höchst wohlthätig zeigten, indem theils verdiente Superintendenten, Prediger und Schullehrer durch Gratifikationen, theils die Fortbildungsanstalten für Schullehrer unterstützt, theils eine große Zahl von Lehrmitteln, Lesebüchern und selbst Schiefertafeln an arme Schulen geschenkweise vertheilt wurden, und auf vielfältige andere Weise den Bedürfnissen einzelner Schulen behufs der besseren Einrichtung des Unterrichts selbst zu Hülfe gekommen werden konnte. Einzelne Superintendenten und Prediger erwarben sich noch um die Schulen armer Gemeinden, für welche wegen des zu geringen Einkommens keine Subjekte aus dem Neuzelle'schen Schullehrerseminar erlangt werden konnten, das schätzenswerthe Verdienst, talentvolle und genügsame junge Leute für solche Stellen zu bilden, und konnten auch hierzu durch die Mittel, die der Neuzelle'sche Fonds gewährte, unterstützt werden. — Superintendenten und Predigern ward die Führung einer genauen Aufsicht über die Schulen, und den erstern die jährliche Revision sämmtlicher Schulen ihres Sprengels, sowie das strengere Halten auf den Schulbesuch und eine zweckmäßigere und ausgedehntere Einrichtung der Sommerschulen zur Pflicht gemacht.

„Die Ergebnisse dieser Maßregeln sind im Ganzen sehr günstig gewesen, wenn gleich für die innere Verbesserung des Unterrichts noch immer viel zu thun übrig bleibt.

„Unter den 342 Land- und 39 Stadtschulen, in Summa 381 Schulen der gedachten Kreise befanden sich im Jahre 1825

92, welche dem Bilde einer wohlgeordneten Volksschule nahe stehn,
147, in welchen sich ein reger Fortschritt zum Bessern zeigt,
98, in welchen wenigstens ein besserer Mechanismus des Unterrichts stattfindet,
28 nur, die ganz unveredelt und unter ihren dermaligen Verhältnissen einer Verbesserung nicht fähig, und
16, von denen sich wegen Vakanzen der Lehrerstellen oder wegen anderer Umstände noch nichts Bestimmtes behaupten ließ.

„Nach eben den Nachrichten, aus welchen diese Angabe entnommen ist, belief sich im Jahre 1825 in den gedachten Kreisen die Zahl derjenigen Lehrer, welchen eigentliche Nachhülfe nicht nothwendig ist, auf 114,
die Zahl derer, welche einer solchen Nachhülfe bedürftig und noch ausbildungsfähig sind, auf 227,
und die Zahl derer, welche einer methodischen weiteren Ausbildung nicht fähig sind, auf 60.

„Für die weitere, den inneren Fortschritt der Schulen vorzüglich bedingende Fortbildung waren im Jahre 1825 in den gedachten Kreisen in Thätigkeit:

25 Anstalten zum eigentlichen nachhülflichen Unterricht mit 230 Theilnehmern,
8 Lehrergesellschaften für die weiter fortgeschrittenen Schullehrer mit 79 Theilnehmern,
19 Gesellschaften für die weitere musikalische Ausbildung mit 191 Theilnehmern.

„In allen Kreisen bestehen übrigens Schullehrerlesezirkel, bei deren mehreren schon der Anfang zu einer Kreisschullehrerbibliothek gemacht ist.

„In den Städten der in Rede stehenden Kreise könnte für die vollkommenere Einrichtung des Schulwesens mehr geschehen, wenn durch eine zweckmäßige Kommunalordnung die Kommunen mehr als bisher in das Interesse gezogen werden könnten. — Für das Nothwendige ist zwar — mit Ausnahme der Stadt Lübben, in Rücksicht welcher noch jetzt weitere Verhandlungen gepflogen werden — überall gesorgt, und die verschiedenen Lehrkräfte sind überall zu einem zweckmäßig abgestuften Schulsysteme, soweit es die Umstände zulassen, vereinigt. Aber für die durch Zwang nicht zu bewirkende höhere Vervollkommnung der Schuleinrichtungen läßt sich in den ehemals sächsischen Städten das Interesse der Kommunen viel schwerer wecken, als in den Städten der alten Kreise, in welchen die Städteordnung eingeführt ist. In Erwartung eines baldigen Erscheinens einer neuen Kommunalordnung für die gedachten Städte hat daher die Königliche Regierung mit allgemeiner Einführung von Schulkommissionen und Schulvorständen in diesen Städten noch Anstand nehmen zu müssen geglaubt; sollte jedoch diese Erwartung in kurzer Zeit nicht erfüllt werden, so wird man schwerlich länger anstehen können, für jede dieser Städte die Bildung einer ihrer sonstigen Verfassung angemessenen, übrigens nach gewissen allgemeinen Grundsätzen und Normen eingerichteten Schulbehörde zu veranlassen, um wenigstens hierdurch die für das Schulwesen so vielfach nachtheilige Trennung der Wirksamkeit der geistlichen Schulaufseher und der Ortsobrigkeit aufzuheben.

„Die dunkelste Seite des Schulwesens der in Rede stehenden Kreise bilden theils die Bezirke der Unterkonsistorien zu Forste und Sonnewalde, theils die gering dotirten Landschulen Privatpatronats.

„Nur nach der seit längerer Zeit in Anregung gebrachten näheren Bestimmung der Ressortverhältnisse jener Unterkonsistorien wird auch auf das Schulwesen ihrer Bezirke eine erwünschte Einwirkung ausgeübt werden können. Was aber die zu gering dotirten Schulstellen betrifft, so giebt es auf dem Lande, wie selbst aus den vorstehenden Angaben hervorgeht, ungeachtet alles dessen, was seit 10 Jahren für die bessere äußere Stellung der Lehrer geschehen ist, noch immer nicht wenige so schlecht dotirte Schullehrerstellen, daß im Fall ihrer Erledigung die größte Verlegenheit wegen Besetzung derselben mit auch nur höchst mittelmäßig qualifizirten Subjekten entsteht. Ist wegen Armuth der Gemeinde eine auch nur nothdürftige Dotation der Schullehrerstelle nicht zu erreichen, so tritt bei Stellen Königlichen Patronats der Provinzial-Schulfonds zu. Bei Stellen Privatpatronats aber geschieht das Letztere nicht, die Verlegenheit bleibt, und es ist kein Mittel dann übrig gelassen, als das unbrauchbare Subjekt, das sich zu einer solchen Stelle noch gefunden hat, auf die ungewisse Aussicht hin, daß es sich zu seinem Amte tüchtiger machen möchte, interimistisch dasselbe noch länger verwalten zu lassen. Diesem Uebelstande aber werden nur feste gesetzliche Bestimmungen über die Verpflichtung auch der Dominien zur Theilnahme an der Unterhaltung der Schulen oder eine erweiterte Verwendung des Provinzial-Schulfonds für die Bedürfnisse von nicht Königlichen Schulen abhelfen können."

Der gegenwärtige Zustand der Schulen in den Kreisen der Niederlausitz ergiebt sich aus nachstehender Uebersicht:

Die hauptsächlichsten Ergebnisse der Schulstatistik vom 25. Mai 1891 in den einzelnen Kreisen der Niederlausitz.

Schilderungsgegenstände.		Landkreis Guben	Kreis Kalau	Kreis Luckau	Kreis Lübben	Kreis Spremberg
1		2	3	4	5	6
Evangelische Schulen		62	81	104	60	24
Katholische "		2	—	—	—	—
Schulen überhaupt		**64**	**81**	**104**	**60**	**24**
Anzahl der eigenen Schulhäuser		64	80	103	59	24
Anzahl der Lehrerwohnungen im eigenen Schulhause		74	84	113	67	27
Schulkinder überhaupt		**7 228**	**10 042**	**11 406**	**5 765**	**4 345**
davon: evangelische		6 874	9 927	11 382	5 744	4 294
katholische		314	115	19	14	47
sonst christliche		24	1	—	—	—
jüdische		16	—	5	7	4
Von den Schulkindern haben einen Schulweg von mehr als 2½ km		483	656	319	538	351
Von den Schulkindern sprechen in ihrer Familie:						
nur deutsch		7 099	9 379	11 404	5 754	3 552
nur polnisch		—	3	—	3	—
polnisch und deutsch		—	15	2	—	3
nur wendisch		123	302	—	—	300
wendisch und deutsch		4	344	—	8	490
slawisch und deutsch		2	—	—	—	—
Vollbeschäftigte ordentliche Lehrkräfte überhaupt		**87**	**124**	**162**	**76**	**57**
davon: evangelische Lehrer		82	123	161	76	55
katholische "		5	—	—	—	—
Lehrer zusammen		**87**	**123**	**161**	**76**	**55**
Lehrerinnen (evangelische) zusammen		—	**1**	**1**	—	**2**
Handarbeitslehrerinnen		**61**	**78**	**98**	58	**23**
Das durchschnittliche Gesammteinkommen einer vollbeschäftigten Lehrkraft beträgt	ℳ	**1 269**	**1 309**	**1 224**	**1 259**	**1 285**
Stelleneinkommen	ℳ	81 257	116 771	155 947	69 358	62 856
Sonstige persönliche Ausgaben	ℳ	22 866	38 995	52 804	25 651	10 499
Ausgaben für Schulbauten	ℳ	15 008	26 194	27 842	6 368	3 614
Sonstige sächliche Ausgaben	ℳ	1) 23 436	2) 38 153	3) 41 709	4) 20 525	5) 17 686
Gesammte Schulunterhaltungskosten	ℳ	**142 567**	**220 113**	**278 302**	**121 902**	**94 655**

1) darunter 14 874 ℳ als Wohnungs- und Feuerungswerth für vollbeschäftigte Lehrkräfte. — 2) desgl. 23 440 ℳ. — 3) desgl. 30 677 ℳ. — 4) desgl. 12 584 ℳ. — 5) desgl. 3 780 ℳ.

Das Landschulwesen in Neu-Vorpommern und auf der Insel Rügen. Thilo giebt in seiner Schrift über das „Preußische Volksschulwesen nach Geschichte und Statistik", Seite 132 bis 143, nachstehende, etwa im Jahre 1865 geschriebene Mittheilung aus der Feder des damaligen Konrektors Dammann:

„Als öffentliche Schulen bestanden im Jahre 1815 nur in den Kirchorten (nicht immer Bauerndörfer, wie z. B. in Thüringen, sondern oft bloß das herrschaftliche Gut mit den dazu gehörigen Kathen) die Küsterschulen, welche erst bald nach Annahme der Kirchenreformation eingerichtet worden waren.

„Die Parochien haben aber fast durchweg (auch jetzt noch) einen zu großen Umfang und eine zu starke Bevölkerung, als daß die Kinder aus allen darin eingepfarrten Orten die Küsterschulen hätten besuchen können. Deßhalb waren in manchen von den Kirchorten entfernteren Dörfern Nebenschulen gegründet. Dieselben konnten jedoch nicht als öffentliche Schulen angesehen werden, denn ihre Gründung hing ganz von dem Belieben der Grundherrschaft ab, ebenso die Dotirung der Schule, die Anstellung und Entlassung des Lehrers, wozu nur der Beirath des Pastors empfohlen war; einer obrigkeitlichen Bestätigung bedurfte es in keiner Weise.

„Eine feste Abgrenzung des Schulbezirks innerhalb der Parochie bestand nicht, noch viel weniger ein Schulzwang. Die Zahl der Schulen reichte daher auch nicht im Entferntesten für das Bedürfniß aus, und die Schullokale befanden sich in höchst traurigen Zuständen. Selbst in den Küsterschulen war das Klassenzimmer sehr häufig zugleich die einzige Wohnstube des Lehrers. Die Nebenschulen hatten die Herrschaften oft in sehr schlecht gebauten Kathen — zum Theil ohne Schornsteine — eingerichtet; die Schulstuben waren klein, niedrig und meist viel zu eng für alle schulfähigen Kinder. Ueberhaupt war Alles größtentheils äußerst mangelhaft und dürftig.

„Die Einnahmen der Lehrer bestanden (abgesehen von den Einkünften der Küstereien) theils aus Naturalien (freie Wohnung, Garten, Kuhweide, oft auch etwas Brennmaterial), theils aus fester Besoldung, theils aus dem wöchentlichen Schulgelde, welches die Eltern der Kinder zu entrichten hatten; das letztere betrug in der Regel einen Schilling pommersch Courant wöchentlich, ward aber meist nur bezahlt, wenn die Kinder die Schule wirklich besuchten — ein Anreiz zu Versäumnissen. Sehr viele Lehrer bezogen jedoch gar kein festes Gehalt, sondern nur Schulgeld, ihre baare Einnahme erreichte größtentheils noch nicht 10 Thlr., bei manchem ist sie amtlich zu 2 bis 3 Thlr. jährlich angegeben.

„Fast durchgehends war das Schulhalten daher ein Nebengeschäft. Selbst die Küster betrieben mit wenigen Ausnahmen ein Handwerk. Die Nebenschulen befanden sich meistens in den Händen von Handwerkern, namentlich Schneidern; einige wurden auch von alten, arbeitsunfähig gewordenen Taglöhnern und Hirten oder von alten Frauen gehalten. Der Unterricht war dementsprechend äußerst dürftig, und die Leistungen beschränkten sich auf das Minimum. Dr. Grümbke sagt: „„Kaum hat die Jugend ein wenig Lesen und höchstens die ersten Elemente des Schreibens gelernt, so verläßt sie die Schule wieder."" Rechnen lernten die Kinder wohl nur in sehr wenigen Landschulen. Selbst bei günstigen Verhältnissen scheint die Unterweisung hauptsächlich im Abfragen und Ueberhören des Katechismus und der gelernten Kirchenlieder, im Lesen der Bibel, im Buchstabiren, wozu der Katechismus benutzt wurde, und im ABC-Aufsagen bestanden zu haben. In der Regel ward überhaupt nur während des Winters Schule gehalten, und auch dann wurde sie sehr schlecht und unregelmäßig besucht.

„Werfen wir nunmehr einen Blick auf die Veränderungen, welche die preußische Verwaltung auf diesem Gebiete in 50 Jahren herbeigeführt hat.

„Daß die Verbesserungen nicht mit Riesenschritten erfolgen konnten, wird den nicht befremden, der einigermaßen mit den hiesigen ländlichen Verhältnissen bekannt ist. Aber die Regierung erkannte sofort die tiefen Schäden, denen abgeholfen werden mußte. Zunächst ward durch Verordnung vom 21. August 1818 den Pastoren die Inspektion über die Landschulen förmlich übertragen, woran es bisher gefehlt hatte. Dann führte die Allerhöchste Kabinetsordre vom 14. Mai 1825 die allgemeine Schulpflichtigkeit auch in Neu-Vorpommern und in Rügen ein. Der Erfolg dieser Reformen machte sich freilich nur sehr allmählich bemerkbar, aber vorwärts ging es ungeachtet der vielfachen Hemmungen, die in dem starren Festhalten an dem Althergebrachten, in dem Egoismus vieler reichen Grundbesitzer und in der Armuth und den dürftigen Verhältnissen der Taglöhner zu suchen sind. In den amtlichen Berichten, die mir vom Jahre 1820 an vorliegen, wird besonders geklagt über die gänzliche Untauglichkeit der Lehrer und über den schlechten Schulbesuch. Wiederholt und dringend äußert sich das Verlangen nach „„tüchtigen, in einem Seminar gebildeten Lehrern."" An einer Stelle lesen wir: „„Der Lehrer war Kuhhirte, der lesen, aber nicht richtig schreiben kann."" Oder: „„Ein gewesener Soldat, auf einem Stelzfuß gehend, weil er in der Schlacht bei Schwenskfund ein Bein verlor, hat in den verflossenen

34 Jahren an verschiedenen Orten auf Rügen und seit Michaelis 1823 in L. einige aus diesem Orte und mehreren nahe liegenden Ortschaften ihm zugesandte Kinder zum Lesen und Schreiben, auch zu einigen Begriffen von Gott und seinen Geboten angeleitet. Die Zahl der ihn besuchenden Kinder war höchstens zwanzig. Von jedem Kinde empfing er wöchentlich 1 Schilling und sonst kein Gehalt. Wegen seiner Armuth und Gebrechlichkeit, da er durch Nebenverdienst nichts erwerben und verdienen kann, hat ihm das Kirchspiel etwas Unterstützung bewilligt.““ Am Schluß des Jahres 1826 klagt derselbe Superintendent: „„Ich kann in Wahrheit sagen, in der Landgemeinde sind 400 schulpflichtige und schulfähige Kinder, von welchen 370 noch keine bestehende Schulen haben. Einige arme Menschen, welche, in kleinen Zimmern wohnend, bisweilen wenige Kinder im Lesen unterrichten, haben, wenn sie auch diese Mühe fortsetzen wollten, nicht Raum, die Kinder bei sich aufzunehmen.““ 1827 wird als Grund des schlechten Schulbesuches angegeben: „„1. der Mangel an guten Schulen, 2. daß viele arme Einlieger und Tagelöhner wöchentlich einen Schulschilling nicht erübrigen können und mehrere ihre Kinder der Nahrung halber früh vor geendigten Jahren der Schulpflichtigkeit in Dienste geben (als Schweine-, Schaf-, Kuh- und Gänsehirten der Gutsherrschaften), worin sie auch nicht eine Freistunde im Sommer zum Schulbesuch Zeit erhalten.““ Wiederholt heißt es: „„Wegen seiner Nahrungssorgen hat der Schullehrer keine Zeit übrig, an einem Unterrichte (wahrscheinlich hatte sich der Pastor dazu erboten) zu seiner weiteren Ausbildung theilzunehmen.““ Die Kinder — und zwar auch nur die fleißig kommenden — lernten unter diesen Umständen nichts weiter als „„ziemlich nothdürftig lesen““, den Katechismus und einige Lieder aus dem Gesangbuche. Der Bericht sagt: „„Wenige lernen auch schreiben (von den Schreibenden erhielt der Lehrer zwei Schilling pro Woche); zum Rechnen hat sich im letzten Jahre (1825) keiner gefunden.““

„Im Jahre 1827 traf die Regierung eine neue Einrichtung zur Hebung der Schulen, indem sie für alle Schulen kollegialische Schulvorstände anordnete und untern 7. September mit einer Instruktion versehen ließ.

„Eine feste Grundlage gewann das Landschulwesen jedoch erst durch das Allerhöchste Regulativ vom 29. August 1831. Durch dieses erhielt auch die Nebenschule den Charakter öffentlicher Schulen; es wurden festbegrenzte Schulbezirke konstituirt und bestimmte Vorschriften über die Dotation der Schulen gegeben. Das wöchentliche Honorar ward abgeschafft und ein fixirtes Schulgeld eingeführt. Die Herstellung und Unterhaltung der Schulgebäude, die Hergabe des nöthigen Gartens, der Weide und des Winterfutters für die Kuh des Lehrers — eine muß ihm gehalten werden — und die Lieferung ausreichenden Brennmaterials liegt danach den im Schulbezirk angesessenen Grundbesitzern allein ob, gleichviel ob sie innerhalb des Bezirkes wohnen oder Forense sind. Die Besoldung des Lehrers wird durch das fixirte Schulgeld von allen Hausvätern der Schulgemeinde aufgebracht, sie mögen schulpflichtige Kinder haben oder nicht. Die Schulhäuser sind seitdem fast ohne Ausnahme neu und zweckentsprechend (einige sehr schön) gebaut worden, und die Schulstellen sollen den allgemeinen Bestimmungen gemäß mit Lehrern besetzt werden, welche für ihren Beruf womöglich auf einem Seminar vorgebildet sind.

„So ist in der That sehr viel für das Schulwesen überhaupt und für die Landschulen insbesondere in den verflossenen fünfzig Jahren geschehen.

„Nach Graf v. Krassow's vergleichender Uebersicht der Elementarschulen des platten Landes im Regierungsbezirk Stralsund in den Jahren 1815 und 1864 gab es 1815 außer den 97 Küsterschulen keine öffentlichen Landschulen, sondern nur noch 158 Nebenschulen. Jetzt dagegen giebt es in Neu-Vorpommern und auf Rügen außer 100 Küsterschulen noch 237 öffentliche Landschulen. Die Zahl der öffentlichen Schulen ist also um 240 gewachsen, die der Schulen auf dem Lande im Ganzen um 82. Während 1815 von 14684 schulpflichtigen Kindern 7279, also ca. die Hälfte, gar keinen Schulunterricht genossen, sind 1864 von 23152 Schulkindern auf dem Lande nur 54 ganz ohne Unterricht geblieben. Wahrscheinlich ist aber thatsächlich nicht ein einziges Kind unbeschult geblieben, und die Zahl 54 wird wohl nur auf mißverständlicher Ausfüllung der statistischen Tabellen beruhen.

„Noch manches Jahr wird indeß vergehen, ehe das hiesige Landschulwesen mit dem in anderen Bezirken unseres Staates rivalisiren kann, und ehe die Leistungen im Allgemeinen billigen Forderungen genügend entsprechen werden. Der Grund davon liegt in verschiedenen Verhältnissen.

„Erstens ist den Bewohnern die Erinnerung an die alten schwedischen Freiheiten noch nicht ganz entschwunden, und der Verkehr in Handel und Wandel konnte hier nicht so schnell wie in anderen günstiger gelegenen Theilen Preußens das Bewußtsein der Zugehörigkeit zu einem großen und streng verwalteten Organismus wecken; vielmehr hat gerade der Mangel in dieser Beziehung den Prozeß der Assimilation verzögert. . . . .

„Besonders bemerkbar sind jetzt noch die Versäumnisse in den sogenannten Frei- oder Armenschulen, doch auch anderwärts macht sich große Gleichgültigkeit gegen den Schulbesuch geltend. In der ersten Klasse der Elementarmädchenschule zu Barth fehlten z. B. in den Jahren 1859 bis 1862 zeitweise drei Viertel der Schülerinnen, gewöhnlich waren nicht viel über die Hälfte zugegen, und zwar versäumten fast stets andere; nur ein kleiner Stamm blieb regelmäßig, so daß sich die Physiognomie der Klasse fast täglich änderte. Wir könnten außer diesem verschiedene andere ähnliche Beispiele anführen. — Schon vor der Konfirmation werden häufig die Kinder, Knaben wie Mädchen, aus der Schule genommen und in Dienst gegeben, zuweilen vom 12. Jahre an, mit erlangtem 14. Jahre aber gehen sie durchgängig nicht mehr zur Schule. . . . .

„Ein zweiter Grund der langsamen Entwicklung des Landschulwesens ist in der oft sehr mangelhaften Bildung der Lehrer und in ihren schwachen Leistungen zu suchen. . . . In manchen Gegenden bilden die sogenannten Schulamtsbewerber, die kein Seminar besucht haben, die Mehrzahl der angestellten Lehrer. . . . Die Bewerber waren ehemals Handwerker, Matrosen, Soldaten, Kaufleute &c., sattelten dann, oft schon in reiferen Mannesjahren stehend, zuweilen sogar als ergraute Familienväter um und bereiteten sich nun auf das Schulamt vor, wozu es noch außerdem im Bezirke an einer guten Anstalt gänzlich fehlt. . . .

„Ein Hauptgrund, weshalb unser Elementarschulwesen insbesondere auf dem Lande im Ganzen nicht befriedigende Resultate liefert, ist noch die dürftige äußere Stellung des Lehrers. Einige Küsterstellen sind allerdings recht gut dotirt (300 bis 600 Thlr.), die bei weitem größte Zahl der Lehrerstellen bietet jedoch ein jämmerliches Einkommen. Nach glaubwürdigen Mittheilungen soll die Gesammteinnahme einiger Stellen nur 50 Thlr. jährlich betragen. Als in jüngster Zeit ein Lehrer betreffenden Orts Urlaub sich erbat, um zu seiner Weiterbildung noch ein Jahr das Berliner Seminar besuchen zu können, erstaunte er nicht wenig bei dem Eröffnen, daß ihm bei seiner eventuellen Rückkehr wohl schwerlich sofort eine Stelle gegeben werden könne, die seiner jetzigen entspräche, denn diese — ihre Gesammteinnahme beläuft sich incl. Wohnung, Torf, Garten auf 189 Thlr. — sei schon eine der besseren.

„Doch hören wir über diesen Punkt zum Schluß einen kurzen Artikel des Amtsblattes der Königlichen Regierung zu Stralsund (1865, Nr. 35). Es heißt darin: „„Je mehr wir uns der Fortschritte unseres Volksschulwesens freuen, desto weniger dürfen wir die Augen verschließen vor den Mängeln, an denen dasselbe auch jetzt noch bei uns leidet. Wir heben heute nur einen Nothstand hervor, die drückende äußere Lage vieler Lehrer, namentlich auf dem Lande. Als auf Grund des Allerhöchst bestätigten Regulativs vom 29. August 1831 das Elementarschulwesen auf dem Lande geregelt und eine große Anzahl von Landschulstellen eingerichtet wurde, konnten viele derselben nur nothdürftig dotirt werden; man wollte die Schulgemeinden nicht zu schwer belasten, um sie nicht von vorn herein gegen die neue Einrichtung einzunehmen; zugleich rechnete man darauf, daß die Lehrer durch Betrieb eines Handwerks sich Nebenverdienst verschaffen sollten. Im Laufe der Zeit haben die Umstände sich wesentlich geändert. Die Preise aller Lebensbedürfnisse sind um das Doppelte gestiegen, so daß eine Besoldung, welche vor 30 Jahren zum Unterhalte einer Lehrerfamilie nothdürftig ausreichte, jetzt durchaus nicht mehr genügt, sie vor drückender Noth, Sorge und bitterem Mangel zu schützen. Die Anforderungen, welche an die Schule und die Lehrer gemacht werden, sind gegenwärtig viel größer als vormals; die Vorbereitung für das Amt ist schwieriger und kostspieliger; die amtliche Thätigkeit erfordert mehr Zeit und Kraft, so daß der Betrieb eines Handwerks dem Lehrer, auch wenn er es versteht und sich ihm Gelegenheit zur Ausübung desselben darbietet, fast unmöglich ist, wenn er nicht sein Amt und seine geistige Fortbildung darüber vernachlässigen will. Daher kommt es, daß viele Lehrer ein geringeres Einkommen haben als manche Tagelöhner, während doch ihre geistige Bildung und ihre soziale Stellung ihnen einen Anspruch auf eine bessere äußere Lage zu gewähren scheint. Ist es zu verwundern, wenn mancher Lehrer im Kampf mit der Noth des Lebens die Freudigkeit für seinen Beruf verliert und wohl gar Unzufriedenheit und eine gewisse Bitterkeit sich seiner bemächtigt? Ist es zu verwundern, wenn junge Leute von guten Fähigkeiten immer seltener sich dem Lehrerberufe widmen und lieber einen anderen Beruf erwählen, in welchem sie eine lohnendere Thätigkeit und eine gesichertere Lebensstellung finden? Daher der Mangel an Lehrern, der immer fühlbarer wird, zumal da die Lehrer, aus deren Söhnen sich sonst der Lehrerstand vorzugsweise zu rekrutiren pflegt, oft nicht die Mittel haben, um ihren Söhnen die erforderliche Ausbildung verschaffen zu können. Hier ist Abhülfe dringend nöthig, wenn nicht die Entwickelung unseres Elementarschulwesens eine Hemmung, ja wohl gar einen Rückschritt erfahren soll.““

Der gegenwärtige Zustand des Volksschulwesens in Neu-Vorpommern und auf der Insel Rügen ist ein ganz anderer. Wir geben im Folgenden für die einzelnen Kreise dieses Landestheils einen Auszug aus den Ergebnissen der neuesten schulstatistischen Erhebung vom Jahre 1891, um eine Vergleichung mit dem früheren Zustande zu ermöglichen.

Die hauptsächlichen Ergebnisse der Schulstatistik vom 25. Mai 1891 in den einzelnen Kreisen von Neu-Vorpommern und Rügen.

Schilderungsgegenstände	Kreis Anklam	Kreis Demmin	Kreis Randow	Kreis Usedom-Wollin	Kreis Rügen
1	2	3	4	5	6
Evangelische Schulen	61	102	115	71	92
katholische „	—	—	1	—	—
Schulen überhaupt	**61**	**102**	**116**	**71**	**92**
Anzahl der eigenen Schulhäuser	61	102	113	64	88
Anzahl der Lehrerwohnungen im eigenen Schulhause	61	105	163	86	110
Schulkinder überhaupt	**5 000**	**7 536**	**18 708**	**8 486**	**7 419**
davon: evangelisch	4 982	7 508	18 480	8 446	7 411
katholisch	16	24	161	3	6
sonst christlich	—	3	37	22	—
jüdisch	2	1	30	15	2
Von den Schulkindern haben einen Schulweg von mehr als 2½ km	204	309	409	286	676
Vollbeschäftigte ordentliche Lehrkräfte überhaupt	**88**	**146**	**258**	**133**	**134**
davon: Lehrer, evangelisch	87	142	¹) 247	120	131
Lehrerinnen, evangelisch	1	4	²) 11	13	3
Handarbeitslehrerinnen	**60**	**100**	**59**	**65**	**91**
Das durchschnittliche Gesammteinkommen einer vollbeschäftigten Lehrkraft beträgt ℳ	**1 310**	**1 301**	**1 327**	**1 186**	**1 192**
Stelleneinkommen ℳ	85 655	128 588	246 351	112 316	114 988
Sonstige persönliche Ausgaben ℳ	26 321	66 411	69 298	31 384	39 859
Ausgaben für Schulbauten ℳ	16 676	16 197	65 729	24 686	21 744
Sonstige sächliche Ausgaben ℳ	³) 32 054	⁴) 46 412	⁵) 94 734	⁶) 47 609	⁷) 31 715
Gesammte Schulunterhaltungskosten ℳ	**160 706**	**257 608**	**476 112**	**215 995**	**208 306**

¹) davon 1 katholisch. — ²) davon 1 katholisch. — ³) darunter 17 931 ℳ als Wohnungs- und Feuerungswerth für vollbeschäftigte Lehrkräfte. — ⁴) desgl. 31 446 ℳ. — ⁵) 59 267 ℳ. — ⁶) 27 885 ℳ. — ⁷) 22 905 ℳ.

[Das Volksschulwesen der Altmark ¹).] „Die Altmark, gegenwärtig im Wesentlichen die vier Kreise Stendal, Osterburg, Salzwedel und Gardelegen des Regierungsbezirkes Magdeburg umfassend, hat von jeher in ihren eigenthümlichen Verhältnissen der ordnungsmäßigen, ersprießlichen Einrichtung des Landschulwesens besondere Schwierigkeiten entgegengestellt. Eine dieser Schwierigkeiten, die Dürftigkeit der ländlichen Bevölkerung, ist allerdings geschwunden. In Folge der Ablösung der gutsherrlichen Lasten, ferner der Separation und eines rationelleren Betriebes der Landwirthschaft, sowie der Werthsteigerung aller Produkte der Viehzucht und des Ackerbaues ist der Bauernstand der Altmark zu erfreulichem Wohlstand gelangt, der ihm gestattet, für die bessere Einrichtung des Schulwesens verhältnißmäßig erhebliche Opfer zu bringen. Eine andere Schwierigkeit aber besteht fort und wird fortbestehen, nämlich die Vertheilung der ländlichen Bevölkerung in viele kleine Ortschaften. Der Kreis Salzwedel z. B. zählt ²) in 186 ländlichen Ortschaften etwa 37 500 Einwohner, durchschnittlich also in jeder etwa 200. Von diesen 186 Ortschaften zählen 38 weniger als 100, 16 zwischen 100 und 120, 43 zwischen 120 und 150, zusammen also 97 weniger als 150 Einwohner. Nicht viel günstiger stellt sich das Verhältniß für die ganze Altmark, indem dieselbe in 586 ländlichen Ortschaften 132 850, durchschnittlich also in jeder 227 Einwohner zählt. Die Zusammenlegung mehrerer Ortschaften zu einer Schulsozietät — an sich immer eine mißliche Einrichtung — wird durch die örtlichen Verhältnisse nur in seltenen Fällen ermöglicht; die Schulgemeinden sind daher meist von geringem Umfang, und dies erschwert eben so sehr die ausreichende Dotation der Schulen und Lehrerstellen, als es andererseits allerdings den Unterricht erleichtert.

„Hierin zumeist muß auch der Grund davon gefunden werden, daß das Institut der Reiheschulen, auch Wander- oder Laufschulen genannt, in der Altmark länger und in größerem Umfange sich erhalten hat, als in irgend einem Landestheile der Monarchie.

„Ihren Namen haben diese Schulen davon, daß in Ermangelung eines besonderen Schullokales der Unterricht der Reihe nach, gewöhnlich in wöchentlichem Wechsel, in den Häusern der einzelnen Gemeindemitglieder ertheilt wurde, und daß ebenso der Lehrer der Reihe nach bei diesen Beköstigung und Wohnung bezw. Schlafstelle erhielt. Nachdem wenigstens das Erstere und mehrfach auch das Letztere abgestellt war, blieben als wesentliche Merkmale der Reiheschulen: 1. daß deren Lehrer nicht förmlich und von Staats wegen angestellt, sondern von den Gemeinden auf Kontrakt angenommen wurden, und 2. daß dieselben nicht die allgemein vorgeschriebenen Prüfungen für das Schulamt abzulegen brauchten.

¹) Nach einer Mittheilung aus dem Centralblatt aus dem Jahre 1859. — ²) selbstverständlich im Jahre 1859.

„Solcher Reiheschulen nun waren 1816, als die Schulverwaltung der Altmark dem Königlichen Konsistorium (später der Königlichen Regierung) in Magdeburg unterstellt wurde, innerhalb dieses Landestheiles bei einer Gesammtzahl von 469 Landschulen etwa 150, im Kreise Salzwedel bei einer Gesammtzahl von 159 Landschulstellen 103, in der Diözese Diesdorf bei einer Gesammtzahl von 69 Landschulstellen gar 58 vorhanden. In der Regel fanden sie sich in den Filialdörfern, doch gab es auch einzelne Pfarrdörfer bezw. ganze Parochien, welche keine fundirte Schulstelle und keinen fest angestellten Lehrer hatten. — In diesen war dann der Schuldienst mit dem Pfarramt verbunden.

„Schon unter dem 1. October 1816 erließ das Königliche Konsistorium in Magdeburg betreffs der Reiheschulen folgende Verfügung:

„„Um dem Unfuge, der mit dem Schulwesen bisher besonders in solchen Orten getrieben ist, in denen sich weder ein Schulhaus, noch ein angestellter Schullehrer befindet, und die Gemeinden sich im Winter für einige Zeit nach Willkür irgend ein Subjekt zum Unterricht ihrer Kinder miethen, bis die so höchst nöthige Schulreform eintritt, wenigstens in Etwas zu steuern, wird hiermit angeordnet:

1. Es soll durchaus keine Gemeinde befugt sein, irgend Jemand den Unterricht ihrer Kinder zu übertragen, der nicht zuvor von dem Superintendenten geprüft und brauchbar befunden ist.
2. Es sollen die Gemeinden mit solchen Lehrern vor dem Superintendenten der Diözes einen schriftlichen Kontrakt, wenigstens auf ein halbes Jahr, schließen und nicht befugt sein, vor Ablauf der festgesetzten Zeit den Lehrer ohne Bewilligung der oberen Schulbehörde der Provinz zu entlassen.
3. Diejenigen, welche auf diese Art den Schulunterricht übernehmen, müssen sich verpflichten, während der Lehrstunden ihre etwaigen Handwerks-Arbeiten ruhen zu lassen und in Gegenständen, die ihr Verhältniß als Schullehrer betreffen, den Vorschriften des Superintendenten der Diözes und des Ortspredigers pünktlich Folge zu leisten.““

„Bei der nun erforderlichen Prüfung der anzunehmenden Reihe-Schullehrer durch die Superintendenten stellte sich heraus, daß dieselben außerordentlich unwissend und ohne eigentlich berufsmäßige Vorbildung waren; aber auch, daß die Gemeinden bei deren Annahme größtentheils nicht auf ihre Befähigung sahen, sondern denjenigen wählten, der am wenigsten Lohn forderte, und von dem sie erwarten konnten, daß er die strafbaren Schulversäumnisse am willigsten übersehen würde, statt sie vorschriftsmäßig anzuzeigen. Nahmen die Gemeinden ferner zu Michaelis einen Lehrer an, und bestand dieser dann die Prüfung vor dem Superintendenten nicht, so dauerte es oft bis Martini oder Weihnachten, ehe sie einen andern mietheten, und oft war dieser nicht besser als der erste. Das Recht, einen Lehrer nur auf ein halbes Jahr anzunehmen, mißbrauchten die Gemeinden, um einen solchen im Frühjahr wieder zu entlassen, dann wo möglich für den Sommer gar keinen wieder zu bekommen und so von der Sommerschule ganz frei zu sein. Der Unterricht wurde in den Wohnstuben der Gemeindeglieder, beim Krugwirth in der Gaststube, ertheilt, und während desselben gingen die häuslichen Geschäfte in dem nämlichen Raume ihren Gang fort, oder er mußte ihnen ganz weichen. — Ueberaus gering und dürftig war das Einkommen der Lehrer. Die 58 Reihe-Schullehrer der Diözese Diesdorf hatten außer freier Speisung nur ein Einkommen von 8 bis höchstens (aber sehr selten) 20 Thlr. jährlich. Die freie Speisung erhielten sie indessen bei den meisten Gemeinden nur an den Tagen, an welchen sie wirklich Unterricht ertheilten, und in einzelnen bezogen sie auch kein solches Gehalt, sondern für jeden wirklichen Schultag 1 bis 2 Sgr. Um nun die Speisung und den Lehrerlohn zu sparen, ließen solche Gemeinden den Unterricht möglichst oft und möglichst lange ausfallen, namentlich während des Sommers oft ganze Monate hindurch. Ueberdies konnten die Lehrer das ihnen zustehende Gehalt von einzelnen Pflichtigen schwer oder gar nicht erhalten; die Beköstigung war oft über die Maßen unsauber, und das Logis nicht minder. Selbstredend konnten die Lehrer von so dürftigem und zum Theil unsicherem Einkommen ihr Leben nicht fristen, waren hierzu vielmehr überwiegend auf Nebenerwerb, meist durch den Betrieb des Schneiderhandwerks, angewiesen. Es lag auch in der Natur der Sache, daß, ebenso wie ihre Befähigung, ihr Eifer für die Wartung des Schulamtes gering war, zumal die Gemeinden meist gar kein Gewicht darauf legten, ob ihre Kinder Etwas lernten, vielmehr die Beanspruchung derselben hierfür, insbesondere das Dringen auf regelmäßigen Schulbesuch, in der Regel mit Anfeindungen vergalten, zu deren wirksamer Ausübung das Verhältniß vollständiger Abhängigkeit, in welchem die Lehrer zu ihnen standen, Gelegenheit gab.

„Um diesen Gebrechen und Mängeln der Reiheschulen abzuhelfen, erließ die Königliche Regierung in Magdeburg am 30. September 1818 eine weitere Verfügung, deren wichtigste Vorschriften waren:

„1. Es darf von jetzt an keine Gemeinde einen Lehrer für eine kürzere Zeit als auf ein ganzes Jahr annehmen.

2. Es darf das Gehalt des Schulhalters nicht geringer sein, als der Betrag des reglementsmäßigen Schulgeldes der zu unterrichtenden Kinder sein würde.

3. Es müssen die Gemeindeglieder den Schulhalter, bis sie ein brauchbares Schulhaus erbauen, der Reihe nach speisen.

4. Es muß, wo es irgend möglich ist, ein Zimmer ausgemittelt werden, in welchem der Schulunterricht fortwährend gehalten werden kann.

5. Wenn eine Gemeinde nicht vor Michaelis einen brauchbaren Lehrer bei dem betreffenden Superintendenten zur Prüfung präsentirt und nach geschehener Prüfung nach obigen Bestimmungen mit ihm kontrahirt hat, so soll derselben von dem Superintendenten ein Schullehrer gesetzt werden, den sie wenigstens für ein Jahr behalten muß.""

Schon unter dem 27. Juni 1820 wurden diese Bestimmungen dahin verschärft, daß

jede Gemeinde, die kein eigenes Schulhaus habe, eine besondere Schulstube miethen, zum Schulunterrichte zweckmäßig einrichten, auch im Winter gehörig heizen solle, und daß die Gemeinden den einmal angenommenen Reiheschullehrer nicht weiter nach Willkür entlassen dürfen.

Den Schulhaltern wurden Anweisungen für ihre Weiterbildung gegeben.

Weitere Vorschriften vom 20. Oktober 1820 und vom 28. Februar 1821 machten den Gemeinden zur Pflicht, ihren Reiheschullehrern nicht blos an den wirklichen Schultagen, sondern das ganze Jahr hindurch Logis und Beköstigung zu gewähren.

Insbesondere sollte jeder Reiheschullehrer aus der Gemeindekasse für jedes schulpflichtige Kind der Gemeinde ohne Ausnahme vierteljährlich 6 Sgr. Schulgeld postnumerando erhalten. Das Minimalgehalt eines Reiheschullehrers sollte 12 Thlr. jährlich sein, auch wenn nicht 12 schulpflichtige Kinder in der Gemeinde sind. Daneben sollte derselbe nicht blos eine besondere, im Winter gehörig geheizte Schulstube, sondern auch unausgesetzt eine brauchbare Wohnung im Orte erhalten, und ihm das ganze Jahr hindurch für seine Person freie Speisung in einem reinlichen Hause gereicht, oder für die Speisung täglich 4 Sgr. gezahlt werden.

Mit diesen Erlassen wurde die Regulirung der Verhältnisse der Reiheschulen beschlossen. Die Thätigkeit der Schulverwaltung in den nächsten Jahrzehnten beschränkte sich auf die keineswegs leichte Aus- und Durchführung der getroffenen Bestimmungen bei den einzelnen Schulen, sowie auf die Benutzung geeigneter Gelegenheiten zur Umwandlung derselben in öffentliche, fest fundirte Schulen.

Die Umwandlung von Reiheschulen in öffentliche, fest fundirte Schulen erfolgte meist im Anschlusse an die Ausführung der Gemeinheitstheilung. Mit dem Aufhören der Gemeindeweide wurde der Gemeindehirte überflüssig, das Hirtenhaus daher verfügbar und konnte leicht zum Schulhause ausgebaut werden. Ferner wurde für die Lehrerstelle die durch § 101 der Gemeinheitstheilungsordnung vom 7. Juni 1821 vorgeschriebene Landdotation ausgewiesen, und diese bildete dann nebst dem Schulgelde den Hauptbestandtheil des Lehrereinkommens. Freilich stieg dieses in vielen Fällen nicht über 50 bis 60 Thlr., und nicht minder waren die Schulhäuser oft sehr beschränkt und wenig zweckentsprechend.

Auf diese Weise verminderte sich die Zahl der Reiheschulen in der Altmark bis zum Jahre 1843 um ca. 60; indeß bestanden deren damals noch 88. Die Provinzialbehörden erwogen nun, ob nicht statt des bisherigen Weges gütlicher Einwirkung auf die Gemeinden ein Zwangsverfahren angezeigt sei. Das Ministerium bejahte diese Frage, schloß aber an die betreffende Verfügung folgende Einschränkung:

„Da indessen durch die neue Provinzialschulordnung die Verpflichtungen der Gemeinden zur Einrichtung und Unterhaltung ausreichender Schulanstalten unzweifelhaft werden festgestellt werden, so wird die Königliche Regierung ein zwangsweises Verfahren gegen einzelne Gemeinden bis zur Publizirung der gedachten Schulordnung aussetzen."

Es war nämlich damals beabsichtigt, das gesammte niedere Schulwesen durch Provinzialgesetze zu ordnen. Diese Absicht ist bekanntlich nur für Ost- und Westpreußen zur Ausführung gelangt (Schulordnung vom 11. Dezember 1845). Für Sachsen ist die angekündigte Provinzial-Schulordnung nicht erschienen, und so unterblieb auch die durchgreifende Organisation der Altmärkischen Reiheschulen bis zum Jahre 1855. „Damals bestanden in der Altmark überhaupt noch 78, im Kreise Salzwedel allein noch 58 Reiheschulen. 53 Lehrer hatten noch Reihetisch; das Gehalt stieg bei Einzelnen auf 90 bis 100 Thlr. Die Mehrzahl hatte 25 bis 30 Thlr. jährlich. Vierzehn Lehrer hatten vor einer Prüfungskommission die Befähigung zum Unterricht an kleinen Landschulen erworben; die übrigen waren nur von den Superintendenten geprüft. Die Hälfte der sämmtlichen Reiheschullehrer hatte das

21., ein Drittel derselben das 18. Lebensjahr noch nicht überschritten. An fast allen Orten war bei der Separation eine Landdotation für die Schule ausgewiesen worden, aber die Mehrzahl der Gemeinden hatte dieselbe in ihrem Nutzen verpachtet. Die meisten Schulhäuser bestanden nur aus Schulstube und Schlafkammer oder Stube für den Lehrer."

Die Reorganisation vollzog sich in der Zeit von 1855 bis 1858 und hatte nach dem Berichte der Regierung folgendes Ergebniß:

„Acht kleinen und armen Gemeinden ist vorläufig die Beibehaltung der seitherigen Reiheschulen gestattet worden, jedoch mit der Maßgabe, daß die Lehrer derselben außer freier Station mindestens ein baares Gehalt von 30 bis 40 Thlrn. erhalten müssen.

„Neun Reiheschulen sind nahebelegenen öffentlichen Schulen einverleibt worden.

„Von acht Reiheschulen sind je zwei nahe bei einander gelegene zu einer öffentlichen Schule vereinigt worden.

„Vierundvierzig Reiheschulen sind in öffentliche, fest fundirte Schulen verwandelt worden.

„Betreffs der Umwandlung der neun übrigen in öffentliche Schulen schweben noch die Verhandlungen.

„Die Lehrergehälter der neu begründeten 48 öffentlichen Schulen sind theils auf 110 Thlr., theils auf 120 bis 150 Thlr. normirt worden.

„Sechsundzwanzig Stellen sind mit vorschriftsmäßig geprüften Lehrern besetzt."

Bei den übrigen hatte dies bis 1858 noch nicht geschehen können, theils weil die neu zu erbauenden Schulhäuser noch nicht vollendet waren, theils weil die Zahl der anstellungsfähigen Schulamts-Kandidaten nicht ausreichte.

Die oben wiedergegebene Darstellung aus dem Centralblatte schließt mit den Worten:

„Diese Episode aus der Geschichte der preußischen Unterrichtsverwaltung zeigt, abgesehen von dem sonstigen Interesse, welches sie bietet, an einem konkreten Beispiel, welche Schwierigkeiten thatsächliche Lebensverhältnisse und traditionell gewordene Besonderheiten den bestgemeinten Reformplänen entgegenstellen, und wie eine Hebung des Schulwesens und ein gesteigertes Bedürfniß geistiger Bildung nicht unabhängig gedacht werden kann von einem gewissen Maße materiellen Wohlstandes der betreffenden Bevölkerung."

Den gegenwärtigen Zustand veranschaulicht die nachstehende Tabelle.

Die hauptsächlichsten Ergebnisse der Schulstatistik vom 25. Mai 1891 in den einzelnen Kreisen der Altmark.

Schilderungsgegenstände.	Kreis Osterburg	Kreis Salzwedel	Kreis Gardelegen	Kreis Stendal
1	2	3	4	5
Schulen überhaupt (nur evangelische)	**112**	**138**	**103**	**95**
Anzahl der eigenen Schulhäuser	111	137	103	95
Anzahl der Lehrerwohnungen im eigenen Schulhause	113	139	111	96
Schulkinder überhaupt	**6 842**	**7 997**	**8 876**	**9 499**
davon: evangelische	6 808	7 964	8 866	9 451
katholische	29	7	10	43
sonst christliche	4	9	—	2
jüdische	1	17	—	3
Von den Schulkindern haben einen Schulweg von mehr als 2½ km	181	154	110	51
Vollbeschäftigte ordentliche Lehrkräfte überhaupt	**141**	**161**	**138**	**160**
davon: Lehrer (nur evangelische)	139	161	137	150
Lehrerinnen (nur evangelische)	2	—	1	10
Handarbeitslehrerinnen	**109**	**127**	**102**	**100**
Das durchschnittliche Gesammteinkommen für eine vollbeschäftigte Lehrkraft beträgt ℳ	**1 281**	**1 227**	**1 289**	**1 330**
Stelleneinkommen ℳ	132 056	141 752	129 648	148 498
Sonstige persönliche Ausgaben ℳ	48 675	47 987	47 823	40 374
Ausgaben für Schulbauten ℳ	37 015	28 762	11 458	43 424
Sonstige sächliche Ausgaben ℳ	[1]) 42 884	[2]) 42 131	[3]) 37 995	[4]) 56 649
Gesammte Schulunterhaltungskosten ℳ	**260 630**	**260 632**	**226 924**	**288 945**

[1]) darunter 25 920 ℳ als Wohnungs- und Feuerungswerth für vollbeschäftigte Lehrkräfte. — [2]) desgl. 26 007 ℳ. — [3]) desgl. 23 809 ℳ. — [4]) desgl. 37 471 ℳ.

II. Abschnitt. Die Behörden der Unterrichtsverwaltung.

Minister. An der Spitze der gesammten preußischen Volksschulverwaltung steht in Gemäßheit der Allerhöchsten Verordnung vom 3. November 1817 der Minister der geistlichen, Unterrichts- und Medizinal-Angelegenheiten.

Nur das Fortbildungsschulwesen, welches deswegen auch in der vorliegenden Statistik außer Betracht geblieben ist, untersteht dem Minister für Handel und Gewerbe.

Als Minister der geistlichen ꝛc. Angelegenheiten haben bis jetzt fungirt die Herren von Altenstein 1817 bis 1840, Eichhorn 1840 bis 1848, Graf von Schwerin, von Rodbertus im Jahre 1848, von Ladenberg 1848 bis 1850, von Raumer 1850 bis 1858, von Bethmann-Hollweg 1858 bis 1862, von Mühler 1862 bis 1872, Falk 1872 bis 1879, von Puttkamer 1879 bis 1881, von Goßler 1881 bis 1891, Graf von Zedlitz-Trützschler 1891 bis 1892, Dr. Bosse seit 1892.

Innerhalb des Ministeriums werden zur Zeit die Volksschulangelegenheiten in der II. Unterrichtsabtheilung bearbeitet, deren Einrichtung durch Allerhöchsten Erlaß vom 9. Januar 1882 genehmigt ist, und in deren Geschäftskreis außer der Leitung und der Beaufsichtigung sämmtlicher in dieser Statistik aufgeführten Anstalten auch die Sorge für die Ausbildung und die Prüfung der Lehrer fällt. Als Direktor steht dieser Abtheilung der Wirkliche Geheime Ober-Regierungsrath Dr. Kügler vor. Außerdem gehören derselben an:

als technische Mitglieder: der Wirkliche Geheime Ober-Regierungsrath Dr. Schneider, der Geheime Ober-Regierungsrath Bayer, die Geheimen Regierungsräthe Dr. Köpke, Brandi und Vater;

als rechtskundige Mitglieder: die Geheimen Ober-Regierungsräthe Winter und v. Bremen, die Geheimen Regierungsräthe Wever, Müller und v. Chappuis und die Regierungsräthe v. Moltke und Steinhausen.

Als die nächsten Vertrauenspersonen des Ministers in den einzelnen Provinzen gelten die Oberpräsidenten, welche außerdem als die Präsidenten der Provinzialschulkollegien noch eine unmittelbare Beziehung zu den Schulangelegenheiten haben, vielfach die Verhandlungen mit den geistlichen Oberen der christlichen Religionsgesellschaften vermitteln und endlich in allen ausschließlich kommunalen Angelegenheiten, auch der Schulen, die oberste Provinzialinstanz bilden.

Provinzialbehörden. Als Schulbehörden bestehen in jeder Provinz ein Provinzialschulkollegium und eine oder mehrere Regierungen. Es sind dies einander nebengeordnete Behörden, deren Geschäftskreise, wie bereits erwähnt ist, durch die Instruktionen vom 23. Oktober 1817 und vom 31. Dezember 1825 abgegrenzt sind.

Provinzialschulkollegien. Die Provinzialschulkollegien haben mit alleiniger Ausnahme desjenigen für die Provinz Brandenburg, welches sich in Berlin befindet, ihren Sitz am Wohnorte des Oberpräsidenten. Ihre Wirksamkeit erstreckt sich in Absicht des Unterrichts- und Erziehungswesens auf folgende Gegenstände:

1. alle sich auf pädagogischen Zweck der Unterrichtsanstalten im Allgemeinen beziehende Angelegenheiten;
2. die Prüfung der Grundpläne oder Statuten der Schulen und Erziehungsanstalten, insofern sie deren innere Einrichtung betreffen;
3. die Prüfung neuer, die Revision und Berichtigung schon vorhandener spezieller Schulordnungen und Reglements; ingleichen der Disziplinargesetze, nicht minder die Abgabe zweckmäßiger Vorschläge behufs Abstellung der bei dem Erziehungs- und Unterrichtswesen eingeschlichenen Mißbräuche und anzutreffenden Mängel;
4. Prüfung der im Gebrauch befindlichen Schulbücher; Bestimmung derjenigen, welche abzuschaffen oder neu einzuführen, und Regulirung der Anwendung nach vorheriger Genehmigung des vorgesetzten Ministers;
5. Abfassung neuer für nöthig erachteter Schulbücher, welche jedoch nicht ohne Genehmigung des vorgesetzten Ministers zum Gebrauch für inländische Schulen gedruckt werden dürfen;
6. Abfassung und Revision der Pläne zur Gründung und inneren Einrichtung von Schullehrerseminarien, sowie der Anstalten zum Behufe weiterer Ausbildung schon angestellter Lehrer; ferner die Aufsicht und Leitung der gedachten Seminarien; die Anstellung und Disziplin der Lehrer bei denselben.

Außerdem liegt den Provinzialschulkollegien nach Vorschrift des Allerhöchsten Erlasses vom 27. Juli 1885 die neben der Kommunalaufsicht bestehende Schulaufsicht über die Taubstummen-, Blinden- und Idiotenanstalten ob.

Endlich gehören in den Geschäftskreis des Provinzialschulkollegiums zu Berlin auch sämmtliche Angelegenheiten der Berliner höheren Mädchen-, Gemeinde- und Privatschulen, welche in den Provinzen zu den Aufgaben der Regierungen gehören.

Regierungen. Regierungen bestehen in Ostpreußen, Westpreußen und Brandenburg je 2, in Pommern 3, in Posen 2, in Schlesien und Sachsen je 3, in Schleswig-Holstein 1, in Hannover 6, in Westfalen 3, in Hessen-Nassau 2, in der Rheinprovinz 5, in Hohenzollern 1, zusammen 35.[1]) Die Instruktion vom 23. Oktober 1817 weist im § 18 der Regierung folgenden Geschäftskreis zu:

a) die Besetzung sämmlicher, dem Landesherrlichen Patronatrechte unterworfenen geistlichen und Schullehrerstellen, sowie die Bestätigung der von Privatpatronen und Gemeinden dazu erwählten Subjekte (sofern sie nicht außerhalb Landes her vozirt werden), ingleichen die Prüfung und Einführung derselben; im Falle solche nicht dem Konsistorium übertragen ist;
b) die Aufsicht über deren Amts- und moralische Führung; die Urlaubsertheilung für selbige;
c) die Aufrechterhaltung der äußeren Kirchenzucht und Ordnung;
d) die Direktion und Aufsicht über sämmtliche öffentliche und Privatschulen und Erziehungsanstalten, milde und fromme Stiftungen und Institute;
e) die Aufsicht und Verwaltung des gesammten Elementarschulwesens;
f) die Aufsicht und Verwaltung sämmtlicher äußern Schulangelegenheiten, mithin auch die Regulirung des Schulgeldes;
g) die gesammte Verwaltung des Schul- und Stiftungsvermögens, im Fall selbige nicht verfassungsmäßig anderen Behörden oder Gemeinden, Korporationen und Privaten gebührt, und im letzteren Falle, die Landesherrliche Oberaufsicht über die Vermögensverwaltung. Ihr steht hiernach auch die Entwerfung, Prüfung und Bestätigung der hierher gehörigen Etats, sowie die Abnahme und Decharge der Schul- und Institutsrechnungen zu. Sie hat ferner:
h) die Dispensation in den in der Konsistorial-Instruktion ihr nachgelassenen Fällen, und
i) die polizeiliche Oberaufsicht über alle übrigen literarische Institute, Gesellschaften und Unternehmungen, insoweit diese Aufsicht nicht schon anderen Behörden übertragen ist. Auch steht ihr ohne höhere Genehmigung frei:
k) Schulsozietäten einzurichten und zu vertheilen, wo die Ortschaften es wünschen, oder Lokalumstände es nöthig machen.

Die Ausübung der den Regierungen durch vorstehenden Paragraphen überwiesenen Befugnisse ist, soweit es sich dabei um neue Anforderungen an die Gemeinden handelt, durch das Gesetz vom 26. Mai 1887 an gewisse Formen gebunden worden.

Mitwirkung kirchlicher Behörden. Da in der preußischen Volksschule dem Religionsunterrichte von Anfang an zu jeder Zeit eine hervorragende Stelle eingeräumt worden ist, und da auch die Verfassungsurkunde in Artikel 24 den Religionsgesellschaften die Leitung des religiösen Unterrichtes zuweist, so sind deren Oberen auch gewisse Befugnisse übertragen. Dieselben werden in der evangelischen Kirche vom Evangelischen Oberkirchenrathe und den Konsistorien, in der katholischen von den Bischöfen und deren Beauftragten geübt. Sie beziehen sich hauptsächlich auf das Recht einer Mitwirkung bei der Prüfung der Lehrer in der Religion, sowie bei der Einführung von Lehr- und Lernbüchern für den Religionsunterricht und der persönlichen Kenntnißnahme von dem Religionsunterrichte selbst. Das Verfahren bei letzterer ist durch eine Verfügung vom 18. Februar 1876 (a. a. O. Bd. I, § 11) geordnet.

Schuldeputationen und Ortsschulvorstände. In allen Theilen des Staates legt die Gesetzgebung die Pflicht der Schulunterhaltung den Patronen, Gemeinden, Sozietäten, oder wie die einzelnen Verbände heißen mögen, kurz, den Interessenten auf; dementsprechend ist diesen auch die Leitung der äußeren Angelegenheiten der Volksschule zugewiesen, und die Verfassung gewährleistet ihnen dieselbe ausdrücklich in Artikel 24. Die Betheiligten üben diese Rechte, je nach ihrer Gemeindeordnung oder sonstigen Verfassung, durch besondere, aus ihrer Mitte gewählte, auch wohl durch staatliche Ernennung ergänzte Organe, wie die städtischen Schuldeputationen und Kommissionen, Schulvisitatorien und die ländlichen Schulvorstände. In diesen führt der Ortsschulinspektor häufig den Vorsitz oder er ist stellvertretender Vorsitzender oder endlich Vorsitzender bei den inneren Angelegenheiten; letzteres in Westfalen

---

[1]) Die einzelnen Regierungsbezirke sind u. A. aus der auf S. 61 folgenden Tabelle zu ersehen.

(praeses in internis). Zur Erleichterung und Förderung der bezüglichen Arbeiten haben die größeren Städte besondere Beamte angestellt. In den östlichen Provinzen, wo die Städteordnung dies gestattet, sind diese Schulmänner in der Regel als Stadträthe in den Magistrat aufgenommen worden; so in Königsberg, Berlin, Stettin, Breslau, Magdeburg, Halle a./S., Erfurt; in den anderen Provinzen sind sie Gemeindebeamte, so in Kiel, Hannover, Osnabrück, Kassel, Wiesbaden, Köln, Barmen, Elberfeld, Düsseldorf.

Die Kreis- und Lokalschulaufsicht. Die Aufsicht über die einzelnen Volksschulen wird in Gemäßheit des Schulaufsichtsgesetzes vom 11. März 1872, sowie der entsprechenden älteren gesetzlichen Vorschriften (§ 9 Titel 12 Theil II. des Allgemeinen Landrechtes, §§ 35 und 37 der Preußischen Schulordnung vom 11. Dezember 1845 rc.) durch Beauftragte des Staates geübt. Die dabei getroffenen, zum Theil durch die besondere Gesetzgebung der einzelnen Landestheile und durch Provinzialherkommen bedingten Einrichtungen sind sehr verschiedener Art, und es kann daher zum Zwecke genauerer Orientirung hier nur auf die §§ 6 bis 11 a. a. O. (Band I, S. 30 bis 145) verwiesen werden.

Im Allgemeinen gilt als Regel, daß die einzelnen Regierungsbezirke in eine Anzahl von Schulaufsichtskreisen getheilt werden, und daß innerhalb dieser Kreise ein Beauftragter des Staates als Kreisschulinspektor die Aufsicht über das niedere Schulwesen im Hauptamte oder nebenamtlich führt. In der Mehrzahl der Fälle decken sich die Schulaufsichtskreise mit den politischen Kreisen, doch so, daß in der Regel die evangelischen und die katholischen Schulen besondere Kreisschulinspektoren haben; vielfach folgt aber auch wegen der Berücksichtigung der konfessionellen Verhältnisse die Eintheilung der Schulaufsichtskreise derjenigen der kirchlichen Diözesen; auch hat die Zahl der in Betracht kommenden Schulen und Schulklassen in einigen Fällen die Bildung räumlich kleiner Schulaufsichtskreise nöthig gemacht. Außerdem üben die Landräthe in Gemäßheit der sich aus ihrer Stellung ergebenden Obliegenheiten und Rechte auch Aufsicht über die Schulen in ihren Kreisen, welche sich vorzugsweise, aber nicht ausschließlich, auf die äußeren und die politischen Angelegenheiten erstreckt.[1])

Die gegenwärtig in den einzelnen Regierungsbezirken bestehenden Schulaufsichtsbezirke sind aus folgender Zusammenstellung ersichtlich.

Die Schulaufsichtsbezirke im preußischen Staate im Jahre 1892.

Regierungsbezirke.	Schulaufsichtsbezirke für fest-angestellte Kreisschulinspektoren.	Schulaufsichtsbezirke für auftragsweise beschäftigte Kreisschulinspektoren.	Regierungsbezirke.	Schulaufsichtsbezirke für fest-angestellte Kreisschulinspektoren.	Schulaufsichtsbezirke für auftragsweise beschäftigte Kreisschulinspektoren.
1	2	3	4	5	6
1. Königsberg	13	28	19. Schleswig-Holstein	5	42
2. Gumbinnen	8	17	20. Hannover	—	26
3. Danzig	12	11	21. Hildesheim	—	44
4. Marienwerder	30	—	22. Lüneburg	—	43
5. Stadtkreis Berlin	8	—	23. Stade	—	30
6. Potsdam	2	70	24. Osnabrück	1	16
7. Frankfurt	—	53	25. Aurich	—	22
8. Stettin	—	47	26. Münster	10	2
9. Köslin	—	36	27. Minden	7	10
10. Stralsund	—	12	28. Arnsberg	9	36
11. Posen	29	28	29. Kassel	1	65
12. Bromberg	12	24	30. Wiesbaden	—	64
13. Breslau	14	23	31. Koblenz	10	3
14. Liegnitz	1	46	32. Düsseldorf	17	7
15. Oppeln	34	3	33. Köln	7	2
16. Magdeburg	—	55	34. Trier	12	11
17. Merseburg	—	54	35. Aachen	8	4
18. Erfurt	2	26	36. Sigmaringen	2	—
			Preußischer Staat	**254**	**960**

Die feste Anstellung ständiger Kreisschulinspektoren hat sich, namentlich in den Gegenden mit zweisprachiger Bevölkerung, also in Ost- und Westpreußen, in Posen, Schleswig-Holstein und in den Regierungsbezirken Oppeln und Aachen, außerdem in den Kreisen nöthig erwiesen, wo es entweder an geeigneten Personen fehlte, welchen die Kreisschulaufsicht übertragen werden konnte, oder wo für die Hebung des Schulwesens besondere Anstrengungen geboten erschienen. Nebenamtlich wird die staatliche Kreisschulaufsicht, wo es die Verhältnisse gestatten, gewöhnlich den Geistlichen der betreffenden Konfession

[1]) Ueber die Schulvisitatorien in Schleswig-Holstein vergl. a. a. O. Band I, § 7.

übertragen. Innerhalb der einzelnen Kreise ist jede Schule noch einer besonderen örtlichen Aufsicht unterstellt, welche der „Lokalschulinspektor" unmittelbar oder als Mitglied des Schulvorstandes mit diesem übt. Als Lokalschulinspektoren werden, wo es angeht, die betreffenden Geistlichen gewählt. Andernfalls wird in der Regel der zuständige Kreisschulinspektor oder die mit der Kreisschulaufsicht betraute Körperschaft auch mit der örtlichen Schulaufsicht beauftragt. Die gesammten Aufwendungen für die Schulaufsicht betrugen im Etatsjahre 1892/93: 2 621 332 ℳ. Von dieser Summe entfielen

a) auf die Gehalte und Wohnungsgeldzuschüsse für die schultechnischen Räthe bei den Regierungen 403 466 ℳ,

b) auf die Remunerirung für Hülfsarbeiter bei den Regierungen 30 000 ℳ,

c) auf die örtliche und die Kreisschulaufsicht 2 187 866 ℳ.

III. Abschnitt. Die Lehrerbildung.

1. Die Bildung und Prüfung der Lehrer.

Es ist bezeichnend für die Weisheit, mit welcher die Könige von Preußen die von ihnen als nothwendig erkannte Förderung des Volksschulwesens betrieben, daß sie gleich von vornherein auf die Erziehung eines religiös sittlichen, tüchtigen Lehrerstandes Bedacht nahmen. Ihrer Sorge ist es zu danken, daß die Lehrerbildung von Anfang an als eine Angelegenheit des Staates angesehen und als solche beaufsichtigt und geleitet wurde. Dadurch wurde ermöglicht, daß sie innerlich zu jeder Zeit gesund blieb, und daß außerdem das richtige Verhältniß zwischen dem Bedarf an Lehrkräften für die öffentlichen Volksschulen und der Frequenz der Lehrerbildungsanstalten eingehalten werden kann. Freilich ist dies Ziel erst spät, nach Aufwendung von reichen Mitteln und unter Aufbietung der Kräfte aller Betheiligten erreicht worden. Der Weg von der Allerhöchsten Ordre vom 5. Dezember 1736, in welcher der König dem Abte Steinmetz befahl, jeder Zeit ein Seminarium von jungen Leuten, aus welchem man geschickte Schulmeister nehmen könne, bei seiner Lehranstalt zu Bergen zu halten, bis zu dem heutigen Zustande, wo 10133 Zöglinge in 111 staatlichen Anstalten ausgebildet werden, ist ein weiter und mühevoller gewesen. Die Geschichte dieses Weges ist in einem auf eingehendem Quellenstudium beruhenden Aufsatze der Schmid'schen Encyklopädie (zweite Auflage, Band 10 S. 49 bis 175) erschöpfend mitgetheilt. Es genügt also hier, nur zu berichten, daß die Lehrerbildung denselben Weg genommen hat, wie fast jeder einzelne Zweig des niederen Schulwesens. Die Anfänge entspringen philanthropischen Anregungen, welchen unter dem Schutze wohlmeinender Regenten Folge gegeben wird. Die auf diese Weise in das Leben tretenden Anstalten bleiben lange Zeit hindurch vereinzelte Lichtpunkte, so daß die in ihnen gebildeten Zöglinge eine hervorragende Stelle unter Ihresgleichen einnehmen, die Gegenden, für welche sie arbeiten, als besonders bevorzugt gelten. In Wirkung davon aber entsteht der Wunsch nach einer Verallgemeinerung der Sache; seine muthig unternommene Ausführung begegnet Schwierigkeiten, deren Umfang und Gewicht erst bei der Arbeit selbst entdeckt wird. So werden Unterbrechungen und scheinbare Rückschritte unvermeidlich, bis endlich die der Sache selbst innwohnende Kraft sich geltend macht und zum Siege hilft.

Im achtzehnten Jahrhundert sind in den älteren Landestheilen nur die Seminare[1]) zu Berlin 1748, welches 1817 nach Potsdam und 1851 nach Köpenick verlegt wurde; Breslau, katholisch, 1765; Klein Degen 1774, jetzt Pr. Eylau; Halberstadt 1778; Greifswald 1791, jetzt Franzburg; Petershagen 1792 und Weißenfels 1794; außerdem in den neu erworbenen Landestheilen Hannover 1751; Idstein 1779, jetzt Usingen und Montabaur; Kiel 1781, jetzt Segeberg; Kassel 1783, jetzt Homberg, und Tondern 1787 in das Leben getreten.

Der Eifer für die Förderung der Volksschulbildung, zu welchem die trüben Erfahrungen der Franzosenzeit führten, und die wiederholt erwähnte Energie, mit welcher das preußische Unterrichtsministerium seine Arbeit angriff, blieben auch nicht ohne Rückwirkung auf die Entwickelung des Seminarwesens; es entstanden neue Anstalten zu Stettin (jetzt Pölitz) und Karalene 1811; zu Breslau, evangelisch, 1812 (jetzt Münsterberg und Steinau); Graudenz, Köslin, Bunzlau 1816; Neuzelle 1817; Altdöbern, als Privatanstalt mit staatlicher Unterstützung, 1819; Bromberg, Erfurt, Mörs 1820; Gardelegen, jetzt Osterburg, 1821; Magdeburg, jetzt Barby, 1823; Büren 1825 und zu Eisleben 1826. Beckedorff, jener unermüdete Förderer des preußischen Volksschulwesens, dessen bereits wiederholt gedacht worden ist, hat kurze Zeit vor dem Abschluß seiner leider nur wenige Jahre andauernden Arbeit in seinen Jahrbüchern Band 1 Seite 128 ff. das nachstehende, nach Form und Inhalt gleich interessante Bild von dem damaligen Stande des Seminarwesens in Preußen gegeben.

---

[1]) Die Anstalt zu Kloster Bergen ist sehr bald wieder eingegangen.

Die preußischen Haupt-Seminarien im Jahre 1825.

Provinz. — Ort.	Jahr der Stiftung	Einkünfte	Zahl der Lehrer und Hülfslehrer	Zahl der Zöglinge	Zahl der Klassen	Dauer des Aufenthalts	Eintritt	Zahl der Freistellen und Angabe der Unterstützungen
1	2	3	4	5	6	7	8	9
I. Provinz Ostpreußen.								
1. Königsberg, Waisenhaus und Seminar, evangelisch.	1701, reorganisirt im Jahre 1809.	6 497 Rthl. 14 Sgr. 7 Pf. (3 166 Rthl. 11 Sgr. aus Königlichen Kassen).	4.	30 Zöglinge.	.	unbestimmt.	unbestimmt.	30 Freistellen.
2. Karalene, Erziehungs-Anstalt und Seminar, evangelisch.	1811.	6 644 Rthl. 8 Sgr. 10 Pf. (5 984 Rthl. 8 Sgr. 10 Pf. aus Staatskassen).	6.	33 Seminaristen und 30 Zöglinge.	2 Abtheilungen.	2 Jahr und 3 Jahr.	Ende Juni.	25 ganze Freistellen für Seminaristen und 25 dergl. für Zöglinge.
3. Klein Dexen, evangelisch.	1774.	2 828 Rthl. 23 Sgr. 6 Pf. (2 230 Rthl. aus Staatskassen).	3.	44.		2 Jahr.	Ostern und Michaelis.	32 Königliche Kostgänger.
4. Braunsberg, Seminar und Erziehungs-Institut, katholisch.	1810.	4 100 Rthl. aus Staatskassen.	3.	12 Seminaristen und 10 Zöglinge.		unbestimmt.	Der Austritt ist dann, wenn ein Seminarist eine Stelle erhält.	20 Freistellen.
II. Provinz Westpreußen.								
5. Jenkau, Conradi'sches Schulinstitut und Seminar, simultan.	1798 gestiftet von dem Kammerherrn von Conradi.	5 158 Rthl.	7.	38 Seminaristen.	In mehreren Lectionen 3 u. in ander. 4 Klassen.	unbestimmt.	zu Ostern.	Die Seminaristen erhalten Unterstützung, welche theils in ganzfreier, theils in halbfreier Kost und in der Beihülfe zu Kleidung und Schreibmaterialien besteht.
6. Marienburg, simultan.		2 033 Rthl. 10 Sgr. fließen aus Staatsmitteln.	6.	56.	3.	3 Jahr.	zu Ostern.	Zu Unterstützungen sind 1 256 Rthl. bestimmt, die nach 5 verschiedenen Abstufungen an 46 Zöglinge vertheilt werden.

Bemerkungen:

Zu 1. Königsberg. Der Anstalt fehlt jetzt ein Direktor, mit dessen Anstellung auch eine neue Organisation, soweit solche stiftungsmäßig vorgenommen werden darf, statt haben wird.

Zu 2. Karalene. Direktor ist Herr Patzig. Die Anstalt ist auf dem Lande und hat ihre eigenen Gebäude und eine Dorfschule zur Übungsschule. Diejenigen, welche aus der Erziehungsanstalt ins Seminar treten, bleiben zwei Jahre in demselben, drei Jahre aber diejenigen, welche anderswo ihre Vorbildung erhalten haben.

Zu 3. Klein Dexen. Direktor ist der Pfarrer Herr Riedel. Eine eigentliche Klassenabtheilung findet nicht statt; doch sind die Zöglinge hinsichtlich der einzelnen Unterrichtsgegenstände in gewisse Abtheilungen gebracht. Von den 2 Jahren des Aufenthaltes sind 18 Monate vorzugsweise für den theoretischen Unterricht und 6 Monate für die praktische Übung bestimmt. Die Anstalt hat ihre eigenen Gebäude, zur Übung dient die Schule des Dorfes. Die Seminaristen werden beköstigt.

Zu 4. Braunsberg. Direktor ist Herr Burgund, vormals katholischer Ordensgeistlicher. Die Anstalt hat keine eigene Übungsschule. Aus den Zöglingen werden in der Regel Seminaristen. Außer dem Hause wohnen noch einige Applikanten, die den Unterricht als Seminaristen genießen.

Zu 5. Jenkau. Direktor ist Herr Kamerau. Die Anstalt liegt abgesondert auf dem Lande und bildet eine kleine Kolonie. Seminaristen und Zöglinge werden zusammen unterrichtet. In der letzten Zeit sind vorzugsweise katholische Seminaristen aufgenommen, wiewohl alle Lehrer evangelisch sind. Die Übungsschule wird von den Kindern des Dorfes, das ganz nahe liegt, besucht. Auch angestellte Schullehrer erhalten hier nachhelfende Unterweisung. Es sind deren in der Regel 6 dort.

Zu 6. Marienburg. Direktor ist der Prediger und Schulinspektor Herr Häbler, dem die Anstalt ihr Dasein verdankt. Außer ihm sind noch 5 Lehrer thätig, von denen jedoch keiner dem Seminar ausschließlich angehört. Unter den 56 Zöglingen des vorigen Jahres waren 12 katholische, die vom katholischen Pfarrer des Ortes Religionsunterricht erhalten. Die beiden unteren Klassen nehmen an dem Unterrichte in der Normalschule Theil, die obere an dem der Stadtschule, alle haben außerdem noch besondere Unterweisung und die untere Klasse der Normalschule ist Übungsklasse.

Noch: Die preußischen Haupt-Seminarien im Jahre 1838.

Provinz. — Ort	Jahr der Stiftung	Einkünfte	Zahl der Lehrer und Hülfslehrer	Zahl der Zöglinge	Zahl der Klassen	Dauer des Aufenthalts	Austritt	Zahl der Freistellen und Angabe der Unterstützungen
1	2	3	4	5	6	7	8	9
Noch: II. Provinz Westpreußen.								
7. Graudenz, simultan.	1817.	2 000 Rthl. 16 Sgr. 8 Pf. fließen aus Staatskassen.	4.	60 und darüber.	3	3 Jahr.	Im Herbst.	40 Seminaristen erhalten jährlich eine Unterstützung von 1 160 Rthl.
III. Provinz Brandenburg.								
8. Neuzelle, Seminar und Waisenhaus, evangelisch.	Im Jahre 1817 wurden die Seminarien zu Luckau und Züllichau vereinigt und nach Neuzelle verlegt.	8 865 Rthl. 2 Sgr. 6 Pf. (5 309 Rthl. 2 Sgr. 6 Pf. aus Staatskassen).	7.	90.	3.	3 Jahr.	Ostern.	24 Seminaristen haben ganze und 22 halbe Freistellen.
9. Potsdam, evangelisch.	1817.	5 428 Rthl. 25 Sgr.	6.	63.	3.	3 Jahr.	Michaelis.	10 Seminaristen haben ganze und eben soviel haben halbe Freistellen. Außerdem wird noch eine nicht genau zu bestimmende Summe in außerordentlichen Unterstützungen vertheilt.
IV. Provinz Pommern.								
10. Alt Stettin, evangelisch.	1735.	2 909 Rthl.	5.	32.	.	2 Jahr.	Michaelis, in der Regel alle 2 Jahre.	Zur Unterstützung der Seminaristen sind jährlich 600 Rthl. im Etat ausgesetzt.
11. Köslin, evangelisch.	1816.	2 516 Rthl. (2 436 Rthl. aus Staatskassen).	4.	34.		2 Jahr.	Juli.	Für 3 Seminaristen sind 36 Rthl., für 17 sind 24 Rthl. und für 17 andere Seminaristen 12 Rthl. jährliche Unterstützung im Etat bestimmt.
12. Greifswald, evangelisch.	1791.	266 Rthl. 19 Sgr. 4 Pf.	2.	5.		unbestimmt.		Zur Unterstützung der Seminaristen sind 128 Rthl. 9 Sgr. 1 Pf. ausgesetzt.

Bemerkungen:

Zu 7. Graudenz. Direktor ist der katholische Propst Herr Dietrich. Die Anstalt hat ein eigenes geräumiges Gebäude, das ehmalige Jesuiter-Kollegium und steht mit einer Schule von 2 Klassen in Verbindung. Der Direktor und 40 Zöglinge wohnen im Hause. Der Aufenthalt im Seminar soll zwar drei Jahre dauern, ist aber, um das Bedürfniß der Provinz zu befriedigen, bisher meistens abgekürzt worden. Daher ist auch die Austrittszeit nicht beobachtet worden.

Zu 8. Neuzelle. Direktor ist der Prediger Herr Crüger. Die Anstalt ist in den geräumigen Gebäuden des aufgehobenen Cisterzienser Klosters befindlich, worin sämmtliche Lehrer und Zöglinge wohnen und die letzteren beköstigt werden. Übungsschule ist das mit dem Seminar verbundene Waisenhaus von 30 Kindern.

Zu 9. Potsdam. Die Anstalt war ursprünglich Privatstiftung des Ober-Konsistorialraths Hecker zu Berlin und wurde im Jahre 1748 daselbst errichtet, im Jahre 1753 offiziell konstituirt, 1817 aber mit Vermehrung ihrer Fonds nach Potsdam verlegt. Direktor ist der Prediger Herr Striez. Zur Übung dient eine mit dem Seminar verbundene Freischule. Die Anstalt hat ihr eigenes Gebäude, worin auch die Seminaristen wohnen und beköstigt werden.

Zu 10. Alt Stettin. Direktor ist der Konsistorialassessor Herr Graßmann. Die Anstalt war bis jetzt miethweise im Gebäude der Ministerialschule untergebracht, worin auch einige Seminaristen freie Wohnung hatten, wird aber bald ein eigenes Lokal erhalten.

Zu 11. Köslin. Direktor ist Herr Runge. Die Anstalt hat ein eigenes Gebäude, welches von Grund aus erneut werden muß. Die Seminaristen wohnen zwar im Hause, beköstigen sich aber in der Stadt. Übungsschule ist die städtische Elementarschule.

Zu 12. Greifswald. Diesem Seminar steht eine gänzliche Reorganisation bevor, die um so nöthiger ist, als die Anlegung eines neuen Seminars für Pommern in Kammin, welche von des Königs Majestät bereits genehmigt worden, deshalb noch verschoben bleiben muß, weil die dazu bestimmten Fonds aus den Gütern des ehmaligen hohen Stiftes Kammin noch nicht flüssig gemacht werden können.

Noch: Die preußischen Haupt-Seminarien im Jahre 1825.

Provinz. — Ort.	Jahr der Stiftung	Einkünfte	Zahl der Lehrer und Hülfslehrer	Zahl der Zöglinge	Zahl der Klassen	Dauer des Aufenthalts	Austritt	Zahl der Freistellen und Angabe der Unterstützungen
1	2	3	4	5	6	7	8	9
V. Provinz Schlesien.								
13. Breslau, evangelisch.	1762.	5 038 Rthl. (3 400 Rthl. aus Staatskassen).	6 und bei der Seminarschule 4.	80.	2.	2 Jahr	Im Juli.	Zu 44 Freistellen sind jährlich 829 Rthl. 21 Sgr. 5 Pf. bestimmt. Nach dem Bedürfnisse werden ganze und halbe Freistellen gewährt. Außerdem setzt der Etat noch 26 Rthl. 8 Sgr. 7 Pf. zu außerordentlichen Geldunterstützungen aus.
14. Bunzlau, Seminar und Waisenhaus, evangelisch.	1744, das Seminar seit 1816.	3 700 Rthl. für's Seminar (3 300 Rthl. aus dem Sad'schen Fonds).	15, welche auch theils beim Waisenhause beschäftigt werden	75.	2.	2 Jahr	Ostern.	Für 19 schlesische Seminaristen ist eine jährliche Unterstützung von 36 Rthl. und für 22 andere eine dergleichen von 18 Rthl. ausgesetzt; 12 Lausitzer aber erhalten jährlich 36 Rthl. Diese Unterstützung erhalten sie in Naturalverpflegung bei der Waisenhausanstalt durch ganze und halbe Koststellen.
15. Breslau, katholisch.	1765.	3 137 Rthl. (786 Rthl. aus Staatskassen).	6.	83.		2 Jahr	Im Juli.	Der Etat setzt zu einem Mittagstisch für 31 Seminaristen 584 Rthl. 17 Sgr. 2 Pf. und zu außerordentlichen Geldunterstützungen 65 Rthl. 12 Sgr. 10 Pf. aus.
16. Ober Glogau, katholisch.	1801.	2 628 Rthl. 1 Sgr. 5 Pf. (325 Rthl. aus d. Prov.-Geistl. und Schulkasse zu Oppeln u. 2 300 Rthl. aus d. Neuzeller Fonds).	4.	67.		2 Jahr	Im August alle 2 Jahre	Zur Verpflegung von 36 Seminaristen sind 1 080 Rthl. im Etat ausgesetzt, in der letzten Zeit haben jedoch 52 Seminaristen hiervon Mittagstisch erhalten können.
VI. Provinz Posen.								
17. Bromberg, bis jetzt Simultananstalt, künftig rein evangelisch.	1819.	2 633 Rthl. 10 Sgr.	3.	51.	2.	2 Jahr	-	Zu Seminaristenstipendien und Unterstützungen sind 518 Rth. 10 Sgr. jährlich ausgesetzt.
18. Posen, bis jetzt Simultananstalt, künftig rein katholisch.	1804.	4 205 Rthl. aus der Provinzial-Schulfondskasse zu Posen.	5.	40.		3 Jahr	Im Juli.	18 freie Koststellen.

Bemerkungen:

Zu 13. Breslau, evangelisch. Interimistischer Dirigent ist Herr Hientzsch. Das Gebäude der Anstalt wird durch Ankauf des Nachbarhauses erweitert werden. Das Seminar hat seine eigene Übungsschule und noch eine besondere Präparandenklasse. Zwei Lehrer und sämmtliche Zöglinge wohnen schon jetzt im Hause; letztere werden auch darin beköstigt.

Zu 14. Bunzlau. Direktor sämmtlicher vereinigten Erziehungsanstalten ist Herr Prediger Hoffmann. Die Anstalt hat ansehnliche Gebäude und eigene Ländereien. Für das Seminar dient eine städtische Freischule zur Übung.

Als Privatstiftung eines Maurermeisters Zahn in Bunzlau, begann die Anstalt im Jahre 1744 von einer Armenschule sehr klein. Im Jahre 1753 erhielt der Zahn Allerhöchste Konzession zur Stiftung eines Waisenhauses und 1805 erhielt dies Waisenhaus eine Vermehrung des Fonds und eine von Sr. Majestät dem Könige bestätigte Fundationsurkunde.

Zu 15. Breslau, katholisch. Direktor ist der Geistliche Herr Wurst. Im Seminargebäude, worin auch die Übungsschule ist, wohnen der Direktor und ein Hauptlehrer und sämmtliche Zöglinge, die auch dort beköstigt werden.

Zu 16. Ober Glogau. Direktor ist der Geistliche Herr Müller. Die Anstalt hat ihr eigenes Gebäude und eine städtische Schule dient zur Übung.

Zu 17. Bromberg. Direktor ist der Prediger Herr Grützmacher; auch für ein eigenes Gebäude, da bis jetzt die Anstalt nur miethweise untergebracht ist, soll gesorgt werden.

Zu 18. Posen. Es fehlt ein katholischer Direktor. Rektor ist gegenwärtig ein Evangelischer, Herr Gruszczynski. Das Seminar hat sein eigenes Gebäude und seine Gärten, auch eine Übungsschule mit 3 Klassen und 266 Schulkindern.

Noch: Die preußischen Haupt-Seminarien im Jahre 1825.

Provinz. — Ort.	Jahr der Stiftung	Einkünfte	Zahl der Lehrer und Hülfslehrer.	Zahl der Zöglinge	Zahl der Klassen	Dauer des Aufenthalts	Austritt	Zahl der Freistellen und Angabe der Unterstützungen
1	2	3	4	5	6	7	8	9
VII. Provinz Sachsen.								
19. Magdeburg, evangelisch.	1790, reorganisirt im Jahre 1824.	Vorläufig auf 3 607 Rthl. 2 Sgr. 6 Pf. angenommen.	12.	70.	2.	2 Jahr.	Michaelis.	24 Seminaristen erhalten freien Milliagstisch.
20. Halberstadt, evangelisch.	1778, reorganisirt im Jahre 1822.	2 145 Rthl. 6 Sgr. 1 Pf. (1100 Rthl. 2 Sgr. 6 Pf. aus d. Kloster-Bergisch. Stiftung, 717 Rthl. 8 Sgr. 7 Pf. aus Staatskassen).	4.	43.	2.	2 Jahr.	zu Ostern.	Zur Unterstützung von 12 Seminaristen sind 319 Rthl. bestimmt.
21. Weißenfels, evangelisch.	1794, reorganisirt im Jahre 1822.	3 207 Rthl. 18 Sgr. 5 Pf (1200 Rthl. aus Staatskassen und 1 286 Rthl. 7 Sgr. 6 Pf. aus der Königl. Sächsischen Schullehrer-Seminarien-Hauptkasse in Dresden).	6.	61.	2.		zu Ostern.	8 städtische Stipendien jedes zu 80 Rthl., 4 alte Königl. Stipendien zu 80 Rthl. (Diese 12 Stipendiaten erhalten noch außerdem 2 Rthl. Papiergeld), 11 neue Königl. Stipendien jedes zu 24 Rthl. und 1 ritterschaftliches Stipendium von 24 Rthl.
22. Erfurt, Simultan-Seminar.	Besteht seit 1820 provisorisch.		13.	113 im Jahre 1824. 80 soll die Normalzahl sein.	3.	3 Jahr.		
VIII. Provinz Westfalen.								
23. Soest, evangelisch.	Das Seminar war früher in Wesel, es wurde jedoch nach Okkupation dieser Stadt durch die Franzosen nach Soest verlegt.	3 070 Rthl. (2 506 Rthl. aus Staatskassen).	5.	57.	2.	2 Jahr.	Ostern und Michaelis.	1 100 Rthl. sind zu 36 Stipendien vertheilt. 16 Stipendiaten erhalten 25 Rthl., 10 andere 30 Rthl. und 10 : 40 Rthl. jährlich.

Bemerkungen:

Zu 19. Magdeburg. Direktor ist der Konsistorial- und Schulrath Herr Zerrenner. Außer ihm sind eigentlich nur zwei Lehrer ausschließlich für das Seminar angestellt. Die übrigen sind als Hülfslehrer zu betrachten und größtentheils Lehrer an dortigen städtischen Schulen, mit denen die Anstalt in eine sehr zweckmäßige Verbindung gesetzt ist; das Seminar hat ein eigenes Gebäude, worin die Seminaristen wohnen und beköstigt werden und seine eigene Übungsschule.

Zu 20. Halberstadt. Direktor ist der Prediger Herr Brederlow; die erste Lehrerstelle ist jetzt nur interimistisch besetzt. Die Anstalt hat ihr eigenes Gebäude, eine ehemalige Domherrenkurie, worin der Direktor, zwei Lehrer und die Zöglinge wohnen, und steht mit zwei Schulen in Verbindung.

Zu 21. Weißenfels. Direktor ist Herr Dr. Harnisch. Die Anstalt hat ihre eigenen Gebäude und große Gärten, wird aber aus der Vorstadt wahrscheinlich in das Klaren-Klostergebäude verlegt werden. Die Seminaristen wohnen in der Anstalt und finden im Hause Beköstigung. Zur Uebung dient eine zahlreiche vorstädtische Schule, die ihr Lokal ebenfalls im Gebäude hat.

Zu 22. Erfurt. Die Anstalt wird provisorisch vom Herrn Regierungs- und Schulrath Hahn geleitet, der um ihre Gründung und Erhaltung sich sehr verdient gemacht hat. Feste Einkünfte fehlen bis jetzt; nur ein Lehrer ist als Inspektor der Seminaristen eigens für das Seminar bestimmt, die übrigen sind in anderweitigen Verhältnissen; einige ertheilen unentgeltlich Unterricht, andere gegen verhältnißmäßig geringe Vergeltung. Zum Lokal der Anstalt ist bis jetzt noch das ehemalige Neuwerks-Kloster benutzt: sie soll aber in das ehemalige Augustiner-Kloster verlegt werden. Es stehen mehrere Anstalten mit dem Seminar in Verbindung, eine Musterschule, eine Handwerksschule, eine höhere Töchterschule, eine Taubstummenanstalt. Nach Verlegung in ein eigenes Gebäude wird es organisirt und in jeder Beziehung vereinfacht werden.

Zu 23. Soest. Direktor ist Herr Ehrlich. Der größere Theil des aufgehobenen Minoriten-Klostergebäudes ist im Jahre 1818 der Anstalt überwiesen worden. Die Schule des Stadtviertels, worin das Seminargebäude liegt, ist seit 1819 Übungsschule. 44 Seminaristen wohnen mit dem Direktor und dem Musiklehrer in der Anstalt, beköstigen sich aber außerhalb.

Noch: Die preußischen Haupt-Seminarien im Jahre 1825.

Provinz. — Ort.	Jahr der Stiftung	Einkünfte	Zahl der Lehrer und Hülfslehrer	Zahl der Zöglinge	Zahl der Klassen	Dauer des Aufenthalts	Austritt	Zahl der Freistellen und Angabe der Unterstützungen
1	2	3	4	5	6	7	8	9
Noch: VIII. Provinz Westfalen.								
24. Büren, katholisch.	1825.	Ungefähr 4 000 Rthl.	3.	50.	2.	2 Jahr.		
IX. u. X. Rheinische Provinzen.								
25. Neuwied, evangelisch.	1818, definitiv organisirt 1823.	2 999 Rthl. 17 Sgr. 6 Pf. aus Staatskassen.	4.	38.	2.	2 Jahr.	Michaelis.	1 180 Rthl. sind zu 30 Seminaristen-Stipendien in der Art bestimmt, daß 3 Seminaristen jährlich 80 Rthl., 4:50 Rthl., 5:40 Rthl., 8:30 Rthl. u. 10:25 Rthl. erhalten.
26. Mörs, evangelisch.	1820, definitiv organisirt 1823.	3 000 Rthl. 12 Sgr. 6 Pf. aus Staatskassen.	3.	30.	2.	2 Jahr.	Ende Juli.	So wie bei Neuwied sind auch hier 1 180 Rthl. zu 30 Seminaristen-Stipendien und zwar in derselben Art bestimmt.
27. Brühl, katholisch.	1823.	6 661 Rthl. 10 Sgr. (6 599 Rthl. 10 Sgr. aus Staatskassen).	5 nach dem Etat.	100.	2.	2 Jahr.	Michaelis.	3 130 Rthl. sind zu 87 Stipendien bestimmt. Davon erhalten 6 Seminaristen jährlich 80 Rthl., 12 andere 50 Rthl., 15:40 Rthl., 24:30 Rthl. und endlich 30 Seminaristen jährlich 25 Rthl.
28. St. Mathias bei Trier, katholisch.	1810. Während der Kriegsjahre 1813/14 war es aufgelöst und wurde erst im Jahre 1816 wieder errichtet.	735 Rthl. aus Staatskassen.	2.	45.		1 Jahr auch 2 Jahre.	Michaelis.	Zur Unterstützung der Seminaristen ist nichts bestimmt.

Bemerkungen:

Zu 24. Büren. Zum Direktor der Anstalt ist der Pfarrer Herr Glocke bestimmt. Der Anstalt ist ein Theil des ehemaligen Jesuiten-Seminargebäudes überwiesen; in demselben wird auch eine Übungsschule von 2 Klassen eingerichtet werden. Die Eröffnung des Seminars stehet bevor.

Zu 25. Neuwied. Direktor ist Herr Braun. Die Anstalt hat ihr eigenes Gebäude, worin außer dem Direktor und dem ersten Lehrer auch die Seminaristen zusammen wohnen. Diejenigen von ihnen, welche ein Stipendium von 80 Rthlr. erhalten, sind verpflichtet, dafür im Seminar Unterricht an jüngere Seminaristen zu ertheilen.

Zu 26. Mörs. Direktor ist Herr Diesterweg. Die Anstalt hat ihr eigenes Gebäude und ihre eigene Übungsschule. Direktor, Lehrer und Seminaristen wohnen im Hause und die letzteren werden auch darin beköstigt. Auch hier haben die Stipendiaten zu 80 Rthlr. dieselbe Verpflichtung zum Unterrichten, wie in Neuwied.

Zu 27. Brühl. Direktor ist der Geistliche Herr Schweitzer. Das Gebäude, worin sämmtliche Lehrer und Zöglinge wohnen und letztere auch beköstigt werden, war sonst ein Franziskaner-Kloster. Die Stipendiaten zu 80 Rthlr. haben ebenfalls die Verpflichtung, Unterricht an die jüngeren Seminaristen zu ertheilen. Bis jetzt sind nur 4 Lehrer beschäftigt.

Zu 28. St. Mathias bei Trier. Direktor ist nach Abgang des jetzigen Kanonikus Herrn Dewora der Pfarrer Herr Schülzgen. Die Seminaristen wohnen bei den Bürgern von Trier oder in den zur Vorstadt St. Mathias gehörenden Ortschaften. Der Unterricht wird ihnen in einem Saale des Pfarrhauses ertheilt.

Diese Übersicht erläutert Beckedorff mit folgenden Worten:

„Aus vorstehender Nachweisung ergeben sich kürzlich folgende Resultate:

„Von den 28 aufgeführten Anstalten haben nur 14 vor dem Jahre 1806 bestanden; unter diesen aber waren 3 damals noch nicht als Seminare eingerichtet, nämlich die zu Königsberg, Jenkau und Bunzlau. Die übrigen 14 sind erst nach dem unglücklichen Kriege, und unter diesen 10 seit dem Jahre 1816 neugegründet. Werden aber, wie billig, jene 3 mit eingerechnet, so sind 17 neue Seminarien seit 1806, und unter diesen 12 seit 1816 eingerichtet.

„Die Unterhaltungskosten dieser Anstalten belaufen sich jährlich, das Seminar zu Erfurt, welches noch keinen festen Etat hat, nicht mit gerechnet, auf 99 815 Thlr. 17 Sgr. 11 Pf.

„In ihnen werden gerade 1 500 Zöglinge unterrichtet, deren jeder mithin jährlich über 66 Thlr. kostet. Von diesen bleiben 897 zwei Jahre und 483 drei Jahre lang im Seminar; für 120 aber ist die Dauer des Aufenthaltes unbestimmt. Es treten mithin von den zweijährigen 448, von den dreijährigen 161, zusammen 609 jährlich als Kandidaten des Schulamtes heraus. — Rechnet man zu diesen aus denjenigen Anstalten, worin die Dauer des Aufenthaltes unbestimmt ist, nach einer sehr geringen Annahme, noch etwa 21, so beläuft sich im Ganzen die Zahl der jährlich entlassenen, wohl vorbereiteten Aspiranten des Schulamtes auf 630, und mit Inbegriff der aus den kleineren Hülfs-Seminarien heraustretenden, die man mindestens auf 120 veranschlagen kann, auf 750.

„Nach der im Jahre 1820 beendigten Zählung sämmtlicher Stadt- und Land-Schullehrer, deren Resultat im ersten Hefte dieser Jahrbücher mitgetheilt ist, gab es deren überhaupt in allen Provinzen 21 885. Es ist nicht unwahrscheinlich, daß im gegenwärtigen Augenblicke sich diese Anzahl bis auf 23 000 vermehrt haben wird. Da indessen viele städtische Schulstellen mit studirten Lehrern besetzt sind, so dürfte für jetzt angenommen werden können, daß etwa 21 000 Schulstellen sich für solche Männer eignen, die in einem Seminar ihre Vorbereitung erhalten haben. Wenn nun von den jährlich entlassenen 750 noch $^1/_{15}$ abgezogen wird, welche nach dem Austritt ihren Lebensplan ändern und entweder den Schulstand ganz verlassen, oder fürs Erste ihr Unterkommen als Haus- und Privatlehrer suchen; so bleiben für die 21 000 Lehrerstellen jährlich 700 neue Bewerber oder für 100 deren 3.

„Nach den bisherigen Erfahrungen erfordert das Bedürfniß jährlich zwischen 3 und 4 auf 100. Angenommen jedoch, daß auf 100 Schulstellen jährlich 4 neu anzustellende gerechnet werden müßten, so würden jährlich in der ganzen Monarchie 840 Kandidaten des Schulamtes erforderlich sein; und es würden mithin noch 140 aus anderen Verhältnissen, als denen des Seminars, in das Schulamt eintreten müssen. Wahrscheinlich aber beläuft sich anjetzt diese Anzahl noch weit höher. Sobald indessen allenthalben durchgesetzt sein wird, daß bei übrigens gleichen Eigenschaften den Seminaristen ein bevorzugter Anspruch auf Anstellung eingeräumt werden soll, werden sich die sonstigen Bewerber ohne Zweifel vermindern. Ein solcher Vorzug der Seminaristen ist aber um so billiger, als ganz kürzlich durch eine Ministerialbestimmung festgestellt ist, daß künftig jeder entlassene Seminarist 3 Jahre lang nach seinem Austritt gehalten sein soll, jede Anstellung anzunehmen, die ihm von der Regierung desjenigen Bezirks, welchen das Seminar zu versorgen hat, angetragen werden wird.

„Endlich muß noch in Erwägung kommen, daß, wenn künftig größtentheils Seminaristen, also junge Männer von höchstens 24 Jahren ins Schulamt kommen, auch im Durchschnitt angenommen werden kann, daß jeder 33⅓ Jahre im Amte bleiben wird, und daß mithin künftig nur immer auf 100 Stellen 3 Vakanzen im Jahre gerechnet werden können.[1]) Für den Bedarf von 21 000 Lehrer-Stellen werden dann 700 Seminaristen jährlich genügen und die schon jetzt bestehenden Lehrer-Bildungsanstalten werden hinreichen, um die ganze Monarchie dergestalt mit Lehrern zu versorgen, daß auch die geringste Dorf-Schulstelle mit einem wohl unterrichteten, für sein Amt tüchtig vorbereiteten, ordentlichen und zuverlässigen Manne besetzt werden kann.

„Freudenreiche Aussicht für die Zukunft des Vaterlandes, wenn einst sich erwarten läßt, daß aus jeder Schule im ganzen Lande eine verständige, geschickte, thätige kräftige, aber zugleich getreue, gehorsame, zufriedene, fromme und gottesfürchtige Jugend hervorgehen müsse!

„Unvergleichlicher Beruf derjenigen, welchen jetzt die Pflanzstätten anvertraut sind, in denen die Lehrer jener Jugend für ihr Amt geschickt, getreu und unverdrossen gemacht werden sollen!

„Mögen sie alle empfinden, welches Werk in ihren Händen liegt! Mögen sie erleuchtete Augen ihres Verstandes erhalten, daß sie erkennen, welche da sei die Hoffnung ihres Berufes! Mögen sie vor allen Dingen der eitlen Sorge und Mühe sich entschlagen und nur das Eine bedenken, was Noth ist! Mögen sie das gute Theil erwählen, das nicht von ihnen genommen werden soll!"

Es sei gestattet, dieser lebensvollen Schilderung jener Zeit ein Bild des gegenwärtigen Zustandes in schlichter Zahlengewandung gegenüberzustellen. Die nachfolgenden Tabellen über die staatlichen Lehrer-Bildungsanstalten im Jahre 1892 werden beweisen, daß sich die Hoffnungen des begeisterten Schulmannes erfüllt haben, und daß der preußische Staat sämmtliche Schulen seines Landes in der von ihm ersehnten Weise mit wohlausgebildeten Lehrern versorgt.

[1]) Diese Berechnung ist irrig. Hr. von Beckedorff hat das aus der Zunahme der Bevölkerung und den Veränderungen aus der Besiedelung des Landes entstehende stetig wachsende Bedürfniß an neuen Lehrkräften außer Acht gelassen; außerdem hat er die durchschnittliche Amtsdauer der Lehrer zu hoch gerechnet, das Bedürfniß an neuen Lehrkräften also zu niedrig geschätzt.

Lehrkräfte und Frequenz der Königlichen Schullehrerseminare in den Regierungsbezirken und Provinzen des preußischen Staates, Sommer 1892.

Staat. — Provinzen. — Regierungsbezirke.	Zahl der Seminare	Seminarlehrer: Direktoren, Oberlehrer, ordentliche Lehrer	Seminarlehrer: Hülfslehrer	Zahl der Seminaristen im Internat: evangelisch	im Internat: katholisch	im Internat: zusammen	im Externat: evangelisch	im Externat: katholisch	im Externat: zusammen	überhaupt	Von den Seminaristen stehen im Jahrgange I (3. Klasse)	II (2. Klasse)	III (1. Klasse)
1	2	3	4	5	6	7	8	9	10	11	12	13	14
a) Staat	**111**	**676**	**122**	**4 093**	**1 721**	**5 814**	**3 080**	**1 239**	**4 319**	**10 133**	**3 563**	**3 494**	**3 076**
b) Provinzen.													
I. Ostpreußen	8	48	8	479	77	556	101	13	114	670	237	225	208
II. Westpreußen	6	39	9	270	278	548	113	—	113	661	226	220	215
III. Stadtkreis Berlin	1	8	1	80	—	80	16	—	16	96	30	35	31
IV. Brandenburg	10	58	11	519	—	519	431	—	431	950	339	321	290
V. Pommern	7	42	7	540	—	540	43	—	43	583	210	193	180
VI. Posen	5	38	7	155	178	333	176	48	224	557	196	199	162
VII. Schlesien	19	114	23	338	527	865	450	390	840	1 705	620	601	484
VIII. Sachsen	10	61	13	489	60	549	376	10	386	935	333	331	271
IX. Schleswig-Holstein	5	31	4	73	—	73	353	—	353	426	150	142	134
X. Hannover	11	62	10	426	—	426	437	57	494	920	335	311	274
XI. Westfalen	7	43	7	202	136	338	249	158	407	745	241	271	233
XII. Hessen-Nassau	6	36	6	238	60	298	148	89	237	535	183	175	177
XIII. Rheinland	16	96	16	284	405	689	187	474	661	1 350	463	470	417
c) Regierungsbezirke.													
1. Königsberg	5	30	5	315	77	392	15	13	28	420	149	143	128
2. Gumbinnen	3	18	3	164	—	164	86	—	86	250	88	82	80
3. Danzig	2	13	3	90	98	188	38	—	38	226	97	60	69
4. Marienwerder	4	26	6	180	180	360	75	—	75	435	129	160	146
5. Stadtkreis Berlin	1	8	1	80	—	80	16	—	16	96	30	35	31
6. Potsdam	5	27	5	321	—	321	133	—	133	454	186	134	134
7. Frankfurt	5	31	6	198	—	198	298	—	298	496	153	187	156
8. Stettin	3	18	3	215	—	215	37	—	37	252	96	80	76
9. Köslin	3	18	3	235	—	235	6	—	6	241	80	82	79
10. Stralsund	1	6	1	90	—	90	—	—	—	90	34	31	25
11. Posen	3	24	4	70	100	170	137	48	185	355	125	116	114
12. Bromberg	2	14	3	85	78	163	39	—	39	202	71	83	48
13. Breslau	6	35	6	170	120	290	157	96	253	543	191	207	145
14. Liegnitz	5	30	6	78	71	149	285	—	285	434	162	146	126
15. Oppeln	8	49	11	90	336	426	8	294	302	728	267	248	213
16. Magdeburg	4	23	4	225	—	225	140	—	140	365	128	142	95
17. Merseburg	4	26	6	264	—	264	151	—	151	415	154	136	125
18. Erfurt	2	12	3	—	60	60	85	10	95	155	51	53	51
19. Schleswig	5	31	4	73	—	73	353	—	353	426	150	142	134
20. Hannover	2	12	2	132	—	132	60	—	60	192	60	65	67
21. Hildesheim	3	14	2	59	—	59	66	57	123	182	81	54	47
22. Lüneburg	1	6	1	—	—	—	92	—	92	92	32	36	24
23. Stade	3	18	3	124	—	124	150	—	150	274	97	91	86
24. Osnabrück	1	6	1	48	—	48	44	—	44	92	34	34	24
25. Aurich	1	6	1	63	—	63	25	—	25	88	31	31	26
26. Münster	1	7	2	—	75	75	—	57	57	132	68	36	28
27. Minden	3	15	1	60	61	121	109	—	109	230	71	95	64
28. Arnsberg	3	21	4	142	—	142	140	101	241	383	102	140	141
29. Kassel	3	18	3	178	—	178	14	62	76	254	86	82	86
30. Wiesbaden	3	18	3	60	60	120	134	27	161	281	97	93	91
31. Koblenz	3	18	3	72	72	144	20	85	105	249	90	84	75
32. Düsseldorf	6	36	6	137	60	197	142	155	297	494	164	175	155
33. Köln	2	12	2	—	99	99	—	80	80	179	64	66	49
34. Trier	3	18	3	75	90	165	25	86	111	276	91	95	90
35. Aachen	2	12	2	—	84	84	—	68	68	152	54	50	48

Lehrkräfte und Frequenz der einzelnen Königlichen Schullehrerseminare im preußischen Staate

Regierungsbezirke. — Seminare.	Jahr der Gründung	Seminarlehrer: Direktoren, Oberlehrer, ordentl. Lehrer	Seminarlehrer: Hülfslehrer	Seminarlehrer: zusammen	Zahl der Seminaristen im Internat: evangelisch	im Internat: katholisch	im Internat: zusammen	im Externat: evangelisch	im Externat: katholisch	im Externat: zusammen	überhaupt
1	2	3	4	5	6	7	8	9	10	11	12
I. Reg.-Bez. Königsberg.											
1. Braunsberg i. Ostpr.	1811	6	1	7	—	77	77	—	13	13	90
2. Pr. Eylau	1774	6	1	7	80	—	80	—	—	—	80
3. Ortelsburg	1866	6	1	7	70	—	70	15	—	15	85
4. Osterode i. Ostpr.	1870	6	1	7	87	—	87	—	—	—	87
5. Waldau	1870	6	1	7	78	—	78	—	—	—	78
II. Reg.-Bez. Gumbinnen.											
6. Angerburg	1829	6	1	7	80	—	80	—	—	—	80
7. Karalene	1811	6	1	7	84	—	84	—	—	—	84
8. Ragnit	1882	6	1	7	—	—	—	86	—	86	86
III. Reg.-Bez. Danzig.											
9. Berent	1866	6	1	7	—	98	98	—	—	—	98
10. Marienburg i. Westpr.	1813	7	2	9	90	—	90	38	—	38	128
IV. Reg.-Bez. Marienwerder.											
11. Pr. Friedland	1864	7	2	9	90	—	90	35	—	35	125
12. Graudenz	1816	6	1	7	—	88	88	—	—	—	88
13. Löbau	1874	7	2	9	90	—	90	40	—	40	130
14. Tuchel	1871	6	1	7	—	92	92	—	—	—	92
15. (V.) **Berlin** (Sem. f. Stadtschullehrer)	1811	8	1	9	80	—	80	16	—	16	96
VI. Reg.-Bez. Potsdam.											
16. Köpenick	1748	6	1	7	100	—	100	8	—	8	108
17. Kyritz	1866	7	2	9	122	—	122	—	—	—	122
18. Neu Ruppin	1874	6	1	7	—	—	—	93	—	93	93
19. Oranienburg	1861	6	1	7	99	—	99	—	—	—	99
20. Prenzlau	1892	2	—	2	—	—	—	32	—	32	32
VII. Reg.-Bez. Frankfurt.											
21. Alt Döbern	1819	6	1	7	—	—	—	90	—	90	90
22. Drossen	1864	7	2	9	96	—	96	28	—	28	124
23. Friedeberg i./Neum.	1888	6	1	7	—	—	—	91	—	91	91
24. Königsberg i./Neum.	1874	6	1	7	—	—	—	89	—	89	89
25. Neuzelle	1817	6	1	7	102	—	102	—	—	—	102

im Sommer 1892, sowie die mit letzteren verbundenen Seminarübungsschulen im Sommer 1891.

Von den Seminaristen stehen im Jahrgange: I (3. Klasse)	II (2. Klasse)	III (1. Klasse)	Mit dem Seminar verbundene Seminarübungsschulen: Zahl der Unterrichtsklassen	Zahl der aufsteigenden Klassen	Schulkinder: evangelisch	katholisch	sonst christlich	jüdisch	zusammen	Wiederholung der Bezeichnung in Spalte 1.
13	14	15	16	17	18	19	20	21	22	
										I. Reg.-Bez. Königsberg.
33	33	24	3	3	—	91	—	—	91	1. Braunsberg i. Ostpr.
			1	1	—	60	—	—	60	
27	28	25	3	3	92	—	—	2	94	2. Pr. Eylau.
			1	1	44	—	—	—	44	
29	28	28	3	3	42	3	—	2	47	3. Ortelsburg.
			1	1	49	3	—	—	52	
31	28	28	3	3	94	—	—	—	94	4. Osterode i. Ostpr.
			1	1	64	—	—	—	64	
29	26	23	3	3	104	—	—	—	104	5. Waldau.
			1	1	58	—	—	—	58	
										II. Reg.-Bez. Gumbinnen.
26	30	24	3	3	70	2	—	3	75	6. Angerburg.
			1	1	46	—	—	—	46	
28	27	29	3	3	100	—	—	—	100	7. Karalene.
			1	1	76	—	—	—	76	
34	25	27	3	3	127	—	8	—	135	8. Ragnit.
			1	1	41	—	—	—	41	
										III. Reg.-Bez. Danzig.
33	32	33	3	3	—	85	—	—	85	9. Berent.
			1	1	—	48	—	—	48	
64	28	36	3	3	93	—	6	—	99	10. Marienburg i. Westpr.
			1	1	58	—	—	—	58	
										IV. Reg.-Bez. Marienwerder.
30	34	61	3	3	137	—	—	3	140	11. Pr. Friedland.
			1	1	44	—	—	—	44	
28	33	27	4	4	—	120	—	—	120	12. Graudenz.
36	62	32	3	3	109	5	—	8	122	13. Löbau.
			1	1	42	4	—	3	49	
35	31	26	3	3	—	84	—	—	84	14. Tuchel.
			1	1	—	40	—	—	40	
30	35	31	9	9	279	2	1	5	287	15. (V.) **Berlin** (Sem. f. Stadtschullehrer).
										VI. Reg.-Bez. Potsdam.
36	36	36	3	3	89	—	—	—	89	16. Köpenick.
			1	1	18	—	—	—	18	
57	33	32	6	4	134	—	—	—	134	17. Kyritz.
			1	1	37	—	—	—	37	
27	33	33	4	4	170	—	—	—	170	18. Neu Ruppin.
			1	1	98	—	—	—	98	
34	32	33	3	3	101	—	—	—	101	19. Oranienburg.
			1	1	56	—	—	—	56	
32	—	—	—	—	—	—	—	—	—	20. Prenzlau.
										VII. Reg.-Bez. Frankfurt.
27	32	31	4	3	189	—	—	1	190	21. Alt Döbern.
			1	1	53	—	—	—	53	
32	58	34	4	4	130	—	—	—	130	22. Drossen.
			1	1	56	—	—	—	56	
30	31	30	3	3	152	—	—	2	154	23. Friedeberg i./Neum.
			1	1	38	—	—	—	38	
29	31	29	6	6	263	—	—	2	265	24. Königsberg i./Neum.
			1	1	34	1	2	—	37	
35	35	32	4	4	133	—	—	3	136	25. Neuzelle.
			2	2	51	—	—	—	51	

Noch: Lehrkräfte und Frequenz der einzelnen Königlichen Schullehrerseminare im preußischen Staate

Regierungsbezirke. — Seminare.	Jahr der Gründung	Seminarlehrer: Direktoren, Oberlehrer, ordentl. Lehrer	Seminarlehrer: Hülfslehrer	Seminarlehrer: zusammen	Zahl der Seminaristen im Internat: evangelisch	im Internat: katholisch	im Internat: zusammen	im Externat: evangelisch	im Externat: katholisch	im Externat: zusammen	überhaupt
1	2	3	4	5	6	7	8	9	10	11	12
VIII. Reg.-Bez. Stettin.											
26. Kammin i. Pomm.	1838	6	1	7	75	—	75	1	—	1	76
27. Pölitz	1811	6	1	7	80	—	80	6	—	6	86
28. Pyritz	1827	6	1	7	60	—	60	30	—	30	90
IX. Reg.-Bez. Köslin.											
29. Bütow	1859	6	1	7	72	—	72	—	—	—	72
30. Dramburg	1867	6	1	7	89	—	89	1	—	1	90
31. Köslin	1816	6	1	7	74	—	74	5	—	5	79
X. Reg.-Bez. Stralsund.											
32. Franzburg	1791	6	1	7	90	—	90	—	—	—	90
XI. Reg.-Bez. Posen.											
33. Koschmin	1865	6	1	7	70	—	70	25	—	25	95
34. Paradies	1836	7	2	9	—	100	100	—	—	—	100
35. Rawitsch	1804	11	1	12	—	—	—	112	48	160	160
XII. Reg.-Bez. Bromberg.											
36. Bromberg	1820	8	1	9	85	—	85	39	—	39	124
37. Exin	1865	6	2	8	—	78	78	—	—	—	78
XIII. Reg.-Bez. Breslau.											
38. Breslau	1765	6	1	7	—	60	60	—	32	32	92
39. Brieg	1891	4	—	4	—	—	—	58	—	58	58
40. Habelschwerdt	1874	7	2	9	—	60	60	—	64	64	124
41. Münsterberg	1847	6	1	7	80	—	80	10	—	10	90
42. Öls	1875	6	1	7	—	—	—	82	—	82	82
43. Steinau a./Oder	1849	6	1	7	90	—	90	7	—	7	97
XIV. Reg.-Bez. Liegnitz.											
44. Bunzlau	1816	6	2	8	4	—	4	89	—	89	93
45. Liebenthal	1863	6	1	7	—	71	71	—	—	—	71
46. Liegnitz	1822	6	1	7	—	—	—	97	—	97	97
47. Reichenbach i./Oberl.	1862	6	1	7	74	—	74	14	—	14	88
48. Sagan	1873	6	1	7	—	—	—	85	—	85	85
XV. Reg.-Bez. Oppeln.											
49. Ober Glogau	1802	7	1	8	—	96	96	—	—	—	96
50. Kreuzburg i. Oberschl.	1858	6	2	8	90	—	90	8	—	8	98
51. Peiskretscham	1849	6	2	8	—	83	83	—	6	6	89
52. Pilchowitz	1867	6	2	8	—	82	82	—	6	6	88
53. Proskau	1874	6	1	7	—	75	75	—	12	12	87

im Sommer 1893, sowie die mit letzteren verbundenen Seminarübungsschulen im Sommer 1891.

Von den Seminaristen stehen im Jahrgange I (3. Klasse)	II (2. Klasse)	III (1. Klasse)	Mit dem Seminar verbundene Seminarübungsschulen: Zahl der Unterrichts-Klassen	Zahl der aufsteigenden Klassen	Schulkinder: evangelisch	katholisch	sonst christlich	jüdisch	zusammen	Wiederholung der Bezeichnung in Spalte 1.
13	14	15	16	17	18	19	20	21	22	
										VIII. Reg.-Bez. Stettin.
33	20	23	3	3	139	—	—	—	139	26. Kammin i. Pomm.
			1	1	55	—	—	—	55	
33	28	25	3	3	92	—	—	—	92	27. Pölitz.
			2	2	68	—	—	—	68	
			1	1	55	—	—	—	55	
30	32	28	4	4	151	—	—	—	151	28. Pyritz.
			1	1	68	—	—	—	68	
										IX. Reg.-Bez. Köslin.
18	25	29	3	3	90	—	—	—	90	29. Bütow.
			1	1	53	—	—	—	53	
32	31	27	3	3	85	—	—	—	85	30. Dramburg.
			1	1	25	—	—	—	25	
30	26	23	3	3	86	1	—	—	87	31. Köslin.
			1	1	45	—	—	—	45	
										X. Reg.-Bez. Stralsund.
34	31	25	4	4	126	—	—	—	126	32. Franzburg.
			1	1	38	—	—	—	38	
										XI. Reg.-Bez. Posen.
34	33	28	3	3	158	—	3	—	161	33. Koschmin.
			1	1	49	—	—	—	49	
30	33	37	3	3	—	118	—	—	118	34. Paradies.
			1	1	—	12	—	—	12	
61	50	40	5	3	114	109	—	—	171	35. Rawitsch.
			1	1					52	
										XII. Reg.-Bez. Bromberg.
38	59	27	6	6	220	—	3	—	223	36. Bromberg.
33	24	21	5	5	—	218	—	—	218	37. Exin.
			1	1	—	52	—	—	52	
										XIII. Reg.-Bez. Breslau.
30	27	35	3	3	—	88	—	—	88	38. Breslau.
32	26	—	—	—	—	—	—	—	—	39. Brieg.
34	67	23	3	3	9	147	—	—	156	40. Habelschwerdt.
36	24	30	4	4	120	—	—	2	122	41. Münsterberg.
28	28	26	4	4	100	—	—	1	101	42. Öls.
31	35	31	3	3	118	1	—	—	119	43. Steinau a./Oder.
			1	1	31	—	—	—	31	
										XIV. Reg.-Bez. Liegnitz.
31	32	30	3	3	87	—	—	—	87	44. Bunzlau.
			1	1	24	—	—	—	24	
28	26	17	3	3	—	85	—	—	85	45. Liebenthal.
37	33	27	5	4	196	—	1	—	197	46. Liegnitz.
32	29	27	3	3	126	—	—	—	126	47. Reichenbach i./Oberl.
34	26	25	4	4	92	—	2	—	94	48. Sagan.
										XV. Reg.-Bez. Oppeln.
31	34	31	3	3	—	111	—	—	111	49. Ober Glogau.
			1	1	—	25	—	—	25	
41	31	26	3	3	114	—	—	—	114	50. Kreuzburg i. Oberschl.
30	30	29	3	3	1	164	—	—	165	51. Peiskretscham.
			1	1	—	38	—	—	38	
31	26	31	3	3	—	146	—	4	150	52. Pilchowitz.
34	30	23	3	3	—	112	—	—	112	53. Proskau.

Noch: Lehrkräfte und Frequenz der einzelnen Königlichen Schullehrerseminare im preußischen Staate

Regierungsbezirke. — Seminare.	Jahr der Gründung	Seminarlehrer			Zahl der Seminaristen						
		Direktoren, Oberlehrer, ordentl. Lehrer	Hülfslehrer	zusammen	im Internat			im Externat			überhaupt
					evangelisch	katholisch	zusammen	evangelisch	katholisch	zusammen	
1	2	3	4	5	6	7	8	9	10	11	12
Noch: XV. Reg.-Bez. Oppeln.											
54. Rosenberg i. Oberschl.	1873	6	1	7	—	—	—	—	84	84	84
55. Ziegenhals	1873	6	1	7	—	—	—	—	88	88	88
56. Zülz	1875	6	1	7	—	—	—	—	98	98	98
XVI. Reg.-Bez. Magdeburg.											
57. Barby	1843	6	1	7	81	—	81	20	—	20	101
58. Genthin	1891	4	—	4	—	—	—	56	—	56	56
59. Halberstadt	1778	7	2	9	86	—	86	39	—	39	125
60. Osterburg	1821	6	1	7	58	—	58	25	—	25	83
XVII. Reg.-Bez. Merseburg.											
61. Delitzsch	1873	7	2	9	72	—	72	85	—	85	157
62. Eisleben	1826	6	1	7	30	—	30	58	—	58	88
63. Elsterwerda	1857	6	1	7	72	—	72	—	—	—	72
64. Weißenfels	1794	7	2	9	90	—	90	8	—	8	98
XVIII. Reg.-Bez. Erfurt.											
65. Erfurt	1820	6	2	8	—	—	—	85	—	85	85
66. Heiligenstadt	1836	6	1	7	—	60	60	—	10	10	70
XIX. Reg.-Bez. Schleswig.[1])											
67. Eckernförde	1857	6	1	7	—	—	—	93	—	93	93
68. Hadersleben	1884	6	1	7	—	—	—	60	—	60	60
69. Tondern	1787	6	1	7	—	—	—	99	—	99	99
70. Segeberg	1781	7	—	7	—	—	—	89	—	89	89
71. Uetersen	1875	6	1	7	73	—	73	12	—	12	85
XX. Reg.-Bez. Hannover.											
72. Hannover	1751	6	1	7	40	—	40	56	—	56	96
73. Wunstorf	1874	6	1	7	92	—	92	4	—	4	96
XXI. Reg.-Bez. Hildesheim.											
74. Alfeld	1802	6	1	7	59	—	59	39	—	39	98
75. Hildesheim	1855	6	1	7	—	—	—	—	57	57	57
76. Northeim	1892	2	—	2	—	—	—	27	—	27	27
XXII. Reg.-Bez. Lüneburg.											
77. Lüneburg	1851	6	1	7	—	—	—	92	—	92	92
XXIII. Reg.-Bez. Stade.											
78. Bederkesa	1876	6	1	7	94	—	94	—	—	—	94
79. Stade	1822	6	1	7	30	—	30	60	—	60	90
80. Verden	1875	6	1	7	—	—	—	90	—	90	90
XXIV. Reg.-Bez. Osnabrück.											
81. Osnabrück	1824	6	1	7	48	—	48	44	—	44	92

[1]) Außer den hier aufgeführten Seminaren im Regierungsbezirk Schleswig befindet sich in Ratzeburg ein evangelisch-lutherisches Seminar kommunalverband des Herzogthums Lauenburg. Die mit dem Seminar verbundene Seminarübungsschule hat 3 Unterrichts- und 3 aufsteigende

im Sommer 1892, sowie die mit letzteren verbundenen Seminarübungsschulen im Sommer 1891.

Von den Seminaristen stehen im Jahrgange			Mit dem Seminar verbundene Seminarübungsschulen:							Wiederholung der Bezeichnung in Spalte 1.
I (3. Klasse)	II (2. Klasse)	III (1. Klasse)	Zahl der Unterrichts-Klassen	Zahl der aufsteigenden Klassen	Schulkinder					
					evangelisch	katholisch	sonst christlich	jüdisch	zusammen	
13	14	15	16	17	18	19	20	21	22	
										Noch: XV. Reg.-Bez. Oppeln.
32	28	24	3	3	3	132	—	—	135	54. Rosenberg i. Oberschl.
35	34	19	3	3	1	139	—	—	140	55. Ziegenhals.
33	35	30	3	3	—	166	—	2	168	56. Zülz.
										XVI. Reg.-Bez. Magdeburg.
34	29	38	5	5	200	1	—	1	202	57. Barby.
32	24	—	—	—	—	—	—	—	—	58. Genthin.
33	61	31	5	4	187	—	—	—	187	59. Halberstadt.
			1	1	43	—	—	—	43	
29	28	26	6	6	248	—	—	—	248	60. Osterburg.
			1	1	51	—	—	—	51	
										XVII. Reg.-Bez. Merseburg.
60	59	38	5	5	164	—	—	—	164	61. Delitzsch.
			1	1	49	—	—	—	49	
30	27	31	3	3	56	—	—	—	56	62. Eisleben.
			1	1	38	—	—	—	38	
31	24	20	4	4	102	—	—	—	102	63. Elsterwerda.
			1	1	53	—	—	—	53	
33	29	36	6	5	285	—	—	—	285	64. Weißenfels.
			1	1	32	—	—	—	32	
										XVIII. Reg.-Bez. Erfurt.
29	31	25	5	4	180	—	2	—	182	65. Erfurt.
			1	1	42	—	—	—	42	
22	22	26	3	3	—	91	—	—	91	66. Heiligenstadt.
										XIX. Reg.-Bez. Schleswig.[1])
33	32	28	4	4	198	—	—	—	198	67. Eckernförde.
21	19	20	4	4	150	—	—	—	150	68. Hadersleben.
33	34	32	4	4	210	—	1	—	211	69. Tondern.
32	30	27	3	3	180	2	—	—	182	70. Segeberg.
31	27	27	5	5	276	—	—	—	276	71. Uetersen.
										XX. Reg.-Bez. Hannover.
31	34	31	6	5	169	—	—	—	169	72. Hannover.
29	31	36	3	3	169	1	1	—	171	73. Wunstorf.
										XXI. Reg.-Bez. Hildesheim.
32	34	32	4	4	193	—	1	—	194	74. Alfeld.
22	20	15	3	3	—	84	—	—	84	75. Hildesheim.
			1	1	—	35	—	—	35	
27	—	—	—	—	—	—	—	—	—	76. Northeim.
										XXII. Reg.-Bez. Lüneburg.
32	36	24	5	3	157	—	—	—	157	77. Lüneburg.
			1	1	33	—	—	—	33	
										XXIII. Reg.-Bez. Stade.[2])
31	33	30	5	4	132	—	—	1	133	78. Bederkesa.
34	27	29	6	5	140	—	—	—	140	79. Stade.
32	31	27	3	3	99	—	—	—	99	80. Verden.
			1	1	40	—	—	—	40	
										XXIV. Reg.-Bez. Osnabrück.
34	34	26	5	5	173	—	—	—	173	81. Osnabrück.

mit einem Director, je 2 ordentlichen und Hülfslehrern, einem Zeichenlehrer und einem Turnlehrer. Das Seminar wird unterhalten von dem Kreis-Klassen mit 68 Schulkindern.

Regierungsbezirke. — Seminare.	Jahr der Gründung	Seminarlehrer: Direktoren, Oberlehrer, ordentl. Lehrer	Seminarlehrer: Hülfslehrer	Seminarlehrer: zusammen	Zahl der Seminaristen im Internat: evangelisch	Zahl der Seminaristen im Internat: katholisch	Zahl der Seminaristen im Internat: zusammen	Zahl der Seminaristen im Externat: evangelisch	Zahl der Seminaristen im Externat: katholisch	Zahl der Seminaristen im Externat: zusammen	Zahl der Seminaristen überhaupt
1	2	3	4	5	6	7	8	9	10	11	12
XXV. Reg.-Bez. Aurich.											
82. Aurich	1852	6	1	7	63	—	63	25	—	25	88
XXVI. Reg.-Bez. Münster.											
83. Warendorf	1830	7	2	9	—	75	75	—	57	57	132
XXVII. Reg.-Bez. Minden.											
84. Büren	1825	5	—	5	—	61	61	—	—	—	61
85. Petershagen	1792	6	1	7	60	—	60	39	—	39	99
86. Gütersloh	1890	4	—	4	—	—	—	70	—	70	70
XXVIII. Reg.-Bez. Arnsberg.											
87. Hilchenbach	1867	8	1	9	82	—	82	60	—	60	142
88. Rüthen	1876	6	1	7	—	—	—	—	101	101	101
89. Soest	1806	7	2	9	60	—	60	80	—	80	140
XXIX. Reg.-Bez. Kassel.											
90. Fulda	1805	6	1	7	—	—	—	—	62	62	62
91. Homberg i. Hessen	1783	6	1	7	103	—	103	—	—	—	103
92. Schlüchtern	1805	6	1	7	75	—	75	14	—	14	89
XXX. Reg.-Bez. Wiesbaden.											
93. Dillenburg	1874	6	1	7	—	—	—	92	—	92	92
94. Montabaur	1851	6	1	7	—	60	60	—	27	27	87
95. Usingen	1851	6	1	7	60	—	60	42	—	42	102
XXXI. Reg.-Bez. Koblenz.											
96. Boppard	1868	6	1	7	—	72	72	—	8	8	80
97. Münstermaifeld	1878	6	1	7	—	—	—	—	77	77	77
98. Neuwied	1819	6	1	7	72	—	72	20	—	20	92
XXXII. Reg.-Bez. Düsseldorf.											
99. Elten	1874	6	1	7	—	—	—	—	62	62	62
100. Kempen a. Rhein	1840	6	1	7	—	60	60	—	24	24	84
101. Mettmann	1873	6	1	7	67	—	67	34	—	34	101
102. Mörs	1820	6	1	7	70	—	70	26	—	26	96
103. Odenkirchen	1878	6	1	7	—	—	—	—	69	69	69
104. Rheydt	1877	6	1	7	—	—	—	82	—	82	82
XXXIII. Reg.-Bez. Köln.											
105. Brühl	1823	6	1	7	—	99	99	—	—	—	99
106. Siegburg	1875	6	1	7	—	—	—	—	80	80	80
XXXIV. Reg.-Bez. Trier.											
107. Ottweiler	1874	6	1	7	75	—	75	25	—	25	100
108. Prüm	1885	6	1	7	—	—	—	—	78	78	78
109. Wittlich	1876	6	1	7	—	90	90	—	8	8	98
XXXV. Reg.-Bez. Aachen.											
110. Kornelimünster	1876	6	1	7	—	84	84	—	—	—	84
111. Linnich	1875	6	1	7	—	—	—	—	68	68	68
Sämmtliche Königliche Schullehrerseminare im preußischen Staate		676	122	798	4 093	1 721	5 814	3 080	1 239	4 319	10 133

... im Sommer 1892, sowie die mit letzteren verbundenen Seminarübungsschulen im Sommer 1891.

Von den Seminaristen stehen im Jahrgange: I (3. Klasse)	II (2. Klasse)	III (1. Klasse)	Mit dem Seminar verbundene Seminarübungsschulen: Zahl der Unterrichtsklassen	Zahl der aufsteigenden Klassen	Schulkinder: evangelisch	katholisch	sonst christlich	jüdisch	zusammen	Wiederholung der Bezeichnung in Spalte 1.
13	14	15	16	17	18	19	20	21	22	
										XXV. Reg.-Bez. Aurich.
31	31	26	4	4	156	—	—	—	156	82. Aurich.
			1	1	36	—	—	—	36	
										XXVI. Reg.-Bez. Münster.
68	36	28	3	3	—	124	—	—	124	83. Warendorf.
										XXVII. Reg.-Bez. Minden.
—	31	30	3	3	—	142	—	—	142	84. Büren.
			4	4	196	—	—	—	196	
35	30	34	1	1	48	—	—	—	48	85. Petershagen.
36	34	—	—	—	—	—	—	—	—	86. Gütersloh.
										XXVIII. Reg.-Bez. Arnsberg.
34	72	36	5	5	187	—	2	2	191	87. Hilchenbach.
			1	1	56	—	1	—	57	
33	33	35	3	3	—	148	—	1	149	88. Rüthen.
35	35	70	7	3	198	—	—	—	198	89. Soest.
										XXIX. Reg.-Bez. Kassel.
19	20	23	5	5	—	106	—	4	110	90. Fulda.
34	36	33	4	4	120	—	—	—	120	91. Homberg i. Hessen.
33	26	30	Stadtschule dient als Seminarübungsschule					—	—	92. Schlüchtern.
										XXX. Reg.-Bez. Wiesbaden.
32	29	31	6	6	177	21	11	—	209	93. Dillenburg.
30	28	29	3	3	6	62	3	—	71	94. Montabaur.
35	36	31	4	4	91	7	—	3	101	95. Usingen.
			1	1	22	5	—	—	27	
										XXXI. Reg.-Bez. Koblenz.
31	27	22	3	3	1	104	—	6	111	96. Boppard.
26	24	27	4	3	1	132	—	5	138	97. Münstermaifeld.
33	33	26	4	4	147	5	—	1	153	98. Neuwied.
										XXXII. Reg.-Bez. Düsseldorf.
20	21	21	3	3	—	215	—	—	215	99. Elten.
21	31	32	4	4	—	114	—	—	114	100. Kempen a. Rhein.
33	34	34	4	4	214	—	7	2	223	101. Mettmann.
33	36	27	4	4	157	—	—	—	157	102. Mörs.
26	21	22	—	—	—	—	—	—	—	103. Odenkirchen.
31	32	19	4	4	220	—	—	—	220	104. Rheydt.
										XXXIII. Reg.-Bez. Köln.
32	43	24	5	5	—	276	—	5	281	105. Brühl.
32	23	25	4	4	—	180	—	—	180	106. Siegburg.
										XXXIV. Reg.-Bez. Trier.
33	33	34	4	4	217	—	—	—	217	107. Ottweiler.
25	28	25	3	3	4	161	—	—	165	108. Prüm.
33	34	31	3	3	2	130	—	—	132	109. Wittlich.
										XXXV. Reg.-Bez. Aachen.
30	30	24	3	3	—	169	—	3	172	110. Kornelimünster.
24	20	24	2	2	—	121	—	—	121	111. Linnich.
3 563	3 494	3 076	456	435	12 605	4 848	55	77	17 585	Preußischer Staat überhaupt.

Die ordentlichen Einnahmen und Ausgaben der Königlichen Lehrer-

Provinzen.	Zahl der Seminare	Einnahme: Vom Grundeigenthum ℳ	Einnahme: Zinsen von Kapitalien ℳ	Einnahme: Von Berechtigungen ℳ	Einnahme: Zuschüsse aus anderem als allgemeinem Staatsfonds ℳ	Einnahme: Hebungen von den Zöglingen ℳ	Einnahme: Insgemein ℳ	Einnahme: Summe der Einnahme ℳ
1	2	3	4	5	6	7	8	9
a) Lehrer-Seminare.								
1. Ostpreußen	8	2 252	—	825	3 370	96 751	773	103 971
2. Westpreußen	6	373	18	—	11 852	97 470	522	110 235
3. Stadtkreis Berlin	1	—	—	—	—	35 400	460	35 860
4. Brandenburg	10	591	897	276	11 807	70 920	358	84 849
5. Pommern	7	309	36	360	7 982	79 770	1 726	90 183
6. Posen	5	46	33	—	2 808	51 929	312	55 128
7. Schlesien	19	206	2 222	—	14 453	110 877	809	128 567
8. Sachsen	10	970	533	16	31 141	80 212	1 435	114 307
9. Schleswig-Holstein	5	83	1 887	150	6 990	618	429	10 157
10. Hannover	11	199	—	105	54 593	94 922	403	150 222
11. Westfalen	7	599	455	—	48 402	83 565	2 221	135 242
12. Hessen-Nassau	6	1 212	—	—	3 220	64 518	517	69 467
13. Rheinland	16	804	120	—	14 490	199 241	701	215 356
zusammen	**111**	**7 644**	**6 281**	**1 732**	**211 108**	**1 046 193**	**10 666**	**1 383 544**
b) Lehrerinnen-Seminare.								
1. Ostpreußen	—	—	—	—	—	—	—	—
2. Westpreußen	—	—	—	—	—	—	—	—
3. Stadtkreis Berlin	1	—	—	—	—	47 200	113	47 313
4. Brandenburg	—	—	—	—	—	—	—	—
5. Pommern	—	—	—	—	—	—	—	—
6. Posen	1	24 090	—	—	—	31 997	70	56 157
7. Schlesien	—	—	—	—	—	—	—	—
8. Sachsen	2	—	15 046	—	230	61 935	289	77 500
9. Schleswig-Holstein	1	264	—	—	730	—	60	1 054
10. Hannover	—	—	—	—	—	—	—	—
11. Westfalen	2	—	—	—	7 545	24 296	81	31 922
12. Hessen-Nassau	1	—	—	—	—	—	—	—
13. Rheinland	3	243	—	—	8 440	56 812	51	65 546
zusammen	**11**	**24 597**	**15 046**	**—**	**16 945**	**222 240**	**664**	**279 492**
c) Lehrer- und Lehrerinnen-Seminare zusammen.								
1. Ostpreußen	8	2 252	—	825	3 370	96 751	773	103 971
2. Westpreußen	6	373	18	—	11 852	97 470	522	110 235
3. Stadtkreis Berlin	2	—	—	—	—	82 600	573	83 173
4. Brandenburg	10	591	897	276	11 807	70 920	358	84 849
5. Pommern	7	309	36	360	7 982	79 770	1 726	90 183
6. Posen	6	24 136	33	—	2 808	83 926	382	111 285
7. Schlesien	19	206	2 222	—	14 453	110 877	809	128 567
8. Sachsen	12	970	15 579	16	31 371	142 147	1 724	191 807
9. Schleswig-Holstein	6	347	1 887	150	7 720	618	489	11 211
10. Hannover	11	199	—	105	54 593	94 922	403	150 222
11. Westfalen	9	599	455	—	55 947	107 861	2 302	167 164
12. Hessen-Nassau	7	1 212	—	—	3 220	64 518	517	69 467
13. Rheinland	19	1 047	120	—	22 930	256 053	752	280 902
überhaupt	**122**	**32 241**	**21 247**	**1 732**	**228 053**	**1 268 433**	**11 330**	**1 583 036**

[1]) Außer den hier auf Grund der Etats der einzelnen Seminare nachgewiesenen ordentlichen Ausgaben wurden noch 897 342 ℳ seitens 5 841 823 ℳ betrugen. — Die einmaligen bezw. außerordentlichen Ausgaben beliefen sich im Jahre 1892/93 auf 389 500 ℳ.

und Lehrerinnen-Seminare im Rechnungsjahre 1892/93.

Ausgabe.													
Besoldungen													
Direktoren, Oberlehrer und ordentliche Lehrer	Hülfslehrer	Lehrerinnen	Rendanten und Diener	zusammen	Wohnungsgeldzuschüsse	Andere persönliche Ausgaben	Unterstützungs- rc. Fonds für Interne	Unterstützungs- rc. Fonds für Externe	Zur Unterhaltung der Gebäude u.	Zu Unterrichtsmitteln	Sonstige sächliche Ausgaben	Summe der Ausgabe	Wiederholung der Bezeichnung in Spalte 1.
ℳ	ℳ	ℳ	ℳ	ℳ	ℳ	ℳ	ℳ	ℳ	ℳ	ℳ	ℳ	ℳ	
10	11	12	13	14	15	16	17	18	19	20	21	22	
124 421	11 675	—	7 800	143 896	5 736	3 689	150 665	—	11 875	6 550	28 071	350 482	1.
101 100	13 600	—	4 700	119 400	3 024	3 790	145 870	—	9 450	6 000	27 701	315 235	2.
28 200	1 800	—	2 050	32 050	1 080	2 547	28 200	—	2 404	1 200	11 259	78 740	3.
156 200	16 900	—	8 450	181 550	10 056	13 179	97 187	80	17 550	9 005	38 823	367 430	4.
116 000	10 800	—	6 450	133 250	2 616	8 625	128 278	—	11 714	5 850	29 400	319 739	5.
92 900	10 400	—	4 700	108 000	6 792	3 075	85 146	—	9 501	5 750	20 359	238 623	6.
300 402	33 400	—	13 500	347 302	20 676	14 416	156 757	—	20 088	16 150	66 427	641 816	7.
166 453	18 400	—	4 650	189 503	10 872	8 760	103 594	—	17 592	8 150	42 585	381 056	8.
79 800	5 800	—	5 100	90 700	6 876	2 490	6 660	1 887	9 770	4 350	16 219	138 952	9.
174 600	16 400	—	9 550	200 550	12 576	8 982	134 650	—	13 500	8 850	37 982	417 090	10.
111 500	10 200	—	4 600	126 300	5 424	4 574	115 572	—	7 140	5 880	24 047	288 937	11.
94 300	8 800	—	6 000	109 100	4 644	2 755	89 543	—	8 500	4 950	22 510	242 011	12.
250 800	25 200	—	7 300	283 300	16 524	9 862	261 898	—	20 073	13 800	55 311	660 768	13.
1 796 676	**183 875**	—	**84 850**	**2 064 901**	**105 896**	**86 744**	**1 504 020**	**1 967**	**159 157**	**96 485**	**420 709**	**4 440 879**	
—	—	—	—	—	—	—	—	—	—	—	—	—	1.
—	—	—	—	—	—	—	—	—	—	—	—	—	2.
32 400	—	10 900	1 050	44 350	8 100	3 407	—	5 000	2 500	1 200	8 295	72 012	3.
—	—	—	—	—	—	—	—	—	—	—	—	—	4.
—	—	—	—	—	—	—	—	—	—	—	—	—	5.
29 800	—	11 000	950	41 750	8 232	8 850	—	—	8 000	1 500	18 780	87 112	6.
—	—	—	—	—	—	—	—	—	—	—	—	—	7.
13 200	—	10 316	2 000	25 516	720	4 056	48 680	—	4 850	2 400	21 425	107 647	8.
8 700	—	4 500	1 100	14 300	—	635	6 750	—	3 750	900	3 270	29 605	9.
—	—	—	—	—	—	—	—	—	—	—	—	—	10.
18 600	—	13 190	1 850	33 640	2 784	2 310	24 707	—	1 788	1 500	4 776	71 505	11.
—	—	1 000	—	1 000	216	1 310	—	—	—	300	450	3 276	12.
40 700	1 200	17 300	2 950	62 150	5 916	2 582	46 800	—	4 080	2 400	7 617	131 545	13.
148 400	**1 200**	**68 206**	**9 900**	**222 706**	**25 968**	**23 210**	**126 937**	**5 000**	**24 968**	**10 200**	**64 613**	**503 602**	
124 421	11 675	—	7 800	143 896	5 736	3 689	150 665	—	11 875	6 550	28 071	350 482	1.
101 100	13 600	—	4 700	119 400	3 024	3 790	145 870	—	9 450	6 000	27 701	315 235	2.
60 600	1 800	10 900	3 100	76 400	9 180	6 014	28 200	5 000	4 904	2 400	19 554	151 652	3.
156 200	16 900	—	8 450	181 550	10 056	13 179	97 187	80	17 550	9 005	38 823	367 430	4.
116 000	10 800	—	6 450	133 250	2 616	8 625	128 278	—	11 714	5 850	29 400	319 739	5.
122 700	10 400	11 000	5 650	149 750	15 024	11 925	85 146	—	17 501	7 250	39 139	325 735	6.
300 402	33 400	—	13 500	347 302	20 676	14 416	156 757	—	20 088	16 150	66 427	641 816	7.
179 653	18 400	10 316	6 650	215 019	11 592	12 816	152 274	—	22 442	10 550	64 010	488 703	8.
88 500	5 800	4 500	6 200	105 000	6 876	3 125	13 410	1 887	13 520	5 250	19 489	168 557	9.
174 600	16 400	—	9 550	200 550	12 576	8 982	134 650	—	13 500	8 850	37 982	417 090	10.
130 100	10 200	13 190	6 450	159 940	8 208	6 884	140 279	—	8 928	7 380	28 823	360 442	11.
94 300	8 800	1 000	6 000	110 100	4 860	4 065	89 543	—	8 500	5 250	22 960	245 287	12.
291 500	26 400	17 300	10 250	345 450	22 440	12 444	308 698	—	24 153	16 200	62 928	792 313	13.
1 940 076	**184 575**	**68 206**	**94 750**	**2 287 607**	**132 864**	**109 954**	**1 630 957**	**6 967**	**184 125**	**106 685**	**485 322**	[1]**4 944 481**	

der Centralverwaltung für Seminarzwecke aus allgemeinen Staatsfonds verausgabt, so daß die ordentlichen Ausgaben insgesammt

Die Zöglinge der Königlichen Lehrer- und Lehrerinnen-Seminare im Verhältniß zu der Bevölkerung und den

Staat. — Provinzen.	Bevölkerung			Es waren in Ausbildung Seminaristen						
	1871	1890	Zunahme von 1871-1890 in Prozent	1870	1876	1878	1879	1881	1885	1892
1	2	3	4	5	6	7	8	9	10	11
a) Staat	[1]) 24 689 252	29 955 281	21,1	5 008	7 199	8 125	9 404	9 892	9 497	10 816
b) Provinzen.										
1. Ostpreußen	1 822 934	1 858 668	7,4	400	533	586	635	631	671	670
2. Westpreußen	1 314 611	1 433 081	9,1	282	466	489	545	553	521	661
3. Stadtkreis Berlin	826 341	1 578 794	91,1 } 43,9	675	823	850	1 014	1 029	1 060	1 164
4. Brandenburg	2 036 888	2 541 783	28,4 }							
5. Pommern	1 431 633	1 520 889	6,2	357	494	506	580	561	528	583
6. Posen	1 583 843	1 751 642	10,6	323	386	469	569	683	542	636
7. Schlesien	3 707 167	4 224 458	13,1	738	1 078	1 135	1 264	1 446	1 550	1 705
8. Sachsen	2 103 174	2 580 010	22,7	559	675	709	842	915	916	1 025
9. Schleswig-Holstein	1 045 419	1 217 437	16,5	222	361	426	445	451	448	504
10. Hannover	1 961 437	2 278 361	16,2	379	617	722	859	908	836	920
11. Westfalen	1 775 175	2 428 661	36,8	342	546	633	673	675	663	859
12. Hessen-Nassau	1 400 370	1 664 426	18,9	321	432	473	592	660	545	550
13. Rheinland	3 579 347	4 710 391	31,6 } 31,0	410	788	1 127	1 386	1 380	1 217	1 559
14. Hohenzollern	65 558	66 085	0,8 }							

[1]) einschl. 35 355 Truppen im Auslande.

Der in den vorhergehenden vier Tabellen geschilderte gegenwärtige Zustand der Seminare ist allerdings erst langsam und unter Überwindung mancher Schwierigkeiten erreicht worden. Bald nach Beckedorff's Rücktritt trat ein bedauerlicher Stillstand ein, in der ganzen Zeit von 1828 bis 1846 ist nur ein einziges Seminargebäude errichtet, und dieses ist nicht einmal bezogen worden. Es war für das evangelische Schullehrerseminar zu Breslau bestimmt, dasselbe wurde aber, ehe noch das neue Gebäude bezogen werden konnte, aufgelöst.

Erst im Jahre 1846 begann neues Leben, und es entstanden in den 25 Jahren bis 1871 in der Monarchie alten Bestandes 20 neue Anstalten. Dem Bedürfnisse entsprach diese Vermehrung nicht. Das Haus der Abgeordneten faßte deshalb in der Sitzung vom 22. Dezember 1870 den Beschluß:

„die Königliche Staatsregierung aufzufordern, daß dem dringenden Bedürfniß nach Errichtung neuer, resp. Erweiterung bestehender Schullehrer-Seminarien schneller als bisher abgeholfen und damit dem Umsichgreifen der Stellenbesetzung durch Präparanden gesteuert werde."

Eine Denkschrift, in welcher das Unterrichtsministerium ausführlich darlegte, was dasselbe zur Befriedigung des vorhandenen Bedürfnisses erstrebt habe, schloß mit dem Bekenntniß, daß, wenn auch auf dem in Rede stehenden Gebiete nicht das Nothwendige, so doch das Mögliche geschehen sei.

Der deutsche evangelische Kirchentag und der Kongreß für innere Mission beschäftigten sich im Oktober 1872 mit dem Lehrermangel als einer Gefahr für das deutsche Volksleben und mit den Mitteln, dieser Gefahr vorzubeugen.

Die eingehende Sorge, welche der damalige Unterrichtsminister der Sache zuwendete, führte zu der Erkenntniß, daß der Lehrermangel tiefer liegende Gründe hatte, und daß die Abhülfe nicht einfach in der Errichtung neuer Anstalten gesucht werden könne; denn die vorhandenen Seminare waren nicht einmal alle voll besetzt. Es handelte sich also darum, zunächst durch eine Verbesserung der äußeren Lage der Lehrer und eine Vertiefung ihrer Bildung die Lust und Freude am Lehrerberuf in der Bevölkerung anzuregen und durch eine gründliche Umbildung des Präparandenwesens den Weg in die Seminare zu erleichtern. Daneben gingen sorgfältige statistische Erhebungen, durch welche der Umfang des Bedürfnisses genau festgestellt und die Orte ermittelt wurden, an welchen neue Anstalten am zweckmäßigsten ins Leben treten könnten. Auf diese Weise waren die Grundlagen zu einem umfassenden Reformplan gewonnen. Die Ausführung desselben hat große Opfer erfordert. Es sind nämlich nicht nur vorhandene Seminare erweitert, sondern auch 42 Anstalten neu gegründet worden. Allein die bezüglichen Erweiterungs- und Neubauten haben in den Jahren von 1873 bis 1892: 21 428 415 ℳ erfordert; in dieser Summe sind nicht enthalten die regelmäßigen, fortlaufenden Ausgaben für die Unterhaltung der vorhandenen Seminargebäude und Gärten. Die ordentlichen Gesammtkosten der Seminare bezifferten sich 1892 auf 5 841 823 ℳ, wozu aus Staatsfonds 4 258 787 ℳ beigetragen wurden.

Schulstellen der einzelnen Provinzen des preußischen Staates in den Jahren 1870, 1876, 1878, 1879, 1881, 1885, 1892.

Die Zunahme der Seminaristen betrug 1892							Es kam ein Seminarist auf Einwohner							Es betrug die Zahl der Schulstellen			Es entfiel ein Seminarist auf Stellen			Wiederholung der Bezeichnung in Spalte 1
überhaupt gegen						im Prozent gegen 1870														
1885	1881	1879	1878	1876	1870		1870	1876	1878	1879	1881	1885	1892	1881	1886	1891	1881	1886	1891	
12	13	14	15	16	17	18	19	20	21	22	23	24	25	26	27	28	29	30	31	
1339	**944**	**1452**	**2711**	**3637**	**5828**	**118,6**	**4930**	**3578**	**3 188**	**2 794**	**2 758**	**2 982**	**2 764**	**61 134**	**64 750**	**71 731**	**6,3**	**6,2**	**6,6**	a)
— 1	39	85	84	137	270	67,3	4557	3483	3 168	3 046	3 065	2 920	2 923	4 391	4 415	4 762	7,0	6,8	7,1	1.
140	108	118	172	195	379	134,6	4662	2882	2 747	2 580	2 542	2 703	2 169	3 056	3 089	3 434	5,8	5,9	5,9	2.
104	135	150	314	341	489	73,5	4242	3799	3 678	3 342	3 294	3 451	3 540	7 301	7 815	8 960	7,1	7,2	7,2	3. 4.
55	22	3	77	89	226	63,2	4010	2959	2 889	2 655	2 745	2 851	2 609	4 041	3 988	4 192	7,2	7,2	7,5	5.
94	— 47	67	167	250	313	96,8	4904	4161	3 424	2 994	2 494	3 165	2 754	3 173	3 281	3 756	4,4	6,1	5,9	6.
155	259	441	570	627	967	131,6	5023	3566	3 387	3 171	2 772	2 653	2 478	7 669	8 280	9 111	5,3	5,3	5,2	7.
109	110	183	316	350	466	83,4	3762	3213	3 059	2 746	2 527	2 651	2 517	5 555	5 624	6 271	6,1	6,1	6,1	8.
56	53	59	78	143	282	127,6	4709	2975	2 521	2 533	2 499	2 568	2 416	3 392	3 472	3 664	7,3	7,3	7,3	9.
84	12	81	198	303	541	142,7	5175	3270	2 794	2 468	2 335	2 599	2 476	5 246	5 270	5 818	5,8	6,8	6,3	10.
196	184	186	226	313	517	151,8	5191	3490	3 011	3 036	3 027	3 825	2 827	4 132	4 948	5 671	6,1	7,3	6,4	11.
5	— 110	— 42	77	118	220	71,8	4363	3398	3 103	2 626	2 355	2 922	3 026	3 621	3 776	4 147	5,4	6,9	7,3	12.
342	179	173	432	771	1149	280,6	8890	4912	3 435	2 988	3 001	3 625	3 064	9 557	10 792	11 945	6,8	8,9	7,1	13. 14.

Die Zahl der in Ausbildung begriffenen Seminaristen hat sich in den Jahren von 1870 bis 1892 von 5 008 auf 10 836 vermehrt. Diese Vermehrung geht weit über das Bedürfniß hinaus, welches durch die Zunahme der Bevölkerung entsteht; denn letztere hat sich in der Zeit von 1871 bis 1890 nur von 24 689 252 auf 29 955 281 Einwohner, also im ungefähren Verhältniß von 5 zu 6, erhöht, während die Zahl der Seminaristen von 1870 bis 1892 im Verhältniß von 5 zu 10 gestiegen ist. Es kommt 1 Seminarist im Jahre 1870 auf 4 930 Einwohner, im Jahre 1892 auf 2 764 Einwohner.

Diese ungewöhnliche Vermehrung hat es der Unterrichtsverwaltung möglich gemacht, die vorhandenen Lehrerstellen mit vorschriftsmäßig geprüften Lehrern zu besetzen, während noch im Jahre 1873 2 316 Lehrerstellen gar nicht oder nicht vorschriftsmäßig besetzt waren. Ferner wurde es dadurch möglich, dem ungewöhnlichen Bedarf an neuen Lehrkräften, welcher in Folge des Lehrerpensionsgesetzes vom 6. Juli 1885 eintrat, zu genügen. Dieses langersehnte Gesetz sichert die Zukunft der alten ausgedienten Lehrer, hatte aber auch die Folge, daß eine erhebliche Zahl von bejahrten Lehrern, welche ihre Pensionirung in Hoffnung auf das kommende Gesetz aufgeschoben hatten, nunmehr aus dem Dienste schied; in der Zeit von Ostern 1886 bis dahin 1889 sind 3 449 Lehrer in den Ruhestand getreten.

Endlich hat die Vermehrung der Lehrerbildungsanstalten der Unterrichtsverwaltung ermöglicht, den durch die Zunahme der Bevölkerung und den Wechsel in der Besiedelung des Landes entstehenden Bedarf an neuen Schulklassen zu genügen und die Ueberfüllung einer Anzahl von Schulklassen zu beseitigen. Allein in den letzten fünf Jahren hat sich die Zahl der Schulkinder in überfüllten Schulen von 2 233 373 auf 1 861 182 vermindert. Die Zahl der Lehrerstellen hat sich überhaupt vermehrt von 52 046 im Jahre 1873 auf 71 731 im Jahre 1891, also um 19 685.

Der innere Gang der Lehrerbildung ergiebt sich in seinen Hauptzügen schon aus dem Vorstehenden. Junge Leute, welche Lehrer werden wollen, bereiten sich entweder auf privaten oder staatlichen Anstalten dafür vor. Eine Verstaatlichung der ganzen Vorbildung, welche in einzelnen anderen Staaten durchgeführt ist, hat die preußische Unterrichtsverwaltung nicht für zweckmäßig gehalten, weil sie Werth darauf legt, daß die angehenden Seminaristen aus den verschiedensten Bildungskreisen kommen und im Lehrerstande die mannigfaltigsten Bildungskräfte wirksam werden, ferner weil sie fürchtet, die Errichtung von ausschließlich staatlichen Anstalten könne zur Folge haben, daß nur aus den ihnen nächst liegenden Orten Schüler eintreten, während jetzt alle, auch die entlegensten Gegenden ihr Kontingent an Aspiranten stellen; endlich weil es erwünscht scheint, Knaben von 14 bis 17 Jahren, so lange es angeht, im Elternhause oder doch in dessen Nähe zu erhalten. Andererseits ist es jedoch nur in ganz besonderen Ausnahmefällen möglich, daß ein Lehrer den Unterricht eines angehenden Seminaristen allein unternimmt. Es ist daher die Errichtung privater Veranstaltungen begünstigt worden, d. h. von Vereinigungen einzelner

Geistlichen oder Lehrer zum gemeinsamen Unterrichte von Präparanden. Derartige Anstalten empfangen dann Zuwendungen aus Staatsfonds, in der Regel auf Grund förmlicher Verträge. Muster von solchen sind abgedruckt a. a. O., Band I, S. 403. Vielfach sind solche Anstalten an Seminarorten begründet, wohl auch von Seminarlehrern selbst übernommen worden. Wo dies der Fall ist, darf keiner der Seminarlehrer mehr als vier Stunden wöchentlich ertheilen, und keiner darf in dem Gegenstande Unterricht ertheilen, welchen er bei der Aufnahme in das Seminar vertritt. Neuerdings ist es in einigen Orten gelungen, die städtischen Behörden zur Errichtung von Präparandenanstalten zu bestimmen. Natürlich fließen diesen zur Erleichterung der von ihnen übernommenen Lasten entsprechende Zuwendungen aus staatlichen Mitteln zu.

Damit es für die Arbeit der privaten Lehrer an einer lebendigen Norm nicht fehle, und damit da, wo andere Gelegenheiten sich nicht darbieten, den Knaben, welche zum Seminar gehen wollen, die Möglichkeit der Vorbildung gewährt werde, sind die unten verzeichneten staatlichen Anstalten eingerichtet worden. Dieselben haben zwei aufsteigende Klassen. Ihre Zöglinge erhalten Unterricht in Religion, Deutsch, Mathematik, Geschichte, Geographie, Naturkunde, Schreiben, Zeichnen, Singen, Violinspiel, Turnen, Klavier- und Orgelspiel, sowie im Französischen; in den drei letztgenannten Gegenständen ist der Unterricht fakultativ. Ein vollständiger Lehrplan ist abgedruckt a. a. O., Band I, S. 407 ff.

Die Anstalten haben in der Regel nur zwei fest angestellte Lehrer, von welchen einer als Vorsteher fungirt und in Gehalts- und Rangverhältnissen nach seinem Dienstalter den ordentlichen Seminarlehrern eingereiht ist. Im Jahre 1892 waren an den Präparandenanstalten vorhanden: 35 Vorsteher und erste Lehrer sowie 37 zweite Lehrer. Neben diesen beiden Lehrern arbeiten an jeder Anstalt noch Hülfslehrer. Die Anstalten sind grundsätzlich Externate, wenige Ausnahmen abgerechnet; die Zöglinge zahlen ein jährliches Schulgeld von 36 *M*, dessen Ertrag dem Unterstützungsfonds der Anstalt zuwächst. Dieser ist so bemessen, daß im Durchschnitte für das Jahr und den Kopf 90 *M* zur Verfügung stehen. Natürlich werden nur bedürftige Zöglinge unterstützt.

Am Ende des zweijährigen Lehrkurses legen die Präparanden eine Entlassungsprüfung ab, auf Grund deren sie die Berechtigung zum Eintritte in ein Lehrerseminar erhalten. Die Prüfungsordnung vom 15. Oktober 1872 — a. a. O., Band I, S. 396 — ist dieselbe wie für die privatim vorgebildeten Zöglinge. Diese haben sich der Prüfung an einem Seminar vor dem Lehrerkollegium desselben zu unterziehen. Sie erhalten, gemäß einer Verfügung vom 14. Februar 1888, wenn sie die Prüfung bestehen, auch dann ein Zeugniß, wenn sie wegen Mangels an freien Stellen in dem Seminare, bei welchem sie geprüft werden, keine Aufnahme finden können. Die Vertheilung der für fähig befundenen Präparanden auf die einzelnen Seminare der Provinz ordnet das Provinzialschulkollegium unter möglichster Berücksichtigung der Verhältnisse und der Wünsche der Betheiligten. Ueber die Schülerzahl der staatlichen Präparandenanstalten giebt die nachfolgende Uebersicht Auskunft.

Die Schülerzahl der staatlichen Präparandenanstalten im Sommer 1892.

Provinz		Zahl der Anstalten	Zöglinge: im Internat: ev.	kath.	zusammen	im Externat: ev.	kath.	zusammen	überhaupt	Zahl der Zöglinge im Jahrgange: I (3te Klasse)	II (2te Klasse)	III (1te Klasse)
1		2	3	4	5	6	7	8	9	10	11	12
1. Ostpreußen . . .	1)	3	—	—	—	167	—	167	167	—	91	76
2. Westpreußen . .	2)	4	30	—	30	71	100	171	201	—	92	109
3. Brandenburg mit Berlin		—	—	—	—	—	—	—	—	—	—	—
4. Pommern	3)	4	—	—	—	238	—	238	238	—	122	116
5. Posen	4)	5	39	1	40	108	152	260	300	—	151	149
6. Schlesien	5)	7	—	—	—	135	405	540	540	121	243	176
7. Sachsen	6)	3	—	—	—	153	54	207	207	—	112	95
8. Schlesw.-Holstein	7)	2	—	—	—	108	—	108	108	—	58	50
9. Hannover	8)	3	—	—	—	274	—	274	274	—	101	173
10. Westfalen	9)	1	—	—	—	76	—	76	76	—	35	41
11. Hessen-Nassau . .	10)	2	—	—	—	71	66	137	137	27	62	48
12. Rheinland	11)	1	—	—	—	31	26	57	57	—	30	27
Preußischer Staat		**35**	**69**	**1**	**70**	**1 432**	**803**	**2 235**	**2 305**	**148**	**1 097**	**1 060**

1) Friedrichshof, Pillkallen, Lötzen. — 2) Pr. Stargard, Dt. Krone, Rheden, Schwetz. — 3) Plathe, Massow, Rummelsburg i. Pomm., Tribsees. — 4) Meseritz, Lissa, Rogasen, Czarnikau, Lobsens. — 5) Landeck, Schweidnitz, Schmiedeberg, Oppeln, Rosenberg, Ziegenhals, Zülz. — 6) Quedlinburg, Heiligenstadt, Wandersleben. — 7) Apenrade, Barmstedt. — 8) Diepholz, Melle, Aurich. — 9) Laasphe. — 10) Fritzlar, Herborn. — 11) Simmern.

Die Kosten, welche der Staat für das Präparandenwesen aufwendet, sind nicht unbeträchtlich; sie betrugen im Jahre 1892 insgesammt 756 601 ℳ, welche sich vertheilten auf

1.	Besoldungen mit	150 400 ℳ
	davon: für Vorsteher und erste Lehrer	87 500 „
	„ zweite Lehrer	62 900 „
2.	Wohnungsgeldzuschüsse	8 664 „
3.	andere persönliche Ausgaben	31 780 „
4.	Unterstützungsfonds	256 122 „
5.	Unterhaltung der Gebäude	2 883 „
6.	sonstige sächliche Ausgaben	80 101 „
7.	Dispositionsfonds der Zentralverwaltung zur Förderung des Seminar-Präparandenwesens	226 561 „.

Diesen Ausgaben stehen an Einnahmen der Präparandenanstalten gegenüber 66 857 ℳ, und zwar:

1.	vom Grundeigenthum	60 ℳ
2.	an Zuschüssen aus anderen als allgemeinen Staatsfonds	1 575 „
3.	an Hebungen von den Zöglingen	64 932 „
4.	insgemein	290 „.

Die Arbeit in den Seminaren geschieht im Wesentlichen noch heute nach den Grundsätzen, von welchen die Unterrichtsverwaltung bei ihrer ersten Einrichtung ausgegangen ist.

Es giebt für alle Lehrer nur einen Weg der Vorbildung. Dieselbe wird ihnen im engsten Anschlusse an die Aufgaben, bezw. an den Lehrplan der Volksschule ertheilt, indem sie sich auf Vertiefung und Ergänzung der dort gewonnenen Kenntnisse beschränkt.

Neben der unterrichtlichen ist die erziehliche Seite der Ausbildung Gegenstand besonderer Pflege; zugleich wird ein Hauptgewicht darauf gelegt, den angehenden Lehrern die ihnen nöthige Lehrbefähigung zu geben.

Von dem Grundsatze, der Arbeit in allen Seminaren den gleichen Lehrplan zu Grunde zu legen, ist wiederholt abgegangen worden, und zwar nach zwei Seiten. Es ist der Auffassung Raum gelassen worden, die Ziele der Seminarbildung gingen zu hoch, namentlich über die Bedürfnisse der ärmeren, ländlichen Bevölkerung hinaus. Das hat zur Errichtung von Neben- oder Hülfsseminaren mit abgekürzter Lehrzeit geführt. Dieselben sind immer wieder eingegangen. Anderseits schien die Durchschnittsbildung der Seminare den Ansprüchen nicht zu genügen, welche im Interesse der städtischen Schulen erhoben werden mußten. Diesem Gesichtspunkte verdankt das Berliner Seminar für Stadtschullehrer seine Begründung. Dasselbe hat längst in die allgemeinen Geleise eingelenkt und ist das Seminar für die Bedürfnisse der Berliner Gemeindeschulen geworden.

Die Ursache dieser Erscheinung ergiebt sich von selbst. Sie liegt in den Verhältnissen der preußischen Volksschulen, welche in allen Theilen der Monarchie vom Lehrer ein Maß von Tüchtigkeit erfordern, welches auch den städtischen Schulen genügen muß, so lange diese sich in den für Volksschulen vorgeschriebenen Grenzen halten. Von 71 731 Lehrern und Lehrerinnen arbeiten 22 417 an einklassigen oder an Halbtagsschulen, und zwar 540 in Städten, 21 877 auf dem Lande, und von diesen 22 417 Schulen sind 3 981 Schulen mit 4 171 Klassen überfüllt, und zwar 54 Schulen mit 55 Klassen in den Städten, 3 927 Schulen mit 4 116 Klassen auf dem Lande. Welcher Aufgabe der Lehrer an solchen Schulen gegenübersteht, leuchtet ein, und ebenso steht fest, daß, wie bereits erwähnt, es doch nicht angängig ist, einem jungen Manne vor vollendetem zwanzigsten Jahre eine solche Aufgabe zu stellen. Selbst wenn er sie schultechnisch lösen könnte, würde er es erziehlich und sittlich nicht vermögen. Muß aber einmal die Bildungszeit des angehenden Lehrers auf 14 Jahre[1]) ausgedehnt werden, so erfordern es die stärksten erziehlichen Gründe, ihn in dieser Zeit nicht müßig zu lassen. Dazu kommt nun aber noch, daß nach dem übereinstimmenden Urtheile aller Sachverständigen der Unterricht in der einklassigen Schule schwerer ist als jeder andere, sowohl in disziplinarischer Hinsicht, wie in methodischer.

Die Gruppirung, Beschäftigung, Beaufsichtigung der einzelnen Abtheilungen beansprucht ein nicht geringes Maß geistiger, selbst körperlicher Kräfte; denn es ist nicht leicht, zugleich mit 20 bis 30 Kindern ernst zu arbeiten und daneben Auge und Ohr für andere 60 offen zu halten. Der Lehrton, welcher beispielsweise im biblischen Geschichts- und im deutschen Sprachunterrichte Kinder von 7, 8 und von 13 Jahren gleichmäßig in Spannung hält, kann erst mit Mühe durch gründliche Übung erlernt werden, setzt stets aber einen gründlich geschulten Geist voraus. Endlich kommen noch die

[1]) selbstverständlich von seinem ersten Eintritte in die Schule an gerechnet.

Bedürfnisse der Bevölkerung in Betracht. Je einsamer und entlegener eine Gegend ist, desto schwerer würden es die gebildeten Familien, welchen ihre Pflicht dieselbe als Wohnort anweist, Förster, Steuerbeamte, Rentmeister, Wirthschaftsinspektoren, Polizeibeamte, Aerzte, Justizbeamte — und solche finden sich häufig in großen Dörfern und in kleinen Städten — empfinden, wenn die Schule des Ortes unter dem Durchschnitte der preußischen Volksschule künstlich niedergehalten würde und auch nicht einmal der Lehrer im Stande wäre, ihre Kinder wenigstens so lange zu unterrichten, bis sie ohne Gefahr aus dem Hause gegeben werden können.

Diese Gesichtspunkte mußten dahin führen, den Seminaristen eine möglichst gründliche Bildung zu vermitteln; sie konnten aber nicht dazu verleiten, letztere aus dem Rahmen des Volksschulunterrichtes heraustreten zu lassen oder den Seminaren, wie dies in einigen anderen Staaten der Fall ist, eine den Realschulen verwandte Gestalt zu geben. Die Lehrordnung für die preußischen Schullehrerseminare (a. a. O. Band I, S. 433) schreibt daher als obligatorisch den Unterricht in allen Gegenständen, welche in der Volksschule vorkommen, und in der Pädagogik vor.

Darüber hinaus erhalten die Seminaristen nur noch diejenigen Unterweisungen und Anleitungen, deren sie bedürfen, um im späteren Leben den Pflichten genügen zu können, welche zwar nicht unmittelbar in ihren engsten Amtskreis fallen, aber aus ihrer amtlichen Stellung sich ergeben. Dahin gehört ein sehr gründlicher und umfänglicher Unterricht im Geige-, Klavier- und Orgelspiel, durch welchen sie befähigt werden sollen, die vielfach mit den Schulämtern verbundenen Kantoren- und Organistenstellen[1]) zu übernehmen. Auch dieser Unterricht ist grundsätzlich allgemein verbindlich, und nur solche Zöglinge, welchen jedes musikalische Gehör abgeht oder bei denen jede Aussicht fehlt, sie in der Musik an das erwünschte Ziel zu führen, können dispensirt werden. Der Umfang dieser Dispense ist ungemein gering. Mit dem Unterrichte in der Naturbeschreibung wird ebenfalls aus Rücksicht auf die wirthschaftliche Förderung, welche namentlich die ländlichen Gemeinden von den Lehrern erwarten, Anleitung zum Gartenbau, zur Obstbaumzucht, zur Bienenzucht und zum Seidenbau verbunden. An einzelnen Seminaren werden auch Versuche künstlicher Fischzucht gemacht. Damit die Seminarlehrer zu dem Unterrichte in diesen, für die Hebung der Landeskultur besonders wichtigen Gegenständen befähigt werden, erhalten sie selbst die erforderliche Anweisung an landwirthschaftlichen Lehranstalten (vergl. a. a. O. Band I, S. 501, 822, Band III, S. 500). Im Turnunterrichte endlich erhalten die Seminaristen in einer besonderen Stunde die nöthigen Belehrungen über die ersten nothwendigen Hülfsleistungen in Fällen von Körperverletzungen. Auch für diesen Unterricht werden die betreffenden Lehrer besonders befähigt. Im Anschlusse an den Turnunterricht wird den Seminaristen auch Unterricht im Schwimmen ertheilt.

Diejenigen Seminaristen, welche bereits einen Anfang in der französischen oder der lateinischen Sprache gemacht haben, erhalten Gelegenheit, sich in denselben weiter zu bilden; jedoch nur dann, wenn ihre Leistungen in den Hauptlehrgegenständen genügen.

Der gesammte, sogenannte theoretische Unterricht im Seminar wird unter steter Beziehung auf die künftige Lehrthätigkeit der Zöglinge ertheilt. Darum ist jedes Seminar mit einer Übungsschule verbunden, in welcher die Seminaristen erst zusehen und zuhören, später sich selbständig üben.

Von diesen Gesichtspunkten aus gliedert sich die Arbeit in den drei aufsteigenden Seminarklassen.

Es ist die Aufgabe der Unterstufe — dritte Klasse —, die von den verschiedenen Bildungsstätten her zusammengekommenen Zöglinge zu gleichmäßiger Bildungs- und Leistungsfähigkeit zu fördern. Dieselben sollen gelehrt werden, ihre Kenntnisse zu ordnen, zu ergänzen und selbständig zu reproduziren. In eine Beziehung zur Übungsschule treten die Seminaristen auf dieser Stufe noch nicht.

Auf der Mittelstufe — zweite Klasse — erhalten die Zöglinge diejenige Erweiterung ihrer Kenntnisse, deren sie bedürfen, damit sie dieselben später lehrend mittheilen können. In der Übungsschule hören sie den Lektionen der Seminarlehrer zu, leisten in diesen, sowie in den Pausen Helferdienste und versuchen sich in eigenen Lehrproben.

Auf der Oberstufe — erste Klasse — findet die Unterweisung der Seminaristen ihren Abschluß, wobei denselben zugleich Anleitung für ihre selbständige Weiterbildung gegeben wird; außerdem übernehmen sie unter Leitung und Aufsicht der Seminarlehrer und des Ordinarius der Übungsschule fortlaufenden Unterricht in derselben.

Es ist dafür zu sorgen, daß kein Seminarist weniger als sechs und mehr als zehn Schulstunden wöchentlich zu ertheilen habe, und ebenso, daß keiner die Anstalt verlasse, ohne Gelegenheit erhalten zu haben, sich im Unterrichte in der Religion, im Rechnen, im Deutschen, im Singen und in einem der

[1]) Dauernd oder herkömmlich sind 1891: 12 348 evangelische und 3 082 katholische Lehrerstellen an öffentlichen Volksschulen mit einem kirchlichen Amte verbunden gewesen.

anderen Lehrgegenstände zu üben. Es muß daher wenigstens drei Mal im Jahre ein Wechsel in der Arbeitsvertheilung eintreten. Mit diesem Wechsel ist jedesmal eine Prüfung in den einzelnen Klassen der Schule vor dem Seminarlehrerkollegium zu verbinden, welche die von dem Unterrichte zurücktretenden Seminaristen abnehmen und welcher die in denselben neu eintretenden beiwohnen.

Die Übungsschulen der Seminare sind entweder in Gemäßheit von Verträgen eingerichtet, welche die unterhaltungspflichtigen Verbände am Seminarorte mit dem Staate geschlossen haben (Muster solcher Verträge siehe a. a. O. Band I, S. 460), oder sie sind von den Seminaren selbständig in das Leben gerufen. Letzteres ist namentlich bei den älteren Anstalten, sonst nur da geschehen, wo sich die Gemeinden nicht willig finden ließen, ein Vertragsverhältniß einzugehen. Mehrfach haben Seminare zwei Übungsschulen; dies überall, wo es möglich geworden ist, eine einklassige Übungsschule einzurichten.

Da die Seminarschulen im Allgemeinen den Charakter der Schulen ihrer Landschaft tragen, so geben sie der Seminararbeit die wünschenswerthe Mannigfaltigkeit in dem mit ihrer Aufgabe verträglichen Maße.

Es bestehen an den Königlichen Lehrer- und Lehrerinnen-Seminaren 166 Seminarschulen mit 18 773 Kindern, welche in 492 Klassen unterrichtet werden. Ausführliche Mittheilungen über die Übungsschulen an den Lehrerseminaren ergiebt die oben Seite 70 ff. mitgetheilte Nachweisung.

Aus dieser Nachweisung ist des weiteren zu ersehen, daß die Seminare theils Internate, theils Externate, theils gemischte Anstalten sind. Bis zum Jahre 1874 wurde die Internatseinrichtung grundsätzlich vorgezogen; damals empfahl das Abgeordnetenhaus durch besondere Resolution die Begründung von Externaten, wo es die Verhältnisse möglich machen.

Ueber das Leben in einem preußischen Seminarinternate und die in ihm wirksamen erziehlichen Kräfte giebt nähere Auskunft die Schrift: „Die Volksschule und die Schullehrerbildung in Frankreich, dargestellt und mit den entsprechenden Verhältnissen des preußischen Schulwesens verglichen von Dr. Schneider" (Bielefeld und Leipzig 1867), aus welcher das Centralblatt längere Abschnitte aufgenommen hat (1868 S. 11 ff. bez. 136).

Unterschiedslos erhalten alle Seminaristen freien Unterricht; im Internate außerdem freie Wohnung, freie Heizung und freies Licht. Dazu kommen noch für die bedürftigen Zöglinge Unterstützungen. Dieselben werden nach der Gesammtfrequenz der Seminare berechnet und stellen sich im Internate bis 90 ℳ, im Externate bis 150 ℳ für Jahr und Kopf. Zöglinge deutscher Junge in Seminaren Posens und Westpreußens erhalten noch höhere Beträge.

Das Lehrerkollegium der Seminare setzt sich zusammen aus dem Direktor, dem Oberlehrer, vier ordentlichen Lehrern und einem Hülfslehrer. Sie sind alle unmittelbare Staatsbeamte, haben also dieselben Pflichten und genießen dieselben Rechte wie diese. An Gehalt bekommen neben freier Wohnung oder dem gesetzlichen Wohnungsgeldzuschuß die Direktoren 4 000 bis 5 400 ℳ, die Oberlehrer 3 000 bis 4 000 ℳ, die ordentlichen Lehrer 1 800 bis 3 200 ℳ, die Hülfslehrer 1 200 bis 1 800 ℳ jährlich. Der Fortschritt vom Mindest- bis zum Höchstgehalt ordnet sich nach Dienstaltersstufen. Die Lehrer ergänzen sich aus dem Stande der Geistlichen, der Lehrer an den höheren Lehranstalten und der Volksschullehrer. Damit sie in ihrer Thätigkeit im Zusammenhange untereinander bleiben, in der grundsätzlichen Behandlung des Seminarunterrichtes die möglichste Uebereinstimmung herrsche und die Erfahrungen der einzelnen Anstalten Gemeingut werden, besteht schon seit sechzig Jahren die Einrichtung, daß alljährlich einigen Direktoren und Lehrern Gelegenheit zum Besuche anderer Anstalten gegeben wird.[1]) Damit sie ferner mit den Arbeiten der Volksschule in Fühlung bleiben, sich in ihrem Unterrichte nicht in Abstraktionen verlieren und den nächsten Zweck der preußischen Seminarbildung nie aus den Augen lassen, erhalten seit 1840 die Seminardirektoren und Lehrer von Zeit zu Zeit Aufträge zur Revision von Volksschulen desjenigen Bezirkes, in welchen ihre Zöglinge einmal übertreten sollen (Verfügung vom 30. August 1840). Auch noch in anderer Weise stehen die Seminare in Verbindung mit den Volksschulen. In Gemäßheit einer Verfügung vom Jahre 1851 bez. 3. November 1852, welche am 20. September 1880 erneuert und ergänzt worden ist, sammeln sie nämlich alljährlich einmal ihre früheren Zöglinge, überhaupt die Volksschullehrer ihres Bezirkes, zu einer Konferenz, in welcher Musterlektionen gehalten, neue Unterrichtswege oder andere Schulfragen besprochen werden.

Je nach Bedürfniß werden auch an den Seminaren Lehrkurse zur technischen Weiterbildung im Amte stehender Lehrer gehalten; besondere Gegenstände solcher Lehrkurse sind Turnen, Zeichnen, zweisprachiger Unterricht. Einem ganz besonderen Zwecke dienen die Seminare noch durch die seit dem

[1]) Außerdem dienen die von Dr. Karl Kehr begründeten, jetzt vom Direktor G. Schöppa redigirten „Pädagogischen Blätter für Lehrerbildung ꝛc." der gegenseitigen Verständigung der Seminarlehrer.

30. Januar 1842 allgemein verbindlichen sechswöchentlichen Lehrkurse der Kandidaten der evangelischen Theologie. Der Zweck dieser Kurse, welcher in die Zeit zwischen der ersten und der zweiten theologischen Prüfung fällt, ist, die jungen Theologen über die ihnen später obliegenden Pflichten in der Schulaufsicht und in der Leitung des Religionsunterrichtes zu unterweisen.

Vor ihrer Entlassung aus dem Seminare werden die Lehramtsbewerber einer Prüfung unterworfen, welche sich über sämmtliche Gegenstände des Seminarunterrichtes erstreckt. Nach der Prüfungsordnung vom 15. Oktober 1872, (a. a. O. Band I, S. 533, 539) werden zu dieser Prüfung auch nicht im Seminar gebildete Lehramtskandidaten zugelassen, welche das zwanzigste Lebensjahr zurückgelegt und durch Zeugnisse ihre sittliche Unbescholtenheit und ihre körperliche Befähigung zur Verwaltung eines Lehramtes nachgewiesen haben. Bis 1872 wurden diese Schulamtsbewerber in Gemäßheit der Ministerialerlasse vom 1. Juni 1826 und vom 6. Oktober 1854 besonders geprüft. In einzelnen Provinzen, z. B. in Posen, haben sie lange Zeit die große Mehrzahl der Lehramtsbewerber gebildet: seitdem sie mit demselben Maße wie die Seminarabiturienten gemessen werden, ist ihre Zahl sehr gering geworden; es sind fast nur noch junge Männer gymnasialer Bildung, welche sich in vorgerückteren Lebensjahren dem Schulfache zuwenden. Dem Aufkommen sogenannter Pressen ist durch die getroffene Einrichtung dauernd begegnet. Von den einzelnen Bestimmungen der Prüfungsordnung ist die wichtigste diejenige, daß einem Kandidaten das Zeugniß der Befähigung verweigert wird, wenn er in Religion oder Deutsch oder im Rechnen oder in mehr als drei der anderen Gegenstände nicht genügt hat.

An der Religionsprüfung nehmen Beauftragte der zuständigen geistlichen Religionsgesellschaft mit Stimmrecht Theil; sie unterzeichnen auch die Befähigungszeugnisse mit.

Nach bestandener Prüfung treten die Lehramtsbewerber unmittelbar in den öffentlichen Schuldienst über; sie sind aber gehalten, während der ersten fünf Jahre jede ihnen von der zuständigen Provinzial- oder Zentralbehörde zugewiesene Stelle zu übernehmen. Das Amt wird den jungen Lehrern zuerst nur kommissarisch oder provisorisch übertragen. Vor ihrer dauernden Anstellung haben sie eine zweite Prüfung abzulegen. Bei dieser handelt es sich namentlich darum, festzustellen, ob der junge Lehrer an seiner Weiterbildung selbständig gearbeitet habe, und ob er im Besitz der für dauernde Amtsverwaltung unentbehrlichen Tüchtigkeit in Erziehung und Unterricht gelangt sei. Um zu der Prüfung zugelassen zu werden, muß er mindestens zwei Jahre im Schuldienste thätig gewesen sein und darf nicht länger als fünf Jahre gezögert haben. Natürlich muß er bei seiner Meldung den Nachweis seiner dienstlichen und sittlichen Befähigung für die dauernde Anstellung führen können (a. a. O. Band I, S. 544 ff.).

Strebsamen Lehrern wird sodann Gelegenheit geboten, durch Ablegung der Prüfung für Lehrer an Mittelschulen (a. a. O. Band I, S. 550 ff.) die Befähigung zur Anstellung als Lehrer an den Oberklassen von Mittelschulen und höheren Mädchenschulen, durch Ablegung der Prüfung für Rektoren (a. a. O. Band I, S. 559) die Befähigung zur Anstellung als Leiter vielklassiger Volksschulen, von Mittelschulen und von höheren Mädchenschulen sowie als Seminarlehrer zu erlangen. Diesen Prüfungen unterziehen sich vielfach auch Kandidaten der Theologie und der Philologie und vereinzelt junge Geistliche.

Um den Lehrern die Vorbildung für diese Prüfungen zu erleichtern, sind in einzelnen größeren Städten besondere Fortbildungsanstalten für Lehrer eingerichtet; in anderen werden zu diesem Zwecke Lehrkurse oder endlich Vorträge gehalten.

Neben den bezeichneten Prüfungen, welche in gewissem Sinne eine aufsteigende Reihe bilden, sind, um dem Bedürfnisse gehobener und höherer Schulen zu genügen, noch Fachprüfungen eingerichtet, insbesondere für Turn- und Schwimmlehrer, für Zeichenlehrer und für Taubstummenlehrer.

Die staatliche Sorge für Weiterbildung der Volksschullehrer, bez. für die Ergänzung der Seminarbildung, hat namentlich den Musikunterricht, den Turnunterricht, den Zeichenunterricht und den Gartenbau zum Gegenstande.

Dem erstbezeichneten Zwecke dient das „Akademische Institut für Kirchenmusik“ zu Berlin.

Dasselbe ist im Jahre 1822 als selbständige Anstalt gegründet, im Jahre 1875 in Verbindung mit der Königlichen Akademie der Künste daselbst gesetzt und die Dotation desselben gleichzeitig auf den Etat der Akademie übernommen worden.

Nach dem Statut der Akademie der Künste vom 19. Juni 1882, Abschnitt IX, (Centralblatt 1882, S. 618 bezw. 647) verfolgt das Akademische Institut für Kirchenmusik den Zweck, Organisten, Kantoren, Chordirigenten, wie auch Musiklehrer für höhere Lehranstalten, insbesondere für Schullehrerseminare auszubilden. Der Unterricht wird unentgeltlich ertheilt. Stipendien für Eleven sind nicht vorhanden. Der Unterricht theilt sich in Abschnitte von halbjähriger Dauer, welche zu Ostern und zu Michaelis beginnen. Die Normalzahl der Schüler beträgt 20. An dem Unterrichte in der Theorie ist außerdem 6 Hospitanten die Theilnahme gestattet. Lehrgegenstände sind: Kontrapunkt, Harmonielehre, Chor- und Sologesang, Orgel-, Klavier- und Violinspiel, Gregorianischer Gesang verbunden mit geschichtlichen Vorträgen, Orgelstruktur. Musikaufführungen, eigentlich Probeleistungen der Eleven, finden regelmäßig an einem Nachmittage jeder Woche statt und umfassen Orgel-, Klavier-, Violin-, Chor- und Sologesangvorträge, wie auch Ensemble- und wenn möglich Quartettspiel. Den Chorgesang leitet abwechselnd stets ein Eleve. Die Probeleistungen haben zunächst den Zweck, den Direktor des Institutes über die Leistungen und Fortschritte der Eleven zu informiren; dann aber auch, die Eleven an den öffentlichen Vortrag zu gewöhnen und besonders durch die Chorleitung im Einstudiren und Dirigiren zu üben.

Direktor des Institutes ist Professor Radecke, Mitglied der Akademie der Künste.

Die Ausbildung besonders tüchtiger Turnlehrer hat die Turnlehrer-Bildungsanstalt zu Berlin zur Aufgabe. Diese war bis 1877 Zivilabtheilung der 1851 gegründeten Zentralturnanstalt und befindet sich seit 1879 in eigenem staatlichen Gebäude Friedrichstraße 229. Direktor der Anstalt ist der Geheime Regierungsrath Dr. Köpcke; als ständige Lehrer arbeiten an derselben: die Unterrichtsdirigenten Professor Dr. Euler, Dr. Küppers und der Professor Eckler. Die Lehrkurse in der Anstalt werden alljährlich vom 1. Oktober bis Ende März gehalten und mit einer Prüfung und einem Schauturnen geschlossen. Bedingung für den Eintritt als Eleve ist, daß der aufzunehmende bereits Lehrer einer öffentlichen Unterrichtsanstalt, oder daß er Kandidat des höheren Schulamtes ist. Hinsichtlich der Volksschullehrer wird Werth darauf gelegt, daß sie die zweite Lehrerprüfung bereits bestanden haben, und daß sie nach ihrer Stellung geeignet erscheinen, neben Erlangung einer größeren Befähigung zur Ertheilung des Turnunterrichtes an ihrer Schule zugleich für die Ausbreitung dieses Unterrichtes in weiteren Kreisen des Schulwesens thätig zu sein.

Andere Bewerber können auf bestimmte Zeit als Hospitanten in die Anstalt eintreten, wenn sie einen genügenden Grad wissenschaftlicher Bildung und turnerischer Ausbildung nachweisen und die Verpflichtung eingehen, sich der nächsten gemäß dem Reglement vom 29. März 1866 (Centralblatt 1866, S. 199) stattfindenden Turnlehrerprüfung zu unterziehen. Der Unterricht ist unentgeltlich. Bedürftige Zöglinge erhalten Unterstützungen aus Staatsmitteln.

Die Gelegenheit zur Weiterbildung im Zeichnen finden die Lehrer vorzugsweise in der Kunstschule zu Berlin und in besonders für sie eingerichteten Kursen an der vom Direktor Jessen geleiteten Handwerkerschule zu Berlin.

Wegen der Veranstaltungen für die Weiterbildung der Lehrer im Gartenbau haben Vereinbarungen zwischen dem Unterrichtsminister und dem Minister für die landwirthschaftlichen Angelegenheiten stattgefunden. Auf Grund derselben werden alljährlich in verschiedenen Gegenden der Monarchie an den landwirthschaftlichen Instituten Lehrkurse abgehalten, an welchen namentlich Seminarlehrer, in zweiter Reihe Volksschullehrer, Theil nehmen. Auch hier werden ihnen Unterstützungen gewährt.

Die Aufwendungen für die Weiterbildung der Lehrer im Zeichenunterricht betrugen in der Zeit vom 1. April 1889 bis dahin 1892 durchschnittlich 5 000 ℳ für das Jahr, die Aufwendungen für die Lehrer in der Obstbaumzucht innerhalb derselben Zeit durchschnittlich 10 000 ℳ für das Jahr.

Neben diesen Veranstaltungen für Weiterbildung der Lehrer und deren Befähigung für den technischen Unterricht bestehen auch Einrichtungen, um etwaige Lücken ihrer Ausbildung zu ergänzen oder um sie für besondere Unterrichtsaufgaben zu ertüchtigen. Dies geschieht in den sogenannten methodologischen Kursen, welche theils an Seminaren, theils unter Leitung besonders erfahrener Volksschullehrer stattfinden. Ein vorzugsweise gepflegter Gegenstand dieser Kurse ist der Unterricht in zweisprachigen Schulen.

2. Die Bildung und Prüfung der Lehrerinnen.

Wenn die Ausbildung der Lehrerinnen noch nicht zu derselben klaren und festen Gestaltung gelangt ist wie diejenige der Lehrer, so hat dies seinen Grund in der größeren Schwierigkeit der Sache, theils darin, daß ihre Pflege erst vor wenigen Jahrzehnten planmäßig in Angriff genommen worden ist.

Die Verwendung von Lehrerinnen im Volksschuldienste hat bei der Bevölkerung der westlichen Provinzen früher und leichter Eingang gefunden als in den anderen Landestheilen, weil dort die von Overweg gegebenen Anregungen nachwirkten, und weil man, selbst in den größeren Städten, bis über die erste Hälfte des Jahrhunderts hinaus auch den Volksschulunterricht der Mädchen vielfach den Ordensniederlassungen überließ. Die Bevölkerung der östlichen Provinzen verhielt sich den ihr gegebenen Anregungen gegenüber spröde, und es ist bezeichnend, daß selbst Beckedorff bei seiner

Vorliebe für statistische Nachrichten nirgends Angaben über den Umfang macht, in welchem zu seiner Zeit Lehrerinnen beim Volksschulunterrichte beschäftigt wurden. Die erste sichere Auskunft über den Gegenstand giebt das Centralblatt von 1859, S. 59. Wenn aber darnach im Jahre 1857 in den Provinzen Preußen 121, Posen 6, Pommern 135, Schlesien 133, Brandenburg (einschl. Berlin) 81, Sachsen 38, Westfalen 349, Rheinland 657, Hohenzollern 3, zusammen 1 523 Lehrerinnen angestellt waren, so bedarf es gar nicht der eigenen Bemerkung des Centralblattes, daß seine Zahlen nicht zuverlässig seien, um zu erkennen, daß sie hier zu hoch gegriffen sind. Jedenfalls sind, wie dies fast durchweg bei den schulstatistischen Angaben der Zeit vor 1880 geschehen ist, die mittleren und höheren Mädchenschulen mit in Berechnung gezogen worden; anders ließen sich die hohen Zahlen von Pommern und Schlesien nicht erklären.

Uebrigens stieg die Zahl der Lehrerinnen schnell. Nach den „Statistischen Nachrichten über das Elementar-Schulwesen in Preußen für die Jahre 1858 bis 1861" (Berlin 1864 bei W. Hertz) gab es 1861 bereits 1 321 katholische und 431 evangelische, zusammen 1 752 Lehrerinnen. Ende 1864 waren ihrer 2 010, davon 463 evangelische und 1 549 katholische. Im Jahre 1875 waren 1 180 evangelische, 2 689 katholische, 12 jüdische, zusammen also 3 881 Lehrerinnen fest angestellt; 1879 war diese Zahl schon auf 1 876 evangelische, 3 155 katholische, 19 jüdische, also auf 5 050 gestiegen; im Juni 1881 belief sie sich bereits auf 5 750, nämlich 2 308 evangelische, 3 410 katholische, 32 jüdische.

Am 20. Mai 1886 ergab sich nachfolgendes Resultat: An den öffentlichen Volksschulen, denen diesmal Mittelschulen und höhere Mädchenschulen nicht beigezählt sind, waren vollbeschäftigte Lehrerinnen

in der Provinz	evangelische	katholische	sonst christl.	jüdische	zusammen
Ostpreußen	120	44	—	—	164
Westpreußen . . .	111	43	1	1	156
Stadtkreis Berlin .	754	56	5	35	850
Brandenburg . . .	185	8	—	—	193
Pommern	118	1	—	—	119
Posen	29	5	—	2	36
Schlesien	221	217	3	5	446
Sachsen	194	26	—	—	220
Schleswig-Holstein	181	9	2	3	195
Hannover	62	111	—	—	173
Westfalen	213	993	—	—	1 206
Hessen-Nassau . . .	94	133	—	4	231
Rheinland	269	2 583	—	3	2 855
Hohenzollern . . .	—	4	—	—	4
zusammen . .	**2 551**	**4 233**	**11**	**53**	**6 848.**

Von diesen 6 848 Lehrerinnen entfielen 4 097 auf die Städte, nur 2 751 auf das Land; von letzteren waren 2 304 katholisch, und von diesen waren 2 092 in Westfalen und in der Rheinprovinz beschäftigt. Evangelische Lehrerinnen arbeiteten nur 442 auf dem Lande und zwar

in der Provinz	
Ostpreußen	17
Westpreußen	19
Brandenburg	40
Pommern	3
Posen	5
Schlesien	59
Sachsen	35
Schleswig-Holstein	59
Hannover	7
Westfalen	106
Hessen-Nassau	18
Rheinland	74.

Die vorstehenden Zahlen ergeben, daß die Zunahme der Lehrerinnenstellen nach Zeit, Provinz und religiösem Bekenntnisse bis 1886 eine sehr verschiedene gewesen ist, daß die Lehrerinnen sehr ungleich vertheilt sind, daß die evangelische Bevölkerung in den Städten sich mit einzelnen rühmlichen Ausnahmen, zu welchen namentlich die Stadt Berlin und die Provinz Schleswig-Holstein gehören, noch immer spröde, die Bevölkerung auf dem Lande sich fast ablehnend gegen die Anstellung von Lehrerinnen verhält.

Einen weiteren Fortschritt in den geschilderten Verhältnissen ergab die Aufnahme vom 25. Mai 1891, wie nebenstehende Tabelle zeigt.

Stellen für vollbeschäftigte Lehrerinnen an den öffentlichen Volksschulen am 25. Mai 1891.

Provinzen. — Staat.	In den Städten:					Auf dem Lande:					In den Städten und auf dem Lande zusammen:				
	Religionsbekenntniß der vollbeschäftigten Lehrerinnen														
	evangelisch	katholisch	sonst christlich	jüdisch	zusammen	evangelisch	katholisch	sonst christlich	jüdisch	zusammen	evangelisch	katholisch	sonst christlich	jüdisch	überhaupt
1	2	3	4	5	6	7	8	9	10	11	12	13	14	15	16
1. Ostpreußen	141	29	—	—	170	20	20	—	—	40	161	49	—	—	210
2. Westpreußen	108	35	—	1	144	22	9	—	—	31	130	44	—	1	175
3. Stadtkreis Berlin	910	72	—	40	1 022	—	—	—	—	—	910	72	—	40	1 022
4. Brandenburg	218	9	—	—	227	71	—	—	—	71	289	9	—	—	298
5. Pommern	186	4	—	—	190	9	—	—	—	9	195	4	—	—	199
6. Posen	43	16	—	5	64	14	8	—	—	22	57	24	—	5	86
7. Schlesien	190	190	—	2	382	47	83	—	—	130	237	273	—	2	512
8. Sachsen	241	23	1	—	265	32	—	—	—	32	273	23	1	—	297
9. Schleswig-Holstein	218	9	—	4	231	107	—	—	—	107	325	9	—	4	338
10. Hannover	132	72	—	—	204	27	45	—	—	72	159	117	—	—	276
11. Westfalen	172	477	—	1	650	165	679	—	—	844	337	1 156	—	1	1 494
12. Hessen-Nassau	109	82	—	1	192	8	83	—	—	91	117	165	—	1	283
13. Rheinland	262	1 298	—	4	1 564	93	1 642	—	—	1 735	355	2 940	—	4	3 299
14. Hohenzollern	—	3	—	—	3	—	2	—	—	2	—	5	—	—	5
Preußischer Staat	**2 930**	**2 319**	**1**	**58**	**5 308**	**615**	**2 571**	—	—	**2 186**	**3 545**	**4 890**	**1**	**58**	**8 494**

Die Ausbildung der Lehrerinnen geschieht nur zum Theil in staatlichen Anstalten. Dies hat seinen Grund zunächst darin, daß die Angehörigen der künftigen Lehrerinnen deren Ausbildung so lange wie möglich an ihrem Heimathsorte zu sehen wünschen; es ist dies ein Verlangen, welchem eine gewisse Berechtigung zuerkannt werden muß. Dieser Umstand hat aber lange, ehe an die Errichtung von Lehrerinnenseminaren gedacht wurde, dahin geführt, daß Leiter und Leiterinnen privater Mädchenschulen ihren Schülerinnen die Gelegenheit boten, sich für eine spätere erziehende oder lehrende Thätigkeit vorzubereiten. Auf diese Weise sind fast in allen größeren Städten private Lehrerinnenseminare entstanden. Als dann die Gemeinden darangingen, öffentliche höhere Mädchenschulen ins Leben zu rufen, haben auch letztere vielfach Seminarklassen erhalten. So ist es gekommen, daß ein Mangel an Lehrerinnen nirgends eintrat, und demgemäß für den Staat ein dringender Anlaß dazu fehlte, selbst Lehrerinnen-Bildungsanstalten zu begründen. Allerdings darf sich die Unterrichtsverwaltung nicht verschweigen, daß in dieser Freigebung der Lehrerinnenbildung eine doppelte Gefahr liegt. Einmal nämlich fehlt es infolge davon an der Möglichkeit, die Zahl der Lehramts-Bewerberinnen in derselben Weise, wie es bei den männlichen Bewerbern für den Volksschuldienst geschieht, dem jedesmaligen Bedürfnisse anzupassen, und zum andern kann eine gewisse Ungleichmäßigkeit der Bildung nicht verhütet werden.

Der erste dieser beiden Uebelstände, welcher zu einer Ueberzahl von Lehramts-Bewerberinnen geführt hat, muß vorläufig getragen werden, und seine volle Beseitigung würde selbst dann nicht möglich sein, wenn der Staat in der Lage wäre, Lehrerinnenseminare in ausreichender Anzahl zu errichten. Es ist nämlich überhaupt unendlich schwer, das Maß des vorhandenen objektiven Bedürfnisses mit auch nur annähernder Sicherheit zu bestimmen, da es sich nicht nur um die Heranbildung von Volksschullehrerinnen sondern auch um diejenige von Lehrerinnen an höheren Mädchenschulen und von Erzieherinnen handelt. Die Arbeit der letzteren in den Familien der Gutsbesitzer und Landgeistlichen, sowie derjenigen höheren Beamten, denen ihr Amt einen ländlichen Wohnsitz auflegt, darf nicht unterschätzt werden; es muß daher auch anerkannt werden, daß die Ausbildung einer ausreichenden Anzahl von Erzieherinnen nicht entbehrt werden kann.

Neben dem objektiven Bedürfnisse nach Lehrkräften wirkt noch das subjektive Bedürfniß der unversorgten Töchter von Geistlichen, Aerzten, Richtern, Lehrern, Staatsbeamten u. s. w. mit, welche in der Ausübung des Lehrberufes ihren Unterhalt finden können, und deren Familien deshalb den durchaus berechtigten Wunsch haben, sie durch rechtzeitige Ausbildung für das Lehramt vor späterem Mangel zu schützen.

Den andern Uebelstand, die Ungleichmäßigkeit in der Ausbildung, sucht die Unterrichtsverwaltung durch gewissenhafte und strenge Beaufsichtigung der Anstalten auf ein Mindestmaß herabzudrücken. Insbesondere wird darauf gehalten, daß die Anstalten nicht den Charakter sogenannter Pressen annehmen, und daß ihre Schülerinnen nach einem von der Schulaufsichtsbehörde genehmigten Lehrplane unterrichtet werden.

Außerdem ist vorgeschrieben, daß keine private Lehrerinnen-Bildungsanstalt ohne vorgängige Genehmigung der Unterrichtsbehörde in das Leben treten und daß diese Genehmigung nur dann ertheilt werden darf, wenn die Anstalt 3jährigen Lehrgang hat und mit Einrichtungen verbunden ist, welche ihren Zöglingen ganz in derselben Weise, wie die staatlichen Seminare, Gelegenheit zu unterrichtlicher Übung bieten.

Staatliche Anstalten bestehen für katholische Bewerberinnen seit 1832 zu Münster und zu Paderborn, seit 1875 zu Saarburg, seit 1877 zu Xanten, außerdem besteht noch eine kleinere Anstalt für katholische Lehramts-Bewerberinnen zu Montabaur. Evangelische Lehrerinnenseminare bestehen zu Berlin, zu Droyßig und zu Augustenburg. Die Berliner Anstalt ist mit der dortigen Königlichen Augustaschule verbunden; sie hatte anfänglich nur privaten Charakter, ist aber in neuester Zeit zur Staatsanstalt erhoben worden. Das Königliche Seminar zu Droyßig, eine Stiftung des Fürsten Otto Victor von Schönburg-Waldenburg, ist eine Doppelanstalt, d. h. sie besteht aus einem Seminar für Volksschullehrerinnen und einem Gouvernanten-Institut, welches letztere die Aufgabe hat, Lehrerinnen für höhere Mädchenschulen und Erzieherinnen auszubilden. Das 1879 ins Leben getretene Seminar zu Augustenburg ist für Volksschullehrerinnen bestimmt, giebt aber seinen Zöglingen Gelegenheit, sich für fremdsprachlichen Unterricht vorzubereiten. Die Anstalten zu Posen und Trier, beide mit einer höheren Mädchenschule verbunden, haben einen konfessionell gemischten, die Posener Anstalt (Luisenschule) hatte ebenso wie die Berliner anfangs nur privaten Charakter. Das Seminar zu Trier war 1879 als städtische Anstalt in das Leben getreten, ist aber seit 1886 auf den Staat übernommen worden.

Das Nähere über den Lehrkörper und den Besuch der staatlichen Lehrerinnen-Bildungsanstalten ergiebt nachstehende Tabelle.

Lehrkräfte und Zöglinge der Königlichen Lehrerinnen-Seminare im Sommer 1892

Regierungsbezirke. — Seminare.	Jahr der Gründung	Seminar-Lehrkräfte: Direktoren, Oberlehrer, ordentl. Lehrer und Lehrerinnen	Hülfslehrer	Hülfslehrerinnen	zusammen	Zahl der … im Internat: evangelisch	katholisch	zusammen
1	2	3	4	5	6	7	8	9
1. Berlin, Augustaschule	1832	9	—	6	15	—	—	—
Reg.-Bez. Posen.								
2. Posen, Luisenstiftung	1840	12	—	7	19	—	—	—
Reg.-Bez. Merseburg.								
3. Droyßig, Lehrerinnen-Seminar	1852	5	—	8	13	41	—	41
4. „ Gouvernanten-Institut	1852	—	—	—	—	49	—	49
Reg.-Bez. Schleswig.								
5. Augustenburg	1879	3	—	3	6	73	—	73
Reg.-Bez. Münster.								
6. Münster	1832	3	—	4	7	—	24	24
Reg.-Bez. Minden.								
7. Paderborn	1832	3	—	4	7	—	61	61
Reg.-Bez. Wiesbaden.								
8. Montabaur[1])	1851	—	—	1	1	—	—	—
Reg.-Bez. Düsseldorf.								
9. Xanten	1877	4	—	3	7	—	85	85
Reg.-Bez. Trier.								
10. Saarburg	1875	4	—	3	7	—	30	30
11. Trier	1886	6	1	6	13	—	—	—
Königliche Lehrerinnen-Seminare überhaupt		**49**	**1**	**45**	**95**	**163**	**200**	**363**

[1]) Lehrerinnenkursus.

Zu erwähnen ist noch, daß eine der Zahl nach allerdings sehr beschränkte Ausbildung von Lehrerinnen stattfindet an der Luisenstiftung in Berlin, welche am 10. März 1811 in das Leben getreten ist, und an der Lehranstalt des Stiftes Keppel bei Hilchenbach in Westfalen.

Außer den beiden eben genannten stiftischen Lehrerinnen-Bildungsanstalten hat der Unterrichtsminister das Recht der Entlassungsprüfung noch einigen privaten und kommunalen Anstalten verliehen; diese befinden sich in folgenden Städten:

in Ostpreußen: Memel, Tilsit;
in Westpreußen: Berent, Danzig, Elbing, Marienburg, Marienwerder, Thorn;
in Posen: Bromberg;
in Schlesien: Breslau (drei Privatanstalten), Görlitz;
in Sachsen: Halle;
in Hannover: Hannover;
in Hessen-Nassau: Frankfurt a. M., Kassel, Wiesbaden;
in der Rheinprovinz: Aachen, Düsseldorf, Elberfeld, Kaiserswerth, Köln (zwei Anstalten), Koblenz, Münstereifel.

Die Prüfung der Lehrerinnen ist durch die Prüfungsordnung vom 24. April 1874 geordnet (a. a. O. Band I, S. 562 ff.). Vor Erlaß derselben hatte der Unterrichtsminister eine Anzahl hervorragender Leiter von öffentlichen und privaten Mädchenschulen und einige besonders tüchtige Lehrerinnen zu einer Konferenz über die zweckmäßigste Einrichtung der höheren Mädchenschule und über die Vorbildung der Lehrerinnen für dieselbe einberufen. Der Bericht über diese Konferenz findet sich a. a. O. Band III, S. 566 ff. und ist in seinem wesentlichsten Theile in dem Abschnitte über die höheren Mädchenschulen abgedruckt.

Die Prüfungsordnung geht von denselben Gesichtspunkten aus wie diejenige für die Lehrer, zunächst also von dem, daß die Lehrerinnen diejenigen Kenntnisse haben müssen, welche den Lehrgegen-

sowie die mit letzteren verbundenen Seminarübungsschulen im Sommer 1891.

Seminaristinnen					Von den Seminaristinnen stehen im Jahrgange			Mit dem Seminar verbundene Seminarübungsschulen							Wiederholung der Bezeichnung in Spalte 1
im Externat				überhaupt	I (1. Klasse)	II (2. Klasse)	III (3. Klasse)	Zahl der Unterrichtsklassen	Zahl der aufsteigenden Klassen	Schulkinder				zusammen	
evangelisch	katholisch	jüdisch	zusammen							evangelisch	katholisch	sonst christlich	jüdisch		
10	11	12	13	14	15	16	17	18	19	20	21	22	23	24	
107	1	10	118	118	40	39	39	—	—	—	—	—	—	—	1.
55	8	16	79	79	26	25	28	5	5	72	20	—	3	95	2.
—	—	—	—	41	—	21	20	3	3	97	—	—	—	97	3.
—	—	—	—	49	17	15	17	4	4	54	—	—	—	54	4.
5	—	—	5	78	29	25	24	5	5	90	1	—	—	91	5.
—	29	—	29	53	19	17	17	4	4	—	186	—	—	186	6.
—	—	—	—	61	21	20	20	4	4	—	164	—	—	164	7.
—	15	—	15	15	—	15	—	—	—	—	—	—	—	—	8.
—	—	—	—	85	28	30	27	3 1	3 1	—	213	—	—	213	9.
—	61	—	61	91	30	30	31	4	4	9	211	—	—	220	10.
16	15	2	33	33	22	11	—	—	—	—	—	—	—	—	11.
183	**129**	**28**	**340**	**703**	**232**	**248**	**223**	**33**	**33**	**322**	**795**	—	**3**	**1 120**	

stand der Schulen bilden, an welchen sie unterrichten wollen. Daraus ergiebt sich, daß sich die Prüfung allgemein auf Religion, Deutsch, Rechnen, Geschichte, Geographie, Naturkunde und für die mittleren und die höheren Schulen noch auf die neueren Sprachen erstreckt. Die Vielheit der Gegenstände hat Befremden erregt, Widerspruch hervorgerufen und zu der Frage veranlaßt, ob es nicht angängig sei, das System der Fachprüfungen, welches für die Kandidaten des höheren Lehramtes gilt, auch für die angehenden Lehrerinnen an höheren Mädchenschulen einzuführen. Die wiederholt erwogene Antwort mußte verneinend ausfallen. Die Fragesteller schienen übersehen zu haben, daß die Kandidaten des höheren Lehramtes bereits in der Reifeprüfung ihre allgemeine Bildung nachgewiesen haben, und daß ein Fachsystem, wie es in den höheren Lehranstalten für die männliche Jugend besteht, in den Mädchenschulen nur vereinzelt vorkommt; es wird deren, bei welchen es ausführbar wäre, in der ganzen Monarchie nicht mehr als 60 bis 70 geben, und gerade in diesen liegt der Unterricht in den Oberklassen nur zum geringen Theile in den Händen der Lehrerinnen.

In Gemäßheit der Prüfungsordnung werden Lehramts-Bewerberinnen bereits mit dem vollendeten achtzehnten Lebensjahre zu der Prüfung zugelassen, während Lehrer die bezügliche Erlaubniß erst mit 20 Jahren erlangen. Maßgebend hierfür ist zunächst der Umstand, daß junge Mädchen körperlich und geistig früher reifen als junge Männer; außerdem kommen die Verhältnisse des praktischen Lebens in Betracht. Eine nicht geringe Anzahl junger Mädchen, gerade aus den gebildeten Kreisen, verwaiste Töchter von Beamten, Richtern, Geistlichen, Aerzten, Lehrern müssen noch recht jung als Erzieherinnen in fremde Häuser gehen oder als Lehrerinnen kleiner Kinder ihr Brot suchen. Eine zu weite Hinausschiebung des Prüfungstermins würde für Viele von ihnen die Folge haben, daß sie entweder darauf verzichten müßten, überhaupt noch eine Prüfung ablegen zu können, oder diese Möglichkeit durch dauernde Schwächung, vielleicht selbst Zerstörung ihrer Gesundheit zu erkaufen genöthigt würden. In beiden Fällen wäre ein trostloses Alter das Ende. Es liegt aber doch in der Absicht, das Alter für die Zulassung zur Prüfung um ein Jahr hinauszuschieben.

Ein anderes wesentliches und vielseitig angefochtenes Merkmal der Vorschriften über die Prüfung der Lehrerinnen besteht darin, daß dieselben von allen Bewerberinnen unterschiedslos auch von denjenigen Lehrerinnen, welche sich für den Unterricht an höheren Mädchenschulen prüfen lassen, die Befähigung für den Volksschuldienst verlangen und dies mit derselben strengen Bestimmung, welche den Volksschullehrern aufgelegt ist, daß ungenügende Leistungen in der Religion, in der deutschen Sprache oder im Rechnen von der Lehrbefähigung ausschließen. Die Ursachen sind mehrfache; sie liegen in dem elementaren Charakter der meisten, nur sogenannten höheren Mädchenschulen, namentlich der privaten in den kleinen Städten, in der späteren Beschäftigung der meisten von den jungen Lehrerinnen an den Mädchenklassen der Volksschulen und an dem Wunsche, auch diesen gebildete Lehrerinnen zuzuführen. Diejenigen Bewerberinnen, welche die Lehrbefähigung für mittlere oder höhere Mädchenschulen erwerben wollen, haben, außer dem für den Volksschuldienst erforderlichen Wissen und Können, noch Kenntnisse in der französischen und der englischen Sprache und ein höheres Maß von Wissen in der Geschichte und in der deutschen Litteratur nachzuweisen. Das Zeugniß der höheren Lehrbefähigung wird versagt, wenn die Bewerberin auch nur in einer fremden Sprache nicht genügt.

Fünfjährige Lehrthätigkeit berechtigt die Lehrerinnen zur Zulassung zu einer weiteren Prüfung, auf Grund deren sie die Befähigung zur selbständigen Leitung von öffentlichen und privaten Mädchenschulen erlangen.

Für die Weiterbildung der Lehrerinnen wird nach verschiedenen Seiten hin gesorgt. An der Turnlehrer-Bildungsanstalt zu Berlin werden in jedem Sommer Kurse zur Ausbildung von Turnlehrerinnen gehalten, an welchen etwa 90 Bewerberinnen Theil zu nehmen pflegen. Zeichenlehrerinnen finden in der Königlichen Kunstschule Gelegenheit zu ihrer Ausbildung. Für die Ertüchtigung von Handarbeitslehrerinnen sind in Provinzialstädten Einrichtungen getroffen, für welche alljährlich etwa 10 000 ℳ aufgewendet werden. In der neuesten Zeit ist endlich mit dem Viktoria-Lyceum in Berlin, welchem bereits seit mehreren Jahren staatliche Mittel zu Lehrkursen für junge Lehrerinnen zugewendet worden waren, eine Vereinbarung getroffen worden, nach welcher diese Anstalt bereits geprüften Lehrerinnen einen weiteren Unterricht in der Geschichte, in der deutschen, in der französischen, in der englischen Sprache auf wissenschaftlicher Grundlage ertheilen läßt, um sie für den Unterricht in den oberen Klassen der höheren Mädchenschulen zu befähigen. Die Lehrzeit dauert 3 Jahre. Die Betheiligung der Lehrerinnen ist sowohl im Allgemeinen, wie in Bezug auf die einzelnen Fächer eine durchaus freiwillige.

Das Centralblatt enthält hierauf bezüglich folgende Veröffentlichung:

„Berlin, den 19. Oktober 1892.

„Durch Erlaß vom 23. Mai 1888 — U. IIIa. 14597 — ist das Viktoria-Lyceum in Berlin in den Stand gesetzt worden, zum Zwecke der Weiterbildung geprüfter Lehrerinnen durch ein wissenschaftliches Fachstudium in Geschichte und Deutsch Fortbildungskurse einzurichten. Mit der Ertheilung des Unterrichtes in den genannten Fächern wurden die Herren Professor Dr. Hermann (Geschichte) und Dr. Michaelis (Deutsch) betraut, die spezielle Leitung und Beaufsichtigung der Kurse dem Referenten für das höhere Mädchenschulwesen, Herrn Wirklichen Geheimen Ober-Regierungsrath Dr. Schneider, übertragen. Diese Lehrerinnen-Fortbildungskurse verfolgen das Ziel, der formalen Befähigung zum Unterrichten in sämmtlichen Klassen der Volks-, Mittel- und höheren Mädchenschulen durch einen dreijährigen Studiengang diejenige wissenschaftliche Methode und stoffliche Beherrschung des Gegenstandes hinzuzufügen, welche in den obengenannten Fächern eine erhöhte Lehrbefähigung darzustellen geeignet ist; sie erstreben also eine Ausbildung, welche der klassischen Bildung der männlichen Jugend, wenn auch nicht als gleichartig, doch als annähernd gleichwerthig an die Seite gestellt werden kann.

„In der am 23. September 1891 vor dem Königlichen Kommissare Herrn Wirklichen Geheimen Ober-Regierungsrath Dr. Schneider abgehaltenen Schlußprüfung wurde das Ziel von acht Damen in befriedigender Weise erreicht und der Erfolg durch ein von dem Königlichen Kommissare beglaubigtes Diplom in folgendem Wortlaut ausgedrückt (für Geschichte):

> „Fräulein N. N., auf Grund des Prüfungszeugnisses vom . . . . für den Unterricht in sämmtlichen Klassen der Volks-, Mittel- und höheren Mädchenschulen befähigt, hat vom Oktober 1888 bis Oktober 1891 an dem dreijährigen Fortbildungskursus des Viktoria-Lyceums (Abtheilung Geschichte) mit stetigem Fleiße und gewissenhafter Arbeit theilgenommen.
>
> Sie hat sich in dieser Zeit neben einer angemessenen Uebersicht über den Wissensstoff die wissenschaftliche Methode der Quellenbehandlung angeeignet und in der schriftlichen Prüfungsarbeit über . . . . sicheres Urtheil und umfassende Kenntnisse in dem einschlägigen Gebiete dargelegt. Auf Grund dieser Erfolge und der am 23. September 1891 vor dem Königlichen Kommissare Herrn Wirklichen Geheimen Ober-Regierungsrath Dr. Schneider bestandenen mündlichen Prüfung wird Fräulein N. N. hiermit bezeugt, daß sie zu einem auf wissenschaftlicher Grundlage ruhenden Unterrichte (namentlich der Geschichte) in den oberen Klassen höherer Mädchenschulen besonders befähigt ist."

„Folgen die Unterschriften des betreffenden Lehrers, der Direktorin des Viktoria-Lyceums und des Königlichen Kommissars.

„Entsprechend der Verschiedenheit des Gegenstandes weicht bei gleichem Schema des Einganges und Schlusses die Fassung des Diplomes von dem obigen ab, vor allem in dem mittleren Passus insofern, als hier „neben einer Übersicht über die deutsche Litteratur sowie der zum Studium älterer Litteraturwerke erforderlichen Kenntniß von der Entwickelung der deutschen Sprache die Aneignung der historischen Methode zur Erklärung neuerer deutscher Dichterwerke" verbürgt wird.

„Die Ertheilung der ausgefertigten Diplome erfolgte am Sonntag, den 24. Januar 1892 in den Räumen des Viktoria-Lyceums durch Herrn Wirklichen Geheimen Ober-Regierungsrath Dr. Schneider, nachdem derselbe zuvor in einer kurzen Ansprache die geprüften Schülerinnen beglückwünscht und für die praktische Verwerthung der erreichten Erfolge beherzigenswerthe Wünsche ausgesprochen hatte.

„Der Minister der geistlichen 2c. Angelegenheiten."

U. III. C. 3331.

IV. Abschnitt. Aufgabe und Ziel der preußischen Volksschule.

Die Aufgabe der preußischen Volksschule ist, von ihren ersten Anfängen an, wenn auch in verschiedenen Beziehungen, jeder Zeit dahin bestimmt worden, daß sie die heranwachsende Jugend zu gottesfürchtigen, vaterlandsliebenden Menschen erziehen solle, welche auf Grund der von ihnen erworbenen allgemeinen Bildung befähigt seien, ihre Stelle in der bürgerlichen Gesellschaft ehrenvoll auszufüllen. So will König Friedrich Wilhelm I., „daß die arme Jugend aus ihrer Unwissenheit befreit werde und die Stücke lerne, welche zu ihrem Heile und Seligkeit höchst nöthig seien."[1])

[1]) Verordnung vom 28. September 1717.

So will Friedrich der Große „nach wiederhergestellter Ruhe und allgemeinem Frieden das wahre Wohlsein seiner Länder in allen Ständen begründet sehen durch eine vernünftige sowohl als christliche Unterweisung der Jugend zur Gottesfurcht und anderen nützlichen Dingen."[1])

So will König Friedrich Wilhelm III. „unter seinen getreuen Unterthanen nicht allein nützliche Kenntniße verbreiten, sondern sie auch zu guten Bürgern und Dienern des Staates erziehen." „Durch zweckmäßigen Unterricht lernen sie vernünftig denken, und ihre Begriffe werden berichtigt; durch Moralität und Religion wird ihr Herz und ihre Sitten verbessert." Er hofft, „daß die Ueberzeugung durchdringen müsse, wie Kultur, öffentliche Ordnung und allgemeiner Wohlstand nur bei gutdenkenden und über ihre Verhältnisse gehörig aufgeklärten Unterthanen stattfinde.[2])

Der unter König Friedrich Wilhelm IV. von dem Minister von Ladenberg ausgearbeitete Unterrichtsgesetzentwurf schreibt in § 2 vor:

> „In der Volksschule sollen durch Unterricht, Übung, Zucht und Ordnung die Grundlagen der für das Leben im Staate und in der Kirche, sowie der für das Berufsleben erforderlichen Bildung geschaffen werden."

Von den beiden hervorragendsten Gesetzentwürfen, welche unter Kaiser Wilhelm I. Regierung entstanden sind, schreibt der von 1869 (Dr. von Mühler) vor:

> „Die öffentliche Volksschule hat die Aufgabe, der Jugend für das Leben in Staat und Kirche, sowie für das Berufsleben durch Unterricht, Übung und Erziehung die Grundlagen der Bildung und sittlichen Tüchtigkeit zu geben" —

und derjenige von 1877 (Dr. Falk):

> „Die Aufgabe der niederen Schulen ist die religiöse, sittliche und nationale Bildung der Jugend durch Erziehung und Unterricht, sowie die Unterweisung derselben in den für das bürgerliche Leben nöthigen allgemeinen Kenntnissen und Fertigkeiten."

Die von den Ministern Dr. von Goßler (1890) und Graf von Zedlitz-Trützschler (1891) eingebrachten Gesetzentwürfe bestimmten in § 1 gleichlautend:

> „Aufgabe der Volksschule ist die religiöse, sittliche und vaterländische Bildung der Jugend durch Erziehung und Unterricht, sowie die Unterweisung derselben in den für das bürgerliche Leben nöthigen allgemeinen Kenntnissen und Fertigkeiten."

Wir sehen durchgehend dasselbe Gefühl der Gesetzgeber von ihrer hohen Verantwortlichkeit; an einzelnen Stellen der Gesetze und der Motive für die Gesetzentwürfe wird demselben besonderer Ausdruck gegeben. Die Bedeutung der Sache beruht nicht blos darauf, daß es sich hier um mindestens neun Zehntheile sämmtlicher Kinder im Alter von 6 bis 14 Jahren handelt, sondern daß die Schule auch für diese eine ganz andere Wichtigkeit hat, als für das letzte Zehntheil; und auch dieses wieder in zwiefacher Hinsicht. Millionen von Kindern, das Maß ist nicht zu hoch genommen, verleben in der Schule die glücklichsten Stunden ihrer Jugend; warmes Zimmer, saubere, ordentliche Umgebung, liebevolle Behandlung, Theilnahme an dem, was ihr Gemüth beschäftigt, kann ihnen außerhalb der Schulstunden nicht werden oder wird ihnen doch nicht. Für Millionen von Kindern, auch hier kann die Zahl bestimmt festgehalten werden, bietet das Leben nach der Schule keine Anregung, keine Gelegenheit zu geistiger Weiterbildung, und der innere Erwerb ihres Schullebens ist das Kapital, von welchem allein sie die ganze übrige Zeit hindurch zehren müssen.

Aus diesem Gefühle der Verantwortlichkeit erklärt es sich wohl, daß zu allen Zeiten, wie immer das Verhältniß von Kirche und Staat aufgefaßt wurde, und welche theologische Richtung auch die Zeit beherrschte, überall die religiös-sittliche Erziehung der Jugend als die erste Aufgabe der Volksschule in Preußen angesehen worden ist. Es kommen darin zwei Grundsätze zur Geltung, der eine, daß das Gedeihen, ja der Bestand des Staates von der Bewahrung und der Pflege der religiös-sittlichen Gesinnung seiner Bürger abhängt, der andere, daß die beste und sicherste Stätte für die Begründung solcher Gesinnung in der Schule zu suchen sei. Hand in Hand mit der religiös-sittlichen Erziehung der Schuljugend ist aber auch stets die Ertüchtigung derselben für das praktische Leben gegangen. Immer wieder wird daran erinnert, daß in der Unwissenheit und der Ungeschicklichkeit der Bevölkerung die Quellen der Armuth, der Rohheit, des Bettels und dessen ganzer Gefolgschaft liege, daß die Kinder in der Schule

---

[1]) General-Land-Schulreglement vom 12. August 1763.

[2]) Katholisches Schulreglement vom 18. Mai 1801.

erst arbeiten lernen, dann Lust an der Arbeit gewinnen und den Grund zu späterer Erwerbsfähigkeit legen sollen, daß der Wohlstand der Bevölkerung mit der Aufbesserung ihrer Schulen gleichen Schritt halte. Auch über den Weg, auf welchem das übereinstimmend bezeichnete Ziel zu erstreben ist, hat im Allgemeinen eine Gleichheit der Ansichten bestanden. Unterschiede trafen nie den Kern der Sache und sind wohl vielmehr in öffentlichen Kundgebungen als in der stillen Arbeit der Schule selbst hervorgetreten. Im Allgemeinen arbeitet dieselbe noch heute nach dem Programm, welches der Minister von Altenstein in einem Immediatberichte aufgestellt hat, den er am 31. Juli 1829 in Gemeinschaft mit dem Finanzminister erstattete. In demselben heißt es:

„Die Volksschulen haben nach meiner Ansicht nur dahin zu wirken, daß das Volk

1. den christlichen Glauben einfach und dem Evangelio gemäß, aber mit Lebendigkeit und Innigkeit auffasse und ergreife;
2. in diesem Glauben den Grund und Antrieb zu einem sittlichen und durch festen christlichen Glauben glücklichen Leben finde;
3. innerhalb des ihm von Gott angewiesenen, beschränkten Kreises klar und wahr denke;
4. seine Gedanken in diesem Kreise kurz und bündig auszusprechen;
5. fremde, seine Sphäre berührende und betreffende Gedanken leicht und richtig aufzufassen vermöge;
6. daß es lesen, schreiben, rechnen und singen lerne;
7. daß es seinen Regenten und sein Vaterland liebe, mit dessen Einrichtungen, Gesetzen rc. nach Bedürfniß und Maßgabe seines Standpunktes bekannt, mit seinem Zustande zufrieden sei und in seiner Sphäre ruhig und befriedigt lebe;
8. die unerläßlichen gemeinnützigen Kenntnisse von der Natur, deren Behandlung und Benutzung, Gesunderhaltung des Leibes rc. erlange;
9. daß es in Summa mit einem kräftigen, gewandten Leibe, geweckten Geiste und richtigen Gefühle Gott, dem Könige und dem Vaterlande und sich selbst dienen könne und wolle.

„Nach diesen Grundsätzen ist mir die Volksbildung freilich etwas Anderes, als ein nothdürftiger Unterricht in den bloßen Vehikeln der Kultur: Lesen, Schreiben, Rechnen; doch glaube ich, daß die angegebenen Punkte auch das Landvolk keineswegs aus der ihm von Gott und Menschen angewiesenen Sphäre hinausheben, sondern im Gegentheil dieselbe ihm lieb und werth zu machen vermögen."

Die hier mitgetheilten Grundsätze, welche die Zustimmung des Königs gefunden haben, scheinen bei Aufstellung der verschiedenen Unterrichtsgesetzentwürfe maßgebend gewesen zu sein. Wenigstens lesen wir in § 2 des Gesetzentwurfes von 1869 (von Mühler):

„Diese Aufgabe der öffentlichen Volksschule umfaßt: Unterweisung in der Religion, sowie Einführung in das Verständniß des kirchlichen Bekenntnisses und Lebens derjenigen Konfession, welcher die Schule angehört; Anleitung zum richtigen mündlichen und schriftlichen Gebrauch der deutschen Sprache, und wo diese nicht die Muttersprache ist, auch der letzteren; Unterweisung in der Geschichte, Erd- und Naturkunde; Uebung des für das bürgerliche Leben nothwendigen elementaren Rechnens, Messens und Zeichnens, sowie im Gesang.

„Außerdem sind die Knaben zu geordneten Leibesübungen und, wo das Bedürfniß dazu vorhanden ist und die erforderlichen Einrichtungen getroffen werden können, die Mädchen zur Anfertigung weiblicher Handarbeiten anzuleiten."

Von diesen Gesichtspunkten gehen auch die Vorschriften der Allgemeinen Verfügungen vom 15. Oktober 1872, betreffend Einrichtung, Aufgabe und Ziel der preußischen Volksschule, und betreffend den Lehrplan für Mittelschulen (a. a. O. Band III, S. 404 ff.) aus.

Diesen Verfügungen lag zunächst ein organisatorischer Gedanke zu Grunde, zu dessen Erläuterung es einiger Worte bedarf.

In den 35 292 öffentlichen niederen Schulen[1]) des preußischen Staates begegnen sich in gewissem Sinne zwei Bildungsströmungen. Die große Mehrzahl besteht aus den Landschulen und den bescheidenen Volksschulen der kleinen Städte, welche ihr Dasein der Sorge der preußischen Könige und der in ihrem Auftrage handelnden Behörden verdanken und deren Alter kaum bis zum Anfange des vorigen Jahrhunderts zurückreicht. Die Minderzahl, aber zugleich eine verhältnißmäßig große Zahl der städtischen Schulen, namentlich in den östlichen Provinzen, sind viel älter, sie stammen zum Theil aus dem 15. und 16. Jahrhundert und sind ursprünglich Lateinschulen, gelehrte Schulen irgend einer Art gewesen, haben aber unter der Ungunst der Verhältnisse nicht vermocht, sich zu höheren Lehranstalten zu entwickeln.

[1]) Volks- und Mittelschulen.

Sie sind Volksschulen geworden, ohne doch den früheren Charakter ganz abzustreifen. Dieser gab sich in der Regel dadurch zu erkennen, daß die Schulen den fremdsprachlichen Unterricht festhielten und stiftungsmäßig unter die Leitung akademisch gebildeter Rektoren gestellt wurden. Vielen dieser Schulen gereichte Beides nur zum Schaden, und dieser wurde namentlich dann drückend, wenn der Zustand dieser Schulen im Mißverhältnisse zu der Bildung der Bevölkerung stand oder wenn diese die Ungerechtigkeit beging, zu Gunsten der gehobenen Schule für die Masse der Bevölkerung noch eine schlechter ausgestattete „Armenschule", „Kleinschule", „Volksschule" zu errichten. Diese gehobenen Schulen älterer Stiftung wurden in der ersten Hälfte unseres Jahrhunderts, wo der Drang nach Gewerbe-, Real-, höheren Bürgerschulen ebenso lebendig wie unklar war, mehrfach zu Bürgerschulen umgestaltet, in welchen Knaben eine höhere, sie für das Gewerbe und den Handel besonders befähigende Bildung erlangen sollten, aber der unvollkommenen Einrichtung wegen nicht fanden. Schon der oben auszugsweise mitgetheilte Immediatbericht vom 31. Juli 1829 legte die Reformbedürftigkeit der Stadtschulen dar.

Das Regulativ vom 3. Oktober 1854, welches überhaupt auf die Gestaltung des städtischen Volksschulwesens einen überraschend geringen Einfluß geübt hat, hatte sich diesen Zwitterschulen gegenüber unwirksam bewiesen.

Deswegen stellte die Allgemeine Verfügung vom 15. Oktober 1872 an ihre Spitze einen Satz, welcher die mehrklassige Volksschule, die Schule mit 2 Lehrern, die einklassige Schule und die Halbtagsschule als normale Schuleinrichtungen erklärt. Für keine dieser Kategorien wird eine fremde Sprache in den Lehrplan genommen. Die gleichzeitig erlassene zweite der allgemeinen Verfügungen ordnete nun an, daß die unter dem Namen von Bürger-, Mittel-, höheren Knaben- oder Stadtschulen bestehenden Unterrichtsanstalten, wenn sie weiter bestehen sollten, zu Mittelschulen umzubilden seien.

Jetzt war den vorher beschriebenen Schulen ein doppelter Weg gewiesen; sie waren entweder zu Mittelschulen auszugestalten, oder sie hatten die Einrichtung der Volksschule anzunehmen. Eine nicht geringe Zahl von Schuldeputationen haben zum Vortheile der Sache letzteren Weg eingeschlagen, andere haben gezögert; immerhin aber sind 550 Mittelschulen entstanden, welche den für diese vorgeschriebenen Bedingungen in den wesentlichsten Stücken genügen, und aus vielen Stadtschulen ist der fremdsprachliche Unterricht verschwunden. Die näheren Ausführungen giebt der Abschnitt über die Mittelschulen.

Daß diese Organisation nicht durchweg gelungen ist und daß noch immer eine Anzahl von Schulen weiter geduldet wird, welche ohne Mittelschulen zu sein, nicht streng nach dem Lehrplane der Volksschule arbeiten, hat verschiedene Gründe; vorzüglich den, daß die Mittelschule keine Berechtigung hat, während der inzwischen in das Leben getretenen höheren Bürgerschule solche beiwohnt; sodann den anderen, daß die Verfügungen vom Jahre 1872 selbst zugelassen haben, daß Volksschulen auf ihrer Oberstufe nach dem Lehrplane der Mittelschule arbeiten, und daß in Folge einer sogenannten Gabelung die Oberstufe einer Volksschule sich in zwei Abtheilungen trenne, von welchen die eine nach dem Lehrplane der Volksschule, die andere nach dem der Mittelschule arbeitet.

Nachdem es aber fraglich geworden ist, ob die Wohlthaten der neueren Gesetzgebung solchen Schulen zu gute kommen, und nachdem namentlich die neueste Rechtsprechung die Lehrer an diesen Schulen nicht mehr als Volksschullehrer angesehen hat, ohne daß ihnen andere Rechte verliehen werden konnten, wird sich der 1872 beabsichtigte Scheidungsprozeß voraussichtlich jetzt schneller vollziehen.

Es wird also in absehbarer Zeit das sogenannte niedere Schulwesen in Preußen die Gestalt haben, daß für die große Mehrzahl der schulpflichtigen Kinder in Stadt und Land durch Volksschulen gesorgt ist, welche nach dem Lehrplane vom 15. Oktober 1872 arbeiten und je nach den verschiedenen in Betracht kommenden Verhältnissen ein, zwei oder mehr aufsteigende Klassen haben, und daß für diejenigen Kinder, welche keine höheren Schulen besuchen sollen oder können, aber doch eines über die Ziele der Volksschule hinausgehenden Unterrichtes bedürfen, Schulen vorhanden sind, welche nicht nur nach ihrem Lehrplane, sondern nach ihrer gesammten Einrichtung dem bestimmten Zwecke entsprechen.

Der zweite organisatorische Gedanke, welcher den Vorschriften vom 15. Oktober 1872 zu Grunde lag, war der, daß für die erfolgreiche Arbeit von Schulen eines Ortes die Herstellung größerer Schulkörper besonders vortheilhaft sei. In der Konferenz, welche der damalige Kultusminister Dr. Falk im Juni 1872 abhielt, hatten namentlich Schulrath Bock und Seminardirektor Giebe geltend gemacht, daß es sich empfehle, wo an einem Orte mehrere einklassige Schulen beständen, diese zu einer mehrklassigen zu vereinen. Eine Ausnahme von diesem Grundsatze ist der Unterrichtsverwaltung von vornherein Pflicht gewesen, nämlich die Theilung da weiter bestehen zu lassen, wo andernfalls zu weite Schulwege entstehen würden; aber auch von zwei anderen Gesichtspunkten aus machte sich die

Nothwendigkeit geltend, in der Verfolgung des angenommenen Prinzipes vorsichtig zu sein. Gerade in den Jahren, welche dem Erlasse der Allgemeinen Bestimmungen folgten, hat sich eine bis jetzt andauernde Schärfe des konfessionellen Bewußtseins bei den verschiedenen Religionsgemeinschaften ausgebildet, so daß es nicht gerathen schien, sie zur Vereinigung ihrer Schulen zu nöthigen; wo seitens einzelner bürgerlicher Gemeinden der Versuch gemacht worden ist, hat derselbe wieder aufgegeben werden müssen. Sodann legt die katholische Bevölkerung in einigen Gegenden der Rheinprovinz einen so hohen Werth auf die Trennung der Geschlechter in den Schulen, daß auch hier eine entgegengesetzte Nöthigung ernste Bedenken gegen sich haben würde.

Wo die bezeichneten Rücksichten nicht in Betracht kommen, hält die Unterrichtsverwaltung an der Meinung fest, daß die Gliederung der Volksschule in aufsteigende Klassen zu erstreben sei. Sie ist dabei viel weniger von dem Wunsche geleitet, das Maß der Kenntnisse und Fertigkeiten bei den Kindern zu erhöhen, als von demjenigen, durch die Vereinigung von Kindern gleichen Alters, durch Bildung besonderer Klassen für die verschiedenen Stufen des Unterrichtes dessen erziehliche Kraft, namentlich im Religionsunterrichte und in den sogenannten ethischen Fächern, zu stärken. Mit dieser Auffassung hängt es zusammen, daß die Allgemeine Verfügung vom 15. Oktober 1872 im Gegensatze zu dem Regulativ vom 3. Oktober 1854 die Halbtagsschule begünstigt und dieselbe sogar unter den normalen Schuleinrichtungen aufführt. Es wird angenommen, daß ein Lehrer in wenigen Stunden mit einer kleineren Zahl einer Altersstufe angehöriger Kinder mehr erreiche, als mit der doppelten Zahl der Stunden in überfüllter Klasse mit Kindern aller Altersstufen.

Die Normalzahl der Kinder, welche einem Lehrer zugewiesen werden können, hat bereits der Minister von Altenstein in folgender Verfügung an die Königliche Regierung zu Köln bestimmt:

„Die Zahl 100, welche Königliche Regierung als das Maximum der von einem Lehrer zugleich zu unterrichtenden Kinderzahl angenommen hat, scheint noch zu groß und dürfte auf 80 zu beschränken sein.
Berlin, 26. März 1827. U. 3 923."

Dieselbe Vorschrift ist in das Regulativ vom 3. Oktober 1854 und in die Allgemeine Verfügung vom 15. Oktober 1872 übergegangen. Maßgebend für diese Bestimmung ist wiederum der Gedanke, welcher die Einrichtung der preußischen Volksschule von Anfang an beherrscht, daß die Kinder in derselben nicht nur die Elementarkenntnisse gewinnen, sondern daß sie „in ihr die Richtung für ihre weitere Lebenszeit und zugleich für die Ewigkeit erhalten sollen. Ihnen soll Ordnung, Regelmäßigkeit, Gehorsam, Sittsamkeit, anständiges Betragen, Fleiß und Ausdauer angewöhnt und der Sinn und Entschluß für diese Tugenden beigebracht werden; sie sollen mit ihren höchsten Pflichten und Verhältnissen und deren letzter Quelle gründlich, vollständig und sicher bekannt und vertraut gemacht werden." (Beckedorff, Jahrbuch II, S. 191.)

Dazu aber gehört, daß der Lehrer nicht nur seine Klasse beherrsche, sondern auch zu jedem seiner Schüler in ein persönliches Verhältniß trete: Beides erfordert nicht geringe Leibes- und Geisteskräfte, und bei einer Schülerzahl von achtzig müssen die Lehrer schon recht erheblich angestrengt werden.

Die Unterrichtsverwaltung ist indeß bis jetzt noch nicht zu dem vorgesteckten Ziele gelangt, und schon Minister Dr. Falk hat deshalb in einer Verfügung vom 5. Mai 1873 ausgesprochen, daß zur Zeit noch bei einer Schülerzahl von 80 bis 120 eine Lehrerstelle, bei einer solchen von 120 bis 200 zwei Lehrerstellen, bei 200 bis 300 Schülern drei Lehrerstellen genügen müssen.

Noch in einer dritten Beziehung erstrebt die Allgemeine Verfügung vom 15. Oktober 1872 eine einheitliche, jede weitere Entwickelung erleichternde Gestaltung des Volksschulwesens, indem sie eine Gliederung jeder Schule, auch der einklassigen, in drei Abtheilungen vorschreibt, welche den verschiedenen Alters- und Bildungsstufen der Kinder entsprechen sollen. Dadurch wird Dreierlei erreicht: zunächst, daß sich jede weitere Ausgestaltung der Schule, welche durch Zunahme der Frequenz nöthig wird, ohne jede Störung ihrer inneren Arbeit vollziehen kann; sodann daß Kinder ohne wesentlichen Schaden aus der einklassigen in die mehrklassige Schule übergehen können und umgekehrt; sie müssen sich in beiden zurechtfinden können; drittens wird dem Lehrer eine planmäßige, sicher und stetig fortschreitende Arbeit zur Pflicht gemacht.

Derselbe hat nach einem von dem Schulinspektor genehmigten Plane zu arbeiten und einen regelmäßigen Bericht über die von ihm durchgenommenen Pensen für dessen Einsicht jeder Zeit bereit zu halten; außerdem hat er Schulchronik, fortlaufendes Schülerverzeichniß und Versäumnißliste zu führen.

Die Einrichtung und Ausstattung der preußischen Schulzimmer, in welchem 0,6 qm Flächenraum auf ein Kind gerechnet wird, ist einfach und zweckmäßig. Neuerdings ist auf die Beschaffung von Schultischen und Bänken, welche zugleich in Rücksicht auf die Gesundheit der Kinder und die Disziplin der Schule, wie auf die Wohlfeilheit ihrer Herstellung Lob verdienen, ein besonderes Augenmerk gerichtet worden. In dem Hygiene-Museum zu Berlin sind die verschiedenen Proben ausgestellt, und in dem Centralblatte von 1888, S. 680 bis 709, sind erschöpfende, durch Zeichnungen erläuternde Belehrungen über den Gegenstand gegeben worden.

Für den vollen Unterrichtsbetrieb sollen in jeder preußischen Schule vorhanden sein:

1. je ein Exemplar von jedem in der Schule eingeführten Lehr- und Lernbuche,
2. ein Globus,
3. eine Wandkarte von der Heimathsprovinz,
4. eine Wandkarte von Deutschland,
5. eine Wandkarte von Palästina,
6. einige Abbildungen für den weltkundlichen Unterricht,
7. Alphabete weithin erkennbarer, auf Holz- oder Papptäfelchen geklebter Buchstaben zum Gebrauch beim ersten Leseunterricht,
8. eine Geige,
9. Lineal und Zirkel,
10. eine Rechenmaschine;

in evangelischen Schulen kommen noch hinzu:

11. eine Bibel[1]) und
12. ein Exemplar des in der Gemeinde eingeführten Gesangbuches.

Außerdem haben alle preußischen Schulen als besonderen Schmuck noch ein Bild Sr. Majestät des Kaisers. Da bei Beschaffung desselben die Ortsschulvorstände oft sehr unvollkommene Stiche und Bilder anschaffen und in der Regel noch bei deren Ankaufe übertheuert werden, hat der Unterrichtsminister hier in dem Königlichen Hofkunstinstitut von Otto Troitzsch würdige Bilder von Wilhelm I., Friedrich III. und Wilhelm II. herstellen lassen. Von diesen drei Bildern sind mehr als je 6 000 Exemplare an Schulen vertheilt worden.

Auch die Herstellung guter Anschauungsmittel zu fördern, hat sich die Unterrichtsverwaltung angelegen sein lassen, zur Herausgabe von solchen angeregt und ihre Verbreitung unterstützt. So ist beispielsweise die Veranlassung zur Veröffentlichung der im Verlage von Georg Wigand zu Leipzig erschienenen, vergrößerten Schnorr von Carolsfeld'schen Bilder zur biblischen Geschichte im Jahre 1874 vom preußischen Unterrichtsminister gegeben worden. Auf den hygienischen Ausstellungen zu Brüssel und zu Berlin 1883 hat das preußische Unterrichtsministerium eine Sammlung der von ihm für zweckmäßig erkannten Lehrmittel ausgestellt. Die Denkschrift, durch welche diese Sammlung erläutert wurde, ist abgedruckt a. a. O. Band III, S. 525 ff.

Die Unterrichtssprache ist seit 1888 in allen Volksschulen der ganzen Monarchie unterschiedslos die deutsche, doch mit der Maßgabe, daß in den Gegenden mit dichter litauischer, polnischer, dänischer, wallonischer Bevölkerung die Kinder den Religionsunterricht in der Sprache ihrer Familie erhalten. Bis zum Jahre 1887 war die polnische Sprache noch Lehrgegenstand in den Schulen, welche von polnisch redenden Kindern besucht wurden. Seit Oktober 1887 ist dies nicht mehr der Fall, und ebenso wird in den Schulen Nordschleswigs seit dem 1. April 1889 kein dänischer Unterricht mehr ertheilt. Der Unterrichtsminister hat die letzten Schritte in dieser Richtung mit großem Bedacht und nach vorgängiger gründlicher Prüfung gethan. Letztere vollzog sich namentlich auf wiederholtem Besuche der in Betracht kommenden Schulen, mit welchem der Minister nicht allein seine Räthe beauftragte, sondern welchen er auch selbst ausführte.

Die Reisen hatten übereinstimmend im äußersten Osten, wie im Norden und im Westen der Monarchie das Ergebniß, daß die Kinder, welche vor dem Besuche der Schule kein deutsches Wort gehört hatten, durch den Unterricht im Deutschen ihrer Familiensprache nicht entfremdet worden waren, daß vielmehr die Kinder, welche im Gebrauche der deutschen Sprache am besten gefördert waren, sich auch in ihrer Familiensprache am geläufigsten auszudrücken vermochten, und gerade bei Unterhaltungen über religiöse und ethische Stoffe trat dies am deutlichsten hervor. Zugleich ergaben diese Revisionen und die sonst angestellten Ermittelungen auch, daß überall da, wo noch besonderer Unterricht in der fremden, d. h. der nichtdeutschen Sprache ertheilt wurde, wie in Posen, oder diese Sprache sogar noch theilweise als Unterrichtssprache diente, wie in Nordschleswig, die Kinder weder in der deutschen, noch

[1]) Diejenigen evangelischen Schulen, welche vor dem Jahre 1845 bereits bestanden, besitzen die damals neu herausgegebene „Hirschberger Bibel“ als Geschenk König Friedrich Wilhelm IV.

in ihrer Familiensprache das gewünschte Ziel erreichten. Uebrigens ist nichts unterlassen worden, um die Lehrer für die Arbeit in der zweisprachigen Schule zu befähigen und den Kindern das Lernen zu erleichtern. Es sind besondere Kurse für die Lehrer eingerichtet, besondere Lehrmittel und Lernbücher für die Kinder hergestellt und eigene, vereinfachte Lehrpläne für sie entworfen worden.

Der Unterricht in der preußischen Volksschule erstreckt sich, wie bereits erwähnt, auf die Gegenstände, welche demselben in den verschiedenen Unterrichts-Gesetzentwürfen zugewiesen sind. Den Mittelpunkt der gesammten Unterrichtsarbeit bilden die altbewährten drei Hauptlehrgegenstände: Religion, deutsche Sprache — Lesen und Schreiben — und Rechnen, welche auch den größeren bezw. den größten Theil der Lehrstunden in Anspruch nehmen.

In dem Sinne, welchem der oben mitgetheilte Immediatbericht aus dem Jahre 1829 Ausdruck gab, gruppiren sich die anderen Lehrgegenstände um diese Hauptfächer.

Der Religionsunterricht wird selbstverständlich konfessionell ertheilt. Die weiter unten folgenden Erläuterungen über „die konfessionellen Verhältnisse der öffentlichen Volksschulen“ werden veranschaulichen, in welchem Umfange dies durch die Einrichtung unserer Schulen erleichtert wird. Die konfessionellen Schulen, d. h. die Schulen, in welchen sämmtliche Lehrer desselben Bekenntnisses sind, und in welchen möglichst auch nur Kinder dieses Bekenntnisses aufgenommen werden, gewähren natürlich den konfessionellen Religionsunterricht ohne jede Schwierigkeit. In den wenigen paritätischen Schulen, d. h. in denen, wo Lehrer verschiedenen Bekenntnisses wirken, ermöglicht eben dieser Umstand die religiöse Versorgung beider Bekenntnisse; eine große Zahl dieser Schulen hat sogar nur darum ihre paritätische Einrichtung erhalten, weil für den Religionsunterricht einer Minorität gesorgt werden sollte. Einige Schwierigkeit macht also nur die religiöse Unterweisung der Kinder, welche in einer Konfessionsschule anderen Bekenntnisses untergebracht sind, und deren Zahl ist verhältnißmäßig klein.

Am 25. Mai 1891 besuchten 2 973 775 evangelische und 1 612 167 katholische Kinder Konfessionsschulen ihres Bekenntnisses; nur 19 134 evangelische Kinder besuchten katholische und 55 367 katholische Kinder evangelische Schulen. Der Umstand, daß die Zahl der in Schulen anderer Konfession untergebrachten katholischen Kinder doppelt so groß ist wie die entsprechende Zahl evangelischer Kinder, erklärt sich, wie beiläufig bemerkt wird, aus dem neuerdings stärker gewordenen Zuge der — meist polnischen — Arbeiter aus rein katholischen Gegenden des Ostens nach dem Westen[1]).

Die Sorge für den Religionsunterricht der bezeichneten 19 134 bez. 55 367 Kinder geschieht in der Regel so, daß ein benachbarter Lehrer mit demselben beauftragt wird, welcher dann gewöhnlich 2 mal in der Woche zum Zwecke dieses Unterrichtes in die betreffende Nachbarschule geht. Bisweilen werden auch die vereinzelten Kinder mehrerer Schulen zu einer Religionsklasse an einem Sammelpunkte vereinigt. Die Kosten für diesen Unterricht tragen gewöhnlich die bürgerlichen oder die Schulgemeinden. In manchen Fällen aber sind die Betheiligten unvermögend, die in Rede stehenden Kosten aufzubringen; in einzelnen Fällen lehnen sie dies auch ab, und es fehlt in vielen Gegenden an einem gesetzlichen Grunde, sie dazu zu nöthigen; so beispielsweise im Rechtsgebiete des Reglements für die niederen katholischen Schulen Schlesiens, welches letztere den Geistlichen die Pflicht auflegt, für den Religionsunterricht der konfessionellen Minderheit zu sorgen[2]). Damit die Kinder

[1]) Nach der Ermittelung vom 25. Mai 1891 befinden sich in rein deutschen Provinzen 6 138 Schulkinder, in deren Familien polnisch gesprochen wird; in den Familien von 1 863 dieser Kinder wird nur polnisch gesprochen.

[2]) Die betreffende Stelle in § 7 und 8 des Reglements lautet: „In der Religion ertheilt der Schullehrer, aber nur den Kindern seines Glaubens, Unterricht; die Kinder der anderen Parthey bleiben in den dazu bestimmten Tagen oder Stunden weg. Für den Unterricht dieser Kinder muß der Pfarrer und Seelsorger ihrer eigenen Religion, wo sie eingepfarret sind, oder sich als Gäste hinhalten, sorgen. Seine Pflicht als Volkslehrer verbindet ihn dazu, und diese Pflicht ist nicht auf den Unterricht der Erwachsenen von der Kanzel eingeschränkt. Er selbst oder sein Kaplan müssen daher wöchentlich wenigstens drei Stunden entweder im Schul- oder Pfarrhause Religionsunterricht ertheilen, und zwar so, daß die ganz Kleinen von denen, die schon erwachsener sind, getrennt werden.

„Um die angehenden Pfarrer zu diesem Geschäft vorzubereiten, setzen Wir hiermit fest, wie solches schon in dem Reglement von 1765 § 10 geschehen ist, daß alle Kandidaten zum geistlichen Stande, auch die, welche aus anderen Diözesen sind, und dort ihre Beförderung suchen, als welche ohnehin in Breslau studiren müssen, das Breslauer Schullehrerseminarium besuchen, und von dessen Direktor theils theoretischen, theils praktischen Unterricht in der Pädagogik und allen zu der Ausübung der Pflichten eines Jugendlehrers erforderlichen Wissenschaften nehmen müssen. Ueber ihren dabey bewiesenen Fleiß und über ihre Fähigkeit, theils selbst Unterricht in Religionssachen zu ertheilen, theils den von den Schullehrern ertheilten gehörig zu prüfen, hat ihnen der Seminarien-Direktor nach Pflicht und Gewissen ein Zeugniß zu geben, welches sie dem schlesischen Finanz-Ministerio bei dem Gesuch um Erlaubniß, in den geistlichen Stand zu treten, oder um ein Beneficium vorzuzeigen haben.“

unter solchen Umständen des Religionsunterrichtes nicht entbehren, tritt der Staat helfend ein, und es ist zu diesem Zwecke der Dispositionsfonds zur Förderung des Elementar-Unterrichtswesens, Kap. 121 Tit. 43 des Staatshaushalts-Etats, um 30 000 ℳ verstärkt worden. Die Aufwendungen für den Religionsunterricht der konfessionellen Minderheiten sind aber über diesen Betrag erheblich hinausgegangen und haben im Jahre 1891 zu 1892 die Summe von 53 862 ℳ erreicht. Dadurch ist es ermöglicht worden, daß 6 587 evangelischen und 12 194 katholischen Kindern, welche in Schulen eines anderen Bekenntnisses untergebracht waren, der Religionsunterricht von Lehrern ihres Bekenntnisses ertheilt werden konnte.

Daß bei der Wahl der Lehr- und Lernbücher für den Religionsunterricht die geistlichen Behörden mitwirken, und daß den Religionsgesellschaften die Leitung desselben zusteht, ist schon erwähnt. Die Zahl der Religionsstunden beträgt 4 bis 6 wöchentlich, und wo deren nur 4 oder 5 sind, ist es gestattet, eine oder zwei dieser Stunden zu theilen, um dadurch zu ermöglichen, daß die Tagesarbeit während der ganzen Woche mit der Religionsstunde begonnen werde.

Für den Religionsunterricht der katholischen Kinder sind in den letzten Jahrzehnten neue Lehrvorschriften nicht ertheilt worden. Es hat wohl auch ein bezügliches Bedürfniß gefehlt. Der Unterricht lehnt sich theils an den bischöflich approbirten Diözesankatechismus, theils an die biblische Geschichte an, welcher ein nach Anhörung der zuständigen kirchlichen Instanz von der Schulbehörde genehmigtes Historienbuch zu Grunde liegt.

Als die Aufgabe des evangelischen Religionsunterrichtes bezeichnet die Allgemeine Verfügung vom 15. Oktober 1872 „die Einführung der Kinder in das Verständniß der heiligen Schrift und in das Bekenntniß der Gemeinde, damit die Kinder befähigt werden, die heilige Schrift selbständig zu lesen und an dem Leben, sowie an dem Gottesdienste der Gemeinde lebendigen Antheil nehmen zu können."

Auf der Generalsynode der evangelischen Landeskirche im Jahre 1879 ist dieser Bestimmung des Religionsunterrichtes warme Zustimmung zu Theil geworden. Dem Wunsche derselben Synode, daß der Unterricht im lutherischen Katechismus, welchen die Allgemeine Verfügung da, wo nicht besondere Verhältnisse eine Ausnahme rechtfertigen, auf die ersten drei Hauptstücke beschränkte, sich über alle fünf Hauptstücke erstrecke, hat der Unterrichtsminister mittels Verfügung vom 24. Juli 1884 gewillfahrt.

Dem Unterrichte in der deutschen Sprache liegen Fibel und Lesebuch zu Grunde.

Eine besondere Methode des ersten Leseunterrichtes ist nicht befohlen; es ist nur vorgeschrieben, daß derselbe der Anleitung entspreche, welche die Lehrer des Bezirkes im Seminar erhalten haben.

Die im Gebrauche befindlichen Fibeln sind nicht nur durch ihre Anlage, sondern auch durch ihre Ausstattung, den Druck sowohl wie die eingefügten Holzschnitte über die Grenzen des Staatsgebietes hinaus zur Anerkennung gelangt. In noch höherem Grade gilt dies von den Lesebüchern. Die Literatur derselben hat in den letzten zwanzig Jahren einen Aufschwung genommen, in Folge dessen sie zu Volksbüchern geworden sind, welche den Kindern weit über die Schulzeit hinaus ein Schatz sind. Es ist dies dadurch erreicht worden, daß die Lesebücher den Charakter von Lehrbüchern abgestreift und vorzüglich Musterstücke der hervorragenden Dichter und Schriftsteller unseres Volkes in unverfälschten Texten aufgenommen haben.

Die Unterrichtsverwaltung hat dem Wetteifer der Verfasser und Verleger möglichst freie Bahn gelassen und nur einer unnöthigen Vielheit der Bücher widerstrebt, auch dafür gesorgt, daß innerhalb einer Provinz für gleichartige Schulen dasselbe Lesebuch in Brauch sei, damit die Kinder nicht bei jedem Wechsel der Schule zu neuen Anschaffungen genöthigt seien. Die meisten Lesebücher tragen einen konfessionellen Charakter, sie enthalten aber nichts, was die Angehörigen eines anderen Bekenntnisses verletzen könnte.

Neben dem Unterrichte in Religion, Deutsch und Rechnen erhalten die Kinder aller Volksschulen noch solchen in den „Realien". In diesen Lehrgegenständen treten nun die großen Unterschiede, welche trotz der Gleichheit der Organisation zwischen den verschiedenen Schulen des Landes bestehen, deutlich hervor.

Derartige Unterschiede machen sich zwischen den einzelnen Landschaften und Provinzen geltend. Die Landschule eines Dorfes im Regierungsbezirke Köslin oder auf der kurischen Nehrung hat eine ganz andere Kulturaufgabe als diejenige eines Dorfes in den Bergwerksgegenden Mittelschlesiens oder Westfalens, welches trotz seiner Bezeichnung als Dorf längst jeden ländlichen Charakter abgestreift hat. Die Unterschiede treten aber auch in räumlich einander ganz nahe liegenden Gegenden hervor, etwa zwischen einem Dorfe auf der Hallig in Schleswig-Holstein und einem Vororte von Kiel, zwischen einem Dorfe der Altmark und einem anderen vor den Thoren von Magdeburg; es ist sogar denkbar, daß innerhalb derselben Stadt für die verschiedenen Klassen der Bevölkerung verschiedene Bildungsbedürfnisse hervortreten, welche dennoch alle in den Rahmen der Volksschulbildung fallen. Die Verschiedenheiten, an welche hier gedacht ist, erledigen sich in keiner Weise durch den Hinweis auf die Besonderheit der ein-, zwei-, dreiklassigen Schulen. Anstalten von gleicher Klassenzahl haben keineswegs immer die gleiche Aufgabe, und es wird sogar der Fall nicht selten sein, daß die Ziele einer einklassigen Schule an einer Stelle höher gesteckt werden können, als an einer anderen diejenigen einer dreiklassigen.

Die Unterrichtsverwaltung ist sich der Pflichten, welche sich hieraus für sie ergeben, sehr wohl bewußt und sie sucht dieselben bei der Prüfung und Bestätigung der Speziallehrpläne zu erfüllen.

Sie hat deswegen auch wiederholt zunächst für die zweiklassigen, dann auch für andere Schulen die Begrenzung der Ziele, die Voranstellung des Nothwendigen empfohlen.

Außerdem hat bereits die Allgemeine Verfügung vom 15. Oktober 1872 dafür Sorge getragen, daß der Unterricht in den Realien den Schein einer der Volksschule nicht zustehenden Wissenschaftlichkeit meide, indem sie den bezüglichen besonderen Anweisungen die Vorschrift vorangestellt hat, daß das Lesebuch zur Belebung, Ergänzung und Wiederholung des Lehrstoffes dienen solle; und ebenso bezwecken alle ihre speziellen Bestimmungen, daß gerade bei der Unterweisung seiner Schüler in den hier in Betracht kommenden Gegenständen der Lehrer stets die Bedürfnisse des Lebens im Auge behalte.

Bei alledem — und das ist seit mehr als hundert Jahren anerkannt — soll und kann auch die unvollkommenste Volksschule des Unterrichtes in den Realien nicht ganz entbehren.

Zunächst soll jedes preußische Schulkind so viel von der Geschichte seines Volkes wissen, um sein Gemüth mit Dank gegen sein Herrschergeschlecht erfüllen zu können, und um zu verstehen oder doch zu empfinden, welches hohe Gut es in seiner Zugehörigkeit zum Deutschen Reiche und zum preußischen Staate besitzt. Es ist eine ausdrückliche Bestimmung unseres großen Kaisers Wilhelm I., welche durch eine Allerhöchste Ordre Kaiser Wilhelms II. vom 1. Mai 1889 noch eine wesentliche Ergänzung erfahren hat, daß jedes preußische Schulkind von allen Königen des Staates höre, daß es die Geschichte der Befreiungskriege und der glorreichen Feldzüge von 1864, 1866, 1870 wisse. In der normal eingerichteten, insbesondere in der mehrklassigen Schule erweitert sich der Unterricht zu einer zusammenhängenden Erzählung von der Geschichte unseres Landes, namentlich von dem Regierungsantritte des Großen Kurfürsten an.

Minder leicht ist es, die Grenzen des Wissens und Könnens in den anderen Lehrgegenständen, in der Erdkunde und der Naturkunde, zu bestimmen. Von derselben Seite her, von welcher aus die bekannten Klagen über die Halbbildung und die Ueberbildung der heranwachsenden Jugend erhoben werden, kommen immer neue Anregungen zur Ergänzung des Volksschulunterrichtes. So soll beispielsweise Gesundheitslehre, Volkswirthschaftslehre, Lebensmittelkunde, Anleitung zu Land- und Gartenbau in den Lehrplan der Schule aufgenommen werden. Derartigen Vorschlägen hat die Unterrichtsverwaltung bisher keine Folge gegeben; sie ist unbeirrt in den alten Wegen weiter gegangen und hat ihr Augenmerk darauf gerichtet, ein genügsames, ein wehrhaftes, ein arbeitstüchtiges und fleißiges Volk zu erziehen, welches in seiner Heimath nicht fremd sei.

Von diesen Gesichtspunkten aus wird für den naturkundlichen Unterricht gefordert:

„Gegenstand des Unterrichtes in der **Naturbeschreibung** bilden außer dem Bau und dem Leben des menschlichen Körpers: die einheimischen Gesteine, Pflanzen und Thiere, von den ausländischen die großen Raubthiere, die Thier- und Pflanzenwelt des Morgenlandes und diejenigen Kulturpflanzen, deren Produkte bei uns im täglichen Gebrauche sind (z. B. Baumwollenstaude, Theestrauch, Kaffeebaum, Zuckerrohr). Von den einheimischen Gegenständen treten diejenigen in den Vordergrund, welche durch den Dienst, den sie dem Menschen leisten (z. B. Hausthiere, Vögel, Seidenraupe, Getreide- oder Gespinnstpflanzen, Obstbäume, das Salz, die Kohle), oder durch den Schaden, den sie dem Menschen thun (Giftpflanzen), oder etwa durch die Eigenthümlichkeiten ihres Lebens und ihrer Lebensweise (z. B. Schmetterling, Trichine, Bandwurm, Biene, Ameise) besonderes Interesse erregen.

„In der mehrklassigen Schule kann nicht nur eine Vermehrung der Gegenstände, sondern auch eine systematische Ordnung derselben und ein näheres Eingehen auf ihre gewerbliche Verwendung stattfinden. Die Gewöhnung der Kinder zu einer aufmerksamen Beobachtung und ihre Erziehung zu sinniger Betrachtung der Natur ist überall zu erstreben.

„In dem naturkundlichen Unterrichte der Schule mit einem oder zwei Lehrern sind die Schüler zu einem annähernden Verständniß derjenigen Erscheinungen zu führen, welche sie täglich umgeben.

„In der mehrklassigen Schule ist der Stoff so zu erweitern, daß das Wichtigste aus der Lehre vom Gleichgewichte und der Bewegung der Körper, vom Schalle, vom Lichte und von der Wärme, vom Magnetismus und der Elektrizität zu geben ist, so daß die Kinder im Stande sind, die gewöhnlicheren Naturerscheinungen und die gebräuchlichen Maschinen erklären zu können."

Von den oben dargelegten Gesichtspunkten aus kann auch der Unterricht im Zeichnen, im Turnen und in den sogenannten weiblichen Handarbeiten nicht entbehrt werden.

In dem Zeichenunterrichte wird nicht blos Auge und Hand gebildet, sondern es wird auch den angehenden Arbeitern in Werkstätte und Fabrik die unentbehrliche Voraussetzung für ihre spätere Thätigkeit geboten. Nach Jahre andauernden, gründlichen Vorarbeiten sind neuerdings die Vorschriften erlassen worden, welche dem Zeichenunterrichte diese Richtung sichern.

Der Betrieb des Turnunterrichtes ist in dem Staate der allgemeinen Wehrpflicht selbstverständlich.

Die Anleitung der Schulmädchen zum Gebrauche der Nadel soll dem Frieden und dem Wohlstande des Hauses gerade in den Familien der Arbeiter dienen. Gleich von vornherein sind Anweisungen ergangen, welche bezweckten, dem Unterrichte in den Nadelarbeiten die Wege vorzuschreiben, auf welchen er den unabweisbaren Bedürfnissen des praktischen Lebens genügen könne, und in deren Befolgung er zugleich die Abwege zu vermeiden vermöge, auf welche Uebereifer, falscher Geschmack und einseitige Auffassung von der Bedeutung der Sache etwa verlocken dürften.

Da aber, wie das bei der neuen Ordnung von dergleichen Angelegenheiten zu geschehen pflegt, Ueberschreitungen des Zieles und falsche Richtungen nicht vermieden werden konnten, so hat der Unterrichtsminister im Jahre 1884 einige in der schwebenden Frage besonders gut unterrichtete Frauen ersucht, von dem Handarbeitsunterrichte in den Lehrerinnen-Bildungsanstalten und in anderen Schulen Kenntniß zu nehmen und ihm ihr Urtheil mitzutheilen. Nachdem dies geschehen, ist durch Erlaß einer neuen Prüfungsordnung für Handarbeitslehrerinnen dem bezüglichen Unterrichte die erforderliche Direktive gegeben worden.

Als eine Ergänzung des Unterrichtes in der Religion — es darf an den Kirchengesang erinnert werden —, in der deutschen Sprache — man denke an die Pflege des Volksliedes —, auch als eine Erhebung für Lehrer und Schüler tritt noch der Gesangunterricht ein. Bezüglich desselben ist vorgeschrieben: „In dem Gesangunterrichte wechseln Choräle und Volkslieder ab. Ziel ist, daß jeder Schüler nicht nur im Chor, sondern auch einzeln richtig und sicher singen könne und bei seinem Abgange eine genügende Anzahl von Chorälen und Volksliedern, letztere möglichst unter sicherer Einprägung der ganzen Texte, als festes Eigenthum inne habe."

In wie weit es den Unterrichtsbehörden gelungen ist, die Aufgabe der Volksschule zu lösen, ihre Ziele zu erreichen und ihr die zweckmäßigste Einrichtung zu geben, mag der nachfolgende Abschnitt zeigen. In demselben wird sich Einiges aus den vorstehenden Mittheilungen wiederholen. Dies ist mit gutem Bedacht geschehen, und es ließ sich nicht vermeiden, wenn die statistische Erläuterung dem Leser genügen sollte, welcher in ihr einen Schlüssel der beigegebenen Tabellen sucht.

Einen leicht in die Augen fallenden Maßstab für die Fortschritte, welche die preußische Volksschule innerhalb der letzten 50 Jahre gemacht hat, giebt die alljährlich veröffentlichte Uebersicht der bei dem Landheer und der Marine eingestellten Ersatzmannschaften mit Bezug auf ihre Schulbildung. Die bezüglichen Ermittelungen werden von den Militärbehörden angestellt, ihre Ergebnisse werden der Unterrichtsverwaltung mitgetheilt und von dieser im Centralblatt veröffentlicht. In den Jahren 1841/42, 1872/73, 1881/82 und 1891/92 wurden von den Ersatzmannschaften ohne jede Schulbildung befunden

	1841/42	1872/73	1881/82	1891/92
in der Provinz Ostpreußen	15,[illegible] Proz.	8,[illegible] Proz.	7,[illegible] Proz.	1,[illegible] Proz.
„ „ „ Westpreußen . .		14,[illegible] „	8,[illegible] „	2,[illegible] „
„ „ „ Posen	41,[illegible] „	16,[illegible] „	9,[illegible] „	2,[illegible] „
„ „ „ Schlesien	9,[illegible] „	4,[illegible] „	2,[illegible] „	0,[illegible] „ .

In den übrigen Provinzen war auch schon 1841/42 der Prozentsatz der Ersatzmannschaften ohne Schulbildung nicht sehr hoch und ist jetzt überall niedriger als drei Zehntel. Besonders auffällig ist der Fortschritt in den Regierungsbezirken Posen und Bromberg. Dort betrug der Prozentsatz der ohne jede Schulbildung eintretenden Ersatzpflichtigen in dem Ersatzjahr 1836/37: 46,[illegible] bezw. 41,[illegible], 1891/92 aber 2,[illegible] bezw. 1,[illegible].

V. Abschnitt. Statistische Beleuchtung der öffentlichen Volksschulen.

1. Die Vertheilung der öffentlichen Volksschulen über das Staatsgebiet.

Die Vertheilung der Schulen über das Land oder die Ausstattung der einzelnen Landestheile bezw. Gemeindeeinheiten mit Schulen ist ein wesentliches statistisches Merkmal für den günstigen oder ungünstigen Zustand der unterrichtlichen Fürsorge. Besteht zwar zwischen Volksschule und Volksschule ein erheblicher Unterschied, insofern die vollorganisirte sechsklassige Anstalt einer Großstadt nicht mit der einklassigen Schule eines kleinen Fischerdorfes auf eine Stufe gestellt werden darf, so ist doch das gleichmäßige Vorhandensein dieser Schulen ein Bedürfniß, und deren Vertheilung über das Staatsgebiet bildet einen brauchbaren Maßstab für die Gelegenheit, welche der heranwachsenden Bevölkerung zur Aneignung der nothwendigsten Kenntnisse für das Leben dargeboten ist. Ist es ja auch eine der schultechnischen Streitfragen, ob die größere Verbreitung der Schulanstalten selbst einfacher Ordnung, oder ob die volle organische Ausgestaltung der mehrklassigen Schulen für die allgemeine Volksschulbildung das Bessere und Wirksamere, also das Wünschenswerthe sei. Nachstehende Tabelle veranschaulicht zunächst die Ausstattung der Gemeindeeinheiten mit Volksschulen.

Ausstattung der Gemeindeeinheiten mit Volksschulen 1882, 1886 und 1891.

Staat. — Regierungsbezirke.	In den Städten: Zahl der Stadtgemeinden 1890	Zahl der Schulen in den Stadtgemeinden 1891	Auf je eine Stadtgemeinde entfallen Schulen 1882	1886	1891	Auf dem Lande: Zahl der Landgemeinden 1890	Zahl der Gutsbezirke 1890	Zahl der ländlichen Gemeindeeinheiten zusammen (Sp. 7 u. 8)	Zahl der Schulen auf dem platten Lande 1891	Auf je eine ländliche Gemeindeeinheit (Sp. 9) entfallen Schulen 1882	1886	1891	Im Ganzen entfallen auf je eine Gemeindeeinheit Schulen 1882	1886	1891
1	2	3	4	5	6	7	8	9	10	11	12	13	14	15	16
a) Staat	**1 263**	**3 871**	**2,80**	**2,90**	**3,06**	**37 981**	**16 559**	**53 640**	**30 871**	**0,56**	**0,56**	**0,56**	**0,60**	**0,61**	**0,63**
b) Regierungsbezirke.															
1. Königsberg	46	123	3,10	2,83	2,66	2 417	1 610	4 027	1 557	0,38	0,38	0,39	0,39	0,40	0,41
2. Gumbinnen	19	40	2,16	1,85	2,11	2 942	919	3 861	1 292	0,34	0,34	0,33	0,35	0,35	0,34
3. Danzig	12	49	4,44	4,17	4,08	801	446	1 247	757	0,58	0,56	0,61	0,66	0,66	0,64
4. Marienwerder	43	87	1,77	1,88	2,02	1 250	968	2 218	1 188	0,47	0,50	0,54	0,50	0,53	0,56
5. Stadtkreis Berlin	1	192	126,00	166,00	192,00	—	—	—	—	—	—	—	126,00	166,00	192,00
6. Potsdam	70	149	2,00	2,15	2,13	1 511	998	2 509	1 414	0,55	0,57	0,56	0,60	0,61	0,61
7. Frankfurt	63	134	1,98	2,12	2,06	1 642	1 020	2 662	1 202	0,46	0,45	0,45	0,48	0,49	0,49
8. Stettin	36	73	2,06	2,35	2,03	1 005	835	1 840	1 027	0,55	0,55	0,56	0,56	0,58	0,59
9. Köslin	23	48	1,88	2,00	2,09	919	988	1 907	1 019	0,53	0,53	0,53	0,51	0,55	0,53
10. Stralsund	14	25	2,57	2,43	1,79	185	692	877	341	0,35	0,36	0,39	0,42	0,43	0,41
11. Posen	87	198	2,19	2,16	2,28	2 014	1 185	3 199	1 287	0,36	0,36	0,40	0,40	0,41	0,45
12. Bromberg	46	111	2,18	2,28	2,41	1 304	859	2 163	803	0,32	0,34	0,37	0,38	0,38	0,41
13. Breslau	56	220	3,56	3,61	3,93	2 203	1 539	3 742	1 490	0,38	0,39	0,40	0,44	0,44	0,45
14. Liegnitz	48	114	2,28	2,34	2,38	1 594	1 154	2 748	1 174	0,42	0,42	0,43	0,44	0,45	0,46
15. Oppeln	45	98	2,08	1,98	2,18	1 577	1 174	2 751	1 214	0,42	0,43	0,44	0,45	0,45	0,47
16. Magdeburg	48	138	2,64	2,69	2,88	985	428	1 413	918	0,67	0,67	0,65	0,71	0,74	0,73
17. Merseburg	71	120	1,69	1,68	1,69	1 592	599	2 191	1 121	0,50	0,51	0,51	0,54	0,55	0,56
18. Erfurt	23	46	1,91	1,83	2,00	408	155	563	400	0,72	0,72	0,71	0,78	0,78	0,76
19. Schleswig	53	151	2,70	2,81	2,85	1 721	360	2 081	1 685	0,84	0,79	0,81	0,85	0,86	0,86
20. Hannover	35	84	1,74	1,89	2,40	548	46	594	480	0,81	0,80	0,81	0,86	0,86	0,90
21. Hildesheim	30	66	1,90	2,10	2,30	600	94	694	594	0,87	0,85	0,86	0,91	0,90	0,91
22. Lüneburg	14	37	1,89	2,14	2,84	1 324	136	1 460	776	0,53	0,53	0,53	0,54	0,54	0,55
23. Stade	14	31	1,53	2,14	2,21	701	11	712	626	0,88	0,88	0,88	0,89	0,90	0,90
24. Osnabrück	14	45	3,07	2,79	3,21	533	13	546	404	0,73	0,73	0,74	0,77	0,78	0,80
25. Aurich	7	25	3,71	3,57	3,57	313	22	335	313	0,94	0,93	0,93	0,98	0,99	0,99
26. Münster	28	69	2,21	2,36	2,46	240	—	240	478	1,63	1,80	1,99	1,69	1,85	2,01
27. Minden	28	71	2,29	2,36	2,56	457	15	472	508	0,99	1,06	1,08	1,08	1,14	1,18
28. Arnsberg	47	211	3,38	4,00	4,49	798	5	803	972	1,06	1,15	1,21	1,15	1,21	1,29
29. Kassel	64	137	2,11	2,06	2,14	1 329	279	1 608	1 148	0,74	0,70	0,71	0,80	0,76	0,77
30. Wiesbaden	41	78	1,89	1,88	1,90	895	—	895	821	0,90	0,91	0,92	0,93	0,94	0,96
31. Koblenz	24	62	1,83	2,16	2,58	1 016	5	1 021	949	0,90	0,94	0,93	0,91	0,96	0,97
32. Düsseldorf	63	561	5,55	7,74	8,90	367	—	367	686	1,80	1,83	1,87	2,10	2,71	2,90
33. Köln	15	124	5,33	6,29	8,27	251	—	251	514	1,85	1,87	2,05	2,04	2,12	2,16
34. Trier	14	57	2,43	2,93	4,07	1 111	2	1 113	1 066	0,91	0,94	0,96	0,90	0,97	1,00
35. Aachen	15	89	3,44	6,86	5,93	375	—	375	535	1,51	1,48	1,43	1,67	1,69	1,60
36. Sigmaringen	2	5	1,16	1,47	2,50	123	2	125	112	0,87	0,88	0,90	0,89	0,92	0,93

Die Beziehung der Volksschulen auf die Gemeindeeinheiten würde zweifellos die größte praktische Bedeutung haben und die Ausstattung der einzelnen Landestheile mit Bildungsanstalten dieser Art am besten beleuchten, wenn nicht nach Lage der preußischen Gemeindeverfassungen die Gemeindeeinheiten ihrerseits wiederum einen so verschiedenen Charakter und Umfang hätten. Doch mit den gegebenen Verhältnissen ist eben zu rechnen.

Ein Blick auf die in den Spalten 4 bis 6 der vorstehenden Tabelle enthaltenen Zahlenreihen führt zu der Ueberzeugung, daß die Versorgung der Stadtgemeinden mit Volksschulen, namentlich in Anbetracht der Geschlossenheit der städtischen Wohnplätze und der erfahrungsmäßig besser und vielseitiger organisirten Schuleinrichtungen in denselben, in allen Theilen des Staates eine ausreichende ist. Für die ländlichen Gemeindeeinheiten liegt die Sache nach den Ausstattungsziffern in den Spalten 11 bis 13 nicht so günstig. Doch darf daraus nicht auf eine bedenkliche Lage der Dinge geschlossen werden. Die große Zahl der Gutsbezirke im Osten der Monarchie, welche meist in unmittelbarem räumlichen Zusammenhange mit Landgemeinden liegen und keine eigene Schule besitzen, deren Besitzer aber vielfach Mitträger der Unterhaltungspflicht der Schulen solcher Landgemeinden sind, bewirkt nothgedrungen eine Herabminderung der in Rede stehenden Ausstattungsziffer für die ländlichen Gemeindeeinheiten, ohne daß thatsächlich irgend ein erheblicher Nothstand in der unterrichtlichen Versorgung der Jugend zu bestehen braucht. Im Gegensatze hierzu haben die Gemeindeeinheiten in Westfalen und Rheinland nach der dortigen Landgemeinde-Ordnung vielfach einen so großen Umfang und infolge dessen, sowie wegen des lebhaften industriellen Lebens eine so zahlreiche Bevölkerung, daß trotz ihrer anscheinend reichlichen Ausstattung mit Volksschulen eine mangelhafte Versorgung mit elementaren Unterrichtsanstalten nicht an sich ausgeschlossen zu sein braucht. Immerhin hat die besprochene Ausstattungsziffer ihren Werth und ist namentlich für zeitliche Vergleichungen zwischen den Spalten 4, 5 und 6, bezw. 11, 12 und 13 sowie 14, 15 und 16 recht brauchbar.

Gleichwohl darf man den hierdurch etwa gekennzeichneten Fortschritt innerhalb einer bestimmten Zeitperiode keineswegs nach der Differenz der derartig berechneten Ausstattungsziffern allein bemessen wollen. Es braucht sich ja die vermehrte Fürsorge für die Volksschulen nicht bloß in der Begründung neuer Schulen auszudrücken, sondern sie kann sich, oft viel wirksamer, in anderweiter und besserer Organisation bestehender Anstalten und in diesem Falle, z. B. bei Zusammenlegung mehrerer ein- oder zweiklassiger Schulen zu einem größeren Schulkörper mit aufsteigenden Klassen, sogar trotz und in der Verringerung der Zahl der Schulen bethätigen.

Daneben ist aber auch daran zu erinnern, daß wegen der stetigen Zunahme der Bevölkerung dieselben Gemeindeeinheiten an einem späteren Zeitpunkte eine viel zahlreichere Einwohnerzahl und Schulbevölkerung zu haben pflegen als nur einige Jahre früher. Die Zunahme der größeren Gemeinden insbesondere ist in neuester Zeit eine sehr starke. Im Jahre 1880 wurden in Preußen 71 Gemeinden von 20 000 und mehr Einwohnern gezählt, und diese hatten 4 607 919 Einwohner; 1885 wurden deren 84 mit 5 520 920 Einwohnern ermittelt, 1890 endlich 98 mit 7 044 458 Einwohnern.

Die Zahl der Bevölkerung der Städte mit über 10 000 Einwohnern insbesondere hat sich seit 1880 derart verschoben, daß 1880 in 176 derartigen Städten 6 074 533, 1890 dagegen in 196 Städten 8 292 783 Bewohner lebten. Von je 10 000 ortsanwesenden Personen befanden sich durchschnittlich

	1880	1885	1890
in Städten von über 10 000 Einwohnern	2 227	2 476	2 768
davon in Großstädten mit über 100 000 Einwohnern .	751	1 017	1 329.

Die Zunahme der Bevölkerung von 1885 bis 1890 betrug im Einzelnen: in Berlin 20,07 Proz., in den Städten mit über 100 000 bis 500 000 Einwohnern 15,31 Proz. (darunter Halle a./S. 23,69, Düsseldorf 25,88, Magdeburg 26,03 Proz.), in den Städten mit über 50 000 bis 100 000 Einwohnern 19,30 Proz. (darunter Essen 20,37, Erfurt 23,33, Duisburg 24,79, Kiel 33,86 und Charlottenburg 81,43 Proz.), in den Städten mit über 40 000 bis 50 000 Einwohnern 15,73 Proz. (darunter Spandau 41,73 Proz.), in den Städten mit über 30 000 bis 40 000 Einwohnern 14,44 Proz. (darunter Kottbus 23,34, Mülheim a. Rhein 24,18, Harburg 33,33 Proz.), in den Städten mit über 20 000 bis 30 000 Einwohnern 9,11 Proz. (darunter Oberhausen 23,39, Forst i./L. 26,30 und Gelsenkirchen 38,11 Proz.). Auch die 37 Landgemeinden mit mehr als 10 000 Einwohnern hatten theilweise eine ganz ungewöhnliche Bevölkerungszunahme, so Rixdorf 56,81 Proz., Schöneberg 81,33 Proz., Lichtenberg 43,74 Proz., Zaborze 29,30 Proz., Neu Weißensee 146,51 Proz., Herne 40,50 Proz., Ückendorf 47,56 Proz., Braubauerschaft 48,11 Proz. u. s. w. In nebenstehender Tabelle wird die Bevölkerungszunahme verschiedener preußischer Gemeinden von 1861 bis 1890 näher nachgewiesen.

Bevölkerungszunahme in verschiedenen preußischen Gemeinden mit jetzt über 5 000 Einwohnern vom Jahre 1861 bis 1890.

Stadt- und Landgemeinden[1]) geordnet nach der Einwohnerzahl vom Jahre 1890.	Lage der Gemeinden nach Regierungs-Bezirken.	Ortsanwesende Bevölkerung nach der Volkszählung im Jahre							
		1861	1864	1867	1871	1875	1880	1885	1890
1	2	3	4	5	6	7	8	9	10
a) Über 100 000 Einwohner.									
Berlin	Stdtkr. Berlin.	547 571	632 749	702 437	826 341	966 858	1 122 330	1 315 287	1 578 794
Breslau	Breslau.	145 589	163 919	186 276	207 997	239 050	272 912	299 640	335 186
Köln[2])	Köln.	129 162	139 954	151 887	162 270	181 807	198 756	239 510	281 681
Magdeburg[3])	Magdeburg.	91 911	98 501	104 122	114 509	122 789	137 135	159 520	202 234
Frankfurt a. M.	Wiesbaden.	75 930	78 177	78 277	91 040	103 136	136 819	154 513	179 985
Hannover	Hannover.	61 286	69 152	73 979	87 626	106 677	122 843	139 731	163 593
Königsberg i. Pr.	Königsberg.	94 579	101 507	106 296	112 092	122 636	140 909	151 151	161 666
Düsseldorf	Düsseldorf.	41 292	44 297	63 389	69 365	80 695	95 458	115 190	144 642
Altona[4])	Schleswig.	52 799	61 035	75 309	83 143	96 503	106 722	123 352	143 249
Elberfeld	Düsseldorf.	56 293	61 995	65 321	71 384	80 589	93 538	106 499	125 899
Danzig	Danzig.	82 765	90 334	89 311	88 975	97 931	108 551	114 805	120 338
Stettin	Stettin.	58 487	65 053	73 714	76 280	80 972	91 756	99 534	116 228
Barmen	Düsseldorf.	49 787	59 544	64 945	74 449	86 504	95 941	103 068	116 144
Krefeld	Düsseldorf.	50 584	53 421	53 821	57 105	62 905	73 872	90 236	105 376
Aachen	Aachen.	56 553	62 444	68 178	74 146	79 606	85 551	95 725	103 470
Halle a./Saale	Merseburg.	42 976	45 972	48 946	52 620	60 503	71 484	81 982	101 401
b) Über 50 000 bis 100 000 Einwohner.									
Dortmund	Arnsberg.	23 372	27 356	33 453	44 420	57 742	63 544	78 435	89 663
Essen	Düsseldorf.	20 766	31 306	40 695	51 513	54 790	56 944	65 064	78 706
Charlottenburg	Potsdam.	12 431	13 438	14 999	19 518	25 847	30 483	42 371	76 859
Kassel	Kassel.	38 930	40 228	41 587	46 378	53 043	58 290	64 083	72 477
Erfurt	Erfurt.	32 546	35 503	41 760	43 616	47 490	53 254	58 386	72 360
Posen	Posen.	43 897	45 143	53 392	56 374	60 998	65 713	68 315	69 627
Kiel	Schleswig.	17 541	18 000	27 136	31 764	37 246	43 594	51 706	69 172
Wiesbaden	Wiesbaden.	20 797	26 573	30 085	35 450	43 674	50 238	55 454	64 670
Görlitz	Liegnitz.	27 983	31 499	36 689	42 200	45 310	50 307	55 702	62 135
Duisburg	Düsseldorf.	13 422	21 332	25 757	30 533	37 380	41 242	47 519	59 285
Frankfurt a./Oder	Frankfurt.	34 253	36 688	40 994	43 214	47 180	51 147	54 085	55 738
Potsdam	Potsdam.	34 869	35 031	42 863	43 834	45 003	48 447	50 877	54 125
c) Über 20 000 bis 50 000 Einwohner.									
München Gladbach	Düsseldorf.	17 069	18 675	22 149	26 354	31 970	37 157	44 230	49 628
Bochum	Arnsberg.	9 855	11 766	15 000	21 192	28 368	33 440	40 767	47 601
Liegnitz	Liegnitz.	18 662	19 754	20 465	23 136	31 442	37 387	43 347	46 874
Spandau	Potsdam.	13 911	16 076	18 127	19 775	26 868	29 311	32 009	45 365
Bromberg	Bromberg.	22 474	24 010	26 662	27 740	31 308	34 044	36 294	41 399
Bielefeld	Minden.	13 846	16 523	18 701	21 834	26 567	30 679	34 931	39 950
Osnabrück	Osnabrück.	16 180	18 083	19 579	23 308	29 850	32 812	35 899	39 929
Beuthen i. Oberschl.	Oppeln.	10 765	12 852	15 891	15 711	19 367	22 811	26 484	36 905
Königshütte i. Oberschl.	Oppeln.	—	—	11 013	19 536	26 040	27 522	32 072	36 502
Trier	Trier.	21 215	21 674	21 849	21 442	22 027	24 200	33 019	36 166
Rixdorf	Potsdam.	4 454	5 444	6 262	8 125	18 379	18 729	22 775	35 702
Hagen i. Westf.	Arnsberg.	8 426	9 719	11 305	13 446	24 335	26 295	29 614	35 428
Kottbus	Frankfurt.	11 112	12 125	17 115	18 927	22 612	25 584	28 249	34 910

1) Die fettgedruckten Gemeinden sind Landgemeinden. — 2) einschl. Longerich, Deutz, Ehrenfeld und Müngersdorf. — 3) einschl. Sudenburg, Neustadt-Magdeburg und Buckau b. Magdeburg. — 4) einschl. Ottensen.

Noch: Bevölkerungszunahme in verschiedenen preußischen Gemeinden mit jetzt über 5 000 Einwohnern vom Jahre 1861 bis 1890.

Stadt- und Landgemeinden[1]) geordnet nach der Einwohnerzahl vom Jahre 1890.	Lage der Gemeinden nach Regierungsbezirken	Ortsanwesende Bevölkerung nach der Volkszählung im Jahre							
		1861	1864	1867	1871	1875	1880	1885	1890
1	2	3	4	5	6	7	8	9	10
Noch: c) Über 20 000 bis 50 000 Einwohner.									
Hildesheim	Hildesheim.	17 134	17 988	15 000	20 801	22 581	25 887	29 386	33 481
Koblenz	Koblenz.	28 525	28 701	27 112	28 748	29 282	30 548	31 669	32 664
Mülheim a. Rhein	Köln.	7 967	9 480	10 684	13 511	17 353	20 420	24 975	30 996
Guben	Frankfurt.	15 929	17 554	19 187	21 412	23 704	25 840	27 091	29 328
Schöneberg	Potsdam.	1 838	2 195	2 507	3 407	7 467	11 180	15 872	28 721
Borbeck	Düsseldorf.	—	12 064	13 612	16 902	20 045	21 592	24 601	28 707
Gelsenkirchen	Arnsberg.	2 352	3 515	5 030	7 825	11 295	14 615	20 289	28 057
Linden	Hannover.	9 884	10 497	11 407	16 117	20 899	22 384	25 570	28 035
Mülheim a./Ruhr	Düsseldorf.	13 372	13 739	13 827	14 267	15 277	22 146	24 465	27 903
Nordhausen	Erfurt.	17 250	18 565	20 380	21 270	23 570	26 198	27 083	26 847
Rheydt	Düsseldorf.	—	11 414	12 194	13 766	15 835	19 087	22 658	26 830
Oberhausen	Düsseldorf.	—	9 041	9 240	12 805	15 476	16 880	20 371	25 249
Stolp i. Pomm.	Köslin.	13 857	13 922	15 015	16 279	18 328	21 591	22 442	23 862
Weißenfels	Merseburg.	11 670	12 781	13 652	15 443	16 921	19 654	21 782	23 779
Forst i./L.	Frankfurt.	6 707	7 443	7 677	12 849	14 131	16 124	18 641	23 539
Lichtenberg	Potsdam.	1 756	—	2 566	3 421	10 103	13 077	15 847	22 770
Düren	Aachen.	9 493	10 268	11 256	12 858	14 516	17 368	19 802	21 731
Wandsbek	Schleswig.	6 001	7 477	9 575	10 947	13 528	16 138	17 760	20 571
Meiderich	Düsseldorf.	6 574	6 918	7 611	9 070	11 879	13 323	16 105	20 417
Graudenz	Marienwerder.	12 784	13 274	15 106	15 796	14 522	17 321	17 336	20 385
Brieg	Breslau.	12 970	13 298	14 273	15 372	16 438	17 508	18 899	20 154
d) Über 10 000 bis 20 000 Einwohner.									
Lüdenscheid	Arnsberg.	5 682	6 216	7 324	7 546	8 555	11 024	15 067	19 457
Allenstein	Königsberg.	4 280	4 812	5 828	5 529	6 159	7 610	11 555	19 375
Neunkirchen (Oberneunkirchen)	Trier.	4 458	6 175	7 963	8 984	11 169	14 647	17 607	19 090
Bockenheim	Wiesbaden.	4 961	5 901	6 744	8 483	13 043	15 396	17 457	18 675
Stendal	Magdeburg.	8 522	8 604	9 109	9 938	12 851	14 393	16 184	18 472
Malstatt-Burbach	Trier.	—	5 687	6 920	9 591	12 433	13 158	14 950	18 378
Siegen	Arnsberg.	8 245	8 815	10 047	11 067	12 901	15 024	16 676	18 242
Kreuznach	Koblenz.	11 185	11 869	12 278	12 864	13 772	15 321	16 414	18 143
Altenessen	Düsseldorf.	4 268	5 596	7 493	10 101	12 658	13 050	15 599	18 062
Köslin	Köslin.	12 110	12 844	14 575	13 361	14 814	16 834	17 277	17 810
Neumünster	Schleswig.	6 830	7 800	9 045	8 629	10 108	11 623	13 659	17 539
Kattowitz	Oppeln.	3 466	4 082	5 057	8 132	11 402	12 623	14 200	16 513
Inowrazlaw	Bromberg.	6 664	7 245	6 976	7 429	9 147	11 558	13 548	16 503
Zaborze	Oppeln.	—	—	3 241	5 914	8 345	10 366	12 552	16 232
Ohligs (früher Merscheid)	Düsseldorf.	6 919	7 241	7 732	8 772	10 017	11 345	12 646	15 600
Wilhelmshaven	Aurich.	—	—	—	5 970	10 158	12 592	13 972	15 471
Köpenick[2])	Potsdam.	3 611	3 843	4 375	5 089	7 113	9 520	12 042	15 363
Schalke	Arnsberg.	—	—	2 058	3 763	7 828	9 495	11 857	14 887
Lehe	Stade.	4 450	4 673	4 972	6 080	7 867	9 092	11 011	14 483
Giebichenstein	Merseburg.	2 207	2 687	3 118	3 807	5 712	8 020	10 718	14 454
Schneidemühl	Bromberg.	6 890	7 293	7 432	7 538	9 724	11 610	12 406	14 443
Herne	Arnsberg.	1 734	2 116	3 398	4 417	6 201	7 290	9 906	13 920
Bredow	Stettin.	4 744	5 868	6 180	7 500	10 286	11 255	12 715	13 835
Emden	Aurich.	12 139	12 053	13 103	12 588	12 866	13 667	14 019	13 695
Hameln	Hannover.	6 786	7 152	7 480	8 556	9 520	10 924	11 830	13 675
Schwelm	Arnsberg.	5 066	5 326	5 490	5 991	7 163	12 227	13 019	13 534
Wattenscheid	Arnsberg.	2 165	2 691	3 518	5 074	7 956	8 802	11 673	13 394
Lipine	Oppeln.	—	—	—	5 146	6 048	8 024	10 454	12 823
Steglitz	Potsdam.	376	415	1 348	1 899	5 467	6 476	8 501	12 530
Langendreer	Arnsberg.	—	—	4 060	4 850	6 804	8 468	10 151	12 335

[1]) Vergl. die Anmerkung [1]) auf Seite 105. — [2]) einschl. Kietz b. Köpenick.

Noch: Bevölkerungszunahme in verschiedenen preußischen Gemeinden mit jetzt über 5 000 Einwohnern vom Jahre 1861 bis 1890.

Stadt- und Landgemeinden¹) geordnet nach der Einwohnerzahl vom Jahre 1890.	Lage der Gemeinden nach Regierungsbezirken.	Ortsanwesende Bevölkerung nach der Volkszählung im Jahre							
		1861	1864	1867	1871	1875	1880	1885	1890
1	2	3	4	5	6	7	8	9	10
Noch: d) Über 10 000 bis 20 000 Einwohner.									
Dudweiler	Trier.	5 084	6 858	8 626	8 921	10 029	10 891	11 550	12 236
Lauban	Liegnitz.	6 656	7 432	8 165	8 087	10 076	10 775	11 386	11 958
Dirschau	Danzig.	5 999	6 385	6 914	7 758	9 713	10 939	11 146	11 897
Jersitz	Posen.	1 948	2 026	2 453	3 281	4 683	5 954	7 945	11 716
Sulzbach	Trier.	2 448	5 388	6 884	7 422	9 452	10 386	11 177	11 263
Styrum	Düsseldorf.	—	—	3 959	4 799	6 639	7 493	8 896	10 677
Alt Zabrze	Oppeln.	—	—	4 864	5 818	6 516	6 827	9 390	10 645
Spremberg	Frankfurt.	6 974	8 565	8 726	10 197	10 295	11 338	10 999	10 591
Laurahütte	Oppeln.	—	—	—	5 452	7 960	9 198	9 644	10 572
Altwasser	Breslau.	4 680	5 198	5 959	6 985	7 740	8 087	8 672	10 073
Mocker	Marienwerder.	1 278	1 471	1 738	2 375	4 826	5 244	6 826	10 042
Gummersbach	Köln	1 138	1 160	5 272	5 539	5 728	6 593	7 748	10 010
e) Über 5 000 bis 10 000 Einwohner.									
Osterode i. Ostpr.	Königsberg.	3 513	4 035	4 277	4 571	5 746	6 468	7 125	9 410
Steele	Düsseldorf.	3 725	4 160	4 508	5 305	5 920	7 214	8 237	9 115
Nowawes	Potsdam.	4 142	4 233	4 453	5 148	6 664	7 170	7 773	8 859
Sterkrade	Düsseldorf.	2 836	3 673	4 299	5 021	5 626	6 316	7 164	8 831
Eickel	Arnsberg.	—	—	1 931	2 918	4 359	5 597	7 125	8 825
Süchteln	Düsseldorf.	2 848	7 763	8 160	8 767	9 957	9 286	9 465	8 808
Kirchhörde	Arnsberg.	—	—	3 609	5 879	6 831	7 132	7 814	8 781
Hettstedt	Merseburg.	4 504	4 718	5 120	5 493	5 988	7 650	8 678	8 641
Annen Wullen	Arnsberg.	—	—	3 406	4 449	5 681	6 555	7 393	8 335
Bogutschütz	Oppeln.	—	—	3 282	4 376	5 601	5 745	6 385	7 719
Nieder Hermsdorf	Breslau.	2 429	3 187	3 882	5 087	5 951	6 879	6 554	7 614
Haan	Düsseldorf.	3 313	3 666	3 817	4 092	4 594	6 117	6 860	7 492
Langenberg	Düsseldorf.	313	3 736	3 985	4 285	4 607	5 352	6 775	7 491
Dittersbach	Breslau.	2 577	3 185	3 601	4 704	5 508	5 913	6 573	7 302
Gottesberg	Breslau.	3 305	3 688	3 912	4 863	6 445	6 845	6 897	7 201
Belgard	Köslin.	4 952	5 628	5 188	6 302	7 181	7 868	7 117	7 046
Weißstein	Breslau.	3 212	3 338	4 205	4 828	5 330	5 693	6 123	6 915
Bißkupitz	Oppeln.	1 113	1 736	2 521	5 408	5 781	6 276	6 470	6 836
Oberrad	Wiesbaden.	—	—	2 830	3 377	4 609	5 200	5 868	6 476
Ems	Wiesbaden.	3 371	3 946	4 473	5 464	6 077	6 943	6 731	6 356
Friedrichsthal	Trier.	1 080	2 399	3 553	4 171	5 002	5 493	5 872	6 254
Aplerbeck	Arnsberg.	1 543	2 038	3 276	4 173	4 757	5 129	5 704	6 221
Ruda	Oppeln.	—	—	4 524	5 943	6 772	7 375	6 434	6 173
Wipperfürth	Köln.	2 094	2 054	4 850	4 887	4 939	5 406	5 592	5 602
Rosdzin	Oppeln.	1 385	1 767	2 307	2 967	4 039	5 195	4 782	5 368
Sonderburg	Schleswig.	3 894	4 114	5 558	5 474	5 829	5 863	5 266	5 120

¹) Vergl. die Anmerkung ¹) auf Seite 105.

Man ersieht aus diesen Verhältnissen, daß auch die ungleiche Dichtigkeit der Bevölkerung ein wichtiger Faktor bei der Berechnung der Ausstattung mit Volksschulen ist, und dieser Faktor wird um so einflußreicher, je größer die Abschnitte bemessen sind, für welche die Ausstattungsziffer gefunden werden soll. Aus gleichem Grunde hat dann weiter auch die Vertheilung der Schulen auf die Fläche entscheidende Bedeutung.

Ob man aber auch das Verhältniß zwischen der Zahl der Schulen und der Bevölkerung einerseits und der Fläche andererseits berechne, keins von beiden ist, da sich die Bevölkerung nicht gleichmäßig über die Fläche vertheilt, für sich ein völlig zutreffender Ausdruck für die Ausstattung mit Volksschulen; ein solcher ist theoretisch vielmehr nur unter Zugrundelegung einer gleichen Bewohnerdichtigkeit auf einer gegebenen Flächeneinheit zu gewinnen. In umstehender Tabelle ist für eine solche ideale Fläche gleicher Bewohnerdichtigkeit die Versorgung der einzelnen Bezirke des preußischen Staates mit Volksschulklassen in den Jahren 1891 nachgewiesen und zur Kennzeichnung und Vergleichung der zeitlichen Veränderungen eine analoge Rechnung für 1886 und 1882 ausgeführt worden.

[o]

Ausstattung der Regierungsbezirke mit Unterrichtsklassen der öffentlichen Volksschulen in den Jahren 1882, 1886 und 1891.

Staat. — Regierungsbezirke.	1882			1886			1891		
	Es kommen Unterrichtsklassen auf		Geometrisches Mittel	Es kommen Unterrichtsklassen auf		Geometrisches Mittel	Es kommen Unterrichtsklassen auf		Geometrisches Mittel
	je 100 qkm (a)	je 100 000 Einwohner (b)	($\sqrt{a. b}$)	je 100 qkm (a)	je 100 000 Einwohner (b)	($\sqrt{a. b}$)	je 100 qkm (a)	je 100 000 Einwohner (b)	($\sqrt{a. b}$)
1	2	3	4	5	6	7	8	9	10
a) **Staat**	**18,042**	**241,396**	**67,441**	**21,588**	**265,187**	**75,610**	**25,768**	**276,238**	**80,994**
b) **Regierungsbezirke.**									
1. Königsberg	12,878	235,197	55,014	13,106	248,482	58,248	14,018	252,361	59,886
2. Gumbinnen	11,316	225,617	50,844	11,678	239,104	53,386	12,881	256,194	57,031
3. Danzig	15,862	223,130	59,461	17,084	235,864	63,137	19,063	257,430	70,084
4. Marienwerder	10,315	216,882	47,337	11,887	253,780	55,180	14,374	296,860	65,063
5. Stadtkreis Berlin	3 176,044	171,518	738,678	4 300,281	207,179	943,064	5 057,880	203,442	1 013,431
6. Potsdam	14,450	257,519	61,017	16,088	269,794	65,661	18,189	266,409	69,496
7. Frankfurt	14,407	253,448	60,386	16,030	275,648	68,390	17,232	287,848	69,990
8. Stettin	15,347	254,409	62,231	16,766	277,667	68,231	17,606	287,013	71,470
9. Köslin	11,408	272,984	55,748	12,386	303,665	61,364	13,448	334,418	67,080
10. Stralsund	16,860	312,776	72,430	16,336	312,819	71,488	15,366	305,396	69,386
11. Posen	13,401	214,078	53,882	15,488	246,098	61,376	18,488	289,103	73,380
12. Bromberg	11,567	217,766	50,147	13,488	253,366	58,418	15,737	288,882	67,387
13. Breslau	30,370	263,746	89,368	34,618	292,381	100,338	36,860	310,894	107,018
14. Liegnitz	14,886	197,684	54,194	25,718	311,876	85,676	24,494	318,316	88,161
15. Oppeln	24,373	222,508	73,490	27,381	241,132	81,161	30,416	254,660	88,016
16. Magdeburg	20,399	248,252	70,848	21,798	252,886	74,091	24,856	261,838	79,810
17. Merseburg	24,151	258,838	78,297	27,081	276,867	87,487	30,396	288,196	93,844
18. Erfurt	29,456	257,678	87,094	32,043	274,388	93,639	33,400	272,374	95,382
19. Schleswig	17,886	298,848	73,188	18,642	308,614	76,334	19,415	301,486	76,305
20. Hannover	16,981	212,868	60,079	20,323	241,720	70,186	23,316	253,700	76,877
21. Hildesheim	20,919	239,198	69,844	22,846	262,706	77,131	25,130	280,617	83,961
22. Lüneburg	9,666	277,832	51,776	10,470	295,886	55,156	11,476	309,991	59,666
23. Stade	14,346	298,817	65,486	15,148	315,416	69,130	15,751	316,096	70,540
24. Osnabrück	13,006	278,144	60,075	13,778	283,840	61,394	14,887	308,437	67,776
25. Aurich	16,385	247,504	64,476	18,518	265,786	69,816	19,781	281,856	74,761
26. Münster	12,108	192,077	48,346	13,033	199,889	52,185	16,118	217,897	59,878
27. Minden	27,374	284,848	78,001	30,496	307,904	96,901	33,387	319,443	103,346
28. Arnsberg	33,646	241,798	90,047	40,356	262,188	103,031	46,971	269,731	112,438
29. Kassel	22,961	282,864	80,848	24,987	301,486	86,298	26,178	321,864	91,781
30. Wiesbaden	30,040	228,886	82,178	37,488	272,144	101,078	42,613	283,006	109,788
31. Koblenz	26,105	268,289	83,644	28,349	285,994	89,388	32,705	315,837	100,746
32. Düsseldorf	66,376	229,738	123,936	79,360	248,086	140,441	88,664	246,413	148,060
33. Köln	39,667	225,361	94,164	46,663	245,114	106,387	51,093	245,466	112,030
34. Trier	23,379	256,006	77,164	24,786	263,088	80,848	27,997	282,445	88,891
35. Aachen	31,367	247,664	87,770	33,364	255,419	92,348	35,386	260,377	95,841
36. Sigmaringen	15,880	267,656	65,198	17,079	292,846	70,487	17,779	307,186	73,446

Das Ergebniß vorstehender Berechnung ist, daß im Jahre 1891 in erster Reihe Berlin die beste Ausstattung mit Schulklassen hat; nach diesem folgt der Regierungsbezirk Düsseldorf an zweiter Stelle, und einige Stufen in der Reihe hinabsteigend begegnen wir den Regierungsbezirken Arnsberg, Köln, Wiesbaden, Breslau, Minden und Koblenz. Die geringste Ausstattungsziffer weist der Regierungsbezirk Gumbinnen auf; die Bezirke Münster, Königsberg und Lüneburg stehen in dieser Beziehung fast auf der gleichen Stufe; es folgen in der Richtung zum Besseren die Bezirke Marienwerder, Köslin, Bromberg, Osnabrück, Potsdam, Stralsund und Frankfurt, — merkwürdigerweise also einzelne Bezirke mit alter Kultur.

Aehnlich stellten sich diese Verhältnisse nach den für 1886 und 1882 ausgeführten Berechnungen. Im Ganzen darf behauptet werden, daß die Versorgung der einzelnen Landestheile mit Schulklassen seit 1882 mit dem Anwachsen der Bevölkerung ungefähr gleichen Schritt gehalten hat.

Daß alle diese Berechnungen gleichwohl nicht einen absolut zuverlässigen Maaßstab für die Beurtheilung der einschlägigen Verhältnisse gewähren, braucht nur angedeutet zu werden. Der wissenschaftlichen Kritik würde es nicht an Handhaben fehlen, gegen diese Versuche eines statistischen Ausdruckes für bekanntlich sehr verwickelte Lebensverhältnisse Ausstellungen zu erheben. Immerhin beleuchten die vorgeführten Zahlenreihen mit einiger Sicherheit die Schulausstattungsverhältnisse, wie sie historisch geworden sind und zur Zeit thatsächlich bestehen, und mögen selbst ein annähernd zutreffender, sicher wohl der beste statistische Ausdruck derselben sein. Dagegen lehren sie nichts Genaueres über die Gründe der Verschiedenheiten, welche sich von Provinz zu Provinz geltend machen. Höchstens, daß sie andeuten, wie allgemein bekannte Verhältnisse, z. B. der vorwiegend gewerbliche oder landwirthschaftliche Charakter der einzelnen Landschaften, die Dichtigkeit der Bevölkerung und das Alter der Kultur in denselben und Anderes mehr, sich, gleich wie in anderen statistischen Ergebnissen, so auch hier einflußreich erweisen.

Deshalb ist es eine dankbare Aufgabe und verspricht einigen Nutzen für die preußische Landeskunde, den hervorragendsten Gründen dieser Art nachzuforschen.

2. Gründe für die ungleichmäßige Vertheilung und Entwickelung der Volksschulen in den verschiedenen Landestheilen.

Es würde über den Rahmen dieser Denkschrift hinausgehen, wollten wir alle diejenigen Verhältnisse in annähernder Vollständigkeit erörtern, welche vorliegenden Falles in irgend einer Richtung einen mehr oder minder bedeutsamen Einfluß auf die Gestaltung der Dinge geäußert haben. Der Leser wird vielmehr mit Recht erwarten, daß hier lediglich die Einflüsse gestreift werden, welche in unmittelbarer und engster Beziehung zur Volksschule stehen. Deshalb beschränken wir uns auf folgende Punkte:

a) Die Wirkung einer ganz verschiedenartigen Gesetzgebung in den einzelnen Theilen der Monarchie, die schon oben bei Besprechung der „Schulpflicht" und sonst zum Ausdrucke kam, macht sich naturgemäß da mit besonderem Nachdrucke geltend, wo es sich um Begründung und Unterhaltung von Schulanstalten und Schuleinrichtungen handelt.

b) Ein anderer Grund für die ungleichmäßige Vertheilung der Volksschulen liegt in der Schwierigkeit, welche die Dürftigkeit ganzer Landstriche, die Besiedelungsverhältnisse (kolonieartige, zerstreute Anlage von Gehöften und Bildung von kleinen, wenig leistungsfähigen Gemeinden) und wohl auch die Gewöhnung an das geschichtlich Gewordene einer geordneten Versorgung mit Volksschulen entgegenstellen. Bereits oben im I. Abschnitte (S. 39 ff.) ist auf die Geschichte des Volksschulwesens in verschiedenen Landestheilen hingewiesen und ein Bild der Schwierigkeiten, welche die Unterrichtsverwaltung bei ihrer Arbeit zu überwinden hatte und zum Theil noch hat, gegeben worden.

c) In gleicher Weise haben die konfessionellen und kirchlichen Verhältnisse auf die ungleichmäßige Gestaltung des Volksschulwesens und insbesondere auf die Schaffung und Unterhaltung von Schulen dieser Art eingewirkt. In großen Landstrichen der Monarchie hat die geschichtliche Entwickelung einen einheitlichen konfessionellen Charakter nicht aufkommen lassen. Durch Einwanderung und Kolonisation ist im Osten, aus der geschichtlichen Vereinigung von Gebietstheilen der verschiedensten Herrschaften ist in der Mitte und im Westen der Monarchie eine konfessionelle Mischung der Bevölkerung hervorgegangen, welche uns zahlreiche geringere oder größere, meist ganz geschlossene kirchliche Diasporagemeinden zeigt. Die Landestheile z. B., welche zum Hochstifte Münster, zu Kur-Trier, Kur-Köln, Kur-Mainz gehörten, haben nach dem Prinzipe: cujus regio, ejus religio eine katholische Bevölkerung; aber in sie hineinragend, um sie her und theilweis von ihnen eingeschlossen liegen Gebiete und Ortschaften rein evangelischen Charakters, welche vormals nassauisch, wiedisch, pfälzisch u. s. w. waren oder seit Jahrhunderten zum brandenburgisch-preußischen Staate gehören. Solche in manchen Gegenden sehr zahlreich und häufig genug ganz unvermittelt neben einander vorkommende kirchliche Gegensätze konnten nicht ohne Einfluß bleiben auf die Einrichtung der Volksschule, welche früher nicht ohne engen Zusammenhang mit der Kirche gedacht werden konnte. Dieser Einfluß war indessen vom Standpunkte der Versorgung mit Volksschulen in der Regel ein sehr vortheilhafter. Bei dem hervorragenden Gewichte, welches von jeher dem Religionsunterrichte in der Volksschule eingeräumt worden ist, gab gerade die Eigenschaft der Diasporagemeinden überaus häufig die Veranlassung zur Begründung von Schulen, weil ohne diese die Beschaffung des Religionsunterrichtes für die Kinder nicht selten unmöglich gewesen wäre und überdies der niedere Kirchendienst in dem Küster und Kantor meist einen geeigneten Schulhalter von selbst darbot. Letzteres hat sich theilweise auch in den Gebieten von einheitlich konfessionellem Charakter für die Begründung von Volksschulen wirksam erwiesen. In der Denkschrift von 1883 (XIII. Ergänzungsheft der Zeitschrift des Königlichen statistischen Bureaus) sind hierüber nähere Ausführungen gegeben (vergl. auch a. a. O. Band III, S. 393 ff.).

Unzweifelhaft erscheint es jedenfalls, daß die kirchlichen und konfessionellen Verhältnisse in weiten Gebieten und zahlreichen Ortschaften der Monarchie einen unmittelbaren Einfluß auf die Entwickelung bez. die Vertheilung der Volksschulen gehabt haben, meist im Sinne der dichteren, aber mancher Orten auch im Sinne der spärlicheren Schuleinrichtungen dieser Art.

d) Ferner ist der Bodengestaltung und der Erwerbsverhältnisse zu gedenken, deren bestimmender Einfluß an sich naheliegend und leicht verständlich ist.

Die zahlreichen meist kleineren, aber geschlossenen Gemeinden auf den Inseln und Nehrungen, in der Tiefebene, die zwischen Flüssen, Mooren und Seen liegenden Ortschaften, ähnlich isolirte Gemeinden auf der pommerschen und der preußischen Seenplatte, namentlich aber die Gemeinden in den gebirgigen Gegenden unseres Vaterlandes, welche häufig mit den weitab gelegenen Nachbarorten nur durch schwer passirbare Wege verbunden sind, haben selbst bei geringen Mitteln und nicht selten mit schweren Opfern Schulen für ihre Kinder geschaffen, deren mehrere, ihrer geringen Frequenz wegen, bei günstigerer Gestaltung der Bodenverhältnisse mit Leichtigkeit zu einer Schule zusammen gelegt werden könnten und auch dann noch eine nur mäßig besuchte Schule ausmachen würden. Umgekehrt aber haben diese Verhältnisse auch, namentlich in früherer Zeit, wo die Staatsbeihülfen weniger reichlich flossen, unübersteigliche Hindernisse für Schaffung besonderer Schuleinrichtungen abgegeben.

Neben diesen wesentlich durch die Bodengestaltung der betreffenden Landschaften bedingten Verhältnissen kommen noch diejenigen in Betracht, welche sich aus den Besonderheiten der Besiedelung und des Erwerbes ergeben. Während in weiten Strichen der östlichen Provinzen die landwirthschaftliche Bodenbenutzung eine dünne Vertheilung zur Folge hat und die einzelnen Dörfer so weit von einander entfernt liegen, daß jedes seine eigene, wenn auch schwache Schule haben muß, erfordern in Gegenden mit belebter Industrie sowohl die geschlossenen Ortschaften zahlreiche Schulen, wie oft auch einzelne größere Fabrikanlagen und ähnliche Etablissements besondere Schuleinrichtungen für die Kinder der durch sie herangezogenen, in ihrem Dienste stehenden Arbeiter. Umgekehrt hat wieder die durch Erwerbs- und wirthschaftliche Verhältnisse hervorgerufene Zerstreuung oder Konzentration der Bevölkerung die Begründung von Schulen ganz verhindert oder doch erschwert, bez. zur Einrichtung besonders großer Schulen geführt, was die Zahl der Schulen nur wenig erhöht und somit die Vertheilung der Schulen nicht sonderlich vortheilhaft beeinflußt.

Daß trotz der besten systematischen Fürsorge für gleichmäßige Versorgung der Bevölkerung mit Volksschulen, gerade die Boden- und Besiedelungsverhältnisse zugleich unter dem gelegentlich mitwirkenden Einflusse anderer, namentlich konfessioneller Verhältnisse die Einschulung vieler Kinder nur unter ganz besonderen Schwierigkeiten gestatten, kann man daraus ersehen, daß noch im Jahre 1882 bestanden

7011	Schulbezirke mit	1	eingeschulten	Orte	bez. Wohnplatze,
4075	" "	2	"	Orten	" Wohnplätzen,
2255	" "	3	"	"	" "
1281	" "	4	"	"	" "
754	" "	5	"	"	" "
493	" "	6	"	"	" "
300	" "	7	"	"	" "
175	" "	8	"	"	" "
117	" "	9	"	"	" "
558	" "	10 u. mehr	"	"	" "

und daß davon auf das platte Land insbesondere entfielen

6733	Schulbezirke mit	1	eingeschulten	Orte	bez. Wohnplatze,
3890	" "	2	"	Orten	" Wohnplätzen,
2117	" "	3	"	"	" "
1186	" "	4	"	"	" "
682	" "	5	"	"	" "
436	" "	6	"	"	" "
257	" "	7	"	"	" "
150	" "	8	"	"	" "
97	" "	9	"	"	" "
463	" "	10 u. mehr	"	"	" "

Damals waren es von 29 711 Schulorten blos 12 692, welche nur Schulkinder aus dem Orte selbst hatten; nach 17 019 Schulorten kamen dagegen Kinder von auswärts.

Im Jahre 1886 ist eine gleichartige Ermittelung nicht vorgenommen; dagegen ist für dieses Jahr festgestellt worden, daß vorhanden waren

	in den Städten	auf dem Lande	zusammen
I. Schulbezirke mit Schulkindern nur aus dem Schulorte:			
1. Zahl der Schulbezirke	1 412	16 859	18 271
2. Zahl der Schulen	2 990	18 716	21 706
3. Zahl der Schulkinder überhaupt	1 271 746	2 000 439	3 272 185
davon haben einen Schulweg von mehr als 3 km	5 573	33 884	39 457;
II. Schulbezirke mit Schulkindern aus mehreren, nicht eine topographische Einheit bildenden Gemeinden:			
1. Zahl der Schulbezirke	639	11 255	11 894
2. Zahl der Schulen	728	11 582	12 310
3. Zahl der Schulkinder überhaupt	232 160	1 333 902	1 566 062
davon haben einen Schulweg von mehr als 3 km	6 581	85 909	92 490;
III. Schulbezirke überhaupt:			
1. Zahl der Schulbezirke	2 051	28 114	30 165
2. Zahl der Schulen	3 718	30 298	34 016
3. Zahl der Schulkinder überhaupt	1 503 906	3 334 341	4 838 247
davon haben einen Schulweg[1]) von mehr als 3 km	12 154	119 793	131 947.

e) Weiter hat sich die Entwickelung der Volksschule, wenigstens in einzelnen Landstrichen des preußischen Staates, dem Einflusse nicht zu entziehen vermocht, welcher sich aus der sprachlichen Mischung der Bevölkerung bez. aus dem Vorwiegen einer nicht deutschen Sprache ableitet. Das notorisch geringere Bildungsbedürfniß der nicht deutschen Bevölkerung an der Ostmark der Monarchie, welche meist ärmer und weniger betriebsam ist und unter dem Einflusse mancher zentrifugalen Kräfte steht, hat nur allmählich der inneren Macht des deutschen Wesens nachgegeben und ausreichende Schulveranstaltungen für die breitesten Schichten der betheiligten Bevölkerung entstehen lassen. Welchen Umfang dieser nationale Einfluß auf die Volksschulverhältnisse gehabt hat, ist im Einzelnen nicht zu ermitteln. Daß er aber nicht ohne einige Bedeutung gewesen sein wird, läßt sich aus dem Antheile der fremdsprachigen an der Gesammtbevölkerung ermessen, welcher in der Abhandlung: „Versuch einer Statistik der Nationalitäten im preußischen Staate für das Jahr 1867" (siehe Jahrgang 1871 der „Zeitschrift des Königlich preußischen statistischen Bureaus", S. 359 ff.) von K. Brämer berechnet ist. Darnach haben sich zu jener Zeit[2]) unter der preußischen Bevölkerung im Staatsgebiete jetzigen Umfanges befunden

	1864			1867		
Litauer	152 000 =	0,65	Proz.	146 800 =	0,61	Proz.
Polen	2 352 000 =	10,00	„	2 432 000 =	10,14	„
Czechen	61 600 =	0,26	„	50 000 =	0,21	„
Wenden	85 700 =	0,36	„	83 000 =	0,35	„
Wallonen	11 000 =	0,05	„	10 400 =	0,04	„
Dänen	144 400 =	0,61	„	145 000 =	0,60	„
überhaupt Nichtdeutsche	2 806 700 =	11,94	„	2 867 200 =	11,95	„

Ein so großer Bruchtheil der Bevölkerung hat naturgemäß Einfluß auf die Gestaltung des öffentlichen Lebens, zumal da, wo er in geschlossenen Massen auftritt, und insbesondere da, wo es sich, wie bei den Volksschulen, um Einrichtungen von vorwiegend örtlichem Charakter handelt.

Auch jetzt noch — denn die Fortschritte vollziehen sich langsam — sind die Sprachverhältnisse der Bevölkerung wohl annähernd dem Vorstehenden entsprechend. Bei den schulstatistischen Erhebungen vom Jahre 1886 und 1891 ist für die schulbesuchenden Kinder ermittelt worden, welcher Sprache sich dieselben in ihrer Familie gewöhnlich bedienen. Das Ergebniß ist in folgender Tabelle niedergelegt:

[1]) Für 1891 ist nach der Länge der Schulwege zwar ebenfalls gefragt; die ermittelten Thatsachen erstrecken sich aber nur auf die Zahl der Kinder, welche einen Schulweg von mehr als 2½ km haben; letztere Zahl ist mit obigen also nicht streng vergleichbar.

[2]) Die vorletzte Ermittelung der Familiensprache der Bevölkerung Preußens hat im Jahre 1861 stattgefunden; das Ergebniß hierüber ist im V. Hefte des amtlichen Quellenwerkes der „Preußischen Statistik" veröffentlicht. — Vergl. auch R. Boeckh, „Der Deutschen Volkszahl und Sprachgebiet in den europäischen Staaten" (Berlin 1869). — Neuerdings hat eine weitere Ermittelung der Muttersprache bei Gelegenheit der Volkszählung im Jahre 1890 stattgefunden; das Ergebniß derselben harrt noch der Veröffentlichung.

Die Familiensprache der Schulkinder in sämmtlichen niederen Schulen des preußischen Staates.

1. In den Städten und auf dem Lande zusammen.

Sprachen.	Schulkinder in den öffentlichen Volksschulen		in den öffentlichen Mittelschulen		in den Privatschulen mit dem Ziele der Volksschule		in den Privatschulen mit dem Ziele der Mittelschule		in sonstigen niederen Schulen		in sämmtlichen niederen Schulen	
	1886	1891	1886	1891	1886	1891	1886	1891	1886	1891	1886	1891
1	2	3	4	5	6	7	8	9	10	11	12	13
Von den Schulkindern sprachen in ihrer Familie:												
nur deutsch	4 188 857	4 268 909	133 030	129 481	8 590	19 920	66 621	78 605	29 581	31 421	4 426 679	4 528 336
Prozent	86,58	86,83	98,59	98,64	98,03	91,89	97,43	97,20	92,49	92,44	87,10	87,35
nur polnisch	500 315	491 142	784	924	31	808	749	1 020	1 185	1 129	503 064	495 023
Prozent	10,34	9,99	0,58	0,70	0,35	3,73	1,10	1,26	3,71	3,32	9,90	9,55
polnisch und deutsch	70 868	76 298	812	445	73	740	404	434	583	749	72 740	78 666
Prozent	1,46	1,55	0,60	0,34	0,83	3,41	0,59	0,54	1,82	2,20	1,43	1,52
nur kassubisch	.	3 443	—	—	—	—	—	—	.	122	.	3 565
Prozent	.	0,07	—	—	—	—	—	—	.	0,36	.	0,07
kassubisch und deutsch	.	344	—	—	—	—	—	—	—	—	.	344
Prozent	.	0,01	—	—	—	—	—	—	—	—	.	0,01
nur litauisch	12 752	12 625	—	—	—	37	—	3	2	—	12 754	12 665
Prozent	0,26	0,26	—	—	—	0,17	—	0,00	0,01	—	0,25	0,24
litauisch und deutsch	8 372	6 863	13	—	—	19	1	—	7	9	8 393	6 891
Prozent	0,17	0,14	0,01	—	—	0,09	0,00	—	0,02	0,03	0,17	0,13
nur wendisch	9 961	10 488	—	—	—	—	—	—	—	—	9 961	10 488
Prozent	0,21	0,21	—	—	—	—	—	—	—	—	0,20	0,20
wendisch und deutsch	4 419	3 090	—	—	—	—	—	—	—	4	4 419	3 094
Prozent	0,09	0,06	—	—	—	—	—	—	—	0,01	0,09	0,06
nur sonst slawisch	8 760	11 042	—	1	—	30	1	—	—	—	8 761	11 073
Prozent	0,18	0,22	—	0,00	—	0,14	0,00	—	—	—	0,17	0,21
sonst slawisch und deutsch	2 823	1 445	3	6	—	87	2	—	—	2	2 828	1 540
Prozent	0,06	0,03	0,00	0,00	—	0,40	0,00	—	—	0,01	0,06	0,03
nur dänisch	24 088	22 735	136	214	35	20	137	67	255	267	24 651	23 303
Prozent	0,50	0,46	0,10	0,16	0,40	0,09	0,20	0,08	0,80	0,79	0,48	0,45
dänisch und deutsch	1 380	1 697	68	60	23	10	64	34	92	82	1 627	1 883
Prozent	0,03	0,03	0,05	0,05	0,26	0,05	0,09	0,04	0,29	0,24	0,03	0,04
nur friesisch	.	2 762	—	—	—	—	—	—	—	—	.	2 762
Prozent	.	0,06	—	—	—	—	—	—	—	—	.	0,05
friesisch und deutsch	.	368	—	—	—	—	—	—	—	—	.	368
Prozent	.	0,01	—	—	—	—	—	—	—	—	.	0,01
nur wallonisch	.	1 546	—	—	—	—	—	—	—	—	.	1 546
Prozent	.	0,03	—	—	—	—	—	—	—	—	.	0,03
wallonisch und deutsch	.	74	—	—	—	—	—	—	—	—	.	74
Prozent	.	0,00	—	—	—	—	—	—	—	—	.	0,00
nur eine sonstige nicht deutsche Sprache	4 049	546	32	67	3	3	249	400	205	14	[1]) 4 538	1 030
Prozent	0,08	0,01	0,02	0,05	0,03	0,01	0,36	0,50	0,64	0,04	0,09	0,02
eine sonstige nicht deutsche Sprache und deutsch	1 608	1 059	59	72	8	4	145	305	22	192	[1]) 1 837	1 632
Prozent	0,03	0,02	0,04	0,05	0,09	0,02	0,21	0,38	0,07	0,57	0,04	0,03
überhaupt	**4 838 247**	**4 916 476**	**134 937**	**131 270**	**8 763**	**21 678**	**68 378**	**80 868**	**31 982**	**33 991**	**5 082 252**	**5 184 283**
Prozent	100,00	100,00	100,00	100,00	100,00	100,00	100,00	100,00	100,00	100,00	100,00	100,00

[1]) einschl. der friesisch bezw. wallonisch Redenden.

Nach vorstehender Tabelle gehörten im Jahre 1891: 87,35 Proz. der 5 184 283 Schüler der niederen Schulen (ohne die Taubstummenschüler) wohl zweifellos dem deutschen Sprachstamme an. Auch von den übrigen 12,65 Proz. wird dasselbe bei einem Theile der Fall sein. Genaue, einwandfreie Zahlen sind hier schwer zu ermitteln, weil die in manchen Fällen tendenziös gefärbten Angaben nicht überall sicher geprüft werden können.

Auf dem platten Lande, woselbst die Schwierigkeiten der unterrichtlichen Versorgung ohnehin schon größer sind als in den Städten, sind die sprachlichen Verschiedenheiten noch beträchtlicher. Das Nähere darüber ergiebt die nebenstehende Tabelle.

Um einem Mißverständnisse dieser Zahlen zu begegnen, wird ausdrücklich bemerkt, daß die Kinder, welche als polnisch oder slawisch oder dänisch und deutsch oder als nur polnisch, nur slawisch, nur dänisch redenden Familien entstammend angeführt sind, selbstverständlich ihrerseits der deutschen Sprache spätestens im vierten Schuljahre mächtig werden. Dies hat auch dahin geführt,

Die Familiensprache der Schulkinder in sämmtlichen niederen Schulen auf dem Lande des preußischen Staates.

2. Auf dem Lande.

Sprachen.	Schulkinder											
	in den öffentlichen Volksschulen		in den öffentlichen Mittelschulen		in den Privatschulen mit dem Ziele der Volksschule		in den Privatschulen mit dem Ziele der Mittelschule		in sonstigen niederen Schulen		in sämmtlichen niederen Schulen	
	1886	1891	1886	1891	1886	1891	1886	1891	1886	1891	1886	1891
1	2	3	4	5	6	7	8	9	10	11	12	13
Von den Schulkindern sprachen in ihrer Familie:												
nur deutsch	2 761 687	2 734 666	2 806	2 699	3 078	8 027	5 223	8 888	7 325	8 500	2 780 119	2 762 780
Prozent	82,83	82,84	100,00	99,96	98,18	88,90	98,21	98,20	93,21	91,91	82,80	82,94
nur polnisch	448 268	437 136	—	—	—	527	2	14	198	279	448 468	437 956
Prozent	13,44	13,24	—	—	—	5,84	0,04	0,16	2,52	3,02	13,37	13,14
polnisch und deutsch	51 863	55 219	—	—	31	365	13	46	122	257	52 029	55 887
Prozent	1,56	1,67	—	—	0,99	4,05	0,24	0,51	1,56	2,78	1,55	1,68
nur kassubisch	.	3 443	—	—	—	—	—	—	—	—	.	3 443
Prozent	.	0,10	—	—	—	—	—	—	—	—	.	0,10
kassubisch und deutsch	.	173	—	—	—	—	—	—	—	—	.	173
Prozent	.	0,01	—	—	—	—	—	—	—	—	.	0,01
nur litauisch	12 730	12 611	—	—	—	37	—	3	—	—	12 730	12 651
Prozent	0,38	0,38	—	—	—	0,41	—	0,03	—	—	0,38	0,38
litauisch und deutsch	8 286	6 759	—	—	—	19	—	—	1	—	8 287	6 778
Prozent	0,25	0,20	—	—	—	0,21	—	—	0,01	—	0,25	0,20
nur wendisch	9 867	10 242	—	—	—	—	—	—	—	—	9 867	10 242
Prozent	0,30	0,31	—	—	—	—	—	—	—	—	0,30	0,31
wendisch und deutsch	3 988	2 846	—	—	—	—	—	—	—	4	3 988	2 850
Prozent	0,12	0,09	—	—	—	—	—	—	—	0,04	0,12	0,09
nur sonst slawisch	8 257	10 667	—	—	—	30	—	—	—	—	8 257	10 697
Prozent	0,25	0,32	—	—	—	0,33	—	—	—	—	0,25	0,32
sonst slawisch und deutsch	2 531	1 245	—	—	—	12	2	—	—	2	2 533	1 259
Prozent	0,08	0,04	—	—	—	0,13	0,04	—	—	0,02	0,08	0,04
nur dänisch	21 125	20 359	—	—	4	—	15	17	—	—	21 144	20 376
Prozent	0,63	0,63	—	—	0,13	—	0,28	0,19	—	—	0,63	0,61
dänisch und deutsch	933	719	—	—	20	10	14	5	—	—	967	734
Prozent	0,03	0,02	—	—	0,64	0,11	0,26	0,06	—	—	0,03	0,02
nur friesisch	.	2 757	—	—	—	—	—	—	—	—	.	2 757
Prozent	.	0,08	—	—	—	—	—	—	—	—	.	0,08
friesisch und deutsch	.	363	—	—	—	—	—	—	—	—	.	363
Prozent	.	0,01	—	—	—	—	—	—	—	—	.	0,01
nur wallonisch	.	936	—	—	—	—	—	—	—	—	.	936
Prozent	.	0,03	—	—	—	—	—	—	—	—	.	0,03
wallonisch und deutsch	.	34	—	—	—	—	—	—	—	—	.	34
Prozent	.	0,00	—	—	—	—	—	—	—	—	.	0,00
nur eine sonstige nichtdeutsche Sprache	3 367	292	—	—	3	—	19	54	203	14	[1] 3 592	360
Prozent	0,10	0,01	—	—	0,10	—	0,36	0,60	2,59	0,15	0,11	0,01
eine sonstige nicht deutsche Sprache und deutsch	1 439	554	—	1	—	2	14	34	9	192	[1] 1 462	783
Prozent	0,04	0,02	—	0,04	—	0,02	0,26	0,38	0,11	2,08	0,04	0,02
Überhaupt	**3 334 341**	**3 301 021**	**2 806**	**2 700**	**3 134**	**9 029**	**5 302**	**9 061**	**7 858**	**9 248**	**3 353 443**	**3 331 059**
Prozent	100,00	100,00	100,00	100,00	100,00	100,00	100,00	100,00	100,00	100,00	100,00	100,00

[1]) einschl. der friesisch bezw. wallonisch Redenden.

daß in den Kreisen mit polnisch redender Bevölkerung evangelischen Bekenntnisses der Konfirmationsunterricht fast ausschließlich in deutscher Sprache ertheilt wird.

Ein noch schwerer wiegendes Mißverständniß würde es sein, wenn man die Kinder, welche als polnisch oder polnisch und deutsch redenden Familien angehörig aufgeführt werden, einfach als polnische Kinder ansehen wollte. Es ist nämlich in die Zahl derselben mit einbegriffen worden: die Bevölkerung Masuren's und der ermeländischen Kreise in Ostpreußen, der evangelischen Gegenden der Kreise Adelnau, Schildberg, Ostrowo und Kempen im Regierungsbezirke Posen und des Regierungsbezirkes Oppeln, welcher genau so lange zum preußischen Staate gehört, wie das übrige Schlesien, nämlich seit dem Frieden von Breslau 1742, und ebenso wie dieses vorher unter österreichischer, nicht unter polnischer Herrschaft stand. Die Bewohner aller dieser Gegenden sind weder Polen, noch wollen sie es sein; sie haben polnischen Werbungen entweder sehr kühl oder geradezu abwehrend entgegengestanden.

(Fortsetzung des Textes auf Seite 118.)

Die polnisch sprechende Schulbevölkerung in den einzelnen Landes-

Landestheile. — Staat.		Zahl der Schüler in sämmtlichen niederen Schulen 1886	1891	Es sprechen in der öffentlichen Volksschulen 1886	1891	der öffentlichen Mittelschulen 1886	1891	der Privatschulen mit dem Ziele der Volksschule 1886	1891
1		2	3	4	5	6	7	8	9
a) In den Städten und auf dem Lande zusammen.									
1. Reg.-Bez. Königsberg	6 Kreise[1])	67 424	64 671	36 627	29 922	4	3	—	159
	übr. Bez.	134 913	128 857	2	6	—	—	—	2
2. Reg.-Bez. Gumbinnen	7 Kreise[2])	56 715	55 084	24 752	24 248	5	—	—	4
	übr. Bez.	79 638	76 173	—	—	—	—	—	—
3. Reg.-Bez. Danzig	4 Kreise[3])	34 646	35 582	—	5	8	—	—	—
	übr. Bez.	62 881	63 080	27 080	24 012	—	—	—	2
4. Reg.-Bez. Marienwerder		154 936	151 533	55 717	55 331	130	127	19	46
5. Provinz Brandenburg mit Berlin		576 168	616 457	147	421	—	—	1	65
6. Provinz Pommern	2 Kreise[4])	12 703	12 287	778	629	—	—	—	—
	übr. Prov.	260 747	255 301	18	77	—	—	—	18
7. Reg.-Bez. Posen		211 441	207 839	134 373	133 885	598	767	11	10
8. Reg.-Bez. Bromberg		113 965	111 041	53 013	52 461	42	25	—	72
9. Reg.-Bez. Breslau u. Liegnitz	4 Kreise[5])	36 171	34 027	8 372	6 543	—	—	—	—
	übr. Kreise	418 423	405 195	51	154	—	1	—	—
10. Reg.-Bez. Oppeln		281 984	286 999	159 277	162 712	2	1	—	286
11. Provinz Sachsen		436 504	453 204	17	50	—	—	—	144
12. „ Westfalen		433 947	467 618	84	538	—	—	—	—
13. „ Rheinland		800 306	843 856	12	94	—	—	—	—
14. Übrige Landestheile		908 742	915 479	—	59	—	—	—	—
Preußischer Staat		**5 082 252**	**5 184 283**	**500 315**	**491 142**	**784**	**924**	**31**	**888**
b) In den Städten.									
1. Reg.-Bez. Königsberg	6 Kreise[1])	11 766	11 982	1 263	919	4	3	—	107
	übr. Bez.	37 955	38 728	1	—	—	—	—	2
2. Reg.-Bez. Gumbinnen	7 Kreise[2])	6 067	6 430	368	464	5	—	—	4
	übr. Bez.	9 321	9 907	—	—	—	—	—	—
3. Reg.-Bez. Danzig	4 Kreise[3])	22 266	23 377	—	—	3	—	—	—
	übr. Bez.	7 472	7 871	442	849	—	—	—	2
4. Reg.-Bez. Marienwerder		32 262	31 544	5 545	5 812	130	127	19	46
5. Provinz Brandenburg mit Berlin		319 086	352 646	106	311	—	—	1	5
6. Provinz Pommern	2 Kreise[4])	2 269	2 437	—	8	—	—	—	—
	übr. Prov.	81 289	84 469	5	10	—	—	—	18
7. Reg.-Bez. Posen		57 960	57 158	23 303	23 449	598	767	11	10
8. Reg.-Bez. Bromberg		32 951	32 985	11 548	11 545	42	25	—	5
9. Reg.-Bez. Breslau u. Liegnitz	4 Kreise[5])	6 930	7 257	67	50	—	—	—	—
	übr. Kreise	128 757	131 287	9	17	—	1	—	—
10. Reg.-Bez. Oppeln		52 593	56 574	9 382	10 392	2	1	—	—
11. Provinz Sachsen		175 147	190 586	—	26	—	—	—	82
12. „ Westfalen		146 591	159 778	8	128	—	—	—	—
13. „ Rheinland		323 550	358 076	—	5	—	—	—	—
14. Übrige Landestheile		274 577	290 132	—	25	—	—	—	—
Preußischer Staat		**1 728 809**	**1 853 224**	**52 847**	**54 906**	**784**	**924**	**31**	**361**
c) Auf dem Lande.									
1. Reg.-Bez. Königsberg	6 Kreise[1])	55 658	52 689	35 364	29 003	—	—	—	52
	übr. Bez.	96 958	90 129	1	6	—	—	—	—
2. Reg.-Bez. Gumbinnen	7 Kreise[2])	50 648	48 654	24 384	23 784	—	—	—	—
	übr. Bez.	70 317	66 266	—	—	—	—	—	—
3. Reg.-Bez. Danzig	4 Kreise[3])	12 380	12 205	—	5	—	—	—	—
	übr. Bez.	55 409	55 209	26 638	23 163	—	—	—	—
4. Reg.-Bez. Marienwerder		122 674	119 989	50 172	49 518	—	—	—	—
5. Provinz Brandenburg mit Berlin		257 082	263 811	41	110	—	—	—	60
6. Provinz Pommern	2 Kreise[4])	10 434	9 850	778	621	—	—	—	—
	übr. Prov.	179 458	170 832	8	67	—	—	—	—
7. Reg.-Bez. Posen		153 481	150 681	111 070	110 436	—	—	—	—
8. Reg.-Bez. Bromberg		81 012	78 056	41 465	40 916	—	—	—	67
9. Reg.-Bez. Breslau u. Liegnitz	4 Kreise[5])	29 241	26 770	8 305	6 493	—	—	—	—
	übr. Kreise	289 666	273 908	42	137	—	—	—	—
10. Reg.-Bez. Oppeln		229 891	230 425	149 895	152 320	—	—	—	286
11. Provinz Sachsen		261 357	262 618	17	24	—	—	—	62
12. „ Westfalen		287 356	307 840	76	410	—	—	—	—
13. „ Rheinland		476 756	485 780	12	82	—	—	—	—
14. Übrige Landestheile		634 165	625 347	—	34	—	—	—	—
Preußischer Staat		**3 353 443**	**3 331 059**	**448 265**	**437 136**	—	—	—	**527**

[1]) Rastenburg, Rössel, Allenstein, Ortelsburg, Neidenburg und Osterode i. Ostpr. — [2]) Angerburg, Goldap, Oletzko, Lyck, Lötzen, und Bütow. — [5]) Namslau, Wartenberg, Strehlen und Brieg.

theilen des preußischen Staates in den Jahren 1886 und 1891.

ihrer Familie nur polnisch Schüler												Die nur polnisch sprechenden Schüler bilden Prozent der Gesammtzahl in Sp. 2 bezw. 3.		Wiederholung der Bezeichnung in Sp. 1
der Privatschulen mit dem Ziele der Mittelschule		der Seminar-übungsschulen		der Blinden-schulen		der Schulen für Schwachsinnige		der Rettungs- u. s. w. Schulen		zusammen				
1886	1891	1886	1891	1886	1891	1886	1891	1886	1891	1886	1891	1886	1891	
10	11	12	13	14	15	16	17	18	19	20	21	22	23	
														a)
—	—	28	33	—	—	8	2	2	—	36 669	30 119	54,89	46,87	1.
—	—	—	—	—	—	—	—	—	3	2	11	0,00	0,01	
—	—	—	—	—	—	—	—	—	—	24 757	24 252	43,60	44,03	2.
—	—	—	—	—	—	—	—	—	—	—	—	—	—	
4	6	—	—	—	—	—	—	—	—	7	11	0,09	0,00	3.
5	123	133	—	6	3	—	—	—	70	27 224	24 210	43,39	38,32	
18	39	76	91	—	—	—	—	—	—	55 960	55 634	36,19	36,71	4.
—	11	—	—	—	—	—	—	—	—	148	497	0,05	0,09	5.
—	—	—	—	—	—	—	—	—	—	778	620	6,13	5,10	6.
—	—	—	—	—	—	—	—	2	—	15	95	0,01	0,08	
624	661	60	43	—	—	—	—	—	42	135 666	135 408	64,16	65,12	7.
77	166	337	254	—	17	—	—	—	—	53 469	52 995	46,83	47,77	8.
—	2	—	—	—	—	—	—	—	—	8 372	6 545	23,15	19,28	9.
—	1	—	—	5	—	—	1	—	—	56	157	0,01	0,06	
21	11	436	351	—	—	10	3	82	216	159 828	163 580	56,66	57,06	10.
—	—	—	—	—	—	—	—	—	—	17	194	0,00	0,06	11.
—	—	—	—	—	—	—	—	—	—	84	533	0,09	0,16	12.
—	—	—	—	—	—	—	—	—	—	12	94	0,00	0,01	13.
—	—	—	—	—	—	—	—	—	—	—	59	—	0,01	14.
748	**1 020**	**1 070**	**772**	**11**	**20**	**18**	**8**	**88**	**331**	**583 684**	**495 023**	**9,60**	**9,36**	
														b)
—	—	28	33	—	—	8	2	2	—	1 305	1 064	11,09	8,69	1.
—	—	—	—	—	—	—	—	—	3	1	5	0,00	0,00	
—	—	—	—	—	—	—	—	—	—	373	468	6,15	7,36	2.
—	—	—	—	—	—	—	—	—	—	—	—	—	—	
4	6	—	—	—	—	—	—	—	—	7	6	0,08	0,03	3.
5	115	133	—	—	—	—	—	—	—	580	966	7,70	12,87	
18	39	76	91	—	—	—	—	—	—	5 788	6 116	17,84	19,39	4.
—	11	—	—	—	—	—	—	—	—	107	327	0,40	0,99	5.
—	—	—	—	—	—	—	—	—	—	—	8	—	0,33	6.
—	—	—	—	—	—	—	—	—	—	5	28	0,01	0,08	
624	657	55	43	—	—	—	—	—	—	24 591	24 926	42,44	43,61	7.
77	166	337	254	—	17	—	—	—	—	12 004	12 012	36,43	36,41	8.
—	2	—	—	—	—	—	—	—	—	67	52	0,97	0,79	9.
—	1	—	—	5	—	—	—	—	—	14	12	0,01	0,01	
19	9	312	262	—	—	10	—	21	142	9 746	10 806	18,44	19,10	10.
—	—	—	—	—	—	—	—	—	—	—	106	—	0,06	11.
—	—	—	—	—	—	—	—	—	—	8	123	0,01	0,08	12.
—	—	—	—	—	—	—	—	—	—	—	3	—	0,01	13.
—	—	—	—	—	—	—	—	—	—	—	25	—	0,01	14.
747	**1 006**	**941**	**683**	**5**	**17**	**18**	**2**	**23**	**145**	**54 596**	**57 864**	**3,16**	**3,06**	
														c)
—	—	—	—	—	—	—	—	—	—	35 364	29 055	63,84	55,14	1.
—	—	—	—	—	—	—	—	—	—	1	6	0,00	0,01	
—	—	—	—	—	—	—	—	—	—	24 384	23 784	48,18	48,09	2.
—	—	—	—	—	—	—	—	—	—	—	—	—	—	
—	—	—	—	—	—	—	—	—	—	—	5	—	0,04	3.
—	8	—	—	6	3	—	—	—	70	26 644	23 244	48,08	42,10	
—	—	—	—	—	—	—	—	—	—	50 172	49 518	40,90	41,37	4.
—	—	—	—	—	—	—	—	—	—	41	170	0,03	0,06	5.
—	—	—	—	—	—	—	—	—	—	778	621	7,46	6,30	6.
—	—	—	—	—	—	—	—	2	—	10	67	0,01	0,06	
—	4	5	—	—	—	—	—	—	42	111 075	110 482	72,33	73,42	7.
—	—	—	—	—	—	—	—	—	—	41 465	40 983	51,16	52,50	8.
—	—	—	—	—	—	—	—	—	—	8 305	6 493	28,40	24,91	9.
—	—	—	—	—	—	—	1	—	—	42	138	0,01	0,04	
2	2	124	89	—	—	—	2	61	74	150 082	152 774	65,42	66,20	10.
—	—	—	—	—	—	—	—	—	—	17	36	0,01	0,04	11.
—	—	—	—	—	—	—	—	—	—	76	410	0,03	0,12	12.
—	—	—	—	—	—	—	—	—	—	12	89	0,00	0,08	13.
—	—	—	—	—	—	—	—	—	—	—	34	—	0,04	14.
2	**14**	**129**	**89**	**6**	**3**	**—**	**4**	**63**	**186**	**448 488**	**437 959**	**13,17**	**13,18**	

Sensburg und Johannisburg. — [a]) Stadtkreis Danzig, Stadt- und Landkreis Elbing und Danziger Niederung. — [c]) Lauenburg i. Pomm.

Die polnisch und deutsch sprechende Schulbevölkerung in den einzelnen Landes-

Landestheile. — Staat.	Gesammtzahl der Schüler in sämmtlichen niederen Schulen		Es sprechen in ihrer Familie					
			der öffentlichen Volksschulen		der öffentlichen Mittelschulen		der Privatschulen mit dem Ziele der Volksschule	
	1886	1891	1886	1891	1886	1891	1886	1891
1	2	3	4	5	6	7	8	9
a) In den Städten und auf dem Lande zusammen.								
1. Reg.-Bez. Königsberg . . . . 6 Kreise[1])	67 424	64 671	5 975	9 192	10	23	2	91
übr. Bez.	134 913	128 857	42	67	—	1	—	9
2. Reg.-Bez. Gumbinnen . . . 7 Kreise[2])	56 715	55 084	9 808	8 554	130	—	—	14
übr. Bez.	79 638	76 173	62	7	—	—	—	—
3. Reg.-Bez. Danzig . . . . . . 4 Kreise[3])	34 646	35 582	88	103	—	—	—	2
übr. Bez.	62 881	63 080	4 488	2 841	—	5	3	1
4. Reg.-Bez. Marienwerder	154 936	151 533	9 195	8 929	299	86	35	91
5. Provinz Brandenburg mit Berlin	576 168	616 457	628	1 117	—	8	—	30
6. Provinz Pommern . . . . . 2 Kreise[4])	12 708	12 287	306	326	—	2	—	—
übr. Prov.	260 747	255 301	27	157	—	—	—	3
7. Reg.-Bez. Posen	211 441	207 839	7 628	7 728	280	226	12	27
8. Reg.-Bez. Bromberg	113 963	111 041	4 879	4 213	62	73	—	40
9. Reg.-Bez. Breslau u. Liegnitz 4 Kreise[5])	36 171	34 027	4 466	4 264	—	—	—	—
übr. Kreise	418 428	405 195	272	459	8	14	—	—
10. Reg.-Bez. Oppeln	281 984	286 999	22 197	25 566	23	7	21	150
11. Provinz Sachsen	436 504	453 204	183	255	—	—	—	280
12. „ Westfalen	433 947	467 618	546	2 167	—	—	—	—
13. „ Rheinland	800 306	843 856	69	154	—	—	—	—
14. Übrige Landestheile	906 742	915 479	9	99	—	—	—	2
Preußischer Staat . . .	**5 082 252**	**5 184 283**	**78 855**	**79 298**	**812**	**445**	**73**	**748**
b) In den Städten.								
1. Reg.-Bez. Königsberg . . . . 6 Kreise[1])	11 766	11 982	1 868	1 812	10	23	—	91
übr. Bez.	37 955	38 728	17	—	—	1	—	9
2. Reg.-Bez. Gumbinnen . . . 7 Kreise[2])	6 067	6 430	1 208	733	130	—	—	14
übr. Bez.	9 321	9 907	—	—	—	—	—	—
3. Reg.-Bez. Danzig . . . . . . 4 Kreise[3])	22 266	23 377	85	90	—	—	—	1
übr. Bez.	7 472	7 871	995	457	—	5	3	1
4. Reg.-Bez. Marienwerder	32 262	31 544	2 038	2 042	299	86	35	81
5. Provinz Brandenburg mit Berlin	319 086	352 646	497	824	—	8	—	16
6. Provinz Pommern . . . . . 2 Kreise[4])	2 269	2 437	63	26	—	2	—	—
übr. Prov.	81 289	84 469	11	31	—	—	—	3
7. Reg.-Bez. Posen	57 960	57 158	2 305	2 811	280	226	4	27
8. Reg.-Bez. Bromberg	32 951	32 985	1 845	1 462	62	73	—	—
9. Reg.-Bez. Breslau u. Liegnitz 4 Kreise[5])	6 930	7 257	93	103	—	—	—	—
übr. Kreise	128 757	131 287	58	92	8	14	—	—
10. Reg.-Bez. Oppeln	52 593	56 574	7 793	9 891	23	7	—	27
11. Provinz Sachsen	175 147	190 586	57	131	—	—	—	103
12. „ Westfalen	146 591	159 778	59	505	—	—	—	—
13. „ Rheinland	323 550	358 076	8	23	—	—	—	—
14. Übrige Landestheile	274 577	290 132	5	46	—	—	—	2
Preußischer Staat . . .	**1 728 809**	**1 853 224**	**19 005**	**21 079**	**812**	**445**	**42**	**375**
c) Auf dem Lande.								
1. Reg.-Bez. Königsberg . . . . 6 Kreise[1])	55 658	52 689	4 107	7 380	—	—	2	—
übr. Bez.	96 958	90 129	25	67	—	—	—	—
2. Reg.-Bez. Gumbinnen . . . 7 Kreise[2])	50 648	48 654	8 600	7 821	—	—	—	—
übr. Bez.	70 317	66 266	62	7	—	—	—	—
3. Reg.-Bez. Danzig . . . . . . 4 Kreise[3])	12 380	12 205	3	13	—	—	—	1
übr. Bez.	55 409	55 209	3 493	2 484	—	—	—	—
4. Reg.-Bez. Marienwerder	122 674	119 989	7 157	6 887	—	—	—	10
5. Provinz Brandenburg mit Berlin	257 082	263 811	131	293	—	—	—	14
6. Provinz Pommern . . . . . 2 Kreise[4])	10 434	9 850	243	300	—	—	—	—
übr. Prov.	179 458	170 832	16	126	—	—	—	—
7. Reg.-Bez. Posen	153 481	150 681	5 323	4 917	—	—	8	—
8. Reg.-Bez. Bromberg	81 012	78 056	3 034	2 751	—	—	—	40
9. Reg.-Bez. Breslau u. Liegnitz 4 Kreise[5])	29 241	26 770	4 373	4 161	—	—	—	—
übr. Kreise	289 666	273 908	214	367	—	—	—	—
10. Reg.-Bez. Oppeln	229 391	230 425	14 404	15 675	—	—	21	123
11. Provinz Sachsen	261 357	262 618	126	124	—	—	—	177
12. „ Westfalen	287 356	307 840	487	1 662	—	—	—	—
13. „ Rheinland	476 756	485 780	61	131	—	—	—	—
14. Übrige Landestheile	634 165	625 347	4	53	—	—	—	—
Preußischer Staat . . .	**3 353 443**	**3 331 059**	**51 845**	**55 219**	—	—	**31**	**365**

[1]), [2]), [3]), [4]) und [5]) Vergl. die Anmerkungen [1]) bis [5]) auf Seite 114.

theilen des preußischen Staates in den Jahren 1886 und 1891.

polnisch und deutsch Schüler												Die polnisch und deutsch sprechenden Schüler bilden Prozent der Gesammtzahl in Sp. 2 bezw. 3.		Wiederholung der Bezeichnung in Spalte 1
der Privatschulen mit dem Ziele der Mittelschule		der Seminar-Übungsschulen		der Blindenschulen		der Schulen für Schwachsinnige		der Rettungshaus- u. s. w. Schulen		zusammen				
1886	1891	1886	1891	1886	1891	1886	1891	1886	1891	1886	1891	1886	1891	
10	11	12	13	14	15	16	17	18	19	20	21	22	23	
														a)
—	—	65	48	—	—	1	3	7	—	6 060	9 357	8,99	14,75	1.
—	—	—	—	—	5	—	—	—	4	42	86	0,03	0,07	
1	—	—	—	—	—	—	—	30	—	9 969	8 568	17,58	15,88	2.
—	20	—	—	—	—	—	—	—	—	62	27	0,06	0,04	
36	24	—	—	—	—	—	—	—	—	124	129	0,24	0,27	3.
8	17	—	—	4	7	—	—	—	62	4 503	3 033	7,16	4,81	
46	40	58	40	—	—	—	—	—	10	9 633	9 202	6,28	6,07	4.
10	5	—	—	—	—	—	1	—	1	638	1 162	0,41	0,74	5.
—	—	—	—	—	—	—	—	—	—	306	328	2,45	2,07	6.
—	—	—	3	—	—	—	—	—	—	27	163	0,01	0,06	
131	65	23	27	—	—	—	—	—	11	8 074	8 084	3,42	3,20	7.
96	79	25	5	13	8	—	—	—	—	5 075	4 418	4,44	3,96	8.
—	—	—	—	—	—	—	—	—	—	4 466	4 264	12,30	12,44	9.
13	26	—	2	—	7	—	2	—	—	203	510	0,07	0,18	
63	91	134	262	—	—	4	16	219	219	22 661	26 313	8,04	9,17	10.
—	52	—	—	—	—	—	—	—	—	183	587	0,04	0,18	11.
—	3	—	—	—	—	—	—	—	—	546	2 170	0,15	0,46	12.
—	—	—	—	—	—	—	—	—	—	69	154	0,02	0,03	13.
—	6	—	2	—	—	—	—	—	2	9	111	0,00	0,01	14.
404	**434**	**305**	**389**	**17**	**27**	**8**	**24**	**258**	**309**	**72 769**	**76 656**	**1,63**	**1,52**	
														b)
—	—	65	48	—	—	—	2	7	—	1 950	1 976	16,87	16,48	1.
—	—	—	—	—	5	—	—	—	3	17	18	0,04	0,03	
1	—	—	—	—	—	—	—	20	—	1 359	747	22,40	11,83	2.
—	—	—	—	—	—	—	—	—	—	—	—	—	—	
36	24	—	—	—	—	—	—	—	—	121	115	0,04	0,45	3.
6	11	—	—	—	—	—	—	—	—	1 004	474	13,44	6,03	
46	46	58	40	—	—	—	—	—	10	2 476	2 505	7,87	7,81	4.
10	5	—	—	—	—	—	—	—	1	507	854	0,16	0,96	5.
—	—	—	—	—	—	—	—	—	—	63	28	2,15	1,23	6.
—	—	—	3	—	—	—	—	—	—	11	37	0,01	0,04	
131	64	7	3	—	—	—	—	—	—	2 727	3 131	4,70	5,48	7.
92	71	25	5	13	8	—	—	—	—	2 037	1 619	6,18	4,91	8.
—	—	—	—	—	—	—	—	—	—	93	103	1,34	1,42	9.
13	26	—	2	—	7	—	—	—	—	79	141	0,06	0,11	
56	80	123	199	—	—	4	—	140	136	8 138	10 340	15,47	18,38	10.
—	52	—	—	—	—	—	—	—	—	57	286	0,08	0,15	11.
—	3	—	—	—	—	—	—	—	—	59	508	0,06	0,38	12.
—	—	—	—	—	—	—	—	—	—	8	23	0,02	0,01	13.
—	6	—	2	—	—	—	—	—	—	5	56	0,00	0,09	14.
391	**388**	**277**	**302**	**18**	**29**	**4**	**2**	**167**	**150**	**29 711**	**22 761**	**1,90**	**1,37**	
														c)
—	—	—	—	—	—	1	1	—	—	4 110	7 381	7,38	14,00	1.
—	—	—	—	—	—	—	—	—	1	25	68	0,08	0,09	
—	—	—	—	—	—	—	—	10	—	8 610	7 821	17,09	16,07	2.
—	20	—	—	—	—	—	—	—	—	62	27	0,08	0,04	
—	—	—	—	—	—	—	—	—	—	3	14	0,09	0,11	3.
2	6	—	—	4	7	—	—	—	62	3 490	2 559	6,31	4,84	
—	—	—	—	—	—	—	—	—	—	7 157	6 897	5,88	5,71	4.
—	—	—	—	—	—	—	1	—	—	131	308	0,08	0,18	5.
—	—	—	—	—	—	—	—	—	—	243	300	2,33	3,05	6.
—	—	—	—	—	—	—	—	—	—	16	126	0,01	0,07	
—	1	16	24	—	—	—	—	—	11	5 347	4 953	3,48	3,20	7.
4	8	—	—	—	—	—	—	—	—	3 038	2 799	3,16	3,44	8.
—	—	—	—	—	—	—	—	—	—	4 373	4 161	14,86	15,84	9.
—	—	—	—	—	—	—	2	—	—	214	369	0,07	0,13	
7	11	12	62	—	—	—	18	79	83	14 523	15 973	6,32	6,88	10.
—	—	—	—	—	—	—	—	—	—	126	301	0,04	0,13	11.
—	—	—	—	—	—	—	—	—	—	487	1 662	0,17	0,64	12.
—	—	—	—	—	—	—	—	—	—	61	131	0,04	0,05	13.
—	—	—	—	—	—	—	—	—	2	4	55	0,00	0,02	14.
13	**46**	**28**	**87**	**4**	**7**	**1**	**22**	**89**	**159**	**52 029**	**56 905**	**1,35**	**1,00**	

Zudem weicht die Mundart, welche sie sprechen, sehr weit von der hochpolnischen ab, und die Masuren sowie die evangelischen Einwohner polnischer Zunge in Posen und Oberschlesien bedienen sich sogar grundsätzlich der deutschen Schriftzeichen, während die Polen lateinische Lettern anwenden. Um den Einfluß dieser Verhältnisse auf das gesammte Zahlenbild zu veranschaulichen, ist das polnisch redende Schülerkontingent in den Tabellen auf den Seiten 114—117 mit Unterscheidung seiner Wohnsitze besonders aufgeführt. Eine Prüfung dieser Tabelle von den hiergegebenen Gesichtspunkten aus läßt erkennen, daß im Jahre 1891 nicht 495 023, sondern höchstens 250 000 rein polnische Kinder unsere Schulen besuchen, also nicht 9,38 Proz., sondern etwa 5 Proz. der Gesammtzahl.

Die Zusammenstellung läßt aber auch erkennen, wie die polnisch redende Bevölkerung bereits ihren Zug nach Westen begonnen hat; keine Provinz entbehrt derselben mehr, selbst Berlin zählt 240 Kinder, welche in ihren Familien nur polnisch, 675 Kinder, welche polnisch und deutsch reden. Dieser Umstand ist ein neuer Sporn für die Unterrichtsverwaltung, die deutsche Sprache in den Schulen, welche von Kindern polnischer Familiensprache besucht werden, zu pflegen. Was sich in dieser Beziehung bei dem Entgegenkommen der Bevölkerung erreichen läßt, mag die Thatsache beweisen, daß in den masurischen Kreisen des Regierungsbezirkes Gumbinnen, wo 44,[illegible] Proz., in den Landschulen sogar 48,[illegible] Proz. der Kinder nur polnische Familiensprache haben, wie bereits oben erwähnt, der Konfirmandenunterricht nur in deutscher Sprache ertheilt wird. Auch in den masurischen Kreisen des Regierungsbezirkes Königsberg wird der Konfirmandenunterricht nur in deutscher Sprache ertheilt.

f) Ein letzter Punkt, welcher auf die Vertheilung der Volksschulen über die verschiedenen Landestheile einwirkt, ist die bereits oben berührte höchst ungleiche Dichtigkeit der schulpflichtigen Bevölkerung. Die Wirkungen davon äußern sich nach zwei Richtungen: einmal müssen da, wo mehr schulpflichtige Kinder unterrichtlich zu versorgen sind, entsprechend mehr Schulen oder Schulklassen vorhanden sein, wenn nicht unerwünschte Ueberfüllung und andere Uebelstände eintreten sollen; dann aber muß die betreffende Bevölkerung in der Lage sein, die hierdurch hervorgerufene stärkere Anspannung ihrer Leistungen für die Schule zu ertragen.

Es unterliegt keinem Zweifel, daß diejenige Bevölkerung, welche einen verhältnißmäßig großen Bruchtheil noch nicht erwerbsfähiger Personen körperlich zu ernähren und zu unterhalten hat, schon hierdurch zu höheren Aufwendungen gezwungen ist. Wenn nun in weiterer Folge die Erfüllung der Schulpflicht eben wegen der größeren Kinderzahl auch ihrerseits noch höhere Kosten verursacht, so werden ärmere Landstriche — das ist zu vermuthen — unter Umständen nicht mehr in der Lage sein, allen Ansprüchen wegen Einrichtung von Schulveranstaltungen zu genügen. Wohlhabendere Landestheile mit verhältnißmäßig geringer Bevölkerung im schulpflichtigen Alter werden umgekehrt für die Schule reichlicher sorgen können, ohne die Belastung mit deren Unterhaltungskosten drückend zu empfinden. Von diesen Gesichtspunkten aus ist die Dichtigkeit der schulpflichtigen Bevölkerung mit den Schulunterhaltungskosten schon im Hefte 101 der Preußischen Statistik für 1886 verglichen worden, und zwar nach folgenden Gruppen:

A. Gruppen mit hohem Prozentsatze schulpflichtiger Bevölkerung:
Gruppe I. Kreise von Westpreußen und Posen;
" II. Kreise von Sachsen und Hessen-Nassau;
" III. Kreise von Westfalen, Hessen-Nassau und Rheinland ohne erhebliche Industrie;
" IV. Kreise von Westfalen und Rheinland mit erheblicher Industrie.

B. Gruppen mit niedrigem Prozentsatze schulpflichtiger Bevölkerung:
Gruppe V. Kreise von Ostpreußen;
" VI. Kreise von Schlesien;
" VII. Kreise von Brandenburg;
" VIII. Kreise von Sachsen, Hannover und Schleswig-Holstein;
" IX. Kreise von Rheinland ohne erhebliche Industrie.

Die auf Seite 119 f. folgende Übersicht, welche die jeder dieser Gruppen zugehörigen Kreise namentlich aufführt, läßt nun z. B. erkennen, daß auf je 100 Bewohner
in Gruppe I bei durchschnittlich 21,4 Proz. Schulpflichtigen 325,3 M,
dagegen " " V " " 17,4 " " 291,6 "
und " " VI " " 16,4 " " 315,7 "
Schulunterhaltungskosten entfielen. In Gruppe I ist die Bevölkerung, entsprechend der größeren Kinderzahl, höher als in Gruppe V belastet, allein nicht in demselben Verhältnisse, wie nach dem Mehr der schulpflichtigen Bevölkerung erwartet werden könnte. Demzufolge werden die Schuleinrichtungen in der Gruppe V im Ganzen wohl etwas besser sein als in Gruppe I; in der That entfallen dort 1 068 M,

(Fortsetzung des Textes auf Seite 121.)

Kreise des preußischen Staates mit dem höchsten und dem niedrigsten Prozentsatze schulpflichtiger Kinder im Alter von 6 bis 14 Jahren und Aufwendungen in diesen Kreisen für die öffentlichen Volksschulen.

Kreis.	Regierungsbezirk.	Bevölkerung nach der Volkszählung vom 1. Dezember 1885	Schulpflichtige Kinder im Alter von 6 bis 14 Jahren	Oeffentliche Volksschulen	Klassen derselben	Schulunterhaltungskosten 1886 ℳ	Auf je 100 ortsanwesende Personen entfallen schulpflichtige Kinder	Auf je 100 ortsanwesende Personen entfallen Schulunterhaltungskosten ℳ	Auf je 100 schulpflichtige Kinder entfallen Schulunterhaltungskosten ℳ	Von je 100 Volksschülern wurden unter anormalen Frequenzverhältnissen unterrichtet
1	2	3	4	5	6	7	8	9	10	11
Gruppe I. (Posensche und westpreußische Kreise mit hohem Prozentsatze der Schulpflichtigen.)										
Schlochau	Marienwerder	64 945	13 892	102	172	217 621	21,4	335,1	1 567	71,1
Flatow	„	64 717	13 667	112	170	231 991	21,1	358,5	1 697	54,7
Birnbaum	Posen	27 252	5 753	44	72	96 348	21,1	353,6	1 675	52,7
Samter	„	53 113	11 214	74	131	164 218	21,1	309,3	1 464	63,2
Posen (West)	„	34 128	7 379	45	83	95 241	21,6	279,1	1 291	64,5
Grätz	„	31 437	6 681	43	78	96 327	21,3	306,4	1 442	67,5
Bomst	„	58 165	12 207	92	157	207 520	21,0	356,8	1 700	61,7
Schmiegel	„	34 032	7 797	48	96	121 440	22,8	356,9	1 558	75,6
Kosten	„	42 110	9 264	53	102	112 498	22,0	267,1	1 214	75,6
Gostyn	„	38 000	8 172	46	96	127 212	21,5	334,8	1 557	66,4
Koschmin	„	29 444	6 195	38	75	82 420	21,0	280,0	1 331	61,1
Schrimm	„	53 508	11 217	77	148	175 915	21,0	328,8	1 568	53,0
Schroda	„	52 939	11 273	81	117	169 779	21,3	320,7	1 506	76,7
Summe		**583 786**	**124 711**	**855**	**1 503**	**1 898 539**	**21,4**	**325,3**	**1 522**	**64,8**
Gruppe II. (Sächsische und hessische Kreise mit hohem Prozentsatze der Schulpflichtigen.)										
Grafschaft Hohenstein	Erfurt	42 460	8 900	66	143	147 079	21,0	346,5	1 653	39,7
Worbis	„	41 220	8 536	56	131	162 577	20,7	394,4	1 905	56,9
Heiligenstadt	„	38 337	8 127	72	117	142 990	21,2	373,0	1 760	54,1
Witzenhausen	Kassel	29 348	6 086	57	104	121 920	20,7	415,4	2 003	34,7
Melsungen	„	27 757	5 958	64	97	110 482	21,5	398,0	1 854	35,4
Rotenburg i. H.-N.	„	30 317	6 565	61	104	115 393	21,7	380,6	1 757	48,1
Hersfeld	„	32 442	7 128	63	116	129 077	21,9	397,8	1 811	35,0
Hünfeld	„	24 130	5 027	53	84	89 211	20,8	369,7	1 775	34,0
Schlüchtern	„	28 989	6 169	52	104	98 509	21,3	340,1	1 598	29,8
Gelnhausen	„	41 057	8 440	81	157	162 172	20,6	395,0	1 921	28,8
Summe		**336 077**	**70 939**	**625**	**1 157**	**1 279 515**	**21,1**	**380,7**	**1 804**	**39,5**
Gruppe III. (Westliche, nicht durch Industrie hervorragende Kreise mit hohem Prozentsatze der Schulpflichtigen.)										
Büren	Minden	35 735	7 683	60	136	137 045	21,5	383,5	1 784	28,8
Brilon	Arnsberg	38 016	8 187	64	121	142 667	21,5	375,9	1 743	47,3
Biedenkopf	Wiesbaden	40 269	8 251	85	160	119 232	20,5	296,1	1 445	30,9
Wittgenstein	Arnsberg	20 781	4 302	47	74	97 461	20,7	469,0	2 263	33,6
Meschede	„	35 790	7 426	61	110	134 302	20,7	375,3	1 809	47,1
Olpe	„	35 718	7 494	66	101	161 741	21,0	452,8	2 158	59,4
Waldbröl	Köln	22 831	4 860	41	59	109 262	21,3	478,6	2 248	71,3
Altenkirchen	Koblenz	60 601	12 497	117	170	279 649	20,6	461,5	2 238	60,4
Oberwesterwald	Wiesbaden	23 526	4 938	67	87	83 558	21,0	355,3	1 692	27,9
Summe		**313 267**	**65 638**	**608**	**1 018**	**1 264 917**	**21,0**	**403,8**	**1 927**	**46,3**
Gruppe IV. (Westliche industriereiche Kreise mit hohem Prozentsatze der Schulpflichtigen.)										
Ruhrort	Düsseldorf	67 818	14 485	67	185	354 363	21,4	522,5	2 446	77,1
Landkreis Essen	„	136 142	30 728	87	372	964 527	22,6	708,5	3 139	85,9
„ Dortmund	Arnsberg	61 496	12 743	56	159	339 863	20,7	552,7	2 667	82,8
Hattingen	„	55 350	12 112	46	137	241 851	21,9	436,9	1 997	89,8
Landkreis Bochum	„	97 868	20 425	49	240	548 403	20,9	560,3	2 685	86,2
Hörde	„	74 474	16 600	44	196	405 157	22,4	544,0	2 438	87,8
Schwelm	„	49 535	10 352	42	129	224 685	20,9	453,6	2 170	74,8
Summe		**542 683**	**117 535**	**391**	**1 418**	**3 078 851**	**21,7**	**567,3**	**2 620**	**84,1**
Gruppe V. (Ostpreußische Kreise mit niedrigem Prozentsatze der Schulpflichtigen.)										
Memel	Königsberg	58 551	10 141	56	100	132 516	17,3	226,3	1 307	63,9
Heydekrug	Gumbinnen	42 341	7 440	58	98	115 796	17,6	273,5	1 556	54,9
Tilsit	„	69 619	11 783	72	129	185 523	16,9	266,5	1 574	61,9
Niederung	„	55 677	9 747	69	107	158 613	17,5	284,9	1 627	60,4
Pillkallen	„	46 397	8 280	87	120	153 096	17,8	330,0	1 849	35,4
Gumbinnen	„	47 848	8 240	85	118	157 793	17,2	329,8	1 915	31,3
Insterburg	„	72 060	12 681	96	149	216 711	17,6	300,7	1 709	54,3
Wehlau	Königsberg	50 056	8 738	73	116	153 577	17,5	306,8	1 758	45,7
Fischhausen	„	52 243	9 261	73	126	166 247	17,7	318,9	1 795	48,4
Summe		**494 792**	**86 511**	**669**	**1 063**	**1 439 872**	**17,5**	**291,0**	**1 668**	**51,4**

Noch: Kreise des preußischen Staates mit dem höchsten und dem niedrigsten Prozentsatze schulpflichtiger Kinder im Alter von 6 bis 14 Jahren und Aufwendungen in diesen Kreisen für die öffentlichen Volksschulen.

Kreis	Regierungsbezirk.	Bevölkerung nach der Volkszählung vom 1. Dezember 1885	Schulpflichtige Kinder im Alter von 6 bis 14 Jahren	Oeffentliche Volksschulen	Klassen derselben	Schulunterhaltungskosten 1886 ℳ	Auf je 100 ortsanwesende Personen entfallen: schulpflichtige Kinder	Auf je 100 ortsanwesende Personen entfallen: Schulunterhaltungskosten ℳ	Auf je 100 schulpflichtige Kinder entfallen Schulunterhaltungskosten ℳ	Von je 100 Volksschülern wurden unter anomalen Frequenzverhältnissen unterrichtet
1	2	3	4	5	6	7	8	9	10	11
Gruppe VI. (Schlesische Kreise mit niedrigem Prozentsatze der Schulpflichtigen.)										
Freistadt	Liegnitz	51 703	8 712	69	167	162 118	16,9	313,6	1 861	29,4
Glogau	„	75 990	12 414	93	217	224 411	16,3	295,8	1 808	30,4
Sprottau	„	35 827	6 133	53	127	118 139	17,1	329,7	1 926	29,3
Bunzlau	„	59 573	10 342	83	198	198 361	17,4	333,0	1 918	26,1
Lauban	„	67 113	11 495	71	204	209 047	17,1	311,8	1 819	22,3
Löwenberg	„	63 243	9 996	108	223	201 595	15,8	318,8	2 017	14,3
Hirschberg	„	69 732	11 239	75	195	204 494	16,1	293,3	1 820	37,2
Schönau	„	24 928	4 166	40	86	72 633	16,7	291,1	1 743	16,9
Jauer	„	35 118	5 797	46	107	123 813	16,5	352,6	2 136	19,7
Goldberg-Hainau	„	49 854	8 173	59	146	168 072	16,4	337,1	2 056	32,5
Summe		**533 081**	**88 467**	**697**	**1 670**	**1 683 683**	**16,6**	**315,7**	**1 902**	**24,3**
Gruppe VII. (Brandenburgische Kreise mit niedrigem Prozentsatze der Schulpflichtigen.)										
Ostprignitz	Potsdam	67 137	10 847	137	206	260 175	16,2	387,5	2 399	7,8
Westprignitz	„	72 309	11 568	133	207	331 710	16,0	458,7	2 867	15,6
Ruppin	„	77 581	12 800	131	231	328 301	16,5	423,2	2 565	15,3
Westhavelland	„	55 407	9 252	81	150	229 595	16,7	414,4	2 482	30,4
Osthavelland	„	60 898	10 305	82	175	242 889	16,9	398,5	2 357	26,9
Zauch-Belzig	„	74 482	13 354	127	236	296 745	17,9	398,4	2 222	31,8
Teltow	„	163 107	28 013	137	405	592 067	17,2	365,0	2 114	31,6
Niederbarnim	„	144 716	25 060	127	380	492 876	17,3	340,4	1 967	33,3
Summe		**715 637**	**121 199**	**955**	**1 990**	**2 774 358**	**16,9**	**387,7**	**2 259**	**28,1**
Gruppe VIII. (Nordwestliche Kreise mit niedrigem Prozentsatze der Schulpflichtigen.)										
Herzogthum Lauenburg	Schleswig	49 861	8 540	105	144	251 358	17,1	504,1	2 943	32,3
Winsen	Lüneburg	23 385	4 123	61	85	115 465	17,6	493,8	2 801	20,8
Landkreis Lüneburg	„	19 758	3 288	2	24	71 738	16,6	363,1	2 182	18,6
Bleckede	„	21 200	3 614	54	66	95 323	17,0	449,8	2 638	40,8
Ülzen	„	44 156	7 228	91	133	172 913	16,4	391,6	2 392	20,1
Landkreis Celle	„	29 465	5 259	91	108	133 316	17,8	452,5	2 535	29,8
Fallingbostel	„	25 444	4 383	70	89	116 031	17,2	456,0	2 647	19,8
Burgdorf	„	34 121	5 905	67	108	136 251	17,3	399,3	2 307	29,1
Peine	Hildesheim	34 068	5 852	53	100	117 431	17,9	344,7	2 007	24,8
Gifhorn	Lüneburg	29 874	5 054	71	90	123 246	16,9	412,6	2 439	29,4
Isenhagen	„	15 858	2 657	48	58	59 446	16,8	374,9	2 237	9,4
Gardelegen	Magdeburg	52 018	8 808	106	162	200 074	16,9	384,6	2 272	32,0
Stendal	„	58 104	9 826	94	159	206 251	16,9	355,0	2 099	37,9
Osterburg	„	44 455	7 137	111	155	205 264	16,1	461,7	2 876	4,9
Salzwedel	„	50 546	8 247	139	182	217 651	16,3	430,6	2 639	15,4
Lüchow	Lüneburg	29 899	4 517	58	78	111 942	15,1	374,4	2 478	28,6
Dannenberg	„	14 433	2 413	26	42	56 733	16,7	393,1	2 351	41,1
Summe		**578 645**	**96 851**	**1 246**	**1 783**	**2 390 433**	**16,8**	**414,5**	**2 488**	**25,7**
Gruppe IX. (Westliche, nicht durch Industrie hervorragende Kreise mit niedrigem Prozentsatze der Schulpflichtigen.)										
Geldern	Düsseldorf	53 614	9 462	42	125	184 915	17,6	344,9	1 954	79,8
Kempen	„	93 400	16 278	59	218	339 593	17,4	363,6	2 086	73,7
Erkelenz	Aachen	37 788	6 487	54	97	137 723	17,2	364,5	2 123	50,4
Heinsberg	„	35 805	6 226	52	90	129 158	17,4	360,7	2 074	49,6
Jülich	„	41 802	7 335	60	110	147 694	17,5	353,3	2 014	49,9
Geilenkirchen	„	26 001	4 632	35	65	87 225	17,8	335,5	1 883	65,1
Bernkastel	Trier	44 389	7 811	97	128	175 898	17,6	396,3	2 252	28,3
Meisenheim	Koblenz	13 607	2 394	30	40	57 076	17,6	419,5	2 384	26,6
Gummersbach	Köln	32 538	5 834	52	80	145 418	17,9	446,9	2 493	51,5
Summe		**378 944**	**66 459**	**481**	**953**	**1 404 700**	**17,6**	**370,7**	**2 114**	**57,6**

hier nur 1 522 ℳ Ausgaben auf je 100 schulpflichtige Kinder, und dort sind nur 51,4 Proz., hier aber 64,3 Proz. der Schulkinder unter anomalen Verhältnissen unterrichtet. Zieht man nun noch die Gruppe VI in die Vergleichung, so tritt die bessere unterrichtliche Versorgung bei fast gleicher Belastung, aber bei wesentlich geringerer Kinderzahl, noch schärfer hervor. Hier können nämlich 1 902 ℳ auf je 100 Kinder verwendet werden, und damit wird der Vortheil erzielt, daß nur noch 26,3 Proz. der Schulkinder in mehr oder weniger überfüllten Klassen oder Schulen unterrichtet zu werden brauchen. Im Posenschen (Gruppe I) giebt also die Bevölkerung zwar verhältnißmäßig mehr für die öffentliche Volksschule aus als in den ostpreußischen (Gruppe V) und in den schlesischen (Gruppe VI) Gebietstheilen; allein trotz der höheren Belastung ist dort, eben wegen der zahlreicheren schulpflichtigen Bevölkerung, nicht gleich gut für die Schuleinrichtungen gesorgt wie hier.

Bei kleineren Gebietstheilen treten die vorgedachten Beziehungen meist noch deutlicher in die Erscheinung. Der posensche Kreis Schmiegel hat 22,8, der schlesische Kreis Jauer dagegen nur 16,8 Proz. Schulpflichtige unter der Bevölkerung; beide Kreise sind im Verhältnisse zur Bevölkerung fast ganz gleich mit Volksschulkosten belastet: der Kreis Schmiegel giebt 356,8 ℳ, der Kreis Jauer 352,3 ℳ auf je 100 Einwohner für die Volksschule aus. Aber wegen der verschiedenen Dichtigkeit der schulpflichtigen Bevölkerung dort und hier rechnen sich im Kreise Schmiegel nur 1 558 ℳ, im Kreise Jauer dagegen 2 136 ℳ Volksschulkosten auf je 100 Schulpflichtige. Die Wirkung hiervon spiegelt sich wider in der Ueberfüllung der Schulen im Kreise Schmiegel und in der normalen Frequenz derselben im Kreise Jauer: dort wurden nur 25,0 Prozent, hier dagegen 80,4 Prozent aller Volksschüler unter normalen Frequenzverhältnissen unterrichtet.

Andere Gebietstheile, z. B. die den Gruppen III und VIII angehörigen, zeigen ähnliche Verhältnisse. Gruppe III ist verhältnißmäßig sehr kinderreich, Gruppe VIII dagegen kinderarm; dort entfallen auf je 100 Einwohner 403,5 ℳ, hier 414,5 ℳ Volksschulausgaben; dort erhalten trotz der fast gleichen Belastung der Bevölkerung mit Schulkosten, eben wegen der größeren Kinderzahl, nur 53,3 Prozent, hier dagegen 74,5 Prozent der Volksschüler unter normalen Verhältnissen Unterricht. Gegensätze, wie sie die Kreise Essen (Land) und Osterburg, oder Hattingen und Isenhagen, oder Hörde und Salzwedel zeigen, sind charakteristische Beispiele für die Beziehungen zwischen der Dichtigkeit der Schulpflichtigen, der Belastung der Bevölkerung mit Volksschulausgaben und der Versorgung der Schulbevölkerung mit normalen Unterrichtseinrichtungen.

So einfach und regelmäßig wie in vorstehenden Beispielen gestalten sich die besprochenen Beziehungen nun freilich nicht überall. Die verschiedenen Preisverhältnisse, die Lebensbedingungen der Bevölkerung, die ausgebildete Geldwirthschaft und umgekehrt die in manchen Gegenden noch vielfach nicht überwundene Naturalwirthschaft beeinflussen die Wirkungen der größeren oder geringeren Kinderzahl auf die Gestaltung der Volksschuleinrichtungen nicht selten. Gruppe IV bietet hierfür ein Beispiel. Sie zeigt bei allerdings hohem Prozentsatze der Schulpflichtigen sehr erhebliche Aufwendungen für die Volksschule und gleichwohl noch starke Ueberfüllung der Schulklassen. Dort im Westen aber erscheinen, der reinen Geldwirthschaft wegen, die Schulaufwendungen im Vergleiche zum Osten ohne Zweifel höher; das Gehalt der Lehrer ist dort überwiegend in baarem Gelde, hier in weitem Umfange auch in Naturalien zu zahlen.

Es darf immerhin als sicher gelten, daß die ungleiche Dichtigkeit der schulpflichtigen Bevölkerung unmittelbar auf die Vertheilung und Gestaltung der Volksschulen einwirkt.

3. Die Einrichtung der öffentlichen Volksschulen, die Schülerzahl und das Verhältniß der letzteren zur Zahl der Lehrkräfte.

Nach den Vorschriften der Allgemeinen Verfügung vom 15. Oktober 1872 haben sich die Schuleinrichtungen im preußischen Staate folgendermaßen gestaltet: Es bestanden

	1882		1886		1891	
	Schulen	mit Klassen	Schulen	mit Klassen	Schulen	mit Klassen
Schulen mit einem Lehrer	23 071	26 060	[1]) 23 223	28 776	[2]) 22 467	28 439
darunter Halbtagsschulen	2 989	5 978	[1]) 5 481	11 034	[2]) 5 925	11 897
Schulen mit zwei Lehrern	5 406	12 659	5 643	13 895	6 348	15 829
darunter mit drei Klassen	1 847	5 641	2 610	7 830	3 136	9 408
sonst mehrklassige Schulen	4 563	27 249	5 150	32 426	5 927	38 478
Schulen überhaupt . . .	**33 040**	**65 968**	**34 016**	**75 097**	**34 742**	**82 746.**

[1]) davon 72 Schulen dreiklassig. — [2]) desgl. 47 Schulen.

Im Jahre 1882 bez. 1886 und 1891 unterrichtete in 69,83 bez. 68,27 und 64,67 Prozent aller Schulen nur ein Lehrer, aber bloß 39,36 bez. 38,32 und 34,62 Prozent aller Unterrichtsklassen wurden ausschließlich von einer Lehrkraft versorgt; in 16,36 bez. 16,59 und 18,27 Prozent der Schulen versahen zwei Lehrer den Unterricht, aber ihrer Fürsorge lagen doch noch 19,19 bez. 18,50 und 19,27 Prozent aller Klassen ob; nur 13,81 bez. 15,14 und 17,06 Prozent der Schulen waren mehrklassige mit drei und mehr Lehrern, aber ihre Organisation war derart ausgestaltet, daß 41,45 bez. 43,18 und 46,84 Prozent aller Klassen auf diese Kategorie von Schulen entfielen.

Daß die mehrklassige Schule vorwiegend in den Städten, die Schule mit einem oder mit zwei Lehrern dagegen mehr auf dem Lande anzutreffen ist, kann vorausgesetzt werden. Folgende Zahlen erweisen es näher: Es wurden gezählt

a) in den Städten	im Jahre 1882 Schulen	Proz.	Klassen	Proz.	im Jahre 1886 Schulen	Proz.	Klassen	Proz.	im Jahre 1891 Schulen	Proz.	Klassen	Proz.
Schulen mit einer Lehrkraft . . .	493	14,77	531	2,64	656	17,64	751	3,22	537	13,87	615	2,36
Schulen mit zwei Lehrkräften . .	322	9,64	753	3,74	362	9,74	874	3,74	347	8,96	803	3,08
sonst mehrklassige Schulen	2 524	75,59	18 864	93,62	2 700	72,62	21 723	93,04	2 987	77,16	25 233	94,56
überhaupt	**3 339**	**100**	**20 148**	**100**	**3 718**	**100**	**23 348**	**100**	**3 871**	**100**	**26 051**	**100;**
b) auf dem Lande												
Schulen mit einer Lehrkraft . . .	22 578	76,02	25 529	55,72	22 567	74,48	28 025	54,16	21 930	71,04	27 824	49,60
Schulen mit zwei Lehrkräften . .	5 084	17,12	11 906	25,98	5 281	17,43	13 021	25,16	6 001	19,44	15 026	26,79
sonst mehrklassige Schulen	2 039	6,86	8 385	18,30	2 450	8,09	10 703	20,68	2 940	9,52	13 245	23,61
überhaupt	**29 701**	**100**	**45 820**	**100**	**30 298**	**100**	**51 749**	**100**	**30 871**	**100**	**56 095**	**100.**

Die vollkommenere Institution der mehrklassigen Volksschule genießen die Städte, nämlich 1882: 7,64 unter den 13,81 Proz., 1886: 7,94 unter den 15,14 Proz. und 1891: 8,60 unter den 17,06 Proz. der mehrklassigen Schulen überhaupt, und ihre mehrklassigen Schulen sind überdies noch wesentlich breiter und stufenreicher ausgebaut als die ländlichen Schulen, indem jene 1882: 28,90, 1886: 28,93 und 1891: 30,72, diese 1882: nur 12,51, 1886: 14,25 und 1891: 16,12 Proz. von den 41,41 bezw. 43,18 und 46,84 Proz. der Klassen aller mehrklassigen Schulen für sich in Anspruch nehmen. Allerdings dürfen diese, nur die äußere Gestaltung der Schulen beschreibenden Zahlen nicht aus dem Zusammenhange mit den Frequenzziffern gerissen werden.

Das Volksschulwesen hat sich nach Maßgabe des örtlichen Bedürfnisses vollkommen frei entwickelt, und es ist eben das Eigenartige der Allgemeinen Bestimmungen vom 15. Oktober 1872, daß sie die Schule der Regulative vom 3. Oktober 1854 auf eine breitere Basis stellten und durch Einfügung ganz neuer Organisationsformen den Gemeinden und sonstigen Schulinteressenten einen weiteren Spielraum und zweckmäßige Direktiven gewährten. Es bestehen heute je nach der Neigung und nach den besonderen örtlichen Bedürfnissen und Mitteln der Schulgemeinden die verschiedensten Schuleinrichtungen. Die einklassige Volksschule bezw. die zweiklassige mit einer Lehrkraft (Halbtagsschule) behauptet sich naturgemäß am nachhaltigsten. Aber auch dahin darf ein Fortschritt konstatirt werden, daß die zwei- und mehrklassigen Schulen bezw. die Schulen mit zwei und mehr Lehrkräften immer mehr in Aufnahme kommen; denn es gab

	mehr Lehrer als Schulen	auf je 10 Schulen Lehrer		mehr Lehrer als Schulen	auf je 10 Schulen Lehrer
1821 . . .	1 800	10,9	1878 . . .	26 390	18,6
1857 . . .	7 698	13,6	1882 . . .	26 877[1]	18,1
1861 . . .	10 609	14,3	1886 . . .	30 734[1]	19,6
1871 . . .	18 278	15,6	1891 . . .	36 989[1]	20,8.

[1]) nur für die öffentlichen Volksschulen geltend; aus den Angaben für die früheren Jahre können die öffentlichen Mittelschulen nicht ausgeschieden werden; die Werthe für die öffentlichen Volksschulen würden in früheren Jahren etwas niedriger sein.

Namentlich in den letzten zwanzig Jahren, d. h. in der Zeit nach Erlaß der Allgemeinen Verfügung, ist der Fortschritt in der Entwickelung der zwei- und mehrklassigen Schulen verhältnißmäßig rasch gewesen. Ende 1871 gab es unter 33 130 öffentlichen Volks- (und Mittelschulen) 24 739 einklassige, 4 879 zweiklassige und 3 512 drei- und mehrklassige Schulen, wobei die erste und zweite Gruppe gleichbedeutend ist mit Schulen mit einer bezw. zwei Lehrkräften. Im Jahre 1882 war die Zahl der einfachsten Schulen schon wesentlich geringer. Von 1882 bis 1891 ist eine weitere Besserung der Verhältnisse zu erkennen. Der Fortschritt in der Organisation wird in folgenden kurzen Zahlenreihen besonders deutlich veranschaulicht. Es waren unter je 100 Schulen

	1871	1882	1886	1891
Schulen mit einer Lehrkraft	74,7	69,8	68,3	64,1
„ „ zwei Lehrkräften	14,9	16,4	16,6	18,8
mehrklassige Schulen mit drei und mehr Lehrkräften .	10,4	13,8	15,1	17,1

Und dieser Fortschritt gegen 1871 ist thatsächlich noch größer, weil die für 1871 nicht auszuscheidenden, für 1882, 1886 und 1891 aber ausgeschiedenen Mittelschulen, die zum allergrößten Theile lediglich auf die Gruppe der drei- und mehrklassigen Schulen entfallen, den Prozentsatz der letzteren im Jahre 1871 erhöht und den der beiden anderen, namentlich den der ersten Gruppe, entsprechend herabgedrückt haben.

Gegenüber dem im Vorstehenden dargestellten Ausbau der Schulen nach Unterrichtsklassen ist es nicht ohne Interesse, die Ausstattung der Volksschulen mit Klassenzimmern oder Klassenräumen zu untersuchen. An sich bedarf ja jede wirkliche Klasse (im Gegensatze zu Abtheilung) auch eines Klassenraumes, und es würde, wenn der Unterricht überall zeitlich nebeneinander ertheilt würde, mindestens ebensoviel räumliche wie unterrichtliche Klassen geben müssen. Thatsächlich aber findet der Natur der Sache gemäß in den zweiklassigen Schulen mit einer Lehrkraft und in den dreiklassigen Schulen mit zwei Lehrkräften der Unterricht der Hälfte bezw. eines Drittels der Unterrichtsklassen zeitlich nacheinander statt. Außerdem fehlen hie und da, z. B. bei einzelnen der allerdings nur noch sehr seltenen Wanderschulen und aus sonstigen zufälligen oder vorübergehenden Gründen einzelne Klassenzimmer für wirklich vorhandene Unterrichtsklassen. Immerhin müssen im Jahre 1882 rund 61 000 Klassenräume in den 33 040 Schulen vorhanden gewesen sein, d. h. etwa 185 Klassenräume auf je 100 Schulen. Im Jahre 1886 waren dagegen in 34 016 Schulen 66 540 Klassenräume vorhanden, d. h. 196 Klassenräume auf je 100 Schulen, und im Jahre 1891 in 34 742 Schulen 72 921 Klassenzimmer, d. h. 210 Klassenräume auf je 100 Schulen. Im Jahre 1878 kamen auf je 100 Schulen rund 178 Klassenzimmer, und die Differenz zwischen 210, bezw. 196, 185 und 178 dürfte das Minimum des Fortschrittes bezeichnen, welchen die Ausstattung der Volksschulen mit Unterrichtsräumen gemacht hat, wennschon auch heute noch manche Klassenräume und Baulichkeiten in den öffentlichen Volksschulen überhaupt unzulänglich sein mögen. Allerdings wurden 1886 im Ganzen 1 852 und 1891 ebenso 1 971 Klassenräume nicht für Unterrichtszwecke benutzt. Dies erklärt sich daraus, daß nicht allein einzelne einklassige Schulen neuerer Zeit im Hinblick auf das künftige Bedürfniß von vornherein mit zwei Klassenzimmern ausgestattet worden sind, sondern auch bei den Halbtagsschulen und den dreiklassigen Schulen mit zwei Lehrkräften die Fürsorge der Gemeinden und Unterhaltungspflichtigen durch Anlegung eines zweiten bezw. dritten Klassenraumes öfter dafür Vorkehrungen getroffen hat, daß die kleineren, auf die spätere Stunde des Unterrichtes wartenden, häufig aber schon unter Aufsicht der größeren Geschwister u. s. w. in der früheren Morgenstunde zum Schulhause gekommenen Kinder, bezw. die den Schluß des Unterrichtes der Kleinen abwartenden größeren Kinder einen geschützten und im Winter geheizten Warteraum finden. In welchem Umfange diese höchst wünschenswerthe humane Einrichtung besteht, läßt sich jedoch nach Lage des zu Gebote stehenden statistischen Stoffes nicht feststellen.

Die Gliederung der Schulen nach Unterrichtsklassen und Lehrkräften ist aber nicht gleichbedeutend mit der Unterscheidung derselben nach aufsteigenden Klassen oder Unterrichtsstufen. Auch letzterem Gesichtspunkte ist, abweichend von der früheren Statistik, bei der Aufbereitung der Ergebnisse der 1886er und 1891er Erhebung Rechnung getragen worden; letztere hatten die Zahl der aufsteigenden Klassen für jede Schule ausdrücklich erfragt. Die Unterscheidung der Schulen nach aufsteigenden Klassen und nach Unterrichtsklassen bedarf kaum einer Erklärung, da diese an sich verständlich ist. Nur mag hier angedeutet werden, daß eine zweiklassige oder dreiklassige Schule unter Umständen keineswegs eine Schule mit zwei oder drei aufsteigenden Klassen ist oder zu sein braucht. Alle Schuleinrichtungen mit Parallelklassen der gleichen Unterrichtsstufen — und solche kommen in größeren Gemeinden namentlich zum Zwecke einer Trennung der Geschlechter häufig vor — sind in der vorliegenden Statistik das eine Mal nach der Zahl der jeweils für sich besonders unterrichteten Unterrichtsklassen bezw. der Zahl der

Lehrkräfte, das andere Mal nach der Zahl der aufsteigenden Klassen behandelt worden. Das Ergebniß der Gliederung nach ersterem Gesichtspunkte ist vorstehend besprochen. Die Gruppirung nach aufsteigenden Klassen zeigt folgende Vertheilung der Schulen und Klassen. Es befanden sich unter der Gesammtzahl der öffentlichen Volksschulen

solche	im Jahre 1886 Schulen	im Jahre 1886 mit Unterrichtsklassen	im Jahre 1891 Schulen	im Jahre 1891 mit Unterrichtsklassen
mit 1 aufsteigenden Klasse	17 744	17 745	16 600	16 655
„ 2 „ Klassen	8 845	18 141	9 474	19 425
„ 3 „ „	3 949	12 561	4 447	14 054
„ 4 „ „	1 352	6 408	1 553	7 247
„ 5 „ „	649	4 102	692	4 253
„ 6 „ „	1 187	12 825	1 551	16 181
„ 7 und mehr aufsteigenden Klassen .	290	3 815	425	4 931.

Größern Schulkörper, vier- und mehrklassige Schulen kommen meist in den volkreichen Gemeinden vor; aber auch kleinere Gemeinden haben die beträchtlichen Opfer für derartige Einrichtungen nicht gescheut. Doch finden sich auch ein- und zweiklassige Schulen da, wo mehrklassige sehr wohl geschaffen werden könnten. Die Schulen mit 1 oder 2 aufsteigenden Klassen gehören ganz überwiegend dem platten Lande an; in den Städten haben sie eine geringere Verbreitung, und ihr Vorhandensein erklärt sich hier vielfach aus der Erhaltung einfacher Schulen wegen konfessioneller Verhältnisse. Die Vertheilung der Volksschulen nach den aufsteigenden Klassen stellt sich für die Städte bezw. das platte Land, wie folgt. Es waren vorhanden unter den öffentlichen Volksschulen

solche	im Jahre 1886 in den Städten Schulen	im Jahre 1886 in den Städten mit Unterrichts-klassen	im Jahre 1886 auf dem Lande Schulen	im Jahre 1886 auf dem Lande mit Unterrichts-klassen	im Jahre 1891 in den Städten Schulen	im Jahre 1891 in den Städten mit Unterrichts-klassen	im Jahre 1891 auf dem Lande Schulen	im Jahre 1891 auf dem Lande mit Unterrichts-klassen
mit 1 aufsteigenden Klasse	567	568	17 177	17 177	464	467	16 136	16 188
„ 2 „ Klassen	342	740	8 503	17 401	329	685	9 145	18 740
„ 3 „ „	548	1 954	3 401	10 607	467	1 653	3 980	12 401
„ 4 „ „	566	2 926	786	3 482	538	2 775	1 015	4 472
„ 5 „ „	405	2 678	244	1 424	386	2 542	306	1 711
„ 6 „ „	1 028	11 420	159	1 405	1 297	13 923	254	2 258
„ 7 u. mehr „ „	262	3 062	28	253	390	4 606	35	325.

Die Gestaltung der Schulen, wie sie im Vorhergehenden dargestellt wurde, ist nicht Selbstzweck, sondern das Mittel zur bestmöglichen Erfüllung der unterrichtlichen und erziehlichen Aufgabe der Volksschulen, welche sich an der Schulbevölkerung zu bethätigen hat. Die Schulen können daher nicht ohne ihre Benutzung gedacht werden, und die Darstellung des Besuches der verschiedenen Schulkategorien vermag einen Ueberblick darüber zu gewähren, welche Bruchtheile der Schulbevölkerung in den einfacheren oder in den besser ausgestalteten Schulanstalten Unterricht erhalten.

Für die Unterrichtsverwaltung einerseits ist das nicht ohne ernstes Interesse, insofern durch eine Darstellung dieser Verhältnisse der Nachweis geliefert wird, ob und in wieweit den bestehenden Bestimmungen über die höchste zulässige Schülerzahl der Klassen genügt, bezw. wo und in welchem Umfange nach dieser Richtung hin noch eine ordnende Thätigkeit seitens der Behörden zu entfalten ist u. s. w. Hierbei kommt übrigens nicht blos die Fürsorge für die Schulbevölkerung in Frage, sondern ebenso sehr die für die Lehrer. Die Verwaltung kann nicht wünschen, daß die Lehrer über das Maß ihrer Kräfte hinaus in Anspruch genommen und vor der Zeit ihrer Frische und Spannkraft beraubt werden; damit würde dem Lehrermangel wieder Thor und Thür geöffnet. Da außerdem die Volksschullehrer in der Hauptsache auf Staatskosten ausgebildet werden, wäre deren vorzeitige Abnutzung auch vom fiskalischen Standpunkte aus nicht wünschenswerth.

Der Statistiker andererseits wird geneigt sein, aus einer Untersuchung über den Schulbesuch in den verschiedenen Gruppen der Volksschulen bis zu einem gewissen Grade wenigstens auf die Schattirungen im Bildungsstande und den Umfang der Grundlegung sittlicher Lebensanschauung in der jetzt die Schule besuchenden Bevölkerung zu schließen, insofern die Annahme berechtigt ist, daß sowohl der Besuch einer vollkommener organisirten mehrklassigen Schule wie auch der Unterricht in nicht überfüllten Klassen bessere Bildungs- und Erziehungserfolge zeitigt, als die gegentheiligen Unterrichtsbedingungen.

Die Statistik von 1882, 1886 und 1891 giebt über die Schulbesuchsverhältnisse folgende ziffermäßige Unterlage. Es wurden unterrichtet

in den Städten und auf dem Lande zusammen:	1882 Schüler	1882 Proz.	1886 Schüler	1886 Proz.	1891 Schüler	1891 Proz.
in einklassigen Schulen	1 326 404	30,19	1 146 602	23,70	962 079	19,57
„ Halbtagsschulen	337 801	7,19	¹) 581 477	12,02	²) 574 311	11,68
„ eigentlichen zweiklassigen Schulen	493 873	11,37	415 116	8,58	397 445	8,08
„ Schulen mit drei Klassen und zwei Lehrkräften . .	344 742	7,94	476 769	9,85	521 113	10,60
„ Schulen mit drei Klassen und drei Lehrkräften . .	267 570	6,14	277 015	5,73	260 744	5,30
„ vier- und mehrklassigen Schulen	1 559 839	35,94	1 941 268	40,12	2 200 784	44,76
Es erhielten also Unterricht:						
in Schulen mit 1 Lehrkraft	1 674 205	38,58	1 728 079	35,72	1 536 390	31,25
„ Schulen mit 2 Lehrkräften	838 115	19,31	891 885	18,43	918 558	18,68
„ voll ausgestalteten drei- und mehrklassigen Schulen . .	1 827 409	42,11	2 218 283	45,85	2 461 528	50,06
überhaupt . .	**4 339 729**	**100**	**4 838 247**	**100**	**4 916 476**	**100.**

Diese Zahlen über den Besuch der verschiedenen Arten der Volksschulen sind zunächst in statistischer Beziehung lehrreich. Sie zeigen, daß von der gesammten Schulbevölkerung der öffentlichen Volksschulen 1882 etwa drei Siebentel (42,11 Proz.), 1886 etwas weniger als die Hälfte (45,85 Proz.) und 1891 schon über die Hälfte (50,06 Proz.) in denjenigen Schulen eingeschult sind, welche nach ihrer Gestaltung verhältnißmäßig den besten Volksschulunterricht ertheilen dürften; nahezu vier Zehntel der Schüler aber (38,58 Proz.) sehen sich 1882, über ein Drittel (35,72 Proz.) 1886 und etwas über drei Zehntel (31,25 Proz.) 1891 auf den Unterricht in theilweise noch unter einfacheren äußeren Verhältnissen arbeitenden Volksschulen mit einer Lehrkraft beschränkt. Für die städtische Schulbevölkerung liegen die Verhältnisse allerdings sehr viel günstiger; hier ist nahezu der vollkommenste Zustand erreicht; denn es waren eingeschult

in den Städten:	1882 Schüler	1882 Proz.	1886 Schüler	1886 Proz.	1891 Schüler	1891 Proz.
in einklassigen Schulen. . . .	22 743	1,79	27 585	1,83	22 018	1,36
„ Halbtagsschulen	3 918	0,31	³) 8 792	0,58	7 324	0,45
„ eigentlichen zweiklassigen Schulen	27 610	2,18	26 848	1,79	27 918	1,73
„ Schulen mit drei Klassen und zwei Lehrkräften . . .	19 088	1,51	26 167	1,74	17 631	1,09
„ Schulen mit drei Klassen und drei Lehrkräften . . .	60 858	4,80	57 692	3,84	44 636	2,76
„ vier- und mehrklassigen Schulen.	1 138 119	89,81	1 356 822	90,22	1 495 928	92,60
Es erhielten also Unterricht:						
in Schulen mit 1 Lehrkraft	26 661	2,10	36 377	2,42	29 342	1,82
„ Schulen mit 2 Lehrkräften	46 698	3,69	53 015	3,53	45 549	2,82
„ voll ausgestalteten drei- und mehrklassigen Schulen	1 193 977	94,21	1 414 514	94,06	1 540 564	95,36
überhaupt . . .	**1 267 336**	**100**	**1 503 906**	**100**	**1 615 455**	**100.**

Die ländliche Bevölkerung dagegen muß sich überwiegend mit den einfacheren Schulorganismen begnügen; denn es befanden sich

¹) darunter 10 003 Schüler in dreiklassigen Schulen mit einer Lehrkraft. — ²) desgl. 6 076 Schüler. — ³) desgl. 482 Schüler.

auf dem Lande:	1882 Schüler	Proz.		1886 Schüler	Proz.		1891 Schüler	Proz.
in einklassigen Schulen	1 313 661	42,76		1 119 017	33,56		940 061	28,48
„ Halbtagsschulen	333 883	10,87	[1]	572 685	17,18	[2]	566 987	17,18
„ eigentlichen zweiklassigen Schulen	465 763	15,16		388 268	11,64		369 527	11,19
„ Schulen mit 3 Klassen und 2 Lehrkr.	325 654	10,60		450 602	13,51		503 482	15,25
„ Schulen mit 3 Klassen und 3 Lehrkr.	206 712	6,73		219 323	6,58		216 108	6,55
„ vier- und mehrklassigen Schulen	426 720	13,89		584 446	17,53		704 856	21,35
Es erhielten also Unterricht:								
in Schulen mit 1 Lehrkraft	1 647 544	53,62		1 691 702	50,74		1 507 048	45,65
„ Schulen mit 2 Lehrkräften	791 417	25,76		838 870	25,15		873 009	26,44
„ drei- und mehrklassigen Schulen	633 432	20,62		803 769	24,11		920 964	27,90
überhaupt	**3 072 393**	**100**		**3 334 341**	**100**		**3 301 021**	**100.**

Selbstverständlich ist die mehrklassige Schule nicht unter allen Umständen und ohne Weiteres die bessere. Sie hat unter im übrigen gleichen Umständen nur die Vermuthung für sich, daß sie es sei.

Ergänzungsweise ist hier der Vertheilung der Schulbevölkerung auf die Schulen mit weniger oder mehr aufsteigenden Klassen zu erwähnen, welche in nachstehenden Zahlen veranschaulicht wird. Es wurden unterrichtet

im Jahre 1886:

in Schulen mit	in den Städten	Proz.	auf dem Lande	Proz.	zusammen	Proz.
1 aufsteigenden Klasse	27 684	1,84	1 119 017	33,56	1 146 701	23,70
2 „ Klassen	45 978	3,06	1 032 481	30,97	1 078 459	22,29
3 „ „	132 736	8,83	700 277	21,00	833 013	17,22
4 „ „	199 322	13,25	250 422	7,51	449 744	9,30
5 „ „	178 650	11,88	106 632	3,20	285 282	5,90
6 „ „	724 610	48,18	105 213	3,16	829 823	17,15
7 u. mehr „ „	194 926	12,96	20 209	0,61	215 225	4,45
überhaupt	**1 503 906**	**100**	**3 334 341**	**100**	**4 838 247**	**100;**

dagegen im Jahre 1891:

in Schulen mit	in den Städten	Proz.	auf dem Lande	Proz.	zusammen	Proz.
1 aufsteigenden Klasse	22 504	1,39	947 094	28,69	969 598	19,72
2 „ Klassen	39 477	2,44	1 008 030	30,54	1 047 507	21,31
3 „ „	103 506	6,41	746 877	22,63	850 383	17,30
4 „ „	178 068	11,02	298 335	9,04	476 403	9,69
5 „ „	155 413	9,62	118 999	3,60	274 412	5,58
6 „ „	836 424	51,78	158 528	4,80	994 952	20,24
7 u. mehr „ „	280 063	17,34	23 158	0,70	303 221	6,17
überhaupt	**1 615 455**	**100**	**3 301 021**	**100**	**4 916 476**	**100.**

Auch aus diesen Zahlen geht hervor, in welchem Maße die städtische Schulbevölkerung unterrichtliche Vortheile vor der ländlichen voraus hat. Daß auch die im Ganzen einfacheren Landschulen vielfach vollkommen Befriedigendes leisten, daß Geschick, Ausdauer, Berufsfreudigkeit und nicht zuletzt die physische Kraft des Lehrers, insofern diese zur Ertragung der Anstrengungen eines vielstündigen Unterrichts befähigt, in solchen Schulen nicht selten vorzügliche Unterrichtserfolge zeitigen, soll damit nicht von ferne bestritten werden, wie denn insbesondere auf pädagogischem Gebiete der Eigenart des Lehrers und des Schülers gar häufig ein größeres Gewicht zukommt als der Lehrordnung und dem Schema. Nichtsdestoweniger liegt es in der Natur der Sache, daß von den günstigeren äußeren Verhältnissen, wie sie die Schulen mit aufsteigenden Klassen bieten, im Allgemeinen auch nachhaltigere Unterrichts- und Erziehungserfolge erwartet werden dürfen. Zu dieser Erwartung ist man um so mehr berechtigt, als gerade die Umstände, welche in manchen Gemeinden die vortheilhaftere Organisation verbieten, oft sonst noch Übelstände, wie Überfüllung der Klassen, Überlastung der einzelnen Lehrkraft und in Folge dessen mangelhafte oder sogenannte „stille Beschäftigung" der Kinder und Anderes mehr im Gefolge haben, Übelstände, von deren Wirkung die reicher ausgestatteten Schulanstalten zwar keineswegs gänzlich, aber doch ungleich mehr bewahrt bleiben.

[1] darunter 9 521 Schüler in dreiklassigen Schulen mit einer Lehrkraft. — [2] desgl. 6 076 Schüler.

Dürfte man also nach Maßgabe der obigen Verhältnißzahlen auf die Volksschulbildung in der Bevölkerung schließen, so würde reichlich die Hälfte der erwachsenen Personen in den Besitz der besseren Bildung durch die Schule gelangt sein. Vielleicht ist aber dieser Bruchtheil etwas zu hoch gegriffen; denn man darf doch wohl die Nachtheile der gerade auch in den mehrklassigen Volksschulen bestehenden anomalen Frequenzverhältnisse (s. u.) und den bekanntlich nicht günstigen Einfluß der Überbürdung der Lehrkräfte auf die Erfüllung der Aufgabe des Volksschulunterrichtes nicht allzu niedrig veranschlagen, mögen auch die berührten Übelstände in den vortheilhafter ausgestalteten Schulanstalten weniger nachhaltig wirken als in den einfacheren, bei denen es in der Regel an jedem Gegengewicht für jene Schäden fehlt.

Die für die Verwaltung interessante Seite der Frage des Schul- und Klassenbesuchs ist theilweise schon in den unmittelbar vorher mitgetheilten Zahlenreihen gestreift. Von besonderem Interesse sind aber die Ermittelungen über den durchschnittlichen Klassenbesuch und über die einem Lehrer durchschnittlich zufallende Arbeitsmenge, diese gemessen an der auf einen solchen kommenden Schülerzahl. Die nachstehenden Zahlenwerthe und diejenigen der beiden auf den Seiten 128 bis 131 folgenden Übersichten veranschaulichen diese Verhältnisse für die Regierungsbezirke, für Stadt und Land und für die einzelnen Schularten näher.

Im Durchschnitte aller Volksschulanstalten entfallen Schulkinder

in den	auf je eine Schulklasse						auf je einen Lehrer					
Regierungsbezirken:	in den Städten			auf dem Lande			in den Städten			auf dem Lande		
	1882	1886	1891	1882	1886	1891	1882	1886	1891	1882	1886	1891
1. Königsberg	59	63	57	66	67	62	58	64	57	70	75	66
2. Gumbinnen	49	60	52	70	70	65	49	66	51	71	75	67
3. Danzig	61	66	63	67	68	59	59	64	61	72	77	68
4. Marienwerder	61	65	58	77	72	59	62	66	59	82	85	75
5. Stadtkr. Berlin	54	55	55	—	—	—	54	57	55	—	—	—
6. Potsdam	54	56	54	55	55	52	57	61	56	63	67	65
7. Frankfurt	60	62	57	67	61	57	63	66	59	88	89	82
8. Stettin	56	56	54	63	62	57	56	56	52	68	71	66
9. Köslin	55	56	52	62	61	53	55	58	53	67	70	64
10. Stralsund	50	53	52	40	51	48	49	53	52	55	56	53
11. Posen	67	66	58	84	79	63	73	74	63	106	110	95
12. Bromberg	67	69	60	78	72	59	73	81	68	89	95	81
13. Breslau	65	64	58	61	57	50	67	67	60	94	95	83
14. Liegnitz	60	60	57	83	49	47	65	68	62	92	88	81
15. Oppeln	72	74	69	81	77	70	72	75	70	102	96	84
16. Magdeburg	60	62	59	64	62	60	59	62	57	68	69	68
17. Merseburg	64	64	60	70	64	61	68	70	63	81	82	77
18. Erfurt	62	64	62	66	65	58	60	66	61	82	84	77
19. Schleswig	64	63	61	54	55	53	66	64	58	56	56	54
20. Hannover	65	65	59	72	65	60	65	67	59	78	81	74
21. Hildesheim	62	65	59	69	62	57	63	70	61	75	77	72
22. Lüneburg	58	60	56	54	54	49	59	62	54	56	59	56
23. Stade	64	64	64	57	58	56	64	64	63	60	61	59
24. Osnabrück	68	73	64	61	63	57	70	82	68	79	81	76
25. Aurich	66	69	67	65	67	65	66	69	64	66	74	73
26. Münster	81	85	83	83	80	79	83	87	85	85	92	90
27. Minden	63	65	61	60	60	56	70	73	63	99	97	89
28. Arnsberg	79	77	73	74	75	71	80	79	74	84	84	79
29. Kassel	57	58	55	61	60	54	57	62	56	77	81	74
30. Wiesbaden	62	63	55	68	59	51	59	62	53	72	72	65
31. Koblenz	72	67	64	60	62	54	73	70	66	68	71	68
32. Düsseldorf	72	73	70	72	74	71	72	75	70	75	80	76
33. Köln	64	66	64	73	72	68	65	66	64	74	74	70
34. Trier	67	73	68	68	70	66	68	72	68	68	70	68
35. Aachen	67	70	63	64	66	65	67	72	63	69	72	69
36. Sigmaringen	67	69	60	63	62	57	70	72	64	66	64	59

(Fortsetzung des Textes auf Seite 132.)

Durchschnittliche Schülerzahl auf je eine Klasse bezw. Lehrkraft in den einzelnen

Staat. — Regierungsbezirke.	Es entfielen durchschnittlich								
	Schulen mit einer Lehrkraft auf je eine						zweiklassigen Schulen mit zwei Lehrkräften auf je eine		
	Klasse			Lehrkraft			Klasse bezw. Lehrkraft		
	1882	1886	1891	1882	1886	1891	1882	1886	1891
1	2	3	4	5	6	7	8	9	10
a) **Staat**	**50**	**48**	**48**	**54**	**55**	**54**	**65**	**64**	**60**
b) **Regierungsbezirke.**									
1. Königsberg	77	68	52	77	74	52	59	60	52
2. Gumbinnen	58	70	55	58	70	55	81	—	74
3. Danzig	57	55	55	57	55	69	72	54	49
4. Marienwerder	81	70	61	81	70	69	62	62	54
5. Stadtkreis Berlin	69	27	—	35	27	—	—	—	—
6. Potsdam	43	45	45	43	49	56	62	51	67
7. Frankfurt	69	59	57	92	79	90	86	57	58
8. Stettin	55	54	62	55	54	62	71	64	54
9. Köslin	8	55	50	8	65	50	—	70	57
10. Stralsund	72	69	56	72	69	67	38	35	—
11. Posen	54	46	42	58	54	46	64	68	52
12. Bromberg	72	66	55	77	80	64	56	50	45
13. Breslau	48	48	45	59	68	67	74	61	51
14. Liegnitz	55	34	42	55	59	59	52	53	58
15. Oppeln	55	43	39	58	55	49	66	—	55
16. Magdeburg	61	45	58	61	45	58	85	82	—
17. Merseburg	76	51	54	102	61	81	66	52	63
18. Erfurt	39	40	37	39	46	37	40	42	49
19. Schleswig	37	37	31	48	46	31	34	58	46
20. Hannover	49	49	38	52	61	49	70	—	53
21. Hildesheim	30	34	31	33	35	31	54	38	40
22. Lüneburg	25	51	32	25	64	38	59	77	36
23. Stade	48	48	49	48	48	49	—	62	72
24. Osnabrück	36	58	46	47	66	60	68	36	55
25. Aurich	45	51	37	45	51	37	30	40	41
26. Münster	28	47	40	28	47	40	84	89	81
27. Minden	35	26	39	37	29	42	58	61	64
28. Arnsberg	46	34	48	51	35	55	77	74	65
29. Kassel	35	37	39	36	39	42	70	44	57
30. Wiesbaden	49	52	47	49	70	59	74	—	51
31. Koblenz	42	50	51	42	53	55	62	55	47
32. Düsseldorf	62	57	63	64	66	68	70	69	68
33. Köln	50	66	73	50	73	73	65	70	68
34. Trier	44	49	65	51	49	65	69	84	69
35. Aachen	47	53	43	44	53	43	59	59	57
36. Sigmaringen	50	63	62	58	63	62	72	65	42

Schularten der Städte, 1882, 1886 und 1891.

Schulkinder in den																		
dreiklassigen Schulen mit zwei Lehrkräften auf je eine						Schulen mit drei Lehrkräften auf je eine						übrigen mehrklassigen Schulen auf je eine						Wiederholung der Bezeichnung in Spalte 1.
Klasse			Lehrkraft			Klasse			Lehrkraft			Klasse			Lehrkraft			
1882	1886	1891	1882	1886	1891	1882	1886	1891	1882	1886	1891	1882	1886	1891	1882	1886	1891	
11	12	13	14	15	16	17	18	19	20	21	22	23	24	25	26	27	28	
58	**58**	**52**	**88**	**84**	**79**	**68**	**70**	**62**	**67**	**76**	**68**	**63**	**65**	**61**	**64**	**67**	**61**	a)
																		b)
37	56	47	56	84	71	60	64	55	59	66	55	59	63	58	57	63	57	1.
41	58	—	62	86	—	56	66	61	56	73	61	48	60	51	48	64	50	2.
—	—	—	—	—	—	53	58	—	53	54	—	61	66	63	60	65	61	3.
79	90	50	119	136	75	79	61	56	79	65	60	60	65	58	61	66	59	4.
—	—	—	—	—	—	25	—	—	25	—	—	54	55	55	54	57	55	5.
62	55	49	94	88	74	61	60	58	61	60	58	54	57	55	57	61	56	6.
61	55	56	92	83	84	70	68	59	70	77	65	60	62	57	62	65	59	7.
67	—	—	100	—	—	72	68	53	72	73	59	56	55	54	56	56	52	8.
—	56	41	—	84	62	60	72	45	60	72	45	55	61	53	55	68	53	9.
—	—	—	—	—	—	54	—	60	54	—	60	50	53	52	49	53	51	10.
61	58	54	91	80	81	74	71	55	74	86	66	69	69	61	73	73	64	11.
56	59	50	89	85	75	66	70	64	66	81	80	68	72	61	74	85	67	12.
56	61	53	84	91	79	67	63	65	77	72	85	65	65	59	67	66	60	13.
60	55	43	91	82	64	69	65	60	69	83	66	60	61	58	65	67	62	14.
69	65	44	104	97	67	72	71	65	72	71	70	73	75	71	73	76	72	15.
—	58	76	—	86	115	55	63	61	55	69	67	60	62	59	58	62	57	16.
62	69	52	94	103	79	75	67	63	75	81	70	64	64	60	68	70	63	17.
51	50	55	77	74	82	69	64	74	69	70	77	63	65	71	61	67	90	18.
59	27	38	89	40	57	68	67	57	68	67	57	65	64	61	66	65	59	19
61	55	79	92	83	119	79	74	62	79	74	66	65	66	61	66	67	59	20.
54	51	70	82	76	105	56	78	57	56	78	62	64	67	60	65	72	62	21.
—	—	—	—	—	—	58	53	41	58	57	45	58	60	58	60	62	55	22.
—	—	—	—	—	—	60	67	63	60	79	63	65	64	64	65	65	64	23.
57	52	45	85	79	68	67	76	50	51	83	59	72	79	69	72	86	70	24.
—	—	48	—	—	72	53	64	52	53	64	52	71	74	71	71	73	67	25.
55	64	64	88	96	95	82	83	85	82	88	90	85	90	86	87	92	87	26.
55	77	76	82	116	115	75	74	65	75	80	76	66	69	63	72	77	64	27.
49	61	60	74	91	99	84	79	71	84	85	72	81	79	74	82	80	74	28.
57	55	53	86	82	80	65	67	63	65	75	65	58	60	56	59	63	56	29.
65	48	47	97	73	71	75	59	49	75	73	61	62	63	56	58	62	52	30.
48	43	44	71	64	65	74	73	69	74	73	69	74	69	66	75	72	68	31.
58	62	62	87	94	93	72	76	73	72	78	74	72	74	70	72	75	70	32.
—	64	58	—	77	88	71	74	70	71	74	70	65	65	64	65	66	64	33.
—	—	—	—	—	—	62	76	69	62	76	69	68	73	68	65	73	66	34.
—	69	—	—	103	—	57	72	70	57	72	70	68	72	64	68	74	64	35.
—	57	—	—	85	—	59	65	—	59	65	—	73	78	62	73	78	67	36.

Durchschnittliche Schülerzahl auf je eine Klasse bezw. Lehrkraft in den einzelnen

Staat. — Regierungsbezirke.	Es entfielen durchschnittlich								
	Schulen mit einer Lehrkraft auf je eine						zweiklassigen Schulen mit zwei Lehrkräften auf je eine		
	Klasse			Lehrkraft			Klasse bezw. Lehrkraft		
	1882	1886	1891	1882	1886	1891	1882	1886	1891
1	2	3	4	5	6	7	8	9	10
a) **Staat**	**65**	**60**	**54**	**73**	**75**	**69**	**76**	**69**	**62**
b) Regierungsbezirke.									
1 Königsberg	67	66	62	70	75	68	65	69	61
2. Gumbinnen	72	72	67	72	77	70	66	70	62
3 Danzig	66	68	58	72	76	66	68	71	63
4. Marienwerder	82	75	59	82	86	75	76	74	61
5. Stadtkreis Berlin	—	—	—	—	—	—	—	—	—
6. Potsdam	52	51	47	58	61	59	64	59	59
7. Frankfurt	64	57	54	86	86	81	77	77	66
8. Stettin	61	61	55	65	67	62	72	72	63
9. Köslin	62	63	55	64	68	62	65	63	56
10 Stralsund	47	48	46	50	51	48	53	56	54
11. Posen	86	80	64	107	114	100	82	92	69
12. Bromberg	80	74	59	90	96	80	78	81	58
13. Breslau	54	51	44	90	90	79	85	82	56
14. Liegnitz	85	44	42	89	82	77	97	74	58
15. Oppeln	77	69	60	107	101	85	83	77	68
16. Magdeburg	53	50	48	58	58	58	76	73	70
17. Merseburg	68	60	59	74	74	69	88	86	67
18. Erfurt	63	61	52	74	76	68	68	68	51
19. Schleswig	52	53	50	53	53	50	58	53	51
20. Hannover	73	63	58	74	76	71	76	75	69
21. Hildesheim	69	60	55	69	70	65	72	69	68
22. Lüneburg	51	51	47	51	54	51	62	63	60
23. Stade	54	54	52	55	58	54	61	61	57
24. Osnabrück	54	57	50	69	73	67	71	69	64
25. Aurich	61	63	63	61	66	66	69	77	73
26. Münster	78	87	74	80	90	87	81	90	84
27 Minden	55	54	49	100	95	89	79	78	62
28. Arnsberg	70	66	61	79	77	73	77	79	73
29. Kassel	57	56	50	73	76	71	77	77	70
30. Wiesbaden	63	54	45	69	67	61	75	67	62
31. Koblenz	56	60	50	64	66	68	65	63	54
32. Düsseldorf	68	64	60	70	72	66	68	70	66
33. Köln	75	73	68	77	75	71	71	71	67
34. Trier	64	65	59	64	65	63	71	71	67
35. Aachen	57	58	59	60	65	62	65	67	64
36. Sigmaringen	56	54	51	58	55	52	64	63	57

Schularten auf dem Lande, 1882, 1886 und 1891.

Schulkinder in den

dreiklassigen Schulen mit zwei Lehrkräften auf je eine						Schulen mit drei Lehrkräften auf je eine						übrigen mehrklassigen Schulen auf je eine						Wiederholung der Bezeichnung in Spalte 1.
Klasse			Lehrkraft			Klasse			Lehrkraft			Klasse			Lehrkraft			
1882	1886	1891	1882	1886	1891	1882	1886	1891	1882	1886	1891	1882	1886	1891	1882	1886	1891	
11	12	13	14	15	16	17	18	19	20	21	22	23	24	25	26	27	28	
62	**61**	**55**	**94**	**90**	**83**	**77**	**76**	**68**	**77**	**85**	**79**	**78**	**75**	**76**	**85**	**88**	**81**	a)
																		b)
56	62	58	84	94	87	73	75	67	73	78	69	70	83	71	78	94	78	1.
57	60	54	85	91	81	69	69	63	69	74	65	67	68	64	70	74	68	2.
57	58	53	86	87	80	71	72	63	71	80	73	70	72	66	75	83	75	3.
60	61	60	90	91	90	81	74	62	81	81	86	74	61	60	85	96	98	4.
—	—	—	—	—	—	—	—	—	—	—	—	—	—	—	—	—	—	5.
56	56	53	83	84	78	76	69	64	76	80	77	64	65	62	77	81	74	6.
69	67	60	104	99	90	83	75	68	83	89	82	77	70	60	93	94	83	7.
60	59	54	90	88	81	94	76	74	94	92	86	74	70	66	82	84	76	8.
56	52	48	84	77	71	78	69	59	78	85	77	68	48	41	74	76	75	9.
54	57	57	81	85	78	61	59	58	61	66	66	59	58	50	68	73	61	10.
71	66	53	117	76	85	81	79	60	81	92	79	73	67	59	101	112	98	11.
58	64	54	88	96	82	68	76	65	68	92	81	73	75	68	87	96	78	12.
62	59	52	93	88	78	100	68	58	100	105	92	67	62	58	109	108	98	13.
67	58	53	100	85	79	108	69	64	108	102	94	82	63	59	109	115	105	14.
75	69	62	118	104	93	90	84	74	90	95	84	87	87	81	103	100	89	15.
62	63	61	93	94	92	81	78	73	81	81	79	81	82	76	83	85	79	16.
65	63	57	97	94	86	83	79	72	83	96	93	74	70	70	95	92	86	17.
63	62	55	94	93	82	84	81	68	84	93	85	81	76	77	93	96	92	18.
52	53	51	78	80	70	62	62	59	62	63	60	64	65	64	65	69	64	19.
59	61	54	88	91	81	83	82	74	83	92	80	81	81	71	86	88	75	20.
65	61	55	97	92	83	82	80	71	82	93	88	81	—	74	81	—	78	21.
55	54	49	82	81	74	71	72	56	71	76	65	67	74	61	75	80	66	22.
54	57	51	80	85	76	68	69	66	68	70	68	69	69	65	70	71	66	23.
64	66	59	95	99	89	87	83	72	87	104	92	86	78	79	101	85	92	24.
59	63	61	88	94	91	80	80	79	80	80	79	75	82	67	75	82	72	25.
70	64	67	105	85	101	90	90	91	90	95	98	89	94	83	92	98	90	26.
59	60	59	90	91	88	70	76	59	70	98	88	68	60	67	112	118	99	27.
61	63	58	91	95	87	83	81	77	83	87	81	82	84	79	88	86	81	28.
60	61	56	90	91	84	91	84	73	91	94	78	80	80	72	95	90	80	29.
65	55	49	98	82	74	71	65	57	71	74	69	75	73	64	75	77	68	30.
56	56	50	84	83	75	77	72	68	77	79	74	77	73	70	79	80	75	31.
60	62	59	89	93	89	78	77	74	78	82	78	77	80	77	77	84	80	32.
63	61	61	95	92	91	72	74	69	72	75	70	73	73	68	74	73	69	33.
58	61	50	87	92	75	72	79	74	72	79	75	74	75	74	74	76	74	34.
59	60	58	89	80	84	71	75	71	71	77	73	73	81	76	76	83	78	35.
63	60	53	95	90	79	86	86	69	86	86	69	84	85	75	84	85	75	36.

(r)

Wenn, wie aus diesen Zahlen hervorgeht, zwar die städtischen Schulen in den meisten Regierungsbezirken weniger häufig als die ländlichen sehr oder zu stark besucht sind, so zeigen doch die sehr hohen Durchschnittsziffern, daß in vielen Schulen das zulässige Maß des Klassenbesuches erreicht, in nicht wenigen überschritten sein muß, und zwar in allen drei Jahren, 1882, 1886 und 1891. Es giebt nur drei Bezirke im Staate, Schleswig, Arnsberg und Koblenz, in welchen 1886 weniger Schüler als 1882 auf einen städtischen Lehrer entfielen, und drei Bezirke, Stettin, Breslau und Stade, in welchen sich das Verhältniß nicht geändert hatte; in allen übrigen Bezirken war der Durchschnitt ungünstiger geworden. Auf dem Lande begegnen wir einer Besserung gegen 1882 und 1886 in den Regierungsbezirken Liegnitz, Oppeln, Minden und Sigmaringen, unveränderten Verhältnissen dagegen in den Bezirken Schleswig, Arnsberg, Wiesbaden und Köln, während in den übrigen Bezirken die Lehrer 1886 höher als 1882 belastet sind. Der Fortschritt ist zwar auf dem Lande im Ganzen merkbarer als in den Städten; allein hier war in jener Periode ein solcher wegen der einfacheren Schuleinrichtungen auch am wenigsten zu entbehren. Günstiger dagegen gestaltet sich das Verhältniß von 1891 zu 1886, da sich bei allen Bezirken sowohl in den Städten wie auf dem Lande eine geringere Belastung des Lehrers ergiebt.

In den Schulen mit einem und zwei Lehrkräften begegnet man selbst in den Städten mancher Bezirke großen Schülerzahlen. Auf dem Lande ist übermäßiger Besuch in diesen noch häufiger. So finden sich in den Landschulen mit einer Lehrkraft in dem Regierungsbezirke Posen durchschnittlich 100, Minden 89, Münster 87 und Oppeln 85 Schüler auf jeden Lehrer. Selbst die Anstellung zweier Lehrer und die Einrichtung einer dritten Klasse bei zwei Lehrkräften, zu der ja überwiegend in Gemeinden mit besonders zahlreicher Schulbevölkerung gegriffen wird, reicht vielfach nicht aus, um die Arbeitskraft der Lehrer und die Menge der Schüler in ein richtiges Verhältniß zu bringen: für 1891 kommen jetzt noch im 5 Bezirken über 90 Schüler auf 1 Lehrkraft in den dreiklassigen Landschulen mit zwei Lehrern, für 22 der 36 Bezirke wird eine Durchschnittsschülerzahl von über 80 auf den Lehrer in Schulen dieser Art nachgewiesen. Ländliche Schulen mit 3 Lehrern zählen 1891 in 5, Landschulen mit 4 und mehr Lehrern in 7 Regierungsbezirken über 90 Kinder pro Lehrer, darunter Liegnitz sogar über 100. Es kamen im Jahre 1891 auf dem platten Lande im Durchschnitte der Bezirke

über 80 Kinder auf eine Lehrkraft:

in Schulen mit einem Lehrer: im Regierungsbezirke Frankfurt (81), Oppeln (85), Münster (87), Minden (89) und Posen (100);

über 70 Kinder auf eine Lehrkraft:

in zweiklassigen Schulen mit zwei Lehrern: im Regierungsbezirke Aurich (73), Arnsberg (73) und Münster (84);

in dreiklassigen Schulen mit zwei Lehrern: in sämmtlichen Regierungsbezirken;

im Schulen mit drei Lehrern: in 26 von 35 Regierungsbezirken;

in vier- und mehrklassigen Schulen: in 28 von 35 Regierungsbezirken.

Gerade die größeren Schulorganismen auf dem platten Lande leiden demnach besonders an Überfüllung.

Hiernach ist es nicht zweifelhaft, daß die Unterrichtsverwaltung durch die Lage der Dinge gezwungen ist, noch weitere Anstrengungen zur Versorgung aller Kinder mit angemessenen Schuleinrichtungen zu machen. Und dies wird mit Nothwendigkeit zu erhöhten Aufwendungen aus Staatsmitteln drängen. Der bereits hier und da laut gewordene Wunsch nach Einschränkung der Staatsaufwendungen für die Volksschule ist nicht gerechtfertigt, wenn man die Sprache der oben mitgetheilten Verhältnißzahlen gehört und verstanden hat.

4. Normale und anomale Frequenzverhältnisse*) der öffentlichen Volksschulen.

Die vorstehenden wie die weiter unten folgenden Zahlen ergeben, in welchem Umfange es der preußischen Unterrichtsverwaltung gelungen ist, die ihr gestellten großen und durch die geschilderten Hindernisse erschwerten Aufgaben zu lösen. Gerade im Hinblick auf die erzielten Ergebnisse aber hat sie keine Veranlassung, die noch vorhandenen Mängel zu verdecken oder zu beschönigen.

Diese Mängel bestehen wesentlich in dem Vorhandensein überfüllter Schulklassen, und es soll offen ausgesprochen werden, in wie weit durch diese die erziehliche Arbeit an unserer heranwachsenden Jugend aufgehalten wird.

Wenn im weiteren Verlaufe der Darstellung ausgeführt werden wird, in welchem Maße die Ausgaben für das Volksschulwesen in den letzten Jahrzehnten gewachsen sind, so kann geltend gemacht

*) Für die Ausführungen dieses Abschnittes sind die wenigen dreiklassigen Schulen mit einer Lehrkraft überall den dreiklassigen Schulen mit zwei Lehrkräften zugerechnet.

werden, daß ein wesentlicher Theil der dabei in Betracht kommenden Ausgaben bestimmt gewesen ist, überfüllte Schulklassen zu theilen und frühere Unterlassungen gut zu machen. Im Märzhefte des „Centralblattes" vom Jahre 1882 sind darüber sehr ausführliche Mittheilungen gegeben.

Die Schule erzieht durch den Unterricht, ja sie übt nur in dem Maße erziehliche Kraft, in welchem sie diesen ernstlich betreibt; aber all' ihr Unterricht verliert den besten Theil seines Werthes, wenn er nicht erziehlich wirkt. Dazu jedoch, daß er das vermöge, ist erforderlich, daß Ordnung und Pünktlichkeit in der Schule herrsche, daß jeder Zögling bezüglich der Treue, mit welcher er seine Pflichten erfüllt, geprüft werden könne, daß der Vortrag des Lehrers alle Schüler erreiche und allen Etwas biete; vorzüglich aber, daß sich eine persönliche Beziehung zwischen dem Lehrer und seinen Schülern bilde. Unter diesen sind fast in jeder Volksschule solche, um die sonst Niemand Sorge trägt, und die von all' den Gütern ausgeschlossen sind, durch welche den anderen ihre Kindheit und Jugend lieb wird. Diese Kinder, welche in der Schule zu einem Bewußtsein ihres geistigen Lebens erwachen sollen, bedürfen, damit sie dies können, stets besonders eingehender Bemühungen des Lehrers, welche ihnen in der überfüllten Schule nicht zu Theil werden können. In dieser bleibt erfahrungsmäßig eine Anzahl Kinder von Jahr zu Jahr immer weiter hinter den anderen zurück, bis sie arm an Kenntnissen und Fertigkeiten, ungeschickt fürs Leben, geistig stumpf oder innerlich unbefriedigt, die Schule verlassen.

Erst die vollkommene Erfüllung der hier gekennzeichneten doppelten Aufgabe vermag dem Volksschulunterrichte die sittlichen Segnungen zu sichern, welche von der Schule im Allgemeinen erwartet werden, von der bloßen Förderung des Wissens aber nimmermehr erwartet werden dürfen. Die thatsächlichen Erscheinungen auf dem Gebiete der Moralstatistik weisen der überwiegenden Mehrzahl nach darauf hin, daß die fortschreitende Geistesbildung für sich den Menschen gegen die Versuchungen des verbrecherischen Hanges nicht schützt, ihn moralisch nicht zu bessern vermag, daß sie höchstens das formelle Bewußtsein der Verantwortlichkeit des Einzelnen steigert. Nur wenn die durch den Unterricht gewährte Erkenntniß auf religiös-sittliche Grundlage gestellt, wenn sie gestützt wird durch ein gesteigertes Pflichtgefühl, durch angewöhnten und anerzogenen Sinn für Pietät, für Achtung vor dem Gesetz und der staatlichen Rechts- wie der sittlichen Weltordnung, kurz, nur wenn die geistige Schulung durch religiös-sittliche Erziehung die höhere Weihe erhält und dem höheren Wissen ein geschärftes Gewissen beigesellt wird, — nur dann hat die Schule ihre Aufgabe gelöst, der Unterricht versittlichend gewirkt.

Darum aber verdienen alle die Erscheinungen, welche die Erreichung dieses Zieles zu fördern oder zu gefährden geeignet sind, ernste Würdigung, um so mehr, als ja die Volksschule die alleinige Quelle geistiger und sittlicher Förderung für die breitesten Schichten des Volkes bildet. Unter diesen Erscheinungen stehen obenan die Frequenzverhältnisse, welche, wenn normal, der Vertiefung des unterrichtlichen und erziehlichen Einflusses der Volksschulen nachdrücklich Vorschub leisten, wenn anomal, je nach der Stärke der Überfüllung der Unterrichtsklassen, die Erreichung des Zieles schädigen müssen und bis zu einem gewissen Grade in Frage stellen können.

a) Normale Frequenzverhältnisse.

Als normaler Zustand ist nach allen Erfahrungen und in Gemäßheit des Ministerialerlasses vom 26. März 1827 eine Schülerzahl bis zu 80 Schülern in einklassigen, bis zu 70 Schülern für die Klasse in mehrklassigen Schulen anzusehen. Wird nach diesem Maßstabe zwischen normalen und anomalen Frequenzverhältnissen in den öffentlichen Volksschulen Preußens geschieden, so erhielten von sämmtlichen Kindern der verschiedenen Arten von Volksschulen in normal eingerichteten Klassen Unterricht:

	1882		1886		1891	
	Schüler	Proz.	Schüler	Proz.	Schüler	Proz.
in einklassigen Schulen	740 688	55,43	604 907	57,90	682 260	70,38
„ Halbtagsschulen	230 527	68,84	414 456	72,59	465 761	81,97
„ zweiklassigen Schulen mit zwei Lehrkräften	233 239	47,37	197 973	47,08	256 354	64,50
„ dreiklassigen Schulen mit zwei Lehrkräften	208 790	60,44	305 048	62,47	401 370	76,18
„ mehrklassigen Schulen	862 372	47,19	1 022 490	46,05	1 449 549	58,05
zusammen	2 275 616	52,14	2 604 874	53,44	3 255 294	66,31;
oder: in Schulen mit einer und zwei Lehrkräften	1 413 244	56,86	1 582 384	60,40	1 805 745	73,48
in sonstigen Schulen	862 372	47,19	1 022 490	46,05	1 449 549	58,05.

Wieviel Prozent der Gesammtzahl der Schüler in den einzelnen Regierungsbezirken unter normalen Frequenzverhältnissen unterrichtet wurden, ergiebt nachstehende Uebersicht.

Normale Frequenzverhältnisse in den öffentlichen Volksschulen der einzelnen Regierungsbezirke 1882, 1886 und 1891.

Staat. — Regierungsbezirke.	Von je 100 Schülern wurden unter normalen Verhältnissen unterrichtet								
	in den Städten und auf dem Lande zusammen			in den Städten			auf dem Lande		
	1882	1886	1891	1882	1886	1891	1882	1886	1891
1	2	3	4	5	6	7	8	9	10
a) **Staat**	**53,44**	**53,84**	**66,21**	**55,48**	**55,44**	**68,43**	**51,30**	**53,13**	**65,00**
b) Regierungsbezirke.									
1. Königsberg	58,80	57,04	71,81	55,64	57,87	76,51	59,84	56,85	70,49
2. Gumbinnen	56,87	56,85	69,44	78,03	61,03	88,87	54,74	55,96	67,88
3. Danzig	61,49	53,81	69,40	71,46	52,80	62,03	58,30	53,82	72,30
4. Marienwerder	43,47	48,09	72,99	55,96	56,00	77,23	40,48	46,43	72,89
5. Stadtkreis Berlin	92,90	91,85	96,43	92,90	91,85	96,43	—	—	—
6. Potsdam	76,04	75,36	80,35	77,83	77,15	82,08	75,19	74,85	80,45
7. Frankfurt	57,78	60,71	74,29	61,34	65,76	81,68	56,94	58,44	70,76
8. Stettin	64,16	63,71	75,06	74,88	74,25	85,49	59,18	59,13	70,10
9. Köslin	65,11	68,07	84,89	69,20	77,76	88,55	64,09	65,50	82,96
10. Stralsund	86,46	82,43	87,81	85,04	83,96	89,73	87,81	81,80	87,96
11. Posen	35,29	38,67	62,35	48,53	51,06	70,48	30,44	34,47	59,66
12. Bromberg	39,83	44,64	67,91	47,06	44,47	69,35	37,18	44,71	67,31
13. Breslau	57,06	62,14	82,56	51,68	58,85	80,84	59,11	64,06	83,34
14. Liegnitz	41,23	72,90	81,21	69,75	70,56	84,83	32,33	73,01	80,50
15. Oppeln	28,70	30,17	43,64	35,90	32,47	45,19	27,23	29,60	43,31
16. Magdeburg	55,97	54,75	65,40	61,09	60,89	75,96	52,71	50,62	58,07
17. Merseburg	50,67	58,47	66,77	58,31	63,34	74,37	46,63	55,88	62,39
18. Erfurt	55,86	55,76	68,21	62,83	63,38	75,77	51,90	50,76	64,83
19. Schleswig	74,65	78,39	81,48	53,27	57,46	72,36	82,96	80,96	85,69
20. Hannover	46,09	54,61	68,96	51,35	58,00	75,87	43,31	52,73	64,05
21. Hildesheim	48,81	58,19	68,00	53,55	51,70	66,97	48,90	60,56	68,47
22. Lüneburg	69,34	70,99	80,91	70,74	64,90	74,07	69,48	71,48	82,77
23. Stade	66,34	65,46	71,33	43,75	53,66	54,79	70,20	68,21	74,85
24. Osnabrück	54,30	48,06	64,81	38,84	31,12	56,58	59,37	53,05	67,87
25. Aurich	51,04	46,97	49,40	35,34	42,23	44,32	54,50	48,19	50,71
26. Münster	22,65	15,70	23,01	17,37	11,07	10,06	23,79	17,68	28,04
27. Minden	57,32	56,87	68,58	50,60	41,54	65,10	59,18	61,86	69,78
28. Arnsberg	32,41	27,83	35,70	20,77	21,76	32,36	49,71	31,47	37,85
29. Kassel	61,06	61,66	74,81	67,47	70,35	78,03	58,99	62,93	73,77
30. Wiesbaden	51,94	62,36	80,09	58,00	63,93	84,31	49,56	61,96	77,89
31. Koblenz	61,55	60,84	73,00	37,08	50,84	56,82	66,23	62,47	76,41
32. Düsseldorf	36,03	29,13	39,96	34,94	30,46	43,62	37,36	27,19	34,39
33. Köln	45,09	48,74	60,31	54,07	60,94	64,95	41,06	41,44	56,39
34. Trier	51,11	45,11	53,20	55,87	37,47	52,00	51,83	46,81	53,36
35. Aachen	53,88	44,90	60,33	43,33	33,86	70,56	57,35	50,65	55,61
36. Sigmaringen	51,37	57,25	75,73	38,37	46,41	71,87	53,80	59,35	76,14

Man ersieht aus den nebenstehenden Zahlen, daß 1891 im Staatsdurchschnitte etwa zwei Drittel aller Kinder den Unterricht unter normalen Verhältnissen genießen und daß seit 1882 und 1886 ein erheblicher Fortschritt zum Bessern gemacht ist. Daraus darf ein entsprechend günstiger Schluß auf die unterrichtlichen und erziehlichen Erfolge der Volksschule gezogen werden. Wenn der Durchschnittsprozentsatz in verschiedenen Regierungsbezirken wesentlich höher ist, so sinkt er doch auch in einzelnen Bezirken, wie in Münster, Arnsberg und Düsseldorf, Oppeln und Aurich bis zu auffälliger Tiefe herab, und wir sehen auch hier, wie schon in verschiedenen vorhergehenden Zusammenstellungen, in einzelnen Landestheilen besonders bedenkliche, in anderen besonders erfreuliche Erscheinungen auf dem Gebiete des öffentlichen Volksschulwesens immer wiederkehren.

Unsere Rechnungen beweisen übrigens auch, daß normale Schülerzahlen in den vielseitiger ausgestalteten Schulen keineswegs verhältnißmäßig häufiger anzutreffen sind als in den einfacheren, wie man doch vermuthen möchte; denn in ersteren erhielten 1882 nur 47,19, 1886: 46,09 und 1891: 58,89 Prozent Unterricht in nicht überfüllten Klassen. Und während von sämmtlichen Schulkindern auf die mehrklassigen Schulen 1882: 42,11, 1886: 45,53 und 1891: 50,07, (in den Städten 1882: 94,21, 1886: 94,07 und 1891: 95,31, auf dem Lande 1882: 20,07, 1886: 24,11 und 1891: 27,90 Prozent) entfallen, kommen 1882 nur 37,40, 1886: 39,36 und 1891: 44,55 Prozent aller unter normalen Frequenzverhältnissen unterrichteten Kinder auf diese Schulkategorie (in den Städten 1882: 93,64, 1886: 93,69 und 1891: 95,14, auf dem Lande sogar nur 1882: 12,98, 1886: 13,90 und 1891: 18,36 Prozent). Für jede einzelne Schulkategorie stellen sich letztere Verhältnisse, unterschieden nach Stadt und Land, folgendermaßen.

Vertheilung der Schulkinder auf die Volksschulkategorien und auf die normal besetzten Klassen. 1882, 1886 u. 1891.

Schulkategorien.	Es wurden unterrichtet von je 100 Schulkindern					
	der Gesammtzahl			normal besetzter Klassen		
	1882	1886	1891	1882	1886	1891
1	2	3	4	5	6	7
1. In den Städten:						
In einklassigen Schulen	1,79	1,63	1,36	2,16	2,34	1,80
„ Halbtagsschulen	0,31	0,35	0,45	0,49	0,56	0,39
„ zweiklassigen Schulen mit zwei Lehrkräften	2,38	1,98	1,75	1,82	1,46	1,47
„ dreiklassigen „ „ „	1,31	1,37	1,09	1,89	2,06	1,30
„ sonstigen mehrklassigen Schulen	94,21	94,07	95,31	93,64	93,69	95,14
oder:						
In Schulen mit einer Lehrkraft	2,10	2,35	1,81	2,16	3,20	2,19
„ „ „ zwei Lehrkräften	3,69	3,55	2,88	3,18	3,11	2,67
„ sonstigen mehrklassigen Schulen	94,21	94,07	95,31	93,66	93,69	95,14
zusammen	**100**	**100**	**100**	**100**	**100**	**100**
2. Auf dem Lande:						
In einklassigen Schulen	42,76	33,84	28,40	46,19	36,45	30,97
„ Halbtagsschulen	10,86	16,89	16,99	14,47	23,00	21,40
„ zweiklassigen Schulen mit zwei Lehrkräften	15,10	11,61	11,19	13,99	10,40	11,19
„ dreiklassigen „ „ „	10,60	13,80	15,44	12,46	16,24	18,08
„ sonstigen mehrklassigen Schulen	20,03	24,11	27,90	12,98	13,90	18,36
oder:						
In Schulen mit einer Lehrkraft	53,62	50,45	45,47	60,59	59,44	52,27
„ „ „ zwei Lehrkräften	25,76	25,44	26,63	26,43	26,66	29,37
„ sonstigen mehrklassigen Schulen	20,69	24,11	27,90	12,98	13,90	18,36
zusammen	**100**	**100**	**100**	**100**	**100**	**100**
3. In den Städten und auf dem Lande zusammen:						
In einklassigen Schulen	30,79	23,70	19,57	32,56	25,33	20,98
„ Halbtagsschulen	7,19	11,61	11,56	10,13	15,01	14,31
„ zweiklassigen Schulen mit zwei Lehrkräften	11,37	8,58	8,08	10,35	7,60	7,87
„ dreiklassigen „ „ „	7,94	10,06	10,79	9,57	11,71	12,33
„ sonstigen mehrklassigen Schulen	42,11	45,53	50,07	37,40	39,35	44,55
oder:						
In Schulen mit einer Lehrkraft	38,56	35,31	31,13	42,68	41,44	35,37
„ „ „ zwei Lehrkräften	19,81	18,64	18,80	19,43	19,31	20,09
„ sonstigen mehrklassigen Schulen	42,11	45,53	50,07	37,40	39,35	44,55
überhaupt	**100**	**100**	**100**	**100**	**100**	**100**

b) Anomale Frequenzverhältnisse.

Die entsprechend berechneten Ziffern über die anomalen Frequenzverhältnisse haben natürlich die umgekehrten Werthe, d. h. von 100 Kindern wurden 1882: 47,54, 1886: 46,16 und 1891: 33,19 unter anomalen Frequenzverhältnissen unterrichtet, oder: im Vergleich z. B. mit dem Antheil der Schüler der mehrklassigen Schulen an der Gesammtschülerzahl sind die unter anomalen Frequenzverhältnissen Unterrichteten in dieser Schulkategorie zahlreicher als in den einfacher organisirten Schulen. Die Anzahl der Schulkinder in den überfüllten Klassen der einzelnen Schularten ist aus folgender Tabelle zu ersehen.

Die Schulkinder in den überfüllten Klassen der einzelnen Volksschulkategorien, 1882, 1886 und 1891.

Schulkategorien.	1882		1886		1891	
	befanden sich in überfüllten Klassen					
	Schulkinder überhaupt	auf 100 der Gesammtzahl der Schulart	Schulkinder überhaupt	auf 100 der Gesammtzahl der Schulart	Schulkinder überhaupt	auf 100 der Gesammtzahl der Schulart
1	2	3	4	5	6	7
Einklassige Schulen	595 716	44,88	481 095	42,04	279 810	29,80
Halbtagsschulen	107 274	31,76	157 018	27,48	109 474	18,83
Zweiklassige Schulen mit zwei Lehrkräften	260 134	52,78	217 143	52,35	141 091	35,80
Dreiklassige " " " "	135 952	39,46	181 724	37,33	125 819	23,07
Sonstige mehrklassige Schulen	965 037	52,81	1 195 793	53,91	1 011 979	41,11
Schulkinder zusammen	**2 064 113**	**47,54**	**2 233 373**	**46,16**	**1 661 183**	**33,19**
oder:						
Schulen mit einer und zwei Lehrkräften	1 099 076	43,18	1 037 580	39,80	649 203	26,07
Sonstige Schulen	965 037	52,81	1 195 793	53,91	1 011 979	41,11

Die Besserung gegen früher ist, wie auch hieraus ersichtlich, überall unverkennbar, um so mehr, als die höheren und höchsten Grade der Überfüllung immer mehr verschwinden, wie unten (S. 137) dargelegt wird.

Die Überfüllung der Schulen macht sich mehr oder minder in der ganzen Monarchie geltend. Thatsächlich giebt es keinen Bezirk im Staate ohne solche Schulen.

Übrigens ist darauf aufmerksam zu machen, daß es sich hier lediglich um Überfüllung der Unterrichtsklassen handelt. Die anomale Frequenz erscheint noch erheblicher, wenn sie nach dem Maßstabe der auf eine Lehrkraft entfallenden Schüler dargestellt wird, da bei den Halbtagsschulen und bei den dreiklassigen Schulen mit zwei Lehrern der Überfüllung der Klassen eben durch Verkürzung des Unterrichtes vorgebeugt ist. Selbst in Provinzen alter Kultur wie Brandenburg kam noch 1886 eine verhältnißmäßig große Anzahl überfüllter Schulen vor. Im Regierungsbezirke Potsdam befanden sich 1886 noch 6 stark überfüllte Schulen mit einer Lehrkraft und 26 solcher mit zwei Lehrkräften, sämmtlich, mit Ausnahme einer katholischen, evangelisch. Viel übler noch standen die Verhältnisse im Regierungsbezirke Frankfurt, in welchem neben 69 mehrklassigen 77 einklassige und Halbtagsschulen mit 31 427 Kindern so stark überfüllt waren, daß ein geordneter Unterricht derselben fast ausgeschlossen erschien. Unter ihnen befanden sich: die einklassigen bezw. Halbtagsschulen zu Alt Diedersdorf im Landkreise Landsberg (184 K.), zu Baudach im Kreise Krossen (215 K.), zu Krinitz im Kreise Luckau (198 K.), zu Nauno im Kreise Kalau (224 K.), zu Sielow im Landkreise Kottbus (209 K.) und zu Albrechtsdorf im Kreise Sorau (273 K.); die mehrklassigen mit zwei Lehrkräften zu Staffelde im Kreise Soldin (281 K.), zu Alt Karbe im Kreise Friedeberg i./Nm. (279 K.), zu Blumberg im Landkreise Landsberg (277 K.), zu Groß Breesen im Landkreise Guben (262 K.), zu Starzeddel im Landkreise Guben (298 K.), zu Rehesdorf im Kreise Luckau (309 K.), zu Kolkwitz im Landkreise Kottbus (307 K.), zu Witzen im Kreise Sorau (284 K.) und zu Slamen im Kreise Spremberg (365 K.) — Das hat sich seitdem vortheilhaft geändert. So fanden sich im Regierungsbezirke Potsdam 1891 nur noch 4 stark überfüllte einklassige bezw. Halbtagsschulen, nämlich die evangelischen Schulen zu Kelschendorf (Kreis Beeskow-Storkow), Michelsdorf (Kreis Zauch-Belzig), Hennigsdorf (Kreis Osthavelland) und Wachow (Kreis Westhavelland) mit 177 bezw. 160, 163 und 162 Schulkindern. Im Regierungsbezirke Frankfurt sind statt 77 überfüllter Schulen mit einer Lehrkraft im Jahre 1886 zur Zeit nur noch 36 solcher Schulen vorhanden. In ähnlicher Weise haben auch die mehrklassigen Schulen mit hohen Besuchsziffern in den letzten fünf Jahren sich vermindert.

Selbst im Durchschnitte zahlreicher Kreise tritt, ähnlich wie in der Zusammenfassung nach Bezirken, die Überfüllung der Schulen und die Überlastung der Lehrer noch häufig hervor, aber auch die Besserung.

Im Regierungsbezirke Posen z. B., welcher 28 Kreise umfaßt, darunter einen Stadtkreis (Stadt Posen), begegneten wir noch 1886 nur 15 Kreisen, deren ländliche Schulen eine geringere Durchschnittsfrequenz als 80 Kinder pro Klasse hatten; 1891 war dies bei allen Kreisen des Bezirks der Fall; noch 1886 wurden 22 Kreise des Bezirks ermittelt, in denen durchschnittlich mehr als 100 Kinder auf 1 Lehrkraft in ländlichen Schulen entfielen, 1891 nur deren 11; noch 1886 waren in 22 Kreisen zusammen 69 einklassige Schulen mit je mehr als 150 Schülern vorhanden, 1891 kommen nur noch 10 solcher Schulen in 5 Kreisen vor. Trotzdem muß es in den Landschulen der Bezirke Frankfurt, Posen, Bromberg, Breslau, Liegnitz, Oppeln, Münster und Minden noch eine große Anzahl überfüllter Schulen geben, da in diesen Bezirken noch jetzt durchschnittlich mehr als 80 Kinder auf einen Lehrer entfallen.

Nicht ohne Interesse ist es, zu untersuchen, welche Bruchtheile der überhaupt in anomal besuchten Klassen befindlichen Schulbevölkerung unter dem leichteren, schwereren oder schwersten Grade der Klassenüberfüllung zu leiden haben. Der schlimmste Grad der Überfüllung fehlt auffälligerweise auch in den reicher ausgestalteten Schulen der Städte keineswegs, kommt im Ganzen aber auf dem Lande häufiger als in den Städten vor.

Unterscheidet man nämlich die überfüllten Klassen in folgende drei Gruppen: a) 81 bis 100 Kinder pro Klasse in einklassigen, 71 bis 90 Kinder pro Klasse in mehrklassigen Schulen, b) 101 bis 150 Kinder pro Klasse in einklassigen, 91 bis 120 Kinder pro Klasse in mehrklassigen Schulen, c) über 150 Kinder pro Klasse in einklassigen, über 120 Kinder pro Klasse in mehrklassigen Schulen — so stellt sich der Antheil für jede einzelne Gruppe an der Gesammtzahl der Schulkinder in überfüllten Klassen folgendermaßen.

Der Antheil der einzelnen Gruppen der überfüllten Klassen an der Gesammtfrequenz der letzteren.

Schulkategorien.	Von je 100 Schulkindern überfüllter Klassen kommen auf											
	Gruppe a: (81—100 bezw. 71—90 Schüler pro Klasse)			Gruppe b: (101—150 bezw. 91—120 Schüler pro Klasse)			Gruppe c: (über 150 bezw. 120 Schüler pro Klasse)			sämmtliche Gruppen		
	1882	1886	1891	1882	1886	1891	1882	1886	1891	1882	1886	1891
1	2	3	4	5	6	7	8	9	10	11	12	13
1. In den Städten:												
In einklassigen Schulen	0,87	0,66	0,66	0,44	0,52	0,17	0,00	0,02	0,00	1,33	1,20	0,85
„ Halbtagsschulen	0,13	0,15	0,11	0,04	0,03	0,01	0,00	0,00	0,00	0,17	0,17	0,15
„ zweiklassigen Schulen mit zwei Lehrkräften	1,63	1,53	2,07	0,81	0,37	0,21	0,06	0,01	0,03	2,50	1,91	2,31
„ dreiklassigen „ „ „	0,81	1,23	0,69	0,20	0,16	0,11	0,06	0,02	0,00	1,07	1,41	0,80
„ sonstigen mehrklassigen Schulen	71,16	77,46	83,12	20,56	15,64	11,86	3,21	1,85	0,66	94,93	95,75	95,65
oder:												
In Schulen mit einer Lehrkraft	0,80	0,82	0,77	0,70	0,46	0,21	0,00	0,09	0,00	1,50	1,37	0,98
„ „ „ zwei Lehrkräften	2,44	2,70	2,70	1,01	0,53	0,30	0,12	0,09	0,03	3,57	3,32	3,13
„ sonstigen mehrklassigen Schulen	71,16	77,46	83,16	20,56	15,64	11,86	3,21	1,85	0,56	94,93	95,95	95,90
zusammen	**74,40**	**81,03**	**86,66**	**22,91**	**16,91**	**12,45**	**3,33**	**2,06**	**0,59**	**100**	**100**	**100**
2. Auf dem Lande:												
In einklassigen Schulen	17,46	15,83	15,66	17,09	12,81	7,76	3,76	1,66	0,43	39,33	30,30	23,85
„ Halbtagsschulen	5,04	7,38	7,17	1,69	2,33	1,36	0,25	0,34	0,06	7,09	9,98	8,61
„ zweiklassigen Schulen mit zwei Lehrkräften	9,60	8,73	9,03	5,09	3,50	2,06	1,19	0,83	0,18	16,41	13,06	11,30
„ dreiklassigen „ „ „	6,30	8,76	8,87	1,09	2,14	1,36	0,36	0,18	0,07	8,66	11,08	10,50
„ sonstigen mehrklassigen Schulen	17,06	23,55	34,63	9,19	10,46	9,75	1,73	1,64	1,29	28,03	35,65	45,63
oder:												
In Schulen mit einer Lehrkraft	22,56	23,79	22,64	19,61	15,06	9,84	4,06	2,00	0,51	46,32	40,93	32,66
„ „ „ zwei Lehrkräften	15,90	17,45	17,96	7,00	5,66	3,67	2,17	1,04	0,29	25,07	24,07	21,79
„ sonstigen mehrklassigen Schulen	17,63	23,55	34,63	9,19	10,46	9,75	1,73	1,64	1,29	28,61	35,65	45,63
zusammen	**56,09**	**64,19**	**75,31**	**36,00**	**31,14**	**22,67**	**7,91**	**4,65**	**1,99**	**100**	**100**	**100**
3. In den Städten und auf dem Lande zusammen:												
In einklassigen Schulen	12,67	11,30	11,16	13,25	9,32	5,44	2,74	1,17	0,30	28,66	21,87	16,96
„ Halbtagsschulen	3,10	3,21	5,07	1,35	1,58	1,08	0,17	0,32	0,06	5,20	7,07	6,17
„ zweiklassigen Schulen mit zwei Lehrkräften	7,49	6,56	6,85	3,87	2,86	1,49	1,31	0,60	0,09	12,60	9,15	8,49
„ dreiklassigen „ „ „	4,90	6,46	6,38	1,49	1,35	1,35	0,39	0,11	0,05	6,09	8,14	7,56
„ sonstigen mehrklassigen Schulen	32,33	39,72	49,40	12,29	12,08	10,39	2,14	1,74	1,13	46,75	53,15	60,90
oder:												
In Schulen mit einer Lehrkraft	16,37	16,49	16,32	14,58	10,10	6,15	2,91	1,40	0,36	34,06	28,59	23,01
„ „ „ zwei Lehrkräften	12,22	13,02	13,29	5,36	4,11	2,64	1,41	0,13	0,14	19,29	17,86	16,07
„ sonstigen mehrklassigen Schulen	32,39	39,73	49,40	12,29	12,08	10,39	2,14	1,74	1,13	46,75	53,65	60,92
überhaupt	**61,11**	**69,34**	**78,91**	**32,25**	**26,09**	**19,54**	**6,64**	**8,97**	**1,55**	**100**	**100**	**100**

Man wird bedauern können, daß in nicht wenigen Fällen die Frequenz weit über das zulässige Maß hinausgeht und daß so mancher Lehrer vor eine überaus schwierige Aufgabe gestellt ist. Die Arbeit, welche zur Besserung der Verhältnisse noch zu thun bleibt, ist daher groß. Aber es ist, bei Lichte betrachtet, von der bloßen „Arbeit", d. h. von der Thätigkeit der berufenen Verwaltungsbehörden allein, gar nicht einmal das Heil zu erwarten. Es ist ja bekannt, daß die Schaffung durchweg normaler Zustände bisher lediglich an der Kostenfrage gescheitert ist und auch in Zukunft davon abhängig sein wird, ob es gelingt, die hierzu erforderlichen sehr bedeutenden Mittel flüssig zu machen; denn die Gründe der Überfüllung der Schulen und Klassen sind ganz überwiegend in unzulänglichen Schulräumlichkeiten und darin zu suchen, daß weder für Schulbauten, noch für Anstellung und Unterhaltung genügender Lehrkräfte die nothwendigen Mittel von den Schulunterhaltungspflichtigen aufgebracht werden können.

Daß in verschiedenen Schulen Überfüllung oft schon wegen unzulänglicher Räumlichkeiten eintritt, und daß aus diesem Grunde hier und da sogar nicht alle ordnungsmäßig angemeldeten Kinder Aufnahme finden können, zeigen die Angaben in folgender Uebersicht, welche für die einzelnen Provinzen gleichzeitig erkennen lassen, daß derartige Fälle selbst in städtischen Schulen nicht eine Seltenheit, im Ganzen aber 1891 weniger zahlreich gewesen sind als 1886 und 1882.

Die wegen Überfüllung der öffentlichen Volksschulen vom Schulbesuch ausgeschlossenen Kinder. 1882, 1886 u. 1891.

Staat. — Provinzen.	Wegen Überfüllung der öffentlichen Volksschulen konnten nicht aufgenommen werden: Kinder überhaupt			und zwar in einklassigen Schulen		zweiklassigen Schulen		drei- und mehrklassigen Schulen	
	1882	1886	1891	1886	1891	1886	1891	1886	1891
1	2	3	4	5	6	7	8	9	10
a) Staat	9 432	8 826	3 238	1 180	121	2 412	1 288	5 234	1 850
b) Provinzen.									
I. In den Städten:									
1. Ostpreußen	112	86	3	3	—	—	—	83	3
2. Westpreußen	243	—	—	—	—	—	—	—	—
3. Stadtkreis Berlin	—	—	—	—	—	—	—	—	—
4. Brandenburg	30	32	—	—	—	—	—	32	—
5. Pommern	20	36	16	—	—	—	—	36	16
6. Posen	1 603	1 456	266	15	—	10	28	1 431	238
7. Schlesien	30	274	2	—	—	—	—	274	2
8. Sachsen	61	65	—	—	—	—	—	65	—
9. Schleswig-Holstein	—	—	—	—	—	—	—	—	—
10. Hannover	4	29	—	—	—	—	—	29	—
11. Westfalen	52	18	—	3	—	—	—	15	—
12. Hessen-Nassau	—	6	—	—	—	—	—	6	—
13. Rheinland	382	464	25	37	—	45	—	382	25
14. Hohenzollern	—	—	—	—	—	—	—	—	—
zusammen	2 537	2 466	312	58	—	55	28	2 353	284
II. Auf dem Lande:									
1. Ostpreußen	907	508	51	79	18	261	33	168	—
2. Westpreußen	569	226	66	124	26	34	12	68	28
3. Stadtkreis Berlin	—	—	—	—	—	—	—	—	—
4. Brandenburg	26	46	29	—	—	46	11	—	18
5. Pommern	280	78	28	8	2	—	—	70	26
6. Posen	3 200	3 125	2 165	753	39	1 636	1 111	736	1 015
7. Schlesien	421	827	181	—	—	126	7	701	174
8. Sachsen	206	436	130	45	—	103	16	288	114
9. Schleswig-Holstein	65	—	20	—	5	—	2	—	13
10. Hannover	35	9	4	7	4	2	—	—	—
11. Westfalen	132	57	34	22	—	24	4	11	30
12. Hessen-Nassau	102	33	22	19	13	14	9	—	—
13. Rheinland	862	1 015	197	65	14	111	35	839	148
14. Hohenzollern	—	—	—	—	—	—	—	—	—
zusammen	6 895	6 360	2 927	1 122	121	2 357	1 240	2 881	1 566

Bezüglich der in der vorstehenden Übersicht für die einzelnen Provinzen geschilderten Verhältnisse sei noch bemerkt, daß wegen Überfüllung Kinder am häufigsten vom Schulbesuch ausgeschlossen werden mußten im Jahre 1886 in den Regierungsbezirken Posen, Bromberg, Düsseldorf, Oppeln, Königsberg, Merseburg, Gumbinnen, Breslau und Magdeburg und im Jahre 1891 in den Regierungsbezirken Posen, Bromberg, Danzig, Oppeln, Gumbinnen und Düsseldorf.

Die Beseitigung der besprochenen anomalen Schulverhältnisse ist, wie gesagt, mit ganz wenigen Ausnahmen nur durch die Errichtung neuer Schulstellen, in vielen Fällen nur durch Gründung neuer Schulen möglich, welche wiederum ohne Erweiterungs- oder Neubauten nicht ausführbar ist. Hierzu ist die Mitwirkung der zuständigen Schulverbände erforderlich, welche naturgemäß von ihrer Leistungsfähigkeit abhängt.

Bei Berücksichtigung dieser Umstände findet die Unterrichtsverwaltung troß der ihr zur Seite stehenden gesetzlichen Bestimmungen nicht selten Hindernisse, welche sie zu überwinden nicht in der Lage ist. Nicht allein sind die thatsächlichen Verhältnisse häufig stärker als alle Vorschriften, sondern die Unterrichtsverwaltung hat auch die wirthschaftlichen Verhältnisse der Pflichtigen in Betracht zu ziehen und darauf Rücksicht zu nehmen, daß nicht ein Zweig der öffentlichen Verwaltung zum Nachtheil eines anderen Zweiges gefördert werde.

Hieraus ergiebt sich, daß sie zur Erreichung des Wünschenswerthen Anregung zu geben, aber nur das Nothwendigste zu fordern und, wo nöthig, zu erzwingen hat.

Bei Anordnung der statistischen Übersichten für 1882, 1886 und 1891 ist der Maßstab von dem genommen, was die Unterrichtsverwaltung als ihr Ziel erwünschen und erstreben soll, aber erst in zweiter und dritter Reihe folgt dann, was sie zur Ermöglichung religiös-sittlicher und nationaler Erziehung zu fordern verpflichtet ist.

Von den oben bezeichneten drei Graden der Überfüllung wird die Beseitigung desjenigen, bei welchem in einklassigen Schulen 81 bis 100, in mehrklassigen 71 bis 90 Kinder in einer Klasse unterrichtet werden, als in hohem Grade wünschenswerth angesehen; als nothwendig aber, beziehungsweise unbedingt geboten ist die Theilung der Klassen zu bezeichnen, in welchen bei einklassigen Schulen 101 bis 150 oder gar über 150 Kinder, bei mehrklassigen 91 bis 120 oder noch mehr Kinder auf eine Klasse kommen.

Oft sind aber die äußeren Umstände stärker als die besten Absichten. Allerdings hat die Unterrichtsverwaltung selbst bereits durch erwähnte Ministerialverfügung vom 26. März 1827 ausgesprochen, daß die Zahl der von einem Lehrer zu unterrichtenden Kinder auf 80 zu beschränken sei, und dieses Urtheil über die Normalgestalt einer Klasse ist auch in die Allgemeinen Verfügungen vom 3. Oktober 1854 und vom 15. Oktober 1872 übergegangen; es ist aber zu allen Zeiten Anstand genommen worden, diese Forderung zur unabänderlichen Norm zu machen. Noch im Jahre 1873 erklärt eine Ministerialverfügung vom 5. Mai, daß zur Zeit noch bei einer Schülerzahl von 80 bis 120 eine Lehrerstelle als ausreichend angesehen werden müsse (a. a. O., Band III S. 419).

Ähnlich steht es aber auch in anderen deutschen Staaten; überall wird die möglichste Beschränkung der Schülerzahl einer Klasse erstrebt; aber in der Mehrzahl der Fälle wird eine Erhöhung der Frequenz „im Nothfalle“ vorgesehen. So gilt in Baden als Norm die Zahl von 100 Kindern für einen Lehrer, im Nothfalle aber soll derselbe bis 130 Kinder unterrichten dürfen; im Großherzogthum Hessen läßt das Gesetz einen Raum von 80 bis 100; im Königreich Württemberg von 90 bis 120; im Königreich Bayern von 60 bis 100; im Königreich Sachsen von 60 bis 120.

Im preußischen Staate kommt endlich noch die Gesetzgebung der neu erworbenen Landestheile in Betracht, welche einer strengen Durchführung der Ministerialverfügung vom 26. März 1827 hier und da entgegensteht. So darf in Hannover in Gemäßheit des § 18 des Gesetzes vom 26. Mai 1845 erst bei einer Schülerzahl von 120 die Anstellung einer neuen Lehrkraft angeordnet werden; in Lauenburg nach dem Gesetze vom 10. Oktober 1868, § 42, und in Neuvorpommern nach dem Regulativ vom 29. August 1839 wird die Zahl von 100 Kindern als die Grenze für die Kraft eines einzelnen Lehrers bezeichnet.

Die oben geschilderte Überfüllung ist ein Übelstand, und er ist nirgends offener und ausführlicher dargelegt worden, als in den Veröffentlichungen, welche von der Unterrichtsverwaltung selbst ausgegangen sind. Die gezogenen Vergleichungen lassen aber auch überall, zum Theil erhebliche Fortschritte erkennen. Und da es gelungen ist, den s. Z. bestehenden Lehrermangel zu überwinden, so wird es keine unlösbare Aufgabe der nächsten Zukunft sein, den Mangel an Schulklassen zu beseitigen. Hieran wird fort und fort gearbeitet; so sind seit dem 25. Mai 1891 bis November 1892 neubegründet worden (ohne Berlin)

im Regierungsbezirke:	Volksschulen	Klassen	Lehrerstellen überhaupt	und zwar für Lehrer	Lehrerinnen
Königsberg	—	2	2	2	—
Gumbinnen	16	61	61	60	1
Danzig	—	1	1	1	—
Marienwerder	—	4	4	3	1
Frankfurt[1])	6	22	22	22	—
Stettin	—	1	1	1	—
Stralsund	—	1	1	1	—
Posen	28	91	91	91	—
Bromberg	20	48	48	47	1
Breslau	—	1	1	1	—
Liegnitz	9	25	25	25	—
Oppeln	9	93	93	92	1
Magdeburg	—	72	72	67	5
Hildesheim	3	25	25	25	—
Aurich	3	13	13	13	—
Münster	7	47	47	47	—
Arnsberg	—	7	7	7	—
Kassel	4	26	26	26	—
Wiesbaden	—	4	4	4	—
Koblenz	—	2	2	—	2
Düsseldorf	—	1	1	—	1
Köln	3	17	17	15	2
Trier	7	41	41	41	—
Aachen	3	25	25	17	8
im Ganzen	**118**	**630**	**630**	**608**	**22.**

Demgegenüber darf aber darauf hingewiesen werden, daß neben den überfüllten Schulen auch eine beträchtliche Anzahl solcher besteht, deren Klassen eine ungewöhnlich niedrige Frequenz haben: unter den Klassen mit normaler Kinderzahl gab es 5 178, welche je weniger als dreißig Schüler hatten.

Es mag auf den ersten Blick allerdings auffallen, daß den überfüllten 19 819 Schulklassen mit zusammen 1 661 182 Schulkindern 5 178 Klassen mit je dreißig und weniger Kindern, ja sogar 2135 einklassige Schulen mit so geringer Frequenz gegenüberstehen. Durch die Vereinigung einzelner wenig frequentirter Klassen, sowie durch die Auflösung kleiner Schulen und die Einschulung der ihnen bisher zugewiesenen Kinder in eine Nachbargemeinde ließen sich, wird vermuthet, manche Lehrkraft, manches Lehrergehalt ersparen, bezw. überfüllten Schulen oder Klassen zuführen, so daß deren Theilung ermöglicht wird.

Soweit es sich um wenig besuchte Klassen an einem größeren Schulkörper handelt, trifft diese Annahme auch mehrfach zu. Es kann nicht bestritten werden, daß viele städtischen Gemeinden, um den Kindern der Oberstufe eine erweiterte Bildung geben zu können, Schuleinrichtungen zu schaffen geneigt sind, welche eine Überfüllung der unteren und mittleren Klassen zur unausbleiblichen Folge haben. Es ist aber ebenso Thatsache, daß die Schulaufsichtsbehörden diesem Bestreben überall entgegentreten und, soweit Übelstände der bezeichneten Art durch die neuesten Ermittelungen bekannt geworden sind, deren Beseitigung angeordnet wird. Indeß hat auch hier das Erreichbare seine Grenze. Wie umsichtig eine mehrklassige Schule eingerichtet, wie streng sie bezüglich der Lehrziele innerhalb der vorgeschriebenen Schranken gehalten, wie sorgfältig darauf gesehen werden mag, daß eine Überfüllung der Unterklassen vermieden werde; es ist namentlich in größeren Städten, sowie in Orten mit zahlreicher Arbeiterbevölkerung doch nicht zu erreichen, daß auch nur die Hälfte aller Zöglinge die ganze Schule zurücklege. Es dürfen ja die befähigten Kinder ordentlicher Eltern, welche von diesen Lernmittel und Zeit zu häuslichen Arbeiten erhalten, um der anderen willen nicht künstlich aufgehalten werden.

Die obengenannten Voraussetzungen einer verständigen Schuleinrichtung erfüllen sich bei den sechsklassigen Berliner Gemeindeschulen; außerdem erfreuen sich diese noch einer besonders aufmerksamen Schulaufsicht. Dennoch hatte eine Ermittelung über die Vertheilung der Schulkinder in 120 voll entwickelten Gemeindeschulen und zwei Privat-Elementarschulen am Schlusse des Jahres 1881 das nachstehende Ergebniß:

[1]) Die Angaben sind nicht ganz vollständig.

Der Schulbesuch der als sechsklassige Anstalten voll entwickelten 120 Gemeindeschulen und 2 Privat-Elementarschulen in Berlin 1881.

Geschlecht der Schulkinder	Bezeichnung der vorhandenen Klassen	Anzahl der vorhandenen Klassen	Schulbesuch am 20. Dezember 1881	Davon Kinder im Alter von 6—8 Jahren	8—10 Jahren	10—12 Jahren	12—14 Jahren
1	2	3	4	5	6	7	8
Knaben	I	97	3 938	—	31	1 518	2 389
	II	197	6 251	1	521	3 689	2 040
	III	149	7 794	48	2 827	3 769	1 150
	IV	173	9 821	1 664	5 536	2 187	434
	V	177	10 439	6 908	3 057	421	53
	VI	219	13 084	12 392	597	88	7
zusammen		942	51 327	21 013	12 569	11 672	6 073
Mädchen	I	93	3 884	—	12	1 335	2 537
	II	132	6 324	1	308	3 806	2 209
	III	157	8 257	22	2 573	4 394	1 268
	IV	177	9 954	1 148	6 033	2 390	383
	V	193	11 263	6 814	3 847	547	55
	VI	223	13 477	12 839	581	51	6
zusammen		975	53 159	20 824	13 354	12 523	6 458
Schulkinder überhaupt		1 917	104 486	41 837	25 923	24 195	12 531

Das Beispiel von Berlin will sagen: Selbst die bestorganisirten Schulen und die umsichtigste Schulverwaltung vermag die Anhäufung der Kinder in den Unterstufen nicht zu verhüten. Gewiß wäre die Annahme berechtigt, daß alle Schulkinder, soweit sie nicht verstarben, wenigstens bis zur vierten Klasse aufstiegen, und dennoch wurden 1881 diese von 6 786 Kindern weniger besucht als die sechsten. Annähernd dasselbe Ergebniß veranschaulicht die nachstehende Zusammenstellung des Besuches der vollständig ausgestalteten Gemeindeschulen Berlins im Jahre 1891.

Der Schulbesuch der als sechsklassige Anstalten voll entwickelten 191 Gemeindeschulen in Berlin 1891.

Geschlecht der Schulkinder	Bezeichnung der vorhandenen Klassen	Anzahl der vorhandenen Klassen	Schulbesuch am 20. Dezember 1891	Davon Kinder im Alter von 6—8 Jahren	8—10 Jahren	10—12 Jahren	12—14 Jahren
1	2	3	4	5	6	7	8
Knaben	I	219	9 353	—	11	3 955	5 387
	II	257	12 434	—	1 646	7 086	3 702
	III	276	14 805	27	7 096	5 946	1 736
	IV	285	16 178	3 794	8 998	2 841	545
	V	277	16 548	11 927	3 944	616	61
	VI	281½	17 281	16 695	507	73	6
zusammen		1 595½	86 599	32 443	22 203	20 517	11 437
Mädchen	I	215	9 353	—	12	3 742	5 599
	II	259	12 603	—	1 340	7 278	3 985
	III	291	15 579	6	6 605	6 985	1 983
	IV	301	16 938	3 277	9 754	3 321	586
	V	280	16 898	11 780	4 443	606	69
	VI	281½	17 705	17 134	506	55	10
zusammen		1 627½	89 076	32 197	22 660	21 987	12 232
Schulkinder überhaupt		3 223	175 675	64 640	44 862	42 504	23 669

Die Erklärung für den geringeren Besuch der Oberstufe im Vergleiche zur Unterstufe liegt aber keineswegs allein darin, daß nicht alle Kinder das Anstaltsziel erreichen, sondern auch in der natürlichen Zunahme der Bevölkerung. Von den Einwohnern, welche den Mittelpunkten der Industrie und den anderen aufblühenden Städten zuwachsen, macht sich alljährlich ein beträchtlicher Theil seßhaft; demnach ist eine stetig wachsende Zunahme der Frequenz gerade in den untersten Klassen unausbleiblich; dazu kommt, daß nach dem Gesetze der Absterbeordnung die älteren Jahrgänge der Schüler minder zahlreich sein müssen als die jüngeren; deshalb müßten sich selbst dann auf der Unterstufe mehr Kinder befinden als auf der mittleren, und auf dieser wiederum mehr als auf der Oberstufe, wenn Klasse für Klasse alle Kinder aufgestiegen wären. So kann es nicht überraschen, daß die Gesammtzahl aller Kinder in den 563 sechsten Klassen sämmtlicher Berliner Gemeindeschulen um 1 540 bez. 1870 höher ist, als die Zahl aller Kinder in den 557 fünften bez. 586 vierten Klassen.

Während demnach die Fälle, in welchen eine andere Vertheilung der Kinder auf die einzelnen Klassen einer Schule die an derselben vorhandene Ueberfüllung auf der Unterstufe zu beseitigen vermag, zwar vorkommen, so werden sie doch nicht häufig sein. Eine Auflösung der kleinen einklassigen Schulen dagegen ist nur ganz ausnahmsweise möglich.

5. Die kleinen öffentlichen Volksschulen.

Die mehrfach erwähnten 2135 kleinen einklassigen Schulen sind in mancher Beziehung geradezu ein Stolz der preußischen Volksschulverwaltung. Dieselbe ist nämlich, nachdem die allgemeine Schulpflicht ausgesprochen war, bemüht gewesen, die Erfüllung derselben auch jedem Kinde der ganzen Monarchie zu ermöglichen. Ein verhältnißmäßig nicht geringer Theil der Summen, welche alljährlich aus Staatsfonds zu Besoldungen und Zuschüssen für Lehrer, Lehrerinnen und Schulen verwendet werden, kommt Schuleinrichtungen zu gut, welche die Unterhaltungspflichtigen nicht zu begründen vermögen, und ohne welche den betreffenden Kindern der Besuch einer Schule unmöglich gemacht sein würde. Nicht immer ist es dabei ausführbar, und es ist auch nicht überall ein ausreichendes Bedürfniß dafür vorhanden, feste Lehrerstellen zu begründen. So hat die Regierung zu Königsberg unter Zustimmung der Militärbehörde mit dem Feldwebel, welcher die Pulvervorräthe im Wilhelmsfort zu Süderspitze, Kreis Memel, bewacht, ein Abkommen geschlossen, nach welchem dieser 9 Kinder aus zwei kleinen, von allem Verkehr abgeschnittenen Ortschaften auf der kurischen Nehrung unterrichtet. Wo aber eine derartige Hülfe nicht zu finden ist, da werden auch die Mittel zur vollen Besoldung eines Lehrers gewährt. Dies geschieht z. B. in Forst Langwasser, Kreis Hirschberg. Dieser Ort liegt 1 200 m über dem Meeresspiegel, nahe dem Wege, auf welchem man zur Schneekoppe aufsteigt, über eine Stunde von dem nächsten Schulorte entfernt und ist 7 bis 8 Monate hindurch von jedem Verkehr abgeschnitten. Die sechs Kinder des Dörfchens erhalten aber trotzdem täglich ihren geordneten Unterricht von einem für diese Stelle geprüften Lehrer.

Es verlohnt sich, gerade von diesem Gebiete des einfachsten Volksschulwesens ein näheres Bild zu geben, welchem Zwecke die nachfolgenden Einzelbilder dienen sollen.

[Provinz Ostpreußen.] Die 43 kleinen Schulen des Regierungsbezirkes Königsberg, von welchen 10 zwanzig und weniger Kinder haben, finden sich meistens auf adligen Gütern, auch in geschlossenen Dörfern. Eine Ausnahme machen die schon erwähnte Schule zu Süderspitze und einzelne Diasporaschulen, wie diejenige zu Schmolainen, Kreis Heilsberg, mit 14 Kindern.

Im Regierungsbezirke Gumbinnen, unter dessen 27 kleinen Schulen 8 ebenfalls zwanzig und weniger Kinder haben, sind vielfach die weiten Entfernungen der betreffenden Schule von den nächsten Orten und die durch die Pissa und Angerap, sowie durch den Mauer- und durch den Spirdingsee verursachten Terrainschwierigkeiten maßgebend; so haben z. B. die Güter Popiellnen, Warnold, die Försterei Warnold und das Dorf Wiersba auf der Spitze der Halbinsel zwischen dem Spirding- und dem Beldahnsee eine von 19 Kindern besuchte Schule zu Wiersba, welche von der einen der beiden Nachbarschulen durch den See, von der anderen durch einen Landweg von 7 km geschieden ist.

[Provinz Westpreußen.] Im Regierungsbezirke Danzig sind 11 Schulen mit zwanzig und weniger Kindern, überhaupt 48 kleine Schulen, meist in der Diaspora, oft von kirchlichen Vereinen unterstützt. So besteht in Groß Montau, Kreis Marienburg, neben der katholischen eine von 8 Kindern besuchte evangelische Schule, für welche der Gustav Adolf-Verein das Schulhaus gebaut und welche er auch mit Land dotirt hat. Bei Auflösung der Schule würden die Kinder des Religionsunterrichtes entbehren müssen.

Von den 37 meistens in der Diaspora belegenen kleinen Schulen des Regierungsbezirkes Marienwerder haben 10 zwanzig und weniger Kinder. Die katholische Schule zu Briesenitz, Kreis Deutsch Krone, mit 26 Kindern und die jüdische Schule zu Märkisch Friedland mit 16 Kindern sind neben den größeren Ortsschulen der anderen Konfession eingerichtet. Die Entfernungen von den nächsten Schulen des gleichen Bekenntnisses sind oft recht weit. Eine ganz isolirte Lage hat Güldenfelde, Kreis Stuhm, zwischen sumpfigen Wiesen und Gräben. Ohne die dortige Schule würden 15 Kinder drei Viertel des Jahres ohne Unterricht bleiben müssen.

[Provinz Brandenburg.] Die von 32 Kindern besuchte Schule zu Schönholz, Kreis Niederbarnim, Regierungsbezirk Potsdam, ist eine Stiftung der Königin Elisabeth Christine; im Übrigen erklärt sich die verhältnißmäßig große Zahl von 167 kleinen Schulen, von welchen 60 zwanzig und weniger Kinder haben, theils durch die vielen Filialkirchen, theils durch die Lage kleiner Orte zwischen Sümpfen, Flüssen und Seen; manche Dörfer in der Westprignitz sind während des Winters nur auf Kähnen zu erreichen.

Dieselben Verhältnisse machen sich im Regierungsbezirke Frankfurt, von dessen 43 kleinen Schulen 6 zwanzig und weniger Kinder haben, namentlich in der unmittelbaren Nähe der Oder und der Warthe geltend. Osterwalde, Kreis Oststernberg, hat 30 Schüler, von denen 5 katholisch sind. Die Schule zählte im Jahre 1882 : 23, 1877 : 37 und im Jahre 1863 : 40 Kinder. Spricht dieses Schwanken schon gegen die Auflösung der Schule, so noch vielmehr die isolirte Lage des Ortes an der Posen'schen Grenze und der Haide. Königswalde ist etwas über eine Meile entfernt und die nach Osterwalde aus der Kolonie Wilhelmsthal eingeschulten Kinder hätten bis zur Schule in Königswalde einen Weg von 1½ Meilen zurückzulegen. — Sumatra, Kreis Oststernberg, hat 22 evangelische Schüler. Der Staatszuschuß zum Lehrergehalte ist unverhältnißmäßig hoch und beträgt jährlich 628 ℳ. An die Aufhebung der Schule wird nicht gedacht werden können, da Sumatra am südlichen Warthedeiche liegt und der regelmäßigen Überfluthungen des Terrains wegen meist den ganzen Winter hindurch von jedem Verkehre nach außen hin abgeschnitten ist. Kinder wenigstens können die Wege nicht passiren. Die Postbestellung erfolgt von Wozfelde aus (6 *km* Entfernung). Näher liegt die Schule von Jamaika, allein dieser Ort zählte 1882 selbst 97 Schulkinder und 1891 noch 67. Bei der Zulegung von Sumatra müßte eine neue Schule gebaut, auch ein zweiter Lehrer in Jamaika angestellt werden. Finanzielle Ersparnisse würden also nicht eintreten. Auch ist jede Änderung des gegenwärtigen Zustandes durch die örtlichen Verhältnisse wohl als ausgeschlossen zu betrachten. — Schwarzsee, Kreis Oststernberg, hat 15 evangelische Schüler. Die Auflösung der Schule erscheint an sich wünschenswerth. Die Schülerzahl ist äußerst gering, die Schule besitzt nicht einmal ein eigenes Gebäude und ist miethsweise untergebracht. Bei der Armuth der kleinen Gemeinde ist es zweifelhaft, ob hierin jemals eine Änderung wird erreicht werden können. Aber es ist mehr als fraglich, ob die Auflösung angängig sein dürfte. Der Ort liegt nordwärts von der Warthe, ziemlich dicht am Flusse. Der nächste Schulort, Sumatra — siehe vorstehend —, kann nur bei Überschreitung des Flusses und der Flußbett-Niederung erreicht werden. Das ist während des größten Theiles des Jahres der Regel nach nicht ausführbar, wenngleich die Entfernung in der Luftlinie nur 3 *km* beträgt. Die nächsten Schulorte, die wie Schwarzsee auf dem rechten (nördlichen) Warthe-Ufer liegen, sind etwa 6 *km* entfernt, und um sie zu erreichen, müßten die Warthe-Wiesen passirt werden, die feucht und stellenweise, wenigstens immer bei hohem Wasserstande, unzugänglich sind. Die Postbestellung erfolgt von Vietz aus, wahrscheinlich, weil man dorthin auf den Deichen entlang der Warthe zu jeder Zeit sicher gelangen kann. Da aber die Entfernung etwa 9 *km* beträgt, so kann dieser Ort als Schulort für Schwarzsee nicht in Betracht kommen. Durch die Aufhebung der Schule würde die Erfüllung der Schulpflicht den Bewohnern des Ortes einfach unmöglich gemacht werden. „Wir würden", sagt die Regierung, „es nicht verhüten können, daß die dortigen Kinder im schulpflichtigen Alter gar nicht in die Schule gehen und gänzlich ohne Unterricht aufwachsen."

[Provinz Pommern.] Der Regierungsbezirk Köslin hat 71 kleine Volksschulen, darunter 18 mit zwanzig und weniger Kindern. „Die Gründe", schreibt die Regierung 1882, „weshalb gerade in unserem Regierungsbezirke die Zahl der nur von wenigen Kindern besuchten Schulen eine so große ist, sind darin zu finden, daß das Land dünn bevölkert ist, und daß seine Bewohner vielfach in drückender Armuth leben. Die einzelnen Dörfer sind meist weit von einander getrennt und haben oft nur wenige Einwohner. Die Kommunikation zwischen den Ortschaften ist schlecht. Chausseen sind nur die großen Landstraßen, chaussirte Vizinalwege dagegen sind nur selten. Dazu kommt noch, daß die zahlreichen Moore und die vielen sumpfigen Niederungen der kleinen Flüsse die Verbindung sehr erschweren, und in dem ausgedehnten Gegenden des uralisch-baltischen Höhenzuges giebt es noch überdies zahlreiche kleine Thäler und Hohlwege, welche im Winter verschneien. Besonders nachtheilig für das Schulwesen ist auch vor Allem der Umstand, daß außerhalb der geschlossenen Ortschaft, auf der ganzen Feldmark des Dorfes zerstreut, regelmäßig zahlreiche Abbauten liegen, deren Anzahl bei den fortdauernden Parzellirungen noch in beständigem Zunehmen ist. Unter diesen Umständen finden sich in jedem Schulbezirke zahlreiche Kinder, welche von dem Schulhause weit entfernt wohnen und nur eine äußerst mangelhafte Verbindung zu demselben haben. Daher ist auch die Erfahrung, welche man in den meist sehr ausgedehnten Schulbezirken hinsichtlich des Besuches der entfernter wohnenden Kinder macht (die Zahl derer ist nicht unbedeutend, welche eine halbe Meile und mehr zurückzulegen haben), fast durchgängig eine wenig befriedigende. Abgesehen davon, daß man die Kinder in solchen Fällen überhaupt erst mit dem vollendeten siebenten, statt mit dem vollendeten sechsten Lebensjahre, zum Schulbesuche heranziehen kann, versäumen dieselben bei ungünstigem Wetter in den langen Wintermonaten die Schule fast gänzlich. Zieht man nun dazu noch in Betracht, daß der Schulbesuch vom Frühjahre bis zum Herbste, in Folge der Heranziehung der Schulkinder zu ländlichen Arbeiten, überhaupt ein mangelhafter ist, und daß noch obendrein in den Sommermonaten an vielen Orten um des Hütens willen viele Kinder vom täglichen vollen Schulbesuche dispensirt sind, so ist es klar, daß jene entfernt wohnenden Kinder überhaupt nur wenig Schulunterricht genießen. Die Zahl dieser schlecht beschulten Kinder würde man jedoch bedeutend vermehren, wenn man die vielen kleinen Schulen beseitigen und ihre Schüler nach den fern gelegenen, benachbarten Schulorten weisen wollte. Zu verargen ist es den Eltern der fern wohnenden Kinder nicht, wenn sie sich scheuen, dieselben an den häufigen strengen Wintertagen, auf üblen Wegen nahezu eine halbe Meile oder gar noch weiter, zur Schule zu senden. Die Kleider der Kinder sind meist dürftig; an Sachen zu größerer Bewärmung fehlt es fast ganz, und das Schuhzeug ist in üblem Zustande.

„Einige Beispiele mögen die Ausführungen belegen:

„Die Zahl der Schulkinder in Przywors, Kreis Bütow, war beständig eine geringe; sie betrug in den Jahren 1878: 35, 1879: 25, 1880: 25, 1881: 26[1]). Von dem genannten Schulorte sind die benachbarten Schulorte in der Luftlinie entfernt: Kloncżen (1 Lehrer, 71 Schulkinder) 1½ *km*, Stüdnitz (1 Lehrer, 67 Schulkinder) 4 *km*, Sommin (1 Lehrer, 87 Schulkinder) 7 *km*. Przywors ist von Kloncżen durch den 6 *km* langen Kloncżener See getrennt. Eine Vereinigung der Schulen beider Orte ist nicht angängig, da beide Dörfer fast in der Mitte der entgegengesetzten Ufer des langgestreckten Sees einander gegenüber liegen. Die übrigen Schulorte sind von Przywors zu weit entfernt. Da die Bewohner sehr arm sind und auch kein Schuletablissement vorhanden ist, so ertheilt seit Jahren der Lehrer aus Stüdnitz in einem gemietheten Lokale in Przywors Unterricht. Der Versuch, welcher im Jahre 1880 gemacht wurde, einen Lehrer in Przywors fest anzustellen, mißlang, weil derselbe ohne eine wohleingerichtete Lehrerwohnung in dem armseligen Dorfe nicht bestehen konnte. Von dem Bau des Schuletablissements ist bisher mit Rücksicht auf die Armuth der Bewohner abgesehen worden. Die ordentliche Einrichtung der Schule bleibt jedoch von uns beabsichtigt.

„Die Schule in Laase, Kreis Köslin, wird gegenwärtig von 20[2]) Schulkindern besucht. Die Zahl der Schulkinder betrug in den Vorjahren 1876: 22, 1877: 30, 1878: 25, 1879: 22, 1880: 25, 1881: 30. Der nächst gelegene Schulort Wusseken (1 Lehrer, 76 Schulkinder) ist in der Luftlinie 3 *km* von Laase entfernt. Dieses ist durch seine Lage zwischen der Ostsee und dem großen Jamunder See, sowie durch den in der Nähe gelegenen Bukower See völlig isolirt. Bei der isolirten Lage des Ortes ist jedoch das Bestehen einer eigenen Schule an demselben durchaus geboten.

„Die Schule in Vietzke, Kreis Schlawe, wird gegenwärtig von 10[3]) Schulkindern besucht. Die Zahl der Schulkinder betrug in den Vorjahren 1868: 18, 1869: 15, 1873: 13, 1876: 12, 1878: 11, 1879: 15, 1880: 7, 1881: 13. Vietzke liegt auf einer Halbinsel am Vietzker See und ist durch diesen von den Nachbarorten Lanzig und Krolow nach mehreren Seiten hin getrennt. Die Landverbindung nach beiden Orten ist sehr schlecht. Als im Jahre 1851 die Schulkinder aus Vietzke die Schule in Lanzig besuchten, mußten sie über den breiten Klosterbach, eine Viertelstunde von Vietzke, mit einem Kahne übergesetzt werden, was zu Unzuträglichkeiten führte. Das Wasser bleibt natürlich nicht während des ganzen Jahres in seinen Ufern; der See schwillt vielmehr bei anhaltendem Regenwetter der Art an, daß die ganze Wiesenfläche, über welche der Fußsteg führt, 3—4 Fuß hoch mit Wasser überschwemmt wird. So wird bei weicher Winterszeit und in jedem Frühjahre, wenn des vielen Schlammes und Eises wegen Wasserfahrzeuge nicht angewendet werden können, der direkte Weg

[1]) 1891 jedoch 37. — [2]) 1891: 20. — [3]) 1891: 8.

von Vietzke nach Danzig abgeschnitten. Die passirbare Verbindung veranlaßt einen Umweg von drei Viertelmeilen. Ebenso stellen sich der Einschulung von Vietzke nach Krolow unüberwindliche Hindernisse entgegen.“ Die in diesem Berichte der Regierung aus dem Jahre 1882 über den damaligen Stand der kleinen Schulen im Regierungsbezirk Köslin gegebene Schilderung trifft auch für die heutigen Verhältnisse im Wesentlichen noch zu.

Unter den 27 Schulen mit zwanzig und weniger Kindern, im Regierungsbezirke Stettin — der Bezirk hat 104 kleine Schulen — befindet sich diejenige zu Anklamer Fähre, Kreis Anklam, mit 10 Kindern auf einer Insel im Peenestrome in einem 1873 neu erbauten Schulhause; jeder andere Schulort kann nur mit Kähnen erreicht werden. 14 Kinder besuchen die Schule zu Unter Karlbach, Kreis Naugard, welche 1876: 13, 1879: 11, März 1882: 9 und 1886 sogar nur 3 Schüler hatte. Sie könnte eingehen, wenn nicht der Weg nach der etwa 3 *km* entfernten Schule zu Stevenhagen über die Ihna und durch dichten Wald führte.

Artikel 1 des Allerhöchst vollzogenen Regulativs vom 29. August 1831, betreffend die Errichtung und die Erhaltung der Landschulen in Neuvorpommern, Regierungsbezirk Stralsund, schreibt vor, daß soviel Schulen errichtet werden sollen, als nöthig ist, um es jedem Kinde möglich zu machen, von seinem ordentlichen Wohnsitze aus die Schulen in einer kurzen Entfernung zu erreichen. Artikel 2 setzt dann die Maximalzahl der einem Lehrer zuzuweisenden Kinder auf 100 und die weiteste Entfernung der Schule von den Wohnorten der Kinder auf eine halbe Meile fest. Der Bestand der 70 kleinen Schulen des Regierungsbezirkes Stralsund, in deren 14 die Schülerzahl von 20 nicht überschritten wird, beruht also auf Gesetz; übrigens sind sie gerade an jener Ostsee-Küste unentbehrlich.

Nur ein Beispiel: Das Schulhaus zu Posthaus auf Wittow, in welchem nur 9 Kinder Unterricht erhalten, liegt an der Südspitze der Landzunge „der Bug“, durch die See von der näher gelegenen Schule zu Kloster a. H. getrennt und nur mit dem etwa 10 *km* entfernten Schulorte Dranske durch einen beschwerlichen Landweg verbunden. Die Schule ist für die Kinder der in Posthaus stationirten Lootsen und Zollbeamten aus fiskalischen Mitteln errichtet und wird noch jetzt aus Staatsmitteln unterhalten.

[Provinz Posen.] Die 61 kleinen Schulen des Regierungsbezirkes Posen, darunter 26 mit 20 und weniger Kindern, erklären sich einerseits aus den konfessionellen Verhältnissen der Provinz, andererseits aus dem Umstande, daß die polnischen Besitzer, wo sie es ohne Schaden für ihre Güter auszuführen vermögen, die deutschen und die evangelischen Arbeiter entlassen, und daß demgemäß die Frequenz der evangelischen, deutschen, Schulen zurückgeht, sobald ein deutscher Besitzer sein Gut an einen polnischen verkauft. Die evangelische Schule zu Sokolnik, Kreis Wreschen, im Jahre 1857 durch den damaligen Gutsbesitzer gestiftet, — die Schenkung hat durch Allerhöchste Ordre vom 5. Dezember 1860 Bestätigung erhalten — hatte früher eine Frequenz von 34 Kindern. Durch den Übergang des Gutes in polnische Hände ist sie auf 16 Kinder reduzirt.

Ähnliche Verhältnisse sind es, welche im Regierungsbezirke Bromberg den Fortbestand der 53 kleinen Schulen, von welchen 11 eine Frequenz von zwanzig Kindern und darunter haben, wünschen lassen. Die Königliche Regierung berichtete 1882 über die evangelischen Schulen zu Kaminietz mit 21 Kindern, zu Neudorf mit 12 Kindern, zu Ruchocinek mit 16 Kindern: „Die evangelischen Landschulen im Kreise Gnesen, insbesondere die vorstehend genannten 3 Schulen, liegen in der Diaspora. Sie gewähren bei der weiten Entfernung der evangelischen Kirchen der deutschen Bevölkerung Sammel- und Stützpunkte, welche ihr nicht entzogen werden dürfen; zumal es wegen der weiten Entfernung der nächsten evangelischen Schulen nicht möglich ist, für den konfessionellen Religionsunterricht der evangelischen Kinder zu sorgen, wenn diese Schulen eingehen. Wie lange sich die schwachen evangelischen Landgemeinden im Kreise Gnesen bei dem systematischen und konsequenten Andrange der polnischen Agitationspartei noch werden halten können, ist freilich fraglich.“

Selbstverständlich treten auch die Interessen der katholischen Kinder nicht zurück, wie der Bestand der Schulen zu Usch, Kreis Kolmar, und Goray, Kreis Czarnikau, beweist; nur tritt hier das bezügliche Bedürfniß seltener ein.

[Provinz Schlesien.] Der Bericht der Königlichen Regierung zu Breslau über ihre 45 kleinen Schulen, von denen 13 nicht mehr als zwanzig Kinder zählen, führt uns in die Grafschaft Glatz. Dort finden wir die katholische Schule zu Rothflössel, Kreis Habelschwerdt, eine sogenannte Nothschule. Dieselbe wurde im Jahre 1836 errichtet, weil die Kinder die Schule zu Mittelwalde wegen der großen Entfernung im Sommer nur selten, im Winter bei häufigen Schneeverwehungen und unpassirbaren Wegen gar nicht, besuchten. Die Verbindung mit einer andern Schule ist nicht möglich, da die nächste Ortschaft Steinbach über eine halbe Meile entfernt liegt. Die Gemeinde ist so arm, daß es ihr trotz aller Bemühungen nicht gelungen ist, ein eigenes Schulhaus zu bauen. Die Kinder werden zur Zeit durch einen Hülfslehrer in dessen Wohnung gegen eine Vergütung von jährlich 300 Mark in den nothwendigsten Kenntnissen unterrichtet.

Die katholische Schule zu Brand, Kreis Habelschwerdt, wird zur Zeit von 24 Kindern besucht; sie ist gleich der Schule zu Nothflössel eine sogenannte Nothschule. Brand liegt im Hochgebirge und weit von anderen Ortschaften entfernt. In früheren Jahren kam der Lehrer aus dem 7 *km* entfernten Dorfe Neuweistritz Mittwochs nach Brand und ertheilte den unentbehrlichen Unterricht. Auf die Länge der Zeit wurde auch das unausführbar, und es mußte, zumal die Gemeinde Brand zu den ärmsten des Kreises Habelschwerdt gehört, auch nicht einmal ein Schulhaus besitzt, der Unterricht gleichfalls einem Kolonisten gegen eine Vergütung von jährlich 120 Mark übertragen werden. Jetzt ertheilt ein Hülfslehrer aus Neuweistritz wieder den Unterricht.

Ebenso lagen die Verhältnisse bei der katholischen Schule zu Glasegrund mit gegenwärtig 20 Kindern, woselbst der Unterricht früher von einem Müllermeister gegen eine Vergütung von 18 Mark und 7 *cbm* Holz in seiner Wohnung ertheilt wurde, während derselbe nunmehr in einem gemietheten Gebäude von einem Lehrer aus Steingrund mit versehen wird.

Die katholische Schule zu Heidelberg, Kreis Habelschwerdt, welche von 18 Kindern besucht wird, besteht seit 1819. Dieselbe liegt im Hochgebirge und ist in ihrem Fortbestande durch die isolirte Lage bedingt, da die Kommunikation mit anderen Ortschaften für Kinder im Winter ausgeschlossen ist.

Die evangelische Schule zu Wünschelburg, Kreis Neurode, mit gegenwärtig 13 Kindern, ist eine im Jahre 1847 von dem Gustav Adolf-Vereine errichtete, bis heutigen Tages von demselben zum großen Theile unterhaltene Privatschule. Der Fortbestand derselben ist durch die Ueberfüllung der benachbarten katholischen Schulen und durch die konfessionellen Verhältnisse bedingt.

Im Regierungsbezirke Liegnitz, aus welchem schon oben das Beispiel Forst Langwasser angeführt worden ist, sind 12 evangelische, 38 katholische Schulen mit dreißig und weniger Kindern, davon 3 evangelische, 17 katholische mit einer Frequenz von zwanzig und weniger Kindern. Bei der Mehrzahl dieser Schulen haben die kirchlichen Verhältnisse Ursache zur Gründung gegeben, in anderen Fällen außerdem noch konfessionelle Rücksichten; bisweilen sind dabei Mittel des Gustav Adolf-Vereines oder Geschenke des Fürstbischofs von Breslau zu Hülfe gekommen. Außer den kirchlichen und konfessionellen Gründen kommen noch die Schwierigkeiten der Verbindung zwischen den einzelnen Orten im Lausitzer-, im Isar- und im Riesengebirge in Betracht.

Im Regierungsbezirke Oppeln bestehen gegenwärtig 7 Schulen mit weniger als zwanzig Kindern. Unter ihnen ist jene auf dem Königlichen Hofkammer-Gute Bischdorf im Kreise Rosenberg i. Oberschl. für die Kinder evangelischer Beamten der dortigen Gutsverwaltung und für eine zwischen 6 und 10 wechselnde Zahl evangelischer Konfirmanden bestimmt, welche in der dortigen Konfirmandenanstalt alljährlich Unterricht und Verpflegung erhalten. Sie ist aus einer Kirchenfundation entstanden, zählte zu Zeiten über 30 Kinder und ist erst in den letzten Jahren auf 25 und dann bis auf 19 Kinder zurückgegangen. Diese Schule ist eine Wohlthat für die evangelischen Familien, welche erst in meilenweiter Entfernung eine andere evangelische Schule für ihre Kinder finden würden.

An Schulen mit zwanzig bis dreißig Kindern bestehen außerdem im genannten Bezirke noch 7, deren Existenz, zum Theil aus Mitteln des Evangelischen Ober-Kirchenrathes und des Gustav Adolf-Vereines ermöglicht, in den Bedürfnissen der evangelischen Diasporagemeinden begründet ist.

[Provinz Sachsen.] Von den 137 kleinen Schulen des Regierungsbezirkes Magdeburg, unter welchen 56 die mehrfach bezeichnete geringste Frequenz haben, findet sich die große Mehrzahl in der Altmark und in den Jerichow'schen Kreisen, wo von Alters her die Ansiedelungen über die Feldmark zerstreut liegen und nur wenige derselben zu größeren Ortschaften angewachsen sind; ein Theil dieser Schulen besteht schon seit langen Jahren, hat aber, wie oben Seite 55 ff. näher mitgetheilt worden ist, erst in den letzten Dezennien eine feste Gestalt erhalten. — Die verhältnißmäßig große Wohlhabenheit einzelner Ortschaften und die kirchlichen Bedürfnisse derselben haben im Regierungsbezirke Merseburg 75 kleine, darunter 21 besonders schwach frequentirte Schulen entstehen lassen, von denen der größte Theil an Kirchorten sich befindet. — Im Gegensatze hierzu sind unter den 34 kleinen Schulen des Regierungsbezirkes Erfurt — 12 haben bis zu zwanzig Kindern — nicht nur solche, deren isolirte Lage ihre Gründung nothwendig gemacht hat, sondern auch Diasporaschulen. So bestehen im Eichsfelde neben den katholischen Ortsschulen evangelische Schulen zu Dingelstädt (26 Kinder) und Gr. Töpfer (28 Kinder) im Kreise Heiligenstadt und zu Teistungen (11 Kinder) im Kreise Worbis.

[Provinz Schleswig-Holstein.] Von den 170 kleinen Schulen der Provinz Schleswig-Holstein haben nicht weniger als 51 eine Frequenz von zwanzig und weniger Kindern. Indessen will die Regierung keine derselben aufgehoben wissen, da einerseits konfessionelle und kirchliche, andererseits Boden- und Besiedelungsverhältnisse ihre Forterixtenz erheischen. In ersterer Beziehung ist zu nennen die Schule der katholischen Gemeinde zu Friedrichstadt, Kreis Schleswig, mit 17 Schülern, welche dort neben einer vierklassigen lutherischen und einer Mittelschule unterhalten wird; ferner die beiden jüdischen Schulen zu Elmshorn, Kreis Pinneberg, und zu Rendsburg, Kreis Rendsburg, mit 3 bezw. 14 Schülern. Kirchliche Bedürfnisse lassen die Kirchdorfs-Schulen zu Neukirchen, Kreis Flensburg, (27 Schüler), Uberg, Kreis Tondern, (22 Schüler), Hostrup, ebenda, (26 Schüler), unentbehrlich erscheinen, wie denn auch die Lehrerstellen mit kirchlichen Aemtern verbunden sind und ein wesentlicher Theil des Einkommens aus diesen fließt. Bezüglich der Bodenbeschaffenheit und der mit dieser zusammenhängenden Gemeindeverhältnisse hat die Provinz neben den in weiten Kreisen bekannten Halligen eine Besonderheit in den Koogsdistrikten, d. i. eingedeichten Strecken angeschwemmten Landes in den Marschen der Königlichen Landdistrikte, welche eigenthümliche Verwaltung und Verfassung haben. Wir finden dort kleinere Schulen im Kreise Husum auf der Hallig Nordstrandischmoor mit 6 und auf der Hallig Oland mit gleichfalls 6 Kindern. Koogschulen sind zu Friedrichsgabekoog, Kreis Norderdithmarschen, mit 7, zu Elisabeth-Sophienkoog, Kreis Husum, mit 21, zu Marien- und zu Friedrichenkoog im Kreise Tondern mit 26 bezw. 17 Kindern. Außerdem treffen wir in Schleswig vielfach die Verhältnisse, welche Ostfriesland (Regierungsbezirk Aurich) eigenthümlich sind: es giebt hier Schulen für eine Vereinigung einzelner zerstreuter Wohnstätten, Inselschulen und Schulen für Orte, die entweder ganz isolirt liegen oder zeitweilig von allem Verkehre abgeschnitten werden.

[Provinz Hannover.] Im Regierungsbezirk Hannover waren im Jahre 1881: 149 Schulen mit 30 und weniger Kindern vorhanden, worunter sich 100 Schulen mit 20 und weniger Kindern befanden. 1891 sind 31 bezw. 5 derartige Schulen gezählt. Seit 1886 sind neu gegründet: eine evangelische Schule (15 Kinder) zu Köbbinghausen im Kreise Syke und 10 jüdische Schulen (davon 6 Stadtschulen) mit 4, 5, 6, 8, 9, 10, 12, 13, 14 und 17 Kindern, für welche ein dringendes Bedürfniß jedenfalls empfunden worden ist.

Der Bezirk Hildesheim zählt 64 kleine Schulen, darunter 32 mit der geringsten Frequenz. Auch hier hat sich ein wahrhaft unparteiisches Regiment in der Gründung dreier jüdischer Schulen mit 4, 12 und 14 Kindern vollauf bestätigt. Für den Fortbestand der anderen Anstalten sind Verhältnisse der verschiedensten Art maßgebend. So liegen sie zu Bördel, Kreis Münden, (15 Kinder), in der Lage des Ortes, da Bördel eine der höchstgelegenen Ortschaften des Fürstenthums Göttingen, am Fuße des Hohenhagens und des Sohnbühls gelegen, mit der eine halbe Stunde entfernten Nachbargemeinde Vermissen nur durch einen während des Winters kaum passirbaren Feldweg verbunden ist; zu Gieboldehausen im Kreise Duderstadt (14 Kinder) in ihrer Eigenschaft als evangelische Diasporaschule. Der Geistliche fungirt zugleich als Lehrer. Endlich handelt es sich auch häufig um Filialkirchen und Kapellendienst. So wird von Mölme, Kreis Marienburg, 15 Kinder, erzählt, daß Alte und Schwache im Winter des Gottesdienstes entbehren müßten, wenn die Schule der Gemeinde genommen würde, und daß letztere darum fortwährend große Opfer bringt, um dieselbe zu erhalten.

Zu Dassel (10 Kinder), Altenrode (10 Kinder), Bilderlahe (13 Kinder), Gr. Rhüden (24 Kinder), Gradorf (29 Kinder), Granhof (17 Kinder), Hahndorf (15 Kinder) und an anderen Orten dieses Bezirkes lernen wir katholische Diasporaschulen kennen, deren einige Sammelstationen für die katholischen Kinder mehrerer Ortschaften sind.

Auch im Regierungsbezirke Osnabrück, welcher 40 kleine Schulen zählt, von denen 17 eine Frequenz von 20 und weniger Kindern haben, sind kleine katholische Diasporaschulen vielfach vorhanden, so zu Weener, Tiele in Ostfriesland, zu Brandlecht bei Nordhorn und zu Ohrte bei Fürstenau. Die übrigen kleinen katholischen Schulen des Bezirkes finden sich sämmtlich in dem dünnbevölkerten Emslande, wo die Ortschaften weit auseinanderliegen; wo dies am wenigsten der Fall ist, da tritt einer Vereinigung mehrerer kleiner Schulverbände theils der Mangel an Brücken über den Hasefluß, theils das bestehende Brückengeld hindernd entgegen.

Dieselben Ursachen, welche auf katholischer Seite wirken, machen sich natürlich auch in dem kleineren evangelischen Gebiete des Regierungsbezirkes Osnabrück (4 Schulen mit 21 bis 30, 9 mit noch weniger Kindern) geltend. Die Schulaufsichtsbehörde berichtete im Jahre 1882:

„Klein Bokern mit 25 Schülern.[1]) Die Bauerschaft Klein Bokern gehört zu der im Amte Fürstenau[2]) liegenden Parochie Bippen. Die etwa 25 bis 30 schulpflichtigen Kinder waren bis zum

[1]) seitdem auf 18 gesunken. — [2]) jetzt Kreis Bersenbrück.

Jahre 1837 von ihrem 12. Lebensjahre an der zwischen 1 und 1½ Stunde von den Eingesessenen der Bauerschaft Bokern entfernt liegenden Schule zu Bippen zugewiesen, während dieselben bis zum 12. Lebensjahre die in Klein Bokern bestehende Hülfsschule besuchten. Die weiten, öden und zum Theil höchst schlechten, ja im Winter und Frühjahre kaum passirbaren Wege einerseits, sowie die dürftige Lage des größten Theiles der Interessenten des Schulverbandes andererseits, die kaum im Stande sind, ihre Kinder zum Besuche der entfernten Schule zu Bippen mit dem nöthigen Mittagbrote und gehörig schützender Kleidung bei Kälte und schlechtem Wetter zu versehen, machen die Erhaltung dieser Schule, die später aus der Hülfsschule zu einer öffentlichen Volksschule erhoben worden ist, dringend nothwendig, und zwar um so mehr, als die Schule zu Bippen so überfüllt ist, daß sie die Kinder aus Bokern nicht mehr aufnehmen kann. Dieselbe hat erst in neuester Zeit eine zweite Klasse erhalten, deren Schüler in zwei Abtheilungen in Halbtagsschule unterrichtet werden."

Der Regierungsbezirk **Aurich** hat 10 Schulen, welche vier bis zwanzig, 19, welche einundzwanzig bis dreißig Kinder haben. Einige von ihnen, wie die zu Baltrum (19 Kinder), Kreis Norden, und Woltzeten (22 Kinder), Kreis Emden, liegen auf einsamen kleinen Inseln. Dann wieder giebt es Schulverbände, welche aus Theilen verschiedener anderer Sozietäten oder einer Anzahl zerstreuter Plätze in der Marsch oder in den Moorgegenden gebildet sind, um den Kindern den Besuch einer Schule überhaupt zu ermöglichen, wie Viktorburermarsch (23 Kinder), Groß Holum (21 Kinder), Nordwerdum (28 Kinder) im Kreise Wittmund, Wirdumer Neuland (16 Kinder) im Landkreise Emden. Gandersum endlich im Landkreise Emden mit seinen 11 Schulkindern ist ein isolirt liegender kleiner Kirchort.

Den Schwierigkeiten der letztbezeichneten Art haben auch die Regierungen zu **Stade** und **Lüneburg** zu begegnen, in deren Aufsichtsbezirken „überall die einsame Lage der Ortschaften inmitten weit ausgedehnter Haide- und Moorflächen" das Fortbestehen der gegenwärtig vorhandenen 73 bezw. 170 kleinen Schulen, von welchen 27 bezw. 75 zwanzig und weniger Schulkinder haben, nothwendig macht. Manche von ihnen sind überdies sehr alt. Die Gründung derjenigen zu Wittstedt, Kreis Geestemünde, fällt in das Jahr 1758.

[**Provinz Westfalen.**] Die isolirte Lage, die konfessionellen Verhältnisse, die kirchlichen Bedürfnisse machen sich in den verschiedenen Theilen Westfalens gleichmäßig geltend.

Der Regierungsbezirk **Münster** hat 7 kleine Schulen, darunter 4 besonders kleine. Der Regierungsbezirk **Minden** hat unter 24 kleinen Schulen 13 (evangelische oder katholische) Diasporaschulen; 15 Schulen haben zwanzig und weniger Kinder. Der Regierungsbezirk **Arnsberg** hat 29 Schulen mit dreißig und weniger Kindern, darunter 8, deren Frequenz nicht über zwanzig geht.

„Interessant", berichtet die Regierung 1882, „ist die Liebe der Gemeinden für ihre Schulen. Diejenige zu Heppen im Kreise Soest z. B. hat ihr Schulhaus ganz aus eigenen Mitteln gebaut und gewährt dem Lehrer ihrer 8[1]) Kinder ein Baargehalt von 960 ℳ und 60 ℳ Holzgeld. Die Schule ist bereits zu großherzoglich bergischer Zeit gegründet worden."

[**Provinz Hessen-Nassau.**] Der Regierungsbezirk **Kassel** hat 86 christliche und 52 jüdische kleine Schulen, darunter 24 christliche und 29 jüdische mit zwanzig und weniger Kindern. Diasporaschulen bestehen namentlich für katholische Gemeinden. Besonderheiten sind die französischen Kolonien Friedrichsdorf und Lekringhausen und das Dorf Oberwerba, welches von zwei politisch und kirchlich getrennten Gemeinden gebildet wird, deren eine preußisch, die andere waldeckisch ist, und die sich auch in Bezug auf die Schule gesondert haben.

Vorzugsweise charakteristische Fälle finden sich unter den 60 kleinen Schulen (22 mit zwanzig und weniger Kindern) des Regierungsbezirkes **Wiesbaden**. Die Regierung berichtet 1882:

„Das Rothlagergebirge im Biedenkopf'schen, der hohe Westerwald am rechten Lahnufer und die rauheren Gegenden des Taunus an der nördlichen Abdachung desselben haben den fränkischen Volksstamm gezwungen, entgegen der sächsischen Art, welche die zerstreut liegenden Einzelgehöfte liebt, sich mit seinen abgeschlossenen Dörfern in die Terrainfalten und in die engen Thäler zurückzuziehen; isolirte Wohnstätten findet man hier durchweg sehr selten und ganz versteckt; von hohen Bergen umhegt und geschützt oder den Wasserläufen folgend, trifft man die dicht gedrängten menschlichen Ansiedelungen, welche bei der in Rede stehenden Frage in Betracht kommen. Das hat nicht allein zur Folge gehabt, daß die Kommunalgrenzen diesen natürlichen Vorbedingungen gemäß festgesetzt wurden, sondern mit diesen mußten auch die kommunalen Einrichtungen und

---

[1]) jetzt 23.

namentlich die vornehmsten derselben, die Schulen, sich nach den gegebenen Verhältnissen richten. Es war natürlich, daß bei der Gründung von kommunalen simultanen Schulen auch jede abgerundete bürgerliche Gemeinde darauf bedacht war, für sich selbst eine Schule zu gründen, ganz abgesehen davon, ob die Verbindung mit dem Nachbarorte leicht oder schwer war, oder ob das freundnachbarliche Verhältniß zur nächsten Ortsgemeinde ein eifersüchtiges oder ungetrübtes war. In den meisten Fällen war aber die Ortsverbindung mit dem benachbarten Gemeindebezirke so beschwerlich, daß mit Rücksicht auf die Gesundheit der Kinder denselben der tägliche Gang über steile Höhen oder durch unwirthliches Flachland nicht zuzumuthen war.

„Kam nun noch konfessionelle Verschiedenheit hinzu, so wurde das Bestreben, eigene Schulen zu erhalten, nur noch dringender. Trotz der durch das Gesetz von 1817 inaugurirten Simultanschule ging man im ehemaligen Herzogthume Nassau keineswegs in der Gleichgültigkeit gegen das Bekenntniß so weit, daß man von der Konfession des Lehrers bei der auf dem Papiere simultanisirten Schule hätte absehen wollen. Die konfessionell verschiedenen Orte, die ja auf einem Staatsgebiete, das nach 1815 aus sechszehn Territorien verschiedener Herren zusammengeschweißt wurde, natürlich bunt durcheinander gewürfelt vorkamen, wollten doch in der Simultanschule stets gern einen Lehrer der vorwiegenden Mehrheit des Dorfes haben. Sie brachten deshalb viel lieber das Opfer, eigene Schulhäuser zu bauen und Lehrerbesoldungen festzusetzen, als daß sie sich mit einem benachbarten Orte zu einem Schulverbande oder gar zu einer Schulsozietät von Interessenten hätten vereinigen sollen."

Diese allgemeine Schilderung ergänzt sich durch interessante Einzelbilder:

Zimmerschied (Schülerzahl 28) liegt auf der Kuppe eines der höchsten Lahnberge in der Umgegend von Ems, von jedem der nächsten Dörfer 3 *km* entfernt. Von Dausenau, dem dazu gehörigen Pfarrorte, führt der Weg steil bergan, eine Verbindung mit einer benachbarten Schule ist unmöglich.

Stein, tief im Nisterthale gelegen, hat mit dem in unmittelbarer Nähe belegenen Dörfchen Wingert eine Schule gemeinsam; die Nister drängt sich dort durch sehr enge Berghänge dem Siegthale zu, und deshalb sind die nächsten Ortschaften nur auf steilen Bergpfaden zu erreichen. Zudem ist dies der nordwestlichste Schulort des Bezirkes, der sich auf einer Landspitze in die alte Herrlichkeit Hatzfeldt-Wildenbruch eindrängt. Eine etwa beabsichtigte Einschulung in Schulen des Koblenzer Bezirkes würde auf viele Schwierigkeiten stoßen.

Löhnfeld, Schülerzahl 29. Dieses Dorf liegt auf einer der kahlen Höhenflächen, die sich stundenlang östlich vom Salzburgerkopf erstrecken, und deren Viehweiden mit ihren erratischen Basaltblöcken den wandernden Kindern keinen Schutz gegen die Unbill der Witterung gewähren können; höchstens bleiben dort die Wege an ärmlichen Vogelbeer-Bäumen oder Ebereschen kenntlich. Wollte man diesen meistens noch mit tief herabhängenden Strohdächern versehenen Dörfern auf dem oberen Westerwalde die eigenen Schulen nehmen und die Kinder in größeren Sammelschulen zusammenbringen, so würde zu dem häufiger wiederkehrenden Nothstande des Westerwaldes noch eine Schulnoth hinzutreten.

Auch die Schule von Dillingen zählte früher zu den kleinen Schulen. Dieses Dorf entstand aus einer im vorigen Jahrhundert durch fürstlichen Willen hervorgerufenen Ansiedelung eines Hessen-Homburgischen Landgrafen in der unmittelbaren Nähe der französischen Kolonie Friedrichsdorf, in welche Landgraf Friedrich mit dem silbernen Bein französische Emigranten aufgenommen hatte. Dillingen war für Landleute gegründet, welche die Noth aus dem Vogelsgebirge vertrieben hatte. Die Schule wird nur von Kindern deutscher Tagelöhnerfamilien besucht, welche in den französischen Friedrichsdorfer Schulen keine Aufnahme erlangen konnten; die Schulräumlichkeit und die Lehrerwohnung sind in dem Bethause des vom Kirchdorfe Köppern abgezweigten Filialdorfes untergebracht, und hat der dortige Lehrer die Verpflichtung, ähnlich wie dies in den alten oranischen Landestheilen Brauch ist, an den Sonntagen, an welchen der Pfarrer von Köppern nicht in dem Dillinger Betsaale predigt, eine ihm vorgeschriebene gedruckte Predigt vorzulesen.

Schönau, Schülerzahl 26. Die Existenz dieser Schule beruht auf alten Stiftungen. Sie ist eine der 3 konfessionell-katholischen Schulen im ehemaligen Herzogthume Nassau, die trotz des Ediktes von 1817 bestehen geblieben sind. Die fernere Erhaltung der Schule — abgesehen von der Rechtsfrage, ob sie überhaupt aufgehoben werden kann — ist um so nothwendiger, da Schönau Sitz eines katholischen Pfarrers ist, der für seine kleine, inmitten rein evangelischen Gebietes liegende Gemeinde in dem Lehrer zugleich einen Organisten hat.

[Rheinprovinz.] Von 72 kleinen Schulen des Regierungsbezirkes Koblenz haben 14 zwanzig und weniger Schüler. Die meisten von ihnen verdanken ihre Begründung kirchlichen und konfessionellen

Rücksichten, und manche bestehen neben blühenden, größeren Schulen der konfessionellen Mehrheit des Ortes. Andere erklären sich aus der isolirten Lage der Gebirgsdörfer; diese Schulen sind entweder sehr alten Datums, oder sie haben sich aus Lauf-, Ding-, Doppel- oder Winterschulen, welche von Präparanden oder ungeprüften Schulhaltern versehen wurden, entwickelt.

Ein deutliches Zeichen für die Nothwendigkeit der in Rede stehenden Anstalten giebt die katholische Schule zu Emmericher Eiland, Kreis Kleve, Regierungsbezirk Düsseldorf. Der Ort liegt inselartig zwischen dem Rheine und einem Arme desselben. Im Anfang des Jahrhunderts eingerichtet, wurde die Schule später aufgelöst, mußte aber 1840 wieder eröffnet werden. Sie hat bis 45 Kinder gezählt; jetzt schwankt ihre Schülerzahl zwischen 20 und 36. In demselben Bezirke sind ferner zu nennen Diasporaschulen, wie die evangelischen zu Bislich und zu Elten, beide im Kreise Rees. Die erstere ist bereits im vorigen Jahrhundert als eine Schule der evangelischen Kirchengemeinde gegründet, ihre geringste Schülerzahl war 15, ihre größte 28, die jetzige ist 23. Die evangelische Schule zu Elten hat gegenwärtig 6 Schüler. Den Unterricht ertheilte früher der evangelische Pfarrvikar unter Beihülfe einiger Zöglinge des katholischen Schullehrer-Seminars; jetzt versieht ihn ein ordentlicher Lehrer, welcher mit einem Gesammteinkommen von 1470 ℳ angestellt ist. Bei der evangelischen Schule zu Schenkenschanz, Kreis Kleve, (17 Kinder) kommt zu den konfessionellen Rücksichten noch diejenige auf die Lage des Ortes zwischen dem Rheinstrom und dem alten Rheine. Zur Zeit der alljährlich wiederholt eintretenden Ueberschwemmungen ist der Ort vollständig von dem Verkehre abgeschnitten. Auf andere Weise isolirt liegt die katholische Schule zu Grafwegen, Kreis Kleve, mit 26 Kindern; sie ist nämlich auf drei Seiten von dem Königlichen Reichswalde eingeschlossen und grenzt auf der vierten an das Königreich der Niederlande. Die Gesammtzahl der Schulen mit dreißig und weniger Kindern beträgt im Regierungsbezirke Düsseldorf 20, die der Schulen mit weniger als zwanzig Kindern 7.

Von den 4 kleinen Schulen des Regierungsbezirkes Köln finden 3 ihre Rechtfertigung in ihrer isolirten Lage; die vierte, diejenige zu Kirchherten, Kreis Bergheim, die einzige mit weniger als zwanzig Kindern, besteht seit Jahrhunderten und ist schon wegen des Religionsunterrichtes und des Kirchendienstes für die kleine evangelische Diasporagemeinde unentbehrlich.

Die Zahl der Schulen mit dreißig und weniger Kindern beläuft sich im Regierungsbezirke Trier auf 70. Von diesen kommen 11 auf die evangelische Bevölkerung und 2 gehören jüdischen Gemeinden; die übrigen 57 Schulen werden fast ausschließlich von Kindern katholischer Konfession besucht. 10 dieser Anstalten, darunter 4 evangelische, 5 katholische und 1 jüdische, gehören allein dem Kreise Bernkastel; fernere 8, nämlich 3 katholische, 4 evangelische, 1 jüdische, dem Kreise St. Wendel; also 18 den beiden Kreisen, deren Bevölkerung vorzugsweise konfessionell gemischt ist. Die meisten Schulen mit 30 und weniger Kindern weisen nächstdem die Eifelkreise auf, und zwar sämmtlich nur von katholischen Kindern besucht. Wenn die Zahl der kleinen Schulen in den Eifelkreisen in den letzten Dezennien zugenommen hat,[1]) so liegt dies wesentlich in deren äußerst ungünstigen örtlichen und klimatischen Verhältnissen, sowie darin, daß die allmähliche Beseitigung der sogenannten Winterschulen um so dringender geboten war, als der Unterricht in diesen lediglich in den Händen unreifer Aspiranten lag. Die Zahl solcher Nothschulen betrug im Jahre 1855 noch 102; jetzt ist sie auf 1 (in Köllig, Kreis Saarburg) zurückgegangen.[2]) Eine derartige Minderung konnte allerdings oft nur durch Staatsbeihülfe und durch Zusammenlegen kleiner Ortschaften und Gehöfte zu einem neuen kleinen Schulverbande erfolgen, wie denn allein im Kreise Prüm 7 katholische Schulen mit kleinster Schülerzahl lediglich aus Staatsmitteln erhalten werden.

Auch im Regierungsbezirke Trier sind endlich manche kleine Schulen darum unentbehrlich, weil die größeren Organismen selbst ohne anderweiten Zuwachs meist schon an Ueberfüllung leiden, so daß allein seit der letzten Erhebung im Jahre 1891 an 30 Orten die vorhandenen Schulanstalten durch Errichtung neuer Klassen erweitert werden mußten.

Der Regierungsbezirk Aachen hat 30 kleine Schulen, davon 12 mit weniger als 20 Kindern. Die meisten von ihnen gehören den Kreisen Malmedy, Schleiden und Jülich an. Die zwölf evangelischen Schulen dieser Art sind Diasporaschulen, zum größten Theile im 17. Jahrhundert von niederländischen Emigranten unter großen Opfern gegründet und trotz mannigfacher Schwierigkeiten bis jetzt erhalten.

[Hohenzollern]. Hier befinden sich 11 Schulen, welche 30 und weniger Kinder zählen. Isolirte Lage — auf der rauhen Alb — und konfessionelle Rücksichten machen ihren Fortbestand nöthig.

[1]) seit 1886 um 7 katholische und 2 evangelische. — [2]) Im Jahre 1881 waren noch 10 vorhanden.

6. Die Lehrkräfte der öffentlichen Volksschulen.

An den preußischen Volksschulen waren am 25. Mai 1891: 71 741 Stellen für vollbeschäftigte Lehrer und Lehrerinnen vorhanden. Als solche sind hier unterschiedslos alle Lehrer angesehen, welche den Schuldienst als Hauptamt üben, gleichviel ob sie dies als Rektoren, Hauptlehrer, Oberlehrer, Klassenlehrer, Hülfslehrer, Lehrgehülfen, Adjuvanten thun; die Unterschiede nämlich, welche dabei in Betracht kommen, treffen wesentlich nur die Besoldungs- und Disziplinarverhältnisse.

Für die Einrichtung der Schulen ist im Allgemeinen, es darf gesagt werden fast ausnahmslos, das sogenannte Klassensystem maßgebend; d. h. es ertheilt jedesmal ein Lehrer den gesammten Unterricht in der ihm zugewiesenen Klasse, Religion und deutsche Sprache, wie Zeichnen und Turnen. Es kommt auch darin zur Geltung, daß der Unterrichtsverwaltung zu jeder Zeit in der Volksschule der Erziehungszweck jeder anderen Rücksicht vorangestanden hat. Ausnahmen von dem Klassenlehrersystem sind allerdings unvermeidlich. Zunächst treten sie da ein, wo ein Lehrer durch den Unterricht in seiner Klasse nicht voll beschäftigt wird; an mehrklassigen Schulen hat der Lehrer der untersten Klasse nur wöchentlich 20 Stunden; es ist selbstverständlich, daß ihm demnach noch einige Stunden in den Oberklassen übertragen werden, sei es behufs Erleichterung älterer Lehrer, sei es im Interesse der Ersparung von Lehrkräften; ihm selbst ist es in der Regel erwünscht, weil ihm hierdurch Gelegenheit zur Weiterbildung geboten wird. Aehnlich liegen die Verhältnisse, wo die Zahl der Lehrerstellen hinter der Klassenzahl zurückbleibt. Die Schulen mit zwei und mehr Lehrern haben nämlich in der ganzen Monarchie in Stadt und Land zusammen 54 307 Schulklassen und 49 320 Lehrer, also 4 987 Klassen mehr als Lehrer.

Außerdem kann das Klassenlehrersystem an denjenigen paritätischen Schulen, wo nur ein Lehrer anderen Bekenntnisses als desjenigen der Mehrzahl der Lehrer und Kinder angestellt ist, und zwar mit der Hauptbestimmung: Religionslehrer zu sein, nicht genau eingehalten werden, da ihn sein besonderer Auftrag in alle Klassen führt, ihm auch aus naheliegenden Gründen der Unterricht in der Geschichte und der deutschen Sprache in der Regel nicht übertragen wird. Endlich — dies ist allerdings der seltenere Fall — ist in den großen Schulkörpern der großen Städte bisweilen der technische Unterricht, Singen, Zeichnen, Turnen, in eine Hand gelegt, in einigen Fällen in diejenige eines ordentlichen Lehrers, in anderen eines nur nebenamtlich nicht vollbeschäftigten Hülfslehrers.

Von den vollbeschäftigten Lehrerstellen sind 15 430 dauernd oder herkömmlich mit einem kirchlichen Amte verbunden und zwar stehen in einem solchen von 44 937 evangelischen Lehrern 12 348, von 17 959 katholischen Lehrern 3 082.

Am 25. Mai 1891 wurden im Gesammtgebiete der Monarchie ermittelt Stellen für

vollbeschäftigte ordentliche Lehrkräfte . . .	70 094
" Hülfslehrkräfte	1 637
zusammen	**71 731.**

Von diesen Stellen waren an diesem Tage 1 020 theils unbesetzt, theils nicht ordnungsmäßig besetzt.

Es standen also 70 711 Lehrer und Lehrerinnen im Dienste und zwar 62 272 Lehrer und 8 439 Lehrerinnen. Es waren von den Lehrern:

evangelisch . .	44 199
katholisch .	17 737
sonst christlich .	4
jüdisch	332
zusammen	**62 272;**

von den Lehrerinnen:

evangelisch .	3 527
katholisch .	4 853
sonst christlich . .	1
jüdisch	58
zusammen	**8 439.**

Während sich also die Zahl der evangelischen Lehrer zu derjenigen der katholischen rund wie 100 : 40 verhält, kommen auf 100 evangelische Lehrerinnen 138 katholische. Der Grund dafür liegt in der Neigung der katholischen Bevölkerung in den westlichen Provinzen, ihre Töchter von Lehrerinnen unterrichten zu lassen, wie denn auch die beiden westfälischen Lehrerinnenseminare zu Münster und zu Paderborn schon im Jahre 1832 gegründet sind.

Der preußische Volksschullehrerstand ergänzt sich aus allen Klassen der Bevölkerung; doch stellen natürlich der mittlere Bürgerstand in seinen verschiedenen Gattungen und das landwirthschaftliche Gewerbe das stärkste Kontingent; namentlich letzteres. Nicht weniger als 21 787, also fast der dritte Theil unserer Lehrer sind Söhne von Männern, welche von Bodennutzung, Viehzucht und Jagd leben; und von diesen 21 787 Söhnen von Landwirthen ꝛc. sind 18 840 Söhne von solchen, welche das Geschäft selbständig, d. h. als Besitzer oder als leitende Beamte treiben. Dieses Verhältniß ist einerseits ein Zeichen für die Beliebtheit und das Ansehen, in welchem der Lehrer bei den Landleuten steht, andererseits eine Gewähr dafür, daß unsere Lehrer in großer Zahl Verständniß und Liebe für die ländlichen Verhältnisse in ihr Amt mitbringen.

Interessant ist es, daß sich diese in der Ackerbau treibenden Bevölkerung aufgewachsenen Lehrer in ziemlich richtigem Verhältniß auf die beiden christlichen Bekenntnisse vertheilen: 15 136 evangelischen stehen 6 648 katholische Lehrer gegenüber (100 : 44).

Eine zweite erfreuliche Erscheinung ist die große Zahl von Lehrersöhnen unter den Lehrern. Die Lehrer der höheren Lehranstalten haben allerdings nur verschwindend geringe Vertretung unter den Vätern unserer Volksschullehrer; indessen haben Volksschullehrer nicht weniger als 13 208 Söhne dem Volksschullehrerstande zugeführt. Es muß also doch in den Lehrerkreisen Freude am Berufe vorhanden sein, sonst würde es so nicht stehen. Ueberraschen kann es, daß neben 9 877 evangelischen Lehrersöhnen nur 3 288 katholische stehen, also auf 100 evangelische nicht 40, wie es nach dem Verhältnisse der Gesammtzahl der evangelischen und katholischen Lehrer zu erwarten wäre, sondern nur 33 katholische Lehrer kommen; es hat dies seinen Grund aber darin, daß die katholischen Lehrer ihre Söhne gern dem geistlichen Stande zuführen, und daß ihnen der Weg dazu leicht geebnet wird.

Bergbau, Bauwesen, Industrie, einschließlich des Handwerkes, haben dem Lehrerstande 17 758 Söhne zugeführt; der Handelsstand 5 640; Hof- und Staatsdienst und freie Gewerbe, einschließlich des Lehrerstandes und des geistlichen Standes 16 031.

Ein ganz anderes Bild geben die Ermittelungen über die Herkunft der Lehrerinnen. Aus den Kreisen der Ackerbau treibenden Bevölkerung stammen 271 evangelische, 1 042 katholische, 1 jüdische Lehrerin; aus den Bergbau, Bauwesen, Industrie, Handwerk treibenden Kreisen 753 evangelische, 1 894 katholische, 4 jüdische Lehrerinnen; die Familien, welche ihren Erwerb auf Handel und Verkehr gründen, haben 734 evangelische, 776 katholische und 40 jüdische Lehrerinnen gestellt; aus den Familien der Offiziere, Geistlichen, Lehrer, Beamten, Aerzte, Schriftsteller und Künstler stammen 1 695 evangelische, 1 005 katholische und 10 jüdische Lehrerinnen; 6 evangelische und 5 katholische Lehrerinnen haben Väter, welche im häuslichen Dienste stehen, 68 evangelische, 131 katholische, 1 sonst christliche und 3 jüdische Lehrerinnen haben Väter ohne bestimmten Beruf. — Es ergiebt sich also, daß in den landwirthschaftlichen und den gewerbtreibenden Kreisen die Evangelischen, in den Kreisen der Beamten, Gelehrten und Künstler die Katholischen dem Lehrerberuf verhältnißmäßig wenig Töchter zuführen.

Von der Gesammtzahl der 62 272 vollbeschäftigten Lehrer haben nur 202, nämlich 189 evangelische, 13 katholische, — von der Gesammtzahl der 8 439 Lehrerinnen nur 39 keine pädagogische Prüfung abgelegt. Es sind dies theils ältere Lehrer und Lehrerinnen, deren erste Anstellung in eine Zeit zurückreicht, wo die heute in Geltung stehenden Vorschriften noch nicht überall durchgeführt waren, theils ganz junge Leute, die als Schulgehülfe, Schulhalter ꝛc. bei besonderen örtlichen Verhältnissen den vollen Schuldienst versehen.

Von den Lehrern haben 59 502, nämlich 41 942 evangelische, 17 236 katholische, 4 sonst christliche und 320 jüdische die Prüfung für Volksschullehrer bestanden; 678, nämlich 528 evangelische, 142 katholische, 8 jüdische haben die Prüfung für Mittelschullehrer abgelegt; von diesen arbeiten 564 in städtischen, 114 in ländlichen Schulen. Die Rektoratsprüfung ist von 1 651, nämlich von 1 315 evangelischen und 336 katholischen Lehrern abgelegt worden; von diesen sind 1 538 in städtischen Schulen, 113 in ländlichen Schulen beschäftigt. 231, nämlich 218 evangelische, 9 katholische und 4 jüdische Lehrer, haben die Prüfung für das höhere Lehramt bestanden; von diesen sind 207 in städtischen, 24 in ländlichen Schulen beschäftigt; 8 Lehrer, nämlich 7 evangelische, 1 katholischer, sämmtlich an Stadtschulen thätig, haben Fachlehrer-Prüfung bestanden.

Von 8 439 Lehrerinnen haben 6 011 die Befähigung für den Volksschulunterricht erlangt, nämlich 1 599 evangelische, 4 388 katholische, 24 jüdische; 2 107, nämlich 1 635 evangelische und 438 katholische, 1 sonst christliche und 33 jüdische Lehrerinnen haben außerdem die Befähigung zum Unterricht an mittleren und höheren Mädchenschulen erworben. Die Prüfung als Vorsteherinnen haben 19 evangelische und 5 katholische Volksschullehrerinnen bestanden. Von 3 527 evangelischen Volksschullehrerinnen haben also 1 654 eine über den Volksschulunterricht hinausgehende Befähigung erlangt. Von der Gesammtzahl der 8 439 Lehrerinnen sind 5 273 in Städten, 3 166 auf dem Lande beschäftigt. Unter den Landschullehrerinnen sind 288, welche die höhere, 6, welche die Vorsteherinnen-Prüfung abgelegt haben.

Von der Gesammtzahl der vollbeschäftigten Lehrkräfte haben

ein Dienstalter von:	städtische Lehrer	ländliche Lehrer	zusammen Lehrer	städtische Lehrerinnen	ländliche Lehrerinnen	zusammen Lehrerinnen
0—5 Jahren	3 094	10 869	13 963	1 438	1 073	2 511
5—10 „	4 835	8 119	12 954	1 382	749	2 131
10—15 „	3 567	6 032	9 599	1 174	593	1 767
15—20 „	2 715	3 781	6 496	655	328	983
20—30 „	3 722	6 229	9 951	474	295	769
30—40 „	2 084	4 498	6 582	130	103	233
40—50 „	638	1 842	2 480	18	23	41
über 50 „	72	175	247	2	2	4.

Der starke Niedergang der Zahlen beim Dienstalter der Lehrerinnen erklärt sich nur zum Theil aus ihrer geringeren Widerstandsfähigkeit, hat vielmehr seinen Grund darin, daß erst in den beiden letzten Jahrzehnten Lehrerinnen in weiterem Umfange zur Anstellung gelangt sind. Außerdem treten viele durch Verheirathung aus dem Schuldienste aus.

Die Vertheilung der gesammten vollbeschäftigten Lehrpersonen im Jahre 1891 auf die einzelnen Dienstaltersjahre bezw. -Stufen geht aus der folgenden Tabelle hervor, in welcher der Vergleichung halber die Verhältnisse der Jahre 1871 und 1891 zur Darstellung gebracht sind.

Das Dienstalter der vollbeschäftigten Lehrkräfte an den öffentlichen Volksschulen, 1871*) und 1891.

Dienstjahre. Es standen Lehrkräfte:	Überhaupt 1871	Überhaupt 1891	In Prozent der Gesammtzahl 1871	In Prozent der Gesammtzahl 1891
1	2	3	4	5
im 1. Dienstjahre	2 673	3 321	5,39	4,70
„ 2. „	2 416	3 355	4,87	4,74
„ 3. „	2 251	3 062	4,54	4,33
„ 4. „	1 994	3 197	4,02	4,52
„ 5. „	1 781	3 539	3,60	5,00
„ 1.—5. „	11 574	16 474	23,34	23,30
im 6. „	1 750	3 018	3,53	4,27
„ 7. „	1 523	3 149	3,07	4,45
„ 8. „	1 560	3 042	3,15	4,30
„ 9. „	1 413	2 938	2,85	4,15
„ 10. „	1 363	2 940	2,75	4,16
„ 6.—10. „	7 871	15 085	15,87	21,33
im 11. „	1 317	2 635	2,66	3,73
„ 12. „	1 345	2 436	2,71	3,45
„ 13. „	1 172	2 246	2,36	3,18
„ 14. „	1 130	2 054	2,28	2,90
„ 15. „	1 159	1 995	2,34	2,82
„ 11.—15. „	6 376	11 366	12,86	16,07
im 16. „	1 048	1 639	2,11	2,32
„ 17. „	986	1 682	1,99	2,38
„ 18. „	1 004	1 469	2,02	2,08
„ 19. „	931	1 379	1,88	1,95
„ 20. „	1 006	1 310	2,03	1,85
„ 16.—20. „	5 170	7 479	10,42	10,58
im 21. „	929	1 217	1,87	1,72
„ 22. „	810	1 236	1,63	1,75
„ 23. „	828	1 250	1,67	1,77
„ 24. „	829	1 090	1,67	1,54
„ 25. „	878	1 051	1,77	1,49
„ 21.—25. „	4 465	5 844	9,00	8,26
im 26. Dienstjahre	855	1 105	1,72	1,56
„ 27. „	849	1 015	1,71	1,44
„ 28. „	838	954	1,69	1,35
„ 29. „	762	909	1,54	1,29
„ 30. „	828	893	1,67	1,26
im 26.—30. „	4 316	4 876	8,70	6,90
im 31. „	805	859	1,62	1,21
„ 32. „	735	874	1,48	1,24
„ 33. „	742	806	1,50	1,14
„ 34. „	676	713	1,36	1,01
„ 35. „	630	678	1,27	0,96
im 31.—35. „	3 755	3 930	7,57	5,56
im 36. „	650	628	1,31	0,89
„ 37. „	583	627	1,18	0,89
„ 38. „	553	556	1,12	0,79
„ 39. „	475	576	0,96	0,81
„ 40. „	471	496	0,95	0,70
im 36.—40. „	2 856	2 883	5,76	4,08
im 41. „	455	416	0,92	0,59
„ 42. „	417	376	0,84	0,53
„ 43. „	379	315	0,76	0,45
„ 44. „	283	320	0,57	0,45
„ 45. „	270	282	0,54	0,40
im 41.—45. „	1 839	1 709	3,71	2,42
im 46. „	251	240	0,50	0,34
„ 47. „	204	195	0,41	0,28
„ 48. „	198	139	0,40	0,20
„ 49. „	160	125	0,32	0,17
„ 50. „ u. darüber	540	361	1,09	0,51
im 46.—50. „ „	1 372	1 063	2,77	1,50
Lehrkräfte zusammen	**49 594**	**70 711**	**100**	**100**

*) Für den Regierungsbezirk Posen, die Städte Frankfurt a. M. und Barmen ist im Jahre 1871 das Dienstalter nur nach 5jährigen Gruppen nachgewiesen; die angegebenen Gruppensummen enthalten die für die Einzeljahre fehlenden Posten mit.

Außer den vollbeschäftigten Lehrpersonen wurden 1891 im Ganzen 4 376 *nicht vollbeschäftigte Hülfslehrkräfte* (3 967 Lehrer und 409 Lehrerinnen) ermittelt; ihnen würden noch 107 Adjuvanten, welche mit Rücksicht auf den gegenwärtigen Stelleninhaber angenommen sind, hinzuzurechnen sein. Als solche Hülfslehrkräfte sind neben den technischen Hülfslehrern vorzugsweise die Lehrer anzusehen, welche den Kindern der konfessionellen Minderheit den Religionsunterricht ihres Bekenntnisses ertheilen. Als Religionslehrer dieser Art wurden allein 2 407 unter den Hülfslehrern angegeben.

Die *Handarbeitslehrerinnen* sind besonders aufgeführt; es sind ihrer 37 129, darunter 7 078, welche eine Lehrbefähigung nachgewiesen haben, 30 051 ungeprüfte, unter diesen 27 298 in den Landschulen, meist die Ehefrauen bez. Töchter der Lehrer.

Wenn oben erwähnt wurde, daß von sämmtlichen Schulstellen am 25. Mai 1891: 1 020 unbesetzt oder nicht ordnungsmäßig besetzt waren, so bedarf dies einer Erklärung, welche vornehmlich in Folgendem zu finden ist:

Bei dem Tode eines Lehrers stehen der Wittwe Gnadenkompetenzen zu; während einer durch Gesetz oder Herkommen bestimmten Zeit hat sie den Genuß des Stelleneinkommens. Überwiegend sind die Lehrerstellen Wahlstellen, und viele Gemeinden lassen sich das Recht, Lehrproben der Bewerber zu hören, nicht nehmen. Eine erhebliche Zahl von Lehrerstellen ist mit kirchlichen Ämtern verbunden und darum ihre Wiederbesetzung in Fällen der Erledigung etwas umständlicher. Endlich hat der neugewählte Lehrer seine bisherigen Verhältnisse zu lösen.

Aus alledem ergiebt sich, daß bei einem Lehrerwechsel, namentlich wo derselbe durch Todesfälle veranlaßt ist, eine Zeit entsteht, während deren eine Stelle erledigt bleiben und für ihre Verwaltung gesorgt werden muß. Solche Zustände entstehen aber auch unabhängig von einem Wechsel der Stelle, beispielsweise, wenn der Lehrer seiner Heerespflicht zu genügen hat oder wenn er krank ist. In allen diesen Fällen sind die Lehrer der anderen Klassen oder der Nachbarschulen zur Vertretung verpflichtet; natürlich nicht zum Vortheile des eigenen Amtes.

Nach langjährigen Erfahrungen ist das Freisein einer Stelle auf etwa sechs Monate zu schätzen. Die Unterrichtsverwaltung trägt Sorge dafür, daß die Dauer der Amtserledigung über diese Zeit hinaus nicht ausgedehnt werde, und daß die offen gewordenen Stellen von vorschriftsmäßig gebildeten Lehrern besetzt werden.

7. Die konfessionellen Verhältnisse der öffentlichen Volksschulen.

Die preußische Unterrichtsverwaltung hat sich zu jeder Zeit bei der Einrichtung der Volksschulen die möglichste Berücksichtigung der konfessionellen Verhältnisse der Schulkinder angelegen sein lassen. In welcher Weise diese Berücksichtigung in den verschiedenen Zeiten zum Ausdruck gelangt ist, weist eine im Jahre 1878 veröffentlichte Denkschrift näher nach (siehe a. a. O. Band III, S. 422).

Die nächste Sorge wird seit Jahrzehnten darauf gerichtet, daß möglichst jedes Schulkind den Religionsunterricht nach den Lehren seiner Kirche von einem Lehrer seines Bekenntnisses erhalte, und es wird demgemäß der Schutz der konfessionellen Minderheit als eine besonders ernste Pflicht der Schulverwaltung angesehen. Wenn in einer Ministerialverfügung vom 20. Juli 1834 gesagt wird:

> „Auf einzelne Familien, gleichviel, ob katholische oder evangelische, die zerstreut unter anderen Glaubensgenossen leben, kann bei einer solchen, die Bedürfnisse des Ganzen umfassenden Einrichtung nicht Rücksicht genommen werden, ihrem besonderen Wohle können die Grundmaximen, nach welchen das Volksschulwesen überhaupt sich gestaltet und verwaltet wird, nicht aufgeopfert werden. *Dergleichen Familien verlieren sich entweder durch Übertritt zu der herrschenden Kirche des Ortes* in Folge der gemischten Ehen, oder sie suchen einen anderen Wohnort, wo sich eine Kirche und Schule ihres Glaubens findet,"

so ist diese Ansicht von den Dingen eben einer strengeren Auffassung gewichen. Die Schulverwaltung ist sich bewußt geworden, daß sie gegen alle ihr anvertrauten Schulkinder gleiche Pflichten hat, und die preußischen Unterrichtsminister haben dieser Empfindung wiederholt Ausdruck gegeben (unter Anderem vergl. a. a. O. Band I, S. 393).

Das erste Ziel, allen Kindern ihren Religionsunterricht zu sichern, darf als erreicht angesehen werden. Um an dasselbe zu gelangen, sind weder Bemühungen noch Geldmittel gespart worden. So betrug schon im Etatsjahre 1888/89 die zu Remunerationen für Ertheilung des Religionsunterrichtes an Schulkinder konfessioneller Minoritäten bewilligte Summe 34 815 ℳ, wofür in 640 Schulorten 8 665 Kinder mit Religionsunterricht versorgt wurden, und zwar 3 783 evangelische, 4 749 katholische, 59 jüdische und 74 andersgläubige. Dieser Betrag hat sich im Jahre 1891/92 auf 53 868 ℳ erhöht (vergl. oben Seite 100). Trotzdem war es in einigen, im Verhältnisse zum Ganzen allerdings wenigen

Fällen nur dadurch erreichbar, allen Kindern den Religionsunterricht ihres Bekenntnisses zu gewähren, daß man Lehrer verschiedenen Bekenntnisses an derselben Schule anstellte. Schon darin, daß dieser Umstand hier als etwas Besonderes bezeichnet wird, ist ausgesprochen, daß es die Unterrichtsverwaltung als ihre zweite große Aufgabe ansieht, die Schuleinrichtungen so zu treffen, daß alle Kinder nicht nur in der Religion, sondern auch in allen anderen Lehrgegenständen möglichst von Lehrern ihres Bekenntnisses unterrichtet, und daß, soweit dies ausführbar ist, auch nur Kinder eines Bekenntnisses in einer Schule vereinigt werden. Leicht ist das nicht und vielfach auch mit erhöhten Kosten verbunden. Nicht, daß das Gesetz entgegenstände; denn das läßt weite Freiheit, und weder das Allgemeine Landrecht noch Spezialgesetze widerstreben der Einrichtung von Konfessionsschulen unbedingt; aber die Mischung der Bevölkerung, von welcher nachstehende Tabelle ein Bild giebt, erschwert sie.

Antheil der einzelnen Religionsbekenntnisse an der Gesammtbevölkerung des preußischen Staates im Jahre 1890.

Staat. — Regierungsbezirke	Auf je 100 Personen der Gesammtbevölkerung entfielen 1890:				
	Evangelische	Katholische	sonstige Christen	Juden	solche anderen und unbekannten Bekenntnisses
1	2	3	4	5	6
a) Staat	**64,30**	**34,35**	**0,29**	**1,24**	**0,01**
b) Regierungsbezirke.					
1. Königsberg	77,61	20,95	0,60	0,83	0,01
2. Gumbinnen	97,41	1,47	0,38	0,59	0,01
3. Danzig	49,93	47,41	1,64	1,01	0,01
4. Marienwerder	45,83	51,89	0,41	1,87	0,00
5. Stadtkreis Berlin	85,67	8,84	0,60	5,03	0,05
6. Potsdam	95,14	4,04	0,36	0,44	0,01
7. Frankfurt	96,29	2,98	0,37	0,19	0,00
8. Stettin	97,07	1,65	0,41	0,47	0,00
9. Köslin	96,57	2,30	0,38	0,85	0,00
10. Stralsund	98,41	1,33	0,08	0,18	0,01
11. Posen	25,56	71,99	0,04	2,35	0,00
12. Bromberg	40,47	56,88	0,15	2,84	0,01
13. Breslau	57,15	41,34	0,38	1,38	0,00
14. Liegnitz	82,65	16,71	0,39	0,44	0,05
15. Oppeln	9,08	89,58	0,05	1,34	0,00
16. Magdeburg	94,34	5,07	0,38	0,39	0,03
17. Merseburg	96,90	2,76	0,08	0,16	0,09
18. Erfurt	76,35	22,97	0,21	0,44	0,03
19. Schleswig	97,66	1,79	0,33	0,30	0,04
20. Hannover	93,06	5,56	0,35	1,88	0,09
21. Hildesheim	83,49	15,89	0,11	0,58	0,03
22. Lüneburg	97,16	2,06	0,33	0,96	0,01
23. Stade	97,71	1,89	0,09	0,30	0,01
24. Osnabrück	45,90	53,53	0,06	0,50	0,01
25. Aurich	94,49	3,38	0,98	1,34	0,03
26. Münster	11,80	87,79	0,03	0,67	0,01
27. Minden	62,67	36,39	0,11	0,89	0,01
28. Arnsberg	55,03	43,35	0,36	0,76	0,01
29. Kassel	81,61	16,38	0,35	2,35	0,01
30. Wiesbaden	58,37	38,04	0,88	3,18	0,03
31. Koblenz	33,79	64,46	0,31	1,45	0,01
32. Düsseldorf	40,89	57,96	0,53	0,77	0,06
33. Köln	15,78	82,56	0,90	1,46	0,03
34. Trier	17,96	81,19	0,03	0,83	0,00
35. Aachen	3,79	95,67	0,08	0,76	0,01
36. Sigmaringen	3,79	95,31	0,80	1,00	0,00

Um sich die ganze Größe der Aufgabe zu vergegenwärtigen, welche der Unterrichtsverwaltung aus der in der umstehenden Tabelle nachgewiesenen Mischung der Bevölkerung erwächst, muß man erwägen, daß dieselbe eine langsam, unter Schwankungen und aus zum Theil nicht erkennbaren Ursachen gewordene, sich noch stetig verändernde ist. Eine gründliche Belehrung über die Verhältnisse, welche hier in Betracht kamen, bietet ein Aufsatz über die katholische Diaspora Norddeutschlands in Band 88 bis 92 der „Historisch-politischen Blätter für das katholische Deutschland" (1881 bis 1883). Indem wir einige Angaben aus demselben mittheilen, bringen wir vorher in Erinnerung, daß auf je 100 Einwohner 15—20, durchschnittlich 17 Schulkinder der öffentlichen Volksschulen kommen, daß also erst bei einer Bevölkerung von 400 bis 500 Einwohnern soviel Schulkinder vorhanden sind, daß die Errichtung einer Schulklasse für sie gefordert werden kann.

> „In dem Bezirke des Bisthums Hildesheim (welches von den in der bezeichneten Abhandlung besprochenen preußischen Landestheilen zuerst angeführt wird) hat sich die Einwohnerzahl der Stadt Göttingen in der Zeit von 1881 bis 1880 von 12 452 auf 19 942 erhöht, also im Verhältnisse von 100 : 160, die Zahl der katholischen Einwohner ist in derselben Zeit von 670 auf 1 790 gestiegen, das entspricht einem Verhältnisse von 100 : 267. In Elze, einem Städtchen von damals etwa 3 000, und in Alfeld, einem Städtchen von 3 228 Einwohnern, haben sich in demselben Zeitraume katholische Gemeinden von je 100 Seelen gesammelt. Bei alledem ist aber die Gesammtzahl der Katholiken im Regierungsbezirke Hildesheim nicht im gleichen Verhältnisse wie die Bevölkerung gestiegen, und ganz besonders nicht in demselben Maße wie diejenige der Evangelischen. Diese hatte sich von 1864 bis 1880 im Verhältnisse von 100 : 117, die Gesammtzahl der Bevölkerung in dem von 100: 116, diejenige der Katholiken nur in dem von 100: 109 vermehrt. Es muß also an einzelnen Stellen ein erheblicher Rückgang der letzteren stattgefunden haben. Ueberraschende Schwankungen, aber bei alledem sichere Fortschritte, machte die katholische Bevölkerung von Celle, Regierungsbezirk Lüneburg; dort vermerkt das Kirchenbuch im Jahre 1800: 2 Taufen, 1805: 9, 1825: 10, 1850: 25, 1873 und 1879: 55, 1880: 52. In der Stadt Hannover wurden 1856: 1 795, 1866: 4 500, 1880: 9 600 katholische Einwohner gezählt, eine Vermehrung, deren Maßzahl weit über diejenige der Gesammtbevölkerung hinausgeht. Dagegen gelangte die katholische Gemeinde der Stadt Stade nur zu einer Seelenzahl von 105. Im Regierungsbezirke Magdeburg befanden sich im Jahre 1880 unter 937 305 Einwohnern 35 146 Katholiken, aber sie waren sehr ungleichmäßig vertheilt; so lebten im Stadtkreise Magdeburg 7 500, dagegen in der Stadt Burg bei 15 864 Einwohnern nur 300; in Genthin, Kreis Jerichow II, bei 4 000 Einwohnern sogar nur 20.
>
> „Das ganze Herzogthum Holstein zählte im Jahre 1855 nur 833 Katholiken; 1871 betrug die katholische Bevölkerung der Provinz Schleswig-Holstein: 6 152, 1880: 8 870, wovon etwa 5 000 auf Altona, etwa 1 200 auf Kiel, 500 auf Flensburg kamen, die übrigen 2 000 waren zerstreut; Glückstadt zählte bei 5 576 Einwohnern 50 Katholiken."

1890 stieg die katholische Bevölkerung der Provinz Schleswig-Holstein auf 21 796 Personen, welche sich auf die Städte Altona mit 5 161, Kiel mit 2 724 und Flensburg mit 961 vertheilten, der Rest entfiel mit der niedrigsten Zahl 44 bis zur höchsten 1 874 auf die übrigen Kreise der Provinz.

Aehnliche Verhältnisse, wie die hier geschilderten, finden sich auch in anderen Gegenden mit vorwiegend evangelischer Bevölkerung, und selbstverständlich ließen sie sich auch bei der evangelischen Diaspora im Ermelande, im Regierungsbezirke Münster, im Eichsfelde, in Oberschlesien nachweisen. Die Zeit, wo das sogenannte Territorialprinzip (cuius regio, eius religio) seine Kraft ungeschwächt übte, und wo man noch von Gegenden mit „konfessionell ungemischter Bevölkerung" reden konnte, ist unwiederbringlich dahin. Es giebt jetzt nur noch Unterschiede in der Stärke der konfessionellen Minderheiten. Wo nun diese zahlreich genug sind, da ist es natürlich möglich, ihren Wünschen entgegenzukommen und ihnen eigene Schulen zu errichten. Wo ihre Zahl aber gar zu gering ist, da erübrigt es eben nur, ihnen zu Liebe paritätische Schulen einzurichten, oder ihre Kinder den Schulen anderen Bekenntnisses zuzuweisen, wie dies beispielsweise den 606 evangelischen Kindern geschieht, welche auf 301 ländliche katholische Schulen der vier ermeländischen Kreise vertheilt sind.

Diesen Verhältnissen gegenüber muß es als ein überraschend günstiges Ergebniß der Bemühungen der Unterrichtsverwaltung angesehen werden, wenn 1886 bez. 1891 von überhaupt 3 062 858 bez. 3 107 701 evangelischen Schulkindern 2 918 689 bez. 2 973 775 und von 1 730 402 bez. 1 766 835 katholischen Schulkindern 1 582 464 bez. 1 612 187 in Konfessionsschulen sämmtlichen Unterricht von Lehrern ihres Bekenntnisses erhielten. Es bestanden nämlich im Jahre 1886

23 122	evangelische Schulen mit	48 689 Klassen,	41 539 Lehrern[1]),	2 993 852	Kindern
10 061	katholische „ „	22 672 „	19 632 „ [2]),	1 613 497	„
12	sonst christliche „ „	33 „	31 „ [3]),	870	„
318	jüdische „ „	421 „	407 „	13 270	„
503	paritätische „ „	3 282 „	3 141 „	216 758	„ ,

im Jahre 1891

23 748	evangelische Schulen mit	53 462 Klassen,	46 281 Lehrern,	3 050 820	Kindern
10 154	katholische „ „	25 198 „	21 547 „	1 635 779	„
1	sonst christliche „ „	1 „	1 „	44	„
244	jüdische „ „	307 „	305 „	9 519	„
595	paritätische „ „	3 778 „	3 597 „	220 314	„ ,

Es befanden sich ferner von je 100 evangelischen Kindern:

	1886	1891
in Schulen ihres Bekenntnisses . .	95,30 Prozent,	95,[illegible] Prozent
„ paritätischen Schulen	3,81 „	3,[illegible] „
„ katholischen „	0,84 „	0,[illegible] „ ,

und von je 100 katholischen Kindern:

	1886	1891
in Schulen ihres Bekenntnisses . .	91,45 Prozent,	91,[illegible] Prozent
„ paritätischen Schulen	5,37 „	5,60 „
„ evangelischen „	3,18 „	3,18 „ .

Die Ursachen, aus welchen die Zahl der katholischen Kinder, die in Schulen anderen Bekenntnisses oder in paritätischen Schulen untergebracht sind, verhältnißmäßig etwas höher ist als die Zahl der evangelischen Kinder, sind im Vorstehenden ausführlich dargelegt; die katholische Diaspora hat eben einen weiteren Umfang und nimmt wegen des Zuges der überwiegend katholischen Bevölkerung des Ostens nach der Mitte (und dem Westen) des Staates fortwährend zu.

Abgesehen von Berlin und von dem Gebiete des ehemaligen Herzogthums Nassau, von dem weiter unten noch geredet werden soll, haben die paritätischen Schulen die verhältnißmäßig stärkste Verbreitung in Posen und Westpreußen, wo sie durch die besonderen sprachlichen und politischen Verhältnisse geboten sind; es waren nämlich paritätisch

im Jahre 1886

in Westpreußen	210 Schulen mit	893 Klassen,	837 Lehrern,	59 500	Kindern
„ Posen	87 „ „	491 „	439 „	34 006	„
zusammen	**297** „ „	**1 384** „	**1 276** „	**93 506**	„ .

im Jahre 1891

in Westpreußen	287 Schulen mit	1 201 Klassen,	1 081 Lehrern,	71 052	Kindern
„ Posen	115 „ „	618 „	555 „	36 082	„
zusammen	**402** „ „	**1 819** „	**1 636** „	**107 134**	„ .

Läßt man diese beiden Provinzen außer Betracht, so ergiebt sich für die übrigen Provinzen, sowie den Stadtkreis Berlin und Hohenzollern, daß in Schulen ihres Bekenntnisses unterrichtet wurden 1886: 96,9 Proz., 1891: 97,3 Proz. der evangelischen, 1886: 95,6 Proz. und 1891: 95,4 Proz. der katholischen Kinder in paritätischen Schulen 1886: 2,7 Proz. und 1891: 2,6 Proz. der evangelischen, 1886: 3 Proz. und 1891: 2,8 Proz. der katholischen Kinder. Werden aber die sämmtlichen paritätischen Schulen der ganzen Monarchie näher geprüft, so stellt sich heraus, daß die Berücksichtigung der konfessionellen Verhältnisse in noch höherem Maße stattfindet, als nach den prozentalen Angaben angenommen werden könnte.

Zunächst erweist sich, daß sich die große Mehrzahl der in paritätischen Schulen unterrichteten Kinder in den Städten befindet. Auf dem Lande, wo der Einfluß der Lehrer auf die Kinder viel unmittelbarer und stärker ist, haben die Kinder auch in viel mehr Fällen Lehrer ihres Bekenntnisses. Es bestanden paritätische Schulen

im Jahre 1891

in den Städten	239 mit 2 632 Klassen,	2 669 Lehrern,	152 030	Kindern
auf dem Lande	356 „ 1 146 „	928 „	68 284	„ .

[1]) darunter 3 sonst christliche Lehrer. — [2]) desgl. 1 evangelischer. — [3]) desgl. 5 evangelische.

Die Zahl der Schulkinder auf dem Lande betrug 1891: 3 301 021; es wurden also von ländlichen Kindern in paritätischen Schulen unterrichtet 1891: 2,1 Proz. In 20 von den 35 preußischen Regierungsbezirken mit ländlicher Bevölkerung kommen gar keine paritätischen Schulen auf dem Lande vor, in 10 anderen zusammen nur 27.

Sodann ist das Schulwesen der Stadt Berlin in Betracht zu nehmen. Ueber die großen Aufgaben, welche die Schulverwaltung der Reichshauptstadt dem Magistrate stellt, und über die Umsicht, mit welcher er dieselben löst, ist in der mehrfach erwähnten Denkschrift von 1883 berichtet worden (siehe auch oben Seite 39 ff. und 140 ff. wie a. a. O. Band III, S. 357 ff.). Es genüge hier, zu erwähnen, daß von 1886 bis 1891 hier 367 Lehrer- und 172 Lehrerinnenstellen neu gegründet worden sind. Der Magistrat hat sein Schulwesen wesentlich auf konfessionelle Grundlage gestellt; er muß aber dieses Prinzip in zweifacher Hinsicht durchbrechen, einmal aus Rücksicht auf den Religionsunterricht der Minoritäten, welche er auch auf die jüdischen Kinder ausdehnt, sodann — und dies kommt auch in anderen Großstädten vor — um Sammelstellen, vorläufige Schuleinrichtungen, zu begründen. Wo nämlich in einem der neuerdings entstandenen Stadtbezirke die Zahl der Kinder nicht dazu ausreicht, um ihnen je eine katholische und eine evangelische Schule zu errichten, werden zunächst die Schüler beider Bekenntnisse vereinigt, bis die Bevölkerung sich verdichtet hat; so entstehen paritätische Schulen, welche in wenig Jahren zu zwei großen Konfessionsschulen sich ausgestalten. In Berlin standen 1886 den 32 paritätischen Schulen mit 31 291 Kindern 130 konfessionelle Schulen mit 118 502 Kindern gegenüber, und 1891 wurden 38 paritätische Schulen mit 34 409 Kindern gegen 154 konfessionelle Schulen mit 141 211 Kindern ermittelt.

Ferner beruht die Einrichtung von 88 paritätischen Schulen im Regierungsbezirke Wiesbaden auf den Vorschriften des nassauischen Edikts vom 24. März 1817 und den in Ausführung desselben erlassenen Bestimmungen, welche die konfessionelle Minderheit berechtigen, unter gewissen Voraussetzungen die Anstellung eines Lehrers ihres Bekenntnisses zu verlangen.

Endlich ist, wie bereits angedeutet, an einer Anzahl evangelischer Schulen ein katholischer Lehrer ausschließlich zu dem Zwecke angestellt worden, den katholischen Kindern Religionsunterricht nach ihrem Bekenntnisse zu ertheilen, ebenso an einer anderen, etwas größeren Anzahl katholischer Schulen mit entsprechender Bestimmung ein evangelischer Lehrer. Werden diese Schulen, durch deren Einrichtung nur die konfessionellen Minderheiten Schutz erhalten, und die 88 nassauischen Schulen außer Betracht gelassen, so bleiben überhaupt noch nicht 200 paritätische Schulen in der ganzen Monarchie.

Der Stand der rein evangelischen und der rein katholischen Schulen im Jahre 1886 und im Jahre 1891 bezw. die Fortschritte beider Arten von Konfessionsschulen für den ganzen Staat sowie in den Städten und auf dem Lande insbesondere ist aus Folgendem zu ersehen.

Es waren vorhanden

1. in den Städten und auf dem Lande zusammen:

	1886	1891	Zunahme gegen 1886 überhaupt	in Prozent
Schulen überhaupt	34 016	34 742	726	2,13
davon evangelische Schulen	23 122	23 749	627	2,71
katholische "	10 061	10 154	93	0,92
Vollbeschäftigte Lehrkräfte überhaupt	64 750	71 731	6 981	10,78
davon an evangelischen Schulen	41 539	46 282	4 743	11,42
an katholischen "	19 632	21 547	1 915	9,75
Unterrichtsklassen überhaupt	75 097	82 746	7 649	10,19
davon an evangelischen Schulen	48 689	53 463	4 774	9,81
an katholischen "	22 672	25 198	2 526	11,14
Schulkinder der evangelischen Schulen überhaupt	2 993 852	3 050 864	57 012	1,90
davon evangelische Schulkinder	2 918 689	2 973 775	55 086	1,89
katholische "	54 950	55 367	417	0,76
sonst christliche "	8 762	10 869	2 107	24,05
jüdische "	11 451	10 853	— 598	— 5,22
Schulkinder der katholischen Schulen überhaupt	1 613 497	1 635 779	22 282	1,38
davon evangelische Schulkinder	25 878	19 134	— 6 744	— 26,06
katholische "	1 582 464	1 612 167	29 703	1,88
sonst christliche "	161	151	— 10	— 6,21
jüdische "	4 994	4 327	— 667	— 13,36;

2. in den Städten:

	1886	1891	Zunahme gegen 1886 überhaupt	in Prozent
Schulen überhaupt	3 718	3 871	153	4,12
davon evangelische Schulen	2 141	2 315	174	8,13
katholische „	1 120	1 145	25	2,23
Vollbeschäftigte Lehrkräfte überhaupt	22 419	26 317	3 898	17,39
davon an evangelischen Schulen	14 168	16 924	2 756	19,45
an katholischen „	5 513	6 494	981	17,79
Unterrichtsklassen überhaupt	23 348	26 651	3 303	14,15
davon an evangelischen Schulen	14 817	17 099	2 282	15,40
an katholischen „	5 756	6 658	932	16,19
Schulkinder der evangelischen Schulen überhaupt	924 909	1 005 706	80 797	8,74
davon evangelische Schulkinder	909 420	989 660	80 240	8,82
katholische „	5 350	5 466	116	2,17
sonst christliche „	2 908	3 646	738	25,38
jüdische „	7 231	6 934	— 297	— 4,11
Schulkinder der katholischen Schulen überhaupt	412 086	450 004	37 918	9,20
davon evangelische Schulkinder	1 032	874	— 158	— 15,31
katholische „	409 724	448 039	38 315	9,35
sonst christliche „	59	66	7	11,86
jüdische „	1 271	1 025	— 246	— 19,35;

3. auf dem Lande:

	1886	1891	Zunahme gegen 1886 überhaupt	in Prozent
Schulen überhaupt	30 298	30 871	573	1,89
davon evangelische Schulen	20 981	21 434	453	2,16
katholische „	8 941	9 009	68	0,76
Vollbeschäftigte Lehrkräfte überhaupt	42 331	45 414	3 083	7,28
davon an evangelischen Schulen	27 371	29 358	1 987	7,26
an katholischen „	14 119	15 053	934	6,62
Unterrichtsklassen überhaupt	51 749	56 095	4 346	8,40
davon an evangelischen Schulen	33 872	36 364	2 492	7,36
an katholischen „	16 916	18 510	1 594	9,42
Schulkinder der evangelischen Schulen überhaupt	2 068 943	2 045 158	— 23 785	— 1,15
davon evangelische Schulkinder	2 009 269	1 984 115	— 25 154	— 1,25
katholische „	49 600	49 901	301	0,61
sonst christliche „	5 854	7 223	1 369	23,39
jüdische „	4 220	3 919	— 301	— 7,13
Schulkinder der katholischen Schulen überhaupt	1 201 411	1 185 775	— 15 636	— 1,30
davon evangelische Schulkinder	24 846	18 260	— 6 586	— 26,51
katholische „	1 172 740	1 164 128	— 8 612	— 0,73
sonst christliche „	102	85	— 17	— 16,67
jüdische „	3 723	3 302	— 421	— 11,31.

Zur Ergänzung obiger Angaben muß indessen darauf hingewiesen werden, daß in dieser Beziehung die Vergleichbarkeit der Ergebnisse der Erhebung von 1886 und derjenigen von 1891 etwas, wenn auch in geringem Maße, dadurch geschmälert ist, daß 1891 einige Schulen, die 1886 zu den öffentlichen gerechnet waren, in Folge der inzwischen veränderten Gesetzgebung (Gesetz vom $\frac{\text{14. Juni 1888}}{\text{31. März 1889}}$, betreffend die Erleichterung der Volksschul-Unterhaltungskosten) in die Privatschulen eingereiht werden mußten. Es betrifft dies 34 evangelische und 97 katholische, meist in der Diaspora belegene und von Vereinen (Gustav Adolph-Verein, Bonifazius-Verein u. dgl.) unterhaltene Schulen. Bei Gegenüberstellung der beiden Jahre erscheint hiernach die Zunahme der katholischen öffentlichen Volksschulen etwas geringer, als sie in der That ist und sich erweisen würde, wenn jene jetzt als Privatschulen gezählten Schulen auch 1891 unter die öffentlichen aufgenommen wären. Einen genaueren Nachweis der Vertheilung der 1886 und 1891 verschieden behandelten evangelischen und katholischen Schulen über die einzelnen Landestheile ergiebt die umstehende Tabelle.

Abweichungen in der Einordnung evangelischer und katholischer Schulen, 1886 und 1891.

Staat. — Regierungsbezirke.	Zahl der Schulen			Zahl der Schulkinder			Zahl der vollbeschäftigten Lehrkräfte		
	überhaupt	davon in den Städten	davon auf dem Lande	überhaupt	davon in den Städten	davon auf dem Lande	überhaupt	davon in den Städten	davon auf dem Lande
1	2	3	4	5	6	7	8	9	10
I. Evangelische Schulen, welche 1886 als öffentliche Volksschulen und 1891 als Privatschulen gezählt sind.									
a) **Staat**	**34**	**11**	**23**	**2 759**	**1 576**	**1 183**	**52**	**21**	**31**
b) Regierungsbezirke[1]).									
1. Königsberg	1	1	—	258	258	—	3	3	—
5. Stadtkreis Berlin	2	2	—	982	982	—	8	8	—
6. Potsdam	4	—	4	210	—	210	7	—	7
7. Frankfurt	2	—	2	100	—	100	2	—	2
10. Stralsund	1	—	1	17	—	17	1	—	1
13. Breslau	5	2	3	147	63	84	5	3	2
14. Liegnitz	1	1	—	40	40	—	1	1	—
15. Oppeln	4	1	3	361	17	344	8	1	7
19. Schleswig	1	—	1	50	—	50	1	—	1
22. Lüneburg	1	—	1	212	—	212	3	—	3
23. Stade	2	—	2	16	—	16	2	—	2
26. Münster	1	—	1	45	—	45	1	—	1
27. Minden	1	1	—	70	70	—	1	1	—
29. Kassel	1	1	—	93	93	—	2	2	—
32. Düsseldorf	2	1	1	47	22	25	2	1	1
33. Köln	2	1	1	55	31	24	2	1	1
34. Trier	1	—	1	12	—	12	1	—	1
35. Aachen	1	—	1	24	—	24	1	—	1
36. Sigmaringen	1	—	1	20	—	20	1	—	1
II. Katholische Schulen, welche 1886 als öffentliche Volksschulen und 1891 als Privatschulen gezählt sind.									
a) **Staat**	**97**	**57**	**40**	**6 275**	**3 667**	**2 608**	**120**	**75**	**45**
b) Regierungsbezirke[1]).									
1. Königsberg	5	4	1	592	552	40	8	7	1
2. Gumbinnen	2	—	2	97	—	97	2	—	2
3. Danzig	1	—	1	52	—	52	1	—	1
4. Marienwerder	3	3	—	172	172	—	3	3	—
6. Potsdam	10	7	3	695	218	477	13	7	6
7. Frankfurt	6	6	—	375	375	—	7	7	—
8. Stettin	4	4	—	114	114	—	4	4	—
9. Köslin	1	1	—	63	63	—	1	1	—
13. Breslau	3	—	3	226	—	226	3	—	3
14. Liegnitz	2	—	2	18	—	18	2	—	2
15. Oppeln	2	—	2	98	—	98	2	—	2
16. Magdeburg	20	9	11	1 351	610	741	23	11	12
17. Merseburg	17	12	5	802	398	404	17	12	5
19. Schleswig	5	4	1	207	143	64	5	4	1
20. Hannover	1	1	—	12	12	—	1	1	—
21. Hildesheim	2	2	—	66	66	—	2	2	—
23. Stade	1	—	1	60	—	60	1	—	1
26. Münster	1	1	—	16	16	—	1	1	—
27. Minden	3	—	3	79	—	79	3	—	3
28. Arnsberg	1	—	1	80	—	80	1	—	1
30. Wiesbaden	5	2	3	993	857	136	18	14	4
32. Düsseldorf	1	1	—	71	71	—	1	1	—
34. Trier	1	—	1	36	—	36	1	—	1

[1]) In den mit ihrer üblichen Ziffer nicht aufgeführten Regierungsbezirken sind dergleichen Schulen nicht vorhanden

Die Unterrichtsverwaltung ist eifrig bemüht, an die Stelle dieser Privatschulen öffentliche Volksschulen zu setzen, wird aber bei ihren bezüglichen Bestrebungen durch die Vorschriften des Gesetzes vom 26. Mai 1887 behindert, welches die Befugnisse, die der Regierung auf Grund der Instruktion vom 23. Oktober 1817 zustanden, beschränkt hat.

8. Die Kosten der öffentlichen Volksschulen.

a) Die Schulunterhaltungspflicht.

Zu den Kosten für die Unterhaltung der öffentlichen Volksschulen gehören die Aufwendungen für Beschaffung, Unterhaltung und Erweiterung der für die Schule und die Lehrer erforderlichen Gebäude, freien Plätze, Gärten und Dienstländereien, sowie der Lehr- und Lernmittel, soweit letztere nicht für den einzelnen Schüler von dessen Eltern u. s. w. herzugeben sind, ferner die Gewährung der Besoldungen und Pensionen für die Lehrer und Lehrerinnen, der Umzugs- und Einführungskosten für dieselben und die Wittwenkassenbeiträge bezw. die Kosten für die Hinterbliebenen der Volksschullehrer.

Die Aufbringung der Schulunterhaltungskosten ist zurzeit in Preußen nur theilweise einheitlich durch Gesetz geregelt. Es machte sich auch auf diesem Gebiete die schon oben hervorgehobene Rechtsverschiedenheit in den einzelnen Landestheilen geltend, deren Wirkungen in neuerer Zeit durch Entscheidungen des Oberverwaltungsgerichtes noch verstärkt worden sind. Es kann aber hier nicht Aufgabe sein, in eine erschöpfende Darlegung der einschlägigen Verhältnisse einzutreten; man muß sich vielmehr darauf beschränken, die Lage der Dinge, wie sie sich zufolge allgemeiner staatsrechtlicher Grundsätze gestaltet hat und thatsächlich besteht, in größeren Zügen kurz zu kennzeichnen.

Ein Theil der Schulunterhaltungskosten wird gedeckt aus dem in einigen Fällen sehr alten Schulvermögen (Grundbesitz, Berechtigungen, Geld- und Naturalrente, Kapitalzinsen). Die Bildung und Ansammlung des Schulvermögens unterliegt in der Gegenwart den allgemeinen landrechtlichen, gemein- oder französischrechtlichen Grundsätzen über den Erwerb von Grundbesitz durch die todte Hand, ferner den besonderen gesetzlichen Vorschriften über Schenkungen und Vermächtnisse, sowie bezüglich der, namentlich für die Landschulen in erheblichem Umfange bestehenden, Landdotationen den zutreffenden Bestimmungen der Agrargesetzgebung; in letzterer Beziehung schreibt, von älteren Gesetzen, Verordnungen, Kabinetsordres, rc. abgesehen, § 101 der Gemeinheitstheilungsordnung vom 7. Juni 1821 (Gesetzsammlung S. 53) speziell Folgendes vor:

„Bei der ersten auf einer Dorffeldmark eintretenden Gemeinheitstheilung soll zu der Schullehrerstelle soviel Gartenland, als, einschließlich des bisher besessenen, zur Haushaltung einer Familie von der in § 41 b angegebenen Stärke (fünf Köpfe) und zur Sommerstallfütterung und Durchwinterung von zwei Haupt Rindvieh erforderlich ist, in zweckmäßiger Lage angewiesen werden, dagegen aber auch die der Stelle bisher zuständig gewesene Weideberechtigung auf den Grundstücken der Dorfgemeinde aufhören."

Wo die Ausstattung der Schule mit Land, welche hiernach grundsätzlich angestrebt werden sollte, besonders schwierig war oder nicht im vollen Umfange erfolgen konnte, traten Abfindungen in Renten ein. Die Ablösungen von Realrechten der Schulen insbesondere wurden, bei dem Geiste dieses Theiles der Gesetzgebung, den Schulen ihr hergebrachtes Einkommen zu erhalten, theils ausgeschlossen, theils nur unter besonderen Bedingungen zugelassen.

Soweit das Vermögen der Schule zu deren Unterhaltung nicht ausreichte, war das schon aus frühesten, theilweise vorreformatorischen Zeiten stammende Schulgeld beibehalten oder neu eingeführt worden. Dasselbe war dem Lehrer als Remuneration für den wirklich ertheilten Unterricht von Denjenigen, deren Kinder die Schule besuchten, zu zahlen. Daneben oder in weiterer Ausbildung der Schulunterhaltungspflicht trat die Aufbringung von Schulbeiträgen, welche entweder als eine besondere Auflage oder im Wege des Zuschlages zu anderen Steuern von der ganzen Schulgemeinde eingezogen wurden. Das Allgemeine Landrecht bestimmt im Theil II, Titel 12, § 29—38 hierüber Folgendes:

„§ 29. Wo keine Stiftungen für die gemeinen Schulen vorhanden sind, liegt die Unterhaltung der Lehrer den sämmtlichen Hausvätern jedes Ortes, ohne Unterschied, ob sie Kinder haben oder nicht, und ohne Unterschied des Glaubensbekenntnisses ob.

„§ 30. Sind jedoch für die Einwohner verschiedenen Glaubensbekenntnisses an einem Orte mehrere gemeine Schulen errichtet, so ist jeder Einwohner nur zur Unterhaltung des Schullehrers von seiner Religionspartei beizutragen verbunden.

„§ 31. Die Beiträge, sie bestehen nun in Geld oder Naturalien, müssen unter die Hausväter nach Verhältniß ihrer Besitzungen und Nahrungen billig vertheilt und von der Gerichtsobrigkeit ausgeschrieben werden.

„§ 32. Gegen Erlegung dieser Beiträge sind alsdann die Kinder der Kontribuenten von Entrichtung eines Schulgeldes für immer frei.

„§ 33. Gutsherrschaften auf dem Lande sind verpflichtet, ihre Unterthanen, welche zur Aufbringung ihres schuldigen Beitrages ganz oder zum Theil eine Zeit lang unvermögend sind, dabei nach Nothdurft zu unterstützen.

„§ 34. Auch die Unterhaltung der Schulgebäude und Schulmeisterwohnungen muß, als gemeine Last, von allen zu einer solchen Schule gewiesenen Einwohnern ohne Unterschied getragen werden.

„§ 35. Doch trägt das Mitglied einer fremden zugeschlagenen Gemeinde zur Unterhaltung der Gebäude nur halb so viel bei, als ein Einwohner von gleicher Klasse an dem Orte, wo die Schule befindlich ist.

„§ 36. Bei Bauen und Reparaturen der Schulgebäude müssen die Magisträte in den Städten und die Gutsherrschaften auf dem Lande die auf dem Gute oder Kämmerei-Eigenthume, wo die Schule sich befindet, gewachsenen und gewonnenen Materialien, soweit solche hinreichend vorhanden und zum Baue nothwendig sind, unentgeltlich verabfolgen.

„§ 37. Wo das Schulhaus zugleich die Küsterwohnung ist, muß in der Regel die Unterhaltung desselben auf eben diese Art, wie bei Pfarrbauen vorgeschrieben ist, besorgt werden.

„§ 38. Doch kann kein Mitglied der Gemeinde wegen Verschiedenheit des Religionsbekenntnisses dem Beitrage zur Unterhaltung solcher Gebäude sich entziehen."

Auch die Verfassungsurkunde vom 31. Januar 1850 enthält über die Schulunterhaltungskosten allgemeine Vorschriften. Artikel 25 derselben bestimmt:

„Die Mittel zur Errichtung, Unterhaltung und Erweiterung der öffentlichen Volksschulen werden von den Gemeinden und, im Falle des nachgewiesenen Unvermögens, ergänzungsweise vom Staate aufgebracht. Die auf besonderen Rechtstiteln beruhenden Verpflichtungen Dritter bleiben bestehen.

„Der Staat gewährleistet demnach den Volksschullehrern ein festes, den Lokalverhältnissen angemessenes Einkommen.

„In der öffentlichen Volksschule wird der Unterricht unentgeltlich ertheilt."

Neuere wichtige Gesetze auf diesem Gebiete sind das vom 26. Mai 1887 und das vom 14. Juni 1888 / 31. März 1889, von denen das erstere Grundsätze über die Feststellung von Anforderungen für die Volksschulen, das zweite die Verpflichtung der Staatskasse zu Beiträgen zu den Lehrergehalten ausspricht.

In einzelnen Landestheilen sind gesetzlich die politischen Gemeinden die Träger der Volksschulunterhaltungslast, in anderen waren es von Hause aus Schulsozietäten. In der Verwaltungspraxis ist aber an dem Grundsatz festgehalten worden, daß selbst da, wo die Schulunterhaltung besonderen Sozietäten obliegt, die politischen Gemeinden mit Genehmigung der Aufsichtsbehörden befugt sind, durch Gemeindebeschluß die Ausgaben für das Volksschulwesen auf den Gemeindehaushalt zu übernehmen. So kommt es, daß gegenwärtig thatsächlich in der Mehrzahl der Stadtgemeinden und auch in größerem Umfange in den Landgemeinden (wo ohnehin die Schulgemeinde sehr häufig mit der politischen Gemeinde zusammenfällt) die Schulunterhaltung als Gemeindelast besteht oder doch dieselbe finanzielle Wirkung für den Haushalt der Gemeinden hat, und daß, von einzelnen Landestheilen abgesehen, im Ganzen dem Volksbewußtsein der Unterschied zwischen Sozietätslast und Gemeindelast verloren gegangen ist. Die „Beiträge zur Statistik der Gemeindeabgaben in Preußen im Jahre 1880/81" von L. Herrfurth und C. von den Brincken (IX. Ergänzungsheft zur Zeitschrift des Königlich preußischen statistischen Bureaus, Berlin 1882) weisen denn auch für den ganzen Staat nur 14 933 039 ℳ, davon in den Städten 3 339 135 ℳ, auf dem Lande 11 593 904 ℳ, als besondere Schulsteuern bezw. Sozietätslasten nach, während nach der schulstatistischen Erhebung vom Jahre 1891 ein Vielfaches der eben auf ungefähr 15 Millionen Mark angegebenen Sozietätsbeiträge durch Gemeindeumlagen aufgebracht wird.

Gleichviel aber auch, wer Träger der Schulunterhaltungspflicht ist, die Nothwendigkeit, für alle Kinder ausreichenden Unterricht zu beschaffen, besteht gesetzlich, und sie hat bei dem großen Umfange der Aufgabe in einem Staate wie Preußen ganz außerordentlich hohe Aufwendungen zur Folge.

b) Das Anwachsen der Unterhaltungskosten der öffentlichen Volksschulen.

Über die Kosten der öffentlichen Volksschulen in Preußen liegen einigermaßen, theilweise ganz vollständige und gleichartige Nachrichten aus den Jahren 1861, 1864, 1867, 1871, 1878, 1886 und 1891 vor. Die betreffenden Angaben stützen sich in der Regel auf einen dreijährigen Durchschnitt, 1871 aber auf einen zweijährigen. Die Quellen, welchen die hier zusammengestellten älteren Zahlen entnommen wurden, sind im Eingange, Seite 18 ff., vermerkt.

Die einschlägigen Nachweisungen erstrecken sich in den älteren Jahren nicht allein auf diejenigen öffentlichen Volksschulen, deren Errichtung und deren Besuch erforderlichen Falls erzwungen werden kann, sondern auch auf die in ihrem Lehrziele weiter gehenden öffentlichen Mittelschulen. Deswegen lassen sich zeitliche Vergleichungen für längere Perioden nur mit der Einschränkung benutzen, daß das reine Volksschulwesen in der älteren Zeit etwas kostspieliger erscheint, als es thatsächlich gewesen ist; indessen ist diesem Übelstande große Bedeutung nicht beizulegen, und deshalb ist in dem Hefte 101 der Preußischen Statistik eine solche Vergleichung für 1861 bis 1886 vorgenommen. Denn gegenüber den Kosten der eigentlichen Volksschule sind diejenigen der Mittelschule nicht sehr erheblich; sie haben noch im Jahre 1878 erst einen Gesammtbetrag von 5 424 610 ℳ für ca. 73 000 Schüler, im Jahre 1886 von 10 806 702 ℳ für 134 937 Schüler und im Jahre 1891 von 11 966 637 ℳ für 131 270 Schüler erreicht. Die entsprechenden Aufwendungen in früheren Jahren sind nicht bekannt. Die vorliegende vergleichende Darstellung für die Jahre 1886 und 1891 ist dagegen auf das Gebiet der eigentlichen Volksschule beschränkt worden.

Die Gesammtkosten der Unterhaltung der öffentlichen Volksschulen beziffern sich im Staate und in den einzelnen Provinzen im Ganzen bzw. in den Städten und auf dem Lande, wie folgende Tabelle nachweist.

Die gesammten Unterhaltungskosten der öffentlichen Volksschulen in den Provinzen des preußischen Staates, 1886 und 1891.

Staat. — Provinzen.	Es betrugen die gesammten Unterhaltungskosten der öffentlichen Volksschulen					
	in den Städten und auf dem Lande zusammen		in den Städten		auf dem Lande	
	1886 ℳ	1891 ℳ	1886 ℳ	1891 ℳ	1886 ℳ	1891 ℳ
1	2	3	4	5	6	7
a) Staat	**116 464 385**	**148 225 312**	**50 466 522**	**64 594 325**	**65 997 863**	**81 630 967**
b) Provinzen.						
1. Ostpreußen	6 511 667	7 493 924	1 393 081	1 627 060	5 118 586	5 866 864
2. Westpreußen	4 725 799	5 890 819	1 276 719	1 639 525	3 449 080	4 251 294
3. Stadtkreis Berlin	8 388 767	11 090 005	8 388 767	11 090 005	—	—
4. Brandenburg	8 563 173	10 881 653	3 486 397	4 221 397	5 076 776	6 660 256
5. Pommern	6 174 660	7 316 527	2 441 176	2 718 313	3 733 484	4 598 214
6. Posen	5 458 723	7 259 269	1 772 622	2 304 334	3 686 101	4 954 935
7. Schlesien	13 684 033	16 790 811	4 943 624	6 297 690	8 740 409	10 493 121
8. Sachsen	9 909 726	12 876 702	4 526 772	6 484 302	5 382 954	6 392 400
9. Schleswig-Holstein	6 730 422	8 337 261	2 209 690	2 824 745	4 520 732	5 512 516
10. Hannover	8 511 301	11 126 913	2 796 897	3 754 547	5 714 404	7 372 366
11. Westfalen	9 895 224	12 655 950	4 041 806	4 933 503	5 853 418	7 722 447
12. Hessen-Nassau	7 053 852	8 318 338	3 357 231	3 587 641	3 696 621	4 730 697
13. Rheinland	20 536 886	25 852 945	9 773 369	13 066 365	10 763 517	12 786 580
14. Hohenzollern	320 152	334 195	58 371	44 898	261 781	289 297

Aus den in dieser Übersicht verzeichneten Summen erhellt zunächst, daß die Schulunterhaltungskosten, an sich betrachtet, in der Zeit von 1886 bis 1891 durchweg eine beträchtliche Steigerung erfahren haben; sie haben im Ganzen um 25,[illegible] Proz., in den Städten insbesondere um 27,[illegible] Proz. und auf dem Lande um 23,[illegible] Proz. zugenommen.

Die vorstehend nachgewiesenen Gesammtaufwendungen vertheilen sich in den einzelnen Provinzen auf die persönlichen und die sächlichen Kosten, wie in der umstehenden Tabelle dargestellt wird.

Die persönlichen und sächlichen Kosten der öffentlichen Volksschulen in den Provinzen des preußischen Staates, 1886 und 1891.

Staat. — Provinzen. — Art der Kosten.	Es betragen die persönlichen bezw. sächlichen Kosten der öffentlichen Volksschulen					
	in den Städten und auf dem Lande zusammen		in den Städten		auf dem Lande	
	1886 ℳ	1891 ℳ	1886 ℳ	1891 ℳ	1886 ℳ	1891 ℳ
1	2	3	4	5	6	7
a) Staat: persönliche Kosten	**75 093 881**	**92 716 500**	**31 214 968**	**38 927 269**	**43 878 912**	**53 789 231**
sächliche "	**41 370 504**	**55 508 812**	**19 251 554**	**25 667 056**	**22 118 950**	**27 841 756**
Kosten überhaupt	**116 464 385**	**149 225 312**	**50 466 522**	**64 594 325**	**65 997 862**	**81 630 987**
b) Provinzen.						
1. Ostpreußen:						
persönliche Kosten . .	4 184 339	5 118 898	904 039	1 069 699	3 280 300	4 049 199
sächliche " . .	2 327 328	2 375 026	489 042	557 361	1 838 286	1 817 665
2. Westpreußen:						
persönliche Kosten . .	2 942 340	3 693 879	811 940	985 651	2 130 400	2 708 228
sächliche " . .	1 783 459	2 196 940	464 779	653 874	1 318 680	1 543 066
3. Stadtkreis Berlin:						
persönliche Kosten . .	4 943 514	6 360 289	4 943 514	6 360 289	—	—
sächliche " . .	3 445 253	4 729 716	3 445 253	4 729 716	—	—
4. Brandenburg:						
persönliche Kosten . .	5 860 705	7 279 746	2 272 317	2 885 863	3 588 388	4 393 883
sächliche " . .	2 702 468	3 601 907	1 214 080	1 335 534	1 488 388	2 266 373
5. Pommern:						
persönliche Kosten . .	4 284 663	4 988 834	1 615 011	1 778 663	2 669 652	3 210 171
sächliche " . .	1 889 997	2 327 693	826 165	939 650	1 063 832	1 388 043
6. Posen:						
persönliche Kosten . .	3 243 659	4 222 449	1 134 459	1 447 917	2 109 200	2 774 532
sächliche " . .	2 215 064	3 036 820	638 163	856 417	1 576 901	2 180 403
7. Schlesien:						
persönliche Kosten . .	9 077 156	11 500 805	3 359 549	4 235 733	5 717 607	7 265 072
sächliche " . .	4 606 877	5 290 006	1 584 075	2 061 957	3 022 802	3 228 049
8. Sachsen:						
persönliche Kosten . .	6 662 233	8 316 106	2 820 628	3 766 987	3 841 605	4 549 119
sächliche " . .	3 247 493	4 560 596	1 706 144	2 717 315	1 541 349	1 843 281
9. Schleswig-Holstein:						
persönliche Kosten . .	4 496 059	5 345 118	1 415 411	1 680 715	3 080 648	3 664 403
sächliche " . .	2 234 363	2 992 143	794 279	1 144 030	1 440 084	1 848 113
10. Hannover:						
persönliche Kosten . .	5 654 188	7 047 470	1 677 531	2 166 646	3 976 657	4 880 824
sächliche " . .	2 857 113	4 079 443	1 119 366	1 587 901	1 737 747	2 491 542
11. Westfalen:						
persönliche Kosten . .	5 872 712	7 480 288	2 308 916	2 927 658	3 563 796	4 552 630
sächliche " . .	4 022 512	5 175 662	1 732 890	2 005 845	2 289 622	3 169 817
12. Hessen-Nassau:						
persönliche Kosten . .	4 477 670	5 396 770	1 885 819	2 273 729	2 591 851	3 123 041
sächliche " . .	2 576 182	2 921 568	1 471 412	1 313 912	1 104 770	1 607 656
13. Rheinland:						
persönliche Kosten . .	13 207 165	15 732 142	6 030 971	7 327 230	7 176 194	8 404 912
sächliche " . .	7 329 721	10 120 803	3 742 398	5 739 135	3 587 323	4 381 668
14. Hohenzollern:						
persönliche Kosten . .	187 478	233 706	34 863	20 489	152 615	213 217
sächliche " . .	132 674	100 489	23 508	24 409	109 166	76 080

Für die Beurtheilung der sächlichen Kosten wird zunächst noch bemerkt, daß in denselben bestimmungsmäßig auch diejenigen Theile der Lehrerbesoldungen enthalten sein sollen, welche in der den Volksschullehrern zu gewährenden freien Wohnung und Feuerung oder dem Entgelt dafür bestehen.

Die Thatsachen, welche aus den in der nebenstehenden Tabelle angeführten Zahlen über die persönlichen und sächlichen Kosten erhellen, sind kurz folgende.

Wie die Gesammtkosten, so haben auch die persönlichen und die sächlichen Kosten in den letzten fünf Jahren eine Steigerung erfahren.

Der Antheil der persönlichen und der sächlichen Kosten an den Gesammtkosten hat sich von 1886 bis 1891 im Staatsdurchschnitte überhaupt wie auch für die Verhältnisse in den Städten und auf dem Lande im Besonderen wenig verschoben.

Es ist nicht ohne Interesse, den Verschiebungen bis in die einzelnen Landestheile nachzugehen. Diesem Zwecke dient die folgende Übersicht.

Der Antheil der persönlichen und sächlichen Kosten an den gesammten Unterhaltungskosten der öffentlichen Volksschulen in den Provinzen des preußischen Staates, 1886 und 1891.

Staat. — Provinzen.	Jahr	Von den gesammten Unterhaltungskosten der öffentlichen Volksschulen betrugen: die persönlichen Kosten			die sächlichen Kosten		
		in den Städten und auf dem Lande zusammen Proz.	in den Städten Proz.	auf dem Lande Proz.	in den Städten und auf dem Lande zusammen Proz.	in den Städten Proz.	auf dem Lande Proz.
1	2	3	4	5	6	7	8
a) Staat	1886	**64,41**	**61,85**	**66,49**	**35,59**	**38,15**	**33,51**
	1891	**63,41**	**60,26**	**65,89**	**36,59**	**39,74**	**34,11**
b) Provinzen.							
1. Ostpreußen	1886	64,26	64,89	64,09	35,74	35,11	35,91
	1891	68,51	65,74	69,66	31,49	34,26	30,34
2. Westpreußen	1886	62,86	63,60	61,17	37,14	36,40	38,83
	1891	62,11	60,17	63,70	37,89	39,83	36,30
3. Stadtkreis Berlin	1886	58,93	58,93	—	41,07	41,07	—
	1891	57,35	57,35	—	42,65	42,65	—
4. Brandenburg	1886	68,44	65,11	70,68	31,56	34,89	29,32
	1891	66,90	68,56	65,97	33,10	31,44	34,03
5. Pommern	1886	69,39	66,19	71,51	30,61	33,81	28,49
	1891	68,19	65,63	69,81	31,81	34,37	30,19
6. Posen	1886	59,62	64,00	57,62	40,38	36,00	42,38
	1891	58,17	62,83	55,99	41,83	37,17	44,01
7. Schlesien	1886	66,33	67,96	65,64	33,67	32,04	34,36
	1891	68,49	67,26	69,36	31,51	32,74	30,76
8. Sachsen	1886	67,83	62,31	71,37	32,17	37,69	28,63
	1891	64,58	58,09	71,16	35,42	41,91	28,84
9. Schleswig-Holstein	1886	66,80	64,06	68,14	33,20	35,94	31,86
	1891	64,13	59,50	66,47	35,87	40,50	33,53
10. Hannover	1886	66,49	59,91	69,39	33,51	40,09	30,61
	1891	63,34	57,10	66,60	36,66	42,90	33,40
11. Westfalen	1886	59,35	57,19	60,81	40,65	42,81	39,19
	1891	59,10	59,34	58,96	40,90	40,66	41,04
12. Hessen-Nassau	1886	63,48	56,17	70,11	36,52	43,83	29,89
	1891	64,88	63,38	66,02	35,12	36,62	33,98
13. Rheinland	1886	64,31	61,71	66,67	35,69	38,29	33,33
	1891	60,89	56,05	65,23	39,11	43,95	34,77
14. Hohenzollern	1886	58,56	59,03	58,30	41,44	40,97	41,70
	1891	69,93	45,63	73,70	30,07	54,37	26,30

Der höchste Antheil der persönlichen Schulunterhaltungskosten an den Gesammtkosten entfällt im Jahre 1891 nach dem Ausweise obiger Übersicht auf die Provinzen Hohenzollern, Schlesien, Ostpreußen und Pommern, wo er 1891: 69,93 bezw. 68,49, 68,51 und 68,19 Proz. betrug; der niedrigste mit 57,35 bezw. 58,17 und 59,10 auf Berlin bezw. Posen und Westfalen. Auf dem platten Lande ist derselbe im Allgemeinen höher als in den Städten, mit Ausnahme der Provinzen Brandenburg, Posen und Westfalen. Hier erfahren die Städte verhältnißmäßig eine höhere Belastung durch persönliche Volksschulkosten als das platte Land, wo umgekehrt die sächlichen Kosten entsprechend mehr in die Waag-

(Fortsetzung des Textes auf Seite 168.)

Die Aufbringung der Kosten und der Antheil der verschiedenen Aufkommensquellen an den

Staat. — Provinzen. — Aufkommensquellen	Es betrugen die Unterhaltungskosten der öffent-					
	in den Städten und auf dem Lande zusammen				in den	
	1886		1891		1896	
	überhaupt ℳ	Prozent	überhaupt ℳ	Prozent	überhaupt ℳ	Prozent
1	2	3	4	5	6	7
a) Staat:						
durch Schulgeld	10 926 085	9,38	1 378 983	0,94	4 790 495	9,49
„ Leistungen der Verpflichteten	91 516 414	78,58	98 350 498	67,26	43 253 240	85,71
aus Staatsfonds	14 021 886	12,04	46 495 831	31,80	2 432 787	4,80
Kosten überhaupt	116 464 385	100	146 225 312	100	50 476 522	100
b) Provinzen.						
1. Ostpreußen:						
durch Schulgeld	210 737	3,24	16 247	0,22	125 682	9,07
„ Leistungen der Verpflichteten	4 886 730	75,04	3 600 649	48,05	1 096 546	78,71
aus Staatsfonds	1 414 200	21,72	3 877 028	51,73	170 853	12,27
2. Westpreußen:						
durch Schulgeld	127 332	2,70	9 683	0,05	87 801	6,88
„ Leistungen der Verpflichteten	3 668 364	77,52	3 238 769	54,58	1 068 669	83,71
aus Staatsfonds	930 103	19,66	2 649 367	44,87	120 159	9,41
3. Stadtkreis Berlin:						
durch Schulgeld	26 421	0,31	—	—	26 421	0,31
„ Leistungen der Verpflichteten	8 324 429	99,25	10 212 814	92,09	8 324 429	99,25
aus Staatsfonds	37 917	0,45	877 191	7,91	37 917	0,45
4. Brandenburg:						
durch Schulgeld	1 424 992	17,40	102 636	0,94	574 815	16,45
„ Leistungen der Verpflichteten	5 921 382	69,15	6 851 777	62,97	2 866 264	76,47
aus Staatsfonds	1 146 799	13,35	3 927 240	36,09	245 318	7,04
5. Pommern:						
durch Schulgeld	858 904	13,91	31 054	0,43	377 105	15,15
„ Leistungen der Verpflichteten	3 992 878	64,67	3 849 965	52,69	1 804 223	73,51
aus Staatsfonds	1 322 878	21,42	3 435 508	46,88	259 848	10,61
6. Posen:						
durch Schulgeld	18 672	0,34	7 456	0,10	18 594	1,05
„ Leistungen der Verpflichteten	4 105 054	75,22	3 762 315	51,58	1 419 362	80,07
aus Staatsfonds	1 334 097	24,44	3 489 498	48,27	334 666	18,88
7. Schlesien:						
durch Schulgeld	1 155 409	8,44	109 520	0,65	344 625	6,97
„ Leistungen der Verpflichteten	10 789 329	78,85	11 117 917	66,22	4 389 466	88,79
aus Staatsfonds	1 739 205	12,71	5 563 874	33,13	209 533	4,24
8. Sachsen:						
durch Schulgeld	1 686 879	17,08	565 641	4,39	915 289	20,22
„ Leistungen der Verpflichteten	7 311 405	73,10	8 543 631	66,35	3 446 514	76,14
aus Staatsfonds	911 442	9,20	3 767 430	29,26	164 969	3,64
9. Schleswig-Holstein:						
durch Schulgeld	234 536	3,48	9 809	0,11	180 018	8,15
„ Leistungen der Verpflichteten	6 119 101	90,93	6 172 231	74,05	1 981 591	89,68
aus Staatsfonds	376 785	5,60	2 155 161	25,84	48 081	2,17
10. Hannover:						
durch Schulgeld	1 643 740	19,31	218 901	1,97	612 649	21,91
„ Leistungen der Verpflichteten	5 718 469	67,19	6 879 572	61,85	2 006 279	71,73
aus Staatsfonds	1 149 093	13,50	4 028 440	36,30	177 969	6,36
11. Westfalen:						
durch Schulgeld	1 002 919	10,13	146 350	1,15	416 801	10,31
„ Leistungen der Verpflichteten	8 068 174	81,54	9 388 310	74,18	3 467 666	85,80
aus Staatsfonds	824 131	8,33	3 121 290	24,66	157 339	3,89
12. Hessen-Nassau:						
durch Schulgeld	736 883	10,40	82 525	0,99	408 403	12,16
„ Leistungen der Verpflichteten	5 283 035	74,60	5 293 739	63,61	2 738 050	81,56
aus Staatsfonds	1 033 934	14,60	2 942 074	35,37	210 772	6,28
13. Rheinland:						
durch Schulgeld	1 724 527	8,46	86 101	0,33	701 644	7,18
„ Leistungen der Verpflichteten	17 060 042	83,01	19 238 086	74,42	8 792 995	89,97
aus Staatsfonds	1 752 317	8,53	6 528 758	25,25	278 780	2,85
14. Hohenzollern:						
durch Schulgeld	4 134	1,29	—	—	558	0,94
„ Leistungen der Verpflichteten	267 122	83,44	200 723	60,06	51 180	87,68
aus Staatsfonds	48 890	15,27	133 479	39,94	6 633	11,38

Kosten der öffentlichen Volksschulen in den Provinzen des preußischen Staates, 1886 und 1891.

…lichen Volksschulen nach der Art des Aufkommens						Wiederholung der Bezeichnung in Spalte 1.
Städten		auf dem Lande				
1891		1886		1891		
überhaupt ℳ	Prozent	überhaupt ℳ	Prozent	überhaupt ℳ	Prozent	
8	9	10	11	12	13	
						a) Staat:
1 633 171	**1,90**	**6 135 590**	**9,30**	**345 613**	**0,41**	**durch Schulgeld.**
51 514 872	**78,75**	**48 263 174**	**73,13**	**46 835 626**	**57,30**	**„ Leistungen der Verpflichteten.**
12 046 282	**18,65**	**11 599 099**	**17,57**	**34 449 549**	**42,30**	**aus Staatsfonds.**
84 584 325	**100**	**65 997 883**	**100**	**81 838 887**	**100**	**überhaupt.**
						b) Provinzen.
						1. Ostpreußen:
16 073	0,99	85 055	1,66	174	0,00	durch Schulgeld.
1 051 588	64,63	3 790 184	74,06	2 549 061	43,46	„ Leistungen der Verpflichteten.
559 399	34,38	1 243 347	24,28	3 317 629	56,53	aus Staatsfonds.
						2. Westpreußen:
2 493	0,15	39 441	1,14	190	0,00	durch Schulgeld.
1 210 829	73,86	2 599 695	75,38	2 027 940	47,70	„ Leistungen der Verpflichteten
426 203	26,00	809 944	23,48	2 223 164	52,30	aus Staatsfonds.
						3. Stadtkreis Berlin:
—	—	—	—	—	—	durch Schulgeld.
10 212 814	92,09	—	—	—	—	„ Leistungen der Verpflichteten.
877 191	7,91	—	—	—	—	aus Staatsfonds.
						4. Brandenburg:
60 576	1,43	920 177	18,12	42 060	0,63	durch Schulgeld.
3 060 780	72,51	3 255 118	64,18	3 790 997	56,79	„ Leistungen der Verpflichteten.
1 100 041	26,06	901 481	17,70	2 827 109	42,58	aus Staatsfonds.
						5. Pommern:
23 567	0,87	481 799	12,81	7 487	0,16	durch Schulgeld.
1 907 329	70,16	2 188 655	58,82	1 942 636	42,25	„ Leistungen der Verpflichteten.
787 417	28,97	1 063 030	28,47	2 648 001	57,59	aus Staatsfonds.
						6. Posen:
7 390	0,32	78	0,00	66	0,00	durch Schulgeld.
1 355 713	58,83	2 686 592	72,89	2 406 602	48,57	„ Leistungen der Verpflichteten.
941 231	40,85	999 431	27,11	2 548 267	51,43	aus Staatsfonds.
						7. Schlesien:
41 256	0,66	810 784	9,30	68 264	0,65	durch Schulgeld.
4 985 290	79,16	6 399 863	73,20	6 132 627	58,44	„ Leistungen der Verpflichteten.
1 271 144	20,18	1 529 762	17,50	4 292 230	40,91	aus Staatsfonds.
						8. Sachsen:
498 112	7,88	771 590	14,38	67 529	1,06	durch Schulgeld.
4 781 273	73,74	3 864 891	71,80	3 762 358	58,85	„ Leistungen der Verpflichteten.
1 204 917	18,58	746 473	13,87	2 562 513	40,09	aus Staatsfonds.
						9. Schleswig-Holstein:
8 776	0,31	54 518	1,21	1 093	0,02	durch Schulgeld.
2 363 877	83,66	4 137 510	91,30	3 808 354	69,09	„ Leistungen der Verpflichteten.
452 092	16,03	328 704	7,27	1 703 069	30,89	aus Staatsfonds.
						10. Hannover:
170 383	4,54	1 031 091	18,06	48 518	0,66	durch Schulgeld.
2 791 171	74,34	3 712 190	64,96	4 088 401	55,45	„ Leistungen der Verpflichteten.
792 993	21,12	971 123	17,00	3 235 447	43,89	aus Staatsfonds.
						11. Westfalen:
127 414	2,58	586 118	10,01	18 986	0,23	durch Schulgeld.
3 973 860	80,56	4 600 508	78,60	5 414 450	70,11	„ Leistungen der Verpflichteten.
832 229	16,87	666 792	11,39	2 289 061	29,66	aus Staatsfonds.
						12. Hessen-Nassau:
62 827	1,75	328 480	8,48	19 698	0,42	durch Schulgeld.
2 760 088	76,33	2 544 979	68,81	2 533 651	53,56	„ Leistungen der Verpflichteten.
764 726	21,92	823 162	22,71	2 177 348	46,02	aus Staatsfonds.
						13. Rheinland:
14 304	0,11	1 022 883	9,50	71 797	0,56	durch Schulgeld.
11 035 992	84,45	8 267 047	76,81	8 202 094	64,18	„ Leistungen der Verpflichteten.
2 016 009	15,44	1 473 587	13,69	4 512 689	35,26	aus Staatsfonds.
						14. Hohenzollern:
—	—	3 576	1,37	—	—	durch Schulgeld.
34 268	54,00	215 942	82,49	176 455	60,99	„ Leistungen der Verpflichteten.
20 080	45,96	42 263	16,14	112 842	39,01	aus Staatsfonds.

schale fallen. In der Darstellung dieser Verschiedenheiten liegt der Schwerpunkt der Zahlen der Tabelle auf Seite 165. Zur Veranschaulichung der wirklichen Zu- oder Abnahme der persönlichen bezw. der sächlichen Kosten reichen sie allerdings nicht aus.

In früherer Zeit standen die persönlichen Schulunterhaltungskosten, in der Hauptsache Lehrerbesoldungen, im ganzen Osten der Monarchie mit rund drei Viertel bis acht Zehntel der Gesammtausgaben im Vordergrunde. Die westlichen und die neueren Landestheile verwendeten dagegen schon früher auf die sächlichen Ausgaben, d. h. vornehmlich auf Schulbauten, so hohe Beträge, wie es gegenwärtig ziemlich allgemein die Regel geworden ist. Es ist bekannt, daß die Volksschule in letzteren Landestheilen, abgesehen von Hannover, schon damals unter günstigeren Verhältnissen arbeitete. Dort hat sich das Verhältniß zwischen persönlichen und sächlichen Kosten im Laufe der Zeit wenig verschoben; man möchte daher geneigt sein, zu glauben, daß in jenen Provinzen der Beharrungspunkt für das in Rede stehende Verhältniß erreicht ist. Es würde dann angenommen werden können, daß im Durchschnitte überall für persönliche Volksschulkosten etwa zwei Drittel, für sächliche Kosten etwa ein Drittel der ausgeworfenen Mittel zu verwenden sind. Aus einem abweichenden Zahlenverhältnisse wird man mit einigem Rechte schließen dürfen, daß die baulichen Einrichtungen der Schulen mit dem Vorhandensein von Lehrkräften noch nicht in Einklang gebracht sind.

Die Aufbringung der Schulunterhaltungskosten erfolgte bis zum Beginne der hier verglichenen Periode in der Hauptsache durch Leistungen der Gemeinden, Gutsherren und sonstigen Verpflichteten, durch Schulgeld und aus Staatsfonds (in Folge rechtlicher Verpflichtung und unterstützungsweise). Lediglich nach diesen drei Kategorien ist früher unterschieden worden. Bei der Erhebung von 1886 und 1891 (auch schon 1878) wurde das Aufkommen der Besoldungen sowie der Ruhegehalte noch weiter gegliedert und zwar bezüglich der ersteren unter Angabe der Erträge des zur Beschaffung des Stelleneinkommens vorhandenen Schul- und Stiftungsvermögens und bezüglich der letzteren unter Angabe der Beträge, welche der Diensinachfolger abzugeben hat 2c.

Die Aufbringung der Schulunterhaltungskosten im Staate und in den Provinzen erfolgte für die Jahre 1886 und 1891 in dem Verhältniß, wie es die Tabelle auf den Seiten 166 und 167 nachweist.

Berechnet man an der Hand der in dieser Nachweisung bezifferten Geldbeträge den verhältnißmäßigen Antheil jeder der drei Aufkommensquellen, so springt mit besonderer Schärfe die Thatsache in die Augen, daß während der behandelten Periode eine erhebliche Verschiebung in der Art der Aufbringung der Volksschulkosten eingetreten ist. Der Antheil des Schulgeldes hieran ist in den meisten Provinzen von 1886 bis 1891 ganz gering geworden; derjenige der Leistungen der Verpflichteten hat sich ebenfalls beträchtlich vermindert; die Gewährungen aus Staatsmitteln dagegen haben erheblich zugenommen. Es ist dies eine unmittelbare Folge des Gesetzes vom $\frac{\text{14. Juni 1888}}{\text{31. März 1889}}$, welches das Schulgeld in den Volksschulen beseitigt und den Gemeinden Staatsbeiträge von ca. 26 Millionen Mark zu den Lehrerbesoldungen zugeführt hat.

Die Staatsregierung hat im Laufe der Zeit eine immer reichlichere Fürsorge für die materielle Unterstützung des Volksschulwesens bethätigt. Nachdem schon vom Jahre 1853 ab durch den Staatshaushaltsetat 13 147½ Thaler = 39 442,50 ℳ zur Verbesserung der Lehrerbesoldungen bereit gestellt waren, wurde 1867 zum ersten Male ein Dispositionsquantum von 200 000 Thalern = 600 000 ℳ in den Etat übernommen und dieses 1869 bereits um weitere 100 000 Thaler = 300 000 ℳ erhöht; 1872 enthielt der Etat eine neue Bewilligung von 500000 Thaler = 1 500 000 ℳ zur Verbesserung der äußeren Lage der Lehrer; im folgenden Jahre wurden ferner 3 557 421 ℳ bewilligt. Der Fonds, welcher bis dahin im Etat nicht besonders ersichtlich gemacht war, trat fortab unter einem eigenen Titel: „Besoldungen und Zuschüsse für Lehrer und Lehrerinnen und Schulen, insbesondere auch zur Gewährung zeitweiliger Gehaltszulagen für ältere Lehrer sowie zu Unterstützungen" auf und zwar 1873 in Höhe von 7 507 622 ℳ, 1874 von 8 826 855 ℳ, 1875 von 11 880 587 ℳ, 1877/78 von 12 010 633 ℳ, 1886/87 von 12 425 000 ℳ. Durch den Staatshaushaltsetat für 1889/90 wurde dieser Fonds auf 13 070 558 ℳ erhöht. Neben vorstehenden Beträgen wurden in den 70er und 80er Jahren andere behufs Einrichtung neuer Schulstellen, zu Ruhegehaltszuschüssen für emeritirte Volksschullehrer 2c. bewilligt. Bezeichnend für die Staatsausgaben für das Volksschulwesen ist besonders die Thatsache, daß der im Staatshaushaltsetat für 1872 in Kapitel 62 Titel 22—26 für das „Elementarschulwesen" ausgeworfene Betrag 5 628 542 ℳ, im Etat für 1877/78 (Kapitel 125 Titel 1—22) aber 18 661 037 ℳ und 1886/87 (Kapitel 121 Titel 1—32) 23 916 856 ℳ betrug. Der Etat für 1889/90 weist in demselben Kapitel, allerdings einschließlich der aus einem anderen Kapitel übernommenen 418 046 ℳ für die Besoldung der Regierungsschulräthe 2c., 55 490 922 ℳ nach. Für das Jahr 1891/92 beläuft sich dieser Betrag auf 59 438 205 ℳ. Auch wenn man daneben die ständige Mehrbelastung des Patronatsbausonds nicht in Betracht zieht, so darf behauptet werden, daß durch die Bereitstellung staatlicher Mittel in neuerer Zeit ein nennenswerther Theil der Schulunterhaltungslast den eigentlichen Verpflichteten, namentlich auf dem platten Lande, abgenommen worden ist.

In letzterer Beziehung kann darauf hingewiesen werden, daß, nachdem schon durch den Zirkularerlaß vom 6. März 1852 (a. a. O. Band I, S. 697 ff.) eine allgemeine Aufbesserung der Lehrergehalte im Verwaltungswege angebahnt worden war, welche in den Jahren 1852 bis 1866 eine Erhöhung der Leistungen der Gemeinden und sonstigen Verpflichteten zu persönlichen Schulunterhaltungskosten um 2734419 ℳ bewirkt hatte, namentlich in den 70er Jahren, eine schärfere Handhabung der einschlägigen Bestimmungen Platz gegriffen hat und greifen mußte, wodurch unverkennbar eine rasche Steigerung des Gesammtbetrages der Lehrerbesoldungen herbeigeführt worden ist, freilich nicht selten vielleicht lediglich durch höhere Bewerthung der im Übrigen thatsächlich unverändert gebliebenen Naturalbezüge und Erträge der Dienstländereien. Daß die Unterrichtsverwaltung sich der Aufgabe, für Aufbesserung der Lehrerbesoldungen zu sorgen, nicht entzogen hat, und in welchem Umfange diese Bestrebungen von Erfolg gekrönt worden sind, lassen die auf Seite 191 folgenden Mittheilungen erkennen, nach welchen beispielsweise das durchschnittliche Einkommen eines Volksschullehrers auf dem Lande neben Wohnung und Feuerung, mit Einrechnung der staatlicherseits gewährten persönlichen und Dienstalterszulagen, noch im Jahre 1871 im Durchschnitt des Staates 667 ℳ, in der Provinz Pommern nur 552 ℳ, in der Provinz Posen nur 554 ℳ betrug. Erst in der Zeit von 1871 bis 1878 ist in dieser Beziehung ein erträglicher Zustand geschaffen, welcher seitdem eine weitere Verbesserung erfahren hat und fort und fort erfährt.

Die allmähliche Entwickelung der seit 1867 aus Staatsmitteln reichlicher geflossenen Zulagen zur Aufbesserung des Lehrereinkommens zu einem seit 1885 unwiderruflichen pensionsfähigen Bestandtheile des Lehrereinkommens ist aus Folgendem ersichtlich.

Dienstalterszulagen waren anfänglich persönliche Bedürfnißzulagen, und zwar zum Stelleneinkommen nicht gehörige, mit Rücksicht auf das Dienstalter gewährte und jederzeit widerrufliche persönliche Bewilligungen, welche entweder aus Staats- (oder aus Gemeinde-) Mitteln verliehen wurden. Aus erstgenannter Quelle flossen dieselben in der Regel nur ländlichen Stellen zu. In Stadtgemeinden blieb es diesen bezw. den Schulverwaltungen überlassen, durch eine Verbindung des Grundsatzes des Aufrückens und der Dienstalterszulagen nach der Bedeutung der einzelnen Stellen im Schulorganismus Besoldungsgruppen zu bilden, innerhalb welcher die Stelleninhaber nach ihrem Dienstalter in die aufsteigenden Besoldungssätze aufrückten.[1]) Zeigte sich jedoch die Gemeinde zur Einführung derartiger beweglicher Gehaltsskalen oder zu sonstiger Einkommensverbesserung älterer Lehrer nicht geneigt, so war die Regierung auf Grund ihrer Instruktion vom 23. Oktober 1817[2]) in der Lage, für die Lehrerstellen den Verhältnissen des Ortes angemessene Gehaltsstufen festzusetzen, welche zugleich einen Ersatz für Dienstalterszulagen bieten konnten. Im übrigen standen auch hinsichtlich kleinerer Städte den Regierungen in dem ihnen aus Dispositionsfonds überwiesenen Betrage Mittel zu Gebote, um den älteren Lehrern und Lehrerinnen, welchen Dienstalterszulagen aus Staatsfonds nicht gewährt werden konnten, nach Bedürfniß einmalige Zuwendungen zu machen (Erlaß vom 9. November 1876).

Die staatlichen Dienstalterszulagen wurden in erster Linie Lehrkräften an Volksschulen und nur in besonderen Bedürfnißfällen solchen an Mittel- oder Rektoratsschulen verliehen und waren anfangs grundsätzlich nur dazu bestimmt, um den jeweiligen Inhabern ungenügend dotirter Stellen ergänzungsweise diejenigen Beträge zu gewähren, welche an dem als dauernd nothwendig festgestellten Einkommensbetrage fehlten, von den Nächstverpflichteten aber wegen Unvermögens nicht geleistet werden konnten (Erlaß vom 5. Mai 1869).

Die grundlegenden Bestimmungen über die Alterszulagen sind in dem nachstehenden Ministerialerlasse vom 18. Juni 1873 enthalten.

„Berlin, den 18. Juni 1873.

„Von den durch den diesjährigen Staatshaushalts-Etat zur Aufbesserung der äußeren Lage der Elementarlehrer und -Lehrerinnen mehrbewilligten Mitteln von 1200000 Thlrn. hat ein Gesammtfonds von 700000 Thlrn. zur Gewährung zeitweiliger Gehaltszulagen an ältere Lehrer bestimmt werden können. So erheblich der Fonds an und für sich erscheint, so reicht derselbe doch nicht zu, um die in Veranlassung der Zirkularverfügung vom 11. Dezember pr. U. 38271.

[1]) Zirkularverfügung vom 4. Juli 1868 bezw. 19. Juni 1869.

[2]) Vergleiche die Verordnung vom 6. März 1852.

nach Maßgabe der Gesichtspunkte zu Nr. 1. und 2. daselbst von den Provinzialbehörden der gesammten Monarchie angemeldeten Forderungen voll befriedigen zu können. Es hat vielmehr eine entsprechende Kürzung dieser Forderungen stattfinden müssen. Bei der mit Rücksicht hierauf nunmehr vorgenommenen Vertheilung des Fonds auf die einzelnen Provinzialbehörden ist von dem augenblicklichen Personalbestande der Lehrer und Lehrerinnen, respective von ihrem Dienstalter ausgehend, überall nach denselben Grundsätzen verfahren worden.

„Indem ich der Königlichen Regierung ꝛc. hiermit den Betrag von — Thlrn. für den vorangegebenen Zweck der Gewährung persönlicher Zulagen an ältere Lehrer und Lehrerinnen zur eigenen Verwendung auf den dortigen Bezirk überweise, und die bezügliche Kassenordre bald folgen lassen werde, füge ich folgende Bemerkungen hinzu:

„Die vorerwähnte Zirkularverfügung vom 11. Dezember pr. nahm die Einführung von Dienstalterszulagen nach einem festen System im Wege der Gesetzgebung in Aussicht. Diesen Gedanken unter Benutzung des werthvollen Materials, welches in den zur Sache erstatteten Berichten der Provinzialbehörden niedergelegt ist, weiter zu verfolgen, ist gegenwärtig nicht an der Zeit. Er wird vielmehr erst bei dem Entwurfe des Unterrichtsgesetzes wieder aufgenommen werden können. Indeß erscheint erforderlich, gewisse allgemeine Grundsätze für die Verwendung der bewilligten Mittel festzustellen, um zur Vermeidung begründeter Beschwerden ein möglichst gleichmäßiges Verfahren in allen Theilen der Monarchie herbeigeführt zu sehen.

„Es sind deshalb für die Verwendung der auf die einzelnen Regierungen, Konsistorien ꝛc. entfallenen Antheile folgende Gesichtspunkte zur Richtschnur zu nehmen.

1.

„So wenig dem Staate eine Verpflichtung zur Gewährung der Dienstalterszulagen obliegt, eben so wenig steht den Lehrern oder Gemeinden ein rechtlicher Anspruch auf dieselben zu. Die Zulagen sind vielmehr als persönliche Bedürfnißzulagen jederzeit revocabel und gehören nicht zu dem pensionsberechtigten Einkommen. Mit dieser Maßgabe können sie zunächst auf den Zeitraum von 5 Jahren verliehen werden, nach deren Ablauf die zuständigen Behörden über die weitere Gewährung oder Zurückziehung zu befinden haben.

2.

„Die Zulage darf dem Lehrer resp. der Lehrerin erst mit Ablauf des 12. Kalenderjahres nach dem durch Verleihung einer Stelle beziehungsweise Adjuvantur erfolgten Dienstantritt gegeben werden, soll dann aber nicht unter 20 Thlr. bei Lehrern und 12 Thlr. bei Lehrerinnen betragen. Nach Zurücklegung einer Dienstzeit von 22 Jahren seit jenem Dienstantritte darf die Zulage auf 40 Thlr. bei Lehrern und 24 Thlr. bei Lehrerinnen erhöht werden.

„Diese Sätze sind als die Regel festzuhalten.

„Eine weitere Erhöhung, mit welcher jedoch der Gesammtbetrag der Zulage 50 Thlr. nicht übersteigen soll, bedarf ministerieller Genehmigung.

3.

„Wo bereits auf Grund gesetzlicher Bestimmungen Dienstalterszulagen gegeben werden, sind dieselben auf die nach Maßgabe der gegenwärtigen Bestimmungen zu gewährenden Zulagen anzurechnen. Dasselbe gilt von denjenigen Zulagen, welche und so lange sie nach ergangenen Vorschriften aus anderen dazu bestimmten Fonds in Rücksicht auf das zurückgelegte Dienstalter den Elementarlehrern und -Lehrerinnen bisher schon bewilligt sind oder in Zukunft noch bewilligt werden. Zur Vereinfachung der Verwaltung sind die den Regierungen der altländischen Provinzen von den in den Jahren 1867, 1869, 1871 zur Verbesserung der äußeren Lage der Elementarlehrer aus Staatsmitteln gewährten Fonds für persönliche Zulagen überwiesenen Beträge, unbeschadet der für die letzteren bestimmten Zwecke, mit den ihnen jetzt überwiesenen Antheilen an den ausschließlich für Dienstalterszulagen bestimmten, Eingangs erwähnten 700 000 Thlrn. zu einem Fonds zu vereinigen.

4.

„Die Zulage soll nicht gewährt werden:

a) wenn das Stelleneinkommen nicht nur auskömmlich ist, sondern für reichlich erachtet werden muß. Das letztere ist als vorhanden jedenfalls dann anzusehen, wenn das Einkommen der Stelle den doppelten Betrag des für dieselbe arbitrirten oder noch zu arbitrirenden Minimalsatzes erreicht. Die Einnahmen aus Nebenämtern sind hierbei in dem nach den bestehenden Bestimmungen zu arbitrirenden beziehungsweise durch dieselben vorgeschriebenen Maße auf das Einkommen der Lehrerstelle anzurechnen. Sodann ist die Zulage nicht zu gewähren,

b) wo bei größeren Schulsystemen durch planmäßige Abstufung der Lehrergehälter resp. Einführung von Dienstalterszulagen für die angemessene Besoldung älterer Lehrer bereits gesorgt ist, oder füglich gesorgt werden kann.

Endlich zieht

c) die Suspendirung vom Amte den Wegfall der Zulage nach sich.

5.

„Sollen die Dienstalterszulagen ihren Zweck erreichen, so wird um so mehr auf die Aufbesserung des Einkommens der Stellen durch Erreichung angemessener Minimalgehälter und darauf Bedacht zu nehmen sein, daß die Gemeinden ꝛc. die ihnen in dieser Beziehung obliegenden Verpflichtungen erfüllen, soweit es ohne zu harten Bedruck von ihnen verlangt werden kann.

„Indem ich die Königliche Regierung ꝛc. veranlasse, mit der Vertheilung des hiernach zur Verfügung gestellten Betrages an die betreffenden Lehrer und Lehrerinnen des dortigen Bezirkes für das laufende Jahr schleunigst vorzugehen, bemerke ich, daß eine anderweitige Vertheilung des Gesammtfonds der 700000 Thlr. beziehungsweise eine Ausgleichung unter den einzelnen Regierungen und Konsistorien ꝛc. vorbehalten bleibt. Es ist ein solcher Vorbehalt erforderlich, weil, wie bereits Eingangs erwähnt, die gegenwärtige Vertheilung des Fonds wesentlich nach dem augenblicklichen Personalbestande der Elementarlehrer und -Lehrerinnen stattgefunden hat, letzterer aber schon bald erheblichen Wandlungen unterliegen kann, welche zur Vermeidung von Unbilligkeiten nicht ohne Berücksichtigung bleiben dürfen.

„Sollten wider Erwarten besondere Verhältnisse oder provinzielle Bestimmungen und Gebräuche gegenüber den vorstehenden Gesichtspunkten zu Bedenken Veranlassung geben, so ist darüber zu berichten. Die Vertheilung der zu Stellenzulagen bestimmten Fonds erfolgt besonders.

„Der Minister der geistlichen, Unterrichts- und Medizinal-Angelegenheiten."
U. 22 574.

Nachdem aus den Berichten der Regierungen über die für Dienstalterszulagen aufgewandten Beträge die Höhe der künftigen Bedarfssumme sich herausgestellt hatte, bestimmte der Minister unter dem 9. Juli 1874 Folgendes:

„Den Lehrern und Lehrerinnen, welche nach der Zirkularverfügung vom 18. Juni v. J. mit Rücksicht auf ihr Dienstalter persönliche Zulagen empfangen können, sind solche vom 1. Januar 1874 ab in folgenden Beträgen zu gewähren:

den Lehrern statt der bisherigen 20 Thlr. und 40 Thlr. resp. 30 Thlr. und 60 Thlr. pro Jahr,

den Lehrerinnen statt der bisherigen 12 Thlr. und 24 Thlr. resp. 20 Thlr. und 40 Thlr. pro Jahr,

und zwar allen für die bereits abgelaufene Zeit sofort, für die Zukunft in den üblichen Raten pränumerando.

„Auch wird bestimmt erwartet, daß die obengedachten Dienstalterszulagen von resp. 30 Thlrn., 60 Thlrn., 20 Thlrn. und 40 Thlrn. durchweg voll und ohne Zwischenstufen mit Hülfe der anderweit zu persönlichen Zulagen zur Verfügung gestellten Mittel gewährt werden, und daß nur in ganz vereinzelten, nicht vorher zu sehenden Ausnahmefällen von der Regel abgewichen werde. Für solche Ausnahmefälle ist meine Genehmigung einzuholen. Die Zulagen von 30 Thlrn. resp. 20 Thlrn. für die erste Dienstaltersstufe der Lehrer resp. Lehrerinnen sind aber unter allen Umständen zu gewähren, wo überhaupt die Anwartschaft auf eine sogenannte Dienstalterszulage anzuerkennen ist.

„Im Übrigen verbleibt es bei den Bestimmungen 1—5 der Zirkularverfügung vom 18. Juni (und bei der Verfügung vom 9. August) v. J. auch für die jetzt erhöhten Zulagen, insbesondere in Betreff ihrer jederzeitigen Widerruflichkeit, sowie für alle sonst in Betracht kommenden Gesichtspunkte."

Zur Bestreitung dieser Ausgaben wurden im Staats-Haushaltsetat für 1874: 3 300 000 ℳ ausgeworfen (in dem Etat von 1891/92 sind es 8 303 300 Mark). Nicht ausreichenden Falles waren die zu sonstigen persönlichen Zulagen bestimmten Fonds um so mehr heranzuziehen, je weniger das Bedürfniß zu letzteren aus anderen Ursachen als wegen vorgerückten Dienstalters sich geltend machte. Nach dem Erlasse vom 15. April 1875 durfte sogar aus vorgenanntem Anlaß auf die zu einmaligen Bewilligungen verwendbaren Ersparnisse von den Regierungen zurückgegriffen werden.

Bei Berechnung des Dienstalters ist in der Regel nur die im öffentlichen, und zwar im preußischen Schuldienste zugebrachte Zeit anzusehen, wobei nicht die Vokation oder die Ableistung des Diensteides, sondern die thatsächliche Übernahme eines Schulamtes den Anfang bezeichnet (Erlaß vom 17. Februar bezw. 18. September 1875). Eine Ausnahme wird mit Rücksicht auf die Staatsangehörigkeit nach Art. 7 des Vertrages vom 2. März 1887[1]) bei den aus den Fürstenthümern Waldeck und Pyrmont herübergenommenen Lehrkräften und bei vorhergegangener privater Schulthätigkeit in besonderen Fällen in der Weise gemacht, daß aus den zur Verfügung der Regierungen stehenden Ersparnissen so lange einmalige Zuwendungen ertheilt werden, bis die Anwartschaft auf staatliche Dienstalterszulagen erreicht ist (Erlasse vom 24. Januar 1874 bezw. 30. November 1877). Diese staatlichen Beihülfen können nach dem Ministerialerlaß vom 31. Januar 1881 nur definitiv angestellten Lehrkräften zutheil werden; sie ruhen bei Suspension vom Amte entweder vollständig oder bis zum event. Wiedereintritt in den öffentlichen Schuldienst (Erlasse vom 4. Oktober 1876 und vom 17. Juli 1877) und erlöschen bei Emeritirung mit der fälligen Rate (Erlaß vom 17. Januar 1874).

Ist nun auch bei der vorläufigen Regelung dieser Angelegenheit wiederholt darauf hingewiesen worden, daß ein Rechtsanspruch auf Dienstalterszulagen nicht bestehe, so bricht sich doch seit 1873 bei den Verwaltungsbehörden die Auffassung immer mehr Bahn, daß für Bewilligung persönlicher Zulagen die Rücksicht auf eine längere Dienstzeit als besonders maßgebender Gesichtspunkt zu gelten habe, so daß dieselbe an sich einen Grund abgeben oder mitbestimmend sein könne, derartige Beihülfen zu ertheilen (vgl. Erlaß vom 26. August 1873).

So ist denn auch, nachdem durch Gesetz vom $\frac{\text{14. Juni 1888}}{\text{31. März 1889}}$ ein Theil jener als widerrufliche Staatsbeihülfen zu den Lehrerbesoldungen seither abgeführten Summen verfügbar geworden und zur Erhöhung der staatlichen Dienstalterszulagen verwendet werden konnte, unter Einfügung einer dritten Stufe derselben durch Ministerialerlaß vom 24. Dezember 1888[2]) bestimmt worden, daß vom 1. Oktober 1888 ab allen zum Bezuge von staatlichen Dienstalterszulagen überhaupt berechtigten vollbeschäftigten und definitiv angestellten Lehrkräften an Volksschulen nach einer Dienstzeit von 12, 22, und 32 Jahren, vom 1. April 1889 ab schon nach 10, 20 und 30 jähriger Dienstzeit Zulagen in Höhe von 100 bezw. 200 und 300 ℳ für den Lehrer, von 70 bezw. 140 und 210 ℳ für Lehrerinnen jährlich zu zahlen wären.

Diese Bestimmung ist durch den Erlaß vom 28. Juni 1890 in nachstehenden Punkten ergänzt:

> „Lehrer und Lehrerinnen, welche in Orten mit 10 000 oder weniger Einwohnern an öffentlichen Volksschulen dauernd angestellt sind, erhalten, sofern sie nicht ein reichliches Stelleneinkommen beziehen, nach Vollendung von zehn Dienstjahren eine staatliche Dienstalterszulage.
>
> „Dieselbe beträgt für Lehrer nach vollendetem zehnten Dienstjahre jährlich 100 ℳ, für Lehrerinnen jährlich 70 ℳ und steigt von fünf zu fünf Jahren um je 100 bezw. 70 ℳ, bis zum Höchstbetrage von jährlich 500 bezw. 350 ℳ.
>
> „Die Bestimmung der Fälle, in welchen wegen reichlicher Bemessung des Stelleneinkommens staatliche Dienstalterszulage nicht zu gewähren ist, bleibt im allgemeinen dem Ermessen der Regierungen überlassen. Hingegen bedarf es besonderer ministerieller Genehmigung, wenn bei dem Vorliegen der thatsächlichen Voraussetzungen für den Bezug der Dienstalterszulage dieselbe ausnahmsweise versagt werden soll."

Die staatlichen Dienstalterszulagen werden nach § 4 des Gesetzes vom 6. Juli 1885 als ein pensionsfähiger Bestandtheil des Lehrereinkommens angesehen.

Daß trotz der im Vorstehenden dargelegten Bewilligung von Staatsbeiträgen und Dienstalterszulagen ꝛc. aus Staatsmitteln die Lasten der Schulunterhaltungspflichtigen gleichwohl zum Theil noch sehr erheblich sind, liegt in den Verhältnissen, und darf in mäßigem Umfange wohl auch auf die Einwirkung der Schulverwaltung zurückgeführt werden, welche zur Beseitigung vorhandener, zum Theil alter Schäden drängen mußte.

[1]) Gesetz-Sammlung Seite 177.

[2]) Vgl. Erlaß vom 28. Juni desselben Jahres.

So hatte beispielsweise das Gesetz vom 22. Dezember 1869 (Gesetz-Sammlung 1870 S. 1) eine allerdings nicht sehr erhebliche Mehrbelastung der Verpflichteten durch Wittwen- und Waisenbeiträge zur Folge gehabt.

Ein weit wichtigerer Faktor für die Erhöhung der Leistungen der Verpflichteten, wie allgemein auch für das Anwachsen der Schulunterhaltungskosten, ist aber die Vermehrung der Bevölkerung und die dadurch bedingte Neuschaffung von Schulen, Schulräumen und Lehrerstellen geworden, und dies ganz besonders in den Städten, in welchen theils unter dem Einflusse der neueren Gesetzgebung, theils zufolge des raschen Aufschwunges der sich hier zusammendrängenden Industrie vielfach ein übermäßiges Anwachsen der Bevölkerung stattfand. Die Steigerung der städtischen Schulausgaben in den alten Provinzen betrug von 1861—1891 im Ganzen 381,[illegible] Proz., auf dem Lande aber nur 245,[illegible] Proz. Das Mehr der Volksschulkosten ist dort aber ganz überwiegend von den Verpflichteten aufzubringen, da die Beihülfen aus Staatsmitteln naturgemäß nicht sowohl den in der Regel leistungsfähigen städtischen Gemeinwesen, als vielmehr, in größerem Maßstabe wenigstens, den Schulgemeinden des platten Landes zugeflossen sind.

Außerdem läßt sich nicht leugnen, daß in einzelnen größeren Gemeinden die gesetzlichen Träger der Schulunterhaltungspflicht auch dadurch besonders stark belastet worden sind, daß in Folge von Ausführung großartiger Schulbauten beträchtliche, zuweilen über das nothwendige Bedürfniß hinausgehende Aufwendungen gemacht wurden.

Weiter darf nicht vergessen werden, daß vielerorten auf dem Lande, hier und da auch in den Städten, die materielle Pflege des Schulwesens lange Jahre ganz ungewöhnlich vernachlässigt geblieben ist und erst in neuerer Zeit, verhältnißmäßig spät, eine befriedigende Förderung erfahren hat, die, weil sie gegenüber dem früheren Sparsystem Vieles gut zu machen hatte, sich nicht ohne merkliche Mehrbelastung der Verpflichteten bewerkstelligen ließ.

Erwägt man alldem gegenüber, daß das raschere Anwachsen der städtischen Bevölkerung zwar eine merkliche Erhöhung der Leistungen der Verpflichteten im Gefolge haben mußte, das Abziehen der ländlichen Bevölkerung nach den Städten aber keineswegs eine entsprechende Entlastung der Verpflichteten des platten Landes herbeiführen konnte — denn eine früher etwa von 65 Schülern besuchte Schule verursacht deshalb nicht weniger Kosten, weil in Folge Wegzuges von Haushaltungen die Schülerzahl später auf 50 oder 40 herabgegangen ist —, so darf es nicht Wunder nehmen, daß die mehr und mehr gewachsene Schulunterhaltungslast auch jetzt von den Verpflichteten ziemlich allgemein drückend empfunden wird.

Den oben erwähnten Maßnahmen, größere Beträge für Volksschulzwecke aus allgemeinen Staatsmitteln zur Verfügung zu stellen, ist es indessen zuzuschreiben, daß der Druck der steuerlichen Belastung, was den engeren Kreis der eigentlichen Schulunterhaltungspflichtigen anlangt, sich im Vergleich mit der Zunahme der Gesammtkosten nur mäßig gesteigert oder selbst vermindert hat, so sehr er auch wegen des absoluten Anwachsens der Schulunterhaltungskosten thatsächlich fühlbar sein mag.

Es erscheint nothwendig, sich vorstehende Ausführungen über die Art des Aufkommens der Schulunterhaltungskosten bei Betrachtung der folgenden Verhältnißzahlen gegenwärtig zu halten.

c) Das Anwachsen der Unterhaltungskosten der öffentlichen Volksschulen im Vergleich mit der Bevölkerung, der Zahl der Schulen und der Schulkinder.

Die vorstehend unter b. angeführte Thatsache des Anwachsens der Schulunterhaltungskosten, und zwar eines größeren in den Städten als auf dem Lande, ist, wie angedeutet, bis zu einem gewissen Grade die natürliche Folge der Bevölkerungszunahme, welche ihrerseits eine Vermehrung der schulpflichtigen Kinder mit sich bringt, deren unterrichtliche Versorgung entsprechend mehr Schulräume und Lehrkräfte u. s. w. erforderlich macht. Auf diesen Umstand muß bei Beurtheilung des Anwachsens der Volksschulkosten Rücksicht genommen und es muß daher die Bevölkerung, die Zahl der Schulen und die Zahl der Schulkinder als Maßstab in die Vergleichung eingesetzt werden.

Zur Berechnung der jeweilig auf den Kopf der Bevölkerung entfallenden Schulunterhaltungskosten, bei welcher im Nachstehenden theilweise bis auf das Jahr 1861 zurückgegriffen worden ist, konnten für die Jahre 1861—1871 die Bevölkerungszahlen der betreffenden Jahre benutzt werden; für 1878 war dagegen auf die Ergebnisse der Volkszählung von 1875 zurückzugehen, wodurch die Kopfbeträge für 1878 durchweg um Etwas höher erscheinen, als sie thatsächlich gewesen sind; für 1886 sind die Ergebnisse der Volkszählung von 1885, für 1891 diejenigen von 1890 der Rechnung zu Grunde gelegt.

An Schulunterhaltungskosten kamen nun — zunächst in den Jahren 1861 bis 1878 — auf den Kopf der Bevölkerung:

1. im Staate alten Bestandes:

a) in den Städten und auf dem Lande zusammen:

	1861	1864	1867	1871	1878
	ℳ	ℳ	ℳ	ℳ	ℳ
an persönlichen Kosten	1,41	1,33	1,38	1,60	2,30
„ sächlichen Kosten	0,40	0,44	0,43	0,60	1,39
überhaupt	1,81	1,77	1,81	2,20	3,69

b) in den Städten:

	1861	1864	1867	1871	1878
an persönlichen Kosten	1,86	1,84	1,83	2,14	3,17
„ sächlichen Kosten	0,47	0,39	0,31	0,86	1,35
überhaupt	2,43	2,23	2,14	3,00	4,52

c) auf dem Lande:

	1861	1864	1867	1871	1878
an persönlichen Kosten	1,21	1,20	1,18	1,33	2,27
„ sächlichen Kosten	0,27	0,26	0,26	0,47	1,20
überhaupt	1,44	1,46	1,44	1,80	3,39;

2. im Staate jetzigen Bestandes:

a) in den Städten und auf dem Lande:

	1871	1878
	ℳ	ℳ
an persönlichen Kosten	1,65	2,69
„ sächlichen Kosten	0,65	1,10
überhaupt	2,30	3,79

b) in den Städten:

	1871	1878
an persönlichen Kosten	2,37	3,69
„ sächlichen Kosten	0,61	1,39
überhaupt	3,00	5,00

c) auf dem Lande:

	1871	1878
an persönlichen Kosten	1,41	2,36
„ sächlichen Kosten	0,39	1,01
überhaupt	1,80	3,37.

Für das Jahr 1878 speziell läßt sich über die einzelnen Größenklassen der Städte noch folgende Übersicht aufstellen. Es entfielen an Schulunterhaltungskosten auf den Kopf der 1875er Bevölkerung

in den Städten:	überhaupt	persönliche Kosten	sächliche Kosten
	ℳ	ℳ	ℳ
1. Berlin	5,30	3,81	1,49
2. mit über 50 000 Einwohnern[1])	5,27	3,85	1,39
3. „ 25 000—50 000 „	5,23	3,76	1,47
4. „ 10 000—25 000 „	5,23	3,58	1,65
5. „ 5 000—10 000 „	4,42	3,43	0,99
6. „ unter 5 000 „	4,43	3,32	1,10.

Für die Jahre 1886 und 1891 und die einzelnen Provinzen stellen sich die Kopfbeträge folgendermaßen:

[1]) Berlin mit eingerechnet.

Es entfielen Volksschulunterhaltungskosten auf den Kopf der Bevölkerung:

	in den Städten und auf dem Lande zusammen		in den Städten		auf dem Lande	
	1886	1891	1886	1891	1886	1891
	ℳ	ℳ	ℳ	ℳ	ℳ	ℳ
a) Staat: pers. Kosten . .	2,44	3,10	2,[illegible]	3,[illegible]	2,47	2,[illegible]
sächl. „ . .	1,[illegible]	1,[illegible]	1,[illegible]	2,18	1,15	1,44
überhaupt . .	4,11	4,[illegible]	4,[illegible]	5,[illegible]	3,72	4,[illegible]
b) Provinzen.						
1. Ostpreußen: pers. Kosten	2,16	2,[illegible]	1,[illegible]	2,[illegible]	2,18	2,[illegible]
sächl. „	1,18	1,[illegible]	1,[illegible]	1,15	1,[illegible]	1,[illegible]
überhaupt . .	3,[illegible]	3,[illegible]	3,[illegible]	3,[illegible]	3,41	3,[illegible]
2. Westpreußen: pers. Kosten	2,[illegible]	2,[illegible]	2,[illegible]	2,[illegible]	2,10	2,[illegible]
sächl. „	1,[illegible]	1,[illegible]	1,17	1,[illegible]	1,[illegible]	1,[illegible]
überhaupt . .	3,[illegible]	4,11	3,[illegible]	3,[illegible]	3,[illegible]	4,18
3. Stadtkr. Berlin: pers. Kost.	3,24	4,[illegible]	3,[illegible]	4,[illegible]	—	—
sächl. „	2,43	2,[illegible]	2,65	2,[illegible]	—	—
überhaupt . .	6,[illegible]	7,[illegible]	6,[illegible]	7,[illegible]	—	—
4. Brandenburg: pers. Kosten	2,[illegible]	2,[illegible]	2,[illegible]	2,[illegible]	2,43	2,[illegible]
sächl. „	1,33	1,43	1,[illegible]	1,[illegible]	1,[illegible]	1,45
überhaupt . .	3,[illegible]	4,[illegible]	3,[illegible]	4,31	3,[illegible]	4,[illegible]
5. Pommern: pers. Kosten	2,[illegible]	3,[illegible]	3,[illegible]	3,[illegible]	2,[illegible]	3,[illegible]
sächl. „	1,[illegible]	1,53	1,47	1,71	1,[illegible]	1,[illegible]
überhaupt . .	4,10	4,[illegible]	4,44	4,[illegible]	3,81	4,74
6. Posen: pers. Kosten . .	1,[illegible]	2,41	2,[illegible]	2,[illegible]	1,[illegible]	2,[illegible]
sächl. „ . .	1,[illegible]	1,15	1,[illegible]	1,10	1,[illegible]	1,16
überhaupt . .	3,[illegible]	4,[illegible]	3,[illegible]	4,[illegible]	3,[illegible]	3,[illegible]
7. Schlesien: pers. Kosten .	2,31	2,[illegible]	2,[illegible]	3,[illegible]	1,[illegible]	2,[illegible]
sächl. „	1,[illegible]	1,[illegible]	1,[illegible]	1,[illegible]	1,[illegible]	1,[illegible]
überhaupt . .	3,[illegible]	3,[illegible]	4,[illegible]	4,[illegible]	2,[illegible]	3,[illegible]
8. Sachsen: pers. Kosten . .	2,[illegible]	3,[illegible]	2,[illegible]	3,[illegible]	2,[illegible]	3,[illegible]
sächl. „ . .	1,[illegible]	1,17	1,[illegible]	2,[illegible]	1,10	1,[illegible]
überhaupt . .	4,[illegible]	4,[illegible]	4,[illegible]	5,[illegible]	3,[illegible]	4,45
9. Schleswig-Holstein:						
pers. Kosten	3,[illegible]	4,[illegible]	3,[illegible]	3,[illegible]	4,[illegible]	4,[illegible]
sächl. „	1,[illegible]	2,[illegible]	1,[illegible]	2,[illegible]	1,[illegible]	2,[illegible]
überhaupt . .	5,[illegible]	6,[illegible]	5,[illegible]	5,[illegible]	6,[illegible]	7,[illegible]
10. Hannover: pers. Kosten	2,[illegible]	3,[illegible]	2,[illegible]	2,[illegible]	2,[illegible]	3,18
sächl. „	1,[illegible]	1,19	1,[illegible]	2,16	1,13	1,[illegible]
überhaupt . .	3,[illegible]	4,[illegible]	4,[illegible]	5,[illegible]	3,[illegible]	4,[illegible]
11. Westfalen: pers. Kosten .	2,[illegible]	3,[illegible]	3,[illegible]	3,[illegible]	2,[illegible]	2,[illegible]
sächl. „	1,[illegible]	2,13	2,10	2,[illegible]	1,[illegible]	2,01
überhaupt . .	4,[illegible]	5,[illegible]	5,43	5,01	4,01	4,[illegible]
12. Hessen-Nassau: pers. Kosten	2,[illegible]	3,[illegible]	3,11	3,[illegible]	2,[illegible]	3,[illegible]
sächl. „	1,[illegible]	1,[illegible]	2,[illegible]	2,[illegible]	1,11	1,[illegible]
überhaupt . .	4,[illegible]	5,[illegible]	5,[illegible]	5,[illegible]	3,[illegible]	4,[illegible]
13. Rheinland: pers. Kosten	3,[illegible]	3,[illegible]	3,[illegible]	3,41	2,[illegible]	3,[illegible]
sächl. „	1,[illegible]	2,15	2,[illegible]	2,[illegible]	1,14	1,[illegible]
überhaupt . .	4,[illegible]	5,[illegible]	5,[illegible]	6,13	4,[illegible]	4,[illegible]
14. Hohenzollern: pers. Kosten	2,[illegible]	3,[illegible]	2,[illegible]	2,[illegible]	2,[illegible]	3,[illegible]
sächl. „	1,[illegible]	1,[illegible]	1,[illegible]	3,[illegible]	2,[illegible]	1,[illegible]
überhaupt . .	4,[illegible]	5,[illegible]	4,[illegible]	5,[illegible]	4,[illegible]	4,[illegible].

Die am meisten in die Augen fallende Thatsache, welche aus unseren Relativzahlen hervorgeht, besteht darin, daß die Volksschulkosten pro Kopf der Bevölkerung durchweg gewachsen sind, mit anderen Worten, daß die Zunahme der Schulunterhaltungskosten in wesentlich rascherem Schritte vor sich gegangen ist als diejenige der Bevölkerung.

Entsprechend dem höheren Antheile der persönlichen an den Gesammtkosten ist diese Mehrbelastung auch zum größeren Theile auf Rechnung der persönlichen Kosten erfolgt; sie betrug allein in den Jahren von 1871 bis 1878 im Staate alten Bestandes im Ganzen 1,[illegible] ℳ, in den Städten 1,[illegible] ℳ und auf dem Lande 0,[illegible] ℳ, während die Mehrbelastung durch sächliche Kosten sich im Ganzen auf 0,[illegible] ℳ, in den Städten ebenfalls auf 0,[illegible] ℳ und auf dem Lande auf 0,[illegible] ℳ stellte.

Der sich in diesen Zahlen abspiegelnde Vorgang fehlt auch in dem vorhergehenden und in dem folgenden Zeitraume nicht; die Mehrbelastung auf den Kopf der Bevölkerung vertheilt sich in den alten Provinzen

	im Ganzen	in den Städten	auf dem Lande
	ℳ	ℳ	ℳ
auf die Periode 1861—1871 mit	0,38	0,80	0,37
„ „ „ 1871—1878 „	1,48	1,59	1,43
„ „ „ 1878—1886 „	0,70	0,76	0,58
„ „ „ 1886—1891 „	0,74	0,44	0,70

Bei den einzelnen Provinzen kehren die angedeuteten Erscheinungen überall wieder, in der einen naturgemäß schwächer als in der andern.

Wenn zur Erklärung dieser Erscheinungen im Allgemeinen auf die oben unter b. gegebenen Ausführungen über das Anwachsen der Leistungen der Verpflichteten ꝛc. Bezug genommen werden darf, so muß an dieser Stelle doch noch auf den Einfluß hingewiesen werden, welcher der rein rechnerischen Entstehung der oben angeführten Relativzahlen auf deren Höhe zukommt. Da dieselben durchweg durch Division mit der Bevölkerungszahl in die Summe der Schulunterhaltungskosten gefunden sind und werden mußten und das Rechnungsergebniß ebensosehr von dem rascheren oder langsameren Steigen des Divisors wie von dem des Dividendus abhängt, so leuchtet ein, daß das Fazit nicht mehr bedeuten kann als das Verhältniß, in welchem die beiden Faktoren der Division zu einander stehen, bezw. in verschiedenen Jahren gestanden haben. Die Rechnung vermag aber weder darüber Auskunft zu ertheilen, ob die Kopfbeträge das Maß des Zulässigen überschreiten, noch den mindesten Anhalt dafür zu bieten, ob das durch sie erwiesene Anwachsen der Volksschulkosten über das Maß der Zunahme der Bevölkerung hinaus am Schlusse der betrachteten Periode auf einer das Bedürfniß befriedigenden bezw. dasselbe übersteigenden finanziellen Fürsorge für die Schule beruht, oder ob nicht vielmehr am Beginn der Periode ein Mangel an einer solchen obgewaltet hat.

Erwünscht wäre mit Rücksicht hierauf eine vergleichende Darstellung der Schuleinrichtungen und der Schulerfolge in den Jahren 1861 und 1891. Abgesehen aber von den Nachrichten über unzureichende Fürsorge für die Lehrer, welcher bereits früher und in der Denkschrift vom Jahre 1883 gedacht worden ist, und deren Wirkung sich in dem von 1861 bis 1873 stetig steigernden Lehrermangel äußerte, liegen zu diesem Zwecke brauchbare statistische Nachweisungen nicht vor. Es bleibt daher lediglich eine Betrachtung der gegenwärtigen Verhältnisse und ein Rückschluß von der Gegenwart auf die Vergangenheit übrig. Zu diesem Zwecke darf auf die weiter oben gegebene Darstellung der Gegenwart, namentlich auf die bezüglich der normalen und anomalen Schuleinrichtungen gegebenen Ausführungen Bezug genommen werden.

Aus den dort mitgetheilten Zahlen geht hervor, daß bei aller in neuerer Zeit besonders gesteigerten Fürsorge und bei allen beträchtlichen materiellen Opfern für die Volksschule doch auch heute noch Übelstände in der unterrichtlichen und erziehlichen Versorgung der Jugend bestehen. Um wie viel tiefer aber würden, wenn man den gleichen Maßstab an die ältere Zeit anlegen wollte, die Schatten auf das Volksschulwesen um 1861 herum und früher gefallen sein! Wurden doch noch Ende 1871 im ganzen Staate 20 783 Kinder ermittelt, welche sich dem Schulbesuch gänzlich entzogen, was heute bis auf wenige zufällige Ausnahmen nicht möglich ist. Man darf vielleicht ohne Übertreibung behaupten, daß gerade die endliche planmäßige Beseitigung der theilweise aus älterer Zeit lange fortgeschleppten Schäden und Mängel der Volksschule der gegenwärtigen Generation besonders empfindliche Lasten auferlegt und nicht den letzten Grund für die neueren Klagen über die Höhe der Schulunterhaltungskosten ausmacht, Klagen, die anderenfalls vielleicht schon vor einem Vierteljahrhundert erhoben worden wären und dann wenigstens nicht der neuesten Zeit zum Vorwurfe gereichen würden.

Unter diesen Umständen berechtigt die oben nachgewiesene Mehrbelastung der Bevölkerung mit Volksschulausgaben anscheinend weit eher zu dem Schlusse, daß in früherer Zeit für die Volksschule materiell nicht ausreichend gesorgt worden sei, als zu dem, daß ihr heute zu reichliche Förderung zutheil werde; denn sicherlich waren die 1882, 1886 und 1891 ermittelten Übelstände früher nicht weniger vorhanden, nur weniger bekannt.

Übrigens bietet eine Vergleichung der Kopfbeträge der Schulunterhaltungskosten auch innerhalb der einzelnen Regierungsbezirke mancherlei Interesse, weshalb auch für diese in der folgenden Tabelle noch eine entsprechende Nachweisung gegeben wird.

Die Belastung der Bevölkerung mit Kosten der öffentlichen Volksschulen in den Bezirken, 1861 bis 1891.

Regierungsbezirke.	Schulunterhaltungskosten entfielen auf den Kopf der Bevölkerung																	
	in den Städten und auf dem Lande zusammen						in den Städten						auf dem Lande					
	1861 ℳ	1867 ℳ	1871 ℳ	1878 ℳ	1886 ℳ	1891 ℳ	1861 ℳ	1867 ℳ	1871 ℳ	1878 ℳ	1886 ℳ	1891 ℳ	1861 ℳ	1867 ℳ	1871 ℳ	1878 ℳ	1886 ℳ	1891 ℳ
1	2	3	4	5	6	7	8	9	10	11	12	13	14	15	16	17	18	19
1. Königsberg	1,30	1,53	1,82	3,00	3,23	3,76	1,44	2,03	2,41	3,62	3,28	3,33	1,31	1,35	1,62	2,84	3,21	3,86
2. Gumbinnen	1,44	1,69	1,71	3,44	3,38	3,94	2,09	3,04	2,53	4,70	2,06	3,48	1,30	1,35	1,58	3,26	3,33	4,06
3. Danzig	1,49	2,00	2,31	3,41	3,45	4,17	1,64	2,61	3,16	4,36	3,97	3,43	1,41	1,68	1,94	2,96	3,33	4,27
4. Marienwerder	1,44	1,66	1,55	3,10	3,29	4,07	2,30	2,68	2,37	4,80	3,19	4,07	1,34	1,40	1,40	2,87	3,32	4,07
5. Stadtkreis Berlin	1,58	3,21	3,47	5,30	6,85	7,08	1,53	3,31	3,49	5,30	6,36	7,08	—	—	—	—	—	—
6. Potsdam	2,31	2,33	2,58	3,90	3,95	4,44	2,60	3,06	3,44	5,16	4,33	4,46	1,83	1,91	2,06	3,31	3,84	4,77
7. Frankfurt	1,79	1,89	2,36	3,30	3,52	3,88	2,04	2,69	3,33	4,30	3,76	4,14	1,57	1,61	1,79	2,35	3,07	3,66
8. Stettin	1,85	2,30	2,51	4,01	4,70	4,88	2,36	3,27	3,58	5,40	4,61	4,39	1,50	1,60	1,90	3,19	3,78	4,79
9. Köslin	1,29	1,59	1,75	3,40	3,65	4,75	1,88	2,30	2,74	4,64	4,48	5,30	1,18	1,13	1,53	3,27	3,45	4,55
10. Stralsund	2,07	2,56	2,99	4,07	4,41	4,73	2,41	3,11	3,04	4,77	4,30	4,04	1,86	2,22	2,61	3,58	4,44	5,26
11. Posen	1,36	1,42	1,75	2,78	3,34	4,16	1,77	2,30	2,89	4,09	3,71	4,30	1,00	1,17	1,30	2,70	3,06	3,92
12. Bromberg	1,06	1,56	1,40	2,94	3,08	4,15	1,60	2,70	2,60	4,98	3,65	4,30	0,89	0,94	1,23	2,68	2,93	4,13
13. Breslau	1,40	1,53	1,79	3,08	3,40	4,38	2,04	2,84	2,49	4,65	4,09	5,88	1,17	1,19	1,41	2,29	2,89	3,65
14. Liegnitz	1,48	1,72	2,05	3,07	3,31	3,80	2,06	3,03	3,09	5,03	4,17	4,81	1,35	1,46	1,68	2,35	2,75	3,26
15. Oppeln	0,96	1,20	1,41	2,64	3,19	3,48	1,31	2,19	2,54	3,91	3,71	4,08	0,80	0,97	1,16	2,37	3,01	3,46
16. Magdeburg	2,10	2,26	2,60	3,90	4,71	5,33	2,43	2,62	3,31	4,41	4,68	6,12	2,01	2,08	2,21	3,18	4,06	4,66
17. Merseburg	2,16	2,24	2,47	3,78	3,94	4,79	2,04	2,65	2,85	4,65	4,80	5,68	2,27	2,18	2,34	3,38	3,49	4,29
18. Erfurt	1,69	1,85	2,36	4,30	4,08	4,63	2,16	2,34	3,14	6,26	4,27	4,72	1,40	1,37	1,89	3,44	3,89	4,62
19. Schleswig	.	.	.	5,68	5,85	6,88	.	.	.	5,49	5,31	5,94	.	.	.	5,77	6,75	7,46
20. Hannover	.	.	.	3,44	3,99	4,49	.	.	.	4,61	4,23	4,56	.	.	.	2,93	3,39	4,38
21. Hildesheim	.	.	.	3,36	3,58	4,58	.	.	.	3,94	3,54	4,09	.	.	.	2,96	3,51	4,39
22. Lüneburg	.	.	.	4,07	4,08	5,46	.	.	.	5,27	4,84	5,29	.	.	.	3,69	4,00	5,33
23. Stade	.	.	.	4,59	4,69	5,50	.	.	.	2,71	4,44	6,09	.	.	.	4,90	4,63	5,59
24. Osnabrück	.	.	.	3,33	3,40	4,84	.	.	.	5,01	3,94	5,27	.	.	.	2,29	3,77	4,30
25. Aurich	.	.	.	4,05	4,16	4,99	.	.	.	5,32	4,36	5,01	.	.	.	3,66	4,19	4,88
26. Münster	1,18	1,33	1,66	3,01	3,36	3,60	1,66	2,16	2,30	3,07	4,03	4,01	1,06	1,06	1,46	2,27	2,96	3,11
27. Minden	1,27	1,51	1,70	3,30	3,74	4,71	1,01	2,10	2,72	4,79	4,36	5,36	1,11	1,27	1,63	2,14	3,12	4,41
28. Arnsberg	1,99	2,36	2,81	5,02	5,30	6,06	2,45	2,86	3,27	5,50	6,12	6,30	1,79	1,97	2,91	4,28	4,09	5,77
29. Kassel	.	.	.	3,31	3,85	4,62	.	.	.	5,30	4,45	5,30	.	.	.	3,16	3,34	4,31
30. Wiesbaden	.	.	.	5,15	5,00	5,17	.	.	.	7,18	6,53	5,51	.	.	.	3,90	3,94	4,81
31. Koblenz	1,97	2,05	2,34	4,16	4,16	4,79	1,93	2,30	2,71	3,81	4,26	4,91	1,91	1,90	2,30	4,26	4,11	4,90
32. Düsseldorf	2,05	2,19	2,99	5,19	5,40	5,09	2,15	2,30	2,90	5,98	5,79	6,08	1,83	2,04	2,88	5,37	4,18	5,14
33. Köln	1,78	2,08	2,15	4,79	4,66	6,35	2,39	2,17	2,86	5,31	5,83	7,80	1,48	1,63	2,24	4,30	4,29	4,01
34. Trier	1,71	1,89	2,13	5,19	4,91	5,06	1,91	1,77	2,47	4,79	4,91	4,57	1,69	1,91	2,06	5,18	4,31	5,10
35. Aachen	1,80	2,41	2,49	3,09	3,94	4,65	2,20	2,11	2,28	4,07	3,91	5,83	1,75	2,31	2,51	3,19	3,97	4,46
36. Sigmaringen	1,76	2,13	2,06	5,71	4,80	5,00	1,61	2,33	4,61	1,27	4,55	5,66	1,75	2,09	2,05	3,30	4,60	4,96

Bei dem Anwachsen der Belastung der Bevölkerung durch Volksschulunterhaltungskosten und bei der Vermuthung, daß die finanzielle Fürsorge für die Volksschulen in älterer Zeit nicht ausreichend gewesen ist und erst in neuerer Zeit den Verhältnissen einigermaßen entspricht, wären Nachrichten über die Erfolge des Volksschulunterrichtes aus den verschiedenen Jahren sehr willkommen. Einwandfreie statistische Belege hierfür liegen aber nicht vor[1]) und lassen sich so wenig geben, wie etwa für die Erfolge der Seelsorge in den Gemeinden. Es müßte der Vermehrung der Steuerkraft nachgegangen werden, es wären die Fortschritte im Handwerke, im Gewerbe überhaupt zu verfolgen, es würde die Zahl der Analphabeten zu prüfen und richtig zu würdigen sein, es käme schließlich die Erörterung der vielumstrittenen Frage nach dem Steigen oder Sinken der allgemeinen Sittlichkeit und des

[1]) Schon oben auf Seite 109 und auch in der Denkschrift vom Jahre 1883 (S. 64) ist auf den Weg gewiesen, wie wenigstens einzelne der vorhandenen ziffermäßigen Nachrichten für den hier besprochenen Zweck verwerthet werden können. In Ergänzung der dort gegebenen Daten möge hier noch angeführt werden, daß

Kulturzustandes in Betracht, — und bei Alledem dürfte doch nicht vergessen werden, daß der Volksschulunterricht zwar ein sehr mächtiger, aber immerhin nur ein Faktor unter vielen ist, welche auf Bildung und Erziehung des Volkes einwirken, und aus deren Zusammenwirken der Einfluß der Schule nicht herausgeschält werden kann.

Die Frage: „Was hat in Preußen zu verschiedenen Zeiten die Unterhaltung einer Volksschule gekostet?“ gehört zwar unstreitig zu den interessantesten für eine Darstellung des Anwachsens der Schulunterhaltungskosten, ist aber um deswillen der Sache nach nicht mit Sicherheit zu beantworten, weil zwischen Schule und Schule zu verschiedenen Zeiten und von Ort zu Ort große Unterschiede bestehen, zumal wenn reglementarische Veränderungen der inneren und äußeren Schuleinrichtungen im Laufe der Zeit eingetreten sind oder das herrschende Recht und die Verwaltungspraxis nicht überall dieselben sind. Eine Volksschule von heute ist oft etwas ganz anderes als vor einigen Jahrzehnten.

Neben anderen Ursachen hat das Bestreben, aus mehreren kleinen, nicht leistungsfähigen Schulkörpern durch Zusammenlegung größere leistungsfähige zu bilden, dahin geführt, daß eine erhebliche Zunahme der Schulen in den letzten Jahrzehnten keineswegs überall hervortritt, mehrfach sogar eine Verminderung eingetreten ist, obwohl die unterrichtliche Versorgung der Jugend durchweg besser geworden ist. Immerhin ist auch trotz der hervorgehobenen Bedenken die Vergleichung der Kosten einer Schule von Interesse, und sie erhält dann sogar einen recht brauchbaren, wenn auch nicht bedingungslosen Werth, wenn sie mit Unterscheidung der vollkommeneren Stadtschulen und der einfacheren Landschulen nach den verschiedenen Landestheilen des Staates mehr ins Einzelne verfolgt wird, wie im Nachstehenden geschieht.

Es entfielen — zunächst in der Zeit von 1861 bis 1878 — auf je eine Volksschule an Unterhaltungskosten

1. im Staate alten Bestandes:

	1861	1864	1867	1871	1878
a) in den Städten und auf dem Lande zusammen:	ℳ	ℳ	ℳ	ℳ	ℳ
an persönlichen Kosten	906	964	1 075	1 259	2 227
„ sächlichen „	254	331	402	475	932
überhaupt	**1 160**	**1 295**	**1 477**	**1 734**	**3 159**
b) in den Städten:					
an persönlichen Kosten	2 945	3 117	3 564	4 147	8 855
„ sächlichen „	903	1 312	1 557	1 678	3 355
überhaupt	**3 848**	**4 429**	**5 121**	**5 825**	**12 210**
c) auf dem Lande:					
an persönlichen Kosten	632	656	711	811	1 356
„ sächlichen „	217	217	234	288	613
überhaupt	**849**	**873**	**945**	**1 099**	**1 969**;

unter den in den Jahren 1870/71 bis 1891/92 bei einem Truppentheile eingestellten Ersatzmannschaften (mit Ausschluß der Freiwilligen), welche etwa in den Jahren 1864 bis 1885 zur Entlassung aus der Volksschule gelangt sind, nacheinander 2,99, 3,49, 4,44, 3,99, 3,70, 3,19, 2,87, 2,65, 2,56, 2,37, 2,33, 2,31, 2,00, 1,97, 1,66, 1,66, 1,33, 1,06, 0,84, 0,78, 0,61 und 0,50 Proz. Analphabeten waren, woraus sich ein Fortschritt in der Verallgemeinerung der Schreib- und Lesefertigkeit ergiebt. Dies zeigt sich auch in den einzelnen Landestheilen. Folgende Übersicht enthält die Nachrichten über diejenigen Ersatzjahrgänge, welche etwa 1861, 1871, 1877, 1880 und 1885 aus der Schule entlassen worden sind, provinzweise nebeneinander gestellt. Es waren unter den in die Armee und Marine Eingestellten ohne Schulbildung

	in den Ersatzjahren				
	1867/68	1877/78	1883/84	1886/87	1891/92
	Proz.	Proz.	Proz.	Proz.	Proz.
im Staate alten Bestandes	4,30	3,01	2,44	1,34	0,81
„ „ **jetzigen** „	3,78	2,65	1,97	1,59	0,70
in der Provinz Ostpreußen	11,39	6,48	6,38	4,13	1,09
„ „ „ Westpreußen	13,96	9,74	7,30	4,41	2,76
„ „ „ Brandenburg mit Berlin	0,63	0,41	0,13	0,39	0,14
„ „ „ Pommern	1,18	0,84	0,50	0,39	0,32
„ „ „ Posen	14,73	11,16	8,69	3,94	2,37
„ „ „ Schlesien	3,60	2,18	1,70	0,79	0,47
„ „ „ Sachsen	0,46	0,29	0,17	0,05	0,05
„ „ „ Schleswig-Holstein	1,55	0,61	0,11	0,03	0,12
„ „ „ Hannover	0,93	0,49	0,33	0,30	0,19
„ „ „ Westfalen	1,44	0,39	0,16	0,19	0,04
„ „ „ Hessen-Nassau	0,60	0,17	0,29	0,31	0,23
„ „ „ Rheinland	0,77	0,31	0,25	0,13	0,03
„ „ „ Hohenzollern	0,00	0,00	0,00	0,00	0,00.

2. im Staate jetzigen Bestandes:

a) in den Städten und auf dem Lande zusammen:

	1871	1878
	ℳ	ℳ
an persönlichen Kosten	1 229	2 178
„ sächlichen „	480	897
überhaupt	**1 709**	**3 075**

b) in den Städten:

	1871	1878
an persönlichen Kosten	4 069	8 782
„ sächlichen „	1 703	3 348
überhaupt	**5 772**	**12 130**

c) auf dem Lande:

	1871	1878
an persönlichen Kosten	809	1 357
„ sächlichen „	300	590
überhaupt	**1 109**	**1 947;**

Für das Jahr 1878 lassen sich auch hier noch für die einzelnen Größenklassen der Städte die Kosten für je eine Volksschule mittheilen. Es entfielen auf eine solche

in den Städten:	überhaupt Kosten ℳ	persönliche Kosten ℳ	sächliche Kosten ℳ
1. Berlin	45 848	31 782	14 066
2. mit über 50 000 Einwohnern[1])	26 238	18 822	7 416
3. „ 25 000—50 000 „	20 710	13 571	7 139
4. „ 10 000—25 000 „	14 041	10 066	3 975
5. „ 5 000—10 000 „	10 039	7 774	2 265
6. „ unter 5 000 „	6 151	4 557	1 594.

Das Ergebniß dieser Berechnungen bestätigt von neuem, abgesehen von dem Steigen der Schulkosten überhaupt, die schon wiederholt angedeuteten Thatsachen, daß bis 1878

das Anwachsen der Schulunterhaltungskosten in den Städten ein schnelleres als auf dem Lande gewesen ist;

die sächlichen Kosten rascher als die persönlichen gestiegen sind;

die Zunahme der Kosten theilweise zwar bis 1871 schon eingetreten war, von da ab bis 1878 aber erst in hervorstechendem Maße erfolgt ist, später wieder eine langsamere Bewegung eingeschlagen hat;

daß ein ganz bedeutender Unterschied zwischen den Kosten der städtischen und ländlichen Schulen besteht: eine städtische Schule kostete 1878 mehr denn sechsmal so viel als eine ländliche, früher nur etwa $4^1/_2$ mal soviel.

Etwas anders, im Wesentlichen aber nach derselben Richtung haben sich die Verhältnisse seit 1878 und in der letzten fünfjährigen Periode entwickelt, über welche die auf Seite 180 folgende Tabelle Auskunft ertheilt. Nach derselben sind die durchschnittlichen Unterhaltungskosten für eine Schule im Ganzen von 1878 bis 1886 ebenfalls gewachsen, aber in erheblich geringerem Maße als von 1871 bis 1878, und zwar gilt dies vorzugsweise für die Städte; auch sind die sächlichen Kosten mehr gestiegen als die persönlichen, die sogar einen mäßigen Rückgang erfahren haben. Von 1886 bis 1891 ist aber die Steigerung wieder eine stärkere, insbesondere in den Städten; auch weisen die persönlichen Kosten wieder eine starke Zunahme auf. Innerhalb der einzelnen Provinzen bestehen hierin die auffälligsten Verschiedenheiten, je nach der reicheren oder einfacheren Entwickelung des städtischen Lebens, der Dichtigkeit der Bevölkerung, den allgemeinen Kulturzuständen, der konfessionellen Mischung ꝛc. Vergleichsweise besonders niedrig sind die Kosten einer städtischen Schule in Posen, Hohenzollern und Ostpreußen; in letzteren beiden Provinzen ist das Anwachsen der durchschnittlichen Kosten einer städtischen Schule in den letzten fünf Jahren auch ein besonders langsames gewesen. Weit über dem Durchschnitte aller Städte steht andrerseits Berlin; aber auch die Städte der Provinzen Schleswig-Holstein, Pommern und namentlich Sachsen haben große Beträge für ihre Volksschulen aufgewendet, Sachsen beispielsweise rund dreimal soviel wie Posen.

[1]) Berlin miteingerechnet.

Die durchschnittlichen Kosten einer öffentlichen Volksschule in den Provinzen. 1886 und 1891.

Staat. — Provinzen. — Art der Kosten.	Die durchschnittlichen Unterhaltungskosten einer Volksschule betrugen: in den Städten u. auf dem Lande zusammen 1886 ℳ	in den Städten u. auf dem Lande zusammen 1891 ℳ	in den Städten 1886 ℳ	in den Städten 1891 ℳ	auf dem Lande 1886 ℳ	auf dem Lande 1891 ℳ
1	2	3	4	5	6	7
a) Staat: persönliche Kosten	2 298	2 669	8 396	10 056	1 448	1 742
sächliche "	1 216	1 540	5 178	6 631	730	902
überhaupt	3 514	4 209	13 574	16 687	2 178	2 644
b) Provinzen.						
1. Ostpreußen: persönliche Kosten	1 409	1 700	5 722	6 563	1 167	1 421
sächliche "	784	789	3 095	3 419	654	638
überhaupt	2 193	2 489	8 817	9 982	1 821	2 059
2. Westpreußen: persönliche Kosten	1 497	1 775	6 059	7 247	1 163	1 392
sächliche "	907	1 056	3 469	4 808	720	793
überhaupt	2 404	2 831	9 528	12 055	1 883	2 185
3. Stadtkreis Berlin: persönliche Kosten	29 780	33 127	29 780	33 127	—	—
sächliche "	20 755	24 634	20 755	24 634	—	—
überhaupt	50 535	57 761	50 535	57 761	—	—
4. Brandenburg: persönliche Kosten	2 026	2 511	7 917	10 197	1 377	1 680
sächliche "	934	1 249	4 230	4 719	571	866
überhaupt	2 960	3 759	12 147	14 916	1 948	2 546
5. Pommern: persönliche Kosten	1 695	1 970	10 031	12 183	1 128	1 345
sächliche "	748	919	5 131	6 436	449	582
überhaupt	2 443	2 889	15 162	18 619	1 577	1 927
6. Posen: persönliche Kosten	1 443	1 760	3 846	4 686	1 080	1 328
sächliche "	985	1 266	2 163	2 772	807	1 013
überhaupt	2 428	3 026	6 009	7 458	1 887	2 371
7. Schlesien: persönliche Kosten	2 165	2 668	8 115	9 805	1 513	1 873
sächliche "	1 099	1 227	3 826	4 773	800	833
überhaupt	3 264	3 895	11 941	14 578	2 313	2 706
8. Sachsen: persönliche Kosten	2 429	3 032	9 371	12 391	1 573	1 865
sächliche "	1 184	1 663	5 668	8 939	631	756
überhaupt	3 613	4 695	15 039	21 330	2 204	2 621
9. Schleswig-Holstein: persönliche Kosten	2 450	2 907	9 312	10 914	1 830	2 175
sächliche "	1 218	1 627	5 226	7 429	856	1 097
überhaupt	3 668	4 534	14 538	18 343	2 686	3 272
10. Hannover: persönliche Kosten	1 653	2 025	6 579	7 523	1 256	1 529
sächliche "	835	1 172	4 390	5 514	549	780
überhaupt	2 488	3 197	10 969	13 037	1 805	2 309
11. Westfalen: persönliche Kosten	2 659	3 240	6 635	8 341	1 915	2 325
sächliche "	1 821	2 242	4 980	5 715	1 230	1 619
überhaupt	4 480	5 482	11 615	14 056	3 145	3 944
12. Hessen-Nassau: persönliche Kosten	2 084	2 471	9 476	10 575	1 330	1 586
sächliche "	1 199	1 338	7 394	6 111	567	816
überhaupt	3 283	3 809	16 870	16 686	1 897	2 402
13. Rheinland: persönliche Kosten	2 884	3 388	7 205	8 205	1 918	2 241
sächliche "	1 601	2 180	4 471	6 427	959	1 168
überhaupt	4 485	5 568	11 676	14 632	2 877	3 409
14. Hohenzollern: persönliche Kosten	1 602	1 997	3 169	4 098	1 440	1 904
sächliche "	1 134	859	2 137	4 882	1 030	679
überhaupt	2 736	2 856	5 306	8 980	2 470	2 583

Die weitaus wohlfeilsten ländlichen Schulen besitzt die Provinz Pommern, wo eine solche durchschnittlich für 1927 M erhalten wird. Selbst in der Provinz Posen kostet eine ländliche Schule noch durchschnittlich 444 M mehr als in Pommern. Ähnlich war das Verhältniß 1861. Damals insbesondere war der Regierungsbezirk Köslin mit so wenig kostspieligen Schuleinrichtungen versehen, daß er in dieser Hinsicht allen anderen Landestheilen den Rang ablief, und daß die Vermuthung nahe liegt, es sei damals um die Volksschule dortselbst ganz besonders dürftig bestellt gewesen. Aus ähnlichem Mißverhältnisse würde sich auch anderweit das verhältnißmäßig starke Anwachsen der Schulkosten, welches die nachstehende Tabelle für die einzelnen Regierungsbezirke nachweist, auf natürliche Weise erklären und selbst begründen lassen.

Die durchschnittlichen Kosten einer öffentlichen Volksschule in den Regierungsbezirken. 1861 bis 1891.

Regierungsbezirke.	Die durchschnittlichen Unterhaltungskosten einer Volksschule betrugen											
	in den Städten und auf dem Lande zusammen				in den Städten				auf dem Lande			
	1861 M	1871 M	1886 M	1891 M	1861 M	1871 M	1886 M	1891 M	1861 M	1871 M	1886 M	1891 M
1	2	3	4	5	6	7	8	9	10	11	12	13
1. Königsberg	856	1 194	2 342	2 617	3 026	4 328	9 024	9 845	647	855	1 780	2 046
2. Gumbinnen	790	978	2 002	2 326	3 973	4 689	7 895	10 403	678	829	1 868	2 076
3. Danzig	1 111	1 745	2 674	3 049	3 242	7 417	13 290	16 700	840	1 130	1 913	2 165
4. Marienwerder	930	1 123	2 238	2 693	3 222	3 510	7 288	9 439	699	868	1 864	2 199
5. Stadtkreis Berlin	9 013	36 010	50 535	57 761	9 013	36 010	50 535	57 761	—	—	—	—
6. Potsdam	1 348	1 599	3 105	4 174	5 764	6 014	13 055	16 311	856	928	2 055	2 895
7. Frankfurt	1 246	1 815	2 790	3 262	3 692	6 443	11 166	13 367	898	1 110	1 822	2 130
8. Stettin	1 087	1 511	2 79[illegible]	3 320	5 793	8 535	17 417	21 309	668	803	1 624	2 041
9. Köslin	649	950	2 058	2 511	5 963	9 337	14 054	16 773	459	643	1 514	1 839
10. Stralsund	1 128	1 606	2 513	2 693	5 113	5 873	11 292	14 308	706	989	1 627	1 841
11. Posen	908	1 308	2 565	3 140	2 128	3 398	6 707	7 597	656	891	1 995	2 455
12. Bromberg	682	1 075	2 204	2 840	1 482	2 494	5 656	7 208	517	798	1 712	2 236
13. Breslau	1 154	1 569	3 287	4 101	3 882	5 050	11 793	15 326	803	1 005	2 033	2 443
14. Liegnitz	1 075	1 575	2 696	3 088	4 016	6 327	11 338	12 424	811	1 065	1 852	2 181
15. Oppeln	1 117	1 658	3 810	4 422	3 633	4 631	13 080	15 405	900	1 262	3 123	3 536
16. Magdeburg	1 622	2 198	4 002	5 420	5 908	8 100	15 751	22 896	1 025	1 296	2 365	2 800
17. Merseburg	1 503	1 886	3 231	4 149	4 849	6 241	13 306	19 936	1 112	1 244	3 061	2 459
18. Erfurt	1 134	1 862	3 763	4 478	3 463	7 032	18 216	20 269	702	998	2 234	2 062
19. Schleswig	.	.	3 666	4 534	.	.	14 538	18 343	.	.	2 686	3 272
20. Hannover	.	.	3 526	4 127	.	.	15 397	13 872	.	.	1 868	2 422
21. Hildesheim	.	.	2 467	3 265	.	.	9 040	12 681	.	.	1 760	2 219
22. Lüneburg	.	.	2 042	2 821	.	.	13 166	16 918	.	.	1 608	2 148
23. Stade	.	.	2 281	2 929	.	.	9 130	13 793	.	.	1 930	2 391
24. Osnabrück	.	.	2 275	3 028	.	.	7 266	9 013	.	.	1 783	2 362
25. Aurich	.	.	2 605	3 157	.	.	9 628	11 729	.	.	2 036	2 473
26. Münster	1 291	1 446	3 069	3 529	2 640	2 623	6 949	9 249	1 048	1 192	2 372	2 704
27. Minden	1 083	1 397	3 426	4 475	2 558	2 598	8 469	12 170	849	1 076	2 601	3 397
28. Arnsberg	1 616	2 291	5 681	6 877	3 932	5 519	14 938	16 262	1 206	1 629	3 804	4 840
29. Kassel	.	.	2 503	3 079	.	.	8 904	10 323	.	.	1 764	2 215
30. Wiesbaden	.	.	4 402	4 851	.	.	32 218	27 864	.	.	2 081	2 665
31. Koblenz	1 061	1 322	2 496	3 001	3 258	3 335	9 306	9 447	896	1 104	2 044	2 580
32. Düsseldorf	2 405	3 582	8 049	9 007	3 523	5 489	12 230	13 300	1 799	2 461	4 842	5 493
33. Köln	1 695	2 523	5 486	8 231	4 045	5 178	15 517	26 760	1 164	1 865	3 416	3 760
34. Trier	1 084	1 344	2 618	3 205	2 846	2 871	9 977	9 628	994	1 236	2 309	2 861
35. Aachen	1 500	1 896	3 298	4 387	3 172	3 681	7 180	12 938	1 181	1 505	2 499	2 964
36. Sigmaringen	1 024	1 451	2 736	2 856	2 003	2 384	5 306	8 961	937	1 213	2 470	2 583

Die im Vorhergehenden dargestellten Kosten einer Schule bedürfen insofern gleichsam einer Korrektur, als die Schulbenutzung, welche in den betreffenden Durchschnittsbeträgen gar nicht zum Ausdrucke kommt, nicht unberücksichtigt bleiben darf. Denn wenn auch die Kosten einer ordnungsmäßigen Schule selbst dann nicht unter einen gewissen Mindestbetrag sinken können, wenn die Schülerzahl eine sehr geringe ist, und sie sich auch wiederum nicht in dem Maße zu steigern brauchen, in welchem der Schulbesuch stärker ist oder wird, so werden sie im Ganzen doch von diesem abhängig sein. Deshalb unterliegt die Verwerthung jener Zahlen ohne gleichzeitige Berücksichtigung der Schulbevölkerung, hier also der durchschnittlichen Kosten eines Schulkindes, einer gewissen Beschränkung.

Demnach wird in Folgendem zweckmäßigerweise weiter noch die schon an sich nicht unwichtige Frage zu beantworten sein: „Was kostet in Preußen zu verschiedenen Zeiten der öffentliche Volksschulunterricht eines Schulkindes?“ Dabei darf wiederum der Unterschied zwischen Stadt und Land nicht übersehen werden. Die unmittelbar folgenden Zahlen beantworten diese Frage für die Zeit von 1861—1878.

Auf je ein Schulkind entfielen Schulunterhaltungskosten:

1. im Staate alten Bestandes:

a) in den Städten und auf dem Lande zusammen:

	1861 ℳ	1864 ℳ	1867 ℳ	1871 ℳ	1878 ℳ
persönliche Kosten	7,80	8,54	9,61	10,14	16,69
sächliche „	2,87	3,11	3,27	3,33	6,41
überhaupt	**10,67**	**11,65**	**12,88**	**13,47**	**23,10;**

b) in den Städten:

	1861 ℳ	1864 ℳ	1867 ℳ	1871 ℳ	1878 ℳ
persönliche Kosten	11,20	12,18	13,90	15,73	24,42
sächliche „	3,44	5,19	6,07	6,37	9,35
überhaupt	**14,64**	**17,38**	**19,97**	**22,10**	**33,77;**

c) auf dem Lande:

	1861 ℳ	1864 ℳ	1867 ℳ	1871 ℳ	1878 ℳ
persönliche Kosten	6,55	6,78	7,16	7,81	12,77
sächliche „	2,25	2,20	2,25	2,91	5,63
überhaupt	**8,80**	**8,98**	**9,41**	**10,72**	**18,40;**

2. im Staate jetzigen Bestandes:

a) in den Städten und auf dem Lande zusammen:

	1871 ℳ	1878 ℳ
persönliche Kosten	10,44	16,70
sächliche „	4,28	6,80
überhaupt	**14,72**	**23,50;**

b) in den Städten:

	1871 ℳ	1878 ℳ
persönliche Kosten	15,88	24,65
sächliche „	6,66	9,41
überhaupt	**22,54**	**34,06;**

c) auf dem Lande:

	1871 ℳ	1878 ℳ
persönliche Kosten	8,20	13,67
sächliche „	3,40	5,73
überhaupt	**11,60**	**19,40;**

Die Angaben über die einschlägigen Verhältnisse für die einzelnen Größenklassen der Städte im Jahre 1878 sind hier besonders bemerkenswerth.

Auf je ein Schulkind entfielen Schulunterhaltungskosten

in den Städten:	überhaupt ℳ	persönliche ℳ	sächliche ℳ
1. Berlin	50,73	35,16	15,57
2. mit über 50 000 Einwohnern[1])	45,03	32,55	12,48
3. „ 25 000—50 000 „	46,19	30,81	15,38
4. „ 10 000—25 000 „	34,43	24,63	9,80
5. „ 5 000—10 000 „	30,14	23,41	6,73
6. „ unter 5 000 „	24,41	18,06	6,35.

[1]) Berlin mit eingerechnet.

Was das Verhältniß zwischen den Kosten einer Schule und denen eines Schulkindes anlangt, so ergiebt sich, daß trotz des großen Anwachsens des Aufwandes für eine Schule das Schulkind im Durchschnitte doch nicht in gleichem Verhältnisse theurer unterrichtet wird; denn es stiegen in den alten Provinzen von 1861 bis 1878

die Kosten einer Schule:	Proz.		Proz.
in den Städten und auf dem Lande zusammen um	172,[illegible],	die eines Schulkindes nur um	122,[illegible]
in den Städten um	217,[illegible],	" " " " "	129,[illegible]
auf dem Lande "	131,[illegible],	" " " " "	109,[illegible].

Das ist unzweifelhaft ein günstiger finanzieller Erfolg derjenigen Maßnahmen, welche auf Zusammenlegung kleinerer Schulkörper bezw. auf die stufenreichere Ausgestaltung der Schulen gerichtet waren, und dürfte zum weiteren Fortschreiten in dieser Richtung ermuthigen, — aber theilweise auch eine Folge des Anwachsens der Bevölkerung, welche von der Verwaltung nicht beeinflußt werden kann.

Wenn dann ferner nach den vorstehenden Berechnungen die Kosten eines Schulkindes der Volksschule sich im Staatsdurchschnitte, und zwar sowohl im Ganzen, wie auch in den Städten und auf dem Lande verdoppelt haben, so ist damit, bei aller Berücksichtigung des vom Anfang zum Ende der betrachteten Periode gesunkenen Geldwerthes, der Beweis erbracht, daß das Anwachsen der Schulunterhaltungskosten in wesentlich rascherem Schritte erfolgt ist als das der Schulbevölkerung.

Der größere Antheil an der Zunahme der Kopfbeträge entfällt auf die sächlichen Kosten, welche 1878 pro Schulkind im Ganzen das 2½fache des Betrages von 1861 ausmachen, während sich für die persönlichen Kosten pro Schulkind nur ungefähr das 2fache ergiebt. Das Anwachsen der sächlichen Kosten hat aber den durchschnittlichen Kopfbetrag in den Städten in höherem Maße beeinflußt als auf dem Lande.

Daß schon in der Zeit vor 1871 der Beginn jener Bewegung der Vertheuerung des Volksschulunterrichtes liegt, geht gleichfalls aus unseren Rechnungen hervor. Es ist aber durch sie ebenso deutlich erwiesen, daß vornehmlich erst in der Zeit nach 1871 und zwar bis zum Jahre 1878 hin die Vorgänge eingetreten sein müssen, denen die heutige Höhe der Kosten eines Schulkindes zuzuschreiben ist. Letzteres gilt ganz besonders vom platten Lande; denn die Steigerung dieser Kosten vertheilt sich in den alten Provinzen

	in den Städten und auf dem Lande zusammen	in den Städten	auf dem Lande
	ℳ	ℳ	ℳ
auf die Periode 1861—1871 mit	3,14	7,46	1,82
" " " 1871—1878 "	9,19	11,57	7,84
" " " 1861—1878 "	12,33	19,03	9,66.

Von 1878 bis 1891 sind die Kosten eines Volksschülers weiter erheblich gewachsen, mäßig zunächst von 1878 bis 1886; in den Städten ist in dieser Periode sogar eine geringe Verbilligung eingetreten. Von 1886 bis 1891 aber ist wieder eine ansehnliche Steigerung eingetreten, was wohl gleichbedeutend ist mit einer umfassenderen Förderung des Volksschulwesens in den letzten fünf Jahren und im Zusammenhange steht mit der seit 1885 erfolgten Flüssigmachung reicherer Staatsmittel für Volksschulzwecke, wodurch eben die Gemeinden die Anregung und die materielle Möglichkeit erhielten, auch ihrerseits reichere Opfer für die Volksschulen zu bringen. Die Landschulen haben in dieser Hinsicht keineswegs zurückstehen müssen; bei ihnen haben sich die Kosten eines Volksschülers von 1886 bis 1891 von 19,[illegible] ℳ auf 24,[illegible] ℳ gesteigert, gewiß eine sehr ansehnliche Zunahme.

In den einzelnen Landestheilen sind die Verhältnisse sehr verschieden. Die Tabellen auf Seite 184 und 185 weisen dies mit Unterscheidung der Provinzen und der Bezirke nach.

Ganz besonders wohlfeil werden heute die Kinder der Volksschule unterrichtet: auf dem Lande in den Provinzen Schlesien und Posen, wo aber auch die Zahl der überfüllten Klassen eine sehr hohe ist, und in den Städten der Provinz Posen; ganz besonders theuer auf dem Lande in Schleswig-Holstein und Hohenzollern und in den Städten von Hessen-Nassau, Schleswig-Holstein, Hohenzollern, Sachsen, Rheinland, Hannover und Pommern, natürlich auch in Berlin, wie sich denn allgemein nach den Zahlen auf S. 182 unten, die Kosten eines Schulkindes mit der Größe der Städte steigern. Unter den Bezirken zeichnen sich nach dem Maßstabe der Aufwendungen für ein Schulkind neben Oppeln, Münster und Breslau noch die Bezirke Frankfurt und Posen durch Wohlfeilheit des Landschulunterrichtes aus.

Die Kosten eines Schulkindes der öffentlichen Volksschulen in den Provinzen. 1886 und 1891.

Staat. — Provinzen. — Art der Kosten.	Auf je ein Schulkind entfielen an Kosten					
	in den Städten und auf dem Lande zusammen		in den Städten		auf dem Lande	
	1886 ℳ	1891 ℳ	1886 ℳ	1891 ℳ	1886 ℳ	1891 ℳ
1	2	3	4	5	6	7
a) Staat:						
persönliche Kosten	15,59	18,86	20,76	24,10	13,14	16,99
sächliche „	8,48	10,88	12,80	15,89	6,43	8,44
überhaupt	24,07	29,74	33,56	39,99	19,79	24,75
b) Provinzen.						
1. Ostpreußen:						
persönliche Kosten	12,96	16,60	17,89	21,18	12,03	15,80
sächliche „	7,21	7,34	9,73	11,00	6,75	7,10
überhaupt	20,17	24,65	27,79	32,18	18,78	22,90
2. Westpreußen:						
persönliche Kosten	12,27	15,37	16,99	19,48	11,88	14,59
sächliche „	7,44	9,86	9,88	12,88	6,94	8,91
überhaupt	19,71	24,93	25,85	32,90	18,16	22,79
3. Stadtkreis Berlin:						
persönliche Kosten	32,71	36,22	32,71	36,22	—	—
sächliche „	22,80	26,92	22,80	26,92	—	—
überhaupt	55,51	63,14	55,51	63,15	—	—
4. Brandenburg:						
persönliche Kosten	15,78	18,99	19,49	22,95	14,10	16,88
sächliche „	7,28	9,57	10,41	10,64	5,89	8,76
überhaupt	23,06	28,56	29,90	33,57	19,99	25,74
5. Pommern:						
persönliche Kosten	16,64	19,66	23,97	24,91	14,14	17,55
sächliche „	7,28	9,26	11,90	13,16	5,60	7,79
überhaupt	23,91	29,13	35,17	38,07	19,71	25,57
6. Posen:						
persönliche Kosten	10,39	13,77	14,38	18,38	9,01	12,17
sächliche „	7,07	9,90	8,07	10,97	6,73	9,31
überhaupt	17,45	23,67	22,43	29,35	15,74	21,38
7. Schlesien:						
persönliche Kosten	12,67	16,38	19,74	24,34	10,47	13,77
sächliche „	6,44	7,53	9,21	11,80	5,54	6,13
überhaupt	19,11	23,91	29,06	36,04	16,01	19,89
8. Sachsen:						
persönliche Kosten	16,30	19,59	18,30	22,89	14,79	17,49
sächliche „	7,95	10,75	11,48	16,54	5,93	7,08
überhaupt	24,25	30,34	29,76	39,43	20,72	24,57
9. Schleswig-Holstein:						
persönliche Kosten	22,35	26,68	22,61	26,37	22,06	26,37
sächliche „	11,06	14,88	12,53	17,86	10,31	13,41
überhaupt	33,34	41,56	35,14	44,15	32,37	39,78
10. Hannover:						
persönliche Kosten	15,33	18,68	18,96	22,47	14,16	17,47
sächliche „	7,75	10,81	12,66	16,91	6,19	8,93
überhaupt	23,07	29,49	31,61	38,33	20,37	26,39
11. Westfalen:						
persönliche Kosten	13,81	16,31	16,96	19,60	12,50	14,98
sächliche „	9,53	11,48	12,65	13,43	8,03	10,66
überhaupt	23,44	27,79	29,61	33,03	20,53	25,65
12. Hessen-Nassau:						
persönliche Kosten	16,36	20,09	25,66	29,66	12,90	16,27
sächliche „	9,49	10,88	19,99	17,15	5,88	8,36
überhaupt	25,80	30,97	45,40	46,77	18,53	24,63
13. Rheinland:						
persönliche Kosten	16,98	19,31	19,41	21,94	15,17	17,49
sächliche „	9,63	12,48	12,99	17,17	7,56	9,18
überhaupt	26,61	31,79	32,80	39,06	22,73	26,61
14. Hohenzollern:						
persönliche Kosten	15,16	20,06	17,40	18,97	14,19	20,14
sächliche „	10,73	8,61	11,73	22,60	10,55	7,19
überhaupt	25,89	28,64	29,13	41,57	25,30	27,33

Die Kosten eines Schulkindes der öffentlichen Volksschulen in den Regierungsbezirken, 1861 bis 1891.

Regierungs-bezirke.	Auf je ein Schulkind entfielen an Kosten: in den Städten und auf dem Lande zusammen						in den Städten						auf dem Lande					
	1861 ℳ	1867 ℳ	1871 ℳ	1878 ℳ	1886 ℳ	1891 ℳ	1861 ℳ	1867 ℳ	1871 ℳ	1878 ℳ	1886 ℳ	1891 ℳ	1861 ℳ	1867 ℳ	1871 ℳ	1878 ℳ	1886 ℳ	1891 ℳ
1	2	3	4	5	6	7	8	9	10	11	12	13	14	15	16	17	18	19
1. Königsberg	9,32	10,28	11,48	18,60	20,18	24,48	14,65	18,00	18,94	27,33	28,47	32,10	8,00	8,30	9,41	16,38	17,32	22,83
2. Gumbinnen	9,91	13,70	10,49	20,44	20,15	24,41	20,89	28,12	20,84	35,64	23,73	32,19	8,97	12,76	9,44	18,75	19,66	23,83
3. Danzig	10,84	13,99	16,89	21,29	21,80	27,01	17,48	27,49	27,75	32,49	27,36	33,63	9,24	10,38	12,90	17,10	19,78	24,60
4. Marienwerder	9,85	11,38	11,42	19,08	18,42	23,46	15,66	19,30	16,76	27,30	24,09	31,10	8,40	9,36	9,81	16,98	17,36	21,28
5. Stadtkr. Berlin	31,48	66,40	59,80	50,75	55,61	63,16	31,40	60,47	59,36	50,75	55,31	63,15	—	—	—	—	—	—
6. Potsdam	12,60	13,64	15,68	26,18	26,53	32,90	16,28	19,42	21,51	35,64	33,45	37,16	10,80	10,45	12,38	21,09	23,30	30,80
7. Frankfurt	10,14	11,89	13,76	19,84	19,73	23,49	12,96	15,86	20,11	29,71	26,36	29,67	9,00	9,86	10,79	15,49	16,14	20,46
8. Stettin	11,38	13,38	15,18	24,07	25,99	30,38	16,35	24,48	24,99	38,51	38,44	40,24	8,35	8,78	10,42	17,42	19,87	25,64
9. Köslin	7,90	8,41	10,30	20,56	21,11	26,99	12,89	15,36	18,84	28,90	30,63	35,44	6,69	6,63	8,05	18,89	18,47	24,63
10. Stralsund	13,75	16,78	19,33	24,39	27,38	31,27	19,98	23,63	25,29	31,70	33,38	35,18	11,09	13,36	15,98	20,17	24,86	29,41
11. Posen	8,41	9,98	11,35	15,99	17,80	23,98	11,89	15,16	17,70	24,28	23,35	30,06	7,06	7,15	8,80	12,85	15,13	21,06
12. Bromberg	7,49	9,24	11,16	17,16	17,11	24,27	10,09	14,49	18,58	24,35	20,95	27,83	6,44	7,30	9,00	14,81	15,75	23,09
13. Breslau	9,39	11,30	11,83	18,78	20,16	27,08	15,67	22,81	20,44	33,30	31,85	42,16	7,41	7,78	8,81	13,91	15,34	20,86
14. Liegnitz	9,07	11,58	13,16	19,73	20,56	24,34	14,66	19,71	21,95	35,84	30,10	32,88	8,41	9,48	10,47	14,58	17,98	21,36
15. Oppeln	6,17	7,79	8,06	14,85	17,19	20,78	10,61	14,65	14,88	25,10	23,44	29,48	5,37	5,80	6,51	12,48	15,66	18,77
16. Magdeburg	12,74	14,72	15,16	24,16	27,34	34,34	15,77	18,90	21,34	30,08	33,61	41,30	11,08	11,37	12,49	20,34	23,36	27,18
17. Merseburg	11,61	12,63	14,31	20,07	22,17	27,98	11,44	14,56	16,58	27,95	27,81	34,44	11,74	11,63	12,90	17,41	19,37	23,04
18. Erfurt	9,37	11,18	13,60	26,10	22,64	28,77	14,33	16,99	21,18	40,88	29,61	39,63	7,73	8,46	9,57	17,89	18,02	23,90
19. Schleswig	.	.	.	31,77	33,84	41,10	.	.	.	34,96	35,14	44,18	.	.	.	30,48	32,37	39,80
20. Hannover	.	.	.	23,39	24,65	29,98	.	.	.	36,96	37,07	38,44	.	.	.	16,46	17,08	23,33
21. Hildesheim	.	.	.	19,86	21,42	28,08	.	.	.	29,86	28,09	37,98	.	.	.	16,34	18,07	24,80
22. Lüneburg	.	.	.	25,71	25,37	34,08	.	.	.	36,36	34,13	44,74	.	.	.	22,89	23,32	32,92
23. Stade	.	.	.	23,53	24,40	31,50	.	.	.	42,06	29,89	39,91	.	.	.	22,38	23,63	29,73
24. Osnabrück	.	.	.	19,38	18,48	25,83	.	.	.	30,83	24,88	33,11	.	.	.	16,46	16,85	22,90
25. Aurich	.	.	.	23,66	23,00	25,68	.	.	.	37,08	31,31	34,98	.	.	.	20,32	20,47	24,86
26. Münster	7,89	8,67	10,71	19,07	18,30	20,79	10,39	16,08	15,87	23,41	23,94	24,43	7,08	6,98	9,37	17,47	16,78	19,86
27. Minden	7,49	9,13	10,19	18,63	19,81	25,59	11,86	16,06	17,31	30,17	27,50	33,81	6,88	7,32	8,47	15,67	17,15	22,77
28. Arnsberg	12,80	13,39	15,46	29,05	26,18	31,65	15,48	18,09	20,31	31,99	31,60	35,08	11,03	11,84	13,14	27,44	23,60	29,34
29. Kassel	.	.	.	22,07	21,35	27,66	.	.	.	36,98	32,31	40,33	.	.	.	17,34	17,83	23,87
30. Wiesbaden	.	.	.	31,99	31,07	34,70	.	.	.	58,99	58,17	52,17	.	.	.	21,03	19,41	26,06
31. Koblenz	11,79	13,06	14,96	24,60	23,15	27,15	14,11	17,37	17,96	28,56	30,46	30,12	11,36	12,09	13,49	23,75	21,34	26,33
32. Düsseldorf	12,80	13,98	19,34	33,43	29,69	32,86	13,77	15,39	22,19	36,64	32,96	36,38	11,46	12,37	16,34	29,62	24,76	27,68
33. Köln	10,80	12,56	15,80	29,79	27,37	30,12	16,04	17,79	20,95	38,68	35,06	38,94	8,59	10,31	12,90	25,89	22,81	26,88
34. Trier	11,36	12,16	12,14	29,84	22,98	27,12	14,26	13,97	13,46	35,38	25,96	31,13	10,69	11,96	12,79	25,80	22,40	26,61
35. Aachen	10,83	13,60	14,01	23,03	22,04	28,99	14,36	18,48	19,40	26,98	26,30	37,04	9,06	12,14	13,00	20,78	21,12	24,07
36. Sigmaringen	11,18	14,76	16,30	31,80	25,09	28,84	12,19	19,30	16,54	36,38	29,13	41,80	10,90	13,46	16,88	21,88	25,35	27,38

Um wie viel ein Schulkind 1891 **mehr** kostete als 1861, weist folgende Übersicht für die Provinzen und Bezirke im Staate alten Bestandes im Einzelnen nach. Die Kosten eines Schulkindes sind von 1861 bis 1891 gewachsen

in der Provinz:		in den Städten und auf dem Lande zusammen: ℳ	in den Städten ℳ	auf dem Lande ℳ
Ostpreußen	um	14,86	16,30	14,47
Westpreußen	„	14,46	15,59	14,07
Stadtkreis Berlin	„	31,78	31,70	—
Brandenburg	„	16,68	18,96	15,89
Pommern	„	18,63	22,01	17,77
Posen	„	15,56	17,98	14,90
Schlesien	„	15,47	21,93	12,84
Sachsen	„	18,40	25,87	13,81
Westfalen	„	18,28	19,70	16,09
Rheinland	„	20,11	25,08	18,05
Hohenzollern	„	17,82	29,42	16,86;

im Regierungsbezirke:		in den Städten und auf dem Lande zusammen	in den Städten	auf dem Lande
		ℳ	ℳ	ℳ
Königsberg	um	15,11	17,46	14,52
Gumbinnen	„	14,40	11,87	14,34
Danzig	„	16,07	16,14	15,88
Marienwerder	„	13,21	15,48	13,28
Stadtkreis Berlin	„	31,70	31,70	—
Potsdam	„	20,21	20,34	19,40
Frankfurt	„	13,23	16,73	11,40
Stettin	„	19,19	23,38	16,49
Köslin	„	19,08	22,77	17,76
Stralsund	„	17,48	15,18	18,27
Posen	„	14,66	18,17	13,08
Bromberg	„	16,80	17,83	16,50
Breslau	„	17,71	26,95	12,95
Liegnitz	„	14,67	18,41	12,86
Oppeln	„	14,86	18,18	13,49
Magdeburg	„	21,20	28,48	16,13
Merseburg	„	15,04	23,20	11,80
Erfurt	„	18,90	25,43	15,47
Münster	„	12,96	14,15	12,30
Minden	„	18,11	22,61	16,43
Arnsberg	„	19,11	19,66	18,31
Koblenz	„	15,28	16,20	15,38
Düsseldorf	„	20,92	23,11	15,78
Köln	„	28,89	37,90	17,99
Trier	„	16,08	16,90	15,88
Aachen	„	18,12	23,18	15,81
Sigmaringen	„	17,48	29,42	16,20

Diese Ziffern veranschaulichen, neben dem Unterschiede von Stadt und Land, ganz besonders auch den verschiedenen Grad der Vertheuerung des Volksschulunterrichtes in den einzelnen Landestheilen und sind, namentlich in Verbindung mit dem bereits mitgetheilten Werthe über die Mehrbelastung pro Kopf der Bevölkerung mit Schulunterhaltungskosten, vielleicht eine Erklärung dafür, daß die Klagen über die Höhe der Volksschullasten aus den einzelnen Landestheilen ganz verschieden ertönen. Besonders laut werden sie da erhoben, wo die Kosten pro Schulkind früher auffällig niedrig waren, da hier schon die bloße Steigerung derselben bis auf die Höhe des Staatsdurchschnittes eine recht ansehnliche Mehrbelastung ergiebt.

Wie hoch aber auch schon jetzt die durchschnittlichen Kosten für ein Schulkind erscheinen mögen, so reichen sie doch keineswegs aus, um für alle schulpflichtigen Kinder eine normale unterrichtliche Versorgung zu ermöglichen. Die oben gegebenen Ausführungen über noch bestehende anomale Frequenzverhältnisse beweisen das zur Genüge. Sollte allen berechtigten Ansprüchen an die unterrichtliche und erziehliche Versorgung unserer Jugend genügt werden, so wäre, schlecht gerechnet, ein volles Viertel der 1891er Schulunterhaltungskosten mehr erforderlich. Dieser Umstand allein läßt erkennen, daß die Unterrichtsverwaltung schon vor dem Gesetze vom 26. Mai 1887 in ihren Anforderungen an die Gemeinden Maß gehalten hat. Weit entfernt davon, zu hoch gespannte Ziele zu verfolgen, hat sie nur das unbedingt Gebotene ins Auge gefaßt und auch in dessen Verfolgung überall den Verhältnissen Rechnung getragen. Das eben genannte Gesetz hat ihre Einwirkung wesentlich eingeschränkt, und sie darf behaupten, daß dies zum Nachtheil der Volksschule geschehen ist.

d) Ergebnisse der Untersuchung über das Anwachsen der Kosten der öffentlichen Volksschulen von 1861 bis 1891.

Eine gedrängte Zusammenfassung der Ergebnisse der bisherigen Erörterungen über das Anwachsen der Schulkosten ergiebt Folgendes:

1. Die Aufbringung der für Unterhaltung der Volksschulen erforderlichen Mittel hat bis zum Jahre 1871 mit den steigenden Bedürfnissen und dem Sinken des Geldwerthes nicht gleichen Schritt gehalten.

2. Dadurch sind Übelstände hervorgerufen worden, deren dringend gebotene Beseitigung eine ungewöhnliche Steigerung der Schulunterhaltungskosten unabweislich machte. Diese Steigerung hat sich namentlich in der Zeit von 1871 bis 1878 vollzogen und im Jahre 1878 ihren Höhepunkt erreicht. Von da ab bis zum Jahre 1886 ist das Anwachsen der Schulunterhaltungskosten der Bevölkerungszunahme unwesentlich vorangeeilt, hat aber von 1886 bis 1891 wieder einen rascheren Schritt eingeschlagen.
3. Das Anwachsen der Schulkosten, auf das Schulkind berechnet, erfolgte in stärkerem Grade in den Städten als auf dem platten Lande;
4. es wurde zunächst in verhältnißmäßig höherem Maße durch das Steigen der sächlichen Kosten als durch das der persönlichen Kosten herbeigeführt; in letzter Zeit haben diese eine stärkere Steigerung erfahren.
5. In der Art des Aufkommens der Schulunterhaltungskosten ist während des Zeitraumes von 1861 bis 1891 eine erhebliche Verschiebung eingetreten, und zwar dahin,
   a. daß das Schulgeld als Einkommensquelle der Volksschule nach und nach immer mehr an Bedeutung verloren hat, ganz besonders auf dem Lande, und heute so gut wie verschwunden ist;
   b. daß an Stelle desselben und theilweise weit darüber hinaus erhebliche Bewilligungen aus Staatsmitteln getreten sind, diese überwiegend auf dem platten Lande;
   c. daß dem entsprechend die Leistungen der Verpflichteten im Vergleiche zu den Gesammtkosten im Allgemeinen weniger gestiegen sind, ja sogar auf dem Lande in der Zeit von 1886 bis 1891 durch die Uebernahme eines Theiles derselben auf den Staat in den meisten Provinzen eine Verminderung erfahren haben. In den Städten sind allerdings für den ganzen Staat die Leistungen der Verpflichtungen auch noch für die Periode von 1886 bis 1891 gestiegen, weisen jedoch ebenfalls in ihrem Verhältniß zu den Gesammtkosten eine nahmhafte Verminderung auf.
6. Die Zunahme der Schulkosten in neuerer Zeit ist nur gleichbedeutend mit einer besseren, aber noch immer nicht vollständigen Befriedigung der unentbehrlichen Bedürfnisse der Volksschule, keinenfalls aber mit einer über das Bedürfniß hinausgehenden, zu reichlichen Förderung derselben.

e) Die Kosten der öffentlichen Volksschulen im Jahre 1886 und 1891 insbesondere.

Die Erfahrungen bei früheren statistischen Ermittelungen über die Kosten der öffentlichen Volksschulen haben Veranlassung gegeben, diesem schwierigen Punkte bei der Statistik von 1886 und 1891 ganz besondere Aufmerksamkeit zuzuwenden. Deshalb ist es gelungen, ein so zuverlässiges Bild zu gewinnen, wie es bei einer allgemeinen Erhebung überhaupt möglich ist.

1. Ertrag des vorhandenen Schul- rc. Vermögens, 1886 und 1891.

Unter den 1886 bezw. 1891 vorhandenen 64 750 bezw. 71 731 Stellen für vollbeschäftigte Lehrkräfte waren 32 583 bezw. 33 224, zu deren Dotation Schul- und Stiftungsvermögen überhaupt vorhanden war. Die Höhe desselben ist zwar nicht bekannt und läßt sich mit Sicherheit schon um deswillen nicht ermitteln, weil sowohl die Bewerthung des Grundbesitzes, wie die Kapitalisirung der Berechtigungen, Renten rc. vielfach nicht ohne willkürliche Annahmen zu bewirken wäre. Dagegen ist bei den letzten Erhebungen der Ertrag des Schulvermögens möglichst ins Einzelne ermittelt worden. Dadurch ist dann auch die Art desselben hinreichend geschildert.

Nur derjenige Theil des Schulvermögens, welcher in Schulgebäuden, Lehrerwohnungen und Landdotationen für Lehrerstellen besteht, ist mit einigen Ziffern festgestellt worden. Für die unten folgenden Ertragsangaben sind indessen die Schulgebäude, soweit sie nicht für Lehrerwohnungen benutzt sind, außer Ansatz geblieben. Die vorbezeichneten Vermögensbestandtheile waren folgender Art. Es waren

	im Jahre 1886			im Jahre 1891		
im eigenen Gebäude untergebracht:	in den Städten	auf dem Lande	zusammen	in den Städten	auf dem Lande	zusammen
Schulen	3 287	29 349	32 636	3 491	29 800	33 291
Klassenräume	20 459	41 650	62 109	24 328	44 293	68 621
außerdem neben ermietheten Räumen						
Schulen	198	356	554	198	436	634
Klassenräume	1 088	750	1 838	1 122	821	1 943,

so daß im Ganzen 1886 bezw. 1891: 33 190 bezw. 33 925 eigene Schulgebäude mit 63 947 bezw. 70 564 Klassenräumen, in den Städten 3 485 bezw. 3 689 eigene Schulgebäude mit 21 547 bezw.

25 450 Klassenräumen und auf dem Lande 29 705 bezw. 30 236 eigene Schulgebäude mit 42 400 bezw. 45 114 Klassenräumen vorhanden waren. Das ist ein ganz gewaltiges Häusermeer. Wenn man sich dasselbe, um eine oberflächliche Vorstellung davon zu erhalten, in der Bauart einer Stadt, Haus an Haus gerückt, gruppirt dächte, so würde damit beinahe ein Platz wie Berlin herauskommen, welches im Jahre 1890: 28 765 Wohnhäuser und andere bewohnte Gebäude zählte. Sämmtliche Städte jeder der Provinzen Ost- und Westpreußen haben nur 28 159 bezw. 27 595 Wohngebäude, sämmtliche Städte der Provinz Posen 37 749, der Provinz Schleswig-Holstein 40 329 rc.

In den eigenen Schulgebäuden wurden in natura freie Wohnungen gewährt:

	im Jahre 1886			im Jahre 1891		
	in den Städten	auf dem Lande	zusammen	in den Städten	auf dem Lande	zusammen
an Lehrer	3 661	35 026	38 687	3 728	36 641	40 369
„ Lehrerinnen . .	540	1 784	2 324	564	1 977	2 541
zusammen . .	**4 201**	**36 810**	**41 011**	**4 293**	**38 618**	**42 910.**

Auch diese Zahl ist sehr ansehnlich. Fast jede dieser Wohnungen entspricht einer Familienhaushaltung. Vergleichsweise sei bemerkt, daß der Stadtkreis Magdeburg bei der letzten Volkszählung 42 216 Familienhaushaltungen zählte.

Landdotationen waren vorhanden:

	im Jahre 1886			im Jahre 1891		
	in den Städten	auf dem Lande	zusammen	in den Städten	auf dem Lande	zusammen
für Schulen	843	24 179	25 022	941	26 395	27 336
„ Lehrerstellen . .	1 936	25 966	27 902	2 019	28 665	30 684.

Der Flächeninhalt der Landdotation betrug im Jahre 1886: 72 244,4 ha, im Jahre 1891: 78 098,7 ha, wovon 69 619,4 ha bezw. 75 714,1 ha auf das platte Land entfielen; das ist im Ganzen also eine Fläche, die beträchtlich größer ist, als die Durchschnittsfläche eines preußischen landräthlichen Kreises.

Der Gesammtertrag des Schul- und Stiftungsvermögens wurde 1886 auf 7 323 641 ℳ beziffert, hat aber theils wegen des Sinkens des Zinsfußes, theils wegen des Rückganges des Ertrages der Landdotationen und des Werthes der Naturalrenten und Berechtigungen, theils endlich wegen veränderter Festsetzung mancher nur schätzungsweise zu bewerthender Einkommensbestandtheile des Schulvermögens 1891 einen Rückgang auf 6 544 395 ℳ erfahren. Der Gesammtertrag vertheilt sich auf die Ertragsquellen und auf Stadt und Land in folgender Weise:

	im Jahre 1886			im Jahre 1891		
	in den Städten	auf dem Lande	zusammen	in den Städten	auf dem Lande	zusammen
	ℳ	ℳ	ℳ	ℳ	ℳ	ℳ
Ertrag der Landdotation . .	178 748	3 561 759	3 740 507	158 010	3 383 532	3 541 542
„ des sonstigen Grundbesitzes	24 408	144 553	168 961	19 074	89 857	108 931
Ertrag der Berechtigungen .	90 736	424 981	515 717	39 813	241 760	281 573
„ an Kapitalzinsen, der Geld- u. Naturalrenten	589 588	2 308 868	2 898 456	347 108	2 265 241	2 612 349
überhaupt	**883 480**	**6 440 161**	**7 323 641**	**564 005**	**5 980 390**	**6 544 395.**

Im Vergleiche zu den Gesammtkosten der öffentlichen Volksschulen ist der Ertrag des Schul- rc. Vermögens nicht erheblich; derselbe deckte im Ganzen 1886 nur 6,39 Prozent und 1891 nur 4,88 Prozent der ersteren, auf dem Lande allerdings 1886: 9,14 Prozent und 1891: 7,38 Prozent, in den Städten dagegen 1886 nur 1,75 und 1891 nur 0,87 Prozent.

Der durchschnittliche Ertrag für eine Lehrerstelle, für welche Schulvermögen überhaupt vorhanden war, bezifferte sich in den Städten 1886 auf 171 ℳ und 1891 auf 141 ℳ, auf dem Lande 1886 auf 235 ℳ und 1891 auf 205 ℳ und im Ganzen 1886 auf 225 ℳ und 1891 auf 197 ℳ.

Übrigens darf nicht verschwiegen werden, daß die Schwierigkeiten der genauen Ermittelung des Ertrages des Schul- rc. Vermögens aus verschiedenen Gründen nicht gering sind, und daß Ungleichheiten in der Auffassung und Behandlung der einzelnen Bestandtheile seitens der Erhebungsorgane nicht völlig vermieden werden können.

Auf die einzelnen Provinzen vertheilt sich der Ertrag des Schulvermögens, wie in folgender Tabelle nachgewiesen ist.

Ertrag des Schul- ꝛc. Vermögens der öffentlichen Volksschulen in den Provinzen. 1886 und 1891.

Staat. — Provinzen.		Zahl der Lehrerstellen, für welche Schul- ꝛc. Vermögen vorhanden ist	Ertrag des Schul- ꝛc. Vermögens:					
			überhaupt ℳ	Ertrag der Landdotation ℳ	Ertrag des sonstigen Grundbesitzes ℳ	Ertrag der Berechtigungen ℳ	Ertrag an Kapitalzinsen, Geld- und Naturalrenten ℳ	im Durchschnitt für eine Stelle ℳ
1		2	3	4	5	6	7	8
a) Staat	1886	**32 582**	**7 323 641**	**3 749 507**	**168 981**	**515 717**	**2 888 456**	**225**
	1891	**33 224**	**6 544 395**	**3 541 542**	**108 921**	**281 578**	**2 612 349**	**197**
b) Provinzen.								
1. Ostpreußen	1886	2 929	535 158	320 766	3 797	27 287	183 308	183
	1891	2 997	624 189	308 863	2 646	56 905	255 775	208
2. Westpreußen	1886	1 996	242 009	170 260	3 857	13 744	54 148	121
	1891	2 163	294 881	169 754	810	23 737	100 580	136
3. Stadtkreis Berlin	1886	15	2 775	—	—	30	2 745	185
	1891	8	1 368	—	—	—	1 368	171
4. Brandenburg	1886	2 997	918 670	355 354	14 371	39 384	509 561	307
	1891	2 927	798 238	341 805	2 672	14 076	439 685	273
5. Pommern	1886	2 769	598 452	278 580	7 503	86 756	225 523	216
	1891	2 657	478 557	255 738	2 741	37 395	182 683	180
6. Posen	1886	2 345	200 945	142 215	7 811	7 572	43 347	86
	1891	2 408	111 895	80 946	4 691	2 560	23 698	46
7. Schlesien	1886	4 069	608 813	279 928	10 577	36 806	281 502	150
	1891	4 546	625 195	302 584	3 071	36 063	283 477	138
8. Sachsen	1886	3 365	1 613 887	837 624	27 201	125 658	623 404	480
	1891	3 258	1 425 612	821 707	11 466	44 107	548 332	438
9. Schleswig-Holstein	1886	1 937	829 828	596 024	40 587	48 772	144 445	428
	1891	2 069	691 335	478 570	48 238	14 043	150 484	334
10. Hannover	1886	3 609	911 670	491 843	27 808	52 464	339 555	253
	1891	3 580	825 245	513 238	14 030	23 004	274 973	231
11. Westfalen	1886	2 072	282 555	107 708	12 576	35 369	126 902	136
	1891	1 800	208 525	91 861	8 839	6 887	100 938	116
12. Hessen-Nassau	1886	2 315	341 624	88 682	7 009	17 954	227 979	148
	1891	2 222	291 819	92 691	2 676	10 647	185 805	131
13. Rheinland	1886	2 016	205 738	65 709	5 611	20 875	113 543	102
	1891	2 466	147 963	78 564	6 661	11 233	51 505	60
14. Hohenzollern	1886	149	31 517	5 814	163	3 046	22 494	212
	1891	123	19 573	5 221	390	916	13 046	159

2. Die persönlichen Kosten der öffentlichen Volksschulen im Jahre 1886 und 1891.

Die persönlichen Kosten der öffentlichen Volksschulen setzen sich zusammen

aus dem Stelleneinkommen der vollbeschäftigten Lehrkräfte,

aus den staatlichen Dienstalterszulagen;

aus den persönlichen Zulagen;

aus den Aufwendungen für nicht vollbeschäftigte Hülfslehrkräfte und Handarbeitslehrerinnen.

Dazu kommen

die Ruhegehalte für pensionirte Lehrer und Lehrerinnen;

die gesetzlichen Leistungen für Versorgung der Lehrerwittwen und -Waisen.

Das Stelleneinkommen der vollbeschäftigten Lehrkräfte an allen öffentlichen Volksschulen betrug im Jahre 1886 bezw 1891 neben freier Wohnung und Feuerung baar 65 586 715 ℳ bezw. 74 735 602 ℳ. Unter Hinzurechnung des Werthes der freien Wohnung und Feuerung stellten sich diese Beträge auf 79 036 711 ℳ im Jahre 1886 und auf 92 279 488 ℳ im Jahre 1891. Nach der geltenden Praxis wird indessen der Werth von Wohnung und Feuerung als Bestandtheil der sächlichen Kosten angesehen und bei diesen mit eingerechnet.

Das baare Stelleneinkommen wurde aufgebracht

	im Jahre 1886	im Jahre 1891
durch Schulgeld	10926085 ℳ = 16,66 Proz.	1378983 ℳ = 1,85 Proz.
„ Einkünfte vom Schul- und Stiftungsvermögen	7121852 „ = 10,86 „	6544395 „ = 8,76 „
aus der Kirchenkasse ꝛc.	.	2476300 „ = 3,31 „
durch Gemeinde-, gutsherrliche und Patronatsleistungen	39514419 „ = 60,25 „	32576758 „ = 43,59 „
aus Staatsmitteln	8024359 „ = 12,23 „	31759166 „ = 42,50 „

Für die einzelnen Provinzen sowie für die Städte und das Land wird der Betrag und die Art des Aufkommens der persönlichen Schulunterhaltungskosten in der unten folgenden Tabelle nachgewiesen.

Diese Tabelle beziffert für 1891 in den Spalten 11 bis 16 auch die aus Staatsfonds aufgewendeten Mittel für die Volksschullehrerbesoldungen, jedoch nicht im vollen Umfange: es treten hierzu noch die persönlichen und Dienstalterszulagen, welche für die Lehrer und Lehrerinnen aus Staatsmitteln gewährt werden; auch die in besonderen Fällen von den Gemeinden gewährten persönlichen Zulagen kommen in Frage. Unter Hinzurechnung dieser Beträge weisen die Spalten 6 bezw. 15 der auf Seite 192/3 folgenden Tabelle das gesammte Einkommen der vollbeschäftigten Lehrkräfte, welchem der Werth der freien Wohnung und Feuerung, sowie der persönlichen und Dienstalterszulagen überall hinzugerechnet ist, für das Jahr 1891 nach.

Die in dieser Tabelle niedergelegten Durchschnittszahlen bezeichnen einen sehr bedeutenden Fortschritt zum Besseren im Vergleich zu den Lehrerbesoldungen in früheren Jahren. Das kulturgeschichtliche und legislatorische Interesse einer solchen Vergleichung rechtfertigt es, daß wir hierauf etwas näher eingehen.

Einer direkten Vergleichung der Nachrichten aus älterer und neuerer Zeit über die Lage des Lehrerstandes stehen allerdings manche Bedenken gegenüber, die ebenso sehr in organischen Veränderungen des Schulwesens, der Lehrerbildung ꝛc., wie in den hier nur andeutungsweise zu berührenden Wandlungen des Geldwerthes ꝛc. liegen. Nichts desto weniger dürfte die folgende Mittheilung einiger charakteristischer

Betrag und Quellen des Stelleneinkommens der vollbeschäftigten Lehrkräfte an

Staat. — Stadt und Land. — Provinzen.	Jährliches Stelleneinkommen ℳ	Von dem jährlichen Stelleneinkommen der vollbeschäftigten Lehrkräfte: durch Schulgeld		durch Aufkünfte vom Schul- und Stiftungsvermögen	
		überhaupt ℳ	Prozent	überhaupt ℳ	Prozent
1	2	3	4	5	6
a) Staat	**74 785 602**	**1 378 983**	**1,84**	**6 544 395**	**8,75**
davon:					
in den Städten	33 740 431	1 033 171	3,06	564 005	1,67
auf dem Lande	40 995 171	345 812	0,84	5 980 390	14,59
b) Provinzen.					
1. Ostpreußen	3 847 222	16 247	0,42	624 189	16,22
2. Westpreußen	2 782 938	2 683	0,10	294 881	10,59
3. Stadtkreis Berlin	5 790 471	—	—	1 368	0,02
4. Brandenburg	5 759 933	102 636	1,78	798 238	13,86
5. Pommern	3 743 297	31 054	0,83	478 557	12,78
6. Posen	3 157 805	7 458	0,24	111 895	3,54
7. Schlesien	9 170 422	109 520	1,19	625 195	6,82
8. Sachsen	6 673 725	565 641	8,47	1 425 612	21,36
9. Schleswig-Holstein	4 175 771	9 869	0,24	691 335	16,55
10. Hannover	5 435 733	218 901	4,03	825 245	15,18
11. Westfalen	6 358 901	146 350	2,30	208 525	3,28
12. Hessen-Nassau	4 284 651	82 525	1,93	291 819	6,81
13. Rheinland	13 371 116	86 101	0,64	147 963	1,11
14. Hohenzollern	183 617	—	—	19 573	10,66

Angaben über das Einkommen der preußischen Volksschullehrer früher und jetzt auf Beachtung Anspruch machen dürfen. Nur darf nicht vergessen werden, daß es sich bei den unten folgenden Zahlen um das Stelleneinkommen mit Einschluß der Dienstalterszulagen, nicht aber um das Gesammteinkommen handelt, welch letzteres durch den Hinzutritt der Werthe für freie Wohnung und Feuerung erheblich höher wird, und daß insbesondere die sorgfältige Ausscheidung des Werthes der freien Wohnung und Feuerung erst für die Jahre 1886 und 1891 verbürgt werden kann.

Die älteste uns bekannte diesbezügliche Erhebung wurde seitens des Ministeriums der geistlichen und Unterrichtsangelegenheiten im April 1819 angeordnet; sie schildert ungefähr die Zustände des Jahres 1820. Vergleichen wir diese mit denen der Erhebungen von 1886 und 1891, so finden wir im Umfange des Staatsgebietes vor Erwerbung von Hohenzollern und der sogenannten neuen Provinzen unter Anderem, daß auf dem Gebiete des Volksschulwesens

		in den Städten	auf dem Lande	im ganzen Staate
Lehrkräfte thätig waren	1820	3 745	18 140	21 885
	1871	13 853	26 951	40 804
	1886	18 937	33 106	52 043
	1891	22 164	35 742	57 906
deren Einkommen ohne freie Wohnung und Feuerung betrug ℳ	1820	2 389 570	4 668 687	7 058 257
	1871	14 290 191	17 965 806	32 255 997
	1886	24 196 495	31 504 442	55 700 937
	1891	29 813 234	37 313 082	67 126 316
im Durchschnitt also ℳ	1820	638	258	323
	1871	1 032	667	591
	1886	1 278	952	1 070
	1891	1 345	1 044	1 159.

(Fortsetzung des Textes auf Seite 194.)

den öffentlichen Volksschulen in den Provinzen, 1891.

(mit Ausschluß des auf Wohnung und Feuerung entfallenden Antheils) wurden beschafft:

aus der Kirchenkasse bezw. durch Ertrag der Stolgebühren		durch Gemeinde-, gutsherrliche und Patronats-Leistungen		aus Staatsmitteln: infolge rechtlicher Verpflichtung		aus Staatsmitteln: als Bedürfnißzuschuß		aus Staatsmitteln: auf Grund des Gesetzes vom 14. Juni 1888 bezw. 31. März 1889		Wiederholung der Bezeichnung in Spalte 1.
überhaupt ℳ	Prozent	überhaupt ℳ	Prozent	überhaupt ℳ	Prozent	überhaupt ℳ	Prozent	überhaupt ℳ	Prozent	
7	8	9	10	11	12	13	14	15	16	
2 476 300	**3,33**	**32 576 758**	**43,19**	**375 923**	**0,50**	**5 834 575**	**7,81**	**25 548 668**	**34,18**	a)
632 375	1,87	22 295 635	66,08	104 322	0,31	1 347 569	4,00	7 763 354	23,01	Stadt
1 843 925	4,49	10 281 123	25,08	271 601	0,66	4 487 006	10,94	17 785 314	43,41	Land
										b)
169 141	4,39	575 231	14,95	26 497	0,69	597 648	15,54	1 838 269	47,78	1.
67 730	2,43	690 828	24,79	19 119	0,69	340 821	12,25	1 366 876	49,19	2.
—	—	4 959 921	85,06	—	—	2 532	0,04	826 650	14,29	3.
251 446	4,36	1 947 238	38,80	17 102	0,29	465 469	8,08	2 177 804	37,83	4.
149 366	3,99	884 906	23,64	23 827	0,64	634 937	16,96	1 540 650	41,16	5.
67 282	2,19	642 874	20,36	3 597	0,11	809 302	25,43	1 515 399	47,09	6.
594 140	6,48	3 992 984	43,84	41 931	0,46	584 071	6,37	3 222 581	35,14	7.
373 643	5,60	1 805 681	27,06	47 397	0,71	282 898	4,34	2 172 853	32,54	8.
185 014	4,43	1 871 102	44,81	11 234	0,37	73 428	1,76	1 333 789	31,86	9.
230 795	4,35	1 452 868	26,73	21 768	0,40	404 148	7,44	2 282 008	41,87	10.
106 843	1,68	3 600 917	56,63	36 974	0,58	387 818	6,10	1 871 474	29,42	11.
123 949	2,86	1 776 368	41,44	89 895	2,10	411 848	9,61	1 508 247	35,30	12.
146 645	1,30	8 298 791	62,06	36 108	0,31	834 755	6,30	3 820 753	28,57	13.
10 306	5,41	77 049	41,56	474	0,36	4 900	2,67	71 315	38,54	14.

Gesammtes Einkommen der vollbeschäftigten Lehrkräfte an den öffentlichen

Staat. — Stadt und Land. — Provinzen. — Regierungsbezirke.	Stellen für vollbeschäftigte Lehrer	Jährliches Einkommen für vollbeschäftigte Lehrer: Stellen-einkommen ℳ	Werth der freien Wohnung und Feuerung ℳ	Persönliche und Dienstalterszulagen aus Staats- und Gemeindemitteln ℳ	Gesammtes Einkommen überhaupt ℳ	Durchschnittliches Gesammteinkommen eines Lehrers ℳ	im Durchschnitt von Spalte 3 ℳ	im Durchschnitt von Spalte 3 + 4 ℳ	im Durchschnitt von Spalte 3 + 5 ℳ
1	2	3	4	5	6	7	8	9	10
a) **Staat**	**63 237**	**67 015 142**	**15 671 112**	**9 085 935**	**91 772 189**	**1 451**	**1 060**	**1 308**	**1 203**
Davon: in den Städten	21 009	28 546 019	7 591 818	1 966 802	38 104 639	1 814	1 359	1 720	1 452
auf dem Lande	42 228	38 469 123	8 079 294	7 119 133	53 667 550	1 271	911	1 102	1 080
b) **Provinzen.**									
I. Ostpreußen	4 552	3 706 524	811 500	749 020	5 267 044	1 157	814	993	979
II. Westpreußen	3 259	2 657 834	677 780	431 141	3 766 755	1 156	816	1 024	948
III. Stadtkreis Berlin	2 181	4 534 309	1 130 255	—	5 664 564	2 597	2 079	2 597	2 079
IV. Brandenburg	5 459	5 521 244	1 347 388	813 875	7 682 507	1 407	1 011	1 258	1 160
V. Pommern	3 993	3 610 185	928 746	658 506	5 197 437	1 302	904	1 137	1 069
VI. Posen	3 670	3 095 298	952 685	543 608	4 591 591	1 251	843	1 103	992
VII. Schlesien	8 599	8 701 431	1 997 573	1 132 274	11 831 278	1 376	1 012	1 244	1 144
VIII. Sachsen	5 974	6 439 568	1 342 960	823 916	8 606 444	1 441	1 078	1 303	1 216
IX. Schleswig-Holstein	3 326	3 911 621	847 289	550 438	5 309 348	1 596	1 176	1 431	1 342
X. Hannover	5 542	5 233 657	1 215 804	972 452	7 421 913	1 339	944	1 164	1 120
XI. Westfalen	4 177	5 015 176	987 529	588 222	6 590 927	1 578	1 201	1 437	1 341
XII. Hessen-Nassau	3 864	4 029 142	1 089 063	723 659	5 841 864	1 512	1 043	1 325	1 230
XIII. Rheinland	8 450	10 379 365	2 314 034	1 064 291	13 757 690	1 628	1 228	1 502	1 354
XIV. Hohenzollern	191	179 788	28 506	34 533	242 827	1 271	941	1 091	1 122
c) Regierungsbezirke.									
1. Königsberg	2 666	2 207 758	503 392	415 244	3 126 394	1 173	828	1 017	984
2. Gumbinnen	1 886	1 498 766	308 108	333 776	2 140 650	1 135	795	958	972
3. Danzig	1 253	1 050 700	254 019	158 321	1 463 040	1 168	839	1 041	965
4. Marienwerder	2 006	1 607 134	423 761	272 820	2 303 715	1 148	801	1 012	937
5. Stadtkreis Berlin	2 181	4 534 309	1 130 255	—	5 664 564	2 597	2 079	2 597	2 079
6. Potsdam	2 985	3 085 095	840 183	437 931	4 363 209	1 462	1 034	1 315	1 180
7. Frankfurt	2 474	2 436 149	507 205	375 944	3 319 298	1 342	985	1 190	1 137
8. Stettin	1 850	1 752 691	457 793	295 527	2 506 011	1 355	947	1 195	1 107
9. Köslin	1 583	1 350 452	358 994	267 415	1 976 861	1 249	853	1 080	1 022
10. Stralsund	560	507 042	111 959	95 564	714 565	1 276	905	1 105	1 076
11. Posen	2 314	1 964 227	652 959	340 492	2 957 678	1 278	849	1 131	996
12. Bromberg	1 356	1 131 071	299 726	203 116	1 633 913	1 205	834	1 055	984
13. Breslau	3 166	3 481 305	787 430	401 686	4 670 421	1 475	1 100	1 348	1 226
14. Liegnitz	2 138	2 278 644	486 625	296 834	3 062 103	1 432	1 066	1 293	1 205
15. Oppeln	3 295	2 941 482	723 518	433 754	4 098 754	1 244	893	1 112	1 024
16. Magdeburg	2 496	2 848 323	605 379	355 786	3 809 488	1 526	1 141	1 384	1 284
17. Merseburg	2 541	2 644 337	541 578	335 552	3 521 467	1 386	1 041	1 254	1 173
18. Erfurt	937	946 908	196 003	132 578	1 275 489	1 361	1 011	1 220	1 152
19. Schleswig	3 326	3 911 621	847 289	550 438	5 309 348	1 596	1 176	1 431	1 342
20. Hannover	1 121	1 146 594	297 870	167 041	1 611 505	1 438	1 023	1 280	1 172
21. Hildesheim	1 078	1 023 094	219 318	184 542	1 426 954	1 324	949	1 153	1 120
22. Lüneburg	1 131	1 047 756	238 817	203 038	1 489 611	1 317	926	1 138	1 106
23. Stade	1 021	876 515	207 513	221 323	1 305 351	1 279	858	1 062	1 075
24. Osnabrück	638	559 209	133 668	114 436	807 313	1 265	877	1 086	1 056
25. Aurich	553	580 489	118 618	82 072	781 179	1 413	1 050	1 264	1 198
26. Münster	646	617 912	116 734	126 368	861 014	1 333	957	1 137	1 152
27. Minden	1 045	1 179 346	224 734	139 663	1 543 743	1 477	1 129	1 344	1 262
28. Arnsberg	2 486	3 217 918	646 061	322 191	4 186 170	1 684	1 294	1 554	1 424
29. Kassel	1 991	1 943 645	496 766	398 465	2 838 876	1 426	976	1 226	1 176
30. Wiesbaden	1 873	2 085 497	592 297	325 194	3 002 988	1 603	1 113	1 430	1 287
31. Koblenz	1 399	1 373 553	257 810	225 320	1 856 683	1 327	982	1 166	1 143
32. Düsseldorf	3 478	5 032 975	1 173 795	321 908	6 528 678	1 877	1 447	1 785	1 540
33. Köln	1 250	1 555 169	379 260	123 636	2 058 065	1 646	1 244	1 548	1 343
34. Trier	1 309	1 337 434	268 039	254 639	1 860 112	1 421	1 022	1 226	1 216
35. Aachen	1 014	1 080 234	235 130	138 788	1 454 152	1 434	1 065	1 297	1 202
36. Sigmaringen	191	179 788	28 506	34 533	242 827	1 271	941	1 091	1 122

Volksschulen in den Provinzen und Regierungsbezirken im Jahre 1891.

Stellen für vollbeschäftigte Lehrerinnen	Jährliches Einkommen für vollbeschäftigte Lehrerinnen:								Wiederholung der Bezeichnung in Spalte 1.
	Jährliches Stelleneinkommen ℳ	Werth der freien Wohnung und Feuerung ℳ	Persönliche und Dienstalterszulagen aus Staats- und Gemeindemitteln ℳ	Gesammtes Einkommen überhaupt ℳ	Durchschnittliches Gesammteinkommen einer Lehrerin ℳ	im Durchschnitt			
						von Spalte 12 ℳ	von Spalte 12 + 13 ℳ	von Spalte 12 + 14 ℳ	
11	12	13	14	15	16	17	18	19	
8 494	**7 720 460**	**1 872 774**	**349 875**	**9 943 100**	**1 171**	**909**	**1 129**	**950**	a)
5 308	5 194 412	1 370 065	128 003	6 692 480	1 261	979	1 237	1 003	St.
3 186	2 526 048	502 709	221 872	3 250 620	1 020	793	951	862	L.
									b)
210	140 698	49 839	6 083	196 620	936	670	907	699	I.
175	125 104	48 113	3 470	176 687	1 010	715	990	735	II.
1 022	1 256 162	315 791	—	1 571 953	1 538	1 229	1 538	1 229	III.
298	238 689	80 463	5 490	324 642	1 089	801	1 071	819	IV.
199	133 112	59 066	5 260	197 438	992	669	960	695	V.
86	62 507	25 160	580	88 253	1 026	727	1 019	734	VI.
512	468 991	114 317	10 591	593 899	1 160	916	1 139	937	VII.
297	234 157	72 496	5 209	311 862	1 050	788	1 033	806	VIII.
338	264 150	54 950	7 654	326 754	967	782	944	804	IX.
276	202 076	60 473	8 177	270 726	981	732	951	762	X.
1 491	1 343 725	253 090	115 380	1 712 195	1 146	899	1 069	977	XI.
283	255 509	75 332	7 900	338 741	1 197	903	1 169	931	XII.
3 299	2 991 751	662 838	174 081	3 828 670	1 161	907	1 108	960	XIII.
5	3 829	840	—	4 669	934	766	934	766	XIV.
									c)
150	101 790	36 408	3 878	142 076	947	679	921	704	1.
60	38 908	13 431	2 205	54 544	909	648	872	685	2.
128	94 396	40 003	2 020	136 419	1 066	737	1 050	753	3.
47	30 708	8 110	1 450	40 268	857	653	826	684	4.
1 022	1 256 162	315 791	—	1 571 953	1 538	1 229	1 538	1 229	5.
221	180 786	65 720	3 140	249 646	1 130	818	1 115	832	6.
77	57 903	14 743	2 350	74 996	974	752	943	783	7.
120	80 620	41 259	1 950	123 829	1 032	672	1 016	688	8.
36	24 042	8 287	1 180	33 509	931	668	898	701	9.
43	28 450	9 520	2 130	40 100	933	662	883	711	10.
57	42 899	17 471	210	60 580	1 063	753	1 059	756	11.
29	19 608	7 695	370	27 673	954	676	941	689	12.
326	320 003	80 042	2 820	402 955	1 236	982	1 227	991	13.
40	30 336	6 762	695	37 793	945	758	927	776	14.
146	118 562	27 513	7 076	153 151	1 049	812	1 001	861	15.
137	115 540	34 526	2 475	152 541	1 113	843	1 095	861	16.
112	84 352	27 130	1 524	113 006	1 009	753	995	767	17.
48	34 265	10 840	1 210	46 315	965	714	940	739	18.
338	264 150	54 950	7 654	326 754	967	782	944	804	19.
61	48 684	17 818	120	66 622	1 092	798	1 090	800	20.
46	30 580	8 938	1 680	41 198	896	665	859	701	21.
56	39 382	11 399	605	51 386	918	703	907	714	22.
9	6 340	2 110	1 030	9 480	1 053	704	939	819	23.
87	65 257	16 163	4 372	85 792	986	750	936	800	24.
17	11 833	4 045	370	16 248	956	696	934	718	25.
404	322 598	64 346	55 226	442 170	1 094	799	958	935	26.
211	166 586	29 939	17 031	213 556	1 012	790	931	870	27.
879	854 541	158 805	43 123	1 056 469	1 202	972	1 153	1 021	28.
80	66 903	23 078	1 796	91 777	1 147	836	1 125	859	29.
205	188 606	52 254	6 104	246 964	1 217	929	1 187	959	30.
259	204 148	44 764	24 500	273 412	1 056	788	961	883	31.
1 255	1 269 335	268 211	60 000	1 597 546	1 273	1 011	1 225	1 059	32.
745	704 034	166 935	29 912	900 881	1 209	945	1 169	985	33.
641	465 800	104 284	48 138	618 281	964	727	889	802	34.
399	348 425	78 644	11 531	438 600	1 099	873	1 070	902	35.
5	3 829	840	—	4 669	934	766	934	766	36.

Vor etwa siebenzig Jahren bezog also ein preußischer Volksschullehrer, namentlich auf dem Lande, kaum so viel wie ein Arbeiter. Gegenwärtig ist das ganz anders geworden.[1]) Ohne die Frage der Zulänglichkeit des durchschnittlichen Stelleneinkommens von heute hier zu streifen, ist doch die Verbesserung desselben um rund das 4 fache, namentlich auch mit Rücksicht auf die enorme Steigerung des absoluten Betrages, als eine recht erhebliche zu bezeichnen. Daß das Maximum und das Minimum von dem Durchschnitte erheblich verschieden sind, ist schon deshalb selbstverständlich, weil in nicht wenigen Fällen ganz eigenartige örtliche Verhältnisse obwalten. Wenn die Stadt Berlin beispielsweise namentlich ihre älteren Lehrer und die Rektoren weit über den Staatsdurchschnitt besoldet, so findet dies in den Eigenthümlichkeiten der Großstadt und insbesondere der Berliner Stadtverwaltung leicht seine Erklärung; wenn andererseits gelegentlich evangelische oder katholische Geistliche Lehrerstellen unentgeltlich verwalten, oder ein Leuchtthurmwärter als Lehrer von 6 bis 10 Kindern, die sonst ohne Unterricht bleiben müßten, ein geringfügiges Gehalt erhält, so darf das nicht bemängelt, sondern kann als eine dankenswerthe Leistung der preußischen Unterrichtsverwaltung bezeichnet werden, welche es auch da, wo alle materiellen Mittel fehlen, versucht, die wohlthätigen Ziele der allgemeinen Schulpflicht praktisch zu erreichen. Ausnahmezustände finden sich eben naturgemäß in einem so großen staatlichen Gemeinwesen, wie Preußen es ist, stets. Aber auf diese kommt es weniger an. Im Großen und Ganzen ist heute die Schicht der dem Durchschnitte nahe liegenden Lehrereinkommen die breiteste, wie folgende Tabelle beweist, die wiederum die erfreuliche Wandelung der Dinge zum Besseren kennzeichnet.

Abstufung des Einkommens der vollbeschäftigten Lehrkräfte, 1886 und 1891.

Einkommensstufen (Stelleneinkommen und persönliche und Dienstalterszulagen, aber ausschl. der freien Wohnung und Feuerung)	In den Städten:				Auf dem Lande:				In den Städten und auf dem Lande zusammen:			
	1886		1891		1886		1891		1886		1891	
	Lehrer	Lehrerinnen	Lehrer	Lehrerinnen	Lehrer	Lehrerinnen	Lehrer	Lehrerinnen	Lehrer	Lehrerinnen	Lehrer	Lehrerinnen
1	2	3	4	5	6	7	8	9	10	11	12	13
Von je 100 Lehrern bezw. Lehrerinnen haben												
bis 300 *M*	0,41	0,39	0,00	0,30	0,03	—	0,05	—	0,08	—	0,03	0,33
von 301— 450 *M*	0,08	4,05	0,18	2,34	0,46	0,47	0,18	0,19	0,33	0,37	0,18	1,47
„ 451— 600 „	1,49	15,18	1,69	5,07	6,71	7,05	5,47	6,09	5,06	5,97	4,31	6,09
„ 601— 750 „	8,16	5,45	7,34	12,40	15,18	35,08	14,35	30,63	12,84	23,15	12,18	19,30
„ 751— 809 „	3,63	0,64	3,40	6,90	4,06	9,83	4,37	10,33	4,47	7,09	4,47	7,73
„ 810 *M*	0,54	19,60	0,33	0,19	2,84	2,32	1,99	0,83	1,93	1,31	1,48	0,43
„ 811— 900 *M*	7,93	21,08	7,33	14,37	17,31	26,64	13,40	20,75	14,37	22,43	11,30	16,78
„ 901—1 050 „	12,65	13,38	10,98	18,99	24,86	13,18	16,47	17,97	20,65	18,39	14,64	18,97
„ 1 051—1 200 „	12,36	9,61	10,57	14,63	13,71	3,85	11,84	9,04	13,26	9,34	11,48	12,43
„ 1 201—1 350 „	11,68	7,27	9,83	10,87	6,66	1,38	11,47	2,78	8,30	5,94	11,30	7,83
„ 1 351—1 500 „	10,80	2,49	8,49	8,06	3,75	0,58	7,31	1,13	5,30	4,08	8,10	5,40
„ 1 501—1 650 „	7,11	0,12	8,80	4,77	2,06	0,06	4,60	0,81	3,67	1,11	5,71	3,33
„ 1 651—1 800 „	7,70	—	8,67	0,87	1,03	0,06	2,90	0,19	3,14	0,45	4,68	0,61
„ 1 801—1 950 „	4,89	0,03	5,84	—	0,44	—	1,38	0,09	1,97	—	2,46	0,08
„ 1 951—2 100 „	3,99	0,09	5,49	0,17	0,37	—	0,99	—	1,50	0,01	2,46	0,11
„ 2 101—2 250 „	1,87	—	3,63	—	0,31	—	0,60	—	0,67	0,01	1,67	—
„ 2 251—2 400 „	2,98	—	3,13	—	0,08	—	0,33	—	0,71	—	1,30	—
„ 2 401—2 550 „	0,80	—	0,88	—	0,05	—	0,13	—	0,29	—	0,88	—
„ 2 551—2 700 „	1,36	—	2,16	—	0,03	—	0,10	—	0,44	—	0,79	—
„ 2 701—2 850 „	0,36	—	0,46	—	0,03	—	0,05	—	0,09	—	0,19	—
„ 2 851—3 000 „	0,09	—	0,61	—	0,03	—	0,04	—	0,04	—	0,33	—
über 3000 *M*	1,11	—	1,30	—	0,01	—	0,40	—	0,30	—	0,42	—

[1]) Die Verhältnisse haben sich sehr langsam gebessert. Berichte des Oberpräsidenten von Posen melden aus dem Jahre 1828, daß im gleichnamigen Regierungsbezirke „278 theils evangelische, theils katholische Schulen bestehen, welche an baarem Einkommen jährlich nicht über 30 Thaler gewähren; bei 53 Stellen beträgt das jährliche Lehrergehalt zwischen 4 und 12 Thaler". Eine Staatshülfe von jährlich 8 000 Thalern wird zur Aufbesserung der schlechtesten Stellen erbeten, nicht ganz vergeblich, aber mit geringem Erfolge. Die Sache stand in den andern Provinzen nicht besser: wegen der Altmark vergl. oben Seite 55 ff.; selbst in der Rheinprovinz war um das Jahr 1834 ein Lehrer (im Kreise Wetzlar), welcher 12 ½ Thaler Einkommen hatte, „wozu er sich noch 24 Thaler durch Steinklopfen verdiente", keine vereinzelte Erscheinung. — Das katholische Schulreglement für Schlesien vom 18. Mai 1801 enthält in §§ 10—29, die Schulordnung für die Provinz Preußen vom 11. Dezember 1845 in §§ 12—18 Vorschriften über das Diensteinkommen der Lehrer. Das Baargehalt wurde für Landschullehrer auf mindestens 30 Thaler festgesetzt.

Die Erfolge der Fürsorge für ein besseres Einkommen der Volksschullehrer werden der neueren Zeit, namentlich aber den letzten zwanzig Jahren verdankt. Selbst die letzten fünf Jahre lassen, wie die folgende Tabelle nachweist, noch merkliche Fortschritte erkennen. (Fortsetzung des Textes auf Seite 198.)

Das Gesammteinkommen der vollbeschäftigten Lehrkräfte an den öffentlichen Volksschulen, 1886 und 1891.

1. In den Städten und auf dem Lande zusammen.

Staat. Provinzen. — Regierungsbezirke.	Zahl der Stellen für vollbeschäftigte				Gesammtes Einkommen, einschl. der persönlichen und Dienstalterszulagen aus Staats- und Gemeindemitteln und einschl. der Werthe für Wohnung und Feuerung, für				Durchschnittliches Gesammteinkommen für			
	Lehrer		Lehrerinnen		Lehrer		Lehrerinnen		Lehrer		Lehrerinnen	
	1886	1891	1886	1891	1886 M	1891 M	1886 M	1891 M	1886 M	1891 M	1886 M	1891 M
1	2	3	4	5	6	7	8	9	10	11	12	13
a) Staat . . .	**57 992**	**63 237**	**6 848**	**8 494**	**74 939 495**	**91 772 189**	**7 684 803**	**9 943 189**	**1 294**	**1 451**	**1 108**	**1 171**
b) Provinzen.												
I. Ostpreußen . . .	4 251	4 552	164	210	4 488 590	5 267 044	144 881	196 620	1 056	1 157	883	936
II. Westpreußen . .	2 933	3 259	156	175	3 093 540	3 766 755	150 813	176 687	1 055	1 156	967	1 010
III. Stadtkr. Berlin	1 814	2 181	850	1 022	4 308 028	5 664 564	1 238 787	1 571 953	2 375	2 597	1 457	1 538
IV. Brandenburg . .	4 958	5 459	193	298	6 227 523	7 682 507	197 809	324 642	1 256	1 407	1 025	1 089
V. Pommern	3 869	3 993	110	199	4 549 758	5 197 437	120 358	197 438	1 176	1 302	1 011	992
VI. Posen	3 245	3 670	36	86	3 659 412	4 591 591	39 365	88 253	1 128	1 251	1 093	1 026
VII. Schlesien	7 834	8 599	446	512	9 703 151	11 831 278	499 911	593 899	1 239	1 376	1 121	1 160
VIII. Sachsen	5 404	5 974	220	297	6 940 970	8 606 444	218 434	311 862	1 284	1 441	993	1 050
IX. Schlesw.-Holstein	3 277	3 326	195	338	4 669 522	5 309 348	184 825	326 754	1 425	1 596	948	967
X. Hannover . . .	5 097	5 542	173	276	5 933 473	7 421 913	160 202	270 726	1 164	1 339	926	981
XI. Westfalen . . .	3 742	4 177	1 206	1 494	5 195 094	6 590 927	1 256 683	1 712 135	1 388	1 578	1 042	1 146
XII. Hessen-Nassau .	3 545	3 864	231	283	4 492 013	5 841 864	248 795	338 741	1 267	1 512	1 077	1 197
XIII. Rheinland . . .	7 748	8 450	2 855	3 299	11 490 026	13 757 690	3 120 692	3 828 670	1 483	1 628	1 093	1 161
XIV. Hohenzollern . .	185	191	4	5	188 395	242 827	3 248	4 669	1 018	1 271	812	934
c) Regierungsbezirke.												
1. Königsberg	2 543	2 666	127	150	2 723 552	3 126 394	115 186	142 076	1 071	1 173	907	947
2. Gumbinnen	1 708	1 886	37	60	1 765 038	2 140 650	29 695	54 544	1 033	1 135	803	909
3. Danzig	1 136	1 253	121	128	1 246 006	1 463 040	123 464	136 419	1 097	1 168	1 020	1 066
4. Marienwerder . .	1 797	2 006	35	47	1 847 534	2 303 715	27 349	40 268	1 028	1 148	781	857
5. Stadtkreis Berlin	1 814	2 181	850	1 022	4 308 028	5 664 564	1 238 787	1 571 953	2 375	2 597	1 457	1 538
6. Potsdam	2 673	2 985	135	221	3 459 055	4 363 209	144 297	249 646	1 294	1 462	1 069	1 130
7. Frankfurt	2 285	2 474	58	77	2 768 468	3 319 298	53 512	74 996	1 212	1 342	923	974
8. Stettin	1 769	1 850	61	120	2 173 835	2 506 011	65 735	123 829	1 229	1 355	1 078	1 032
9. Köslin	1 524	1 583	17	36	1 695 305	1 976 861	16 713	33 509	1 112	1 249	983	931
10. Stralsund	576	560	41	43	680 618	714 565	37 910	40 100	1 182	1 276	925	933
11. Posen	2 057	2 314	24	57	2 402 081	2 957 678	28 172	60 580	1 168	1 278	1 174	1 063
12. Bromberg	1 188	1 356	12	29	1 257 331	1 633 913	11 193	27 673	1 058	1 205	933	954
13. Breslau	2 957	3 166	273	326	3 854 346	4 670 421	334 172	402 955	1 303	1 475	1 224	1 236
14. Liegnitz	2 004	2 138	30	40	2 563 064	3 062 108	27 172	37 793	1 279	1 432	906	945
15. Oppeln	2 873	3 295	143	146	3 285 741	4 098 754	138 567	153 151	1 144	1 244	969	1 049
16. Magdeburg	2 211	2 496	122	137	2 969 697	3 809 488	121 126	152 541	1 343	1 526	993	1 113
17. Merseburg	2 275	2 541	63	112	2 863 390	3 521 467	65 292	113 006	1 259	1 386	1 036	1 009
18. Erfurt	918	937	35	48	1 107 883	1 275 489	32 016	46 315	1 207	1 361	915	965
19. Schleswig	3 277	3 326	195	338	4 669 522	5 309 348	184 825	326 754	1 425	1 596	948	967
20. Hannover	988	1 121	29	61	1 217 353	1 611 505	29 102	66 622	1 232	1 438	1 004	1 092
21. Hildesheim	976	1 078	33	46	1 132 866	1 426 954	28 023	41 198	1 161	1 324	849	896
22. Lüneburg	1 055	1 131	23	56	1 189 138	1 489 611	22 370	51 386	1 127	1 317	973	918
23. Stade	980	1 021	4	9	1 087 833	1 305 351	4 100	9 480	1 110	1 279	1 025	1 053
24. Osnabrück	582	638	77	87	651 238	807 313	69 782	85 792	1 119	1 265	906	986
25. Aurich	516	553	7	17	655 045	781 179	6 825	16 248	1 269	1 413	975	956
26. Münster	598	646	358	401	697 885	861 014	346 583	442 170	1 167	1 333	968	1 094
27. Minden	939	1 045	161	211	1 210 535	1 543 743	148 199	213 556	1 2[illegible]9	1 477	920	1 012
28. Arnsberg	2 205	2 486	687	879	3 286 674	4 186 170	761 901	1 056 469	1 491	1 684	1 109	1 202
29. Kassel	1 906	1 991	59	80	2 343 114	2 838 876	64 870	91 777	1 229	1 426	1 099	1 147
30. Wiesbaden	1 639	1 873	172	203	2 148 899	3 002 988	183 925	246 964	1 311	1 603	1 069	1 217
31. Koblenz	1 328	1 399	233	259	1 598 632	1 856 683	223 374	273 412	1 204	1 327	959	1 056
32. Düsseldorf	3 056	3 478	1 094	1 255	5 331 955	6 528 678	1 324 349	1 597 546	1 745	1 877	1 211	1 273
33. Köln	1 167	1 250	657	745	1 708 216	2 058 065	735 691	900 881	1 464	1 646	1 120	1 209
34. Trier	1 230	1 309	534	641	1 572 682	1 860 112	482 075	618 231	1 279	1 421	903	964
35. Aachen	967	1 014	337	399	1 278 541	1 454 152	355 203	438 600	1 322	1 434	1 054	1 099
36. Sigmaringen . . .	185	191	4	5	188 395	242 827	3 248	4 669	1 018	1 271	812	934

Noch: Das Gesammteinkommen der vollbeschäftigten Lehrkräfte an den öffentlichen Volksschulen, 1886 und 1891.

2. In den Städten.

Staat. — Provinzen. — Regierungsbezirke	Zahl der Stellen für vollbeschäftigte				Gesammtes Einkommen, einschl. der persönlichen und Dienstalterszulagen aus Staats- und Gemeindemitteln und einschl. der Werthe für Wohnung und Feuerung, für				Durchschnittliches Gesammteinkommen für			
	Lehrer		Lehrerinnen		Lehrer		Lehrerinnen		Lehrer		Lehrerinnen	
	1886	1891	1886	1891	1886 ℳ	1891 ℳ	1886 ℳ	1891 ℳ	1886 ℳ	1891 ℳ	1886 ℳ	1891 ℳ
1	2	3	4	5	6	7	8	9	10	11	12	13
a) Staat . . .	**18 322**	**21 009**	**4 097**	**5 308**	**29 976 694**	**38 104 659**	**4 962 212**	**6 692 496**	**1 636**	**1 814**	**1 210**	**1 261**
b) Provinzen.												
I. Ostpreußen . . .	648	747	134	170	882 985	1 116 576	124 535	168 907	1 368	1 495	929	994
II. Westpreußen . .	634	700	128	144	834 224	1 017 883	129 412	151 105	1 316	1 454	1 011	1 049
III. Stadtkr. Berlin	1 814	2 181	850	1 022	4 308 028	5 664 564	1 238 787	1 571 953	2 375	2 597	1 457	1 538
IV. Brandenburg . .	1 686	1 951	152	227	2 360 023	3 071 187	152 134	244 160	1 400	1 574	1 001	1 076
V. Pommern	1 116	1 171	116	190	1 667 550	1 885 831	117 393	189 282	1 494	1 610	1 012	996
VI. Posen	1 005	1 149	31	64	1 284 571	1 631 708	34 957	68 122	1 278	1 420	1 128	1 064
VII. Schlesien	2 129	2 375	321	382	3 358 296	4 096 511	400 632	483 171	1 577	1 725	1 248	1 265
VIII. Sachsen	2 073	2 461	180	265	2 930 922	3 997 432	181 915	279 979	1 414	1 624	1 011	1 057
IX. Schlesw.-Holstein	842	868	135	231	1 492 653	1 687 531	133 214	230 248	1 773	1 944	987	997
X. Hannover . . .	1 171	1 419	120	204	1 744 273	2 371 624	119 820	207 028	1 490	1 671	999	1 015
XI. Westfalen	1 216	1 388	521	650	1 988 498	2 552 140	595 896	809 144	1 635	1 839	1 144	1 245
XII. Hessen-Nassau . .	1 047	1 222	139	192	1 834 708	2 457 798	172 936	255 358	1 752	2 011	1 244	1 330
XIII. Rheinland . . .	2 915	3 363	1 268	1 564	5 256 108	6 532 215	1 578 581	2 030 773	1 803	1 942	1 245	1 298
XIV. Hohenzollern . .	26	14	2	3	33 857	21 633	2 000	3 250	1 302	1 545	1 000	1 083
c) Regierungsbezirke.												
1. Königsberg	530	545	105	118	725 346	818 028	100 879	120 659	1 369	1 501	961	1 023
2. Gumbinnen	118	202	29	52	157 639	298 548	23 656	48 248	1 336	1 478	816	928
3. Danzig	271	285	107	112	384 771	434 960	111 907	122 025	1 420	1 526	1 046	1 090
4. Marienwerder . .	363	415	21	32	449 453	582 923	17 505	29 080	1 238	1 405	834	909
5. Stadtkreis Berlin	1 814	2 181	850	1 022	4 308 028	5 664 564	1 238 787	1 571 953	2 375	2 597	1 457	1 538
6. Potsdam	864	1 011	95	151	1 241 056	1 650 141	99 507	170 194	1 436	1 632	1 047	1 127
7. Frankfurt	822	940	57	76	1 118 967	1 421 046	52 627	73 966	1 361	1 512	923	973
8. Stettin	589	624	61	114	896 893	1 022 323	65 735	117 984	1 523	1 638	1 078	1 035
9. Köslin	347	391	16	35	502 898	617 690	15 458	32 843	1 449	1 580	966	938
10. Stralsund	180	156	39	41	267 759	245 818	36 200	38 455	1 488	1 576	928	938
11. Posen	662	749	22	41	866 376	1 086 917	26 254	46 007	1 309	1 451	1 193	1 122
12. Bromberg	343	400	9	23	418 195	544 791	8 703	22 115	1 219	1 362	967	962
13. Breslau	973	1 065	215	265	1 643 586	1 985 657	294 646	357 354	1 689	1 864	1 370	1 349
14. Liegnitz	603	669	21	30	895 647	1 085 894	19 982	28 390	1 485	1 623	952	946
15. Oppeln	553	641	85	87	819 063	1 024 960	86 004	97 427	1 481	1 599	1 012	1 120
16. Magdeburg	888	1 127	93	116	1 312 631	1 943 077	94 621	131 573	1 479	1 724	1 017	1 134
17. Merseburg	831	993	52	102	1 137 975	1 521 542	55 278	102 991	1 369	1 532	1 063	1 010
18. Erfurt	354	341	35	47	480 316	532 813	32 016	45 415	1 357	1 563	915	960
19. Schleswig	842	868	135	231	1 492 653	1 687 531	133 214	230 248	1 773	1 944	987	997
20. Hannover	381	455	28	60	567 976	788 365	28 342	65 912	1 491	1 733	1 012	1 099
21. Hildesheim	269	338	21	33	376 403	519 094	18 740	29 920	1 399	1 536	892	907
22. Lüneburg	166	220	20	37	256 528	375 317	20 045	35 505	1 545	1 706	1 002	960
23. Stade	150	166	2	4	215 416	283 008	2 100	4 310	1 436	1 705	1 050	1 078
24. Osnabrück	100	124	43	55	152 968	201 042	44 318	56 536	1 530	1 621	1 031	1 028
25. Aurich	105	116	6	15	174 982	204 798	6 275	14 845	1 666	1 766	1 046	990
26. Münster	152	160	124	147	211 038	252 020	133 175	177 125	1 388	1 575	1 074	1 205
27. Minden	270	314	64	88	410 674	556 124	64 646	96 252	1 521	1 771	1 010	1 094
28. Arnsberg	794	914	333	415	1 366 786	1 744 002	398 075	535 767	1 721	1 908	1 195	1 291
29. Kassel	528	550	54	73	862 795	1 008 924	61 330	85 617	1 634	1 834	1 136	1 173
30. Wiesbaden	519	672	85	119	971 913	1 448 874	111 606	169 741	1 873	2 156	1 313	1 426
31. Koblenz	207	216	71	77	320 169	359 223	77 798	91 270	1 547	1 663	1 096	1 185
32. Düsseldorf	1 916	2 202	607	732	3 542 534	4 375 403	783 620	980 432	1 849	1 987	1 291	1 339
33. Köln	414	528	316	428	765 021	1 047 133	411 086	572 637	1 848	1 983	1 301	1 338
34. Trier	149	154	85	106	237 647	276 877	83 640	116 304	1 595	1 798	984	1 097
35. Aachen	229	263	189	221	390 737	473 579	222 437	270 180	1 706	1 801	1 177	1 222
36. Sigmaringen . . .	26	14	2	3	33 857	21 633	2 000	3 250	1 302	1 545	1 000	1 083

Nach: Das Gesammteinkommen der vollbeschäftigten Lehrkräfte an den öffentlichen Volksschulen, 1886 und 1891.

3. Auf dem Lande.

Staat. — Provinzen. — Regierungsbezirke.	Zahl der Stellen für vollbeschäftigte				Gesammtes Stelleneinkommen, einschl. der persönlichen und Dienstalterszulagen aus Staats- und Gemeindemitteln und einschl. der Werthe für Wohnung und Feuerung, für				Durchschnittliches Gesammteinkommen für			
	Lehrer		Lehrerinnen		Lehrer		Lehrerinnen		Lehrer		Lehrerinnen	
	1886	1891	1886	1891	1886 ℳ	1891 ℳ	1886 ℳ	1891 ℳ	1886 ℳ	1891 ℳ	1886 ℳ	1891 ℳ
1	2	3	4	5	6	7	8	9	10	11	12	13
a) Staat . . .	**39 580**	**42 228**	**2 751**	**3 186**	**44 962 799**	**53 467 550**	**2 682 591**	**3 250 629**	**1 136**	**1 271**	**948**	**1 020**
b) Provinzen.												
I. Ostpreußen . .	3 603	3 805	30	40	3 605 605	4 150 468	20 340	27 713	1 001	1 091	678	693
II. Westpreußen . .	2 299	2 559	28	31	2 259 316	2 748 872	21 401	25 582	983	1 074	764	825
III. Stadtkr. Berlin	—	—	—	—	—	—	—	—	—	—	—	—
IV. Brandenburg .	3 272	3 508	41	71	3 867 500	4 611 320	45 675	80 482	1 182	1 315	1 114	1 134
V. Pommern . .	2 753	2 822	3	9	2 882 208	3 311 606	2 965	8 156	1 047	1 173	988	906
VI. Posen	2 240	2 521	5	22	2 374 841	2 959 883	4 408	20 131	1 060	1 174	882	915
VII. Schlesien	5 705	6 224	125	130	6 344 855	7 734 767	99 279	110 728	1 112	1 243	794	852
VIII. Sachsen	3 331	3 513	40	32	4 010 048	4 609 012	36 519	31 883	1 204	1 312	913	996
IX. Schleswig-Holstein	2 435	2 458	60	107	3 176 869	3 621 817	51 611	96 506	1 305	1 473	860	902
X. Hannover . . .	3 926	4 123	53	72	4 189 200	5 050 289	40 382	63 698	1 067	1 225	762	885
XI. Westfalen . . .	2 526	2 789	685	844	3 206 596	4 038 781	660 787	903 051	1 269	1 448	965	1 070
XII. Hessen-Nassau .	2 498	2 642	92	91	2 657 305	3 384 066	75 859	83 383	1 064	1 281	825	916
XIII. Rheinland . . .	4 833	5 087	1 587	1 735	6 233 918	7 225 475	1 542 111	1 797 897	1 290	1 420	972	1 036
XIV. Hohenzollern . .	159	177	2	2	154 538	221 194	1 248	1 419	972	1 250	624	710
c) Regierungsbezirke.												
1. Königsberg	2 013	2 121	22	32	1 998 206	2 308 366	14 307	21 417	993	1 088	650	669
2. Gumbinnen . . .	1 590	1 684	8	8	1 607 399	1 842 102	6 039	6 296	1 011	1 094	755	787
3. Danzig	865	968	14	16	861 235	1 028 080	11 557	14 394	996	1 062	826	900
4. Marienwerder . .	1 434	1 591	14	15	1 398 081	1 720 792	9 844	11 188	975	1 082	703	746
5. Stadtkreis Berlin	—	—	—	—	—	—	—	—	—	—	—	—
6. Potsdam	1 809	1 974	40	70	2 217 999	2 713 068	44 790	79 452	1 226	1 374	1 120	1 135
7. Frankfurt	1 463	1 534	1	1	1 649 501	1 898 252	885	1 030	1 127	1 237	885	1 030
8. Stettin	1 180	1 226	—	6	1 276 942	1 483 688	—	5 845	1 082	1 210	—	974
9. Köslin	1 177	1 192	1	1	1 192 407	1 359 171	1 255	666	1 013	1 140	1 255	666
10. Stralsund	396	404	2	2	412 859	468 747	1 710	1 645	1 043	1 160	855	823
11. Posen	1 395	1 565	2	16	1 535 705	1 870 761	1 918	14 573	1 101	1 195	959	911
12. Bromberg	845	956	3	6	839 136	1 089 122	2 490	5 558	993	1 139	830	926
13. Breslau	1 984	2 101	58	61	2 210 760	2 684 764	39 526	45 601	1 114	1 278	681	748
14. Liegnitz	1 401	1 469	9	10	1 667 417	1 976 209	7 190	9 403	1 190	1 345	799	940
15. Oppeln	2 320	2 654	58	59	2 466 678	3 073 794	52 563	55 724	1 063	1 158	906	944
16. Magdeburg	1 323	1 369	29	21	1 657 066	1 866 411	26 505	20 968	1 253	1 363	914	998
17. Merseburg	1 444	1 548	11	10	1 725 415	1 999 925	10 014	10 015	1 195	1 292	910	1 002
18. Erfurt	564	596	—	1	627 567	742 676	—	900	1 113	1 246	—	900
19. Schleswig	2 435	2 458	60	107	3 176 869	3 621 817	51 611	96 506	1 305	1 473	860	902
20. Hannover	607	666	1	1	649 377	823 140	760	710	1 070	1 236	760	710
21. Hildesheim	707	740	12	13	756 463	907 860	9 283	11 278	1 070	1 227	774	868
22. Lüneburg	889	911	3	19	932 610	1 114 294	2 325	15 881	1 049	1 223	775	836
23. Stade	830	855	2	5	872 417	1 022 343	2 000	5 170	1 051	1 196	1 000	1 034
24. Osnabrück	482	514	34	32	498 270	606 271	25 464	29 256	1 034	1 180	749	914
25. Aurich	411	437	1	2	480 063	576 381	550	1 403	1 168	1 319	550	702
26. Münster	446	486	234	257	486 847	608 994	213 408	265 045	1 092	1 253	912	1 031
27. Minden	669	731	97	123	799 861	987 619	83 553	117 304	1 196	1 351	861	954
28. Arnsberg	1 411	1 572	354	464	1 919 888	2 442 168	363 826	520 702	1 361	1 554	1 028	1 122
29. Kassel	1 378	1 441	5	7	1 480 319	1 829 952	3 540	6 160	1 074	1 270	708	880
30. Wiesbaden	1 120	1 201	87	84	1 176 986	1 554 114	72 319	77 223	1 051	1 294	831	919
31. Koblenz	1 121	1 183	162	182	1 278 463	1 497 460	145 576	182 142	1 140	1 266	899	1 001
32. Düsseldorf	1 140	1 276	487	523	1 789 421	2 153 275	540 729	617 114	1 570	1 688	1 110	1 180
33. Köln	753	722	341	317	943 195	1 010 932	324 605	328 244	1 253	1 400	952	1 035
34. Trier	1 081	1 155	449	535	1 335 035	1 583 235	398 435	501 927	1 235	1 371	887	938
35. Aachen	738	751	148	178	887 801	980 573	132 766	168 470	1 203	1 306	897	946
36. Sigmaringen . . .	159	177	2	2	154 538	221 194	1 248	1 419	972	1 250	624	710

Ein beträchtlicher Theil der Kosten, um oben wieder anzuknüpfen, welcher eine so erfreuliche Verbesserung des gesammten Lehrereinkommens nach sich gezogen hat, ist nach Lage der in Preußen bestehenden gesetzlichen Bestimmungen, wie wir gesehen haben, von den Gemeinden und sonstigen zur Schulunterhaltung Verpflichteten getragen worden. Aber auch der Staat ist, abgesehen von den ihm obliegenden rechtlichen Verpflichtungen und von den Leistungen des fiskalischen Patronates, nach und nach in umfassendem Maße aushülfeweise eingetreten. Die entscheidenden Schritte fallen aber, wie wir schon gesehen haben, ebenfalls erst in die neueste Zeit, theilweise in die letzten Jahre.

Ein Punkt bedarf noch einer besonderen Erörterung. In der Statistik für das Jahr 1891 wird nachgewiesen, daß an öffentlichen Volksschulen allerdings noch 295 vollbeschäftigte Lehrkräfte, nämlich 142 Lehrer und 153 Lehrerinnen, ein baares Stelleneinkommen von unter 450 ℳ beziehen. Das Gesammteinkommen der betreffenden Lehrkräfte ist selbstverständlich höher. Um jene Zahlenangabe vor mißverständlicher Auslegung zu sichern, mögen hierunter Erläuterungen für eine Anzahl von Fällen geringen Stelleneinkommens folgen.

In der Zahl derselben sind z. B. auch solche Stelleninhaber mit aufgenommen worden, welche im Hauptamte Geistliche sind und ihre aus der Schulthätigkeit bezogenen Gehaltsbeträge lediglich als Remuneration erhalten. Thatsächlich müssen sie ausgeschieden werden. Auch können hier die Einkommensverhältnisse unbesetzter oder von einer anderen Lehrkraft mitverwalteter Schulstellen nicht berücksichtigt werden, deren ordnungsmäßige Wiederbesetzung, wie es z. B. in Baumgarten, Kreis Rastenburg, oder in Schönwalde, Kreis Neiße, der Fall ist, durch stetige Abnahme der Schülerzahl seither unnöthig wurde. Gleicherweise sind unter den 66 gering besoldeten Hülfslehrer-Stellen, von denen übrigens diejenigen zu Gaffe, Kreis Hadersleben, Süderstapel, Kreis Schleswig, und Sarzbüttel, Kreis Süderdithmarschen, seit Oktober 1891 in ordentliche Lehrerstellen mit 900 bezw. 950 ℳ neben freier Wohnung und Feuerung umgewandelt sind, als ordnungsmäßig besetzte und demgemäß zu dotierende Stellen jene nicht anzusehen, welche von Präparanden, Seminaristen und anderen nicht geprüften Lehrpersonen zurzeit verwaltet werden, da deren gesetzliche Ansprüche erst nach Ablegung der Prüfung bezw. mit ihrer definitiven Anstellung beginnen.

Schließlich umfaßt die Zahl von 153 weiblichen Lehrkräften mit der angebenen geringen Besoldung 113 Handarbeitslehrerinnen, welche zwar als vollbeschäftigte überall bezeichnet und bei dem gesammten Handarbeitsunterricht einer Schule auch durchgehends verwendet werden, jedoch nach ihrer bedeutend geringeren wöchentlichen Stundenzahl in dem Maße der sonstigen vollbeschäftigten Lehrerinnen einen Anspruch auf Besoldung nicht erheben können.

Indessen sind auch bei dem Mangel gesetzlicher Berechtigungen und Verbindlichkeiten die Gehaltsverhältnisse vorgenannter Lehrkräfte nur dem Anscheine nach unauskömmlich. Erstens nämlich erhöht sich das „baare Einkommen“ um die für Wohnung und Feuerung anzusetzenden Beträge, da diese, meistens in natura gewährt, nur in seltenen Fällen nach einem bestimmten Geldbetrage oder Prozentsatze des Gesammteinkommens festgesetzt und demnach zu dem baaren Gehalt nicht gezogen werden. Sodann treten zu dem reinen Stelleneinkommen noch in verhältnißmäßig zahlreichen Fällen persönliche und Dienstalterszulagen aus Staats- und Gemeindemitteln hinzu, welche zwar, soweit es sich um Dienstalterszulagen aus Staatsmitteln handelt, gleichfalls zu dem pensionsfähigen Einkommen, jedoch zu dem sogenannten Stelleneinkommen nicht gehören.

Unter Hinzurechnung dieser Bezüge sowie der Werthe für Wohnung und Feuerung gestalten sich nun die Gehaltsverhältnisse von 76 ordentlichen Lehrern, deren Stelleneinkommen auf weniger als 450 ℳ angegeben war, thatsächlich derart, daß das wirkliche Einkommen bei 40 900 bis 1 200 ℳ, bei 5 bis 1 500 ℳ, bei 3 bis 2 000 ℳ, bei einer über 2 000 ℳ, bei den übrigen 26 nicht unter 600 ℳ beträgt und nur in einem Falle, dem des 20jährigen, unverheiratheten zweiten Lehrers in Gr. Buckow, Kreis Spremberg, auf 507 ℳ angegeben ist, wo indessen freie Wohnung und Feuerung nur mit 81 ℳ berechnet und der Staatsbeitrag von 200 ℳ erst seit 1. Oktober 1891 zu verzeichnen war.

Von den 66 gering besoldeten vollbeschäftigten Hülfslehrern, welche sich, wie angedeutet, in eigentliche Lehrer und kommissarische Verwalter scheiden, sind die ungeprüften Schulaspiranten in ihren Gesammtbezügen verhältnißmäßig am günstigsten gestellt. So amtiren in Schleswig, wo die unter Leitung eines erprobten Lehrers solchergestalt gewonnene Vorbildung derjenigen einer Präparandenanstalt oder eines Seminars seit alters nebenhergeht, als „vollbeschäftigte Hülfslehrer“ 53 ungeprüfte junge Leute, welche außer 300 bis 400 ℳ — in Silberstedt, Kreis Schleswig, und Westerende, Kreis Tondern, sowie zu Sarlhusen im Kreise Steinburg sogar neben 500 bezw. 550 ℳ — Baargehalt nicht nur, wie in den Erhebungspapieren angegeben, freie Wohnung und Feuerung, sondern thatsächlich bei den ersten Lehrern, die von den Gemeinden dafür entschädigt werden, vollständig freie Station beziehen.

Während nun unter den dieser Gehaltsstufe verbleibenden Hülfslehrerstellen[1]) anderer Landestheile 2 von ordentlichen Lehrern mit den ersten Stellen zusammen, eine andere in nebenamtlicher Thätigkeit seitens eines Theologen verwaltet wird, tritt eine thatkräftige Fürsorge — soweit sie überhaupt in den möglichen Grenzen gedacht wird — auch bei den ärmsten Gemeinden in der Dotation ihrer Schulen und deren ungeprüften Verwesern klar zu Tage.

So gewährt die an anderer Stelle bereits erwähnte Gemeinde Rothflössel im Kreise Habelschwerdt, die schon seit Jahren zum Bau eines Schulhauses und Gehalt eines ordentlichen Lehrers einen Fonds sammelt, ihrem „Stückmann" und Gemeindevorsteher, dem sie den Unterricht der 25 Ortskinder in 18 Stunden wöchentlich übertragen hat, ein Baargehalt von 240 ℳ, Landnutzung im Werthe von 60 ℳ und ein Holzdeputat von 6,00 cbm. In Plümenhagen, Kreis Köslin, wo weder die Bildung eines Schulsystems, noch eine anderweite Einschulung bisher angängig war, bezieht der seminaristisch nicht vorgebildete Schulhalter, welcher die 23 dortigen Kinder in einem gemietheten Zimmer unterrichtet, von der Gemeinde 440 ℳ baar und eine mit 47 ℳ abgeschätzte Ackerpacht. Für den nicht geprüften Schulamtsbewerber, der in Köllig, Kreis Saarburg, lange Jahre eine geringe Schülerzahl, gegenwärtig 18 Kinder, zu unterrichten hatte, konnte die Schulgemeinde neben Wohnungsgeld allerdings nur 300 ℳ aufbringen. Nachdem derselbe indessen unlängst die Lehrerprüfung bestanden, ist der Staat in der Lage gewesen, sein Gehalt neben Miethsentschädigung auf 900 ℳ zu erhöhen.[2])

Mit Einschluß der Wohnungs- und Feuerungswerthe sowie der staatlichen und Gemeindezulagen steigt nun auch bei den weiblichen Lehrkräften unserer Skala das Einkommen in der Weise, daß 27 jener 39 ordentlichen Lehrerinnen 700—900 ℳ, 8 andere 900—1200 ℳ Gehalt beziehen, von den Stellen der übrigen aber eine mit 600 ℳ dotirt, die letzte[3]) mit 540 ℳ neben freier Wohnung und Feuerung regierungsseitig vorgesehen ist, während für die gering besoldeten zwei Hülfslehrerinnen die eine Stelle im ganzen 800 ℳ, die andere allerdings nur 540 ℳ[4]) gewährte, wo freilich nicht weniger als 56 Proz. des Gehaltes von der Inhaberin auf Wohnung und Feuerung verrechnet waren.

Gilt endlich auch, wie bemerkt, für die Ansprüche der Handarbeitslehrerinnen die in kürzerer wöchentlicher Dienstzeit liegende Beschränkung, so beziehen doch mit Einschluß aller Emolumente von diesen Lehrpersonen immerhin 23 ein Gesammteinkommen von 450—500 ℳ, 57 von 500—700 ℳ, 19 über 700 ℳ, 6 über 800 ℳ und 2 über 900 ℳ.

Infolge jener Zuflüsse ist das oft niedrig erscheinende Stelleneinkommen bezw. das in der Vokation zugesicherte Einkommen mit dem wirklichen vielfach so wenig übereinstimmend, daß beispielsweise die Gesammtbezüge des ordentlichen Lehrers in Sachsenhausen, Kreis Ziegenhain, dessen Stelleneinkommen mit 279 ℳ erscheint, nach dem Besoldungsplane der Regierung 1 090 ℳ, in Wirklichkeit aber 1 521 ℳ, bei der ordentlichen Lehrerstelle zu Ober Schönau, Kreis Schmalkalden, deren baares Einkommen mit 408 ℳ ausgezeichnet ist, nach der Vokation 1 110 ℳ, thatsächlich aber 1 499 ℳ, bei dem ordentlichen Lehrer zu Salzburg im Kreise Westerburg 732 ℳ betragen.

Mit welchen Schwierigkeiten überhaupt die Prüfungsbehörden solcher Erhebungen immer noch zu kämpfen haben, ergiebt besonders die Festsetzung der Zulagen und der Beträge für Wohnung und Feuerung. So hatte an einer Schule im Kreise Marienwerder der Rektor 990 ℳ, ein ordentlicher Lehrer 610 ℳ auf „persönliche und Dienstalters-Zulagen aus Staatsmitteln", somit der erste von 2 100 ℳ Gehalt nur 430 ℳ, der zweite von 1 650 ℳ nur 250 ℳ auf „baares Stelleneinkommen" vertheilt. Wie indessen die Regierung aus ihren Akten ersieht, sind im ersten Falle 500 ℳ, im zweiten 300 ℳ als gesetzlicher Staatsbeitrag, 490 bezw. 310 ℳ hingegen als staatlicher Bedürfnißzuschuß zu verzeichnen. Ebenso sind in Ricklingen, Kreis Linden, und zu Leist im Kreise Greifswald die den Gemeinden nach dem Gesetz vom 14. Juni 1888 / 31. März 1889 zu ihren Lehrerdotationen überwiesenen Staatsbeiträge irrthümlich als staatliche Zulagen geführt, wodurch das baare Stelleneinkommen nicht unerheblich niedriger erscheint.

Eine scheinbare Herabminderung des Stelleneinkommens ist nun auch vielfach durch überhohe Verrechnung der Wohnungs- und Feuerungswerthe verursacht worden. So haben von 900 ℳ Gesammteinkommen

[1]) Eine mit 582 ℳ Gesammteinkommen ausgezeichnete Stelle war am Stichtermin unbesetzt; die übrigen sind, wie oben bemerkt, seither in ordentliche umgewandelt worden.

[2]) Die jener Hülfslehrerklasse verbleibende Nothschule zu Golenzin, Kreis Posen (Ost), wird seit Oktober 1885 von dem damals mit 600 ℳ pensionirten Lehrer geleitet, welcher dafür 400 ℳ (nunmehr 600 ℳ) von der Gemeinde Entschädigung erhält.

[3]) Zwei Stellen sind unbesetzt.

[4]) seither auf 700 ℳ erhöht.

5 ordentliche Lehrer in Bromberg 550 ℳ, 9 in Köslin und 3 in Nordhausen 480 ℳ, einer in Eberswalde, Kreis Oberbarnim, 500 ℳ, die ordentlichen Lehrkräfte zu Strausberg, desselben Kreises, zu Potsdam, Stolp und Eisleben im Mansfelder Seekreise 50 Proz. ihres Gehaltes auf Wohnung und Feuerung verrechnet. Mit Recht fragt deshalb die Regierung zu Köslin, wie man bei einer solchen Disposition den anderen Lebensbedürfnissen Rechnung tragen solle. Wenn aber auf der anderen Seite die Regierung zu Wiesbaden, deren Lehrkräfte 150 bis 475 ℳ als Wohnungs- und Feuerungswerthe angegeben hatten, ihrerseits für diese Beträge durchweg 25 + 25 ℳ ansetzt, so scheint dieses den wirklichen Verhältnissen doch zu wenig zu entsprechen; denn dafür dürfte z. B. die Lehrerin in Bockenheim bei Frankfurt a. M. kaum eine Dachkammer miethen können.

Es würde sich also, da dergestalt eine große Ungleichheit in der Berechnung herrscht und der willkürliche Ansatz jener Werthe das baare Stelleneinkommen oft unverhältnißmäßig herabgedrückt hat, demnächst empfehlen, für diese Beträge einen den provinziellen Verhältnissen angemessenen Prozentsatz des Gesammteinkommens festzusetzen.

Unter Berücksichtigung dieser Ausführungen erhöht sich das Einkommen der oben verzeichneten mit weniger als 450 ℳ dotirten Stellen für vollbeschäftigte Lehrkräfte in den meisten Fällen um einen namhaften Betrag, und es dürfte somit, wenn man von den Handarbeits-Lehrerinnen absieht, kaum noch eine ordnungsmäßig besetzte und im Hauptamte verwaltete Stelle mit 450 ℳ und weniger Einkommen vorhanden sein.

Die weiter in Betracht kommenden Aufwendungen für nicht vollbeschäftigte Hülfslehrer und Hülfslehrerinnen, welche letzteren in den eigentlichen Volksschulen ganz überwiegend Handarbeits- oder Industrielehrerinnen sind, betrug

	im Jahre 1886		im Jahre 1891	
	überhaupt	durchschnittlich für eine Hülfslehrkraft	überhaupt	durchschnittlich für eine Hülfslehrkraft
	ℳ	ℳ	ℳ	ℳ
a) im Staate	**2 522 629**	**71**	**2 886 329**	**69**
davon: in den Städten	1 182 424	198	1 308 322	173
auf dem Lande	1 340 205	45	1 578 007	46
b) in den Provinzen:				
Ostpreußen	111 083	45	118 711	39
Westpreußen	134 749	60	173 958	61
Stadtkreis Berlin	387 252	518	449 520	401
Brandenburg	162 766	59	161 404	58
Pommern	128 659	54	119 556	48
Posen	129 246	50	180 773	58
Schlesien	342 511	77	477 819	96
Sachsen	241 371	84	300 857	100
Schleswig-Holstein	167 047	86	141 706	73
Hannover	207 686	60	203 554	60
Westfalen	129 329	51	139 855	50
Hessen-Nassau	163 806	72	134 210	55
Rheinland	213 025	40	279 998	37
Hohenzollern	3 949	34	4 408	36.

Damit sind die persönlichen Kosten der öffentlichen Volksschulen jedoch noch nicht erschöpft; hinzu treten noch die oben bereits erwähnten Aufwendungen für die Ruhegehalte der pensionirten Lehrer und die Leistungen für Versorgung der Lehrerwittwen und -Waisen.

Für die in den Ruhestand tretenden Lehrer wurde, bis die gesetzliche Ordnung der Angelegenheit durch das Gesetz vom 6 Juli 1885 erreicht war, namentlich in den älteren Landestheilen, nur auf dem Verwaltungswege gesorgt. In den Provinzen nämlich, wo nicht, wie in Ost- und Westpreußen, Schleswig-Holstein, Hannover, Hessen-Nassau und in den Hohenzollernschen Landen durch Provinzialgesetze bestimmte Wege gewiesen wurden, verfügten die Regierungen auf Grund der Vorschrift des § 18 der Geschäftsinstruktion vom 23. Oktober 1817, nach welcher ihnen die Aufsicht und Verwaltung der Elementarschulen zusteht, die Versetzung in den Ruhestand und stellten die Ruhegehalte fest. Im Anschlusse an die Bestimmungen des § 28 Titel 12 Theil II und § 529 Titel 11 Theil II des Allgemeinen Landrechtes wurde dabei angenommen, daß den in den Ruhestand tretenden Lehrern der dritte Theil ihres Einkommens zu gewähren sei. Wo die verbleibenden zwei Drittel zum Unterhalte des Nachfolgers alsdann nicht ausreichten, wurde demselben eine Beihülfe aus Staatsfonds gewährt, deren Höhe im einzelnen Falle nach dem obwaltenden Bedürfnisse bemessen wurde. Durch das am 1. April 1886 in Kraft getretene Gesetz ist bestimmt, daß die Pensionirung der Lehrer und Lehrerinnen an den öffentlichen Volksschulen im Allgemeinen nach den für die Pensionirung der unmittelbaren Staatsbeamten geltenden Bestimmungen erfolgt.

Wie bei der Erhöhung der Gehalte, so ist auch bei derjenigen der Ruhegehalte der große Fortschritt des letzten Jahrzehntes nur durch erhebliche Staatszuschüsse ermöglicht worden. Auch hier ist in früheren Jahren ein sehr langsamer, in neuerer Zeit ein rascher Fortschritt zu beobachten.

Der Staatshaushalts-Etat weist nach an Zuschüssen für pensionirte Lehrer:

im Jahre	1867	24 000 ℳ
„ „	1868	25 900 „
„ „	1869	30 000 „
„ „	1872	39 000 „
„ „	1873	240 000 „
„ „	1874	270 000 „
„ „	1877/78	300 000 „
„ „	1879/80	331 000 „
„ „	1880/81	631 000 „
„ „	1882/83	700 000 „
im Jahre	1883/84	700 000 ℳ
„ „	1884/85	700 000 „
„ „	1885/86	860 000 „
„ „	1886/87	1 800 000 „
„ „	1887/88	2 300 000 „
„ „	1888/89	2 870 000 „
„ „	1889/90	3 600 000 „
„ „	1890/91	3 700 000 „
„ „	1891/92	3 700 000 „
„ „	1892/93	3 700 000 „

Außerdem wurden im Jahre 1886/87 noch 850 000 ℳ, für jedes weitere Jahr 808 000 ℳ Unterstützungen an Lehrer und Lehrerinnen des Ruhestandes aus Staatsmitteln gezahlt.

Die Zahl der pensionirten Lehrer und Lehrerinnen betrug 1886: 4 211, 1891: 6 091, welche insgesammt ein Ruhegehalt von 2 869 154 ℳ bezw. 5 969 185 ℳ oder im Durchschnitt 681 ℳ bezw. 980 ℳ bezogen. Die Art des Aufkommens der Ruhegehalte und deren durchschnittlichen Betrag veranschaulicht die folgende Tabelle provinzweise.

Die Pensionen der Lehrer und Lehrerinnen an den öffentlichen Volksschulen, 1891.

Staat. — Stadt und Land. — Provinzen.	Gesammtbetrag der Pensionen			Von den Pensionen wurden beschafft							Zahl der pensionirten			
				aus Staatsmitteln		durch Abgabe des Dienstnachfolgers			durch Leistungen der Gemeinden und sonstigen Verpflichteten		Lehrer		Lehrerinnen	
	überhaupt ℳ	für Lehrer ℳ	für Lehrerinnen ℳ	überhaupt ℳ	Prozent des Gesammtbetrages	Betrag ℳ	für Pensionäre	Prozent des Gesammtbetrages	überhaupt ℳ	Prozent des Gesammtbetrages	überhaupt	davon nach dem 1. April 1886 pensionirt	überhaupt	davon nach dem 1. April 1886 pensionirt
1	2	3	4	5	6	7	8	9	10	11	12	13	14	15
a) Staat	**5 969 185**	**5 734 478**	**234 707**	**3 512 457**	**58,84**	**310 426**	**1287**	**5,20**	**3 146 302**	**35,96**	**5691**	**4064**	**400**	**214**
Davon:														
in den Städten	1 817 946	1 655 147	162 799	828 877	45,60	34 235	102	1,88	954 834	52,52	1239	834	269	144
auf dem Lande	4 151 239	4 079 331	71 908	2 683 580	64,65	276 191	1185	6,65	1 191 468	28,70	4452	3230	131	70
b) Provinzen.														
1. Ostpreußen	418 320	414 958	3 362	280 927	67,16	20 458	85	4,90	116 935	27,94	466	349	11	5
2. Westpreußen	307 830	299 288	8 542	211 486	68,70	5 458	32	1,77	90 886	29,53	348	264	18	9
3. Stadtkr. Berlin	120 298	100 402	19 896	48 009	39,91	—	—	—	72 289	60,09	57	31	26	15
4. Brandenburg	590 334	587 061	3 273	352 616	59,78	51 290	206	8,68	186 428	31,58	598	416	11	7
5. Pommern	485 733	480 404	5 329	314 459	64,74	23 518	147	4,84	147 756	30,42	521	381	10	6
6. Posen	349 214	349 214	—	223 779	64,09	9 531	20	2,73	115 904	33,18	389	324	—	—
7. Schlesien	766 613	756 168	10 445	408 970	53,35	56 914	272	7,42	300 729	39,23	598	529	37	16
8. Sachsen	595 503	591 480	4 023	314 482	52,81	83 104	269	13,95	197 917	33,24	534	384	8	7
9. Schleswig-Holst.	479 000	477 269	1 731	266 872	55,71	9 451	38	1,98	202 677	42,31	461	290	7	3
10. Hannover	466 278	458 969	7 309	297 037	63,70	38 724	187	8,30	130 517	28,00	503	351	16	15
11. Westfalen	285 717	255 423	30 294	166 815	58,39	7 787	19	2,73	111 115	38,88	238	159	53	24
12. Hessen-Nassau	246 890	234 771	12 119	135 534	54,90	540	3	0,22	110 816	44,88	197	114	18	10
13. Rheinland	846 307	717 923	128 384	483 744	57,16	3 651	9	0,43	358 912	42,41	670	464	185	97
14. Hohenzollern	11 148	11 148	—	7 727	69,31	—	—	—	3 421	30,69	11	8	—	—

Aus umstehender Übersicht und aus den gleichartigen Nachrichten für 1886 geht u. A. hervor, daß im Jahre 1886: 55,16 Prozent, im Jahre 1891 aber 64,86 Prozent der gesammten Ruhegehalte durch Staatszuschüsse und durch den Dienstnachfolger, der Rest von 44,84 bezw. 35,14 Prozent aber durch Gemeinde- u. s. w. Leistungen aufgebracht wurde. Gerade in dieser Hinsicht bestanden aber beträchtliche Unterschiede zwischen Stadt und Land. In den Städten lag die Fürsorge für die in den Ruhestand getretenen Lehrer vorwiegend den Gemeinden bezw. Schulsozietäten ob. Auf dem Lande dagegen wurde zwar auch der Amtsnachfolger zur Beschaffung der Ruhegehalte umfänglicher herangezogen, die größere Bedeutung hatten aber die Staatsleistungen.

Ein weiteres, auch finanziell interessantes Ergebniß dieser Tabelle ist, daß durchschnittlich im ganzen Staate auf jeden pensionirten Lehrer 11, in den Städten 17, auf dem Lande 9 Stellen für vollbeschäftigte Lehrer kommen.

Die Versorgung der Lehrerwittwen und -Waisen endlich ist durch Gesetz[1]) vom 22. Dezember 1869, betreffend die Erweiterung, Umwandlung und Neueinrichtung von Wittwen- und Waisenkassen für Elementarlehrer, und die Novelle zu demselben vom 24. Februar 1881 gesetzlich geregelt. Eine ausführliche Darstellung hierüber und eine nähere Mittheilung der bezüglichen Gesetze und Ausführungsbestimmungen findet sich a. a. O. Band I, S. 913 bis 963. Die auf Grund der gesetzlichen Bestimmungen von den Schulunterhaltungspflichtigen für jede Stelle zu entrichtenden Beiträge haben im Jahre 1886 betragen:

	überhaupt	durchschnittlich für jede Lehrerstelle
	ℳ	ℳ
im Staate	779 059	13,48
davon:		
in den Städten	266 345	14,36
auf dem Lande	512 714	12,95
in den Provinzen:		
Ostpreußen	50 567	11,90
Westpreußen	35 361	12,08
Stadtkreis Berlin	36	0,03
Brandenburg	59 363	11,87
Pommern	45 756	11,48
Posen	39 043	12,03
Schlesien	85 339	10,60
Sachsen	64 987	12,63
Schleswig-Holstein	58 718	17,93
Hannover	61 528	12,87
Westfalen	48 731	13,09
Hessen-Nassau	133 538	37,67
Rheinland	93 854	12,11
Hohenzollern	2 238	12,10.

Die Staatsausgaben für die Wittwen und Waisen der Volksschullehrer bestehen aus Zuschüssen zu den Wittwen- und Waisenkassen und aus besonderen Zuwendungen an einzelne Hinterbliebene. Die ersteren beliefen sich seit Erlaß der Novelle vom 24. Februar 1881 auf 250 000 ℳ jährlich. Durch den Staatshaushalts-Etat für das Jahr 1889/90 sind sie auf 1 280 000 ℳ erhöht. Durch das Gesetz vom 19. Juni 1889 sind inzwischen die Lehrer von den Beiträgen befreit worden, welche sie zu den Wittwen- und Waisenkassen zu leisten hatten. Behufs Bewilligung einzelner fortlaufender oder einmaliger Unterstützungen an Wittwen und Waisen von Elementarlehrern standen bis 1888 jährlich 70 000 ℳ zur Verfügung. Der Staatshaushalts-Etat für 1889/90 hat den Betrag auf 200 000 ℳ erhöht. Außerdem werden jetzt auf Grund des Gesetzes vom 27. Juni 1890, betreffend die Fürsorge für die Waisen der Lehrer an öffentlichen Volksschulen, für diesen Zweck jährlich 300 000 ℳ aus Staatsmitteln zur Verfügung gestellt.

Fassen wir nunmehr die im Vorstehenden nachgewiesenen Einzelbeträge der persönlichen Schulunterhaltungskosten zusammen, so ergiebt sich folgende Gesammtsumme für dieselben:

[1]) Die Motive zu diesem Gesetze enthalten in den Anlagen reiches statistisches Material über die damals bestehenden Wittwen- rc. Kassen.

	im Jahre 1886 in den Städten	im Jahre 1886 auf dem Lande	im Jahre 1886 zusammen	im Jahre 1891 in den Städten	im Jahre 1891 auf dem Lande	im Jahre 1891 zusammen
	ℳ	ℳ	ℳ	ℳ	ℳ	ℳ
Gesammtes Stelleneinkommen	28 112 628	37 322 824	65 435 452	33 706 196	40 718 980	74 425 176
Persönliche und Dienstalterszulagen	553 503	2 934 084	3 487 587	2 094 805	7 341 005	9 435 810
Aufwendungen für nicht vollbeschäftigte Hülfslehrkräfte, Adjuvanten ꝛc. und Handarbeitslehrerinnen	1 182 424	1 340 205	2 522 629	1 308 322	1 578 007	2 886 329
Ruhegehalte für pensionirte Lehrer und Lehrerinnen	1 100 068	1 709 086	2 809 154	1 817 946	4 151 239	5 969 185
Leistungen für Lehrerwittwen und -Waisen	266 345	512 714	779 059	.	.	.
überhaupt	**31 214 968**	**43 878 913**	**75 093 881**	**38 927 289**	**53 789 231**	**92 716 500.**

Die gesammten persönlichen Kosten der öffentlichen Volksschulen wurden in folgender Weise aufgebracht:

a) in den Städten:	im Jahre 1886 ℳ		Proz.	im Jahre 1891 ℳ		Proz.
durch Aufkünfte aus dem Schulvermögen	855 690	=	2,74	504 005	=	1,29
„ Schulgeld	4 790 495	=	15,35	1 033 171	=	2,65
„ Leistungen der Gemeinden und sonstigen Verpflichteten	23 172 670	=	74,24	25 600 683	=	65,77
„ Aufwendungen aus Staatsmitteln	2 381 905	=	7,63	11 695 175	=	30,04
„ Abgaben des Dienstnachfolgers an Pensionäre	14 208	=	0,04	34 235	=	0,09
überhaupt	**31 214 968**	=	**100**	**38 927 289**	=	**100;**

b) auf dem Lande:	ℳ		Proz.	ℳ		Proz.
durch Aufkünfte aus dem Schulvermögen	6 266 162	=	14,28	5 980 390	=	11,12
„ Schulgeld	6 135 590	=	13,98	345 812	=	0,64
„ Leistungen der Gemeinden und sonstigen Verpflichteten	20 778 803	=	47,36	15 178 415	=	28,22
„ Aufwendungen aus Staatsmitteln	10 561 303	=	24,07	32 008 423	=	59,51
„ Abgaben des Dienstnachfolgers an Pensionäre	137 055	=	0,31	276 191	=	0,51
überhaupt	**43 878 913**	=	**100**	**53 789 231**	=	**100;**

c) in den Städten und auf dem Lande zusammen:	ℳ		Proz.	ℳ		Proz.
durch Aufkünfte aus dem Schulvermögen	7 121 852	=	9,48	6 544 395	=	7,06
„ Schulgeld	10 926 085	=	14,55	1 378 983	=	1,49
„ Leistungen der Gemeinden und sonstigen Verpflichteten	43 951 473	=	58,53	40 779 098	=	43,98
„ Aufwendungen aus Staatsmitteln	12 943 208	=	17,24	43 703 598	=	47,14
„ Abgaben des Dienstnachfolgers an Pensionäre	151 263	=	0,20	310 426	=	0,33
überhaupt	**75 093 881**	=	**100**	**92 716 500**	=	**100.**

Es stellten sich demnach die gesammten persönlichen Kosten, ohne die Beträge für freie Wohnung und Feuerung, im Jahre 1886 für 64 750 vollbeschäftigte Lehrer und Lehrerinnen und für 1 385 nicht vollbeschäftigte Hülfslehrkräfte, Adjuvanten ꝛc., sowie für 34 270 nicht vollbeschäftigte Handarbeitslehrerinnen, auf 75 093 881 ℳ, im Jahre 1891 für 71 731 vollbeschäftigte Lehrkräfte, 4 483 nicht vollbeschäftigte Hülfslehrkräfte, Adjuvanten ꝛc. und für 37 129 nicht vollbeschäftigte Handarbeitslehrerinnen auf 92 716 500 ℳ. Lassen wir die Hülfslehrkräfte, Adjuvanten und Handarbeitslehrerinnen, weil sie nur eine ergänzende Thätigkeit üben, außer Ansatz, so kostete eine vollbeschäftigte Lehrkraft 1886 durchschnittlich 1 136 ℳ, 1891 durchschnittlich 1 252 ℳ jährlich.

Allerdings wird man diesen Satz, wenn man recht genau sein will, noch um einen kleinen Betrag erhöhen müssen, da es noch einzelne Leistungen für die Schule und ihre Lehrer giebt, welche in diese Statistik nicht aufgenommen werden konnten. Wir erinnern an die Verwaltungskosten, die Schreibegebühren, einzelne Aufwendungen für Vertretung und Unterstützung erkrankter Lehrer, manche Leistungen bei Einholung und Einführung von Lehrern ꝛc.; die Ausgaben hierfür werden je nach der Buchung der betreffenden Beträge in den Gemeindeberechnungen bei der vorliegenden Erhebung zum Theil nicht berücksichtigt worden sein. — Selbst bei den Aufwendungen aus Staatsfonds sind die auf die Volksschulen entfallenden Beträge keineswegs genau zu beziffern: eine ganze Reihe z. B. von antheiligen Kosten der Unterrichts- und allgemeinen Verwaltung läßt sich wohl nicht einmal annähernd angeben. Schon diejenigen Etatstitel, welche unmittelbar für Volksschulzwecke bestimmt sind, erhöhen den oben angegebenen staatlichen Aufwand für persönliche Kosten der öffentlichen Volksschulen, wie z. B. die Kosten für Schulaufsichtszwecke, die Besoldungen der Regierungs- und Schulräthe u. s. w.

Soweit wir es hier mit den unmittelbaren Kosten der öffentlichen Volksschulen zu thun haben, kann jedoch dem Ganzen derselben gegenüber der Betrag der unserer Statistik entgangenen persönlichen Ausgaben für öffentliche Volksschulen nicht in Betracht kommen.

Zur Vervollständigung des bis hierher gegebenen Zahlenbildes folgt nun noch eine Nachweisung über das Verhältniß der persönlichen Schulunterhaltungskosten zu der Zahl der Schulklassen und der Schulkinder.

Verhältniß der persönlichen Unterhaltungskosten der öffentlichen Volksschulen zur Zahl der Schulklassen und der Schulkinder, 1886 und 1891.

Staat. — Stadt und Land. — Provinzen.	Es entfielen auf je 1 Schulklasse									Es entfielen auf je 1 Schulkind								
	von den Gesammtaufwendungen für vollbeschäftigte Lehrkräfte ℳ		von den Aufwendungen für nicht vollbeschäftigte Hülfslehrkräfte ℳ		von dem Gesammtbetrage der Ruhegehalte ℳ		von den Leistungen für Lehrerwittwen und Waisen¹) ℳ	zusammen ℳ		von den Gesammtaufwendungen für vollbeschäftigte Lehrkräfte ℳ		von den Aufwendungen für nicht vollbeschäftigte Hülfslehrkräfte ℳ		von dem Gesammtbetrage der Ruhegehalte ℳ		von den Leistungen für Lehrerwittwen und Waisen¹) ℳ	zusammen ℳ	
	1886	1891	1886	1891	1886	1891	1886	1886	1891	1886	1891	1886	1891	1886	1891	1886	1886	1891
1	2	3	4	5	6	7	8	9	10	11	12	13	14	15	16	17	18	19
a) Staat . . .	**919**	**1017**	**35**	**55**	**38**	**72**	**10**	**1002**	**1124**	**14,96**	**17,19**	**0,55**	**0,64**	**0,56**	**1,31**	**0,14**	**15,38**	**18,91**
Davon:																		
in den Städten	1228	1345	51	49	47	68	11	1337	1462	19,01	22,38	0,79	0,81	0,18	1,12	0,18	20,37	24,13
auf dem Lande	781	862	26	28	34	74	10	851	964	12,11	14,84	0,40	0,48	0,53	1,24	0,16	13,20	16,38
b) Provinzen.																		
1. Ostpreußen . . .	807	925	24	24	32	84	11	874	1033	12,00	15,00	0,34	0,39	0,48	1,34	0,18	12,96	16,75
2. Westpreußen . . .	760	800	39	43	42	77	10	851	920	10,97	13,84	0,56	0,72	0,60	1,80	0,18	12,18	15,39
3. Stadtkreis Berlin	1637	1806	142	140	35	38	...	1814	1984	29,58	32,97	2,56	2,56	0,65	0,66	—	32,11	36,91
4. Brandenburg . .	844	938	26	23	43	84	9	922	1045	14,33	17,11	0,44	0,49	0,73	1,34	0,14	15,66	19,07
5. Pommern	891	943	30	26	46	104	10	977	1073	15,90	17,84	0,50	0,48	0,75	1,92	0,17	16,08	19,56
6. Posen	700	732	31	36	24	69	9	764	837	9,49	12,01	0,43	0,39	0,32	1,16	0,13	10,36	13,60
7. Schlesien	730	837	30	39	27	62	7	794	938	11,48	14,69	0,48	0,66	0,48	1,08	0,14	12,71	16,46
8. Sachsen	944	1059	38	42	43	84	10	1035	1185	14,97	17,48	0,35	0,33	0,68	1,40	0,16	16,40	19,19
9. Schleswig-Holst. .	1141	1290	47	39	63	131	17	1268	1460	20,01	23,45	0,63	0,70	1,10	2,37	0,26	22,23	26,52
10. Hannover	866	975	35	31	40	71	10	951	1077	14,09	17,01	0,36	0,34	0,63	1,44	0,27	15,40	18,79
11. Westfalen	967	1080	22	21	30	44	9	1028	1145	13,09	15,88	0,31	0,31	0,41	0,62	0,17	13,93	16,62
12. Hessen-Nassau . .	869	998	36	27	44	49	29	978	1074	14,36	18,47	0,60	0,50	0,74	0,99	0,49	16,29	20,36
13. Rheinland	1118	1181	19	23	41	68	9	1187	1272	16,00	17,60	0,27	0,34	0,53	1,06	0,13	16,98	19,83
14. Hohenzollern . . .	855	1075	20	22	75	55	11	961	1152	13,47	18,70	0,39	0,38	1,18	0,96	0,16	15,11	20,04

¹) für 1891 nicht ermittelt.

3. Die sächlichen Unterhaltungskosten der öffentlichen Volksschulen im Jahre 1886 und 1891.

Die sächlichen Schulunterhaltungskosten stellten sich 1886 bezw. im Durchschnitte der drei Jahre 1883—1885 auf 41 370 504 ℳ, 1891 bezw. 1889—1891 auf 53 508 812 ℳ. Sie vertheilten sich im Einzelnen auf die Provinzen und auf Stadt und Land, sowie auf die Schulen, Klassen und Kinder, wie in der nachstehenden Tabelle nachgewiesen ist.

Die sächlichen Unterhaltungskosten der öffentlichen Volksschulen. 1886 und 1891.

Staat. — Stadt und Land. — Provinzen.	Es betrugen nach dreijährigem Durchschnitte die Leistungen für Schulbauten		sonstigen sächlichen Aufwendungen		sächlichen Aufwendungen überhaupt		Es entfielen von den sächlichen Aufwendungen auf je 1 Schule		auf je 1 Klasse		auf je 100 Schulkinder	
	1886 ℳ	1891 ℳ	1886 ℳ	1891 ℳ	1886 ℳ	1891 ℳ	1886 ℳ	1891 ℳ	1886 ℳ	1891 ℳ	1886 ℳ	1891 ℳ
1	2	3	4	5	6	7	8	9	10	11	12	13
a) Staat . .	**18837091**	**21820194**	**22533413**	**31688618**	**41370504**	**53508812**	**1 216**	**1 546**	**551**	**647**	**885**	**1 088**
Davon:												
in den Städten	8 502 426	9 726 719	10749128	15940337	19251554	25667056	5 178	6 031	825	963	1 280	1 589
auf dem Lande	10334665	12093475	11784285	15748281	22118950	27841756	730	902	427	496	663	843
b) Provinzen.												
1. Ostpreußen . . .	986 910	879 438	1 340 418	1 495 588	2 327 328	2 375 026	784	788	485	478	721	774
2. Westpreußen . . .	784 454	791 382	999 005	1 405 558	1 783 459	2 196 940	907	1 056	516	546	744	926
3. Stadtkreis Berlin	1 470 481	1 970 756	1 974 772	2 758 960	3 445 253	4 729 716	20 755	24 634	1 264	1 475	2 280	2 693
4. Brandenburg . . .	1 101 150	1 418 581	1 601 318	2 183 320	2 702 468	3 601 907	934	1 242	423	514	728	937
5. Pommern	769 711	746 460	1 120 286	1 581 233	1 889 997	2 327 693	748	919	429	498	732	927
6. Posen	1 005 282	1 278 469	1 209 782	1 758 351	2 215 064	3 036 820	985	1 286	522	600	707	990
7. Schlesien	1 882 698	1 946 803	2 724 179	3 343 203	4 606 877	5 290 000	1 099	1 227	402	429	643	753
8. Sachsen	1 567 051	2 175 703	1 680 442	2 384 893	3 247 493	4 560 596	1 184	1 663	501	644	795	1 074
9. Schleswig-Holstein	916 162	1 148 413	1 318 201	1 843 730	2 234 363	2 992 143	1 218	1 627	629	815	1 103	1 482
10. Hannover	1 354 390	1 772 598	1 502 723	2 306 845	2 857 113	4 079 443	835	1 172	478	620	774	1 081
11. Westfalen	2 080 168	2 596 663	1 942 344	2 578 999	4 022 512	5 175 662	1 821	2 242	704	791	953	1 142
12. Hessen-Nassau . .	1 266 970	1 023 905	1 309 212	1 897 663	2 576 182	2 921 568	1 199	1 338	562	581	942	1 088
13. Rheinland	3 565 813	4 024 647	3 763 908	6 096 156	7 329 721	10120803	1 601	2 180	659	818	943	1 242
14. Hohenzollern . . .	85 851	46 376	46 823	54 113	132 674	100 489	1 134	859	680	495	1 072	861

Die gesammten sächlichen Unterhaltungskosten wurden aufgebracht:

aus	in den Städten ℳ	Proz.	auf dem Lande ℳ	Proz.	zusammen ℳ	Proz.
	im Durchschnitt der Jahre 1883/85					
dem Ertrage des Schul- u. s. w. Vermögens	172 633	0,90	645 027	2,92	817 660	1,98
den Mitteln der Gemeinden u. s. w. . .	18 536 094	96,28	20 102 529	90,88	38 638 623	93,40
Staatsmitteln	40 882	0,21	1 037 796	4,69	1 078 678	2,61
sonstigen Quellen	501 945	2,61	333 598	1,51	835 543	2,02
überhaupt	**19 251 554**	**100**	**22 118 950**	**100**	**41 370 504**	**100.**
aus	im Durchschnitt der Jahre 1889/91					
dem Ertrage des Schul- u. s. w. Vermögens	1 447 559	5,64	4 902 734	17,61	6 350 293	11,87
den Mitteln der Gemeinden u. s. w. . .	23 549 110	91,75	19 786 077	71,06	43 335 187	80,99
Staatsmitteln	351 107	1,37	2 441 126	8,77	2 792 233	5,22
sonstigen Quellen	319 280	1,24	711 819	2,56	1 031 099	1,93
überhaupt	**25 667 056**	**100**	**27 841 756**	**100**	**53 508 812**	**100.**

Den größten Theil der sächlichen Schulunterhaltungskosten nehmen, neben den eigentlich den Charakter der persönlichen Ausgaben tragenden Beträgen für freie Lehrerwohnung und deren Heizung, die Aufwendungen für Neu-, Erweiterungs- und Reparaturbauten in Anspruch. Diese sind wegen der wachsenden Bevölkerung und wegen des Bestrebens, immer bessere und zweckentsprechendere bauliche Einrichtungen für die Volksschule zu schaffen, in stetem und um so rascherem Anwachsen begriffen, als noch heute gerade die Unzulänglichkeit der Schulbaulichkeiten eine Hauptursache für die oben geschilderten anomalen Frequenzverhältnisse ist; mußte doch deswegen, wie schon oben gezeigt, 1886 sogar 8 826 schulpflichtigen Kindern, davon 2 466 in den Städten und 6 360 auf dem Lande, die Aufnahme in die öffentlichen Volksschulen versagt werden, und auch noch 1891 konnten 3 239 schulpflichtige Kinder, 312 in den Städten und 2 927 auf dem Lande, wegen Ueberfüllung der Schulräume keine Aufnahme finden.

Im Jahre 1886 und 1891 bezw. nach dem Durchschnitte der Jahre 1883 bis 1885 und 1889 bis 1891 wurden ausgeführt bez. für Schulbauten aller Art ausgegeben:

	1886		1891		1886	1891
	Neubauten	Erweiterungsbauten	Neubauten	Erweiterungsbauten	ℳ	ℳ
in den Städten	448	474	838	397	8 502 426	9 726 719
auf dem Lande	8 529	3 501	6 606	2 539	10 334 665	12 093 475
zusammen . .	8 977	3 975	7 444	2 936	18 837 091	21 820 194.

Die im Durchschnitte der Jahre 1889, 1890 und 1891 entstandenen

Staat. — Provinzen. — Stadt und Land.		Ausgaben für Bauten überhaupt ℳ	darunter für Neubauten ℳ	darunter für Erweiterungsbauten ℳ	darunter für Reparaturbauten ℳ
1		2	3	4	5
a) Staat . . .	In den Städten	9 726 719	7 385 928	826 250	1 514 541
	Auf dem Lande	12 093 475	7 679 982	1 334 238	3 079 255
	überhaupt . .	21 819 194	15 065 910	2 160 488	4 593 796
b) Provinzen:					
1. Ostpreußen	In den Städten	126 805	74 083	7 911	44 901
	Auf dem Lande	752 543	403 178	86 385	262 980
	überhaupt . .	879 438	477 261	94 296	307 881
2. Westpreußen	In den Städten	181 189	132 276	10 481	38 432
	Auf dem Lande	610 193	327 220	49 749	233 224
	überhaupt . .	791 382	459 496	60 230	271 656
3. Stadtkreis Berlin	In den Städten	1 970 756	1 768 773	—	201 983
	Auf dem Lande	—	—	—	—
	überhaupt . .	1 970 756	1 768 773	—	201 983
4. Brandenburg	In den Städten	333 909	185 363	44 637	103 909
	Auf dem Lande	1 084 672	728 906	114 836	240 930
	überhaupt . .	1 418 581	914 269	159 473	344 839
5. Pommern	In den Städten	214 069	144 787	15 758	53 524
	Auf dem Lande	532 391	304 792	43 433	184 166
	überhaupt . .	746 460	449 579	59 191	237 690
6. Posen	In den Städten	243 250	141 713	35 166	66 371
	Auf dem Lande	1 035 219	717 505	79 505	238 209
	überhaupt . .	1 278 469	859 218	114 671	304 580
7. Schlesien	In den Städten	680 702	446 456	62 752	171 494
	Auf dem Lande	1 266 101	683 931	187 087	395 083
	überhaupt . .	1 946 803	1 130 387	249 839	566 577
8. Sachsen	In den Städten	1 308 959	1 082 728	112 532	113 699
	Auf dem Lande	866 744	556 093	69 715	240 936
	überhaupt . .	2 175 703	1 638 821	182 247	354 635
9. Schleswig-Holstein . . .	In den Städten	488 139	310 372	91 957	85 810
	Auf dem Lande	660 274	368 811	70 918	220 545
	überhaupt . .	1 148 413	679 183	162 875	306 355
10. Hannover	In den Städten	643 522	463 718	54 664	125 140
	Auf dem Lande	1 129 076	720 176	135 763	273 137
	überhaupt . .	1 772 598	1 183 894	190 427	398 277
11. Westfalen	In den Städten	988 442	789 317	100 421	98 704
	Auf dem Lande	1 608 221	1 141 635	182 740	283 846
	überhaupt . .	2 596 663	1 930 952	283 161	382 550
12. Hessen-Nassau	In den Städten	369 432	225 415	17 675	126 342
	Auf dem Lande	654 473	427 793	60 714	165 966
	überhaupt . .	1 023 905	653 208	78 389	292 308
13. Rheinland	In den Städten	2 161 107	1 609 377	268 322	283 408
	Auf dem Lande	1 863 540	1 284 428	253 216	325 896
	überhaupt . .	4 024 647	2 893 805	521 538	609 304
14. Hohenzollern	In den Städten	16 348	11 550	3 974	824
	Auf dem Lande	30 028	15 514	177	14 337
	überhaupt . .	46 376	27 064	4 151	15 161

Die Ausführung von Schulbauten hat in neuerer Zeit einen rascheren Fortgang genommen, als sie früherhin hatte; im Durchschnitte der Jahre 1874 bis 1881 wurden nur 14 649 347 ℳ für diese Zwecke verausgabt, im Ganzen allerdings die beträchtliche Summe von 117 194 767 ℳ, wofür 5 975 Neubauten, 2 710 Erweiterungsbauten und 2 503 Reparaturbauten ausgeführt wurden. Im Durchschnitte der Jahre 1859/61 betrugen die Bauaufwendungen noch nicht 5 Millionen ℳ. Die Gegenüberstellung der eben genannten Zahlen und derjenigen für 1886 und 1891 läßt den Fortschritt erkennen. Wie die Schulbaukosten sich im letzten dreijährigen Durchschnitte auf die Städte und das platte Land in den verschiedenen Provinzen vertheilen, wird in der folgenden Tabelle nachgewiesen.

Ausgaben für Volksschulbauten in den einzelnen Provinzen.

Die Ausgaben (Sp. 2) wurden aufgebracht						Zahl der		Wiederholung der Bezeichnung in Spalte 1.
aus dem Patronatsbaufonds ℳ	durch Allerhöchste Gnadenbewilligung		aus dem Schul- und Stiftungsvermögen ℳ	durch Mittel der unterhaltungspflichtigen Gemeinden, Schulsozietäten und anderer Verpflichteten ℳ	aus sonstigen Quellen ℳ	Neubauten	Erweiterungsbauten	
	überhaupt ℳ	in Prozent von Spalte 2						
6	7	8	9	10	11	12	13	
31 842	50 970	0,55	65 645	9 338 977	239 285	838	397	
479 312	888 103	7,24	349 381	9 771 169	605 511	6 606	2 539	a)
511 154	939 073	4,80	415 026	10 110 146	844 796	7 444	2 936	
								b)
—	8 866	6,38	559	116 320	1 150	22	15	
76 480	68 239	9,07	9 414	565 269	33 141	439	197	1.
76 480	77 105	8,77	9 973	681 589	34 291	461	212	
3 097	272	0,15	—	176 967	853	13	11	
83 567	90 589	14,85	8 708	388 618	38 711	386	162	2.
86 664	90 861	11,40	8 708	565 585	39 564	399	173	
—	—	—	—	1 970 756	—	46	—	
—	—	—	—	—	—	—	—	3.
—	—	—	—	1 970 756	—	46	—	
2 577	—	—	2 689	327 821	822	48	33	
97 324	54 733	5,06	39 375	814 847	78 393	448	186	4.
99 901	54 733	3,86	42 064	1 142 668	79 215	496	219	
—	30	0,01	775	211 298	1 966	25	9	
50 857	73 143	13,74	46 462	340 151	21 778	355	167	5.
50 857	73 173	9,80	47 237	551 449	23 744	380	176	
142	17 920	7,37	1 932	202 169	21 087	97	53	
21 390	190 897	18,44	37 077	664 273	121 582	940	254	6.
21 532	208 817	16,33	39 009	866 442	142 669	1 037	307	
959	—	—	5 281	668 988	5 474	34	20	
90 794	146 486	11,37	31 605	898 070	99 146	683	282	7.
91 753	146 486	7,52	36 886	1 567 058	104 620	717	302	
423	3 708	0,26	10 126	1 290 883	3 819	61	32	
38 538	53 789	6,71	89 596	653 428	31 393	446	206	8.
38 961	57 497	2,66	99 722	1 944 311	35 212	507	238	
—	—	—	4 835	471 363	11 941	31	48	
5 396	8 265	1,25	16 298	611 656	18 659	400	173	9.
5 396	8 265	0,73	21 133	1 083 019	30 600	431	221	
—	—	—	25 249	564 999	53 274	81	44	
4 447	48 587	4,30	34 428	1 013 252	28 362	982	425	10.
4 447	48 587	2,74	59 677	1 578 251	81 636	1 063	469	
—	3 200	0,33	13 139	842 432	129 671	116	46	
2 557	37 537	2,32	19 387	1 468 965	79 775	581	171	11.
2 557	40 737	1,57	32 526	2 311 397	209 446	1 087	217	
196	3 833	1,04	319	350 227	5 857	43	8	
425	38 017	5,81	8 326	579 271	28 434	398	112	12.
621	41 850	4,00	8 645	929 498	34 291	441	120	
24 448	—	—	483	2 134 097	2 079	220	77	
7 438	76 120	4,00	8 613	1 745 615	25 754	533	202	13.
31 886	76 120	1,89	9 096	3 879 712	27 833	753	279	
—	13 141	80,38	258	1 657	1 292	1	1	
99	1 700	5,66	92	27 754	383	15	2	14.
99	14 841	32,00	350	29 411	1 675	16	3	

Welche Aufgaben die Volksschule der baulichen Ausstattung und Versorgung stellt, möge man daraus ermessen, daß gegenwärtig 72 921 Klassenräume, darunter 2 357 gemiethete, und daß außerdem 42 910 eigene und 1 279 gemiethete Lehrerwohnungen vorhanden waren, ungerechnet die auf dem Lande und in kleineren Städten zur Lehrerwohnung gehörigen Wirthschaftsräume wie Scheunen, Ställe, Holzschuppen und dergl. Des hervorragenden Interesses wegen, welches diese Thatsachen gerade auch in landschaftlicher Sonderung haben, geben wir in der unten folgenden Tabelle noch eine Darstellung derselben für die Regierungsbezirke rc., und zwar unter Vergleichung der Jahre 1886 und 1891.

Die Schulbauaufwendungen haben auch in früherer Zeit stetig zugenommen. Es betrugen

	die Kosten für Schulbauten überhaupt	die Leistungen der Verpflichteten rc. hierzu	die Beihülfen aus Staatsmitteln hierzu
im Durchschnitt der Jahre 1859/61 . . . . ℳ	4 918 143	4 586 253	331 890
" " " " 1862/64 . . . . "	5 720 766	5 459 949	260 817
" " " " 1870/71 . . . . "	9 693 925	9 253 325	440 600
" " " " 1876/78 . . . . "	15 437 582	15 104 850	332 732
" " " " 1874/81 . . . . "	14 649 346	14 252 938	396 408
" " " " 1883/85 . . . . "	18 837 091	18 076 141	760 950
" " " " 1889/91 . . . . "	21 820 194	20 881 122	939 072.

Diese bedeutenden Summen, welche zum größten Theile von den unterhaltungspflichtigen Gemeinden, Schulsozietäten und sonstigen Verpflichteten aufgebracht worden sind, kennzeichnen die Volksschullasten nicht weniger als die oben angeführten persönlichen Schulunterhaltungskosten; aber sie weisen fast noch dringlicher auf die Zukunft hin und eröffnen den Betheiligten die Aussicht auf immer neue Lasten. Waren doch 1891 nicht weniger als 83 584 040 ℳ an Bauschulden für Schulbauten seitens derselben zu verzinsen und abzutragen.

Die eigenen und gemietheten Schulräume und Lehrerwohnungen der öffentlichen Volksschulen, 1886 und 1891.

Staat. — Regierungsbezirke.		Eigene Klassenzimmer			Gemiethete Klassenzimmer			Eigene Lehrerwohnungen			Gemiethete Lehrerwohnungen		
		in den Städten	auf dem Lande	zusammen	in den Städten	auf dem Lande	zusammen	in den Städten	auf dem Lande	zusammen	in den Städten	auf dem Lande	zusammen
1		2	3	4	5	6	7	8	9	10	11	12	13
a) Staat . .	1886	**21 547**	**42 400**	**63 947**	**1 540**	**1 043**	**2 583**	**4 201**	**36 810**	**41 011**	**190**	**799**	**989**
	1891	*25 450*	*45 114*	*70 564*	*1 166*	*1 191*	*2 357*	*4 292*	*38 618*	*42 910*	*207*	*1 072*	*1 279*
b) Regierungsbezirke.													
1. Königsberg . .	1886	597	2 042	2 639	49	85	134	131	1 928	2 059	6	83	89
	1891	*627*	*2 130*	*2 757*	*46*	*94*	*140*	*112*	*1 944*	*2 056*	*9*	*87*	*96*
2. Gumbinnen .	1886	143	1 604	1 747	12	46	58	28	1 541	1 569	—	41	41
	1891	*245*	*1 684*	*1 929*	*13*	*53*	*66*	*41*	*1 609*	*1 650*	*2*	*49*	*51*
3. Danzig . . .	1886	366	836	1 202	10	60	70	34	789	823	4	50	54
	1891	*382*	*888*	*1 270*	*9*	*102*	*111*	*27*	*848*	*875*	*1*	*98*	*99*
4. Marienwerder	1886	374	1 375	1 749	37	83	120	35	1 320	1 355	3	84	87
	1891	*438*	*1 504*	*1 942*	*28*	*114*	*142*	*90*	*1 447*	*1 537*	*7*	*118*	*125*
5. Stadtkr. Berlin	1886	2 041	—	2 041	562	—	562	147	—	147	—	—	—
	1891	*2 932*	—	*2 932*	*270*	—	*270*	*181*	—	*181*	—	—	—
6. Potsdam . . .	1886	1 032	1 859	2 891	17	43	60	84	1 654	1 738	—	26	26
	1891	*1 148*	*2 083*	*3 231*	*52*	*18*	*70*	*107*	*1 669*	*1 776*	*3*	*23*	*26*
7. Frankfurt . .	1886	897	1 498	2 395	37	14	51	128	1 415	1 543	2	9	11
	1891	*1 019*	*1 554*	*2 573*	*21*	*19*	*40*	*117*	*1 466*	*1 583*	—	*16*	*16*
8. Stettin	1886	679	1 174	1 853	17	21	38	66	1 126	1 192	2	14	16
	1891	*719*	*1 210*	*1 929*	*18*	*27*	*45*	*50*	*1 160*	*1 210*	*1*	*26*	*27*
9. Köslin	1886	379	1 177	1 556	2	23	25	6	1 138	1 144	—	21	21
	1891	*444*	*1 211*	*1 655*	*7*	*16*	*23*	*34*	*1 144*	*1 178*	—	*30*	*30*
10. Stralsund . .	1886	228	393	621	—	11	11	25	385	410	—	10	10
	1891	*199*	*403*	*602*	—	*8*	*8*	*14*	*392*	*406*	—	*7*	*7*

Noch: Die eigenen und gemietheten Schulräume und Lehrerwohnungen der öffentlichen Volksschulen, 1886 und 1891.

Staat. Regierungsbezirke.	Jahr	Eigene Klassenzimmer in den Städten	Eigene Klassenzimmer auf dem Lande	Eigene Klassenzimmer zusammen	Gemiethete Klassenzimmer in den Städten	Gemiethete Klassenzimmer auf dem Lande	Gemiethete Klassenzimmer zusammen	Eigene Lehrerwohnungen in den Städten	Eigene Lehrerwohnungen auf dem Lande	Eigene Lehrerwohnungen zusammen	Gemiethete Lehrerwohnungen in den Städten	Gemiethete Lehrerwohnungen auf dem Lande	Gemiethete Lehrerwohnungen zusammen
1		2	3	4	5	6	7	8	9	10	11	12	13
Noch: Regierungsbezirke.													
11. Posen	1886	608	1 385	1 993	84	31	115	226	1 343	1 569	35	30	65
	1891	752	1 545	2 297	42	44	86	237	1 466	1 703	25	33	58
12. Bromberg	1886	341	823	1 164	27	32	59	123	796	919	20	14	34
	1891	374	927	1 301	55	39	94	99	880	979	14	28	42
13. Breslau	1886	1 037	2 103	3 140	166	56	222	203	1 819	2 022	9	47	56
	1891	1 170	2 185	3 355	160	77	237	178	1 887	2 065	13	57	70
14. Liegnitz	1886	648	1 440	2 088	14	53	67	116	1 281	1 397	2	28	30
	1891	729	1 476	2 205	24	58	82	107	1 312	1 419	15	47	62
15. Oppeln	1886	621	2 526	3 147	48	53	101	117	2 127	2 244	19	93	112
	1891	681	2 754	3 435	61	87	148	102	2 348	2 450	32	166	198
16. Magdeburg	1886	975	1 346	2 321	38	14	52	150	1 264	1 414	—	21	21
	1891	1 299	1 384	2 683	—	10	10	143	1 269	1 412	—	9	9
17. Merseburg	1886	894	1 464	2 358	38	12	50	174	1 366	1 540	1	5	6
	1891	1 102	1 565	2 667	46	14	60	152	1 379	1 531	2	10	12
18. Erfurt	1886	399	570	969	12	11	23	69	531	600	8	8	16
	1891	379	595	974	2	15	17	58	542	600	4	16	20
19. Schleswig	1886	964	2 538	3 502	11	8	19	237	2 354	2 591	2	10	12
	1891	1 050	2 618	3 668	7	16	23	235	2 380	2 615	2	11	13
20. Hannover	1886	409	610	1 019	16	9	25	80	587	667	1	5	6
	1891	501	681	1 182	8	6	14	88	640	728	1	6	7
21. Hildesheim	1886	327	710	1 037	3	14	17	69	684	753	4	8	12
	1891	399	747	1 146	2	12	14	79	713	792	1	9	10
22. Lüneburg	1886	199	886	1 085	6	20	26	36	844	880	—	18	18
	1891	264	924	1 188	2	23	25	39	881	920	—	20	20
23. Stade	1886	158	816	974	11	51	62	31	680	711	1	27	28
	1891	173	851	1 024	6	41	47	35	702	737	—	33	33
24. Osnabrück	1886	134	509	643	12	8	20	63	344	407	3	8	11
	1891	163	541	704	19	10	29	64	392	456	4	4	8
25. Aurich	1886	102	429	531	10	2	12	12	290	302	1	1	2
	1891	113	446	559	16	2	18	10	310	320	1	1	2
26. Münster	1886	268	678	946	16	2	18	133	529	662	6	4	10
	1891	291	739	1 030	16	4	20	135	574	709	9	5	14
27. Minden	1886	316	731	1 047	28	20	48	79	643	722	5	5	10
	1891	369	807	1 176	20	19	39	82	717	799	17	15	32
28. Arnsberg	1886	1 022	1 756	2 778	78	57	135	153	1 051	1 204	8	11	19
	1891	1 196	1 990	3 186	104	73	177	127	1 124	1 251	8	45	53
29. Kassel	1886	599	1 394	1 993	21	20	41	163	1 263	1 426	11	17	28
	1891	632	1 448	2 080	22	21	43	166	1 331	1 497	10	15	25
30. Wiesbaden	1886	662	1 211	1 873	5	30	35	50	562	612	—	8	8
	1891	812	1 291	2 103	1	27	28	75	761	836	4	14	18
31. Koblenz	1886	261	1 277	1 538	22	25	47	89	1 086	1 175	11	16	27
	1891	282	1 350	1 632	13	25	38	99	1 133	1 232	3	15	18
32. Düsseldorf	1886	2 495	1 633	4 128	55	35	90	667	1 074	1 741	9	22	31
	1891	2 851	1 782	4 633	42	32	74	720	1 102	1 822	2	13	15
33. Köln	1886	742	1 082	1 824	18	26	44	224	901	1 125	7	20	27
	1891	984	1 046	2 030	3	16	19	254	898	1 152	4	15	19
34. Trier	1886	225	1 488	1 713	8	43	51	92	1 254	1 346	3	21	24
	1891	256	1 635	1 891	—	38	38	99	1 312	1 411	—	21	21
35. Aachen	1886	370	872	1 242	50	32	82	147	700	847	7	12	19
	1891	448	938	1 386	31	25	56	131	740	871	13	6	19
36. Sigmaringen	1886	35	165	200	—	3	3	14	141	155	—	2	2
	1891	27	182	209	—	4	4	5	146	151	—	4	4

4. Gesammtkosten der öffentlichen Volksschulen im Jahre 1886 und 1891.

Nunmehr lassen sich die Gesammtkosten der öffentlichen Volksschulen in Preußen beziffern. Das geschieht in folgender Uebersicht.

Es betrugen im Jahre 1886 und 1891 bezw. im dreijährigen Durchschnitte aus 1883/85 und 1889/91

	die Gesammt-aufwendungen	die persönlichen Schulunterhaltungskosten	die sächlichen Schulunterhaltungskosten
		im Jahre 1886	
	ℳ	ℳ	ℳ
a) **im Staate**	**116 464 385**	**75 093 881**	**41 370 504**
b) in den Städten	50 466 522	31 214 968	19 251 554
c) auf dem Lande	65 997 863	43 878 913	22 118 950,
		im Jahre 1891	
	ℳ	ℳ	ℳ
a) **im Staate**	**146 225 312**	**92 716 500**	**53 508 812**
b) in den Städten	64 594 325	38 927 269	25 667 056
c) auf dem Lande	81 630 987	53 789 231	27 841 756.

Die Art der Aufbringung der Gesammtkosten erfolgte in nachstehender Weise:

	im Jahre 1886		im Jahre 1891	
a) in den Städten:	ℳ	Proz.	ℳ	Proz.
durch Einkünfte vom Schul- rc. Vermögen	1 028 323	2,04	2 011 564	3,11
aus Mitteln der Gemeinden rc.	41 708 764	82,65	49 149 793	76,09
aus Staatsmitteln	2 422 787	4,80	12 046 282	18,65
durch Abgaben des Dienstnachfolgers	14 208	0,03	34 235	0,05
durch Schulgeld	4 790 495	9,49	1 033 171	1,60
aus sonstigen Quellen	501 945	0,99	319 280	0,49
zusammen	**50 466 522**	**100**	**64 594 325**	**100**;
b) auf dem Lande:				
durch Einkünfte vom Schul- rc. Vermögen	6 911 189	10,47	10 883 124	13,33
aus Mitteln der Gemeinden rc.	40 881 332	61,94	34 964 492	42,83
aus Staatsmitteln	11 599 099	17,58	34 449 549	42,20
durch Abgaben des Dienstnachfolgers	137 055	0,21	276 191	0,34
durch Schulgeld	6 135 590	9,30	345 812	0,42
aus sonstigen Quellen	333 598	0,50	711 819	0,87
zusammen	**65 997 863**	**100**	**81 630 987**	**100**;
c) in den Städten und auf dem Lande zusammen:				
durch Einkünfte vom Schul- rc. Vermögen	7 939 512	6,82	12 894 688	8,82
aus Mitteln der Gemeinden rc.	82 590 096	70,91	84 114 285	57,52
aus Staatsmitteln	14 021 886	12,04	46 495 831	31,80
durch Abgaben des Dienstnachfolgers	151 263	0,13	310 426	0,21
durch Schulgeld	10 926 085	9,38	1 378 983	0,94
aus sonstigen Quellen	835 543	0,72	1 031 099	0,71
überhaupt	**116 464 385**	**100**	**146 225 312**	**100.**

Fast 116½ Millionen Mark wurden 1886 und 146¼ Millionen Mark im Jahre 1891 für die Unterhaltung der öffentlichen Volksschulen in Preußen verwendet; mehr als 64 bezw 63 Prozent davon entfielen auf die persönlichen Kosten und ungefähr 35 bezw. 36 Prozent auf die sächlichen Kosten.

Nicht weniger als 70,91 Prozent im Jahre 1886 und 57,52 Prozent im Jahre 1891 der gesammten Kosten der öffentlichen Volksschulen wurden von den Gemeinden und sonstigen Verpflichteten aufgebracht, 12,04 bezw. 31,80 Prozent trug der Staat, 6,82 bezw. 8,82 Prozent wurden durch Einkünfte vom Schul- rc. Vermögen gedeckt und 9,38 Prozent lieferte 1886 noch immer der Ertrag des Schulgeldes, welcher letztere 1891 jedoch nur noch 0,94 Prozent betrug. Diese Verschiebung in der Art der Aufbringung der Kosten für die öffentlichen Volksschulen zwischen 1886 und 1891 ist eine Folge der neuen und neuesten Gesetzgebung.

Der Staatshaushaltsetat für das Jahr 1891/92 weist nämlich im Kapitel 121 folgende Posten nach, welche den Trägern der Unterhaltungspflicht für die Volksschulen zur Erleichterung dienen:

Titel 32.	Behufs allgemeiner Erleichterung der Volksschullasten	26 000 000 ℳ
Titel 33.	Besoldungen und Zuschüsse für Lehrer und Lehrerinnen, sowie für Schulen aus besonderer rechtlicher Verpflichtung und aus Spezialfonds	259 659 „
Titel 34.	Zu Beihülfen an Schulverbände wegen Unvermögens für das Stelleneinkommen der Lehrer und Lehrerinnen	6 986 606 „
Titel 35.	Zu Dienstalterszulagen, sonstigen persönlichen Zulagen und Unterstützungen für Lehrer und Lehrerinnen	8 923 300 „
Titel 36.	Behufs Errichtung neuer Schulstellen	205 412 „
Titel 37.	Zur Ergänzung der Fonds Titel 34, 35 und 36 behufs besonderer Förderung des deutschen Volksschulwesens in den Provinzen Westpreußen und Posen, sowie im Regierungsbezirk Oppeln	580 000 „
Titel 38.	Zur Unterstützung von Schulverbänden wegen Unvermögens bei Elementarschulbauten	800 000 „
Titel 39.	Zu Pensionen für Lehrer und Lehrerinnen an öffentlichen Volksschulen	3 700 000 „
Titel 40.	Zu Unterstützungen für ausgeschiedene Elementarlehrer und -Lehrerinnen	808 000 „
Titel 41.	Zu Zuschüssen für Elementarlehrer-Wittwen- und -Waisenkassen .	1 280 000 „
Titel 41a.	Zu Waisengeldern für die Waisen der Lehrer an öffentlichen Volksschulen	300 000 „
Titel 42.	Zu Unterstützungen für Wittwen und Waisen von Elementarlehrern	200 000 „
	zusammen . . .	**50 042 977** ℳ

Wenn nun auch das Bild von der Art der Aufbringung der Volksschulkosten im Jahre 1891 ein anderes geworden ist, als für 1886 und früher, die Höhe der Kosten an sich wird dadurch nicht betroffen; sie sind in stetem Wachsen begriffen. Und wie bisher, so werden auch künftig die Kosten des öffentlichen Volksschulwesens eine große finanzielle Bedeutung haben. Das preußische Volk aber ist immer bereit gewesen, für ideale Güter Opfer zu bringen; es wird gern auch in Zukunft die Lasten auf sich nehmen, welche mit der Fürsorge für eine gesunde Erziehung und Bildung aller seiner Glieder unvermeidlich verknüpft sind.

Für die einzelnen Provinzen sind die persönlichen und sächlichen Schulunterhaltungskosten, sowie das Verhältniß derselben zu den Gesammtkosten auf den Seiten 164 und 165 nachgewiesen. Dieselben betragen

	im Jahre 1886 ℳ	Prozent	im Jahre 1891 ℳ	Prozent
im Staate: persönliche Kosten	**73 093 881**	**64,[illegible]**	**92 716 500**	**63,[illegible]**
sächliche „	**41 370 504**	**35,[illegible]**	**53 508 812**	**36,[illegible]**
überhaupt	**116 464 385**	**100**	**146 225 312**	**100**
davon: in den Städten: persönliche Kosten . .	31 214 968	61,[illegible]	38 937 209	60,[illegible]
sächliche Kosten . . .	19 251 554	38,[illegible]	25 667 056	39,[illegible]
überhaupt . .	**50 466 522**	**100**	**64 594 325**	**100**
auf dem Lande: persönliche Kosten . .	43 878 913	66,[illegible]	53 789 231	65,[illegible]
sächliche Kosten . . .	22 118 950	33,[illegible]	27 841 756	34,[illegible]
überhaupt . . .	**65 997 863**	**100**	**81 630 987**	**100**

Für die einzelnen Regierungsbezirke giebt die nachstehende Übersicht Aufschluß über die Gesammtkosten der öffentlichen Volksschulen:

	im Jahre 1886 ℳ	im Jahre 1891 ℳ
1. Königsberg überhaupt	3 895 125	4 395 846
2. Gumbinnen „	2 616 542	3 098 078
3. Danzig „	1 907 543	2 457 258
4. Marienwerder „	2 728 256	3 433 561
5. Stadtkreis Berlin „	8 385 767	11 090 005

(bb)

		im Jahre 1886	im Jahre 1891
		ℳ	ℳ
6. Potsdam	überhaupt	4 846 668	6 523 458
7. Frankfurt	„	3 716 505	4 358 195
8. Stettin	„	3 060 875	3 651 554
9. Köslin	„	2 181 519	2 679 480
10. Stralsund	„	932 266	985 493
11. Posen	„	3 585 360	4 663 408
12. Bromberg	„	1 873 363	2 595 861
13. Breslau	„	5 502 854	7 011 862
14. Liegnitz	„	3 426 150	3 976 986
15. Oppeln	„	4 755 029	5 801 963
16. Magdeburg	„	4 222 339	5 730 336
17. Merseburg	„	4 035 586	5 149 065
18. Erfurt	„	1 651 801	1 997 301
19. Schleswig	„	6 730 422	8 337 261
20. Hannover	„	1 900 380	2 327 765
21. Hildesheim	„	1 613 110	2 155 046
22. Lüneburg	„	1 631 638	2 293 141
23. Stade	„	1 496 180	1 924 038
24. Osnabrück	„	989 606	1 359 771
25. Aurich	„	880 392	1 067 157
26. Münster	„	1 611 293	1 930 535
27. Minden	„	1 949 543	2 589 951
28. Arnsberg	„	6 334 368	8 135 464
29. Kassel	„	3 166 666	3 957 064
30. Wiesbaden	„	3 887 186	4 361 274
31. Koblenz	„	2 551 263	3 033 941
32. Düsseldorf	„	9 473 787	11 231 587
33. Köln	„	3 516 564	5 251 419
34. Trier	„	2 851 445	3 598 736
35. Aachen	„	2 143 827	2 737 262
36. Sigmaringen	„	320 152	334 195.

9. Die Kosten des gesammten öffentlichen Unterrichtes in Preußen im Jahre 1888*) und 1891.

Im Anschlusse an die vorhergehenden Erörterungen über die Kosten der öffentlichen Volksschulen, dieses umfänglichsten Theiles des Unterrichtswesens, erscheint ein Überblick über die Kosten des gesammten öffentlichen Unterrichtes in Preußen nicht ohne Interesse. Wir lassen daher anhangsweise hier noch einige darauf bezügliche Angaben folgen.

Was in Preußen für Unterrichtszwecke aller Art öffentlich aufgewendet wird, ist bei der eigenartigen Entwickelung und Gestaltung des Schulwesens nicht leicht und jedenfalls nicht mit voller Sicherheit zu ermitteln. Schon die Vertheilung der verschiedenen Schulanstalten über die verschiedenen Ressorts der Staatsverwaltung setzt der statistischen Feststellung jener Thatsachen mannigfache Schwierigkeiten entgegen, mehr noch die große Vielheit der Träger der Schulunterhaltungspflicht und der Umstand, daß oft gleichzeitig der Staat, höhere und niedere öffentlich-rechtliche Körperschaften, Private und Vereine, Stiftungsfonds u. s. w. an der Aufbringung der Kosten des Unterrichtes betheiligt sind, in den betreffenden Quellen (Berichten u. s. w.) auch häufig nur Nettorechnung, d. h. nur der etwa gezahlte Beitrag oder Zuschuß zur Bestreitung der durch eigene Einnahme nicht gedeckten Kosten der Anstalt erscheint.

---

*) Die für das Jahr 1888 hier mitgetheilten Kosten weichen infolge einer nachträglichen Berichtigung von den auf Seite 98 f. des Heftes 101 der „Preußischen Statistik" mitgetheilten gleichartigen Angaben ab.

Will man ermitteln, was für Unterrichtszwecke aufgewendet wird, so darf man von vornherein eine Genauigkeit bis auf einige Hundert oder Tausend Mark nicht ins Auge fassen; Lücken der statistisch festgestellten Thatsachen müssen durch sachgemäße Schätzungen thunlichst ausgefüllt, Ziffern aus verschiedenen, nicht allzuweit von einander liegenden Rechnungsjahren zusammengefaßt und nicht selten annähernde Mindestbeträge in die Rechnung eingesetzt werden, wo es an genauen Angaben fehlt. In dieser Weise gewonnen, dürfen die folgenden Zahlen, die die gesammten Unterrichtskosten für die Jahre 1888 und 1891 zu beziffern versuchen, Anspruch auf ungefähre Richtigkeit erheben; zu hoch sind die Beträge jedenfalls nirgends.

Die Gesammtkosten des öffentlichen Unterrichtes in Preußen — mit Weglassung jedoch sämmtlicher Unterrichtsanstalten der Armee und der Marine — lassen sich für das Jahr 1888 bezw. 1891 auf mindestens 206 172 000 ℳ bezw. 232 526 000 ℳ berechnen, wahrscheinlich werden der Summe für jedes Jahr indessen noch 3 bis 5 Millionen Mark hinzugefügt werden müssen. Bei einer Bevölkerung von 28 957 452 am Schlusse des Jahres 1887 und von 29 955 281 zu Ende des Jahres 1890 entfielen also an Aufwendungen für Unterrichtszwecke auf den Kopf im Jahre 1888: 7,12 ℳ und im Jahre 1891: 7,76 ℳ. Das ist zweifellos ein sehr hoher Betrag, wenn man ihn beispielsweise mit der gesammten Steuerbelastung oder mit den Kosten der Staatsverwaltung vergleicht. Das Gesammtaufkommen an direkten Staatssteuern, ferner an Gemeinde-, Schul-, Kirchen-, Kreis- und Provinzialabgaben mag man zur Zeit auf etwa 14 bis 15 ℳ pro Kopf der Bevölkerung beziffern können. Würden also die Ausgaben für den öffentlichen Unterricht lediglich aus dem Erträgnisse der direkten Besteuerung gedeckt, so würde nur rund die Hälfte desselben für alle übrigen Aufgaben des öffentlichen Lebens verbleiben. Stellt man die Aufwendungen für Unterrichtszwecke den Staatsverwaltungsausgaben (1891/92: 1 720 834 749 ℳ) nach Abzug der „Betriebs“- rc. Kosten für die einzelnen Einnahmezweige (1891/92: 765 125 681 ℳ) gegenüber, so sind erstere ungefähr ein Viertel der letzteren. Diese wenigen Rechnungen veranschaulichen die Höhe der Unterrichtskosten deutlich. Sie können mittelbar als ein ziffermäßiger Beweis für die hohe Werthschätzung gelten, deren sich in unserem Vaterlande die Schule erfreut.

Welchen Zweigen des Unterrichtes dienen nun aber jene 206 bezw. 232½ Millionen Mark? Von den eben bezifferten Kosten des gesammten öffentlichen Unterrichtswesens im Staate entfielen rund

auf	1888/89	1891/92	auf den Kopf der Bevölkerung		von je 100 ℳ	
	ℳ	ℳ	1888/89	1891/92	1888/89	1891/92
die Universitäten	12 946 000	14 117 000	0,45	0,47	6,28	6,07
„ höheren Lehranstalten . .	28 771 000	31 309 000	0,99	1,04	13,95	13,47
„ Volks- und Mittelschulen .	155 900 000	177 100 000	5,38	5,91	75,62	76,16
„ Fachschulen höheren und niederen Grades	8 555 000	10 000 000	0,30	0,33	4,15	4,30
zusammen . . .	**206 172 000**	**232 526 000**	7,12	7,76	100	100.

Daß der größte Theil der Aufwendungen für das Unterrichtswesen — gegen drei Viertel derselben — dem Elementarunterrichte zu Gute kommt, ist natürlich; auffallend aber erscheint, daß das Fachschulwesen gegen das höhere Unterrichtswesen so sehr zurücktritt. Zugegeben muß freilich werden, daß Vollständigkeit der Zahlen gerade hier am wenigsten zu erlangen war. Aber wenn man die 8½ bezw. 10 Millionen auch auf 10 oder 11 bezw. 12 oder 13 Millionen abrundete, so würde es immer noch den Anschein haben, als ob für die technische Bildung in den betheiligten Schichten der Bevölkerung nicht ein hinreichendes Verständniß obwalte, um zu bedeutenderen Ausgaben hierfür anzuregen. In der That wendet der Deutsche vorwiegend dem „höheren Schulwesen“ sein Interesse zu, d. h. der allgemeinen Bildung, die in schulmäßigem Abschlusse dann den Eintritt in die Universität verstattet, ebenso den wissenschaftlichen Studien selbst. Von 1868 bis 1890/91 verließen 83 880 Schüler der preußischen Gymnasien und Realgymnasien die Anstalt mit dem Zeugniß der Reife; von diesen wandten sich nicht weniger als 74,2 Prozent wissenschaftlichen Universitätsstudien zu; nur 5,8 Prozent gingen zu eigentlichen technischen Berufen und 20,0 Prozent zu sonstigen Berufen über. Der ideale Zug zu den Wissenschaften ist den Deutschen von jeher nachgerühmt worden. Leider hat seine Förderung, man muß es eingestehen, in die Volksseele auch einen Zug von geistigem Hochmuth getragen. Daher heute die Überschätzung der wissenschaftlichen Berufe, — die Unterschätzung der technischen!

Fragen wir nun weiter, aus welchen Quellen die gesammten Ausgaben für den öffentlichen Unterricht geschöpft werden, so ergeben unsere Nachforschungen, daß von den oben bezifferten 206 172 000 bezw. 232 526 000 ℳ

	1888/89	1891/92	in Prozent	
	ℳ	ℳ	1888/89	1891/92
aus Staatsmitteln	61 344 218	83 905 473	29,75	36,08
durch die Kommunalverbände	96 850 482	99 120 527	46,98	42,63
durch eigene Einnahmen, Stiftungen, Zuwendungen ꝛc.	47 977 300	49 500 000	23,27	21,29

aufgebracht werden. Die vorstehenden Verhältnißzahlen können überraschen. Im allgemeinen hegt man die Vorstellung, daß der Antheil des Staates an den Gesammtaufwendungen für öffentlichen Unterricht erheblich niedriger, derjenige der Gemeinden (mit Einschluß der höheren Kommunalverbände) dagegen wesentlich höher sei, als hier nachgewiesen. Es wird sich daher lohnen, die Staats- und die Gemeindeausgaben für Unterrichtszwecke noch etwas näher zu betrachten.

Bei dem Nachweise der aus Staatsmitteln erfolgenden Aufwendungen aller Art für Unterrichtszwecke muß man davon absehen, die antheiligen Ausgaben der verschiedenen Zentral- ꝛc. Verwaltungen dem Konto für Unterrichtskosten zur Last zu schreiben. Im Übrigen aber ist aus dem Staatshaushalts-Etat hinlänglich bekannt, was der Staat für Unterrichtszwecke aller Art aufwendet. Die Gesammtsumme der Beträge für das Jahr 1888/89 bezw. 1891/92 erreicht die Höhe von 61 344 218 ℳ bezw. 83 905 473 ℳ, und zwar sind hiervon ordentliche bezw. dauernde Beträge 56 530 362 ℳ im Jahre 1888/89 und 78 628 177 ℳ im Jahre 1891/92 und außerordentliche bezw. einmalige 4 813 856 ℳ im Jahre 1888/89 und 5 277 296 ℳ im Jahre 1891/92. Die Summe der ordentlichen Ausgaben ist indessen um den Werth der vom Staate in natura gewährten, ziemlich zahlreichen Dienstwohnungen, welche sich aus der Quelle weder der Zahl noch dem Werthe nach mit Sicherheit beziffern lassen, zu gering angegeben. Dem gegenüber mögen in der genannten Summe auch Bruchtheile enthalten sein, welche — wie bei kombinirten Etatstiteln für Kirchen- und Schulzwecke — den Schulkosten nicht rein zuzurechnen sind. Bedeutend sind diese Beträge nicht. Nicht miteinbegriffen in jene Summe wurden außer den Kosten der Zentralverwaltung ꝛc. die Staatsbeiträge bezw. Ausgaben für wissenschaftliche Anstalten, welche, wie die Akademie der Wissenschaften, das meteorologische Institut, das astrophysikalische Observatorium u. a. m., der reinen Wissenschaft und nicht unmittelbaren Unterrichtszwecken dienen; ferner blieben, wie bemerkt, die Aufwendungen für alle der Armee- und Marineverwaltung unterstellten Unterrichtsanstalten unberücksichtigt.

Im Einzelnen entfallen auf die verschiedenen Zweige des Unterrichtswesens:

und zwar auf:	ordentliche				außerordentliche			
	Staatsausgaben in Mark							
	überhaupt		auf den Kopf der Bevölkerung		überhaupt		auf den Kopf der Bevölkerung	
	1888/89	1891/92	1888/89	1891/92	1888/89	1891/92	1888/89	1891/92
die Universitäten .	7 261 068	7 954 775	0,25	0,26	2 956 716	3 185 012	0,10	0,11
„ höheren Lehranstalten . . .	5 749 514	6 302 085	0,20	0,21	487 740	630 934	0,02	0,02
„ Volks- u. Mittelschulen . . .	38 164 801	58 448 637	1,28	1,84	997 500	1 264 100	0,03	0,04
„ Fachschulen . .	5 354 979	5 922 680	0,18	0,19	371 900	197 250	0,01	0,01
zusammen . .	**56 530 362**	**78 628 177**	**1,89**	**2,47**	**4 813 856**	**5 277 296**	**0,16**	**0,17**

Das Volksschulwesen nimmt 1888/89: 64 Prozent und 1891/92 über 71 Prozent der gesammten (ordentlichen und außerordentlichen) Staatsausgaben für Unterrichtszwecke in Anspruch; die Universitäten erhalten 16 bezw. 13 Prozent, und ungefähr 10 bezw. 8 Prozent entfallen auf die sogenannten höheren Lehranstalten und auf die Fachschulen aller Art. Für die Beurtheilung dieser Verhältnißzahlen giebt selbstverständlich nicht die Werthschätzung der verschiedenen Grade und Arten des Unterrichtes den Ausschlag. Hervorgehoben zu werden verdient jedoch, daß bei der Verwendung von Staatsmitteln das Fachschulwesen im Vergleiche zu den anderen Unterrichtszweigen nicht vernachlässigt erscheint, wennschon die staatlichen Ausgaben für technisches Unterrichtswesen ganz überwiegend nur den fachlichen Hochschulen zu Gute kommen.

Ganz verschieden ist die Betheiligung des Staats an den Ausgaben für die einzelnen Unterrichtszweige. Die Kosten der Universitäten (12 946 000 ℳ bezw. 14 117 000 ℳ), von welchen in jedem Jahre nur 21 Proz. aus den eigenen Einnahmen derselben, aus Stiftungen u. s. w. gedeckt sind, werden zu vollen 79 Proz. vom Staate getragen. Von den 8 555 000 ℳ bezw. 10 000 000 ℳ Aufwendungen für das Fachschulwesen zahlt der Staat nicht weniger als 67 Proz. (5 726 879 ℳ) bezw. 61 Proz. (6 119 930 ℳ), während die eigenen Einnahmen dieses Unterrichtszweiges 24 bezw. 29 Proz. der Ausgaben decken. Hingegen übernimmt der Staat von den Gesammtkosten der höheren Lehranstalten, welche übrigens ihre Ausgaben bis zu 56 bezw. 53 Proz. durch eigene Einnahmen ꝛc. decken, für beide Jahre nur 22 Proz. (6 237 254 bezw. 6 933 019 ℳ) und von denen des Elementar- und Mittelschulwesens nur 25 Proz. im Jahre 1888/89, im Jahre 1890/91 jedoch auch schon nahezu ein ganzes Drittel derselben.

Gewöhnlich wird wenig darüber nachgedacht, welche beträchtlichen Summen der Staat alljährlich gerade dem Gebiete des öffentlichen Unterrichtes zuwendet, und meist werden seine Leistungen für diese Zwecke unterschätzt. Und doch handelt es sich bei jenen Ausgaben um einen erheblichen Bruchtheil beispielsweise derjenigen Einnahmen des Staates, welche ihm aus der Besteuerung zufließen.

Wenn, wie oben angegeben, die **Gemeinden**, mit Einschluß der höheren Kommunalverbände (beim Taubstummen-, Blindenunterricht ꝛc.), im Jahre 1888/89 bezw. 1890/91 für Unterrichtszwecke 96 850 482 ℳ oder fast 47 Proz. bezw. 99 120 527 ℳ oder über 42 Proz. der Kosten des gesammten öffentlichen Unterrichtes aufwenden, so handelt es sich hier, wie bei den entsprechenden Staatsausgaben um Nettobeträge, d. h. um Ausgaben nach Abzug aller aus Unterrichtsanstalten den Gemeinde- ꝛc. Kassen etwa zufließenden Einnahmen an Schulgeld ꝛc. Während aber bei den Aufwendungen des Staates die in natura gewährten Dienstwohnungen in die Summe der Ausgaben nicht mit einbezogen werden konnten, ist dies hier in den meisten Fällen geschehen. Dagegen fehlen hier, wie dort die Kosten der Zentralverwaltung, die antheiligen Kosten der allgemeinen Gemeinde- ꝛc. Verwaltung, die dem Unterrichtskonto zu buchen wären, aber nicht zu ermitteln sind. Dies zur inhaltlichen Kennzeichnung der Gemeinde- ꝛc. Ausgaben für Schulzwecke. Dieselben vertheilen sich nun auf die verschiedenen Unterrichtsgrade und Unterrichtszweige, wie folgt:

	im Ganzen		Proz. der Gesammtaufwendungen	
	1888/89	1891/92		
auf	ℳ	ℳ	1888/89	1891/92
die Universitäten	—	—	—	—
„ höheren Lehranstalten	7 100 000	7 000 000	7,[illegible]	7,[illegible]
„ Volks- und Mittelschulen . . .	88 607 282	89 890 527	91,[illegible]	90,[illegible]
„ Fachschulen	1 143 200	1 330 000	1,[illegible]	1,[illegible]
zusammen . . .	**96 850 482**	**99 120 527**	**100**	**100.**

Für die Universitäten haben die Kommunalverbände keinerlei Ausgaben zu bestreiten; denn etwaige Stipendien oder Unterstützungen für Studirende u. dergl. gehören zu den freiwilligen Leistungen, die unter den Ausgabetitel „Wohlthätigkeit“ ꝛc. fallen. Auch für den höheren Fachunterricht, dessen Kosten, nach Abzug der eigenen Einnahmen der fachlichen Hochschulen, der Staat allein trägt, haben die Gemeinden ꝛc. besondere Ausgaben nicht zu machen. Es verbleibt ihnen nur die Mitunterhaltung des niederen Fachschulwesens, weiter die Unterhaltungspflicht der Volksschulen, vorliegenden Falls mit Einschluß des Taubstummen- und Blindenunterrichtes, sowie die Unterhaltung eines Theiles der höheren Lehranstalten. Die Ausgaben für letztere, welche 7 bezw. 8 Proz. der Gemeinde- ꝛc. Aufwendungen für Schulzwecke bilden, beruhen nicht auf gesetzlichen Verpflichtungen, wenngleich deren Nothwendigkeit größtentheils in den Verhältnissen bedingt sein wird. Die Ausgaben für das Elementarunterrichtswesen, 91 bezw. 90 Proz. der in Rede stehenden Aufwendungen ausmachend, haben dagegen zum weitaus größten Theil auf Grund der gesetzlichen Schulunterhaltungspflicht zu erfolgen, wobei natürlich Mehrleistungen über das gesetzlich erforderliche Mindestmaß nicht auszuscheiden sind.

Jene 96 850 482 ℳ bezw. 99 120 527 ℳ belasten den Kopf der Bevölkerung mit 3,[illegible] bezw. 3,[illegible] ℳ. Wenn im Jahre 1883/84 innerhalb der Gemeinden, mit Ausschluß jedoch der Gutsbezirke, 6,[illegible] ℳ pro Kopf an direkten Gemeindeabgaben neben 0,[illegible] ℳ an indirekten Gemeindeabgaben erhoben wurden, so sind diese Verhältnißzahlen ein, wenn auch sehr summarischer Beweis für die Belastung der Kommunalverbände, insbesondere der Gemeinden, durch die Schulunterhaltungspflicht. Wer die „Verstaatlichung“ der Schule **wünscht**, sollte sich gegenwärtig halten, daß die Erfüllung dieses Wunsches dem Staate mindestens 100 Millionen Mark und darüber kosten würde, und wer dieselbe **fürchtet**, kann aus eben dieser Thatsache eine gewisse Beruhigung schöpfen.

Anhang: Flächeninhalt, Gemeindeeinheiten und ortsanwesende Bevölkerung des preußischen Staates, 1890.

Staat. — Provinzen. — Regierungsbezirke.	Fläche 1890 mit Ausschluß der Haffe und Meerestheile ha	Gemeindeeinheiten am 1. Dezember 1890				Ortsanwesende Bevölkerung nach der Volkszählung vom 1. Dezember 1890		
		überhaupt	darunter Städte	darunter Landgemeinden	darunter Gutsbezirke	überhaupt	davon in den Städten	davon auf dem Lande
1	2	3	4	5	6	7	8	9
a) Staat	**34 843 668**	**54 903**	**1 263**	**37 081**	**16 559**	**29 955 281**	**11 786 061**	**18 169 220**
b) Provinzen.								
I. Ostpreußen	3 698 701	7 955	67	5 359	2 529	1 958 663	485 991	1 472 672
II. Westpreußen	2 551 598	3 520	55	2 051	1 414	1 433 681	415 677	1 018 004
III. Stadtkreis Berlin	6 339	1	1	—	—	1 578 794	1 578 794	—
IV. Brandenburg	3 983 651	5 306	135	3 153	2 018	2 541 783	978 664	1 563 119
V. Pommern	3 011 211	4 697	73	2 109	2 515	1 520 889	551 639	969 250
VI. Posen	2 896 217	5 495	133	3 318	2 044	1 751 642	506 974	1 244 668
VII. Schlesien	4 030 706	9 390	149	5 374	3 867	4 224 458	1 263 040	2 961 418
VIII. Sachsen	2 524 268	4 309	142	2 985	1 182	2 580 010	1 146 914	1 433 096
IX. Schleswig-Holstein*)	1 890 265	2 134	53	1 721	360	1 217 437	478 009	739 428
X. Hannover	3 847 393	4 455	114	4 019	322	2 278 361	741 939	1 536 422
XI. Westfalen	2 020 648	1 618	103	1 495	20	2 428 661	848 280	1 580 381
XII. Hessen-Nassau	1 569 244	2 608	105	2 224	279	1 664 426	651 095	1 013 331
XIII. Rheinland	2 699 203	3 288	131	3 150	7	4 710 391	2 130 995	2 579 396
XIV. Hohenzollern	114 224	127	2	123	2	66 085	8 050	58 035
b) Regierungsbezirke.								
1. Königsberg	2 110 952	4 075	48	2 417	1 610	1 172 149	364 618	807 531
2. Gumbinnen	1 587 749	3 880	19	2 942	919	786 514	121 373	665 141
3. Danzig	795 258	1 259	12	801	446	589 176	213 792	375 384
4. Marienwerder	1 756 340	2 261	43	1 250	968	844 505	201 885	642 620
5. Stadtkreis Berlin	6 339	1	1	—	—	1 578 794	1 578 794	—
6. Potsdam	2 064 070	2 579	70	1 511	998	1 404 626	545 978	858 648
7. Frankfurt	1 919 581	2 727	65	1 642	1 020	1 137 157	432 686	704 471
8. Stettin	1 207 558	1 876	36	1 005	835	749 017	311 796	437 221
9. Köslin	1 402 637	1 930	23	919	988	563 569	151 236	412 333
10. Stralsund	401 016	891	14	185	692	208 303	88 607	119 696
11. Posen	1 751 175	3 286	87	2 014	1 185	1 126 591	319 862	806 729
12. Bromberg	1 145 042	2 209	46	1 304	859	625 051	187 112	437 939
13. Breslau	1 348 057	3 798	56	2 203	1 539	1 599 322	597 263	1 002 059
14. Liegnitz	1 360 767	2 796	48	1 594	1 154	1 047 405	328 473	718 932
15. Oppeln	1 321 882	2 796	45	1 577	1 174	1 577 731	337 304	1 240 427
16. Magdeburg	1 150 416	1 461	48	985	428	1 071 421	516 948	554 473
17. Merseburg	1 020 858	2 262	71	1 592	599	1 075 569	432 646	642 923
18. Erfurt	352 994	586	23	408	155	433 020	197 320	235 700
19. Schleswig	1 890 265	2 134	53	1 721	360	1 217 437	478 009	739 428
20. Hannover	571 594	629	35	548	46	526 212	254 421	271 791
21. Hildesheim	531 625	724	30	600	94	476 263	173 588	302 675
22. Lüneburg	1 134 262	1 474	14	1 324	136	420 093	107 059	313 034
23. Stade	678 685	726	14	701	11	338 195	70 685	267 510
24. Osnabrück	620 483	560	14	533	13	299 478	77 666	221 812
25. Aurich	310 744	342	7	313	22	218 120	58 520	159 600
26. Münster	725 232	268	28	240	—	536 241	156 806	379 435
27. Minden	525 798	500	28	457	15	549 709	163 364	386 345
28. Arnsberg	769 618	850	47	798	5	1 342 711	528 110	814 601
29. Kassel	1 007 770	1 672	64	1 329	279	820 988	256 910	564 078
30. Wiesbaden	561 474	936	41	895	—	843 438	394 185	449 253
31. Koblenz	620 470	1 045	24	1 016	5	633 638	137 055	496 583
32. Düsseldorf	547 253	430	63	367	—	1 973 115	1 239 975	733 140
33. Köln	397 705	296	15	281	—	827 074	425 628	401 446
34. Trier	718 303	1 127	14	1 111	2	711 998	119 995	592 003
35. Aachen	415 472	390	15	375	—	564 566	208 342	356 224
36. Sigmaringen	114 224	127	2	123	2	66 085	8 050	58 035
*) Außerdem Helgoland	59	1	—	1	—	2 086	—	2 086

Anlagen.

Die öffentlichen Volksschulen im preußischen Staate

nach der Erhebung vom 25. Mai 1891.

I. Schulpflichtigkeit, Schulgebäude, Klassenräume, Lehrerwohnungen und Landdotation.

II. Die lehrplanmäßige Einrichtung der öffentlichen Volksschulen und ihre Gruppirung nach der Zahl der Unterrichtsklassen.

III. Die Schulwege der Schulkinder; die Schulkinder nach Geschlecht, Religionsbekenntniß und Familiensprache, sowie die blinden und taubstummen Schulkinder der öffentlichen Volksschulen.

IV. Lehrerstellen und Lehrkräfte.

V. Die konfessionellen Verhältnisse.

VI. Normale Frequenzverhältnisse.

VII. Anomale Frequenzverhältnisse.

VIII. Die wegen Überfüllung der öffentlichen Volksschulen in diesen nicht aufgenommenen schulpflichtigen Kinder.

IX. Die mit Kirchenämtern verbundenen Schulstellen und der Ertrag des zur Stellendotation bei öffentlichen Volksschulen vorhandenen Schulvermögens nach dem Durchschnitte der drei Jahre 1889, 1890 und 1891, sowie der Werth der an die vollbeschäftigten Lehrkräfte zu gewährenden freien Wohnung und Feuerung.

X. Die zur Bestreitung der persönlichen Kosten erfolgten Aufwendungen im Jahre 1891 bezw. 1891/92.

XI. Die sächlichen Unterhaltungskosten im Durchschnitte der Jahre 1889, 1890 und 1891, sowie die vorhandenen Bauschulden.

XII. Die Abstufung des Einkommens der vollbeschäftigten Lehrer und Lehrerinnen.

XIII. Gesammtes Diensteinkommen und Dienstalter der vollbeschäftigten Lehrkräfte.

XIV. Das Dienstalter der vollbeschäftigten Lehrkräfte nach den einzelnen Jahren.

XV. Religionsbekenntniß und Herkommen der vollbeschäftigten Lehrkräfte.

XVI. Abgelegte Prüfungen der vollbeschäftigten Lehrkräfte.

XVII. Lebensalter und Familienstand der vollbeschäftigten Lehrkräfte.

XVIII. Die staatlichen Ausgaben für das Elementar-Unterrichtswesen nach dem Staatshaushalts-Etat für 1892/93.

Anlage I.

Schulpflichtigkeit, Schulgebäude, Klassenräume, Lehrer-

Staat. — Provinzen.	Zahl der schulpflichtigen Kinder nach der Volkszählung vom 1. Dezember 1890: im Alter von 5—6 Jahren	im Alter von 6—14 Jahren	Von den schulpflichtigen Kindern: besuchen die öffentlichen Volksschulen	besuchen Privatunterricht, Privatschulen oder andere Lehranstalten [1])	konnten wegen Ueberfüllung am letzten Aufnahmetermine nicht aufgenommen werden	sind aus zulässigen Gründen nach vollendetem 6. Lebensjahre noch nicht in die Schule eingetreten [1])	sind aus zulässigen Gründen vor vollendetem 14. Lebensjahre aus der Schule entlassen	besuchen wegen körperlicher oder geistiger Mängel die Schule nicht	besuchen ohne triftigen Grund die Schule nicht	Schulen: In eigenem Schulgebäude oder unentgeltlich zur Verfügung stehenden Räumen waren untergebracht: Schulen	Klassenräume
1	2	2a	3	4	5	6	7	8	9	10	11
a) **Staat**	720 863	5 299 310	4 916 476	280 389	3 241	17 527	62 838	10 041	945	33 291	68 621
b) Provinzen.											
I. Ostpreußen	49 096	338 360	306 855	17 791	54	793	1 295	719	79	2 856	4 570
II. Westpreußen	38 507	259 176	237 311	14 702	66	3 377	184	804	299	1 864	3 063
III. Stadtkreis Berlin	26 759	212 681	175 620	35 474	—	21	1 309	104	153	175	2 893
IV. Brandenburg	56 953	427 943	384 499	28 343	29	836	3 620	519	17	2 849	5 716
V. Pommern	36 936	273 852	251 229	19 753	44	2 215	1 639	447	39	2 471	4 070
VI. Posen	46 781	337 580	306 730	13 672	2 431	2 621	4 730	1 045	122	2 269	3 472
VII. Schlesien	99 609	731 015	702 243	22 671	185	1 617	8 417	1 054	101	4 035	8 495
VIII. Sachsen	63 609	460 889	424 478	23 218	130	627	4 129	637	11	2 699	6 211
IX. Schleswig-Holstein	28 649	210 419	201 861	11 497	20	482	278	419	9	1 821	3 660
X. Hannover	53 580	403 738	377 308	24 803	4	492	6 781	636	24	3 364	5 704
XI. Westfalen	64 768	469 137	453 210	13 632	34	976	4 042	867	24	2 171	5 142
XII. Hessen-Nassau	37 345	296 969	268 627	19 265	22	434	5 456	415	8	2 126	4 137
XIII. Rheinland	116 797	865 370	814 838	35 433	222	3 022	20 945	2 355	59	4 478	11 280
XIV. Hohenzollern	1 474	12 175	11 667	135	—	14	13	22	—	113	208

[1]) Die Angaben sind seitens der Ortsbehörden, namentlich der großen Städte, mehrfach als ungenau bezeichnet worden und dürften unvollständig sein. Daher ist auch die Summe der

Anlage II.

Die lehrplanmäßige Einrichtung der öffentlichen Volksschulen

Staat. — Provinzen.	Zahl der Schulen überhaupt	Zahl der Unterrichtsklassen: zusammen	davon: Knabenklassen	Mädchenklassen	gemischte Klassen	Zahl der Schulkinder überhaupt	Unter den Schulen befinden sich … aufsteigenden: 1: Schulen	1: mit Schulkindern	2: Schulen	2: mit Unterrichtsklassen	2: mit Schulkindern	3: Schulen	3: mit Unterrichtsklassen	3: mit Schulkindern	4: Schulen	4: mit Unterrichtsklassen	4: mit Schulkindern	5: Schulen	5: mit Unterrichtsklassen	5: mit Schulkindern
1	2	3	4	5	6	7	8	9	10	11	12	13	14	15	16	17	18	19	20	21
a) **Staat**	34742	82749	12168	12281	58297	4916476	[3]) 16600	969 598	9474	19425	1047307	4447	14054	850383	1553	7247	476403	692	4252	274412
b) Provinzen.																				
I. Ostpreußen	3 012	4 973	345	343	4 285	306 855	1 896	124 963	789	1 583	94 378	196	608	36 644	53	239	13 513	42	260	14 132
II. Westpreußen	2 081	4 023	288	290	3 445	237 311	1 135	72 184	563	1 139	62 935	219	663	36 497	67	280	17 157	31	196	11 755
III. Stadtkreis Berlin	192	3 206	1 565	1 612	29	175 620	—	—	—	—	—	—	—	—	1	8	525	—	—	—
IV. Brandenburg	2 899	7 012	1 177	1 191	4 644	384 499	1 436	79 812	829	1 656	78 985	280	854	49 638	87	380	22 913	66	435	25 435
V. Pommern	2 533	4 672	601	609	3 462	251 229	1 822	102 193	339	680	33 480	202	626	32 291	56	260	13 893	19	131	7 609
VI. Posen	2 399	5 059	234	233	4 592	306 730	970	62 060	921	1 843	112 052	261	787	43 985	114	459	27 059	42	225	13 752
VII. Schlesien	4 310	12323	1 318	1 348	9 657	702 243	674	38 721	1978	3 960	184 475	896	2 739	159254	327	1467	93 245	136	786	52 030
VIII. Sachsen	2 743	7 084	1 212	1 210	4 662	424 478	1 476	84 261	460	921	48 429	395	1 211	73 166	161	781	52 648	80	509	32 949
IX. Schleswig-Holstein	1 839	3 670	567	569	2 534	201 861	1 047	52 313	480	964	48 890	152	486	27 992	53	268	16 388	20	130	8 295
X. Hannover	3 481	6 581	543	533	5 505	377 308	2 198	117 703	577	1 166	62 826	454	1 388	80 173	92	408	26 297	49	297	19 312
XI. Westfalen	2 309	6 540	1 207	1 200	4 133	453 210	792	54 372	727	1 643	101 084	397	1 335	94 383	159	791	59 813	76	457	32 733
XII. Hessen-Nassau	2 184	5 077	591	603	3 833	268 627	975	48 701	665	1 343	66 337	345	1 084	60 465	83	383	23 415	26	159	9 307
XIII. Rheinland	4 643	12373	2 512	2 532	7 329	814 838	2 120	129 271	1106	2 445	149 023	637	2 233	153418	296	1501	108004	105	662	47 103
XIV. Hohenzollern	117	203	8	8	187	11 667	59	3 044	41	82	4 613	13	40	2 477	4	22	1 533	—	—	—

[1]) darunter 55 Schulen mit je 2 Unterrichtsklassen und 1 Lehrkraft. — [2]) darunter 81 Lauf- oder Wanderschulen ohne Lehrkraft und 3 einklassige Schulen mit je 2 Lehrkräften. — [3]) darunter

Anlage I.

...wohnungen und Landdotation der öffentlichen Volksschulen.

... und Klassenräume.									Anzahl der in natura gewährten freien Wohnungen					Landdotation (einschl. Gärten ꝛc.) war vorhanden			Wiederholung der Bezeichnung in Spalte 1.
In eigenem Schulgebäude oder unentgeltlich zur Verfügung stehenden Räumen und zugleich in zugemietheten Räumen waren untergebracht			Ausschließlich in gemietheten Räumen waren untergebracht		Ueberhaupt waren vorhanden				an Lehrer		an Lehrerinnen		überhaupt	für Schulen	für Lehrerstellen	in Größe von ha	
Schulen	mit Klassenräumen überhaupt	davon in gemietheten Räumen	Schulen	Klassenräume	Schulen	Klassenräume im Ganzen	Von den Klassenräumen befinden sich in gemietheten Räumen	wurden nicht für Unterrichtszwecke benutzt	in eigenem Schulgebäude oder unentgeltlich zur Verfügung stehenden Räumen	in gemietheten Räumen	in eigenem Schulgebäude oder unentgeltlich zur Verfügung stehenden Räumen	in gemietheten Räumen					
12	13	14	15	16	17	18	19	20	21	22	23	24	25	26	27	28	
634	**2 810**	**867**	**517**	**1 490**	**34 742**	**73 921**	**2 357**	**1 971**	**40 389**	**1 184**	**2 541**	**95**	**44 189**	**27 338**	**30 484**	**75 096,71**	a)
																	b)
67	191	75	89	131	3 012	4 882	206	148	3 670	143	36	4	3 853	2 814	2 971	10 677,96	I.
64	257	108	133	145	2 081	3 465	253	52	2 390	221	22	3	2 636	1 812	1 933	3 888,88	II.
3	52	13	14	257	192	3 202	270	92	177	—	4	—	181	—	—	—	III.
24	124	36	26	74	2 889	5 914	110	171	3 338	42	21	—	3 401	2 621	2 839	6 637,73	IV.
24	155	39	38	39	2 583	4 264	78	98	2 790	64	4	—	2 858	2 365	2 518	6 494,77	V.
52	195	69	78	111	2 399	3 778	180	45	2 667	100	15	—	2 782	2 165	2 382	5 274,80	VI.
150	722	222	125	245	4 810	9 462	467	362	5 824	314	110	16	6 264	3 334	3 520	5 902,00	VII.
26	147	34	18	53	2 743	6 411	87	191	3 514	39	29	2	3 584	2 466	3 087	7 834,90	VIII.
5	13	5	13	18	1 839	3 691	23	91	2 527	11	88	2	2 628	1 665	1 991	7 873,00	IX.
39	158	54	78	93	3 481	5 950	147	163	3 877	76	76	4	4 033	3 056	3 441	17 348,00	X.
55	329	79	85	157	2 309	5 626	236	114	2 151	65	608	34	2 858	1 326	1 614	2 758,44	XI.
15	64	18	43	53	2 184	4 254	71	167	2 296	39	37	4	2 376	1 773	2 077	2 126,00	XII.
89	406	114	76	111	4 643	11 797	225	263	4 999	66	1 489	26	6 580	1 861	2 212	1 186,60	XIII.
1	2	1	3	3	117	213	4	14	149	4	2	—	155	78	99	93,14	XIV.

Spalten 3—9 nicht gleich der Spalte 2 + 2a. Letztere enthalten die Ergebnisse der Volkszählung vom 1. Dezember 1890. Von den Kindern der Spalte 2 ist indessen nur ein kleiner Theil schulpflichtig.

Anlage II.

... und ihre Gruppirung nach der Zahl der Unterrichtsklassen.

... solche mit ... Klassen						Unter den Schulen sind														
6			7 und mehr			einklassige		zweiklassige mit einer Lehrkraft		zweiklassige mit zwei Lehrkräften		dreiklassige mit zwei Lehrkräften		dreiklassige mit drei Lehrkräften		vier- und mehrklassige				Wiederholung der Bezeichnung in Spalte 1.
Schulen	mit Unterrichtsklassen	mit Schulkindern	Schulen	mit Unterrichtsklassen	mit Schulkindern	Schulen	mit Schulkindern	Schulen	mit Schulkindern	Schulen	mit Schulkindern	Schulen	mit Schulkindern	Schulen	mit Schulkindern	Schulen	mit Klassen	mit vollbeschäftigten Lehrkräften	mit Schulkindern	
22	23	24	25	26	27	28	29	30	31	32	33	34	35	36	37	38	39	40	41	
1 351	**16 181**	**994 952**	**429**	**4 921**	**363 221**	[*] **16 345**	**952 079**	[1] **5 878**	**568 235**	[1] **3 210**	**397 445**	[2] **3 183**	**527 189**	[3] **1 225**	**250 744**	**4 701**	**34 801**	**32 914**	**2200784**	a)
																				b)
33	358	21 674	3	28	1 551	1 695	124 861	115	11 509	670	82 163	91	15 400	95	18 233	146	950	943	54 599	I.
62	567	34 759	4	34	2 024	1 126	71 195	305	30 590	262	32 170	193	31 283	25	4 590	170	1 109	1 018	67 483	II.
191	3 198	175 005	—	—	—	—	—	—	—	—	—	—	—	—	—	192	3 206	3 203	175 620	III.
185	2 072	118 725	17	177	8 991	1 434	79 493	753	69 890	77	9 414	234	39 663	58	7 842	363	3 102	2 845	178 197	IV.
68	771	41 008	27	382	20 760	1 822	102 193	245	23 459	94	10 831	172	26 004	21	3 934	179	1 593	1 534	85 508	V.
82	709	43 354	9	66	4 468	970	62 060	817	98 954	102	12 792	229	37 910	31	5 630	250	1 471	1 244	89 384	VI.
274	2 406	155 625	25	291	18 893	674	56 721	1 689	146 357	286	37 438	738	122 033	137	30 650	786	5 074	4 325	327 044	VII.
187	1 616	101 363	34	570	31 662	1 476	84 261	543	32 446	116	15 834	815	54 017	60	13 254	438	3 565	3 414	224 666	VIII.
64	551	35 586	28	218	12 397	1 047	52 313	10	923	466	47 427	41	6 218	93	16 375	182	1 269	1 312	78 005	IX.
71	646	41 290	40	476	29 707	2 196	117 436	369	36 124	200	24 985	355	58 812	87	17 391	274	1 921	1 833	122 500	X.
103	868	65 102	55	650	45 723	786	53 410	374	38 281	185	27 586	301	53 870	164	40 191	499	3 241	3 051	239 872	XI.
30	239	14 479	60	844	45 923	975	48 701	565	59 815	88	11 008	274	43 088	44	9 081	238	1 792	1 760	103 844	XII.
251	2 182	146 897	128	1 195	81 122	2 085	124 391	292	27 730	624	81 161	235	38 099	423	93 128	984	6 452	6 387	451 329	XIII.
..	—	—	—	—	—	53	3 044	1	67	40	4 516	5	792	7	1 445	5	26	25	1 773	XIV.

[*] Lauf- oder Wanderschulen ohne Lehrkraft. — [1] darunter 1 zweiklassige Schule mit 3 Lehrkräften. — [2] darunter 12 dreiklassige Schulen mit je 1 Lehrkraft. — [3] darunter 2 dreiklassige Schulen mit je [illegible] Lehrkräften.

Anlage III.

Die Schulwege der Schulkinder der öffentlichen Volksschulen; die Schulkinder nach Geschlecht, Religions-

Staat. — Provinzen.	Schulkinder überhaupt	Von den Schulkindern der öffentlichen Volksschulen haben einen Schulweg von $2^1/_2$ und mehr km	Unter den Schulkindern der öffentlichen Volksschulen befinden sich: blinde	taubstumme	Geschlecht der Schulkinder: Knaben	Mädchen	Von den Schulkindern werden in gemischten Klassen unterrichtet: Knaben	Mädchen	zusammen	Religionsbekenntniß der Schulkinder: evangelisch	katholisch	sonst christlich	jüdisch
1	2	3	4	5	6	7	8	9	10	11	12	13	14
a) Staat	4 916 476	217 369	223	1 276	2 467 558	2 448 918	1 718 280	1 691 812	3 410 061	3 107 701	1 766 835	11 554	30 386
b) Provinzen.													
I. Ostpreußen	306 855	24 792	21	305	153 273	153 582	134 282	134 275	268 557	263 289	40 510	1 820	1 236
II. Westpreußen	237 311	25 158	8	125	119 315	117 996	102 325	100 815	203 140	108 402	125 165	1 430	2 314
III. Stadtkreis Berlin	175 620	230	—	—	86 544	89 076	814	1 023	1 837	161 001	11 014	519	3 086
IV. Brandenburg	384 499	15 247	13	46	192 620	191 879	126 928	125 915	252 843	376 044	6 617	1 158	680
V. Pommern	251 229	11 933	9	23	126 558	124 671	95 095	92 721	187 816	246 430	2 940	808	1 051
VI. Posen	306 730	40 559	11	191	154 117	152 613	140 891	138 955	279 846	89 541	211 971	109	5 109
VII. Schlesien	702 243	30 188	68	262	349 427	352 816	265 910	268 147	534 057	312 813	385 413	609	3 408
VIII. Sachsen	424 478	3 766	15	52	211 381	213 097	140 953	141 465	282 418	398 757	24 745	630	342
IX. Schleswig-Holstein	201 861	11 209	8	8	105 185	96 676	70 530	62 232	132 762	199 932	1 436	231	262
X. Hannover	377 308	14 957	22	39	190 197	187 111	156 891	153 627	310 518	328 035	47 188	609	1 426
XI. Westfalen	453 210	24 266	10	65	228 585	224 625	138 266	134 827	273 093	217 203	233 116	1 134	1 757
XII. Hessen-Nassau	268 627	2 165	18	50	134 862	133 765	101 917	99 748	201 665	189 819	73 598	1 007	4 203
XIII. Rheinland	814 838	12 729	19	107	409 713	405 125	238 135	232 696	470 831	216 126	591 814	1 481	5 417
XIV. Hohenzollern	11 667	190	1	2	5 781	5 886	5 332	5 366	10 698	264	11 308	—	95

Anlage IV.

Lehrerstellen und Lehrkräfte

Staat. — Provinzen.	Es waren vorhanden Stellen für vollbeschäftigte: ordentliche Lehrkräfte	Hülfslehrkräfte	Lehrkräfte zusammen	Von den vorhandenen Stellen für vollbeschäftigte ordentliche Lehrkräfte waren am 25. Mai 1891: nicht ordnungsmäßig besetzt	unbesetzt	Hülfslehrkräfte waren am 25. Mai 1891: nicht ordnungsmäßig besetzt	unbesetzt	Religionsbekenntniß der Stellen für ordentliche Lehrkräfte: Lehrer: evangelische	katholische	sonst christliche	jüdische	zusammen	Lehrerinnen: evangelische	katholische	sonst christliche	jüdische	zusammen
1	2	3	4	5	6	7	8	9	10	11	12	13	14	15	16	17	18
a) Staat	70 094	1 637	71 731	143	821	2	54	44 314	17153	4	336	61 807	3 381	4 847	1	58	8 287
b) Provinzen.																	
I. Ostpreußen	4 704	58	4 762	10	51	—	—	3 950	550	—	—	4 500	155	49	—	—	204
II. Westpreußen	3 433	1	3 434	5	33	—	—	1 856	1 379	2	21	3 258	130	44	—	1	175
III. Stadtkreis Berlin	3 095	108	3 203	—	—	—	—	1 950	125	—	4	2 079	904	72	—	40	1 016
IV. Brandenburg	5 735	22	5 757	13	52	—	1	5 398	58	—	—	5 456	270	9	—	—	279
V. Pommern	4 179	13	4 192	6	12	—	—	3 961	25	—	—	3 986	190	3	—	—	193
VI. Posen	3 748	8	3 756	11	72	—	1	1 530	2 049	—	87	3 666	54	23	—	5	82
VII. Schlesien	8 086	1 025	9 111	21	86	1	44	3 766	3 837	1	26	7 630	209	245	—	2	456
VIII. Sachsen	6 250	21	6 271	9	94	—	—	5 686	282	—	—	5 968	258	23	1	—	282
IX. Schleswig-Holstein	3 476	188	3 664	18	105	1	4	3 157	8	—	6	3 171	292	9	—	4	305
X. Hannover	5 772	46	5 818	6	116	—	—	4 952	525	—	52	5 529	127	116	—	—	243
XI. Westfalen	5 652	19	5 671	13	66	—	—	2 442	1 706	—	23	4 171	324	1 156	—	1	1 481
XII. Hessen-Nassau	4 094	53	4 147	2	29	—	1	2 805	929	1	82	3 817	116	160	—	1	277
XIII. Rheinland	11 734	15	11 749	29	103	—	—	2 859	5 552	—	32	8 443	352	2 935	—	4	3 291
XIV. Hohenzollern	136	60	196	—	2	—	3	2	128	—	3	133	—	3	—	—	3

... bekenntniß und Familiensprache, sowie die blinden und taubstummen Schulkinder der öffentlichen Volksschulen.

Familiensprache der Schulkinder: Es sprechen in ihren Familien																			
nur deutsch	nur polnisch	polnisch und deutsch	nur kassubisch	kassubisch und deutsch	nur litauisch	litauisch und deutsch	nur wendisch	wendisch und deutsch	nur sonst slawisch	sonst slawisch und deutsch	nur dänisch	dänisch und deutsch	nur friesisch	friesisch und deutsch	nur wallonisch	wallonisch und deutsch	nur eine sonstige nicht deutsche Sprache	eine sonstige nicht deutsche Sprache und deutsch	Wiederholung der Bezeichnung in Spalte 1.
15	16	17	18	19	20	21	22	23	24	25	26	27	28	29	30	31	32	33	
4 266 909	431 142	76 298	3 443	344	12 625	6 863	10 488	3 090	11 042	1 445	23 735	1 697	2 762	368	1 546	74	546	1 059	a)
																			b)
215 303	54 176	17 820	—	—	12 620	6 841	—	—	95	—	—	—	—	—	—	—	—	—	I.
142 315	79 348	11 973	3 345	398	—	—	—	—	—	2	—	—	—	—	—	—	—	—	II.
174 597	240	675	—	—	—	1	—	1	3	22	—	10	—	—	—	—	10	61	III.
375 851	181	442	—	—	—	5	6 228	1 694	7	26	—	3	—	—	—	—	3	59	IV.
249 918	706	483	98	16	—	4	—	—	—	—	—	—	—	—	—	—	—	4	V.
108 410	186 346	11 941	—	—	—	—	—	—	32	1	—	—	—	—	—	—	—	—	VI.
484 354	109 409	30 289	—	—	—	—	4 260	1 383	10 854	1 354	—	—	—	—	—	—	199	141	VII.
424 137	50	255	—	—	—	—	—	—	2	4	—	2	—	—	—	—	1	27	VIII.
174 057	30	51	—	—	—	3	—	—	18	3	23 734	1 679	2 762	366	—	—	54	104	IX.
376 886	29	38	—	—	—	9	—	—	7	13	—	—	—	—	—	—	29	297	X.
450 269	533	2 167	—	—	5	—	—	11	24	15	—	—	—	—	—	—	72	114	XI.
268 509	—	10	—	—	—	—	—	—	—	1	—	2	—	2	—	—	13	30	XII.
812 576	94	154	—	—	—	—	—	1	—	4	1	1	—	—	1 546	74	165	222	XIII.
11 667	—	—	—	—	—	—	—	—	—	—	—	—	—	—	—	—	—	—	XIV.

... an den öffentlichen Volksschulen.

... vollbeschäftigten Lehrkräfte.																
Stellen für Hülfslehrkräfte										Nicht vollbeschäftigte		Unter den nicht vollbeschäftigten Hülfslehrern der Spalte 29 befinden sich Religionslehrer für die konfessionelle Minderheit der Schulkinder	Adjuvanten, Gehülfen u. dergl., welche mit Rücksicht auf den gegenwärtigen Stelleninhaber von der Behörde, dem Schulvorstande und dergl. angenommen sind	Handarbeits-Lehrerinnen		Wiederholung der Bezeichnung in Spalte 1
Lehrer:					Lehrerinnen:					Hülfslehrer	Hülfslehrerinnen			geprüfte	ungeprüfte	
evangelische	katholische	sonst christliche	jüdische	zusammen	evangelische	katholische	sonst christliche	jüdische	zusammen							
19	20	21	22	23	24	25	26	27	28	29	30	31	32	33	34	
623	806	1	—	1 430	164	43	—	—	207	3 967	409	2 407	107	7 078	30 051	a)
																b)
52	—	—	—	52	6	—	—	—	6	138	3	135	6	51	2 837	I.
—	1	—	—	1	—	—	—	—	—	748	1	747	2	53	2 036	II.
100	2	—	—	102	6	—	—	—	6	4	355	11	—	762	—	III.
3	—	—	—	3	19	—	—	—	19	26	5	14	6	121	2 620	IV.
7	—	—	—	7	5	1	—	—	6	38	1	33	9	62	2 396	V.
3	1	—	—	4	3	1	—	—	4	729	1	719	3	88	2 286	VI.
253	715	1	—	969	28	28	—	—	56	396	15	353	7	328	4 219	VII.
5	1	—	—	6	15	—	—	—	15	23	8	—	3	136	2 627	VIII.
155	—	—	—	155	33	—	—	—	33	12	1	—	10	179	1 743	IX.
13	—	—	—	13	32	1	—	—	33	26	6	6	5	452	2 833	X.
4	2	—	—	6	13	—	—	—	13	34	1	17	18	1 184	1 544	XI.
23	24	—	—	47	1	5	—	—	6	130	8	108	22	194	2 101	XII.
4	3	—	—	7	3	5	—	—	8	1 658	4	261	16	3 462	2 446	XIII.
1	57	—	—	58	—	2	—	—	2	5	—	4	—	6	111	XIV.

Anlage V.

Die konfessionellen Verhältnisse

Staat. — Provinzen.	Evangelische Schulen: Schulen	Vollbeschäftigte Lehrkräfte: ordentliche	Vollbeschäftigte Lehrkräfte: Hilfslehrkräfte	Unterrichtsklassen	Schulkinder: überhaupt	Schulkinder: evangelische	Schulkinder: katholische	Schulkinder: sonst christliche	Schulkinder: jüdische	Katholische Schulen: Schulen	Vollbeschäftigte Lehrkräfte: ordentliche	Vollbeschäftigte Lehrkräfte: Hilfslehrkräfte	Unterrichtsklassen	Schulkinder: überhaupt	Schulkinder: evangelische	Schulkinder: katholische	Schulkinder: sonst christliche	Schulkinder: jüdische
1	2	3	4	5	6	7	8	9	10	11	12	13	14	15	16	17	18	19
a) **Staat**	23749	45 316	786	53 452	3 038 864	2 972 775	55 367	10 569	10 853	10 154	20 711	836	26 198	1 635 778	19 134	1 612 187	131	4 327
b) Provinzen.																		
I. Ostpreußen	2 657	4 083	58	4 322	263 264	261 944	4 038	1 817	1 165	347	591	—	621	36 850	709	36 087	—	54
II. Westpreußen	[1]) 1 084	1 402	—	1 617	92 938	74 447	16 581	1 256	649	706	944	—	1 198	73 127	3 985	68 984	10	148
III. Stadtkreis Berlin	143	2 288	95	2 385	131 736	129 743	384	404	1 205	11	176	2	178	9 475	—	9 475	—	—
IV. Brandenburg	2 872	5 668	22	6 937	380 227	376 033	2 356	1 158	680	27	67	—	75	4 272	11	4 261	—	—
V. Pommern	2 511	4 109	12	4 597	247 334	244 304	1 271	804	955	18	24	1	26	1 424	87	1 337	—	—
VI. Posen	938	1 291	2	1 543	84 079	71 939	11 105	50	987	1 289	1 830	1	2 818	133 809	4 660	178 839	6	87
VII. Schlesien	2 267	3 905	280	6 223	315 254	304 004	10 637	506	1 109	2 010	3 895	740	5 799	365 520	4 801	359 750	94	875
VIII. Sachsen	2 591	5 922	20	6 697	400 367	397 721	1 680	634	332	151	305	1	366	23 108	57	23 049	—	2
IX. Schleswig-Holstein. . . .	1 831	3 449	198	3 652	201 099	199 932	841	231	95	5	17	—	10	595	—	595	—	—
X. Hannover	3 009	5 079	45	5 758	329 812	327 940	798	608	466	494	641	1	776	46 565	132	46 389	1	43
XI. Westfalen	1 045	2 754	17	3 231	218 366	215 598	1 168	1 151	469	1 245	2 860	2	3 270	232 888	605	231 790	5	490
XII. Hessen-Nassau	1 557	2 403	19	3 158	165 731	161 795	1 934	826	1 177	455	771	21	959	53 958	882	52 805	—	331
XIII. Rheinland	1 242	3 156	7	3 345	214 493	208 909	2 576	1 444	1 564	3 856	8 459	8	8 905	592 991	3 219	587 448	37	2 987
XIV. Hohenzollern.	2	2	1	3	168	168	—	—	—	112	131	59	197	11 404	96	11 308	—	—

[1]) darunter 1 sonst christliche Schule mit 1 Lehrer, 1 Klasse und 44 sonst christlichen Schulkindern. — [2]) darunter 21 Hilfslehrkräfte evangelischer, 18 katholischer und 1 sonst christlicher Konfession.

Anlage VI.

Normale Frequenzverhältnisse

Staat. — Provinzen.	Normale Frequenzverhältnisse (d. h. bis 80 Schulkinder auf die Unterrichtsklasse in ein-										
	in einklassigen Schulen		in zweiklassigen Schulen mit einer Lehrkraft			in zweiklassigen Schulen mit zwei Lehrkräften			in dreiklassigen Schulen mit zwei Lehrkräften		
	Schulen bezw. Klassen	Schulkinder	Schulen	Klassen	Schulkinder	Schulen	Klassen	Schulkinder	Schulen	Klassen	Schulkinder
1	2	3	4	5	6	7	8	9	10	11	12
a) **Staat**	13 639	692 269	5 013	10 491	465 761	2 797	4 790	256 234	3 055	7 952	401 370
b) Provinzen.											
I. Ostpreußen	1 451	82 119	115	219	10 740	609	1 062	59 598	90	236	12 517
II. Westpreußen	871	47 006	293	555	26 221	235	398	22 077	193	507	25 819
III. Stadtkreis Berlin . . .	—	—	—	—	—	—	—	—	—	—	—
IV. Brandenburg	1 234	59 839	720	1 379	59 682	65	113	6 126	224	583	30 170
V. Pommern	1 343	75 715	241	469	20 823	87	161	8 681	167	472	22 529
VI. Posen	729	37 829	675	1 178	60 349	82	143	7 536	228	561	27 524
VII. Schlesien	540	25 891	1 655	3 150	128 525	218	365	20 396	710	1 889	95 683
VIII. Sachsen	1 197	56 135	384	634	28 368	89	147	8 492	290	769	39 228
IX. Schleswig-Holstein . . .	989	47 139	10	19	849	456	867	42 318	41	114	5 558
X. Hannover	1 866	86 107	368	670	30 714	170	288	15 629	335	586	41 319
XI. Westfalen	527	28 327	364	639	29 597	101	147	8 612	274	606	34 725
XII. Hessen-Nassau	890	40 529	545	1 035	45 385	70	128	7 219	270	701	33 325
XIII. Rheinland	1 749	93 571	292	542	24 471	436	815	46 090	235	584	28 561
XIV. Hohenzollern	58	2 493	1	2	67	36	68	3 000	5	14	719

der öffentlichen Volksschulen.

Anlage V.

Jüdische Schulen. Schulen	Vollbeschäftigte Lehrkräfte: ordentliche	Vollbeschäftigte Lehrkräfte: Hülfslehrkräfte	Unterrichtsklassen	Schulkinder: überhaupt	Schulkinder: evangelische	Schulkinder: katholische	Schulkinder: sonst christliche	Schulkinder: jüdische	Paritätische bezw. simultane Schulen. Schulen	Vollbeschäftigte Lehrkräfte: überhaupt	ordentliche: evangelische	ordentliche: katholische	ordentliche: sonst christliche	ordentliche: jüdische	Hülfslehrkräfte	Unterrichtsklassen	Schulkinder: überhaupt	Schulkinder: evangelische	Schulkinder: katholische	Schulkinder: sonst christliche	Schulkinder: jüdische	Wiederholung der Bezeichnung in Spalte 1.
20	21	22	23	24	25	26	27	28	29	30	31	32	33	34	35	36	37	38	39	40	41	
244	**385**	—	**307**	**9 510**	**16**	**1**	—	**9 502**	**393**	**3 302**	**2 186**	**1 258**	**4**	**89**	*) **35**	**2 778**	**220 314**	**114 778**	**99 390**	**534**	**5 794**	a)
																						b)
—	—	—	—	—	—	—	—	—	6	30	22	8	—	—	—	30	1 741	1 336	385	3	17	I.
4	7	—	7	199	—	—	—	199	287	1 080	585	479	1	15	1	1 201	71 052	29 970	39 600	164	1 318	II.
—	—	—	—	—	—	—	—	—	38	631	566	21	—	44	11	643	34 409	31 258	1 155	115	1 881	III.
—	—	—	—	—	—	—	—	—	—	—	—	—	—	—	—	—	—	—	—	—	—	IV.
—	—	—	—	—	—	—	—	—	4	46	42	4	—	—	—	49	2 471	2 089	282	4	96	V.
57	77	—	80	2 967	—	—	—	2 967	115	550	293	242	—	15	5	618	36 082	12 942	22 029	53	1 058	VI.
7	18	—	19	709	—	—	—	709	26	268	70	187	1	10	5	282	19 760	4 010	15 026	9	715	VII.
—	—	—	—	—	—	—	—	—	1	23	22	—	1	—	—	21	1 003	974	16	5	8	VIII.
3	10	—	6	167	—	—	—	167	—	—	—	—	—	—	—	—	—	—	—	—	—	IX.
48	52	—	52	931	13	1	—	917	—	—	—	—	—	—	—	—	—	—	—	—	—	X.
18	22	—	22	757	—	—	—	757	3	16	12	2	—	2	—	17	1 199	1 000	158	—	41	XI.
82	82	—	84	2 159	3	—	—	2 156	90	833	513	318	1	1	13	828	46 778	27 199	18 859	181	539	XII.
22	34	—	34	1 585	—	—	—	1 585	23	85	55	29	—	2	—	89	5 819	3 998	1 790	—	31	XIII.
3	3	—	3	95	—	—	—	95	—	—	—	—	—	—	—	—	—	—	—	—	—	XIV.

der öffentlichen Volksschulen.

Anlage VI.

klassigen, bis 70 Schüler auf die Unterrichtsklasse in zwei- und mehrklassigen Schulen) bestehen:

in sonstigen drei- und mehrklassigen Schulen			Überhaupt			Darunter mit 30 und weniger Schulkindern auf die Klasse: im Ganzen			insbesondere in einklassigen Schulen		Wiederholung der Bezeichnung in Spalte 1.
Schulen	Klassen	Schulkinder	in Schulen	in Klassen	mit Schulkindern	Schulen	Klassen	Schulkinder	Schulen bezw. Klassen	Schulkinder	
13	14	15	16	17	18	19	20	21	22	23	
3 207	**26 113**	**1 449 549**	**30 231**	**62 927**	**3 253 294**	**4 491**	**5 178**	**119 745**	**2 135**	**47 622**	a)
											b)
231	931	52 582	2 489	3 949	217 556	112	136	3 245	70	1 661	I.
184	900	45 593	1 776	3 281	170 016	166	211	5 014	65	1 978	II.
192	3 121	169 347	192	3 121	169 347	29	39	1 100	—	—	III.
300	2 665	142 959	2 633	5 974	293 536	450	585	12 853	210	4 827	IV.
200	1 450	74 035	2 258	4 104	201 763	354	441	10 869	248	5 836	V.
274	1 191	63 937	1 983	3 802	197 175	195	207	4 878	114	2 525	VI.
818	3 598	192 106	3 941	9 542	469 101	897	1 119	25 349	109	2 852	VII.
458	2 684	143 312	2 368	5 431	282 255	391	434	9 741	246	5 459	VIII.
260	1 207	68 570	1 765	3 196	164 434	219	228	5 379	170	3 893	IX.
327	1 466	81 854	3 006	5 176	258 616	556	590	12 947	418	8 808	X.
450	1 388	82 202	1 725	3 367	183 463	201	213	4 979	60	1 243	XI.
271	1 532	81 096	2 046	4 286	207 504	497	572	13 015	198	4 333	XII.
1 122	3 891	233 700	3 592	7 579	426 393	359	386	9 027	196	4 475	XIII.
12	32	1 956	107	169	8 835	15	15	844	11	234	XIV.

Anlage VII.

Anomale Frequenzverhältnisse

Staat. — Provinzen.	Anomale Frequenzverhältni-																				
	81 bis 100 Schulkinder auf die Klasse in einklassigen, 71 bis 90 Schulkinder auf die Klasse in zwei- und mehrklassigen Schulen:														101 bis 150 Schulkinder auf die Klasse in ein- … in zwei- und mehrklassigen						
	in einklassigen Schulen		in zweiklassigen Schulen mit einer Lehrkraft			in zweiklassigen Schulen mit zwei Lehrkräften			in dreiklassigen Schulen mit zwei Lehrkräften			in sonstigen drei- und mehrklassigen Schulen			in einklassigen Schulen		in zweiklassigen Schulen mit einer Lehrkraft			in zweiklassigen Schulen mit zwei Lehrkräften		
	Schulen bezw. Klassen	Schulkinder	Schulen	Klassen	Schulkinder	Schulen	Klassen	Schulkinder	Schulen	Klassen	Schulkinder	Schulen	Klassen	Schulkinder	Schulen bezw. Klassen	Schulkinder	Schulen	Klassen	Schulkinder	Schulen	Klassen	Schulkinder
1	2	3	4	5	6	7	8	9	10	11	12	13	14	15	16	17	18	19	20	21	22	23
a) Staat	3 079	184468	903	1072	83361	1120	1461	114635	967	1366	105860	4070	10476	820631	706	90338	163	186	18202	207	247	24641
b) Provinzen.																						
I. Ostpreußen	306	27 181	10	10	768	196	244	19 065	26	34	2 605	126	224	17 104	133	14756	1	1	91	29	31	3 089
II. Westpreußen	184	16 272	43	51	3 966	93	113	8 786	58	66	4 849	114	245	19 228	71	7 917	3	4	403	12	13	1 303
III. Stadtkreis Berlin	—	—	—	—	—	—	—	—	—	—	—	61	85	6 273	—	—	—	—	—	—	—	—
IV. Brandenburg	143	12 711	85	108	8 367	28	36	2 794	74	106	8 190	235	513	39 386	54	6 411	18	19	1 841	4	5	494
V. Pommern	218	19 397	17	20	1 538	20	27	2 170	29	41	3 185	97	177	13 730	59	6 770	1	1	98	—	—	—
VI. Posen	157	13 921	257	330	26010	37	48	3 793	82	106	8 297	154	296	23 105	73	8 475	101	119	11684	8	10	1 041
VII. Schlesien	89	7 990	184	213	16375	127	175	13 849	191	276	21 379	615	1 496	117816	42	4 841	14	15	1 457	26	31	3 071
VIII. Sachsen	165	14 772	41	46	3 472	51	62	4 922	102	156	12 135	348	838	65 583	112	13042	5	6	586	18	22	2 275
IX. Schleswig-Holstein	53	4 647	1	1	74	47	60	4 623	6	9	660	137	327	24 939	5	527	—	—	—	4	5	486
X. Hannover	247	21 912	62	62	4 823	69	83	6 427	103	152	11 824	238	611	47 716	81	9 110	6	6	587	21	27	2 673
XI. Westfalen	173	15 359	91	102	8 012	118	160	12 686	126	200	15 518	564	1 799	142838	84	9 398	6	7	672	52	63	6 278
XII. Hessen-Nassau	59	5 227	73	88	6 798	32	45	3 559	86	106	8 283	171	337	26 213	25	2 799	7	7	682	2	3	327
XIII. Rheinland	279	24 528	41	41	3 158	294	396	31 210	83	113	8 782	1203	3 516	275734	57	6 292	1	1	101	31	37	3 598
XIV. Hohenzollern	6	551	—	—	—	8	12	946	1	1	73	7	12	966	—	—	—	—	—	—	—	—

*) Die in Spalte 44 verzeichnete Anzahl der Schulen mit anomalen Frequenzverhältnissen ist nicht die Summe von Spalte 2, 4, 7, 10, 13, 16, 18, 21, 24, 27, 30, 32, 35, 38 und 41, weil
Spalte 44 nur einmal gezählt sind.

Anlage VIII.

Die wegen Überfüllung der öffentlichen Volksschulen

Staat. — Provinzen.	A. In den Städten und auf dem Lande zusammen.											B. In		
	Von den schulpflichtigen Kindern konnten wegen Überfüllung nicht Aufnahme finden:											Von den schulpflichtigen		
	überhaupt			und zwar in								überhaupt		
	in Schulen	darunter in solchen mit anomalen Frequenzverhältnissen	Kinder	einklassigen Schulen		zweiklassigen Schulen mit einer Lehrkraft		zweiklassigen Schulen mit zwei Lehrkräften		drei- und mehrklassigen Schulen		in Schulen	darunter in solchen mit anomalen Frequenzverhältnissen	Kinder
				Schulen	Kinder	Schulen	Kinder	Schulen	Kinder	Schulen	Kinder			
1	2	3	4	5	6	7	8	9	10	11	12	13	14	15
a) Staat	183	139	3 239	23	121	69	1 186	15	82	76	1 650	15	10	312
b) Provinzen.														
I. Ostpreußen	12	3	54	6	18	—	—	5	33	1	3	1	—	3
II. Westpreußen	10	5	66	3	26	3	7	2	5	2	28	—	—	—
III. Stadtkreis Berlin	—	—	—	—	—	—	—	—	—	—	—	—	—	—
IV. Brandenburg	3	3	29	—	—	2	11	—	—	1	18	—	—	—
V. Pommern	4	2	44	1	2	—	—	—	—	3	42	2	1	16
VI. Posen	107	94	2 431	5	39	55	1 132	3	7	44	1 253	10	8	266
VII. Schlesien	9	6	183	—	—	2	7	—	—	7	176	1	—	2
VIII. Sachsen	6	4	130	—	—	3	16	—	—	3	114	—	—	—
IX. Schleswig-Holstein	3	1	20	1	5	—	—	1	2	1	13	—	—	—
X. Hannover	2	1	4	2	4	—	—	—	—	—	—	—	—	—
XI. Westfalen	6	5	34	—	—	1	4	—	—	5	30	—	—	—
XII. Hessen-Nassau	5	2	22	2	13	3	9	—	—	—	—	—	—	—
XIII. Rheinland	16	11	222	3	14	—	—	4	35	9	173	1	1	25
XIV. Hohenzollern	—	—	—	—	—	—	—	—	—	—	—	—	—	—

der öffentlichen Volksschulen.

…nisse bestehen, und zwar:

…klassigen, 91 bis 120 Schulkinder auf die Klasse … Schulen: in dreiklassigen Schulen mit zwei Lehrkräften: Schulen	Klassen	Schulkinder	in sonstigen drei- und mehrklassigen Schulen: Schulen	Klassen	Schulkinder	über 150 Schulkinder auf die Klasse in einklassigen, über 120 Schulkinder auf die Klasse in zwei- und mehrklassigen Schulen: in einklassigen Schulen: Schulen bezw. Klassen	Schulkinder	in zweiklassigen Schulen mit einer Lehrkraft: Schulen	Klassen	Schulkinder	in zweiklassigen Schulen mit zwei Lehrkräften: Schulen	Klassen	Schulkinder	in dreiklassigen Schulen mit zwei Lehrkräften: Schulen	Klassen	Schulkinder	in sonstigen drei- und mehrklassigen Schulen: Schulen	Klassen	Schulkinder	überhaupt: in Schulen	in Klassen	mit Schulkindern	Wiederholung der Bezeichnung in Spalte 1.
24	25	26	27	28	29	30	31	32	33	34	35	36	37	38	39	40	41	42	43	44	45	46	
184	195	19 139	1 130	1 744	172 504	31	5 818	7	7	911	10	12	1 615	6	6	599	121	141	18 844	[1] 10 467	18 819	1 681 152	a)
																							b)
3	3	278	23	25	2 468	5	805	—	—	—	2	3	411	—	—	—	3	5	679	829	1 024	89 299	I.
6	6	615	28	35	3 418	—	—	—	—	—	—	—	—	—	—	—	4	4	534	589	792	67 285	II.
—	—	—	—	—	—	—	—	—	—	—	—	—	—	—	—	—	—	—	—	61	85	6 273	III.
10	12	1 166	27	37	3 563	3	472	—	—	—	—	—	—	1	1	137	1	1	131	640	1 088	85 663	IV.
2	3	290	15	18	1 725	2	311	—	—	—	—	—	—	—	—	—	2	2	252	445	568	49 466	V.
15	18	1 811	49	71	7 161	11	1 831	7	7	911	2	3	422	2	2	278	6	6	811	859	1 257	109 555	VI.
36	47	4 720	198	344	34 434	3	499	—	—	—	1	1	122	2	2	251	37	47	6 338	1 303	2 781	233 142	VII.
18	19	1 820	128	202	20 088	2	312	—	—	—	1	1	147	1	1	134	18	21	2 938	864	1 653	142 223	VIII.
—	—	—	12	12	1 191	—	—	—	—	—	—	—	—	—	—	—	2	2	280	254	474	37 427	IX.
23	27	2 576	70	102	10 002	2	307	—	—	—	2	2	250	—	—	—	3	3	379	845	1 405	118 692	X.
26	37	3 627	273	516	51 154	2	326	—	—	—	—	—	—	—	—	—	26	30	3 868	1 230	3 173	269 747	XI.
13	15	1 480	40	49	4 825	1	153	—	—	—	—	—	—	—	—	—	6	6	791	463	741	61 193	XII.
8	8	756	255	330	32 178	—	—	—	—	—	2	2	263	—	—	—	13	14	1 843	2 003	4 794	388 445	XIII.
—	—	—	2	3	296	—	—	—	—	—	—	—	—	—	—	—	—	—	—	22	34	2 832	XIV.

…diejenigen mehrklassigen Schulen, an denen Unterrichtsklassen mit verschiedener anormaler Frequenz vorkommen, in den genannten Spalten zwei- bezw. dreimal erscheinen, während dieselben für die

in diesen nicht aufgenommenen schulpflichtigen Kinder.

… den Städten. … Kindern konnten wegen Überfüllung nicht Aufnahme finden: und zwar in einklassigen Schulen: Schulen	Kinder	zweiklassigen Schulen mit einer Lehrkraft: Schulen	Kinder	zweiklassigen Schulen mit zwei Lehrkräften: Schulen	Kinder	drei- und mehrklassigen Schulen: Schulen	Kinder	C. Auf dem Lande. Von den schulpflichtigen Kindern konnten wegen Überfüllung nicht Aufnahme finden: überhaupt: in Schulen	darunter in solchen mit anomalen Frequenzverhältnissen	Kinder	und zwar in einklassigen Schulen: Schulen	Kinder	zweiklassigen Schulen mit einer Lehrkraft: Schulen	Kinder	zweiklassigen Schulen mit zwei Lehrkräften: Schulen	Kinder	drei- und mehrklassigen Schulen: Schulen	Kinder	Wiederholung der Bezeichnung in Spalte 1.
16	17	18	19	20	21	22	23	24	25	26	27	28	29	30	31	32	33	34	
—	—	1	28	—	—	14	284	168	129	2 827	23	121	68	1 136	18	82	62	1 886	a)
																			b)
—	—	—	—	—	—	1	3	11	5	51	6	15	—	—	5	35	—	—	I.
—	—	—	—	—	—	—	—	10	5	66	3	26	3	7	2	5	2	29	II.
—	—	—	—	—	—	—	—	—	—	—	—	—	—	—	—	—	—	—	III.
—	—	—	—	—	—	—	—	3	3	29	—	—	2	11	—	—	1	18	IV.
—	—	—	—	—	—	2	16	2	1	28	1	2	—	—	—	—	1	26	V.
—	—	1	28	—	—	9	238	37	86	2 165	5	39	54	1 104	3	7	35	1 015	VI.
—	—	—	—	—	—	1	2	8	6	181	—	—	2	7	—	—	6	174	VII.
—	—	—	—	—	—	—	—	6	4	170	—	—	3	16	—	—	3	114	VIII.
—	—	—	—	—	—	—	—	3	1	20	1	5	—	—	1	2	1	13	IX.
—	—	—	—	—	—	—	—	2	1	4	2	4	—	—	—	—	—	—	X.
—	—	—	—	—	—	—	—	6	5	34	—	—	1	4	—	—	5	30	XI.
—	—	—	—	—	—	—	—	5	2	22	2	13	3	9	—	—	—	—	XII.
—	—	—	—	—	—	1	25	15	10	197	3	14	—	—	4	35	8	148	XIII.
—	—	—	—	—	—	—	—	—	—	—	—	—	—	—	—	—	—	—	XIV.

Anlage IX. **Die mit Kirchenämtern verbundenen Schulstellen und der Ertrag des zur Stellendotation bei 1889, 1890 und 1891, sowie der Werth der an die vollbeschäftigten**

Staat. — Provinzen.	Zahl der überhaupt vorhandenen Stellen für vollbeschäftigte Lehrkräfte	Zahl der Stellen, welche dauernd oder herkömmlich mit einem kirchlichen Amte verbunden sind: evangelische: Anzahl	evangelische: mit einem Einkommen aus dem kirchlichen Amte überhaupt ℳ	evangelische: im Durchschnitt für eine Stelle ℳ	katholische: Anzahl	katholische: mit einem Einkommen aus dem kirchlichen Amte überhaupt ℳ	katholische: im Durchschnitt für eine Stelle ℳ	Zahl der Stellen, zu deren Dotation überhaupt Schul- und Stiftungsvermögen vorhanden ist
1	2	3	4	5	6	7	8	9
a) Staat	71 731	12 346	3 999 593	324	3 082	784 730	255	33 224
b) Provinzen.								
I. Ostpreußen	4 762	423	307 119	726	101	47 132	467	2 997
II. Westpreußen	3 434	237	66 653	281	136	36 608	269	2 163
III. Stadtkreis Berlin	3 203	—	—	—	—	—	—	8
IV. Brandenburg	5 757	2 287	687 026	300	19	4 882	257	2 927
V. Pommern	4 192	1 345	339 031	252	10	1 536	154	2 657
VI. Posen	3 756	243	54 965	226	98	16 728	171	2 408
VII. Schlesien	9 111	937	403 582	431	1 062	369 189	348	4 546
VIII. Sachsen	6 271	2 518	994 282	395	147	35 903	244	3 258
IX. Schleswig-Holstein	3 664	538	307 530	572	3	1 180	393	2 069
X. Hannover	5 318	1 716	537 439	313	214	44 710	209	3 580
XI. Westfalen	5 671	329	100 722	306	347	81 415	235	1 800
XII. Hessen-Nassau	4 147	1 350	130 118	96	364	36 736	101	2 222
XIII. Rheinland	11 749	423	70 721	167	487	91 061	187	2 466
XIV. Hohenzollern	196	2	405	203	94	17 670	188	123

Anlage X. **Die zur Bestreitung der persönlichen Kosten der öffentlichen**

Staat. — Provinzen.	Jährliches Einkommen der Stellen für vollbeschäftigte Lehrkräfte, ausschließlich des Werthes für freie Wohnung und Feuerung bezw. nach Abzug der zur Beschaffung von Wohnung und Feuerung zu verwendenden Beträge. Gesammt-Stelleneinkommen für vollbeschäftigte Lehrkräfte zusammen ℳ	davon für Lehrer ℳ	davon für Lehrerinnen ℳ	Von dem Gesammt-Stelleneinkommen (Sp. 2) werden beschafft: durch Schulgeld ℳ	durch Aufkünfte vom Schul- und Stiftungsvermögen ℳ	aus der Kirchenkasse bezw. durch den Ertrag der Stolgebühren ℳ	durch Leistungen der Schulsozietäten ℳ	durch Gemeinde-, gutsherrliche und Patronatsleistungen ℳ	aus Staatsmitteln: infolge rechtlicher Verpflichtung ℳ	aus Staatsmitteln: als Bedürfnißzuschuß ℳ	aus Staatsmitteln: auf Grund des Gesetzes v. 14. Juni 1888 bezw. 31. März 1889 ℳ	Persönliche und Dienst- … aus Staats- …: Zahl der Empfänger: Lehrer	Zahl der Empfänger: Lehrerinnen	Betrag überhaupt ℳ
1	2	3	4	5	6	7	8	9	10	11	12	13	14	15
a) Staat	74 735 602	67 015 142	7 720 460	1378963	6 544 393	2476300	4 799 398	27777300	375823	5 634 575	25 348 668	27241	1 962	8 431 975
b) Provinzen.														
I. Ostpreußen	3 847 222	3 706 524	140 698	16 247	624 189	169 141	126 839	448 392	26 497	597 648	1 838 269	2 452	52	742 180
II. Westpreußen	2 782 938	2 657 834	125 104	2 683	294 881	67 730	39 692	651 136	19 119	340 891	1 366 876	1 437	24	401 421
III. Stadtkreis Berlin	5 790 471	4 534 309	1 256 162	—	1 363	—	—	4 959 921	—	2 532	826 650	—	—	—
IV. Brandenburg	5 759 933	5 521 244	238 689	102 636	798 238	251 446	246 993	1 700 245	17 102	465 469	2 177 804	2 370	39	769 766
V. Pommern	3 743 297	3 610 185	133 112	31 054	478 557	149 366	102 682	752 224	23 827	634 937	1 540 650	2 166	29	648 053
VI. Posen	3 157 805	3 095 298	62 507	7 456	111 395	67 282	403 625	239 249	3 597	809 302	1 515 399	1 736	6	518 580
VII. Schlesien	9 170 422	8 701 431	468 991	109 520	625 195	594 140	441 003	3 551 981	41 931	584 071	3 222 581	3 473	53	1 040 939
VIII. Sachsen	6 673 725	6 439 568	234 157	565 641	1 475 612	873 643	182 473	1 623 209	47 597	282 298	2 172 858	2 323	34	724 105
IX. Schlesw.-Holstein	4 175 771	3 911 621	264 150	9 369	691 833	185 014	800 018	1 071 084	11 234	73 423	1 333 789	1 501	49	431 098
X. Hannover	5 435 733	5 233 657	203 076	218 901	825 245	230 795	618 399	533 969	21 765	404 143	2 282 003	2 700	54	870 821
XI. Westfalen	6 358 901	5 015 176	1 343 725	146 350	208 525	106 843	1 441 978	2 158 939	36 974	387 818	1 871 474	1 813	579	573 303
XII. Hessen-Nassau	4 284 651	4 029 142	255 509	82 525	291 819	123 949	33 052	1 743 316	89 895	411 848	1 508 247	1 386	50	625 870
XIII. Rheinland	13 371 116	10 379 365	2 991 751	36 101	147 963	146 645	358 523	7 940 268	36 108	884 755	3 320 753	3 267	1 013	1 052 139
XIV. Hohenzollern	183 617	179 788	3 829	..	19 578	10 306	3 622	73 427	474	4 900	71 315	117	—	33 700

*) Das Einkommen der vollbeschäftigten Handarbeitslehrerinnen ist in Spalte 3 bezw. 4 nachgewiesen. — *) Nach Abzug der Beträge in Spalte 21, da diese schon in dem Stelleneinkommen

öffentlichen Volksschulen vorhandenen Schulvermögens nach dem Durchschnitt der drei Jahre Lehrkräfte zu gewährenden freien Wohnung und Feuerung.

Anlage IX.

Ertrag des zur Stellendotation vorhandenen Schul- und Stiftungsvermögens, mit Ausschluß des für Wohnung und Feuerung bestimmten, und zwar: überhaupt ℳ	Ertrag der Landdotation ℳ	Ertrag des sonstigen Grundbesitzes ℳ	Ertrag der Berechtigungen ℳ	Ertrag an Kapitalzinsen, Geld- und Naturalrenten ℳ	Durchschnittlicher Ertrag des Vermögens für eine Stelle ℳ	Gesammtzahl der an Lehrer und Lehrerinnen in natura gewährten freien Wohnungen	Ortsüblicher Werth der den Lehrkräften zustehenden freien Wohnung und Feuerung, gleichviel in welcher Form dieselben gewährt werden: überhaupt ℳ	durchschnittlich für eine Stelle ℳ	Wiederholung der Bezeichnung in Spalte 1.
10	11	12	13	14	15	16	17	18	
6 544 395	3 541 842	108 031	281 573	2 612 349	107	44 189	17 543 886	243	a)
									b)
624 180	308 868	2 646	56 905	255 775	208	3 853	861 330	181	I.
294 881	169 754	810	23 737	100 580	136	2 636	725 893	211	II.
1 368	—	—	—	1 368	171	181	1 446 046	451	III.
798 236	341 806	2 672	14 076	439 685	273	5 401	1 427 851	249	IV.
478 557	255 738	2 741	37 395	182 683	180	2 858	987 812	236	V.
111 895	80 916	4 691	2 560	23 698	46	2 782	977 851	260	VI.
625 195	302 584	3 071	36 063	283 477	138	6 264	2 111 390	232	VII.
1 425 612	821 707	11 466	44 107	548 332	438	3 584	1 415 456	226	VIII.
691 335	478 570	48 238	14 043	150 484	334	2 628	902 239	246	IX.
875 245	513 238	14 030	23 004	274 973	231	4 033	1 276 277	219	X.
208 525	91 861	8 839	6 887	100 938	116	2 858	1 240 619	219	XI.
291 819	92 691	2 676	10 647	185 805	131	2 376	1 164 395	281	XII.
147 963	78 564	6 661	11 233	51 505	60	6 580	2 976 872	253	XIII.
19 573	5 221	390	916	13 046	159	155	29 346	150	XIV.

Volksschulen erfolgten Aufwendungen im Jahre 1891 bezw. 1891/92.

Anlage X.

…alterszulagen mitteln, davon: Dienstalterszulagen ℳ	persönliche Zulagen ℳ	Betrag der persönlichen u. s. w. Zulagen aus Mitteln der Gemeinden und sonstigen Verpflichteten ℳ	Aufwendungen für nicht vollbeschäftigte Hülfslehrkräfte ℳ	Aufwendungen für Handarbeitsunterricht ohne die Gebühren für vollbeschäftigte Handarbeitslehrerinnen¹) ℳ	Aufwendungen für Wohnungen u. s. w., welche mit Rücksicht auf den Stelleninhaber von der Gemeinde u. dergl. angenommen sind ℳ	Zahl der Lehrer, denen solche Wohnungen beigegeben sind	Pensionirte Lehrkräfte und deren Pensionen. Zahl der pensionirten Lehrer überhaupt	davon nach dem 1. April 1886 pensionirt	Lehrerinnen überhaupt	davon nach dem 1. April 1886 pensionirt	Gesammtbetrag der Pensionen überhaupt ℳ	davon für Lehrer ℳ	für Lehrerinnen ℳ	Von der Pension werden beschafft aus Staatsmitteln ℳ	durch Abgaben des Dienstnachfolgers: Betrag ℳ	für Pensionäre	durch Leistungen der Gemeinden und sonstigen Verpflichteten ℳ	Summe der persönlichen Schulunterhaltungskosten¹) ℳ	Wiederholung der Bezeichnung in Spalte 1.
16	17	18	19	20	21	22	23	24	25	26	27	28	29	30	31	32	33	34	
6 283 093	148887	1003833	626 981	2186670	72 660	107	5 601	4 064	400	216	5960185	5734478	234707	3312487	310426	1287	2146302	92 716 500	a)
																			b)
730 430	11 750	12 993	11 470	103 701	3 540	6	466	349	11	5	418 320	414 958	3 362	280 927	20 458	85	116 935	5 118 898	I.
384 290	17 131	33 190	71 213	101 377	1 368	2	348	264	18	9	307 830	299 288	8 542	211 486	5 458	32	90 886	3 693 879	II.
—	—	—	170 297	279 223	—	—	57	31	26	15	120 298	100 402	19 896	48 000	—	—	72 289	6 860 259	III.
763 450	6 916	40 599	14 098	143 729	3 590	6	598	416	11	7	590 334	587 061	3 273	352 616	51 290	206	186 428	7 279 746	IV.
641 875	6 178	15 713	10 517	105 746	3 293	9	531	381	10	6	485 733	480 404	5 329	314 459	23 518	147	147 756	4 988 534	V.
498 560	20 020	25 608	66 918	112 685	1 170	3	389	324	—	—	349 214	349 214	—	223 779	9 531	20	115 904	4 222 449	VI.
1 085 010	5 929	101 924	163 780	309 518	4 521	7	698	520	37	16	766 613	756 168	10 445	409 970	56 914	272	300 729	11 500 805	VII.
706 486	17 639	108 020	36 996	261 290	2 571	3	534	384	8	7	595 503	591 480	4 023	314 482	83 104	269	197 917	5 316 106	VIII.
421 742	9 356	126 994	8 331	127 057	6 317	10	461	290	7	3	479 000	477 269	1 731	266 872	9 451	38	202 677	5 345 118	IX.
853 995	16 826	109 808	16 408	183 961	3 185	5	503	351	16	13	466 278	458 969	7 309	297 037	33 724	187	130 517	7 017 470	X.
554 155	19 148	130 299	10 927	116 518	12 410	18	238	159	58	24	285 717	255 423	30 294	166 815	7 787	19	111 115	7 480 288	XI.
612 930	12 940	105 689	16 181	103 135	14 844	22	197	114	18	10	246 890	234 771	12 119	135 534	540	3	110 816	5 396 770	XII.
1 046 400	5 649	186 233	29 647	234 481	15 870	16	670	464	185	97	846 307	717 923	128381	483 744	3 651	9	358 912	15 732 142	XIII.
33 700	—	833	200	4 208	—	—	11	8	—	—	11 148	11 148	—	7 727	—	—	3 421	233 706	XIV.

…der Spalte 3 mit einbegriffen sind.

Anlage XI.

Die sächlichen Unterhaltungskosten der öffentlichen Volksschulen im

Staat — Provinzen.	Leistungen für											
	Gesammtbetrag der Aufwendungen für Bauten	Davon		Von dem Gesammtbetrage (Sp. 2) entfallen auf:								
				Neubauten				Erweiterungsbauten				Reparaturbauten
		in baar	Werth der in natura erfolgten Leistungen	Betrag	Zahl der Neubauten	Durch die in Sp. 6 angegebenen Neubauten sind neu beschafft: Lehrerwohnungen	Klassenräume	Betrag	Zahl der Erweiterungsbauten	Durch die in Sp. 10 angegebenen Erweiterungsbauten sind neu beschafft: Lehrerwohnungen	Klassenräume	Betrag
	ℳ	ℳ	ℳ	ℳ				ℳ				ℳ
1	2	3	4	5	6	7	8	9	10	11	12	13
a) Staat	21 820 104	21 286 400	533 704	15 085 810	7 444	2 828	5 090	2 160 488	2 930	938	1 378	4 593 798
b) Provinzen.												
I. Ostpreußen	879 436	768 910	110 526	477 261	461	156	218	94 296	212	83	78	307 881
II. Westpreußen	791 382	745 090	46 292	459 496	399	112	198	60 230	173	50	51	271 656
III. Stadtkreis Berlin	1 970 756	1 970 756	—	1 768 773	46	31	542	—	—	—	—	201 983
IV. Brandenburg	1 418 581	1 345 112	73 469	914 269	496	158	368	159 473	219	81	98	344 339
V. Pommern	746 460	680 488	65 972	449 579	380	115	166	59 191	176	55	90	237 690
VI. Posen	1 278 469	1 244 145	34 324	859 218	1 037	298	377	114 671	307	73	83	304 580
VII. Schlesien	1 946 803	1 869 975	76 828	1 130 387	717	272	401	249 839	302	153	168	566 577
VIII. Sachsen	2 175 703	2 154 946	20 757	1 638 821	507	213	703	182 247	258	61	109	354 635
IX. Schleswig-Holstein	1 148 413	1 125 466	22 947	679 183	431	225	331	162 675	221	60	95	306 355
X. Hannover	1 772 598	1 727 032	45 566	1 183 894	1 063	384	680	190 427	469	132	173	398 277
XI. Westfalen	2 596 663	2 586 577	10 086	1 930 952	697	300	646	253 101	217	85	157	389 550
XII. Hessen-Nassau	1 023 905	1 004 890	19 015	653 208	441	115	283	78 389	120	29	51	292 308
XIII. Rheinland	4 024 647	4 016 949	7 698	2 893 805	753	438	1 079	521 538	279	93	285	609 304
XIV. Hohenzollern	46 376	46 154	222	27 064	16	2	1	4 151	3	3	2	15 161

Anlage XII.

Die Abstufung des Einkommens der vollbeschäftigten

Einkommensstufen. — Staat.	Stelleneinkommen abzüglich des Werthes der freien Wohnung und Feuerung				Stelleneinkommen unter Hinzurechnung des Werthes der freien Wohnung und Feuerung			
	für Lehrer		für Lehrerinnen		für Lehrer		für Lehrerinnen	
	Zahl der Lehrer	Betrag des Einkommens ℳ	Zahl der Lehrerinnen	Betrag des Einkommens ℳ	Zahl der Lehrer	Betrag des Einkommens ℳ	Zahl der Lehrerinnen	Betrag des Einkommens ℳ
1	2	3	4	5	6	7	8	9
Bis 300 ℳ	15	3 656	23	5 344	6	1 334	2	540
301— 450 ℳ	127	52 408	130	51 826	23	9 551	13	5 572
451— 600 „	2 773	1 556 622	584	331 284	577	333 872	104	59 020
601— 750 „	11 306	8 198 434	1 970	1 377 566	2 600	1 773 415	468	335 662
751— 809 „	5 136	4 005 762	766	600 183	1 016	795 860	339	265 518
810 „	1 599	1 295 190	61	49 410	195	157 950	50	40 500
811— 900 „	10 019	8 663 925	1 532	1 321 364	5 983	5 250 187	1 341	1 169 295
901—1 050 „	10 216	9 974 432	1 350	1 317 422	14 567	14 366 100	1 950	1 923 087
1 051—1 200 „	6 664	7 537 606	835	934 808	11 879	13 437 799	1 699	1 948 140
1 201—1 350 „	4 368	5 582 606	534	673 548	6 702	8 592 111	721	930 050
1 351—1 500 „	2 813	4 032 139	421	596 490	4 980	7 142 657	626	878 788
1 501—1 650 „	2 034	3 192 134	239	374 410	3 534	5 601 810	538	849 065
1 651—1 800 „	1 800	3 126 506	40	68 805	2 452	4 276 704	354	618 285
1 801—1 950 „	956	1 796 445	—	—	1 892	3 445 761	224	431 778
1 951—2 100 „	1 012	2 042 356	9	18 000	1 548	3 162 217	38	76 260
2 101—2 250 „	733	1 589 575	—	—	1 236	2 715 524	18	40 070
2 251—2 400 „	574	1 355 202	—	—	947	2 224 412	9	21 600
2 401—2 550 „	157	388 335	—	—	804	1 996 011	—	—
2 551—2 700 „	417	1 099 666	—	—	749	1 999 804	—	—
2 701—2 850 „	80	221 539	—	—	196	547 983	—	—
2 851—3 000 „	135	361 000	—	—	513	1 526 905	—	—
über 3 000 „	258	939 057	—	—	906	3 329 287	—	—
Staat	63 237	67 015142	8 494	7 720 460	63 237	82 686 234	8 404	9 593 236

Durchschnitte der Jahre 1889, 1890 und 1891 sowie die vorhandenen Bauschulden.

Anlage XI.

Schulbauten. Von dem Gesammtbetrage für Schulbauten (Sp. 2) wurden beschafft: durch Bewilligungen aus dem Patronats-Baufonds ℳ	durch Allerhöchste Gnadenbewilligungen ℳ	aus dem Schul- und Stiftungsvermögen ℳ	aus Mitteln der Schulsozietäten ℳ	aus Mitteln der Gemeinden und sonstigen Verpflichteten ℳ	aus sonstigen Quellen ℳ	Sonstige sächliche Aufwendungen einschließlich des Werthes der freien Wohnung und Feuerung. Gesammtbetrag der sonstigen sächlichen Aufwendungen ℳ	Von dem Gesammtbetrage (Sp. 20) wurden beschafft: aus dem Schul- und Stiftungsvermögen ℳ	aus Mitteln der Schulsozietäten ℳ	aus Mitteln der Gemeinden und sonstigen Verpflichteten ℳ	aus Staatsmitteln ℳ	aus sonstigen Quellen ℳ	Summe der sächlichen Schulunterhaltungskosten ℳ	Betrag der durch Schulbauten verursachten und noch vorhandenen Bauschulden ℳ	Wiederholung der Bezeichnung in Spalte 1.
14	15	16	17	18	19	20	21	22	23	24	25	26	27	
511 154	929 072	415 926	3 571 149	15 528 097	844 796	31 088 618	5 922 267	4 982 999	18 029 898	1 832 161	189 303	53 506 812	83 534 940	a)
														b)
76 480	77 105	9 973	228 377	453 212	34 291	1 495 568	321 404	180 865	674 121	314 402	4 796	2 375 026	1 703 077	I.
86 661	90 851	8 708	22 760	542 805	39 564	1 405 558	270 666	34 536	873 148	218 763	8 425	2 196 940	1 868 809	II.
—	—	—	—	1 970 756	—	2 758 960	144 350	—	2 614 610	—	—	4 729 716	—	III.
99 901	54 733	42 064	151 082	991 586	79 215	2 163 826	461 939	244 414	1 379 844	89 750	7 879	3 601 907	5 499 960	IV.
50 857	73 173	47 237	149 630	401 819	23 744	1 561 233	318 932	222 258	837 689	200 409	6 945	2 327 693	1 555 637	V.
21 582	208 817	39 009	661 251	205 191	142 669	1 758 351	417 990	850 809	245 733	210 024	24 795	3 036 820	3 937 754	VI.
31 753	146 486	36 336	188 561	1 878 497	104 630	3 343 203	724 080	322 919	2 141 005	118 396	36 823	5 290 006	5 181 544	VII.
33 961	57 497	99 712	119 327	1 874 484	35 212	2 384 893	447 493	239 946	1 519 678	168 198	9 578	4 560 596	5 289 048	VIII.
5 396	8 265	21 133	403 779	619 240	30 600	1 843 730	380 440	755 477	668 397	30 475	8 941	2 992 113	4 205 468	IX.
4 447	48 587	59 677	710 792	867 459	81 036	2 306 845	496 264	359 753	786 255	104 071	60 502	4 079 443	11 074 293	X.
2 551	40 737	32 526	730 270	1 551 127	209 446	2 578 999	429 927	774 605	1 323 856	44 169	6 442	5 175 662	19 501 636	XI.
621	41 350	8 645	15 068	923 430	34 291	1 897 063	313 659	35 408	1 383 754	128 830	6 012	2 221 568	6 356 304	XII.
31 886	76 120	9 096	129 688	3 730 024	27 855	6 096 156	1 167 479	152 869	4 546 065	225 139	4 604	10 120 803	16 544 970	XIII.
99	14 841	350	44	29 367	1 675	54 113	15 664	1 140	36 233	515	561	100 489	315 540	XIV.

Lehrer und Lehrerinnen an den öffentlichen Volksschulen.

Anlage XII.

Stelleneinkommen abzüglich des Werthes der freien Wohnung und Feuerung, aber mit Hinzurechnung der Dienstalters-Zulagen aus Staatsfonds: für Lehrer: Zahl der Lehrer	für Lehrer: Betrag des Einkommens ℳ	für Lehrerinnen: Zahl der Lehrerinnen	für Lehrerinnen: Betrag des Einkommens ℳ	Stelleneinkommen unter Hinzurechnung des Werthes der freien Wohnung und Feuerung, sowie der persönlichen und Dienstalters-Zulagen aus Staatsfonds und Gemeindemitteln: für Lehrer: Zahl der Lehrer	für Lehrer: Betrag des Einkommens ℳ	für Lehrerinnen: Zahl der Lehrerinnen	für Lehrerinnen: Betrag des Einkommens ℳ	Wiederholung der Bezeichnung in Spalte 1.
10	11	12	13	14	15	16	17	
10	2 255	20	4 500	5	1 052	2	540	bis 300 ℳ
117	48 462	125	49 821	18	7 685	11	4 735	301— 450 ℳ
2 664	1 494 705	511	287 151	559	324 085	82	46 335	451— 600 „
7 671	5 487 824	1 639	1 145 465	2 450	1 091 124	374	267 429	601— 750 „
2 824	2 204 062	658	516 584	872	683 277	258	202 419	751— 809 „
914	740 340	36	29 160	141	114 210	34	27 530	810 „
7 272	6 281 613	1 424	1 223 061	3 765	3 284 517	1 061	925 675	811— 900 „
9 258	9 074 519	1 552	1 517 565	9 145	9 031 326	1 762	1 747 854	901—1 050 „
7 261	8 217 572	1 055	1 180 111	9 256	10 516 983	1 828	2 086 705	1 051—1 200 „
7 031	9 047 059	665	839 508	6 962	8 933 979	936	1 199 160	1 201—1 350 „
5 122	7 308 461	458	655 294	6 740	9 654 569	808	1 136 943	1 351—1 500 „
3 611	5 676 238	282	441 910	5 750	9 087 426	617	973 100	1 501—1 650 „
2 961	5 124 419	52	89 325	4 039	6 997 239	395	680 156	1 651—1 800 „
1 796	3 375 310	3	5 520	3 180	5 980 068	249	478 042	1 801—1 950 „
1 557	3 144 405	9	18 000	2 500	5 079 483	40	98 575	1 951—2 100 „
1 055	2 288 890	—	—	2 046	4 474 811	19	42 270	2 101—2 250 „
793	1 863 054	—	—	1 493	3 483 614	9	21 600	2 251—2 400 „
242	599 107	—	—	1 258	3 120 005	—	—	2 401—2 550 „
497	1 308 416	—	—	966	2 565 894	—	—	2 551—2 700 „
119	326 814	—	—	361	1 005 619	—	—	2 701—2 850 „
146	422 138	—	—	614	1 823 336	—	—	2 851—3 000 „
207	984 125	—	—	1 087	3 911 937	—	—	über 3 000 „
63 227	73 028 124	8 494	7 988 571	63 227	81 272 189	8 494	9 943 189	Staat.

Anlage XIII.

Gesammtes Diensteinkommen und Dienstalter der voll-

A. Lehrer.

Einkommensstufen (einschließlich des Werthes für Wohnung und Feuerung, Dienstalterszulage u. s. w.) — Staat.	Von den vollbeschäftigten Lehrern hatten ein Dienstalter von									Vollbeschäftigte Lehrer zusammen	Außerdem unbesetzte Stellen
	0–5 Jahren		5 bis 10 Jahren	10 bis 15 Jahren	15 bis 20 Jahren	20 bis 30 Jahren	30 bis 40 Jahren	40 bis 50 Jahren	über 50 Jahren		
	überhaupt	davon unter 20 Jahre alt									
1	2		3	4	5	6	7	8	9	10	
Von den vollbeschäftigten Lehrern hatten ein Diensteinkommen:											
bis 300 M.	3	—	—	1	—	—	—	—	—	4	1
von 301– 450 M.	16	14	1	—	1	—	—	—	—	18	—
„ 451– 600 „	459	97	57	6	2	1	2	1	—	528	31
„ 601– 750 „	2 193	65	181	10	3	—	—	1	—	2 388	92
„ 751– 809 „	689	3	136	8	1	—	—	—	—	834	38
„ 810 „	113	—	16	1	—	1	—	—	—	131	10
„ 811– 900 „	2 354	29	1 120	109	10	7	2	3	1	3 606	159
„ 901–1 050 „	4 061	36	3 413	1 279	118	38	6	2	—	8 917	228
„ 1 051–1 200 „	2 506	16	3 069	2 110	984	383	16	—	2	9 070	186
„ 1 201–1 350 „	653	3	1 836	1 617	1 116	1 251	161	48	8	6 885	77
„ 1 351–1 500 „	366	2	1 252	1 296	854	1 564	955	357	34	6 678	62
„ 1 501–1 650 „	205	1	659	874	749	1 350	1 173	478	39	5 727	23
„ 1 651–1 800 „	53	—	386	592	625	1 072	892	362	37	4 019	20
„ 1 801–1 950 „	43	—	319	432	425	818	713	298	22	3 170	10
„ 1 951–2 100 „	17	—	104	357	366	739	637	230	29	2 488	12
„ 2 101–2 250 „	12	—	152	352	260	601	465	185	16	2 043	3
„ 2 251–2 400 „	5	—	12	94	228	539	450	142	19	1 489	4
„ 2 401–2 550 „	9	—	24	255	209	383	277	87	8	1 255	3
„ 2 551–2 700 „	4	—	11	142	245	261	223	70	9	965	1
„ 2 701–2 850 „	1	—	1	13	41	99	142	57	7	361	—
„ 2 851–3 000 „	1	—	2	27	168	242	128	38	4	610	4
„ über 3 000 „	—	—	3	21	91	502	340	117	12	1 086	1
Staat . . .	13 963	266	12 054	9 599	6 406	9 951	9 582	2 460	247	62 272	965

Anlage XIV.

Das Dienstalter der vollbeschäftigten Lehrkräfte an den

A.

Staat. — Provinzen.	Dienstalter der voll-																			
	unter 1 Jahr	1 bis 2 Jahre	2 bis 3 Jahre	3 bis 4 Jahre	4 bis 5 Jahre	unter 1 bis 5 Jahre	5 bis 6 Jahre	6 bis 7 Jahre	7 bis 8 Jahre	8 bis 9 Jahre	9 bis 10 Jahre	5 bis 10 Jahre	10 bis 11 Jahre	11 bis 12 Jahre	12 bis 13 Jahre	13 bis 14 Jahre	14 bis 15 Jahre	10 bis 15 Jahre	15 bis 16 Jahre	16 bis 17 Jahre
1	2	3	4	5	6	7	8	9	10	11	12	13	14	15	16	17	18	19	20	21
a) Staat	2 773	2 821	2 599	2 734	3 036	13963	2 545	2 716	2 627	2 530	2 536	12954	2 281	2 074	1 886	1 729	1 646	9 599	1 417	1 429
b) Provinzen.																				
I. Ostpreußen . . .	202	200	213	194	189	998	203	166	160	141	176	846	138	147	143	132	125	685	130	103
II. Westpreußen . . .	197	179	132	187	167	862	156	166	154	156	128	740	130	110	91	99	87	517	61	71
III. Stadtkreis Berlin	31	42	52	49	51	225	54	64	69	119	156	462	126	113	125	124	109	597	78	80
IV. Brandenburg . .	256	271	233	275	301	1 336	220	253	222	193	208	1 096	160	121	122	125	129	657	112	106
V. Pommern	151	157	155	156	186	805	144	100	146	141	118	709	117	133	122	122	101	595	89	98
VI. Posen	171	185	217	187	179	939	132	174	178	163	134	781	118	124	89	97	76	504	69	94
VII. Schlesien	428	388	371	422	511	2 120	392	361	390	350	321	1 814	279	249	256	239	223	1 246	195	203
VIII. Sachsen	242	257	248	258	307	1 312	270	287	274	229	231	1 291	207	166	159	149	141	822	135	117
IX. Schleswig-Holstein	209	184	144	120	140	797	116	123	112	118	125	594	103	103	101	97	80	484	82	80
X. Hannover	264	264	241	240	238	1 247	208	224	213	207	213	1 065	195	144	152	121	130	742	93	109
XI. Westfalen . . .	152	186	121	178	201	838	176	183	200	160	175	894	181	174	160	124	121	760	144	109
XII. Hessen-Nassau . .	125	151	147	148	176	747	137	147	139	174	143	740	120	146	110	92	93	561	68	80
XIII. Rheinland	340	354	319	311	382	1 706	350	400	362	372	400	1 884	380	337	253	202	224	1 396	153	184
XIV. Hohenzollern . .	5	3	6	9	8	31	7	8	8	7	8	38	7	7	3	6	10	33	8	5

beschäftigten Lehrkräfte an den öffentlichen Volksschulen.

B. Lehrerinnen.

Einkommensstufen (einschließlich des Werthes für Wohnung und Feuerung, Dienstalterszulage u. s. w.) — Staat.	Von den vollbeschäftigten Lehrerinnen hatten ein Dienstalter von: 0 bis 5 Jahren überhaupt	0 bis 5 Jahren davon unter 20 Jahre alt	5 bis 10 Jahren	10 bis 15 Jahren	15 bis 20 Jahren	20 bis 30 Jahren	30 bis 40 Jahren	40 bis 50 Jahren	über 50 Jahren	Vollbeschäftigte Lehrerinnen zusammen	Außerdem unbesetzte Stellen
1	2		3	4	5	6	7	8	9	10	
Von den vollbeschäftigten Lehrerinnen hatten ein Diensteinkommen:											
bis 300 ℳ	1	—	—	1	—	—	—	—	—	2	—
von 301— 450 ℳ	4	—	5	—	1	—	—	—	—	10	1
„ 451— 600 „	41	1	22	6	6	7	—	—	—	82	—
„ 601— 750 „	215	6	107	81	11	6	1	—	—	371	3
„ 751— 809 „	152	3	67	25	9	3	—	—	—	256	2
„ 810 „	19	—	8	4	1	1	1	—	—	34	—
„ 811— 900 „	593	30	294	121	36	9	2	—	—	1 055	6
„ 901—1 050 „	697	31	537	355	127	28	3	1	1	1 749	13
„ 1 051—1 200 „	611	5	471	391	196	111	21	4	—	1 805	23
„ 1 201—1 350 „	43	1	223	275	174	158	50	10	1	934	2
„ 1 351—1 500 „	119	—	174	171	151	125	54	11	1	806	3
„ 1 501—1 650 „	16	—	206	152	86	125	28	2	—	615	2
„ 1 651—1 800 „	—	—	7	211	70	72	30	4	—	394	1
„ 1 801—1 950 „	—	—	2	13	111	101	22	—	—	249	—
„ 1 951—2 100 „	—	—	8	5	2	20	12	2	—	49	—
„ 2 101—2 250 „	—	—	—	1	—	1	9	7	1	19	—
„ 2 251—2 400 „	—	—	—	5	2	2	—	—	—	9	—
„ 2 401—2 550 „	—	—	—	—	—	—	—	—	—	—	—
„ 2 551—2 700 „	—	—	—	—	—	—	—	—	—	—	—
„ 2 701—2 850 „	—	—	—	—	—	—	—	—	—	—	—
„ 2 851—3 000 „	—	—	—	—	—	—	—	—	—	—	—
„ über 3 000 „	—	—	—	—	—	—	—	—	—	—	—
Staat	2 311	77	2 131	1 787	983	769	233	41	4	8 439	53

öffentlichen Volksschulen nach den einzelnen Dienstjahren.

Lehrer.

beschäftigten Lehrer:

17 bis 18 Jahre	18 bis 19 Jahre	19 bis 20 Jahre	15 bis 20 Jahre	20 bis 21 Jahre	21 bis 22 Jahre	22 bis 23 Jahre	23 bis 24 Jahre	24 bis 25 Jahre	20 bis 25 Jahre	25 bis 26 Jahre	26 bis 27 Jahre	27 bis 28 Jahre	28 bis 29 Jahre	29 bis 30 Jahre	25 bis 30 Jahre	30 bis 31 Jahre	31 bis 32 Jahre	32 bis 33 Jahre	33 bis 34 Jahre	34 bis 35 Jahre	30 bis 35 Jahre	Wiederholung der Bezeichnung in Spalte 1.
22	23	24	25	26	27	28	29	30	31	32	33	34	35	36	37	38	39	40	41	42	43	
1 255	1 197	1 188	6 496	1 078	1 124	1 132	1 014	985	5 333	1 033	972	888	863	887	4 618	822	837	771	680	849	3 739	a)
																						b)
86	108	78	500	86	85	81	61	67	380	68	76	70	64	55	333	65	61	50	41	51	271	I.
61	54	80	297	49	54	46	48	32	229	46	49	31	42	48	216	34	30	38	26	31	168	II.
76	61	73	308	42	50	52	58	45	245	32	36	28	32	32	160	17	20	6	13	14	70	III.
96	73	86	473	74	93	105	79	90	441	82	80	91	84	78	415	86	97	84	71	66	404	IV.
80	96	102	465	87	84	79	62	56	359	73	74	61	76	74	358	59	49	61	53	60	282	V.
88	53	50	354	38	55	64	38	46	241	37	62	47	37	52	235	36	47	40	34	46	203	VI.
165	141	116	820	142	132	151	132	141	698	144	140	104	113	100	601	102	102	125	81	70	480	VII.
84	98	94	528	88	91	86	77	101	443	101	111	106	82	87	487	98	78	77	81	61	395	VIII.
65	70	91	388	59	60	49	70	55	299	69	61	57	40	35	261	51	33	30	26	35	175	IX.
88	95	104	489	93	85	89	87	91	445	86	70	80	86	87	409	82	89	87	69	69	396	X.
97	76	90	516	83	70	76	75	61	365	64	49	46	67	45	271	46	52	45	40	35	218	XI.
68	84	49	344	56	92	95	65	59	367	81	51	50	59	55	296	48	50	43	56	44	250	XII.
200	192	204	933	175	171	158	163	137	804	148	108	114	79	114	563	94	107	82	85	66	434	XIII.
6	1	1	21	6	5	1	4	1	17	2	5	3	2	—	12	4	4	3	1	1	13	XIV.

Noch: Anlage XIV.

Noch: Das Dienstalter der vollbeschäftigten Lehrkräfte an den öffentlichen Volksschulen nach den einzelnen Dienstjahren.

Noch: A. Lehrer.

Staat. — Provinzen.	Dienstalter der vollbeschäftigten Lehrer:																			Vollbeschäftigte Lehrer zusammen
	35 bis 36 Jahre	36 bis 37 Jahre	37 bis 38 Jahre	38 bis 39 Jahre	39 bis 40 Jahre	35 bis 40 Jahre	40 bis 41 Jahre	41 bis 42 Jahre	42 bis 43 Jahre	43 bis 44 Jahre	44 bis 45 Jahre	40 bis 45 Jahre	45 bis 46 Jahre	46 bis 47 Jahre	47 bis 48 Jahre	48 bis 49 Jahre	49 bis 50 Jahre	45 bis 50 Jahre	über 50 Jahre	
1	44	45	46	47	48	49	50	51	52	53	54	55	56	57	58	59	60	61	62	63
a) Staat . .	613	611	543	365	489	2 823	409	370	311	316	273	1 679	237	193	138	125	108	901	247	62 272
b) Provinzen.																				
I. Ostpreußen . .	50	54	45	49	43	241	37	27	27	24	23	138	22	15	7	11	12	67	32	4 491
II. Westpreußen .	24	19	21	25	22	111	10	11	9	17	7	54	6	4	7	3	2	22	6	3 222
III. Stadtkreis Berlin	8	8	8	6	8	38	3	2	—	4	3	12	—	—	1	2	—	3	1	2 161
IV. Brandenburg .	43	56	57	53	54	263	49	47	28	39	26	189	24	22	14	22	15	97	23	5 394
V. Pommern . . .	59	55	43	38	30	225	35	19	17	20	20	111	14	12	8	8	4	46	20	3 075
VI. Posen	32	44	30	34	21	161	28	20	17	13	21	104	11	11	7	8	11	48	18	3 588
VII. Schlesien . . .	69	63	50	80	40	302	54	52	39	45	51	241	28	25	20	14	19	106	21	8 449
VIII. Sachsen	66	65	60	51	58	300	44	43	47	34	27	195	22	10	14	10	11	74	26	5 873
IX. Schleswig-Holstein	29	22	29	29	24	133	14	13	21	4	4	56	5	4	4	—	1	14	2	3 204
X. Hannover . . .	71	68	65	58	61	323	42	41	30	23	29	170	29	28	18	11	8	94	40	5 420
XI. Westfalen . . .	25	26	32	25	18	126	21	16	10	8	11	66	14	11	2	2	9	38	10	4 102
XII. Hessen-Nassau .	64	48	32	50	42	236	31	37	28	41	21	158	25	29	20	20	11	105	28	3 832
XIII. Rheinland . .	73	81	70	66	67	357	40	39	34	34	30	177	30	20	15	13	4	89	19	8 355
XIV. Hohenzollern .	—	2	3	1	1	7	1	3	4	—	—	8	—	2	1	1	1	5	1	186

Noch: Anlage XV.

Noch: Das Dienstalter der vollbeschäftigten Lehrkräfte an

Noch: B.

Staat. — Provinzen.	Dienstalter der voll-																				
	15 bis 16 Jahre	16 bis 17 Jahre	17 bis 18 Jahre	18 bis 19 Jahre	19 bis 20 Jahre	15 bis 20 Jahre	20 bis 21 Jahre	21 bis 22 Jahre	22 bis 23 Jahre	23 bis 24 Jahre	24 bis 25 Jahre	20 bis 25 Jahre	25 bis 26 Jahre	26 bis 27 Jahre	27 bis 28 Jahre	28 bis 29 Jahre	29 bis 30 Jahre	25 bis 30 Jahre	30 bis 31 Jahre	31 bis 32 Jahre	32 bis 33 Jahre
1	20	21	22	23	24	25	26	27	28	29	30	31	32	33	34	35	36	37	38	39	40
a) Staat . .	222	243	214	162	122	963	139	112	118	70	60	311	72	43	68	46	31	256	37	37	35
b) Provinzen.																					
I. Ostpreußen .	7	6	6	4	1	34	3	3	—	—	—	6	2	2	—	—	—	4	—	—	—
II. Westpreußen	8	5	2	6	3	24	3	3	1	4	3	14	1	—	2	1	1	5	—	—	—
III. Stdtkr. Berlin	28	30	20	14	12	104	19	10	5	7	12	53	7	1	6	2	—	16	—	3	2
IV. Brandenburg	4	6	7	4	3	24	3	3	1	—	—	7	—	—	1	—	1	2	—	—	1
V. Pommern . .	6	3	3	5	4	21	7	2	2	1	—	12	4	2	—	—	—	6	—	3	—
VI. Posen	—	3	—	1	1	5	—	2	—	—	—	2	—	—	—	—	—	—	—	—	—
VII. Schlesien . .	16	15	13	17	12	73	3	4	8	1	4	20	—	—	1	—	—	1	—	—	—
VIII. Sachsen . . .	4	6	7	4	2	23	1	1	2	3	—	7	1	2	2	—	—	5	—	—	—
IX. Schlesw.-Holst.	6	6	3	2	4	21	2	—	6	1	—	9	—	—	—	—	—	—	—	—	—
X. Hannover . .	13	6	7	5	2	33	1	1	—	1	—	3	—	3	—	3	1	7	2	—	—
XI. Westfalen . .	49	36	31	33	17	166	23	19	24	19	10	95	20	19	24	12	13	81	11	13	15
XII. Hessen-Nassau	5	3	6	1	3	18	5	1	1	1	3	11	—	—	1	1	—	2	—	—	2
XIII. Rheinland .	76	118	109	86	58	447	69	63	70	36	34	272	37	21	29	27	15	129	24	18	15
XIV. Hohenzollern	—	—	—	—	—	—	—	—	—	—	—	—	—	—	—	—	—	—	—	—	—

Noch: Das Dienstalter der vollbeschäftigten Lehrkräfte an den öffentlichen Volksschulen nach den einzelnen Dienstjahren.

B. Lehrerinnen.

Staat. Provinzen.	Dienstalter der vollbeschäftigten Lehrerinnen: unter 1 Jahr	1 bis 2 Jahre	2 bis 3 Jahre	3 bis 4 Jahre	4 bis 5 Jahre	unter 1 bis 5 Jahre	5 bis 6 Jahre	6 bis 7 Jahre	7 bis 8 Jahre	8 bis 9 Jahre	9 bis 10 Jahre	5 bis 10 Jahre	10 bis 11 Jahre	11 bis 12 Jahre	12 bis 13 Jahre	13 bis 14 Jahre	14 bis 15 Jahre	10 bis 15 Jahre
1	2	3	4	5	6	7	8	9	10	11	12	13	14	15	16	17	18	19
a) Staat	348	334	463	483	383	2 011	471	433	413	408	406	2 131	374	382	380	325	346	1 787
b) Provinzen.																		
I. Ostpreußen	16	7	12	13	19	60	15	19	10	12	9	65	8	11	6	17	6	49
II. Westpreußen	7	11	5	9	15	47	7	10	10	6	13	46	5	11	11	7	3	37
III. Stadtkreis Berlin	50	59	43	54	84	290	87	62	46	60	63	318	57	59	47	28	43	234
IV. Brandenburg	46	19	18	12	18	113	18	13	19	10	13	73	17	15	19	13	13	77
V. Pommern	20	14	14	14	15	77	8	8	9	9	7	41	10	4	6	8	11	39
VI. Posen	12	17	10	7	1	47	5	1	2	3	4	15	6	—	5	3	1	15
VII. Schlesien	28	37	30	16	22	133	17	19	22	27	38	123	32	32	35	29	31	159
VIII. Sachsen	36	28	22	19	11	116	12	15	18	13	15	73	18	19	11	12	10	70
IX. Schleswig-Holstein	62	33	30	38	19	182	15	16	10	22	7	70	10	14	11	7	8	50
X. Hannover	21	26	19	18	14	98	16	11	11	19	12	69	12	9	11	12	14	58
XI. Westfalen	89	87	81	86	74	417	80	74	93	62	57	366	52	56	49	40	63	260
XII. Hessen-Nassau	17	14	17	16	21	85	25	13	16	22	15	91	20	15	17	7	13	72
XIII. Rheinland	144	182	162	160	196	844	165	172	148	142	151	778	196	117	132	142	130	647
XIV. Hohenzollern	—	—	—	1	1	2	1	—	1	1	—	3	—	—	—	—	—	—

den öffentlichen Volksschulen nach den einzelnen Dienstjahren.

Lehrerinnen.

beschäftigten Lehrerinnen: 33 bis 34 Jahre	34 bis 35 Jahre	30 bis 35 Jahre	35 bis 36 Jahre	36 bis 37 Jahre	37 bis 38 Jahre	38 bis 39 Jahre	39 bis 40 Jahre	35 bis 40 Jahre	40 bis 41 Jahre	41 bis 42 Jahre	42 bis 43 Jahre	43 bis 44 Jahre	44 bis 45 Jahre	40 bis 45 Jahre	45 bis 46 Jahre	46 bis 47 Jahre	47 bis 48 Jahre	48 bis 49 Jahre	49 bis 50 Jahre	45 bis 50 Jahre	über 50 Jahre	Voll-beschäftigte Lehrerinnen zusammen	Wiederholung der Bezeichnung in Spalte 1.
41	42	43	44	45	46	47	48	49	50	51	52	53	54	55	56	57	58	59	60	61	62	63	
33	28	171	15	16	11	13	7	62	7	8	4	4	9	30	3	2	1	3	2	11	4	6 439	a)
																							b)
—	—	—	1	—	—	—	—	1	—	—	—	—	1	1	—	—	—	—	—	—	—	210	I.
—	—	—	—	—	—	—	—	—	—	1	—	—	—	1	—	—	—	—	—	—	—	174	II.
—	2	7	—	—	—	—	—	—	—	—	—	—	—	—	—	—	—	—	—	—	—	1 022	III.
—	—	1	—	—	—	—	—	—	—	—	—	—	—	—	—	—	—	—	—	—	—	797	IV.
—	—	3	—	—	—	—	—	—	—	—	—	—	—	—	—	—	—	—	—	—	—	199	V.
—	—	—	—	—	—	—	—	—	—	—	—	—	—	—	—	—	—	—	—	—	—	84	VI.
—	—	—	1	—	—	—	—	1	—	—	—	—	—	—	—	—	—	—	—	—	—	510	VII.
—	—	—	—	—	—	1	—	1	—	—	—	—	—	—	—	—	—	—	—	—	—	395	VIII.
—	—	—	—	—	—	—	—	—	—	—	—	—	—	—	—	—	—	—	—	—	—	332	IX.
—	3	5	—	—	—	—	—	—	—	1	—	—	—	1	—	—	—	1	—	1	1	278	X.
11	9	59	3	7	8	7	1	26	6	2	2	2	3	15	1	—	—	1	1	3	9	1 490	XI.
1	—	3	1	—	—	—	—	1	—	—	—	—	—	—	—	—	—	—	—	—	—	288	XII.
21	15	93	9	9	3	5	6	32	1	2	2	2	5	12	2	2	1	1	1	7	1	3 362	XIII.
—	—	—	—	—	—	—	—	—	—	—	—	—	—	—	—	—	—	—	—	—	—	5	XIV.

Religionsbekenntniß und Herkommen der vollbeschäftigten

Hauptberuf*) und Berufsstellung der Väter der vollbeschäftigten Lehrkräfte. a) Selbständige (einschl. Geschäftsleiter und leitende Beamte). b) Aufsichts- und Rechnungspersonal. c) Arbeitsgehülfen.		A. Lehrer:					B. Lehrerinnen:				
		evangelisch	katholisch	sonst christlich	jüdisch	zusammen	evangelisch	katholisch	sonst christlich	jüdisch	zusammen
1		2	3	4	5	6	7	8	9	10	11
A. Bodenbenutzung, Thierzucht, Jagd x.											
I. Landwirthschaft, Thierzucht, Gärtnerei	a	12 763	5 980	2	—	18 745	206	944	—	1	1 151
	b	631	151	—	1	783	27	20	—	—	47
	c	1 148	288	—	—	1 436	6	28	—	—	34
II. Forstwirthschaft, Jagd und Fischerei	a	79	16	—	—	95	17	5	—	—	22
	b	453	183	—	—	616	15	43	—	—	58
	c	82	30	—	—	112	—	2	—	—	2
Summe A.	a	12 842	5 996	2	—	18 840	223	949	—	1	1 173
	b	1 084	334	—	1	1 399	42	63	—	—	105
	c	1 230	318	—	—	1 548	6	30	—	—	36
B. Bergbau, Industrie und Bauwesen.											
III. Bergbau, Hütten- und Salinenwesen, Torfgräberei	a	16	7	—	—	23	10	6	—	—	16
	b	239	103	—	—	342	29	50	—	—	79
	c	295	173	—	—	468	7	60	—	—	67
IV. Industrie der Steine und Erden	a	243	80	—	1	324	16	36	—	—	52
	b	58	14	—	—	72	3	9	—	—	12
	c	44	16	—	—	60	2	5	—	—	7
V. Metallverarbeitung	a	1 283	465	—	2	1 750	58	201	—	—	259
	b	46	12	—	—	58	1	11	—	—	12
	c	74	26	—	1	101	3	15	—	—	18
VI. Verfertigung von Maschinen, Werkzeugen, Instrumenten, Apparaten	a	589	213	—	2	804	43	74	—	—	117
	b	31	7	—	—	38	10	14	—	—	24
	c	58	13	—	—	71	4	11	—	—	15
VII. Chemische Industrie	a	12	3	—	—	15	30	9	—	—	39
	b	10	—	—	—	10	1	—	—	—	1
	c	1	—	—	—	1	—	—	—	—	—
VIII. Industrie forstwirthschaftlicher Nebenprodukte, der Leuchtstoffe, Fette, Oele und Firnisse	a	25	37	—	1	63	1	2	—	1	4
	b	11	3	—	—	14	4	1	—	—	5
	c	3	3	—	—	6	—	2	—	—	2
IX. Textilindustrie	a	929	334	—	3	1 266	33	108	—	1	142
	b	53	34	—	—	87	2	14	—	—	16
	c	93	35	—	—	128	3	10	—	—	13
X. Papier- und Lederindustrie	a	421	165	—	7	593	49	102	—	1	152
	b	11	10	—	—	21	—	—	—	—	—
	c	23	8	—	—	31	—	6	—	—	6
XI. Industrie der Holz- und Schnitzstoffe	a	1 336	585	—	6	1 927	51	207	—	1	259
	b	14	1	—	—	15	1	1	—	—	2
	c	24	19	—	—	43	1	2	—	—	3
XII. Industrie der Nahrungs- und Genußmittel	a	1 698	739	—	36	2 473	73	231	—	—	304
	b	105	40	—	—	145	5	4	—	—	9
	c	58	18	—	—	76	1	12	—	—	13
XIII. Gewerbe für Bekleidung und Reinigung	a	2 770	1 194	—	40	4 004	88	306	—	—	394
	b	7	3	—	—	10	—	4	—	—	4
	c	16	3	—	1	20	1	2	—	—	3
XIV. Baugewerbe	a	854	378	—	3	1 235	126	191	—	—	317
	b	345	106	—	—	451	22	35	—	—	57
	c	535	151	—	—	686	6	32	—	—	38
XV. Polygraphische Gewerbe	a	25	2	—	1	28	19	21	—	—	40
	b	13	3	—	—	16	3	1	—	—	4
	c	15	6	—	—	21	4	10	—	—	14
XVI. Kunst und künstlerische Betriebe für gewerbliche Zwecke	a	26	4	—	—	30	18	14	—	—	32
	b	2	1	—	—	3	—	—	—	—	—
	c	2	2	—	—	4	—	2	—	—	2
XVII. Fabrikanten, Fabrikarbeiter x., deren nähere Gewerbsthätigkeit zweifelhaft ist	a	14	1	—	—	15	10	5	—	—	15
	b	66	31	—	—	97	11	48	—	—	59
	c	79	34	—	—	113	4	20	—	—	24
Summe B.	a	10 241	4 207	—	102	14 550	625	1 513	—	4	2 142
	b	1 011	368	—	—	1 379	92	192	—	—	284
	c	1 320	307	—	2	1 629	36	189	—	—	225

*) Die Berufe sind in der Reihenfolge der Gruppen und Klassen der Berufszählung vom 5. Juni 1882 aufgeführt.

Lehrkräfte an den öffentlichen Volksschulen.

Hauptberuf*) und Berufsstellung der Väter der vollbeschäftigten Lehrkräfte. — a) Selbständige (einschl. Geschäftsleiter und leitende Beamte). b) Aufsichts- und Rechnungspersonal. c) Arbeitsgehülfen.		A. Lehrer: evangelisch	A. Lehrer: katholisch	A. Lehrer: sonst christlich	A. Lehrer: jüdisch	A. Lehrer: zusammen	B. Lehrerinnen: evangelisch	B. Lehrerinnen: katholisch	B. Lehrerinnen: sonst christlich	B. Lehrerinnen: jüdisch	B. Lehrerinnen: zusammen
1		2	3	4	5	6	7	8	9	10	11
C. Handel und Verkehr.											
XVIII. Handelsgewerbe	a	1 286	636	2	149	2 073	370	315	—	37	722
	b	95	34	—	—	129	48	25	—	2	75
	c	21	11	—	—	32	5	6	—	—	11
XIX. Versicherungsgewerbe	a	11	4	—	—	15	12	5	—	1	18
	b	8	2	—	—	10	18	6	—	—	24
	c	—	—	—	—	—	—	—	—	—	—
XX. Verkehrsgewerbe	a	332	82	—	1	415	84	66	—	—	150
	b	345	112	—	—	457	122	133	—	—	255
	c	527	234	—	1	762	38	86	—	—	124
XXI. Beherbergungs- und Schankgewerbe	a	1 153	572	—	6	1 731	36	133	—	—	169
	b	3	1	—	—	4	1	—	—	—	1
	c	7	5	—	—	12	—	1	—	—	1
Summe C.	a	2 782	1 294	2	156	4 234	502	519	—	38	1 059
	b	451	149	—	—	600	189	164	—	2	355
	c	555	250	—	1	806	43	93	—	—	136
XXII. D. Häusliche Dienste	b	167	35	—	—	202	6	5	—	—	11
XXIII. E. Hof-, Staats- ic. Dienst, freie Berufe.											
1. Heer und Kriegsflotte	a	25	3	—	—	28	67	25	—	—	92
	b	115	32	—	1	148	22	16	—	—	38
2. Hof-, Staats-, Gemeinde- ic. Dienst	a	126	29	—	—	155	236	67	—	—	303
	b	922	312	—	—	1 234	407	233	—	—	640
	c	294	120	—	—	414	40	55	—	—	95
3. Kirche und Gottesdienst	a	193	—	—	8	201	183	—	—	—	183
	b	62	135	—	7	204	7	39	—	—	46
	c	52	9	—	2	63	4	1	—	—	5
4. Unterricht, und zwar:											
Lehrer an höheren Lehranstalten	a	23	9	—	—	32	86	24	—	—	110
Seminar-Direktoren	a	1	1	—	—	2	3	1	—	—	4
Rektoren an Volks- und Mittelschulen	a	67	13	—	1	81	51	15	—	—	66
Seminarlehrer	a	15	25	—	—	40	3	2	—	—	5
Mittelschullehrer	a	32	1	—	—	33	15	—	—	—	15
Volksschullehrer	a	9 753	3 225	—	30	13 008	422	450	—	2	874
Fachlehrer	a	18	11	—	7	36	15	11	—	3	29
Sonstige	a	24	14	—	5	43	24	6	—	1	31
Schuldiener, Kalefaktoren ic.	b	24	11	—	—	35	2	2	—	—	4
5. Gesundheits- und Krankenpflege, Thierärzte	a	79	28	—	—	107	77	42	—	4	123
	b	4	4	—	—	8	1	1	—	—	2
	c	8	5	—	—	13	1	1	—	—	2
6. Schriftsteller, Zeitungsredakteure ic.	a	13	10	—	1	24	17	6	—	—	23
7. Musik, Theater, Schaustellungen aller Art	a	93	29	—	—	122	12	8	—	—	20
Summe E.	a	10 482	3 398	—	52	13 912	1 211	657	—	10	1 878
	b	1 127	494	—	8	1 029	436	281	—	—	720
	c	354	134	—	2	490	45	37	—	—	102
XXIV. F. Ohne Beruf und Berufsangabe	a	393	233	—	8	634	68	131	1	3	203
Preußischer Staat	a	30 920	15 145	4	318	52 390	2 629	3 766	1	56	6 455
	b	3 810	1 380	—	9	5 209	766	715	—	2	1 485
	c	3 439	1 209	—	5	4 673	130	369	—	—	499
Ueberhaupt		44 189	17 737	4	332	62 272	3 527	4 853	1	55	8 439

*) Vergl. die Bemerkung auf nebenstehender Seite.

Anlage XVI.

Abgelegte Prüfungen der vollbeschäftigten Lehrkräfte an den öffentlichen Volksschulen.

Religionsbekenntniß der vollbeschäftigten Lehrkräfte.	A. Lehrer.							B. Lehrerinnen.						
	Von den vollbeschäftigten Lehrern haben abgelegt die				Nicht geprüft	Fachlehrer	Vollbeschäftigte Lehrer zusammen	Von den vollbeschäftigten Lehrerinnen haben abgelegt die			Nicht geprüft	Vollbeschäftigte Handarbeitslehrerinnen*)		Vollbeschäftigte Lehrerinnen zusammen
	Volksschullehrer-Prüfung	Mittelschullehrer-Prüfung	Prüfung pro rectorata	Prüfung für das höhere Lehramt bezw. das geistliche Amt				Prüfung für Volksschullehrerinnen	Prüfung für Lehrerinnen an höheren Mädchenschulen	Prüfung als Schulvorsteherin		geprüfte	nicht geprüfte	
1	2	3	4	5	6	7	8	9	10	11	12	13	14	15
A. In den Städten:														
Evangelische Lehrkräfte	13 627	454	1 233	198	11	7	15 530	1 177	1 466	14	29	181	52	2 919
Katholische „	4 521	103	305	5	—	1	4 935	1 951	319	4	6	13	2	2 295
Sonst christliche „	3	—	—	—	—	—	3	—	1	—	—	—	—	1
Jüdische „	248	7	—	4	—	—	259	24	33	—	—	1	—	58
Zusammen	18 399	564	1 538	207	11	8	20 727	3 152	1 819	18	35	195	54	5 273
B. Auf dem Lande:														
Evangelische Lehrkräfte	28 315	74	82	20	178	—	28 669	422	169	5	3	9	—	608
Katholische „	12 715	39	31	4	13	—	12 802	2 437	119	1	1	—	—	2 558
Sonst christliche „	1	—	—	—	—	—	1	—	—	—	—	—	—	—
Jüdische „	72	1	—	—	—	—	73	—	—	—	—	—	—	—
Zusammen	41 103	114	113	24	191	—	41 545	2 859	288	6	4	9	—	3 166
C. Im ganzen Staate:														
Evangelische Lehrkräfte	41 942	528	1 315	218	189	7	44 199	1 599	1 635	19	32	190	52	3 527
Katholische „	17 236	142	336	9	13	1	17 737	4 388	438	5	7	13	2	4 853
Sonst christliche „	4	—	—	—	—	—	4	—	1	—	—	—	—	1
Jüdische „	320	8	—	4	—	—	332	24	33	—	—	1	—	58
Überhaupt	59 502	678	1 651	231	202	8	62 272	6 011	2 107	24	39	204	54	8 439

*) Die nicht vollbeschäftigten Handarbeitslehrerinnen sind hier nicht berücksichtigt.

Anlage XVII.

Lebensalter und Familienstand der vollbeschäftigten Lehrkräfte an den öffentlichen Volksschulen.

Lebensalter der vollbeschäftigten Lehrkräfte.	A. Lehrer.						B. Lehrerinnen*).					
	Ledig	Verheiratet	Verheiratet gewesen	Zusammen	Zahl der lebenden Kinder der verheirateten bezw. verheiratet gewesenen Lehrer		Ledig	Verheiratet	Verheiratet gewesen	Zusammen	Zahl der lebenden Kinder der verheirateten bezw. verheiratet gewesenen Lehrerinnen	
					überhaupt	davon unter 18 Jahre alt					überhaupt	davon unter 18 Jahre alt
1	2	3	4	5	6	7	8	9	10	11	12	13
A. In den Städten:												
Unter 20 Jahre alt	25	—	—	25	—	—	35	—	—	35	—	—
Über 20—25 Jahre	1 950	104	1	2 055	44	44	607	—	—	607	—	—
„ 25—30 „	2 846	2 149	40	5 035	2 017	2 017	1 345	—	2	1 347	3	3
„ 30—35 „	868	2 561	67	3 496	4 476	4 464	1 145	—	6	1 151	7	7
„ 35—40 „	327	2 382	52	2 761	5 878	5 848	837	1	17	855	22	22
„ 40—45 „	171	1 794	56	2 021	5 570	5 333	510	5	12	527	31	25
„ 45—50 „	126	1 689	75	1 890	5 543	4 390	347	2	17	366	29	11
„ 50—55 „	77	1 246	68	1 391	4 166	2 309	198	1	10	209	12	—
„ 55—60 „	55	809	98	962	3 058	1 001	92	1	9	102	14	—
„ 60—65 „	51	519	75	645	2 149	380	51	1	8	60	15	2
„ 65 „	16	332	98	446	1 520	124	11	1	2	14	3	—
Zusammen	6 512	13 585	630	20 727	34 427	25 960	5 178	12	83	5 273	136	70
B. Auf dem Lande:												
Unter 20 Jahre alt	241	—	—	241	—	—	42	—	—	42	—	—
Über 20—25 Jahre	7 598	481	5	8 084	217	217	637	—	—	637	—	—
„ 25—30 „	4 060	4 871	72	9 003	5 915	5 902	910	2	1	913	3	3
„ 30—35 „	921	5 148	108	6 177	11 865	11 819	603	2	3	608	6	6
„ 35—40 „	280	3 832	102	4 214	12 874	12 790	353	—	—	353	—	—
„ 40—45 „	137	2 835	68	3 040	11 473	10 854	224	—	1	225	3	1
„ 45—50 „	104	2 990	131	3 225	13 199	10 090	172	2	4	178	12	5
„ 50—55 „	80	2 396	141	2 617	11 525	6 129	102	1	2	105	1	1
„ 55—60 „	70	1 881	190	2 141	9 395	2 997	62	—	1	63	6	6
„ 60—65 „	45	1 400	223	1 668	7 173	1 329	25	—	—	25	—	—
„ 65 „	29	877	229	1 135	5 035	341	17	—	—	17	—	—
Zusammen	13 565	26 711	1 269	41 545	88 621	62 468	3 147	7	12	3 166	31	22
C. Im ganzen Staate:												
Unter 20 Jahre alt	266	—	—	266	—	—	77	—	—	77	—	—
Über 20—25 Jahre	9 548	585	6	10 139	261	261	1 244	—	—	1 244	—	—
„ 25—30 „	6 906	7 020	112	14 038	7 932	7 919	2 255	2	3	2 260	6	6
„ 30—35 „	1 789	7 709	175	9 673	16 341	16 283	1 748	2	9	1 759	13	13
„ 35—40 „	607	6 214	154	6 975	18 752	18 638	1 190	1	17	1 208	22	22
„ 40—45 „	308	4 629	124	5 061	16 993	16 237	734	5	13	752	34	26
„ 45—50 „	230	4 679	206	5 115	18 748	14 480	519	4	21	544	41	16
„ 50—55 „	157	3 642	209	4 008	15 691	8 438	300	2	12	314	13	1
„ 55—60 „	125	2 690	288	3 103	12 453	3 998	154	1	10	165	20	6
„ 60—65 „	96	1 919	298	2 313	9 322	1 709	76	1	8	85	15	2
„ 65 „	45	1 209	327	1 581	6 555	465	28	1	2	31	3	—
Überhaupt	20 077	40 296	1 899	62 272	123 048	88 428	8 325	19	95	8 439	167	92

*) Die nicht vollbeschäftigten Handarbeitslehrerinnen sind hier nicht berücksichtigt.

Die staatlichen Ausgaben für das Elementar-Unterrichtswesen nach dem Staatshaushalts-Etat für 1892/93.

Kap.	Tit.	Ausgabe.	Betrag für 1. April 1892/93 ℳ	Pf.
		Elementar-Unterrichtswesen.		
		Schullehrer- und Lehrerinnen-Seminare.		
121	1	Besoldungen: 115 Direktoren bei den Seminaren mit 4 000 ℳ bis 5 400 ℳ, im Durchschnitt 4 700 ℳ, worauf an Bezügen aus Nebenämtern 2 787 ℳ 8 Pf. in Anrechnung kommen, außerdem künftig wegfallend 846 ℳ; 4 erste Lehrer bei dem Seminar für Stadtschulen und dem Lehrerinnen-Seminar in Berlin mit 3 600 ℳ bis 4 800 ℳ, im Durchschnitt 4 200 ℳ; 113 erste Lehrer bei den übrigen Seminaren mit 3 000 ℳ bis 4 000 ℳ, im Durchschnitt 3 500 ℳ; 11 ordentliche Lehrer bei dem Seminar für Stadtschulen und dem Lehrerinnen-Seminar in Berlin mit 2 400 ℳ bis 3 600 ℳ, im Durchschnitt 3 000 ℳ 476 ordentliche Lehrer bei den übrigen Seminaren mit 1 800 ℳ bis 3 200 ℳ, im Durchschnitt 2 500 ℳ, worauf an Bezügen aus Nebenämtern und an Naturalbezügen 828 ℳ 96 Pf. in Anrechnung kommen, außerdem künftig wegfallend 700 ℳ; 1 Hülfslehrer bei dem Seminar für Stadtschulen in Berlin mit 1 800 ℳ; 122 Hülfslehrer bei den übrigen Seminaren mit 1 200 ℳ bis 1 800 ℳ, im Durchschnitt 1 500 ℳ, worauf an Bezügen aus Nebenämtern und an Naturalbezügen 225 ℳ 47 Pf. in Anrechnung kommen; 6 Lehrerinnen bei dem Lehrerinnen-Seminar in Berlin mit 1 500 ℳ bis 2 100 ℳ, im Durchschnitt 1 800 ℳ, außerdem für 1 Lehrerin 100 ℳ; 39 Lehrerinnen bei den übrigen Seminaren mit 1 000 ℳ bis 2 000 ℳ, im Durchschnitt 1 500 ℳ, worauf an Naturalbezügen 1 794 ℳ in Anrechnung kommen, außerdem für 6 Lehrerinnen je 100 ℳ; 1 Rendant bei dem Lehrerinnen-Seminar in Droyßig mit 2 500 ℳ (1 500 ℳ bis 2 500 ℳ); 94 Schuldiener und Schuldienerinnen mit 800 ℳ bis 1 200 ℳ	2 543 610	49
	2	Zu Wohnungsgeldzuschüssen für die Direktoren, Lehrer und Beamten	132 864	—
	3	Zur Remunerirung von Hülfslehrern, Kassenrendanten, Anstaltsärzten, Schuldienern und sonstigem Hülfspersonal, sowie zu Remunerationen für den Unterricht in weiblichen Handarbeiten	114 843	77
	4	Zur Bestreitung der Kosten der Oekonomie, zu Medikamenten und zu Unterstützungen in den mit Internatseinrichtung verbundenen Seminaren	1 647 305	79
	5	Zu Unterstützungen, zu Medikamenten und zur Krankenpflege für die im Externat befindlichen Seminaristen	561 067	41
	6	Zur Unterhaltung der Gebäude und Gärten .	244 125	—
	7	Zu Unterrichtsmitteln	106 685	—
	8	Zur Unterhaltung und Ergänzung der Utensilien, zur Heizung und Beleuchtung, Miethe		
121		für Anstaltslokale und zu sonstigen sächlichen Ausgaben, einschließlich eines Zuschusses von 6 000 ℳ für eine Bildungsanstalt für jüdische Elementarlehrer im Regierungsbezirk Münster	491 321	88
		Summe Tit. 1 bis 8	**5 841 823**	**34**
	9	Besoldungen: 35 Anstaltsvorsteher und erste Lehrer mit 1 800 ℳ bis 3 200 ℳ, im Durchschnitt 2 500 ℳ, 37 zweite Lehrer mit 1 400 ℳ bis 2 000 ℳ, im Durchschnitt 1 700 ℳ . .	150 400	—
		(32 Anstaltsvorsteher und erste Lehrer und 4 zweite Lehrer haben Dienstwohnung.)		
		Vermerk: Die Besoldungen der Anstaltsvorsteher und ersten Lehrer sind mit den Besoldungen der ordentlichen Lehrer bei den Schullehrer- und Lehrerinnen-Seminaren — ausschließlich der beiden Anstalten in Berlin — (Kap. 121, Tit. 1) innerhalb der Grenzen der Normalsätze übertragbar.		
	10	Zu Wohnungsgeldzuschüssen für die Vorsteher und Lehrer	8 664	—
	11	Zur Remunerirung von Hülfslehrern, Anstaltsärzten, Hausdienern und zu sonstigen persönlichen Ausgaben	31 780	—
	12	Zur Bestreitung der Kosten der Oekonomie, zu Medikamenten und zu Unterstützungen für Präparanden	256 122	—
	13	Zur Unterhaltung der Gebäude und Gärten .	2 883	—
	14	Zu Unterrichtsmitteln, zur Unterhaltung und Ergänzung der Utensilien, zur Heizung und Beleuchtung, Miethe für Anstaltslokale und zu sonstigen sächlichen Ausgaben	80 191	—
		Summe Tit. 9 bis 14	**530 040**	—
	15	Dispositionsfonds zur Förderung des Seminar-Präparandenwesens	226 561	—
		Summe Tit. 15	**226 561**	—
		Vermerk: Aus diesem Fonds können die Etatsfonds Kap. 121, Tit. 11, 13 und 14 nach Bedürfniß verstärkt werden.		
	16	Zu Unterstützungen für Seminar- und Präparandenlehrer, sowie für Lehrer an der Turnlehrer-Bildungsanstalt und an der Taubstummen-Anstalt in Berlin und der Blindenanstalt in Steglitz	35 000	—
		Summe Tit. 16	**35 000**	—
		Vermerk: Die am Jahresschluß verbleibenden Bestände können zur Verwendung in die folgenden Jahre übertragen werden.		
		Turnlehrer-Bildungswesen.		
	17	Turnlehrer-Bildungsanstalt in Berlin.		
		Besoldungen: 2 Unterrichtsdirigenten mit je 5 400 ℳ, 1 Lehrer mit 4 200 ℳ und 1 Kastellan mit 900 ℳ bis 1 200 ℳ . . .	16 000	—
		(Der Kastellan hat Dienstwohnung. Er ist berechtigt das Feuerungsmaterial zu seinem eigenen Bedarf gegen die bestimmungsmäßige Entschädigung aus den Vorräthen der Anstalt zu entnehmen. Für Wasserverbrauch hat derselbe 11 ℳ zu entrichten.)		

Noch: Die staatlichen Ausgaben für das Elementar-Unterrichtswesen nach dem Staatshaushalts-Etat für 1892/93.

Kap.	Tit.	Ausgabe.	Betrag für 1. April 1892/93 ℳ	Pf.
121	18	Zu Wohnungsgeldzuschüssen für die Dirigenten und den Lehrer	2 340	—
	19	Zur Remunerirung von Hülfslehrern und Hülfslehrerinnen und zu sonstigen persönlichen Ausgaben	11 250	—
	20	Zur Unterhaltung des Gebäudes	1 800	—
	21	Zu Unterrichtsmitteln, zur Unterhaltung und Ergänzung der Utensilien, zur Heizung und Beleuchtung, sowie zu sonstigen sächlichen Ausgaben	7 355	—
		Summe Tit. 17 bis 21	38 745	—
	22	Dispositionsfonds zu Unterstützungen für angehende Turnlehrer und zu sächlichen Ausgaben für das Turnwesen	76 400	—
		Summe Tit. 22	76 400	—
		Summe Tit. 17 bis 22	115 145	—
		Schulaufsicht.		
	23	Besoldungen für 70 Schulräthe bei den Regierungen mit 4 200 ℳ bis 6 000 ℳ, im Durchschnitt 5 100 ℳ, worauf an Bezügen aus Nebenämtern 600 ℳ zur Anrechnung kommen; 3 Schulräthe im Nebenamt: 1 mit 1 885 ℳ 75 Pf., einschließlich 514 ℳ 29 Pf. künftig wegfallend, 1 mit 1 500 ℳ und 1 mit 1 200 ℳ	360 985	71
	24	Zu Wohnungsgeldzuschüssen für die Schulräthe bei den Regierungen	42 480	—
	25	Zur Remunerirung von Hülfsarbeitern in der Schulverwaltung bei den Regierungen	30 000	—
	26	Besoldungen für 228 Kreis-Schulinspektoren mit 2 700 ℳ bis 5 400 ℳ, im Durchschnitt 4 050 ℳ	923 400	—
	27	Zu Vergütungen für Reise- und sonstige Dienstunkosten für die Kreisschulinspektoren, im Durchschnitt 1 000 ℳ für jeden	228 000	—
	28	Zu Wohnungsgeldzuschüssen für die Kreis-Schulinspektoren	110 466	—
	29	Zu widerruflichen Remunerationen für die Verwaltung von Schulinspektionen	720 000	—
	30	Zur Verstärkung der Schulaufsicht in den Provinzen Westpreußen und Posen, sowie im Regierungsbezirk Oppeln	200 000	—
	31	Zu Unterstützungen für Kreis-Schulinspektoren im Hauptamte	6 000	—
		Summe Tit. 23 bis 31	2 621 331	71
		Höhere Mädchenschulen.		
	31a	Zu Beihülfen zur Unterhaltung höherer Mädchenschulen	90 000	—
	31b	Zur Ergänzung des Fonds Tit. 31a behufs besonderer Förderung des deutschen höheren Mädchenschulwesens in den Provinzen Westpreußen und Posen, sowie im Regierungsbezirk Oppeln	80 000	—
		Summe Tit. 31a und 31b	170 000	—
		Elementarschulwesen.		
	32	Behufs allgemeiner Erleichterung der Volksschullasten	26 500 000	—
121	33	Besoldungen und Zuschüsse für Lehrer und Lehrerinnen, sowie für Schulen aus besonderer rechtlicher Verpflichtung und aus Spezialfonds	263 812	78
		Vermerk: Bei den Spezialfonds können die am Jahresschlusse verbleibenden Bestände zur Verwendung in die folgenden Jahre übertragen werden.		
	34	Zu Beihülfen an Schulverbände wegen Unvermögens für das Stelleneinkommen der Lehrer und Lehrerinnen	7 065 635	75
		Vermerk: Die am Jahresschluß verbleibenden Bestände können in die folgenden Jahre übertragen und zu einmaligen Ausgaben im Interesse des Elementar-Unterrichtswesens, insbesondere auch zum Ankauf und zur Melioration von Dienst-Ländereien behufs dauernder Verbesserung unzulänglich dotirter Elementarlehrerstellen verwendet werden.		
	35	Zu Dienstalterszulagen für Volksschullehrer und Lehrerinnen	8 303 300	—
		Vermerk: Die Abstufung der Alterszulagen ist in der Weise zu regeln, daß dieselben nach einer Dienstzeit von bezw. 10, 15, 20, 25 und 30 Jahren in Beträgen von jährlich 100, 200, 300, 400 und 500 ℳ an Lehrer, sowie von 70, 140, 210, 280 und 350 ℳ an Lehrerinnen gewährt werden.		
	35a	Zu sonstigen persönlichen Zulagen und zu Unterstützungen für Elementarlehrer und Lehrerinnen	620 000	—
		Vermerk: Die am Jahresschlusse verbleibenden Bestände können zur Verwendung in die folgenden Jahre übertragen werden		
	36	Behufs Errichtung neuer Schulstellen	173 360	—
		Vermerk: Die am Jahresschlusse verbleibenden Bestände können zur Verwendung in die folgenden Jahre übertragen werden.		
	37	Zur Ergänzung des Fonds Tit. 34, 35a und 36 behufs besonderer Förderung des deutschen Volksschulwesens in den Provinzen Westpreußen und Posen, sowie im Regierungsbezirk Oppeln	600 000	—
		Vermerk: Die am Jahresschlusse verbleibenden Bestände können zur Verwendung in die folgenden Jahre übertragen werden.		
	38	Zur Unterstützung von Schulverbänden wegen Unvermögens bei Elementarschulbauten	1 000 000	—
		Vermerk: Die am Jahresschlusse verbleibenden Bestände können zur Verwendung in die folgenden Jahre übertragen werden.		
	39	Zu Pensionen für Lehrer und Lehrerinnen an öffentlichen Volksschulen	3 700 000	—
	40	Zu Unterstützungen für ausgeschiedene Elementarlehrer und Lehrerinnen	808 000	—
		Vermerk: Die am Jahresschlusse verbleibenden Bestände können zur Verwen-		

Noch: Die staatlichen Ausgaben für das Elementar-Unterrichtswesen nach dem Staatshaushalts-Etat für 1892/93.

Kap.	Tit.	Ausgabe	Betrag für 1. April 1892/93 ℳ	Pf
		dung für einmalige persönliche Bewilligungen in die folgenden Jahre übertragen werden.		
121	41	Zu Zuschüssen für Elementarlehrer-Wittwen- und Waisenkassen	1 280 000	—
	41a	Zu Waisengeldern für die Waisen der Lehrer an öffentlichen Volksschulen	300 000	—
	42	Zu Unterstützungen für Wittwen und Waisen von Elementarlehrern	200 000	—
		Vermerk: Die am Jahresschluß verbleibenden Bestände können zur Verwendung in die folgenden Jahre übertragen werden.		
		Summe Tit. 32 bis 42	51 113 906	53
	43	Dispositionsfonds für das Elementarschulwesen	214 000	—
		Vermerk: Aus diesem Fonds können die Etatsfonds Kap. 121, Tit. 3, 7 und 8 nach Bedürfniß verstärkt werden.		
	44	Zur Verstärkung des Fonds Tit. 43 behufs besonderer Förderung des deutschen Volksschulwesens in den Provinzen Westpreußen und Posen, sowie im Regierungsbezirk Oppeln	50 000	—
		Summe Tit. 43 und 44	264 000	—
		Taubstummen- und Blindenwesen.		
	45	Bedürfnißzuschüsse für die Taubstummen-Anstalt und die Blinden-Anstalt in Steglitz	77 843	32
		Vermerk: Die einzelnen Zuschüsse können während der Dauer der Bewilligungsperiode von längstens drei Jahren, ohne Rücksicht auf den jedesmaligen Jahresbedarf, voll an die Anstaltskassen gezahlt werden. Bei Ablauf der Bewilligungsperiode vorhandene Ersparnisse aus diesen Zuschüssen verbleiben den Anstalten. Die Verwendung solcher Ersparnisse zu einmaligen und außerordentlichen Ausgaben in einem höheren Betrage als von 15 000 ℳ im einzelnen Falle ist nur im Einverständniß mit dem Landtage zulässig.		
		Aus den Etatstiteln „Insgemein" der Anstalten können denjenigen aktiven Subaltern- und Unterbeamten bei denselben, für welche besondere Unterstützungsfonds nicht ausgesetzt sind, in Bedarfsfällen von dem Minister der geistlichen ꝛc. Angelegenheiten einmalige Unterstützungen bewilligt werden.		
	46	Zur Förderung des Unterrichts Taubstummer und Blinder	30 000	—
		Summe Tit. 45 und 46	107 843	32

Kap.	Tit.	Ausgabe	Betrag für 1. April 1892/93 ℳ	Pf
		Waisenhäuser und andere Wohlthätigkeits-Anstalten. Bedürfnißzuschüsse für nachbenannte Anstalten.		
121	47	Residenzstadt Berlin: Luisenstiftung, Luisenstift, Lindow- und Orange-Waisenhaus, Kornmesser'sches Waisenhaus, Schindler'sches Waisenhaus, Hauptstiftungskasse der Armendirektion.		
		Regierungsbezirk Potsdam: Zivil-Waisenhaus in Potsdam, von Türk'sche Waisenanstalt in Klein Glienicke.		
		Regierungsbezirk Frankfurt: Waisenhaus in Neuzelle.		
		Regierungsbezirk Posen: Krankenanstalt der grauen barmherzigen Schwestern in Posen, Waisenhaus in Paradies.		
		Regierungsbezirk Liegnitz: Waisenhaus in Bunzlau, Gemeinde Lessendorf im Kreise Freistadt in Schlesien, aus dem Legat des verstorbenen Besitzers der Herrschaft Sorau, Bischofs Baltasar von Promnitz.		
		Regierungsbezirk Magdeburg: Berg'sche Diözesan-Schullehrer-Wittwen- und -Waisenkasse.		
		Regierungsbezirk Merseburg: Francke'sche Stiftungen in Halle, Prokuratoramt und Waisenhaus in Zeitz.		
		Regierungsbezirk Kassel: Kleinkinder-Bewahr-Anstalt in Kassel	114 371	76
		Vermerk: Aus den Etatstiteln „Insgemein" der Anstalten können denjenigen aktiven Subaltern- und Unterbeamten bei denselben, für welche Unterstützungsfonds nicht ausgesetzt sind, in Bedarfsfällen von dem Minister der geistlichen ꝛc. Angelegenheiten einmalige Unterstützungen bewilligt werden.		
		Summe Tit. 47	114 371	76
		Summe Tit. 47	114 371	76
		Dazu Summe Tit. 45 und 46	107 843	32
		„ „ 43 „ 44	264 000	—
		„ „ 32 bis 42	51 113 906	53
		„ „ 31a u. 31b	170 000	—
		„ „ 23 bis 31	2 621 331	71
		„ „ 17 „ 22	115 145	—
		„ „ 16	35 000	—
		„ „ 15	226 561	—
		„ „ 9 bis 14	530 040	—
		„ „ 1 „ 8	5 841 823	34
		Summe Kap. 121	61 140 022	66

Hierzu treten an außerordentlichen Ausgaben **689 500** ℳ. Den Ausgaben stehen an Einnahmen der Schullehrerseminare und Präparanden-Anstalten **1 649 893** ℳ gegenüber.

Die öffentlichen Mittel- und höheren Mädchenschulen.

I. Abschnitt. Geschichtliches und Lehrziel.

1. Die Mittelschulen.

Das allgemeine Landrecht, welches im 12. Titel seines II. Theiles das Schulwesen in der Monarchie alten Bestandes geordnet hat, kennt nur zwei Arten von Schulen:

a) Schulen und Gymnasien, in welchen die Jugend zu höheren Wissenschaften, oder auch zu Künsten und bürgerlichen Gewerben, durch Beibringung der dabei nöthigen oder nützlichen wissenschaftlichen Kenntnisse vorbereitet werden soll; diesen Schulen verleiht es die äußeren Rechte der Korporation (§ 54);

b) gemeine Schulen, die dem ersten Unterricht der Jugend gewidmet sind (§ 12).

Die Aufgabe dieser „gemeinen" Schulen ist im § 46 dahin bestimmt, daß das Kind nach dem Befunde seines Seelsorgers die einem jeden vernünftigen Menschen seines Standes nothwendigen Kenntnisse fassen soll.

Thatsächlich ließen sich schon zur Zeit des Landrechtes die vorhandenen preußischen Schulen nicht sämmtlich unter diese beiden Arten bringen; es gab nämlich in den Städten vielfach Schulen, welche nach ihrer ganzen Einrichtung den Bestimmungen in § 54 ff. des Allgemeinen Landrechtes nicht entfernt entsprachen und andererseits in ihren Lehraufgaben über die Ziele der gemeinen Schulen hinausgingen und in ihre Lehrpläne Gegenstände aufnahmen, welche, wie z. B. fremde Sprachen, nicht zu den „einem jeden vernünftigen Menschen nothwendigen Kenntnissen" gerechnet werden können. Es waren dies theilweis Schulen, welche aus Gymnasien, zu deren fernerer Unterhaltung die Gemeinden die Mittel versagt hatten, entstanden waren, theils aber auch solche, welche einem örtlichen Bedürfnisse höherer Bildung genügen sollten, endlich auch solche, welche zur Vorstufe für Gymnasien dienten. Unter ihnen herrschte große Ungleichheit. Die Rechtsverhältnisse ihrer Lehrer waren nicht überall geordnet, ihr Bestand oft nicht gesichert.

Dabei war aber das Bedürfniß solcher Schulen allgemein anerkannt. Das Unterrichtsministerium versuchte bald nach seiner Begründung die Befriedigung dieses Bedürfnisses. Eine von dem Könige ernannte Kommission ging im Jahre 1817 an die Ausarbeitung des Entwurfes „eines allgemeinen Gesetzes über die Verfassung des Schulwesens im preußischen Staate" und überreichte diesen Entwurf am 27. Juni 1819. Der Entwurf wies der öffentlichen allgemeinen Schule in § 2 folgende Aufgabe zu:

> Die öffentlichen allgemeinen Schulen sollen mit dem Staate und seinem Endzwecke in dem Verhältnisse stehen, daß sie, als Stamm und Mittelpunkt für die Jugenderziehung des Volkes, die Grundlage der gesammten Nationalerziehung bilden. Die Erziehung der Jugend für ihre bürgerliche Bestimmung auf eine möglichst allgemein-menschliche Ausbildung zu gründen, sie dadurch zum Eintritt in die Staatsgemeinschaft zweckmäßig vorzubereiten, und ihr treue Liebe für König und Staat einzuflößen, muß ihr durchgängiges eifriges Bestreben sein.

Der Entwurf stellte sodann im § 3 nachstehenden Einrichtungsplan auf:

§ 3.

> Dieser Aufgabe zu entsprechen, sollen sie die allgemeine Jugendbildung vom Anfange des Schulunterrichtes bis zur Grenze, wo die Universität sie aufnimmt, durch drei wesentliche Stufen durchführen.
>
> Auf der ersten dieser Stufen soll sich die Schule mit der ersten methodischen Entwickelung der menschlichen Anlagen und Hervorbringung der mittelst derselben zu gewinnenden Einsichten, Kenntnisse und Fertigkeiten beschäftigen, dem Bildungsbedürfnisse der unteren Volksklasse in den Städten und auf dem Lande genügen, und allgemeine Elementarschule heißen.
>
> Auf der zweiten soll sie die Bildung des Knabenalters bis zu der Grenze fortführen, wo sich die Fähigkeit und Bestimmung entweder zu weiterer wissenschaftlicher Ausbildung oder zu besonderer Vorbereitung für ein bürgerliches Gewerbe zu entscheiden pflegt. Die Schulen dieser zweiten Stufe sollen allgemeine Stadtschulen heißen.
>
> Auf der dritten Stufe soll sie jenes Geschäft so weit fortsetzen, bis der Grund allgemein wissenschaftlicher und sittlicher Bildung, sei es für die höheren und besonderen Studien der Universität, oder unmittelbar fürs praktische Leben, gelegt ist. Jede Schule, welche bis zu diesem

Ziele führt, soll Gymnasium heißen. Die höheren Bildungsanstalten, welche Ritterakademien, Pädagogien, Athenäen, Lyzeen u. s. w. genannt werden, sollen in Ansehung des Unterrichtes und der Disziplin nach denselben Grundsätzen, wie die Gymnasien, jede indeß in ihren eigenthümlichen Formen eingerichtet sein.

Der allgemeinen Stadtschule wurde sodann ihre besondere Aufgabe in § 12, wie folgt, zugewiesen.

§ 12.

[Unterrichtsgegenstände der allgemeinen Stadtschule.] In der allgemeinen Stadtschule soll:

1. Der Religionsunterricht eine zusammenhängende Kenntniß der christlichen Glaubens- und Sittenlehre gewähren, und sie dem Herzen der Kinder tief einzuprägen suchen.

   Da die erwachsenen Zöglinge evangelischer Stadtschulen in der Regel den Konfirmationsunterricht der Prediger besuchen, so muß, damit sie durch diesen keine andere Lektion verlieren, der Religionsunterricht der Schule mit demselben, der Zeit nach, zusammenfallen, und es haben sich hierüber die Prediger und Lehrer jedes Ortes, wo es nöthig ist, unter Mitwirkung der vorgesetzten Behörden, mit einander zu einigen.
2. Der öffentliche Sprachunterricht erstreckt sich zunächst auf die deutsche Sprache, und in Schulen fremder Sprachen auch auf letztere. Die Jugend lernt deren Sprachschatz und die Grundgesetze ihrer Bildung grammatisch kennen und wird im schriftlichen und mündlichen Ausdrucke und in ausführlicher Gedankendarstellung auf beiden Wegen mannigfaltig geübt. Die Leseübungen beziehen sich auf Bildung des Styls, auf logische Übungen durch Erklärung des Gelesenen und auf Bekanntschaft mit solchen Werken der Dicht- und Redekunst, welche der Fassungskraft der Schüler angemessen sind.

   In den deutschen Schulen wird jede fremde neuere Sprache dem Privatunterricht überlassen, außer wo örtliche Verhältnisse die Aufnahme auch einer solchen in den öffentlichen Unterricht nothwendig machen.
3. Im Lateinischen wird den Knaben öffentlicher Unterricht ertheilt, sowohl zu schärferer und mehrseitiger Denk- und Sprachübung auch der Nichtstudirenden, als auch zur Vorbereitung derer, welche künftig zu einer höheren Schule übergehen wollen.
4. Die Form- und Zahlenlehre geht über in den durch sie vorbereiteten ersten mathematischen Unterricht, dessen arithmetischer Theil auch eine tiefere Einsicht in allen Arten des angewandten Rechnens und größere Leichtigkeit ihres Gebrauches begründen soll.

   Für Kinder weiblichen Geschlechts erstreckt sich dieser Unterrichtszweig nur auf die Form- und Zahlenlehre und auf das angewandte Rechnen.
5. Der naturwissenschaftliche Unterricht giebt eine zusammenhängende Übersicht der Naturreiche, lehrt dabei die fürs praktische Leben wichtigsten Gegenstände mit Rücksicht auf ihre Verarbeitung für die Bedürfnisse der Menschen genau kennen, und macht die Schüler mit den Haupterscheinungen und Wirkungen der allgemeinen Naturkräfte anschaulich bekannt.
6. Der geographische und historische Unterricht sollen, in wechselseitiger Beziehung auf einander, jener zur Kenntniß der Erde sowohl im Allgemeinen, als auch nach den einzelnen Völkern und Staaten führen; dieser eine zusammenhängende Übersicht der allgemeinen Weltgeschichte nach den Hauptperioden geben, und beide endlich sollen mit einer ausführlicheren Darstellung des preußischen Staates, seiner Geschichte, seiner Einrichtung und wichtigsten Gesetze schließen.
7. Das Zeichnen wird selbständig geübt, durch das Nachzeichnen von Naturgegenständen aber mit dem naturhistorischen, sowie durch die Entwerfung geometrischer Zeichnungen mit dem mathematischen Unterricht in Verbindung gehalten.
8. Der Unterricht im Schreiben soll zum deutlichen und schönen, nicht aber zum gezierten, dann auch zum fertigen Schreiben führen.
9. Durch den Unterricht im Singen sollen die Schüler sowohl im Allgemeinen in dieser Kunst weiter ausgebildet, als auch insonderheit die Feierlichkeit der kirchlichen Andachten unter Leitung der Lehrer dadurch zu erhöhen in den Stand gesetzt werden.

   Kurrenden sind bei diesen Schulen und bei städtischen Elementarschulen besonders an Orten, wo es kein Singchor giebt (§ 13 Nr. 11), auf den Wunsch der Gemeinden nur dann zu gestatten, wenn sie von Schülern, die hinreichenden Gesangunterricht erhalten haben, um Choräle gehörig vortragen zu können, unter Aufsicht anständiger und der Leitung des Gesanges kundiger Führer, und auf eine durchaus würdige Art gehalten werden können.
10. Der Unterricht in den Leibesübungen steigert sich nach dem Alter und den Kräften der Zöglinge.

> In den Mädchenklassen der Stadtschulen, sowie in den abgesonderten, diesen gleichstehenden Mädchenschulen, muß auch zu gröberen wie künstlicheren weiblichen Handarbeiten Anleitung gegeben werden.
>
> Wenn örtliche Verhältnisse es fordern und die Kräfte einer allgemeinen Stadtschule erlauben, über die dieser Stufe in der nach § 23 zu erlassenden Anweisung gezogene Grenze soweit hinauszugehen, daß junge Leute durch sie sowohl für die höheren Gewerbe des bürgerlichen Lebens im Allgemeinen vorbereitet, als auch für das Gymnasium weiter ausgebildet werden, als auf einer gewöhnlichen Stadtschule möglich ist, so soll ihr dies gestattet sein, und sie soll alsdann höhere Stadtschule heißen.
>
> Eigene, den sogenannten Realunterricht allein bezweckende Schulen sind nicht allgemein nothwendig. Wollen sich indeß mehrere Familien, oder selbst ganze Kommunen, zur Errichtung und Unterhaltung solcher Schulen vereinigen, so soll ihnen dies, jedoch den Kommunen nur unter der § 50. 9 angegebenen Bedingung, unverwehrt sein, die Einrichtungspläne derselben aber sollen jedesmal der öffentlichen Behörde vorgelegt, und von ihnen nach vorhergehender Prüfung bestätigt werden.

Es ist leicht zu erkennen und hat sich auch durch die weitere Entwickelung des preußischen Schulwesens bestätigt, daß in der allgemeinen Stadtschule des Entwurfes die Keime ebensowohl der jetzigen Realschulen, wie der Mittelschulen liegen, und so haben sich beispielsweise gerade die beiden Stadtschulen in Berlin, zu deren Errichtung der Minister im Jahre 1822 die Anregung gab, zu großen Realanstalten herausgebildet.

Bekannt ist, daß der mehrfach erwähnte Entwurf von 1819 nicht Gesetz geworden ist, ebenso, daß das Ministerium die Errichtung und Förderung von allgemeinen Stadtschulen nach dem vorgezeichneten Plane auf dem Wege der Verwaltung eifrig erstrebt hat. Die Begründung des Berliner Seminars für Stadtschullehrer steht damit im Zusammenhange. Bald aber machte sich die Nothwendigkeit einer schärferen Scheidung der Aufgaben geltend, deren Lösung durch die Stadtschule versucht werden sollte. Es handelte sich nämlich einerseits um die Vorbildung der männlichen Jugend für Kunst und Kunstgewerbe, sowie für die Arbeiten der Großkaufleute, überhaupt, wenn der Ausdruck gestattet ist, für das höhere Geschäftsleben. Andererseits sollten dem mittleren Bürgerstande, namentlich in den Städten, Knaben zugeführt werden, deren Bildung über das Maß der gemeinen Schule hinausginge, ohne jedoch eine Gelehrtenbildung zu sein. So entstanden die Gewerbe- und Realschulen, deren gegenseitiges Verhältniß und deren weitere Entwickelung zu beschreiben hier nicht der Ort ist, und die Stadt- oder Bürgerschulen, mit welchen wir es hier zu thun haben. Es hat lange gedauert, ehe die Unterrichtsverwaltung allgemein bindende Vorschriften für diese gegeben hat. Sie waren den Volksschulen (diese Bezeichnung wurde durch Art. 24 der Verfassungsurkunde vom 31. Januar 1850 in die Gesetzessprache eingeführt) beigezählt, hatten aber namentlich bezüglich ihrer inneren Einrichtung und Lehrarbeit größere Freiheit als diese; so blieben sie namentlich von den bekannten Schulregulativen vom Oktober 1854 unberührt.

Eine beachtenswerthe Anregung zu einer planmäßigen Ordnung des mittleren Schulwesens ist im Jahre 1869 durch eine Denkschrift gegeben worden, welche der damalige Stadtschulrath Dr. Hofmann dem Magistrat zu Berlin vorgelegt hat, und welche es verdient, der Vergessenheit entzogen zu werden; die hauptsächlichsten Gesichtspunkte derselben sind in Folgendem gegeben.

> Indem sie nachweist, wie zu Berlin für den Unterricht in den höheren Lehranstalten, einschließlich der höheren Mädchenschulen, und in den Gemeindeschulen gesorgt wird, kommt die sehr verdienstliche Denkschrift zu dem Ergebniß, daß bis jetzt für die Kinder bemittelter Leute, welche die Schule mit der Konfirmation verlassen sollten, so gut wie nichts geschehen ist (S. 5). Es handelt sich hierbei um die Kinder des mittleren Bürgerstandes (S. 7), bezw. darum, daß der niedere Gewerbestand zu einer den Anforderungen der jetzigen Zeit entsprechenden Bildung erhoben werde. Diese Aufgabe kann nicht dadurch gelöst werden, daß man sie als Nebenzweck entweder in die höheren Lehranstalten oder in die Gemeindeschulen verlegt; vielmehr würde auf diese Weise nicht nur den Kindern aus dem mittleren Bürgerstande die Schulbildung, deren sie bedürfen, nicht geboten, sondern es würde auch die zweckmäßige Wirksamkeit der betreffenden Schulen gehemmt; denn wesentlich verschiedene Unterrichtsziele lassen sich nur in verschiedenen Schulen in angemessenster Weise erreichen (S. 8). Es bedarf also für die Befriedigung des in Rede stehenden Bedürfnisses einer besonderen Schuleinrichtung, der Mittelschule (S. 7–13). Der Erörterung über die Einrichtung dieser Schulen wird der Satz vorangeschickt: Da der Unterricht in der Mittelschule wie in der Gemeindeschule mit der Konfirmation abschließt, mithin

die Unterrichtszeit wenigstens der gesetzlichen Anforderung nach in beiden Schulen gleich ist, so kann die Mittelschule nur darum ein höheres Unterrichtsziel sich stecken, weil ihre Schüler die Schule regelmäßiger besuchen und mehr Anregung zu geistiger Thätigkeit zu Hause finden. Diese Vortheile können aber nur so gehörig ausgenutzt werden, wenn die Schüler in den einzelnen Klassen weniger zahlreich und die Lehrkräfte und die Lehrmittel besser sind als in der Gemeindeschule (S. 13). Indem die Denkschrift nun die Frage nach der Unterrichtszeit zu beantworten versucht, warnt sie vor Neigung, „die Ausbildung zu den bürgerlichen Berufszweigen so hoch zu schrauben und so zu vertheuern, daß nach dem jetzigen Stande des Geschmackes und des Wohlstandes die höheren Leistungen nicht begehrt oder doch nicht nach ihrem Werthe bezahlt werden würden"; macht ferner mit Recht geltend, daß die Rücksicht vielmehr darauf zu nehmen sei, wie lange der hiesige mittlere Bürgerstand nach seinen jetzigen Vermögensverhältnissen seine Kinder in der Schule zu lassen vermöge und welche Leistungen der bezeichneten Berufsarten begehrt und bezahlt würden, und gelangt zu folgendem Ergebnisse: „Wenn nun jetzt der hiesige mittlere Bürgerstand die Kinder, welche er für andere Gewerbe bestimmt, in der Regel zwischen dem 14. und 15. Lebensjahre einsegnen läßt und dann sofort in die Lehre giebt, und wenn auch die Vermögenderen davon nur darum eine Ausnahme machen, um ihren Kindern den allerdings sehr großen Vortheil des einjährigen Dienstes zu verschaffen und sich dabei recht wohl bewußt sind, daß sie in Bezug auf das Fortkommen ihrer Kinder ein Opfer bringen, so ist man zu der Annahme berechtigt, daß die Vermögensverhältnisse des mittleren Bürgerstandes ein längeres Fernhalten der Kinder von dem Erwerb als bis zum 15. Lebensjahre in der Regel nicht gestatten, und daß bei anderen Gewerben, für deren Betrieb eine höhere wissenschaftliche Bildung wohl förderlich, aber nicht unentbehrlich ist, es zur Zeit immer noch vortheilhafter ist, in dem bezeichneten Lebensjahre zur praktischen Thätigkeit überzugehen und wissenschaftliche Fortbildung nebenbei zu suchen, als noch einige Jahre dieser zuzuwenden und dann erst dem Erwerb sich zu widmen. Wir können also mit solcher Sicherheit, als sich in solchen Dingen erreichen läßt, das 15. Lebensjahr als die richtige Grenze für den Unterricht in diesen Schulen festsetzen; und da unter Sachkennern darüber kaum noch Streit ist, daß der wirkliche Unterricht vor dem vollendeten 6. Lebensjahre nicht begonnen werden darf und daß selbst ein spielender vorher nicht ohne große Bedenken ist, so ergiebt sich für die zu errichtenden Schulen als die richtige Unterrichtszeit ein neunjähriger Kursus (S. 15, 16; vgl. noch S. 36 al. 3). Die wöchentliche Stundenzahl normirt die Denkschrift auf 24 für Kinder unter 10 Jahren, auf 30 für die anderen, wobei aber die Turnstunden außer Ansatz bleiben (S. 18 und 34). Die Denkschrift wendet sich nun zu einer Erörterung über die Auswahl der in den Lehrplan der Schule aufzunehmenden Gegenstände, welcher eine lichtvolle Darstellung wie des Unterschiedes, so auch der Wechselbeziehungen des formalen und des realen Unterrichtszieles vorangeht. Der Gedanke, daß die Mittelschulen als Fachschulen eingerichtet werden könnten, wird mit großer Bestimmtheit abgewiesen (S. 29); doch erfährt das reale Unterrichtsziel die ihm gebührende Berücksichtigung. Es heißt: Wo zur wissenschaftlichen Ausbildung eines jungen Menschen nur 9 Jahre verfügbar sind, da lassen sich die beiden Aufgaben, die Geisteskräfte zu stärken und den Geist mit nützlichen Kenntnissen auszurüsten, nicht mehr gesondert betreiben. Allgemeine Bildungsanstalt und Fachschule fallen hier zusammen, und die Lehrgegenstände, deren Kenntniß im Berufsleben wohl verwendet werden kann, verdienen hier vorzügliche Beachtung, auch wenn sie weniger als andere zur Ausbildung der Geisteskräfte sich eignen (S. 30). Die ganze Untersuchung wird mit folgenden Sätzen abgeschlossen: „Nach dem Allen haben wir bei der Auswahl der Lehrgegenstände und bei Begrenzung derselben so sorgfältig darauf zu achten, daß nur solches gelehrt wird, was entweder in der Schule selbst ausgenutzt oder im künftigen Beruf des Schülers gut verwerthet werden kann, daß ferner in jedem Lehrgegenstande die Schüler soweit geführt werden, daß ein lebhafter Trieb, das Erworbene zu erhalten und zu erweitern, in ihnen geweckt wird; daß endlich das Unterrichtsziel im Ganzen wie im Einzelnen nur so hoch gesteckt wird, daß es von der Mehrzahl der Schüler ohne Überanstrengung in der angenommenen Zeit erreicht werden kann." (S. 37). Die Lehrgegenstände, für welche ein Speziallehrplan für die neunklassige Schule folgt, sind dieselben wie die in dem 3 Jahre später erlassenen. Bezüglich der von den Lehrern nachzuweisenden Qualifikation schreibt die Denkschrift: „Das Unterrichtsziel kann mit Sicherheit nur dann erreicht werden, wenn der wissenschaftliche Unterricht in den drei oberen Klassen solchen Lehrern übertragen wird, welche durch Universitätsstudien vorgebildet sind und durch eine Prüfung vor der wissenschaftlichen Prüfungskommission dargethan haben, daß sie die Fähigkeit besitzen, in den Lehrgegenständen, in welchen sie unterrichten sollen, bis in die oberen Klassen einer höheren Lehranstalt zu unterrichten". — Der Unterricht in den mittleren und unteren Klassen kann mit Erfolg von solchen Elementarlehrern ertheilt werden, welche ihre auf den Seminarien erworbene, für Mittelschulen nicht genügende Vorbildung durch weitere Studien befestigt und erweitert haben, und es ist sehr zu wünschen, daß der großen Zahl strebsamer Elementarlehrer in unserer Stadt, welche jetzt nur die Wahl haben zwischen einer „unsicheren Existenz in Privatschulen und einem beständigen Elementarunterrichte, endlich einmal eine angemessene Beschäftigung und Stellung gewährt werde." In einer Schlußbemerkung räth Dr. Hofmann, mit der Einrichtung von derartigen Mittelschulen in Berlin erst vorzugehen, wenn denjenigen Zöglingen derselben, welche den ganzen Kursus absolvirt haben, die Berechtigung zum einjährigen Dienst in Aussicht gestellt werde (S. 72).

Der im Jahre 1872 ins Amt getretene Unterrichtsminister Dr. Falk erstrebte eine neue Ordnung des gesammten Schulwesens und berief deswegen in den Jahren 1872 und 1873 eine Anzahl von Schulmännern und von Vertretern der einzelnen politischen Parteien zu Berathungen zusammen, durch welche er die Unterlage für die von ihm erstrebten Organisationen zu gewinnen hoffte. Die im Oktober 1873 einberufene Konferenz über die Einrichtung des höheren Schulwesens beschäftigte sich mit der Mittelschule nur insoweit, als sie die einfachste Form einer höheren Lehranstalt darstellen sollte. Die im Juni 1872 zur Berathung über Fragen des Volksschulwesens einberufene Konferenz hat dagegen die Einrichtung der Mittelschule in den Kreis ihrer Berathungen gezogen und die Vorbereitung für dieselbe einer Subkommission übertragen, welche aus nachgenannten Herren bestand: Gymnasialdirektor a. D. Dr. Techow, Schulvorsteher Bohm, Direktor des Viktoria-Bazars Weiß aus Berlin, Regierungs- und Schulrath Bayer aus Wiesbaden, Geheimer Regierungsrath Dr. Kellner aus Trier, Seminardirektoren Lange aus Segeberg und Fix aus Soest und Hauptlehrer Dörpfeld aus Barmen. „Die Anhaltspunkte", welche der Konferenz seitens des Ministerialreferenten vorgelegt worden waren, erhielten unter 11. folgende Sätze:

III. Mittelschulen.

11. Für die bisher unter dem Namen „Rektorats-, gehobene Bürger- und Stadtschulen" und unter ähnlichen Benennungen bestehenden Schulen ist eine Fixirung des Begriffs und der der „Mittelschule oder deutschen Bürgerschule" zu stellenden Ziele erforderlich.

Ein schablonenartiger Lehrplan scheint vermieden werden zu müssen; es ist anzunehmen, daß für eine Ackerstadt in Pommern andere Bedürfnisse vorwalten, als für die Distrikte der Eisen- und Baumwollen-Industrie.

Von diesem Gesichtspunkte aus werden zunächst Vorschläge seitens der die verschiedenartigen Interessen vertretenden Mitglieder der Konferenz erwartet, und zu dem Ende gleich bei Beginn der Konferenz eine Subkommission ernannt, welche die Sache vorbereitet (Centralblatt 1872 S. 390).

Die Subkommission legte der Konferenz in der Sitzung vom 18. Juni folgende sechs Thesen vor:

1. Die Mittelschule hat die als berechtigt anzuerkennenden Erziehungs- und Unterrichtsbedürfnisse für die männliche und weibliche Jugend des mittleren Bürgerstandes zu befriedigen.
2. Dieselbe wird gegen Zahlung eines Schulgeldes besucht; sie beruht im Anschluß an die Volksschule auf deren elementarer Grundlage, vertieft und erweitert sodann nach ihrer Abzweigung von derselben deren Unterrichtsgegenstände, erstrebt eine für jeden Stand ausreichende Vorbildung (und verzichtet vorläufig unter Festhaltung ihres Selbstzweckes auf Erlangung der den höheren Schulen zuerkannten Berechtigungen).
3. Eine in den Mittelschulen überall zu erstrebende allgemeine Durchbildung wird außer deren Verwerthung in der Präparandenbildung eine den besonderen örtlichen oder provinziellen Verhältnissen entsprechende besondere Fachbildung zu fördern und die auf dem Gebiete des Gewerbes, der Technik, der Landwirthschaft, des Seelebens als nothwendig sich herausstellenden Anforderungen zu befriedigen haben.
4. Nach dem Maße dieser Anforderungen wird die Dauer des Schulbesuches festgesetzt werden; in der Regel wird dieser nach vollendetem 15. Lebensjahre des Schülers abschließen.
5. Die Unterrichtsgegenstände der Mittelschule sind nach Anleitung eines detaillirten Lehrplanes:
    a) Religionsunterricht.
    b) Deutsche und eine lebende fremde Sprache.
    c) Geschichte.
    d) Geographie.

e) Naturbeschreibung.
f) Naturlehre (Physik, Chemie).
g) Mathematik (Algebra, Geometrie, deskriptive Geometrie).
h) Schreiben.
i) Zeichnen einschl. gewerbliches Zeichnen.
k) Singen.
l) Turnen.
m) Weibliche Handarbeiten.

6. Die Anstellung des Dirigenten und der an den Mittelschulen beschäftigten Lehrer bedingt nicht ein Fakultätsstudium, sondern die Vorlage eines Qualifikationsattestes für die Unterrichtsertheilung in den angegebenen Lehrfächern.

Die Kommission war bei der ersten These, wie Bayer als Referent mittheilte, von der Annahme ausgegangen, daß die Bildung, welche durch Volksschulen erworben werden könne, dem mittleren Bürgerstande zu gering, derselbe aber nicht in der Lage sei, seine Kinder die höheren Schulen durchmachen zu lassen. Unter den Worten „mittlerer Bürgerstand" hatte die Kommission namentlich an den Handwerkerstand gedacht. Die zweite These sollte die Grundlage, die dritte die Aufgabe der Mittelschule, die vierte die Dauer des Schulbesuches, die fünfte die Unterrichtsgegenstände und die sechste die Anstellung der an der Mittelschule arbeitenden Lehrer behandeln. (Centralblatt 1872, S. 425—426.)

Die Konferenz eignete sich nur die 1., 3. und 4. These an; die Debatte selbst gab aber zur Beurtheilung der Sache keine neuen Gesichtspunkte (vgl. Centralblatt 1872, S. 426—429).

Auf Grund der hier gewonnenen Ergebnisse veröffentlichte der Minister der geistlichen, Unterrichts- und Medizinalangelegenheiten am 15. Oktober 1872 einen Normallehrplan für die Mittelschule, welchem er nachstehende allgemeine Verfügung voranschickte.

Berlin, 15. Oktober 1872.

Unter dem Namen von Bürger-, Mittel-, Rektor-, höheren Knaben- oder Stadtschulen ist bereits gegenwärtig eine beträchtliche Anzahl von Unterrichtsanstalten vorhanden, welche einerseits ihren Schülern eine höhere Bildung zu geben versuchen, als dies in der mehrklassigen Volksschule geschieht, andererseits aber auch die Bedürfnisse des gewerblichen Lebens und des sogenannten Mittelstandes in größerem Umfange berücksichtigen, als dies in höheren Lehranstalten regelmäßig der Fall sein kann.

Es entspricht den Anforderungen der Gegenwart nicht nur, die bestehenden Anstalten dieser Art weiter zu entwickeln, sondern auch die Neuerrichtung derselben seitens der Gemeinden thunlichst zu fördern.

Wenn solche Schulen den nachfolgenden Anforderungen entsprechen, so sind dieselben als Mittelschulen anzusehen und zu bezeichnen.

1. Die Schulen sollen neben den Volksschulen des Ortes bestehen und mindestens fünf aufsteigende Klassen mit einer Maximalzahl von je fünfzig Schülern haben. Es kann jedoch gestattet werden, daß die Oberklassen einer sechsklassigen Volksschule nach dem Lehrplane der Mittelschule arbeiten.

2. Der Unterricht in der Mittelschule ist im Anschlusse an den beifolgenden Lehrplan, welcher auf eine sechsklassige Schule berechnet ist, zu ertheilen. Bei fünf Klassen sind die Pensa der drei Unterklassen auf zwei Klassen zu vertheilen. Bei mehr als sechs Klassen findet eine Erweiterung des Pensums statt.

   Wo die lokalen Verhältnisse eine besondere Berücksichtigung des Ackerbaues, Fabrikwesens, Bergbaues, Handels oder der Schiffahrt in dem Lehrplane bedingen, sind die erforderlichen Änderungen in demselben vorzunehmen. Demgemäß ist es auch je nach dem Bedürfnisse zuzulassen, nur eine der im Lehrplane bezeichneten neueren Sprachen oder statt derselben eine andere in den Lehrplan aufzunehmen.

3. Die Inventarien der Mittelschulen müssen den höheren Lehrzwecken derselben entsprechen. Insbesondere sind für den Unterricht in der Geographie und der Naturkunde die erforderlichen Lehrmittel zu beschaffen. Auch ist für eine Bibliothek Sorge zu tragen, welche diejenigen größeren wissenschaftlichen Werke enthält, deren Benutzung für die Lehrer nothwendig ist.

4. Der Unterricht ist nur von solchen Lehrern zu ertheilen, welche hierzu nach Maßgabe der Prüfungsordnung als befähigt anerkannt sind.

Die Mittelschulen ressortiren, wie die Volksschulen, von den Königlichen Regierungen, bezw. in der Provinz Hannover von den Königlichen Konsistorien.

In keinem Falle darf übrigens durch die Verfolgung höherer Unterrichtsziele die Volksschule benachtheiligt werden. Es ist daher nur da, wo für die letztere eine ausreichende Fürsorge stattgefunden hat, die Errichtung der Mittelschulen Seitens der Behörden anzustreben.

Der Minister der geistlichen, Unterrichts- und Medizinal-Angelegenheiten.
(gez.) Falk.

An sämmtliche Königliche Regierungen, die Königlichen Konsistorien der Provinz Hannover, sowie sämmtliche Königliche Provinzial-Schulkollegien.
U. 2312.

Zugleich mit dem Erlaß dieser Verfügung gab der Minister eine Prüfungsordnung für Rektoren und für Lehrer an Mittelschulen und erfüllte damit den Wunsch, welchem die Denkschrift des Dr. Hofmann in dem Interesse der Volksschullehrer Ausdruck gegeben hatte.

Damit waren allerdings auch nur Ziele bezeichnet und Linien gezogen, auf welchen dieselben erreicht werden konnten, aber der Verlauf der beiden letzten Jahrzehnte hat den Dingen doch eine festere Gestalt gegeben und die Mittelschule nach oben wie nach unten deutlich abgegrenzt. In ersterer Beziehung ist dies durch die neuen Ordnungen für das höhere Schulwesen geschehen, welche Vorschriften für die als höhere Lehranstalten zu betrachtenden Mittelschulen (die Realschulen und höheren Bürgerschulen) gegeben haben. In der anderen Richtung wirkten neben den Entscheidungen des Ober-Verwaltungsgerichtes die neuesten Volksschulgesetze, welche den Begriff der Volksschule dahin bestimmten, daß sie zur Erfüllung der öffentlichen Schulpflicht dienen solle (Ges. vom 26. Mai 1887 § 1), und die Erhebung eines Schulgeldes bei den Volksschulen beseitigten (Ges. vom 14. Juni 1888 § 4).

Damit ist das Wesen der eigentlichen Mittelschule bezeichnet; sie unterscheidet sich von den höheren Lehranstalten dadurch, daß sie eine kürzere Schulzeit zuläßt, von ihren Leitern und Lehrern nicht akademische Bildung fordert und deswegen auch mit einem geringeren Kostenaufwande errichtet und unterhalten werden kann; ferner ist sie nicht ausschließlich für Knaben bestimmt, sondern es giebt auch Mädchen-Mittelschulen und sogar solche, in welchen Knaben und Mädchen nebeneinander unterrichtet werden. Andererseits erwirbt sie ihren Schülern keine Berechtigungen.

Von der Volksschule unterscheidet sich die Mittelschule dadurch, daß sie berechtigt ist, Schulgeld zu fordern, und daß infolge dessen ihr nur Kinder zugeführt werden, die nach Lage ihrer häuslichen Verhältnisse die Gewähr für ungestörten, regelmäßigen Schulbesuch geben, die Mittel zur Anschaffung eigener Schulbücher und Zeit für häusliche Wiederholungen und Übungen haben; sodann verfolgt ihr Lehrplan zugleich weitergehende Ziele auch in den Lehrgegenständen der Volksschule und fügt diesen den Unterricht in wenigstens einer fremden Sprache zu. Damit hängt es zusammen, daß von ihren Lehrern eine höhere Lehrbefähigung gefordert wird, als von den Volksschullehrern, und daß die Schülerzahl in den einzelnen Klassen niedriger bemessen wird.

Es kann also jetzt am Ende des Jahrhunderts das Ziel, welches sich die Unterrichtsverwaltung im Jahre 1819 stellte, als im Wesentlichen erreicht angesehen werden.

Unter den Mittelschulen, welche in den nachfolgenden Tabellen näher beschrieben werden, befindet sich allerdings auch eine größere Anzahl von Lehranstalten, welche einem anderen Zwecke dienen, als die eigentlichen Mittelschulen, welche nämlich die Aufgabe haben, den Bewohnern kleinerer Städte die Unterstufe einer höheren Lehranstalt zu ersetzen: unvollständig organisirte progymnasiale Anstalten, bisweilen als Torsoschulen bezeichnet.

Was über die Geschichte und die innere Einrichtung der Mädchen-Mittelschulen zu sagen ist, läßt sich von den Mittheilungen über das höhere Mädchenschulwesen nicht trennen.

2. Die höheren und die mittleren Mädchenschulen.

Die Anstalten, in welchen die weibliche Jugend einen über die Ziele der Volksschule hinausgehenden Unterricht empfängt, verdanken ihre erste Entstehung weniger einem unterrichtlichen als einem gesellschaftlichen Bedürfnisse. Die Vereinigung von Familien des höheren Bürgerstandes, welche nicht in der Lage waren, besondere Erzieher für ihre Töchter zu halten, und dieselben der gemischten Volksschule doch nicht zuführen wollten, rief gegen Ende des vorigen Jahrhunderts die „höheren Töchterschulen“ ins Leben, deren Lehrplan sich von dem der anderen Stadtschulen meistens nur durch die Hinzunahme des französischen Sprachunterrichtes unterschied. Nach verhältnißmäßig kurzer Zeit aber erfüllte sich diese Form mit weiterem Inhalt. In denselben Jahren, in welchen die kräftige Anregung zur Belebung und Neugestaltung des preußischen Volksschullebens gegeben wurde, deren Wirkungen noch fortdauern, gewann auch die „höhere Töchterschule“ eine neue Bedeutung. Wenn es dort die Schriften und die Stiftungen Pestalozzi's waren, von denen der Ausgang genommen wurde, so lag dieser hier näher. Der Vorgang und noch mehr das Vorbild der Königin Luise von Preußen regte einen Kreis patriotisch gesinnter Männer an, Schulen ins Leben zu rufen, in welchen die heranwachsende, weibliche Jugend der höheren Stände zu weiblicher Sitte und vaterländischer Gesinnung erzogen werden sollte.

Die Errichtung der höheren Mädchenschulen wurde zwar zunächst als die Angelegenheit privater Vereinigung angesehen, wie ja die Förderung der Schulen überhaupt noch als Werk des Philanthropinismus galt, aber es nahmen sich doch schon bürgerliche Gemeinden der Verbesserung des Mädchenunterrichtes an, und der Staat hielt es für geboten, die Prüfung und Bestätigung der Einrichtungspläne der Mädchenschulen für sich zu beanspruchen. Diesem Stande der Dinge entsprechen die bezüglichen Bestimmungen des Seite 217 erwähnten Entwurfes eines allgemeinen Gesetzes über die Verfassung des Schulwesens im preußischen Staat von 1819 in § 12, Nr. 10 Abs. 4 und § 50, Nr. 8. (Die Gesetzgebung auf dem Gebiete des Unterrichtswesens in Preußen. Vom Jahre 1817—1868. Berlin, W. Hertz, 1869. S. 23—24).

Die Begründung städtischer höherer Mädchenschulen nahm einen, wenn auch langsamen, doch stetigen Fortgang. v. Rönne giebt im Band II seines Werkes über das Unterrichtswesen S. 15 folgende Nachweisung aus dem Jahre 1854, in welche allerdings auch mehrfach Privatschulen mit aufgenommen sind; die Schulen selbst waren selbstverständlich in ihrer Einrichtung wie in ihren Leistungen in demselben Maße voneinander verschieden, wie die örtlichen Bedürfnisse, zu deren Befriedigung sie bestimmt waren. Während die große Mehrzahl der sogenannten höheren Töchterschulen nichts anderes als gehobene Stadtschulen für Mädchen sein konnten und sein sollten, hatten sich andere zu höheren Schulen im eigentlichen Sinne des Wortes entwickelt.

Verzeichniß der höheren Mädchenschulen aus dem Jahre 1854.

I. Provinz Preußen.

1. Braunsberg. — 2. Königsberg, städtisch, 6 Klassen, 190 Schülerinnen, 6 Lehrer, 6 Lehrerinnen. — 3. Memel, städt., 4 Kl., 150—160 Sch., 3 L., 3 Ln. — 4. Wehlau, städt., ev., 3 Kl., 80 Sch., 2 L., 3 Ln. — 5. Insterburg. — 6. Lyck. — 7. Tilsit. — 8. Konitz. — 9. Deutsch Krone. — 10. Graudenz, städt., mit Lehranstalt für Lehrerinnen, 6 Kl., 270 Sch., 9 L., 4 Ln. — 11. Marienwerder. — 12. Thorn, ev., 3 Kl., 103 Sch., 8 L., 2 Ln. — 13. Danzig. — 14. Elbing, städt., ev., 6 Kl., 249 Sch., 8 L., 6 Ln. — 15. Marienburg.

II. Provinz Posen.

1. Krotoschin, städtisch, paritätisch, 2 Klassen, 50 Schülerinnen, 5 Lehrer, 1 Lehrerin. — 2. Lissa. — 3. Meseritz. — 4. Ostrowo. — 5. Posen, K. Louisensch. — 6. Rawitsch, städt., ev., 6 Kl., 300 Sch., 4 L., 1 Ln. — 7. Bromberg, städt., simultan, 7 Kl., 407 Sch., 7 L., 1 Ln. — 8. Trzemeszno.

III. Provinz Brandenburg.

1. Berlin, K. Louisenstiftung. — 2. Berlin, K. Elisabethschule, 11 Klassen, 475 Schülerinnen, 14 Lehrer, 4 Lehrerinnen. — 3. Berlin, K. neue Töchtersch. auf der Friedrichsstadt[1]), 8 Schulkl., 2 Oberkl., 500 Sch., 9 L., 3 Ln. (8—10 Seminaristinnen). — 4. Berlin, städt. höh. T., 11 Kl., 1 Oberkl., 356 Sch., 14 L., 4 Ln. — 5. Berlin, franz. höh. T., 7 Kl., 224 Sch., 5 L., 5 Ln. — 6. Berlin, kath. höh. T., 4 Abthl., 75 Sch. — 7. Berlin, jüdische h. T.[2]) — 8. Brandenburg. — 9. Freienwalde, Privat-Pensionsanst., 4 Kl., 58 Sch., 5 L., 2 Ln. — 10. Neu Ruppin. — 11. Perleberg, ev., 6 Kl., 276 Sch., 6 L., 2 Ln. — 12. Potsdam, h. T. — 13. Potsdam, private h. T., 7 Kl., 212 Sch. — 14. Prenzlau, private h. T., 4 Kl., 87 Sch., 6 L., 4 Ln. — 15. Schwedt. — 16. Spandau. — 17. u. 18. Frankfurt. — 19. Landsberg. — 20. Luckau, städt. Mädchensch. mit einer Selekta von 10—15 Sch. — 21. Lübben, städt., 3 Kl., u. 1 Selekta, 177 Sch. — 22. Züllichau, private h. T., ev., 4 Kl. 41 Sch., 3 L., 1 Ln.

IV. Provinz Pommern.

1. Anklam. — 2. Stargard, städtische, 5 Klassen und Selekta für Lehrerinnen, 5 Lehrer, 1 Lehrerin (578 Thlr. Staatszuschuß). — 3. Stettin. — 4. Treptow, 3 Kl., 50 Sch., 2 L., 2 Ln. Patron: der Magistrat. — 5. Kolberg. — 6. Stolpe, ev., 3 Kl., 148 Sch., 6 L., 3 Ln. Patron: der Magistrat.

---

[1]) jetzt Augustaschule. — [2]) Außerdem hatte Berlin damals 26 private höhere Töchterschulen.

V. Provinz Schlesien.

1. Breslau, simultan, 8 Klassen, 386 Schülerinnen, 14 Lehrer, 7 Lehrerinnen. — 2. Brieg, ev., 6 Kl., 58 Sch., 6 L. — 3. Glatz. — 4. Oels, ev., 2 Kl., 36 Sch., 4 L. — 5 Schweidnitz, priv. h. T., 4 Kl., 75 Sch., 7 L., 4 Ln. — 6. Gleiwitz. — 7. Leobschütz. — 8. Neisse. — 9. Oberglogau. — 10. Oppeln. — 11. Ratibor. — 12. Sorau. — 13. Bunzlau. — 14. Glogau, simultan, 5 Kl., 85 Sch., 9 L., 1 Ln. — 15. Görlitz. — 16. Grünberg. — 17. Hirschberg, 5 Kl., 122 Sch., 8 L., 6 Ln. — 18. Landshut. — 19. Lauban. — 20. Liegnitz. — 21. Sagan.

VI. Provinz Sachsen.

1. Aschersleben. — 2. Burg, städtisch, 6 Klassen, 280 Schülerinnen, 7 Lehrer, 4 Lehrerinnen. — 3. Halberstadt. — 4. Magdeburg, städt., 9 Kl., 400 Sch., 11 L., 6 Ln. — 5. Quedlinburg. — 6. Salzwedel, städt., ev., 3 Kl., 100 Sch., 9 L., 1 Ln. — 7. Erfurt. — 8. Mühlhausen. — 9. Nordhausen. — 10. Schleusingen. — 11. Eisleben, priv. h. T., 5 Kl., 140 Sch., 6 L., 1 Ln. — 12. Halle, ev., 8 Kl., 250 Sch., 10 L., 6 Ln. — 13. Torgau, 4 Kl., 110 Sch., 6 L., 2 Ln. — 14. Merseburg. — 15. Wittenberg.

VII. Provinz Westfalen.

1. Dorsten, im Ursuliner Kloster. — 2. Münster, im Sem. — 3. Bielefeld, ev., 5 Klassen, 115 Schülerinnen, 5 Lehrer, 2 Lehrerinnen. — 4. Minden. — 5. Paderborn, im Franz. Nonnenkloster. — 6. Dortmund, ev., 3 Kl., 53 Sch., 5 L., 2 Ln. — 7. Hagen. — 8. Lippstadt, städt. — 9. Siegen, simultan, 3 Kl., 50 Sch., 2 L., 2 Ln.

VIII. Rheinprovinz.

1. Bonn. — 2. Köln, evangelisch, 4 Klassen, 145 Schülerinnen, 4 Lehrer, 2 Lehrerinnen. — 3. Köln, im Ursul. Kloster.[1]) — 4. Mülheim, kath., Patron: der kath. Schulvorstand. — 5. Barmen, städt., ev., 4 Kl., 97 Sch., 5 L., 2 Ln. — 6. Krefeld, priv. h. T., 4 Kl., 125 Sch., 4 L., 4 Ln. — 7. Düsseldorf. — 8. Duisburg, 4 Kl., 2 L., 2 Ln. — 9. Elberfeld, städt., 5 Kl. u. 1 Selekta f. Ln., 130 Sch., 6 L., 2 Ln. — 10. Elberfeld, m. Sem. 6 Kl., 150 Sch., 8 L., 2 Ln. — 11. Rheydt, ev. u. kath., 2 Kl., 30 Sch., 4 L., 2 Ln. — 12. Wesel. — 13. Xanten, priv. h. T., 2 Abth., 19 Sch., 1 L., 1 Ln. — 14. Aachen. — 15. Malmedy. — 16. Siegburg. — 17. Saarbrücken. — 18. Trier. — 19. Koblenz. — 20. Kreuznach. — 21. Wetzlar.

Der Unterrichts-Gesetzentwurf von 1861 machte demnach den Versuch einer Aussonderung der eigentlichen höheren Mädchenschulen von den anderen Lehranstalten, welche diese Bezeichnung führten, ohne ihnen in ihrer Einrichtung zu entsprechen. Es heißt an der betreffenden Stelle der Motive zu diesem Entwurfe:

> Der Begriff einer höheren Töchterschule ist noch nicht festgesetzt; ihr Name wird unterschiedslos auf alle Schulen für das weibliche Geschlecht angewandt, in denen ein über den Lehrplan der Elementarschule hinausgehender Unterricht ertheilt wird. Es kann auch diesem Gebiet nur förderlich sein, wenn, bei einer Sonderung der vorhandenen Anstalten, die zweckmäßig eingerichteten und ausgestatteten, von der obersten Unterrichtsbehörde ausdrücklich als höhere Schulen anerkannt und, soweit die Verschiedenheit der Verhältnisse es zuläßt, unter die für diese Kategorie von Schulen geltenden Bestimmungen gefaßt werden. Die Anerkennung wird in jedem einzelnen Falle von dem Minister der Unterrichts-Angelegenheiten auf den Antrag der betreffenden Provinzialbehörde ausgesprochen, welche das Vorhandensein des dazu Erforderlichen nachgewiesen hat. (Vergl. „Die Gesetzgebung auf dem Gebiete des Unterrichtswesens in Preußen" S. 265).

Von diesem Gesichtspunkte aus schrieb der Gesetzentwurf vor, daß der Minister eine allgemeine Schulordnung aufstelle, welche die Grundzüge für die Einrichtung der höheren Mädchenschulen, sowie die Verhältnisse der Lehrer und Lehrerinnen an denselben regele (§ 158), daß die Schulen, welche in ihrer Einrichtung und Ausstattung der vorgeschriebenen Schulordnung entsprächen, als „höhere Töchterschulen" anerkannt (§ 159) und den Dirigenten, Lehrern und Lehrerinnen an ihnen dieselben Rechte zugesprochen würden, wie den Lehrern der höheren Schulen für die männliche Jugend (§ 160). Die späteren Entwürfe haben nur die erste dieser drei Bestimmungen aufgenommen.

Wenn im Jahre 1861 die Entwickelung des Mädchenschulwesens bereits soweit gediehen war, daß der Unterrichtsminister eine besondere Organisation höherer Mädchenschulen für nothwendig und für ausführbar erachtete, so hat dieselbe seitdem noch sehr erhebliche Fortschritte gemacht. Gegenwärtig giebt es kaum

[1]) außerdem 2 private höhere Töchterschulen.

eine größere Stadt, welche nicht mindestens eine öffentliche Mädchenschule hätte, die in ihrer Einrichtung den Anforderungen, welche von Fachmännern an die höhere Mädchenschule gestellt werden, entspricht und sich deutlich von ähnlichen, entweder minder entwickelten oder anders eingerichteten Anstalten, welche als Mittelschulen anzusehen sind, unterscheiden.

Die Verschiedenheit der mittleren und höheren Lehranstalten beruht aber nicht auf ihren Frequenzverhältnissen, sondern darauf, daß sie nicht die gleichen Bildungsbedürfnisse befriedigen sollen. Diese sind verschieden nach den Kreisen der bürgerlichen Gesellschaft, in welchen die Mädchen aufwachsen, nach der Zeit, die sie der Schule zuwenden können, und nach der muthmaßlichen Aufgabe ihres späteren Lebens. Dabei fällt es besonders ins Gewicht, daß die Zahl der Mädchen aus den höheren Kreisen der Gesellschaft, welche den für sie erforderlichen Unterricht im elterlichen Hause oder sonst auf privatem Wege erhalten, immer kleiner wird, ebensowohl wegen der Schwierigkeit, gute Privatlehrer zu gewinnen, als wegen der erhöhten Anforderungen, welche an die Bildung der Einzelnen gestellt werden. Das Staatsleben aber kann nur gewinnen, wenn auch die heranwachsende weibliche Jugend im öffentlichen Schulunterricht gebildet und zeitig schon mit dem Gefühl der Zugehörigkeit zu einem großen Gemeinwesen erfüllt wird, und deshalb hat auch die Staatsverwaltung dafür Sorge getragen, daß die Mädchen, welche eine bessere Vorbildung mit in die Schule bringen, deren Lernthätigkeit in dem Hause in vorzüglicher Weise gefördert wird, und welche der Schule reichlichere Zeit zuwenden wollen, den möglichst besten Unterricht erhalten. Zu diesem Ergebniß leitet noch eine weitere Erwägung. Unsere gesellschaftlichen Verhältnisse haben dahin geführt, daß auch die Frauen und Mädchen der höheren Stände des selbständigen Erwerbes nicht mehr entbehren können; die Wittwen und Töchter der Beamten, der Prediger, der Ärzte, der Lehrer haben in dem Unterrichte in Familien und an Schulen, in der Krankenpflege, als Zeichnerinnen, als Buchführerinnen u. s. w. einen wirksamen Schutz gegen die Verarmung gefunden, welcher sie sonst anheimgefallen wären. Da nun die Ausübung dieser und ähnlicher Berufsarten durch Frauen auch zum Wohle der bürgerlichen Gesellschaft gereicht, so ist in der Ordnung des Schulwesens zur Vorbildung der Frauen für solche Berufsarten die ausreichende Gelegenheit zu bieten.

Es stellt sich also ein unabweisbares Bedürfniß nach höheren Mädchenschulen heraus, welche sich in ihrer Art ebenso von den niederen unterscheiden, wie die höheren Schulen für die männliche Jugend in der ihrigen, d. h. nach Schulen, welche der heranwachsenden weiblichen Jugend dasjenige Maß allgemeiner wissenschaftlicher Bildung gewähren, für welches sie nach ihrer natürlichen Anlage und ihrem Alter überhaupt empfänglich ist. Die Unterrichtsverwaltung ist aber auch den Bestrebungen derjenigen entgegengetreten, welche, unter Verkennung des großen Unterschiedes in der natürlichen Beanlagung und in der gesellschaftlichen Stellung der beiden Geschlechter, der heranwachsenden weiblichen Jugend dieselbe Schulbildung geben wollen, welche die männliche Jugend in den für sie bestimmten höheren Lehranstalten empfängt. Ein Nachgeben gegenüber den Wünschen, welche in Bezug hierauf laut geworden sind, würde die Förderung echter, weiblicher Bildung beeinträchtigen, in die rege Thätigkeit, welche sich auf dem Gebiete der Mädchenerziehung entwickelt hat, Verwirrung und den einzelnen Mädchen, welche die nach Muster der Gymnasien eingerichteten Anstalten besuchten, kaum Vortheil bringen, da sie ihren Gang durch dieselben unter sicherer Schädigung ihrer Gesundheit und unter Gefährdung ihrer Gemüthsbildung vollenden, die Früchte ihres Fleißes aber nur unter Verzicht auf ihren natürlichen Beruf ernten könnten. —

Für die Einrichtung der höheren und mittleren Mädchenschulen und für die Zusammensetzung ihrer Lehrkörper sind in den letzten 20 Jahren die Beschlüsse einer Konferenz maßgebend gewesen, welche der Minister Dr. Falk im August 1873 einberufen hatte. Der Konferenz gehörten an:

1. der Ministerial-Direktor, Wirkliche Geheime Ober-Regierungsrath Greiff,
2. der Geheime Ober-Regierungsrath Wätzoldt,
3. der Geheime Regierungsrath Dr. Schneider,
4. der Regierungsrath Beinert,
5. die Vorsteherin der Fachschule zu Kassel Frl. Friederike Kaufmann,
6. die Schulvorsteherin Frl. Selma Kannegießer von hier,
7. die Schulvorsteherin Frl. Marie Boretius von hier,
8. die Schulvorsteherin Frl. Clara Eitner aus Breslau,
9. die Hauptlehrerin Frl. Kühne aus Droyßig,
10. der Direktor der Viktoria-Schule Professor Dr. Haarbrücker von hier,
11. der Rektor der städtischen höheren Töchterschule am Ritterplatz zu Breslau Dr. Luchs.
12. der Direktor der städtischen höheren Töchterschule zu Iserlohn Dr. Kreyenberg,

13. der Direktor der höheren Töchterschule zu Hannover Dr. Dieckmann,
14. der Direktor der städtischen höheren Töchterschule zu Stettin Professor Dr. Haupt,
15. der Direktor der städtischen höheren Töchterschule zu Elberfeld Dr. Schornstein,
16. der Seminarlehrer a. D., Schulvorsteher Stäckel von hier,
17. der Schulvorsteher Dierbach von hier,
18. der Schulvorsteher Raaz von hier,
19. der Königliche Seminardirektor Mergel von hier,
20. der Königliche Seminardirektor Spiegel aus Münster.

Die Protokolle der Konferenz geben über die ihr vorgelegten Fragen und die von ihr ertheilten Antworten ausführlich Auskunft, die abgekürzt hier folgt.

Frage 1.

Welche Aufgaben haben diejenigen Mädchenschulen, welche über die Ziele des Volksschulunterrichts hinausgehen?

Antwort:

Diejenigen Mädchenschulen, welche über die Ziele der Volksschule hinausgehen, haben die Aufgabe, der weiblichen Jugend in einer ihrer Eigenthümlichkeit entsprechenden Weise eine ähnliche allgemeine Bildung zu geben, wie sie auch die über die Volksschule hinausgehenden Schulen für Knaben und Jünglinge bezwecken und sie dadurch zu befähigen, sich an dem Geistesleben der Nation zu betheiligen und dasselbe mit den ihr eigenthümlichen Gaben zu fördern. Das Bedürfniß einer Vorbildung für eine künftige Berufsstellung ist durch besondere Einrichtungen ins Auge zu fassen.

Frage 2 a, b.

a) Ist eine Sonderung dieser Schulen in mittlere und höhere anzustreben?
b) Welche besondere Aufgabe fällt der mittleren, welche der höheren Mädchenschule zu?

Antwort:

a) Unter den Mitgliedern der Konferenz bestand Einstimmigkeit darüber, daß die Sonderung in höhere und mittlere Mädchenschulen nothwendig sei.

Auf die Frage 2 b wurde folgende Antwort einstimmig angenommen:

Die Mittelschule für Mädchen, im Ganzen entsprechend der Mittelschule für die männliche Jugend, wie sie in den allgemeinen Bestimmungen vom 15. Oktober 1872 aufgefaßt ist, hat einerseits eine höhere Bildung zu geben, als dies in der mehrklassigen Volksschule geschieht, andererseits aber auch die Bedürfnisse des sogenannten Mittelstandes in größerem Umfange zu berücksichtigen, als dies in den höheren Lehranstalten regelmäßig der Fall sein kann. Insbesondere wird sie eine neue Sprache (die französische oder die englische) in ihren Lehrplan aufzunehmen haben.

Die höhere Mädchenschule erstrebt jene allgemeine Bildung, wie sie den höheren Lebenskreisen eigen ist. Die Lehrgegenstände werden zu dem Zweck in den höheren Mädchenschulen der Mittelschule gegenüber nicht sowohl weiter zu vermehren, als in ausgedehnterem Umfange mit mehr Vertiefung und in mehr wissenschaftlicher, namentlich innerlich verbindender Weise zu behandeln sein. Zwei fremde Sprachen (die französische und die englische) und deren literarische Haupterscheinungen sind unbedingt heranzuziehen.

Frage 2 c.

Ist die Sonderung in mittlere und höhere Schulen auch in Bezug auf Privatanstalten und auf Städte mit weniger als 15 000 Einwohnern durchführbar?

Einstimmig sprachen die Mitglieder der Konferenz den Wunsch aus, daß die vorgeschlagene Sonderung durchgeführt werde, die Art und Weise der Durchführung der Regierung überlassend.

Frage 3.

Welche Aufgabe hat der Staat oder haben kleinere Verbände (Provinz, Kreis, Gemeinde) in Bezug auf die Einrichtung, Unterhaltung oder Unterstützung solcher Schulen?

Man einigte sich dahin:

daß, wo das Bedürfniß zur Errichtung mittlerer oder höherer Mädchenschulen vorliege und die Kräfte der Gemeinden dazu nicht ausreichten, der Staat in demselben Umfange wie bei den Gymnasien und Realschulen Beihülfe zu leisten habe, ferner daß die Unterstützung von Privatschulen aus öffentlichen Mitteln nicht wünschenswerth sei, daß dagegen denselben die Berechtigungen öffentlicher Schulen zuzugestehen seien, wenn sie dem Normallehrplane genügten.

Frage 4 a, b, c.

Welche Grundsätze sind für die Aufstellung des Lehrplanes der mittleren und desjenigen der höheren Mädchenschulen maßgebend? Insbesondere

a) von welchem Lebensalter an und bis zu welchem sollen die Mädchen die Schule besuchen?

b) wie viel aufsteigende Klassen soll die betreffende Schule haben?

c) wie vertheilen sich dieselben auf die einzelnen Stufen der Schule?

Antwort.

Die vollständig organisirte höhere Mädchenschule beansprucht ihre Schülerinnen vom vollendeten 6. bis zum vollendeten 16. Lebensjahre.

Als Norm gilt, daß die Mädchen mindestens in sieben selbständigen, streng von einander gesonderten, aufsteigenden Klassen, welche sich auf drei Hauptstufen vertheilen, unterrichtet werden.

Ausnahmen sind nur unter besonderen Verhältnissen von der Unterrichtsverwaltung zuzulassen.

Die Klassen vertheilen sich auf die einzelnen Stufen derart, daß auf die untere Stufe zwei, auf die mittlere drei und auf die obere zwei kommen.

In Bezug auf

Frage 4 d.

Wie viel Lehrstunden sind auf jeder Stufe beziehungsweise in jeder Klasse zu ertheilen?

einigte sich die Konferenz dahin:

daß abgesehen vom Turnen für die untere Stufe 22—24, für die mittlere und obere Stufe nicht über 30 Stunden festzusetzen seien; einschließlich des Handarbeitsunterrichtes.

Frage 4 e.

Welche Lehrgegenstände sind in der betreffenden Schule zu betreiben? und welche Ziele sind in denselben zu erreichen?

Welche Stellung nimmt der Unterricht in den weiblichen Handarbeiten im Lehrplane der betreffenden Schule ein?

Welche das Turnen?

Die Versammlung erklärte es einstimmig als sehr wünschenswerth,

daß das Turnen in den Mädchenschulen als obligatorischer Unterrichtsgegenstand in den Unterrichtsplan aufgenommen werde.

Im Anschluß an die Frage 4 d kamen noch folgende zwei Punkte zur Sprache:

1. Feststellung der zulässigen Schülerinnenzahl in den einzelnen Klassen;
2. Beschränkung der häuslichen Arbeiten.

Die Konferenz einigte sich über folgende Erklärung:

In den normal eingerichteten höheren Mädchenschulen ist die Zahl der Schülerinnen für jede der Unter- und Mittelklassen nicht über 40 zu bemessen.

In den beiden obersten Klassen ist diese Zahl aus pädagogischen Gründen nach wesentlich zu vermindern.

Bezüglich des 2. Punktes wurden folgende Resolutionen einstimmig gefaßt:

a) Es ist nothwendig, daß in den höheren Mädchenschulen der Schwerpunkt des Unterrichtes in der Schule liege, und den Schülerinnen in Betreff der häuslichen Aufgaben Zeit gelassen werde, für ihre besonderen häuslichen Pflichten;

b) es ist nöthig und ausführbar, daß die den Schülerinnen zuzumuthenden häuslichen Arbeiten sich von der durchschnittlichen Kraft der Schülerinnen bewältigen lassen, auf der Unterstufe in höchstens einer, auf der Mittelstufe in einer und einer halben und auf der Oberstufe in zwei Stunden täglich.

Hierauf wurde die Diskussion über

Frage 4 e

fortgesetzt.

Als diejenigen Gegenstände, welche in der höheren Mädchenschule zu betreiben sind, bezeichnete die Konferenz einstimmig:

1. Religion,
2. deutsche Sprache im Vordergrunde des gesammten Unterrichts,
3. französische Sprache,
4. englische Sprache und zwar nicht fakultativ, sondern wie die französische Sprache obligatorisch. Nur für den Fall, daß thatsächlich eine andere, z. B. die polnische Sprache, Unterrichtsgegenstand sei, wurde eingeräumt, daß die englische Sprache fakultativ sein könne.

   Im Übrigen sprach sich die Konferenz gegen die Aufnahme anderer Sprachen, wie polnisch, italienisch, holländisch aus, weil die Erlernung dieser Sprachen nur praktische Zwecke haben und eventl. auf anderem Wege erfolgen könne.
5. Geschichte,
6. Geographie,
7. Rechnen resp. Raumlehre,
8. Naturbeschreibung,
9. Naturlehre,
10. Zeichnen,
11. Schreiben,
12. Gesang,
13. weibliche Handarbeiten, und zwar sollen auch diese nicht ein fakultativer, sondern ein obligatorischer Unterrichtsgegenstand sein.

Über die Ziele, welche in den einzelnen Lehrgegenständen zu erreichen sind, einigten sich die Mitglieder der Konferenz folgendermaßen:

1. In der Religion sind die Ziele im Allgemeinen dieselben wie in der Mittelschule für Knaben unter besonderer Betonung der ethischen Seite und mit der durch die vorgeschrittene allgemeine Bildung der Mädchen bedingten Erweiterung.

Herr Direktor Schornstein wünschte hierbei noch besonders für evangelische Schulen hervorzuheben, „die Einführung in das Verständniß der heiligen Schrift“.

2. In der deutschen Sprache:

   Befähigung der Schülerinnen zu richtiger und gefälliger zusammenhängender mündlicher und schriftlicher Darstellung von Gegenständen, die in ihrem Anschauungskreise liegen, Kenntniß der Grammatik der Muttersprache.

   Bekanntschaft mit den dem Bildungsstande der Mädchen entsprechenden Hauptwerken der deutschen Dichtung und mit den Hauptepochen der deutschen Literaturgeschichte unter Bevorzugung der Zeit nach Luther.

Von mehreren Seiten (Schornstein, Dieckmann) wurde das größere Eingehen in die deutsche Grammatik besonders betont, unter Hinweis auf die Sprachvergleichung.

3. In der französischen Sprache:

   Kenntniß der Grammatik, Formenlehre und Syntax.

   Befähigung, Briefe und kleine Aufsätze über Dinge aus dem Anschauungskreise der Mädchen im Ganzen richtig in französischer Sprache zu schreiben und über solche Gegenstände in einfachen Sätzen mit richtiger Aussprache französisch zu sprechen.

   Befähigung, ein französisches Buch zu lesen.

   Bekanntschaft mit den Hauptwerken der französischen Literatur aus den klassischen Perioden.

4. In der englischen Sprache sind die Ziele dieselben, wie in der französischen Sprache, namentlich ist auch die Bekanntschaft mit den Hauptwerken der englischen Literatur zu verlangen.

5. In der Geschichte:

   Kenntniß der Hauptthatsachen der allgemeinen Geschichte, besonders aus der der Griechen und Römer. Kenntniß der vaterländischen, d. i. der deutschen Geschichte in ihrem Zusammenhange und ihren Beziehungen zu den Nachbarstaaten.

Von einer Seite (Schornstein) wurde die besondere Berücksichtigung der kulturhistorischen Momente hervorgehoben.

6. In der Geographie:

   Bekanntschaft mit der physischen und politischen Geographie aller fünf Erdtheile; nähere Kenntniß der Geographie Europas und genauere Kenntniß der Geographie Deutschlands. Die Hauptsachen aus der mathematischen und physikalischen Geographie.

7. Im Rechnen:

Bekanntschaft mit den bürgerlichen Rechnungsarten, den geltenden Münz- und Maßsystemen; Befähigung, Aufgaben aus denselben in ganzen und gebrochenen Zahlen bezw. Dezimalbrüchen selbständig sicher und richtig zu lösen; Fertigkeit im Kopfrechnen; Raumrechnungen.

8. In der Naturbeschreibung:

Bekanntschaft mit der Naturgeschichte aller drei Reiche, namentlich mit den hervorstechenden Typen und Familien, speziell aus der Heimath; nähere Bekanntschaft mit den Kultur- und Giftpflanzen. Einige Kenntniß von der Bildung und dem Bau der Erde.

9. In der Naturlehre:

Allgemeine Bekanntschaft mit den magnetischen, elektrischen, mechanischen Erscheinungen, sowie mit denjenigen des Lichtes, der Wärme, des Schalles, insbesondere Verständniß derjenigen physikalischen Gesetze, welche im gewöhnlichen Leben und in den Hauptgewerben Anwendung finden. Bekanntschaft mit den Elementen der Chemie, soweit sie zum Verständniß der gewöhnlichsten, im Hause vorkommenden Erscheinungen erforderlich ist.

10. Im Zeichnen:

Bis zum perspektiven Zeichnen.

11. Im Schreiben:

müsse jeder einzelne Lehrer auf gute Schrift halten, dann sei in den Oberklassen ein besonderer Schreibunterricht nicht nothwendig.

Für die Aufstellung des Lehrplanes der mittleren Mädchenschule wurden folgende Grundsätze von der Konferenz einstimmig angenommen:

Die Mädchen sollen die mittlere Mädchenschule vom vollendeten 6. bis zum vollendeten 14. Lebensjahre besuchen.

Die mittlere Schule soll mindestens fünf aufsteigende Klassen haben.

Bei fünf Klassen sind zwei für die Unterstufe, zwei für die Mittelstufe, eine für die Oberstufe bestimmt.

Zahl der Lehrstunden wie in der höheren Mädchenschule. Die häuslichen Arbeiten sind noch mehr zu beschränken, wie in der höheren Mädchenschule.

Es sind folgende Gegenstände mit folgenden Zielen zu betreiben:

1. Der Religionsunterricht. Es sind in der Mittelschule für Mädchen die Ziele hier im Allgemeinen dieselben, wie in der für Knaben. Der Unterschied zwischen beiden liegt nur in der Methode und in der Auswahl der Stoffe (Schriftabschnitte, Sprüche, Lieder), welche zur Veranschaulichung herangezogen werden.

2. Die deutsche Sprache. Ziel ist die Befähigung zum korrekten mündlichen Ausdrucke, zur selbständigen Abfassung von Briefen, leichten Geschäftsaufsätzen und dergleichen. Sicherheit in der Orthographie und Bekanntschaft mit den Hauptregeln der deutschen Grammatik; Kenntniß der wichtigsten Dichtungsarten und Formen, vermittelt an Proben aus den Meisterwerken deutscher Prosa und Poesie, sowie Kenntniß von dem Leben der hervorragendsten Dichter aus der Zeit nach der Reformation.

3. Die französische, bezw. englische Sprache; Ziel ist richtige Aussprache, Sicherheit in der Orthographie und Kenntniß der Hauptregeln der Grammatik, Befähigung, leichtere prosaische Schriftsteller in der französischen Sprache zu lesen, einen leichten Geschäftsbrief selbständig aufzusetzen bezw. leichte Sprachstücke aus dem Deutschen zu übertragen.

4. Geschichte. Hier ist das Ziel die Kenntniß von der Lebensgeschichte der bedeutendsten Männer und von den Hauptsachen aus der Weltgeschichte aller drei Zeitalter, nähere Bekanntschaft mit der vaterländischen, d. i. der deutschen Geschichte, namentlich der neueren Zeit.

5. Geographie. In dieser ist das Ziel dasselbe, wie bei den höheren Mädchenschulen; der Unterschied kann nur in dem geringeren Umfange der Detailkenntnisse gefunden werden.

Herr Direktor Haupt wünschte hierbei den ausdrücklichen Hinweis auf die Kulturvölker und Länder, welche in der neueren Geschichte besonders hervorgetreten sind und zwar nicht nur an dieser Stelle, wo es sich um die mittlere Mädchenschule handele, sondern zugleich auch mit Bezug auf die höheren Mädchenschulen.

6. Rechnen und Raumlehre. Die Ziele sind dieselben wie bei der höheren Mädchenschule.

7. Naturkunde; und zwar ist Ziel
   a) in der Naturbeschreibung: Bekanntschaft mit der Naturgeschichte aller drei Reiche, vermittelt an hervorstechenden Repräsentanten, welche vorzugsweise aus der Heimath und in dem Thierreich aus den höheren Ordnungen, im Pflanzenreich aus den Phanerogamen gewählt sind, sowie mit deren Nutzen oder Schaden im menschlichen Haushalte.

Bei diesem Punkte gab sich eine Verschiedenheit der Ansichten darüber kund, ob auch die Anthropologie bezw. die Lehre vom Bau des menschlichen Körpers und die sogenannte Gesundheitslehre unter die Ziele der Mädchenschulen aufzunehmen sei. Nach eingehender Erörterung der dafür und dagegen sprechenden Gründe einigte sich die Konferenz über die auch hinsichtlich der höheren Mädchenschulen geltende Erklärung,

> daß die gedachten Gegenstände zwar nicht ausdrücklich unter die Ziele der Mädchenschulen aufzunehmen seien, daß aber doch die Kenntniß des menschlichen Körpers an entsprechender Stelle in geeigneter Weise zu vermitteln sei.

   b) In der Physik und Chemie: Kenntniß der Hauptsachen aus der Physik und der Elemente der Chemie, insbesondere derjenigen Gesetze, welche den Naturerscheinungen und den gewöhnlichsten Vorgängen im Haushalt und in den Hauptgewerben zu Grunde liegen.
8. Außerdem ist in der mittleren, wie in der höheren Mädchenschule in den technischen Gegenständen (Schreiben, Zeichnen, Singen, Turnen, weiblichen Handarbeiten) obligatorischer Unterricht zu ertheilen, dessen Ziele von dem betreffenden Techniker zu bestimmen sind.

Frage 5.

Welche Qualifikation ist von den Dirigenten, welche von den Lehrern, welche von den Lehrerinnen der höheren bezw. der mittleren Schulen zu fordern?

Lassen sich entsprechende Anforderungen auch in Bezug auf die Privatschulen durchführen?

Die Konferenz einigte sich über folgende Erklärung, welche sich auf beide Fragen bezieht:

1. Es ist wünschenswerth, daß das Lehrerkollegium der höheren Mädchenschule aus akademisch und seminarisch gebildeten Lehrern und aus Lehrerinnen bestehe, und daß die Erstgenannten die philologischen oder theologischen Prüfungen bestanden haben.
2. Dabei gilt es als Regel, daß die Leitung der Anstalt, der Religionsunterricht, sowie der in den ethischen Fächern und den fremden Sprachen, soweit letzterer nicht in den Händen von Lehrerinnen liegt, in den oberen Klassen akademisch gebildeten Lehrern übertragen wird, welche die Prüfungen für das höhere Lehramt oder die theologischen Prüfungen bestanden haben.
3. Sofern die Lehrer die Prüfung für das höhere Lehramt nicht bestanden haben, erwerben sie die Befähigung zu dem Unterrichte in den oberen Klassen der höheren Mädchenschulen durch Ablegung der Prüfung für Lehrer an Mittelschulen.
4. Die Befähigung zur Leitung von höheren Mädchenschulen wird unterschiedslos von allen Lehrern durch Ablegung der Prüfung für Rektoren erworben.
5. Die Lehrerinnen haben die Berechtigung zur Leitung von höheren Mädchenschulen und zum Unterricht in denselben durch Ablegung der für sie besonders angeordneten Prüfung zu erwerben.
6. Die Befähigung zum Unterrichte in den unteren Klassen wird durch Ablegung der Prüfung für Volksschullehrer gewonnen.

Für die mittleren Mädchenschulen soll dasselbe gelten, wie für die mittleren Knabenschulen.

Eine hier ebenfalls folgende im Jahre 1878 im Auftrage des Ministers ausgearbeitete Denkschrift giebt nähere Erläuterungen zu den Protokollen.

„Bericht über die in der Zeit vom 18. bis zum 23. August 1873 im Königlich Preußischen Unterrichtsministerium gepflogenen, das mittlere und höhere Mädchenschulwesen betreffenden Verhandlungen“.

Vorbemerkung.

Die auf Seite 572 bis 611 des Centralblattes mitgetheilten Protokolle sind bestimmt, ein Bild von dem Gange der Verhandlungen und von ihren Resultaten zu geben. Sie lassen namentlich erkennen, in wie weit es den Mitgliedern der Konferenz gelungen ist, einen gemeinsamen Ausdruck für die in der Versammlung geltend gemachten Ansichten zu finden.

Als Ergänzung hierzu soll der nachfolgende Bericht die verschiedenen Gesichtspunkte darlegen, welche in der Konferenz vertreten worden sind, und den Nachweis führen, daß und in welcher Weise dieselben in den Beschlüssen der Versammlung ihre Berücksichtigung gefunden haben.

Zu Abschnitt I.

Bei der Erörterung der Fragen über Einrichtung, Aufgabe und Ziel der höheren und mittleren Mädchenschulen kam es zunächst darauf an, die Aufgabe desjenigen Mädchenunterrichtes, der über die Ziele der Volksschule hinausgeht und bis jetzt in den sogenannten höheren Töchterschulen ertheilt wird, zu bestimmen (Frage 1); sodann war zu prüfen, ob diese Aufgabe nach den verschiedenen Bedürfnissen des Lebens sich so scharf ausbreite, daß eine Sonderung mittlerer und höherer Schulen nicht nur dem Begriffe nach möglich, sondern auch praktisch ausführbar sei (Frage 2); endlich waren, wenn diese Frage bejaht wurde, die Wege zu finden, auf welchen jede der beiden Schularten ihre Ziele am sichersten erreichen könne (Frage 4). Die Beantwortung dieser Fragen war weiterhin nicht möglich, ohne daß auf die Stellung der Privatschule und der öffentlichen Schulen näher eingegangen wurde (Frage 3), und daß man prüfte, in welchen Händen der Unterricht der Mädchen am besten läge.

Frage 1.

Zunächst konnte die Thatsache nicht bestritten werden, daß die sogenannten höheren Töchterschulen ihre erste Entstehung nicht einem eigentlich pädagogischen, sondern einem sozialen Bedürfnisse verdanken; d. h., daß sie als Schulen für die Töchter aus den höheren Ständen ins Leben getreten seien, daß sie ihre Pflege anfangs fast ausschließlich bis in die neueste Zeit hinein noch weit überwiegend durch Privatlehrer erhalten haben und daher eine Mannigfaltigkeit der Form und Einrichtung tragen, wie sie auf keinem anderen Gebiete des Schulwesens wiederkehrt. Es wurde aber auch andererseits allseitig anerkannt, daß es nicht nur geboten sei, gemeinsame Normen zu suchen, sondern daß auch die bisherige Entwickelung der Sache die Aufstellung derselben möglich mache, und daß sich in der namentlich seit Raumer's epochemachendem Aufsatze sehr fruchtbaren Literatur des Gegenstandes eine gewisse Uebereinstimmung in Bezug auf die Hauptfragen herausgestellt habe, welche ihren besten Ausdruck in den einschlagenden Flashar'schen Artikeln der pädagogischen Enzyklopädie, auf welche mehrfach Bezug genommen wurde, gefunden habe.

Es herrschte zunächst volle Übereinstimmung darüber, daß die Aufgabe des Mädchenunterrichtes noch in höherem Maße, als bei dem Unterrichte der Knaben der Fall ist, formaler Natur und daß das Hauptgewicht bei demselben auf seine erziehliche Seite zu legen sei. Auch die Erinnerung daran, daß der Frauenarbeit neue Kreise erschlossen werden, deren fernere Erweiterung außer Frage stünde, vermochte an dieser Überzeugung nichts zu ändern. Es werde, meinte man, sich im Allgemeinen mit der Vorbereitung der Mädchen für irgend eine gewerbliche Thätigkeit so verhalten, wie mit derjenigen der heranwachsenden männlichen Jugend, wo eine Berufs- oder Fachschule sich stets an eine andere Lehranstalt anschließe, in welcher die Zwecke allgemeiner Bildung verfolgt würden; die Universität ans Gymnasium, die Bau- und Gewerbe-Akademie an die Realschule oder die ihr ähnlich organisirte Gewerbeschule, die Lehrzeit an die Volksschule. Aehnlich verhalte es sich ja auch in der That schon jetzt mit der einzigen Fachschulung der Mädchen, welche eine bestimmte Organisation erlangt habe, der Lehrerinnen-Bildungsanstalt. Diese baue auf die höhere Mädchenschule. Von diesem Gesichtspunkte aus ergab sich als ein festes Resultat der Ueberzeugung, daß die Mädchenschulen jeder Art ihren Abschluß in sich haben müßten, und daß Veranstaltungen für die Zwecke der Weiterbildung und der Erzielung oder Erhöhung der Erwerbsfähigkeit des weiblichen Geschlechtes in den eigentlichen Schulen nicht organisch einzufügen, sondern mit denselben überall nur in eine lose Verbindung zu setzen seien.

Frage 2 a.

Weiterhin wurde anerkannt, daß der Umfang des Wissens, das Maß der allgemeinen Bildung auch bei den Mädchen verschieden genommen werden müsse, je nach den Kreisen, in welchen sie aufwüchsen, nach der Zeit, die sie der Schule zuwenden könnten und nach der muthmaßlichen Aufgabe ihres künftigen Lebens; daß es also nöthig sei, die über die Ziele der Volksschule hinausgehenden Mädchenschulen noch in zwei Hauptarten zu trennen, deren eine als höhere, die andere als mittlere zu bezeichnen und deren schulmäßige Fortsetzung einerseits in den Lehrerinnen-Bildungsanstalten, andererseits in den gewerblichen Fortbildungsschulen zu finden sei. Die Versammlung gelangte auf diesem Wege zu dem Bilde einer normalen höheren und einer normalen mittleren Mädchenschule und erklärte einmüthig, daß Schulen, welche den an die höheren Mädchenschulen zu stellenden Anforderungen nicht genügten, nicht ohne Weiteres als Mittelschulen, sondern als unvollständig organisirte Schulen ihrer Art anzusehen seien.

Frage 2 b.

Der äußere Unterschied der mittleren von der höheren Schule wurde leicht gefunden in der kürzeren Dauer des Kursus, der geringeren Klassenzahl und in der Aufnahme nur einer fremden Sprache in den Lehrplan der ersteren; der innere Unterschied ward durch eine Beziehung auf den Lehrplan für Mittelschulen vom 15. Oktober 1872 nur angedeutet; er ist, wie man sich verständigte, darin zu suchen, daß die höhere Schule die ästhetische Seite des Unterrichtes mehr hervorhebt und die formale Bildung, welche sie zu geben sucht, namentlich mit Hülfe des Unterrichtes in den Sprachen und, wie von einer Seite mit Wärme hervorgehoben wurde, in der Geschichte erstrebt, während der Schwerpunkt des Mittelschul-Unterrichtes mehr in die Realien gelegt werden soll; man mußte sich aber sagen, daß den sogenannten ethischen Fächern auch in dem letzteren ihr Recht werden müsse und daß daher in Bezug auf den Lehrplan derselben die Methodik wie die Pädagogik überhaupt noch eine bedeutende Aufgabe zu lösen habe. Darüber herrschte Einverständniß, daß es in beiderlei Schulen darauf ankomme, das Mädchen durch den Unterricht und durch die Einrichtungen der Schule in dem Sinne für das Haus zu erziehen, daß es in und mit diesem an den höchsten Gütern des Lebens Antheil nehme, an der Lösung der Aufgaben der Nation mitarbeiten könne. Zur Erreichung dieses Zweckes wurde von der einen Seite für die höheren Schulen die wissenschaftliche Methode des Unterrichtes in Anspruch genommen und ausgeführt, es sei nicht möglich, dem Geschichtsunterrichte seine volle ethische Kraft zu geben, wenn derselbe nicht in seinem Vortrage die Momente vereinige, welche ihn als einen wissenschaftlichen qualifiziren; auch in dem fremdsprachlichen Unterrichte komme die erziehliche und die formal bildende Kraft erst zur Geltung, wenn in der Grammatik eine Schule praktischer Logik gegeben und wenn in der Lektüre ein tieferes Eingehen in den Ideengehalt der Lesestoffe erstrebt werde. Demgegenüber ward geltend gemacht, daß eine wissenschaftliche Behandlung der Dinge, eine streng gedankenmäßige Auffassung der Lehrstoffe der weiblichen Natur nicht entspreche, daß demnach die Wissenschaft keine Stelle im Mädchenunterrichte habe; es sei vielmehr festzustellen, daß die Erfolge des letzteren wesentlich auf dem Wege der Elementarmethode erarbeitet worden seien, wie ja auch erfahrungsmäßig die Mehrzahl der Lehrer an den höheren Mädchenschulen ihre eigene Bildung auf den Seminarien erhalten hätten und wie namentlich Lehrerinnen, welche doch auch keine wissenschaftliche Bildung empfangen hätten, mit günstigem Erfolge Mädchen unterrichteten. Hiergegen wurde wiederum eingewendet, es liege dieser Auffassung wohl eine Verwechselung von wissenschaftlicher und gelehrter Bildung zu Grunde; von letzterer könne selbstverständlich keine Rede sein; dagegen sei die andere Forderung aufrecht zu erhalten, weil die erweiterten Stoffe von selbst zu einer anderen Form ihrer zusammenhängenden Darstellung führten; man werde sich beispielsweise in höheren Schulen in den geschichtlichen Disziplinen weder mit den sogenannten Lebensbildern, noch mit der konzentrischen Erweiterung in deren Mittheilung genügen lassen dürfen, sondern eine zusammenhängende Darstellung geben müssen, und diese sei wissenschaftlich; man werde aber die Mädchen nicht anleiten dürfen, sich durch eigene Einsicht in die Quellen ein selbständiges Urtheil über die geschichtlichen Thatsachen zu bilden, denn das sei die Aufgabe der gelehrten Schulen.

Ebenso traten in der Bestimmung des Verhältnisses zwischen Unterricht und Erziehung in der Schule verschiedene Ansichten hervor. Daß der Unterricht zu erziehen habe, war, wie bereits erwähnt, gemeinsame Ansicht; während aber, namentlich bei den anwesenden Lehrern, die Meinung war, daß richtig gehandhabter Unterricht dies von selbst thue, daß die erziehliche Kraft einerseits in den Lehrgegenständen, andererseits in der Arbeit liege, fand auch eine Ansicht Vertretung, nach welcher in der Mädchenschule dem Unterrichte die Bedeutung überhaupt nicht zukomme, die er in der Knabenschule habe, sondern, daß eine bestimmte auf die Erziehung gerichtete Arbeit neben diesem nöthig sei und daß es ihm selbst nicht genüge, die Stoffe wirken zu lassen, sondern, daß auch der Lehrer im ethischen Interesse diesen eine bestimmte Form zu geben habe. Von diesen Gesichtspunkten aus gelangte ein Mitglied der Versammlung zu dem Resultate, daß der Unterricht, namentlich aber die Schulleitung der Lehrerinnen derjenigen der Lehrer vorzuziehen sei, und daß eben daher auch die Privatschule zweckmäßiger sei, als die öffentliche. Gerade die häuslichen Tugenden, die Ordnungsliebe, die Reinlichkeit, der Schönheitssinn, das scharfe Auge für alles Ungehörige und Unweibliche fänden im Unterrichte der Lehrer nicht die Pflege, wie in dem der Lehrerinnen, es würde in jenem gar zu leicht Unweiblichkeit und eine einseitige Schätzung der intellektuellen Bildung gefördert. Die Vertreter der entgegengesetzten Ansicht wendeten ein, daß aus Verirrungen Einzelner kein allgemeiner Schluß gezogen werden könne und daß der Einfluß einer in Bezug auf ihre Aufgabe fehlgreifenden Lehrerin leicht noch gefährlicher werden könne, als der eines ungeschickten Lehrers; daß ferner jenes Hervorheben der äußeren Dinge mehr auf Gewöhnung, als auf Erziehung hinauskomme, daß gerade das Mädchen des männlichen Erziehers bedürfe und daß, wie ja auch die Erfahrung des Hauses zeige, ein Wort, selbst ein Blick eines solchen mehr ausrichte, als die längere Ermahnung aus Frauenmunde.

In Verbindung mit dieser Frage kam auch die nach dem richtigen Maße der Individualisirung der Schülerinnen zur Erörterung. Von dem Standpunkte aus der unterrichtenden Erziehung — es sei gestattet, diesen Ausdruck im Gegensatze zum erziehlichen Unterrichte zu gebrauchen — wurde natürlich auf die Individualisirung ein besonderes Gewicht gelegt und angenommen, daß möglichst jeder Schülerin eine besondere Arbeit und Sorge zugewendet werden müsse, weil an jeder einzelnen der Schule eine besondere Aufgabe gestellt sei. Von dem entgegengesetzten Standpunkte wurde nicht nur das Bedürfniß zur eingehenden Bemühnng bestritten, sondern man sah in derselben auch die Gefahr, entweder sich in eine Spielerei zu verirren, oder dem an sich schon kräftigen Subjektivismus der weiblichen Natur noch weitere Nahrung zuzuführen; und hob hervor, daß der Unterricht auch für das innere Leben in dem Maße fruchtbar sei, in dem sich das Interesse des Lehrers den Schülern mit überwindender Kraft mittheile. Ein früherer Kollege Diesterweg's führte ein Wort von diesem an, daß in seiner Stunde, bezw. während seines Unterrichtes kein Schüler an etwas Anderes denken dürfe als er; gerade dieses Interesse, welches sich während eines guten Klassenunterrichtes mittheile, werde durch zu weitgehende Individualisirung gefährdet.

In wie weit es gelungen ist, auch bei dieser Verschiedenheit der Ansichten einen Ausdruck für die Übereinstimmung der Versammlung bezüglich der Hauptsachen zu finden, ergiebt das Protokoll zu den ersten beiden Fragen. (1, 2 a, b.)

Frage 3.

Die dritte Frage betrifft die Verpflichtung des Staates und anderer Verbände in Bezug auf Einrichtung, Unterhaltung und Unterstützung höherer und mittlerer Mädchenschulen. Hier mußte von vornherein erkannt werden, daß eine gesetzliche Verpflichtung zur Zeit nicht vorhanden sei; andererseits aber wurde ausgesprochen, daß der Staat ein Interesse daran habe, die Bildung der heranwachsenden weiblichen Jugend in der vorher beschriebenen Weise zu fördern, daß bald genug Schäden im Staatsleben eintreten würden, wenn die Frauen nicht mehr befähigt wären, an den Lebensaufgaben der Nation mitzuarbeiten, und wenn sie aufhörten, die Heiligthümer des Hauses zu pflegen. Wenn demnach eine formelle Pflicht des Staates fehle, so müsse die materielle als in seiner Idee begründet anerkannt werden. Darüber aber, wie die Leistungen auf die einzelnen Verbände (Provinz, Kreis, Gemeinde) zu vertheilen und welche Bestimmungen in dieser Richtung in ein künftiges Unterrichtsgesetz aufzunehmen seien, zu urtheilen, hielt sich die Versammlung nicht für berufen; dagegen beschäftigte sie sich mit der Frage nach der Verbindlichkeit des Staates, unter gewissen Umständen Privatschulen zu unterstützen. Obgleich angeführt wurde, daß eine derartige Unterstützung jetzt schon allerdings sehr vereinzelt stattfinde, daß ferner die erhöhten Forderungen an die Schule den Fortbestand vieler Privatinstitute in Frage stellen müßten, wurde doch das Bedürfniß einer Staatsunterstützung für Privatschulen bestritten, weil angenommen und von den (allerdings nur aus den größten Städten der Monarchie einberufenen) anwesenden Privatschulvorstehern und -Vorsteherinnen bezeugt wurde, daß diese Anstalten sich erhielten, wenn sie tüchtig geleitet würden.

Bei dieser Gelegenheit wurde der Standpunkt, den die Mitglieder der Versammlung der Privatschule gegenüber einnahmen, zum Ausdrucke gebracht. Die Übelstände, welche aus der Gefälligkeit der Privatschulvorsteher gegen das Publikum, aus ihrer Abhängigkeit von demselben entstehen, wurden geschildert; es wurde nachgewiesen, wie schwer es den Schulvorstehern werde, gute Lehrer zu finden und zu erhalten, weil dieselben aller Rechte in Bezug auf die künftige Pensionirung entbehren; es finde aus diesem Grunde ein häufiger Lehrerwechsel statt, und hierzu komme als ein besonderer Fehler die Neigung der Vorsteher, ihren Schulen durch Engagement besonders angesehener öffentlicher Lehrer des Ortes für etwa je zwei wöchentliche Stunden einen gewissen Glanz zu verleihen. Es wurde einer achtklassigen Schule gedacht, welche 22 Lehrer hat. Demgegenüber ward hervorgehoben, daß derlei Vorkommnisse die Ausnahme bildeten, daß der Lehrerwechsel in den öffentlichen Schulen jetzt auch nicht selten, eine Überfüllung der Klassen in diesen sogar häufig sei. Man erinnerte weiterhin an die Bedeutung, welche der Privatschule in der Geschichte des Unterrichts zukäme; gerade die größten Fortschritte seien durch Privatunternehmungen erstrebt und theilweis auch wirklich vermittelt worden (die Pietisten, die Philanthropisten, Pestalozzi, Plamann, Blochmann &c.). Die Privatschule könne eine größere Freiheit der Bewegung zu Gunsten der Erziehung ihrer Zöglinge geltend machen und Auswüchse, deren Vorhandensein nicht bestritten würde, könnten von der Aufsichtsbehörde beschnitten werden. Die Konferenz erkannte in Abwägung der von beiden Seiten her geltend gemachten Gründe den Fortbestand eines Nebeneinandergehens von Privat- und öffentlichen Schulen als wünschenswerth an. Von allen Seiten wurde der Wunsch rege, daß den Privatschulen auf irgend einem Wege die Wohlthat zu Theil werden möge, daß die an ihr arbeitenden Lehrer in Bezug auf Bestimmung des Dienstalters, der Pensionirung u. s. f. den öffentlichen Lehrern gleichgestellt werden möchten.

Frage 4 a—c.

In Bezug auf die für Aufstellung eines Normal-Lehrplanes geltenden Grundsätze trat die Frage nach der Dauer des Kursus und der Zahl der Klassen für die höheren Mädchenschulen in den Vordergrund.

In dieser Hinsicht zeigte sich auf der einen Seite die Neigung, eine möglichst lange Dauer der Unterrichtszeit und eine möglichst hohe Klassenzahl anzunehmen; erstere wurde auf 10 Jahre, letztere auf 7—10 bestimmt. Die Vertreter dieser Ansicht beriefen sich zunächst darauf, daß das Interesse der höheren Bildung geschädigt, wenn man ihre Ziele nicht hoch genug stecke, und daß diese Ziele in einer kürzeren Frist nicht erreicht werden könnten, daß ferner die Erfahrung dafür Zeugniß ablege, daß die Mädchen die Schule bis zu dem vollendeten 16. Jahre besuchten, wo es die Verhältnisse irgend zuließen. Werde aber einmal die zehnjährige Dauer des Unterrichtes zugestanden, so ergebe sich die Klassenzahl von selbst. Daß jedem Jahrgange eine besondere Klasse entspreche, sei das Normale; zweijährige Kurse in einer Klasse mit dem in solchen Fällen unvermeidlichen Abtheilungsunterrichte blieben ein Übelstand; in keinem Falle dürfe unter 7 Klassen herabgegangen werden; je zwei Klassen für die obere, drei für die mittlere Stufe sei das Mindeste, was man zu verlangen habe. Der Hinweisung auf die mehrfach bezeugte Thatsache, daß Schulen bei einer geringeren Klassenzahl gute Resultate erreichten, wurde entgegnet, daß man nach Ausnahmen keine Regel feststellen dürfe.

Die Bedenken gegen diese Auffassung waren theils ökonomischer, theils physiologischer, theils pädagogischer Natur; sie lagen in der durch den längeren Kursus veranlaßten Vertheuerung der höheren Mädchenschulen, welche deren Errichtung erschwere und dadurch leicht das Gegentheil von dem herbeiführen könne, was von anderer Seite erstrebt würde; sie lagen in der Erwägung, daß die natürliche Entwickelung der Mädchen ihrer Lernarbeit eine bestimmte Grenze setze und die Zeit bestimme, in welcher eine Schonung der bisherigen Schülerin nicht ohne ernstliche Gefahr für ihre Gesundheit aus den Augen gesetzt würde; die Bedenken lagen endlich darin, daß mit Ausnahme der höheren Mädchenschule zu Hannover nachweislich die erste Klasse derjenigen Schulen, welche ihre Schülerinnen zehn volle Jahre hindurch in Anspruch nähmen, eine viel geringere Zahl von Schülerinnen habe als die anderen Klassen, während es als Norm gelten müsse, die Schule so einzurichten, daß ihre völlige Absolvirung die Regel, der vorzeitige Abgang die Ausnahme sei. Dem Hinweis auf die geringe Schülerzahl in den Oberklassen einzelner höherer Mädchenschulen wurde entgegnet, daß die Jugend der betreffenden Anstalten kein sicheres Urtheil gestatte. Die Frequenzverhältnisse derselben würden erst dann ein solches ermöglichen, wenn die bei der Gründung der Anstalt in die unterste Klasse aufgenommenen Schülerinnen in die erste Klasse aufgerückt wären. So würde beispielsweise die erste Klasse der Viktoriaschule zu Berlin nur von Zöglingen gebildet, welche von anderen Anstalten übernommen wären. Bei der Antwort, zu welcher man sich einigte und welche in dem Protokoll ihren Ausdruck gefunden hat, ging man davon aus, daß man die Forderungen an eine vollständig organisirte Schule festzustellen habe, daß dagegen die Möglichkeit einzuräumen sei, daß es auch anders eingerichtete Schulen geben könne, etwa wie man bei den Mittelschulen für Knaben sechs bis neun Klassen verlangen müsse, unter besonderen Verhältnissen aber schon fünf Klassen für zulässig erkläre.

Bei der Bestimmung der Schulzeit mußte natürlich auch die Grenze, welche derselben nach unten hin zu setzen ist, gesucht werden; es gab sich viel Neigung kund, dieselbe statt mit dem vollendeten sechsten mit dem vollendeten siebenten Lebensjahre anzunehmen, einerseits in Rücksicht auf die körperliche Schwäche der sechsjährigen Kinder, andererseits weil diese die oft weiten Schulwege nicht allein zurücklegen könnten; man wollte indeß den späteren Eintritt in keinem Falle um den Preis erkaufen, daß die Mädchen bis zum Eintritte in die Schule einer Vorschule übergeben würden, weil sich vorzeitige Anstrengung der Kinder an ihrem geistigen Vermögen strafe.

Zwei andere an dieser Stelle in Erwägung gebrachte Fragen betrafen die Mischung der Geschlechter auf der Unterstufe und die namentlich an kleineren Orten häufige Einrichtung, daß die sogenannte höhere Töchterschule sich nur als Oberklasse einer Volksschule darstelle. Wenn man die nur noch ausnahmsweise vorkommende Mischung der sechs- bis achtjährigen Kinder allenfalls als Ausnahme zulassen zu dürfen meinte, so erklärte man sich um so entschiedener gegen jene Aufsetzung der höheren Schule auf eine ganz anderen Zwecken dienende andere Lehranstalt.

Abgesehen von der nicht zur Kompetenz der Versammlung gehörigen Frage, in wie weit die Volksschule dabei zu Schaden kommen müsse, sprach gegen die in Rede stehende Vereinigung die mit ihr verbundene Nöthigung, zu vielerlei Gegenstände in den Lehrplan der Oberklassen aufnehmen zu müssen, die Unmöglichkeit, auch die mäßigsten Pensa in der kurzen Zeit zu absolviren, und die Schwierigkeit, Lehrstoffe fruchtbringend zu behandeln, für deren Aufnahme den Schülerinnen alle Voraussetzungen fehlten.

[ee]

Die Versammlung hielt diese Stelle für geeignet, um zwei Resolutionen in Bezug auf die häuslichen Arbeiten und in Bezug auf die in jeder Klasse zuläſſige Zahl von Schülerinnen abzugeben. Rücksichtlich der ersteren war dabei die Erwägung maßgebend, daß bei Mädchen zu den pädagogischen Gründen gegen eine die Kraft der Zöglinge überspannende Anforderung an deren häuslichen Fleiß die Rücksicht auf das Haus hinzuträte, welches das Kind auch seinerseits beanspruche und beanspruchen solle.

Bei Festsetzung einer Maximalzahl von Schülerinnen gab es nur darüber eine Differenz, ob den Klassen der Oberschulen ein Vorzug vor den anderen Klassen zu geben, für sie also eine geringe Zahl von Schülerinnen anzunehmen und demgemäß die event. Einrichtung von Parallelklassen zu fordern sei.

Der von einer Seite erhobenen Forderung der Individualisirung, bezw. der Erziehung der Schülerinnen auf der Oberstufe weiteren Raum zu geben, wurde widersprochen; dagegen mußte anerkannt werden, daß sich der Unterricht auf derselben mit einer einzelnen Schülerin eingehender zu beschäftigen, ihr Gelegenheit zu längerem, zusammenhängendem Vortrage zu bieten habe, daß daher der Selbstthätigkeit ihr Recht nicht werde, wenn die erste Klasse dieselbe Zahl von Schülerinnen beschäftigen müsse, wie die unteren.

Frage 4 d, e.

Die Auswahl der Lehrgegenstände für den Unterricht, die Bestimmung der für jeden derselben erforderlichen Stundenzahl und der Lehrziele wurde auf Grund der vorgelegten Programme der best-organisirten höheren bezw. mittleren Mädchenschulen vorgenommen und führte in Beziehung auf die Hauptsachen zu keinen prinzipiellen Debatten. Die Zeit, wo ein Vielerlei von Gegenständen in den Lehrplan aufgenommen wurde, wo man Mythologie u. dergl. als besondere Disziplinen behandelte, wurde allseitig als eine glücklich überwundene bezeichnet.

Die Frage, ob das Englische gleich dem Französischen als obligatorischer Lehrgegenstand zu behandeln sei, wurde festgestellt, weil es mehrfach noch fakultativ behandelt wird; sie wurde aber bejaht, weil die Erfahrung dafür spreche, daß die Dispensationen eine seltene Ausnahme bildeten; so wurde z. B. angeführt, daß an der Viktoriaschule zu Berlin, wo das Englische fakultativ ist, von 279 Schülerinnen 272 an dem betreffenden Unterrichte theilnehmen. Der Meinung, es sei das Englische schwerer zu erlernen als das Französische und es bestehe etwa zwischen beiden Sprachen ein Verhältniß wie auf den Gymnasien zwischen der griechischen und der lateinischen, wurde bestimmt widersprochen und auch darauf hingewiesen, daß die englische Literatur dem erwachsenen Mädchen angemessenere Lektüre darböte als die französische.

Auch für den Unterricht im Turnen und in den weiblichen Handarbeiten wurde der obligatorische Charakter in Anspruch genommen. Maßgebend war dabei einerseits die pädagogische Erwägung der Bedenklichkeit alles fakultativen Unterrichtes; andererseits die Würdigung der in Rede stehenden Gegenstände.

Ein Mitglied der Konferenz gab eine geschichtliche Darstellung der Einrichtung des Turnunterrichtes an der von ihm geleiteten Privatanstalt und der Verbindung eines Seminars für Turnlehrerinnen mit derselben. Die äußere Veranlassung zu der Aufnahme des Turnunterrichtes in den Lehrplan seiner Schule habe in der Wahrnehmung gelegen, daß eine verhältnißmäßig große Anzahl der Schülerinnen Neigung zum Schiefwerden zeigte. Bald genug habe es sich erwiesen, daß die Turnstunden nicht nur in dieser Beziehung die erwünschte Abhülfe brachten, den Köper kräftigten und dessen vorzeitige Entwickelung, sowie andere Schwächezustände verhüteten, sondern auch auf die Disziplin der Schule den günstigsten Einfluß übten und deren erziehliche Arbeit unterstützten. Die Mädchen hätten sich besser gehalten, leichter in die Ordnung gefügt und ein natürlicheres Wesen angenommen.

Soweit die Mitglieder der Konferenz auf diesem Gebiete eigene Erfahrungen gemacht hatten, bestätigten sie diejenigen des Redners.

Nach eingehenderer Erwägung bedurfte die Bestimmung der Stellung, welche dem Unterrichte in den weiblichen Handarbeiten anzuweisen sei. Es mußte eingeräumt werden, daß die Schülerinnen der höheren Mädchenschulen in höherem Maße, als die der Volksschule, Gelegenheit hätten, die Handarbeiten von der Mutter zu lernen, und daß der Unterricht der Schule bei der ihm zugewiesenen Stundenzahl seine Aufgabe kaum vollständig lösen könne. Man machte aber andererseits geltend, daß auch die Zahl der Mädchen aus besser situirten Familien nicht klein sei, denen im Hause keine Unterweisung in weiblichen Arbeiten zu Theil werde, daß der Unterricht der Schule nur dann von Erfolg sein könne, wenn er obligatorischen Charakter erhalte, und daß die durch Rosalie Schallenfeld eingeführte Methode desselben die Mädchen nicht nur Stricken und Nähen lehre, sondern auch ihr Auge übe und sie an Sorgfalt, Genauigkeit und Sauberkeit der Arbeit gewöhne. Es bilde der Unterricht in dieser Richtung eine Ergänzung desjenigen im Zeichnen, mit dem er verwandte Ziele formaler Bildung verfolge. Dabei wurde natürlich vorausgesetzt, daß auch in diesem Lehrgegenstande Klassenunterricht ertheilt werde, und nicht etwa jedes Kind eine Arbeit nach eigener Wahl vornehme, während etwa gar noch aus irgend einer Jugendschrift französisch oder deutsch vorgelesen werde, wie das leider noch häufig vorkomme.

Dieselben Forderungen wurden auch bezüglich des Zeichenunterrichtes gestellt. Eine genauere Bestimmung der Ziele für denselben sollte aber Experten überlassen bleiben. Es erschien genügend, darauf hinzuweisen, daß er in Zusammenhang mit den übrigen Lehrgegenständen zu bringen und für ihn ein systematisch geordneter, methodisch ausgeführter Lehrgang zu gewinnen, dagegen jene dilettantische Manier, in welcher er noch vielfach betrieben werde, auszuschließen sei.

Keine Einstimmigkeit konnte endlich in Betreff des Lehrstoffes für den Unterricht in der Naturbeschreibung erreicht werden. Die Forderung, daß die Beschreibung des menschlichen Körpers ausdrücklich in denselben aufzunehmen sei, wurde durch die Versicherung unterstützt, daß der Gegenstand leicht ohne jeden Anstoß betrieben werden könne, und daß die Kenntniß des Auges, des Ohres, der wichtigsten Lebensverrichtungen u. s. f. auch den Mädchen unentbehrlich sei. Dagegen wurde zu bedenken gegeben, daß die Lehre vom Bau und Leben des menschlichen Körpers in mehreren Disziplinen wiederkehre; vom Ohre und vom Auge werde in der Physik geredet (Akustik und Optik), andere Beziehungen kämen bei der Anleitung zum Turnen zur Sprache; es sei also keine Veranlassung da, die Kenntniß des menschlichen Körpers ausdrücklich als Klassenziel zu bezeichnen, wodurch immerhin unvorsichtige Lehrer zu Mißgriffen verleitet werden könnten.

Die Majorität entschied sich endlich dafür, daß die Kenntniß des menschlichen Körpers an entsprechender Stelle in geeigneter Weise mitzutheilen sei; d. h. es wurde die Mittheilung des Wesentlichen aus diesem Theile der Anthropologie gefordert, die Behandlung derselben als eines selbständigen Lehrgegenstandes abgelehnt.

Frage 5.

Die letzte Prinzipienfrage, welche bei Ordnung des höheren und mittleren Mädchenschulwesens zu beantworten war, betraf die Qualifikationen der Lehrer bezw. der Lehrerinnen. In Betreff der letzteren ward die Antwort vorbehalten bis zur Besprechung der die Prüfung der Lehrerinnen angehenden Fragen. Der Antrag eines Mitgliedes, daß ausgesprochen werden möge, es sei bei Konzessionirung von Privatinstituten den Lehrerinnen vor den Lehrern der Vorzug zu geben, wurde leider so spät gestellt, daß nicht mehr in eine Debatte über denselben eingegangen werden konnte. Die Gründe der Antragstellerin lagen in der bereits oben dargelegten Ansicht, daß der Erziehung in der Schule der Rang vor dem Unterrichte gebühre und daß jene bei Mädchen nur durch eine Lehrerin mit Erfolg geübt werden könne, weil dem Manne das Auge und das Ohr für viele beachtenswerthe Dinge nicht genügend geschärft sei.

Die Diskussion bewegte sich also nur um die Qualifikation, welche von den Lehrern zu fordern sei.

In dieser Beziehung herrschte darüber Gleichheit der Meinungen, daß diejenigen Lehrer, welche nach den Bestimmungen des § 26 der Prüfungsordnung vom 15. Oktober 1872 für Volksschullehrer die Prüfung bestanden haben, als ausreichend qualifizirt anzusehen seien.

Ebenso war man darüber einig, daß von dem Dirigenten der Schule die Ablegung des Rektorexamens nach der Instruktion vom 15. Oktober 1872 (III) auch dann zu verlangen sei, wenn der betreffende Bewerber die Prüfung für das höhere Lehramt bestanden habe, weil die Fähigkeit zur Leitung der Anstalt von ganz anderen Kenntnissen und Fertigkeiten abhänge, als solche in den wissenschaftlichen Prüfungen nachgewiesen würden.

Dagegen zeigte sich rücksichtlich der Anforderungen, welche an die Lehrer der oberen Klassen und an den Dirigenten bezüglich seiner Vorbildung zu stellen seien, ein Gegensatz, indem von der einen Seite für die akademisch gebildeten Lehrer das Recht ausschließlicher Zulassung zu diesen Stellen in Anspruch genommen, von der anderen Seite für die seminarisch gebildeten Lehrer das gleiche Recht verlangt wurde. Die Gründe für jene Ansicht lagen in den Anforderungen, welche an den Unterricht zu stellen seien, der nur von einem wissenschaftlich gebildeten Manne ertheilt werden könne; es war dabei zugleich die Sorge maßgebend, daß die höheren Mädchenschulen kaum Anerkennung als höhere Lehranstalten finden würden, wenn an das Lehrerkollegium derselben geringere Anforderungen gestellt würden, als an dasjenige der Gymnasien und Realschulen. Indeß räumten die Vertreter dieser Ansicht ein, daß akademische Bildung an sich nicht genüge, und daß sie in ihrem Werthe nur dann anzuerkennen sei, wenn der Betreffende seine Studien abgeschlossen und den Erfolg derselben in einer Prüfung nachgewiesen habe. Sie verlangten ferner nicht gerade philologische Studien und Ablegung der Prüfung für das höhere Lehramt, sondern sie erkannten Theologen, welche ihre Amtsprüfung und die Prüfung als Lehrer an Mittelschulen bestanden hätten, als den Philologen ebenbürtig an; ein Mitglied wollte diesen sogar unter Umständen den Vorzug geben.

Für die im Seminar gebildeten Lehrer, welche natürlich nur unter der Voraussetzung in die in Rede stehenden Stellen treten sollten, daß sie die Prüfung als Lehrer an Mittelschulen bestanden hätten, wurde der Erfolg geltend gemacht, welchen sie als Lehrer an den höheren Mädchenschulen und als Vorsteher von solchen bis jetzt erreicht hätten; es wurde sodann die Arbeit der Seminare und die in ihnen gehandhabte Geisteszucht eingehend beschrieben und daran erinnert, daß der neue Normallehrplan für die Seminare auch das Wissensgebiet, in welches die Seminaristen eingeführt würden, erweitert habe. Man wies ferner auf die Schulmänner hin, welche sich trotz der nur im Seminar genossenen Vorbildung hervorgethan haben, wie Prange, Lüben, Kellner, Hentschel, Stubba, Kuhr, Grule und Andre. Es wurde endlich daran erinnert, daß auch den Lehrerinnen die akademische Bildung fehle.

Eine mittlere Ansicht ging dahin, daß den akademischen Studien zweifellos der Vorzug vor dem Unterrichte im Seminare gebühre, daß aber gegenwärtig längst durch die That erwiesen sei, daß sie nicht den einzigen Weg zu einer gründlichen Bildung geben, daß vielmehr auf allen Lebensgebieten Männer, welche niemals eine Universität besucht hätten, durch bedeutende Leistungen hervorgetreten wären. Es sei daher gewiß bedenklich, die akademische Bildung gerade in Bezug auf eine Schule zu monopolisiren, für deren Entwickelung eben erst freie Bahnen gesucht würden; denn man könne damit leicht das Gedeihen derselben aufhalten.

Zur Zeit, wo die meisten der akademisch gebildeten Vorsteher der öffentlichen höheren Mädchenschulen ins Amt getreten seien, wäre ein Überfluß an Kandidaten des höheren Lehramtes vorhanden und die Lehrerstellen an den Gymnasien seien schlecht besoldet gewesen. Jetzt sei eher ein Mangel an Lehrkräften für die Gymnasien zu beklagen, und die Stellen an denselben seien reichlich besoldet. Bei einer Beschränkung der Zulassung zu den Oberlehrerstellen an den höheren Mädchenschulen auf die Kandidaten des höheren Lehramtes würde also leicht ein Mangel an tüchtigen Männern eintreten, und man könne in die Lage kommen, sich mit unzureichend gebildeten, d. i. mit solchen Philologen und Theologen genügen lassen zu müssen, welche keine Aussicht hätten, in ihrer eigenen Sphäre befördert zu werden.

Mit dieser Erwägung sei man vor die Frage gestellt, aus welchen Elementen sich der Stand der Mittelschullehrer ergänzen solle, ob man ihn den Theologen und Philologen der bezeichneten Art überlassen, oder ob man es vorziehen sollte, in denselben die strebsamsten und tüchtigsten Volksschullehrer aufzunehmen, welche durch Ablegung einer gewiß nicht leichten Prüfung den Nachweis geführt hätten, daß sie die ihnen im Seminar gegebene Bildung selbständig erweitert und vertieft hätten. Selbstverständlich würden diese Männer die Gemeinschaft und die Führung tüchtiger Philologen und Theologen suchen, weil sie ohne diese leicht der idealeren Auffassung des Berufes verlustig gehen und im eigenen Streben erlahmen würden, weil sie in der gemeinsamen Arbeit mit ihnen weitere und freiere Gesichtskreise gewönnen, und weil endlich in dieser erst ihr eigenes Heraustreten aus der ihnen vorher zugewiesenen Sphäre einen bestimmten und allgemein erkennbaren Ausdruck fände — von den einzelnen Unterrichtsgegenständen würden sie vorzugsweise den Realien sich zuzuwenden, die Sprachen und die ethischen Fächer den Literaten zu überlassen haben.

Diese Ansicht fand Beistimmung und erhielt ihren Ausdruck in den Thesen, welche es aussprachen, daß sowohl akademisch, wie seminarisch gebildete Lehrer zu den betreffenden Stellen zugelassen werden sollten, daß von denjenigen, welche nicht die Prüfung für das höhere Lehramt bestanden hätten, die Ablegung der Prüfung für Lehrer an Mittelschulen zu verlangen sei, daß es endlich wünschenswerth wäre, die Leitung der Anstalt, sowie den Unterricht in Sprachen und in den ethischen Fächern auf der Oberstufe von akademisch gebildeten Lehrern ertheilt zu sehen, daß diese Regel aber Ausnahmen zulasse."

Soweit der Bericht über die Verhandlungen der Konferenz.

Der Minister nahm aus diesen Beschlüssen der Konferenz keine Veranlassung zu einer allgemeinen Verfügung, wie er sie für Volks- und Mittelschulen und für Seminare am 15. Oktober 1872 erlassen hatte, weil er eine noch im vollen Flusse befindliche Entwickelung nicht sofort durch bindende Vorschriften lähmen wollte; dagegen hat er den weiteren Beschlüssen der Konferenz, welche sich auf die Bildung der Lehrkräfte bezogen, Folge gegeben; er hat Prüfungsordnungen für die wissenschaftlichen und technischen Lehrerinnen erlassen und Einrichtungen für deren Vorbildung und Weiterbildung getroffen. Auch sonst hat die Konferenz auf die weitere Bewegung einen hervorragenden Einfluß geübt. Einmal nämlich dienten ihre Beschlüsse bei der Einrichtung der vorhandenen wie der neu in das Leben tretenden Mädchenschulen als Norm, zum andern dienten sie als Grundlage für die Berathungen, zu welchen sich Leiter, Lehrer und Lehrerinnen höherer Mädchenschulen des deutschen Landes in regelmäßigen Versammlungen vereinigten. Diese Versammlungen, welche alle zwei Jahre zusammentraten und in Dresden, Stuttgart, Weimar, Naumburg, Braunschweig, Heidelberg, Köln, Berlin getagt haben, wurden auch von Beauftragten der deutschen Unterrichtsbehörden besucht. Sie haben den Arbeiten in unseren höheren Mädchenschulen zu großer Förderung gereicht und zu einer Läuterung der Ansichten über Einrichtung, Aufgabe und Ziel der höheren Mädchenschule im Allgemeinen wie im Einzelnen geführt, so daß mit einiger Gewißheit ausgesprochen werden kann, daß trotz des noch andauernden, lebhaften Widerstreites der Meinungen jetzt sichere Grundlagen für den Ausbau des Mädchenschulwesens gewonnen sind. Nicht zu unterschätzende Verdienste hat sich dabei die 1873 von Schornstein begründete, jetzt von Dr. Wilhelm Buchner herausgegebene „Zeitschrift für weibliche Bildung" erworben.

Die allgemeine Ordnung des mittleren und des höheren Mädchenschulwesens darf daher als nahe bevorstehend angesehen werden. Durch dieselbe werden auch die Grenzlinien zwischen der vollorganisirten höheren Mädchenschule und den anderen Mädchenschulen, welche über die Ziele der Volksschule hinausgehen, gezogen werden.

Die öffentlichen höheren Mädchenschulen in Preußen sind fast ausnahmslos städtische Anstalten; Gehalts- und Pensionsverhältnisse ihrer Lehrer sind meist durch Statut geordnet. An den staatlichen höheren Mädchenschulen zu Berlin (2), Posen, Droyssig, Trier haben die Lehrer die Rechte der Staatsbeamten. Zu Beihülfen für die Erhaltung höherer Mädchenschulen sind im Staatshaushalts-Etat jährlich 170 000 ℳ bereit gestellt. Um die Zukunft der Privatlehrerinnen zu sichern, ist unter lebhafter Mitwirkung des Ministeriums eine Lehrerinnen-Pensionsstiftung eingerichtet.

Von Interesse dürften noch die nachstehenden Mittheilungen über die Vorbildung der Leiter und Leiterinnen der öffentlichen höheren Mädchenschulen, sowie über den Antheil der Lehrerinnen an dem Unterrichte in den Oberklassen sein.

1. Die Zahl der männlichen Leiter an den öffentlichen höheren Mädchenschulen beträgt z. Zt.	180
2. Von diesen sind a) akademisch gebildet	142
b) nicht akademisch gebildet (mit Seminar-, Gymnasial- ꝛc. Bildung)	38
3. Von den unter a) Genannten:	
besitzen die facultas docendi I. Grades (unbedingte facultas, Oberlehrerzeugniß)	37
besitzen die facultas docendi II. oder III. Grades (bedingte facultas, Lehrerzeugniß)	54
besitzen die Befähigung pro rectoratu	41
haben lediglich theologische Prüfungen (pro licentia concionandi und pro ministerio) abgelegt	10
	142
4. Von den unter b) Genannten besitzen	
die Befähigung pro rectoratu	37
die Befähigung für Mittelschulen	1
	38
Weibliche Leiter sind	16
z. Zt. unbesetzt in der Leitung sind Schulen	4
	20
Männliche und weibliche Leiter zusammen	200.

Die wissenschaftlichen wöchentlichen Lehrstunden in der 1. und 2. Klasse der höheren Mädchenschulen und die Vertheilung derselben auf Lehrer und Lehrerinnen.

Arten der höheren Mädchenschulen.	Es werden wissenschaftliche d. h. nicht technische Lehrstunden ertheilt wöchentlich		Summe der wissenschaftlichen (nicht technischen) Lehrstunden in der Woche in I und II.	Von den Stunden in Spalte 4 fallen auf		Die Leitung der Anstalt liegt in Händen	
	in Klasse Ia und b.	in Klasse IIa und b.		Lehrer	Lehrerinnen	eines Lehrers	einer Lehrerin
1	2	3	4	5	6	7	8
1. Öffentliche Schulen . .	6 059	6 112	12 171	7 914	4 257	184	16
2. Staatlich subventionirte Privatanstalten	1 858	1 569	3 427	514	2 883	10	72
3. Reine Privatschulen . .	10 541	10 775	21 316	5 153	16 163	58	392
Überhaupt . . .	**18 458**	**18 456**	**36 914**	**13 581**	**23 303**	**252**	**480**

Die vorstehend angeführten Zahlen weichen etwas von denen der weiter unten behandelten Statistik vom Jahre 1891 ab, da sie sich auf einen neueren Zeitpunkt beziehen, bei ihrer Ermittelung aber wohl auch einzelne Mädchenschulen anders eingeordnet sind als in der Erhebung von 1891. Demzufolge wird in dem nachstehenden Verzeichniß jede Schule einzeln aufgeführt, welche in der unten erfolgenden statistischen Beleuchtung als höhere Mädchenschule gezählt ist. Bei einzelnen dieser Schulen sind die Lehrerinnenbildungsklassen den aufsteigenden zugezählt.

Namentliches Verzeichniß der öffentlichen höheren Mädchenschulen mit Angabe der aufsteigenden Klassen nach der Erhebung vom 25. Mai 1891.

I. Provinz Ostpreußen.

1. Memel, 8 aufsteigende Klassen. — 2. Pillau, 3 Kl. — 3. Königsberg, 9 Kl. — 4. Wehlau, 4. Kl. — 5. Rastenburg, 7 Kl. — 6. Friedland i. Ostpr., 5 Kl. — 7. Allenstein, 8 Kl. — 8. Osterode i. Ostpr., 7 Kl. — 9. Tilsit, 9 Kl. — 10. Gumbinnen, 7 Kl. — 11. Insterburg, 9 Kl. —

II. Provinz Westpreußen.

12. Elbing, 9 aufsteigende Klassen. — 13. Marienburg i. Westpr., 8 Kl. — 14. Danzig, Viktoriaschule, 12. Kl. — 15. Dirschau, 9 Kl. — 16. Karthaus, 4 Kl. — 17. Marienwerder, 8 Kl. — 18. Strasburg i. Westpr., 5 Kl. — 19. Thorn, 11 Kl. — 20. Graudenz, 9 Kl. — 21. Schwetz, 4 Kl. — 22. Konitz, 6 Kl. —

III. Stadtkreis Berlin.

23. Berlin: Königliche Elisabethschule, 9 aufsteigende Klassen. — 24. Königliche Augustaschule, 9 Kl. — 25. Louisenschule, 9 Kl. — 26. Viktoriaschule, 9 Kl. — 27. Sophienschule, 9 Kl. — 28. Charlottenschule, 9 Kl. — 29. Margarethenschule, 9 Kl. —

IV. Provinz Brandenburg.

30. Prenzlau, 9 aufsteigende Klassen. — 31. Angermünde, 5 Kl. — 32. Schwedt a./O., 7 Kl. — 33. Eberswalde, 8 Kl. — 34. Wriezen, 6 Kl. — 35. Charlottenburg, 9 Kl. — 36. Luckenwalde, 9 Kl. — 37. Potsdam, 10 Kl. — 38. Spandau, 9 Kl. — 39. Brandenburg a./H., 10 Kl. — 40. Neu Ruppin, 9 Kl. — 41. Perleberg, 9 Kl. — 42. Königsberg i./Nm., 5 Kl. — 43. Küstrin, 8 Kl. — 44. Landsberg a./W., 8 Kl. — 45. Frankfurt a./O., Augustaschule, 9 Kl. — 46. Guben, 8 Kl. — 47. Forst, 7 Kl. —

V. Provinz Pommern.

48. Demmin, 7 aufsteigende Klassen. — 49. Anklam, 6 Kl. — 50. Swinemünde, 6 Kl. — 51. Wollin, 3 Kl. — 52. Stettin, 9 Kl. — 53. Pyritz, 6 Kl. — 54. Stargard i./Pom., 9 Kl. — 55. Treptow a./R., 6 Kl. — 56. Belgard, 5 Kl. — 57. Kolberg, 7 Kl. — 58. Stolp, 8 Kl. — 59. Greifswald 11 Kl. —

VI. Provinz Posen.

60. Wreschen, 5 aufsteigende Klassen. — 61. Posen, Königliche Louisenschule, 10 Kl. — 62. Meseritz, 4 Kl. — 63. Krotoschin, 9 Kl. — 64. Pleschen, 4 Kl. — 65. Kempen, 5 Kl. — 66. Pudewitz, 2 Kl. — 67. Grätz, 4 Kl. — 68. Schneidemühl, 9 Kl. — 69. Kolmar i. Pos., 4 Kl. — 70. Nakel, 4 Kl. — 71. Bromberg, 10 Kl. —

VII. Provinz Schlesien.

72. Breslau, Augustaschule, 9 *aufsteigende Klassen*. — 73. Breslau, Viktoriaschule, 9 Kl. — 74. Schweidnitz, 8 Kl. — 75. Waldenburg, 5 Kl. — 76. Glogau, 7 Kl. — 77. Liegnitz, 8 Kl. — 78. Hirschberg, 6 Kl. — 79. Lauban, 5 Kl. — 80. Görlitz, 9 Kl. — 81. Bunzlau, 5 Kl. — 82. Oppeln, 7 Kl. — 83. Proskau, 1 Kl. — 84. Kattowitz, 9 Kl. —

VIII. Provinz Sachsen.

85. Seehausen, 2 *aufsteigende Klassen*. — 86. Salzwedel, 9 Kl. — 87. Gardelegen, 4 Kl. — 88. Stendal, 8 Kl. — 89. Burg a./Ihle, 7 Kl. — 90. Kalbe a./S., 3 Kl. — 91. Schönebeck, 8 Kl. — 92. Staßfurt, 7 Kl. — 93. Magdeburg, Louisenschule, 9 Kl. — 94. Magdeburg, Augustaschule, 9 Kl. — 95. Magdeburg, III. höhere Mädchenschule, 1 Kl. — 96. Magdeburg (Neustadt), 3 Kl. — 97. Aschersleben, 7 Kl. — 98. Quedlinburg, 7 Kl. — 99. Halberstadt, 8 Kl. — 100. Wernigerode, 3 Kl. — 101. Torgau, 7 Kl. — 102. Bitterfeld, 7 Kl. — 103. Halle a./S., 10 Kl. — 104. Delitzsch, 6 Kl. — 105. Eisleben, 9 Kl. — 106. Merseburg, 7 Kl. — 107. Weißenfels, 6 Kl. — 108. Naumburg a./S., 7 Kl. — 109. Zeitz, 8 Kl. — 110. Nordhausen, 9 Kl. — 111. Mühlhausen i. Thür., 6 Kl. — 112. Langensalza, 3 Kl. — 113. Erfurt, 9 Kl. — 114. Schleusingen, 2 Kl. —

IX. Provinz Schleswig-Holstein.

115. Flensburg, 9 *aufsteigende Klassen*. — 116. Kiel, 10 Kl. — 117. Rendsburg, 7 Kl. — 118. Altona, 10 Kl. —

X. Provinz Hannover.

119. Hannover, höhere Töchterschule I, 9 *aufsteigende Klassen*. — 120. Hannover, höhere Töchterschule II, 9 Kl. — 121. Hameln, 6 Kl. — 122. Hildesheim, 9 Kl. — 123. Goslar, 5 Kl. — 124. Göttingen, 10 Kl. — 125. Münden, 5 Kl. — 126. Einbeck, 4 Kl. — 127. Klausthal, 5 Kl. — 128. Celle, 9 Kl. — 129. Ülzen, 6 Kl. — 130. Lüneburg, 9 Kl. — 131. Harburg, 7 Kl. — 132. Buxtehude, 3 Kl. — 133. Stade, 5 Kl. — 134. Otterndorf, 3 Kl. — 135. Osnabrück, 12 Kl. — 136. Quakenbrück, 3 Kl. — 137. Norden, 6 Kl. — 138. Emden, 9 Kl. — 139. Leer, 9 Kl. —

XI. Provinz Westfalen.

140. Minden, 7 *aufsteigende Klassen*. — 141. Bielefeld, 10 Kl. — 142. Gütersloh, 4 Kl. — 143. Paderborn, 2 Kl. — 144. Herford, 9 Kl. — 145. Soest, 6 Kl. — 146. Hamm, 6 Kl. — 147. Dortmund, 8 Kl. — 148. Hörde, 3 Kl. — 149. Witten, 6 Kl. — 150. Hagen i. Westfalen, 7 Kl. — 151. Schwelm, 3 Kl. — 152. Iserlohn, 7 Kl. — 153. Lüdenscheid, 5 Kl. — 154. Siegen, 6 Kl. —

XII. Provinz Hessen-Nassau.

155. Kassel, 10 *aufsteigende Klassen*. — 156. Marburg, 9 Kl. — 157. Hanau, 9 Kl. — 158. Weilburg, 2 Kl. — 159. Ems, 4 Kl. — 160. Oberlahnstein, 3 Kl. — 161. Biebrich-Mosbach, 4 Kl. — 162. Bockenheim, 9 Kl. — 163. Wiesbaden, höhere Mädchenschule in der Luisenstraße, 11 Kl. — 164. Wiesbaden, höhere Mädchenschule in der Stiftstraße, 8 Kl. — 165. Frankfurt a. M., Humboldtschule, 10 Kl. — 166. Frankfurt a. M., Englische Fräulein-Schule, 4 Kl. — 167. Frankfurt a. M., höhere Mädchenschule der israelitischen Gemeinde, 10 Kl. — 168. Frankfurt a. M., Elisabethenschule, 13 Kl. — 169. Frankfurt a. M., höhere Mädchenschule der israelitischen Religionsgesellschaft, 10 Kl. —

XIII. Provinz Rheinland.

170. Koblenz, 8 *aufsteigende Klassen*. — 171. Boppard, 4 Kl. — 172. Kirn, 2 Kl. — 173. Neuwied, 5 Kl. — 174. Wetzlar, 5 Kl. — 175. Emmerich, 1 Kl. — 176. Wesel, 9 Kl. — 177. Krefeld, 10 Kl. — 178. Ürdingen, 2 Kl. — 179. Duisburg, 10 Kl. — 180. Mülheim a./Ruhr, 7 Kl. — 181. Essen, 9 Kl. — 182. Borbeck, 2 Kl. — 183. Geldern, 1 Kl. — 184. Dülken, 2 Kl. — 185. Düsseldorf, Louisenschule, 12 Kl. — 186. Düsseldorf, Friedrichsschule, 6 Kl. — 187. Elberfeld, 9 Kl. — 188. Barmen (Ober), 10 Kl. — 189. Barmen (Mittel), 10. Kl. — 190. Barmen (Unter), 10 Kl. — 191. Remscheid, 6 Kl. — 192. Lennep, 3 Kl. — 193. Ohligs-Merscheid, 1 Kl. — 194. Solingen, 5 Kl. — 195. München Gladbach, 6 Kl. — 196. Rheydt, 8 Kl. — 197. Gummersbach, 2 Kl. — 198. Siegburg, 4 Kl. — 199. Mülheim a. Rhein, 8 Kl. — 200. Köln, 12 Kl. — 201. Trier, Königliche höhere Mädchenschule 10 Kl. — 202. Neunkirchen, 2 Kl. — 203. Düren, 3 Kl. — 204. Aachen, 10 Kl. — 205. Stolberg bei Aachen, 2 Kl. — 206. Malmedy, 1 Kl.

II. Abschnitt. Statistik des öffentlichen Mittel- und höheren Mädchen-Schulwesens.

1. Die früheren Ermittelungen der öffentlichen Mittel- und höheren Mädchenschulen.

In der Statistik der früheren Jahre bis 1878 sind die Mittel- und die höheren Mädchenschulen nicht durchweg besonders ersichtlich gemacht, vielmehr vielfach unter den Volksschulen mit enthalten. Bei der Bearbeitung der im Jahre 1878 vorgenommenen schulstatistischen Erhebung ist eine Ausscheidung derselben versucht worden; jedoch hat eine solche nicht überall mit hinlänglicher Sicherheit erfolgen können. Das Ergebniß dieser Arbeit, welches im X. Ergänzungshefte zur „Zeitschrift des Königlich preußischen statistischen Bureaus" abgedruckt ist, war folgendes.

Im Jahre 1878 wurden ermittelt:

	in den Städten	auf dem Lande	zusammen
öffentliche Mittelschulen und höhere Mädchenschulen	321	15	336
mit:			
Schulklassen	2 152	55	2 207
vollbeschäftigten Lehrkräften . .	2 275	53	2 328
Hülfslehrkräften	562	5	567
Schulkindern	69 577	2 462	72 039
Gesammtausgabe . . . . . . *M*	5 280 819	143 791	5 424 610
davon: persönliche Ausgaben . . „	4 094 429	87 945	4 182 374
sächliche „ . . „	1 186 390	55 846	1 242 236.

Aus dem Jahre 1884 liegt dann weiter eine besondere Ermittelung über die öffentlichen höheren Mädchenschulen vor, welche im Jahrgange 1886 des „Centralblattes" und auch in dem „Volksschulwesen im Preußischen Staate" von Dr. K. Schneider und E. von Bremen, Band III, Seite 578 ff. abgedruckt ist. Das Hauptergebniß derselben für den Staat und die einzelnen Provinzen ist den auf dieser und der nebenstehenden Seite verzeichneten beiden Tabellen zu entnehmen.

Die letztgedachte Ermittelung ist aber ohne Zweifel nicht so umfassend gewesen, wie die mit der schulstatistischen Erhebung von 1886 und 1891 verbundene. Letztere besonders bringt das Mittelschulwesen zum ersten Male vollständig und nach einheitlichen Gesichtspunkten zur ziffermäßigen Darstellung, auf welche unter Nr. 2 ff näher einzugehen ist.

Die öffentlichen höheren Mädchenschulen und ihre Schülerzahl im Jahre 1884.

Staat. — Provinzen.	Anzahl der vorhandenen, über das Ziel der Volksschule hinausgehenden höheren Mädchenschulen	Von den Schulen haben ein eigenes Gebäude	Von den Schulen sind mit einer andern Anstalt organisch		Zahl der Klassen		Zahl der Schülerinnen					
			verbunden	nicht verbunden	überhaupt	darunter parallele	überhaupt	darunter evangelische	katholische	jüdische	dissidentische	andersgläubige
1	2	3	4	5	6	7	8	9	10	11	12	13
a) **Staat**	**185**	**132**	**57**	**128**	**1 458**	**185**	**42 728**	**33 266**	**3 362**	**5 874**	**28**	**196**
b) Provinzen.												
1. Ostpreußen	11	8	3	8	73	1	2 131	1 865	52	210	1	3
2. Westpreußen	9	7	4	5	79	8	2 487	1 902	236	318	—	31
3. Brandenburg m. Berlin	25	22	5	20	255	55	8 648	6 720	120	1 801	7	—
4. Pommern	13	10	5	8	94	3	2 312	2 075	25	212	—	—
5. Posen	7	5	2	5	47	2	1 324	775	172	376	1	—
6. Schlesien	12	9	2	10	90	5	2 630	1 735	236	654	5	—
7. Sachsen	27	14	10	17	197	25	5 745	5 420	66	246	1	6
8. Schleswig-Holstein . .	2	2	1	1	24	6	747	697	14	36	—	—
9. Hannover	24	15	5	19	161	11	4 511	4 014	88	291	—	118
10. Westfalen	13	12	2	11	77	6	1 819	1 484	160	175	—	—
11. Hessen-Nassau	12	10	5	7	136	32	4 713	3 152	475	1 060	9	17
12. Rheinland	30	18	13	17	223	31	5 659	3 421	1 718	495	4	21
13. Hohenzollern	—	—	—	—	—	—	—	—	—	—	—	—

Die Lehrkräfte der öffentlichen höheren Mädchenschulen im Jahre 1884.

Staat. — Provinzen.	Zahl der Lehrkräfte	Zahl der Lehrer: vollbeschäftigte überhaupt	darunter evangelische	darunter katholische	darunter jüdische	Hülfslehrer überhaupt	darunter evangelische	darunter katholische	darunter jüdische	Lehrbefähigung der Lehrer: für das höhere Lehramt befähigte	seminaristisch gebildete	anderweit vorgebildete	Zahl der Lehrerinnen: evangelische	katholische	jüdische
1	2	3	4	5	6	7	8	9	10	11	12	13	14	15	16
a) Staat	2 197	909	847	57	5	362	¹) 215	82	65	341	664	266	²) 825	93	8
b) Provinzen.															
1. Ostpreußen	94	43	42	1	—	6	4	1	1	17	26	6	44	1	—
2. Westpreußen	131	53	48	4	1	25	¹) 14	6	5	27	32	19	51	2	—
3. Brandenburg m. Berlin	380	176	176	—	—	46	39	1	6	67	119	36	²) 157	—	1
4. Pommern	132	59	59	—	—	15	15	—	—	20	39	15	58	—	—
5. Posen	82	30	26	3	1	21	10	8	3	9	29	13	24	6	1
6. Schlesien	160	63	60	3	—	34	12	12	10	32	43	22	57	6	—
7. Sachsen	303	142	142	—	—	31	31	—	—	27	117	29	129	1	—
8. Schleswig-Holstein	33	17	16	1	—	2	2	—	—	6	11	2	13	1	—
9. Hannover	230	99	98	1	—	36	34	2	—	27	80	28	90	5	—
10. Westfalen	110	34	33	1	—	20	9	5	6	14	24	16	51	5	—
11. Hessen-Nassau	208	91	76	12	3	50	17	11	22	40	76	25	49	12	6
12. Rheinland	334	102	71	31	—	76	28	36	12	55	68	55	102	54	—
13. Hohenzollern	—	—	—	—	—	—	—	—	—	—	—	—	—	—	—

¹) einschl. 1 mennonitischer Hülfslehrer. — ²) einschl. 1 baptistische Lehrerin.

2. Die äußere Gestaltung und Einrichtung der öffentlichen Mittel- und der höheren Mädchenschulen, 1891.

Die öffentlichen Mittel- und die höheren Mädchenschulen gehören zum weit überwiegenden Theile den Städten an; auf dem Lande finden sie sich nur vereinzelt vor.

Es waren im Jahre 1891 vorhanden:

	in den Städten	auf dem Lande	zusammen
a) öffentliche Knaben-Mittelschulen	167	17	184
mit Klassenräumen	1 101	49	1 150
davon: unbenutzt	41	3	44
in gemietheten Räumen untergebracht	45	6	51
mit Unterrichtsklassen (nur Knabenklassen)	1 029	51	1 080;
b) öffentliche höhere Mädchenschulen	201	5	206
mit Klassenräumen	1 793	14	1 807
davon: unbenutzt	92	1	93
in gemietheten Räumen untergebracht	111	3	114
mit Unterrichtsklassen	1 607	13	1 620
davon: Knabenklassen	1	—	1
Mädchenklassen	1 582	13	1 595
gemischte Klassen	24	—	24;
c) öffentliche Mädchen-Mittelschulen	90	2	92
mit Klassenräumen	799	8	807
davon: unbenutzt	32	1	33
in gemietheten Räumen untergebracht	11	2	13
mit Unterrichtsklassen	732	7	739
davon: Mädchenklassen	730	7	737
gemischte Klassen	2	—	2;
d) sonstige öffentliche von Knaben und Mädchen besuchte Mittelschulen	54	14	68
mit Klassenräumen	503	40	543
davon: unbenutzt	11	3	14
in gemietheten Räumen untergebracht	11	7	18

[ff]

	in den Städten	auf dem Lande	zusammen
mit Unterrichtsklassen	478	37	515
davon: Knabenklassen	206	2	208
Mädchenklassen	181	1	182
gemischte Klassen	91	34	125;
e) öffentliche Mittelschulen überhaupt	512	38	550
mit Klassenräumen	4 196	111	4 307
davon: unbenutzt	176	8	184
in gemietheten Räumen untergebracht	178	18	196
mit Unterrichtsklassen	3 846	108	3 954
davon: Knabenklassen	1 236	53	1 289
Mädchenklassen	2 493	21	2 514
gemischte Klassen	117	34	151.

Aus diesen Zahlen läßt sich erkennen, daß die meisten dieser Schulen auf dem Lande noch wenig über einen guten Anfang hinausgekommen sind. Die Klassenzahl ist hier gering, und in fast einem Drittel der Unterrichtsklassen werden noch Knaben und Mädchen gemeinschaftlich unterrichtet. Selbst in den Städten begegnen wir noch ziemlich vielen Schulen, welche erst im Anfange der Entwickelung zu stehen scheinen. Es ist wohl kaum zweifelhaft, daß nur ein Theil dieser Schulen schon als wirkliche Mittelschulen anzusehen ist, insbesondere auf dem Lande. In der That beweist die Gliederung der Schulen nach der Zahl der aufsteigenden Klassen, daß die Mittelschule hier keinen rechten Boden gefunden hat. Es wurden nämlich gezählt:

	in den Städten	auf dem Lande	zusammen
a) öffentliche Knaben-Mittelschulen:			
mit 1 aufsteigenden Klasse	7	2	9
„ 2 „ Klassen	23	4	27
„ 3 „ „	24	8	32
„ 4 „ „	22	1	23
„ 5 „ „	18	—	18
„ 6 „ „	25	1	26
„ 7 und mehr aufsteigenden Klassen	48	1	49;
b) öffentliche höhere Mädchenschulen:			
mit 1 aufsteigenden Klasse	5	1	6
„ 2 „ Klassen	10	2	12
„ 3 „ „	14	—	14
„ 4 „ „	14	2	16
„ 5 „ „	18	—	18
„ 6 „ „	20	—	20
„ 7 und mehr aufsteigenden Klassen	120	—	120;
c) öffentliche Mädchen-Mittelschulen:			
mit 1 aufsteigenden Klasse	1	—	1
„ 2 „ Klassen	4	1	5
„ 3 „ „	4	—	4
„ 4 „ „	5	—	5
„ 5 „ „	8	1	9
„ 6 „ „	19	—	19
„ 7 und mehr aufsteigenden Klassen	49	—	49;
d) sonstige öffentliche von Knaben und Mädchen besuchte Mittelschulen:			
mit 1 aufsteigenden Klasse	7	4	11
„ 2 „ Klassen	9	3	12
„ 3 „ „	5	3	8
„ 4 „ „	4	2	6
„ 5 „ „	4	2	6
„ 6 „ „	7	—	7
„ 7 und mehr aufsteigenden Klassen	18	—	18;

e) öffentliche Mittelschulen überhaupt:	in den Städten	auf dem Lande	zusammen
mit 1 aufsteigenden Klasse	20	7	27
„ 2 „ Klassen	46	10	56
„ 3 „ „	47	11	58
„ 4 „ „	45	5	50
„ 5 „ „	48	3	51
„ 6 „ „	71	1	72
„ 7 und mehr aufsteigenden Klassen	235	1	236.

Auf dem Lande finden sich öffentliche Mittel- rc. Schulen überhaupt nur in den Provinzen Westpreußen (1), Brandenburg (1), Schlesien (1), Schleswig (2), Hannover (5), Westfalen (13), Hessen-Nassau (1) und Rheinland (14).

3. Die Benutzung der öffentlichen Mittel- und der höheren Mädchenschulen, 1891.

In den 550 öffentlichen Mittel- und höheren Mädchenschulen wurden überhaupt 131 270 Zöglinge unterrichtet. Das ist eine auffällig geringe Benutzung dieser Anstalten, insbesondere seitens der männlichen Jugend, welche nur mit 48 920 Schülern in der Mittelschule vertreten ist, während in derselben 82 350 Mädchen ermittelt wurden. Für das weibliche Geschlecht bedeuten die höheren Mädchenschulen allerdings in gewissem Sinne dasselbe, was die höheren Lehranstalten für die männliche Jugend sind. Letzteren Anstalten werden aber bei weitem mehr Knaben zugeführt als den Mittelschulen. Im Winterhalbjahre 1890/91 wurden auf 315 Gymnasien und Progymnasien und auf 238 Realgymnasien, Realprogymnasien, Ober-Realschulen, Realschulen und höheren Bürgerschulen 157 000 Schüler gezählt, und es kamen auf je 10 000 Einwohner durchschnittlich 52 Schüler der vorbezeichneten höheren Lehranstalten. Selbst wenn man jenen 48 920 Schülern der öffentlichen Mittelschulen noch die 15 102 Knaben in Privatschulen mit gleichem Lehrziele hinzurechnet, wird noch lange nicht die Frequenz der höheren Lehranstalten erreicht; nur 28,77 Proz. der gesammten männlichen Jugend, welche einen über das Ziel der Volksschule hinausgehenden Unterricht erstrebt, finden diesen in den Anstalten mit dem Lehrziele der Mittelschule; über 71 Proz. besuchen die höheren Lehranstalten.

Was die weibliche Jugend anlangt, so steht derselben neben den öffentlichen höheren Mädchenschulen noch eine größere Zahl privater ähnlicher Anstalten zur Verfügung. In diesen befanden sich 65 766 Mädchen, so daß im Ganzen 148 116 Mädchen den über die Ziele der Volksschule hinausgehenden Unterrichtsanstalten angehören. Werden die 148 116 Mädchen den 221 022 Knaben der Mittelschulen und höheren Lehranstalten gegenübergestellt, so ergiebt sich, daß 72 906 Mädchen weniger als Knaben den höheren Unterricht erhalten. In der That aber ist der Unterschied allerdings nicht ganz so groß; denn einerseits werden die Mädchen der wohlhabenderen Stände vielfach in sogenannten Pensionaten, zum Theil des Auslandes, erzogen und unterrichtet, und diese können natürlich in unserer Statistik nicht erscheinen; andererseits ist die Dauer des Unterrichtes auf den höheren Lehranstalten für die männliche Jugend theilweise wenigstens zwei oder drei Jahre länger als auf den höheren Mädchenschulen, so daß etwa 12 000 Knaben derjenigen Altersklassen, in welchen Mädchen in der Regel nicht mehr der Schule angehören, noch die Schule besuchen und also die Schülerzahl der höheren Lehranstalten entsprechend erhöhen. Immerhin bleibt wohl die Thatsache bestehen, daß der weiblichen Jugend in geringerem Umfange die höhere unterrichtliche Fürsorge zugewendet wird; vielleicht darf man, um hierfür einen ziffermäßigen Ausdruck zu geben, sagen, daß 209 bis 210 Tausend Knaben mit höherer Schulbildung etwa 160 bis 165 Tausend Mädchen dieser Art gegenüberstehen.

Die Benutzung der Mittelschulen rc. durch die verschiedenen Konfessionen weicht erheblich ab von derjenigen, die man nach der bekenntnißmäßigen Zusammensetzung der Bevölkerung erwarten sollte; denn während die Gesammtbevölkerung aus 64,36 Proz. Evangelischen, 34,33 Proz. Katholiken, 0,37 Proz. sonstiger Christen und 1,34 Proz. Juden besteht, befinden sich unter den 131 270 Schülern und Schülerinnen von öffentlichen Mittel- und höheren Mädchenschulen

in	Evangelische	Katholische	sonstige Christen	Juden
Knaben-Mittelschulen . . .	32420 = 85,47 Proz.	3927 = 10,35 Proz.	177 = 0,47 Proz.	1407 = 3,71 Proz.
höheren Mädchenschulen . .	35114 = 78,14 „	3319 = 7,39 „	218 = 0,49 „	6284 = 13,98 „
Mädchen-Mittelschulen . .	25354 = 88,34 „	1976 = 6,88 „	175 = 0,61 „	1197 = 4,17 „
von Knaben und Mädchen besuchten Mittelschulen .	17818 = 90,44 „	1432 = 7,27 „	72 = 0,36 „	380 = 1,93 „
überhaupt . . .	**110706 = 84,33 Proz.**	**10654 = 8,12 Proz.**	**642 = 0,49 Proz.**	**9268 = 7,06 Proz.**

Die öffentlichen Mittelschulen werden hiernach mit Vorliebe von der evangelischen und von der jüdischen Bevölkerung benutzt, und der Antheil der katholischen Kinder an dem Besuch derselben ist auffallend gering. Das Mißverhältniß wird in Etwas zu Gunsten der Katholiken durch die Benutzung der privaten Mittelschulen, die man auf diesem Gebiete des Unterrichtes niemals außer Acht lassen darf, ausgeglichen; denn unter 212 138 Schülern der öffentlichen und der privaten Mittelschulen waren

in	Evangelische	Katholische	sonst. Christ.	Juden
Knaben-Mittelschulen	39 451=80,75 Proz.	6 667=13,65 Proz.	280=0,57 Proz.	2 456= 5,03 Proz.
höheren Mädchen- u. Mädchen-Mittelschulen	99 792=75,84 „	17 812=13,54 „	662=0,50 „	13 313=10,12 „
sonstigen Mittelschulen für Knaben und Mädchen . .	26 916=84,89 „	3 103= 9,79 „	164=0,52 „	1 522= 4,80 „
überhaupt . .	**166 159=78,33 Proz.**	**27 582=13,00 Proz.**	**1 106=0,52 Proz.**	**17 291= 8,15 Proz.**

Allein auch dann erreicht die katholische Bevölkerung noch nicht ein Drittel desjenigen Antheiles, der ihr nach ihrem Stärkeverhältniß in der Gesammtbevölkerung zukommt; die evangelische und die jüdische Bevölkerung bleibt ihr ganz erheblich überlegen. Einer ähnlichen Erscheinung begegnen wir auf den höheren Lehranstalten des männlichen Geschlechtes und auch auf den Universitäten. Dort waren 1890/91 unter je 100 Schülern 71,38 evangelisch, 18,99 katholisch, 0,29 sonst christlich und 9,34 jüdisch, und unter den studirenden Preußen der preußischen Universitäten waren damals 70,11 evangelisch, 20,55 katholisch, 0,24 sonst christlich und 9,10 jüdisch. Hiernach ist das Zurückbleiben der katholischen Bevölkerung bei dem Mittelschul-Besuche nicht eine vereinzelte Erscheinung; sie ist nur schärfer ausgeprägt als bei den höheren Lehranstalten und den Universitäten. Ueberall, am mittleren, höheren und höchsten Unterricht, ist die Betheiligung der katholischen Bevölkerung verhältnißmäßig geringer als die der evangelischen und ganz erheblich geringer als die der jüdischen Bevölkerung.

Die Gründe dieser Erscheinung liegen wohl weniger in der inneren Werthschätzung geistiger Güter als in äußeren Dingen. Es ist bekannt, daß die evangelische und die jüdische Bevölkerung in den Städten stärker vertreten ist als die katholische. Nun befinden sich aber die Mittel- und die höheren Schulen fast ausnahmslos in Städten; die städtische Bevölkerung hat also bei weitem mehr Gelegenheit, ihre Kinder auf Mittelschulen und höhere Lehranstalten zu schicken, und sie kann das mit erheblich geringeren Geldopfern als die Landbevölkerung. Wenn nun die katholische Bevölkerung verhältnißmäßig mehr als Evangelische und Juden auf dem Lande anzutreffen ist, wenn sie außerdem noch, wie ja auch im Ganzen nicht bestritten werden kann, mehr den ärmeren und ärmsten Schichten angehört, so erklärt sich die geringere Benutzung der besseren Schulgelegenheit ihrerseits ziemlich natürlich. Bei den Mittel- bezw. höheren Mädchenschulen mag übrigens insbesondere noch hinzukommen, daß die Benutzung von Pensionaten des Auslandes, die wir oben schon berührten, in den höheren Kreisen der katholischen Bevölkerung noch mehr beliebt wird als bei den Evangelischen und den Juden. Die Thatsache bleibt aber bestehen, daß die Summe höherer schulmäßiger Bildung bei den Evangelischen und insbesondere bei den Juden merklich beträchtlicher ist als bei den Katholiken.

Was die Zusammensetzung der Mittelschul-Bevölkerung nach Nationalitäten anlangt, so führt uns unsere Statistik folgende Thatsachen vor die Augen. In ihrer Familie sprechen Kinder

	nur deutsch	nur polnisch	polnisch und deutsch	sonst slawisch und deutsch	nur dänisch	dänisch und deutsch	nur eine sonstige Sprache	eine sonstige Sprache u. deutsch	zusammen
a) in den öffentlichen:									
Knaben-Mittelschulen . . .	37 297	329	136	2	122	32	8	5	37 931
höheren Mädchenschulen . .	44 578	87	145	—	—	—	64	61	44 935
Mädchen-Mittelschulen . . .	28 347	140	93	—	91	28	1	2	28 702
sonstigen Mittelschulen . .	19 259	368	71	—	—	—	—	4	19 702
zusammen . .	**129 481**	**924**	**445**	**2**	**213**	**60**	**73**	**72**	**131 270**
in Prozent . .	**98,64**	**0,70**	**0,34**	**0,00**	**0,16**	**0,05**	**0,06**	**0,05**	**100;**
b) in den privaten:									
Knaben-Mittelschulen . . .	10 591	105	50	—	—	—	131	46	10 923
höheren Mädchen- und Mädchen-Mittelschulen .	56 450	706	215	—	—	—	303	268	57 942
sonstigen Mittelschulen . . .	11 560	209	163	—	—	—	45	26	12 003
zusammen	**78 601**	**1 020**	**428**	—	—	—	**479**	**340**	**80 868**
in Prozent . .	**97,20**	**1,26**	**0,53**	—	—	—	**0,59**	**0,43**	**100**
überhaupt	**208 082**	**1 944**	**873**	**2**	**213**	**60**	**552**	**412**	**212 138**
in Prozent	**98,09**	**0,92**	**0,41**	**0,00**	**0,10**	**0,03**	**0,26**	**0,19**	**100.**

Zwischen vorstehenden Zahlen und den Ergebnissen der gleichartigen Ermittelungen über die öffentlichen Volksschulen besteht ein erheblicher Unterschied. In der Bevölkerung der Mittelschulen sind die nicht deutschen Nationalitäten merklich weniger vertreten als dort. Die Erklärung für diese Erscheinung liegt ähnlich, wie oben bei den konfessionellen Unterschieden, in dem mehr einheitlich deutschen Charakter der städtischen Bevölkerung und in den weniger günstigen Einkommensverhältnissen des fremdsprachigen Theiles der Landbevölkerung, insbesondere der polnischen. Leider fehlt es an nationalitätsstatistischen Unterlagen, um die hier in Frage stehende Vergleichung auch auf die höheren Lehranstalten und die Universitäten auszudehnen.

4. Die Lehrkräfte der öffentlichen Mittel- und der höheren Mädchenschulen, 1891.

An den 550 öffentlichen Mittel- und höheren Mädchenschulen waren 1891: 4 311 Stellen für vollbeschäftigte und 671 Stellen für nicht vollbeschäftigte Hülfslehrkräfte und Adjuvanten vorhanden. Daß hiervon 39 evangelische und 6 katholische Stellen mit einem kirchlichen Amte dauernd oder herkömmlich verbunden waren, wird sich auf die historische Entwickelung der betreffenden Schulen zurückführen lassen und berechtigt zu der Annahme, daß es sich hierbei vorwiegend um alte Schulen handelt. Bei Begründung neuer Mittelschulen werden derartige vereinigte Schul- und Kirchenämter in der Regel nicht ins Auge gefaßt.

Die Lehrkräfte vertheilen sich dem Geschlechte nach, wie folgt: Es waren vorhanden

	vollbeschäftigte			nicht vollbeschäftigte[1]		
	Lehrer	Lehrerinnen	zusammen	Hülfslehrer	Hülfslehrerinnen	zusammen
in den öffentlichen						
Knaben-Mittelschulen	1 114	1	1 115	175	1	176
höheren Mädchenschulen	973	866	1 839	298	58	356
Mädchen-Mittelschulen	461	356	817	65	28	93
sonstigen Mittelschulen	449	91	540	41	5	46
Mittelschulen überhaupt	**2997**	**1314**	**4311**	**579**	**92**	**671**

Den Handarbeits-Unterricht ertheilen 504 geprüfte und 216 nicht geprüfte Handarbeitslehrerinen; zu einem kleinen Theile sind dieselben als vollbeschäftigte Lehrerinnen angestellt und unter diesen bereits mitgezählt.

Die vollbeschäftigten Lehrerinnen machen 30,48 Prozent sämmtlicher vollbeschäftigten Lehrkräfte aus, und auch unter den Hülfslehrkräften befinden sich 13,71 Prozent Lehrerinnen. Die Verwendung weiblicher Lehrkräfte ist also bei diesen Schulen eine wesentlich höhere als bei den öffentlichen Volksschulen. Die ausgiebigste Verwendung finden weibliche Lehrkräfte indessen bei den privaten Mittel- rc. Schulen, wo von 4 059 vollbeschäftigten Lehrkräften 3 150 Lehrerinnen waren. Die reichlichere Verwendung von Lehrerinnen bei der hier in Rede stehenden Gruppe von Schulen erklärt sich vielleicht zum Theil daraus, daß in derselben die Mädchenschulen vorwiegen, und daß die weibliche Lehrkraft für den privaten Schulvorsteher billiger ist als die männliche. Im Gesammtgebiete der preußischen Volks- und Mittelschulen finden 12 967 Lehrerinnen als vollbeschäftigte Lehrkräfte Anstellung bezw. Beschäftigung, das sind etwa 16,10 Prozent aller derartigen Lehrkräfte.

Die Zusammensetzung des Lehrkörpers der öffentlichen Mittel- rc. Schulen nach dem Religionsbekenntnisse wird durch folgende Zahlen veranschaulicht. Es waren

	vollbeschäftigte ordentliche Lehrkräfte			vollbeschäftigte Hülfslehrkräfte		
	evangelische	katholische	jüdische	evangelische	katholische	jüdische
a) an Knaben-Mittelschulen:						
Lehrer	934	160	—	15	5	—
Lehrerinnen	1	—	—	—	—	—
zusammen	**935**	**160**	—	**15**	**5**	—
b) an höheren Mädchenschulen:						
Lehrer	895	62	8	6	1	1
Lehrerinnen	739	80	5	39	2	1
zusammen	**1 634**	**142**	**13**	**45**	**3**	**2**

[1] einschl. Adjuvanten.

	vollbeschäftigte ordentliche Lehrkräfte evangelische	katholische	jüdische	vollbeschäftigte Hülfslehrkräfte evangelische	katholische	jüdische
c) an Mädchen-Mittelschulen:						
Lehrer	433	27	—	1	—	—
Lehrerinnen	295	28	1	31	1	—
zusammen . . .	**728**	**55**	**1**	**32**	**1**	—
d) an sonstigen Mittelschulen:						
Lehrer	420	22	1	6	—	—
Lehrerinnen	86	1	—	4	—	—
zusammen . . .	**506**	**23**	**1**	**10**	—	—
e) an sämmtlichen Mittelschulen:						
Lehrer	**2 682**	**271**	**9**	**28**	**6**	**1**
Lehrerinnen	**1 121**	**109**	**6**	**74**	**3**	**1**
überhaupt . . .	**3 803**	**380**	**15**	**102**	**9**	**2.**

Wie die Evangelischen unter den Schulkindern der öffentlichen Mittel- ꝛc. Schulen vorwiegen, so auch die evangelischen Lehrkräfte. Die Lehrkräfte dieser Schulen gehören ganz überwiegend einem der beiden christlichen Bekenntnisse an; jüdische Lehrer und Lehrerinnen finden an denselben nur ausnahmsweise Verwendung.

Nur evangelische Lehrkräfte unterrichteten an 407 derartigen Schulen in 3 006 Klassen 103 542 Schüler, unter denen 2 566 katholische, 507 sonst christliche und 5 639 jüdische waren. Diese 407 Schulen darf man, nach dem Bekenntniß der Lehrer zu urtheilen, als evangelische bezeichnen.

Rein katholische Schulen wurden 54 ermittelt, welche in 192 Klassen 3 912 Kinder zählten, von denen 276 evangelisch, 1 sonst christlich und 182 jüdisch waren.

Die übrigen 89 Schulen mit 756 Klassen und 23 816 Schülern waren paritätisch und in letzteren Anstalten vertheilen sich die vollbeschäftigten Lehrer mit 624 auf das evangelische, mit 214 auf das katholische und mit 17 auf das jüdische Religionsbekenntniß, also annähernd so, wie die Religionsgemeinschaften an der Bevölkerung betheiligt sind.

Die Vertheilung der Schüler auf die Lehrkräfte ist im Durchschnitte eine sehr günstige: es kommen nur 30,₁₈ Schüler auf je eine vollbeschäftigte Lehrkraft.

Über die persönlichen Verhältnisse der vollbeschäftigten Lehrkräfte der öffentlichen Mittel- und höheren Mädchenschulen hat die statistische Erhebung vom Jahre 1891 mancherlei interessante Nachrichten zusammen getragen.

Was zunächst den Befähigungsnachweis anlangt, so waren unter den 2 955 Lehrern nur 15 Lehrer, die lediglich eine Fachprüfung (als Zeichenlehrer u. dergl.), und 7, die eine volle Lehrkraft darstellten und keine eigentliche Prüfung für das Lehramt abgelegt hatten. Von den übrigen hatten bestanden: die Volksschullehrer-Prüfung 1 348, die Mittelschullehrer-Prüfung 469, die Prüfung pro rectoratu 455 und die Prüfung für das höhere Lehramt bezw. das geistliche Amt 661. — Von den 1 310 Lehrerinnen hatten die Volksschullehrerinnen-Prüfung 100, die Prüfung für Lehrerinnen an höheren Mädchenschulen 949, die Prüfung als Schulvorsteherin 70, für Fachlehrerin 31, für Handarbeitslehrerinnen 108 abgelegt.

Über das Herkommen der Lehrkräfte ist sodann Folgendes ermittelt worden: Es stammten

aus der Berufsgruppe:	Lehrer	Lehrerinnen
Bodennutzung und Thierzucht	720	100
davon aus der sozialen Klasse:		
der Selbständigen	643	83
des Aufsichts- und Rechnungspersonals . . .	51	14
der Arbeitsgehülfen	26	3
Industrie und Gewerbe	886	233
davon aus der sozialen Klasse:		
der Selbständigen	747	211
des Aufsichts- und Rechnungspersonals . . .	61	19
der Arbeitsgehülfen	78	3
Handel und Verkehr	313	227
davon aus der sozialen Klasse:		
der Selbständigen	246	172
des Aufsichts- und Rechnungspersonals . . .	33	47
der Arbeitsgehülfen	34	8

	Lehrer	Lehrerinnen
der Hof- und Staatsbeamten, der Militärs und der freien Berufe	988	733
davon aus der sozialen Klasse:		
der leitenden Beamten, Offiziere, Geistlichen, Lehrer, Ärzte, Künstler ꝛc.	796	592
der übrigen Beamten und dergl.	139	130
der Unterbeamten	53	11.

Von 48 Lehrern und 17 Lehrerinnen waren die Väter ohne besonderen Beruf oder ein solcher war nicht angegeben worden. Die Gruppe der Angehörigen des Hof- und Staatsdienstes ꝛc., der Militärs und der freien Berufe liefert also von den Lehrern etwa ein Drittel, von den Lehrerinnen mehr als die Hälfte. Aus dem Stande der selbständigen Landwirthe entstammen allein 636 Lehrer, dagegen nur 72 Lehrerinnen, aus dem der Meister und Unternehmer im Bekleidungs- ꝛc. Gewerbe 209 Lehrer, aber nur 20 Lehrerinnen, aus dem der selbständigen Handeltreibenden 148 Lehrer und 133 Lehrerinnen, aus dem der Hof-, Staats- und Gemeindebeamten 223 Lehrer und 304 Lehrerinnen, aus dem der Geistlichen und Kirchendiener 109 Lehrer und 99 Lehrerinnen, aus dem der Lehrer aller Art 591 Lehrer und 238 Lehrerinnen.

Dienstalter und Einkommen der Lehrkräfte stellte sich, wie folgt.

Es betrug das Einkommen:

	a) für Lehrer mit								für
	0—5	5—10	10—15	15—20	20—30	30—40	40—50	üb. 50	unbesetzte
	Dienstjahren								Stellen
bis 1050 ℳ	33	19	—	2	1	—	—	—	1
über 1050—1200 ℳ	28	59	15	3	—	1	—	—	3
„ 1200—1500 „	76	131	70	28	22	1	—	—	12
„ 1500—1800 „	62	87	104	106	72	16	3	3	10
„ 1800—2100 „	36	83	72	104	150	63	16	1	5
„ 2100—2400 „	21	47	70	88	137	73	15	2	4
„ 2400—3000 „	23	63	48	98	147	96	20	2	4
„ 3000 ℳ . . .	7	58	61	88	188	103	32	1	3
zusammen . .	**286**	**547**	**440**	**517**	**717**	**353**	**86**	**9**	**42**;

	b) für Lehrerinnen mit						für unbesetzte
	0—5	5—10	10—15	15—20	20—30	30—40	Stellen
bis 810 ℳ	40	11	7	8	10	3	2
über 810—900 ℳ .	69	24	15	4	7	—	1
„ 900—1050 „ . .	57	34	26	15	6	1	—
„ 1050—1200 „ . .	56	72	73	33	20	2	—
„ 1200—1500 „ . .	56	70	77	66	36	8	—
„ 1500—1800 „ . .	20	33	74	48	42	11	—
„ 1800—2100 „ . .	1	6	23	50	19	4	1
„ 2100—2400 „ . .	1	1	15	13	26	—	—
„ 2400 ℳ	—	2	—	3	9	3	—
zusammen . .	**300**	**253**	**310**	**240**	**175**	**32**[1])	**4**.

5. Die Kosten der öffentlichen Mittel- und der höheren Mädchenschulen im Jahre 1891.

a) Der Ertrag des vorhandenen Schulvermögens.

Die öffentlichen Mittel- und die höheren Mädchenschulen sind im Ganzen erheblich ärmer an Schulvermögen als die öffentlichen Volksschulen. Indessen fehlt es daran doch nicht ganz. Abgesehen davon, daß 493 Schulen mit 4 057 Klassenräumen in eigenem Schulgebäude und von weiteren 6 Schulen noch 54 Klassenräume in eigenem Gebäude untergebracht waren und an 179 Lehrer und Lehrerinnen Wohnung in eigenem Schulgebäude gewährt wurde, hatten 25 Schulen sogar für 61 Lehrer Landdotationen, allerdings in dem bescheidenen Betrage von zusammen 75,10 ha. Für 226 Lehrerstellen war überhaupt Schulvermögen vorhanden.

[1]) einschließlich 1 Lehrerin mit über 40 Dienstjahren.

Der Ertrag des Schulvermögens für diese Anstalten, soweit derselbe für die Besoldung der Lehrkräfte Verwendung findet, bezifferte sich auf 67 243 ℳ, das sind 0,98 Prozent der Gesammtkosten, und zwar vertheilte sich

	auf Knaben-Mittelschulen ℳ	auf höhere Mädchen-schulen ℳ	auf Mädchen-Mittelschulen ℳ	auf sonstige Mittelschulen ℳ	auf sämmtliche Mittelschulen ℳ
der Ertrag der Landdotationen mit . . .	1 636	—	302	1 040	2 978
„ „ des sonstigen Grundbesitzes mit	3 268	24 521	—	278	28 067
„ „ der Berechtigungen mit . . .	1 829	240	398	848	3 315
„ „ an Kapitalzinsen u. Renten mit	12 511	6 046	2 885	11 441	32 883.

In Posen, Sachsen, Westfalen, Hessen-Nassau und Rheinland erscheinen die höchsten Erträge dieser Art.

b) Die persönlichen Kosten der öffentlichen Mittel- und der höheren Mädchenschulen im Jahre 1891.

Das **Stelleneinkommen** der vollbeschäftigten Lehrkräfte an allen öffentlichen Mittel- ꝛc. Schulen betrug, nach Abzug des Werthes für Wohnung und Feuerung, welcher in unserer Statistik den sächlichen Kosten zugerechnet worden ist und weiter unten ersichtlich gemacht werden wird, im Ganzen 6 857 767 ℳ, wovon aufgebracht wurden

	an Knaben-Mittelschulen ℳ	Proz.	an höheren Mädchenschulen ℳ	Proz.	an Mädchen-Mittelschulen ℳ	Proz.	an sonstigen Mittelschulen ℳ	Proz.	an sämmtlichen Mittelschulen ℳ	Proz.
durch Schulgeld . .	1276965 =	72,41	2819476 =	89,31	915426 =	78,61	536892 =	69,49	5548759 =	80,91
„ Aufkünfte vom Schulvermögen .	19244 =	1,09	30807 =	0,98	3585 =	0,31	13607 =	1,76	67243 =	0,98
durch Leistungen der Verpflichteten . .	443676 =	25,16	240759 =	7,63	236692 =	20,32	207099 =	26,80	1128226 =	16,45
aus Staatsmitteln (rechtliche Verpflichtung)	7330 =	0,41	7006 =	0,22	260 =	0,02	400 =	0,05	14996 =	0,22
aus Staatsmitteln (Bedürfnißzuschuß)	16425 =	0,93	58865 =	1,86	8581 =	0,74	14672 =	1,90	98543 =	1,44.

Es ist bei den Mittel- ꝛc. Schulen naturgemäß, daß der größte Theil der Kosten derselben durch Schulgeld und durch Leistungen der Gemeinden aufgebracht wird. Da zum Besuche dieser Anstalten eine gesetzliche Verpflichtung nicht besteht, so liegt ihre finanzielle Grundlage ähnlich wie bei den höheren Lehranstalten. Der Staatshaushalts-Etat für 1891/92 weist indessen nach: in Kapitel 120 Titel 9, zu Zuschüssen zur Unterhaltung höherer Mädchenschulen 90 000 ℳ, und in Titel 9a: zur Ergänzung dieses Fonds behufs besonderer Förderung des deutschen höheren Mädchenschulwesens in den Provinzen Westpreußen und Posen, sowie im Regierungsbezirke Oppeln 80 000 ℳ.

Schulgeld wird in allen diesen Schulen erhoben, ausgenommen in 2 Schulen mit 53 Kindern, wo besondere Verhältnisse obwalten. Der Betrag desselben stellt sich durchschnittlich auf 44,[illegible] ℳ für das Kind und Jahr, schwankt aber zwischen den einzelnen Schulen und oft innerhalb einer einzelnen Schule beträchtlich. In den meisten Schulen wird ein höherer Satz als 48 ℳ erhoben, und es kommen Sätze bis 150 und 180 ℳ, ja selbst bis 252 ℳ vor. Wenn der Durchschnitt pro Kind und Jahr aber gleichwohl bei 45 ℳ liegt, so deutet dies darauf hin, daß Schulgeldbefreiungen oder Ermäßigungen in ziemlichem Umfange gewährt werden.

Im Einzelnen betragen die Schulgeldsätze, nach dem Höchstbetrage für jede Schule geordnet, für die öffentlichen Mittelschulen, mit Ausschluß der höheren Mädchenschulen,

bis einschließlich 12 ℳ . . . . in 4 Schulen
über 12 „ „ 18 „ . . . . „ 4 „
„ 18 „ „ 24 „ . . . . „ 27 „
„ 24 „ „ 36 „ . . . . „ 52 „
„ 36 „ „ 48 „ . . . . „ 58 „
„ 48 „ „ 60 „ . . . . „ 73 „
„ 60 „ „ 72 „ . . . . „ 37 „
„ 72 „ „ 84 „ . . . . „ 31 „
„ 84 „ „ 96 „ . . . . „ 26 „
„ 96 ℳ . . . . „ 30 „ ;

für die öffentlichen höheren Mädchenschulen dagegen

bis einschließlich 24 *M*	in	2 Schulen
über 24 bis 36 *M*	„	2 „
„ 36 „ 48 „	„	11 „
„ 48 „ 60 „	„	24 „
„ 60 „ 72 „	„	25 „
„ 72 „ 84 „	„	37 „
„ 84 „ 96 „	„	28 „
„ 96 „ 108 „	„	38 „
„ 108 „ 120 „	„	15 „
„ 120 *M*	„	24 „

Dem Stelleneinkommen für vollbeschäftigte Lehrkräfte treten noch 29 134 *M* für persönliche und Dienstalterszulagen, welche aus Staatsmitteln an 113 Lehrer und 28 Lehrerinnen gewährt werden, sowie 113 889 *M* sonstige persönliche Zulagen aus Mitteln der Gemeinden hinzu.

Unter Berücksichtigung dieser Zulagen stellte sich das Einkommen der vollbeschäftigten Lehrkräfte an den

	Knaben-Mittelschulen überhpt. auf *M*	Knaben-Mittelschulen durchschn. auf *M*	höheren Mädchenschulen überhpt. auf *M*	höheren Mädchenschulen durchschn. auf *M*	Mädchen-Mittelschulen überhpt. auf *M*	Mädchen-Mittelschulen durchschn. auf *M*	sonstigen Mittelschulen überhpt. auf *M*	sonstigen Mittelschulen durchschn. auf *M*	sämmtlichen Mittelschulen überhpt. auf *M*	sämmtlichen Mittelschulen durchschn. auf *M*
im Staate	**1 814 142**	**1 627**	**3 203 155**	**1 742**	**1 192 897**	**1 466**	**790 596**	**1 464**	**7 [illegible] 790**	**1 624**
in Ostpreußen	129 128	1 451	122 512	1 392	65 715	1 060	16 822	1 202	334 177	1 321
„ Westpreußen	63 850	1 680	156 533	1 491	37 642	1 298	7 965	1 138	265 990	1486
im Stadtkreis Berlin	—	—	419 679	2 623	—	—	—	—	419 679	2 623
in Brandenburg	348 576	1 556	240 827	1 524	261 277	1 390	40 770	1 315	891 450	1 483
„ Pommern	149 919	1 595	139 604	1 397	49 440	1 413	112 932	1 361	451 985	1449
„ Posen	98 244	1 559	112 182	1 385	35 838	1 120	28 110	1 171	274 374	1 372
„ Schlesien	83 919	1 614	201 556	1 800	136 849	1 069	6 511	1 302	428 835	1 709
„ Sachsen	192 092	1 501	347 992	1 481	102 683	1 446	131 686	1 372	774 453	1461
„ Schleswig-Holstein	267 362	1 725	97 488	1 741	170 694	1 422	—	—	535 544	1 618
„ Hannover	16 608	1 278	300 551	1 616	104 293	1 710	259 845	1 390	681 297	1 524
„ Westfalen	150 447	1 710	187 094	1 701	6 415	1 069	44 305	1 772	388 261	1 695
„ Hessen-Nassau	92 550	2 012	347 293	2 043	114 656	1 711	97 150	2 159	651 649	1 987
„ Rheinland	221 447	1 772	529 754	1 906	107 395	1 678	44 500	1 935	903 096	1 843.

Dazu tritt, wie schon angedeutet, der Werth für Wohnung und Feuerung. Derselbe bemißt sich nach den Angaben der Ortsbehörden im Durchschnitte aller Schulen im ganzen Staate für jede Stelle auf 428 *M* und beträgt für die

	Knaben-Mittelschulen *M*	höheren Mädchenschulen *M*	Mädchen-Mittelschulen *M*	sonstigen Mittelschulen *M*	sämmtlichen Mittelschulen *M*
in Ostpreußen	520	406	419	267	442
„ Westpreußen	440	405	333	394	400
im Stadtkreis Berlin	—	644	—	—	644
in Brandenburg	384	427	354	271	380
„ Pommern	486	414	467	320	417
„ Posen	545	425	580	673	517
„ Schlesien	402	387	452	203	407
„ Sachsen	422	331	290	379	356
„ Schleswig-Holstein	413	444	425	—	423
„ Hannover	430	460	590	358	434
„ Westfalen	294	334	193	301	311
„ Hessen-Nassau	612	607	554	618	598
„ Rheinland	405	420	384	389	413.

Rechnet man die persönlichen und Dienstalterszulagen sowie den Werth für Wohnung und Feuerung dem Stelleneinkommen zu, so ergiebt sich folgende Abstufung des Gesammteinkommens der Lehrer bezw. Lehrerinnen an den öffentlichen Mittel- ꝛc. Schulen für die Jahre 1886 bezw. 1891:

Abstufung des Gesammteinkommens der vollbeschäftigten Lehrer und Lehrerinnen an sämmtlichen öffentlichen Mittel- ꝛc. Schulen, 1886 und 1891.

Einkommens-stufen.	Lehrer: Zahl der Lehrer		Lehrer: Gesammteinkommen		Lehrer: Von den Lehrern entfielen auf die Stufen der Spalte 1		Lehrerinnen: Zahl der Lehrerinnen		Lehrerinnen: Gesammteinkommen		Lehrerinnen: Von den Lehrerinnen entfielen auf die Stufen der Spalte 1	
	1886	1891	1886 ℳ	1891 ℳ	1886 Prozent	1891 Prozent	1886	1891	1886 ℳ	1891 ℳ	1886 Prozent	1891 Prozent
1	2	3	4	5	6	7	8	9	10	11	12	13
Es bezogen ein Einkommen:												
bis 300 ℳ . .	—	—	—	—	—	—	—	1	—	300	—	0,08
von 301—450 ℳ . .	—	—	—	—	—	—	1	5	450	2 200	0,10	0,38
„ 451—600 „ . .	3	2	1 700	1 031	0,10	0,07	4	12	2 300	7 310	0,39	0,99
„ 601—750 „ . .	4	1	3 000	700	0,13	0,04	17	38	12 464	27 256	1,65	2,89
„ 751—809 „ . .	—	—	—	—	—	—	21	24	16 710	19 073	2,06	1,83
„ 810 ℳ . . .	2	—	1 620	—	0,07	—	—	—	—	—	—	—
„ 811— 900 ℳ .	46	15	40 919	13 325	1,54	0,50	80	120	70 793	106 615	7,83	9,13
„ 901—1 050 „ . .	118	38	118 502	38 294	3,94	1,27	152	139	153 971	140 005	14,89	10,55
„ 1 051—1 200 „ . .	187	109	217 989	127 482	6,25	3,64	199	256	232 064	297 672	19,49	19,48
„ 1 201—1 350 „ . .	160	114	209 465	149 517	5,34	3,80	130	151	170 595	196 865	12,73	11,49
„ 1 351—1 500 „ . .	268	226	392 054	330 748	8,95	7,54	132	162	192 665	235 137	12,93	12,33
„ 1 501—1 650 „ . .	227	183	364 824	294 446	7,58	6,11	69	125	111 046	200 538	6,76	9,51
„ 1 651—1 800 „ . .	305	280	539 125	495 474	10,18	9,34	89	103	155 878	180 544	8,71	7,84
„ 1 801—1 950 „ . .	212	206	403 347	393 042	7,08	6,87	29	51	55 058	96 616	2,84	3,88
„ 1 951—2 100 „ . .	306	324	628 268	664 355	10,49	10,41	45	53	91 141	108 069	4,41	4,03
„ 2 101—2 250 „ . .	166	189	364 052	416 700	5,54	6,31	25	25	55 129	55 196	2,45	1,90
„ 2 251—2 400 „ . .	178	268	421 583	632 618	5,95	8,94	11	31	26 176	73 680	1,08	2,36
„ 2 401—2 550 „ . .	88	116	220 005	288 546	2,94	3,87	9	12	22 480	29 984	0,88	0,91
„ 2 551—2 700 „ . .	158	155	419 539	412 366	5,28	5,17	4	1	10 440	2 640	0,39	0,08
„ 2 701—2 850 „ . .	60	78	168 530	214 262	2,00	2,60	1	2	2 740	5 540	0,10	0,18
„ 2 851—3 000 „ . .	120	152	357 329	452 353	4,01	5,07	1	1	3 000	2 952	0,10	0,08
„ über 3 000 ℳ . .	386	541	1 531 622	2 126 633	12,89	18,04	2	1	7 300	4 260	0,20	0,08
überhaupt	**2 994**	**2 997**	**6 403 473**	**7 051 892**	**100**	**100**	**1 021**	**1 314**	**1 392 490**	**1 792 546**	**100**	**100**

Die Vergleichung der Jahre 1886 und 1891 läßt eine nicht unerhebliche Aufbesserung des Gesammteinkommens der Lehrer an den öffentlichen Mittelschulen erkennen. Die wenigen Jahre haben hingereicht, etwa 9½ Prozent sämmtlicher Lehrer mehr in die Einkommensstufen von über 1 500 ℳ zu bringen: Diesen Einkommensstufen gehörten 1886: 73,[illegible] Proz., 1891 aber 83,14 Proz. der Lehrer an. Der Fortschritt tritt noch deutlicher in den Stufen von über 2 100 ℳ Diensteinkommen hervor: Den Stufen von 2 100 ℳ bis einschl. 3 000 ℳ gehörten 1886: 25,[illegible] Proz., 1891 aber 31,[illegible] Proz. der Lehrer an, den Stufen von über 3 000 ℳ 1886: 12,[illegible] Proz., 1891 aber 18,[illegible] Proz.

Auch bei dem Einkommen der Lehrerinnen ist ein Fortschritt nachgewiesen: Den Einkommensstufen von über 1 200 ℳ waren 1886: 53,[illegible] Proz. aller Lehrerinnen, 1891 aber 54,[illegible] Proz. zuzuweisen, und den Einkommensstufen von über 1 800 ℳ gehörten 1886: 12,[illegible] Proz., 1891 aber 13,[illegible] Proz. an. Die höchsten Einkommensstufen sind indessen 1891 etwas schwächer als 1886 besetzt, was mit dem Ausscheiden der ältesten Lehrerinnen und deren Ersetzung durch Lehrer zusammenhängen wird.

An den einzelnen Arten der öffentlichen Mittelschulen gestaltete sich die Abstufung des Gesammteinkommens der Lehrkräfte im Jahre 1891, wie in der Tabelle auf folgender Seite dargestellt ist. Diese Nachweisung fördert das interessante Ergebniß zu Tage, daß die Lehrer an den höheren Mädchenschulen unter den Lehrern der Mittelschulen weitaus am besten besoldet sind: 50,[illegible] Proz. derselben haben ein Einkommen von mehr als 3 000 ℳ, gegen 12,[illegible] bezw. 27,[illegible] und 14,[illegible] Proz. an den Knaben-, bezw. Mädchen-Mittelschulen und den sonstigen Mittelschulen; 81,[illegible] Proz. der Lehrer an höheren Mädchenschulen haben über 2 100 ℳ Einkommen, dagegen nur 48,[illegible] bezw. 65,[illegible] und 50,[illegible] Proz. bei den übrigen der vorbezeichneten Schulen.

Abstufung des Gesammteinkommens der vollbeschäftigten Lehrer und Lehrerinnen an den einzelnen Arten der öffentlichen Mittel- ꝛc. Schulen, 1891.

Einkommens-stufen.	Lehrer:			Lehrerinnen:			Lehrer:			Lehrerinnen:		
	Zahl der Lehrer	Gesammt-einkommen ℳ	Von den Lehrern entfielen auf die Stufen der Spalte 1 Prozent	Zahl der Lehrerinnen	Gesammt-einkommen ℳ	Von den Lehrerinnen entfielen auf die Stufen der Spalte 1 Prozent	Zahl der Lehrer	Gesammt-einkommen ℳ	Von den Lehrern entfielen auf die Stufen der Spalte 1 Prozent	Zahl der Lehrerinnen	Gesammt-einkommen ℳ	Von den Lehrerinnen entfielen auf die Stufen der Spalte 1 Prozent
1	2	3	4	5	6	7	8	9	10	11	12	13
Es bezogen ein Einkommen:	**1. Knaben-Mittelschulen**						**2. Höhere Mädchenschulen**					
bis 300 ℳ	—	—	—	—	—	—	—	—	—	—	—	—
von 301—450 ℳ	—	—	—	—	—	—	—	—	—	3	1 300	0,11
„ 451—600 „	—	—	—	—	—	—	—	—	—	4	2 370	0,19
„ 601—750 „	—	—	—	—	—	—	1	700	0,03	21	15 120	1,22
„ 751—809 „	—	—	—	—	—	—	—	—	—	12	9 530	0,77
„ 810 ℳ	—	—	—	—	—	—	—	—	—	—	—	—
„ 811— 900 ℳ	3	2 605	0,11	—	—	—	5	4 500	0,16	75	66 753	5,38
„ 901—1 050 „	14	14 400	0,63	—	—	—	5	5 050	0,18	82	82 993	6,69
„ 1 051—1 200 „	44	51 628	2,25	1	1 150	100	18	20 930	0,75	140	167 422	13,49
„ 1 201—1 350 „	53	69 872	3,05	—	—	—	13	17 320	0,62	86	111 018	8,95
„ 1 351—1 500 „	115	168 292	7,35	—	—	—	34	49 991	1,80	122	175 697	14,16
„ 1 501—1 650 „	86	139 779	6,10	—	—	—	32	51 414	1,85	83	132 768	10,70
„ 1 651—1 800 „	138	245 733	10,73	—	—	—	55	97 411	3,51	88	154 164	12,42
„ 1 801—1 950 „	98	186 293	8,13	—	—	—	43	82 458	2,97	44	83 215	6,71
„ 1 951—2 100 „	145	299 869	13,09	—	—	—	88	176 260	6,35	42	85 009	6,85
„ 2 101—2 250 „	74	163 329	7,13	—	—	—	52	114 419	4,12	22	48 496	3,91
„ 2 251—2 400 „	104	245 274	10,71	—	—	—	85	200 590	7,22	25	59 380	4,79
„ 2 401—2 550 „	40	97 901	4,27	—	—	—	33	83 064	2,99	12	29 984	2,42
„ 2 551—2 700 „	58	154 015	6,72	—	—	—	51	136 153	4,90	1	2 640	0,21
„ 2 701—2 850 „	23	62 520	2,73	—	—	—	39	106 732	3,84	2	5 540	0,45
„ 2 851—3 000 „	34	101 435	4,43	—	—	—	77	228 781	8,24	1	2 952	0,24
über 3 000 „	85	288 222	12,58	—	—	—	342	1 401 111	50,46	1	4 260	0,34
überhaupt	**1 114**	**2 291 167**	**100**	**1**	**1 150**	**100**	**975**	**2 776 899**	**100**	**868**	**1 240 871**	**100**
Es bezogen ein Einkommen:	**3. Mädchen-Mittelschulen**						**4. Sonstige Mittelschulen für Knaben und Mädchen**					
bis 300 ℳ	—	—	—	1	300	0,07	—	—	—	—	—	—
von 301—450 ℳ	—	—	—	2	900	0,20	—	—	—	—	—	—
„ 451—600 „	—	—	—	6	3 320	0,74	2	1 031	0,12	3	1 620	1,57
„ 601—750 „	—	—	—	12	8 416	1,88	—	—	—	5	3 720	3,61
„ 751—809 „	—	—	—	12	9 543	2,13	—	—	—	—	—	—
„ 810 ℳ	—	—	—	—	—	—	—	—	—	—	—	—
„ 811— 900 ℳ	2	1 800	0,16	29	25 682	5,74	5	4 420	0,49	16	14 180	13,77
„ 901—1 050 „	8	8 063	0,74	39	38 097	8,51	11	10 781	1,21	18	18 105	17,59
„ 1 051—1 200 „	17	20 249	1,86	93	103 237	23,07	30	34 675	3,88	22	25 863	25,12
„ 1 201—1 350 „	12	15 485	1,42	46	61 222	13,68	36	46 840	5,24	19	24 625	23,92
„ 1 351—1 500 „	30	44 140	4,05	38	56 255	12,57	47	68 325	7,64	2	2 985	2,90
„ 1 501—1 650 „	33	51 891	4,76	40	64 520	14,41	32	51 362	5,75	2	3 250	3,16
„ 1 651—1 800 „	46	80 274	7,37	14	24 584	5,49	41	72 056	8,06	1	1 800	1,75
„ 1 801—1 950 „	37	70 671	6,48	7	13 401	2,99	28	53 620	6,00	—	—	—
„ 1 951—2 100 „	42	86 813	7,97	10	21 000	4,69	49	101 407	11,34	1	2 000	1,94
„ 2 101—2 250 „	34	74 149	6,80	3	6 700	1,50	29	64 803	7,25	—	—	—
„ 2 251—2 400 „	36	84 938	7,79	4	9 500	2,12	43	101 807	11,39	2	4 800	4,66
„ 2 401—2 550 „	31	77 344	7,10	—	—	—	12	30 237	3,38	—	—	—
„ 2 551—2 700 „	33	87 892	8,06	—	—	—	13	34 306	3,84	—	—	—
„ 2 701—2 850 „	11	31 086	2,85	—	—	—	5	13 924	1,56	—	—	—
„ 2 851—3 000 „	17	50 457	4,63	—	—	—	24	71 680	8,02	—	—	—
über 3 000 „	72	304 630	27,95	—	—	—	42	132 670	14,84	—	—	—
überhaupt	**461**	**1 089 882**	**100**	**356**	**447 577**	**100**	**449**	**893 944**	**100**	**91**	**102 948**	**100**

Auch für die Lehrerinnen bieten die höheren Mädchenschulen die besten Aussichten im ganzen Mittelschulwesen: In den Einkommensstufen von über 1 800 ℳ befinden sich hier 25,[illegible] Proz. aller Lehrerinnen, dagegen nur 11,[illegible] Proz. bei den Mädchen-Mittelschulen und nur 6,[illegible] Proz. bei den sonstigen Mittelschulen; bei den letzteren beiden kommen die Einkommensstufen von über 2 400 ℳ überhaupt nicht vor, während bei den höheren Mädchenschulen noch immer 3,[illegible] Proz. aller Lehrerinnen dieses höhere Einkommen beziehen.

(Fortsetzung des Textes auf Seite [illegible].)

Stellen und Gesammteinkommen der vollbeschäftigten Lehrer an den öffentlichen

Staat. — Provinzen. — Regierungsbezirke.	Zahl der Stellen für vollbeschäftigte Lehrer						Gesammteinkommen der vollbe- Dienstalterszulagen	
	an sämmtlichen Mittelschulen		und zwar 1891				an sämmtlichen Mittelschulen	
			an den Knaben-Mittelschulen	an den höheren Mädchenschulen	an den Mädchen-Mittelschulen	an sonstigen von Knaben und Mädchen besuchten Mittelschulen	ℳ	ℳ
	1886	1891					1886	1891
1	2	3	4	5	6	7	8	9
a) Staat	**2 994**	**2 997**	**1 114**	**972**	**461**	**449**	**6 493 478**	**7 051 892**
b) Provinzen.								
I. Ostpreußen	207	179	89	46	32	12	382 245	365 138
II. Westpreußen	132	117	38	55	18	6	262 229	262 310
III. Stadtkreis Berlin	88	91	—	91	—	—	366 780	384 604
IV. Brandenburg	501	454	224	92	113	25	911 493	933 802
V. Pommern	218	224	94	45	18	67	448 382	473 539
VI. Posen	134	135	63	33	19	20	272 170	296 792
VII. Schlesien	164	177	52	68	53	4	377 010	428 975
VIII. Sachsen	457	401	127	148	48	78	837 265	814 666
IX. Schleswig-Holstein	111	235	155	26	54	—	254 996	560 325
X. Hannover	319	300	13	102	40	151	651 313	710 133
XI. Westfalen	157	160	88	47	1	24	326 029	364 538
XII. Hessen-Nassau	290	233	46	105	43	39	725 679	684 956
XIII. Rheinland	216	285	125	115	22	23	587 880	772 114
XIV. Hohenzollern	—	—	—	—	—	—	—	—
c) Regierungsbezirke.								
1. Königsberg	110	128	65	29	22	12	204 832	259 663
2. Gumbinnen	97	51	24	17	10	—	177 413	105 475
3. Danzig	48	70	23	31	10	6	106 338	150 800
4. Marienwerder	84	47	15	24	8	—	155 891	111 450
5. Stadtkreis Berlin	88	91	—	91	—	—	366 780	384 604
6. Potsdam	281	267	118	68	68	13	518 688	562 330
7. Frankfurt	220	187	106	24	45	12	392 807	371 472
8. Stettin	134	140	61	30	11	38	283 930	304 631
9. Köslin	48	15	6	9	—	—	92 012	34 820
10. Stralsund	36	69	27	6	7	29	72 440	134 088
11. Posen	85	92	43	17	12	20	179 076	205 248
12. Bromberg	49	43	20	16	7	—	93 094	91 544
13. Breslau	44	69	20	23	22	4	121 345	182 212
14. Liegnitz	103	89	21	37	31	—	219 884	203 386
15. Oppeln	17	19	11	8	—	—	35 781	43 377
16. Magdeburg	215	178	64	77	22	15	391 263	346 948
17. Merseburg	163	74	25	49	—	—	295 925	153 784
18. Erfurt	79	149	38	22	26	63	150 077	313 934
19. Schleswig	111	235	155	26	54	—	254 996	560 325
20. Hannover	95	92	—	32	38	22	208 032	246 830
21. Hildesheim	70	58	—	23	—	35	128 788	123 449
22. Lüneburg	59	48	—	21	—	27	120 280	114 785
23. Stade	34	40	9	6	2	23	59 617	71 844
24. Osnabrück	40	44	—	8	—	36	86 506	101 745
25. Aurich	21	24	4	12	—	8	48 090	51 480
26. Münster	20	16	15	—	—	1	32 426	27 399
27. Minden	39	27	11	14	—	2	71 145	60 353
28. Arnsberg	98	117	62	33	1	21	222 458	276 780
29. Kassel	56	87	28	27	31	1	130 025	229 100
30. Wiesbaden	234	146	18	78	12	38	595 654	455 850
31. Koblenz	26	41	27	12	—	2	55 747	91 951
32. Düsseldorf	141	173	64	72	21	16	389 552	490 613
33. Köln	24	30	7	21	1	1	68 620	93 925
34. Trier	16	17	6	7	—	4	47 019	42 995
35. Aachen	9	24	21	3	—	—	26 942	52 630
36. Sigmaringen	—	—	—	—	—	—	—	—

Mittelschulen ꝛc. in den Provinzen und Regierungsbezirken, 1886 und 1891.

…schäftigten Lehrer (=Stelleneinkommen einschl. der persönlichen und und einschl. des Werthes für Wohnung und Feuerung) und zwar 1891: an den Knaben-Mittelschulen ℳ	an den höheren Mädchenschulen ℳ	an den Mädchen-Mittelschulen ℳ	an sonstigen von Knaben und Mädchen besuchten Mittelschulen ℳ	Durchschnittliches Gesammteinkommen der Lehrer an sämmtlichen Mittelschulen ℳ 1886	ℳ 1891	und zwar 1891: an den Knaben-Mittelschulen ℳ	an den höheren Mädchenschulen ℳ	an den Mädchen-Mittelschulen ℳ	an sonstigen von Knaben und Mädchen besuchten Mittelschulen ℳ	Wiederholung der Bezeichnung in Spalte 1.
10	11	12	13	14	15	16	17	18	19	
2 291 167	**2 776 899**	**1 689 882**	**893 944**	**2 159**	**2 353**	**2 039**	**2 854**	**2 364**	**1 991**	a)
										b)
175 874	111 034	59 674	19 050	1 847	2 040	1 970	2 414	1 865	1 586	I.
80 560	186 309	35 596	9 845	1 987	2 242	2 120	2 478	1 978	1 641	II.
—	384 604	—	—	4 168	4 226	—	4 226	—	—	III.
434 555	221 631	236 151	41 465	1 819	2 057	1 940	2 409	2 090	1 659	IV.
195 646	110 936	46 090	120 867	2 057	2 114	2 081	2 465	2 561	1 804	V.
132 604	86 448	38 890	38 850	2 031	2 198	2 105	2 620	2 045	1 948	VI.
104 799	184 515	153 411	6 250	2 200	2 424	2 015	2 713	2 517	1 563	VII.
244 915	321 935	97 330	150 488	1 832	2 082	1 928	2 175	2 028	1 929	VIII.
331 397	83 224	145 704	—	2 297	2 384	2 138	3 201	2 698	—	IX.
22 204	284 284	114 455	289 190	2 042	2 321	1 708	2 787	2 861	1 915	X.
176 333	135 863	1 700	50 642	2 077	2 278	2 004	2 891	1 700	2 110	XI.
120 710	334 670	115 726	113 850	2 502	2 940	2 624	3 187	2 691	2 919	XII.
272 070	381 448	65 155	58 441	2 722	2 709	2 177	3 317	2 962	2 310	XIII.
—	—	—	—	—	—	—	—	—	—	XIV.
										c)
132 234	66 575	41 800	19 050	1 862	2 029	2 034	2 296	1 900	1 588	1.
43 140	44 461	17 874	—	1 829	2 063	1 798	2 615	1 787	—	2.
43 960	78 059	18 996	9 845	2 215	2 155	1 911	2 518	1 900	1 641	3.
36 600	58 250	16 600	—	1 856	2 371	2 440	2 427	2 075	—	4.
—	384 604	—	—	4 168	4 226	—	4 226	—	—	5.
236 258	161 796	144 271	20 005	1 846	2 106	2 002	2 579	2 122	1 539	6.
198 297	59 835	91 880	21 460	1 785	1 986	1 871	2 493	2 042	1 788	7.
128 858	73 081	30 450	71 642	2 119	2 176	2 112	2 456	2 768	1 885	8.
12 490	22 380	—	—	1 917	2 321	2 082	2 481	—	—	9.
54 298	14 925	15 640	49 225	2 012	1 943	2 011	2 488	2 234	1 697	10.
94 690	46 208	23 500	38 850	2 107	2 281	2 202	2 636	1 958	1 943	11.
37 914	38 240	15 390	—	1 900	2 129	1 896	2 390	2 199	—	12.
39 367	75 754	60 841	6 250	2 758	2 641	1 968	3 294	2 766	1 563	13.
44 720	86 096	72 570	—	2 135	2 285	2 130	2 327	2 018	—	14.
20 712	22 665	—	—	2 005	2 285	1 883	2 633	—	—	15.
114 663	164 755	38 330	29 220	1 820	1 949	1 792	2 139	1 742	1 948	16.
47 918	105 866	—	—	1 815	2 078	1 517	2 161	—	—	17.
62 334	51 332	59 000	121 268	1 900	2 107	2 167	2 383	2 270	1 925	18.
331 397	83 224	145 704	—	2 297	2 384	2 138	3 201	2 698	—	19.
—	100 265	107 915	38 650	2 100	2 085	—	3 135	2 945	1 757	20.
—	58 829	—	64 620	1 840	2 128	—	2 558	—	1 846	21.
—	56 485	—	58 300	2 080	2 391	—	2 690	—	2 159	22.
15 314	12 000	6 540	37 990	1 753	1 796	1 702	2 000	3 270	1 652	23.
—	26 805	—	74 940	2 168	2 312	—	3 351	—	2 062	24.
6 890	29 900	—	14 690	2 290	2 145	1 723	2 492	—	1 835	25.
25 599	—	—	1 800	1 621	1 712	1 707	—	—	1 800	26.
19 005	38 148	—	5 200	1 624	2 235	1 728	2 725	—	1 600	27.
181 729	97 715	1 700	45 642	2 270	2 366	2 125	2 961	1 700	2 173	28.
64 010	53 470	78 926	2 100	2 322	2 635	2 308	3 091	2 546	2 100	29.
56 100	251 200	36 800	111 750	2 546	3 122	3 117	3 221	3 067	2 941	30.
57 456	29 095	—	5 400	2 144	2 248	2 128	2 425	—	2 700	31.
146 794	247 173	60 995	35 651	2 768	2 836	2 294	3 433	2 905	2 228	32.
14 925	72 740	4 160	2 100	2 850	3 131	2 132	3 464	4 160	2 100	33.
11 425	21 280	—	10 290	2 939	2 529	1 904	3 040	—	2 573	34.
41 470	11 160	—	—	2 994	2 193	1 975	3 720	—	—	35.
—	—	—	—	—	—	—	—	—	—	36.

Stellen und Gesammteinkommen der vollbeschäftigten Lehrerinnen an den öffentlichen

Staat. — Provinzen. — Regierungsbezirke.	Zahl der Stellen für vollbeschäftigte Lehrerinnen						Gesammteinkommen der vollbe- und Dienstalterszulagen	
	an sämmtlichen Mittelschulen		und zwar 1891				an sämmtlichen Mittelschulen	
			an den Knaben-Mittelschulen	an den höheren Mädchenschulen	an den Mädchen-Mittelschulen	an sonstigen von Knaben und Mädchen besuchten Mittelschulen	ℳ	ℳ
	1886	1891					1886	1891
1	2	3	4	5	6	7	8	9
a) Staat	**1 021**	**1 314**	**1**	**866**	**356**	**91**	**1 392 400**	**1 792 546**
b) Provinzen.								
I. Ostpreußen	66	74	—	42	30	2	67 961	80 752
II. Westpreußen	51	62	—	50	11	1	61 545	75 365
III. Stadtkreis Berlin	58	69	—	69	—	—	116 920	138 094
IV. Brandenburg	125	147	—	66	75	6	148 078	186 087
V. Pommern	67	88	—	55	17	16	86 244	108 478
VI. Posen	48	65	—	48	13	4	61 213	81 074
VII. Schlesien	52	74	—	44	29	1	74 324	102 133
VIII. Sachsen	111	129	1	87	23	18	125 480	148 640
IX. Schleswig-Holstein	32	96	—	30	66	—	41 982	115 163
X. Hannover	104	141	—	84	21	36	117 792	165 228
XI. Westfalen	58	69	—	63	5	1	78 010	95 046
XII. Hessen-Nassau	72	95	—	65	24	6	127 485	162 940
XIII. Rheinland	178	205	—	163	42	—	280 866	333 546
XIV. Hohenzollern	3	—	—	—	—	—	3 900	—
c) Regierungsbezirke.								
1. Königsberg	32	51	—	30	19	2	32 719	56 040
2. Gumbinnen	34	23	—	12	11	—	35 242	24 712
3. Danzig	23	31	—	26	4	1	31 015	39 660
4. Marienwerder	28	31	—	24	7	—	30 530	35 705
5. Stadtkreis Berlin	58	69	—	69	—	—	116 920	138 094
6. Potsdam	73	84	—	39	42	3	88 476	110 859
7. Frankfurt	52	63	—	27	33	3	60 202	75 228
8. Stettin	37	48	—	34	7	7	50 007	62 836
9. Köslin	15	13	—	13	—	—	17 882	14 972
10. Stralsund	15	27	—	8	10	9	18 355	30 670
11. Posen	28	43	—	32	7	4	39 496	55 964
12. Bromberg	20	22	—	16	6	—	21 717	25 110
13. Breslau	22	36	—	17	18	1	35 650	52 133
14. Liegnitz	22	30	—	19	11	—	28 749	40 025
15. Oppeln	8	8	—	8	—	—	9 925	9 975
16. Magdeburg	47	49	—	41	8	—	53 815	59 730
17. Merseburg	41	32	1	30	1	—	46 100	36 014
18. Erfurt	23	48	—	16	14	18	26 065	52 896
19. Schleswig	32	96	—	30	66	—	41 982	115 163
20. Hannover	15	38	—	15	17	6	17 902	46 155
21. Hildesheim	24	28	—	20	—	8	26 900	31 470
22. Lüneburg	13	21	—	16	—	5	15 090	24 450
23. Stade	14	15	—	7	4	4	15 430	17 728
24. Osnabrück	18	20	—	11	—	9	18 550	22 990
25. Aurich	20	19	—	15	—	4	23 920	22 440
26. Münster	1	—	—	—	—	—	900	—
27. Minden	13	25	—	23	2	—	14 985	30 490
28. Arnsberg	45	44	—	40	3	1	62 125	64 556
29. Kassel	19	37	—	19	18	—	29 205	53 270
30. Wiesbaden	53	58	—	46	6	6	98 280	109 670
31. Koblenz	17	17	—	17	—	—	20 530	20 250
32. Düsseldorf	108	128	—	101	27	—	181 816	217 413
33. Köln	10	22	—	17	5	—	14 950	32 870
34. Trier	5	8	—	8	—	—	7 525	18 828
35. Aachen	33	30	—	20	10	—	56 045	49 185
36. Sigmaringen	3	—	—	—	—	—	3 900	—

Mittelschulen ꝛc. in den Provinzen und Regierungsbezirken, 1886 und 1891.

…schäftigten Lehrerinnen (Stelleneinkommen einschl. der persönl. und einschl. des Werthes für Wohnung und Feuerung)				Durchschnittliches Gesammteinkommen der Lehrerinnen						Wiederholung der Bezeichnung in Spalte 1.
und zwar 1891				an sämmtlichen Mittelschulen		und zwar 1891				
an den Knaben-Mittelschulen ℳ	an den höheren Mädchenschulen ℳ	an den Mädchen-Mittelschulen ℳ	an sonstigen von Knaben und Mädchen besuchten Mittelschulen ℳ	ℳ 1886	ℳ 1891	an den Knaben-Mittelschulen ℳ	an den höheren Mädchenschulen ℳ	an den Mädchen-Mittelschulen ℳ	an sonstigen von Knaben und Mädchen besuchten Mittelschulen ℳ	
10	11	12	13	14	15	16	17	18	19	
1 150	**1 240 871**	**447 577**	**102 948**	**1 364**	**1 364**	**1 150**	**1 433**	**1 257**	**1 181**	a)
										b)
—	47 230	32 022	1 500	1 030	1 091	—	1 125	1 067	750	I.
—	62 795	11 690	880	1 207	1 216	—	1 256	1 062	880	II.
—	138 094	—	—	2 016	2 001	—	2 001	—	—	III.
—	86 650	91 727	7 710	1 189	1 266	—	1 313	1 223	1 285	IV.
—	70 128	19 700	18 650	1 287	1 238	—	1 275	1 159	1 166	V.
—	60 164	15 510	5 400	1 275	1 247	—	1 253	1 193	1 350	VI.
—	60 390	40 468	1 275	1 429	1 380	—	1 373	1 395	1 275	VII.
1 150	103 959	25 908	17 623	1 130	1 152	1 150	1 195	1 126	979	VIII.
—	39 124	76 039	—	1 312	1 200	—	1 304	1 152	—	IX.
—	101 785	25 833	37 610	1 133	1 172	—	1 212	1 230	1 045	X
—	87 971	5 875	1 200	1 322	1 377	—	1 396	1 175	1 200	XI.
—	115 820	36 020	11 100	1 771	1 715	—	1 782	1 501	1 850	XII.
—	266 761	66 785	—	1 624	1 627	—	1 637	1 590	—	XIII.
—	—	—	—	1 300	—	—	—	—	—	XIV.
										c)
—	33 770	20 770	1 500	1 022	1 099	—	1 126	1 093	750	1.
—	13 460	11 252	—	1 037	1 074	—	1 122	1 023	—	2.
—	34 460	4 320	880	1 348	1 279	—	1 325	1 080	880	3.
—	28 335	7 370	—	1 090	1 152	—	1 181	1 053	—	4.
—	138 094	—	—	2 016	2 001	—	2 001	—	—	5.
—	51 735	55 374	3 750	1 212	1 320	—	1 327	1 318	1 250	6.
—	34 915	36 353	3 960	1 158	1 194	—	1 293	1 102	1 320	7.
—	46 356	7 500	6 980	1 352	1 300	—	1 363	1 071	1 283	8.
—	14 972	—	—	1 192	1 152	—	1 152	—	—	9.
—	8 800	12 200	9 670	1 224	1 136	—	1 100	1 220	1 074	10.
—	40 214	10 350	5 400	1 411	1 301	—	1 257	1 479	1 350	11.
—	19 950	5 160	—	1 086	1 141	—	1 247	860	—	12.
—	22 810	28 048	1 275	1 620	1 448	—	1 342	1 558	1 275	13.
—	27 605	12 420	—	1 307	1 334	—	1 453	1 120	—	14.
—	9 975	—	—	1 241	1 247	—	1 247	—	—	15.
—	52 630	7 100	—	1 134	1 219	—	1 284	888	—	16.
1 150	33 244	1 620	—	1 124	1 125	1 150	1 108	1 620	—	17.
—	18 085	17 188	17 623	1 133	1 102	—	1 130	1 228	979	18.
—	39 124	76 039	—	1 312	1 200	—	1 304	1 152	—	19.
—	20 455	20 110	5 590	1 193	1 215	—	1 364	1 189	932	20.
—	23 350	—	8 120	1 121	1 124	—	1 168	—	1 015	21.
—	19 350	—	5 100	1 161	1 164	—	1 209	—	1 020	22.
—	7 800	5 723	4 200	1 102	1 182	—	1 114	1 431	1 050	23.
—	13 290	—	9 700	1 031	1 150	—	1 208	—	[illegible]	24.
—	17 540	—	4 900	1 196	1 181	—	1 169	—	1 225	25.
—	—	—	—	900	—	—	—	—	—	26.
—	28 315	2 175	—	1 153	1 220	—	1 231	1 088	—	27.
—	59 656	3 700	1 200	1 381	1 407	—	1 491	1 233	1 200	28.
—	29 750	23 520	—	1 537	1 440	—	1 566	1 307	—	29
—	86 070	12 500	11 100	1 854	1 801	—	1 871	2 083	1 850	30.
—	20 250	—	—	1 208	1 191	—	1 191	—	—	31.
—	172 698	44 715	—	1 683	1 609	—	1 710	1 656	—	32.
—	25 800	7 070	—	1 495	1 494	—	1 518	1 414	—	33.
—	13 828	—	—	1 505	1 729	—	1 729	—	—	34.
—	34 185	15 000	—	1 698	1 640	—	1 709	1 500	—	35.
—	—	—	—	1 300	—	—	—	—	—	36.

Das bessere Einkommen der Lehrer sowohl wie der Lehrerinnen an den höheren Mädchenschulen hängt zum Theil wenigstens mit den höheren Anforderungen an die wissenschaftlichen Leistungen und an die lehramtliche Bewährung der an diesen angestellten Lehrkräfte, zum Theil aber auch damit zusammen, daß die öffentlichen höheren Mädchenschulen mehr den großen und größten Stadtgemeinden angehören, wo die Lebensverhältnisse theurer sind und die Fürsorge der Stadtverwaltungen für die Lehrkräfte im Allgemeinen eine reichlichere ist als in den kleineren Gemeinden, in denen die übrigen Mittelschulen vorzugsweise ihren Sitz haben. Die Mehrzahl der Lehrer bezieht ein Einkommen von über 1 800 ℳ, die Mehrzahl der Lehrerinnen ein solches von über 1 050 ℳ. Das durchschnittliche gesammte Stelleneinkommen der Lehrer und Lehrerinnen in den verschiedenen Landestheilen veranschaulichen in ausführlichster Weise die beiden Tabellen auf den vier vorhergehenden Seiten.

Nächst den Beträgen für die Besoldung der vollbeschäftigten Lehrkräfte kommen als persönliche Kosten weiter die Aufwendungen für nicht vollbeschäftigte Hülfslehrkräfte in Frage, wohin auch diejenigen Beträge zu rechnen sind, welche für Bestreitung des Handarbeitsunterrichtes erforderlich werden, wenn derselbe nicht von vollbeschäftigten Lehrerinnen ertheilt wird. Auch gehören hierher die wenigen Aufwendungen, welche für Adjuvanten, die wegen unzureichender Leistung des Stelleninhabers vereinzelt angenommen sind, zu machen sind. Alle diese Beträge beziffern sich zusammen auf 336 857 ℳ.

Ferner gehören hierher die Pensionen emeritirter Lehrer und Lehrerinnen. Deren Zahl betrug 154 bezw. 146 und dieselben bezogen 266 728 bezw. 86 736, im Ganzen also 353 464 ℳ Ruhegehalt. Die pensionirten Lehrer erhielten durchschnittlich 1 732 ℳ an Pension, die Lehrerinnen 594 ℳ. Auffällig ist übrigens das Verhältniß der pensionirten zu den noch thätigen Lehrerinnen. Während nämlich erst auf 19 vollbeschäftigte Lehrer ein Pensionär entfällt, kommt eine Pensionärin bereits auf 9 vollbeschäftigte Lehrerinnen. Dieser Unterschied ist aber nicht darin begründet, daß die Lehrerinnen etwa nur halb so lange dienstfähig wären wie die Lehrer, erklärt sich vielmehr wohl aus der Entwickelung unseres Mittelschulwesens. In früheren Zeiten fanden die weiblichen Lehrkräfte ausgedehntere Verwendung an den Mädchenschulen als neuerdings. Es ist daher begreiflich, daß aus älterer Zeit verhältnißmäßig mehr pensionirte Lehrerinnen als Lehrer vorhanden sind. Da die Mittelschule auch erst in neueren Jahrzehnten größere Verbreitung erhalten hat, so werden die zahlreichen neu angestellten Lehrer auch vorzugsweise jüngeren Lebensaltern angehören, und deshalb müssen sich verhältnißmäßig viel im Amte befindliche Lehrer auf einen pensionirten herausrechnen. Die Pensionsverhältnisse in den einzelnen Arten von Mittelschulen und in den verschiedenen Landestheilen veranschaulicht die nachfolgende Tabelle.

Die Pensionen der vollbeschäftigten Lehrer und Lehrerinnen an den öffentlichen Mittel- und höheren Mädchenschulen, 1891.

Staat. — Provinzen.	Gesammtbetrag der Pensionen			Von den Pensionen wurden beschafft				Zahl der pensionirten			
				aus Staatsmitteln		durch Leistungen der Gemeinden und sonstigen Verpflichteten		Lehrer		Lehrerinnen	
	überhaupt ℳ	für Lehrer ℳ	für Lehrerinnen ℳ	überhaupt ℳ	Prozent des Gesammtbetrages	überhaupt ℳ	Prozent des Gesammtbetrages	überhaupt	davon nach dem 1. April 1886 pensionirt	überhaupt	davon nach dem 1. April 1886 pensionirt
1	2	3	4	5	6	7	8	9	10	11	12
A. Die gesammten öffentlichen Mittel- und höheren Mädchenschulen.											
a) **Staat**	**353 464**	**266 728**	**86 736**	**27 085**	**7,66**	**[1]) 326 379**	**92,34**	**154**	**88**	**146**	**68**
b) Provinzen.											
1. Ostpreußen	13 975	10 066	3 909	600	4,29	[1]) 13 375	95,71	9	7	9	2
2. Westpreußen	18 526	13 390	5 136	—	—	18 526	100,00	7	5	8	6
3. Stadtkreis Berlin	40 626	35 133	5 493	14 502	35,70	26 124	64,30	10	8	6	5
4. Brandenburg	52 969	49 009	3 960	1 200	2,27	51 769	97,73	32	15	10	6
5. Pommern	28 733	21 251	7 482	1 533	5,33	27 200	94,67	15	6	12	2
6. Posen	2 421	396	2 025	—	—	2 421	100,00	1	—	2	—
7. Schlesien	31 889	24 586	7 303	1 200	3,76	30 689	96,24	14	11	16	10
8. Sachsen	54 453	42 108	12 345	2 750	5,05	51 703	94,95	25	15	22	9
9. Schleswig-Holstein	14 196	12 416	1 780	2 400	16,90	11 796	83,10	8	6	6	3
10. Hannover	15 043	6 926	8 117	1 200	7,98	13 843	92,02	7	3	17	8
11. Westfalen	16 160	11 530	4 636	—	—	16 166	100,00	7	3	7	4
12. Hessen-Nassau	36 201	22 933	13 268	1 700	4,70	34 501	95,30	9	2	17	5
13. Rheinland	28 266	16 984	11 282	—	—	28 266	100,00	10	7	14	8
14. Hohenzollern	—	—	—	—	—	—	—	—	—	—	—

[1]) mit Einschluß von 456 ℳ Abgabe an den Dienstnachfolger.

Noch: Die Pensionen der vollbeschäftigten Lehrer und Lehrerinnen an den öffentlichen Mittel- und höheren Mädchenschulen, 1891.

Staat. — Provinzen.	Gesammtbetrag der Pensionen			Von den Pensionen wurden beschafft				Zahl der pensionirten			
				aus Staatsmitteln		durch Leistungen der Gemeinden und sonstigen Verpflichteten		Lehrer		Lehrerinnen	
	überhaupt ℳ	für Lehrer ℳ	für Lehrerinnen ℳ	überhaupt ℳ	Prozent des Gesammtbetrages	überhaupt ℳ	Prozent des Gesammtbetrages	überhaupt	davon nach dem 1. April 1886 pensionirt	überhaupt	davon nach dem 1. April 1886 pensionirt
1	2	3	4	5	6	7	8	9	10	11	12
B. Die einzelnen Arten der öffentlichen Mittelschulen.											
I. Die öffentlichen Knaben-Mittelschulen.											
a) **Staat**	**78 644**	**78 644**	—	**4 200**	**5,34**	**74 444**	**94,66**	**47**	**30**	—	—
b) Provinzen.											
1. Ostpreußen	4 730	4 730	—	—	—	4 730	100,00	4	4	—	—
2. Westpreußen	2 400	2 400	—	—	—	2 400	100,00	1	1	—	—
3. Stadtkreis Berlin	—	—	—	—	—	—	—	—	—	—	—
4. Brandenburg	12 746	12 746	—	1 200	9,41	11 546	90,59	8	5	—	—
5. Pommern	9 047	9 047	—	—	—	9 047	100,00	6	2	—	—
6. Posen	—	—	—	—	—	—	—	—	—	—	—
7. Schlesien	7 170	7 170	—	600	8,37	6 570	91,63	4	3	—	—
8. Sachsen	17 325	17 325	—	600	3,46	16 725	96,54	9	7	—	—
9. Schleswig-Holstein	9 216	9 216	—	1 800	19,53	7 416	80,47	6	4	—	—
10. Hannover	1 945	1 945	—	—	—	1 945	100,00	2	1	—	—
11. Westfalen	4 665	4 665	—	—	—	4 665	100,00	3	1	—	—
12. Hessen-Nassau	7 900	7 900	—	—	—	7 900	100,00	3	1	—	—
13. Rheinland	1 500	1 500	—	—	—	1 500	100,00	1	1	—	—
14. Hohenzollern	—	—	—	—	—	—	—	—	—	—	—
II. Die öffentlichen höheren Mädchenschulen.											
a) **Staat**	**220 112**	**147 823**	**72 289**	**16 052**	**7,29**	**204 060**	**92,71**	**78**	**43**	**113**	**56**
b) Provinzen.											
1. Ostpreußen	4 503	1 000	3 503	—	—	4 503	100,00	1	—	7	2
2. Westpreußen	15 248	10 990	4 258	—	—	15 248	100,00	6	4	7	5
3. Stadtkreis Berlin	40 626	35 133	5 493	14 502	35,70	26 124	64,30	10	8	6	5
4. Brandenburg	29 700	27 160	2 540	—	—	29 700	100,00	17	6	6	3
5. Pommern	16 574	10 325	6 249	—	—	16 574	100,00	7	4	9	2
6. Posen	1 221	396	825	—	—	1 221	100,00	1	—	1	—
7. Schlesien	16 916	11 776	5 140	—	—	16 916	100,00	6	6	11	7
8. Sachsen	28 545	17 875	10 670	1 550	5,43	26 995	94,57	12	5	18	9
9. Schleswig-Holstein	2 205	1 800	405	—	—	2 205	100,00	1	1	1	1
10. Hannover	6 743	876	5 867	—	—	6 743	100,00	2	1	12	6
11. Westfalen	10 661	6 025	4 636	—	—	10 661	100,00	3	1	7	4
12. Hessen-Nassau	21 904	10 483	11 421	—	—	21 904	100,00	4	1	14	4
13. Rheinland	25 266	13 984	11 282	—	—	25 266	100,00	8	6	14	8
14. Hohenzollern	—	—	—	—	—	—	—	—	—	—	—
III. Die öffentlichen Mädchen-Mittelschulen.											
a) **Staat**	**35 646**	**23 499**	**12 147**	**4 100**	**11,50**	¹) **31 546**	**88,50**	**18**	**10**	**27**	**11**
b) Provinzen.											
1. Ostpreußen	4 742	4 336	406	600	12,65	¹) 4 142	87,35	4	3	2	—
2. Westpreußen	878	—	878	—	—	878	100,00	—	—	1	1
3. Stadtkreis Berlin	—	—	—	—	—	—	—	—	—	—	—
4. Brandenburg	9 323	7 903	1 420	—	—	9 323	100,00	6	3	4	3
5. Pommern	500	—	500	—	—	500	100,00	—	—	1	—
6. Posen	1 200	—	1 200	—	—	1 200	100,00	—	—	1	—
7. Schlesien	7 803	5 640	2 163	600	7,69	7 203	92,31	4	2	5	3
8. Sachsen	3 845	2 870	975	600	15,60	3 245	84,40	2	1	2	—
9. Schleswig-Holstein	2 775	1 400	1 375	600	21,62	2 175	78,38	1	1	5	2
10. Hannover	2 050	—	2 050	—	—	2 050	100,00	—	—	4	2
11. Westfalen	—	—	—	—	—	—	—	—	—	—	—
12. Hessen-Nassau	2 530	1 350	1 180	1 700	67,19	830	32,81	1	—	2	—
13. Rheinland	—	—	—	—	—	—	—	—	—	—	—
14. Hohenzollern	—	—	—	—	—	—	—	—	—	—	—

¹) mit Einschluß von 456 ℳ Abgabe eines Dienstnachfolgers.

[hb]

Noch: Die Pensionen der vollbeschäftigten Lehrer und Lehrerinnen an den öffentlichen Mittel- und höheren Mädchenschulen, 1891.

Staat. — Provinzen.	Gesammtbetrag der Pensionen: überhaupt ℳ	für Lehrer ℳ	für Lehrerinnen ℳ	Von den Pensionen wurden beschafft: aus Staatsmitteln: überhaupt ℳ	Prozent des Gesammtbetrages	durch Leistungen der Gemeinden und sonstigen Verpflichteten: überhaupt ℳ	Prozent des Gesammtbetrages	Zahl der pensionirten Lehrer: überhaupt	davon nach dem 1. April 1886 pensionirt	Lehrerinnen: überhaupt	davon nach dem 1. April 1886 pensionirt
1	2	3	4	5	6	7	8	9	10	11	12
IV. Die sonstigen öffentlichen Mittelschulen für Knaben und Mädchen.											
a) **Staat**	**19 062**	**16 762**	**2 300**	**2 733**	**14,34**	**16 329**	**85,66**	**11**	**5**	**6**	**1**
b) Provinzen.											
1. Ostpreußen	—	—	—	—	—	—	—	—	—	—	—
2. Westpreußen	—	—	—	—	—	—	—	—	—	—	—
3. Stadtkreis Berlin	—	—	—	—	—	—	—	—	—	—	—
4. Brandenburg	1 200	1 200	—	—	—	1 200	100,00	1	1	—	—
5. Pommern	2 612	1 879	733	1 533	58,69	1 079	41,31	2	—	2	—
6. Posen	—	—	—	—	—	—	—	—	—	—	—
7. Schlesien	—	—	—	—	—	—	—	—	—	—	—
8. Sachsen	4 738	4 038	700	—	—	4 738	100,00	2	2	2	—
9. Schleswig-Holstein	—	—	—	—	—	—	—	—	—	—	—
10. Hannover	4 305	4 105	200	1 200	27,87	3 105	72,13	3	1	1	—
11. Westfalen	840	840	—	—	—	840	100,00	1	1	—	—
12. Hessen-Nassau	3 867	3 200	667	—	—	3 867	100,00	1	—	1	1
13. Rheinland	1 500	1 500	—	—	—	1 500	100,00	1	—	—	—
14. Hohenzollern	—	—	—	—	—	—	—	—	—	—	—

Fassen wir nunmehr die im Vorstehenden aufgeführten Einzelbeträge der persönlichen Kosten der Mittelschulen rc. zusammen, so ergeben sich hierfür insgesammt 7 690 055 ℳ. Es verursacht an persönlichen Aufwendungen jede Klasse 1 945 ℳ und jedes Schulkind 58,59 ℳ.

Auf die Provinzen vertheilen sich die persönlichen Kosten, wie folgende Tabelle nachweist.

Die persönlichen Unterhaltungskosten der öffentlichen Mittel- und höheren Mädchenschulen in den Provinzen, 1886 bezw. 1891.

Staat. · Provinzen.	Die persönlichen Unterhaltungskosten betrugen: für sämmtliche Mittelschulen 1886 ℳ	1891 ℳ	und zwar 1891 für die Knaben-Mittelschulen ℳ	für die höheren Mädchenschulen ℳ	für die Mädchen-Mittelschulen ℳ	für die sonstigen von Knaben und Mädchen besuchten Mittelschulen ℳ
1	2	3	4	5	6	7
1. Wirkliche Aufwendungen für persönliche Kosten:						
a) **Staat**	**7 114 516**	**7 690 655**	**1 941 861**	**3 622 056**	**1 288 901**	**837 837**
b) Provinzen.						
1. Ostpreußen	407 942	356 006	134 238	131 975	72 344	17 449
2. Westpreußen	287 284	296 304	66 650	181 344	40 120	8 190
3. Stadtkreis Berlin	396 433	484 737	—	484 737	—	—
4. Brandenburg	975 019	972 798	367 408	282 884	280 536	41 970
5. Pommern	490 469	489 408	161 606	161 583	49 940	116 279
6. Posen	300 905	300 187	105 276	126 273	39 208	29 430
7. Schlesien	440 688	505 252	92 433	235 349	170 959	6 511
8. Sachsen	905 391	881 966	216 270	401 709	110 993	152 994
9. Schleswig-Holstein	255 403	556 220	276 578	103 538	176 104	—
10. Hannover	694 968	711 601	18 653	315 874	109 863	267 211
11. Westfalen	386 389	419 397	158 677	206 552	6 415	47 753
12. Hessen-Nassau	754 304	740 818	106 735	411 606	119 474	103 003
13. Rheinland	815 856	975 961	237 357	578 632	112 945	47 047
14. Hohenzollern	3 965	—	—	—	—	—

Noch: Die persönlichen Unterhaltungskosten der öffentlichen Mittel- und höheren Mädchenschulen in den Provinzen, 1886 bezw. 1891.

Staat. — Provinzen.	Die persönlichen Unterhaltungskosten betragen: für sämmtliche Mittelschulen		und zwar 1891			
	1886 ℳ	1891 ℳ	für die Knaben-Mittelschulen ℳ	für die höheren Mädchenschulen ℳ	für die Mädchen-Mittelschulen ℳ	für die sonstigen von Knaben und Mädchen besuchten Mittelschulen ℳ
1	2	3	4	5	6	7
2. Von je 100 Mark der Gesammtaufwendungen waren persönliche Kosten:						
a) **Staat**	**65,22**	**64,97**	**58,85**	**65,39**	**67,87**	**68,77**
b) Provinzen.						
1. Ostpreußen	67,19	58,28	49,77	65,06	67,29	68,89
2. Westpreußen	64,71	62,76	67,08	59,29	80,77	46,84
3. Stadtkreis Berlin	40,41	72,81	—	72,81	—	—
4. Brandenburg	75,06	64,61	58,86	64,50	71,87	74,07
5. Pommern	77,09	57,81	56,96	58,00	52,87	63,08
6. Posen	53,89	58,40	66,31	68,78	33,90	53,87
7. Schlesien	69,80	72,37	75,84	78,88	63,68	80,79
8. Sachsen	64,06	72,18	67,49	71,88	81,08	74,80
9. Schleswig-Holstein	76,10	52,87	43,10	57,89	73,38	—
10. Hannover	63,84	68,76	68,42	65,96	70,18	68,78
11. Westfalen	69,16	71,49	75,11	67,47	80,87	76,86
12. Hessen-Nassau	68,98	56,17	68,97	51,97	61,94	66,71
13. Rheinland	71,98	67,96	62,10	68,01	77,09	78,01
14. Hohenzollern	70,66	—	—	—	—	—

Der Gesammtbetrag der persönlichen Kosten wird aufgebracht, wie folgt:

	an Knaben-Mittelschulen ℳ	Proz.	an höheren Mädchenschulen ℳ	Proz.	an Mädchen-Mittelschulen ℳ	Proz.	an sonstigen Mittelschulen ℳ	Proz.	an sämmtlichen Mittelschulen ℳ	Proz.
durch Schulgeld . .	1276965 =	65,18	2819476 =	77,04	915426 =	71,09	536892 =	64,68	5548759 =	72,18
„ Aufkünfte vom Schulvermögen	19244 =	0,99	30807 =	0,85	3585 =	0,28	13607 =	1,63	67243 =	0,87
durch Gemeindeleistungen 2c. . .	608212 =	31,06	680763 =	18,90	351748 =	27,29	263716 =	31,18	1904439 =	24,76
aus Staatsmitteln	37440 =	1,91	91010 =	2,51	17686 =	1,37	23622 =	2,89	169758 =	2,21
durch Abgaben des Dienstnachfolgers	—	—	—	—	456 =	0,04	—	—	456 =	0,01.

Den 7 690 655 ℳ wäre dann noch der Werth der freien Wohnung und Feuerung mit 1 843 648 ℳ hinzuzurechnen.

c) **Die sächlichen Unterhaltungskosten der öffentlichen Mittel- und der höheren Mädchenschulen im Jahre 1891.**

Die sächlichen Unterhaltungskosten der Mittel- 2c. Schulen zerfallen in zwei große Gruppen: die Ausgaben für Bauten und die sonstigen sächlichen Aufwendungen, wohin, wie bereits gesagt, der Werth der Wohnung und Feuerung mit 1 843 648 ℳ gerechnet ist. Legte man letzteren Betrag zu den persönlichen Kosten, so würden die Baukosten etwa 200 000 ℳ höher sein als die übrigen sächlichen Kosten.

Die sächlichen Kosten beziffern sich

	bei den Knaben-Mittelschulen	bei den höheren Mädchenschulen	bei den Mädchen-Mittelschulen	bei den sonstigen Mittelschulen	bei sämmtlichen Mittelschulen
für Bauten auf . . .	580 226 ℳ	446 716 ℳ	183 946 ℳ	93 154 ℳ	1 304 042 ℳ
„ sonstige sächliche Aufwendungen auf	779 667 „	1 470 280 „	434 613 „	287 380 „	2 971 940 „
zusammen . . . „	**1 359 893** „	**1 916 996** „	**618 559** „	**380 534** „	**4 275 982** „

das sind 7 775 ℳ auf je eine Schule, 1 081 ℳ auf je eine Klasse und 32,57 ℳ auf je ein Schulkind.

Die Höhe der Baukosten in den einzelnen Provinzen, die Art der Aufbringung derselben sowie die Zahl der hierdurch geschaffenen Neu- und Erweiterungsbauten wird in folgender Tabelle nachgewiesen.

Die im Durchschnitte der Jahre 1889, 1890 und 1891 entstandenen Ausgaben für Bauten an den öffentlichen Mittel- und höheren Mädchenschulen.

Staat. — Provinzen.	Ausgaben: für Bauten überhaupt ℳ	Ausgaben: darunter für Neubauten ℳ	Ausgaben: darunter für Erweiterungsbauten ℳ	Ausgaben: darunter für Reparaturbauten ℳ	Die Ausgaben (Sp. 2) wurden aufgebracht: aus dem Patronatsbaufonds ℳ	aus dem Schul- und Stiftungsvermögen ℳ	durch Mittel der unterhaltungspflichtigen Gemeinden ꝛc. ℳ	aus sonstigen Quellen ℳ	Zahl der Neubauten	Zahl der Erweiterungsbauten
1	2	3	4	5	6	7	8	9	10	11
A. Die gesammten öffentlichen Mittel- und höheren Mädchenschulen.										
a) **Staat**	**1 304 042**	**919 778**	**111 063**	**273 201**	**6 204**	**3 777**	**1 271 140**	**22 921**	**91**	**28**
b) Provinzen.										
1. Ostpreußen	93 652	71 737	8 252	13 663	—	—	93 652	—	14	4
2. Westpreußen	60 381	47 630	—	12 751	5 347	—	55 034	—	2	—
3. Stadtkreis Berlin	27 867	—	—	27 867	—	—	24 785	3 082	—	—
4. Brandenburg	190 305	152 555	2 332	35 418	—	—	190 305	—	12	3
5. Pommern	105 021	72 739	23 839	8 443	—	—	104 709	312	7	1
6. Posen	60 945	51 245	—	9 700	—	—	60 468	477	4	—
7. Schlesien	72 146	59 162	—	12 984	—	—	72 146	—	6	—
8. Sachsen	71 334	32 304	15 933	23 097	—	—	71 334	—	7	3
9. Schleswig-Holstein	287 934	252 426	15 065	20 443	—	—	287 934	—	11	2
10. Hannover	68 809	24 767	5 021	39 021	—	3 523	60 643	4 643	8	6
11. Westfalen	61 579	26 453	21 850	13 276	—	—	61 579	—	7	5
12. Hessen-Nassau	82 655	30 724	13 187	38 744	[1]) 91	—	70 087	12 477	5	1
13. Rheinland	121 414	98 036	5 584	17 794	766	254	118 464	1 930	8	3
14. Hohenzollern	—	—	—	—	—	—	—	—	—	—
B. Die einzelnen Arten der öffentlichen Mittelschulen.										
I. Die öffentlichen Knaben-Mittelschulen.										
a) **Staat**	**580 226**	**479 941**	**43 387**	**56 898**	**1 431**	**254**	**578 241**	**300**	**34**	**12**
b) Provinzen										
1. Ostpreußen	71 927	61 086	5 636	5 205	—	—	71 927	—	9	3
2. Westpreußen	3 652	—	—	3 652	665	—	2 987	—	—	—
3. Stadtkreis Berlin	—	—	—	—	—	—	—	—	—	—
4. Brandenburg	116 660	102 964	832	12 864	—	—	116 660	—	5	2
5. Pommern	28 435	1 468	23 839	3 128	—	—	28 135	300	2	1
6. Posen	2 808	—	—	2 808	—	—	2 808	—	—	—
7. Schlesien	2 053	147	—	1 906	—	—	2 053	—	1	—
8. Sachsen	26 632	11 838	9 067	5 727	—	—	26 632	—	3	1
9. Schleswig-Holstein	229 654	220 229	—	9 425	—	—	229 654	—	7	—
10. Hannover	666	295	103	268	—	—	666	—	1	1
11. Westfalen	12 865	5 253	3 862	3 750	—	—	12 865	—	3	3
12. Hessen-Nassau	8 883	3 673	—	5 210	—	—	8 883	—	1	—
13. Rheinland	75 991	72 988	48	2 955	766	254	74 971	—	2	1
14. Hohenzollern	—	—	—	—	—	—	—	—	—	—
II. Die öffentlichen höheren Mädchenschulen.										
a) **Staat**	**446 716**	**247 781**	**61 291**	**137 644**	**4 166**	**888**	**433 694**	**7 968**	**31**	**11**
b) Provinzen.										
1. Ostpreußen	16 279	10 254	2 616	3 409	—	—	16 279	—	2	1
2. Westpreußen	55 517	47 630	—	7 887	4 166	—	51 351	—	2	—
3. Stadtkreis Berlin	27 867	—	—	27 867	—	—	24 785	3 082	—	—
4. Brandenburg	44 524	35 412	—	9 112	—	—	44 524	—	3	—
5. Pommern	43 841	41 400	—	2 441	—	—	43 829	12	2	—
6. Posen	6 309	3 340	—	2 969	—	—	6 309	—	2	—
7. Schlesien	12 121	5 214	—	6 907	—	—	12 121	—	2	—
8. Sachsen	36 361	20 466	6 866	9 029	—	—	36 361	—	4	2
9. Schleswig-Holstein	44 858	27 630	14 598	2 630	—	—	44 858	—	2	1
10. Hannover	21 530	120	500	20 910	—	888	20 642	—	1	2
11. Westfalen	47 372	21 200	17 988	8 184	—	—	47 372	—	4	2
12. Hessen-Nassau	46 098	10 441	13 187	22 470	—	—	42 924	3 174	2	1
13. Rheinland	44 039	24 674	5 536	13 829	—	—	42 339	1 700	5	2
14. Hohenzollern	—	—	—	—	—	—	—	—	—	—

[1]) Allerhöchste Gnadenbewilligung.

Noch: Die im Durchschnitte der Jahre 1889, 1890 und 1891 entstandenen Ausgaben für Bauten an den öffentlichen Mittel- und höheren Mädchenschulen.

Staat. — Provinzen.	Ausgaben				Die Ausgaben (Sp. 2) wurden aufgebracht				Zahl der	
	für Bauten überhaupt	darunter			aus dem Patronatsbaufonds	aus dem Schul- und Stiftungsvermögen	durch Mittel der unterhaltungspflichtigen Gemeinden ꝛc.	aus sonstigen Quellen	Neubauten	Erweiterungsbauten
		für Neubauten	für Erweiterungsbauten	für Reparaturbauten						
	ℳ	ℳ	ℳ	ℳ	ℳ	ℳ	ℳ	ℳ		
1	2	3	4	5	6	7	8	9	10	11
III. Die öffentlichen Mädchen-Mittelschulen.										
a) **Staat**	**183 946**	**139 330**	**1 967**	**42 649**	**516**	—	**173 650**	**9 780**	**18**	**2**
b) Provinzen.										
1. Ostpreußen	4 144	397	—	3 747	—	—	4 144	—	3	—
2. Westpreußen	948	—	—	948	516	—	432	—	—	—
3. Stadtkreis Berlin	—	—	—	—	—	—	—	—	—	—
4. Brandenburg	23 515	14 179	1 500	7 836	—	—	23 515	—	4	1
5. Pommern	3 435	1 871	—	1 564	—	—	3 435	—	2	—
6. Posen	51 087	47 905	—	3 182	—	—	50 610	477	2	—
7. Schlesien	57 827	53 801	—	4 026	—	—	57 827	—	3	—
8. Sachsen	2 040	—	—	2 040	—	—	2 040	—	—	—
9. Schleswig-Holstein	13 422	4 567	467	8 388	—	—	13 422	—	2	1
10. Hannover	5 081	—	—	5 081	—	—	5 081	—	—	—
11. Westfalen	—	—	—	—	—	—	—	—	—	—
12. Hessen-Nassau	21 550	16 610	—	4 940	—	—	12 247	9 303	2	—
13. Rheinland	897	—	—	897	—	—	897	—	—	—
14. Hohenzollern	—	—	—	—	—	—	—	—	—	—
IV. Die sonstigen öffentlichen Mittelschulen für Knaben und Mädchen.										
a) **Staat**	**93 154**	**52 726**	**4 418**	**36 010**	[1]) **91**	**2 635**	**85 555**	**4 873**	**8**	**3**
b) Provinzen.										
1. Ostpreußen	1 302	—	—	1 302	—	—	1 302	—	—	—
2. Westpreußen	264	—	—	264	—	—	264	—	—	—
3. Stadtkreis Berlin	—	—	—	—	—	—	—	—	—	—
4. Brandenburg	5 606	—	—	5 606	—	—	5 606	—	—	—
5. Pommern	29 310	28 000	—	1 310	—	—	29 310	—	1	—
6. Posen	741	—	—	741	—	—	741	—	—	—
7. Schlesien	145	—	—	145	—	—	145	—	—	—
8. Sachsen	6 301	—	—	6 301	—	—	6 301	—	—	—
9. Schleswig-Holstein	—	—	—	—	—	—	—	—	—	—
10. Hannover	41 532	24 352	4 418	12 762	—	2 635	34 254	4 643	6	3
11. Westfalen	1 342	—	—	1 342	—	—	1 342	—	—	—
12. Hessen-Nassau	6 124	—	—	6 124	[1]) 91	—	6 033	—	—	—
13. Rheinland	487	374	—	113	—	—	257	230	1	—
14. Hohenzollern	—	—	—	—	—	—	—	—	—	—

[1]) Allerhöchste Gnadenbewilligung.

Die Baukosten sind mit 919 778 ℳ auf 91 Neubauten verwendet, durch deren Vollendung 10 Lehrerwohnungen (hauptsächlich für Rektoren) und 249 Klassenräume beschafft wurden: jeder Neubau verursachte also im Jahresdurchschnitte 10 107 ℳ Kosten; zur Beurtheilung der Größe der Bauten bietet dieser Durchschnittsbetrag indessen keinen genügenden Anhalt. Weiter sind für 28 Erweiterungsbauten 111 063 ℳ aufgewendet und dafür 3 Lehrerwohnungen und 41 Klassenräume beschafft worden. Außerdem wurden für Reparaturbauten 273 201 ℳ verausgabt.

Um den Umfang der Baulichkeiten an einigen Merkmalen zu veranschaulichen, möge auf den beiden folgenden Seiten noch eine Nachweisung über die Schulräume und Lehrerwohnungen der öffentlichen Mittelschulen ꝛc. im Jahre 1886 und 1891 Platz finden. Darnach waren an sämmtlichen öffentlichen Mittel- und höheren Mädchenschulen vorhanden:

	1886	1891
eigene Klassenzimmer	3 931	4 111
gemiethete „	227	196
eigene Lehrerwohnungen	201	179
gemiethete „	14	6

Die eigenen und gemietheten Schulräume und Lehrerwohnungen

Staat. — Regierungsbezirke.	Eigene Klassenzimmer						Gemiethete Klassenzimmer					
	an sämmtlichen Mittelschulen		und zwar 1891				an sämmtlichen Mittelschulen		und zwar 1891			
	1886	1891	an den Knaben-Mittelschulen	an den höheren Mädchenschulen	an den Mädchen-Mittelschulen	an den sonstigen von Knaben und Mädchen besuchten Mittelschulen	1886	1891	an den Knaben-Mittelschulen	an den höheren Mädchenschulen	an den Mädchen-Mittelschulen	an den sonstigen von Knaben und Mädchen besuchten Mittelschulen
1	2	3	4	5	6	7	8	9	10	11	12	13
a) Staat	**3 931**	**4 111**	**1 099**	**1 693**	**794**	**525**	**227**	**196**	**51**	**114**	**13**	**18**
b) Regierungsbezirke.												
1. Königsberg	128	166	64	52	40	10	16	9	—	5	—	4
2. Gumbinnen	135	68	22	26	20	—	1	—	—	—	—	—
3. Danzig	72	99	22	55	14	8	—	—	—	—	—	—
4. Marienwerder	111	80	16	47	17	—	—	—	—	—	—	—
5. Stadtkreis Berlin	128	139	—	139	—	—	—	—	—	—	—	—
6. Potsdam	370	367	128	116	108	15	—	1	—	1	—	—
7. Frankfurt	292	245	99	51	81	14	1	—	—	—	—	—
8. Stettin	157	168	51	59	9	49	12	21	8	4	9	—
9. Köslin	71	30	7	23	—	—	—	—	—	—	—	—
10. Stralsund	53	89	26	13	17	33	—	2	—	—	—	2
11. Posen	92	96	42	15	17	22	9	28	1	27	—	—
12. Bromberg	64	59	24	25	10	—	11	13	3	8	2	—
13. Breslau	64	106	21	38	43	4	10	—	—	—	—	—
14. Liegnitz	126	118	20	45	53	—	9	8	—	8	—	—
15. Oppeln	26	28	11	17	—	—	3	1	—	1	—	—
16. Magdeburg	259	218	62	109	33	14	2	9	—	9	—	—
17. Merseburg	211	113	29	83	1	—	5	—	—	—	—	—
18. Erfurt	114	203	40	38	36	89	—	—	—	—	—	—
19. Schleswig	141	301	152	42	107	—	5	11	3	8	—	—
20. Hannover	122	117	—	39	52	26	3	—	—	—	—	—
21. Hildesheim	96	92	—	51	—	41	8	—	—	—	—	—
22. Lüneburg	76	67	—	37	—	30	2	—	—	—	—	—
23. Stade	39	61	11	13	7	30	11	—	—	—	—	—
24. Osnabrück	50	55	—	16	—	39	8	9	—	4	—	5
25. Aurich	36	41	4	25	—	12	6	—	—	—	—	—
26. Münster	18	16	15	—	—	1	2	—	—	—	—	—
27. Minden	54	53	12	37	2	2	3	—	—	—	—	—
28. Arnsberg	188	149	56	73	2	18	22	20	13	—	2	5
29. Kassel	71	118	33	41	44	—	2	3	2	—	—	1
30. Wiesbaden	290	219	19	135	18	47	4	7	—	7	—	—
31. Koblenz	45	61	30	29	—	2	2	1	—	1	—	—
32. Düsseldorf	224	265	58	147	45	15	36	30	10	19	—	1
33. Köln	18	42	7	26	8	1	11	10	—	10	—	—
34. Trier	20	18	3	12	—	3	—	5	3	2	—	—
35. Aachen	20	44	15	19	10	—	20	8	8	—	—	—
36. Sigmaringen	—	—	—	—	—	—	3	—	—	—	—	—

der öffentlichen Mittel- und höheren Mädchenschulen, 1886 und 1891.

Eigene Lehrerwohnungen an sämmtlichen Mittelschulen 1886	Eigene Lehrerwohnungen an sämmtlichen Mittelschulen 1891	und zwar 1891 an den Knaben-Mittelschulen	und zwar 1891 an den höheren Mädchenschulen	und zwar 1891 an den Mädchen-Mittelschulen	und zwar 1891 an den sonstigen vom Knaben und Mädchen besuchten Mittelschulen	Gemiethete Lehrerwohnungen an sämmtlichen Mittelschulen 1886	Gemiethete Lehrerwohnungen an sämmtlichen Mittelschulen 1891	und zwar 1891 an den Knaben-Mittelschulen	und zwar 1891 an den höheren Mädchenschulen	und zwar 1891 an den Mädchen-Mittelschulen	und zwar 1891 an den sonstigen vom Knaben und Mädchen besuchten Mittelschulen	Wiederholung der Bezeichnung in Spalte 1.
14	15	16	17	18	19	20	21	22	23	24	25	
201	**179**	**66**	**55**	**30**	**38**	**14**	**6**	**1**	**3**	**1**	**1**	a)
												b)
12	8	2	3	3	—	—	—	—	—	—	—	1.
7	4	1	1	2	—	—	—	—	—	—	—	2.
7	7	1	3	2	1	1	—	—	—	—	—	3.
—	—	—	—	—	—	—	—	—	—	—	—	4.
8	8	—	6	—	—	—	—	—	—	—	—	5.
7	17	6	4	7	—	1	—	—	—	—	—	6.
7	6	5	—	1	—	—	—	—	—	—	—	7.
10	6	4	—	—	2	—	—	—	—	—	—	8.
—	—	—	—	—	—	—	—	—	—	—	—	9.
—	2	1	—	—	1	—	—	—	—	—	—	10.
3	3	1	1	—	1	1	1	—	1	—	—	11.
—	2	1	1	—	—	3	—	—	—	—	—	12.
5	5	—	3	2	—	—	—	—	—	—	—	13.
2	1	—	1	—	—	—	—	—	—	—	—	14.
—	—	—	—	—	—	—	1	—	1	—	—	15.
12	4	2	2	—	—	—	—	—	—	—	—	16.
8	—	—	—	—	—	1	1	—	1	—	—	17.
—	—	—	—	—	—	—	—	—	—	—	—	18.
20	22	14	—	8	—	—	—	—	—	—	—	19.
3	—	—	—	—	—	—	—	—	—	—	—	20.
3	3	—	1	—	2	—	—	—	—	—	—	21.
4	1	—	—	—	1	1	—	—	—	—	—	22.
7	4	—	—	—	4	1	—	—	—	—	—	23.
1	1	—	—	—	1	—	1	—	—	—	1	24.
2	1	1	—	—	—	—	—	—	—	—	—	25.
4	1	1	—	—	—	—	—	—	—	—	—	26.
2	3	1	—	—	2	—	—	—	—	—	—	27.
8	15	9	3	—	3	1	—	—	—	—	—	28.
2	3	2	—	—	—	—	—	—	—	—	—	29.
8	6	1	3	—	2	—	1	—	—	1	—	30.
4	5	1	1	—	3	1	—	—	—	—	—	31.
30	22	7	12	5	5	2	1	1	—	—	—	32.
2	2	2	—	—	—	1	—	—	—	—	—	33.
5	4	1	3	—	—	—	—	—	—	—	—	34.
8	7	2	5	—	—	—	—	—	—	—	—	35.
—	—	—	—	—	—	—	—	—	—	—	—	36.

Die Aufbringung der sächlichen Kosten erfolgte

	an Knaben-Mittelschulen ℳ	Proz.	an höheren Mädchenschulen ℳ	Proz.	an Mädchen-Mittelschulen ℳ	Proz.	an sonstigen Mittelschulen ℳ	Proz.	an sämmtlichen Mittelschulen ℳ	Proz.
durch Aufkünfte vom Schulvermögen mit . .	49 009 =	3,60	182 248 =	9,51	16 356 =	2,64	38 218 =	10,04	285 831 =	6,68
durch Leistungen der Gemeinden ꝛc. mit	1 298 393 =	95,48	1 444 376 =	75,35	587 298 =	94,95	326 464 =	85,79	3 656 531 =	85,51
aus Staatsmitteln mit . .	—	—	31 741 =	1,65	3 000 =	0,49	244 =	0,07	34 985 =	0,82
aus sonstigen Quellen mit .	12 491 =	0,92	258 631 =	13,49	11 905 =	1,92	15 608 =	4,10	298 635 =	6,98

In den einzelnen Provinzen hatten die sächlichen Kosten die in nachstehender Tabelle nachgewiesenen Beträge.

Die sächlichen Kosten der öffentlichen Mittel- und höheren Mädchenschulen in den Provinzen, 1886 und 1891.

Staat. — Provinzen.	Die sächlichen Unterhaltungskosten betrugen: für sämmtliche Mittelschulen 1886 ℳ	1891 ℳ	und zwar 1891: für die Knaben-Mittelschulen ℳ	für die höheren Mädchenschulen ℳ	für die Mädchen-Mittelschulen ℳ	für die sonstigen von Knaben und Mädchen besuchten Mittelschulen ℳ
1	2	3	4	5	6	7
a) **Staat**	**5 692 186**	**4 275 982**	**1 359 893**	**1 916 996**	**618 559**	**380 534**
b) Provinzen.						
1. Ostpreußen	199 238	252 260	138 192	70 879	35 123	8 066
2. Westpreußen	156 695	175 948	32 780	124 358	9 551	9 259
3. Stadtkreis Berlin	584 680	186 560	—	186 560	—	—
4. Brandenburg	323 951	537 444	256 771	155 685	110 904	14 084
5. Pommern	143 187	355 698	125 621	116 998	44 873	68 206
6. Posen	257 440	212 976	53 731	57 379	76 458	25 408
7. Schlesien.	190 088	192 893	29 449	64 162	97 729	1 555
8. Sachsen	507 815	341 011	104 512	157 510	25 901	53 088
9. Schleswig-Holstein.	77 344	505 814	364 731	77 103	63 980	—
10. Hannover	398 366	323 615	8 514	146 747	46 672	121 682
11. Westfalen	172 017	167 290	52 563	98 685	1 517	14 525
12. Hessen-Nassau	350 817	564 198	48 159	391 223	73 418	51 398
13. Rheinland	328 501	460 273	144 870	269 707	32 433	13 263
14. Hohenzollern.	1 647	—	—	—	—	—

d) Die Gesammtkosten der öffentlichen Mittel- und der höheren Mädchenschulen, 1891.

Auf Grund der vorstehenden Ausführungen berechnen sich die Gesammtkosten der öffentlichen Mittel- und höheren Mädchenschulen nunmehr, wie folgt. Es betrugen 1891 die

	persönlichen Kosten ℳ	Proz.	sächlichen Kosten ℳ	Proz.	Kosten überhaupt ℳ	Proz.
für Knaben-Mittelschulen	1 941 861 =	58,81	1 359 893 =	41,19	3 301 754 =	100
„ höhere Mädchenschulen	3 622 056 =	65,39	1 916 996 =	34,61	5 539 052 =	100
„ Mädchen-Mittelschulen	1 288 901 =	67,57	618 559 =	32,43	1 907 460 =	100
„ sonstige Mittelschulen.	837 837 =	68,77	380 534 =	31,23	1 218 371 =	100
für sämmtliche Mittelschulen	**7 690 655 =**	**64,27**	**4 275 982 =**	**35,73**	**11 966 637 =**	**100.**

Die Gesammtkosten der öffentlichen Mittel- und höheren Mädchenschulen beliefen sich für die einzelnen Provinzen, wie folgende Tabelle nachweist.

Die gesammten Unterhaltungskosten der öffentlichen Mittel- und höheren Mädchenschulen in den Provinzen, 1886 und 1891.

Staat Provinzen	Die gesammten Unterhaltungskosten betrugen					
	für sämmtliche Mittelschulen		und zwar 1891			
	1886	1891	für die Knaben-Mittelschulen	für die höheren Mädchenschulen	für die Mädchen-Mittelschulen	für die sonstigen von Knaben und Mädchen besuchten Mittelschulen
	ℳ	ℳ	ℳ	ℳ	ℳ	ℳ
1	2	3	4	5	6	7
a) Staat	**10 806 702**	**11 966 637**	**3 301 751**	**5 539 052**	**1 907 464**	**1 218 371**
b) Provinzen.						
1. Ostpreußen	607 180	608 266	272 430	202 854	107 467	25 515
2. Westpreußen	443 979	472 252	99 430	305 702	49 671	17 449
3. Stadtkreis Berlin	981 118	671 297	—	671 297	—	—
4. Brandenburg	1 298 970	1 510 242	624 179	438 569	391 440	56 054
5. Pommern	633 656	845 106	287 227	278 581	94 813	184 485
6. Posen	558 345	513 163	159 007	183 652	115 666	54 838
7. Schlesien	631 376	698 147	121 882	299 511	268 688	8 066
8. Sachsen	1 413 006	1 222 977	320 782	559 219	136 894	206 082
9. Schleswig-Holstein	332 747	1 062 034	641 309	180 641	240 084	—
10. Hannover	1 003 334	1 035 216	27 167	482 621	136 535	388 893
11. Westfalen	558 406	586 687	211 240	305 237	7 932	62 278
12. Hessen-Nassau	1 105 121	1 305 016	154 894	802 829	192 892	154 401
13. Rheinland	1 143 857	1 436 234	382 207	848 339	145 378	60 310
14. Hohenzollern	5 612	—	—	—	—	—

In der Gesammtsumme der Unterhaltungskosten dieser Art von Schulen zeigt sich in den letzten fünf Jahren eine Steigerung um 1 159 935 ℳ. In einzelnen Provinzen weichen die Ausgabebeträge für das Mittelschulwesen im Jahre 1891 gegen diejenigen des Jahres 1886 sehr erheblich ab. Diese zeitlichen Schwankungen sind überwiegend wohl durch die Baukosten herbeigeführt.

Wie schon die absoluten Zahlen der obigen Tabelle erkennen lassen, ist die Verbreitung der Mittelschulen in den einzelnen Landestheilen sehr verschieden; denn aus den dafür aufgewendeten Beträgen darf man mit gutem Rechte auf die Verbreitung und Gestaltung des Mittelschulwesens schließen. Deutlicher wird dies noch aus den Verhältnißzahlen.

Im Staatsdurchschnitte kostet 1891 eine Knaben-Mittelschule 17 944 ℳ, eine höhere Mädchenschule 26 889 ℳ, eine Mädchen-Mittelschule 20 733 ℳ, und eine sonstige Mittelschule für Knaben und Mädchen 17 917 ℳ, eine Mittelschule überhaupt aber 21 758 ℳ gegen 18 763 ℳ im Jahre 1886. Von Berlin und Hohenzollern abgesehen, schwankt der Betrag der durchschnittlichen Gesammtkosten in den Provinzen

bei Knaben-Mittelschulen zwischen 6 401 ℳ in Westfalen und 30 539 in Schleswig-Holstein,
„ höheren Mädchenschulen „ 15 305 „ „ Posen „ 53 522 „ Hessen-Nassau,
„ Mädchen-Mittelschulen „ 2 644 „ „ Westfalen „ 48 223 „ „ „
„ den sonstigen Mittelschulen
für Knaben und Mädchen „ 5 483 „ „ Rheinland „ 54 838 „ Posen,
„ sämmtl. Mittelschulen {1891 „ 9 463 „ „ Westfalen „ 43 501 „ Hessen-Nassau.
{1886 „ 8 234 „ „ „ „ 28 336 „ „ „ „

Wenn auch angenommen werden darf, daß die zwischen den einzelnen Schularten hervortretenden Verschiedenheiten nicht durchweg thatsächliche sind — der Name oder die Bezeichnung der Anstalt spielt oft mit —, so bleibt es doch immerhin unwahrscheinlich, daß so erhebliche Unterschiede in den durchschnittlichen Aufwendungen für eine Schule auf etwas Anderem als ungleichmäßiger Entwickelung der in Rede stehenden Anstalten beruhen können, und zwar muß hierbei die Gestaltung der Schulen, ihre größere oder geringere Vollständigkeit und Vollkommenheit den Ausschlag geben. Dies ergiebt sich recht deutlich, wenn die Durchschnittskosten der verschiedenen Mittelschularten bis in die Regierungsbezirke verglichen werden. In manchen derselben hat die eine oder die andere Kategorie überhaupt nicht Wurzel gefaßt. So fehlen z. B., wieder von Berlin und Sigmaringen abgesehen, Knaben-Mittelschulen in den Bezirken Hannover, Hildesheim, Lüneburg und Osnabrück ganz; dort erfreuen sich dafür theils die höheren Mädchen- und Mädchen-Mittelschulen, theils die Mittelschulen für Knaben und Mädchen einer besseren Pflege oder größeren Beliebtheit. In anderen Bezirken wieder sind alle Arten von Mittel-Schulen zwar vertreten, aber doch von sehr ungleicher Entfaltung, vielleicht auch Bedeutung. Von einer Kategorie, den höheren Mädchenschulen, sollte man aber ihr Vorkommen überall erwarten, und doch fehlen solche im Regierungsbezirke Münster ganz. Für dieselben sind aber die durchschnittlichen Aufwendungen selbst innerhalb der Provinzen außerordentlich verschieden. So kostet eine höhere Mädchenschule in den Bezirken Königsberg 14 826 ℳ, Gumbinnen dagegen 28 082 ℳ; Danzig 37 919 ℳ, Marienwerder dagegen 19 351 ℳ; Köslin 14 226 ℳ, Stralsund dagegen 34 498 ℳ; Posen 13 158 ℳ, Bromberg dagegen 19 598 ℳ; Oppeln 14 108 ℳ, Breslau dagegen 31 132 ℳ u. s. w.

Natürlich sind die Kosten einer Schule bis zu einem gewissen Grade von der Schülerzahl abhängig, verbilligen sich jedoch im Allgemeinen mit deren Zunahme und erhöhen sich unverhältnißmäßig bei geringem Schulbesuche. Um zu veranschaulichen, wie sich die Kosten eines Schulkindes der Mittel- ꝛc. Schulen stellen, mögen folgende Zahlen hier Platz finden. Im Staatsdurchschnitte kostete 1891 ein Schulkind der Knaben-Mittelschulen 87,08 ℳ, der höheren Mädchenschulen 123,37 ℳ, der Mädchen-Mittelschulen 66,46 ℳ, der sonstigen Mittelschulen für Knaben und Mädchen 61,94 ℳ, sämmtlicher Mittel- ꝛc. Schulen 91,16 ℳ gegen 80,09 ℳ im Jahre 1886. Die Kosten eines Schulkindes schwanken in den Provinzen (Berlin und Hohenzollern fortgelassen)

bei den Knaben-Mittelschulen	zwischen	55,34 ℳ	in Westpreußen	und	153,68 ℳ	in	Rheinland,
" " höheren Mädchenschulen	"	84,63	" " Sachsen	"	181,43	" "	Hessen-Nassau,
" " Mädchen-Mittelschulen	"	35,47	" " Ostpreußen	"	98,94	" "	Posen,
" " sonstigen Mittelschulen für Knaben und Mädchen	"	42,48	" " Sachsen	"	122,70	" "	Rheinland,
bei sämmtl. Mittel- ꝛc. Schulen 1891	"	62,55	" " Ostpreußen	"	133,89	" "	"
bei sämmtl. Mittel- ꝛc. Schulen 1886	"	61,73	" " "	"	131,93	" "	" .

Die Schwankungen sind bei einzelnen Arten der Schulen in den Bezirken noch viel größer: im Regierungsbezirke Oppeln kostete 1891 ein Schüler der Knaben-Mittelschulen 40,38 ℳ, in Trier dagegen 271,86 ℳ; eine Schülerin der Mädchen-Mittelschulen in Königsberg 33,10 ℳ, in Posen dagegen 121,81 ℳ; ein Schulkind der sonstigen Mittelschulen für Knaben und Mädchen in Hannover 37,70 ℳ, in Koblenz dagegen 218,44 ℳ. Bei den höheren Mädchenschulen schwanken die Mindest- und die Höchstbeträge nicht so erheblich; die Grenzwerthe im Durchschnitt der Bezirke liegen zwischen 82,17 ℳ (Magdeburg) und 193,30 ℳ (Wiesbaden).

Um die Eigenart der einzelnen Landestheile nach allen Richtungen deutlich hervortreten zu lassen, haben wir in den folgenden beiden Tabellen die durchschnittlichen Kosten jeder Art von Mittel- ꝛc. Schulen bezw. die durchschnittlichen Kosten eines Schulkindes derselben Schulen für sämmtliche Provinzen und Regierungsbezirke berechnet. Aus der Vergleichung der Spalten 2 und 3 läßt sich nebenher erkennen, in welchen Landestheilen in den letzten fünf Jahren eine Verschiebung der Kosten einer Mittel- ꝛc. Schule bezw. eines Schulkindes derselben nach oben oder nach unten erfolgt ist.

Von Interesse ist endlich auch noch ein Nachweis der Belastung der Bevölkerung mit Kosten der Mittel- und höheren Mädchenschulen. Nach den Ergebnissen der bezüglichen Berechnungen betrugen die Unterhaltungskosten der Mittel- ꝛc. Schulen für den Kopf der Bevölkerung 1886: 0,30 und 1891: 0,40 ℳ, die der Knaben-Mittelschulen 1891: 0,12, der höheren Mädchenschulen 0,18 ℳ, der Mädchen-Mittelschulen 0,06 ℳ und der sonstigen Mittelschulen 0,04 ℳ. Diese wenigen Zahlen sind ein Beweis für die verhältnißmäßig geringe Entwickelung, die sich auf dem Gebiete der öffentlichen Mittel- und höheren Mädchenschulen seither in Preußen vollzogen hat. Für einen Volksschüler wurden 1891 pro Kopf der Bevölkerung 4,81 ℳ aufgebracht und für einen Schüler der höheren Lehranstalten 1,63 ℳ; für ein Schulkind der öffentlichen Mittel-Schulen, wie eben mitgetheilt, durchschnittlich dagegen nur 0,40 ℳ und für eine Schülerin der höheren Mädchenschulen insbesondere sogar nur 0,18 ℳ. Der Unterschied zwischen dem Betrage für einen Schüler der höheren Lehranstalten (Knaben) und für eine Schülerin der höheren Mädchenschulen ist besonders beachtenswerth. Er bedeutet, daß für die männliche Jugend aus öffentlichen Mitteln bezw. durch höhere öffentliche Schulveranstaltungen ganz wesentlich besser gesorgt wird als für die weibliche Jugend. Und wenn nicht ein großer Theil der letzteren auf den Privatschulen, wo sie freilich auch die ganzen Kosten der Ausbildung selbst zu tragen hat, die höhere Bildung suchte und erhielte, so möchte es um den Bildungsstand unserer weiblichen Bevölkerung nicht gut bestellt sein. Glücklicherweise ist dem nicht so; nur ist in Preußen die höhere schulmäßige Frauenbildung mehr die Frucht privater als öffentlicher Fürsorge.

Die durchschnittlichen Kosten einer öffentlichen Mittel- bezw. höheren Mädchenschule, 1886 und 1891.

Staat. — Provinzen. — Regierungsbezirke.	Durchschnittliche Unterhaltungskosten einer Mittelschule überhaupt		und zwar 1891 einer Knaben-Mittelschule	höheren Mädchenschule	Mädchen-Mittelschule	sonstigen von Knaben und Mädchen besuchten Mittelschule
	1886 ℳ	1891 ℳ	ℳ	ℳ	ℳ	ℳ
1	2	3	4	5	6	7
a) Staat	**18 763**	**21 758**	**17 944**	**26 889**	**20 733**	**17 917**
b) Provinzen.						
I. Ostpreußen	13 800	19 621	27 243	18 441	13 433	12 758
II. Westpreußen	21 142	23 613	24 858	27 791	12 418	17 449
III. Stadtkreis Berlin	140 159	95 900	—	95 900	—	—
IV. Brandenburg	17 092	21 575	24 007	24 365	17 019	18 685
V. Pommern	15 455	26 410	28 723	23 215	23 703	30 748
VI. Posen	24 276	21 382	19 876	15 305	38 555	54 838
VII. Schlesien	24 299	22 521	17 412	23 040	26 809	8 066
VIII. Sachsen	21 409	21 086	21 385	18 640	17 112	41 217
IX. Schleswig-Holstein	15 845	27 948	30 539	45 160	18 468	—
X. Hannover	16 078	20 298	9 056	22 030	31 307	17 677
XI. Westfalen	8 334	9 463	6 401	20 349	2 644	5 661
XII. Hessen-Nassau	28 336	43 501	25 815	53 522	48 223	30 881
XIII. Rheinland	15 251	14 961	9 322	22 927	20 768	5 483
XIV. Hohenzollern	2 806	—	—	—	—	—
c) Regierungsbezirke.						
1. Königsberg	11 597	18 613	26 033	14 826	15 144	12 758
2. Gumbinnen	16 698	22 520	32 085	28 082	10 582	—
3. Danzig	32 137	26 092	18 217	37 919	12 658	17 449
4. Marienwerder	15 644	20 582	44 779	19 351	12 178	—
5. Stadtkreis Berlin	140 159	95 900	—	95 900	—	—
6. Potsdam	16 842	21 228	19 759	26 453	19 714	10 747
7. Frankfurt	17 435	22 095	29 800	20 189	13 516	34 560
8. Stettin	17 370	28 599	36 249	25 176	31 323	23 806
9. Köslin	9 858	10 943	6 019	14 226	—	—
10. Stralsund	18 194	31 637	28 849	34 498	16 084	65 457
11. Posen	28 291	24 071	22 676	13 158	87 583	54 838
12. Bromberg	19 056	16 900	15 210	19 598	14 042	—
13. Breslau	24 447	26 505	15 217	31 132	33 263	8 066
14. Liegnitz	27 210	20 714	18 321	22 109	20 475	—
15. Oppeln	15 094	15 898	21 269	14 106	—	—
16. Magdeburg	17 912	18 501	22 164	17 995	13 286	25 488
17. Merseburg	20 289	17 340	16 334	19 676	1 350	—
18. Erfurt	35 288	28 959	26 532	18 844	27 467	45 149
19. Schleswig	15 845	27 948	30 539	45 160	18 468	—
20. Hannover	26 623	34 944	—	44 213	36 778	17 375
21. Hildesheim	18 430	21 055	—	15 906	—	31 352
22. Lüneburg	15 083	27 072	—	21 458	—	38 302
23. Stade	8 272	9 772	9 836	10 695	9 423	9 409
24. Osnabrück	12 211	17 070	—	30 926	—	13 111
25. Aurich	12 816	17 623	7 495	18 259	—	25 846
26. Münster	3 711	4 474	4 920	—	—	1 800
27. Minden	10 577	8 833	3 321	17 866	1 785	3 797
28. Arnsberg	8 764	10 489	7 705	21 591	3 074	6 298
29. Kassel	20 044	30 298	15 334	49 958	44 957	2 159
30. Wiesbaden	31 594	52 302	78 226	54 413	58 020	38 061
31. Koblenz	11 027	9 300	9 384	11 969	—	2 963
32. Düsseldorf	14 698	16 719	9 753	25 499	29 209	5 868
33. Köln	19 964	19 159	8 193	30 471	13 151	1 850
34. Trier	15 793	14 704	6 660	24 371	—	11 459
35. Aachen	21 393	10 416	8 789	14 219	7 695	—
36. Sigmaringen	2 806	—	—	—	—	—

Die Kosten eines Schulkindes der öffentlichen Mittel- und höheren Mädchenschulen. 1886 und 1891.

Staat. Provinzen. — Regierungsbezirke.	Auf je ein Schulkind entfielen an Kosten: in sämmtlichen Mittelschulen 1886 ℳ	in sämmtlichen Mittelschulen 1891 ℳ	und zwar 1891: in den Knaben-Mittelschulen ℳ	in den höheren Mädchenschulen ℳ	in den Mädchen-Mittelschulen ℳ	in den sonstigen von Knaben und Mädchen besuchten Mittelschulen ℳ	1891 für sämmtliche Mittelschulen mehr (+) oder weniger (—) als 1886 ℳ
1	2	3	4	5	6	7	8
a) Staat	**80,09**	**91,16**	87,05	**123,27**	**66,63**	**61,84**	+ 11,07
b) Provinzen.							
I. Ostpreußen	61,72	62,55	67,78	92,75	35,47	52,91	+ 0,83
II. Westpreußen	68,16	80,60	55,34	117,47	38,33	105,76	+ 12,44
III. Stadtkreis Berlin	203,43	128,66	—	128,66	—	—	— 74,77
IV. Brandenburg	54,97	75,35	73,41	114,42	57,73	60,47	+ 20,38
V. Pommern	76,93	91,17	94,83	122,81	80,06	66,19	+ 14,24
VI. Posen	87,05	84,04	75,94	108,89	98,94	50,56	— 3,01
VII. Schlesien	90,77	92,14	61,44	127,34	85,46	84,03	+ 1,37
VIII. Sachsen	62,38	66,21	70,01	81,89	56,03	42,56	+ 3,83
IX. Schleswig-Holstein	67,29	99,10	112,61	149,91	62,98	—	+ 31,81
X. Hannover	75,60	81,41	74,23	111,18	93,84	59,74	+ 5,81
XI. Westfalen	105,48	117,08	122,47	122,99	63,97	93,09	+ 11,60
XII. Hessen-Nassau	88,40	131,73	94,06	181,43	88,54	93,79	+ 43,33
XIII. Rheinland	131,92	133,99	153,60	143,98	77,31	122,70	+ 2,07
XIV. Hohenzollern	155,89	—	—	—	—	—	— 155,89
c) Regierungsbezirke.							
1. Königsberg	58,78	59,36	66,84	87,80	33,50	52,61	+ 0,58
2. Gumbinnen	64,86	72,06	71,54	101,14	41,83	—	+ 7,20
3. Danzig	110,88	85,87	44,90	142,33	39,31	105,76	— 25,01
4. Marienwerder	48,95	74,19	77,91	91,78	37,38	—	+ 25,24
5. Stadtkreis Berlin	203,43	128,66	—	128,66	—	—	— 74,77
6. Potsdam	57,15	75,22	62,17	121,85	65,10	47,76	+ 18,07
7. Frankfurt	51,47	74,48	87,74	98,75	47,53	72,45	+ 23,01
8. Stettin	90,17	107,55	110,29	127,96	98,04	85,06	+ 17,38
9. Köslin	57,38	93,85	74,33	101,87	—	—	+ 36,47
10. Stralsund	59,03	61,17	64,76	123,65	59,09	47,16	+ 2,14
11. Posen	91,44	89,53	88,14	111,65	121,81	50,36	— 1,91
12. Bromberg	81,35	75,45	56,19	103,97	62,41	—	— 6,90
13. Breslau	106,94	106,34	62,11	128,78	115,83	84,03	— 0,60
14. Liegnitz	86,04	84,89	76,34	134,27	59,88	—	— 1,15
15. Oppeln	69,00	68,50	40,38	106,05	—	—	— 0,50
16. Magdeburg	54,22	65,66	58,64	82,17	44,70	38,31	+ 11,44
17. Merseburg	59,30	89,14	106,70	82,47	112,00	—	+ 29,84
18. Erfurt	90,34	58,99	68,34	98,97	66,55	43,12	— 31,35
19. Schleswig	67,29	99,10	112,61	149,91	62,98	—	+ 31,81
20. Hannover	88,29	85,42	—	104,19	98,97	37,35	— 2,87
21. Hildesheim	72,74	70,47	—	98,39	—	54,75	— 2,27
22. Lüneburg	61,61	78,02	—	108,52	—	59,84	+ 16,41
23. Stade	85,80	100,99	60,16	159,43	49,66	121,71	+ 15,19
24. Osnabrück	72,18	81,98	—	147,87	—	63,13	+ 9,80
25. Aurich	69,31	77,41	192,18	108,04	—	44,15	+ 8,10
26. Münster	95,49	94,06	93,79	—	—	100,06	— 1,43
27. Minden	72,19	96,26	83,01	104,86	35,00	97,86	+ 24,29
28. Arnsberg	124,84	126,19	138,64	131,73	84,31	92,63	+ 1,35
29. Kassel	99,49	106,87	82,97	143,15	95,66	89,96	+ 7,38
30. Wiesbaden	86,00	144,77	108,30	193,30	75,28	93,34	+ 58,77
31. Koblenz	98,56	142,43	171,61	116,46	—	219,44	+ 43,87
32. Düsseldorf	135,06	135,35	146,49	146,66	88,15	140,19	+ 0,29
33. Köln	133,63	145,14	178,10	160,59	74,79	63,79	+ 11,51
34. Trier	119,90	155,44	271,86	164,17	—	90,25	+ 36,94
35. Aachen	152,80	101,95	144,47	114,20	42,40	—	— 50,85
36. Sigmaringen	155,89	—	—	—	—	—	— 155,89

Anlagen.

Die öffentlichen Mittel- und die höheren Mädchenschulen im preußischen Staate

nach der Erhebung vom 25. Mai 1891.

A. Die öffentlichen Knaben-Mittelschulen.

I. Die lehrplanmäßige Einrichtung und die Zahl der Unterrichtsklassen.
II. Schulgebäude, Klassenräume und Lehrerwohnungen.
III. Die Schulwege der Schulkinder; die Schulkinder nach Geschlecht, Religionsbekenntniß und Familiensprache.
IV. Die konfessionellen Verhältnisse.
V. Lehrerstellen und Lehrkräfte.
VI. Die mit Kirchenämtern verbundenen Schulstellen; Ertrag des zur Stellendotation vorhandenen Schulvermögens; Wohnungs- und Feuerungswerth für die vollbeschäftigten Lehrkräfte.
VII. Die persönlichen Unterhaltungskosten.
VIII. Die sächlichen Unterhaltungskosten; Bauschulden.

B. Die öffentlichen höheren Mädchenschulen.

I. Die lehrplanmäßige Einrichtung und die Zahl der Unterrichtsklassen.
II. Schulgebäude, Klassenräume und Lehrerwohnungen.
III. Die Schulwege der Schulkinder; die Schulkinder nach Geschlecht, Religionsbekenntniß und Familiensprache.
IV. Die konfessionellen Verhältnisse.
V. Lehrerstellen und Lehrkräfte.
VI. Die mit Kirchenämtern verbundenen Schulstellen; Ertrag des zur Stellendotation vorhandenen Schulvermögens; Wohnungs- und Feuerungswerth für die vollbeschäftigten Lehrkräfte.
VII. Die persönlichen Unterhaltungskosten.
VIII. Die sächlichen Unterhaltungskosten; Bauschulden.

C. Die öffentlichen Mädchen-Mittelschulen.

I. Die lehrplanmäßige Einrichtung und die Zahl der Unterrichtsklassen.
II. Schulgebäude, Klassenräume, Lehrerwohnungen und Landdotation.
III. Die Schulwege der Schulkinder; die Schulkinder nach Geschlecht, Religionsbekenntniß und Familiensprache.
IV. Die konfessionellen Verhältnisse.
V. Lehrerstellen und Lehrkräfte.
VI. Die mit Kirchenämtern verbundenen Schulstellen; Ertrag des zur Stellendotation vorhandenen Schulvermögens; Wohnungs- und Feuerungswerth für die vollbeschäftigten Lehrkräfte.
VII. Die persönlichen Unterhaltungskosten.
VIII. Die sächlichen Unterhaltungskosten; Bauschulden.

D. Die sonstigen öffentlichen Mittelschulen für Knaben und Mädchen.

I. Die lehrplanmäßige Einrichtung und die Zahl der Unterrichtsklassen.
II. Schulgebäude, Klassenräume, Lehrerwohnungen und Landdotation.
III. Die Schulwege der Schulkinder; die Schulkinder nach Geschlecht, Religionsbekenntniß und Familiensprache.
IV. Die konfessionellen Verhältnisse.
V. Lehrerstellen und Lehrkräfte.
VI. Die mit Kirchenämtern verbundenen Schulstellen; Ertrag des zur Stellendotation vorhandenen Schulvermögens; Wohnungs- und Feuerungswerth für die vollbeschäftigten Lehrkräfte.
VII. Die persönlichen Unterhaltungskosten.
VIII. Die sächlichen Unterhaltungskosten; Bauschulden.

E. Die Schulgeldverhältnisse in den öffentlichen Mittel- und den höheren Mädchenschulen.

a) In den öffentlichen Mittelschulen, mit Ausschluß der höheren Mädchenschulen.

I. Spezialnachweisung über die jährlichen Schulgeldsätze, in Gruppen nach dem Höchstbetrage geordnet.
II. Spezialnachweisung über die jährlichen Schulgeldsätze, nach dem Mindestbetrage geordnet.

b) In den öffentlichen höheren Mädchenschulen.

I. Spezialnachweisung über die jährlichen Schulgeldsätze, in Gruppen nach dem Höchstbetrage geordnet.
II. Spezialnachweisung über die jährlichen Schulgeldsätze, nach dem Mindestbetrage geordnet.

F. Die persönlichen Verhältnisse des Lehrkörpers an sämmtlichen öffentlichen Mittel- und höheren Mädchenschulen.

I. Abgelegte Prüfungen der vollbeschäftigten Lehrkräfte.
II. Lebensalter und Familienstand der vollbeschäftigten Lehrkräfte.
III. Religionsbekenntniß und Herkommen der vollbeschäftigten Lehrkräfte.
IV. Das Dienstalter der vollbeschäftigten Lehrkräfte.
V. Gesammtes Diensteinkommen und Dienstalter der vollbeschäftigten Lehrkräfte.
VI. Die Abstufung des Einkommens der vollbeschäftigten Lehrkräfte.

Anlage I.

A. Die öffentlichen

Die lehrplanmäßige Einrichtung der öffentlichen Knaben-Mittelschulen

Staat. — Provinzen.	Zahl der Schulen überhaupt	Zahl der Unterrichtsklassen, und zwar Knabenklassen	Zahl der Schulkinder überhaupt (Knaben)	Unter den Schulen befinden sich … aufsteigenden: 1		2			3			4			5		
				Schulen	mit Schulkindern	Schulen	mit Unterrichtsklassen	mit Schulkindern	Schulen	mit Unterrichtsklassen	mit Schulkindern	Schulen	mit Unterrichtsklassen	mit Schulkindern	Schulen	mit Unterrichtsklassen	mit Schulkindern
1	2	3	4	5	6	7	8	9	10	11	12	13	14	15	16	17	18
a) Staat	184	1 090	37 931	9	288	27	55	1 155	32	106	2 315	33	95	1 909	18	90	1 576
b) Provinzen																	
I. Ostpreußen	10	80	4 022	—	—	—	—	—	1	8	58	1	4	190	—	—	—
II. Westpreußen	4	35	1 800	—	—	—	—	—	—	—	—	—	—	..	—	—	—
III. Stadtkreis Berlin	—	—	—	—	—	—	—	—	—	—	—	—	—	—	—	—	—
IV. Brandenburg	26	215	8 508	—	—	1	2	36	1	3	81	1	4	90	—	—	—
V. Pommern	10	88	3 025	—	—	—	—	—	2	6	99	1	4	38	2	10	218
VI. Posen	8	60	2 094	—	—	1	2	31	1	3	51	1	4	57	2	10	118
VII. Schlesien	7	49	1 983	—	—	—	—	—	2	6	137	—	—	—	—	—	—
VIII. Sachsen	15	117	4 582	2	52	—	—	—	2	9	347	—	—	—	..	—	—
IX. Schleswig-Holstein	21	144	5 700	1	23	—	—	—	2	6	123	1	4	155	5	25	668
X. Hannover	3	14	366	1	32	—	—	—	—	—	—	—	—	—	1	5	39
XI. Westfalen	33	96	1 722	2	32	12	25	548	8	24	405	10	40	600	1	5	77
XII. Hessen-Nassau	6	46	1 647	—	—	3	6	127	1	9	328	—	—	—	—	—	—
XIII. Rheinland	41	136	2 487	3	149	10	20	413	12	37	686	8	35	721	7	35	456
XIV. Hohenzollern	—	—	—	—	—	—	—	—	—	—	—	—	—	—	—	—	—

¹) darunter 1 Schule mit 2 Lehrkräften. — ²) desgl. 2 Schulen mit je 3 Lehrkräften. — ³) desgl. 1 Schule mit je 3 Lehrkräften. — ⁴) desgl. 1 Schule mit 1 Lehrkraft. — ⁵) desgl. 1 Schule mit 4 Lehrkräften.

Anlage II.

Schulgebäude, Klassenräume, Lehrerwohnungen und Landdotation der öffentlichen Knaben-Mittelschulen.

Staat. — Provinzen.	Schulen und Klassenräume: In eigenem Schulgebäude oder unentgeltlich zur Verfügung stehenden Räumen waren untergebracht		Ausschließlich in gemieteten Räumen waren untergebracht		Überhaupt waren vorhanden ¹)				Anzahl der in natura gewährten freien Wohnungen an Lehrer			Landdotation (einschl. Gärten ꝛc.) war vorhanden		
	Schulen	Klassenräume	Schulen	Klassenräume	Schulen	Klassenräume im Ganzen	Von den Klassenräumen befinden sich in gemieteten Räumen	Von den Klassenräumen wurden nicht für Unterrichtszwecke benutzt	in eigenem Schulgebäude oder unentgeltlich zur Verfügung stehenden Räumen	in gemietheten Räumen	überhaupt	für Schulen	für Lehrerstellen	in Größe von ha
1	2	3	4	5	6	7	8	9	10	11	12	13	14	15
a) Staat	165	1 091	18	43	184	1 150	51	44	66	1	67	11	45	50,[illegible]
b) Provinzen														
I. Ostpreußen	10	86	—	—	10	86	—	6	3	—	3	—	—	—
II. Westpreußen	4	38	—	—	4	38	—	—	1	—	1	—	—	—
III. Stadtkreis Berlin	—	—	—	—	—	—	—	—	—	—	—	—	—	—
IV. Brandenburg	26	227	—	—	26	227	—	7	11	—	11	—	—	—
V. Pommern	9	76	—	—	10	92	8	—	5	—	5	1	2	2,86
VI. Posen	6	66	2	4	8	70	4	5	2	—	2	—	—	—
VII. Schlesien	7	52	—	—	7	52	—	—	—	—	—	—	—	—
VIII. Sachsen	15	131	—	—	15	131	—	4	2	—	2	3	32	36,13
IX. Schleswig-Holstein	20	152	1	3	21	155	3	5	14	—	14	2	3	0,74
X. Hannover	3	15	—	—	3	15	—	1	1	—	1	1	1	4,27
XI. Westfalen	29	83	4	13	33	96	13	8	11	—	11	3	4	6,86
XII. Hessen-Nassau	5	52	1	2	6	54	2	4	3	—	3	—	—	—
XIII. Rheinland	31	113	10	21	41	134	21	4	13	1	14	1	3	0,05
XIV. Hohenzollern	—	—	—	—	—	—	—	—	—	—	—	—	—	—

¹) einschl. 1 Schule mit 16 Klassenräumen in der Provinz Pommern, die sich im eigenen Schulgebäude und zugleich in gemietheten Räumen befindet; 8 Klassenräume sind im [illegible].

Knaben-Mittelschulen.

und ihre Gruppirung nach der Zahl der Unterrichtsklassen.

solche mit 6 Klassen: Schulen	mit Unterrichtsklassen	mit Schulkindern	solche mit 7 und mehr Klassen: Schulen	mit Unterrichtsklassen	mit Schulkindern	Unter den Schulen sind einklassige: Schulen	mit Schulkindern	zweiklassige mit einer Lehrkraft: Schulen	mit Schulkindern	zweiklassige mit zwei Lehrkräften: Schulen	mit Schulkindern	dreiklassige mit zwei Lehrkräften: Schulen	mit Schulkindern	dreiklassige mit drei Lehrkräften: Schulen	mit Schulkindern	vier- und mehrklassige: Schulen	mit Klassen	mit vollbeschäftigten Lehrkräften	mit Schulkindern	Wiederholung der Bezeichnung in Spalte 1.
19	20	21	22	23	24	25	26	27	28	29	30	31	32	33	34	35	36	37	38	
26	174	6 697	49	551	23 981	¹) 8	288	5	112	²) 21	1 011	³) 10	323	⁴) 18	1 173	121	935	982	33 024	a)
																				b)
3	23	1 391	5	50	2 383	—	—	—	—	—	—	—	—	⁵) 1	58	9	77	85	3 964	I.
2	12	654	2	23	1 146	—	—	—	—	—	—	—	—	—	—	4	35	38	1 800	II.
—	—	—	—	—	—	—	—	—	—	—	—	—	—	—	—	—	—	—	—	III.
11	69	2 543	12	137	5 753	—	—	—	—	1	36	—	—	1	81	24	210	219	8 386	IV.
1	6	186	4	62	2 484	—	—	—	—	—	—	—	—	2	99	8	82	88	2 926	V.
1	6	43	2	35	1 794	—	—	1	31	—	—	1	51	—	—	6	55	60	2 012	VI.
1	11	528	4	32	1 318	—	—	—	—	—	—	—	—	2	137	5	43	46	1 846	VII.
3	23	808	5	83	3 375	2	59	—	—	—	—	—	—	1	70	12	112	123	4 460	VIII.
3	18	492	9	90	4 251	1	23	—	—	—	—	—	—	2	123	18	137	148	5 554	IX.
—	—	—	1	8	295	1	32	—	—	—	—	—	—	—	—	2	13	17	334	X.
—	—	—	—	—	—	2	32	1	28	⁶) 10	483	5	182	4	255	11	45	42	737	XI.
—	—	—	2	31	1 192	—	—	—	—	3	127	—	—	—	—	3	40	40	1 520	XII.
1	6	62	—	—	—	¹) 3	149	3	53	⁷) 7	360	⁸) 4	90	5	350	19	86	81	1 485	XIII.
—	—	—	—	—	—	—	—	—	—	—	—	—	—	—	—	—	—	—	—	XIV.

Anlage III.

Die Schulwege der Schulkinder der öffentlichen Knaben-Mittelschulen; die Schulkinder nach Geschlecht, Religionsbekenntniß und Familiensprache.

Staat. — Provinzen.	Schulkinder überhaupt und zwar Knaben	Von den Schulkindern haben einen Schulweg von $2^1/_2$ und mehr km	Religionsbekenntniß der Schulkinder: evangelisch	katholisch	sonst christlich	jüdisch	Familiensprache der Schulkinder: Es sprechen in ihren Familien nur deutsch	nur polnisch	polnisch und deutsch	sonst slawisch und deutsch	nur dänisch	dänisch und deutsch	nur eine sonstige nicht deutsche Sprache	eine sonstige nicht deutsche Sprache und deutsch
1	2	3	4	5	6	7	8	9	10	11	12	13	14	15
a) Staat	37 931	1 845	32 420	3 927	177	1 407	37 291	329	136	2	122	32	8	5
b) Provinzen.														
I. Ostpreußen	4 022	3	3 695	123	50	154	4 022	—	—	—	—	—	—	—
II. Westpreußen	1 800	33	1 429	261	29	82	1 709	68	23	—	—	—	—	—
III. Stadtkreis Berlin	—	—	—	—	—	—	—	—	—	—	—	—	—	—
IV. Brandenburg	8 503	397	8 235	112	24	132	8 499	—	1	—	—	—	—	³) 3
V. Pommern	3 045	171	2 900	22	15	88	3 023	—	2	—	—	—	—	—
VI. Posen	2 094	126	1 199	539	5	351	1 730	260	103	1	—	—	—	—
VII. Schlesien	1 983	1	1 409	361	2	211	1 975	1	7	—	—	—	—	—
VIII. Sachsen	4 582	88	4 409	34	11	68	4 582	—	—	—	—	—	—	—
IX. Schleswig-Holstein	5 700	72	5 575	75	13	37	5 542	—	—	—	122	32	¹) 3	⁴) 1
X. Hannover	366	30	350	7	2	7	366	—	—	—	—	—	—	—
XI. Westfalen	1 722	264	728	908	—	86	1 722	—	—	—	—	—	—	—
XII. Hessen-Nassau	1 647	27	1 296	236	11	104	1 647	—	—	—	—	—	—	—
XIII. Rheinland	2 487	638	1 136	1 249	15	87	2 480	—	—	1	—	—	²) 5	⁴) 1
XIV. Hohenzollern	—	—	—	—	—	—	—	—	—	—	—	—	—	—

¹) nur englisch. — ²) davon 3 nur holländisch, 5 nur französisch. — ³) englisch und deutsch. — ⁴) französisch und deutsch.

Anlage IV.

Die konfessionellen Verhältnisse

Staat — Provinzen.	Evangelische Schulen: Schulen	Vollbeschäftigte Lehrkräfte: ordentliche	Vollbeschäftigte Lehrkräfte: Hülfslehrkräfte	Unterrichtsklassen	Schulkinder: überhaupt	evangelische	katholische	sonst christliche	jüdische	Katholische Schulen: Schulen	Vollbeschäftigte Lehrkräfte: ordentliche	Vollbeschäftigte Lehrkräfte: Hülfslehrkräfte	Unterrichtsklassen	Schulkinder: überhaupt	evangelische	katholische	sonst christliche	jüdische
1	2	3	4	5	6	7	8	9	10	11	12	13	14	15	16	17	18	19
a) **Staat**	122	843	13	811	30 977	29 220	834	165	768	42	112	4	127	3 112	193	1 818	—	100
b) Provinzen.																		
I. Ostpreußen	9	89	3	77	3 964	3 689	74	50	151	1	4	—	3	58	6	49	—	3
II. Westpreußen	3	91	2	21	1 220	1 042	114	29	35	—	—	—	—	—	—	—	—	—
III. Stadtkreis Berlin	—	—	—	—	—	—	—	—	—	—	—	—	—	—	—	—	—	—
IV. Brandenburg	26	224	—	215	8 503	8 235	112	24	132	—	—	—	—	—	—	—	—	—
V. Pommern	10	94	—	88	3 025	2 900	22	15	88	—	—	—	—	—	—	—	—	—
VI. Posen	5	17	2	20	228	69	68	—	91	—	—	—	—	—	—	—	—	—
VII. Schlesien	5	29	2	29	1 125	948	109	2	66	—	—	—	—	—	—	—	—	—
VIII. Sachsen	15	127	1	117	4 582	4 469	34	11	68	—	—	—	—	—	—	—	—	—
IX. Schleswig-Holstein	21	155	—	144	5 700	5 575	75	13	37	—	—	—	—	—	—	—	—	—
X. Hannover	3	13	—	14	366	350	7	2	7	—	—	—	—	—	—	—	—	—
XI. Westfalen	11	28	2	30	654	585	51	—	18	20	51	—	60	952	61	840	—	51
XII. Hessen-Nassau	4	26	—	28	877	718	98	6	55	1	2	—	2	47	22	22	—	3
XIII. Rheinland	11	27	1	28	783	640	60	13	20	21	55	4	72	1 055	104	908	—	43
XIV. Hohenzollern	—	—	—	—	—	—	—	—	—	—	—	—	—	—	—	—	—	—

¹) davon 2 evangelisch und 1 katholisch. — ²) evangelisch. — ³) davon 1 evangelisch und 1 katholisch.

Anlage V.

Lehrerstellen und Lehrkräfte an den öffentlichen Knaben-Mittelschulen.

Staat. — Provinzen.	Es waren vorhanden Stellen für vollbeschäftigte: ordentliche Lehrkräfte	Hülfslehrkräfte	Lehrkräfte zusammen	Religionsbekenntniß der vollbeschäftigten Lehrkräfte. Stellen für ordentliche Lehrer¹): evangelische	katholische	zusammen	Stellen für Hülfslehrer: evangelische	katholische	zusammen	Nicht vollbeschäftigte: Hülfslehrer	Hülfslehrerinnen	Unter den nicht vollbeschäftigten Hülfslehrern der Spalte 11 befinden sich Religionslehrer für die konfessionelle Minderheit der Schulkinder	Adjuvanten, Gehülfen u. dergl., welche mit Rücksicht auf den gegenwärtigen Stelleninhaber von der Behörde, dem Schulvorstande und dergl. angenommen sind
1	2	3	4	5	6	7	8	9	10	11	12	13	14
a) **Staat**	1 095	20	1 115	934	160	1 094	15	5	20	169	1	55	6
b) Provinzen.													
I. Ostpreußen	86	3	89	82	4	86	3	—	3	3	—	1	—
II. Westpreußen	36	2	38	32	4	36	2	—	2	2	—	2	—
III. Stadtkreis Berlin	—	—	—	—	—	—	—	—	—	—	—	—	—
IV. Brandenburg	224		224	224	—	224	—	—	—	8	—	1	1
V. Pommern	94	—	94	94	—	94	—	—	—	10	—	—	1
VI. Posen	61	2	63	48	13	61	2	—	2	14	—	10	1
VII. Schlesien	50	2	52	43	7	50	2	—	2	21	—	13	—
VIII. Sachsen	127	1	128	126	—	126	1	—	1	19	—	3	—
IX. Schleswig-Holstein	155	—	155	155	—	155	—	—	—	2	—	—	—
X. Hannover	13	—	13	13	—	13	—	—	—	1	—	—	—
XI. Westfalen	85	3	88	31	54	85	3	—	3	19	1	6	1
XII. Hessen-Nassau	46	—	46	41	5	46	—	—	—	9	—	2	2
XIII. Rheinland	118	7	125	45	73	118	2	5	7	68	—	17	—
XIV. Hohenzollern	—	—	—	—	—	—	—	—	—	—	—	—	—

¹) außerdem 1 Stelle für eine evangelische ordentliche Lehrerin in der Provinz Sachsen.

der öffentlichen Knaben-Mittelschulen.

Anlage IV.

Jüdische Schulen.									Paritätische bezw. simultane Schulen.													Wiederholung der Bezeichnung in Spalte 1.
Schulen	Vollbeschäftigte Lehrkräfte		Unterrichtsklassen	Schulkinder					Schulen	Vollbeschäftigte Lehrkräfte						Unterrichtsklassen	Schulkinder					
										überhaupt	ordentliche				Hülfslehrkräfte							
	ordentliche	Hülfslehrkräfte		überhaupt	evangelische	katholische	sonst christliche	jüdische			evangelische	katholische	sonst christliche	jüdische			überhaupt	evangelische	katholische	sonst christliche	jüdische	
20	21	22	23	24	25	26	27	28	29	30	31	32	33	34	35	36	37	38	39	40	41	
—	—	—	—	—	—	—	—	—	18	143	92	48	—	—	¹) 3	132	4 842	3 007	1 284	12	539	a)
																						b)
—	—	—	—	—	—	—	—	—	—	—	—	—	—	—	—	—	—	—	—	—	—	I.
—	—	—	—	—	—	—	—	—	1	15	11	4	—	—	—	14	580	386	147	—	47	II.
—	—	—	—	—	—	—	—	—	—	—	—	—	—	—	—	—	—	—	—	—	—	III.
—	—	—	—	—	—	—	—	—	—	—	—	—	—	—	—	—	—	—	—	—	—	IV.
—	—	—	—	—	—	—	—	—	—	—	—	—	—	—	—	—	—	—	—	—	—	V.
—	—	—	—	—	—	—	—	—	3	44	31	13	—	—	—	40	1 866	1 130	471	5	260	VI.
—	—	—	—	—	—	—	—	—	2	21	14	7	—	—	—	20	858	461	252	—	145	VII.
—	—	—	—	—	—	—	—	—	—	—	—	—	—	—	—	—	—	—	—	—	—	VIII.
—	—	—	—	—	—	—	—	—	—	—	—	—	—	—	—	—	—	—	—	—	—	IX.
—	—	—	—	—	—	—	—	—	—	—	—	—	—	—	—	—	—	—	—	—	—	X.
—	—	—	—	—	—	—	—	—	2	7	3	3	—	—	²) 1	6	116	82	17	—	17	XI.
—	—	—	—	—	—	—	—	—	1	18	15	3	—	—	—	16	723	556	110	5	46	XII.
—	—	—	—	—	—	—	—	—	9	35	18	18	—	—	³) 2	36	699	392	281	2	24	XIII.
—	—	—	—	—	—	—	—	—	—	—	—	—	—	—	—	—	—	—	—	—	—	XIV.

Anlage VI.

Die mit Kirchenämtern verbundenen Schulstellen und der Ertrag des zur Stellendotation bei öffentlichen Knaben-Mittelschulen vorhandenen Vermögens nach dem Durchschnitte der drei Jahre 1889, 1890 und 1891, sowie der Wohnungs- und Feuerungswerth für die vollbeschäftigten Lehrkräfte.

Staat. — Provinzen	Zahl überhaupt vorhandenen Stellen für vollbeschäftigte Lehrkräfte	Zahl der Stellen, welche dauernd oder herkömmlich mit einem kirchlichen Amte verbunden sind:						Zahl der Stellen, zu deren Dotation überhaupt Schul- und Stiftungsvermögen vorhanden ist	Ertrag des zur Dotation der Stellen vorhandenen Schul- und Stiftungsvermögens, mit Ausschluß des für Wohnung und Feuerung bestimmten überhaupt	Durchschnittlicher Ertrag des Vermögens für eine Stelle	Gesammtzahl der an Lehrer und Lehrerinnen in natura gewährten freien Wohnungen	Ortsüblicher Werth der Wohnung und Feuerung für sämmtliche Lehrkräfte, gleichviel in welcher Form dieselben gewährt werden.	
		evangelische			katholische								
		Anzahl	mit einem Einkommen aus dem kirchlichen Amte überhaupt ℳ	im Durchschnitte für eine Stelle ℳ	Anzahl	mit einem Einkommen aus dem kirchlichem Amte überhaupt ℳ	im Durchschnitte für eine Stelle ℳ		ℳ	ℳ		überhaupt ℳ	durchschnittlich für eine Stelle ℳ
1	2	3	4	5	6	7	8	9	10	11	12	13	14
a) Staat	1 115	16	9 806	613	6	5 969	995	79	19 244	244	66	478 175	429
b) Provinzen.													
I. Ostpreußen	89	—	—	—	—	—	—	—	—	—	3	46 246	520
II. Westpreußen	33	—	—	—	—	—	—	—	—	—	1	16 710	440
III. Stadtkreis Berlin	—	—	—	—	—	—	—	—	—	—	—	—	—
IV. Brandenburg	224	5	2 708	542	—	—	—	6	361	64	11	85 979	384
V. Pommern	94	5	3 688	738	—	—	—	3	912	304	5	45 727	486
VI. Posen	63	—	—	—	—	—	—	—	—	—	2	34 360	545
VII. Schlesien	52	—	—	—	—	—	—	—	—	—	—	20 880	402
VIII. Sachsen	128	2	1 575	788	—	—	—	42	5 246	125	2	53 973	422
IX. Schleswig-Holstein	155	1	630	630	—	—	—	7	643	92	14	64 035	413
X. Hannover	13	—	—	—	—	—	—	1	1 464	1 464	1	5 596	430
XI. Westfalen	88	2	760	380	6	5 969	995	10	3 853	385	10	25 836	294
XII. Hessen-Nassau	46	—	—	—	—	—	—	—	—	—	3	28 160	612
XIII. Rheinland	125	1	445	445	—	—	—	10	6 745	675	14	50 623	405
XIV. Hohenzollern	—	—	—	—	—	—	—	—	—	—	—	—	—

Anlage VII.

Die zur Bestreitung der persönlichen Kosten der öffentlichen Knaben-Mittel-

Staat. — Provinzen.	Jährliches Einkommen der Stellen für vollbeschäftigte Lehrkräfte, ausschließlich des Werthes für Wohnung und Feuerung bezw. nach Abzug der zur Beschaffung von Wohnung und Feuerung zu verwendenden Beträge.										Persönliche und … aus Staats-	
	Gesammt-Stelleneinkommen für vollbeschäftigte			Von dem Gesammt-Stelleneinkommen (Sp. 2) werden beschafft:							Zahl der Empfänger	
	Lehrkräfte zusammen ℳ	davon für Lehrer ℳ	davon für Lehrerinnen ℳ	durch Schulgeld ℳ	durch Aufkünfte vom Schul- und Stiftungsvermögen ℳ	aus der Kirchenkasse bezw. durch den Ertrag der Stolgebühren ℳ	durch Leistungen der Schulsozietäten ℳ	durch Gemeinde- 2c. Leistungen ℳ	aus Staatsmitteln in Folge rechtlicher Verpflichtung ℳ	aus Staatsmitteln als Bedürfnißzuschuß ℳ	Lehrer	Lehrerinnen
1	2	3	4	5	6	7	8	9	10	11	12	13
a) Staat	**1 763 640**	**1 762 720**	**920**	**1 276 965**	**19 244**	**13 230**	**38 469**	**391 938**	**7 330**	**16 425**	**47**	—
b) Provinzen.												
I. Ostpreußen	127 133	127 133	—	112 893	—	—	—	14 240	—	—	9	—
II. Westpreußen	58 750	58 750	—	45 805	—	—	—	9 945	—	—	—	—
III. Stadtkreis Berlin	—	—	—	—	—	—	—	—	—	—	—	—
IV. Brandenburg	334 434	334 434	—	232 932	381	3 980	11 323	79 192	995	5 631	8	—
V. Pommern	146 709	146 709	—	122 356	912	4 395	—	12 980	167	5 899	16	—
VI. Posen	95 944	95 944	—	68 513	—	—	3 843	21 068	—	2 520	1	—
VII. Schlesien	82 469	82 469	—	61 590	—	—	2 827	18 052	—	—	1	—
VIII. Sachsen	188 389	187 469	920	142 468	5 246	3 300	—	37 187	—	184	1	—
IX. Schleswig-Holstein	259 560	259 560	—	199 682	643	630	9 855	48 740	10	—	8	—
X. Hannover	16 308	16 308	—	13 824	1 464	—	—	1 020	—	—	—	—
XI. Westfalen	145 147	145 147	—	93 068	3 853	510	10 621	35 384	—	1 711	—	—
XII. Hessen-Nassau	91 750	91 750	—	55 066	—	—	—	36 534	150	—	2	—
XIII. Rheinland	217 047	217 047	—	125 768	6 745	415	—	77 601	6 008	480	1	—
XIV. Hohenzollern	—	—	—	—	—	—	—	—	—	—	—	—

Anlage VIII.

Die sächlichen Unterhaltungskosten der öffentlichen Knaben-Mittelschulen im

Staat. — Provinzen.	Leistungen für …											
	Gesammtbetrag der Aufwendungen für Bauten ℳ	Davon in baar ℳ	Davon Werth der in natura erfolgten Leistungen ℳ	Von dem Gesammtbetrage (Sp. 2) entfallen auf: Neubauten Betrag ℳ	Neubauten Zahl der Neubauten	Durch die in Sp. 6 angegebenen Neubauten sind neu beschafft: Lehrerwohnungen	Klassenräume	Erweiterungsbauten Betrag ℳ	Zahl der Erweiterungsbauten	Durch die in Sp. 10 angegebenen Erweiterungsbauten sind neu beschafft: Lehrerwohnungen	Klassenräume	Reparaturbauten Betrag ℳ
1	2	3	4	5	6	7	8	9	10	11	12	13
a) Staat	**580 226**	**578 369**	**1 857**	**479 941**	**34**	**1**	**47**	**43 387**	**12**	**1**	**16**	**56 898**
b) Provinzen.												
I. Ostpreußen	71 927	71 927	—	61 086	9	—	13	5 636	3	1	9	5 205
II. Westpreußen	3 652	3 511	161	—	—	—	—	—	—	—	—	3 652
III. Stadtkreis Berlin	—	—	—	—	—	—	—	—	—	—	—	—
IV. Brandenburg	116 660	116 660	—	102 964	5	—	—	832	2	—	—	12 864
V. Pommern	28 435	27 235	1 200	1 468	2	—	—	23 839	1	—	—	3 128
VI. Posen	2 808	2 808	—	—	—	—	—	—	—	—	—	2 808
VII. Schlesien	2 053	2 053	—	147	1	—	—	—	—	—	—	1 906
VIII. Sachsen	26 632	26 116	516	11 838	3	—	11	9 067	1	—	6	5 727
IX. Schleswig-Holstein	229 654	229 654	—	220 229	7	—	4	—	—	—	—	9 425
X. Hannover	666	666	—	295	1	—	—	103	1	—	—	268
XI. Westfalen	12 865	12 865	—	5 253	3	—	—	3 862	3	—	1	3 750
XII. Hessen-Nassau	8 883	8 883	—	3 673	1	—	—	—	—	—	—	5 210
XIII. Rheinland	75 991	75 991	—	72 988	2	1	19	48	1	—	—	2 955
XIV. Hohenzollern	—	—	—	—	—	—	—	—	—	—	—	—

Anlage VII.

...schulen erfolgten Aufwendungen im Jahre 1891 bezw. 1891/92.

Dienstalterszulagen mitteln: Betrag überhaupt	davon: Dienstalterszulagen	davon: persönliche Zulagen	Betrag der persönlichen u. s. w. Zulagen aus Mitteln der Gemeinden und sonstigen Verpflichteten	Aufwendungen für nicht vollbeschäftigte Hülfslehrkräfte	Aufwendungen für Adjuvanten u. s. w., welche mit Rücksicht auf den Stelleninhaber von der Behörde u. dergl. angenommen sind	Zahl der Lehrer, denen solche Adjuvanten beigegeben sind	Pensionirte Lehrkräfte und deren Pensionen: Zahl der pensionirten Lehrer überhaupt	darunter nach dem 1. April 1886 pensionirt	Gesammtbetrag der Pensionen	Von der Pension werden beschafft: aus Staatsmitteln	durch Leistungen der Gemeinden und sonstigen Verpflichteten	Summe der persönlichen Schulunterhaltungskosten	Wiederholung der Bezeichnung in Spalte 1.
ℳ	ℳ	ℳ	ℳ	ℳ	ℳ				ℳ	ℳ	ℳ	ℳ	
14	15	16	17	18	19	20	21	22	23	24	25	26	
9 485	**7 205**	**2 280**	**41 017**	**42 560**	**6 575**	**6**	**47**	**30**	**78 644**	**4 200**	**74 444**	**1 941 861**	a)
													b)
1 290	1 290	—	705	380	—	—	4	4	4 730	—	4 730	134 238	I.
—	—	—	5 100	400	—	—	1	1	2 400	—	2 400	66 650	II.
—	—	—	—	—	—	—	—	—	—	—	—	—	III.
1 755	1 155	600	12 387	5 036	1 050	1	8	5	12 746	1 200	11 546	367 408	IV.
2 560	2 560	—	650	1 140	1 500	1	6	2	9 047	—	9 047	161 606	V.
100	100	—	2 200	6 807	725	1	—	—	—	—	—	105 276	VI.
200	200	—	1 950	1 344	—	—	4	3	7 170	600	6 570	92 433	VII.
200	200	—	3 503	6 853	—	—	9	7	17 325	600	16 725	216 270	VIII.
1 080	900	180	6 722	—	—	—	6	4	9 216	1 800	7 416	276 578	IX.
—	—	—	300	100	—	—	2	1	1 945	—	1 945	18 653	X.
—	—	—	5 300	3 365	200	1	3	1	4 665	—	4 665	158 677	XI.
600	600	—	200	2 685	3 600	2	3	1	7 900	—	7 900	106 735	XII.
1 700	200	1 500	2 700	14 390	—	—	1	1	1 500	—	1 500	237 337	XIII.
—	—	—	—	—	—	—	—	—	—	—	—	—	XIV.

Anlage VIII.

Durchschnitte der Jahre 1889, 1890 und 1891 sowie die vorhandenen Bauschulden.

Schulbauten. Von dem Gesammtbetrage für Schulbauten (Sp. 2) wurden beschafft: durch Bewilligungen aus dem Patronats-Baufonds	durch Allerhöchste Gnadenbewilligungen	aus dem Schul- und Stiftungsvermögen	aus Mitteln der Schulsozietäten	aus Mitteln der Gemeinden und sonstigen Verpflichteten	aus sonstigen Quellen	Sonstige sächliche Aufwendungen einschließlich des Werthes für Wohnung und Feuerung: Gesammtbetrag der sonstigen sächlichen Aufwendungen	Von dem Gesammtbetrage (Sp. 20) wurden beschafft: aus dem Schul- und Stiftungsvermögen	aus Mitteln der Schulsozietäten	aus Mitteln der Gemeinden und sonstigen Verpflichteten	aus Staatsmitteln	aus sonstigen Quellen	Summe der sächlichen Schulunterhaltungskosten	Betrag der durch Schulbauten verursachten und noch vorhandenen Bauschulden	Wiederholung der Bezeichnung in Spalte 1.
ℳ	ℳ	ℳ	ℳ	ℳ	ℳ	ℳ	ℳ	ℳ	ℳ	ℳ	ℳ	ℳ	ℳ	
14	15	16	17	18	19	20	21	22	23	24	25	26	27	
1 431	—	**254**	**1 805**	**370 436**	**300**	**779 007**	**48 735**	**38 106**	**680 555**	—	**12 191**	**1 359 602**	**1 235 030**	a)
														b)
—	—	—	—	71 927	—	66 265	1 987	—	64 137	—	141	138 192	131 865	I.
665	—	—	—	2 987	—	29 128	5 940	—	23 106	—	82	32 780	—	II.
—	—	—	—	—	—	—	—	—	—	—	—	—	—	III.
—	—	—	719	115 941	—	140 111	6 633	13 141	120 337	—	—	256 771	465 901	IV.
—	—	—	—	28 135	300	97 186	4 360	—	92 696	—	130	125 621	—	V.
—	—	—	—	2 808	—	50 973	12 888	1 601	33 898	—	2 536	53 731	—	VI.
—	—	—	—	2 053	—	27 396	680	2 384	21 232	—	3 100	29 449	—	VII.
—	—	—	—	26 632	—	77 880	150	—	73 795	—	3 935	104 512	146 101	VIII.
—	—	—	1 086	228 568	—	135 077	6 029	13 287	115 581	—	180	364 731	223 088	IX.
—	—	—	—	666	—	7 848	554	5 394	1 900	—	—	8 514	18 346	X.
—	—	—	—	12 865	—	39 698	3 277	2 359	33 525	—	537	52 563	180 529	XI.
—	—	—	—	8 883	—	39 276	930	—	38 346	—	—	48 159	77 865	XII.
766	—	254	—	74 971	—	63 879	5 327	—	62 002	—	1 550	144 870	311 941	XIII.
—	—	—	—	—	—	—	—	—	—	—	—	—	—	XIV.

Anlage I.

B. Die öffentlichen

Die lehrplanmäßige Einrichtung der öffentlichen höheren Mädchen-

Staat. — Provinzen.	Zahl der Schulen überhaupt	Zahl der Unterrichtsklassen zusammen	davon Knabenklassen	davon Mädchenklassen	davon gemischte Klassen	Zahl der Schulkinder überhaupt	Unter den Schulen befinden … aufsteigenden: 1 Schulen	1 mit Schulkindern	2 Schulen	2 mit Unterrichtsklassen	2 mit Schulkindern	3 Schulen	3 mit Unterrichtsklassen	3 mit Schulkindern	4 Schulen	4 mit Unterrichtsklassen	4 mit Schulkindern	5 Schulen	5 mit Unterrichtsklassen	5 mit Schulkindern
1	2	3	4	5	6	7	8	9	10	11	12	13	14	15	16	17	18	19	20	21
a) Staat	206	1 620	1	1 595	24	44 935	6	132	12	24	395	14	42	839	16	65	1 313	18	96	1 949
b) Provinzen																				
I. Ostpreußen	11	80	—	80	—	2 187	—	—	—	—	—	1	3	70	1	4	89	1	5	110
II. Westpreußen	11	92	—	91	1	2 598	—	—	—	—	—	—	—	—	2	8	146	1	5	74
III. Stadtkreis Berlin	7	115	—	115	—	5 218	—	—	—	—	—	—	—	—	—	—	—	—	—	—
IV. Brandenburg	18	154	—	154	—	3 835	—	—	—	—	—	—	—	—	—	—	—	2	10	249
V. Pommern	12	93	—	93	—	2 274	—	—	—	—	—	1	3	73	—	—	—	1	5	93
VI. Posen	12	73	—	68	5	1 697	—	—	1	2	48	—	—	—	5	21	350	2	10	194
VII. Schlesien	13	94	—	92	2	2 334	1	17	—	—	—	—	—	—	—	—	—	3	19	277
VIII. Sachsen	30	223	—	223	—	6 593	1	32	2	4	57	4	12	279	1	4	136	—	—	—
IX. Schleswig-Holstein	4	46	—	46	—	1 205	—	—	—	—	—	—	—	—	—	—	—	—	—	—
X. Hannover	21	158	—	154	4	4 163	—	—	—	—	—	3	9	143	1	4	106	4	21	419
XI. Westfalen	15	97	—	97	—	2 496	—	—	1	2	42	2	6	103	1	4	70	1	5	91
XII. Hessen-Nassau	15	150	—	150	—	4 425	—	—	1	2	42	1	3	46	3	12	306	—	—	—
XIII. Rheinland	37	245	1	232	12	5 892	4	33	7	14	206	2	6	125	2	8	112	8	16	435
XIV. Hohenzollern	—	—	—	—	—	—	—	—	—	—	—	—	—	—	—	—	—	—	—	—

*) mit Einschluß von einigen wenigen Schulen, die ihrer ganzen Einrichtung nach zu den höheren Mädchenschulen gehören, wenn untere Klassen jedoch auch von Knaben besucht werden. —

Anlage II.

Schulgebäude, Klassenräume und Lehrerwohnungen der öffentlichen höheren Mädchenschulen.

Staat. Provinzen.	Schulen und Klassenräume: In eigenem Schulgebäude oder unentgeltlich zur Verfügung stehenden Räumen waren untergebracht: Schulen	Klassenräume	In eigenem Schulgebäude oder unentgeltlich zur Verfügung stehenden Räumen und zugleich in zugemietheten Räumen waren untergebracht: Schulen	mit Klassenräumen überhaupt	davon in gemietheten Räumen	Ausschließlich in gemietheten Räumen waren untergebracht: Schulen	Klassenräume	Ueberhaupt waren vorhanden: Schulen	Klassenräume im Ganzen	Von den Klassenräumen befinden sich in gemietheten Räumen	wurden nicht für Unterrichtszwecke benutzt	Anzahl der in natura gewährten freien Wohnungen: an Lehrer in eigenem Schulgebäude oder unentgeltlich zur Verfügung stehenden Räumen	an Lehrer in gemietheten Räumen	an Lehrerinnen in eigenem Schulgebäude oder unentgeltlich zur Verfügung stehenden Räumen	an Lehrerinnen in gemietheten Räumen	überhaupt
1	2	3	4	5	6	7	8	9	10	11	12	13	14	15	16	17
a) Staat	180	1 682	3	18	7	23	107	206	1 807	114	93	37	2	18	1	58
b) Provinzen																
I. Ostpreußen	10	78	—	—	—	1	5	11	83	5	2	3	—	1	—	4
II. Westpreußen	11	102	—	—	—	—	—	11	102	—	8	1	—	2	—	3
III. Stadtkreis Berlin	7	139	—	—	—	—	—	7	139	—	24	7	—	1	—	8
IV. Brandenburg	17	167	—	—	—	1	1	18	168	1	10	2	—	2	—	4
V. Pommern	11	95	1	4	4	—	—	12	99	4	4	—	—	—	—	—
VI. Posen	4	40	—	—	—	8	35	12	75	35	1	2	1	—	—	3
VII. Schlesien	11	100	—	—	—	2	9	13	109	9	2	4	—	—	1	5
VIII. Sachsen	29	230	—	—	—	1	9	30	239	9	5	2	1	—	—	3
IX. Schleswig-Holstein	3	42	—	—	—	1	8	4	50	8	1	—	—	—	—	—
X. Hannover	20	181	—	—	—	1	4	21	185	4	19	1	—	—	—	1
XI. Westfalen	15	110	—	—	—	—	—	15	110	—	4	—	—	3	—	3
XII. Hessen-Nassau	12	173	1	5	2	2	5	15	133	7	10	3	—	—	—	3
XIII. Rheinland	30	225	1	9	1	6	31	37	265	32	3	12	—	9	—	21
XIV. Hohenzollern	—	—	—	—	—	—	—	—	—	—	—	—	—	—	—	—

höheren Mädchenschulen.*)

Anlage I.

schulen und ihre Gruppirung nach der Zahl der Unterrichtsklassen.

lich solche mit 6 Klassen: Schulen	mit Unterrichts-klassen	mit Schulkindern	7 und mehr Klassen: Schulen	mit Unterrichts-klassen	mit Schulkindern	Unter den Schulen sind einklassige: Schulen	mit Schulkindern	zweiklassige mit einer Lehrkraft: Schulen	mit Schulkindern	zweiklassige mit zwei Lehrkräften: Schulen	mit Schulkindern	dreiklassige mit zwei Lehrkräften: Schulen	mit Schulkindern	dreiklassige mit drei Lehrkräften: Schulen	mit Schulkindern	vier- und mehrklassige: Schulen	mit Klassen	mit vollbeschäftigten Lehrkräften	mit Schulkindern	Wiederholung der Bezeichnung in Spalte 1.
22	23	24	25	26	27	28	29	30	31	32	33	34	35	36	37	38	39	40	41	
20	126	2 819	120	1 261	37 504	6	132	1	42	¹) 11	353	2	84	²) 12	755	174	1 548	1 766	43 589	a)
																				b)
—	—	—	8	68	1 918	—	—	—	—	—	—	—	—	1	70	10	77	85	2 117	I.
1	6	207	7	73	2 171	—	—	—	—	—	—	—	—	—	—	11	92	105	2 598	II.
—	—	—	7	115	5 218	—	—	—	—	—	—	—	—	—	—	7	115	160	5 218	III.
1	6	101	15	138	3 453	—	—	—	—	—	—	—	—	—	—	18	154	158	3 833	IV.
4	27	631	6	58	1 477	—	—	—	—	—	—	—	—	1	73	11	90	97	2 201	V.
—	—	—	4	40	1 105	—	—	—	—	1	48	—	—	—	—	11	71	79	1 649	VI.
1	6	130	8	68	1 930	1	17	—	—	—	—	—	—	—	—	12	93	111	2 337	VII.
3	18	436	19	184	5 653	1	32	—	—	¹) 2	57	1	46	³) 3	233	23	206	216	6 225	VIII.
—	—	—	4	46	1 205	—	—	—	—	—	—	—	—	—	—	4	46	56	1 205	IX.
3	21	423	10	103	3 072	—	—	—	—	—	—	1	38	2	105	18	149	178	4 020	X.
4	24	505	6	56	1 685	—	—	—	—	1	42	—	—	2	103	12	89	102	2 351	XI.
—	—	—	10	133	4 031	—	—	1	42	—	—	—	—	1	46	13	145	166	4 337	XII.
3	13	377	16	179	4 556	4	83	—	—	7	206	—	—	⁴) 2	125	24	221	253	5 476	XIII.
—	—	—	—	—	—	—	—	—	—	—	—	—	—	—	—	—	—	—	—	XIV.

¹) darunter 1 Schule mit 3 Lehrkräften. — ²) desgl. 3 Schulen mit je 4 Lehrkräften. — ³) desgl. 2 Schulen mit je 4 Lehrkräften. — ⁴) desgl. 1 Schule mit 4 Lehrkräften.

Anlage III.

Die Schulwege der Schulkinder der öffentlichen höheren Mädchenschulen; die Schulkinder nach Geschlecht, Religionsbekenntniß und Familiensprache.

Staat. — Provinzen	Schulkinder überhaupt	Von den Schulkindern haben einen Schulweg von 2½ und mehr km	Geschlecht der Schulkinder: Knaben	Mädchen	Von den Schulkindern werden in gemischten Klassen unterrichtet: Knaben	Mädchen	Religionsbekenntniß der Schulkinder: evangelisch	katholisch	sonst christlich	jüdisch	Familiensprache der Schulkinder: Es sprechen in ihren Familien nur deutsch	nur polnisch	polnisch und deutsch	nur eine sonstige nicht deutsche Sprache	eine sonstige nicht deutsche Sprache und deutsch
1	2	3	4	5	6	7	8	9	10	11	12	13	14	15	16
a) Staat	44 935	1 082	157	44 778	157	262	35 114	3 319	218	6 284	44 578	87	145	64	61
b) Provinzen.															
I. Ostpreußen	2 187	8	—	2 187	—	—	1 899	89	8	191	2 182	—	5	—	—
II. Westpreußen	2 598	63	4	2 594	4	11	1 911	264	33	390	2 555	11	31	—	⁶) 1
III. Stadtkreis Berlin	5 218	413	—	5 218	—	—	3 363	76	19	1 760	5 197	—	6	¹) 4	⁷) 11
IV. Brandenburg	3 833	76	—	3 833	—	—	3 539	57	4	233	3 830	—	—	—	⁸) 3
V. Pommern	2 274	10	—	2 274	—	—	2 022	32	1	219	2 274	—	—	—	—
VI. Posen	1 697	6	26	1 671	26	52	1 048	221	—	428	1 518	76	103	—	—
VII. Schlesien	2 354	1	11	2 343	11	25	1 536	208	—	610	2 354	—	—	—	—
VIII. Sachsen	6 593	190	—	6 593	—	—	6 196	73	18	306	6 593	—	—	—	—
IX. Schleswig-Holstein	1 205	31	—	1 205	—	—	1 128	31	2	44	1 198	—	—	²) 1	⁹) 6
X. Hannover	4 163	74	35	4 128	35	61	3 714	80	47	322	4 145	—	—	³) 7	¹⁰) 11
XI. Westfalen	2 496	78	—	2 496	—	—	2 080	202	8	206	2 493	—	—	—	¹¹) 3
XII. Hessen-Nassau	4 425	11	—	4 425	—	—	2 799	514	26	1 086	4 364	—		⁴) 39	¹²) 22
XIII. Rheinland	5 892	121	81	5 811	81	113	3,879	1 472	52	489	5 875	—	—	⁵) 13	¹³) 4
XIV. Hohenzollern	—	—	—	—	—	—	—	—	—	—	—	—	—	—	—

¹) darunter 3 nur englisch, 1 nur französisch. — ²) nur dänisch. — ³) darunter 2 nur englisch, 4 nur holländisch, 1 nur russisch. — ⁴) darunter 15 nur englisch, 9 nur französisch, 1 nur holländisch, 17 nur spanisch, 1 nur portugiesisch, 1 nur italienisch. — ⁵) darunter 4 nur englisch, 1 nur holländisch, 8 nur französisch und wallonisch. — ⁶) russisch und deutsch. — ⁷) darunter 1 englisch und deutsch, 4 französisch und deutsch, 2 holländisch und deutsch, 2 schwedisch und deutsch, 2 russisch und deutsch. — ⁸) englisch und deutsch. — ⁹) darunter 4 englisch und deutsch, 2 spanisch und deutsch. — ¹⁰) darunter 8 englisch und deutsch, 2 portugiesisch und deutsch, 1 holländisch und deutsch. — ¹¹) darunter 1 englisch und deutsch, 1 dänisch und deutsch, 1 griechisch und deutsch. — ¹²) darunter 15 englisch und deutsch, 6 französisch und deutsch. — ¹³) darunter 1 englisch und deutsch, 1 französisch und deutsch, 2 schwedisch und deutsch.

Anlage IV.

Die konfessionellen Verhältnisse der

Staat — Provinzen.	Evangelische Schulen.									Katholische Schulen.								
	Schulen	Vollbeschäftigte Lehrkräfte		Unterrichtsklassen	Schulkinder					Schulen	Vollbeschäftigte Lehrkräfte		Unterrichtsklassen	Schulkinder				
		ordentliche	Hülfslehrkräfte		überhaupt	evangelische	katholische	sonst christliche	jüdische		ordentliche	Hülfslehrkräfte		überhaupt	evangelische	katholische	sonst christliche	jüdische
1	2	3	4	5	6	7	8	9	10	11	12	13	14	15	16	17	18	19
a) Staat	146	1 250	37	1 130	31 946	26 968	938	144	3 896	6	25	1	22	609	30	556	—	23
b) Provinzen.																		
I. Ostpreußen	10	78	3	72	1 938	1 733	37	8	160	—	—	—	—	—	—	—	—	—
II. Westpreußen	5	44	1	39	1 142	865	104	33	140	—	—	—	—	—	—	—	—	—
III. Stadtkreis Berlin	7	151	9	115	5 218	3 363	76	19	1 760	—	—	—	—	—	—	—	—	—
IV. Brandenburg	18	156	2	154	3 833	3 539	57	4	233	—	—	—	—	—	—	—	—	—
V. Pommern	11	81	—	77	1 814	1 650	17	1	146	—	—	—	—	—	—	—	—	—
VI. Posen	5	20	1	23	386	253	61	—	72	—	—	—	—	—	—	—	—	—
VII. Schlesien	8	72	4	59	1 547	1 074	92	—	381	1	1	—	1	17	3	12	—	2
VIII. Sachsen	30	230	5	223	6 593	6 196	73	18	306	—	—	—	—	—	—	—	—	—
IX. Schleswig-Holstein	4	54	2	40	1 205	1 128	31	2	44	—	—	—	—	—	—	—	—	—
X. Hannover	18	144	2	126	3 309	2 945	64	33	267	—	—	—	—	—	—	—	—	—
XI. Westfalen	13	81	3	77	1 854	1 575	123	4	152	—	—	—	—	—	—	—	—	—
XII. Hessen-Nassau	5	49	3	44	1 140	933	78	6	123	1	5	—	4	152	—	152	—	—
XIII. Rheinland	12	90	2	81	1 967	1 714	125	16	112	4	19	1	17	440	27	392	—	21
XIV. Hohenzollern	—	—	—	—	—	—	—	—	—	—	—	—	—	—	—	—	—	—

¹) davon 6 evangelisch, 2 katholisch, 2 jüdisch. — ²) evangelisch. — ³) davon 2 evangelisch, 1 katholisch. — ⁴) davon 1 evangelisch, 2 jüdisch. — ⁵) davon 3 evangelisch, 1 katholisch.

Anlage V.

Lehrerstellen und Lehrkräfte an den öffentlichen höheren Mädchenschulen.

Staat — Provinzen.	Es waren vorhanden Stellen für vollbeschäftigte		Religionsbekenntniß der vollbeschäftigten Lehrkräfte.								Nicht vollbeschäftigte		Unter den nichtvollbeschäftigten Hülfslehrern der Spalte 12 befinden sich Religionslehrer für die konfessionelle Minderheit der Schulkinder	Adjuvanten, Gehülfen u. dergl., welche mit Rücksicht auf den gegenwärtigen Stelleninhaber von der Behörde, dem Schulvorstande u. dergl. angenommen sind	Handarbeits-Lehrerinnen	
			Stellen für ordentliche Lehrkräfte				Stellen für Hülfslehrkräfte									
			Lehrer:¹)		Lehrerinnen:²)		Lehrer:³)		Lehrerinnen:⁴)							
	ordentliche Lehrkräfte	Hülfslehrkräfte	evangelische	katholische	evangelische	katholische	evangelische	katholische	evangelische	katholische	Hülfslehrer	Hülfslehrerinnen			geprüfte	ungeprüfte
1	2	3	4	5	6	7	8	9	10	11	12	13	14	15	16	17
a) Staat	1 789	50	895	62	739	80	6	1	39	2	295	58	120	3	316	116
b) Provinzen.																
I. Ostpreußen	85	3	45	1	38	1	—	—	3	—	10	2	6	—	6	5
II. Westpreußen	102	3	50	5	46	1	—	—	3	—	17	3	11	—	9	7
III. Stadtkreis Berlin	151	9	90	—	61	—	1	—	8	—	10	8	5	—	71	2
IV. Brandenburg	156	2	92	—	64	—	—	—	2	—	20	2	3	—	17	11
V. Pommern	100	—	45	—	54	1	—	—	—	—	9	1	1	—	13	5
VI. Posen	80	1	30	3	40	6	—	—	1	—	23	3	19	1	20	4
VII. Schlesien	105	7	64	3	33	4	—	—	6	1	28	5	25	—	16	7
VIII. Sachsen	230	5	145	—	85	—	3	—	2	—	21	5	4	—	25	27
IX. Schleswig-Holstein	54	2	26	—	28	—	—	—	2	—	3	3	—	—	7	—
X. Hannover	184	2	101	1	77	5	—	—	2	—	23	3	1	—	18	16
XI. Westfalen	107	3	46	1	58	2	—	—	3	—	22	2	12	2	16	5
XII. Hessen-Nassau	164	6	80	15	48	10	2	—	2	—	48	9	11	—	31	12
XIII. Rheinland	271	7	81	33	107	50	—	1	5	1	61	12	22	—	67	15
XIV. Hohenzollern	—	—	—	—	—	—	—	—	—	—	—	—	—	—	—	—

Außerdem: ¹) 3 jüdische, davon 1 in der Provinz Schlesien, 2 in der Provinz Hessen-Nassau. — ²) 5 jüdische, davon 1 in der Provinz Posen, 4 in der Provinz Hessen-Nassau. — ³) 1 jüdischer in der Provinz Hessen-Nassau. — ⁴) 1 jüdische ebenda.

öffentlichen höheren Mädchenschulen.

Anlage IV.

Jüdische Schulen: Schulen	Jüdische Schulen: Vollbeschäftigte Lehrkräfte: ordentliche	Jüdische Schulen: Vollbeschäftigte Lehrkräfte: Hülfslehrkräfte	Jüdische Schulen: Unterrichtsklassen	Jüdische Schulen: Schulkinder: überhaupt	Jüdische Schulen: Schulkinder: evangelische	Jüdische Schulen: Schulkinder: katholische	Jüdische Schulen: Schulkinder: sonst christliche	Jüdische Schulen: Schulkinder: jüdische	Paritätische bezw. simultane Schulen: Schulen	Paritätische bezw. simultane Schulen: Vollbeschäftigte Lehrkräfte: überhaupt	Paritätische bezw. simultane Schulen: Vollbeschäftigte Lehrkräfte: ordentliche: evangelische	Paritätische bezw. simultane Schulen: Vollbeschäftigte Lehrkräfte: ordentliche: katholische	Paritätische bezw. simultane Schulen: Vollbeschäftigte Lehrkräfte: ordentliche: sonst christliche	Paritätische bezw. simultane Schulen: Vollbeschäftigte Lehrkräfte: ordentliche: jüdische	Paritätische bezw. simultane Schulen: Vollbeschäftigte Lehrkräfte: Hülfslehrkräfte	Paritätische bezw. simultane Schulen: Unterrichtsklassen	Paritätische bezw. simultane Schulen: Schulkinder: überhaupt	Paritätische bezw. simultane Schulen: Schulkinder: evangelische	Paritätische bezw. simultane Schulen: Schulkinder: katholische	Paritätische bezw. simultane Schulen: Schulkinder: sonst christliche	Paritätische bezw. simultane Schulen: Schulkinder: jüdische	Wiederholung der Bezeichnung in Spalte 1.
20	21	22	23	24	25	26	27	28	29	30	31	32	33	34	35	36	37	38	39	40	41	
—	—	—	—	—	—	—	—	—	54	526	384	117	—	13	[1]) 12	482	12 380	8 116	1 825	74	2 365	a)
																						b)
—	—	—	—	—	—	—	—	—	1	7	5	2	—	—	—	8	249	166	52	—	31	I.
—	—	—	—	—	—	—	—	—	6	60	52	6	—	—	[2]) 2	53	1 456	1 046	160	—	250	II.
—	—	—	—	—	—	—	—	—	—	—	—	—	—	—	—	—	—	—	—	—	—	III.
—	—	—	—	—	—	—	—	—	—	—	—	—	—	—	—	—	—	—	—	—	—	IV.
—	—	—	—	—	—	—	—	—	1	19	18	1	—	—	—	16	460	372	15	—	73	V.
—	—	—	—	—	—	—	—	—	7	60	50	9	—	1	—	50	1 311	795	160	—	356	VI.
—	—	—	—	—	—	—	—	—	4	35	25	8	—	1	[3]) 3	34	790	459	104	—	227	VII.
—	—	—	—	—	—	—	—	—	—	—	—	—	—	—	—	—	—	—	—	—	—	VIII.
—	—	—	—	—	—	—	—	—	—	—	—	—	—	—	—	—	—	—	—	—	—	IX.
—	—	—	—	—	—	—	—	—	3	40	34	6	—	—	—	32	854	769	16	14	55	X.
—	—	—	—	—	—	—	—	—	2	26	23	3	—	—	—	20	642	505	79	4	54	XI.
—	—	—	—	—	—	—	—	—	9	113	79	20	—	11	[4]) 3	102	3 133	1 866	284	20	963	XII.
—	—	—	—	—	—	—	—	—	21	166	98	64	—	—	[5]) 4	147	3 485	2 138	955	36	356	XIII.
—	—	—	—	—	—	—	—	—	—	—	—	—	—	—	—	—	—	—	—	—	—	XIV.

Anlage VI.

Die mit Kirchenämtern verbundenen Schulstellen und der Ertrag des zur Stellendotation bei öffentlichen höheren Mädchenschulen vorhandenen Vermögens nach dem Durchschnitte der drei Jahre 1889, 1890 und 1891, sowie der Wohnungs- und Feuerungswerth für die vollbeschäftigten Lehrkräfte.

Staat. Provinzen.	Zahl der überhaupt vorhandenen Stellen für vollbeschäftigte Lehrkräfte	Zahl der Stellen, welche dauernd oder herkömmlich mit einem kirchlichen Amte verbunden sind: evangelische: Anzahl	evangelische: mit einem Einkommen aus dem kirchlichen Amte überhaupt ℳ	evangelische: im Durchschnitte für eine Stelle ℳ	katholische: Anzahl	katholische: mit einem Einkommen aus dem kirchlichen Amte überhaupt ℳ	katholische: im Durchschnitte für eine Stelle ℳ	Zahl der Stellen, zu deren Dotation überhaupt Schul- und Stiftungsvermögen vorhanden ist	Ertrag des zur Dotation der Stellen vorhandenen Schul- und Stiftungsvermögens, mit Ausschluß des für Wohnung und Feuerung bestimmten überhaupt ℳ	Durchschnittlicher Ertrag des Vermögens für eine Stelle ℳ	Gesammtzahl der an Lehrer und Lehrerinnen in natura gewährten freien Wohnungen	Ortsüblicher Werth der Wohnung und Feuerung für sämmtliche Lehrkräfte, gleichviel in welcher Form dieselben gewährt werden, überhaupt ℳ	Ortsüblicher Werth …: durchschnittlich für eine Stelle ℳ
1	2	3	4	5	6	7	8	9	10	11	12	13	14
a) Staat	1 839	5	2 912	582	—	—	—	81	30 607	380	48	814 815	443
b) Provinzen.													
I. Ostpreußen	88	1	450	450	—	—	—	1	60	60	4	35 752	406
II. Westpreußen	105	—	—	—	—	—	—	1	—	—	4	42 571	405
III. Stadtkreis Berlin	160	—	—	—	—	—	—	—	—	—	8	103 019	644
IV. Brandenburg	158	1	615	615	—	—	—	1	150	150	4	67 454	427
V. Pommern	100	1	1 020	1 020	—	—	—	1	23	23	—	41 370	414
VI. Posen	81	—	—	—	—	—	—	19	24 127	1 270	3	34 430	425
VII. Schlesien	112	—	—	—	—	—	—	—	—	—	5	43 349	387
VIII. Sachsen	235	1	60	60	—	—	—	2	478	239	3	77 900	331
IX. Schleswig-Holstein	56	—	—	—	—	—	—	—	—	—	—	24 860	444
X. Hannover	186	1	767	767	—	—	—	—	—	—	1	85 518	460
XI. Westfalen	110	—	—	—	—	—	—	14	127	9	3	36 740	334
XII. Hessen-Nassau	170	—	—	—	—	—	—	5	4 601	920	3	103 197	607
XIII. Rheinland	278	—	—	—	—	—	—	37	1 241	34	10	118 455	426
XIV. Hohenzollern	—	—	—	—	—	—	—	—	—	—	—	—	—

Anlage VII.

Die zur Bestreitung der persönlichen Kosten der öffentlichen höheren Mädchen-

Staat. — Provinzen.	Jährliches Einkommen der Stellen für vollbeschäftigte Lehrkräfte, ausschließlich des Werthes für Wohnung und Feuerung bezw. nach Abzug der zur Beschaffung von Wohnung und Feuerung zu verwendenden Beträge. Gesammt-Stelleneinkommen für vollbeschäftigte Lehrkräfte zusammen ℳ	davon für Lehrer ℳ	davon für Lehrerinnen ℳ	Von dem Gesammt-Stelleneinkommen (Sp. 2) werden beschafft: durch Schulgeld ℳ	durch Aufkünfte vom Schul- und Stiftungsvermögen ℳ	aus der Kirchenkasse bezw. durch den Ertrag der Stolgebühren ℳ	durch Leistungen der Schulsozietäten ℳ	durch Gemeinde- ꝛc. Leistungen ℳ	aus Staatsmitteln infolge rechtlicher Verpflichtung ℳ	aus Staatsmitteln als Bedürfnißzuschuß ℳ	Persönliche und Dienst- … aus Staats- … Zahl der Empfänger Lehrer	Zahl der Empfänger Lehrerinnen	Betrag überhaupt ℳ
1	2	3	4	5	6	7	8	9	10	11	12	13	14
a) Staat	**3 158 912**	**2 188 062**	**968 831**	**2 819 478**	**38 807**	**3 212**	**10 323**	**217 224**	**7 906**	**58 865**	**27**	**15**	**9 087**
b) Provinzen.													
I. Ostpreußen	120 922	86 487	34 435	90 585	60	450	—	27 328	—	2 495	2	—	270
II. Westpreußen	152 928	105 879	47 049	140 553	—	—	—	6 775	—	5 600	—	—	—
III. Stadtkreis Berlin	419 679	310 704	108 975	393 754	—	—	—	—	—	25 925	—	—	—
IV. Brandenburg	238 327	171 888	66 439	205 141	150	615	4 335	27 374	712	—	1	—	700
V. Pommern	134 994	85 585	49 409	123 432	23	1 020	—	8 319	—	2 200	8	6	2 110
VI. Posen	109 072	63 674	45 398	72 995	24 127	—	752	4 206	3 394	3 600	3	7	1 320
VII. Schlesien	198 406	149 761	48 645	164 559	—	—	—	25 907	—	7 940	—	—	—
VIII. Sachsen	338 037	258 483	79 554	315 790	478	360	—	21 778	—	131	5	1	2 345
IX. Schleswig-Holstein	95 238	63 024	32 214	89 288	—	—	—	5 950	—	—	—	—	—
X. Hannover	296 224	220 532	75 692	286 172	—	767	1 515	6 974	—	796	6	—	1 542
XI. Westfalen	186 269	111 948	74 321	178 982	127	—	3 721	2 661	—	778	—	1	100
XII. Hessen-Nassau	345 883	256 189	89 694	325 397	4 601	—	—	14 485	—	1 400	—	—	—
XIII. Rheinland	520 934	303 928	217 006	433 326	1 241	—	—	75 467	2 900	6 000	2	—	700
XIV. Hohenzollern	—	—	—	—	—	—	—	—	—	—	—	—	—

*) Das Einkommen der vollbeschäftigten Handarbeitslehrerinnen ist in Spalte 3 bezw. 4 nachgewiesen.

Anlage VIII.

Die sächlichen Unterhaltungskosten der öffentlichen höheren Mädchenschulen im

Staat. — Provinzen.	Leistungen für … Gesammtbetrag der Aufwendungen für Bauten ℳ	Davon in baar ℳ	Davon Werth der in natura erfolgten Leistungen ℳ	Von dem Gesammtbetrage (Sp. 2) entfallen auf: Neubauten Betrag ℳ	Neubauten Zahl der Neubauten	Durch die in Sp. 6 angegebenen Neubauten sind neu beschafft Lehrerwohnungen	Durch die in Sp. 6 angegebenen Neubauten sind neu beschafft Klassenräume	Erweiterungsbauten Betrag ℳ	Erweiterungsbauten Zahl der Erweiterungsbauten	Durch die in Sp. 10 angegebenen Erweiterungsbauten sind neu beschafft Lehrerwohnungen	Durch die in Sp. 10 angegebenen Erweiterungsbauten sind neu beschafft Klassenräume	Reparaturbauten Betrag ℳ
1	2	3	4	5	6	7	8	9	10	11	12	13
a) Staat	**446 716**	**442 654**	**4 062**	**247 781**	**31**	**5**	**124**	**61 291**	**11**	**1**	**23**	**137 644**
b) Provinzen.												
I. Ostpreußen	16 279	14 143	2 136	10 254	2	—	9	2 516	1	—	2	3 409
II. Westpreußen	55 517	55 403	114	47 630	2	2	15	—	—	—	—	7 887
III. Stadtkreis Berlin	27 867	27 867	—	—	—	—	—	—	—	—	—	27 867
IV. Brandenburg	44 524	44 524	—	35 412	3	1	23	—	—	—	—	9 112
V. Pommern	43 841	42 481	1 360	41 400	2	—	11	—	—	—	—	2 441
VI. Posen	6 309	6 309	—	3 340	2	1	13	—	—	—	—	2 969
VII. Schlesien	12 121	12 121	—	5 214	2	—	—	—	—	—	—	6 907
VIII. Sachsen	36 361	35 909	452	20 466	4	—	27	6 866	2	—	5	9 029
IX. Schleswig-Holstein	44 858	44 858	—	27 630	2	—	—	14 598	1	—	—	2 630
X. Hannover	21 530	21 530	—	120	1	—	—	500	2	1	1	20 910
XI. Westfalen	47 372	47 372	—	21 200	4	—	6	17 988	2	—	6	8 184
XII. Hessen-Nassau	46 098	46 088	—	10 441	2	—	11	13 187	1	—	2	22 470
XIII. Rheinland	44 039	44 039	—	24 674	5	1	9	5 536	2	—	9	13 829
XIV. Hohenzollern	—	—	—	—	—	—	—	—	—	—	—	—

Anlage VII.

...schulen erfolgten Aufwendungen im Jahre 1891 bezw. 1891/92.

...alterszulagen ...mitteln. davon: Dienstalterszulagen ℳ	davon: persönliche Zulagen ℳ	Betrag der persönlichen u. s. w. Zulagen aus Mitteln der Gemeinden und sonstigen Verpflichteten ℳ	Aufwendungen für nicht vollbeschäftigte Hülfslehrkräfte ℳ	Aufwendungen für Handarbeitsunterricht oder das Einkommen für vollbeschäftigte Handarbeitslehrerinnen¹) ℳ	Aufwendungen für Bibliotheken u. s. w., welche mit Rücksicht auf den Gesundheitszustand von der Behörde u. dergl. angenommen sind ℳ	Zahl der Lehrer, denen solche Gesundheitszulagen beigegeben sind	Pensionirte Lehrkräfte und deren Pensionen. Zahl der pensionirten Lehrer überhaupt	Lehrer: pensionirt nach dem 1. April 1886	Lehrerinnen überhaupt	Lehrerinnen: pensionirt nach dem 1. April 1886	Gesammtbetrag der Pensionen überhaupt ℳ	davon für Lehrer ℳ	davon für Lehrerinnen ℳ	Von der Pension werden beschafft aus Staatsmitteln ℳ	durch Leistungen der Gemeinden und sonstigen Verpflichteten ℳ	Summe der persönlichen Schulunterhaltungskosten ℳ	Wiederholung der Bezeichnung in Spalte 1.
15	16	17	18	19	20	21	22	23	24	25	26	27	28	29	30	31	
5 420	3 867	37 153	113 621	41 268	3 900	3	78	43	113	59	220 112	147 823	72 289	16 032	204 080	3 622 038	a)
																	b)
270	—	1 320	2 900	2 060	—	—	1	—	7	2	4 505	1 000	3 505	—	4 505	131 975	I.
—	—	3 605	7 971	1 592	—	—	6	4	7	5	15 248	10 990	4 258	—	15 248	181 344	II.
—	—	—	24 432	—	—	—	10	3	6	5	40 626	35 133	5 493	14 502	26 124	484 737	III.
100	600	1 800	6 805	5 552	—	—	17	6	6	3	29 700	27 160	2 540	—	29 700	262 884	IV.
2 110	—	2 590	2 981	2 334	—	—	7	4	9	2	16 574	10 325	6 249	—	16 574	161 583	V.
120	1 200	1 790	10 130	1 840	900	1	1	—	1	—	1 221	396	825	—	1 221	126 273	VI.
—	—	3 150	13 052	3 825	—	—	6	6	11	7	16 916	11 776	5 140	—	16 916	235 349	VII.
2 120	225	7 610	11 676	13 496	—	—	12	5	18	9	28 545	17 875	10 670	1 550	26 995	401 709	VIII.
—	—	2 250	3 245	600	—	—	1	1	1	1	2 205	1 800	405	—	2 205	103 538	IX.
—	1 542	2 785	6 645	1 935	—	—	2	1	12	6	6 743	876	5 867	—	6 743	315 874	X.
—	100	725	4 487	1 310	3 000	2	3	1	7	4	10 661	6 025	4 636	—	10 661	206 552	XI.
—	—	1 410	38 705	3 704	—	—	4	1	14	4	21 904	10 483	11 421	—	21 904	411 606	XII.
700	—	8 120	20 592	3 020	—	—	8	6	14	8	25 266	13 984	11 282	—	25 266	578 632	XIII.
—	—	—	—	—	—	—	—	—	—	—	—	—	—	—	—	—	XIV.

Anlage VIII.

Durchschnitte der Jahre 1889, 1890 und 1891 sowie die vorhandenen Bauschulden.

Schulbauten. Von dem Gesammtbetrage für Schulbauten (Sp. 2) wurden beschafft: durch Bewilligungen aus dem Provinzial-Baufonds ℳ	durch Allerhöchste Gnadenbewilligungen ℳ	aus dem Schul- und Stiftungsvermögen ℳ	aus Mitteln der Schulsozietäten ℳ	aus Mitteln der Gemeinden und sonstigen Verpflichteten ℳ	aus sonstigen Quellen ℳ	Sonstige sächliche Aufwendungen einschließlich des Werthes für Wohnung und Feuerung. Gesammtbetrag der sonstigen sächlichen Aufwendungen ℳ	Von dem Gesammtbetrage (Sp. 20) wurden beschafft: aus dem Schul- und Stiftungsvermögen ℳ	aus Mitteln der Schulsozietäten ℳ	aus Mitteln der Gemeinden und sonstigen Verpflichteten ℳ	aus Staatsmitteln ℳ	aus sonstigen Quellen ℳ	Summe der sächlichen Schulunterhaltungskosten ℳ	Betrag der durch Schulbauten verursachten und noch vorhandenen Bauschulden ℳ	Wiederholung der Bezeichnung in Spalte 1.
14	15	16	17	18	19	20	21	22	23	24	25	26	27	
4 166	—	888	3 360	430 323	7 886	1 470 280	181 200	35 563	870 933	31 741	250 663	1 916 996	2 782 350	a)
														b)
—	—	—	—	16 279	—	54 600	1 710	—	49 510	—	3 380	70 879	110 995	I.
4 166	—	—	—	51 351	—	68 341	11 868	—	45 120	4 216	7 637	124 353	313 224	II.
—	—	—	—	24 785	3 082	158 093	6 840	—	44 333	18 830	88 090	186 560	—	III.
—	—	—	1 529	42 935	—	111 161	2 540	7 516	91 928	—	9 177	155 685	100 000	IV.
—	—	—	—	43 829	12	73 157	—	—	73 029	—	128	116 998	70 523	V.
—	—	—	940	5 369	—	51 070	4 327	1 757	43 820	—	1 166	57 379	84 310	VI.
—	—	—	—	12 121	—	52 041	2 360	5 583	43 271	500	327	64 162	17 500	VII.
—	—	—	—	36 361	—	121 149	6 370	15 613	83 626	2 706	12 834	157 510	149 536	VIII.
—	—	—	—	44 858	—	32 245	—	—	32 245	—	—	77 103	—	IX.
—	—	888	900	19 742	—	125 217	3 657	5 114	107 641	1 935	6 640	146 747	395 727	X.
—	—	—	—	47 372	—	51 313	500	—	41 352	300	9 161	98 685	468 934	XI.
—	—	—	—	42 924	3 174	345 175	119 200	—	147 274	—	77 951	391 223	418 581	XII.
—	—	—	—	42 339	1 700	225 665	21 028	—	167 784	3 254	33 602	269 707	753 020	XIII.
—	—	—	—	—	—	—	—	—	—	—	—	—	—	XIV.

Die lehrplanmäßige Einrichtung der öffentlichen Mädchen-Mittelschulen

Staat — Provinzen	Zahl der Schulen überhaupt	Zahl der Unterrichtsklassen zusammen	davon Mädchenklassen	davon gemischte Klassen	Zahl der Schulkinder überhaupt	Unter den Schulen befinden 1 aufsteigenden: Schulen	1: mit Schulkindern	2: Schulen	2: mit Unterrichtsklassen	2: mit Schulkindern	3: Schulen	3: mit Unterrichtsklassen	3: mit Schulkindern	4: Schulen	4: mit Unterrichtsklassen	4: mit Schulkindern
1	2	3	4	5	6	7	8	9	10	11	12	13	14	15	16	17
a) Staat	92	739	737	2	28 792	1	12	5	10	197	4	12	252	5	20	436
b) Provinzen.																
I. Ostpreußen	8	57	57	—	3 030	—	—	—	—	—	—	—	—	—	—	—
II. Westpreußen	4	28	28	—	1 298	—	—	—	—	—	—	—	—	1	4	105
III. Stadtkreis Berlin	—	—	—	—	—	—	—	—	—	—	—	—	—	—	—	—
IV. Brandenburg	23	186	186	—	6 781	—	—	1	2	42	1	3	53	—	—	—
V. Pommern	4	30	30	—	1 184	—	—	—	—	—	—	—	—	—	—	—
VI. Posen	3	28	28	—	1 169	—	—	1	2	31	—	—	—	—	—	—
VII. Schlesien	10	82	82	—	3 144	—	—	—	—	—	1	3	63	—	—	—
VIII. Sachsen	8	60	60	—	2 443	1	12	—	—	—	—	—	—	—	—	—
IX. Schleswig-Holstein	13	98	96	2	3 812	—	—	—	—	—	1	3	57	2	8	191
X. Hannover	5	51	51	—	1 677	—	—	—	—	—	—	—	—	1	4	80
XI. Westfalen	3	6	6	—	124	—	—	3	6	124	—	—	—	—	—	—
XII. Hessen-Nassau	4	59	59	—	2 178	—	—	—	—	—	—	—	—	—	—	—
XIII. Rheinland	7	54	54	—	1 864	—	—	—	—	—	1	3	79	1	4	64
XIV. Hohenzollern	—	—	—	—	—	—	—	—	—	—	—	—	—	—	—	—

*) mit Einschluß einer Schule in der Provinz Schleswig-Holstein, deren beide unteren Klassen von Knaben und Mädchen besucht werden.

Anlage II.

Schulgebäude, Klassenräume, Lehrerwohnungen und Landdotation*) der öffentlichen Mädchen-Mittelschulen.

Staat — Provinzen	Schulen und Klassenräume. In eigenem Schulgebäude oder unentgeltlich zur Verfügung stehenden Räumen waren untergebracht: Schulen	Klassenräume	Ausschließlich in gemietheten Räumen waren untergebracht: Schulen	Klassenräume	Überhaupt waren vorhanden: Schulen	Klassenräume im Ganzen	Von den Klassenräumen befinden sich in gemietheten Räumen	Von den Klassenräumen wurden nicht für Unterrichtszwecke benutzt	Anzahl der in natura gewährten freien Wohnungen an Lehrer: in eigenem Schulgebäude oder unentgeltlich zur Verfügung stehenden Räumen	an Lehrer: in gemietheten Räumen	an Lehrerinnen: in eigenem Schulgebäude oder unentgeltlich zur Verfügung stehenden Räumen	an Lehrerinnen: in gemietheten Räumen	Überhaupt
1	2	3	4	5	6	7	8	9	10	11	12	13	14
a) Staat	89	794	3	13	92	807	13	33	27	1	3	—	31
b) Provinzen.													
I. Ostpreußen	8	60	—	—	8	60	—	8	5	—	—	—	5
II. Westpreußen	4	31	—	—	4	31	—	2	1	—	1	—	2
III. Stadtkreis Berlin		—	—	—	—	—	—	—	—	—	—	—	—
IV. Brandenburg	23	189	—	—	23	189	—	7	8	—	—	—	8
V. Pommern	3	26	1	9	4	35	9	4	—	—	—	—	—
VI. Posen	2	27	1	2	3	29	2	—	—	—	—	—	—
VII. Schlesien	10	96	—	—	10	96	—	2	2	—	—	—	2
VIII. Sachsen	8	70	—	—	8	70	—	4	—	—	—	—	—
IX. Schleswig-Holstein	13	107	—	—	13	107	—	5	8	—	—	—	8
X. Hannover	5	59	—	—	5	59	—	—	—	—	—	—	—
XI. Westfalen	2	4	1	2	3	6	2	—	—	—	—	—	—
XII. Hessen-Nassau	4	62	—	—	4	62	—	1	—	1	—	—	1
XIII. Rheinland	7	63	—	—	7	63	—	5	3	—	2	—	5
XIV. Hohenzollern	—	—	—	—	—	—	—	—	—	—	—	—	—

*) Landdotation nur für 3 Schulen mit 4 Lehrern und 6,[illegible] ha vorhanden.

Mädchen-Mittelschulen.[*]

Anlage I.

und ihre Gruppirung nach der Zahl der Unterrichtsklassen.

lich solche mit									Unter den Schulen sind														
5			6			7 und mehr			einklassige		zweiklassige mit einer Lehrkraft		zweiklassige mit zwei Lehrkräften		dreiklassige mit zwei Lehrkräften		dreiklassige mit drei Lehrkräften		vier- und mehrklassige				Wiederholung der Bezeichnung in Spalte 1.
Klassen:																							
Schulen	mit Unterrichtsklassen	mit Schulkindern	Schulen	mit Unterrichtsklassen	mit Schulkindern	Schulen	mit Unterrichtsklassen	mit Schulkindern	Schulen	mit Schulkindern	Schulen	mit Schulkindern	Schulen	mit Schulkindern	Schulen	mit Schulkindern	Schulen	mit Schulkindern	Schulen	mit Klassen	mit vollbeschäftigten Lehrkräften	mit Schulkindern	
18	19	20	21	22	23	24	25	26	27	28	29	30	31	32	33	34	35	36	37	38	39	40	
9	47	1 452	14	128	6 101	49	511	20 230	1	12	—	—	3	197	—	—	4	252	82	716	794	28 241	a)
																							b)
1	5	165	6	43	2 476	1	9	389	—	—	—	—	—	—	—	—	—	—	8	57	62	3 030	I.
—	—	—	1	6	277	2	18	916	—	—	—	—	—	—	—	—	—	—	4	28	29	1 296	II.
—	—	—	—	—	—	—	—	—	—	—	—	—	—	—	—	—	—	—	—	—	—	—	III.
3	15	447	7	53	1 860	11	113	4 379	—	—	—	—	1	42	—	—	1	53	21	181	163	6 686	IV.
—	—	—	2	15	545	2	15	632	—	—	—	—	—	—	—	—	—	—	4	30	35	1 184	V.
—	—	—	—	—	—	2	26	1 138	—	—	—	—	1	31	—	—	—	—	2	26	30	1 138	VI.
1	5	131	1	6	221	7	66	2 729	—	—	—	—	—	—	—	—	1	68	9	79	79	3 081	VII.
1	5	158	1	8	436	5	46	1 833	1	12	—	—	—	—	—	—	—	—	7	59	70	2 431	VIII.
1	5	197	—	—	—	9	82	3 367	—	—	—	—	—	—	—	—	1	57	12	95	117	3 755	IX.
—	—	—	—	—	—	4	47	1 597	—	—	—	—	—	—	—	—	—	—	5	51	61	1 677	X.
—	—	—	—	—	—	—	—	—	—	—	—	—	3	124	—	—	—	—	—	—	—	—	XI.
1	6	178	—	—	—	3	58	2 000	—	—	—	—	—	—	—	—	—	—	4	59	67	2 178	XII.
1	6	176	1	7	284	3	34	1 261	—	—	—	—	—	—	—	—	1	79	6	51	61	1 785	XIII.
—	—	—	—	—	—	—	—	—	—	—	—	—	—	—	—	—	—	—	—	—	—	—	XIV.

Anlage III.

Die Schulwege der Schulkinder der öffentlichen Mädchen-Mittelschulen; die Schulkinder nach Geschlecht, Religionsbekenntniß und Familiensprache.

Staat. Provinzen.	Schulkinder überhaupt	Von den Schulkindern haben einen Schulweg von 2½ und mehr km	Geschlecht der Schulkinder:[1]		Religionsbekenntniß der Schulkinder:				Familiensprache der Schulkinder: Es sprechen in ihren Familien						
			Knaben	Mädchen	evangelisch	katholisch	sonst christlich	jüdisch	nur deutsch	nur polnisch	polnisch und deutsch	nur dänisch	dänisch und deutsch	nur eine sonstige nicht deutsche Sprache	eine sonstige nicht deutsche Sprache und deutsch
1	2	3	4	5	6	7	8	9	10	11	12	13	14	15	16
a) Staat	28 702	319	23	28 679	25 334	1 876	175	1 107	28 347	140	93	91	28	1	2
b) Provinzen															
I. Ostpreußen	3 030	—	—	3 030	2 817	46	34	133	3 030	—	—	—	—	—	—
II. Westpreußen	1 296	39	—	1 296	946	255	25	70	1 211	48	37	—	—	—	—
III. Stadtkreis Berlin	—	—	—	—	—	—	—	—	—	—	—	—	—	—	—
IV. Brandenburg	6 781	84	—	6 781	6 581	58	24	118	6 778	—	1	—	—	—	[3]) 2
V. Pommern	1 184	18	—	1 184	1 159	5	8	12	1 184	—	—	—	—	—	—
VI. Posen	1 169	25	—	1 169	727	222	—	220	1 037	91	41	—	—	—	—
VII. Schlesien	3 144	7	—	3 144	2 502	363	19	260	3 129	1	14	—	—	—	—
VIII. Sachsen	2 443	17	—	2 443	2 381	15	9	38	2 443	—	—	—	—	—	—
IX. Schleswig-Holstein	3 812	15	23	3 789	3 773	15	2	22	3 693	—	—	91	28	—	—
X. Hannover	1 677	10	—	1 677	1 592	23	2	60	1 677	—	—	—	—	—	—
XI. Westfalen	124	—	—	124	111	4	1	8	124	—	—	—	—	—	—
XII. Hessen-Nassau	2 178	13	—	2 178	1 840	177	18	143	2 178	—	—	—	—	—	—
XIII. Rheinland	1 864	31	—	1 864	995	723	33	113	1 863	—	—	—	—	[2]) 1	—
XIV. Hohenzollern	—	—	—	—	—	—	—	—	—	—	—	—	—	—	—

[1]) Davon wurden in der Provinz Schleswig-Holstein 23 Knaben und 46 Mädchen in 2 gemischten Klassen unterrichtet. — [2]) nur französisch. — [3]) englisch und deutsch.

Anlage IV.

Die konfessionellen Verhältnisse der

Staat. — Provinzen.	Evangelische Schulen.									Katholische Schulen.								
	Schulen	Vollbeschäftigte Lehrkräfte		Unterrichtsklassen	Schulkinder					Schulen	Vollbeschäftigte Lehrkräfte		Unterrichtsklassen	Schulkinder				
		ordentliche	Hülfslehrkräfte		überhaupt	evangelische	katholische	sonst christliche	jüdische		ordentliche	Hülfslehrkräfte		überhaupt	evangelische	katholische	sonst christliche	jüdische
1	2	3	4	5	6	7	8	9	10	11	12	13	14	15	16	17	18	19
a) Staat	77	641	30	612	23 815	22 446	558	128	683	4	24	1	24	767	53	654	1	59
b) Provinzen.																		
I. Ostpreußen	8	60	2	57	3 030	2 817	46	34	133	—	—	—	—	—	—	—	—	—
II. Westpreußen	1	10	—	10	541	427	87	17	10	—	—	—	—	—	—	—	—	—
III. Stadtkreis Berlin	—	—	—	—	—	—	—	—	—	—	—	—	—	—	—	—	—	—
IV. Brandenburg	23	185	3	186	6 781	6 581	58	24	118	—	—	—	—	—	—	—	—	—
V. Pommern	4	35	—	30	1 184	1 159	5	8	12	—	—	—	—	—	—	—	—	—
VI. Posen	1	2	—	2	31	15	8	—	8	—	—	—	—	—	—	—	—	—
VII. Schlesien	8	63	4	69	2 785	2 373	182	18	212	1	8	1	8	228	29	159	1	39
VIII. Sachsen	8	70	1	60	2 443	2 381	15	9	38	—	—	—	—	—	—	—	—	—
IX. Schleswig-Holstein	13	104	16	98	3 812	3 773	15	2	22	—	—	—	—	—	—	—	—	—
X. Hannover	5	59	2	51	1 677	1 592	23	2	60	—	—	—	—	—	—	—	—	—
XI. Westfalen	3	5	1	6	124	111	4	1	8	—	—	—	—	—	—	—	—	—
XII. Hessen-Nassau	3	48	1	43	1 407	1 217	115	13	62	—	—	—	—	—	—	—	—	—
XIII. Rheinland	—	—	—	—	—	—	—	—	—	3	16	—	16	539	24	495	—	20
XIV. Hohenzollern	—	—	—	—	—	—	—	—	—	—	—	—	—	—	—	—	—	—

[1]) evangelisch.

Anlage V.

Lehrerstellen und Lehrkräfte an den öffentlichen Mädchen-Mittelschulen.

Staat. — Provinzen.	Es waren vorhanden Stellen für vollbeschäftigte		Religionsbekenntniß der vollbeschäftigten Lehrkräfte.							Nicht vollbeschäftigte		Unter den nicht vollbeschäftigten Hülfslehrern der Spalte 11 befinden sich Religionslehrer für die konfessionelle Minderheit der Schulkinder	Handarbeits-Lehrerinnen	
			Stellen für ordentliche Lehrkräfte				Stellen für Hülfslehrkräfte							
			Lehrer		Lehrerinnen [1])		Lehrer	Lehrerinnen						
	ordentliche Lehrkräfte	Hülfslehrkräfte	evangelische	katholische	evangelische	katholische	evangelische	evangelische	katholische	Hülfslehrer	Hülfslehrerinnen		geprüfte	ungeprüfte
1	2	3	4	5	6	7	8	9	10	11	12	13	14	15
a) Staat	784	33	433	27	295	28	1	31	1	65	28	39	130	73
b) Provinzen.														
I. Ostpreußen	60	2	32	—	28	—	—	2	—	4	—	3	8	9
II. Westpreußen	29	—	16	2	10	1	—	—	—	2	2	2	3	3
III. Stadtkreis Berlin	—	—	—	—	—	—	—	—	—	—	—	—	—	—
IV. Brandenburg	185	3	113	—	72	—	—	3	—	8	1	4	21	16
V. Pommern	35	—	18	—	17	—	—	—	—	—	—	—	4	1
VI. Posen	32	—	12	7	11	1	—	—	—	6	6	3	13	3
VII. Schlesien	77	5	47	6	21	3	—	4	1	19	10	17	15	4
VIII. Sachsen	70	1	48	—	22	—	—	1	—	5	4	2	14	8
IX. Schleswig-Holstein	104	16	54	—	50	—	—	16	—	2	1	—	15	12
X. Hannover	59	2	39	—	20	—	1	1	—	3	1	—	14	3
XI. Westfalen	5	1	1	—	4	—	—	1	—	—	—	—	2	1
XII. Hessen-Nassau	66	1	41	2	22	1	—	1	—	3	1	3	10	6
XIII. Rheinland	62	2	12	10	18	22	—	2	—	13	2	5	11	7
XIV. Hohenzollern	—	—	—	—	—	—	—	—	—	—	—	—	—	—

[1]) außerdem 1 jüdische Lehrerin in der Provinz Posen.

Jüdische Schulen: Schulen	Jüdische Schulen: Vollbeschäftigte Lehrkräfte: ordentliche	Jüdische Schulen: Vollbeschäftigte Lehrkräfte: Hülfslehrkräfte	Jüdische Schulen: Unterrichtsklassen	Jüdische Schulen: Schulkinder: überhaupt	Jüdische Schulen: Schulkinder: evangelische	Jüdische Schulen: Schulkinder: katholische	Jüdische Schulen: Schulkinder: sonst christliche	Jüdische Schulen: Schulkinder: jüdische	Paritätische bezw. simultane Schulen: Schulen	Paritätische: Vollbeschäftigte Lehrkräfte: überhaupt	Paritätische: ordentliche: evangelische	Paritätische: ordentliche: katholische	Paritätische: ordentliche: sonst christliche	Paritätische: ordentliche: jüdische	Paritätische: Hülfslehrkräfte	Paritätische: Unterrichtsklassen	Paritätische: Schulkinder: überhaupt	Paritätische: Schulkinder: evangelische	Paritätische: Schulkinder: katholische	Paritätische: Schulkinder: sonst christliche	Paritätische: Schulkinder: jüdische	Wiederholung der Bezeichnung in Spalte 1.
20	21	22	23	24	25	26	27	28	29	30	31	32	33	34	35	36	37	38	39	40	41	
—	—	—	—	—	—	—	—	—	11	121	87	31	—	1	¹) 2	103	4 120	2 855	764	46	455	a)
																						b)
—	—	—	—	—	—	—	—	—	—	—	—	—	—	—	—	—	—	—	—	—	—	I.
—	—	—	—	—	—	—	—	—	3	19	16	3	—	—	—	18	755	519	168	8	60	II.
—	—	—	—	—	—	—	—	—	—	—	—	—	—	—	—	—	—	—	—	—	—	III.
—	—	—	—	—	—	—	—	—	—	—	—	—	—	—	—	—	—	—	—	—	—	IV.
—	—	—	—	—	—	—	—	—	—	—	—	—	—	—	—	—	—	—	—	—	—	V.
—	—	—	—	—	—	—	—	—	2	30	21	8	—	1	—	26	1 138	712	214	—	212	VI.
—	—	—	—	—	—	—	—	—	1	6	5	1	—	—	—	5	131	100	22	—	9	VII.
—	—	—	—	—	—	—	—	—	—	—	—	—	—	—	—	—	—	—	—	—	—	VIII.
—	—	—	—	—	—	—	—	—	—	—	—	—	—	—	—	—	—	—	—	—	—	IX.
—	—	—	—	—	—	—	—	—	—	—	—	—	—	—	—	—	—	—	—	—	—	X.
—	—	—	—	—	—	—	—	—	—	—	—	—	—	—	—	—	—	—	—	—	—	XI.
—	—	—	—	—	—	—	—	—	1	18	15	3	—	—	—	16	771	623	62	5	81	XII.
—	—	—	—	—	—	—	—	—	4	48	30	16	—	—	¹) 2	38	1 325	901	298	33	93	XIII.
—	—	—	—	—	—	—	—	—	—	—	—	—	—	—	—	—	—	—	—	—	—	XIV.

Anlage VI.

Die mit Kirchenämtern verbundenen Schulstellen und der Ertrag des zur Stellendotation bei öffentlichen Mädchen-Mittelschulen vorhandenen Vermögens nach dem Durchschnitte der drei Jahre 1889, 1890 und 1891, sowie der Wohnungs- und Feuerungswerth für die vollbeschäftigten Lehrkräfte.

Staat. — Provinzen.	Zahl der überhaupt vorhandenen Stellen für vollbeschäftigte Lehrkräfte	Zahl der Stellen, welche dauernd oder herkömmlich mit einem kirchlichen Amte verbunden sind: evangelische: Anzahl	evangelische: mit einem Einkommen aus dem kirchlichen Amte überhaupt ℳ	evangelische: im Durchschnitte für eine Stelle ℳ	Zahl der Stellen, zu deren Dotation überhaupt Schul- und Stiftungsvermögen vorhanden ist	Ertrag des zur Stellendotation vorhandenen Schul- und Stiftungsvermögens, mit Ausschluß des für Wohnung und Feuerung bestimmten, überhaupt ℳ	Durchschnittlicher Ertrag des Vermögens für eine Stelle ℳ	Gesammtzahl der an Lehrer und Lehrerinnen in natura gewährten freien Wohnungen	Ortsüblicher Werth der Wohnung und Feuerung für sämmtliche Lehrkräfte, gleichviel in welcher Form dieselben gewährt werden: überhaupt ℳ	durchschnittlich für eine Stelle ℳ
1	2	3	4	5	6	7	8	9	10	11
a) Staat	817	6	5 752	959	10	3 585	350	32	344 562	422
b) Provinzen.										
I. Ostpreußen	62	1	2 156	2 156	1	2 078	2 078	5	25 981	419
II. Westpreußen	29	—	—	—	1	34	34	2	9 644	333
III. Stadtkreis Berlin	—	—	—	—	—	—	—	—	—	—
IV. Brandenburg	188	4	2 946	737	4	83	21	8	66 601	354
V. Pommern	35	—	—	—	—	—	—	—	16 350	467
VI. Posen	32	—	—	—	—	—	—	1	18 562	580
VII. Schlesien	83	—	—	—	—	—	—	2	37 030	452
VIII. Sachsen	71	—	—	—	1	630	630	—	20 555	290
IX. Schleswig-Holstein	120	1	650	650	2	70	35	8	51 049	425
X. Hannover	61	—	—	—	—	—	—	—	35 993	590
XI. Westfalen	6	—	—	—	—	—	—	—	1 160	193
XII. Hessen-Nassau	67	—	—	—	1	690	690	1	37 090	554
XIII. Rheinland	64	—	—	—	—	—	—	5	24 545	384
XIV. Hohenzollern	—	—	—	—	—	—	—	—	—	—

Anlage VII.

Die zur Bestreitung der persönlichen Kosten der öffentlichen Mädchen-

Staat. — Provinzen.	Jährliches Einkommen der Stellen für vollbeschäftigte Lehrkräfte, ausschließlich des Werthes für Wohnung und Feuerung bezw. nach Abzug der zur Beschaffung von Wohnung und Feuerung zu verwendenden Beträge. Gesammt-Stelleneinkommen für vollbeschäftigte Lehrkräfte zusammen ℳ	davon für Lehrer ℳ	davon für Lehrerinnen ℳ	Von dem Gesammt-Stelleneinkommen (Sp. 2) werden beschafft: durch Schulgeld ℳ	durch Aufkünfte vom Schul- und Stiftungsvermögen ℳ	aus der Kirchenkasse bezw. durch den Betrag der Stolgebühren ℳ	durch Leistungen der Schulsozietäten ℳ	durch Gemeinde- u. Leistungen ℳ	aus Staatsmitteln in Folge rechtlicher Verpflichtung ℳ	aus Staatsmitteln als Bedürfnißzuschuß ℳ	Persönliche und Dienst- aus Staats- Zahl der Empfänger Lehrer	Zahl der Empfänger Lehrerinnen	Betrag überhaupt ℳ
1	2	3	4	5	6	7	8	9	10	11	12	13	14
a) Staat	1 163 544	823 630	340 712	915 496	3 585	4 442	6 264	225 986	260	8 641	15	11	4 745
b) Provinzen													
I. Ostpreußen	65 025	42 625	22 400	61 781	2 078	78	—	1 088	—	—	3	3	690
II. Westpreußen	32 932	24 396	8 536	28 228	34	—	—	2 170	—	2 560	1	2	710
III. Stadtkreis Berlin	—	—	—	—	—	—	—	—	—	—	—	—	—
IV. Brandenburg	250 594	180 820	69 774	169 546	83	3 174	4 915	69 745	250	2 881	3	3	755
V. Pommern	48 850	34 150	14 700	46 750	—	—	—	1 100	—	1 000	1	1	590
VI. Posen	35 188	25 208	9 980	33 068	—	—	—	1 120	—	1 000	—	—	—
VII. Schlesien	135 649	104 689	30 960	96 818	—	—	—	38 831	—	—	1	—	400
VIII. Sachsen	100 283	80 353	19 930	80 098	630	276	—	19 349	—	—	—	—	—
IX. Schleswig-Holstein	165 624	105 455	61 169	136 910	70	914	200	27 330	—	1 200	2	2	300
X. Hannover	103 893	85 260	18 633	91 845	—	—	—	12 048	—	—	—	—	—
XI. Westfalen	6 315	1 440	4 875	5 071	—	—	1 149	95	—	—	—	—	—
XII. Hessen-Nassau	112 816	86 636	26 180	89 101	690	—	—	23 015	10	—	4	—	1 300
XIII. Rheinland	106 375	52 800	53 575	76 280	—	—	—	30 095	—	—	—	—	—
XIV. Hohenzollern	—	—	—	—	—	—	—	—	—	—	—	—	—

¹) Das Einkommen der vollbeschäftigten Handarbeits-Lehrerinnen ist in Spalte 2 nachgewiesen. — ²) Nach Abzug der Beträge in Spalte 7, da diese schon in dem Stelleneinkommen der

Anlage VIII.

Die sächlichen Unterhaltungskosten der öffentlichen Mädchen-Mittelschulen im

Leistungen für

Staat. Provinzen.	Gesammtbetrag der Aufwendungen für Bauten ℳ	Davon in baar ℳ	Davon Werth der in natura erfolgten Leistungen ℳ	Von dem Gesammtbetrage (Sp. 2) entfallen auf: Neubauten Betrag ℳ	Neubauten Zahl der Neubauten	Durch die in Sp. 6 angegebenen Neubauten sind neu beschafft Lehrerwohnungen	Durch die in Sp. 6 angegebenen Neubauten sind neu beschafft Klassenräume	Erweiterungsbauten Betrag ℳ	Erweiterungsbauten Zahl der Erweiterungsbauten	Durch die in Sp. 10 angegebenen Erweiterungsbauten sind neu beschafft Lehrerwohnungen	Durch die in Sp. 10 angegebenen Erweiterungsbauten sind neu beschafft Klassenräume	Reparaturbauten Betrag ℳ
1	2	3	4	5	6	7	8	9	10	11	12	13
a) Staat	183 946	183 798	148	139 330	18	1	39	1 967	2	—	—	42 649
b) Provinzen.												
I. Ostpreußen	4 144	4 144	—	397	3	—	12	—	—	—	—	3 747
II. Westpreußen	948	800	148	—	—	—	—	—	—	—	—	948
III. Stadtkreis Berlin	—	—	—	—	—	—	—	—	—	—	—	—
IV. Brandenburg	23 515	23 515	—	14 179	4	—	—	1 500	1	—	—	7 836
V. Pommern	3 435	3 435	—	1 871	2	—	—	—	—	—	—	1 564
VI. Posen	51 087	51 087	—	47 905	2	1	20	—	—	—	—	3 182
VII. Schlesien	57 827	57 827	—	53 801	3	—	—	—	—	—	—	4 026
VIII. Sachsen	2 040	2 040	—	—	—	—	—	—	—	—	—	2 040
IX. Schleswig-Holstein	13 422	13 422	—	4 567	2	—	7	467	1	—	—	8 388
X. Hannover	5 081	5 081	—	—	—	—	—	—	—	—	—	5 081
XI. Westfalen	—	—	—	—	—	—	—	—	—	—	—	—
XII. Hessen-Nassau	21 550	21 550	—	16 610	2	—	—	—	—	—	—	4 940
XIII. Rheinland	897	897	—	—	—	—	—	—	—	—	—	897
XIV. Hohenzollern	—	—	—	—	—	—	—	—	—	—	—	—

Mittelschulen erfolgten Aufwendungen im Jahre 1891 bezw. 1891/2.

…alterszulagen …mitteln. davon: Dienstalterszulagen ℳ	davon: persönliche Zulagen ℳ	Betrag der persönlichen u. s. w. Zulagen aus Mitteln der Gemeinden und sonstigen Verpflichteten ℳ	Aufwendungen für nicht vollbeschäftigte Hülfslehrkräfte ℳ	Aufwendungen für Handarbeitsunterricht ohne das Einkommen für vollbeschäftigte Handarbeitslehrerinnen ³) ℳ	Pensionirte Lehrkräfte und deren Pensionen. Zahl der pensionirten Lehrer überhaupt	Lehrer darunter nach dem 1. April 1886 pensionirt	Lehrerinnen überhaupt	Lehrerinnen darunter nach dem 1. April 1886 pensionirt	Gesammtbetrag der Pensionen überhaupt ℳ	davon für Lehrer ℳ	davon für Lehrerinnen ℳ	Von der Pension werden beschafft aus Staatsmitteln ℳ	durch Abgaben des Dienstnachfolgers Betrag ℳ	für Pensionäre	durch Leistungen der Gemeinden und sonstigen Verpflichteten ℳ	Summe der persönlichen Schulunterhaltungskosten ³) ℳ	Wiederholung der Bezeichnung in Spalte 1.
15	16	17	18	19	20	21	22	23	24	25	26	27	28	29	30	31	
4 460	285	23 608	30 960	29 849	18	10	27	11	35 646	23 499	12 147	4 100	450	1	31 090	1 268 961	a)
																	b)
690	–	–	300	2 043	4	3	2	–	4 742	4 336	406	600	456	1	3 686	72 344	I.
710	–	4 000	160	1 440	–	–	1	1	878	–	878	–	–	–	878	40 190	II.
–	–		–	–	–	–	–	–	–	–	–	–	–	–	–	–	III.
560	195	9 928	2 055	7 381	6	3	4	3	9 323	7 903	1 420	–	–	–	9 323	280 536	IV.
500	90	–	–	–	–	–	1	–	500	–	500	–	–	–	500	49 940	V.
–	–	650	850	1 370	–	–	1	–	1 200	–	1 200	–	–	–	1 200	39 208	VI.
400	–	800	18 177	8 130	4	2	5	3	7 803	5 640	2 163	600	–	–	7 203	170 959	VII.
–	–	2 400	3 020	1 445	2	1	2	–	3 845	2 870	975	600	–	–	3 245	110 993	VIII.
300	–	3 770	665	1 970	1	1	5	2	2 775	1 400	1 375	600	–	–	2 175	176 104	IX.
–	–	400	320	3 200	–	–	4	2	2 050	–	2 050	–	–	–	2 050	109 863	X.
–	–	100	–	–	–	–	–	–	–	–	–	–	–	–	–	6 415	XI.
1 300	–	540	763	1 520	1	–	2	–	2 530	1 350	1 180	1 700	–	–	830	119 474	XII.
–	–	1 020	4 650	900	–	–	–	–	–	–	–	–	–	–	–	112 945	XIII.
–	–	–	–	–	–	–	–	–	–	–	–	–	–	–	–	–	XIV.

…Spalte 3 mit einbegriffen sind.

Durchschnitte der Jahre 1889, 1890 und 1891 sowie die vorhandenen Bauschulden.

Schulbauten. Von dem Gesammtbetrage für Schulbauten (Sp. 2) wurden beschafft: durch Bewilligungen aus dem Patronats-Baufonds ℳ	durch Allerhöchste Gnadenbewilligungen ℳ	aus dem Schul- und Stiftungsvermögen ℳ	aus Mitteln der Schulsozietäten ℳ	aus Mitteln der Gemeinden und sonstigen Verpflichteten ℳ	aus sonstigen Quellen ℳ	Sonstige sächliche Aufwendungen einschließlich des Werthes für Wohnung und Feuerung. Gesammtbetrag der sonstigen sächlichen Aufwendungen ℳ	Von dem Gesammtbetrage (Sp. 20) wurden beschafft: aus dem Schul- und Stiftungsvermögen ℳ	aus Mitteln der Schulsozietäten ℳ	aus Mitteln der Gemeinden und sonstigen Verpflichteten ℳ	aus Staatsmitteln ℳ	aus sonstigen Quellen ℳ	Summe der sächlichen Schulunterhaltungskosten ℳ	Betrag der durch Schulbauten verursachten und noch vorhandenen Bauschulden ℳ	Wiederholung der Bezeichnung in Spalte 1.
14	15	16	17	18	19	20	21	22	23	24	25	26	27	
516	–	–	1 167	172 483	9 780	434 613	16 350	6 988	406 144	3 000	2 125	818 559	444 836	a)
														b)
–	–	–	–	4 144	–	30 979	1 750	–	29 091	–	138	35 123	–	I.
516	–	–	–	439	–	8 603	390	–	7 757	–	456	9 551	–	II.
–	–	–		–	–	–	–	–	–	–	–	–	–	III.
–	–	–	–	23 515	–	87 389	1 000	4 244	82 145	–	–	110 904	116 800	IV.
–	–	–	–	3 435	–	41 438	–	–	41 438	–	–	44 873	–	V.
–	–	–	–	50 610	477	25 371	5 892	–	19 479	–	–	76 458	–	VI.
–	–	–	–	57 827	–	39 902	1 440	–	38 131	–	331	97 729	104 316	VII.
–	–	–	–	2 040	–	23 861	–	–	23 861	–	–	25 901	–	VIII.
–	–	–	1 167	12 255	–	50 558	2 494	1 911	43 153	3 000	–	63 980	58 349	IX.
–	–	–	–	5 081	–	41 591	900	–	39 491	–	1 200	46 672	16 000	X.
–	–	–	–	–	–	1 517	–	833	684	–	–	1 517	–	XI.
–	–	–	–	12 247	9 303	51 868	240	–	51 628	–	–	73 418	132 371	XII.
–	–	–	–	897	–	31 536	2 250	–	29 286	–	–	32 433	17 000	XIII.
–	–	–	–	–	–	–	–	–	–	–	–	–	–	XIV.

D. Die sonstigen öffentlichen Mittelschulen

Die lehrplanmäßige Einrichtung der sonstigen öffentlichen Mittelschulen für

Staat. — Provinzen.	Zahl der Schulen überhaupt	Zahl der Unterrichtsklassen zusammen	davon Knabenklassen	Mädchenklassen	gemischte Klassen	Zahl der Schulkinder überhaupt	Unter den Schulen befinden [sich] mit 1 aufsteigenden [Klassen]: Schulen	mit Schulkindern	2: Schulen	mit Unterrichtsklassen	mit Schulkindern	3: Schulen	mit Unterrichtsklassen	mit Schulkindern	4: Schulen	mit Unterrichtsklassen	mit Schulkindern	5: Schulen	mit Unterrichtsklassen	mit Schulkindern
1	2	3	4	5	6	7	8	9	10	11	12	13	14	15	16	17	18	19	20	21
a) Staat	68	515	208	182	125	19 702	11	210	12	24	647	8	28	591	6	26	758	6	40	1 218
b) Provinzen.																				
I. Ostpreußen	2	14	4	3	7	485	—	—	—	—	—	—	—	—	1	4	191	—	—	—
II. Westpreußen	1	7	3	2	2	165	—	—	—	—	—	—	—	—	—	—	—	—	—	—
III. Stadtkreis Berlin	—	—	—	—	—	—	—	—	—	—	—	—	—	—	—	—	—	—	—	—
IV. Brandenburg	3	29	13	13	3	927	—	—	—	—	—	1	6	104	—	—	—	—	—	—
V. Pommern	6	78	37	30	11	2 787	—	—	—	—	—	—	—	—	1	6	187	1	8	339
VI. Posen	1	21	12	9	—	1 089	—	—	—	—	—	—	—	—	—	—	—	—	—	—
VII. Schlesien	1	4	1	1	2	96	—	—	—	—	—	1	4	96	—	—	—	—	—	—
VIII. Sachsen	5	97	45	44	8	4 843	—	—	—	—	—	—	—	—	—	—	—	—	—	—
IX. Schleswig-Holstein	—	—	—	—	—	—	—	—	—	—	—	—	—	—	—	—	—	—	—	—
X. Hannover	22	176	73	61	42	6 510	2	42	4	8	180	2	6	120	2	8	191	3	20	662
XI. Westfalen	11	25	4	3	18	669	4	80	5	10	316	—	—	—	1	4	142	1	7	121
XII. Hessen-Nassau	5	42	16	16	10	1 655	1	24	—	—	—	—	—	—	1	4	47	1	5	96
XIII. Rheinland	11	22	—	—	22	476	4	64	3	6	141	4	12	271	—	—	—	—	—	—
XIV. Hohenzollern	—	—	—	—	—	—	—	—	—	—	—	—	—	—	—	—	—	—	—	—

Anlage II.

Schulgebäude, Klassenräume, Lehrerwohnungen und Landdotation der sonstigen öffentlichen Mittelschulen für Knaben und Mädchen.

Staat. Provinzen.	Schulen und Klassenräume. In eigenem Schulgebäude oder unentgeltlich zur Verfügung stehenden Räumen waren untergebracht: Schulen	Klassenräume	In eigenem Schulgebäude oder unentgeltlich zur Verfügung stehenden Räumen und zugleich in zugemietheten Räumen waren untergebracht: Schulen	mit Klassenräumen überhaupt	davon in gemietheten Räumen	Ausschließlich in gemietheten Räumen waren untergebracht: Schulen	Klassenräume	Überhaupt waren vorhanden: Schulen	Klassenräume im Ganzen	Von den Klassenräumen befinden sich in gemietheten Räumen	wurden nicht für Unterrichtszwecke benutzt	Anzahl der in natura gewährten freien Wohnungen an Lehrer: in eigenem Schulgebäude oder unentgeltlich zur Verfügung stehenden Räumen	in gemietheten Räumen	Landdotation (einschl. Gärten u.s.w.) war vorhanden: für Schulen	für Lehrerstellen	in Größe von ha
1	2	3	4	5	6	7	8	9	10	11	12	13	14	15	16	17
a) Staat	59	490	2	38	3	7	15	68	543	18	14	28	1	11	12	17,74
b) Provinzen.																
I. Ostpreußen	1	10	—	—	—	1	4	2	14	4	—	—	—	—	—	—
II. Westpreußen	1	8	—	—	—	—	—	1	8	—	1	1	—	—	—	—
III. Stadtkreis Berlin	—	—	—	—	—	—	—	—	—	—	—	—	—	—	—	—
IV. Brandenburg	3	29	—	—	—	—	—	3	29	—	—	—	—	—	—	—
V. Pommern	5	49	1	35	2	—	—	6	84	2	—	3	—	3	4	1,76
VI. Posen	1	22	—	—	—	—	—	1	22	—	—	1	—	—	—	—
VII. Schlesien	1	4	—	—	—	—	—	1	4	—	—	—	—	—	—	—
VIII. Sachsen	5	103	—	—	—	—	—	5	103	—	7	—	—	—	—	—
IX. Schleswig-Holstein	—	—	—	—	—	—	—	—	—	—	—	—	—	—	—	—
X. Hannover	20	178	—	—	—	2	5	22	183	5	5	8	1	5	5	9,[illegible]
XI. Westfalen	8	21	—	—	—	3	5	11	26	5	1	5	—	3	3	6,[illegible]
XII. Hessen-Nassau	4	47	—	—	—	1	1	5	48	1	—	2	—	—	—	—
XIII. Rheinland	10	19	1	3	1	—	—	11	22	1	—	8	—	—	—	—
XIV. Hohenzollern	—	—	—	—	—	—	—	—	—	—	—	—	—	—	—	—

für Knaben und Mädchen.

Anlage I.

Knaben und Mädchen und ihre Gruppierung nach der Zahl der Unterrichtsklassen.

sich solche mit 6 Klassen: Schulen	6: mit Unterrichtsklassen	6: mit Schulkindern	7 und mehr: Schulen	7 und mehr: mit Unterrichtsklassen	7 und mehr: mit Schulkindern	Unter den Schulen sind einklassige: Schulen	einklassige: mit Schulkindern	zweiklassige mit einer Lehrkraft: Schulen	zweiklassige mit einer Lehrkraft: mit Schulkindern	zweiklassige mit zwei Lehrkräften: Schulen	zweiklassige mit zwei Lehrkräften: mit Schulkindern	dreiklassige mit zwei Lehrkräften: Schulen	dreiklassige mit zwei Lehrkräften: mit Schulkindern	dreiklassige mit drei Lehrkräften: Schulen	dreiklassige mit drei Lehrkräften: mit Schulkindern	vier- und mehrklassige: Schulen	vier- und mehrklassige: mit Klassen	vier- und mehrklassige: mit vollbeschäftigten Lehrkräften	vier- und mehrklassige: mit Schulkindern	Wiederholung der Bezeichnung in Spalte 1.
22	23	24	25	26	27	28	29	30	31	32	33	34	35	36	37	38	39	40	41	
7	68	3 797	18	300	12 481	11	210	—	—	12	647	—	—	6	391	39	462	486	18 454	a)
																				b)
—	—	—	1	10	294	—	—	—	—	—	—	—	—	—	—	2	14	14	485	I.
—	—	—	1	7	165	—	—	—	—	—	—	—	—	—	—	1	7	7	165	II.
—	—	—	—	—	—	—	—	—	—	—	—	—	—	—	—	—	—	—	—	III.
1	9	346	1	14	477	—	—	—	—	—	—	—	—	—	—	5	29	31	927	IV.
1	9	199	3	55	2 062	—	—	—	—	—	—	—	—	—	—	6	78	83	2 787	V.
—	—	—	1	21	1 089	—	—	—	—	—	—	—	—	—	—	1	21	24	1 089	VI.
—	—	—	—	—	—	—	—	—	—	—	—	—	—	—	—	1	4	5	96	VII.
3	53	2 793	2	44	2 050	—	—	—	—	—	—	—	—	—	—	5	97	96	4 843	VIII.
—	—	—	—	—	—	—	—	—	—	—	—	—	—	—	—	—	—	—	—	IX.
2	15	459	7	117	4 856	2	42	—	—	4	180	—	—	2	120	14	160	171	6 168	X.
—	—	—	—	—	—	4	80	—	—	5	326	—	—	—	—	2	11	11	263	XI.
—	—	—	2	32	1 488	1	24	—	—	—	—	—	—	—	—	4	41	44	1 631	XII.
—	—	—	—	—	—	4	64	—	—	3	141	—	—	4	271	—	—	—	—	XIII.
—	—	—	—	—	—	—	—	—	—	—	—	—	—	—	—	—	—	—	—	XIV.

Anlage III.

Die Schulwege der Schulkinder der sonstigen öffentlichen Mittelschulen für Knaben und Mädchen; die Schulkinder nach Geschlecht, Religionsbekenntniß und Familiensprache.

Staat. Provinzen.	Schulkinder überhaupt	Von den Schulkindern haben einen Schulweg von 2½ und mehr km	Geschlecht der Schulkinder: Knaben	Mädchen	Von den Schulkindern werden in gemischten Klassen unterrichtet: Knaben	Mädchen	zusammen	Religionsbekenntniß der Schulkinder: evangelisch	katholisch	sonst christlich	jüdisch	Familiensprache der Schulkinder: Es sprechen in ihren Familien nur deutsch	nur polnisch	polnisch und deutsch	eine andere nicht deutsche Sprache und deutsch
1	2	3	4	5	6	7	8	9	10	11	12	13	14	15	16
a) Staat	19 702	437	10 809	8 893	2 401	1 625	4 026	17 818	1 432	72	380	19 259	369	71	4
b) Provinzen.															
I. Ostpreußen	485	—	244	241	168	100	318	423	20	—	42	463	3	19	—
II. Westpreußen	165	—	93	72	39	38	77	92	24	36	13	165	—	—	—
III. Stadtkreis Berlin	—	—	—	—	—	—	—	—	—	—	—	—	—	—	—
IV. Brandenburg	927	—	469	458	82	72	154	897	10	—	20	927	—	—	—
V. Pommern	2 787	5	1 483	1 304	282	283	565	2 690	23	5	69	2 787	—	—	—
VI. Posen	1 089	114	657	432	—	—	—	534	503	2	50	671	366	52	¹) 1
VII. Schlesien	96	—	55	41	40	19	59	83	7	—	6	96	—	—	—
VIII. Sachsen	4 843	11	2 486	2 357	250	216	466	4 311	477	17	38	4 843	—	—	—
IX. Schleswig-Holstein	—	—	—	—	—	—	—	—	—	—	—	—	—	—	—
X. Hannover	6 510	168	3 675	2 835	695	499	1 194	6 306	82	10	112	6 507	—	—	²) 3
XI. Westfalen	669	90	460	209	388	165	548	580	65	1	23	669	—	—	—
XII. Hessen-Nassau	1 655	18	814	841	99	68	167	1 505	147	—	3	1 655	—	—	—
XIII. Rheinland	476	51	373	103	373	103	476	397	74	1	4	476	—	—	—
XIV. Hohenzollern	—	—	—	—	—	—	—	—	—	—	—	—	—	—	—

¹) und zwar flämisch und deutsch — ²) darunter 1 englisch und deutsch, 2 holländisch und deutsch.

Anlage IV.

Die konfessionellen Verhältnisse der sonstigen

Staat. — Provinzen.	Evangelische Schulen.									Katholische Schulen.								
	Schulen	Vollbeschäftigte Lehrkräfte		Unterrichtsklassen	Schulkinder					Schulen	Vollbeschäftigte Lehrkräfte		Unterrichtsklassen	Schulkinder				
		ordentliche	Hülfslehrkräfte		überhaupt	evangelische	katholische	sonst christliche	jüdische		ordentliche	Hülfslehrkräfte		überhaupt	evangelische	katholische	sonst christliche	jüdische
1	2	3	4	5	6	7	8	9	10	11	12	13	14	15	16	17	18	19
a) Staat	61	457	10	447	16 804	16 196	246	70	282	1	8	—	9	424	—	424	—	—
b) Provinzen.																		
I. Ostpreußen	1	4	—	4	191	178	2	—	11	—	—	—	—	—	—	—	—	—
II. Westpreußen	1	7	—	7	165	92	24	36	13	—	—	—	—	—	—	—	—	—
III. Stadtkreis Berlin	—	—	—	—	—	—	—	—	—	—	—	—	—	—	—	—	—	—
IV. Brandenburg	3	31	—	29	927	897	10	—	20	—	—	—	—	—	—	—	—	—
V. Pommern	6	83	—	78	2 787	2 690	23	5	69	—	—	—	—	—	—	—	—	—
VI. Posen	—	—	—	—	—	—	—	—	—	—	—	—	—	—	—	—	—	—
VII. Schlesien	1	5	—	4	96	83	7	—	6	—	—	—	—	—	—	—	—	—
VIII. Sachsen	4	88	—	88	4 419	4 311	53	17	38	1	8	—	9	424	—	424	—	—
IX. Schleswig-Holstein	—	—	—	—	—	—	—	—	—	—	—	—	—	—	—	—	—	—
X. Hannover	22	183	4	176	6 510	6 306	82	10	112	—	—	—	—	—	—	—	—	—
XI. Westfalen	10	17	4	21	527	488	21	1	17	—	—	—	—	—	—	—	—	—
XII. Hessen-Nassau	3	22	—	21	833	826	4	—	3	—	—	—	—	—	—	—	—	—
XIII. Rheinland	10	17	2	19	349	325	20	1	3	—	—	—	—	—	—	—	—	—
XIV. Hohenzollern	—	—	—	—	—	—	—	—	—	—	—	—	—	—	—	—	—	—

Anlage V.

Lehrerstellen und Lehrkräfte an den sonstigen öffentlichen Mittelschulen für Knaben und Mädchen.

Staat. — Provinzen.	Es waren vorhanden Stellen für vollbeschäftigte		Religionsbekenntnis der vollbeschäftigten Lehrkräfte.						Nicht vollbeschäftigte		Unter den nicht vollbeschäftigten Hülfslehrern der Spalte 10 befinden sich Religionslehrer für die konfessionelle Minderheit der Schulkinder	Handarbeits-Lehrerinnen	
			Stellen für ordentliche Lehrkräfte				Stellen für Hülfslehrkräfte						
			Lehrer ¹)		Lehrerinnen		Lehrer	Lehrerinnen					
	ordentliche Lehrkräfte	Hülfslehrkräfte	evangelische	katholische	evangelische	katholische	evangelische	evangelische	Hülfslehrer ²)	Hülfslehrerinnen		geprüfte	ungeprüfte
1	2	3	4	5	6	7	8	9	10	11	12	13	14
a) Staat	530	10	420	22	86	1	6	4	40	5	10	58	27
b) Provinzen													
I. Ostpreußen	14	—	11	1	2	—	—	—	1	—	1	—	3
II. Westpreußen	7	—	6	—	1	—	—	—	2	—	2	—	1
III. Stadtkreis Berlin	—	—	—	—	—	—	—	—	—	—	—	—	—
IV. Brandenburg	31	—	25	—	6	—	—	—	—	—	—	4	1
V. Pommern	83	—	67	—	16	—	—	—	6	—	—	6	4
VI. Posen	24	—	12	7	4	—	—	—	—	—	—	3	3
VII. Schlesien	5	—	4	—	1	—	—	—	—	—	—	1	—
VIII. Sachsen	96	—	70	8	18	—	—	—	1	—	—	16	3
IX. Schleswig-Holstein	—	—	—	—	—	—	—	—	—	—	—	—	—
X. Hannover	183	4	151	—	32	—	—	4	14	3	3	23	4
XI. Westfalen	21	4	19	1	1	—	4	—	11	—	3	4	2
XII. Hessen-Nassau	45	—	35	4	5	1	—	—	4	—	1	—	2
XIII. Rheinland	21	2	20	1	—	—	2	—	1	2	—	1	4
XIV. Hohenzollern	—	—	—	—	—	—	—	—	—	—	—	—	—

¹) außerdem 1 jüdischer Lehrer in der Provinz Posen. — ²) außerdem 1 Adjunkt (Gehülfe) in der Provinz Hessen-Nassau.

öffentlichen Mittelschulen für Knaben und Mädchen. **Anlage IV.**

Jüdische Schulen: Schulen	Vollbeschäftigte Lehrkräfte: ordentliche	Vollbeschäftigte Lehrkräfte: Hülfslehrkräfte	Unterrichtsklassen	Schulkinder: überhaupt	Schulkinder: evangelische	Schulkinder: katholische	Schulkinder: sonst christliche	Schulkinder: jüdische	Paritätische bezw. simultane Schulen: Schulen	Vollbeschäftigte Lehrkräfte: überhaupt	ordentliche: evangelische	ordentliche: katholische	ordentliche: sonst christliche	ordentliche: jüdische	Hülfslehrkräfte	Unterrichtsklassen	Schulkinder: überhaupt	Schulkinder: evangelische	Schulkinder: katholische	Schulkinder: sonst christliche	Schulkinder: jüdische	Wiederholung der Bezeichnung in Spalte 1.
20	21	22	23	24	25	26	27	28	29	30	31	32	33	34	35	36	37	38	39	40	41	
—	—	—	—	—	—	—	—	—	6	65	49	15	—	1	—	59	2 474	1 622	762	2	88	a)
																						b)
—	—	—	—	—	—	—	—	—	1	10	9	1	—	—	—	10	294	245	18	—	31	I.
—	—	—	—	—	—	—	—	—	—	—	—	—	—	—	—	—	—	—	—	—	—	II.
—	—	—	—	—	—	—	—	—	—	—	—	—	—	—	—	—	—	—	—	—	—	III.
—	—	—	—	—	—	—	—	—	—	—	—	—	—	—	—	—	—	—	—	—	—	IV.
—	—	—	—	—	—	—	—	—	—	—	—	—	—	—	—	—	—	—	—	—	—	V.
—	—	—	—	—	—	—	—	—	1	24	16	7	—	1	—	21	1 083	534	503	2	50	VI.
—	—	—	—	—	—	—	—	—	—	—	—	—	—	—	—	—	—	—	—	—	—	VII.
—	—	—	—	—	—	—	—	—	—	—	—	—	—	—	—	—	—	—	—	—	—	VIII.
—	—	—	—	—	—	—	—	—	—	—	—	—	—	—	—	—	—	—	—	—	—	IX.
—	—	—	—	—	—	—	—	—	—	—	—	—	—	—	—	—	—	—	—	—	—	X.
—	—	—	—	—	—	—	—	—	1	4	3	1	—	—	—	4	142	92	44	—	6	XI.
—	—	—	—	—	—	—	—	—	2	23	18	5	—	—	—	21	822	679	143	—	—	XII.
—	—	—	—	—	—	—	—	—	1	4	3	1	—	—	—	3	137	72	54	—	1	XIII.
—	—	—	—	—	—	—	—	—	—	—	—	—	—	—	—	—	—	—	—	—	—	XIV.

Anlage VI.

Die mit Kirchenämtern verbundenen Schulstellen und der Ertrag des zur Stellendotation bei öffentlichen Mittelschulen für Knaben und Mädchen vorhandenen Vermögens nach dem Durchschnitte der drei Jahre 1889, 1890 und 1891, sowie der Wohnungs- und Feuerungswerth für die vollbeschäftigten Lehrkräfte.

Staat — Provinzen.	Zahl der überhaupt vorhandenen Stellen für vollbeschäftigte Lehrkräfte	Zahl der Stellen, welche dauernd oder herkömmlich mit einem kirchlichen Amte verbunden sind: evangelische: Anzahl	mit einem Einkommen aus dem kirchlichen Amte überhaupt M	im Durchschnitte für eine Stelle M	Zahl der Stellen, zu deren Dotation überhaupt Schul- und Stiftungsvermögen vorhanden ist	Ertrag des zur Stellendotation vorhandenen Schul- und Stiftungsvermögens, mit Ausschluß des für Wohnung und Feuerung bestimmten, überhaupt M	Durchschnittlicher Ertrag des Vermögens für eine Stelle M	Gesammtzahl der an Lehrer und Lehrerinnen in natura gewährten freien Wohnungen	Ortsüblicher Werth der Wohnung und Feuerung für sämmtliche Lehrkräfte, gleichviel in welcher Form dieselben gewährt werden, überhaupt M	durchschnittlich für eine Stelle M
1	2	3	4	5	6	7	8	9	10	11
a) Staat	540	12	10 807	901	56	13 607	243	28	206 296	362
b) Provinzen.										
I. Ostpreußen	14	—	—	—	—	—	—	—	3 734	267
II. Westpreußen	7	—	—	—	7	1 500	214	1	2 760	394
III. Stadtkreis Berlin	—	—	—	—	—	—	—	—	—	—
IV. Brandenburg	31	1	155	155	4	125	31	—	8 405	271
V. Pommern	83	4	3 595	899	7	2 127	304	3	26 585	320
VI. Posen	24	—	—	—	—	—	—	1	16 140	673
VII. Schlesien	5	—	—	—	—	—	—	—	1 014	203
VIII. Sachsen	96	—	—	—	—	—	—	—	36 425	379
IX. Schleswig-Holstein	—	—	—	—	—	—	—	—	—	—
X. Hannover	187	3	1 565	522	6	1 244	207	9	66 955	358
XI. Westfalen	25	1	510	510	3	3 249	1 083	5	7 537	301
XII. Hessen-Nassau	45	1	1 006	1 006	24	3 360	140	2	27 800	618
XIII. Rheinland	23	2	3 976	1 988	5	2 002	400	7	8 941	389
XIV. Hohenzollern	—	—	—	—	—	—	—	—	—	—

Anlage VII.

Die zur Bestreitung der persönlichen Kosten der sonstigen öffentlichen

Staat. — Provinzen.	Jährliches Einkommen der Stellen für vollbeschäftigte Lehrkräfte, ausschließlich des Werthes für Wohnung und Feuerung bezw. nach Abzug der zur Beschaffung von Wohnung und Feuerung zu verwendenden Beträge. Gesammt-Stelleneinkommen für vollbeschäftigte Lehrkräfte zusammen ℳ	davon für Lehrer ℳ	davon für Lehrerinnen ℳ	*) Von dem Gesammt-Stelleneinkommen (Sp. 2) werden beschafft: durch Schulgeld ℳ	durch Aufkünfte vom Schul- und Stiftungsvermögen ℳ	aus der Kirchenkasse bezw. durch den Ertrag der Stolgebühren ℳ	durch Leistungen der Schulsozietäten ℳ	durch Gemeinde- u. Leistungen ℳ	aus Staatsmitteln infolge rechtlicher Verpflichtung ℳ	aus Staatsmitteln als Bedürfnißzuschuß ℳ	Persönliche und Dienst- … aus Staats- … Zahl der Empfänger Lehrer	Zahl der Empfänger Lehrerinnen	Betrag überhaupt ℳ
1	2	3	4	5	6	7	8	9	10	11	12	13	14
a) Staat	772 870	694 890	77 780	536 892	13 607	9 220	46 476	158 396	400	14 672	24	2	5 817
b) Provinzen.													
I. Ostpreußen	15 782	14 732	1 050	11 800	—	—	—	1 910	—	2 072	4	2	800
II. Westpreußen	7 865	7 285	580	6 000	1 500	—	—	365	—	—	—	—	—
III. Stadtkreis Berlin	—	—	—	—	—	—	—	—	—	—	—	—	—
IV. Brandenburg	40 270	33 950	6 320	28 548	125	30	9 180	2 387	—	—	1	—	500
V. Pommern	106 842	93 212	13 630	55 069	2 127	3 595	9 000	41 218	—	2 833	8	—	3 106
VI. Posen	27 910	24 350	3 560	21 844	—	—	—	6 066	—	—	—	—	—
VII. Schlesien	6 511	5 386	1 125	3 648	—	—	2 863	—	—	—	—	—	—
VIII. Sachsen	131 686	118 625	13 061	81 786	—	—	—	49 900	—	—	—	—	—
IX. Schleswig-Holstein	—	—	—	—	—	—	—	—	—	—	—	—	—
X. Hannover	253 450	224 916	28 534	203 660	1 244	1 513	14 021	27 240	—	5 767	10	—	1 360
XI. Westfalen	42 405	41 385	1 020	29 809	3 249	830	767	7 350	400	—	—	—	—
XII. Hessen-Nassau	96 649	87 749	8 900	69 031	3 360	786	—	19 472	—	4 000	1	—	51
XIII. Rheinland	43 300	43 300	—	25 697	2 002	2 470	10 645	2 486	—	—	—	—	—
XIV. Hohenzollern	—	—	—	—	—	—	—	—	—	—	—	—	—

*) Das Einkommen der vollbeschäftigten Handarbeitslehrerinnen ist in Sp. 2 nachgewiesen.

Anlage VIII.

Die sächlichen Unterhaltungskosten der sonstigen öffentlichen Mittelschulen für Knaben und

Staat. — Provinzen.	Leistungen für … Gesammtbetrag der Aufwendungen für Bauten ℳ	Davon in baar ℳ	Davon Werth der in natura erfolgten Leistungen ℳ	Von dem Gesammtbetrage (Sp. 2) entfallen auf: Neubauten Betrag ℳ	Neubauten Zahl der Neubauten	Durch die in Sp. 6 angegebenen Neubauten sind neu beschafft Lehrerwohnungen	Durch die in Sp. 6 angegebenen Neubauten sind neu beschafft Klassenräume	Erweiterungsbauten Betrag ℳ	Erweiterungsbauten Zahl der Erweiterungsbauten	Durch die in Sp. 10 angegebenen Erweiterungsbauten sind neu beschafft Lehrerwohnungen	Durch die in Sp. 10 angegebenen Erweiterungsbauten sind neu beschafft Klassenräume	Reparaturbauten Betrag ℳ
1	2	3	4	5	6	7	8	9	10	11	12	13
a) Staat	93 154	93 154	—	52 726	8	3	39	4 418	3	1	2	36 010
b) Provinzen.												
I. Ostpreußen	1 302	1 302	—	—	—	—	—	—	—	—	—	1 302
II. Westpreußen	264	264	—	—	—	—	—	—	—	—	—	264
III. Stadtkreis Berlin	—	—	—	—	—	—	—	—	—	—	—	—
IV. Brandenburg	5 606	5 606	—	—	—	—	—	—	—	—	—	5 606
V. Pommern	29 310	29 310	—	28 000	1	1	10	—	—	—	—	1 310
VI. Posen	741	741	—	—	—	—	—	—	—	—	—	741
VII. Schlesien	145	145	—	—	—	—	—	—	—	—	—	145
VIII. Sachsen	6 301	6 301	—	—	—	—	—	—	—	—	—	6 301
IX. Schleswig-Holstein	—	—	—	—	—	—	—	—	—	—	—	—
X. Hannover	41 532	41 532	—	24 352	6	2	29	4 418	3	1	2	12 762
XI. Westfalen	1 342	1 342	—	—	—	—	—	—	—	—	—	1 342
XII. Hessen-Nassau	6 124	6 124	—	—	—	—	—	—	—	—	—	6 124
XIII. Rheinland	487	487	—	374	1	—	—	—	—	—	—	113
XIV. Hohenzollern	—	—	—	—	—	—	—	—	—	—	—	—

Anlage VII.

Mittelschulen für Knaben und Mädchen erfolgten Aufwendungen im Jahre 1891 bezw. 1891/92.

…alterszulagen mitteln. davon: Dienstalterszulagen ℳ	davon: persönliche Zulagen ℳ	Betrag der persönlichen u. s. w. Zulagen aus Mitteln der Gemeinden und sonstigen Verpflichteten ℳ	Aufwendungen für nicht vollbeschäftigte Hülfslehrkräfte ℳ	Aufwendungen für Handarbeitsunterricht ohne bzw. die Einnahmen für vollbeschäftigte Handarbeitslehrerinnen¹) ℳ	Aufwendungen für Ruhegehalte u. s. w., welche mit Rücksicht auf den Stelleninhaber von der Behörde u. dergl. angenommen sind ℳ	Zahl der Lehrer, denen solche Aufwendungen bewilligt sind	Pensionirte Lehrkräfte und deren Pensionen. Zahl der pensionirten Lehrer überhaupt	Lehrer: davon nach dem 1. April 1886 pensionirt	Lehrerinnen überhaupt	Lehrerinnen: davon nach dem 1. April 1886 pensionirt	Gesammtbetrag der Pensionen überhaupt ℳ	davon für Lehrer ℳ	davon für Lehrerinnen ℳ	Von der Pension werden beschafft aus Staatsmitteln ℳ	durch Leistungen der Gemeinden und sonstigen Verpflichteten ℳ	Summe der persönlichen Schulunterhaltungskosten ℳ	Wiederholung der Bezeichnung in Spalte 1.
15	16	17	18	19	20	21	22	23	24	25	26	27	28	29	30	31	
5 386	451	12 109	17 786	8 583	1 800	1	11	5	6	1	19 062	16 762	2 300	2 733	16 329	837 827	a)
																	b)
400	400	240	—	627	—	—	—	—	—	—	—	—	—	—	—	17 449	I.
—	—	100	125	100	—	—	—	—	—	—	—	—	—	—	—	8 190	II.
—	—	—	—	—	—	—	—	—	—	—	—	—	—	—	—	—	III.
500	—	—	—	—	—	—	1	1	—	—	1 200	1 200	—	—	1 200	41 970	IV.
3 106	—	2 984	555	180	—	—	2	—	2	—	2 612	1 879	733	1 533	1 079	116 279	V.
—	—	200	600	720	—	—	—	—	—	—	—	—	—	—	—	29 430	VI.
—	—	—	—	—	—	—	—	—	—	—	—	—	—	—	—	6 511	VII.
—	—	—	12 280	4 290	—	—	2	2	2	—	4 738	4 038	700	—	4 738	152 994	VIII.
—	—	—	—	—	—	—	—	—	—	—	—	—	—	—	—	—	IX.
1 360	—	5 035	1 436	1 625	—	—	3	1	1	—	4 305	4 105	200	1 200	3 105	267 211	X.
—	—	1 900	1 932	669	—	—	1	1	—	—	840	840	—	—	840	47 758	XI.
—	51	450	186	—	1 800	1	1	—	1	1	3 867	3 200	667	—	3 867	103 003	XII.
—	—	1 200	675	372	—	—	1	—	—	—	1 500	1 500	—	—	1 500	47 047	XIII.
—	—	—	—	—	—	—	—	—	—	—	—	—	—	—	—	—	XIV.

Anlage VIII.

Mädchen im Durchschnitte der Jahre 1889, 1890 und 1891 sowie die vorhandenen Bauschulden.

Schulbauten. Von dem Gesammtbetrage für Schulbauten (Sp. 2) wurden beschafft: durch Bewilligungen aus dem Patronats-Baufonds ℳ	durch Allerhöchste Gnadenbewilligungen ℳ	aus dem Schul- und Stiftungsvermögen ℳ	aus Mitteln der Schulsozietäten ℳ	aus Mitteln der Gemeinden und sonstigen Verpflichteten ℳ	aus sonstigen Quellen ℳ	Sonstige sächliche Aufwendungen einschließlich des Werthes für Wohnung und Feuerung. Gesammtbetrag der sonstigen sächlichen Aufwendungen ℳ	Von dem Gesammtbetrage (Sp. 20) wurden beschafft: aus dem Schul- und Stiftungsvermögen ℳ	aus Mitteln der Schulsozietäten ℳ	aus Mitteln der Gemeinden und sonstigen Verpflichteten ℳ	aus Staatsmitteln ℳ	aus sonstigen Quellen ℳ	Summe der sächlichen Schulunterhaltungskosten ℳ	Betrag der durch Schulbauten verursachten und noch vorhandenen Bauschulden ℳ	Wiederholung der Bezeichnung in Spalte 1.
14	15	16	17	18	19	20	21	22	23	24	25	26	27	
—	91	2 635	9 597	75 358	4 873	287 380	35 583	11 217	229 692	153	10 735	388 534	842 015	a)
														b)
—	—	—	—	1 302	—	6 764	160	—	6 604	—	—	3 066	—	I.
—	—	—	—	264	—	8 995	400	—	8 595	—	—	9 259	69 000	II.
—	—	—	—	—	—	—	—	—	—	—	—	—	—	III.
—	—	—	—	5 006	—	8 478	—	—	8 478	—	—	14 084	110 290	IV.
—	—	—	—	29 310	—	38 896	810	4 360	33 726	—	—	68 206	—	V.
—	—	—	—	741	—	24 667	10 710	—	13 957	—	—	25 408	—	VI.
—	—	—	—	145	—	1 410	—	—	1 410	—	—	1 555	—	VII.
—	—	—	—	6 301	—	46 787	—	—	46 787	—	—	53 088	—	VIII.
—	—	—	—	—	—	—	—	—	—	—	—	—	—	IX.
—	—	2 635	9 597	24 657	4 643	80 150	16 133	6 253	50 773	153	6 838	121 089	625 724	X.
—	—	—	—	1 342	—	13 183	1 670	—	7 925	—	3 588	14 525	37 001	XI.
—	91	—	—	6 033	—	45 274	1 860	—	43 265	—	149	51 398	—	XII.
—	—	—	—	257	230	12 776	3 840	604	8 172	—	160	13 263	—	XIII.
—	—	—	—	—	—	—	—	—	—	—	—	—	—	XIV.

E. Die Schulgeld-Verhältnisse in den öffentlichen

a) In den öffentlichen Mittelschulen, mit

I. Spezialnachweisung über die jährlichen Schulgeldsätze, in Gruppen nach dem Höchstbetrage geordnet.

1. In den Städten.

Bis einschließlich 12 ℳ Schulgeld wird gezahlt in 4 Schulen, und zwar in:
1 Schule mit 3,60—12,00 ℳ | 3 Schulen mit 6—12 ℳ.

Über 12 bis 18 ℳ Schulgeld wird gezahlt in 4 Schulen, und zwar in:
1 Schule mit 6—18 ℳ | 1 Schule mit 7,20—18 ℳ | 1 Schule mit 12—18 ℳ | 1 Schule mit 18 ℳ.

Über 18 bis 24 ℳ Schulgeld wird gezahlt in 27 Schulen, und zwar in:

Schulen	ℳ	Schulen	ℳ	Schulen	ℳ	Schulen	ℳ	Schulen	ℳ	Schulen	ℳ
1 mit	9—20	2 mit	8,40—24,40	5 mit	12—24	4 mit	16—24	1 mit	18—24	13 mit	24.
1 mit	6—21										

Über 24 bis 36 ℳ Schulgeld wird gezahlt in 48 Schulen, und zwar in:

Schulen	ℳ	Schulen	ℳ	Schulen	ℳ	Schulen	ℳ	Schulen	ℳ	Schulen	ℳ
1 mit	18—27	1 mit	10—30	1 mit	15—33	4 mit	12—36	11 mit	24—36	1 mit	30—36
1 mit	16—28	1 mit	12—30	1 mit	12—35	4 mit	18—36	1 mit	27—36	13 mit	36.
2 mit	6—30	6 mit	30								

Über 36 bis 48 ℳ Schulgeld wird gezahlt in 54 Schulen, und zwar in:

Schulen	ℳ	Schulen	ℳ	Schulen	ℳ	Schulen	ℳ	Schulen	ℳ	Schulen	ℳ
1 mit	24—39	1 mit	28—40	2 mit	30—42	3 mit	30—45	1 mit	18—48	2 mit	32—48
1 mit	15—40	1 mit	30—40	1 mit	36—42	2 mit	45	1 mit	20—48	5 mit	36—48
1 mit	18—40	1 mit	32—40	1 mit	42	1 mit	2,40—48	7 mit	24—48	1 mit	42—48
3 mit	20—40	5 mit	40	1 mit	18—45	1 mit	9—48	6 mit	30—48	5 mit	48.

Über 48 bis 60 ℳ Schulgeld wird gezahlt in 66 Schulen, und zwar in:

Schulen	ℳ	Schulen	ℳ	Schulen	ℳ	Schulen	ℳ	Schulen	ℳ	Schulen	ℳ
1 mit	16—50	1 mit	10—54	2 mit	36—54	1 mit	9—60	6 mit	24—60	1 mit	40—60
4 mit	30—50	1 mit	12—54	1 mit	42—54	6 mit	12—60	6 mit	30—60	5 mit	48—60
1 mit	21—51	1 mit	18—54	2 mit	36—56	1 mit	15—60	1 mit	32—60	1 mit	54—60
1 mit	39—51	4 mit	24—54	1 mit	45—57	2 mit	18—60	4 mit	36—60	11 mit	60.
1 mit	52										

Über 60 bis 72 ℳ Schulgeld wird gezahlt in 33 Schulen, und zwar in:

Schulen	ℳ	Schulen	ℳ	Schulen	ℳ	Schulen	ℳ	Schulen	ℳ	Schulen	ℳ
2 mit	48—64	1 mit	24—66	1 mit	60—68	1 mit	36—70	2 mit	18—72	6 mit	48—72
1 mit	38—65	1 mit	42—66	1 mit	24—70	2 mit	40—70	2 mit	24—72	2 mit	60—72
1 mit	55—65	1 mit	54—66	1 mit	30—70	1 mit	50—70	4 mit	36—72	3 mit	72.

Über 72 bis 84 ℳ Schulgeld wird gezahlt in 30 Schulen, und zwar in:

Schulen	ℳ	Schulen	ℳ	Schulen	ℳ	Schulen	ℳ	Schulen	ℳ	Schulen	ℳ
1 mit	28—75	3 mit	60—75	1 mit	30—80	4 mit	60—80	1 mit	70—82	1 mit	54—84
1 mit	42—75	2 mit	75	1 mit	36—80	1 mit	80	2 mit	24—84	1 mit	60—84
1 mit	45—75	2 mit	54—78	2 mit	40—80	1 mit	24—81	1 mit	36—84	1 mit	72—84.
1 mit	50—75	1 mit	20—80	1 mit	48—80						

Über 84 bis 96 ℳ Schulgeld wird gezahlt in 18 Schulen, und zwar in:

Schulen	ℳ	Schulen	ℳ	Schulen	ℳ	Schulen	ℳ	Schulen	ℳ	Schulen	ℳ
1 mit	65—85	1 mit	18—90	2 mit	36—90	1 mit	60—90	2 mit	90	1 mit	54—96
2 mit	60—86	1 mit	24—90	2 mit	48—90	2 mit	72—90	1 mit	18—96	1 mit	60—96
1 mit	44—88										

Über 96 ℳ Schulgeld wird gezahlt in 26 Schulen, und zwar in:

Schulen	ℳ	Schulen	ℳ	Schulen	ℳ	Schulen	ℳ	Schulen	ℳ	Schulen	ℳ
1 mit	22—100	1 mit	100	1 mit	72—108	1 mit	60—120	1 mit	78—132	2 mit	7,50—168
2 mit	30—100	1 mit	42—102	1 mit	90—108	1 mit	80—120	1 mit	100—140	1 mit	24—168
1 mit	40—100	1 mit	62—106	1 mit	25—110	1 mit	120	1 mit	40—150	1 mit	75—180
1 mit	60—100	1 mit	24—108	1 mit	37—112	1 mit	32—132	1 mit	30—153	1 mit	36—252

2. Auf dem Lande.

Bis 36 ℳ Schulgeld wird gezahlt in 4 Schulen, und zwar in:
1 Schule mit 20—30 ℳ | 1 Schule mit 18—36 ℳ | 2 Schulen mit 24—36 ℳ.

Über 36 bis 48 ℳ Schulgeld wird gezahlt in 4 Schulen, und zwar in:
1 Schule mit 30—40 ℳ | 1 Schule mit 20—45 ℳ | 1 Schule mit 45 ℳ | 1 Schule mit 36—48 ℳ.

Über 48 bis 60 ℳ Schulgeld wird gezahlt in 7 Schulen, und zwar in:

Schulen	ℳ	Schulen	ℳ	Schulen	ℳ	Schulen	ℳ	Schulen	ℳ	Schulen	ℳ
1 mit	5—60	1 mit	12—60	1 mit	18—60	1 mit	30—60	1 mit	48—60	2 mit	60.

Über 60 bis 72 ℳ Schulgeld wird gezahlt in 4 Schulen, und zwar in:
1 Schule mit 70 ℳ | 1 Schule mit 36—72 ℳ | 2 Schulen mit 72 ℳ.

Über 72 bis 84 ℳ Schulgeld wird gezahlt in 1 Schule, und zwar in:
1 Schule mit 80 ℳ.

Über 84 bis 96 ℳ Schulgeld wird gezahlt in 8 Schulen, und zwar in:

Schulen	ℳ	Schulen	ℳ	Schulen	ℳ	Schulen	ℳ
1 mit	36—90	1 mit	50—90	1 mit	75—90	1 mit	36—96.
1 mit	44—90	2 mit	60—90	1 mit	90		

Über 96 ℳ Schulgeld wird gezahlt in 4 Schulen, und zwar in:
1 Schule mit 100 ℳ | 1 Schule mit 63—108 ℳ | 1 Schule mit 100—150 ℳ | 1 Schule mit 24—160 ℳ.

Mittel- und den höheren Mädchenschulen.

Anlage II.

Ausschluß der höheren Mädchenschulen.

II. Spezialnachweisung über die jährlichen Schulgeldsätze, nach dem Mindestbetrage geordnet.

1. In den Städten.[1])

Es wird Schulgeld gezahlt in 310 Schulen, und zwar in:

Schulen ℳ	Schulen ℳ	Schulen ℳ	Schulen ℳ
1 mit 2,40— 48	1 mit 19— 30	1 mit 32— 60	2 mit 48— 90
1 mit 3,60— 12	3 mit 20— 40	1 mit 32—132	1 mit 50— 70
3 mit 6— 12	1 mit 20— 48	13 mit 36	1 mit 50— 75
1 mit 6— 18	1 mit 20— 80	1 mit 36— 42	1 mit 52
1 mit 6— 21	1 mit 21— 51	5 mit 36— 48	1 mit 54— 60
2 mit 6— 30	1 mit 22—100	2 mit 36— 54	1 mit 54— 66
1 mit 7,50— 18	13 mit 24	2 mit 36— 56	2 mit 54— 78
2 mit 7,50—168	11 mit 24— 36	4 mit 36— 60	1 mit 54— 84
2 mit 8,40— 24	1 mit 24— 39	1 mit 36— 70	1 mit 54— 96
1 mit 9— 20	7 mit 24— 48	4 mit 36— 72	1 mit 55— 65
1 mit 9— 48	4 mit 24— 54	1 mit 36— 80	11 mit 60
1 mit 9— 60	6 mit 24— 60	1 mit 36— 84	1 mit 60— 68
1 mit 10— 30	1 mit 24— 66	3 mit 36— 90	2 mit 60— 72
1 mit 10— 54	1 mit 24— 70	1 mit 36—252	3 mit 60— 75
1 mit 12— 18	2 mit 24— 72	1 mit 37—112	4 mit 60— 80
5 mit 12— 24	1 mit 24— 81	1 mit 38— 65	1 mit 60— 84
1 mit 12— 35	2 mit 24— 84	1 mit 39— 51	2 mit 60— 86
4 mit 12— 36	1 mit 24— 90	5 mit 40	1 mit 60— 90
1 mit 12— 54	1 mit 24—108	1 mit 40— 60	1 mit 60— 96
6 mit 12— 60	1 mit 24—168	2 mit 40— 70	1 mit 60—100
1 mit 15— 33	1 mit 25—110	2 mit 40— 80	1 mit 60—120
1 mit 15— 40	1 mit 27— 36	1 mit 40—100	1 mit 62—105
1 mit 15— 60	1 mit 28— 40	1 mit 40—150	1 mit 65— 85
4 mit 16— 24	1 mit 28— 75	1 mit 42	1 mit 70— 82
1 mit 16— 28	6 mit 30	1 mit 42— 48	3 mit 72
1 mit 16— 50	1 mit 30— 36	1 mit 42— 54	1 mit 72— 84
1 mit 18	1 mit 30— 40	1 mit 42— 66	2 mit 72— 90
1 mit 18— 24	2 mit 30— 42	1 mit 42— 75	1 mit 72—108
1 mit 18— 27	3 mit 30— 45	1 mit 42—102	2 mit 75
4 mit 18— 36	6 mit 30— 48	1 mit 44— 88	1 mit 75—180
1 mit 18— 40	4 mit 30— 50	2 mit 45	1 mit 78—132
1 mit 18— 45	6 mit 30— 60	1 mit 45— 57	1 mit 80
1 mit 18— 48	1 mit 30— 70	1 mit 45— 75	1 mit 80—120
1 mit 18— 54	1 mit 30— 80	5 mit 48	2 mit 90
2 mit 18— 60	2 mit 30—100	5 mit 48— 60	1 mit 90—108
2 mit 18— 72	1 mit 30—153	2 mit 48— 64	1 mit 100
1 mit 18— 90	1 mit 32— 40	6 mit 48— 72	1 mit 100—140
1 mit 18— 96	2 mit 32— 48	1 mit 48— 80	1 mit 120.

2. Auf dem Lande.[2])

Es wird Schulgeld gezahlt in 32 Schulen, und zwar in:

Schulen ℳ	Schulen ℳ	Schulen ℳ	Schulen ℳ
1 mit 5—60	1 mit 24—100	1 mit 44— 90	1 mit 70
1 mit 12—60	1 mit 30— 40	1 mit 45	2 mit 72
1 mit 18—36	1 mit 30— 60	1 mit 48— 60	1 mit 75— 90
1 mit 18—60	1 mit 36— 48	1 mit 50— 90	1 mit 80
1 mit 20—30	1 mit 36— 72	2 mit 60	1 mit 90
1 mit 20—45	1 mit 36— 90	2 mit 60— 90	1 mit 100
2 mit 24—36	1 mit 36— 96	1 mit 63—108	1 mit 100—150.

[1]) außerdem im Stadtteile Essen, Stadt Werden, eine Schule, an welcher kein Schulgeld erhoben wird. — [2]) außerdem im Kreise Hörde, Landgemeinde Hombruch, eine Schule, an welcher kein Schulgeld erhoben wird.

Anlage I.

b) In den öffentlichen

I. Spezialnachweisung über die jährlichen Schulgeldsätze, in Gruppen nach dem Höchstbetrage geordnet.

1. In den Städten.

Bis einschließlich 24 ℳ Schulgeld wird gezahlt in 2 Schulen, und zwar in:
1 Schule mit 10,00—22,50 ℳ | 1 Schule mit 24 ℳ.

Über 24 bis 36 ℳ Schulgeld wird gezahlt in 2 Schulen, und zwar in:
1 Schule mit 27 ℳ | 1 Schule mit 30—36 ℳ.

Über 36 bis 48 ℳ Schulgeld wird gezahlt in 10 Schulen, und zwar in:

Schulen	ℳ	Schulen	ℳ	Schulen	ℳ	Schulen	ℳ	Schulen	ℳ
1 mit	18—48	1 mit	30—46	1 mit	33—47	1 mit	36—48	1 mit	42
1 mit	24—48	1 mit	30—48	1 mit	36—48	1 mit	40	1 mit	48.

Über 48 bis 60 ℳ Schulgeld wird gezahlt in 23 Schulen, und zwar in:

Schulen	ℳ	Schulen	ℳ	Schulen	ℳ	Schulen	ℳ	Schulen	ℳ
1 mit	12—60	1 mit	36—54	3 mit	48—60	1 mit	52	1 mit	56
2 mit	24—54	3 mit	36—60	1 mit	50—60	1 mit	54	3 mit	60.
4 mit	30—60	2 mit	40—60						

Über 60 bis 72 ℳ Schulgeld wird gezahlt in 24 Schulen, und zwar in:

Schulen	ℳ	Schulen	ℳ	Schulen	ℳ	Schulen	ℳ	Schulen	ℳ
1 mit	21—72	6 mit	36—72	7 mit	48—72	4 mit	60—72	1 mit	66
1 mit	30—72	1 mit	42—66	1 mit	50—70	1 mit	64—72	1 mit	72.

Über 72 bis 84 ℳ Schulgeld wird gezahlt in 35 Schulen, und zwar in:

Schulen	ℳ	Schulen	ℳ	Schulen	ℳ	Schulen	ℳ	Schulen	ℳ
1 mit	24—81	1 mit	36—78	1 mit	45—75	1 mit	52—82	2 mit	60—84
1 mit	29—75	2 mit	40—80	1 mit	48—78	1 mit	54—78	2 mit	75
3 mit	30—80	1 mit	41—84	3 mit	48—80	1 mit	54—80	6 mit	80
1 mit	32—80	3 mit	42—78	1 mit	48—84	1 mit	54—84	2 mit	84.

Über 84 bis 96 ℳ Schulgeld wird gezahlt in 28 Schulen, und zwar in:

Schulen	ℳ	Schulen	ℳ	Schulen	ℳ	Schulen	ℳ	Schulen	ℳ
2 mit	36—90	2 mit	42—96	1 mit	50—85	4 mit	60—90	1 mit	72—96
1 mit	37—85	3 mit	48—90	1 mit	52—90	2 mit	60—96	1 mit	75—96
1 mit	40—90	2 mit	48—96	1 mit	54—96	4 mit	72—90	1 mit	96.
1 mit	40—92								

Über 96 bis 108 ℳ Schulgeld wird gezahlt in 38 Schulen, und zwar in:

Schulen	ℳ	Schulen	ℳ	Schulen	ℳ	Schulen	ℳ	Schulen	ℳ
1 mit	12—100	5 mit	40—100	1 mit	55—100	1 mit	72—102	1 mit	84—108
1 mit	24—108	2 mit	48—100	3 mit	60—100	3 mit	72—108	1 mit	90—108
1 mit	30—100	3 mit	48—108	1 mit	72—100	1 mit	80—100	13 mit	100.

Über 108 bis 120 ℳ Schulgeld wird gezahlt in 15 Schulen, und zwar in:

Schulen	ℳ	Schulen	ℳ	Schulen	ℳ	Schulen	ℳ	Schulen	ℳ
1 mit	24—120	1 mit	60—120	1 mit	75—120	1 mit	80—120	1 mit	96—120
2 mit	48—120	1 mit	72—114	1 mit	78—114	2 mit	90—120	1 mit	100—120
1 mit	50—120	1 mit	75—110	1 mit	80—110				

Über 120 ℳ Schulgeld wird gezahlt in 24 Schulen, und zwar in:

Schulen	ℳ	Schulen	ℳ	Schulen	ℳ	Schulen	ℳ	Schulen	ℳ
1 mit	40—150	1 mit	70—135	1 mit	80—144	2 mit	90—144	2 mit	96—132
1 mit	48—130	3 mit	72—144	1 mit	80—150	1 mit	90—170	3 mit	100—150
1 mit	60—144	1 mit	75—125	1 mit	90—132	1 mit	90—180	1 mit	110—215.
1 mit	70—125	1 mit	78—150	1 mit	90—135				

2. Auf dem Lande.

Von 36 bis 48 ℳ Schulgeld wird gezahlt in 1 Schule.

Von 48 bis 60 ℳ Schulgeld wird gezahlt in 1 Schule, und zwar in:
1 Schule mit 36—54 ℳ.

Von 60 bis 72 ℳ Schulgeld wird gezahlt in 1 Schule, und zwar in:
1 Schule mit 48—72 ℳ.

Von 72 bis 84 ℳ Schulgeld wird gezahlt in 2 Schulen, und zwar in:
1 Schule mit 60—75 ℳ | 1 Schule mit 75 ℳ.

höheren Mädchenschulen.

II. Spezialnachweisung über die jährlichen Schulgeldsätze, nach dem Mindestbetrage geordnet.

1. In den Städten.

Es wird Schulgeld gezahlt in 201 Schulen, und zwar:

Schulen		ℳ	Schulen		ℳ	Schulen		ℳ	Schulen		ℳ
1	mit	10–22,50	2	mit	40–60	1	mit	52–90	1	mit	75–110
1	mit	12–60	2	mit	40–80	1	mit	54	1	mit	75–120
1	mit	12–100	1	mit	40–90	1	mit	54–78	1	mit	75–125
1	mit	18–48	1	mit	40–92	1	mit	54–80	1	mit	78–114
1	mit	21–72	5	mit	40–100	1	mit	54–84	1	mit	78–150
1	mit	24	1	mit	40–150	1	mit	54–96	6	mit	80
1	mit	24–48	1	mit	41–84	1	mit	55–100	1	mit	80–100
2	mit	24–54	1	mit	42	1	mit	56	1	mit	80–110
1	mit	24–81	1	mit	42–66	3	mit	60	1	mit	80–120
1	mit	24–108	3	mit	42–78	4	mit	60–72	1	mit	80–144
1	mit	24–120	2	mit	42–96	2	mit	60–84	1	mit	80–150
1	mit	27	1	mit	45–75	4	mit	60–90	2	mit	84
1	mit	29–75	1	mit	48	2	mit	60–96	1	mit	84–106
1	mit	30–36	3	mit	48–60	3	mit	60–100	1	mit	90–108
1	mit	30–46	7	mit	48–72	1	mit	60–120	2	mit	90–120
1	mit	30–48	1	mit	48–78	1	mit	60–144	1	mit	90–132
4	mit	30–60	3	mit	48–80	1	mit	64–72	1	mit	90–135
1	mit	30–72	1	mit	48–84	1	mit	66	2	mit	90–144
3	mit	30–80	3	mit	48–90	1	mit	70–125	1	mit	90–170
1	mit	30–100	2	mit	48–96	1	mit	70–135	1	mit	90–180
1	mit	32–80	2	mit	48–100	1	mit	72	1	mit	96
1	mit	33–47	3	mit	48–108	4	mit	72–90	1	mit	96–120
2	mit	36–48	2	mit	48–120	1	mit	72–96	2	mit	96–132
1	mit	36–54	1	mit	48–130	1	mit	72–100	13	mit	100
3	mit	36–60	1	mit	50–60	1	mit	72–102	1	mit	100–120
6	mit	36–72	1	mit	50–70	8	mit	72–108	3	mit	100–150
1	mit	36–78	1	mit	50–85	1	mit	72–114	1	mit	110–215.
2	mit	36–90	1	mit	50–120	3	mit	72–144			
1	mit	37–85	1	mit	52	2	mit	75			
1	mit	40	1	mit	52–82	1	mit	75–96			

2. Auf dem Lande.

Es wird Schulgeld gezahlt in 5 Schulen, und zwar:

1 Schule mit 36–48 ℳ | 1 Schule mit 36–54 ℳ | 1 Schule mit 48–72 ℳ | 1 Schule mit 60–75 ℳ | 1 Schule mit 75 ℳ.

F. Die perf. Verhältnisse d. Lehrkörpers d. öffentl. Mittel- u. höher. Mädchenschulen.

Anlage I. Abgelegte Prüfungen der vollbeschäftigten Lehrkräfte an den Mittel- 2c. Schulen.

Religionsbekenntniß der vollbeschäftigten Lehrkräfte.	A. Lehrer. Von den vollbeschäftigten Lehrern haben abgelegt die: Volksschullehrer-Prüfung	Mittelschullehrer-Prüfung	Prüfung pro rectoratu	Prüfung für das höhere Lehramt bezw. das geistliche Amt	Nicht geprüft	Fachlehrer	Vollbeschäftigte Lehrer zusammen	B. Lehrerinnen. Von den vollbeschäftigten Lehrerinnen haben abgelegt die: Prüfung für Volksschullehrerinnen	Prüfung für Lehrerinnen an höheren Mädchenschulen	Prüfung als Schulvorsteherin	Nicht geprüft	Fachlehrerinnen	Vollbeschäftigte Handarbeits-Lehrerinnen*) geprüfte	nicht geprüfte	Vollbeschäftigte Lehrerinnen zusammen
1	2	3	4	5	6	7	8	9	10	11	12	13	14	15	16
A. In den Städten:															
Evangelische Lehrkräfte	1 253	413	375	561	3	14	2 619	76	864	59	30	31	103	16	1 179
Katholische „	64	50	54	76	3	1	248	21	65	9	4	—	5	2	106
Sonst christliche „	—	—	—	—	—	—	—	—	—	—	—	—	—	—	—
Jüdische „	3	1	1	4	1	—	10	—	7	—	—	—	—	—	7
Zusammen	1 320	464	430	641	7	15	2 877	97	936	68	34	31	108	18	1 292
B. Auf dem Lande:															
Evangelische Lehrkräfte	10	2	17	16	—	—	45	2	7	2	—	—	—	—	11
Katholische „	18	3	8	4	—	—	33	1	6	—	—	—	—	—	7
Sonst christliche „	—	—	—	—	—	—	—	—	—	—	—	—	—	—	—
Jüdische „	—	—	—	—	—	—	—	—	—	—	—	—	—	—	—
Zusammen	28	5	25	20	—	—	78	3	13	2	—	—	—	—	18
C. Im ganzen Staate:															
Evangelische Lehrkräfte	1 263	415	392	577	3	14	2 664	78	871	61	30	31	103	16	1 190
Katholische „	82	53	62	80	3	1	281	22	71	9	4	—	5	2	113
Sonst christliche „	—	—	—	—	—	—	—	—	—	—	—	—	—	—	—
Jüdische „	3	1	1	4	1	—	10	—	7	—	—	—	—	—	7
Überhaupt	1 348	469	455	661	7	15	2 955	100	949	70	34	31	108	18	1 310

*) Die nicht vollbeschäftigten Handarbeits-Lehrerinnen sind hier unberücksichtigt geblieben.

Anlage II. Lebensalter u. Familienstand der vollbeschäftigten Lehrkräfte an den öffentlichen Mittel- 2c. Schulen.

Lebensalter der vollbeschäftigten Lehrkräfte.	A. Lehrer. Ledig	Verheiratet	Verheiratet gewesen	Zusammen	Zahl der lebenden Kinder der verheirateten bezw. verheiratet gewesenen Lehrer: überhaupt	davon unter 18 Jahre alt	B. Lehrerinnen*). Ledig	Verheiratet	Verheiratet gewesen	Zusammen	Zahl der lebenden Kinder der verheirateten bezw. verheiratet gewesenen Lehrerinnen: überhaupt	davon unter 18 Jahre alt
1	2	3	4	5	6	7	8	9	10	11	12	13
A. In den Städten:												
unter 20 Jahre alt	—	—	—	—	—	—	3	—	—	3	—	—
über 20—25 Jahre	54	6	—	60	1	1	77	—	—	77	—	—
„ 25—30 „	210	157	2	369	150	150	176	—	—	176	—	—
„ 30—35 „	146	335	8	489	478	478	261	1	3	265	4	4
„ 35—40 „	78	408	9	495	884	879	244	—	3	247	4	4
„ 40—45 „	63	329	16	408	834	802	174	2	2	178	3	3
„ 45—50 „	34	349	11	394	1 039	836	156	1	5	162	9	3
„ 50—55 „	25	240	17	282	736	408	92	—	7	99	5	—
„ 55—60 „	15	178	15	208	567	183	41	1	4	46	7	—
„ 60—65 „	8	75	13	96	292	59	25	—	2	27	6	—
„ 65 „	2	55	19	76	243	10	12	—	—	12	—	—
Zusammen	635	2 132	110	2 877	5 226	3 806	1 261	5	26	1 292	38	14
B. Auf dem Lande:												
unter 20 Jahre alt	—	—	—	—	—	—	—	—	—	—	—	—
über 20—25 Jahre	7	—	—	7	—	—	3	—	—	3	—	—
„ 25—30 „	7	4	—	11	6	6	10	—	—	10	—	—
„ 30—35 „	4	8	1	13	13	13	—	—	—	—	—	—
„ 35—40 „	2	10	—	12	14	14	2	—	—	2	—	—
„ 40—45 „	5	16	—	21	64	64	—	—	—	—	—	—
„ 45—50 „	3	1	—	4	2	—	2	—	—	2	—	—
„ 50—55 „	—	5	—	5	9	5	—	—	—	—	—	—
„ 55—60 „	—	3	1	4	17	5	1	—	—	1	—	—
„ 60—65 „	—	1	—	1	7	2	—	—	—	—	—	—
„ 65 „	—	—	—	—	—	—	—	—	—	—	—	—
Zusammen	28	48	2	78	132	109	18	—	—	18	—	—
C. Im ganzen Staate:												
unter 20 Jahre alt	—	—	—	—	—	—	3	—	—	3	—	—
über 20—25 Jahre	61	6	—	67	1	1	80	—	—	80	—	—
„ 25—30 „	217	161	2	380	156	156	186	—	—	186	—	—
„ 30—35 „	150	343	9	502	491	491	261	1	3	265	4	4
„ 35—40 „	80	418	9	507	898	893	246	—	3	249	4	4
„ 40—45 „	68	345	16	429	898	866	174	2	2	178	3	3
„ 45—50 „	37	350	11	398	1 041	836	158	1	5	164	9	3
„ 50—55 „	25	245	17	287	745	413	92	—	7	99	5	—
„ 55—60 „	15	181	16	212	584	188	42	1	4	47	7	—
„ 60—65 „	8	76	13	97	299	61	25	—	2	27	6	—
„ 65 „	2	55	19	76	243	10	12	—	—	12	—	—
Überhaupt	663	2 180	112	2 955	5 358	3 915	1 279	5	26	1 310	38	14

*) Die nicht vollbeschäftigten Handarbeits-Lehrerinnen sind hier unberücksichtigt geblieben.

Religionsbekenntniß und Herkommen der vollbeschäftigten Lehrkräfte an den öffentlichen Mittel- 2c. Schulen.

Hauptberuf*) und Berufsstellung der Väter der vollbeschäftigten Lehrkräfte. a) Selbständige (einschl. Geschäftsleiter und leitende Beamte). b) Aufsichts- und Rechnungspersonal. c) Arbeitsgehülfen.		A. Lehrer evangelisch	katholisch	sonst christlich	jüdisch	zusammen	B. Lehrerinnen evangelisch	katholisch	sonst christlich	jüdisch	zusammen
1		2	3	4	5	6	7	8	9	10	11
A. Bodenbenutzung, Thierzucht, Jagd 2c.											
I. Landwirthschaft, Thierzucht, Gärtnerei	a	544	91	—	1	636	65	7	—	—	72
	b	33	3	—	—	36	9	1	—	—	10
	c	23	3	—	—	26	1	—	—	—	1
II. Forstwirthschaft, Jagd und Fischerei	a	6	1	—	—	7	11	—	—	—	11
	b	14	1	—	—	15	4	—	—	—	4
	c	—	—	—	—	—	2	—	—	—	2
Summe A	a	550	92	—	1	643	76	7	—	—	83
	b	47	4	—	—	51	13	1	—	—	14
	c	23	3	—	—	26	3	—	—	—	3
B. Bergbau, Industrie und Bauwesen.											
III. Bergbau, Hütten- und Salinenwesen, Torfgräberei	a	6	—	—	—	6	2	1	—	—	3
	b	16	2	—	—	18	7	2	—	—	9
	c	13	1	—	—	14	—	—	—	—	—
IV. Industrie der Steine und Erden	a	15	2	—	—	17	4	1	—	—	5
	b	4	—	—	—	4	1	—	—	—	1
	c	2	—	—	—	2	—	—	—	—	—
V. Metallverarbeitung	a	69	7	—	—	76	14	2	—	—	16
	b	1	—	—	—	1	—	—	—	—	—
	c	1	—	—	—	1	—	—	—	—	—
VI. Verfertigung v. Maschinen, Werkzeugen, Instrum., Apparat	a	36	3	—	—	39	23	1	—	—	21
	b	6	—	—	—	6	—	1	—	—	1
	c	5	3	—	—	8	—	—	—	—	—
VII. Chemische Industrie	a	8	—	—	—	8	14	—	—	—	14
	b	1	—	—	—	1	—	—	—	—	—
	c	—	—	—	—	—	—	—	—	—	—
VIII. Industr. forstwirthschaftl. Nebenprod., d. Leuchtstoffe, Fette, Oele und Firnisse	a	5	1	—	—	6	1	—	—	—	1
	b	1	—	—	—	1	—	—	—	—	—
	c	—	—	—	—	—	1	—	—	—	1
IX. Textilindustrie	a	66	1	—	—	67	11	2	—	—	13
	b	3	—	—	—	3	1	—	—	—	1
	c	4	—	—	—	4	—	—	—	—	—
X. Papier- und Lederindustrie	a	33	6	—	—	39	4	—	—	—	4
	b	—	—	—	—	—	—	—	—	—	—
	c	—	—	—	—	—	—	—	—	—	—
XI. Industrie der Holz- und Schnitzstoffe	a	86	6	—	—	92	11	2	—	—	13
	b	—	—	—	—	—	—	—	—	—	—
	c	2	1	—	—	3	—	—	—	—	—
XII. Industrie der Nahrungs- und Genußmittel	a	91	9	—	1	101	29	2	—	—	31
	b	5	—	—	—	5	—	1	—	—	1
	c	2	2	—	—	4	1	—	—	—	1
XIII. Gewerbe für Bekleidung und Reinigung	a	189	20	—	—	209	18	2	—	—	20
	b	1	—	—	—	1	—	—	—	—	—
	c	2	—	—	—	2	—	—	—	—	—
XIV. Baugewerbe	a	61	11	—	—	72	49	11	—	—	60
	b	15	1	—	—	16	5	—	—	—	5
	c	30	1	—	—	31	—	—	—	—	—
XV. Polygraphische Gewerbe	a	3	—	—	—	3	1	—	—	—	1
	b	1	—	—	—	1	—	—	—	—	—
	c	2	—	—	—	2	—	—	—	—	—
XVI. Kunst und künstlerische Betriebe für gewerbliche Zwecke	a	3	—	—	—	3	2	—	—	—	2
	b	—	—	—	—	—	—	—	—	—	—
	c	—	—	—	—	—	—	—	—	—	—
XVII. Fabrikanten, Fabrikarbeiter 2c., deren näh. Gewerbsthätigkeit zweifelhaft ist	a	8	1	—	—	9	3	1	—	—	4
	b	2	2	—	—	4	1	—	—	—	1
	c	6	1	—	—	7	1	—	—	—	1
Summe B	a	679	67	—	1	747	188	23	—	—	211
	b	56	5	—	—	61	15	4	—	—	19
	c	69	9	—	—	78	3	—	—	—	3
C. Handel und Verkehr.											
XVIII. Handelsgewerbe	a	123	23	—	2	148	120	8	—	5	133
	b	12	1	—	—	13	5	2	—	—	7
	c	5	—	—	—	5	—	1	—	—	1
XIX. Versicherungsgewerbe	a	1	1	—	—	2	6	—	—	—	6
	b	1	—	—	—	1	1	—	—	—	1
	c	—	—	—	—	—	—	—	—	—	—
XX. Verkehrsgewerbe	a	28	1	—	—	29	20	—	—	—	20
	b	16	3	—	—	19	34	5	—	—	39
	c	27	2	—	—	29	5	2	—	—	7
XXI. Beherbergungs- u. Schankgewerbe	a	64	3	—	—	67	12	1	—	—	13
	b	—	—	—	—	—	—	—	—	—	—
	c	—	—	—	—	—	—	—	—	—	—
Summe C	a	216	26	—	2	246	158	9	—	5	172
	b	29	4	—	—	33	40	7	—	—	47
	c	32	2	—	—	34	5	3	—	—	8
XXII. D. Häusliche Dienste	b	—	—	—	—	—	—	—	—	—	—
XXIII. E. Hof-, Staats- 2c. Dienst, freie Berufe.											
1. Heer und Kriegsflotte	a	5	—	—	—	5	29	4	—	—	33
	b	16	—	—	—	16	4	1	—	—	5
2. Hof-, Staats-, Gemeinde- 2c. Dienst	a	68	4	—	—	72	160	13	—	—	173
	b	96	6	—	—	102	112	9	—	—	121
	c	44	5	—	—	49	9	1	—	—	10
3. Kirche und Gottesdienst	a	94	—	—	2	96	94	—	—	—	94
	b	7	4	—	1	12	4	—	—	—	4
	c	1	—	—	—	1	1	—	—	—	1
4. Unterricht und zwar:											
Lehrer an höheren Lehranstalten	a	37	—	—	—	37	90	7	—	—	97
Lehrerinnen an Volks- u. Mittelschulen	a	7	2	—	—	9	21	—	—	—	21
Seminarlehrer	a	6	—	—	—	6	10	1	—	—	11
Mittelschullehrer	a	8	1	—	—	9	15	—	—	—	15
Volksschullehrer	a	490	39	—	—	529	65	14	—	—	79
Fachschullehrer	a	7	1	—	3	11	13	1	—	1	15
Schuldiener, Kalefaktoren u. s. w.	b	5	1	—	—	6	—	—	—	—	—
5. Gesundheits- u. Krankenpflege, Thierärzte	a	15	4	—	—	19	39	5	—	1	45
	b	3	—	—	—	3	—	—	—	—	—
	c	3	—	—	—	3	—	—	—	—	—
6. Schriftsteller, Zeitungsredakteure 2c.	a	2	—	—	—	2	6	—	—	—	6
7. Musik, Theater, Schaustellungen aller Art	a	11	—	—	—	11	3	—	—	—	3
Summe E	a	740	51	—	5	796	545	45	—	2	592
	b	127	11	—	1	139	120	10	—	—	130
	c	48	5	—	—	53	10	1	—	—	11
XXIV. F. Ohne Beruf und Berufsangabe	a	48	—	—	—	48	16	1	—	—	17
Preußischer Staat	a	2 233	238	—	9	2 480	951	67	—	7	1 025
	b	259	24	—	1	284	188	22	—	—	210
	c	172	19	—	—	191	31	4	—	—	35
Überhaupt		2 664	281	—	10	2 955	1 188	113	—	7	1 318

*) Die Berufe sind in der Reihenfolge der Gruppen und Klassen der Berufszählung vom 5. Juni 1895 aufgeführt.

Anlage IV.

Das Dienstalter der vollbeschäftigten Lehrkräfte an den öffentlichen Mittel- und den höheren Mädchenschulen.

Vollbeschäftigte Lehrkräfte.	Dienstalter der vollbeschäftigten Lehrkräfte:										
	unter 1 Jahr	1 bis 2 Jahre	2 bis 3 Jahre	3 bis 4 Jahre	4 bis 5 Jahre	unter 1 bis 5 Jahre	5 bis 6 Jahre	6 bis 7 Jahre	7 bis 8 Jahre	8 bis 9 Jahre	9 bis 10 Jahre	5 bis 10 Jahre
1	2	3	4	5	6	7	8	9	10	11	12	13
Lehrer	42	34	47	71	92	286	98	111	105	115	118	547
Lehrerinnen	64	58	59	63	56	300	57	49	41	56	50	253

Noch: Das Dienstalter der vollbeschäftigten Lehrkräfte an den öffentlichen Mittel- und den höheren Mädchenschulen.

Vollbeschäftigte Lehrkräfte.	Dienstalter der vollbeschäftigten Lehrkräfte:																
	10 bis 11 Jahre	11 bis 12 Jahre	12 bis 13 Jahre	13 bis 14 Jahre	14 bis 15 Jahre	10 bis 15 Jahre	15 bis 16 Jahre	16 bis 17 Jahre	17 bis 18 Jahre	18 bis 19 Jahre	19 bis 20 Jahre	15 bis 20 Jahre	20 bis 21 Jahre	21 bis 22 Jahre	22 bis 23 Jahre	23 bis 24 Jahre	24 bis 25 Jahre	20 bis 25 Jahre
1	14	15	16	17	18	19	20	21	22	23	24	25	26	27	28	29	30	31
Lehrer	97	71	76	106	90	440	91	105	119	111	91	517	70	76	83	86	72	387
Lehrerinnen	53	62	68	63	64	310	64	59	41	40	36	240	31	29	21	19	24	124

Noch: Das Dienstalter der vollbeschäftigten Lehrkräfte an den öffentlichen Mittel- und den höheren Mädchenschulen.

Vollbeschäftigte Lehrkräfte	Dienstalter der vollbeschäftigten Lehrkräfte:																
	25 bis 26 Jahre	26 bis 27 Jahre	27 bis 28 Jahre	28 bis 29 Jahre	29 bis 30 Jahre	25 bis 30 Jahre	30 bis 31 Jahre	31 bis 32 Jahre	32 bis 33 Jahre	33 bis 34 Jahre	34 bis 35 Jahre	30 bis 35 Jahre	35 bis 36 Jahre	36 bis 37 Jahre	37 bis 38 Jahre	38 bis 39 Jahre	39 bis 40 Jahre	35 bis 40 Jahre
1	32	33	34	35	36	37	38	39	40	41	42	43	44	45	46	47	48	49
Lehrer	77	76	78	52	52	335	52	58	36	37	29	212	36	35	23	27	20	141
Lehrerinnen	11	15	10	7	8	51	7	4	4	5	1	21	2	1	4	2	1	10

Noch: Das Dienstalter der vollbeschäftigten Lehrkräfte an den öffentlichen Mittel- und den höheren Mädchenschulen.

Vollbeschäftigte Lehrkräfte.	Dienstalter der vollbeschäftigten Lehrkräfte:													Vollbeschäftigte Lehrkräfte im ganzen Staate
	40 bis 41 Jahre	41 bis 42 Jahre	42 bis 43 Jahre	43 bis 44 Jahre	44 bis 45 Jahre	40 bis 45 Jahre	45 bis 46 Jahre	46 bis 47 Jahre	47 bis 48 Jahre	48 bis 49 Jahre	49 bis 50 Jahre	45 bis 50 Jahre	über 50 Jahre	
1	50	51	52	53	54	55	56	57	58	59	60	61	62	63
Lehrer	16	9	14	11	6	56	5	9	5	6	5	30	9	2 055
Lehrerinnen	—	1	—	—	—	1	—	—	—	—	—	—	—	1 310

Anlage V.

Gesammtes Diensteinkommen und Dienstalter der vollbeschäftigten Lehrkräfte an den öffentlichen Mittel- 2c. Schulen.

Einkommensstufen (einschließlich Wohnung und Feuerung, Dienstalterszulage u. s. w.) … Staat.	Dienstalter: A. Lehrer 0 bis 5 Jahre	5 bis 10 Jahre	10 bis 15 Jahre	15 bis 20 Jahre	20 bis 30 Jahre	30 bis 40 Jahre	40 bis 50 Jahre	über 50 Jahre	unbesetzte Stellen	zusammen	B. Lehrerinnen. 0 bis 5 Jahre	5 bis 10 Jahre	10 bis 15 Jahre	15 bis 20 Jahre	20 bis 30 Jahre	30 bis 40 Jahre	unbesetzte Stellen	zusammen
1	2	3	4	5	6	7	8	9	10	11	12	13	14	15	16	17	18	19
Von den vollbeschäftigten Lehrkräften hatten ein Diensteinkommen:																		
bis 300 M …	—	—	—	—	—	—	—	—	—	—	—	—	1	—	—	—	—	1
von 301— 450 M	—	—	—	—	—	—	—	—	—	—	2	1	—	—	2	—	—	5
" 451— 600 "	2	—	—	—	—	—	—	—	—	2	7	—	1	2	1	2	—	13
" 601— 750 "	—	—	—	1	—	—	—	—	—	1	21	6	3	3	3	1	1	38
" 751— 809 "	—	—	—	—	—	—	—	—	—	—	10	4	2	3	4	—	1	24
" 810 "	—	—	—	—	—	—	—	—	—	—	—	—	—	—	—	—	—	—
" 811— 900 "	10	2	—	1	1	—	—	—	1	15	69	24	15	4	7	—	1	120
" 901—1 050 "	21	17	—	—	—	—	—	—	—	38	57	34	26	15	6	1	—	159
" 1 051—1 200 "	28	59	15	3	—	1	—	—	3	109	56	72	73	35	20	2	—	256
" 1 201—1 350 "	32	53	21	4	1	—	—	—	3	114	34	39	35	25	15	3	—	151
" 1 351—1 500 "	44	78	49	24	21	1	—	—	9	226	22	31	42	41	21	5	—	162
" 1 501—1 650 "	22	35	40	50	29	4	—	—	3	163	17	21	31	26	23	7	—	125
" 1 651—1 800 "	40	52	64	56	43	12	3	3	7	280	3	17	43	22	19	4	—	103
" 1 801—1 950 "	11	31	33	34	59	28	9	—	1	206	—	2	17	21	9	2	—	51
" 1 951—2 100 "	25	57	39	70	91	35	7	1	4	324	1	4	6	29	10	2	1	53
" 2 101—2 250 "	10	17	30	43	52	31	4	2	—	189	—	1	2	10	12	—	—	25
" 2 251—2 400 "	11	30	40	45	85	42	11	—	4	268	1	—	13	3	14	—	—	31
" 2 401—2 550 "	8	7	20	25	31	18	7	—	—	116	—	2	—	1	6	[1]) 3	—	12
" 2 551—2 700 "	6	20	17	23	44	38	6	—	1	155	—	—	—	—	1	—	—	1
" 2 701—2 850 "	1	11	3	17	26	14	4	1	1	78	—	—	—	1	1	—	—	2
" 2 851—3 000 "	8	25	8	33	46	26	3	1	2	152	—	—	—	1	—	—	—	1
über 3 000 "	7	58	61	88	188	103	32	1	3	541	—	—	—	—	1	—	—	1
Staat …	288	547	440	517	717	353	84	9	42	2 997	300	253	310	240	178	[1]) 32	6	1 316

[1]) einschließlich eine Lehrerin mit einem Dienstalter von 40—50 Jahren.

Anlage VI.

Die Abstufung des Einkommens der vollbeschäftigten Lehrkräfte an den öffentlichen Mittel- 2c. Schulen.

Einkommensstufen. … Staat.	Stelleneinkommen abzüglich des Werthes der Wohnung und Feuerung — für Lehrer: Zahl der Lehrer	Betrag des Einkommens M	für Lehrerinnen: Zahl der Lehrerinnen	Betrag des Einkommens M	Stelleneinkommen unter Hinzurechnung des Werthes der Wohnung und Feuerung, sowie der persönlichen und Dienstalters-Zulagen aus Staats- und Gemeindemitteln — für Lehrer: Zahl der Lehrer	Betrag des Einkommens M	für Lehrerinnen: Zahl der Lehrerinnen	Betrag des Einkommens M
1	2	3	4	5	6	7	8	9
Bis 300 M …	2	451	15	3 610	—	—	1	300
301— 450 M …	1	450	22	8 796	—	—	5	2 200
451— 600 " …	14	7 759	81	45 038	2	1 031	13	7 310
601— 750 " …	60	41 700	183	140 367	1	700	38	27 256
751— 809 " …	34	26 945	76	59 834	—	—	24	19 073
810 " …	1	810	8	6 480	—	—	—	—
811— 900 " …	87	75 268	131	113 392	15	13 325	120	106 615
901—1 050 " …	196	193 749	200	194 501	38	38 294	159	140 095
1 051—1 200 " …	255	291 578	207	230 097	109	127 482	256	297 672
1 201—1 350 " …	255	328 144	112	141 811	114	149 517	151	196 865
1 351—1 500 " …	329	475 623	112	160 412	226	330 748	162	235 137
1 501—1 650 " …	272	436 209	67	105 876	163	294 446	125	200 536
1 651—1 800 " …	281	487 593	45	78 502	280	495 474	103	180 548
1 801—1 950 " …	200	377 169	20	37 478	206	393 042	51	96 616
1 951—2 100 " …	207	423 062	26	51 962	324	664 355	53	108 069
2 101—2 250 " …	122	267 508	2	4 325	189	416 700	25	55 196
2 251—2 400 " …	135	315 358	1	2 362	268	632 618	31	73 680
2 401—2 550 " …	83	206 379	—	—	116	288 546	12	29 984
2 551—2 700 " …	121	321 656	—	—	155	412 366	1	2 640
2 701—2 850 " …	64	178 869	—	—	78	214 262	2	5 540
2 851—3 000 " …	55	161 392	—	—	152	452 353	1	2 952
über 3 000 " …	223	846 852	1	3 360	541	2 126 633	1	4 260
Staat …	2 997	5 489 324	1 314	1 388 243	2 997	7 081 892	1 314	1 792 848

Die Privatschulen und die sonstigen niederen Schulen.

I. Abschnitt. Die Privatschulen.

Über den Privatunterricht und die Privatschulen finden sich sowohl in dem Allgemeinen Landrecht, Theil II, Titel 12, der Allerhöchsten Ordre vom 10. Juni 1834 und in der auf Grund derselben erlassenen Staatsministerial-Instruktion vom 31. Dezember 1839, wie auch in mehrfachen einschlägigen Gesetzen der neu erworbenen Landestheile ziemlich eingehende Bestimmungen für Begrenzung des Begriffes und für die Ordnung der Konzessionirung, Einrichtung und Beaufsichtigung der Privatschulen. Die Verfassungsurkunde vom 31. Januar 1850 bestimmt in Artikel 22: „Unterricht zu ertheilen und Unterrichtsanstalten zu gründen und zu leiten, steht Jedem frei, wenn er seine sittliche, wissenschaftliche und technische Befähigung den betreffenden Staatsbehörden nachgewiesen hat" — und im Artikel 23: „Alle öffentlichen und Privat-Unterrichts- und Erziehungs-Anstalten stehen unter der Aufsicht vom Staate ernannter Behörden." Im Übrigen finden sich die geltenden Bestimmungen in dem „Volksschulwesen im Preußischen Staate" von Dr. K. Schneider und E. v. Bremen, Band III, S. 103 ff., ausführlich abgedruckt, so daß hier darauf lediglich verwiesen werden kann.

1. Das Privatschulwesen früher und jetzt.

Das Privatschulwesen hatte in der Zeit, wo die Fürsorge für die öffentlichen Schulen noch nicht so ausgiebig war wie heute, einen breiteren Boden. In den letzten 30, und mehr noch in den letzten 20 Jahren, hat dasselbe dem äußeren Umfange nach Rückschritte, keine Fortschritte gemacht, wie aus folgenden Zahlen hervorgeht. Es waren vorhanden:

	1861	1864	1871	1886	1891
a) im Staate alten Bestandes:					
Privatschulen	1 434	1 460	1 409	888	1 254
mit Klassen	2 944	3 105	3 414	2 942	4 141
„ Schulkindern	84 021	88 064	88 714	63 144	85 507;
b) im Staate jetzigen Bestandes:					
Privatschulen			1 868	1 209	1 629
mit Klassen			4 481	3 783	5 128
„ Schulkindern			107 121	77 136	102 546.

In vorstehenden Zahlen sind die Privatschulen mit dem Ziele der Volksschule und der Mittelschule auch für 1886 und 1891 zusammengefaßt, da für frühere Jahre eine Unterscheidung der beiden Arten nicht vorliegt. Die Zahlen sind inhaltlich also vergleichbar, wiewohl zu vermuthen ist, daß 1886 eine kleinere Anzahl von Schulen, die früher als Privatschulen angesehen und gezählt sein mögen, den öffentlichen Schulen der in Rede stehenden Art zugerechnet sind. Dies ist 1891 nach den inzwischen ergangenen gesetzlichen Bestimmungen über die öffentlichen Volksschulen nicht geschehen. Solche Fälle betrafen Schulen von Religionsgemeinschaften, welche, wie etwa die Herrnhuter, die mährischen Brüder, die böhmischen Gemeinden, auch einzelne evangelische, katholische und jüdische Gemeinden u. dgl., als besondere Schulsozietäten eigene Schulen, unter Ausschluß des Charakters der Schule als Erwerbsanstalt für einen Unternehmer, vielmehr lediglich unter Wahrung der bestimmten konfessionellen Eigenschaft, zum Zwecke der Erfüllung der gesetzlichen Schulpflicht unterhalten. Hieraus erklärt sich der Unterschied der Zahlen für 1886 und 1891 der Hauptsache nach. Der Rückgang der Privatschulen seit 1861 bez. 1871 bleibt trotzdem bestehen. Derselbe ist zum Theil bedingt durch die immer gewissenhaftere Sorge, namentlich der größeren Verbände, für ihr öffentliches Schulwesen. Der Fall, daß Gemeinden einen wesentlichen Theil ihrer Schulunterhaltungspflicht den Privatschulen überlassen, kommt nur noch ganz vereinzelt vor; in früheren Zeiten war er nicht selten (vergl. das XIII. Ergänzungsheft, Seite 9). Damit und mit der sonstigen Entwickelung des Schulwesens hängt es zusammen, daß insbesondere die kleineren Organismen dieser Art durch die öffentlichen Schulen oder durch die größeren Privatanstalten aufgesogen wurden; denn 1871 zählte jede Privatschule im Durchschnitte 2,40 Klassen und 57,34 Kinder, 1891 aber 3,15 Klassen und 62,95 Kinder; jedenfalls war die einzelne Privatschule im Jahre 1891 größer als 1871. In Berlin ist die Zahl der Zöglinge in den Privatschulen von 1882/83 bis 1887/88 von 21 520 auf 19 577 und bis 1891 weiter auf 18 585 gefallen, während in demselben Zeitraume die Schülerzahl der gleichartigen öffentlichen Schulen von 138 294 auf 186 027 bez. 180 838 gestiegen ist.

Der Rückgang von 1871 bis 1891 hat sich nur bei den städtischen Privatschulen vollzogen, während sich bei den ländlichen ein wesentlicher Fortschritt bemerkbar macht. Es waren vorhanden:

	in den Städten 1871	in den Städten 1891	auf dem Lande 1871	auf dem Lande 1891
Privatschulen	1 382	1 128	486	501
mit Klassen	3 744	4 183	737	845
„ Schulkindern	93 720	84 456	13 401	18 090.

Nach diesen vergleichenden Angaben möge nun eine nähere ziffermäßige Schilderung der Privatschulen im Jahre 1891 folgen.

2. Die Privatschulen mit dem Ziele der Volksschule, 1891.

Die Privatschule mit dem Ziele der Volksschule hat im Ganzen kaum noch erhebliche Bedeutung; in einzelnen Fällen zeigt sie aber noch jetzt eine blühende Entwicklung. Es waren im Jahre 1891 vorhanden:

	in den Städten	auf dem Lande	zusammen
Privat-Volksschulen	285	210	495
mit Klassen	483	302	785
„ vollbeschäftigten Lehrkräften	443	264	707
„ Schulkindern	12 649	9 029	21 678.

Der äußere Umfang derartiger Schulen ist im Ganzen gering; jede derselben war durchschnittlich von 44,4 Kindern in den Städten und von 43 Kindern auf dem Lande besucht. Die größte Schule dieser Art befindet sich im Regierungsbezirke Düsseldorf und zählt 1 085 Kinder; zwei größere Anstalten mit 598 bezw. 402 Schulkindern sind in Berlin ermittelt. Schulen kleinsten Umfanges finden sich in allen Landestheilen. Von den 495 Privatschulen waren 266 einklassige nur von 30 und weniger, zusammen von 3 880 Kindern besucht.

Die lehrplanmäßige Einrichtung derselben ist dementsprechend überwiegend einfacheren Charakters. Es finden sich:

mit	in den Städten Schulen	in den Städten mit Kindern	auf dem Lande Schulen	auf dem Lande mit Kindern	zusammen Schulen	zusammen mit Kindern
1 aufsteigenden Klasse	199	4 805	165	4 019	364	8 824
2 „ Klassen	38	1 831	25	1 358	63	3 189
3 „ „	27	1 926	14	1 232	41	3 158
4 „ „	9	739	2	477	11	1 216
5 „ „	5	937	3	858	8	1 795
6 „ „	5	1 464	—	—	5	1 464
7 und mehr aufsteigenden Klassen	2	947	1	1 085	3	2 032.

Normale Frequenzverhältnisse sind die Regel bei den Privatschulen; nur 31 Klassen sind mit 2 569 Schulkindern zu stark besetzt, während 498 Klassen mit 7 004 Schulkindern je 30 und weniger Schulkinder zählen.

Die Trennung der Geschlechter ist in 302 von 785 Klassen durchgeführt, und zwar für 3 681 Knaben und 3 804 Mädchen. In 483 Klassen werden Knaben und Mädchen gemeinschaftlich unterrichtet, und zwar entfallen auf die gemischten Klassen 7 063 Knaben und 7 130 Mädchen. Im Ganzen sind in Privatelementarschulen 10 744 Knaben und 10 934 Mädchen unterrichtlich versorgt.

Von den Schulkindern, unter welchen sich 1 758 mit nichtdeutscher Familiensprache bezw. einer sonstigen nicht deutschen und der deutschen Sprache befanden, waren

	in den Städten überhaupt	in den Städten Proz.	auf dem Lande überhaupt	auf dem Lande Proz.	zusammen überhaupt	zusammen Proz.
evangelisch	4 635	36,64	3 329	36,87	7 964	36,74
katholisch	5 037	39,82	4 983	55,19	10 020	46,22
sonst christlich	148	1,17	55	0,61	203	0,94
jüdisch	2 829	22,37	662	7,33	3 491	16,10.

Neben den oben bereits erwähnten 707 vollbeschäftigten Lehrkräften waren noch 160 nicht vollbeschäftigte Hülfslehrkräfte vorhanden und von 309 Lehrerinnen wurde Handarbeitsunterricht ertheilt.

Dem Geschlechte und der Religion nach vertheilten sich die vollbeschäftigten Lehrkräfte, wie folgt:

	evangelisch	katholisch	sonst christlich	jüdisch	zusammen
vollbeschäftigte Lehrer	162	128	9	125	424
„ Lehrerinnen	184	75	9	15	283
zusammen . . .	**346**	**203**	**18**	**140**	**707.**

3. Die Privatschulen mit dem Ziele der Mittelschule, 1891.

Die Privatschulen mit dem Ziele der Mittelschule überwiegen zwar der Zahl nach die öffentlichen Mittel- 2c. Schulen, erreichen aber nicht deren Umfang. Während in 550 öffentlichen Schulen dieser Art 131 270 Kinder unterrichtet wurden, sind in den 1 134 privaten Mittelschulen nur 80 868 Kinder ermittelt; jede der letzteren Schulen zählte also durchschnittlich nur etwas über 71 Kinder. Bei 4 343 Klassen kamen auf jede Schule durchschnittlich 3,83 Klassen, auf jede Klasse also rund 19 Kinder. Der äußere Umfang und gleichzeitig die lehrplanmäßige Einrichtung dieser Schulen in ihrer Zerlegung nach Knaben-Mittelschulen, höheren Mädchenschulen und Mädchen-Mittelschulen sowie sonstigen von Knaben und Mädchen besuchten Privatschulen mit einem über die Volksschule hinausgehenden Lehrziele wird durch folgende Zahlen näher gekennzeichnet.

Es waren vorhanden

	Knaben-Mittelschulen			höhere Mädchenschulen u. Mädchen-Mittelschulen			sonstige von Knaben u. Mädchen besuchte Mittelschulen			überhaupt Mittelschulen		
mit	Schulen	mit	Kindern	Schulen	mit	Kindern	Schulen	mit	Kindern	Schulen	mit	Kindern
1 aufsteigend. Klasse .	60	„	939	126	„	1 682	133	„	2 111	319	„	4 732
2 „ Klassen	35	„	829	75	„	1 897	60	„	1 757	170	„	4 483
3 „ „	31	„	1 549	81	„	3 422	39	„	1 883	151	„	6 854
4 „ „	24	„	1 245	86	„	5 845	28	„	2 156	138	„	9 246
5 „ „	20	„	1 525	69	„	6 481	11	„	727	100	„	8 733
6 „ „	16	„	2 080	41	„	4 863	9	„	1 129	66	„	8 072
7 und mehr aufsteigenden Klassen . .	10	„	2 756	169	„	33 752	11	„	2 240	190	„	38 748
zusammen . .	**196**	„	**10 923**	**647**	„	**57 942**	**291**	„	**12 003**	**1 134**	„	**80 868.**

Wie weit in den Schulen mit weniger als drei aufsteigenden Klassen noch von dem Lehrplane der Mittelschule die Rede sein kann, ist aus unseren Zahlen nicht zu ersehen; in diesen Fällen handelt es sich meist nur um Anfänge von solchen; auch haben Privatschulen theilweise nur die über das Volksschulziel hinausgehenden abschließenden Oberklassen und sind als volle Mittelschulen angesehen, wenngleich ihnen die Klassen der Unter- und Mittelstufen fehlen.

Die privaten Mittelschulen dienen ganz überwiegend zur Ausbildung der weiblichen Jugend. Unter den 80 868 Kindern waren nur 15 102 Knaben, aber 65 766 Mädchen, und wenigstens ein Viertel der Knaben hält sich jedenfalls nur vorübergehend in diesen Schulen auf; denn 3 683 Knaben und 3 914 Mädchen wurden in gemischten Klassen unterrichtet, ohne Zweifel Kinder jüngsten Alters, von denen die Knaben, wenn sie über die ersten Schuljahre hinaus sind, sicherlich ausnahmslos in andere Lehranstalten übergeführt werden.

Dem Religionsbekenntnisse nach vertheilten sich die Schüler der privaten Mittelschulen, wie folgt. Es waren

in den	evangelisch Kinder	Proz.	katholisch Kinder	Proz.	sonst christlich Kinder	Proz.	jüdisch Kinder	Proz.
Knaben-Mittelschulen	7 031	64,37	2 740	25,08	103	0,94	1 049	9,60
höheren Mädchenschulen und Mädchen-Mittelschulen . .	39 324	67,87	12 517	21,60	269	0,46	5 832	10,07
sonstigen von Knaben und Mädchen besuchten Mittelschulen	9 098	75,80	1 671	13,92	92	0,77	1 142	9,51
in sämmtlichen Mittelschulen	**55 453**	**68,57**	**16 928**	**20,93**	**464**	**0,57**	**8 023**	**9,92.**

Die nicht deutsche Familiensprache ist unter diesen Kindern etwas stärker vertreten als unter denjenigen der öffentlichen Mittel- 2c. Schulen. Neben rein deutschen Kindern befanden sich solche, die in ihren Familien sprachen

	in Knaben-Mittelschulen	in höheren Mädchenschulen rc.	in sonstigen rc. Mittelschulen	in sämmtlichen Mittelschulen
nur polnisch	105	706	209	1 020
polnisch und deutsch	50	215	163	428
nur dänisch	—	34	33	67
dänisch und deutsch	—	13	21	34
nur eine andere nicht deutsche Sprache	131	269	12	412
eine andere nicht deutsche Sprache und deutsch	46	255	5	306.

An den privaten Mittelschulen unterrichteten

und zwar	vollbeschäftigte Lehrkräfte			nicht vollbeschäftigte Hülfslehrkräfte			Handarbeitslehrerinnen		
	Lehrer	Lehrerinnen	zusammen	Lehrer	Lehrerinnen	zusammen	geprüfte	ungeprüfte	zusammen
in Knaben-Mittelschulen	543	18	561	264	1	265	—	—	—
„ höheren Mädchenschulen und Mädchen-Mittelschulen	130	2 733	2 863	1 690	499	2 189	732	340	1 072
„ sonstigen Mittel- rc. Schulen	227	408	635	338	49	387	86	164	250
in sämmtlichen Mittelschulen	**900**	**3 159**	**4 059**	**2 292**	**549**	**2 841**	**818**	**504**	**1 322.**

Auf eine vollbeschäftigte Lehrkraft kamen also 19,6 Kinder. 77,83 Prozent der vollbeschäftigten Lehrkräfte waren Lehrerinnen, was im Zusammenhange damit steht, daß die höheren Mädchenschulen unter den privaten Mittelschulen erheblich vorwiegen.

Dem Religionsbekenntnisse nach waren unter den vollbeschäftigten Lehrkräften

	in den Knaben-Mittelschulen			in den höheren Mädchenschulen und Mädchen-Mittelschulen		
	Lehrer Proz.	Lehrerinnen Proz.	zusammen Proz.	Lehrer Proz.	Lehrerinnen Proz.	zusammen Proz.
evangelisch	351 = 64,64	14 = 77,78	365 = 65,06	104 = 80,00	2020 = 73,91	2124 = 74,19
katholisch	168 = 30,94	4 = 22,22	172 = 30,66	24 = 18,46	665 = 24,33	689 = 24,07
sonst christlich	17 = 3,13	— = —	17 = 3,03	— = —	28 = 1,02	28 = 0,98
jüdisch	7 = 1,29	— = —	7 = 1,25	2 = 1,54	20 = 0,73	22 = 0,77

	in den sonstigen Mittelschulen			in sämmtlichen Mittelschulen		
	Lehrer Proz.	Lehrerinnen Proz.	zusammen Proz.	Lehrer Proz.	Lehrerinnen Proz.	zusammen Proz.
evangelisch	199 = 87,67	379 = 92,89	578 = 91,02	654 = 72,67	2413 = 76,38	3 067 = 75,56
katholisch	18 = 7,93	26 = 6,37	44 = 6,93	210 = 23,33	695 = 22,00	905 = 22,30
sonst christlich	—	—	—	17 = 1,89	28 = 0,89	45 = 1,11
jüdisch	10 = 4,41	3 = 0,74	13 = 2,05	19 = 2,11	23 = 0,73	42 = 1,03.

II. Abschnitt. Sonstige Schulen mit dem Ziele der Volksschule.

1. Die Seminar-Übungsschulen.

Die Seminar-Übungsschulen sind untrennbare Bestandtheile der Seminare; ihre Einrichtung und die Arbeit in ihnen beruhen auf dem Grundsatz, daß die Seminare Fachschulen sein sollen, d. h. daß sie die Aufgabe haben, ihre Zöglinge zu praktisch-tüchtigen Volksschullehrern zu erziehen, und daß sie ihnen deswegen die Gelegenheit bieten, sich noch während ihrer Lehrzeit erst unter der Anleitung ihrer Lehrer, dann durch selbständige Übung für den Volksschuldienst auszubilden. Es ist interessant zu beobachten, wie dieser Grundgedanke der preußischen Seminararbeit immer deutlicheren Ausdruck gefunden hat. Der Lehrplan für das Königliche Schullehrer-Seminar zu Mörs etwa vom Jahre 1820 (Beckedorff, Jahrbücher Band I Seite 152) schreibt vor:

„§ 22. Den Übungen der Seminaristen im Unterrichten unter näherer oder entfernterer Aufsicht und Leitung der Lehrer wird zwar die mit dem Seminar verbundene Elementarschule als ihr eigentliches Feld angewiesen, jedoch können diese Übungen auch anderweit stattfinden. Schon bei dem Unterrichte im Seminar selbst bietet sich die Gelegenheit dar; auch können diese Übungen der Gegenstand einer Privatbeschäftigung der Seminaristen in Sodalitien in freien Stunden werden."

Das Regulativ des Ministers von Raumer für den Unterricht in den evangelischen Seminarien der Monarchie vom 1. Oktober 1854 geht schon erheblich weiter; dasselbe bestimmt:

„Alle Seminare der Monarchie haben bereits eigene Übungsschulen. Wo die eine oder andere noch nicht einen selbständigen Lehrer besitzen sollte, der ebenso im Ertheilen des Unterrichts und im Schulhalten überhaupt muster- und maßgebend, als soweit allgemein gebildet und befähigt wäre, daß er mit dem Seminarunterricht selbst in eine ergänzende Wechselwirkung treten könnte; da ist auf die Anstellung eines solchen Bedacht zu nehmen.

„Die Übungsschule muß der Mittelpunkt sein, um den sich ein großer Theil des Seminarunterrichts in den beiden letzten Jahren lebendig gestaltet. Es wird dieses ein geeignetes Mittel sein, um den Seminarunterricht vor Abstraktionen zu bewahren und die Zöglinge sofort zur praktischen Anwendung des theoretisch Erlernten anzuleiten.

„Zu dem Ende muß sie die musterhafte Einrichtung einer gewöhnlichen Elementarschule haben, und in ihrer Einrichtung es möglich machen, daß die Zöglinge die richtige Anschauung von dem Unterricht in einer ein- und in einer mehrklassigen Schule erhalten können.

„Wenn die Verhältnisse es mit sich bringen, daß ein Seminar eine mehrklassige Schule zu versehen, oder daß dasselbe neben der Übungsschule noch eine sogenannte Musterklasse oder -Schule hat; so mag eine anderweite äußere Einrichtung zwar fortbestehen, die Benutzung der Schule ist aber dem Zweck und Interesse des Seminars gemäß zu gestalten.

„In der Übungsschule werden die Zöglinge jedenfalls schon vom 2. Jahre ab zuhörend und in äußeren Dingen dienstleistend, und im 3. Jahre unter Anleitung und Aufsicht des Lehrers unterrichtend beschäftigt, wobei die Einwirkung des Direktors und der Seminarlehrer auf den Unterricht in der Übungsschule vorausgesetzt, und nicht ausgeschlossen wird, daß auch die Zöglinge in den ihnen zugetheilten Fächern die nöthigen Veranschaulichungen und Übungen theils mit kleineren Abtheilungen der Schüler, theils in der Übungsschule anstellen, jedenfalls auch von Zeit zu Zeit Musterlektionen abhalten. Selbst für den Fall, daß diese Zöglinge nicht in allen Fächern der Übungsschule kursiren könnten, sind sie in jedem der ihnen überwiesenen Unterrichtsgegenstände mindestens 4 Wochen andauernd zu beschäftigen." (v. Rönne, Volksschulwesen Seite 897 ff.)

Eine Ausdehnung dieser Vorschriften auf die katholischen Seminare ist nicht ausdrücklich angeordnet worden, hat sich aber mehrfach stillschweigend vollzogen. Als ein Mangel in den Vorschriften des Regulativs und den auf Grund desselben getroffenen Einrichtungen wurde es empfunden, daß die Leitung und Beaufsichtigung der Seminaristen in der Übungsschule einem besondern Lehrer übertragen war, welcher den ordentlichen Seminarlehrern an Rang und Gehalt nachstand. Dieser Mangel ist durch die Lehrordnung vom 15. Oktober 1872, welche sich gleichmäßig auf die evangelischen und die katholischen Seminare bezog, beseitigt worden.

Diese Lehrordnung hat überhaupt der Übungsschule eine feste Gestalt und ein deutlich erkennbares Ziel gegeben. Sie bestimmt unter a:

§ 1.

„Jedes Schullehrer-Seminar ist mit einer mehrklassigen und einer einklassigen Übungsschule organisch zu verbinden.

§ 2.

„Die Arbeit in der Übungsschule wird unter der Aufsicht des Seminar-Direktors durch einen besonderen Lehrer als Ordinarius derselben geleitet.

„Diese Funktion ist möglichst einem ordentlichen Seminarlehrer zu übertragen. In jedem Fall ist der Ordinarius der Übungsschule Mitglied des Seminarlehrer-Kollegiums".

Eine erläuternde Verfügung vom 29. Januar 1873 — Dr. Schneider, Volksschulwesen und Lehrerbildung in Preußen, Seite 176 — schreibt weiter vor:

„Die Einrichtung sowohl der mehrklassigen d. h. dreiklassigen, wie die der einklassigen Übungsschule soll ein möglichst treues Bild der besten Schule des Bezirks darstellen und den Seminaristen Gelegenheit bieten, sich in der ihnen später obliegenden Lehrthätigkeit zu üben. Hiermit fällt der Übungsschule zugleich die Aufgabe zu, die Durchführung der allgemeinen Verfügung über Einrichtung, Aufgabe und das Ziel der preußischen Volksschule vom 15. Oktober 1872 zu fördern.

„Demnach muß die Seminarschule in N. wie anderwärts sich in Bezug auf ihre Ausstattung unbedingt nach §§ 8—11 und in Bezug auf ihre Einrichtung, Gliederung, Lektionsplan nach §§ 12 und 13 richten, während sie ihre Lehrarbeit nach §§ 14, 22—38 zu leisten hat.

„Was die Frage anlangt, wie das Seminar zu einer Übungsschule kommt, so giebt es drei Wege. Entweder geht das Seminar einen Vertrag mit der Ortsgemeinde ein oder übernimmt deren Schule resp. in größeren Orten einige Klassen derselben, oder der Staat errichtet eine für sich bestehende Schule und erhebt Schulgeld, oder endlich er gründet eine Freischule."

Nachdem durch § 4 des Gesetzes vom 14. Juni 1888 die Erhebung von Schulgeld in den Volksschulen der preußischen Monarchie aufgehoben worden ist, hat dieselbe natürlich auch in den Seminar-Übungsschulen aufgehört, und es sind dementsprechend auch die Leistungen der Ortsgemeinden für dieselben herabgemindert worden.

Die Seminar-Übungsschulen unterstehen, wie sich aus ihrer Natur ergiebt, der Leitung des Seminar-Direktors und der oberen Leitung des zuständigen Provinzial-Schulkollegiums.

Die Übungsschule des Seminars für Stadtschullehrer in Berlin nimmt eine Ausnahmestellung ein. Sie ist eine Mittelschule mit 9 aufsteigenden Knabenklassen und 287 Schülern.

Die Zahl der 166 Seminar-Übungsschulen übersteigt diejenige der Seminare, weil, soweit dies ausführbar ist, jedes Seminar mit einer einklassigen und einer mehrklassigen Schule verbunden sein soll.

Der Wunsch, daß möglichst jedes Seminar mit einer einklassigen Übungsschule verbunden sei, rechtfertigt sich dadurch, daß der Unterricht an einer solchen Schule eine besonders schwierige Aufgabe in sich schließt; außerdem kommt in Betracht, daß namentlich auf dem Lande noch immer die einklassigen Schulen weit verbreitet sind. Allerdings wird die Zahl derselben gewöhnlich überschätzt und befindet sich trotz der stetig wiederkehrenden Nothwendigkeit der Errichtung neuer Schulen in fortwährendem Rückgange. Im Jahre 1864 kamen auf eine Schule 1,6 Klassen, im Jahre 1882 bereits 2 Klassen, 1886: 2,2 Klassen, 1891: 2,4 Klassen. Im Jahre 1882 gab es 33 040, im Jahre 1886 34 016, im Jahre 1891: 34 742 Schulen; die Zahl derselben hat sich gegen 1882 um 1 702 vermehrt; gleichzeitig war die Zahl der einklassigen Schulen von 20 082 auf 16 545, also um 3 537 zurückgegangen. Am 20. Mai 1886 wurden von 4 838 247 Kindern nur noch 1 146 602, also noch nicht einmal der vierte Theil, im Jahre 1891 von 4 916 476 Kindern 962 079, also noch nicht der fünfte Theil, in einklassigen Schulen unterrichtet.

Am 20. Mai 1886 wurden 165 Übungsschulen von 19 760, am 25. Mai 1891 wurden 166 Übungsschulen von 18 773 Kindern besucht. Wenn 414 von diesen einen Schulweg von mehr als 2½ km hatten, so liegt das in zwei Fällen an den Verträgen, durch welche die Seminare die Beschulung einer benachbarten ländlichen Gemeinde übernommen hatten; sonst handelt es sich um Kinder, welche auf Wunsch ihrer Eltern die Seminarschule besuchen, entweder um ihrer besseren Einrichtung willen oder aus konfessionellen Gründen; die Seminar-Übungsschulen sind nämlich wie die Seminare selbst Konfessionsschulen.

Bezeichnend ist es, daß die große Mehrzahl der Seminar-Übungsschulen Knaben und Mädchen gemeinsam unterrichten; ein Widerspruch dagegen ist bisher nur einmal erhoben und sofort berücksichtigt worden. Von 12 237 Knaben und 6 536 Mädchen werden 5 567 Knaben und 5 244 Mädchen in gemischten Klassen unterrichtet.

Der Vortheil davon liegt auf der Hand.

Wenn im ganzen Staate 3 410 081 Kinder in gemischten Klassen unterrichtet werden, so ist es nur zu wünschen, daß die Lehrer von Anfang an für den Unterricht in solchen erzogen werden.

Von den Seminar-Übungsschulen haben

51	je 1 aufsteigende Klasse	mit zusammen	2 258	Schulkindern
3	„ 2 aufsteigende Klassen	„ „	240	„
60	„ 3 „ „	„ „ . . .	7 289	„
34	„ 4 „ „	„ „ . . .	5 359	„
13	„ 5 „ „	„ „ . . .	2 395	„
4	„ 6 „ „	„ „ . . .	945	„
1	„ mehr als 6 aufsteigende Klassen	mit zusammen	287	„

zusammen 166 Schulen mit 18 773 Schulkindern.

2. Die Blindenanstalten.

a) Der Umfang des Bedürfnisses.

Über den Umfang des Bedürfnisses, welches die Blindenanstalten und die mit ihnen verbundenen Einrichtungen zu befriedigen bestimmt sind, giebt die Abhandlung: „Die Verbreitung der Blinden und Taubstummen nach der Volkszählung vom 1. Dezember 1880 und ihre Unterrichtsanstalten bis zum Jahre 1883 in Preußen“ von Dr. med. Albert Guttstadt, Dezernent im Königlichen statistischen Bureau und Professor, Privatdozent an der Universität, (vergl. „Zeitschrift des Königlich preußischen statistischen Bureaus“, Jahrgang 1883) folgende Auskunft:

„Nach den Erhebungen bei der letzten Volkszählung (1880) ist die Blindheit bei 918 männlichen und 786 weiblichen Personen angeboren gewesen; 6 969 männliche und 6 875 weibliche Personen sind erst später blind geworden. Wenn nun auch für 3 456 männliche und 3 673 weibliche Personen eine Angabe in dieser Beziehung nicht gemacht ist, so ist doch letztere Zahl nicht groß genug, um das vorhergehende Untersuchungsresultat über die Entstehung der Blindheit wesentlich zu beeinflussen. Demnach steht es fest, daß in der Mehrzahl der Fälle die Blindheit erst später erworben ist. Diese Schlußfolgerung findet eine Stütze in der ärztlichen Erfahrung, daß viele Fälle von angeborener Blindheit — 25 Proz. aller Blinden in den Blindenanstalten können dazu gerechnet werden — auf eine Augenerkrankung zurückzuführen sind, die die Neugeborenen erst bei der Geburt befallen hat.

„Da diese Ophthalmia neonatorum, welche in Folge von Vernachlässigung oder falscher Behandlung oft genug zur Erblindung führt, in der neuesten Zeit, Dank den Fortschritten der Augenheilkunde, mit großem Erfolge bekämpft wird, so ist a priori eine Abnahme der Zahl der Blinden zu erwarten. Diese Erwartung ist außerdem noch insofern gerechtfertigt, als die Pockenkrankheit als Ursache der Erblindung der Kinder gegen früher immer mehr in den Hintergrund tritt. Ferner ist darauf hinzuweisen, daß das epochemachende Auftreten des genialen, für die leidende Menschheit zu früh verstorbenen A. von Graefe die Errichtung von besonderen Lehrstühlen für Augenheilkunde an den Universitäten bewirkt hat. Damit muß auch die ophthalmologische Leistungsfähigkeit des ärztlichen Personals eine größere und segensreichere werden.

„In der That liefert auch die Volkszählung von 1880 das erfreuliche Ergebniß, daß die Zahl der Blinden seit der Volkszählung von 1871 in Preußen kleiner geworden ist. Es wurden Blinde gezählt:

überhaupt	männlich	weiblich	zusammen
im Jahre 1871	11 066	11 912	22 978
„ „ 1880	11 343	11 334	22 677,

unter je 10 000 Einwohnern

	männlich	weiblich	zusammen
im Jahre 1871	9,1	9,5	9,3
„ „ 1880	8,5	8,3	8,3.

Obgleich die Bevölkerung Preußens von 1871 bis 1880 um 10,5 Prozent zugenommen hat, erscheint dennoch die Zahl der Blinden um 1,3 Prozent verringert.

(Ja die Zahl der im Alter unter 20 Jahren Stehenden hat um 7 Prozent abgenommen. Dieses Ergebniß ist den Fortschritten der Augenheilkunde und der Gesundheitspflege überhaupt zuzuschreiben; es darf daher angenommen werden, daß sich auch in den letzten 12 Jahren die Zahl der Blinden stetig vermindert hat und daß jetzt nur 1 600 bis 1 700 bildungsfähige Blinde im

Alter von 8 bis 20 Jahren vorhanden sind, von diesen finden wir 1 340 in Anstalten, 223 in den Volksschulen.)

„Nach den vorhergegangenen Ausführungen liegt es nahe, daß die hier nachgewiesene Abnahme der Blinden in erster Linie für die jüngeren Altersjahrgänge zu Tage tritt. Diese Annahme bestätigen schon die absoluten Zahlen. Es betrug nämlich die Zahl der Blinden

im Alter	1871 männl.	1871 weibl.	1880 männl.	1880 weibl.
von unter 10 Jahren	664	558	572	488
„ über 10—20 Jahren	1 013	845	992	823
„ „ 20—50 „	3 572	3 366	3 565	2 989
„ „ 50 Jahren	5 752	7 100	6148	6 957
in unbekanntem Alter	65	43	66	77.

„Was nun die Darstellung der Verbreitung der Blinden in den einzelnen Provinzen betrifft, so ist zweckmäßiger Weise die Zahl der Blinden zugleich zur Zahl der Lebenden in Beziehung zu setzen. Werthvoll wird indeß dieser Vergleich erst durch seine Ausdehnung auf die Altersklassen, und zwar in der Trennung nach Geschlechtern. Die Tabelle 1 (hier die Tabelle auf S. 280/1) führt zu diesem Zwecke die Altersklassen der Lebenden am 1. Dezember 1880 nach Provinzen vor, während Tabelle 2 (hier die Tabelle auf S. 282) dieselben Altersklassen der Blinden zugleich mit der Berechnung auf 10 000 Lebende darstellt. Die Tabelle 3 auf S. 283 endlich weist das Religionsbekenntniß der Blinden nach.

„Es sind Blinde gezählt:

in den Provinzen:	überhaupt	auf 10 000 Einwohner
Ostpreußen	2 028	10,5
Westpreußen	1 315	9,4
Pommern	1 375	8,9
Rheinland	3 502	8,6
Schlesien	3 377	8,4
Posen	1 419	8,3
Hessen-Nassau	1 261	8,1
Sachsen	1 839	8,0
Brandenburg	1 787	7,9
Schleswig-Holstein	891	7,9
Hannover	1 618	7,6
Westfalen	1 482	7,3
Hohenzollern	47	7,0
Stadtkreis Berlin	736	6,4.

„Für die beiden Geschlechter zeigen sich hierin nur geringe Unterschiede, wie ein Blick speziell auf die Tabelle 2 lehrt.

„Von besonderem Interesse erscheint auf Grund derselben Nachweisung die Thatsache, daß mit dem Ansteigen der Altersklassen eine Zunahme der Blindheit zu bemerken ist, und zwar für beide Geschlechter. Es ist nämlich ermittelt, daß auf 10 000 Lebende im Staate Blinde kommen:

im Alter	männl. Personen	weibl. Personen
von 0—5 Jahren	1,3	1,8
„ über 5—10 Jahren	2,0	1,7
„ „ 10—15 „	3,3	3,0
„ „ 15—20 „	4,1	3,1
„ „ 20—30 „	4,5	3,5
„ „ 30—40 „	6,9	5,4
„ „ 40—50 „	10,6	8,7
„ „ 50—60 „	17,8	15,1
„ „ 60—70 „	30,1	29,3
„ „ 70 Jahren und unbekannt	76,8	83,0.“

b) Die Lösung der gestellten Aufgabe.

Das nachstehende Bild von der Entwickelung und dem Zustande des Blindenunterrichtswesens in Preußen spiegelt ganz überraschend die preußische Art wieder: kleiner, vorsichtiger Anfang, ernste, anhaltende, zähe Arbeit; zuerst langsamer Schritt, sorgliche Prüfung der verschiedenen Anregungen, dann aber stetiger und kräftiger Fortschritt zu dem klar erkannten Ziele. In einem gewissen Sinne darf dieses als erreicht bezeichnet werden; große Aufgaben aber warten auch hier noch ihrer Lösung.

Wie auf fast allen Gebieten der preußischen Unterrichtsverwaltung ging die erste Anregung vom Könige selbst aus; die Beschränktheit der Staatsmittel hinderte die Erfüllung seiner im wahren Sinne des Wortes frommen Wünsche; der wohlthätige Sinn der Bevölkerung nahm die Sache in Pflege, und nachdem ihre Lebensfähigkeit, ihre Nothwendigkeit, ihr Segen erkannt waren, wurde sie als öffentliche Angelegenheit weiter geführt und zu einer gewissen Vollendung gebracht.

Es hat lange gedauert, ehe die Erziehung und Unterweisung der Blinden Gegenstand allgemeiner Fürsorge geworden ist, und wenn man die Geschichte des Blindenwesens mit Recht in die drei Worte gefaßt hat: Verehrt, genährt, belehrt, so umfassen die beiden ersten Abschnitte weitaus den größten Zeitraum. Dem Alterthume war der Blinde ein Gegenstand der Verehrung, man nahm an, daß sich das innere Auge erschließe, wenn sich das äußere bedecke. Dem Mittelalter und der neueren Zeit war der Blinde ein Gegenstand des Mitleides; man kleidete und nährte ihn; an die Belebung seiner geistigen Kräfte wurde nur in ganz vereinzelten Fällen gedacht. Erst der neuesten Zeit war es vorbehalten, durch Erziehung und Bildung des Blinden die Verheißung des Herrn (Johannes 9, Vers 3) zu erfüllen.

Das Verdienst und der Ruhm, die Nationen zuerst an ihre Pflicht gegen ihre erblindeten Bürger erinnert zu haben, gebührt dem Franzosen Valentin Hauy (1746—1822), welcher mit Beirath und Hülfe einer Blinden, Frl. Paradies aus Wien, im Jahre 1784 in Paris die erste Blindenanstalt errichtete. Hauy's Weckruf fand überall Wiederhall. Kaiser Alexander berief den berühmten Mann nach Petersburg; auf seiner Reise wurde er in Berlin dem Könige Friedrich Wilhelm III. vorgestellt und legte demselben an seinem Schüler Founier Proben seines Unterrichtes vor. Der König gab nun durch Kabinetsordre vom 11. August 1806 dem derzeitigen Lehrer am Gymnasium zum Grauen Kloster zu Berlin Dr. Zeune den Auftrag, in Berlin „mit 4 Blinden eine Lehranstalt zu errichten". Die Anstalt wurde am 13. Oktober desselben Jahres mit dem blinden Wilhelm Engel aus Kolberg eröffnet, dem ein zweiter Schüler alsbald hinzutrat. Am 14. Oktober verlor der König die Schlacht bei Jena. Daß die Blindenanstalt den nun folgenden traurigen Krieg und die ganze schwere Zeit von 1806 bis 1813 überdauerte, und daß das Blindenerziehungswesen in Preußen nicht im Keime erstickte, bleibt das unsterbliche Verdienst des ersten Anstaltsdirektors Zeune, welcher lange Zeit den Gesammtaufwand der Anstalt aus eigenen Mitteln bestritt und sein Amt versah, ohne Gehalt zu empfangen oder auch nur zu fordern. Bald nach dem Kriege, im Jahre 1818, ist die zweite Blindenanstalt, diejenige zu Breslau, eröffnet worden. Ein privater Verein hat sie gegründet, veranlaßt durch einen Aufruf des selbst blinden Studenten Knie; aber nicht auf Unterweisung und Erziehung blinder Kinder war dessen nächstes Absehen gerichtet, sondern den im Kriege erblindeten Soldaten wollte er helfen. Nach Gründung der Breslauer Anstalt ist eine lange Pause eingetreten. Frankfurt a. M., wo im Jahre 1837, und Hannover, wo 1843 eine Blindenanstalt in das Leben trat, waren damals noch keine preußischen Städte. In Preußen hat auch in unserer Sache, wie auf vielen anderen Gebieten des Kulturlebens, erst die Regierung Friedrich Wilhelms IV. ein neues Regen bewirkt. Unter seiner Herrschaft sind 7 neue Anstalten entstanden: zu Soest und Paderborn 1842, Düren 1845, Königsberg i. Pr. 1846, Neu Torney bei Stettin 1850, Wollstein 1853, seit 1872 in Bromberg, und Barby 1858; der neuesten Zeit gehören die Anstalten zu Wiesbaden 1860, Kiel 1862, Berlin, städtisch, 1878 und Königsthal bei Danzig 1880 an.

Die Anregungen zur Gründung der Anstalten sind sehr verschiedenartige gewesen. In Hannover begeisterte ein evangelischer Geistlicher seine Mitbürger zu der Liebesthat an den blinden Kindern ihrer Stadt; in Paderborn sammelte eine Ordensschwester, Frl. Pauline von Mallinckrodt solche Kinder um sich, um ihnen Unterweisung und Erziehung zu geben; an anderen Stellen fanden sich einzelne wohlmeinende Männer durch den Blick auf das, was anderwärts geschah, bestimmt, der Noth in der eigenen Heimath abzuhelfen; so verdanken ihr Entstehen: die Anstalt in Neu Torney dem im 11. Jahre erblindeten Moritz Gräpler, die Anstalt in Bromberg dem Apotheker Knechtel, die Anstalt in Wiesbaden dem Freiherrn Moritz von Gagern; mehrfach war die Begründung der Anstalt die Form, unter welcher die Angehörigen einer Provinz dem Herrscherhause bei einer Feier desselben ihre Huldigung darbrachten; dies geschah z. B. in Düren zum Andenken an die erste Anwesenheit des Königs Friedrich Wilhelm IV. und der

1. Die am 1. Dezember 1880 ortsan-

Altersklassen. — Geschlecht.		Orts-anwesende im Staate	Ortsanwesende Personen					
			Ostpreußen	Westpreußen	Stadtkreis Berlin	Brandenburg	Pommern	Posen
1		2	3	4	5	6	7	8
Zahl der Lebenden am 1 Dezember 1880 überhaupt	männlich . .	13 414 866	928 078	688 770	542 829	1 124 547	758 633	822 516
	weiblich . .	13 864 245	1 005 858	717 128	579 501	1 142 278	781 401	880 881
	zusammen	**27 279 111**	**1 933 936**	**1 405 898**	**1 122 330**	**2 266 825**	**1 540 034**	**1 703 397**
Bis 5 Jahre alt .	männlich . .	1 911 452	132 265	105 410	69 557	152 491	110 071	131 067
	weiblich . .	1 887 980	131 666	104 698	70 909	150 363	108 040	129 896
	zusammen	**3 799 432**	**263 931**	**210 108**	**140 466**	**302 854**	**218 111**	**260 963**
Über 5—10 Jahre alt	männlich . .	1 576 828	107 273	85 217	49 268	124 590	92 585	108 394
	weiblich . .	1 566 686	107 468	84 269	50 361	123 483	90 300	107 857
	zusammen	**3 143 514**	**214 741**	**169 486**	**99 629**	**248 073**	**182 885**	**216 251**
Über 10—15 Jahre alt	männlich . .	1 432 826	99 797	77 632	40 840	116 857	85 447	97 373
	weiblich . .	1 414 275	99 787	76 611	41 846	114 195	83 097	96 715
	zusammen	**2 847 101**	**199 584**	**154 243**	**82 686**	**231 052**	**168 544**	**194 088**
Über 15—20 Jahre alt	männlich . .	1 302 569	99 545	72 341	44 508	109 690	75 288	85 865
	weiblich . .	1 308 063	101 893	74 641	51 089	105 361	74 457	90 141
	zusammen	**2 610 632**	**201 438**	**146 982**	**95 597**	**215 051**	**149 745**	**176 006**
Über 20—30 Jahre alt	männlich . .	2 152 691	144 259	110 192	127 563	189 653	121 417	119 954
	weiblich . .	2 254 805	164 834	118 989	133 518	180 898	124 454	140 304
	zusammen	**4 407 496**	**309 093**	**229 181**	**261 081**	**370 551**	**245 871**	**260 258**
Über 30—40 Jahre alt	männlich . .	1 706 993	110 116	82 173	100 021	145 624	89 340	95 652
	weiblich . .	1 788 880	123 082	86 132	100 232	149 697	96 457	107 665
	zusammen	**3 495 873**	**233 198**	**168 305**	**200 253**	**295 321**	**185 797**	**203 317**
Über 40—50 Jahre alt	männlich . .	1 347 824	91 610	63 921	58 452	115 064	72 708	76 736
	weiblich . .	1 421 978	102 487	67 378	59 639	119 486	79 110	83 151
	zusammen	**2 769 802**	**194 097**	**131 299**	**118 091**	**234 550**	**151 818**	**159 887**
Über 50—60 Jahre alt	männlich . .	1 009 865	74 990	46 395	31 694	89 195	57 513	52 539
	weiblich . .	1 108 696	88 122	50 743	38 089	97 670	62 794	58 987
	zusammen	**2 118 561**	**163 112**	**97 138**	**69 783**	**186 865**	**120 307**	**111 526**
Über 60—70 Jahre alt	männlich . .	654 010	50 093	32 149	15 144	56 060	36 798	37 297
	weiblich . .	733 029	60 945	35 679	22 456	65 698	41 237	41 846
	zusammen	**1 387 039**	**111 038**	**67 828**	**37 600**	**121 758**	**78 035**	**79 143**
Über 70 Jahre alt u. unbekannten Alters	männlich . .	319 808	18 130	13 340	5 782	25 323	17 466	17 639
	weiblich . .	379 853	25 574	17 988	11 362	35 427	21 455	24 319
	zusammen	**699 661**	**43 704**	**31 328**	**17 144**	**60 750**	**38 921**	**41 958**

Königin Elisabeth in der Rheinprovinz; in einem Falle wollte die Provinz ihren treuverdienten Ober-Präsidenten (v. Vincke in Westfalen) ein bleibendes Denkmal errichten.

Jetzt entbehrt keine Provinz der Monarchie mehr einer Blindenanstalt; die Provinzen Brandenburg (einschl. Berlin), Hessen-Nassau und Westfalen haben deren je zwei. Es ist also die Möglichkeit vorhanden, die blinden Kinder des ganzen Landes, wenn sie nur kommen wollen, in geordneten Anstalten unterrichtlich zu versorgen. Ausdehnung, Einrichtung und Ausstattung der Anstalten sind selbstverständlich verschieden; verschieden auch sind die Quellen ihres Unterhaltes. In je einem Falle haben der Staat und die Ortsgemeinde, in der Mehrzahl der anderen die Provinzialverbände die Unterhaltungspflicht auf sich genommen; vereinzelt bestehen aber auch Vereinsanstalten, darunter recht blühende.

In Gemäßheit der Gesetze vom 7. März 1868, 30. April 1873, 20. Juni 1875, und 8. Juli 1875, sämmtlich, soweit sie hier in Betracht kommen, abgedruckt in Schneider und von Bremen Band III, S. 210 ff., liegt die Unterhaltung der Blindenanstalten, wenn sie nicht Staats-, Gemeinde- oder Privatanstalten sind, den Provinzialverbänden ob, natürlich unbeschadet der Aufsicht, welche in Gemäßheit des Gesetzes vom 11. März 1872 der Staat über alle Unterrichts- und Erziehungs-Anstalten übt. Die zuständigen Aufsichtsbehörden sind die Provinzial-Schulkollegien. Die Provinzen haben die Lösung der ihnen gestellten Aufgabe durchweg mit Eifer ergriffen, und in einigen Fällen hat in Folge der Opferwilligkeit, Unermüdlichkeit und Umsicht der Provinzialverwaltung das Blindenwesen einen Aufschwung genommen, dessen Wirkungen weit über die Grenzen der Provinz hinausreichen. Wenn

wesende Bevölkerung in Preußen nach Altersklassen.

in den Provinzen:								
Schlesien	Sachsen	Schleswig-Holstein	Hannover	Westfalen	Hessen-Nassau	Rheinland	Hohenzollern	Wiederholung der Bezeichnung in Spalte 1.
9	10	11	12	13	14	15	16	
1 908 182	1 146 362	564 944	1 060 660	1 037 581	756 454	2 042 857	32 453	m.
2 099 743	1 165 645	562 205	1 059 508	1 005 861	797 922	2 031 143	35 171	w.
4 007 925	**2 312 007**	**1 127 149**	**2 120 168**	**2 043 442**	**1 554 376**	**4 074 000**	**67 624**	zus.
263 690	163 201	75 018	141 950	158 626	107 234	296 441	4 431	m.
264 899	161 042	73 171	138 000	153 735	105 735	291 376	4 450	w.
528 589	**324 243**	**148 189**	**279 950**	**312 361**	**212 969**	**587 817**	**8 881**	zus.
229 956	132 622	64 597	118 912	128 478	91 049	240 228	3 659	m.
233 365	131 122	63 313	117 469	125 197	89 934	238 586	3 962	w.
463 321	**263 744**	**127 910**	**236 381**	**253 675**	**180 983**	**478 814**	**7 621**	zus.
215 671	122 474	59 189	109 654	110 093	82 767	211 612	3 420	m.
216 781	119 698	57 086	107 974	106 509	81 732	208 728	3 516	w.
432 452	**242 172**	**116 275**	**217 628**	**216 602**	**164 499**	**420 340**	**6 936**	zus.
188 557	107 902	51 590	99 268	99 222	71 168	194 938	2 687	m.
196 666	106 056	50 620	96 405	93 424	73 587	190 888	2 835	w.
385 222	**213 958**	**102 210**	**195 673**	**192 646**	**144 755**	**385 826**	**5 522**	zus.
286 648	184 714	90 041	171 129	162 517	112 889	327 686	4 029	m.
331 399	184 302	86 826	167 460	159 616	127 346	330 011	4 848	w.
618 047	**369 016**	**176 867**	**338 589**	**322 133**	**240 235**	**657 697**	**8 877**	zus.
235 241	142 002	68 124	132 405	135 118	98 503	268 252	4 422	m.
272 129	148 087	68 211	132 909	126 669	106 816	265 813	4 981	w.
507 370	**290 089**	**136 335**	**265 314**	**261 787**	**205 319**	**534 065**	**9 403**	zus.
192 837	116 303	57 903	109 338	101 703	79 075	208 709	3 465	m.
225 459	121 917	59 034	112 723	97 989	86 657	203 207	3 741	w.
418 296	**238 220**	**116 937**	**222 061**	**199 692**	**165 732**	**411 916**	**7 206**	zus.
150 397	92 648	46 550	88 291	72 022	56 154	148 722	2 755	m.
181 312	98 653	48 776	91 996	73 444	63 645	151 282	3 183	w.
331 709	**191 301**	**95 326**	**180 287**	**145 466**	**119 799**	**300 004**	**5 938**	zus.
98 596	56 621	32 661	57 813	45 237	37 727	95 439	2 375	m.
117 789	63 328	33 817	61 224	45 886	42 139	98 547	2 438	w.
216 385	**119 949**	**66 478**	**119 037**	**91 122**	**79 866**	**193 986**	**4 813**	zus.
46 589	27 875	19 271	31 900	24 565	19 888	50 830	1 210	m.
59 944	31 440	21 351	33 348	23 392	20 331	52 705	1 217	w.
106 533	**59 315**	**40 622**	**65 248**	**47 957**	**40 219**	**103 535**	**2 427**	zus.

alle Insassen der 15 Anstalten, auch diejenigen, welche das schulpflichtige Alter überschritten haben, und diejenigen, welche nur noch im Handwerke arbeiten, mitgezählt werden, so beträgt ihre Zahl 1340. Diese Zahl betrug im Jahre 1878: 744, 1880: 803, 1883: 962, 1885: 1019; sie ist also in 15 Jahren in dem Verhältniß von 10 zu 18 gewachsen. Im schulpflichtigen Alter stehen 1891: 635 Zöglinge, nämlich 397 Knaben, 238 Mädchen; 463 evangelischer, 161 katholischer, 4 sonst christlicher und 7 jüdischer Konfession; 20 von ihnen polnischer, 5 dänischer Zunge. Die Kinder werden in 51 Klassen von 49 Lehrern, 13 Lehrerinnen, 22 Hülfslehrern, 13 Hülfslehrerinnen, 30 Werkmeistern und 23 Handarbeitslehrerinnen unterwiesen.

Ausdehnung, Einrichtung und Ausstattung der Blindenanstalten sind sehr verschieden. Soweit die unterrichtliche Seite in Frage kommt, ergiebt sich die äußere Ausgestaltung derselben aus nachstehenden Zahlen. Es waren vorhanden

	Anstalten	mit Knaben	mit Mädchen	mit Zöglingen überhaupt
		im schulpflichtigen Alter		
mit 1 Unterrichtsklasse	1	10	2	12
„ 2 Unterrichtsklassen	3	50	18	68
„ 3 „	5	123	84	207
„ 4 „	3	91	53	144
„ 5 „	2	76	56	132
„ 7 „	1	47	25	72
zusammen	**15**	**397**	**238**	**635**

2. Die am 1. Dezember 1880 ortsanwesenden Blinden in den Provinzen nach Altersklassen.

Staat. Provinzen.	Altersklassen: bis 5 Jahre		über 5 bis 10 Jahre		über 10 bis 15 Jahre		über 15 bis 20 Jahre		über 20 bis 30 Jahre		über 30 bis 40 Jahre		über 40 bis 50 Jahre		über 50 bis 60 Jahre		über 60 bis 70 Jahre		über 70 Jahre und unbekannt		Summe	
	m.	w.	m.	w.	m.	w.	m.	w.	m.	w.	m.	w.	m.	w.	m.	w.	m.	w.	m.	w.	m.	w.
1	2	3	4	5	6	7	8	9	10	11	12	13	14	15	16	17	18	19	20	21	22	23
1. Zahl der Blinden.																						
a) Im Staate	**252**	**221**	**320**	**267**	**464**	**421**	**528**	**402**	**968**	**781**	**1 175**	**968**	**1 422**	**1 246**	**1 801**	**1 742**	**1 966**	**2 139**	**2 447**	**3 158**	**11 343**	**11 334**
b) In den Provinzen:																						
1. Ostpreußen	18	20	19	28	42	43	55	54	74	78	105	77	102	128	144	182	175	237	170	277	904	1 124
2. Westpreußen	15	8	19	12	21	17	23	19	58	60	68	71	74	82	97	130	96	141	124	160	595	720
3. Stadtkreis Berlin	8	13	5	8	16	18	20	15	52	38	41	30	67	31	59	51	46	49	59	110	373	363
4. Brandenburg	26	20	25	32	40	47	35	32	68	54	85	64	92	88	146	108	153	169	182	321	852	935
5. Pommern	18	16	21	11	37	25	37	27	76	52	75	63	90	73	92	89	119	118	137	199	702	673
6. Posen	13	18	22	15	32	28	37	27	56	71	64	73	68	85	103	133	102	146	120	186	637	782
7. Schlesien	39	26	47	37	67	61	83	62	137	97	173	127	210	181	268	266	316	311	363	506	1 703	1 674
8. Sachsen	21	29	30	20	30	32	52	30	73	68	104	81	117	89	160	125	136	100	199	281	924	915
9. Schleswig-Holstein	8	8	23	12	18	9	16	13	35	13	50	21	45	29	63	60	65	94	117	190	440	451
10. Hannover	24	13	38	21	45	34	49	36	65	54	81	63	90	96	128	86	138	129	211	217	869	749
11. Westfalen	22	8	13	19	37	31	35	21	83	57	77	71	99	83	142	109	136	114	189	136	833	649
12. Hessen-Nassau	16	16	17	13	17	26	30	13	48	30	69	79	89	65	101	79	132	130	144	154	663	599
13. Rheinland	24	26	41	36	62	49	56	52	142	106	182	150	258	209	295	318	343	337	423	391	1 826	1 676
14. Hohenzollern	—	—	—	1	—	1	—	1	1	3	1	3	1	1	3	6	7	4	9	5	22	25
2. Blinde auf je 10 000 Lebende derselben Altersklassen in jedem Geschlechte.																						
a) Im Staate	**1,2**	**1,3**	**2,0**	**1,7**	**2,9**	**3,0**	**4,1**	**3,1**	**4,3**	**3,2**	**6,9**	**5,4**	**10,6**	**8,7**	**17,0**	**15,7**	**30,1**	**29,9**	**76,2**	**83,0**	**6,9**	**8,9**
b) In den Provinzen:																						
1. Ostpreußen	1,4	1,2	1,6	2,6	4,5	4,3	3,9	3,9	5,1	4,7	9,3	6,3	11,3	12,3	19,8	20,3	34,6	38,6	93,3	108,3	9,7	11,3
2. Westpreußen	1,4	0,8	2,3	1,4	2,1	2,9	3,3	2,5	5,5	5,0	8,2	6,9	11,4	12,9	20,3	25,4	26,6	39,6	93,9	100,1	8,6	10,9
3. Stadtkreis Berlin	1,9	1,6	1,0	1,8	3,9	4,2	4,5	2,5	4,1	2,8	4,1	3,0	11,3	5,9	18,6	13,4	30,4	21,2	102,0	96,8	6,3	6,3
4. Brandenburg	1,7	1,3	2,0	2,0	3,4	4,5	3,2	3,0	3,5	3,6	5,6	4,3	8,2	7,4	16,4	11,4	27,3	25,7	71,9	90,9	7,6	8,2
5. Pommern	1,4	1,3	2,3	1,3	4,3	3,0	4,0	3,4	6,2	4,2	8,6	6,5	12,4	9,8	16,0	14,5	32,2	28,8	78,6	92,8	9,3	8,6
6. Posen	1,0	1,4	2,0	1,4	3,8	2,8	4,1	3,6	4,7	5,1	6,7	6,8	11,0	10,3	19,6	22,3	27,3	34,9	68,0	76,2	7,7	8,9
7. Schlesien	1,3	1,6	2,0	1,6	3,1	2,8	4,4	3,5	4,0	2,9	7,4	4,7	10,9	8,0	17,4	14,3	32,0	26,4	77,9	84,4	8,3	8,0
8. Sachsen	1,3	1,6	2,3	1,9	2,4	2,7	4,2	2,8	4,0	3,7	7,3	3,8	10,2	7,3	17,3	12,7	24,6	23,9	71,4	89,4	8,1	7,8
9. Schleswig-Holstein	1,3	1,1	3,7	1,3	3,0	1,6	3,3	2,8	3,9	1,5	7,2	3,6	7,8	4,8	13,3	12,3	19,8	27,8	60,7	89,0	7,8	8,0
10. Hannover	1,7	0,9	3,2	1,8	4,1	3,1	4,0	3,7	3,8	3,2	6,1	4,7	8,3	6,6	14,6	9,3	23,8	21,1	66,1	65,1	8,9	7,1
11. Westfalen	1,4	0,8	1,0	1,2	3,6	2,9	3,3	2,9	5,1	3,8	5,7	5,2	9,7	8,8	19,7	14,8	30,1	24,6	76,8	58,8	8,0	6,6
12. Hessen-Nassau	1,0	1,4	1,9	1,4	2,1	3,9	4,7	1,8	4,3	2,6	7,0	6,7	11,3	7,5	18,0	12,4	35,6	30,9	72,4	75,7	8,6	7,3
13. Rheinland	0,8	0,4	1,7	1,6	2,9	2,9	2,9	2,7	4,2	3,3	6,4	5,6	12,4	10,2	19,4	21,0	35,9	34,8	83,9	74,3	8,3	8,8
14. Hohenzollern	—	—	—	2,3	—	2,8	—	3,3	2,6	6,8	3,3	6,4	2,3	2,7	10,9	18,9	29,9	16,4	74,4	41,2	6,2	7,1

3. Religionsbekenntniß der am 1. Dezember 1880 ortsanwesenden Blinden in den Provinzen überhaupt und in Beziehung auf 10 000 Einwohner.

Religionsbekenntniß	Staat	Ostpreußen	Westpreußen	Stadtkreis Berlin	Brandenburg	Pommern	Posen	Schlesien	Sachsen	Schleswig-Holstein	Hannover	Westfalen	Hessen-Nassau	Rheinland	Hohenzollern
1	2	3	4	5	6	7	8	9	10	11	12	13	14	15	16
Zahl der Blinden	**22 677**	**2 028**	**1 315**	**736**	**1 787**	**1 375**	**1 419**	**3 377**	**1 889**	**891**	**1 618**	**1 482**	**1 261**	**3562**	**47**
1. Evangelische:															
a) Blind geboren	1 142	111	38	57	130	115	20	106	150	78	135	72	86	44	—
b) Später blind geworden	8 870	918	350	584	1 039	793	243	988	1 080	604	873	370	528	501	—
c) Blind ohne Angabe	4 366	750	273	16	547	429	148	544	449	188	354	185	287	196	—
zusammen	**14378**	**1 779**	**661**	**657**	**1 716**	**1 337**	**410**	**1 638**	**1 679**	**870**	**1 362**	**627**	**901**	**741**	—
2. Katholische:															
a) Blind geboren	514	17	28	2	2	3	58	123	11	—	16	46	28	174	6
b) Später blind geworden	4 629	116	281	32	21	7	439	958	92	3	132	486	211	1820	31
c) Blind ohne Angabe	2 588	81	294	1	4	8	397	589	37	5	72	294	87	710	9
zusammen	**7 731**	**214**	**603**	**35**	**27**	**18**	**894**	**1 670**	**140**	**8**	**220**	**826**	**326**	**2704**	**46**
3. Juden:															
a) Blind geboren	33	—	1	7	1	—	8	6	—	1	3	3	1	2	—
b) Später blind geworden	243	9	22	26	15	3	60	33	3	2	18	14	15	23	—
c) Blind ohne Angabe	124	2	14	—	8	6	35	16	2	4	2	9	6	19	1
zusammen	**400**	**11**	**37**	**33**	**24**	**9**	**103**	**55**	**5**	**7**	**23**	**26**	**22**	**44**	**1**
Auf 10 000 Ortsanwesende am 1. Dezember 1880 kommen Blinde	**8,3**	**10,5**	**9,4**	**6,6**	**7,9**	**8,9**	**8,3**	**8,1**	**8,0**	**7,2**	**7,4**	**7,3**	**8,1**	**8,6**	**7,0**
1. Evangelische:															
a) Blind geboren	0,8	0,7	0,6	0,4	0,8	0,8	0,4	0,6	0,7	0,7	0,7	0,8	0,8	0,4	—
b) Später blind geworden	5,6	5,5	5,3	5,9	4,7	5,3	4,5	5,3	5,0	5,4	4,3	3,3	4,9	4,8	—
c) Blind ohne Angabe	2,8	4,6	4,1	0,2	2,5	2,9	2,8	2,9	2,1	1,2	1,5	1,9	2,5	1,8	—
zusammen	**8,3**	**10,7**	**9,8**	**6,7**	**7,9**	**9,0**	**7,7**	**8,8**	**7,8**	**7,8**	**7,4**	**6,0**	**8,3**	**6,8**	—
2. Katholische:															
a) Blind geboren	0,6	0,7	0,4	0,3	0,4	1,8	0,6	0,5	0,8	—	0,6	0,4	0,7	0,6	0,9
b) Später blind geworden	5,0	4,8	4,1	4,0	4,1	2,9	3,9	4,6	6,2	3,4	5,1	4,3	5,0	6,8	4,8
c) Blind ohne Angabe	2,8	3,3	4,2	0,1	0,8	3,3	3,6	2,9	2,6	5,6	2,6	2,6	2,1	2,4	1,4
zusammen	**8,4**	**8,8**	**8,7**	**4,3**	**5,3**	**7,5**	**8,0**	**8,0**	**9,6**	**9,0**	**8,3**	**7,7**	**7,8**	**9,8**	**7,1**
3. Juden:															
a) Blind geboren	0,9	—	0,4	1,3	0,8	—	1,4	1,1	—	2,8	2,0	1,8	0,9	0,8	—
b) Später blind geworden	6,7	4,9	8,2	4,4	12,3	2,3	10,6	6,3	4,5	5,7	12,3	7,4	3,6	5,5	—
c) Blind ohne Angabe	3,4	1,1	5,3	—	6,5	4,3	6,2	3,0	3,0	11,4	1,4	4,9	1,5	4,3	13,0
zusammen	**11,0**	**6,0**	**13,9**	**6,1**	**19,6**	**6,6**	**18,3**	**10,4**	**7,5**	**19,9**	**15,6**	**13,8**	**5,3**	**10,1**	**13,0**

Für die Blindenanstalten werden im Ganzen reichlich 800 000 ℳ jährlich aufgewendet. Der Etat der einzelnen Anstalten bewegt sich zwischen 18 000 ℳ und 107 500 ℳ. Näheres findet sich in dem „Statistischen Jahrbuche der höheren Schulen Deutschlands ꝛc." (Leipzig, erscheint alljährlich bei B. G. Teubner) und bei Merle, Sengelmann und Söder „Das Blinden-, Idioten- und Taubstummen-Bildungswesen" (Norden 1887)[1]. Die Sorge für die entlassenen Zöglinge gewinnt immer weiteren Umfang. In mehreren Provinzen bestehen Anstalten zur Pflege altersschwacher männlicher und weiblicher Blinden und Vereine, welche die Erwerbsfähigkeit der Blinden zu sichern und zu erhöhen suchen; anderwärts treten solche Veranstaltungen neu in das Leben; so ist im Frühjahre 1889 ein neues Asyl für weibliche Blinde zu Steglitz bei Berlin eröffnet worden. Damit ist zugleich der brandenburgische Verein zur Beförderung der wirthschaftlichen Selbständigkeit der Blinden in seinem Bestande gesichert.

Es kann also wohl die äußere Organisation des Blindenunterrichtswesens in Preußen als vollendet, es können alle Voraussetzungen für sein gedeihliches inneres Leben als vorhanden angesehen werden.

Bis aber das Ziel, welches das Vorhandensein von tausend blinden Kindern der Unterrichtsverwaltung steckt, erreicht ist, ist noch ein weiter Weg. Um an dasselbe zu gelangen, bedarf sie der kräftigen Mitwirkung aller Betheiligten, und diese ist auf drei Punkte zu richten.

---

[1]) Vergl. auch „Statistisches Handbuch für den preußischen Staat", Bd I, S. 431.

Zunächst ist es die Pflicht aller derer, welche auf dem Gebiete der Blindenerziehung mitarbeiten, dahin zu wirken, daß die *Blindenanstalten*, es sei der Ausdruck gestattet, *für sich selbst Propaganda machen*. Es ist nämlich die ziemlich allgemeine Ansicht der außerhalb der Sache stehenden Schultechniker, und noch in dem Unterrichtsgesetz-Entwurf von 1890 hat sie Ausdruck gefunden, daß wohl das taubstumme Kind nur in einer Taubstummenanstalt unterrichtet und erzogen werden dürfe, daß aber dem blinden Kinde Privatunterricht, ja unter Umständen der Volksschulunterricht des Wohnortes, genügen könne, da ihm ja das Wort des Lehrers die geistige Welt zu erschließen vermöge. Die Entwickelung, welche die Blindenanstalten in den letzten zwei Jahrzehnten genommen haben, hat diese Auffassung als irrig und hat es als geboten erwiesen, daß möglichst jedes blinde Kind seine Erziehung und Bildung in einer Blindenanstalt erhalte und dort seine Erwerbsfähigkeit begründe. Die noch vor einem halben Jahrhunderte allgemein verbreitete, bei der Gründung vieler Anstalten maßgebend gewesene Anschauung, welche in diesen nur Einrichtungen der Barmherzigkeit sah, hat keine Geltung mehr; auch über die folgende Stufe, auf welcher es sich nur darum zu handeln schien, den Kindern, welchen das leibliche Auge geschlossen blieb, das geistige zu öffnen, ist hinweg geschritten worden.

Man erstrebt jetzt mehr. Das Kind soll zu einem thätigen, wirkenden und genießenden Gliede der bürgerlichen Gesellschaft erzogen werden. Diese handelt bei seiner Ausbildung im eigensten Interesse; ihr wird es zur Wohlthat, wenn die Zöglinge der Blindenanstalten frei, erwerbsfähig und, soweit das von einem Menschen überhaupt gesagt werden kann, auf eigene Kraft gestellt in das bürgerliche Leben hinaustreten.

Kann aber diese Wohlthat blinden Kindern und durch sie dem Staate und der Gesellschaft in ihrem ganzen Umfange nur durch das Anstaltsleben gegeben werden, so entsteht der Wunsch, es möchte die Theilnahme an demselben durch Landesgesetz allgemein verbindlich gemacht werden. Allerdings wird es nicht leicht sein, einer solchen die allgemeine Zustimmung zu gewinnen.

Aber selbst, wenn es der Staatsregierung gelänge, ein solches Gesetz zur Annahme zu bringen, so würde seine Ausführung jetzt noch auf große Schwierigkeiten stoßen. Das natürliche Mitleid mit den Kindern und ihren Eltern und der Widerspruch vieler allzuweicher Eltern würden dazwischen treten. Diese wenden dem unglücklichsten ihrer Kinder die größte Zärtlichkeit zu; sie wollen sich nicht von ihm trennen, und es erscheint hart, es ihnen zu entreißen. Das ist eine falsche Liebe, gewiß, aber sie ist da, und noch mehr, sie wird beachtet und geschont. Die Furcht vor dem Leben der Kinder in der Anstalt, dieses Vorurtheil gegen dasselbe können nur die Erfolge der Anstalten, das Leben in ihnen, die Zeugnisse ihrer Zöglinge über dasselbe überwinden.

Wenn erst die Erzählungen der Kinder von den Wohlthaten, welche sie empfangen, von dem frischen, munteren Leben, welches sie in der Anstalt führen, ergänzt werden durch die fröhliche Erwerbsthätigkeit der entlassenen Zöglinge, so werden die Eltern der blinden Kinder, welche noch draußen sind, zunächst aufmerksam, dann nachdenklich, in ihren Vorurtheilen erschüttert, zuletzt von ihnen bekehrt und führen freiwillig ihre Kinder den Anstalten zu, und nur so kann das ersehnte Ziel erreicht werden, daß alle blinden Kinder den Unterricht und die Erziehung erhalten, welche allein ihre Zukunft innerlich und äußerlich sicher begründen können.

Das Andere, was noch zu erstreben bleibt, steht hiermit im wesentlichen Zusammenhange und läßt sich wohl in wenigen Worten sagen. Die alte Blindenschule legte das Hauptgewicht auf die formale Bildung ihrer Zöglinge. Darin war sie glücklich, hatte große Erfolge und gewann ihrer Sache viele Anhänger. Aber die rein formale Bildung begründete keine Erwerbsfähigkeit, und die entlassenen Zöglinge waren der Mehrzahl nach auf das Mitleid ihrer Angehörigen oder auf das öffentliche Mitleid angewiesen. Diese Erfahrung, ernste Arbeit, langjährige Beobachtung haben der Blindenerziehung und dem Blindenunterrichte eine andere Richtung gegeben: die Körperpflege ist als ein sehr wesentlicher Theil ihrer Aufgabe anerkannt worden und die Ertüchtigung der Zöglinge für späteren selbständigen Erwerb als der wesentlichste. Hier liegt nun die Gefahr nahe, daß die Freude an den neugewonnenen Ergebnissen die früheren unterschätzen lasse. Geist und Gemüth des blinden Arbeiters müssen ihre Nahrung behalten und müssen die Quellen kennen, aus welchen sie dieselbe immer wieder neu schöpfen. Die Aufgabe ist also: *eine harmonische Bildung der geistigen und der körperlichen Kräfte der Zöglinge zu erstreben*, das Gleichgewicht der formalen und der materiellen Bildung zu finden. Die Methoden des Unterrichtes, vom Religionsunterrichte an durch alle Fächer, bedürfen sorgfältiger Prüfung, steter Vervollkommnung. Die Aufstellung guter Lehrgänge und einheitlicher Lehrpläne wird daher die Aufgabe aller Lehrkörper bleiben, und es muß eine Weise des Unterrichtes gefunden werden, welche es dem entlassenen Zöglinge ermöglicht, selbst an seiner Weiterbildung zu arbeiten und, um nur Eines zu nennen, seine Bibel, sein Gesang- oder Gebetbuch weiter lesen zu können.

Hiermit ist auf den dritten Gegenstand der Fürsorge gewiesen, welchen die Leitung der Blindenanstalten in der neuesten Zeit besonders in das Auge gefaßt hat, auf die Verbindung der Anstalten mit ihren entlassenen Zöglingen. Soviel der Blinde vor dem Taubstummen voraus hat, in Einem ist dieser glücklicher, in der Erlangung und der Behauptung des selbständigen Erwerbes. In Beziehung auf diesen steht die Blindenerziehung noch recht sehr am Anfange. Noch liegt die Sache so, und noch lange wird es dabei bleiben, daß der Blinde nur dann zu einer dauernden Erwerbsfähigkeit und Thätigkeit gelangt, wenn sich schützende Hände über ihn halten. Er bedarf der Hülfe zur Erlangung von Aufträgen, zur Beschaffung des Arbeitsmaterials und zum Verkaufe seiner Arbeit. Das blinde Mädchen braucht noch mehr; sie muß, wenn ihr das Elternhaus fehlt und sich ihr nicht dasjenige eines Bruders oder einer Schwester öffnet, eine neue Heimath finden, womöglich in unmittelbarer Nähe der Anstalt, in welcher sie ihre Ausbildung empfangen hat. In dieser Beziehung haben diejenigen, welchen die Unterhaltung, die Beaufsichtigung und die Leitung der Blindenanstalt obliegt, die nächste Pflicht. Die Lösung dieser Aufgabe erfordert freilich besondere Kräfte; Stiftungen und Vereine müssen helfen. Die Anregung hierzu aber muß von den Anstalten ausgehen, von ihnen müssen sie berathen sein, mit ihnen in Verbindung stehen.

Die preußische Unterrichtsverwaltung hat die Lösung dieser dreifachen Aufgabe der Blindenerziehung als besonders wichtig erkannt und fördert dieselbe, soweit es an ihr liegt, durch Anweisung, Rath und Bereitstellung von Mitteln.

Die Arbeit der Anstalten selbst hat sich in den letzten Jahrzehnten nach den Gesichtspunkten der Schulbildung und der Berufsbildung scharf gesondert. Im Zusammenhange mit der Berufsbildung steht die Fürsorge für die Entlassenen. Hierüber giebt der nachstehende Bericht des Königlichen Blindenanstalts-Direktors Wulff zu Steglitz erschöpfende Nachricht.

„1. Die Schulbildung.

„Als die geeignetste Zeit zur Aufnahme in die Anstalt galt früher durchweg das 9. bis 12. Lebensjahr. Die Warnehmung aber, daß es dem Blinden in den ersten Lebensjahren aus Unkenntniß der Umgebung, öfter auch aus Vernachlässigung oder Verzärtelung an der nöthigen geistigen Anregung und körperlichen Beschäftigung fehlt, und daß dadurch die Gesammtentwickelung, namentlich die Kräftigung der Hand, die dem Blinden Auge und Hand sein muß, gehemmt wird, hat fast alle Anstalten bewogen, entweder mit der Aufnahme auf das 8. oder 7. Lebensjahr zurückzugreifen, oder für die jungen Blinden vom 5.—9. Lebensjahre besondere Abtheilungen oder Anstalten unter dem Namen „Vorschulen" einzurichten. Vorschulen sind bis heute mit den Anstalten in Hannover, Düren und Steglitz verbunden. Letztere Anstalt bezeichnet als Aufgabe der Vorschule, „die für die körperliche und geistige Entwickelung aus der Blindheit erwachsenen Schäden zu beseitigen und eine naturgemäße Entfaltung der Anlagen und Kräfte des blinden Kindes anzubahnen und in ihren Anfängen zu erwirken." Die Unterrichtsgegenstände der Vorschule wie: Erzählen, Tast- und Sprechübungen, Formen in Thon und Wachs, Flechten, Falten, Bauen, Figurenlegen, Turnen und Turnspiele, Bewegungs- und Unterhaltungsspiele, Einübung der Verrichtung des täglichen Lebens lassen erkennen, welches Gewicht darauf gelegt wird, den Kreis der Anschauungen und Vorstellungen des geistig unentwickelten Kindes zu erweitern, sowie seine Handgeschicklichkeit zu heben und sein Auffassungs- und Gestaltungsvermögen zu fördern.

„Nach der Zahl der vorhandenen Schüler richtet sich bei den Blindenanstalten selbstverständlich ihre Klassengliederung. An Schulklassen haben die Anstalten: in Frankfurt a. M. 1, in Paderborn, Soest und Wiesbaden je 2, in Breslau, Königsberg i. Pr., Kiel, Berlin und Königsthal je 3, in Bromberg, Hannover und Neu Torney (Stettin) je 4, in Düren und Barby je 5, in Steglitz 7; davon entfallen auf die Vorschulen in Hannover und Düren je 1, in Steglitz 2 Klassen. In den gesammten 52 Schulklassen werden 644 Kinder unterrichtet, im Durchschnitt in der Klasse 12 Kinder. Die höchste Schülerzahl hat Düren mit 74, die kleinste Frankfurt a. M. mit 12 Kindern.

„Von der Vorschule abgesehen sind Lehrgegenstände: Religion, Lesen, Schreiben, Deutsch, Rechnen, Formlehre und Raumberechnung, Naturbeschreibung, Physik, Geographie, Geschichte, Turnen, Musik einschl. Gesang. Dazu kommen zur Förderung der Handgeschicklichkeit Handarbeiten und in der Mehrzahl der Anstalten Modelliren in Thon und Wachs und Zeichnen. Eine Vermehrung und Verbesserung der Lehrmittel wird unausgesetzt angestrebt und erzielt.

„Für Schrift und Druck war viele Jahre der Klein'sche Stachelapparat in Gebrauch, vereinzelt ward auch der Apparat von Foucault benutzt. Später fand die Schreibtafel von Hebold Eingang. Die Erwartung des Erfinders, der Blinde werde auf der Tafel die Buchstaben erhaben zum Selbstlesen schreiben lernen, hat sich nicht erfüllt, dagegen hat die Tafel sich zur Herstellung einer den Sehenden leicht lesbaren farbigen Schrift für den Verkehr mit Sehenden als sehr brauchbar erwiesen, und wird sie in allen preußischen Anstalten für diesen Zweck verwandt. Daneben werden vereinzelt Versuche mit dem Guldberg'schen Apparat gemacht, in einigen Anstalten Zöglinge auch angeleitet, die Remington'sche, Hammond'sche oder eine diesen ähnliche Maschine zu gebrauchen. Als Schreibschrift zum Selbstlesen des Geschriebenen hat seit den sechziger Jahren die Punktschrift von Braille sich eingebürgert. Gegenwärtig fehlt sie in keiner Anstalt. Tafeln zur Herstellung der Schriften nach Hebold und Braille sind in vielfachen Formen vorhanden, und sucht man diese noch stetig zu verbessern. Für Späterblindete giebt es besondere Tafeln zur Herstellung der Kurrentschrift.

„Die Blindheit wird nicht selten von andern Leiden und Gebrechen begleitet: Taubheit, Epilepsie, eine an Idiotismus grenzende Geistesschwäche ꝛc. Die Blindenanstalten nehmen sich, so weit das irgend thunlich ist, auch solcher armen Kinder an. In der Anstalt in Frankfurt a. M. ist zur Zeit ein Kind, in Soest sind zwei, blind und taubstumm, in Kiel eins taubstumm und hühnerblind (Hemeralopie, Hineinwachsen des Pigments in die Retina). Steglitz und Barby verfolgen den Plan der Einrichtung einer besonderen Klasse für geistig schwache Zöglinge.

„Auf der andern Seite geben einzelne Anstalten Zöglingen aus bemittelten Ständen, die ein Handwerk nicht betreiben sollen, Gelegenheit zur Erlernung fremder Sprachen. Nach dem Lehrplan der Steglitzer Anstalt empfangen solche Kinder von der dritten Klasse ab in Nebenstunden Unterricht im Französischen, Englischen oder Lateinischen. Ein Zögling dieser Anstalt, der als solcher auch den ersten Unterricht im Griechischen und in Mathematik erhielt und später auf das Gymnasium in Guben ging, hat dort Ostern 1892 das Abiturienten-Examen bestanden und studirt gegenwärtig in Leipzig deutsche und französische Literatur und Geschichte.

„Für den Leseunterricht mußten die Lehrer die Buchstaben wie die Bücher selbst herstellen, erstere aus Holz, Pappe ꝛc., letztere meistens mit den Klein'schen Stacheltypen. Bald begannen die beiden ältesten Anstalten mit dem Drucke, Kirchenlieder, eine Spruchsammlung, der lutherische Katechismus, eine Fibel und ein Lesebuch wurden beschafft. Zeune stellte eine Erdkunde in 4 Bänden, Knie eine Naturgeschichte her. Die Württembergische Bibelanstalt in Stuttgart gab die ganze heilige Schrift im Blindendruck heraus, 62 große Quartbände. Alle Schriften erschienen in römischen Unzialen. Das erste Buch in Braille'scher Punktschrift, eine Lesebuch, ist aus dem Jahre 1878 von Brandstäter und in Steglitz gedruckt. So reich das klingt, war außer der heiligen Schrift mit alledem doch wenig geboten. Der Lesestoff war zu gering, das Vorhandene wußten die Schüler bald auswendig. Zu einem fließenden Lesen gelangten wenige Kinder. Das Bedürfniß nach einer Hochdruckliteratur, besonders in den Schriftzeichen nach Braille, ließ die Blindenlehrer auf dem Blindenlehrer-Kongreß in Dresden 1876 auf Vorschlag des Direktors Hofrat Büttner zu einem „Verein zur Förderung der Blindenbildung“ zusammentreten mit der Aufgabe der Herstellung billiger Hochdruckschriften. Erst als dieser Verein seine volle Thätigkeit entfalten konnte und namentlich sein neunbändiges Lesebuch fertig gestellt hatte, und nachdem in den letzten 4 Jahren, zuerst auf Anregung des evangelischen Frauenvereins Edelweiß in Berlin, zahlreiche deutsche Frauen und Jungfrauen in barmherzigem Wohlwollen und edlem Wetteifer zur Beschaffung geistiger Nahrung für die Blinden deren Schrift erlernt und Bücher aus dem Schwarzdruck in die Brailleschrift übertragen haben — die Blindenanstalt in Steglitz allein ist dadurch in den Besitz einer Bibliothek von ca. 800 Bänden gekommen — erst von da ab haben Schrift und Druck in den Blindenanstalten ihre volle Bedeutung und Verwerthung finden können. Selbst kleine Blinde fließend lesen zu sehen, ist jetzt nichts Seltenes. In neuester Zeit wird versucht, die Braille'schen Schriftzeichen für eine Blindenkurzschrift zu verwenden.

„Auch im Interesse anderer Unterrichtsfächer wird unausgesetzt an Lehrmitteln gearbeitet. Für den geographischen Unterricht sind Globen und kleine Papierkarten für die Hand der Schüler hergestellt, für den Unterricht in der Naturgeschichte Modelle und Reliefs; eine Reihe von Hülfsmitteln für den Unterricht in der Physik, der Geometrie (Hebold'sche Scheibe, geometrische Körper ꝛc.), im Rechnen (Taylor'sche Tafel) sind vorhanden. Der musikalische Unterricht wird durch Notendruck in Punktzeichen gefördert. Blindenspiele giebt es eine größere Zahl.

„2. Die Berufsbildung

will den Blinden befähigen, durch Ausübung eines Berufes den Lebensunterhalt zu verdienen und wirthschaftlich selbständig zu werden. Dies Ziel hatten bis in die neuere Zeit herein nur wenige erreicht. Die Mehrzahl der Blinden war trotz gewonnener tüchtiger Schulbildung erwerbsunfähig geblieben, und wenn sie arm waren, sehr häufig dem Bettel verfallen. Die erlernten und nach der Entlassung aus der Bildungsanstalt in der Heimath gefertigten Arbeiten fanden keinen Absatz. Das hatte seinen Grund nicht bloß in der Interesselosigkeit des Publikums oder in der Ungunst der Verhältnisse des Wohnortes, sondern einem wesentlichen Theile nach darin, daß es an der vollen gewerblichen Durchbildung, wie der Sehende sie empfängt, fehlte, und der Blinde mit seinen Arbeiten nicht in Wettbewerb mit dem Sehenden treten konnte. Dies schien unerreichbar. Musik, Klavierstimmen und das Lehramt in Blindenanstalten boten scheinbar allein Hoffnung auf Gewinnung einer selbständigen Lebensstellung. Ein Amt als Organist oder Lehrer fand sich nur in seltenen Ausnahmen. Die Schulbildung ohne Berufsbildung aber schien von fraglichem Werth; denn der Blinde fühlt das Elend des Bettelns schwerer mit als ohne Schulbildung. Die technischen Arbeiten mußten energischer in Angriff genommen werden. In der zweiten Hälfte der sechziger Jahre begann in Deutschland das Ringen um die Ausbildung des Blinden zu einem mit dem Sehenden konkurrenzfähigen Arbeiter. Man kam zum Ziel. Der Blinde erwies sich technisch in weit höherem Grade bildungsfähig, als man erwartet hatte. Versuche mit der Schuhmacherei befriedigten nicht; die Korbmacherei, Seilerei und das Bürstenbinden bewährten sich. Letztere Arbeit wies man in Rücksicht auf den ungenügenden Ertrag der weiblichen Handarbeiten besonders den Mädchen zu. Alle preußischen Blindenanstalten erstreben gegenwärtig die Ausbildung ihrer Zöglinge zu wirthschaftlicher Selbständigkeit; dazu dienen ihnen, ausgenommen für wenige Zöglinge, die technischen Arbeiten.

„In Betrieb sind:

1. Flechtarbeiten verschiedener Art, namentlich das Stuhlflechten und die Anfertigung von Abtretedecken in allen Anstalten,
2. weibliche Handarbeiten in allen Anstalten, doch treten diese aus oben angeführtem Grunde in ihrer Bedeutung gegen früher zurück.

„Für die Erwerbsfähigkeit stehen oben an:

3.—5. die Korbmacherei, die Seilerei und das Bürstenbinden.

„Die Korbmacherei fehlt in einer Anstalt, das Bürstenbinden in zweien, die Seilerei ist von 15 Anstalten bei 8 in Betrieb.

„In 10 Anstalten erlernen einzelne Arbeiter mit gutem musikalischen Gehör auch das Klavierstimmen, 8 Anstalten zusammen bilden zur Zeit ca. 16 Zöglinge zu Organisten aus, in 2 Anstalten werden ein Paar Zöglinge mit dem Druck von Blindenschriften beschäftigt, vereinzelt kommt das Maschinennähen vor. Der Werth der in den 15 preußischen Anstalten im letzten Jahre gefertigten technischen Arbeiten betrug ca. 225 000 ℳ gegen ca. 80 000 ℳ im Jahre 1882.

„Bei der Entlassung aus der Anstalt schenkt das Königlich preußische Ministerium des Unterrichts allen evangelischen Zöglingen der preußischen Blindenanstalten eine Sammlung evangelischer Kirchenlieder, den katholischen Zöglingen ein Gebetbuch in Hochdruck.

„3. Die Fürsorge.

„Mit der Aneignung der Berufsbildung halten die Blindenanstalten ihre Aufgabe nicht für gelöst. Befähigung zur Arbeit und Gelegenheit zur Verwerthung der Arbeitskraft liegen oft weit auseinander. Sämmtliche Anstalten erachten es als ihre Pflicht, ihren Entlassenen nach letzterer Richtung hin helfend an die Seite zu treten. Entweder unterziehen sie selbst sich der damit verbundenen Arbeit, oder sie übernehmen diese in Gemeinschaft mit einem Fürsorgeverein, dessen Geschäftsführer der Anstaltsdirektor ist. Die Fürsorge gestaltet sich selbstverständlich nach Ort, Umständen und Verhältnissen, Eigenart des Arbeiters &c. verschieden; alle Maßnahmen aber haben das eine Ziel: den entlassenen Zöglingen nach der Ausrüstung mit Arbeitsgeräth und Rohstoffen eine geeignete Umgebung, passende Wohnung und Absatz der Arbeiten zu verschaffen, in Krankheitszeiten und Bedrängnissen sie zu unterstützen und in väterlicher Weise mit Rath und Trost ihnen nahe zu sein.

„Als Äußerungen der Fürsorge sind hervorzuheben:

Ausrüstung mit Arbeitsgeräthen und Rohstoffen,
Aufsuchen eines Wohnortes, der sich für die Verwerthung der Arbeitskraft und das sonstige äußere und innere Leben des Blinden besonders empfiehlt,
Vermittelung billiger und guter Arbeitsrohstoffe, von Arbeitsgelegenheit und des Absatzes der Waaren,
Gewährung von Arbeitsrohstoff auf Kredit, sowie von Darlehen zu geschäftlichen Zwecken,
Abnahme von Arbeiten in ein Waarenlager,
Unterstützungen in Krankheits- und sonstigen Nothfällen,
Erbauung eines Heims für weibliche Arbeiterinnen.

Beschaffung gemeinschaftlicher Werkstätten, namentlich für männliche Arbeiter in großen Städten,

Bildung von selbständigen Arbeiterabtheilungen in Blindenanstalten,

Vereinigung auch einzeln stehender männlicher Arbeiter oder Familien in einem der Anstalt gehörenden Gebäude.

„Fast alle Blinden, auch die tüchtigsten und rührigsten bedürfen, wenigstens in den ersten Jahren, für den Absatz der Waaren der Hülfe. Für das arme blinde Mädchen — und arm sind fast alle — kommt noch in Betracht, daß es unverheirathet das Bedürfniß nach Anlehnung und nach einer Gemeinschaft hat, die gleich mit ihm fühlt und Verständniß hat für sein Denken, seine Sorgen und Freuden. Das Angemessenste und Wünschenswertheste für dieses ist eine dauernde Heimath in der Nähe der Blindenanstalt in möglichster persönlicher Freiheit. Wie schnell dieser Gedanke, einmal erfaßt, zu Thaten trieb, zeigt die Entwickelung der letzten 10 Jahre. Der Vorgang der Blindenanstalt in Kiel mit dem Bau eines Mädchenheims 1883 wirkte zündend. Fast sämmtliche preußische Blindenanstalten, 11 von 15, besitzen heute ein Mädchenheim oder bekommen es demnächst: eine Heimath der weiblichen Blinden in der Nähe und unter dem Schutze ihrer Bildungsanstalt, wo sie, von dieser mit Arbeitsaufträgen versehen, gesicherten Verdienst haben und ohne Sorge in die Zukunft blicken können. Ein Mädchenheim ist vorhanden in Kiel, Steglitz, Düren, Königsberg i. Pr., Neu Torney, Barby und Wiesbaden, Fonds zum Bau besitzen Königsthal, Hannover und Bromberg, letztere Anstalt in Höhe von 150 000 ℳ; Frankfurt a. M. hat in seinem staatlichen Neubau Raum, seine Entlassenen der Art zu sammeln, daß das Haus für die Einen bleibendes Heim (Arbeitsanstalt), für die Anderen offene Werkstatt und für die Dritten endlich, die Arbeitsunfähigen und Alten, Versorgungshaus wird.

„Offene Werkstätten für männliche Arbeiter besitzen noch die Anstalten in Düren (in Köln und Rheydt), Barby, Königsberg i. Pr. und Berlin, letztere Anstalt auch für weibliche Blinde.

„Kiel besitzt außer seinem Mädchenheim 4 eigene Häuser: in Apenrade, Eiderstedt, Kellinghusen und Lödl. In allen finden frühere Zöglinge Wohnung, in dem einen verheirathete Blinde; in zweien sind auch Verkaufsläden.

„Der Verein zur Förderung der wirthschaftlichen Selbständigkeit der Blinden hat von Steglitz aus in Fürstenberg a./O. einige Zöglinge vereinigt und bereitet dort den Bau eines Hauses vor, und in der Nähe der Anstalt zu Steglitz ist augenblicklich ein Bau im Entstehen, der als Durchgangswerkstätte für die männlichen Zöglinge diesen die Gesellenzeit ersetzen soll, wo sie als freie Arbeiter thätig, sich in der Arbeit vervollkommnen, reifer an Alter und Erfahrung werden und eine Übergangszeit finden aus der vollen Gebundenheit des Lehrlings in die freie Stellung eines selbständigen Handwerkers.

„Paderborn besitzt eine Versorgungsanstalt für ältere Mädchen.

„Seit dem Jahre 1873 werden in Zwischenräumen von 3 Jahren Blindenlehrer-Kongresse abgehalten. Diese haben durch gemeinsame Arbeit der Berufsgenossen, Austausch der Gedanken und Mittheilung der Erfahrungen ein Zusammenschließen der deutschen Blindenanstalten zu Wege gebracht, das befruchtend auf alle Anstalten zurückgewirkt hat.

„Möge Gott der Herr auch ferner die Arbeit an den Blinden segnen."

3. Die Taubstummen-Bildungsanstalten.

a) Der Umfang der Aufgabe.

Über die Verbreitung der Taubheit und der in ihrem Gefolge eingetretenen Verstummung, sowie über den Unterricht und die Erziehung der Taubstummen im preußischen Staate ist eine reiche amtliche und halbamtliche Literatur vorhanden, u. A.:

1. Beckedorff, „Jahrbücher des preußischen Volksschulwesens", dritter Band, Berlin 1826, S. 81—151, enthält neben einer geschichtlichen Darstellung der Sache eine Tabelle über die Zahl der im Staatsgebiete vorhandenen Taubstummen, das Reglement für das „Königliche Taubstummen-Institut zu Berlin vom 28. April 1825" und eine Beschreibung des „Stufenganges in der Schriftsprache für den Taubstummen" (von Ludwig Reimer).

2. Sägert, a) „Das Taubstummen-Bildungswesen in Preußen" im „Archive für Landeskunde in der preußischen Monarchie", 2. Band, Berlin 1858, S. 236—304, sehr reich an historischen und statistischen Angaben; b) „Das Taubstummen-Bildungswesen in Preußen." 3 Hefte in groß 4. Berlin 1874, 1875; Heft 1 ist wesentlich historisch und statistisch; Heft 2 behandelt die Rechtsverhältnisse der Taubstummen; Heft 3 giebt einen Normallehrplan.

3. Veröffentlichungen des Königlich preußischen statistischen Bureaus: a) Jahrbuch für die amtliche Statistik", IV. Jahrgang, Theil II, S. 64 ff., V. Jahrgang, S. 584 ff.; „Statistisches Handbuch für den preußischen Staat", Bd. I, S. 435, Band II; b) Preußische Statistik, Heft 69, Berlin 1883, eine sehr vollständige Statistik der Gebrechlichen im preußischen Staate; c) „Zeitschrift des Königlich preußischen statistischen Bureaus" 1877, Seite LV; 1882, S. 189 ff.; 1883, enthält S. 191—224 die Ergebnisse der letzten Volkszählung, bezüglich der Blinden und Taubstummen aus der Feder von Dr. Guttstadt, und S. 225 bis 233 eine geschichtliche Darstellung des Taubstummen-Bildungswesens von Dr. Treibel, welcher der Lehrplan und das Reglement der Königlichen Taubstummen-Anstalt in Berlin vom 4. April 1878 beigefügt sind.

4. Selbstverständlich schließt sich hieran eine lange Reihe von Mittheilungen des „Centralblattes", deren Verzeichniß in Schneider und von Bremen Band III, S. 606/7, abgedruckt ist. Im Jahre 1884 erschien endlich eine größere Denkschrift: „Beiträge zur Geschichte und Statistik des Taubstummen-Bildungswesens in Preußen", im „Centralblatt" 1884, S. 523—794 abgedruckt, im Buchhandel erschienen: Berlin, Besser'sche Buchhandlung 1884; auszugsweise in Schneider und von Bremen Band III, S. 611 ff., mitgetheilt.

5. Außerdem finden sich Nachrichten über die preußischen Taubstummen-Anstalten in der oben erwähnten Schrift von Merle, Sengelmann und Söder „Das Blinden-, Idioten- und Taubstummen-Bildungswesen," Norden 1887, und in dem bei B. G. Teubner in Leipzig erscheinenden „Statistischen Jahrbuche der höheren Schulen ꝛc."

Der Umfang der Aufgabe, welche der Unterrichtsverwaltung aus dem Vorhandensein einer sehr erheblichen Zahl taubstummer Kinder im schulpflichtigen Alter erwächst, ergiebt sich aus umstehender Tabelle.

Dieselbe schildert den Zustand des Jahres 1880. Sie läßt in den Spalten 6 bis 9 die Verheerung erkennen, welche die Genickstarre, meningitis cerebrospinalis, im 7. Jahrzehnte unseres Jahrhunderts angerichtet hat, während in den Spalten 2 bis 5 die Rückkehr zu normalen Verhältnissen veranschaulicht wird. Danach sind in der Zeit von 1860 bis 1870 im preußischen Staat 9 060, in den Jahren 1870 bis 1880 nur 4 024 Kinder taubstumm geboren worden oder ertaubt. Die zweite Zahl ist aber zu niedrig gegriffen; denn die Eltern täuschen sich häufig über die Taubstummheit kleiner Kinder, und sie sind in vielen Fällen, wenn sie sich dieselbe nicht mehr verschweigen können, geneigt, sie andern zu verbergen, aus Furcht, man werde ihnen die Kinder nehmen und einer Anstalt zuführen. Es wird nicht fehlgegriffen sein, wenn wir annehmen, daß sich im Jahre 1891 im Gesammtgebiet des preußischen Staates etwa 5 400 bis 5 500 taubstumme Kinder im lernfähigen Alter befunden haben. Von diesen empfingen einen vorbereitenden Unterricht in der Volksschule ihres Ortes 1 276, in den Taubstummen-Anstalten wurden unterrichtet 4 080 Kinder, es empfingen daher Unterweisung 5 356 und es entbehrten den Unterricht kaum mehr als 150 Kinder.

b) Allgemein-Geschichtliches.

Der Kampf gegen die Hülfslosigkeit, in welche die Taubstummheit den Menschen versetzt, ist sehr spät aufgenommen, und seine Erfolge sind noch dadurch erschwert worden, daß es ein volles Jahrhundert gedauert hat, ehe die Taubstummenlehrer zu einer Übereinstimmung über den Weg gelangten, auf welchem das taubstumme Kind nicht nur vor dem unabwendbar drohenden Blödsinne bewahrt, sondern auch als verständiges, erwerbsfähiges Glied der Gesellschaft, als ein geistig lebendiges Glied seiner Religionsgesellschaft zugeführt werden kann. Erst im September 1880 ist diese Übereinstimmung auf dem Taubstummenlehrer-Kongreß zu Mailand erreicht worden.

Es ist bekannt, daß die ersten Versuche einer Unterweisung taubstummer Kinder dahin gingen, dieselben zum Sprechen zu bringen, und daß Männer wie Pedro Ponce de Leon, Wallis, Jakob Rodrigues Pereira, Raphel in diesen Bemühungen wenn auch vereinzelte, so doch beachtenswerthe Erfolge hatten.

Es ist ferner bekannt, daß der in Schaffhausen geborene holländische Arzt Johann Konrad Amman, nachdem er ein taubstummes Kind mit glücklichem Erfolge unterrichtet hatte, im Jahre 1692 eine noch heute beachtenswerthe Schrift veröffentlichte; sie führt den Titel „Surdus loquens s. methodus, qua, qui surdus natus est, loqui discere possit" (der redende Taube, oder Methode, durch welche der Taubstumme reden lernen kann). Amsterdam 1692. Er behandelt in drei Abschnitten 1. den Ursprung der Sprache, die Sprachwerkzeuge, die Stimme und den tonlosen Hauch, 2. die Lautlehre und 3. die Art und Weise des Taubstummen-Unterrichtes. Dieses Werk ist für die ganze Entwickelung des Taubstummen-Bildungswesens grundlegend geworden, allerdings nicht in der Weise, daß sofort und allgemein die von Amman

[mm]

Die am 1. Dezember 1880 ortsanwesenden Taubstummen in den Provinzen nach Altersklassen.

Staat. Provinzen.	Altersklassen: bis 5 Jahre		über 5 bis 10 Jahre		über 10 bis 15 Jahre		über 15 bis 20 Jahre		über 20 bis 30 Jahre		über 30 bis 40 Jahre		über 40 bis 50 Jahre		über 50 bis 60 Jahre		über 60 bis 70 Jahre		über 70 Jahre und unbekannt		Summe	
	m.	w.	m.	w.	m.	w.	m.	w.	m.	w.	m.	w.	m.	w.	m.	w.	m.	w.	m.	w.	m.	w.
1	2	3	4	5	6	7	8	9	10	11	12	13	14	15	16	17	18	19	20	21	22	23
1. Zahl der Taubstummen.																						
a) Im Staate	**634**	**494**	**1641**	**1365**	**2498**	**1970**	**2550**	**2042**	**2 374**	**1 991**	**1 921**	**1 585**	**1 316**	**1 139**	**1 056**	**977**	**651**	**594**	**528**	**547**	**15 168**	**12 626**
b) In den Provinzen:																						
1. Ostpreußen	89	73	226	201	392	296	342	266	256	225	217	201	130	130	112	89	68	66	64	84	1 895	1 631
2. Westpreußen	54	23	138	83	198	148	442	374	219	199	135	125	85	67	56	49	37	39	41	45	1 405	1 152
3. Stadtkreis Berlin	20	14	41	25	62	62	55	48	92	56	80	41	38	26	20	17	10	13	2	9	420	311
4. Brandenburg	49	39	107	80	175	159	136	102	225	169	185	160	133	87	98	87	54	38	48	41	1 212	982
5. Pommern	35	24	94	77	160	197	231	203	192	152	116	94	73	70	60	64	25	41	25	46	1 039	998
6. Posen	61	37	167	139	212	171	316	287	216	169	160	136	93	89	68	75	54	47	51	60	1 418	1 212
7. Schlesien	88	70	242	180	382	303	307	233	292	307	273	221	184	157	154	158	99	96	75	72	2 096	1 797
8. Sachsen	38	29	94	77	123	121	92	93	162	116	140	112	91	89	89	87	59	56	48	38	936	818
9. Schleswig-Holstein	19	18	48	36	54	29	49	32	39	32	48	35	33	40	28	28	25	11	17	16	360	300
10. Hannover	34	31	94	85	120	123	124	86	119	103	133	100	95	104	93	63	42	47	40	23	894	767
11. Westfalen	39	29	99	69	140	131	92	87	151	98	103	66	93	69	57	51	45	26	30	28	849	654
12. Hessen-Nassau	36	35	92	79	90	56	133	88	136	100	123	116	94	91	76	89	44	34	29	34	853	722
13. Rheinland	67	62	193	152	367	242	204	139	269	214	160	171	168	158	136	117	89	51	55	30	1 732	1 356
14. Hohenzollern	5	—	4	2	3	—	1	6	6	11	6	2	5	2	3	3	—	1	3	1	36	26
2. Taubstumme auf je 10 000 Lebende derselben Altersklasse in jedem Geschlechte.																						
a) Im Staate	**3,8**	**2,8**	**10,4**	**8,1**	**17,4**	**13,9**	**19,8**	**15,6**	**11,0**	**8,8**	**11,2**	**8,9**	**9,3**	**8,1**	**10,0**	**8,9**	**10,0**	**8,0**	**16,0**	**14,4**	**11,2**	**9,1**
b) In den Provinzen:																						
1. Ostpreußen	6,7	5,3	21,3	18,1	39,3	29,7	34,4	26,1	18,0	13,7	19,1	16,0	14,3	12,7	14,9	10,7	13,6	10,8	35,3	32,0	20,3	16,3
2. Westpreußen	5,1	2,9	16,2	9,8	25,6	19,2	61,1	30,1	19,3	16,7	16,4	14,5	13,2	9,9	12,1	9,3	11,3	10,9	30,7	25,0	20,4	16,1
3. Stadtkreis Berlin	2,8	2,0	8,3	5,0	15,2	14,6	12,4	9,4	7,3	4,3	8,0	4,1	6,3	4,4	6,3	4,3	6,6	5,9	3,3	7,9	7,7	5,1
4. Brandenburg	3,3	2,8	8,8	6,3	15,0	13,9	12,6	9,7	11,9	9,8	12,7	10,6	11,6	7,3	11,0	8,[illegible]	9,4	8,8	19,0	11,6	10,8	8,6
5. Pommern	3,9	2,9	10,7	8,3	21,1	15,1	33,2	27,3	15,8	12,7	13,9	9,7	10,0	8,4	11,3	10,2	6,3	9,8	14,3	21,4	14,0	11,8
6. Posen	4,7	2,8	15,4	11,0	21,8	17,7	36,8	31,6	18,6	13,3	18,8	12,3	12,9	10,7	12,8	12,7	14,3	11,8	28,9	24,7	17,3	13,0
7. Schlesien	3,1	2,4	10,8	7,7	17,3	14,0	16,8	11,8	10,3	9,3	11,6	8,0	9,8	7,0	10,3	8,9	10,0	8,8	16,1	12,8	11,0	8,8
8. Sachsen	2,3	1,8	7,1	5,9	10,0	10,1	8,5	8,8	8,8	6,3	9,9	7,8	7,8	7,6	9,4	8,9	10,4	8,8	17,3	12,1	8,3	7,0
9. Schleswig-Holstein	2,5	2,4	7,4	5,7	9,1	5,1	9,8	6,3	4,3	6,8	7,0	5,8	5,7	6,4	6,9	5,7	7,7	3,3	8,8	7,3	6,4	5,3
10. Hannover	2,4	2,3	7,9	7,7	10,8	11,4	12,8	8,8	7,6	6,9	10,0	7,3	8,7	9,3	10,3	6,6	7,2	7,7	12,3	6,8	8,4	7,3
11. Westfalen	2,5	1,9	7,7	5,3	12,7	12,1	9,9	9,3	9,6	6,1	7,6	5,3	9,1	7,0	7,3	6,5	9,9	5,8	12,3	12,0	8,3	6,3
12. Hessen-Nassau	3,4	3,3	10,0	8,8	10,9	6,4	18,7	12,0	12,0	7,8	12,8	10,9	11,3	10,3	13,3	14,0	11,7	8,3	14,8	16,7	11,3	9,0
13. Rheinland	2,3	2,3	8,3	6,4	17,3	11,6	10,7	7,3	8,3	6,5	6,1	6,4	8,0	7,8	9,1	7,7	9,3	5,3	10,8	9,3	8,8	6,7
14. Hohenzollern	11,3	—	10,9	5,8	8,3	—	3,7	14,1	14,3	22,1	13,8	4,0	14,4	5,3	10,9	9,4	—	4,1	24,8	8,3	11,1	7,4

empfohlene Lehrweise aufgenommen und ausgebildet worden wäre. Vielmehr schlug ein ebenso geistvoller wie frommer François Charles Michel de l'Epée (1712—1789) einen entgegengesetzten Weg ein und lenkte durch seine wunderbaren Erfolge die Augen der staunenden Mitwelt auf sich.

De l'Epée ergänzte und erweiterte die auch bis dahin schon gebrauchte natürliche Geberdensprache einmal durch ein Fingeralphabet und zum anderen durch eine geistreich ersonnene und mit großer Konsequenz durchgeführte künstliche Zeichensprache und verstand es, seinen Zöglingen durch den Gebrauch derselben eine formale Bildung von unerwarteter Höhe zu geben, so daß sie in den historischen und den mathematischen Wissenschaften, wie in der Literatur ihrer Nation bedeutende Kenntnisse erlangten. Ihm erstand nun aber ein Gegner in dem Deutschen Samuel Heinicke (1727 bis 1790). Derselbe stellte nicht nur die Forderung, daß die taubstummen Kinder in den Stand gesetzt werden müßten, erwerbsfähig in die bürgerliche Gesellschaft zurückzutreten, und daß sie darum die Lautsprache zu erlernen hätten, sondern er wies auch aus den Gesetzen der Sprache, der Physiologie und der Psychologie nach, daß eine wirkliche Bildung nur durch Erlernung der Lautsprache gewonnen werden könne, daß der Mensch nur verstehe, was er spreche; das nur gelesene Wort rede niemals zum Geiste des lautlosen Stummen.

Seit der Zeit des Streites dieser beiden Männer ist der Fortschritt in dem Unterrichte der Taubstummen durch den Mangel an Einheit in der Methode bez. durch die Verschiedenheit in den Ansichten über die zu erstrebenden Ziele aufgehalten worden. Von der einen Seite wurde unter Verfolgung der vom Abbé de l'Epée eingeschlagenen Wege die möglichste Vervollkommnung der Zeichen- und Geberdensprache erstrebt, während von der anderen Seite die Lautsprache gelehrt wurde. Man hat sich gewöhnt, die eine Methode als die französische, die andere als die deutsche zu bezeichnen; doch treffen diese Benennungen nicht ganz zu. Es hat nämlich nicht nur die „deutsche Methode", d. h. diejenige, welche das Ziel verfolgt, die taubstummen Kinder sprechen zu lehren, auch in Frankreich Vertreter gefunden, so an der école Pereire zu Paris, welche von dem Banquier Pereira, einem direkten Nachkommen Rodrigues Pereira's gegründet worden ist; sondern es ist auch in Deutschland vielfach und bis in die neueste Zeit hinein die Geberdensprache im Gebrauche gewesen. Letzteres hängt äußerlich mit dem Umstande zusammen, daß die beiden ersten Direktoren der 1779 zu Wien gegründeten Taubstummenanstalt, Stork und May, unmittelbare Schüler von de l'Epée waren. Außerdem aber erklärt es sich dadurch, daß die Zeichen- und Geberdensprache leichter erlernt wird als die Lautsprache, und daß es ungemein schwer ist, Zöglinge, welche jene einmal geübt haben, zu dem angestrengten Fleiße zu bringen, ohne welchen diese nicht gewonnen werden kann. Dieser Umstand trägt auch die Hauptschuld an der Einführung des sogenannten vermischten Systems, bei welchem beide Methoden vereinigt sind und in keiner etwas erreicht wird. Gerade dieses aber kam in Deutschland bis in die neuere Zeit noch vielfach vor.

Diesem Zustande hat nun der internationale Kongreß von Taubstummenlehrern, welcher im September 1880 zu Mailand tagte, ein Ende gemacht, indem er folgende Beschlüsse faßte:

1. In Erwägung, daß die Lautsprache in viel höherem Grade geeignet ist, den Taubstummen der Gesellschaft wiederzugeben, als dies die Zeichensprache vermag, und daß sie ihm eine gründlichere Kenntniß der Sprache gewährt, als diese, erklärt der Kongreß: daß die Lautmethode für die Erziehung und den Unterricht der Taubstummen der Anwendung der Zeichensprache vorzuziehen ist.
2. In Erwägung, daß der gleichzeitige Gebrauch des Wortes und der Geberden dem Worte, dem Lesen von den Lippen und der Klarheit der Ideen schadet, erklärt der Kongreß, daß die reine Lautmethode vorzuziehen ist.

c) Die Entwickelung des Taubstummen-Bildungswesens in Preußen.

Die beiden ersten Taubstummenanstalten auf deutschem Boden wurden zu Leipzig 1778 (Unterricht in der Lautsprache) und zu Wien 1779 (Unterricht in der Zeichensprache) errichtet; die dritte zu Berlin.

Ernst Adolf Eschke, ein Schüler und Schwiegersohn von Heinicke, suchte am 8. Juli 1788 um die Erlaubniß zur Errichtung einer Taubstummenanstalt zu Berlin nach, erhielt dieselbe am 2. Dezember desselben Jahres und führte die Anstalt unter viel Noth und Mühe bei geringer Unterstützung aus Staatsmitteln weiter, bis sie am 6. Juni 1798 zur Staatsanstalt erhoben wurde. Sie blieb lange Zeit die einzige im ganzen Staate und beschränkte sich auch darauf, die ihr anvertrauten Zöglinge auszubilden. Dem Gedanken gegenüber, das Institut dem Zwecke der Lehrerbildung dienstbar zu machen, verhielten sich Eschke und nach dessen Tode (17. Juli 1811) sein Schwiegersohn und Amtsnachfolger Graßhoff abwehrend. Sie wollten das Geheimniß ihrer Kunst, welches sie als Familienbesitz ansahen, nicht preisgeben. Der Minister v. Schuckmann nahm aber auf ihre Bedenken keine sonderliche Rücksicht, sondern berichtete am 29. November 1812 an den König, es läge in seiner Absicht, mit der Anstellung eines Gehülfen bei der Königlichen Taubstummenanstalt zugleich einen für die entlegenen Provinzen wohlthätigen Zweck zu verbinden und dortigen jungen Männern, vorzüglich solchen, die als Geistliche und Schulmänner dereinst versorgt werden, Gelegenheit zu verschaffen, sich im Unterrichte taubstummer Personen zu üben, damit die dort vorhandenen unglücklichen Kinder dieser Art die nöthige Bildung in ihrer vaterländischen Provinz erhalten können. Dieser Zweck werde erreicht werden, wenn alle drei oder vier Jahre ein solcher fähiger, junger Mann nach Berlin berufen werde, der, wenn er sich im Unterrichten der Taubstummen die nöthige Fertigkeit erworben habe, in die Provinz zurückkehre, um den daselbst befindlichen Unglücklichen dieser Art ein wohlthätiger Lehrer zu werden; zum Unterhalte eines solchen Subjektes könne jährlich aus den Ersparnissen der Einkünfte der Taubstummenanstalt die Summe von 300 Thalern verwendet werden.

Der König hatte anfangs Sorge, die neue Einrichtung könne die Arbeit in der Anstalt stören. Nachdem er Bürgschaft dafür erlangt hatte, daß das nicht zu befürchten sei, erfolgte die Allerhöchste Genehmigung; eine Instruktion vom 21. und 25. April 1813, in deren 2. Paragraphen den Kandidaten ausdrücklich „der freie Zutritt zu allen Lehrstunden im Institut" gesichert wird, ordnete die Angelegenheit. Der erste einberufene Kandidat Dr. Neumann erklärte bei seinem Abgange 1815, daß es nur an seiner gänzlichen Unbekanntschaft „mit diesem Zweige der Menschenbildung" gelegen habe, wenn er gemeint habe, den Taubstummenunterricht neben einem Predigt- oder Schulamte verwalten zu können; er sei entschlossen, sich „der Bildung dieser Unglücklichen ausschließlich zu widmen". Er wurde der Begründer des Taubstummenunterrichtes in Ostpreußen, auch der erste deutsche Geschichtsschreiber des Taubstummen-Bildungswesens. Der zweite Kandidat war Dr. Weidner, durch welchen dann der Taubstummenunterricht in Westfalen eingeführt wurde.

Die 1812 getroffene Einrichtung dauert mit einigen 1822, 1830, 1842, 1852 und 1881 getroffenen Änderungen bis jetzt fort; gegenwärtig in der Weise, daß durch ein Stipendium von jährlich 1 200 ℳ tüchtigen Taubstummenlehrern die Möglichkeit eingehender, praktischer und wissenschaftlicher Vorbereitung für das Vorsteherexamen gewährt wird.

Wie segensreich sich nun auch die Einrichtung dieses Hospitiums an der Berliner Anstalt im Einzelnen erwiesen hatte, so konnte doch in der alle zwei bis drei Jahre wiederkehrenden Ausbildung eines einzigen Taubstummenlehrers dem Bedürfnisse der ganzen Monarchie unmöglich genügt werden, und von den verschiedensten Seiten her wurde das inzwischen in Wirksamkeit getretene Ministerium der geistlichen 2c. Angelegenheiten um eine Verallgemeinerung des Taubstummenunterrichtes angegangen und wurden ihm bezügliche Pläne unterbreitet.

Auch hier hat der Ministerialrath Beckedorff mit dem ihm eigenthümlichen Eifer helfend und fördernd eingegriffen. Er veranlaßte um das Jahr 1824 eine Ermittelung sämmtlicher Taubstummen im Gesammtgebiete der damaligen Monarchie; dieselbe ergab die Zahl von 6 756, darunter

im Alter von 0 bis 5 Jahren 295,
„ „ „ 5 „ 10 „ 1 094,
„ „ „ 10 „ 15 „ . . . . 1 094.

An dieses Ergebniß knüpfte Beckedorff in einem ausführlichen Aufsatz in dem dritten Bande seiner Jahrbücher, Seite 81 ff., folgende Betrachtung:

„Jedenfalls befinden sich unter der ganzen Menge mindestens 1700 im bildungsfähigen Alter, wenn man nämlich für dieses Alter nur einen achtjährigen Zeitraum, etwa vom siebenten bis zum fünfzehnten, oder vom achten bis zum sechszehnten Jahre annimmt.

„Für die Erziehung und den Unterricht dieser 1700[1]) Unglücklichen ist anjetzt durch folgende Anstalten gesorgt:

1. Die Anstalt in Berlin, gestiftet im Jahre 1788 von dem nachmaligen Oberschulrath Eschke, dessen Wittwe, eine Tochter Heinicke's, noch jetzt der Ökonomie des Hauses vorsteht. Direktor ist ihr Schwiegersohn der Professor Graßhoff. Die Zahl der jetzt darin unterrichteten Unglücklichen beläuft sich auf 58, von denen 29 als Zöglinge des Hauses, die übrigen nur als Schüler zu betrachten sind. Aus Staatskassen ist ein jährlicher Zuschuß von 5057 Thlr. erforderlich.

---

[1]) Diese Zahl ist zu niedrig genommen.

2. Die Anstalt zu Königsberg i. Pr., gestiftet im Jahre 1820 und auf 22 Zöglinge eingerichtet, für welche eine jährliche Ausgabe von 5200 Thlr. etatsmäßig ist. Zu diesen werden für zehn Frei-Zöglinge 2500 Thlr. aus Königlichen Kassen, 1350 Thlr. für 6 Zöglinge aus dem Ostpreußischen Armenfonds und ebensoviel für eine gleiche Anzahl von den Westpreußischen Ständen gezahlt. Die Zöglinge haben nur für ihre Bekleidung zu sorgen. Direktor ist Herr Neumann, welchem freigestellt ist, soweit der Raum es zuläßt, noch mehrere Taubstumme als Privat-Pensionärs aufzunehmen. Außer ihm sind zwei Lehrer und eine Lehrerin bei der Anstalt beschäftigt, die sich bis jetzt in einem gemiethеten Lokale behelfen muß.
3. Die Anstalt zu Breslau, durch einen Privatverein im Jahre 1819 gestiftet und im folgenden Jahre eröffnet. Gegenwärtiger Vorsteher ist der Inspektor Bürgel, welcher früher schon seit 1804 ein Privat-Institut leitete, das nachmals in die öffentliche Anstalt übergegangen ist. Es sind außer ihm zwei Lehrer thätig. Des Königs Majestät hat kürzlich für 6 Freistellen einen jährlichen Zuschuß von 900 Thlr. zu bewilligen geruht. Eine dieser Stellen wird jährlich einem Seminaristen gegeben, der sich mit der Behandlung der Taubstummen bekannt machen soll. Die Zahl der Zöglinge beläuft sich auf 35.
4. Die Anstalt in Münster, früher in Kentrop bei Hamm. Vorsteher ist der Dr. Weidner. Etatsmäßig werden nur 1400 Thlr. dafür verwendet. Es werden 12 Taubstumme darin erzogen.
5. Die Anstalt in Erfurt. Sie ist von der dortigen Freimaurerloge im Jahre 1822 gestiftet und erfreut sich bis jetzt noch keines Zuschusses aus öffentlichen Mitteln. Geleitet wird sie von dem verdienstvollen und thätigen Regierungs- und Schulrathe Herrn Hahn. Ihr Lokal ist im ehemaligen Neuwerksklоster, worin auch das Seminarium sich befindet, mit welchem sie in gewisse Verbindung gebracht ist. Die Zahl der darin Unterrichteten hat sich schon auf 16 belaufen. Einziger Lehrer ist Herr Bürgel.
6. Das Privat-Institut des Kantors Hauer zu Schadeleben, welches nur wenige Zöglinge zählt und
7. die von dem Direktor des Schullehrer-Seminars zu Halberstadt, Prediger Brederlow, erst vor wenigen Monaten gestiftete und mit dem Seminar verbundene Anstalt, worin fürs Erste 8 Zöglinge aufgenommen sind.

„In allen diesen Anstalten werden mithin zusammen höchstens 170 Taubstumme unterrichtet und es bleiben folglich jedesmal von der Menge aller Bildungsfähigen noch 1530, oder $^9/_{10}$ übrig, für deren Ausbildung gar nicht gesorgt wird und die in einem halb thierischen Zustande aufzuwachsen verurtheilt bleiben. Wenigstens 212 Taubstumme treten in unserem Vaterlande jährlich ins bildungsfähige Alter, aber nur etwa 22 von ihnen werden wirklich zur Unterweisung zugelassen. Dies giebt in einem Jahrhunderte die große Anzahl von 19000 Seelen, welche gänzlich verwahrlost werden. Denn ein unterrichtslos aufgewachsener Taubstummer ist nicht mit einem vernachlässigten, ja verwilderten Hörenden zu vergleichen. Diesem sind doch nicht, wie jenem, die Thore höherer Erkenntniß ganz und gar geschlossen; der Name seines Schöpfers ist doch zu ihm gedrungen und noch in jedem Augenblicke kann er über Gottes Wesen und Willen und über seine eigene Bestimmung und Hoffnung belehrt werden; der Taubstumme aber, welcher der Unterweisung entbehrt hat, ist wie durch eine Kluft geschieden von der übrigen Menschheit; der Kreis seiner Vorstellungen, Begriffe, Gefühle und Willensäußerungen erstreckt sich nicht über die sichtbaren, sinnlichen Dinge und die irdischen Verhältnisse hinaus; von den Thieren unterscheidet ihn nur die menschliche Gestalt und der größere Mißbrauch, den er, nicht gebunden durch Naturtrieb, von der dem Menschen gewährten Freiheit machen kann; von seinem Erlöser hat er nie etwas erfahren, und wenn er einst die Erde verlassen muß, hat er nichts von ihr in eine andere Welt hinüberzunehmen.

„Erst von diesem Gesichtspunkte aus erscheint die Sorge für die unglücklichen Taubstummen als eine so große Verpflichtung einer väterlichen Regierung."

Interessant ist die Wärme, mit welcher schon Beckedorff für den Unterricht in der Lautsprache eintritt, wir lesen a. a. O. Seite 100: „Um über den Unterricht der Taubstummen zu einer festen Ansicht zu gelangen, kommt es zuerst darauf an, sich den Zweck desselben klar zu machen. Es frägt sich mithin zunächst: Was soll erreicht werden?

„Offenbar nichts anderes, als Verständigung des Tauben und Stummen mit dem Hörenden und Redenden, damit auf diese Weise er menschlicher Bildung theilhaftig werde.

„Die Bestimmung des Menschen ist geselliges Leben; dieses ist unmöglich ohne gegenseitige Verständigung; wer folglich der menschlichen Gesellschaft angehören will, muß sich auch mit seines Gleichen zu verständigen wissen.

„Nun ist aber das einzige Mittel dieser Verständigung unter den Menschen die Sprache. Wer unter und mit Menschen leben will, muß der Sprache mächtig sein; wenn also die Taubstummen in die menschliche Gesellschaft eintreten und ihr angehören wollen, müssen auch sie mittelst der Sprache sich verständlich machen und andere verstehen lernen."

Durch Beckedorff's Rücktritt kam die Sache ins Stocken, aber glücklicherweise nur vorübergehend, weil von anderer Seite her erneute Anregung kam. Es überraschte nämlich ein sehr angesehener bayerischer Schulmann, welcher auf dem Gebiete des elementaren Sprachunterrichtes als eine Autorität ersten Ranges galt, der Schulrath Dr. Johann Baptist Graser zu Baireuth, die Pädagogen durch seine Ausführungen, daß der Taubstumme neben dem Vollsinnigen in der Schule zweckmäßig unterrichtet werden könne, und daß es möglich sei, den gesammten Taubstummenunterricht in die Volksschule zu verpflanzen. Er bezeichnete als das zu erstrebende und zu erreichende Ziel, „daß jeder Schullehrer auch Taubstumme zu unterrichten vermöge und jede Schule eine Taubstummenschule sein könne", und führte diesen Satz erst in einer Abhandlung im „Hesperus" 1824 Nr. 179, später in einer besonderen Schrift: „Der durch Gesicht- und Tonsprache der Menschheit wiedergegebene Taubstumme", Baireuth 1829, (2. Auflage 1834) weiter aus. Graser's Ansichten waren dem preußischen Ministerium nicht fremd geblieben und sind zweifellos von Einfluß auf dessen Entschließungen gewesen.

Am 14. Mai 1828 erging sodann folgender Ministerialerlaß, von welchem eine neue Periode in der Geschichte des preußischen Taubstummenwesens datirt:

„Die große Menge von Taubstummen, welche zwar noch ein bildungsfähiges Alter haben, aber in den wenigen vorhandenen Taubstummenanstalten nicht mehr unterzubringen sind, sowie der übergroße im Zunehmen begriffene Andrang zu diesen Instituten hat das Ministerium veranlaßt, auf umfassende und durchgreifende Maßregeln zum Besten dieser Unglücklichen Bedacht zu nehmen.

„Nach den angestellten Untersuchungen und eingegangenen Berichten sind in den Königlichen Landen gegenwärtig über 8 000 Taubstumme vorhanden, und unter diesen 1 700 im bildungsfähigen Alter. Von den letzteren sind aber in den sämmtlichen öffentlichen und Privatinstituten nur höchstens 170, also noch nicht der zehnte Theil untergebracht. Eine Vermehrung der Institute nach Bedürfniß ist schon darum nicht ausführbar, weil die kostspielige Unterhaltung der Zöglinge in selbigen die Kräfte der meisten Eltern und selbst des Staates übersteigen würde.

„Das Ministerium findet es daher angemessen, einen neuen Weg einzuschlagen, wozu auch die Fortschritte des Zeitalters in der Taubstummenbildung auffordern, indem man den Taubstummenunterricht nicht mehr als eine geheime, sehr komplizirte und schwierige Kunst, sondern als eine zwar eigenthümliche, auf die besondere mangelhafte Beschaffenheit des Schülers berechnete, aber mit jeder andern psychologisch begründeten naturgemäßen Unterrichtsmethode sehr verwandte Lehr- und Behandlungsweise betrachtet und das Zusammenleben von Taubstummen mit hörenden und sprechenden Kindern nicht nur für zulässig, sondern sogar für wünschenswerth und mehr sachförderlich erklärt, als das beständige Zusammenleben von blos Taubstummen mit einander in den Instituten, welche letztere jedoch als Zentralpunkte für die weitere Ausbildung und Entwickelung dieses besonderen Zweiges der Gesammtbildung allerdings ihren eigenthümlichen und hohen Werth behalten.

„Unter den obwaltenden Umständen ist es nun die Aufgabe, die Fähigkeit und Fertigkeit, Taubstumme zu unterrichten, baldmöglichst allgemeiner zu verbreiten und den Taubstummen in größerer Zahl, womöglich auch auf einfachere Weise, als bisher, ohne außerordentliche Maßnehmungen, als weite Reisen, Aufwand großer Pensionen ꝛc., zu helfen. Für die Lösung dieser Aufgabe ist es besonders wünschenswerth, daß baldmöglichst in jedem Schulinspektionskreise ein Lehrer vorhanden sei, welcher die Taubstummen seines Wohnortes und der nächsten Umgegend zu unterrichten im Stande sei. Dieser Zweck wird am sichersten erreicht werden, wenn an jedem Schullehrerseminare ein Lehrer angestellt wird, der die Unterweisung und Behandlung der Taubstummen in einem der vorhandenen Institute gründlich erlernt hat, eine Anzahl derselben in der mit dem Seminare verbundenen Übungsschule fortdauernd unterrichtet und dabei zugleich die für die Sache empfänglichen fähigeren und verständigeren Seminaristen mit der Methode des Taubstummenunterrichtes theoretisch und praktisch bekannt macht.

„Auf diese Weise wird es sich vielleicht in einem Jahrzehnte bewirken lassen, daß in allen Provinzen der Monarchie, ohne unverhältnißmäßige und unerschwingliche Kosten, für die Bildung der unglücklichen Taubstummen in der Nähe oder selbst an Ort und Stelle gesorgt und der jetzige, meist vergebliche Andrang zu den Instituten beseitigt wird.

„Auf den Antrag des Ministerii haben des Königs Majestät zur Vorbildung solcher Lehrer, welche die Methode des Taubstummenunterrichtes an den hierzu bestimmten Anstalten, und namentlich in Berlin, erlernen und hiernächst bei den Provinzial-Schullehrerseminaren wieder lehren sollen, eine angemessene Summe auf sechs Jahre allergnädigst zu bewilligen geruht.

„Nach den bisher getroffenen Einleitungen ist es möglich, diese Vorbildung mit Ostern laufenden Jahres zu eröffnen. Das Ministerium hat die Absicht, nach und nach alle Provinzen mit vorgebildeten Lehrern zu versorgen, zuvörderst aber besonders diejenigen, in welchen das Bedürfniß am größten ist, und keine Institute vorhanden sind.

„Das Ministerium beauftragt das Königliche Konsistorium und Provinzial-Schulkollegium hierdurch, den Seminardirektoren seines Bezirkes vollständige Kenntniß von den vorstehenden Eröffnungen zu geben, damit dieselben bei ihren Einrichtungen, Vorschlägen zu Anstellungen 2c. darauf vorläufig Rücksicht nehmen können. Ganz besonders muß das Ministerium wünschen, daß ihnen die Sache, der Wahrheit gemäß, so dargestellt werde, daß den allerdings schon mit mancherlei Aufgaben versehenen Seminaranstalten und Lehrern durch die beabsichtigte Einrichtung nicht eine neue große Last aufgelegt werden solle, sondern daß hier vielmehr nur die Rede von der besonderen Beschäftigung eines einzelnen Lehrers und von einigen besonderen Einrichtungen in der Übungsschule sei.

„Auch ist es nicht die Meinung, daß alle Seminaristen, sondern daß nur solche, die für den Taubstummenunterricht geeignet, ja gleichsam geboren scheinen, damit bekannt gemacht werden sollen. Übrigens hofft das Ministerium von dieser Einrichtung einen wesentlichen allgemeinen Gewinn für das Seminarwesen überhaupt und einen höchst vortheilhaften Einfluß derselben auf das Ganze der Lehrerbildung, indem die erforderliche genaue Beobachtung des Taubstummen, die Auffindung der Mittel, seinem Geiste beizukommen, und die durchaus sinnreiche, besonders auf Anschauung gegründete Lehrart auf eine eigenthümliche und höchst fruchtbare Weise zugleich in die Tiefe menschlicher Natur und Bildung einführe.

(gez.) von Altenstein."

Der zur Ausführung dieser Verfügung bewilligte Betrag belief sich auf jährlich 3 000 Thaler; andere 400 Thaler waren, wie bereits erwähnt, schon früher zur Ausbildung von Taubstummenlehrern an der Berliner Anstalt ausgeworfen worden.

Die Wirkung der Verfügung vom 14. Mai 1828 entsprach zwar nicht ganz den Absichten der Unterrichtsverwaltung, ging aber in zweierlei Hinsicht weit über dieselben hinaus. Sie zog zunächst das ganze Taubstummen-Unterrichtswesen gleichsam an das Licht. Der Geheimthuerei der Lehrer war mit einem Schlage ein Ende gemacht, und die Unfähigkeit war außer Stand gesetzt, ihr Wesen zum Schaden der unglücklichen Kinder weiter zu treiben. Indem der Taubstummenunterricht seiner Isolirung entzogen und das Interesse für ihn in weiten pädagogischen Kreisen erweckt wurde, ward gleichzeitig der Grund zur Heranziehung pädagogisch gebildeter Taubstummenlehrer gelegt. Der Taubstummenunterricht kam in die für denselben berufenen Hände, d. h. in diejenigen begabter Volksschullehrer. Es läßt sich nachweisen, daß die hervorragendsten Taubstummenlehrer der neueren Zeit, insbesondere die Begründer der sogenannten neuen deutschen Schule auf dem nunmehr bezeichneten sicheren Wege ausgebildet worden sind.

Das Ministerium war nämlich unverweilt an die Ausführung der Aufgaben gegangen, welche es sich durch seine eigene Verfügung gestellt hatte. Zunächst wurde nicht mehr bloß an der Taubstummenanstalt zu Berlin, sondern auch an denjenigen zu Königsberg i. Pr. und zu Münster für die Ausbildung von Schulamtskandidaten gesorgt, welche dann an die Schullehrerseminare übergehen und an diesen den Taubstummenunterricht übernehmen sollten.

Eine weitere Bemühung des Ministeriums ging auf Einrichtung von Taubstummenschulen bei einzelnen Seminaren, wofür die Hülfe der Provinzialstände in Anspruch genommen und in Preußen, Pommern, Posen, Sachsen und Westfalen, später auch Rheinland gern gewährt wurde. Die Einrichtung traf man derartig, daß die Taubstummenschule dem Seminare eingefügt und dem Seminardirektor unterstellt, diesem aber ein besonderer Taubstummenlehrer in möglichst selbständiger Stellung beigegeben wurde. Eine von dem Minister v. Altenstein am 30. Juli 1831 für die Provinz Sachsen erlassene, am 20. Februar 1832 auf die ganze Monarchie ausgedehnte Instruktion (abgedruckt bei Sägert, „Das Taubstummen-Bildungswesen in Preußen“ I, S. 7 ff.) ordnete das Verhältniß zwischen dem Direktor und dem ersten Taubstummenlehrer. Wo dieser ein hervorragend begabter Mann war, wurde ihm große Unabhängigkeit willig zugestanden.

Neben der Bemühung um die Verbesserung des Unterrichtes in den Taubstummenanstalten selbst und um die Erziehung tüchtiger Taubstummenlehrer sah es die Unterrichtsverwaltung als ihre Hauptaufgabe an, sowohl durch die Anleitung der Zöglinge derjenigen Seminare, welche mit Taubstummenschulen verbunden waren, wie durch das Hospitium bereits im Dienste stehender Volksschullehrer an größeren Taubstummenanstalten unbedingt den ersten, möglichst den ganzen Unterricht der taubstummen Kinder an ihrem Wohnorte zu ermöglichen. Wie die Sache gedacht war, ergeben die nachstehenden beiden Verfügungen, allerdings verhältnißmäßig jungen Datums, aber gerade vorzugsweise bezeichnend:

I. „Berlin, den 1. Dezember 1847.

„In den meisten Provinzen der preußischen Monarchie sind mit einzelnen Schullehrerseminaren Taubstummenanstalten verbunden, die außer ihrem nächsten Zwecke, den bildungsfähigen Taubstummen Unterricht und Erziehung zu geben, auch die Aufgabe verfolgen, den Seminaristen Anschauung der eigenthümlichen Methode und Behandlungsweise des Taubstummenunterrichtes zu gewähren und diese hierdurch zu befähigen, die in ihren späteren Wohnorten befindlichen taubstummen Kinder, wenigstens vorbereitend, zweckmäßig zu unterrichten.

„In der Provinz Brandenburg besteht eine solche Einrichtung nicht. In derselben, und zwar in Berlin, ist ein für sich bestehendes Taubstummeninstitut vorhanden. Da dasselbe weder sämmtliche in der Provinz befindlichen bildungsfähigen Taubstummen aufnehmen kann, noch auch für manche der letzteren die zu einem mehrjährigen Aufenthalte in dem Institute erforderlichen Kosten aufgebracht werden können, so haben die beiden Königlichen Regierungen in Frankfurt und Potsdam dem hiernach für ihre Verwaltungsbezirke vorhandenen Bedürfnisse in anderer und, wie ein mehrjähriger Erfolg gezeigt hat, sehr zweckmäßiger Weise zu begegnen gesucht.

„Es wurde nämlich im Jahre 1836 mit Genehmigung des Ministeriums der geistlichen ꝛc. Angelegenheiten an dem hiesigen Taubstummeninstitute ein sechswöchentlicher Kursus behufs der Unterweisung schon angestellter und sonst für diesen Zweck geeigneter Lehrer in dem Unterrichte taubstummer Kinder eröffnet. In welcher Weise dessen äußere Einrichtung möglich gemacht worden, wird die Königliche Regierung aus der abschriftlich und im Auszuge beigelegten Verfügung der Königlichen Regierung in Potsdam vom 4. April 1836 (siehe folgende Seite unter II.) ersehen.

„Dieser Kursus ist in der Weise abgehalten worden, daß

1. den einberufenen Lehrern eine allgemeine Belehrung über die Grundsätze des Taubstummenunterrichtes mit Hinweisung auf die wichtigsten und für den Elementarlehrer brauchbarsten Schriften über denselben,
2. eine theoretische und praktische Anweisung zur Ertheilung des Unterrichtes im Sprechen,
3. eine spezielle Belehrung über die Methode des Sprachunterrichtes und der damit zusammenhängenden Begriffsentwickelung ertheilt wurde.

„Außerdem wurde die Anwendung der theoretisch vorgetragenen Grundsätze in den Unterrichtsstunden dem betreffenden Lehrer praktisch klar gemacht und hiernächst gegen den Schluß des Kursus für die Lehrversuche der Kursirenden eine dem Zwecke entsprechende Ordnung getroffen.

„Die Belehrung über die Unterrichtsmethode in anderen Gegenständen, namentlich in der Religion und im Rechnen, mußte bei der Kürze der Zeit übergangen und den Lehrern überlassen werden, sich durch Theilnahme an den Lehrstunden in den gedachten Gegenständen von dem Verfahren bei dem Unterrichte in demselben zu instruiren.

„Ähnliche Kurse haben noch im Jahre 1837 und 1839 stattgefunden, und wurde deren jährliche Abhaltung dadurch möglich, daß vom Jahre 1842 ab der Kommunallandtag der Kurmark einen jährlichen Zuschuß von 500 Thalern zur Beförderung des Taubstummenunterrichts auf 10 Jahre mit der Maßgabe bewilligte, daß die Hälfte dieser Summe zur Ausbildung von jährlich 8 Lehrern, die andere Hälfte aber zur Remuneration derjenigen Lehrer, welche armen Taubstummen unentgeltlichen Privatunterricht ertheilen, und zur Unterstützung armer Eltern behufs dieses Unterrichtes verwendet werden sollte.

„In dieser Weise sind für den Regierungsbezirk Potsdam bereits 90 des Taubstummenunterrichtes kundige Lehrer herangebildet, welche von den im Regierungsbezirke überhaupt vorhandenen 82 bildungsfähigen Taubstummen 71 den nöthigen Unterricht ertheilen.

„Dieser Unterricht wird außer den gewöhnlichen Schulstunden, gewöhnlich täglich in einer Stunde, ertheilt; außerdem besuchen aber die Kinder noch den öffentlichen Schulunterricht ihres Lehrers und werden von diesem in demselben zweckmäßig beschäftigt.

„Bei der nur allmählich erfolgten Vorbereitung und der kurzen Zeit, seit welcher die meisten Lehrer erst wirksam sind, stehen die von ihnen erzielten Resultate den in einer wohlorganisirten Taubstummenanstalt zu erlangenden freilich noch nicht gleich; jedoch genügen dieselben insoweit, daß die durch diesen Unterricht vorbereiteten Schüler später sogleich und in den oberen Abtheilungen an dem Unterrichte einer förmlichen Taubstummenanstalt haben Theil nehmen können, und daß diejenigen, welche längere Zeit von völlig qualifizirten Lehrern unterrichtet worden sind, sich soweit mündlich und schriftlich auszudrücken vermögen, daß sie sich mit ihrer Umgebung verständigen, den Konfirmandenunterricht empfangen und zur Erlernung eines Handwerkes in die Lehre gegeben werden können. Ähnliche Resultate sind auf gleichem Wege für den Taubstummenunterricht in dem Regierungsbezirke Frankfurt erreicht worden.

„Um das Verfahren und die Leistungen der einzelnen Lehrer der nöthigen Kontrole zu unterwerfen, ist die Einrichtung getroffen, daß der Direktor der Taubstummenanstalt von Zeit zu Zeit einzelne Distrikte der Provinz bereist, durch Rath und Zurechtweisung etwaige Mängel des Unterrichtes abstellen hilft, diejenigen Kinder persönlich kennen lernt, für welche noch weitere Ausbildung in dem Taubstummeninstitute möglich und wünschenswerth ist, und überhaupt durch persönlichen Verkehr mit den Landräthen, Pfarrern, Lehrern und anderen für die Sache sich interessirenden Männern die für die Bildung der Taubstummen erforderliche und richtige öffentliche Theilnahme anzuregen sucht.

„Die Königliche Regierung hat, seitdem Taubstummenschulen mit den Schullehrerseminaren verbunden sind, ausreichende Gelegenheit gehabt, den Erfolg dieser Verbindung für die Befähigung der Lehrer, selbst Taubstummenunterricht zu ertheilen, kennen zu lernen, und wird dieselbe durch obige Mittheilung über den Erfolg einer anderweitigen Einrichtung in der Provinz Brandenburg in den Stand gesetzt werden, in weitere, auf ihre seitherige Erfahrung gegründete Erwägung zu ziehen, ob und in welcher Weise von der in der Provinz Brandenburg bestehenden Einrichtung auch auf Ihren Verwaltungsbezirk Anwendung zu machen rathsam und möglich erscheint.

„Der Minister der geistlichen, Unterrichts- und Medizinal-Angelegenheiten.

„An
die Königliche Regierung zu N.
12853."

II. „Potsdam, den 4. April 1838.

„Auf unseren Wunsch wird das Königliche Provinzial-Schulkollegium zu Berlin in dem dortigen Taubstummeninstitute in den Monaten Julius und August d. J. einen sechswöchentlichen Lehrkursus für eine Anzahl von Lehrern unseres Verwaltungsbezirkes veranstalten, welche wir dergestalt auszuwählen beabsichtigen, daß ein jeder landräthliche Kreis wenigstens einen zur Ertheilung des Taubstummenunterrichtes befähigten Lehrer erhalte, welcher theils und vorzüglich selbst taubstumme Kinder aus seiner Umgegend zu unterrichten, theils auch wieder anderen Lehrern hinsichtlich des Unterrichtes solcher Kinder Rath und Anweisung zu ertheilen im Stande ist.

„Einem jeden an dem Kursus theilnehmenden Lehrer werden wir, zur Bestreitung der Kosten seiner Reise nach Berlin und seines sechswöchentlichen Aufenthaltes daselbst, eine Unterstützung von 25 Thalern bewilligen, außerdem aber auch mit dem Königlichen Provinzial-Schulkollegium dahin wirken, daß sich für die Theilnehmer am Kursus durch das Zusammenwohnen rc. Mehrerer von ihnen in Berlin der Aufwand von Wohnungsmiethe rc. verringere.

„Sollte ihnen dennoch die Unterstützung von 25 Thalern nicht bedeutend genug erscheinen, so werden sie in Anschlag bringen müssen, daß sie daheim auch nicht ohne Kostenaufwand würden leben können, daß sie durch den Aufenthalt in Berlin ihre Bildung auf mannigfaltige Weise fördern werden, und daß ihre zu erlangende Befähigung zur Ertheilung des Taubstummenunterrichtes sie in den Stand setzen wird, demnächst durch Unterweisung taubstummer Kinder manche Anerkennung und Vergütung ihrer Bemühungen sich zu verschaffen. Eine Entbehrung und Vertretung der kursirenden Lehrer in ihrem Amte während ihres sechswöchentlichen Aufenthaltes in

[na]

Berlin wird und muß zu Gunsten des wohlthätigen Zweckes wenigstens eben so gut, als wenn sie auf längere Zeit erkrankten, und um so eher möglich sein, da die diesjährigen Sommerferien bei den Schulen für den Kursus mitbenutzt werden sollen.

„Die engere Auswahl der zur Theilnahme an dem Kursus zu verstattenden Lehrer, deren Anzahl sich für dieses Jahr nur auf etwa 12 belaufen wird, behalten wir uns zwar vor; indessen wünschen wir, daß uns ein jeder der Herren Superintendenten und Schulinspektoren womöglich zwei bis drei Lehrer seines Aufsichtskreises namhaft mache, welche er zur Erlernung und Betreibung des Taubstummen-Unterrichtes für besonders geeignet hält und nach Auseinandersetzung des obgedachten Sachverhältnisses und näherer Besprechung mit ihnen geneigt findet, an dem Kursus Theil zu nehmen.

„Theils nöthig, theils wünschenswerth ist es, daß die vorzuschlagenden Lehrer:

1. die den bessern in neuerer Zeit und namentlich in guten Seminaren vorbereiteten Schulmännern beiwohnende gute Befähigung und wissenschaftliche Bildung für ihren Beruf besitzen, insonderheit aber
2. im Denken an logische Ordnung gewöhnt, mit der Lautmethode und mit den Gesetzen der Sprachbildung bekannt seien, ein gutes Auge haben und beim Sprechen scharf und bestimmt artikuliren, dabei
3. auch überhaupt durch Vorzüge des Charakters, durch gute, sittliche Führung, durch Sanftmuth und Milde, Geduld und Freundlichkeit sich auszeichnen, ferner
4. ein Alter von etwa 20 bis 30 Jahren nicht zu weit überschritten haben, nicht in zu beschwerlichen Ämtern und in zu drückenden häuslichen Verhältnissen stehen, womöglich auch schon definitiv angestellt und so situirt seien, daß taubstumme Kinder, wenn nicht bei ihnen selbst in ihrem Hause, doch an ihrem Wohnorte leicht Aufnahme finden und untergebracht werden können. Es werden sich hiernach auch Lehrer, welche an sehr zahlreichen und schon überfüllten Landschulen allein stehen, eben nicht zur Theilnahme an dem Kursus eignen.

„Königliche Regierung,
Abtheilung für die Kirchenverwaltung und das Schulwesen.

„An
sämmtliche Herren Superintendenten
und Schulinspektoren.
II. 606."

Drei Jahrzehnte hindurch, in einigen Provinzen oder Bezirken wohl noch länger, hat die Unterrichtsverwaltung den Glauben festgehalten, es ließen sich die ihr von Graser vorgezeichneten Ideale wirklich erreichen, und mit großer Energie hat sie den Volksschullehrern ihre bezüglichen Pflichten immer wieder in Erinnerung gebracht. Gestützt auf die Berichte einiger Regierungen, aber auch diesen gegenüber zu hoffnungsreich, verkündigte eine im Ministerium ausgearbeitete, durch die Staatszeitung veröffentlichte Denkschrift vom Jahre 1836: „Der Versuch, den Taubstummenunterricht mit dem gewöhnlichen Elementarunterrichte in solche nähere Verbindung zu bringen, daß der öffentliche Lehrer der gewöhnlichen Elementarschule in der Regel den Unterricht taubstummer Kinder in bildungsfähigem Alter mit übernimmt, ist als gelungen zu betrachten."

Die Provinzialbehörden hielten es dabei doch für geboten, den Eifer immer wieder anzuregen; so die Regierung zu Magdeburg durch eine Verfügung vom 25. Mai 1838, welche vorschreibt, daß in den Konduitenlisten der Lehrer anzugeben sei, welche von ihnen sich mit Taubstummenunterricht befassen, wieviel Schüler, und unter welchen Umständen sie dieselben unterrichten; während eine Verfügung der Regierung zu Königsberg vom 31. Oktober 1857 die Zöglinge der mit Taubstummenschulen verbundenen Seminare zu Königsberg, Angerburg, Marienburg und Braunsberg ohne Weiteres als „des Taubstummenunterrichtes kundige Volksschullehrer" bezeichnet.

Im Gegensatze zu den beiden vorstehenden Verfügungen lassen diejenigen der Regierung zu Trier vom 11. April 1860 (Centralblatt 1860, S. 504), der Regierung zu Oppeln vom 24. Mai 1861 (Centralblatt 1861, S. 373) und des Provinzial-Schulkollegiums zu Stettin vom 8. Dezember 1863 (Centralblatt 1864, S. 117) einen wesentlichen Fortschritt erkennen, indem sie den Ortsschullehrer nur für die Beschäftigung der taubstummen Kinder bis zu ihrem „in keinem Falle entbehrlichen Eintritte in eine Anstalt" in Anspruch nehmen.

Damit war nun aber auch das Graser'sche Prinzip, welches jetzt nirgends mehr aufrecht erhalten wird, thatsächlich aufgegeben. Die Verfolgung desselben hat insofern viel geschadet, als sie die nothwendige Errichtung neuer Taubstummenanstalten verzögert hat. Sie hat aber andererseits viel Leben geweckt, viel ruhende Kräfte erregt und wesentlich dazu beigetragen, die Wahrheit zur allgemeinen Geltung zu bringen, daß der Taubstummenunterricht keine besondere Kunst, sondern daß seine Grundsätze dieselben seien, wie diejenigen des Volksschulunterrichtes überhaupt.

Als eine Frucht der Verfügung vom 14. Mai 1828 und der ihr folgenden weiteren Schritte des Ministeriums muß auch die Begründung neuer Anstalten angesehen werden.

Es gab seit 1844 keine preußische Provinz mehr, in welcher nicht eine oder mehrere Anstalten bestanden hätten. Die Rechtsverhältnisse derselben waren allerdings in den seltensten Fällen ganz klar gestellt, und die Anregungen zur Gründung der Anstalt waren ähnlich wie bei den Blindenanstalten von den verschiedensten Seiten ausgegangen. In der Mehrzahl der Fälle hatte eine freie Vereinsthätigkeit die Sache unternommen und dann bei den Provinzialständen oder den Gemeinden, bisweilen auch bei Organen der Staatsbehörde, Unterstützung gefunden. Auf den Bestand der Schulen und namentlich auf die Freudigkeit der an ihnen thätigen Lehrer hatte die Eigenthümlichkeit der Rechtsverhältnisse und die theilweise mit ihr verbundene Ärmlichkeit der Einrichtungen in der Anstalt keinen Einfluß.¹) Es hat sich vielmehr in jenen Jahrzehnten des neu erwachten Interesses für Unterricht und Erziehung der Taubstummen ein lebhafter Wetteifer der Lehrer an denselben in Aufsuchung der besten Methoden, in Herstellung zweckmäßiger Lehrmittel, dabei eine hingebende und neidlose Gemeinschaft der Arbeit gezeigt, wie sie bis dahin nicht gekannt war, und deren Kraft allmählich auch die Widerstrebenden mit sich zog. Das Ergebniß dieser, allerdings langjährigen Arbeit war die Übereinstimmung über Aufgabe und Ziel des Taubstummenunterrichtes, die allgemeine und rückhaltslose Rückkehr zu der Lautmethode und die Verständigung über die wichtigsten Grundsätze für dieselbe. Die Männer, welche in deren Befolgung den Unterricht ertheilten, nennen sich selbst gern die Vertreter der neuen deutschen Schule. Ihr Ziel bezeichnet Hill in folgenden Worten:

„Wie Aufgabe und Ziel der Taubstummenschule mit demjenigen der Volksschule zusammenfallen, so auch die Lehrweisen. Unser Streben geht dahin, die Oberklassen so zu führen, daß allgemein geschieht, was in vereinzelten Fällen bereits erreicht ist, daß nämlich der in eine deutsche Taubstummenanstalt eintretende Gast in einer gewöhnlichen Volksschule zu sein glaubt, da weder der Lehrstoff, noch die Behandlung desselben, noch endlich das gegenseitige Verständigungsmittel zwischen Lehrern und Schülern etwas wesentlich Abweichendes erkennen läßt (natürlich, wie bereits erwähnt, nur in den höheren Klassen).“

Es hat geraumer Zeit und ernster, bis in die neueste Zeit hineinreichender Bemühungen bedurft, ehe das Recht erlangt war, die neue deutsche Unterrichtsweise als die in der großen Mehrzahl der preußischen Anstalten geltende bezeichnen zu dürfen; es ist aber wohl kaum zu viel gesagt, wenn dieses Ziel als jetzt im Allgemeinen erreicht bezeichnet wird.

Unter den Mitteln, welche zu dem vorbezeichneten Ziele geführt haben, nimmt die im Jahre 1853 erfolgte Ernennung eines Generalinspektors des Taubstummenwesens in der Person des früheren Direktors der Taubstummenanstalt zu Berlin, C. W. Sägert, eine hervorragende Stellung ein. Derselbe war berufen, „von dem Zustande der vorhandenen Taubstummen-Bildungsanstalten an Ort und Stelle nach und nach Kenntniß zu nehmen, über dasjenige, was nach seiner Einsicht und seiner Erfahrung zur Förderung des Unterrichtes und der Ausbildung der Taubstummen nöthig schien, mit den betreffenden Provinzial- und Lokalbehörden in Schriftwechsel zu treten und auf diesem Wege das Geeignete einzuleiten“. Trotz der Hemmnisse, welche ihm durch die eigenthümlichen Verhältnisse der Taubstummenanstalten und durch die Eifersucht einzelner seiner früheren Amtsgenossen bereitet wurden, hat der hochbegabte Mann doch eine bedeutende Wirksamkeit geübt, und das preußische Taubstummen-Unterrichtswesen verdankt ihm viel.

Es lag aber auch in der dauernden Einrichtung einer Generalinspektion die Gefahr einer neuen Isolirung, bezw. einer Loslösung des Taubstummenwesens von den übrigen Volksschulangelegenheiten. Deshalb hat der Unterrichtsminister schon in den letzten Lebensjahren des Generalinspektors die Ministerialreferenten für das Volksschulwesen bei der Bearbeitung der Taubstummenangelegenheiten betheiligt und nach dem 1879 erfolgten Ableben des Sägert seine Stelle nicht wieder besetzt, sondern die Geschäfte derselben einem der Volksschulreferenten des Ministeriums übertragen. Es soll auf diese Weise versucht werden, eine einheitliche Behandlung des Taubstummenwesens zugleich mit dessen engem Anschlusse an das Volksschulwesen zu erreichen.

¹) Der Begründer der neuen deutschen Methode, Hill, unterrichtete mit zwei jüngeren Amtsgenossen noch im Jahre 1865 gleichzeitig in einem gemeinsamen Zimmer.

Die äußeren Angelegenheiten der preußischen Taubstummenschulen haben innerhalb des letzten Jahrzehntes durch den Erlaß von Provinzialordnungen und durch die Ausstattung der Provinzialverbände mit eigenen Fonds behufs Erfüllung der ihnen obliegenden Pflichten ihre Regelung erfahren. Die bezüglichen Gesetze sind in dem „Volksschulwesen des Preußischen Staates" von Dr. K. Schneider und E. von Bremen, Band III, S. 210 abgedruckt. Es liegt nunmehr den Provinzen und den ihnen gleichstehenden Verbänden die Sorge für den Unterricht der taubstummen Kinder ob. Einige von ihnen erfüllen dieselbe durch Unterhaltung einer ausreichenden Anzahl normal eingerichteter größerer Institute. Andere haben es vorgezogen, mit den aus freier Vereinsthätigkeit hervorgegangenen Anstalten Verträge zu schließen und dieselben durch Zuwendung reicher Unterstützungen zu fördern. Ueberall ist die Organisation vollendet oder so im Flusse, daß in der ganzen Monarchie Raum für alle unterrichtsfähigen taubstummen Kinder in geordneten Anstalten vorhanden ist. Die Verbindung der Seminare mit den Taubstummenanstalten ist überall gelöst; doch erhalten an den Seminarorten, in welchen sich Taubstummenanstalten befinden, die Seminaristen Gelegenheit, den Taubstummenunterricht kennen zu lernen.

Innerhalb der hundert Jahre, in deren Verlaufe sich die eben erzählte Entwickelung vollzog, sind die nachstehend verzeichneten Anstalten entstanden:

1788. Berlin, private, jetzt Königliche Anstalt.
1799. Kiel, jetzt Schleswig, ursprünglich staatliche, jetzt Provinzialanstalt.
1817. Kamberg, erst Privat-, jetzt kommunalständisches Institut.
1818. Königsberg i. Pr., jetzt Provinzialanstalt.
1821. Breslau, Vereinsanstalt.
1822. Erfurt, erst Privat-, jetzt Provinzialanstalt.
1825. Halberstadt, jetzt Provinzialanstalt.
1827. Frankfurt a. M., milde Stiftung, jetzt städtische Anstalt.
1828/31. Köln, Vereinsanstalt.
1829. Weißenfels, jetzt Provinzialanstalt.
— Hildesheim, erst Privat-, jetzt Provinzialanstalt.
1830. Büren, erst Seminar-Taubstummenschule, jetzt Provinzialanstalt.
1831. Liegnitz, Vereinsanstalt.
— Soest, Provinzialanstalt.
1832. Posen, Provinzialanstalt.
1833. Angerburg, Provinzialanstalt.
— Marienburg i. Westpr., Provinzialanstalt.
1834. Halle a./S., Provinzialanstalt, neuerdings von der Provinz übernommen.
1836. Ratibor, Privatanstalt.
1837. Stralsund, Vereinsanstalt, jetzt städtische Anstalt.
1838. Homberg i. H., jetzt kommunalständische Anstalt.
— Aachen, Vereinsanstalt.
1839. Stettin, Provinzialanstalt.
— Rehme, erst Privatanstalt, seit 1851 in Petershagen Provinzialanstalt.
1840. Braunsberg, jetzt Rössel, Provinzialanstalt.
1841. Langenhorst, jetzt Provinzialanstalt.
— Kempen a. Rhein, jetzt Provinzialanstalt.
1844. Emden, jetzt Provinzialanstalt.
1854. Brühl, Provinzialanstalt.
— Neuwied, Provinzialanstalt.
1857. Osnabrück, jetzt Provinzialanstalt.
— Stade, jetzt Provinzialanstalt.
1860. Köslin, seit 1879 Provinzialanstalt.
1864. Osterburg, jetzt Provinzialanstalt.
1871. Bromberg, erst Privat-, jetzt Provinzialanstalt.
1872. Schneidemühl, Provinzialanstalt.
1873. Königsberg i. Pr., Vereinsanstalt.
— Schlochau, erst Kreis-, jetzt Provinzialanstalt.
1875. Berlin, städtische Anstalt.
1876. Graudenz, erst Kreis-, dann Provinzialanstalt (hat nur vorübergehend bestanden).

1877. Berlinchen, seit 1890 Provinzialanstalt in Guben.
1878. Essen, städtische Anstalt, jetzt Provinzialanstalt.
1879. Trier, Provinzialanstalt.
1880. Wriezen a./O., Provinzialanstalt.
— Elberfeld, erst städtische, jetzt Provinzialanstalt.

Geschichtliche Nachrichten über die einzelnen Anstalten sind in „Schneider und von Bremen", Band III, S. 166 ff., mitgetheilt.

Stetig ist die Zahl der in Anstalten aufgenommenen Zöglinge gewachsen; sie betrug

im Jahre	1825	170
„ „	1830	250
„ „	1836 etwa	350
„ „	1858	1 012
„ „	1874	2 257
„ „	1875	2 351
„ „	1882	3 792
„ „	1884	3 991
„ „	1886 (nur schulpflichtige Zöglinge)	3 913
„ „	1888	4 000
„ „	1891 (nur schulpflichtige Zöglinge)	4 080.

Die geringe Steigung von 1886 bis 1891 erklärt sich einerseits daraus, daß die Gesammtorganisation im Jahre 1886 so gut wie vollendet war und andererseits daraus, daß eine Zunahme der Taubstummheit im vorigen Jahrzehnt nicht zu beklagen gewesen ist. Die jährlichen Gesammtaufwendungen betrugen 1882 bereits 1 557 952 ℳ; zur Zeit dürften die zwei vollen Millionen Mark wohl schon überschritten sein.

Die statistische Erhebung vom 25. Mai 1891 hat es, ihrem besonderen Zwecke entsprechend, nur mit den schulpflichtigen Kindern in den Taubstummenanstalten zu thun; deren waren am 25. Mai 1891: 2 562 evangelische, 1 428 katholische, 4 sonst christliche, 86 jüdische, zusammen 4 080; sie wurden in 381 Klassen von 390 Lehrern, 24 Lehrerinnen und 62 Handarbeitslehrerinnen unterrichtet. Von den öffentlichen Anstalten haben 12 : 6, 7 : 7 und 10 : 8 aufsteigende Klassen.

Die Gehaltsverhältnisse der Lehrer, ihre Ruhegehalte und die Versorgung ihrer Hinterbliebenen sind durch besondere Statuten geordnet.

Der Besuch der Anstalten ist nur in der Provinz Schleswig-Holstein obligatorisch. Die bezügliche Bestimmung stammt noch aus der dänischen Zeit. Ein Allerhöchstes Patent des Königs Christian VII. vom 8. November 1805 schreibt nämlich vor: „Alle dürftigen Taubstummen unter 15 Jahren sollen in das Taubstummen-Institut zu Kiel gebracht und daselbst auf Kosten des Landes unterrichtet werden." Nach einem ferneren Patent vom 30. Januar 1813 sind auch die taubstummen Kinder vermögender Eltern, diese auf deren Kosten, im Taubstummen-Institute zu erziehen, wenn nicht anderweitig für ihren Unterricht gesorgt wird.

Die innere Einrichtung der Anstalten, namentlich die Entscheidung darüber, ob sie Internat oder Externat sein sollen, bleibt den Unterhaltungspflichtigen überlassen. Es finden sich denn auch reine Internate und reine Externate neben gemischten Anstalten. Zu einer sicheren Entscheidung, welcher von beiden Einrichtungen der Vorzug gebühre, sind die Sachverständigen noch nicht gelangt. Man hat längere Zeit hindurch gemeint, das Externat vorziehen zu sollen, damit die Zöglinge im Verkehr mit Familien der Stadt desto sicherer und desto früher sich unter Vollsinnigen zu bewegen lernten. Die Erfahrung hat aber gelehrt, daß die Familien, bei welchen die Kinder untergebracht werden, sehr häufig die Mühe scheuen, mit ihnen zu reden, und sich lieber der Geberde bedienen.

Einige Anstalten sind besonderen Kuratorien unterstellt, eine Einrichtung, die sich fast überall bewährt, besonders wenn die Kuratoren es sich angelegen sein lassen, die Anstalt öfter zu besuchen und mit den Kindern zu sprechen.

In einigen Provinzen hat die Provinzialverwaltung Konferenzen eingerichtet, in welchen sämmtliche Anstaltsdirektoren jährlich ein oder zwei Mal unter Vorsitz des Landesdirektors oder eines Landesrathes die gemeinsamen Angelegenheiten des Taubstummen-Bildungswesens berathen. Eine besonders werthvolle Frucht dieser Konferenzen sind die Normallehrpläne für die Rheinprovinz und für die Provinz Hannover.

Einzelne Anstalten sind in dem glücklichen Besitze von Fonds, aus welchen ihre entlassenen Zöglinge unterstützt werden können. Diese bleiben dann auch über die Bildungszeit hinaus mit ihnen in Verbindung. Eine solche pflegen die evangelischen Anstalten auch noch dadurch, daß sie ihre früheren Zöglinge ein- oder zweimal im Jahre zu gottesdienstlichen Versammlungen vereinigen.

Im Übrigen ist für die aus der Anstalt entlassenen taubstummen Kinder die Allerhöchste Kabinetsordre vom 16. Juni 1817 von Bedeutung, in Gemäßheit deren Künstler und Handwerker, welche einen Taubstummen als Lehrling annehmen und auslehren, eine Prämie von 50 Thalern (150 ℳ) erhalten.

4. Die Idioten-, die Waisen- und die Rettungsanstalten.

Die statistische Erhebung vom 25. Mai 1891 hat sich auch damit beschäftigt, Mittheilungen über den Umfang zu geben, in welchem schulpflichtige Kinder in den Idioten-, den Waisen- und den Rettungsanstalten Unterricht empfangen, obgleich diese Anstalten nur zum kleineren Theile, und auch in diesem nicht ausschließlich der Aufsicht des Unterrichtsministers unterstehen. Es kam aber darauf an, nachzuweisen, in wie weit es gelungen ist, den Gedanken der allgemeinen Schulpflicht nach allen Richtungen hin durchzuführen. Der hier gegebene Nachweis kann, wenn auch das Königliche statistische Bureau durch eine besondere Umfrage bei den Provinzialbehörden u. s. w. eine möglichst umfassende Kenntniß dieser Anstalten erstrebt hat, weder so vollständig, noch so zuverlässig sein, wie es die Angaben über die öffentlichen Volksschulen sind; denn die Anstalten sind in ihrer großen Mehrzahl keine öffentlichen und sie sind auch nicht überall in so festen Formen ausgeprägt, daß sich ihr Bild durch bloße Zahlen wiedergeben ließe. Es kann indeß auch hier versichert werden, was an anderer Stelle gesagt wurde, daß etwaige Ungenauigkeiten das Wesen der Sache nicht treffen.

a) Die Idiotenanstalten.

Die unterrichtliche Versorgung der schwachsinnigen, idiotischen und epileptischen Kinder steht noch in ihren Anfängen, zugleich aber auch im Zuge einer kräftigen, Zukunft verheißenden Entwickelung.

Es sind über fünfzig Jahre, seit Dr. C. F. Kern in Eisenach die erste, noch jetzt zu Möckern bestehende, deutsche Idiotenanstalt in das Leben rief, und es war ihm selbst wohl anfangs mehr um Versorgung und Pflege der unglücklichen Kinder als um ihre Geistesbildung zu thun; auch das war noch eine Aufgabe, welche er nach seinem eigenen Zeugnisse ohne die Ausdauer, den rastlosen Eifer, die Sorgfalt und die Mühe, mit welcher seine Gattin ihn unterstützte, nie gelöst haben würde. Bald aber entstand ihm und seinen Strebensgenossen in Süddeutschland der kühne Gedanke, den Geist der armen Kinder wenigstens soweit aus den Fesseln zu befreien, welche ihnen die Gebrechen des Leibes schlugen, daß sie zu einem menschenwürdigen Dasein gelangten. Seinen Zug durch das deutsche Land nahm dieser Gedanke freilich sehr langsam; die Hemmnisse schienen zu groß, die Ergebnisse zu unsicher, die gewonnene Bildung erwies sich als leicht vergänglich, und schließlich fehlte es einerseits an Trägern der Unterhaltungspflicht für Idiotenanstalten und anderseits an jedem Mittel, widerstrebende Eltern zu nöthigen, diesen ihre Kinder zuzuführen.

Erst am 20. September 1845 trat zu Schreiberhau im Riesengebirge eine Idiotenanstalt auf preußischem Boden in das Leben. Dieser Anfang ist bezeichnend; in Schreiberhau war das Rettungswerk an sittlich verwahrlosten Kindern bereits 1835 begonnen, 1843 ein Rettungshaus begründet worden; da hatte denn wohl Beobachtung und Erfahrung gelehrt, wie nahe Vernachlässigung des menschlichen Geistes und Verbrechen an einander grenzen. Sieben Jahre später, am 1. Oktober 1852, wurde die private Idiotenanstalt in Schleswig, damals noch nicht preußisch, am 5. Februar 1859 die Idiotenerziehungsanstalt zu München Gladbach, eine milde Stiftung, gegründet. Nun wurde der Schritt etwas lebhafter; am 2. Januar 1861 erstand das Elisabethstift mit Asyl „Gottessorge" zu Neinstedt am Harz, eine milde Stiftung, und am 9. Juli desselben Jahres folgte das Erziehungshaus „zum guten Hirten" für schwach- und blödsinnige Mädchen der Provinz Sachsen und Anhalt in Hasserode am Harz; 1862, am 2. Januar, die Erziehungs- und Pflegeanstalt zu Langenhagen in Hannover; am 1. Juli desselben Jahres die Privatanstalt zu Kiel und das deutsche Samariter-Ordensstift zu Kraschnitz, Kreis Militsch, eine Schöpfung des Grafen v. d. Recke-Volmerstein, des Begründers der Rettungshäuser zu Overdyk und zu Düsselthal am Rhein. Das Jahr 1863 (14. Oktober) brachte die Anstalt zu Kückenmühle bei Stettin, eine milde Stiftung; 1864 entstanden zwei Anstalten, am 2. Januar die zweite Neinstedter Anstalt, das Asyl „Kreuzhülfe" zu Schloß Detzel bei Neuhaldensleben, milde Stiftung, und am 2. September die Idiotenanstalt zu Rastenburg, eine Privatanstalt unter einem Kuratorium; am 29. Oktober 1865 wurde das Wilhelmsstift für bildungsfähige blödsinnige Kinder im Gutsbezirke Potsdam, eine milde Stiftung unter einem Vorstande von zwölf Personen, begründet. Dann vergehen wieder fünf Jahre, bis am 1. Mai 1870 die mit Korporationsrechten ausgerüstete Privatanstalt zu Scheuern bei Nassau in das Leben tritt. In demselben Jahre am 17. November wurde dann noch die von unserer Statistik nicht mit aufgenommene, 1886 von ca. 100 Kranken, Kindern und Erwachsenen, besuchte israelitische Heil- und Pflegeanstalt zu Sayn bei Koblenz errichtet. Ihre Schule ist klein; sie hatte 1886 nur acht bildungsfähige Zöglinge. Am 6. Oktober 1871 wurde die Anstalt zu Leschnitz in Oberschlesien, eine milde Stiftung, und vier Jahre später, am 2. Januar 1876 wurde die dritte der Neinstedter Anstalten, das Asyl „Kreuzhülfe" zu Thale eröffnet; im Jahre 1880 folgte die Idiotenanstalt der Alexianerbrüder zu Aachen.

Im Jahre 1881 entstanden am 26. Februar die Idiotenanstalt des Sankt Johannes-Vereins zu Nieder Marsberg in Westfalen, am 1. Mai das Wilhelm- und Augusta-Stift zu Liegnitz; am 10. Mai die Idiotenklasse der Taubstummenanstalt zu Essen; diese wurde am 10. November zu einer selbständigen Anstalt erweitert. Wichtiger als die Errichtung dieser drei Anstalten war aber die am 18. November erfolgte Eröffnung der städtischen Idiotenanstalt zu Dalldorf durch den Magistrat von Berlin.

Im Jahre 1884, am 9. Juni, ist endlich die vierte der Neinstedter Anstalten, „Gnadenthal" zu Thale am Harz, errichtet worden.

Schon früher haben die Provinzialverbände den Idiotenanstalten recht erhebliche Zuschüsse gewährt; — so erhielten bereits im Jahre 1886 diejenige zu Leschnitz 9 000 ℳ, die vier Neinstedter Anstalten zusammen 11 908 ℳ; diejenige zu Kiel 7 000 ℳ, zu Schleswig 7 000 ℳ, zu Langenhagen 16 000 ℳ, zu Marsberg 3 000 ℳ, zu Scheuern 4 000 ℳ, zu Essen 8 000 ℳ aus Provinzialfonds; außerdem werden in allen Provinzen die Idiotenanstalten durch Bewilligung von Kirchen- und Hauskollekten unterstützt. Daß aber ein großer Gemeindeverband die gesammte Unterhaltung einer Idiotenanstalt auf seinen Etat nahm, geschah in Berlin zum ersten Male, nach den vorliegenden Nachrichten bis jetzt ohne Nachfolge; aber es ist zu hoffen, daß im Laufe der Zeit wenigstens die Provinzialverbände folgen werden.

Über die in den obigen Ausführungen nicht berücksichtigten, aber von der vorliegenden Statistik aufgenommenen Anstalten giebt die bereits mehrfach erwähnte Schrift: „Das Blinden-, Idioten- und Taubstummen-Bildungswesen" von Merle, Sengelmann und Söder, Norden 1887, welcher die über die Gründung ꝛc. der Anstalten mitgetheilten Angaben entnommen sind, keine näheren Mittheilungen.

Überhaupt bestanden — ausschließlich der Anstalt zu Sayn — nach der neuesten Erhebung vom 25. Mai 1891: 34 Anstalten mit 108 Klassen. Es hatten nämlich

9 Anstalten	1 Klasse
8 „	2 Klassen
7 „	3 „
2 „	4 „
3 „	5 „
3 „	6 „
1 Anstalt, die zu Langenhagen,	10 „
1 „ „ „ Dalldorf,	11 „

An den 34 Anstalten arbeiten 28 Lehrer, 34 Lehrerinnen, 34 männliche und 10 weibliche vollbeschäftigte Hülfslehrkräfte und 38 Handarbeitslehrerinnen.

In den Anstalten befanden sich 1 898 Kinder im schulpflichtigen Alter, davon 198 in Dalldorf, 209 in Langenhagen, 109 in Bethel und 110 in München Gladbach.

Von den Kindern waren 1 471 evangelisch, 396 katholisch, 3 sonst christlich, 28 jüdisch; 1 854 sprachen nur deutsch, 6 nur polnisch, 24 polnisch und deutsch, 2 litauisch und deutsch, 6 nur dänisch, 5 dänisch und deutsch und 1 holländisch und deutsch. Für eine Schätzung der Verbreitung des Idiotismus geben diese Zahlen keinen Anhalt. Wenn z. B. in den Idiotenanstalten nur 30 Kinder polnischer Familiensprache angetroffen werden, so darf nicht übersehen werden, daß sich in dem Verzeichnisse der Anstalten weder eine westpreußische noch eine posener Idiotenanstalt findet. Außerdem darf darauf hingewiesen werden, daß auch da, wo Anstalten für schwachsinnige Kinder nicht fehlen, die Benutzung derselben in den allermeisten Fällen von dem freien Willen der einzelnen Gemeinden und der Familien abhängt; daß dieselbe sogar häufig mit Kosten verbunden ist. Wenn daher die Zahl der evangelischen Kinder in denselben mehr als das Dreifache der Kinder aus allen anderen Religionsgesellschaften beträgt, so liegt der Schluß nahe, daß die evangelischen Familien am bereitesten sind, die ihnen gebotene Wohlthat zu benutzen.

Daß die Zahl der kranken Kinder erheblich mehr als 1 898 beträgt, ist leider gewiß, ebenso gewiß also, daß auf diesem Erziehungsgebiete noch viel zu thun bleibt. Aber nachdem einmal die Aufmerksamkeit der Verpflichteten auf die Möglichkeit der Rettung derselben gerichtet worden ist, werden die Bemühungen um dieselbe auch bald an Kraft und Umfang gewinnen. Als ein Anhalt für diese Hoffnung kann es angesehen werden, daß die Zahl der den Idiotenanstalten zugeführten Kinder sich in der Zeit von 1886 bis 1891 namhaft erhöht hat.

Wer sich näher über die Pflege und den Unterricht der Schwachsinnigen unterrichten will, findet in der angeführten Schrift von Merle, Sengelmann und Söder Unterrichtsgrundsätze, Lehrplan und Literatur.

b) Die Waisen- und die Rettungsanstalten.

1. Waisenpflege und Rettungsarbeit in ihrer gegenseitigen Beziehung.

Im Verhältnisse zu der Gesammtzahl der Schulkinder und der Schulen im preußischen Staate ist diejenige der 1891 ermittelten 11984 schulpflichtigen Kinder, welche in den 213 mit Waisen- und Rettungsanstalten verbundenen Schulen unterrichtet werden, gering. Die Bedeutung der Arbeit aber, welche sich in diesen Schulen vollzieht, empfiehlt sie dennoch der Beachtung.

Schon ihre Geschichte ist nicht ohne Interesse.

Die Theilnahme für verwaiste Kinder ist uralt, älter selbst als das Christenthum. Es ist ja bekannt, wie ernst sie das alte Testament empfiehlt, und kein späterer Dichter hat die Verlassenheit des Waisenkindes ergreifender beschrieben als Homer (Ilias XXII, 490 ff.); als allgemeine Pflicht aber ist die Sorge für die Waisen erst in der christlichen Zeit erkannt worden: auch da nur in langsamem Fortschritte.

Zunächst wurden einzelne Waisenkinder in Pflege genommen, im Mittelalter und in katholischen Ländern in Klöstern, in neuerer Zeit und in Gegenden mit evangelischer Bevölkerung in Waisenhäusern. Die Aufnahme der hinterlassenen Kinder in diese galt vielfach als Ehrensold für ihre verdienten Väter, und daß nur Kinder wackerer Eltern versorgt werden sollten, war in der Regel stiftungsmäßige Vorschrift; so noch bei der Gründung des Oranienburger Waisenhauses durch die Kurfürstin Luise Henriette von Brandenburg.

Die Pietisten des achtzehnten Jahrhunderts faßten die Sache weitherziger; ihnen war auch das von seinen Eltern verlassene oder versäumte Kind ein Waisenkind, selbst, wenn die Eltern noch beide lebten; nicht Waisen im engeren Sinne, sondern Bettelkinder regten in A. H. Francke den Gedanken zur Errichtung seiner nachmals berühmt gewordenen Anstalten an, und zwei Soldatenkinder, deren Eltern vermuthlich noch lebten, waren die Knaben, mit welchen Gottfried Zahn die Waisenanstalt in Bunzlau eröffnete. So trat der Gedanke einer Rettungsarbeit an verwahrlosten Kindern zuerst in Verbindung mit der Waisenpflege in das Leben. Als aber der Pietismus theils in Rationalismus sich umbildete, theils in ganz enge Kreise weltflüchtig sich zurückzog, kam diese Bewegung in das Stocken, und die Waisenhäuser behielten ihre alte Gestalt. Der Rettungsgedanke trat zurück.

Pestalozzi nahm ihn wieder auf; seine kühnen Unternehmungen in Neuhof und in Stanz scheiterten jedoch; außerhalb seiner engeren Heimath fand er zwar Bewunderer, aber es währte lange, ehe er Nachfolger auf diesem Gebiete seiner Lebensarbeit erhielt; dazu bedurfte es eines kräftigeren Anstoßes. Diesen gaben die Wirkungen der Kriege in den ersten fünfzehn Jahren unseres Jahrhunderts. Völlig unabhängig von einander, anscheinend, ohne von einander zu wissen, unternahmen Zeller zu Beuggen in Baden, Graf v. d. Recke-Volmerstein in Overdyk und Düsselthal, Johannes Falk in Weimar die „Rettungsarbeit“ an sittlich verwahrlosten Kindern, und seitdem ist sie nicht mehr aufgegeben worden. Dadurch hat der von den Pietisten ein Jahrhundert vorher angeregte Gedanke Gestalt gewonnen; gleichzeitig aber ist die Sorge für die verwahrlosten und für die verwaisten Kinder dauernd geschieden worden.

2. Die Waisenanstalten.

Die Waisenpflege ist in Folge der besseren Armengesetzgebung jetzt eine Pflicht der Gemeinden; sie genügen derselben theils durch Unterhaltung von großen Waisenanstalten, welche wiederum entweder von ihnen gegründet oder aus den Händen von Stiftungen übernommen und erweitert worden sind, theils durch Unterbringung der Kinder in Familien. Daneben bestehen die in früheren Zeiten gegründeten Waisenhäuser fort. Wenn aber die Mehrzahl selbst von diesen älteren Anstalten den Zweck verfolgt, ihren Zöglingen eine über die Ziele der Volksschule hinausgehende Bildung zu geben oder zu verschaffen — wie beispielsweise die Anstalten zu Königsberg i. Pr., zu Halle a./S., zu Züllichau, zu Bunzlau, das Zivilwaisenhaus zu Potsdam, das Schindler'sche, das Auerbach'sche Waisenhaus zu Berlin —, so gilt das noch mehr von Waisenstiftungen neuerer Zeit. Es ist ja auch der Beruf der privaten Wohlthätigkeit, für Bedürfnisse einzutreten, zu deren Befriedigung gesetzlich verpflichtete Verbände fehlen. Da dies bezüglich der Waisenversorgung nicht mehr der Fall ist, so haben neuere Schenkungen und Zuwendungen — z. B. die Schwabe-Priesemuth'sche Stiftung zu Goldberg, das Hilse'sche Vermächtniß in

Bunzlau — in der Regel den Zweck, Kindern Wohlthaten zuzuwenden, zu deren Gewährung die Gemeinden keine Pflicht haben. Zu bedauern ist es, daß dieser Gesichtspunkt nicht noch fester in das Auge gefaßt wird, und daß es namentlich immer noch eine Ausnahme bildet, wenn ein Wohlthäter sich der Bedürfnisse der weiblichen Jugend erinnert.

Nur 72 der hier in Betracht kommenden Waisenanstalten sind mit eigenen Schulen ausgestattet; in der Mehrzahl der Fälle besuchen die Zöglinge der Waisenhäuser die Schulen des Ortes. Am 25. Mai 1891 befanden sich 3 127 Knaben, 1 959 Mädchen, zusammen 5 086 Kinder in den 72 Waisenhausschulen der Monarchie, — davon 660 in der städtischen Waisenhausschule zu Frankfurt a./O., im Übrigen bewegt sich die Zahl der Kinder zwischen 20 im Bürgerwaisenhause zu Münster und 186 in der Waisenhausschule zu Köln. Von der Gesammtzahl der Kinder wurden 2 705 in gemischten Klassen unterrichtet; 4 780 Kinder sprachen nur deutsch, 127 nur polnisch, 177 polnisch und deutsch, 1 — in Kl. Glienicke bei Potsdam — wendisch und deutsch und 1 — in der von Böse-Bachmann'schen Stiftung in Bachmann — englisch und deutsch. 38 Schulen hatten nur eine Klasse, 18 zwei Klassen, 9 drei Klassen, 2 vier Klassen und 5 fünf und mehr Klassen. An den Schulen arbeiteten 166 vollbeschäftigte Lehrkräfte, nämlich 76 evangelische, 19 katholische und 3 jüdische Lehrer, 15 evangelische und 31 katholische Lehrerinnen, 13 evangelische und 4 katholische Hülfslehrer, 4 evangelische und 1 katholische Hülfslehrerinnen.

3. Die Rettungsanstalten.

Rettungshäuser sind, nach der von Düsselthal, Weimar und Beuggen ausgegangenen Anregung, zahlreich entstanden. In der Zeit von 1819 bis 1848 weist fast jedes Jahr eine neue Gründung nach, darunter einzelne, welche nach ihrem Umfange oder nach dem Einflusse, den sie auf weite Kreise geübt haben, besonders beachtenswerth sind, wie die Erziehungsanstalt am Urban zu Berlin (1825) und das Rettungshaus zu Schreiberhau in Schlesien (1843). Die Bewegung des Jahres 1848, der in diesem und dem folgenden Jahre zu Wittenberg zusammentretende Kongreß für innere Mission, Hermann Wichern's flammende Reden, lenkten die Augen auf die Anstalt, welche dieser unter dem Namen „Rauhes Haus" zu Hamburg gegründet hatte, und gaben einen erneuten Anstoß zur Begründung von Rettungsanstalten; allein in den drei Jahren 1849, 1850 und 1851 traten ihrer 28 in das Leben.

Hencke giebt in seiner neuen Bearbeitung von Wichern's Aufsatz über die Rettungsanstalten im siebenten Bande der „Encyklopädie des gesammten Erziehungs- und Unterrichtswesens" S. 111, nachstehende Übersicht über die Entstehungszeit und den Bestand der Rettungshäuser im preußischen Staate.

Übersicht der Entstehungszeit und des Bestandes der Rettungshäuser im preußischen Staate.

Provinzen	Es wurden Rettungshäuser gegründet: bis 1830	von 1831 bis 1847	von 1848 bis 1867	von 1868 bis 1885	überhaupt	Bemerkungen.
1	2	3	4	5	6	7
Ostpreußen	1	2	3	2	8	6 evangelisch; 2 nehmen evangelische und katholische Kinder auf.
Westpreußen	—	—	2	2	4	evangelisch
Posen	—	2	4	2	8	7 evangelisch; 1 nimmt auch katholische Kinder auf.
Schlesien	1	7	27	6	41	26 evangelisch, 2 katholisch; 13 nehmen evangelische und katholische Kinder auf.
Pommern	—	4	15	—	19	evangelisch.
Brandenburg	1	6	28	1	36	evangelisch; einige nehmen auch kathol. Kinder auf.
Sachsen	4	3	12	1	20	17 evangelisch, 1 katholisch; 2 nehmen evangelische und katholische Kinder auf.
Westfalen	1	—	8	1	10	8 evangelisch, 2 katholisch.
Rheinland	2	2	9	2	15	11 evangelisch, 1 katholisch; 3 nehmen evangelische und katholische Kinder auf.
Schleswig-Holstein	—	1	—	2	3	evangelisch.
Hannover	—	1	5	1	7	evangelisch.
Hessen-Nassau	—	1	6	2	9	7 evangelisch, 1 katholisch; 1 nimmt evangelische und katholische Kinder auf.
Summe	**10**	**29**	**119**	**22**	**180**	

Sehr ausführliche Mittheilungen finden sich außerdem in dem XV. Ergänzungshefte der „Zeitschrift des Königlich preußischen statistischen Bureaus" 1883, betitelt: „Der Schutz der jugendlichen Personen im preußischen Staate"; über die älteste Zeit orientirt ein Aufsatz im 5. Bande von Beckedorff's Jahrbüchern auf Seite 1 bis 127.

Auch der Sache der Rettungsanstalten hat die neuere Gesetzgebung eine andere Wendung gegeben. Das Strafgesetzbuch für das Deutsche Reich — eingeführt durch Gesetz vom 31. Mai 1870 — schreibt vor:

§ 55.

Wer bei Begehung der Handlung das zwölfte Lebensjahr nicht vollendet hat, kann wegen derselben nicht strafrechtlich verfolgt werden.

Gegen denselben können jedoch nach Maßgabe der landesgesetzlichen Vorschriften die zur Besserung und Beaufsichtigung geeigneten Maßregeln getroffen werden. Insbesondere kann die Unterbringung in eine Erziehungs- und Besserungsanstalt erfolgen, nachdem durch Beschluß der Vormundschaftsbehörde die Begehung der Handlung festgestellt und die Unterbringung für zulässig erklärt ist.

§ 56.

Ein Angeschuldigter, welcher zu einer Zeit, als er das zwölfte, aber nicht das achtzehnte Lebensjahr vollendet hatte, eine strafbare Handlung begangen hat, ist freizusprechen, wenn er bei Begehung derselben die zur Erkenntniß ihrer Strafbarkeit erforderliche Einsicht nicht besaß.

In dem Urtheile ist zu bestimmen, ob der Angeschuldigte seiner Familie überwiesen oder in eine Erziehungs- oder Besserungsanstalt gebracht werden soll. In der Anstalt ist er so lange zu behalten, als die der Anstalt vorgesetzte Verwaltungsbehörde solches für erforderlich erachtet, jedoch nicht über das vollendete 20. Lebensjahr.

Ferner bestimmt das Gesetz vom 13. März 1878, betreffend die Unterbringung verwahrloster Kinder in den §§ 1, 2 und 7:

§ 1.

Wer nach Vollendung des sechsten und vor Vollendung des zwölften Lebensjahres eine strafbare Handlung begeht, kann von Obrigkeitswegen in eine geeignete Familie oder in eine Erziehungs- oder Besserungsanstalt untergebracht werden, wenn die Unterbringung mit Rücksicht auf die Beschaffenheit der strafbaren Handlung, auf die Persönlichkeit der Eltern oder sonstigen Erzieher des Kindes und auf dessen übrige Lebensverhältnisse zur Verhütung weiterer sittlicher Verwahrlosung erforderlich ist.

§ 2.

Die Unterbringung zur Zwangserziehung erfolgt, nachdem das Vormundschaftsgericht durch Beschluß den Eintritt der Voraussetzungen des § 1 unter Bezeichnung der für erwiesen erachteten Thatsachen festgestellt und die Unterbringung für erforderlich erklärt hat.

§ 7.

Die Provinzialverbände, bez. die kommunalständischen Verbände Wiesbaden und Kassel, der Lauenburgische Landes-Kommunalverband, der Landes-Kommunalverband der Hohenzollern'schen Lande, sowie die Stadtkreise Berlin und Frankfurt a. M. haben die Verpflichtung, auf Grund des Beschlusses des Vormundschaftsgerichtes die Unterbringung in einer diesem Gesetze entsprechenden Weise nach näherer Bestimmung der zu erlassenden Verwaltungsreglements (§ 13) herbeizuführen. Die Verbände haben Anordnungen über die Beaufsichtigung zu treffen und, soweit nöthig, für ein angemessenes Unterkommen nach Beendigung der Zwangserziehung zu sorgen.

Verpflichtet zur Unterbringung ist derjenige Kommunalverband, in dessen Gebiete das beschließende Vormundschaftsgericht seinen Sitz hat.

Auf diese Weise treten neben die Rettungsanstalten, welche bis zu einem gewissen Grade auf freiwilligen Opfern theils ihrer Begründer und Leiter, theils der Angehörigen der verwahrlosten Kinder beruhen, die Zwangserziehungs-Anstalten, zu deren Unterhaltung öffentliche Verbände verpflichtet sind, und in welchen Kinder auch gegen den Willen ihrer Eltern erzogen und festgehalten werden.

Seit dem 1. Oktober 1878, dem Tage des Inkrafttretens des Gesetzes vom 13. März 1878, bis zum 31. März 1892 sind im Ganzen 20080 Kinder den kommunalen Verbänden zur Zwangserziehung überwiesen worden; vergl. „Statistisches Handbuch für den preußischen Staat" Band II, Berlin 1893.

Die staatlichen Behörden und die Provinzial- 2c. Verbände sind der ihnen auferlegten Pflicht theils dadurch nachgekommen, daß sie die zur Zwangserziehung verurtheilten Kinder in Familien unterbrachten, theils dadurch, daß sie dieselben bereits bestehenden Anstalten zuführten, theils endlich dadurch, daß sie eigene Anstalten errichteten; solche bestanden 1891 in Westpreußen, Berlin, Brandenburg, Posen, Schlesien, Sachsen, Hessen-Nassau und der Rheinprovinz. Für die Verpflegung der oben bezeichneten 20 080 Kinder sind in der Zeit vom 1. Oktober 1878 bis zum 31. März 1892 verwendet worden:

von den Kommunal-Verbänden . . .	7 378 858	ℳ
vom Staate	7 351 670	„
zusammen . . .	**14 730 528**	„

In den 141 Rettungsanstalten, welche mit Schulen verbunden sind, befanden sich am 25. Mai 1891: 5 170 Knaben, 1 728 Mädchen, zusammen 6 898 Kinder, von welchen 2 942 in gemischten Klassen unterrichtet wurden. 204 Kinder sprachen nur polnisch, 132 polnisch und deutsch, 9 neben der deutschen eine andere Sprache, alle übrigen nur deutsch; 90 Schulen waren einklassig, 31 zweiklassig, 14 dreiklassig; 3 Anstalten hatten je eine 4 klassige, 3 je eine 5 klassige Schule; es arbeiteten an den Anstalten in voller Beschäftigung 145 evangelische, 30 katholische Lehrer, 14 evangelische, 10 katholische Lehrerinnen, 30 evangelische, 2 katholische Hülfslehrer, 9 evangelische Hülfslehrerinnen.

Auch für das Rettungswerk an den Kindern ist trotz des großen Segens, welchen das Gesetz vom 13. März 1878 verbürgt, die freie Liebesthätigkeit nicht entbehrlich geworden, und es bleibt zu wünschen, daß die von ihr hervorgerufenen Anstalten weiter gedeihen und daß auch ihre Zahl sich noch vermehre. Sie werden sich, wenn erst aus Provinzialfonds die ausreichende Anzahl von Zwangserziehungs-Anstalten begründet sein wird, namentlich den Kindern öffnen, welche noch keines Vergehens wegen verurtheilt worden und dennoch der Verwahrlosung ausgesetzt sind, und denen, welche die gewissenhafte Sorge beunruhigter Eltern ihnen zugeführt.

Größere Rettungshäuser verbindet man gern mit Schulen, sowohl im eigenen Interesse ihrer Zöglinge, wie in demjenigen der Volksschulen; so lange es aber nicht angeht, solche Schulen zu errichten, besuchen die Zöglinge der Rettungsanstalt die Schule des Ortes, und gewissenhafte und treue Lehrer haben es verstanden, die Einrichtung dabei so zu treffen, daß jeder Schaden verhütet, ja daß der Erziehungserfolg noch verstärkt werde. Vgl. den Aufsatz des Pfarrers Heim in Trowitzsch's Schulkalender 1893.

In keinem Falle entbehren die Kinder des Unterrichtes.

So darf denn die preußische Unterrichtsverwaltung aussprechen, daß sie sich nicht nur in allen, auch den entlegensten Gegenden des Landes bemüht, den Kindern Unterricht zu verschaffen, sondern daß sie auch bestrebt ist, alle Kinder der Wohlthaten desselben theilhaftig zu machen, auch diejenigen, deren Geist erst mühsam aus der Umnachtung zu wecken ist, sowie diejenigen, welche von den zunächst Berufenen vernachlässigt und verwahrlost werden, daß sie also, soweit es menschliche Kraft vermag, der Mahnung des Begründers der modernen Unterrichtskunst nachkommt: Alle Kinder, reiche und arme, vornehme und geringe, Knaben und Mädchen, müssen in Schulen unterrichtet, in allen Kindern muß Gottes Ebenbild wieder hergestellt, jedes muß für seinen künftigen Beruf befähigt werden.

Anlagen.

Die Privatschulen und die sonstigen besonderen Schulveranstaltungen auf dem Gebiete des niederen Schulwesens im preußischen Staate nach der Erhebung vom 25. Mai 1891.

A. Die Privatschulen mit dem Ziele der Volksschule.
- I. Die lehrplanmäßige Einrichtung und die Zahl der Unterrichtsklassen.
- II. Die Schulwege der Schulkinder; die Schulkinder nach Geschlecht, Religionsbekenntniß und Familiensprache.
- III. Die Lehrkräfte.

B. Die Privatschulen mit dem Ziele der Mittelschule.

a) Die privaten Knaben-Mittelschulen.
- I. Die lehrplanmäßige Einrichtung und die Zahl der Unterrichtsklassen.
- II. Die Schulwege der Schulkinder; die Schulkinder nach Geschlecht, Religionsbekenntniß und Familiensprache.
- III. Die Lehrkräfte.

b) Die privaten höheren Mädchenschulen und Mädchen-Mittelschulen.
- I. Die lehrplanmäßige Einrichtung und die Zahl der Unterrichtsklassen.
- II. Die Schulwege der Schulkinder; die Schulkinder nach Geschlecht, Religionsbekenntniß und Familiensprache.
- III. Die Lehrkräfte.

c) Die sonstigen von Knaben und Mädchen besuchten Privatschulen mit dem Ziele der Mittelschule.
- I. Die lehrplanmäßige Einrichtung und die Zahl der Unterrichtsklassen.
- II. Die Schulwege der Schulkinder; die Schulkinder nach Geschlecht, Religionsbekenntniß und Familiensprache.
- III. Die Lehrkräfte.

C. Die Seminar-Übungsschulen.

a) Die mit staatlichen Schullehrer-Seminaren verbundenen Übungsschulen.
- I. Schulkinder, Schulwege, Unterrichtsklassen und lehrplanmäßige Einrichtung.
- II. Die Schulkinder nach Geschlecht, Religionsbekenntniß und Familiensprache; die Handarbeits-Lehrerinnen.

b) Die mit privaten Lehrer- bezw. Lehrerinnen-Bildungsanstalten ꝛc. verbundenen Übungsschulen.

D. Die Blindenanstalten.

E. Die Taubstummenanstalten.

F. Die Unterrichtsanstalten für Schwachsinnige, Idioten und Epileptische.

G. Die Schulen in Rettungshäusern.

H. Die Schulen in Waisenhäusern.

Anlage I.

A. Die Privatschulen mit dem

Die lehrplanmäßige Einrichtung und die Zahl der Unterrichts-

Staat. — Provinzen.	Zahl der Schulen überhaupt	Zahl der Unterrichtsklassen				Zahl der Schulkinder überhaupt	Unter den Schulen							
		zusammen	davon				1		2			3		
			Knabenklassen	Mädchenklassen	gemischte Klassen		aufsteigenden							
							Schulen	mit Schulkindern	Schulen	mit Unterrichtsklassen	mit Schulkindern	Schulen	mit Unterrichtsklassen	mit Schulkindern
1	2	3	4	5	6	7	8	9	10	11	12	13	14	15
a) Staat	495	785	137	165	483	21 678	364	8 824	63	126	3 109	41	135	3 158
b) Provinzen.														
I. Ostpreußen	40	65	8	20	37	1 839	27	748	5	10	250	7	24	812
II. Westpreußen	31	47	17	5	25	1 056	23	573	4	8	140	4	16	343
III. Stadtkreis Berlin	17	72	23	44	5	2 195	3	35	4	8	83	2	6	86
IV. Brandenburg	45	80	6	14	60	2 507	26	729	10	20	345	6	18	375
V. Pommern	20	30	2	7	21	646	12	289	6	12	297	2	6	60
VI. Posen	10	16	4	5	7	345	6	125	2	4	150	2	6	70
VII. Schlesien	39	67	7	14	46	1 780	22	512	10	20	518	3	9	81
VIII. Sachsen	57	77	7	8	62	3 265	48	1 800	4	5	319	3	11	554
IX. Schleswig-Holstein	29	40	10	10	20	916	23	570	3	6	202	1	3	46
X. Hannover	48	54	4	4	46	1 179	43	885	4	8	139	1	3	155
XI. Westfalen	84	110	13	9	88	1 900	70	1 179	6	12	289	7	24	352
XII. Hessen-Nassau	19	49	16	12	21	1 592	11	222	2	4	93	1	3	172
XIII. Rheinland	54	76	20	13	43	2 427	48	1 126	3	6	164	2	6	52
XIV. Hohenzollern	2	2	—	—	2	31	2	31	—	—	—	—	—	—

Anlage II.

Die Schulwege der Schulkinder der Privatschulen mit dem Ziele der Volksschule; die Schulkinder nach Geschlecht, Religionsbekenntniß und Familiensprache.

Staat. — Provinzen.	Schulkinder überhaupt	Von den Schulkindern der Privatschulen mit dem Ziele der Volksschule haben einen Schulweg von 2½ und mehr km	Geschlecht der Schulkinder:					Religionsbekenntniß der Schulkinder:				Familiensprache der Schulkinder: Es sprechen in ihren Familien				
			Knaben	Mädchen	Von den Schulkindern werden in gemischten Klassen unterrichtet			evangelisch	katholisch	sonst christlich	jüdisch	nur deutsch	nur polnisch	polnisch und deutsch	nur eine sonstige nicht deutsche Sprache	eine sonstige nicht deutsche Sprache und deutsch
					Knaben	Mädchen	zusammen									
1	2	3	4	5	6	7	8	9	10	11	12	13	14	15	16	17
a) Staat	21 678	821	10 744	10 934	7 063	7 120	14 183	7 964	10 020	203	3 491	19 970	566	749	104	106
b) Provinzen.																
I. Ostpreußen	1 839	78	846	993	595	553	1 148	909	842	5	83	1 504	165	114	¹) 37	⁵) 19
II. Westpreußen	1 056	12	630	426	267	373	640	568	347	11	130	914	48	94	—	—
III. Stadtkreis Berlin	2 195	89	877	1 318	60	107	167	1 118	20	22	1 035	2 191	—	—	²) 1	⁶) 3
IV. Brandenburg	2 507	62	1 234	1 273	1 203	1 165	2 368	867	1 623	2	15	2 376	65	30	—	⁷) 36
V. Pommern	646	58	284	362	250	278	528	351	290	—	5	625	18	3	—	—
VI. Posen	345	—	166	179	107	104	211	111	146	—	88	196	82	67	—	—
VII. Schlesien	1 780	75	807	973	714	667	1 381	566	834	35	345	1 341	286	150	—	⁷) 3
VIII. Sachsen	3 265	167	1 664	1 601	1 441	1 437	2 878	470	2 793	—	2	2 796	144	280	³) 30	⁸) 15
IX. Schleswig-Holstein	916	30	461	455	304	305	609	592	196	89	39	848	—	2	⁴) 36	⁹) 30
X. Hannover	1 179	85	606	573	545	531	1 076	639	513	—	27	1 179	—	—	—	—
XI. Westfalen	1 900	115	1 040	860	731	739	1 470	416	611	2	871	1 900	—	—	—	—
XII. Hessen-Nassau	1 592	9	811	781	269	317	586	330	928	—	334	1 592	—	—	—	—
XIII. Rheinland	2 427	41	1 307	1 120	566	534	1 100	996	877	37	517	2 427	—	—	—	—
XIV. Hohenzollern	31	5	11	20	11	20	31	31	—	—	—	31	—	—	—	—

¹) nur litauisch. — ²) nur englisch. — ³) nur sonst slawisch. — ⁴) darunter 34 nur dänisch, 1 nur englisch, 1 nur französisch. — ⁵) litauisch und deutsch. — ⁶) darunter 1 sonst slawisch und deutsch, 1 griechisch und deutsch, 1 französisch und deutsch. — ⁷) sonst slawisch und deutsch. — ⁸) 13 sonst slawisch und deutsch, 2 italienisch und deutsch. — ⁹) dänisch und deutsch.

Ziele der Volksschule.

[K]lassen der Privatschulen mit dem Ziele der Volksschule.

befinden sich solche mit … Klassen: 4			5			6			7 und mehr			Unter den Unterrichtsklassen befinden sich solche mit 30 und weniger Schulkindern: im Ganzen			insbesondere in einklassigen Schulen		Wiederholung der Bezeichnung in Spalte 1.
Schulen	mit Unterrichtsklassen	mit Schulkindern	Schulen	mit Unterrichtsklassen	mit Schulkindern	Schulen	mit Unterrichtsklassen	mit Schulkindern	Schulen	mit Unterrichtsklassen	mit Schulkindern	in Schulen	Klassen	mit Schulkindern	Schulen bezw. Klassen	mit Schulkindern	
16	17	18	19	20	21	22	23	24	25	26	27	28	29	30	31	32	
11	45	1 210	8	44	1 786	5	35	1 484	3	38	2 032	281	485	7 084	206	3 880	a)
																	b)
1	4	29	—	—	—	—	—	—	—	—	—	28	42	564	18	242	I.
—	—	—	—	—	—	—	—	—	—	—	—	23	34	498	15	198	II.
1	4	77	3	17	476	3	21	845	1	13	598	14	34	382	3	35	III.
—	—	—	3	16	556	—	—	—	—	—	—	28	42	559	16	247	IV.
—	—	—	—	—	—	—	—	—	—	—	—	16	23	346	9	146	V.
—	—	—	—	—	—	—	—	—	—	—	—	7	12	173	4	60	VI.
4	16	669	—	—	—	—	—	—	—	—	—	29	43	618	16	243	VII.
1	5	211	1	5	381	—	—	—	—	—	—	26	29	511	23	388	VIII.
2	8	98	—	—	—	—	—	—	—	—	—	19	28	410	15	230	IX.
—	—	—	—	—	—	—	—	—	—	—	—	38	41	496	35	427	X.
1	4	80	—	—	—	—	—	—	—	—	—	76	98	1 395	63	852	XI.
1	4	57	1	6	80	2	14	619	1	7	348	13	23	299	9	120	XII.
—	—	—	—	—	—	—	—	—	1	16	1 065	42	47	715	38	624	XIII.
—	—	—	—	—	—	—	—	—	—	—	—	2	2	31	2	31	XIV.

Die Lehrkräfte an den Privatschulen mit dem Ziele der Volksschule.

Staat. — Provinzen.	Religionsbekenntniß der vollbeschäftigten ordentlichen Lehrkräfte: Lehrer					Lehrerinnen					Hülfslehrkräfte: Lehrer				Lehrerinnen				Nicht vollbeschäftigte Lehrkräfte		Handarbeits-Lehrerinnen	
	evangelische	katholische	sonst christliche	jüdische	zusammen	evangelische	katholische	sonst christliche	jüdische	zusammen	evangelische	katholische	sonst christliche	zusammen	evangelische	katholische	jüdische	zusammen	Lehrer	Lehrerinnen	geprüfte	ungeprüfte
1	2	3	4	5	6	7	8	9	10	11	12	13	14	15	16	17	18	19	20	21	22	23
a) Staat	147	123	8	125	403	167	66	9	13	257	13	5	1	21	17	7	2	26	136	22	96	213
b) Provinzen.																						
I. Ostpreußen	10	11	—	1	22	18	3	—	—	21	5	—	—	5	7	—	1	8	4	1	7	16
II. Westpreußen	4	3	—	3	10	33	1	—	—	34	1	1	—	2	3	—	—	3	12	2	4	14
III. Stadtkreis Berlin	7	—	3	21	31	21	1	5	8	35	—	—	—	—	—	—	—	—	12	7	11	3
IV. Brandenburg	20	22	—	—	42	13	5	—	—	18	—	—	—	—	2	—	—	2	13	—	5	24
V. Pommern	3	7	—	—	10	11	—	—	—	11	—	1	—	1	2	—	—	2	5	1	2	10
VI. Posen	2	1	—	1	4	6	—	—	1	7	—	—	—	—	1	—	—	1	4	1	2	4
VII. Schlesien	18	10	—	10	38	10	3	1	1	15	1	—	—	1	—	—	1	1	16	3	5	27
VIII. Sachsen	12	27	—	—	39	7	20	—	—	27	1	3	—	4	—	4	—	4	6	—	15	34
IX. Schleswig-Holstein	8	5	5	1	19	13	2	3	—	18	3	—	1	4	2	1	—	3	11	1	2	15
X. Hannover	23	10	—	1	34	13	5	—	—	18	—	—	—	—	—	—	—	—	20	2	9	16
XI. Westfalen	8	8	—	56	72	9	9	—	1	19	1	—	—	1	—	2	—	2	2	1	11	16
XII. Hessen-Nassau	10	9	—	7	26	4	10	—	2	16	2	—	—	2	1	—	—	1	27	3	13	7
XIII. Rheinland	21	10	—	24	55	9	9	—	—	18	—	—	—	—	—	—	—	—	6	—	10	27
XIV. Hohenzollern	1	—	—	—	1	—	—	—	—	—	1	—	—	1	—	—	—	—	—	—	—	—

Anlage I.

B. Die Privatschulen mit

a) Die privaten

Die lehrplanmäßige Einrichtung und die Zahl der

Staat. — Provinzen.	Zahl der Schulen überhaupt	Zahl der Unterrichtsklassen und zwar Knabenklassen	Zahl der Schulkinder überhaupt (Knaben)	Unter den Schulen: 1 aufsteigenden: Schulen	mit Schulkindern	2: Schulen	mit Unterrichtsklassen	mit Schulkindern	3: Schulen	mit Unterrichtsklassen	mit Schulkindern
1	2	3	4	5	6	7	8	9	10	11	12
a) Staat	196	635	10 823	60	939	33	70	829	31	93	1 549
b) Provinzen.											
I. Ostpreußen	11	26	417	6	81	1	2	24	2	6	101
II. Westpreußen	7	15	125	5	66	—	—	—	1	3	90
III. Stadtkreis Berlin	13	102	3 310	—	—	—	—	—	—	—	—
IV. Brandenburg	13	40	530	—	—	3	6	60	7	21	362
V. Pommern	5	7	84	3	46	2	4	38	—	—	—
VI. Posen	15	34	404	7	126	3	6	71	2	6	69
VII. Schlesien	19	65	1 198	4	55	2	4	48	1	3	38
VIII. Sachsen	13	60	1 163	3	47	—	—	—	3	12	189
IX. Schleswig-Holstein	4	10	146	2	18	—	—	—	—	—	—
X. Hannover	19	42	507	7	85	6	12	97	1	3	68
XI. Westfalen	35	89	1 404	12	222	14	28	405	6	18	280
XII. Hessen-Nassau	12	39	492	2	24	2	4	54	4	15	259
XIII. Rheinland	27	66	1 145	3	169	2	4	32	4	12	170
XIV. Hohenzollern	—	—	—	—	—	—	—	—	—	—	—

Anlage II. Die Schulwege der Schulkinder der privaten Knaben-Mittelschulen; die Schulkinder nach Geschlecht, Religionsbekenntniß und Familiensprache.

Staat. — Provinzen.	Schulkinder überhaupt (Knaben)	Von den Schulkindern der privaten Knaben-Mittelschulen haben einen Schulweg von 2½ und mehr km	Religionsbekenntniß der Schulkinder: evangelisch	katholisch	sonst christlich	jüdisch	Familiensprache der Schulkinder: Es sprechen in ihren Familien nur deutsch	nur polnisch	polnisch und deutsch	nur eine sonstige nicht deutsche Sprache	eine sonstige nicht deutsche Sprache und deutsch
1	2	3	4	5	6	7	8	9	10	11	12
a) Staat	10 823	782	7 031	2 740	103	1 049	10 501	103	50	131	40
b) Provinzen.											
I. Ostpreußen	417	6	323	19	—	75	412	—	—	—	[4]) 5
II. Westpreußen	125	5	75	38	1	16	122	1	2	—	—
III. Stadtkreis Berlin	3 310	244	2 684	88	5	583	3 285	1	—	[3]) 5	[7]) 19
IV. Brandenburg	530	26	502	10	1	17	530	—	—	—	—
V. Pommern	84	1	31	1	—	2	84	—	—	—	—
VI. Posen	404	32	150	127	.	127	258	94	22	—	—
VII. Schlesien	1 198	85	810	244	—	144	1 162	3	22	[5]) 1	[6]) 4
VIII. Sachsen	1 163	29	1 004	139	—	20	1 161	—	1	—	[6]) 1
IX. Schleswig-Holstein	146	20	140	5	1	—	144	—	—	—	[6]) 2
X. Hannover	507	34	267	206	1	33	481	—	—	[9]) 15	[10]) 11
XI. Westfalen	1 404	185	417	957	2	28	1 399	—	3	—	[6]) 2
XII. Hessen-Nassau	492	22	314	148	7	23	473	—	—	[1]) 19	—
XIII. Rheinland	1 145	143	264	768	85	31	1 050	—	—	[2]) 91	[11]) 2
XIV. Hohenzollern	—	—	—	—	—	—	—	—	—	—	—

[1]) darunter 2 nur französisch, 5 nur englisch, 1 nur dänisch. — [2]) nur ungarisch. — [3]) darunter 14 nur hebräisch, 1 nur [illegible]. — [4]) darunter 15 nur englisch, 4 nur französisch. — [5]) darunter 71 nur englisch, 5 nur hebräisch, 9 nur französisch, 1 nur griechisch, 1 nur schwedisch, 3 nur spanisch, 1 nur italienisch. — [6]) [illegible] und deutsch. — [7]) darunter 18 englisch und deutsch, 1 französisch und deutsch. — [8]) darunter 3 französisch und deutsch, 1 [illegible] und deutsch. — [9]) englisch und deutsch. — [10]) darunter 8 englisch und deutsch, 1 französisch und deutsch, 2 [illegible] und deutsch, 1 holländisch und deutsch, 1 spanisch und deutsch. — [11]) französisch und deutsch.

Anlage I.

dem Ziele der Mittelschule.

Knaben-Mittelschulen.

Unterrichtsklassen der privaten Knaben-Mittelschulen.

befinden sich solche mit												Unter den Unterrichtsklassen befinden sich solche mit 30 und weniger Schulkindern					
4			5			6			7 und mehr			im Ganzen			insbesondere in einklassigen Schulen		Wiederholung der Bezeichnung in Spalte 1.
Klassen:																	
Schulen	mit Unterrichtsklassen	mit Schulkindern	Schulen	mit Unterrichtsklassen	mit Schulkindern	Schulen	mit Unterrichtsklassen	mit Schulkindern	Schulen	mit Unterrichtsklassen	mit Schulkindern	in Schulen	Klassen	mit Schulkindern	Schulen bezw. Klassen	mit Schulkindern	
13	14	15	16	17	18	19	20	21	22	23	24	25	26	27	28	29	
24	100	1 245	20	106	1 525	16	107	2 080	10	93	2 756	103	548	7 307	58	870	a)
																	b)
—	—	—	1	5	24	—	—	—	1	7	187	11	21	253	6	81	I.
—	—	—	1	5	39	—	—	—	—	—	—	7	13	125	5	66	II.
1	4	117	3	20	497	4	30	1 030	5	48	1 666	12	54	1 187	—	—	III.
3	13	108	—	—	—	—	—	—	—	—	—	13	38	483	—	—	IV.
—	—	—	—	—	—	—	—	—	—	—	—	5	7	84	3	46	V.
1	4	37	1	5	48	1	6	60	—	—	—	15	34	404	7	126	VI.
4	18	297	3	15	149	3	23	180	2	18	431	19	79	987	4	55	VII.
—	—	—	2	10	116	4	24	394	1	11	417	13	47	665	3	47	VIII.
2	8	128	—	—	—	—	—	—	—	—	—	4	10	146	2	18	IX.
5	20	257	—	—	—	—	—	—	—	—	—	19	41	469	7	85	X.
1	4	40	3	15	259	2	12	198	—	—	—	36	82	1 137	10	153	XI.
2	8	24	2	10	131	—	—	—	—	—	—	12	38	456	2	24	XII.
5	21	237	4	21	262	2	12	218	1	9	55	27	84	999	9	169	XIII.
—	—	—	—	—	—	—	—	—	—	—	—	—	—	—	—	—	XIV.

Anlage III.

Die Lehrkräfte an den privaten Knaben-Mittelschulen.

Staat. — Provinzen.	Religionsbekenntniß der vollbeschäftigten																Nicht vollbeschäftigte Lehrkräfte		
	ordentlichen Lehrkräfte:								Hülfslehrkräfte:										
	Lehrer					Lehrerinnen			Lehrer					Lehrerinnen					
	evangelische	katholische	sonst christliche	jüdische	zusammen	evangelische	katholische	zusammen	evangelische	katholische	sonst christliche	jüdische	zusammen	evangelische	katholische	zusammen	Lehrer	Lehrerinnen	zusammen
1	2	3	4	5	6	7	8	9	10	11	12	13	14	15	16	17	18	19	20
a) Staat	327	147	1	6	481	9	3	12	24	21	16	1	62	5	1	6	264	1	265
b) Provinzen.																			
I. Ostpreußen	16	1	—	1	18	3	—	3	1	—	—	—	1	—	—	—	10	—	10
II. Westpreußen	4	2	—	—	6	1	—	1	2	—	—	—	2	1	—	1	6	—	6
III. Stadtkreis Berlin	96	2	—	1	99	1	—	1	1	—	—	—	1	—	—	—	31	—	31
IV. Brandenburg	28	1	—	—	29	—	—	—	2	—	—	1	3	1	—	1	13	—	13
V. Pommern	5	—	—	—	5	—	—	—	—	—	—	—	—	—	—	—	—	—	—
VI. Posen	17	3	—	1	21	—	—	—	—	—	—	—	—	—	—	—	21	—	21
VII. Schlesien	44	16	—	1	61	2	2	4	5	3	—	—	8	—	—	—	46	—	46
VIII. Sachsen	37	6	—	—	43	1	—	1	4	2	—	—	6	—	—	—	14	—	14
IX. Schleswig-Holstein	4	—	—	—	4	—	—	—	5	—	—	—	5	—	—	—	2	—	2
X. Hannover	15	15	—	2	32	1	—	1	1	—	—	—	1	1	—	1	21	—	21
XI. Westfalen	27	36	—	—	63	—	—	—	2	12	—	—	14	—	—	—	43	—	43
XII. Hessen-Nassau	15	15	—	—	30	—	—	—	—	—	—	—	—	2	—	2	28	1	29
XIII. Rheinland	19	50	1	—	70	—	1	1	1	4	16	—	21	—	1	1	29	—	29
XIV. Hohenzollern	—	—	—	—	—	—	—	—	—	—	—	—	—	—	—	—	—	—	—

Anlage I.

b) Die privaten höheren Mädchenschulen

Die lehrplanmäßige Einrichtung und die Zahl der Unterrichtsklassen

Staat. — Provinzen.	Zahl der Schulen überhaupt	Zahl der Unterrichtsklassen und zwar Mädchenklassen	Zahl der Schulkinder überhaupt (Mädchen)	Unter den Schulen 1 aufsteigenden: Schulen	mit Schulkindern	2: Schulen	mit Unterrichtsklassen	mit Schulkindern	3: Schulen	mit Unterrichtsklassen	mit Schulkindern
1	2	3	4	5	6	7	8	9	10	11	12
a) Staat	**847**	**2 888**	**57 942**	**129**	**1 682**	**73**	**132**	**1 897**	**81**	**268**	**3 422**
b) Provinzen.											
I. Ostpreußen	29	121	1 732	7	66	3	6	65	5	18	222
II. Westpreußen	33	126	2 748	7	113	6	12	145	3	9	110
III. Stadtkreis Berlin	55	483	13 080	—	—	—	—	—	1	3	16
IV. Brandenburg	58	203	4 370	12	156	5	10	133	8	24	332
V. Pommern	40	193	3 987	10	134	3	6	85	2	6	158
VI. Posen	29	139	2 570	6	136	—	—	—	3	9	110
VII. Schlesien	79	411	7 270	6	86	3	6	31	15	45	639
VIII. Sachsen	28	121	2 223	6	70	4	8	79	3	9	78
IX. Schleswig-Holstein	41	148	2 586	7	94	4	8	130	11	33	542
X. Hannover	48	163	2 477	15	154	5	10	121	4	12	126
XI. Westfalen	57	143	2 585	23	323	19	38	545	5	16	266
XII. Hessen-Nassau	48	211	3 513	8	98	4	8	66	9	27	337
XIII. Rheinland	99	461	8 778	18	237	17	36	439	12	37	436
XIV. Hohenzollern	3	5	73	1	15	2	4	58	—	—	—

Anlage II.

Die Schulwege der Schulkinder der privaten höheren Mädchenschulen und Mädchen-Mittelschulen; die Schulkinder nach Geschlecht, Religionsbekenntniß und Familiensprache.

Staat. — Provinzen.	Schulkinder überhaupt (Mädchen)	Von den Schulkindern der privaten höheren Mädchenschulen und Mädchen-Mittelschulen haben einen Schulweg von 2½ und mehr km	Religionsbekenntniß der Schulkinder: evangelisch	katholisch	sonst christlich	jüdisch	Familiensprache der Schulkinder: Es sprechen in ihren Familien: nur deutsch	nur polnisch	polnisch und deutsch	nur eine sonstige nicht deutsche Sprache	eine sonstige nicht deutsche Sprache und deutsch
1	2	3	4	5	6	7	8	9	10	11	12
a) Staat	**57 942**	**1 338**	**39 324**	**12 517**	**269**	**5 632**	**56 450**	**706**	**213**	**300**	**288**
b) Provinzen.											
I. Ostpreußen	1 732	9	1 345	133	48	206	1 712	—	20	—	—
II. Westpreußen	2 748	49	2 101	338	35	274	2 575	128	43	—	8) 2
III. Stadtkreis Berlin	13 080	499	10 625	521	27	1 907	13 019	10	4	1) 25	9) 24
IV. Brandenburg	4 370	54	4 100	61	10	199	4 358	—	1	—	10) 11
V. Pommern	3 987	55	3 697	40	4	246	3 972	—	—	2) 8	11) 7
VI. Posen	2 570	16	1 204	737	1	578	1 879	565	75	—	12) 1
VII. Schlesien	7 270	140	3 589	2 422	17	1 242	7 155	3	70	—	13) 42
VIII. Sachsen	2 223	53	1 832	326	—	65	2 223	—	—	—	—
IX. Schleswig-Holstein	2 586	91	2 497	26	14	49	2 514	—	—	3) 32	14) 40
X. Hannover	2 477	69	1 785	589	34	69	2 420	—	1	4) 21	15) 35
XI. Westfalen	2 585	104	1 258	1 143	8	176	2 577	—	—	5) 6	16) 2
XII. Hessen-Nassau	3 513	56	1 938	1 135	43	397	3 410	—	1	6) 73	17) 29
XIII. Rheinland	8 778	163	3 331	5 006	28	413	8 568	—	—	7) 140	18) 75
XIV. Hohenzollern	73	—	22	40	—	11	73	—	—	—	—

1) darunter 14 nur englisch, 5 nur französisch, 4 nur dänisch, 2 nur spanisch. — 2) darunter 5 nur englisch, 3 nur norwegisch. — 3) nur dänisch. — 4) darunter 13 nur englisch, 5 nur holländisch, 1 nur französisch, 1 nur portugiesisch. — 5) darunter 3 nur französisch, 2 nur englisch, 1 nur italienisch. — 6) darunter 41 nur englisch, 5 nur französisch, 4 nur russisch, 1 nur portugiesisch. — 7) darunter 106 nur englisch, 21 nur französisch, 2 nur spanisch, 11 nur holländisch. — 8) darunter 1 englisch und deutsch, 1 französisch und deutsch. — 9) darunter 5 englisch und deutsch, 7 französisch und deutsch, 4 holländisch und deutsch, 4 spanisch und deutsch, 1 ungarisch und deutsch. — 10) darunter 7 englisch und deutsch, 4 spanisch und deutsch. — 11) darunter 6 französisch und deutsch, 1 schwedisch und deutsch. — 12) französisch und deutsch. — 13) darunter 4 englisch und deutsch, 34 französisch, polnisch und deutsch, 2 [illegible] und deutsch, 2 französisch und deutsch. — 14) darunter 25 englisch und deutsch, 13 dänisch und deutsch, 2 [illegible] und deutsch. — 15) darunter 27 englisch und deutsch, 2 französisch und deutsch, 7 schwedisch und deutsch, 1 portugiesisch und deutsch, 3 holländisch und deutsch. — 16) englisch und deutsch. — 17) darunter 17 englisch und deutsch, 7 französisch und deutsch, 2 holländisch und deutsch, 1 spanisch und deutsch, 2 [illegible]. — 18) darunter 19 englisch und deutsch, 32 französisch und deutsch, 23 holländisch und deutsch, 3 spanisch und deutsch.

und Mädchen-Mittelschulen. **Anlage I.**

der privaten höheren Mädchenschulen und Mädchen-Mittelschulen.

befinden sich solche mit												Unter den Unterrichtsklassen befinden sich solche mit 30 und weniger Schulkindern					Wiederholung der Bezeichnung in Spalte 1.
4			5			6			7 und mehr			im Ganzen			insbesondere in einklassigen Schulen		
Klassen:																	
Schulen	mit Unterrichtsklassen	mit Schulkindern	Schulen	mit Unterrichtsklassen	mit Schulkindern	Schulen	mit Unterrichtsklassen	mit Schulkindern	Schulen	mit Unterrichtsklassen	mit Schulkindern	in Schulen	Klassen	mit Schulkindern	Schulen bezw. Klassen	mit Schulkindern	
13	14	15	16	17	18	19	20	21	22	23	24	25	26	27	28	29	
86	**339**	**5 845**	**49**	**349**	**6 481**	**41**	**234**	**4 863**	**169**	**1 509**	**31 752**	**835**	**2 537**	**39 956**	**122**	**1 531**	a)
																	b)
2	8	111	5	26	285	—	—	—	7	56	983	29	115	1 533	7	65	I.
6	24	351	3	15	301	4	24	471	4	35	1 257	33	98	1 509	7	113	II.
2	8	101	1	5	121	4	25	765	47	442	12 077	52	317	6 412	—	—	III.
4	16	246	7	35	569	5	30	479	17	136	2 405	58	257	3 435	12	156	IV.
4	16	214	5	25	511	6	36	535	10	94	2 350	39	165	2 724	10	134	V.
6	24	334	5	25	517	1	6	26	8	69	1 397	28	124	1 949	5	92	VI.
14	56	987	10	51	1 058	8	49	1 044	23	198	3 475	79	364	5 256	6	86	VII.
5	20	267	3	16	382	—	—	—	7	62	1 847	27	103	1 498	6	70	VIII.
8	32	578	5	25	416	1	6	84	5	37	742	40	142	2 388	7	94	IX.
14	56	1 002	3	15	245	2	12	245	5	43	584	48	158	2 310	15	154	X.
1	4	111	3	16	329	1	6	39	5	40	972	55	122	1 756	21	249	XI.
8	32	481	6	30	548	3	18	378	10	88	1 605	46	193	2 775	7	66	XII.
12	54	1 112	13	65	1 199	6	42	797	21	209	4 558	98	394	6 278	18	237	XIII.
—	—	—	—	—	—	—	—	—	—	—	—	3	5	73	1	15	XIV.

Anlage III.

Die Lehrkräfte an den privaten höheren Mädchenschulen und Mädchen-Mittelschulen.

Staat. — Provinzen.	Religionsbekenntniß der vollbeschäftigten																	Nicht vollbeschäftigte Hülfslehrkräfte		Handarbeits-Lehrerinnen	
	ordentlichen Lehrkräfte:									Hülfslehrkräfte:											
	Lehrer				Lehrerinnen					Lehrer			Lehrerinnen								
	evangelische	katholische	jüdische	zusammen	evangelische	katholische	sonst christliche	jüdische	zusammen	evangelische	katholische	zusammen	evangelische	katholische	sonst christliche	jüdische	zusammen	Lehrer	Lehrerinnen	geprüfte	ungeprüfte
1	2	3	4	5	6	7	8	9	10	11	12	13	14	15	16	17	18	19	20	21	22
a) **Staat**	**98**	**14**	**2**	**112**	**1 658**	**598**	**14**	**19**	**2 487**	**8**	**10**	**18**	**162**	**69**	**14**	**1**	**246**	**1 400**	**499**	**732**	**349**
b) Provinzen.																					
I. Ostpreußen	—	—	—	—	37	7	—	2	46	1	—	1	44	—	—	—	44	65	24	11	19
II. Westpreußen	1	—	—	1	115	14	3	—	130	—	—	—	3	—	—	—	3	53	21	20	28
III. Stadtkreis Berlin	25	—	—	25	419	17	1	6	413	—	—	—	1	1	—	—	2	369	114	161	8
IV. Brandenburg	12	—	—	12	210	1	—	1	212	1	—	1	18	—	—	—	18	130	54	45	27
V. Pommern	4	—	—	4	167	—	1	—	168	4	—	4	8	—	—	—	8	128	29	31	20
VI. Posen	—	1	—	1	84	22	—	3	109	—	—	—	3	1	—	—	4	116	21	24	27
VII. Schlesien	6	—	—	6	197	184	—	3	384	1	2	3	27	7	1	—	35	141	44	62	69
VIII. Sachsen	18	—	—	18	63	20	—	—	83	—	1	1	3	3	—	—	6	61	15	22	15
IX. Schleswig-Holstein	1	—	—	1	140	—	—	—	140	—	—	—	10	—	—	—	10	90	23	23	34
X. Hannover	7	—	—	7	101	28	1	—	130	—	—	—	6	9	1	—	16	100	19	44	23
XI. Westfalen	5	7	—	12	70	45	—	—	115	1	6	7	6	9	—	—	15	58	15	53	19
XII. Hessen-Nassau	4	—	2	6	113	59	—	2	174	—	—	—	3	2	—	—	5	131	71	57	19
XIII. Rheinland	13	6	—	19	140	248	8	2	398	—	1	1	30	37	12	1	80	179	49	175	32
XIV. Hohenzollern	—	—	—	—	4	1	—	—	5	—	—	—	—	—	—	—	—	7	—	4	—

Anlage I.

c) Die sonstigen von Knaben und Mädchen besuchten

Die lehrplanmäßige Einrichtung und die Zahl der Unterrichtsklassen der

Staat. — Provinzen.	Zahl der Schulen überhaupt	Zahl der Unterrichtsklassen zusammen	davon Knabenklassen	davon Mädchenklassen	davon gemischte Klassen	Zahl der Schulkinder überhaupt	Unter den Schulen … 1 aufsteigenden: Schulen	1: mit Schulkindern	2: Schulen	2: mit Unterrichtsklassen	2: mit Schulkindern	3: Schulen	3: mit Unterrichtsklassen	3: mit Schulkindern
1	2	3	4	5	6	7	8	9	10	11	12	13	14	15
a) Staat	291	728	41	233	454	12 093	133	3 111	60	132	1 737	39	125	1 882
b) Provinzen.														
I. Ostpreußen	33	121	1	72	48	2 154	16	198	5	11	141	3	9	72
II. Westpreußen	33	67	1	21	45	1 565	19	372	6	12	216	3	9	142
III. Stadtkreis Berlin	—	—	—	—	—	—	—	—	—	—	—	—	—	—
IV. Brandenburg	10	32	6	13	13	361	4	58	1	2	13	3	14	143
V. Pommern	18	30	1	4	25	514	11	210	3	6	99	1	3	43
VI. Posen	21	73	—	40	33	1 366	4	75	5	10	138	4	12	234
VII. Schlesien	24	74	10	21	43	1 066	5	98	4	8	150	6	18	216
VIII. Sachsen	20	39	—	2	37	497	9	136	5	10	111	4	12	165
IX. Schleswig-Holstein	13	44	3	20	21	935	1	19	5	11	147	3	9	259
X. Hannover	76	139	7	12	120	2 177	45	628	12	24	339	10	30	544
XI. Westfalen	15	35	6	5	24	549	8	155	3	6	138	2	9	65
XII. Hessen-Nassau	18	48	3	14	31	519	5	49	7	14	155	—	—	—
XIII. Rheinland	10	18	3	1	14	300	5	113	4	8	110	—	—	—
XIV. Hohenzollern	—	—	—	—	—	—	—	—	—	—	—	—	—	—

Anlage II.

Die Schulwege der Schulkinder der sonstigen von Knaben und Mädchen besuchten Privatschulen mit dem Ziele der Mittelschule; die Schulkinder nach Geschlecht, Religionsbekenntnis und Familiensprache.

Staat. — Provinzen.	Geschlecht der Schulkinder: Knaben	Mädchen	Von den Schulkindern werden in gemischten Klassen unterrichtet: Knaben	Mädchen	Von den Schulkindern der sonstigen privaten Mittelschulen für Knaben u. Mädchen haben einen Schulweg von 2½ und mehr km	Religionsbekenntnis der Schulkinder: evangelisch	katholisch	sonst christlich	jüdisch	Familiensprache der Schulkinder: Es sprechen in ihren Familien nur deutsch	nur polnisch	polnisch und deutsch	nur eine sonstige nicht deutsche Sprache	eine sonstige nicht deutsche Sprache und deutsch
1	2	3	4	5	6	7	8	9	10	11	12	13	14	15
a) Staat	4 179	7 824	3 683	3 914	572	9 096	1 671	92	1 143	11 580	209	163	45	26
b) Provinzen.														
I. Ostpreußen	190	1 964	190	499	4	1 967	49	13	125	2 151	—	—	[1] 3	—
II. Westpreußen	543	1 022	518	603	27	757	604	7	197	1 484	39	42	—	—
III. Stadtkreis Berlin	—	—	—	—	—	—	—	—	—	—	—	—	—	—
IV. Brandenburg	172	189	118	106	9	347	3	—	11	361	—	—	—	—
V. Pommern	139	375	134	358	—	449	2	—	63	514	—	—	—	—
VI. Posen	197	1 169	193	409	19	753	294	2	317	1 151	168	47	—	—
VII. Schlesien	409	657	286	351	25	543	286	37	200	1 041	2	23	—	—
VIII. Sachsen	256	241	256	220	18	375	54	—	68	446	—	51	—	—
IX. Schleswig-Holstein	237	698	160	281	76	772	154	4	5	878	—	—	[2] 33	[5] 24
X. Hannover	1 268	909	1 185	713	242	2 030	95	6	46	2 170	—	—	[3] 5	[6] 2
XI. Westfalen	382	167	315	146	87	498	12	18	21	549	—	—	—	—
XII. Hessen-Nassau	207	312	181	152	21	403	71	3	42	515	—	—	[4] 4	—
XIII. Rheinland	179	121	147	91	44	204	47	2	47	300	—	—	—	—
XIV. Hohenzollern	—	—	—	—	—	—	—	—	—	—	—	—	—	—

[1] nur litauisch. — [2] nur dänisch. — [3] darunter 4 nur englisch, 1 nur französisch. — [4] darunter 3 nur englisch, 1 nur französisch. — [5] darunter 21 dänisch und deutsch, 3 englisch und deutsch. — [6] englisch und deutsch.

Privatschulen mit dem Ziele der Mittelschule. **Anlage I.**

sonstigen von Knaben und Mädchen besuchten Privatschulen mit dem Ziele der Mittelschule.

befinden sich solche mit 4 Klassen:			5			6			7 und mehr			Unter den Unterrichtsklassen befinden sich solche mit 30 und weniger Schulkindern: im Ganzen			insbesondere in einklassigen Schulen		Wiederholung der Bezeichnung in Spalte 1.
Schulen	mit Unterrichtsklassen	mit Schulkindern	Schulen	mit Unterrichtsklassen	mit Schulkindern	Schulen	mit Unterrichtsklassen	mit Schulkindern	Schulen	mit Unterrichtsklassen	mit Schulkindern	in Schulen	Klassen	mit Schulkindern	Schulen bezw. Klassen	mit Schulkindern	
16	17	18	19	20	21	22	23	24	25	26	27	28	29	30	31	32	
25	113	2 186	11	54	737	9	58	1 129	11	110	2 240	278	676	10 173	120	1 694	a)
																	b)
—	—	—	1	5	57	2	14	295	6	66	1 391	33	114	1 912	16	198	I.
3	12	476	—	—	—	1	6	203	1	9	156	31	58	1 052	18	324	II.
—	—	—	—	—	—	—	—	—	—	—	—	—	—	—	—	—	III.
1	4	101	—	—	—	—	—	—	1	8	46	10	32	361	4	58	IV.
2	8	162	—	—	—	—	—	—	—	—	—	17	28	436	9	147	V.
3	12	178	2	10	124	1	6	142	2	19	475	20	66	1 004	3	44	VI.
6	24	357	1	5	22	2	13	223	—	—	—	23	72	986	3	30	VII.
2	6	85	—	—	—	—	—	—	—	—	—	19	38	446	8	85	VIII.
2	8	203	—	—	—	1	7	135	1	8	172	12	39	726	1	19	IX.
7	29	510	2	10	156	—	—	—	—	—	—	73	133	1 969	42	554	X.
—	—	—	1	5	90	1	6	101	—	—	—	13	31	413	7	114	XI.
2	8	84	3	15	201	1	6	30	—	—	—	16	48	519	5	49	XII.
—	—	—	1	5	77	—	—	—	—	—	—	9	17	259	4	72	XIII.
—	—	—	—	—	—	—	—	—	—	—	—	—	—	—	—	—	XIV.

Anlage III.

Die Lehrkräfte an den sonstigen von Knaben und Mädchen besuchten Privatschulen mit dem Ziele der Mittelschule.

Staat. — Provinzen.	Religionsbekenntniß der vollbeschäftigten ordentlichen Lehrkräfte: Lehrer				Lehrerinnen				Hülfslehrkräfte: Lehrer	Lehrerinnen	Nicht vollbeschäftigte Hülfslehrkräfte: Lehrer	Lehrerinnen	Handarbeits-Lehrerinnen: geprüfte	ungeprüfte
	evangelische	katholische	jüdische	zusammen	evangelische	katholische	jüdische	zusammen	evangelische	evangelische				
1	2	3	4	5	6	7	8	9	10	11	12	13	14	15
a) Staat	190	18	10	218	304	26	3	333	9	75	338	49	86	164
b) Provinzen.														
I. Ostpreußen	8	—	—	9	39	—	—	39	1	59	51	19	15	20
II. Westpreußen	6	3	1	10	49	7	1	57	—	4	18	2	9	26
III. Stadtkreis Berlin	—	—	—	—	—	—	—	—	—	—	—	—	—	—
IV. Brandenburg	7	—	—	7	13	—	—	13	—	2	1	—	4	3
V. Pommern	1	—	2	3	23	—	—	23	1	—	5	—	3	13
VI. Posen	4	—	—	4	48	5	1	54	4	3	56	1	16	8
VII. Schlesien	10	9	3	22	27	7	1	35	2	1	43	—	6	17
VIII. Sachsen	16	—	2	18	12	1	—	13	—	—	25	—	3	13
IX. Schleswig-Holstein	5	1	—	6	29	2	—	31	—	1	24	9	5	14
X. Hannover	88	4	—	92	39	1	—	40	1	4	46	4	15	36
XI. Westfalen	22	—	1	23	2	—	—	2	—	—	16	2	3	8
XII. Hessen-Nassau	12	—	—	12	19	2	—	21	—	1	45	8	3	10
XIII. Rheinland	11	1	1	13	4	1	—	5	—	—	3	4	4	1
XIV. Hohenzollern	—	—	—	—	—	—	—	—	—	—	—	—	—	—

C. Die Seminar-

a) Die mit staatlichen Schullehrer-

Anlage I.

1. Schulkinder, Schulwege, Unterrichtsklassen und

Staat. — Provinzen.	Zahl der Schulen überhaupt	Schulkinder überhaupt	Von den Schulkindern der Seminar-Übungsschulen haben einen Schulweg von mehr als 2½ km	Zahl der Unterrichtsklassen und zwar: Knabenklassen	Mädchenklassen	gemischte Klassen	Unter den … 1 … auf: Schulen	mit Schulkindern	2: Schulen	mit Unterrichtsklassen	mit Schulkindern
1	2	3	4	5	6	7	8	9	10	11	12
a) Staat	166	18 773	414	169	40	283	51	2 258	3	6	240
b) Provinzen.											
I. Ostpreußen	16	1 181	11	4	—	28	8	441	—	—	—
II. Westpreußen	11	889	16	—	—	24	3	239	—	—	—
III. Stadtkreis Berlin	1	287	59	9	—	—	—	—	—	—	—
IV. Brandenburg	18	1 743	99	16	1	30	8	323	1	2	51
V. Pommern	15	1 177	15	17	1	14	7	339	1	2	68
VI. Posen	10	1 151	80	8	6	17	4	165	—	—	—
VII. Schlesien	22	2 448	5	8	1	54	4	118	—	—	—
VIII. Sachsen	18	1 976	7	15	12	31	7	308	—	—	—
IX. Schleswig-Holstein	7	1 176	12	18	2	8	—	—	—	—	—
X. Hannover	14	1 620	3	10	5	33	4	144	—	—	—
XI. Westfalen	10	1 455	28	9	6	18	2	105	—	—	—
XII. Hessen-Nassau	6	638	6	16	—	7	1	27	—	—	—
XIII. Rheinland	18	3 032	73	39	4	19	1	49	1	2	121
XIV. Hohenzollern	—	—	—	—	—	—	—	—	—	—	—

Anlage II.

2. Die Schulkinder nach Geschlecht, Religionsbekenntniß und Familiensprache sowie die Handarbeits-Lehrerinnen an den Seminar-Übungsschulen.

Staat. — Provinzen.	Geschlecht der Schulkinder: Schulkinder überhaupt	Knaben	Mädchen	Von den Schulkindern werden in gemischten Klassen unterrichtet: Knaben	Mädchen	Religionsbekenntniß der Schulkinder: evangelisch	katholisch	sonst christlich	jüdisch	Familiensprache der Schulkinder: Es sprechen in ihren Familien: nur deutsch	nur polnisch	polnisch und deutsch	nur kassubisch	nur eine andere nicht deutsche Sprache	eine andere nicht deutsche Sprache und deutsch	Handarbeits-Lehrerinnen: geprüfte	ungeprüfte
1	2	3	4	5	6	7	8	9	10	11	12	13	14	15	16	17	18
a) Staat	18 773	12 237	6 536	5 507	5 244	12 995	3 643	55	80	16 857	772	389	122	268	263	28	61
b) Provinzen.																	
I. Ostpreußen	1 181	667	514	535	514	1 007	159	8	7	1 100	33	48	—	—	—	—	8
II. Westpreußen	889	458	431	458	431	483	386	6	14	636	91	40	122	—	—	1	5
III. Stadtkreis Berlin	287	287	—	—	—	279	2	1	5	286	—	—	—	—	1	—	[illegible]
IV. Brandenburg	1 743	1 200	543	430	500	1 732	1	2	8	1 743	—	—	—	—	—	6	6
V. Pommern	1 177	870	307	284	254	1 176	1	—	—	1 174	—	3	—	—	—	—	7
VI. Posen	1 151	659	492	392	363	613	529	6	3	822	297	32	—	—	—	2	3
VII. Schlesien	2 448	1 375	1 073	1 144	1 044	1 082	1 354	3	9	1 833	351	264	—	—	—	2	15
VIII. Sachsen	1 976	1 087	889	570	569	1 881	92	2	1	1 976	—	—	—	—	—	3	7
IX. Schleswig-Holstein	1 176	1 021	155	113	115	1 172	3	1	—	845	—	1	—	256	74	—	1
X. Hannover	1 620	867	753	601	636	1 497	120	2	1	1 620	—	—	—	—	—	7	4
XI. Westfalen	1 455	741	714	326	364	685	764	3	3	1 455	—	—	—	—	—	1	4
XII. Hessen-Nassau	638	591	47	140	47	416	201	14	7	637	—	1	—	—	—	—	—
XIII. Rheinland	3 032	2 414	618	514	406	972	2 031	7	22	2 830	—	—	—	12	190	6	1
XIV. Hohenzollern	—	—	—	—	—	—	—	—	—	—	—	—	—	—	—	—	—

Übungsschulen.

seminaren verbundenen Übungsschulen.

Anlage I.

lehrplanmäßige Einrichtung der Seminar-Übungsschulen.

Schulen befinden sich solche mit															Wiederholung der Bezeichnung in Spalte 1.
3			4			5			6			7 und mehr			
steigenden Klassen															
Schulen	mit Unterrichtsklassen	mit Schulkindern	Schulen	mit Unterrichtsklassen	mit Schulkindern	Schulen	mit Unterrichtsklassen	mit Schulkindern	Schulen	mit Unterrichtsklassen	mit Schulkindern	Schulen	mit Unterrichtsklassen	mit Schulkindern	
13	14	15	16	17	18	19	20	21	22	23	24	25	26	27	
60	190	7 289	34	142	5 359	13	70	2 385	4	24	945	1	9	287	a)
															b)
8	24	740	—	—	—	—	—	—	—	—	—	—	—	—	I.
5	15	530	1	4	120	—	—	—	—	—	—	—	—	—	II.
—	—	—	—	—	—	—	—	—	—	—	—	1	9	287	III.
4	13	534	4	18	570	—	—	—	1	6	265	—	—	—	IV.
5	15	483	2	8	277	—	—	—	—	—	—	—	—	—	V.
3	11	450	—	—	—	2	10	313	1	6	223	—	—	—	VI.
14	42	1 756	4	17	574	—	—	—	—	—	—	—	—	—	VII.
3	9	244	4	18	526	3	18	651	1	6	248	—	—	—	VIII.
2	6	250	3	12	559	2	10	367	—	—	—	—	—	—	IX.
4	14	511	3	13	483	3	17	482	—	—	—	—	—	—	X.
4	16	613	3	12	546	1	5	191	—	—	—	—	—	—	XI.
1	3	71	2	8	221	1	5	110	1	6	209	—	—	—	XII.
7	22	1 097	8	32	1 484	1	5	251	—	—	—	—	—	—	XIII.
—	—	—	—	—	—	—	—	—	—	—	—	—	—	—	XIV.

b) Die mit privaten u. s. w. Lehrer- bezw. Lehrerinnen-Bildungsanstalten u. s. w. verbundenen Übungsschulen[1]).

Zahl der Schulen überhaupt	10
„ „ Knabenklassen	7
mit Knaben	194
„ Mädchenklassen	11
mit Mädchen	313
„ gemischten Klassen	6
mit Knaben	31
mit Mädchen	61
Unter den Schulen befinden sich solche:	
mit 1 aufsteigenden Klasse:	
Schulen	2
mit Schulkindern	101
mit 2 aufsteigenden Klassen:	
Schulen	2
mit Unterrichtsklassen	4
„ Schulkindern	120
mit 3 aufsteigenden Klassen:	
Schulen	6
mit Unterrichtsklassen	18
„ Schulkindern	428

Zahl der Schulkinder überhaupt	649
davon haben einen Schulweg von mehr als $2^1/_2$ km	1
Von den Schulkindern sind Knaben	275
„ „ „ „ Mädchen	374
Religionsbekenntniß der Schulkinder:	
evangelisch	157
katholisch	304
sonst christlich	32
jüdisch	156

Die Schulkinder sprachen in ihren Familien sämmtlich nur deutsch.

An den Seminar-Übungsschulen sind als besondere Handarbeits-Lehrerinnen beschäftigt:

geprüfte	4
ungeprüfte	1.

[1]) Die 10 Übungsschulen dieser Art gehören zu folgenden Bildungsanstalten:
Lehrerinnen-Bildungsanstalt von Frl. v. Knittel in Breslau,
Lehrerinnen-Bildungsanstalt von Dr. P. Riele in Breslau,
Seminar der evangelischen Brüdergemeinde in Niesky (Kr. Rothenburg i./Oberl.),
Predigerseminar in Wittenberg (Kreis Wittenberg),
Bildungsanstalt für jüdische Lehrer in Hannover,
Bischöfliches Lehrerseminar in Osnabrück,
Marks-Haindorf'sche Stiftung zur Ausbildung jüdischer Elementarlehrer in Münster i. Westf.,
Israelitische Lehrer-Bildungsanstalt in Kassel,
Städtische Lehrerinnen-Bildungsanstalt in Münstereifel (Kreis Rheinbach),
Städtische Lehrerinnen-Bildungsanstalt in Aachen.

Bezeichnung und Lage der Anstalten.	Schülerzahl im schulpflichtigen Alter		
	Knaben	Mädchen	zusammen
1	2	3	4
1. Provinzial-Blinden-Unterrichtsanstalt in Königsberg i. Pr.	25	8	33
2. Provinzial-Wilhelm-Augusta-Blindenanstalt in Königsthal (Ldg. Ziganfenberg, Kreis Danziger Höhe)	15	22	37
3. Städtische Blindenschule in Berlin	27	22	49
4. Königliche Blindenanstalt in Steglitz (Kreis Teltow)	47	25	72
5. Provinzial-Blindenanstalten für Pommern in Stettin (Neu Torney)	33	13	46
6. Provinzialständische Blinden-Unterrichts- und Erziehungsanstalt in Bromberg	22	23	45
7. Schlesische Blinden-Unterrichtsanstalt in Breslau	38	12	50
8. Friedrich Wilhelms-Provinzial-Blindeninstitut in Barby (Kreis Kalbe)	31	27	58
9. Provinzial-Blindenanstalt in Kiel	18	20	38
10. Provinzial-Blindenanstalt in Hannover	36	17	53
11. v. Vincke'sche Provinzial-Blindenanstalt, katholische Abtheilung in Paderborn (Kreis Paderborn)	18	7	25
12. v. Vincke'sche Provinzial-Blindenanstalt, evangelische Abtheilung in Soest (Kreis Soest)	23	7	30
13. Blinden-Schul- und -Arbeitsanstalt in Wiesbaden	9	4	13
14. Privat-Blindenanstalt in Frankfurt a. Main	10	2	12
15. Rheinische Provinzial-Blindenanstalt in Düren (Kreis Düren)	45	29	74
Blindenanstalten überhaupt	**397**	**238**	**635**
davon: in den Städten (13 Anstalten)	335	191	526
auf dem Lande (2 Anstalten)	62	47	109

Bezeichnung und Lage der Anstalten.	Unterrichtsklassen	Aufsteigende Klassen	Voll- ordentliche Lehrer		
			evangelische	katholische	zusammen
1	16	17	18	19	20
1. Provinzial-Blinden-Unterrichtsanstalt in Königsberg i. Pr.	3	3	4	—	4
2. Provinzial-Wilhelm-Augusta-Blindenanstalt in Königsthal (Ldg. Ziganfenberg, Kreis Danziger Höhe)	3	3	2	1	3
3. Städtische Blindenschule in Berlin	3	3	3	—	3
4. Königliche Blindenanstalt in Steglitz (Kreis Teltow)	7	7	4	—	4
5. Provinzial-Blindenanstalten für Pommern in Stettin (Neu Torney)	4	4	4	—	4
6. Provinzialständische Blinden-Unterrichts- und Erziehungsanstalt in Bromberg	4	4	2	2	4
7. Schlesische Blinden-Unterrichtsanstalt in Breslau	3	3	2	3	5
8. Friedrich Wilhelms-Provinzial-Blindeninstitut in Barby (Kreis Kalbe)	5	4	4	—	4
9. Provinzial-Blindenanstalt in Kiel	3	3	3	—	3
10. Provinzial-Blindenanstalt in Hannover	4	4	3	—	3
11. v. Vincke'sche Provinzial-Blindenanstalt, katholische Abtheilung in Paderborn (Kreis Paderborn)	2	2	—	—	—
12. v. Vincke'sche Provinzial-Blindenanstalt, evangelische Abtheilung in Soest (Kreis Soest)	2	2	3	—	3
13. Blinden-Schul- und -Arbeitsanstalt in Wiesbaden	2	2	1	1	2
14. Privat-Blindenanstalt in Frankfurt a. Main	1	1	1	—	1
15. Rheinische Provinzial-Blindenanstalt in Düren (Kreis Düren)	5	5	2	4	6
Blindenanstalten überhaupt	**51**	**50**	**38**	**11**	**49**
davon: in den Städten (13 Anstalten)	41	40	32	10	42
auf dem Lande (2 Anstalten)	10	10	6	1	7

anstalten.

Religionsbekenntniß der Schulkinder				Familiensprache der Schulkinder: Es sprechen in ihren Familien							Wiederholung der Bezeichnung in Spalte 1.
evangelisch	katholisch	sonst christlich	jüdisch	nur deutsch	nur polnisch	polnisch und deutsch	litauisch und deutsch	sonst fremd. und deutsch	nur dänisch	dänisch und deutsch	
5	6	7	8	9	10	11	12	13	14	15	
31	2	—	—	25	—	5	3	—	—	—	1.
17	19	—	1	27	3	7	—	—	—	—	2.
42	4	2	—	49	—	—	—	—	—	—	3.
69	—	—	3	70	—	—	—	2	—	—	4.
45	—	1	—	46	—	—	—	—	—	—	5.
16	28	—	1	20	17	8	—	—	—	—	6.
32	17	—	1	43	—	7	—	—	—	—	7.
55	8	—	—	58	—	—	—	—	—	—	8.
38	—	—	—	31	—	—	—	—	5	2	9.
50	3	—	—	53	—	—	—	—	—	—	10.
—	25	—	—	25	—	—	—	—	—	—	11.
30	—	—	—	30	—	—	—	—	—	—	12.
8	5	—	—	13	—	—	—	—	—	—	13.
5	2	1	1	12	—	—	—	—	—	—	14.
21	53	—	—	74	—	—	—	—	—	—	15.
483	**161**	**4**	**7**	**576**	**20**	**27**	**3**	**2**	**5**	**2**	Überh.
377	142	4	3	479	17	20	3	—	5	2	Stadt
36	19	—	4	97	3	7	—	2	—	—	Land

Blindenanstalten.

beschäftigte Lehrkräfte									Nicht vollbeschäftigte Hülfslehrkräfte		Werkmeister	Handarbeits-Lehrerinnen		Wiederholung der Bezeichnung in Spalte 1.
Lehrerinnen			Hülfslehrkräfte											
			Lehrer			Lehrerinnen								
evangelische	katholische	zusammen	evangelische	katholische	zusammen	evangelische	katholische	zusammen	Lehrer	Lehrerinnen		geprüfte	ungeprüfte	
21	22	23	24	25	26	27	28	29	30	31	32	33	34	
2	—	2	1	—	1	—	—	—	1	—	3	1	1	1.
1	—	1	—	—	—	—	—	—	—	1	3	—	1	2.
1	—	1	—	—	—	—	—	—	—	1	3	1	1	3.
3	—	3	1	—	1	—	—	—	2	3	3	—	1	4.
—	—	—	1	—	1	1	—	1	—	—	3	—	1	5.
—	—	—	2	—	2	—	—	—	—	—	2	—	1	6.
—		—	—	—	—	—	—	—	—		4	1	2	7.
—	—	—	2	—	2	—	—	—	—	1	4	1	1	8.
2	—	2	—	—	—	—	—	—	1	—	1	1	—	9.
1	—	1	—	—	—	1	—	1	1	1	4	—	1	10.
—	2	2	—	—	—	—	—	—	2	—	1	—	2	11.
—	—	—	—	—	—	—	—	—	—	—	2	—	—	12.
—	—	—	—	—	—	—	—	—	3	—	1	—	2	13.
—	—	—	1	—	1	—	—	—	3	—	1	—	—	14.
—	1	1	—	—	—	—	4	4	2	—	4	2	2	15.
10	**3**	**13**	**8**	—	**8**	**2**	**4**	**6**	**14**	**7**	**39**	**7**	**16**	Überh.
6	3	9	7	—	7	2	4	6	12	3	33	7	14	Stadt
4	—	4	1	—	1	—	—	—	2	4	6	—	2	Land

E. Die Taubstummen-

Bezeichnung und Lage der Anstalten.	Schülerzahl im schulpflichtigen Alter			Religionsbekenntnis der Schulkinder			
	Knaben	Mädchen	zusammen	evangelisch	katholisch	sonst christlich	jüdisch
1	2	3	4	5	6	7	8
I. Öffentliche Taubstummenanstalten.							
1. Provinzial-Taubstummenanstalt in Königsberg i. Pr.	58	34	92	90	1	—	1
2. Provinzial-Taubstummenanstalt in Rössel (Kreis Rössel)	56	44	100	46	53	—	1
3. Provinzial-Taubstummenanstalt in Angerburg (Kreis Angerburg)	85	53	138	137	—	—	1
4. Städtische Taubstummenanstalt in Elbing	6	4	10	8	2	—	—
5. Provinzial-Taubstummenanstalt in Marienburg i. Westpr. (Kreis Marienburg i. Westpr.)	76	49	125	61	61	2	1
6. Städtische Taubstummenschule in Danzig	15	16	31	16	15	—	—
7. Provinzial-Taubstummenanstalt in Schlochau (Kreis Schlochau)	62	34	96	40	55	—	1
8. Königliche Taubstummen- und Lehrerbildungsanstalt in Berlin	48	39	87	74	6	—	7
9. Städtische Taubstummenanstalt in Berlin	79	77	156	143	6	1	6
10. Wilhelm-Augusta-Stift, Taubstummenanst. d. Prov. Brandenburg in Wriezen a./O. (Kr. Oberbarnim)	63	68	131	127	4	—	—
11. Provinzial-Taubstummenanstalt in Guben	47	31	78	75	2	—	1
12. Provinzial-Taubstummenanstalt in Stettin	44	36	80	78	2	—	—
13. Provinzial-Taubstummenanstalt in Köslin (Kreis Köslin)	48	30	78	75	2	—	1
14. Städtische Taubstummenschule in Stralsund	13	9	22	22	—	—	—
15. Provinzial-Taubstummenanstalt in Posen	104	59	163	—	163	—	—
16. Provinzial-Taubstummenanstalt in Schneidemühl (Kreis Kolmar i. Pos.)	65	39	104	67	31	—	6
17. Provinzial-Taubstummenanstalt in Bromberg	33	28	61	45	13	—	3
18. Provinzial-Taubstummenanstalt in Osterburg (Kreis Osterburg)	24	20	44	42	2	—	—
19. Provinzial-Taubstummenanstalt in Halberstadt	39	36	75	74	1	—	—
20. Provinzial-Taubstummenanstalt in Halle a./S.	22	29	51	50	1	—	—
21. Provinzial-Taubstummenanstalt in Weißenfels (Kreis Weißenfels)	32	37	69	69	—	—	—
22. Provinzial-Taubstummenanstalt in Erfurt	59	29	88	63	25	—	—
23. Provinzial-Taubstummenanstalt in Schleswig (Kreis Schleswig)	82	63	145	144	1	—	—
24. Provinzial-Taubstummenanstalt in Hildesheim	65	39	104	92	12	—	—
25. Provinzial-Taubstummenanstalt in Stade (Kreis Stade)	45	37	82	82	—	—	—
26. Provinzial-Taubstummenanstalt in Osnabrück	44	20	64	40	23	—	1
27. Provinzial-Taubstummenanstalt in Emden	19	15	34	32	2	—	—
28. Provinzial-Taubstummenanstalt für Zöglinge katholischer Konfession in Langenhorst (Kr. Steinfurt)	47	27	74	—	74	—	—
29. Provinzial-Taubstummenanstalt für Zöglinge evangelischer Konfession in Petershagen (Kr. Minden)	32	18	50	49	—	—	1
30. Provinzial-Taubstummenanstalt für Zöglinge katholischer Konfession in Büren (Kreis Büren)	21	15	36	—	36	—	—
31. Provinzial-Taubstummenanstalt für Zöglinge evangelischer Konfession in Soest (Kreis Soest)	42	35	77	76	—	—	1
32. Kommunalständische Taubstummenanstalt in Homberg i. H. (Kreis Homberg)	62	45	107	92	11	—	4
33. Städtische Taubstummen-Erziehungsanstalt in Frankfurt a. M.	14	14	28	17	6	1	4
34. Kommunalständisches Taubstummeninstitut in Camberg (Kreis Limburg)	57	43	100	61	35	—	4
35. Provinzial-Taubstummenanstalt in Neuwied (Kreis Neuwied)	31	25	56	56	—	—	—
36. Provinzial-Taubstummenanstalt in Essen	37	24	61	17	44	—	—
37. Provinzial-Taubstummenanstalt in Kempen a. Rhein (Kreis Kempen i. Rheinland)	27	22	49	—	49	—	—
38. Provinzial-Taubstummenanstalt in Elberfeld	27	26	53	52	—	—	1
39. Provinzial-Taubstummenanstalt in Brühl bei Köln (Landkreis Köln)	39	35	74	—	73	—	1
40. Provinzial-Taubstummenanstalt in Trier	38	33	71	—	70	—	1
I. Öffentliche Taubstummenanstalten zusammen	**1 807**	**1 339**	**3 146**	**2 212**	**883**	**4**	**47**
davon: in den Städten (38 Anstalten)	1 721	1 277	2 998	2 212	736	4	46
auf dem Lande (2 Anstalten)	86	62	148	—	147	—	1
II. Privat- und Vereins-Taubstummenanstalten.							
1. Taubstummenanstalt des ostpreußischen Centralvereins für Erziehung bedürftiger taubstummer Kinder in Königsberg i. Pr.	53	29	82	78	2	—	2
2. Privat-Taubstummenschule des Vereins der Freunde der Taubstummen „Jedide Ilmim" in Neu Weißensee (Kreis Niederbarnim)	14	8	22	—	—	—	22
3. Privat-Taubstummenschule in Dahme (Kreis Jüterbog-Luckenwalde)	3	7	10	10	—	—	—
4. Privat-Taubstummenschule in Kottbus	2	8	10	10	—	—	—
5. Taubstummenanstalt in Breslau	166	119	285	137	138	—	10
6. Taubstummenanstalt in Liegnitz	55	39	94	76	18	—	—
7. Taubstummenanstalt in Ratibor (Kreis Ratibor)	176	125	301	21	278	—	2
8. Vereins-Taubstummenschule in Köln	42	38	80	17	61	—	2
9. Vereins-Taubstummenanstalt in Aachen	30	20	50	1	48	—	1
II. Privat- und Vereins-Taubstummenanstalten zusammen	**541**	**393**	**934**	**350**	**545**	—	**39**
davon: in den Städten (8 Anstalten)	527	385	912	350	545	—	17
auf dem Lande (1 Anstalt)	14	8	22	—	—	—	22
Taubstummenanstalten überhaupt	**2 348**	**1 732**	**4 080**	**2 562**	**1 428**	**4**	**86**
davon: in den Städten (46 Anstalten)	2 248	1 662	3 910	2 562	1 281	4	63
auf dem Lande (3 Anstalten)	100	70	170	—	147	—	23

¹) Die beiden Hülfslehrer erteilen auch Handfertigkeitsunterricht. — ²) 1 jüdische Lehrerin. — ³) darunter 1 jüdische Lehrerin. — ⁴) davon erteilen 3 Lehrer Handfertigkeitsunterricht. —

anstalten.

Unterrichtsklassen	Aufsteigende Klassen	Vollbeschäftigte ordentliche Lehrkräfte: Lehrer: evangelische	katholische	jüdische	zusammen	Lehrerinnen: evangelische	katholische	zusammen	Vollbeschäftigte Hilfslehrkräfte: Lehrer: evangelische	katholische	jüdische	zusammen	Lehrerinnen: evangelische	katholische	zusammen	Nicht vollbeschäftigte Hilfslehrkräfte: Lehrer	Lehrerinnen	Handarbeits-Lehrerinnen: geprüfte	ungeprüfte	Wiederholung der Bezeichnung in Spalte 1
9	10	11	12	13	14	15	16	17	18	19	20	21	22	23	24	25	26	27	28	
																				I.
9	8	10	—	—	10	—	—	—	1	—	—	1	—	—	—	—	—	—	1	1.
8	6	3	5	—	8	—	—	—	1	1	—	2	—	—	—	—	—	—	1	2.
12	6	11	—	—	11	—	—	—	2	—	—	2	—	—	—	—	—	—	1	3.
1	1	1	—	—	1	—	—	—	—	—	—	—	—	—	—	—	—	—	—	4.
10	6	7	3	—	10	—	—	—	1	—	—	1	—	—	—	—	—	—	1	5.
3	3	1	1	—	2	—	—	—	1	—	—	1	—	—	—	—	—	1	—	6.
8	6	4	4	—	8	—	—	—	1	—	—	1	—	—	—	—	—	—	1	7.
10	8	8	1	—	9	—	—	—	—	—	—	—	—	—	—	—	—	1	1	8.
15	8	11	1	—	12	2	1	3	—	—	—	—	—	—	—	1	3	1	—	9.
12	8	12	—	—	12	1	—	1	1	—	—	1	—	—	—	—	—	1	1	10.
7	7	4	1	—	5	1	—	1	1	—	—	1	1	—	1	1	—	—	—	11.
7	7	7	—	—	7	—	—	—	—	—	—	—	1	—	1	—	—	1	—	12.
8	7	8	—	—	8	—	—	—	—	—	—	—	—	—	—	—	—	—	1	13.
4	4	2	—	—	2	—	—	—	1	—	—	1	—	—	—	—	—	—	1	14.
14	6	1	12	—	13	—	—	—	—	3	—	3	—	1	1	—	—	—	2	15.
11	6	9	1	—	10	—	—	—	2	—	—	2	—	—	—	—	—	—	1	16.
6	6	4	1	—	5	—	—	—	2	—	—	2	—	—	—	—	—	—	1	17.
4	4	3	—	—	3	—	—	—	1	—	—	1	—	—	—	—	—	—	1	18.
6	6	5	—	—	5	—	—	—	2	—	—	2	1	—	1	—	—	—	1	19.
6	6	3	—	—	3	—	—	—	2	—	—	2	—	—	—	—	—	—	1	20.
6	6	4	—	—	4	—	—	—	2	—	—	2	—	—	—	—	—	1	—	21.
6	6	4	1	—	5	—	—	—	3	—	—	3	—	—	—	—	—	1	—	22.
12	8	12	—	—	12	1	—	1	—	—	—	—	1	—	1	—	—	1	1	23.
10	7	6	—	—	6	1	—	1	3	—	—	3	—	—	—	1	—	1	1	24.
8	7	5	—	—	5	—	—	—	—	—	—	—	—	—	—	—	—	—	2	25.
7	7	5	2	—	7	—	—	—	—	—	—	—	1	—	1	—	—	1	1	26.
4	4	3	—	—	3	1	—	1	—	—	—	—	—	—	—	—	—	—	1	27.
7	6	—	6	—	6	—	—	—	—	2	—	2	—	1	1	—	—	1	—	28.
5	5	4	—	—	4	1	—	1	1	—	—	1	—	—	—	—	—	—	—	29.
4	4	—	3	—	3	—	—	—	—	2	—	2	—	—	—	—	—	—	1	30.
9	6	9	—	—	9	—	—	—	—	—	—	—	—	—	—	—	—	—	1	31.
11	8	10	—	—	10	—	—	—	1	—	—	1	—	—	—	—	—	—	2	32.
5	5	1	—	—	1	—	—	—	[1]) 2	—	—	2	1	—	1	2	—	1	—	33.
10	6	6	4	—	10	—	—	—	—	—	—	—	—	—	—	[1]) 4	—	—	1	34.
6	6	6	—	—	6	1	—	1	—	—	—	—	—	—	—	—	—	—	1	35.
5	5	1	3	—	4	—	—	—	—	1	—	1	—	1	1	—	—	—	1	36.
4	4	—	4	—	4	—	—	—	—	—	—	—	—	—	—	—	—	—	1	37.
5	5	6	—	—	6	—	—	—	—	—	—	—	—	—	—	—	—	—	1	38.
7	7	—	7	—	7	—	1	1	—	—	—	—	—	—	—	1	—	1	—	39.
6	6	—	6	—	6	—	1	1	—	—	—	—	—	—	—	—	—	1	—	40.
301	**248**	**199**	**66**	—	**265**	**9**	**3**	**12**	**31**	**9**	—	**40**	**6**	**3**	**9**	**10**	**3**	**14**	**31**	I.
287	233	199	53	—	252	9	2	11	31	7	—	38	6	2	8	9	3	12	31	St.
14	15	—	13	—	13	—	1	1	—	2	—	2	—	1	1	1	—	2	—	L.
																				II.
8	7	9	—	—	9	—	—	—	—	—	—	—	—	—	—	—	—	2	—	1.
2	2	—	—	1	1	—	—	—	—	—	1	1	—	—	[1]) 1	—	—	—	2	2.
1	1	1	—	—	1	—	—	—	—	—	—	—	—	—	—	—	—	—	—	3.
1	1	1	—	—	1	—	—	—	—	—	—	—	—	—	—	—	—	—	2	4.
25	6	11	7	—	18	—	—	—	2	5	—	7	—	—	—	[1]) 2	—	2	—	5.
6	7	5	1	—	6	—	—	—	2	—	—	2	—	—	—	—	—	—	2	6.
24	6	4	22	—	26	—	—	—	—	1	—	1	—	—	—	—	—	—	4	7.
7	7	—	6	—	6	—	2	2	—	—	—	—	—	—	—	5	—	2	—	8.
6	6	—	6	—	6	—	—	—	—	—	—	—	—	—	—	1	—	1	—	9.
80	**42**	**31**	**42**	**1**	**74**	—	**2**	**2**	**4**	**6**	**1**	**11**	—	—	[1]) **1**	**8**	—	**7**	**10**	II.
78	41	31	42	—	73	—	2	2	4	6	—	10	—	—	—	8	—	7	8	St.
2	2	—	—	1	1	—	—	—	—	—	1	1	—	—	[1]) 1	—	—	—	2	L.
381	**288**	**230**	**108**	**1**	**339**	**9**	**5**	**14**	**35**	**15**	**1**	**51**	**6**	**3**	[1]) **10**	**18**	**3**	**21**	**41**	Überh.
365	273	230	95	—	325	9	4	13	35	13	—	48	6	2	8	17	3	19	39	St.
16	15	—	13	1	14	—	1	1	—	2	1	3	—	1	[1]) 2	1	—	2	2	L.

[1]) 2 bezgl.

F. Die Unterrichtsanstalten für Schwach-

Bezeichnung und Lage der Schulen bezw. Anstalten¹).	Schülerzahl im schulpflichtigen Alter			Religionsbekenntniß der Schulkinder				Familiensprache der Schulkinder: Es sprechen in ihren Familien						
	Knaben	Mädchen	zusammen	evangelisch	katholisch	sonst christlich	jüdisch	nur deutsch	nur polnisch	polnisch und deutsch	litauisch und deutsch	nur dänisch	dänisch und deutsch	holländisch und deutsch
1	2	3	4	5	6	7	8	9	10	11	12	13	14	15
1. Schule der Heil- und Pflegeanstalt für Epileptische in Carlshof (Gdg. Schwarzstein, Kreis Rastenburg)	16	13	29	26	3	—	—	28	—	1	—	—	—	—
2. Schule der Erziehungsanstalt für bildungsfähige Idioten in Rastenburg (Kreis Rastenburg)	43	25	68	52	11	3	2	62	2	2	2	—	—	—
3. Schule der Idiotenanstalt der Stadt Berlin in Dalldorf (Kreis Niederbarnim)	122	76	198	175	19	—	4	197	—	1	—	—	—	—
4. Krüppelschule in Nowawes (Kreis Teltow)	14	9	23	23	—	—	—	23	—	—	—	—	—	—
5. Schule der Anstalt für Epileptische im Gutsbezirk Potsdam (Kreis Zauch-Belzig)	7	7	14	13	—	—	1	14	—	—	—	—	—	—
6. „Wilhelmsstift", Erziehungsanstalt für bildungsfähige blödsinnige Kinder im Gutsbezirk Potsdamer Forst (Kreis Zauch-Belzig)	42	15	57	27	—	—	—	57	—	—	—	—	—	—
7. Schule der Kückenmühler Anstalten für Idioten und Epileptische in Kückenmühle (Gutsbezirk Nemitz, Kreis Randow)	48	47	95	94	—	—	1	95	—	—	—	—	—	—
8. Idiotenschule des deutschen Samariter-Ordensstifts in Kraschnitz (Kreis Militsch)	52	34	86	63	21	—	2	83	1	2	—	—	—	—
9. Schule der Idiotenanstalt des Fräuleins E. Keiß in Breslau	18	14	32	13	17	—	2	32	—	—	—	—	—	—
10. Fürstbischöfliche Erziehungsanstalt für schwachsinnige bildungsfähige Kinder in Nieder Kunzendorf (Kreis Schweidnitz)	16	9	25	—	25	—	—	25	—	—	—	—	—	—
11. Schule der Idioten-Bildungs- und Pflegeanstalt „Wilhelm- und Augusta-Stift" in Liegnitz	22	20	42	37	4	—	1	42	—	—	—	—	—	—
12. Idiotenschule der Rettungs- und Idiotenanstalt in Schreiberhau (Kreis Hirschberg)	11	8	19	19	—	—	—	19	—	—	—	—	—	—
13. Schule des Vereins für Erziehung und Unterricht schwachsinniger Kinder in Leschnitz (Kreis Gr. Strehlitz)	24	20	44	8	35	—	1	23	3	18	—	—	—	—
14. Idiotenschule des Asyls „Kreuzhilfe", Zweiganstalt des Elisabethstiftes, zu Schloß Detzel (Gdg. Satuelle, Kreis Neuhaldensleben)	—	36	36	36	—	—	—	36	—	—	—	—	—	—
15. Knabenschule für Epileptische, Zweiganstalt des Elisabethstiftes, in Haus Gnadenthal (Gdg. Thale, Kreis Aschersleben)	15	—	15	15	—	—	—	15	—	—	—	—	—	—
16. Knabenschule im „Elisabethstift", Anstalt für Schwach- und Blödsinnige, in Neinstedt (Kreis Aschersleben)	56	—	56	56	—	—	—	56	—	—	—	—	—	—
17. Knaben- und Mädchenschule im Asyl „Kreuzhilfe", Zweiganstalt des Elisabethstiftes für Blöde und Epileptische, in Thale (Kreis Aschersleben)	15	37	52	52	—	—	—	52	—	—	—	—	—	—
18. Erziehungsanstalt für schwach- und blödsinnige Mädchen „zum guten Hirten" in Hasserode (Kreis Wernigerode)	—	18	18	18	—	—	—	18	—	—	—	—	—	—
19. Schule der Idiotenanstalt von Dr. F. Stender in Schleswig (Kreis Schleswig)	33	13	46	46	—	—	—	36	—	—	—	6	4	—
20. Schule der Idiotenanstalt von Johann Meyer in Kiel	4	11	15	15	—	—	—	14	—	—	—	—	1	—
21. Hülfsschule für schwachsinnige Kinder in Altona	41	32	73	72	1	—	—	73	—	—	—	—	—	—
22. Schule der Erziehungs- und Pflegeanstalt für geistesschwache Kinder in Langenhagen (Landkreis Hannover)	127	82	209	199	8	—	2	209	—	—	—	—	—	—
23. Schule des Asyls für Epileptische in Rotenburg i. Hann. (Kreis Rotenburg i. Hann.)	15	11	26	25	1	—	—	26	—	—	—	—	—	—
24. Schule der Erziehungsanstalt für epileptische Kinder „Mariahilf" in Tilbeck (Gdg. Havixbeck, Landkreis Münster)	6	5	11	—	11	—	—	11	—	—	—	—	—	—
25. Schule der Idiotenanstalt „Wittekindshof" in Volmerdingsen (Kreis Minden)	—	15	15	15	—	—	—	15	—	—	—	—	—	—
26. Schule für Epileptische in der Kolonie „Bethel" in Gadderbaum (Landkreis Bielefeld)	70	39	109	109	—	—	—	109	—	—	—	—	—	—
27. Schule der Idiotenanstalt des „St. Johannes-Vereins" in Niedermarsberg (Kreis Brilon)	42	28	70	7	62	—	1	70	—	—	—	—	—	—
28. Schule der Blödenanstalt in Aue bei Schmalkalden (Kreis Schmalkalden)	7	5	12	12	—	—	—	12	—	—	—	—	—	—
29. Schule der Idiotenanstalt in Scheuern (Kreis Unterlahn)	64	33	97	80	12	—	5	96	—	—	—	—	—	1
30. Schule der Idiotenanstalt in Idstein (Kreis Untertaunus)	19	14	33	25	5	—	3	33	—	—	—	—	—	—
31. Schule der Erziehungs- und Pflegeanstalt für katholische idiotische Kinder aus der Rheinprovinz in Essen	58	35	93	8	85	—	—	93	—	—	—	—	—	—
32. Schule der Anstalt „der Töchter vom heiligen Kreuz" für katholische weibliche Epileptische in Rath (Landkreis Düsseldorf)	—	10	10	—	10	—	—	10	—	—	—	—	—	—
33. Schule der Idioten-Erziehungs- und Pflegeanstalt „Hephata" in München Gladbach	68	42	110	100	7	—	3	110	—	—	—	—	—	—
34. Schule der Idiotenanstalt der „Alexianerbrüder" in Aachen	60	—	60	1	59	—	—	60	—	—	—	—	—	—
Unterrichtsanstalten für Schwachsinnige u. s. w. überhaupt	1 133	763	1 896	1 471	396	3	28	1 854	6	24	2	6	5	1
davon: in Städten (12 Anstalten)	405	237	642	402	225	3	12	604	5	20	2	6	5	—
auf dem Lande (22 Anstalten)	730	526	1 256	1 069	171	—	16	1 250	1	4	—	—	—	1

¹) Außer den hier behandelten Unterrichtsanstalten bestehen sich noch Hülfsschulen für schwachbegabte Kinder in Königsberg i. Pr., Kassel, Frankfurt a. M. und Krefeld, bezw. Anstalten [illegible] den Materialien der Schulstatistik vom 25. Mai 1891 entnommen. — ²) [illegible] — ³) [illegible]

sinnige, Idioten und Epileptische*).

Unterrichtsklassen	Vollbeschäftigte: ordentliche Lehrkräfte: Lehrer: evangelische	katholische	zusammen	Lehrerinnen: evangelische	katholische	zusammen	Hülfslehrkräfte: Lehrer: evangelische	katholische	zusammen	Lehrerinnen: evangelische	katholische	zusammen	Nicht vollbeschäftigte Hülfslehrkräfte: Lehrer	Lehrerinnen	zusammen	Handarbeits-Lehrerinnen: geprüfte	ungeprüfte	Wiederholung der Bezeichnung in Spalte 1.
16	17	18	19	20	21	22	23	24	25	26	27	28	29	30	31	32	33	
2	–	–	–	1	–	1	–	–	–	–	–	–	–	–	–	–	–	1.
4	1	–	1	–	–	–	2	–	2	2	–	2	–	–	–	–	2	2.
11	2	–	2	2	–	2	2	–	2	–	–	–	–	–	–	1	–	3.
2	–	–	–	2	–	2	–	–	–	1	–	1	–	–	–	–	1	4.
2	–	–	–	1	–	1	1	–	1	–	–	–	–	–	–	1	–	5.
1	1	–	1	–	–	–	–	–	–	–	–	–	–	–	–	–	–	6.
5	1	–	1	–	–	–	–	–	–	–	–	–	7	2	9	–	–	7.
6	–	–	–	6	–	6	–	–	–	–	–	–	–	–	–	–	–	8.
3	–	–	–	–	3	3	–	–	–	–	–	–	–	–	–	–	3	9.
2	–	1	1	–	1	1	–	–	–	–	–	–	–	–	–	–	1	10.
2	1	–	1	–	–	–	1	–	1	–	–	–	–	–	–	–	–	11.
1	–	–	–	–	–	–	1	–	1	–	–	–	–	–	–	–	1	12.
3	–	2	2	–	–	–	–	–	–	–	1	1	–	–	–	1	–	13.
1	–	–	–	–	–	–	–	–	–	1	–	1	–	–	–	–	1	14.
1	–	–	–	–	–	–	1	–	1	–	–	–	–	–	–	–	–	15.
3	–	–	–	–	–	–	3	–	3	–	–	–	–	–	–	–	–	16.
3	–	–	–	–	–	–	3	–	3	–	–	–	–	–	–	–	–	17.
1	–	–	–	1	–	1	–	–	–	–	–	–	–	–	–	–	1	18.
2	1	–	1	–	–	–	1	–	1	1	–	1	–	–	–	–	1	19.
2	–	–	–	–	–	–	1	–	1	1	–	1	1	–	1	–	1	20.
3	2	–	2	1	–	1	–	–	–	–	–	–	–	–	–	–	1	21.
10	2	–	2	4	1	5	–	–	–	–	–	–	–	–	–	–	¹) –	22.
2	1	–	1	–	–	–	1	–	1	–	–	–	–	–	–	–	1	23.
1	–	–	–	–	1	1	–	–	–	–	–	–	–	–	–	1	–	24.
1	–	–	–	–	–	–	–	–	–	–	–	–	–	1	1	–	1	25.
5	2	–	2	1	–	1	–	–	–	–	–	–	–	–	–	–	–	26.
5	–	–	–	–	3	3	–	–	–	–	1	1	1	–	1	–	4	27.
1	1	–	1	–	–	–	–	–	–	–	–	–	–	–	–	–	2	28.
6	5	–	5	1	–	1	–	–	–	–	–	–	–	–	–	–	[illegible]	29.
3	1	–	1	–	–	–	1	–	1	–	–	–	2	–	2	–	[illegible]	30.
4	–	–	–	–	3	3	–	–	–	–	2	2	3	–	3	–	[illegible]	31.
1	–	–	–	–	1	1	–	–	–	–	–	–	–	–	–	–	–	32.
6	3	–	3	1	–	1 ²)	13	–	13	–	–	–	–	–	–	–	6	33.
3	–	1	1	–	–	–	–	3	3	–	–	–	–	–	–	–	–	34.
108	24	4	28	21	13	34	31	3	34	6	4	10	14	3	17	4	34	Ueberh.
37	10	3	13	2	6	8	20	3	23	4	3	7	6	–	6	1	19	St.
71	14	1	15	19	7	26	11	–	11	2	1	3	8	3	11	3	15	L.

welche indessen zu den öffentlichen Volksschulen gezählt worden sind, weil für die Lehrkräfte an diesen Schulen der gesetzliche Staatsbeitrag geleistet wird. — ²) Die Bezeichnung der Schulen von sämmtlichen Pflegerinnen erhellt.

G. Die Schulen in Rettungshäusern.

Bezeichnung und Lage der Schulen bezw. Anstalten[1].	Schulkinder					Familiensprache der Schulkinder: Es sprechen in ihren Familien				Zahl der Unterrichtsklassen und zwar			
	überhaupt	Knaben	Mädchen	davon werden in gemischten Klassen unterrichtet: Knaben	Mädchen	nur deutsch	nur polnisch	polnisch und deutsch	nur eine andere nicht deutsche Sprache bezw. eine andere nicht deutsche Sprache und deutsch	Knabenklassen	Mädchenklassen	gemischte Klassen	überhaupt
1	2	3	4	5	6	7	8	9	10	11	12	13	14
1. Schule der Rettungsanstalt für hülflose Kinder in Memel (Kreis Memel)	35	35	—	—	—	25	3	3[2])	4	1	—	—	1
2. Schule der Schröder'schen Erziehungsanstalt in Stropischken (Kreis Memel)	51	40	11	40	11	51	—	—	—	—	—	1	1
3. Schule der Knaben- und Mädchen-Erziehungsanstalt des Hülfsvereins für städtische Armenpflege in Königsberg i. Pr.	66	50	16	50	16	66	—	—	—	—	—	2	2
4. Rettungshausschule in Simonetti (Gutsbez. Neuhof, Kreis Mohrungen)	43	25	18	25	18	43	—	—	—	—	—	2	2
5. Schule des Rettungshauses „Daheim" in Neumark (Kreis Pr. Holland)	29	29	—	—	—	29	—	—	—	1	—	—	1
6. Rettungshausschule in Meldienen (Kreis Goldap)	118	104	14	104	14	118	—	—	—	—	—	3	3
7. Schule des masurischen Erziehungshauses in Lötzen (Kreis Lötzen)	100	100	—	—	—	100	—	—	—	2	—	—	2
8. Schule der Provinzial-Zwangserziehungsanstalt in Tempelburg (Ldg. Emaus, Kreis Danziger Höhe)	185	185	—	—	—	141	—	44	—	5	—	—	5
9. Schule des Rettungshauses „Johannesthal" in Ohra (Kreis Danziger Höhe)	56	56	—	—	—	36	8	12	—	2	—	—	2
10. Schule der Königlichen Erziehungs- und Besserungsanstalt in Konradshammer (Kreis Danziger Höhe)	76	76	—	—	—	2	68	6	—	2	—	—	2
11. Schule der Rettungsanstalt zur Erziehung verwahrloster Mädchen in Riesenburg (Kreis Rosenberg in Westpr.)	17	—	17	—	—	15	—	2	—	—	1	—	1
12. Rettungshausschule in Flatow (Kreis Flatow)	38	—	38	—	—	30	—	8	—	—	1	—	1
13. Schule der Erziehungsanstalt sittlich verwahrloster Kinder am Urban in Berlin	111	80	31	—	—	111	—	—	—	4	1	—	5
14. Schule der Erziehungsanstalt „Gohnerhaus" für sittlich verwahrloste Mädchen in Berlin	33	—	33	—	—	33	—	—	—	—	1	—	1
15. Schule der Erziehungsanstalt „zum grünen Hause" in Berlin	55	55	—	—	—	55	—	—	—	2	—	—	2
16. Rettungshausschule im städtischen Obdach in Berlin	20	13	7	13	7	20	—	—	—	—	—	1	1
17. Schule des Rettungshauses „Rothes Haus" in Brüssow (Kreis Prenzlau)	9	9	—	—	—	9	—	—	—	1	—	—	1
18. Rettungshausschule in Templin (Kreis Templin)	11	11	—	—	—	11	—	—	—	1	—	—	1
19. Schule des Knaben-Rettungshauses in Angermünde (Kreis Angermünde)	9	9	—	—	—	9	—	—	—	1	—	—	1
20. Rettungshausschule in Gramzow (Kreis Angermünde)	15	—	15	—	—	15	—	—	—	—	1	—	1
21. Schule des evang. Knaben-Rettungshauses in Köthen i./Mark (Kreis Oberbarnim)	17	17	—	—	—	17	—	—	—	1	—	—	1
22. Provinzial-Schul- und Erziehungsanstalt in Strausberg (Kreis Oberbarnim)	277	198	79	31	24	277	—	—	—	3	1	1	5
23. Schule des Mädchen-Rettungshauses „Siloah" in Nieder Schönhausen (Kreis Niederbarnim)	27	—	27	—	—	27	—	—	—	—	1	—	1
24. Schule des evangelischen Mädchen-Rettungshauses „Marienhaus" in Rüdersdorf (Kreis Niederbarnim)	23	—	23	—	—	23	—	—	—	—	1	—	1
25. Schule des Knaben-Rettungshauses in Falkenberg (Kreis Niederbarnim)	16	16	—	—	—	16	—	—	—	1	—	—	1
26. Schule der Mädchen-Erziehungsanstalt „Zionshülfe" in Schöneberg (Kreis Teltow)	28	—	28	—	—	28	—	—	—	—	2	—	2
27. Schule des Knaben-Rettungshauses „Bethlehem" in Nowawes (Kreis Teltow)	15	15	—	—	—	15	—	—	—	1	—	—	1
28. Rettungshausschule in Neuendorf bei Beeskow (Kreis Beeskow-Storkow)	10	10	—	—	—	10	—	—	—	1	—	—	1
29. Rettungshausschule des „Pfingsthauses" in Potsdam	12	12	—	—	—	12	—	—	—	1	—	—	1
30. Rettungshausschule in Marwitz (Kreis Osthavelland)	15	15	—	—	—	15	—	—	—	1	—	—	1
31. Schule des Mädchen-Waisen-Asyls „Bethesda" in Bornim (Kreis Osthavelland)	10	1	9	1	9	10	—	—	—	—	—	1	1
32. Schule des Wulkower Rettungshauses für verwahrloste Mädchen in Wulkow (Kreis Ruppin)	17	—	17	—	—	17	—	—	—	—	1	—	1
33. Rettungshausschule in Heilbrunn (Gutsbez. Brunn, Kreis Ruppin)	26	25	1	25	1	26	—	—	—	—	—	1	1
34. Rettungshausschule in Berlinchen (Kreis Soldin)	29	23	6	23	6	29	—	—	—	—	—	1	1
35. Rettungshausschule in Fühlsdorf (Kreis Arnswalde)	28	21	7	21	7	28	—	—	—	—	—	1	1
36. Schule der Knaben-Rettungsanstalt „Brunnerhaus" in Gr. Kammin (Landkr. Landsberg)	13	13	—	—	—	13	—	—	—	1	—	—	1
37. Rettungshausschule in Reitwein (Kreis Lebus)	11	11	—	—	—	11	—	—	—	1	—	—	1
38. Mädchen-Rettungshausschule in Wilmersdorf (Kreis Lebus)	9	—	9	—	—	9	—	—	—	—	1	—	1
39. Rettungshausschule in Reppen (Kreis Weststernberg)	15	15	—	—	—	15	—	—	—	1	—	—	1
40. Rettungshausschule in Sommerfeld (Kreis Crossen)	17	17	—	—	—	17	—	—	—	1	—	—	1
41. Schule des Rettungshauses „Wilhelm-Augusta-Stift" in Spremberg (Kreis Spremberg)	36	28	8	28	8	36	—	—	—	—	—	1	1
42. Schule des Rettungshauses „Bethel" in Demmin (Kreis Demmin)	8	—	8	—	—	8	—	—	—	—	1	—	1
43. Rettungshausschule in Görke (Kreis Anklam)	14	—	14	—	—	14	—	—	—	—	1	—	1
44. Rettungshausschule in Züllchow (Kreis Randow)	92	92	—	—	—	92	—	—	—	3	—	—	3
45. Rettungshausschule in Pinnow (Kreis Greifenhagen)	23	23	—	—	—	23	—	—	—	1	—	—	1
46. Rettungshausschule in Jacobshagen (Kreis Saatzig)	31	—	31	—	—	31	—	—	—	—	1	—	1
47. Rettungshausschule in Naugard (Kreis Naugard)	25	14	11	14	11	25	—	—	—	—	—	1	1
48. Rettungshausschule in Dramburg (Kreis Dramburg)	27	26	1	16	1	27	—	—	—	1	—	1	2
49. Rettungshausschule in Kieckow (Kreis Belgard)	46	46	—	—	—	46	—	—	—	2	—	—	2
50. Rettungshausschule in Rossin (Kreis Kolberg-Körlin)	15	15	—	—	—	15	—	—	—	1	—	—	1

[1]) Die Bezeichnung der Schulen bezw. Anstalten ist den Materialien der Schulstatistik vom 25. Mai 1891 entnommen. — [2]) litauisch und deutsch.

Zwangserziehungs-Anstalten und dergl.

Unter den Schulen befinden sich solche mit														Vollbeschäftigte										Nicht vollbeschäftigte Hülfslehrkräfte			Handarbeits-Lehrerinnen		Wiederholung der Bezeichnung in Spalte 1.
1		2			3			4			5			ordentliche Lehrkräfte						Hülfslehrkräfte									
aufsteigenden Klassen:														Lehrer			Lehrerinnen			Lehrer			Lehrerinnen						
Schulen	mit Schulkindern	Schulen	mit Unterrichtsklassen	mit Schulkindern	Schulen	mit Unterrichtsklassen	mit Schulkindern	Schulen	mit Unterrichtsklassen	mit Schulkindern	Schulen	mit Unterrichtsklassen	mit Schulkindern	evangelisch	katholisch	zusammen	evangelisch	katholisch	zusammen	evangelisch	katholisch	zusammen	evangelisch	Lehrer	Lehrerinnen	zusammen	geprüfte	ungeprüfte	
15	16	17	18	19	20	21	22	23	24	25	26	27	28	29	30	31	32	33	34	35	36	37	38	39	40	41	42	43	
1	35	—	—	—	—	—	—	—	—	—	—	—	—	1	—	1	—	—	—	—	—	—	—	—	—	—	—	—	1.
1	51	—	—	—	—	—	—	—	—	—	—	—	—	1	—	1	—	—	—	—	—	—	—	1	—	1	—	1	2.
—	—	1	2	66	—	—	—	—	—	—	—	—	—	3	—	3	—	—	—	—	—	—	—	—	—	—	—	1	3.
—	—	1	2	45	—	—	—	—	—	—	—	—	—	1	—	1	—	—	—	1	—	1	—	—	—	—	—	1	4.
1	79	—	—	—	—	—	—	—	—	—	—	—	—	1	—	1	—	—	—	—	—	—	—	—	—	—	—	—	5.
—	—	—	—	—	1	3	118	—	—	—	—	—	—	—	—	—	—	—	—	3	—	3	—	—	—	—	—	—	6.
—	—	1	2	100	—	—	—	—	—	—	—	—	—	2	—	2	—	—	—	—	—	—	—	—	—	—	—	—	7.
—	—	—	—	—	—	—	—	—	—	—	1	5	185	4	2	6	—	—	—	—	—	—	—	—	—	—	—	—	8.
—	—	1	2	56	—	—	—	—	—	—	—	—	—	1	—	1	—	—	—	1	—	1	—	—	—	—	—	—	9.
—	—	1	2	76	—	—	—	—	—	—	—	—	—	—	3	3	—	—	—	—	—	—	—	—	—	—	—	—	10.
1	17	—	—	—	—	—	—	—	—	—	—	—	—	—	—	—	1	—	1	—	—	—	—	1	—	1	—	1	11.
1	38	—	—	—	—	—	—	—	—	—	—	—	—	1	—	1	—	—	—	—	—	—	—	—	—	—	—	—	12.
—	—	—	—	—	—	—	—	1	5	111	—	—	—	4	—	4	1	—	1	—	—	—	1	—	—	—	1	—	13.
1	33	—	—	—	—	—	—	—	—	—	—	—	—	1	—	1	—	—	—	—	—	—	—	—	—	—	—	3	14.
—	—	1	2	55	—	—	—	—	—	—	—	—	—	1	—	1	1	—	1	—	—	—	—	—	1	1	—	—	15.
1	20	—	—	—	—	—	—	—	—	—	—	—	—	1	—	1	—	—	—	—	—	—	—	—	—	—	—	—	16.
1	9	—	—	—	—	—	—	—	—	—	—	—	—	1	—	1	—	—	—	—	—	—	—	—	—	—	—	—	17.
1	11	—	—	—	—	—	—	—	—	—	—	—	—	1	—	1	—	—	—	—	—	—	—	—	—	—	—	—	18.
1	9	—	—	—	—	—	—	—	—	—	—	—	—	1	—	1	—	—	—	—	—	—	—	—	—	—	—	—	19.
1	15	—	—	—	—	—	—	—	—	—	—	—	—	1	—	1	—	—	—	—	—	—	—	—	—	—	—	1	20.
1	17	—	—	—	—	—	—	—	—	—	—	—	—	1	—	1	—	—	—	—	—	—	—	1	—	1	—	—	21.
—	—	—	—	—	—	—	—	—	—	—	1	5	277	5	—	5	1	—	1	—	—	—	—	—	—	—	1	—	22.
1	27	—	—	—	—	—	—	—	—	—	—	—	—	—	—	—	1	—	1	—	—	—	—	1	—	1	—	1	23.
1	23	—	—	—	—	—	—	—	—	—	—	—	—	—	—	—	1	—	1	—	—	—	—	—	—	—	—	1	24.
1	16	—	—	—	—	—	—	—	—	—	—	—	—	1	—	1	—	—	—	—	—	—	—	—	—	—	—	—	25.
—	—	1	2	28	—	—	—	—	—	—	—	—	—	—	—	—	—	—	—	—	—	—	3	1	—	1	1	1	26.
1	15	—	—	—	—	—	—	—	—	—	—	—	—	1	—	1	—	—	—	—	—	—	—	—	—	—	—	—	27.
1	10	—	—	—	—	—	—	—	—	—	—	—	—	1	—	1	—	—	—	—	—	—	—	—	—	—	—	—	28.
1	12	—	—	—	—	—	—	—	—	—	—	—	—	1	—	1	—	—	—	—	—	—	—	—	—	—	—	—	29.
1	13	—	—	—	—	—	—	—	—	—	—	—	—	1	—	1	—	—	—	—	—	—	—	—	—	—	—	—	30.
1	10	—	—	—	—	—	—	—	—	—	—	—	—	1	—	1	—	—	—	—	—	—	1	—	—	—	—	1	31.
1	17	—	—	—	—	—	—	—	—	—	—	—	—	1	—	1	—	—	—	—	—	—	—	—	—	—	—	1	32.
1	26	—	—	—	—	—	—	—	—	—	—	—	—	1	—	1	—	—	—	—	—	—	—	—	—	—	—	—	33.
1	29	—	—	—	—	—	—	—	—	—	—	—	—	1	—	1	—	—	—	—	—	—	—	—	—	—	—	—	34.
1	26	—	—	—	—	—	—	—	—	—	—	—	—	—	—	—	—	—	—	1	—	1	—	—	—	—	—	—	35.
1	13	—	—	—	—	—	—	—	—	—	—	—	—	1	—	1	—	—	—	—	—	—	—	—	—	—	—	—	36.
1	11	—	—	—	—	—	—	—	—	—	—	—	—	1	—	1	—	—	—	—	—	—	—	—	—	—	—	—	37.
1	9	—	—	—	—	—	—	—	—	—	—	—	—	1	—	1	—	—	—	—	—	—	—	—	—	—	—	1	38.
1	15	—	—	—	—	—	—	—	—	—	—	—	—	—	—	—	—	—	—	1	—	1	—	—	—	—	—	—	39.
1	17	—	—	—	—	—	—	—	—	—	—	—	—	1	—	1	—	—	—	—	—	—	—	—	—	—	—	—	40.
1	36	—	—	—	—	—	—	—	—	—	—	—	—	1	—	1	—	—	—	—	—	—	—	—	—	—	—	1	41.
1	8	—	—	—	—	—	—	—	—	—	—	—	—	1	—	1	—	—	—	—	—	—	—	—	—	—	—	1	42.
1	14	—	—	—	—	—	—	—	—	—	—	—	—	1	—	1	—	—	—	—	—	—	—	—	—	—	—	1	43.
—	—	—	—	—	1	3	92	—	—	—	—	—	—	2	—	2	—	—	—	2	—	2	—	—	—	—	—	—	44.
1	23	—	—	—	—	—	—	—	—	—	—	—	—	1	—	1	—	—	—	—	—	—	—	—	—	—	—	—	45.
1	31	—	—	—	—	—	—	—	—	—	—	—	—	1	—	1	—	—	—	—	—	—	1	—	—	—	—	1	46.
1	25	—	—	—	—	—	—	—	—	—	—	—	—	1	—	1	—	—	—	—	—	—	—	—	1	1	—	1	47.
—	—	1	2	27	—	—	—	—	—	—	—	—	—	1	—	1	—	—	—	1	—	1	—	—	—	—	—	—	48.
—	—	1	2	46	—	—	—	—	—	—	—	—	—	1	—	1	—	—	—	1	—	1	—	—	—	—	—	—	49.
1	15	—	—	—	—	—	—	—	—	—	—	—	—	1	—	1	—	—	—	—	—	—	—	—	—	—	—	—	50.

Bezeichnung und Lage der Schulen bezw. Anstalten[1])	Schulkinder			davon werden in gemischten Klassen unterrichtet		Familiensprache der Schulkinder: Es sprechen in ihren Familien				Zahl der Unterrichtsklassen und zwar			
	überhaupt	Knaben	Mädchen	Knaben	Mädchen	nur deutsch	nur polnisch	polnisch und deutsch	nur eine andere nicht deutsche Sprache bezw. eine andere nicht deutsche Sprache und deutsch	Knabenklassen	Mädchenklassen	gemischte Klassen	überhaupt
1	2	3	4	5	6	7	8	9	10	11	12	13	14
51. Rettungshausschule in Köslin (Kreis Köslin)	47	1	46	1	46	47	—	—	—	—	—	1	1
52. Rettungshausschule in Stolp (Kreis Stolp)	50	50	—	—	—	50	—	—	—	2	—	—	2
53. Rettungshausschule in Garz auf Rügen (Kreis Rügen)	39	39	—	—	—	39	—	—	—	1	—	—	1
54. Rettungshausschule in Stralsund	39	39	—	—	—	39	—	—	—	3	—	—	3
55. Rettungshausschule in Hohendorf (Kreis Greifswald)	14	14	—	—	—	14	—	—	—	1	—	—	1
56. Schule der Provinzial-Zwangs-Erziehungsanstalt in Cerekwica (Kreis Jarotschin)	56	56	—	—	—	43	2	11	—	2	—	—	2
57. Sirnder'sche Rettungsanstaltsschule in Pleschen (Kreis Pleschen)	63	35	28	35	28	63	—	—	—	—	—	1	1
58. Schule der Provinzial-Erziehungsanstalt in Schubin (Kreis Schubin)	53	53	—	—	—	53	—	—	—	3	—	—	3
59. Knaben-Rettungshausschule in Ober Glauche (Kreis Trebnitz)	20	20	—	—	—	20	—	—	—	1	—	—	1
60. Rettungshausschule in Willschau (Landkreis Breslau)	28	28	—	—	—	28	—	—	—	1	—	—	1
61. Simultanschule der „Wessel'schen Stiftung" in Herrnprotsch (Landkreis Breslau)	115	104	11	104	11	115	—	—	—	—	—	3	3
62. Rettungshausschule in Rankau (Kreis Nimptsch)	30	30	—	—	—	30	—	—	—	1	—	—	1
63. Schule des Kreis-Kindererziehungshauses in Münsterberg (Kreis Münsterberg)	16	7	9	7	9	16	—	—	—	—	—	1	1
64. Rettungs- und Waisenhausschule des evangelischen „Tabeastifts" in Frankenstein (Kreis Frankenstein)	37	—	37	—	—	37	—	—	—	—	2	—	2
65. Rettungs- und Waisenhausschule des katholischen „St. Hedwigsstifts" in Wartha (Kreis Frankenstein)	56	32	24	32	24	56	—	—	—	—	—	1	1
66. Rettungshausschule in Steinkunzendorf (Kreis Reichenbach)	19	19	—	—	—	19	—	—	—	1	—	—	1
67. Rettungshausschule in Breitenhain (Kreis Schweidnitz)	16	16	—	—	—	16	—	—	—	2	—	—	2
68. Schule des „Martinshauses" in Gr. Rosen (Kreis Striegau)	86	62	24	62	24	86	—	—	—	—	—	2	2
69. Schule des katholischen Rettungshauses der Frau Baronin v. Dyherrn-Czettritz in Nieder Hermsdorf (Kreis Waldenburg)	180	106	74	106	74	180	—	—	—	—	—	3	3
70. Rettungshausschule in Glatz (Kreis Glatz)	32	19	13	19	13	32	—	—	—	—	—	1	1
71. Rettungshausschule in Alt Tschau (Kreis Freistadt)	16	16	—	—	—	16	—	—	—	1	—	—	1
72. Rettungshausschule in Sagan (Kreis Sagan)	61	43	18	43	18	61	—	—	—	—	—	2	2
73. Rettungshausschule in Goldberg (Kreis Goldberg-Hainau)	42	28	14	28	14	42	—	—	—	—	—	2	2
74. Rettungshausschule in Michelsdorf (Kreis Landeshut)	64	43	21	43	21	64	—	—	—	—	—	2	2
75. Rettungshausschule in Schreiberhau (Kreis Hirschberg)	29	22	7	22	7	29	—	—	—	—	—	2	2
76. Rettungshausschule in Löwenberg i. Schl. (Kreis Löwenberg)	45	39	6	39	6	45	—	—	—	—	—	2	2
77. Rettungshausschule in Görlitz	19	19	—	—	—	19	—	—	—	1	—	—	1
78. Schule des Rettungshauses für sittlich verwahrloste Kinder weiblichen Geschlechts in Neu Dobernitz (Ldg. Dobernitz, Kreis Rothenburg i./Oberlausitz)	16	—	16	—	—	13	—	—	[2]) 3	—	1	—	1
79. Schule der Provinzial-Zwangserziehungsanstalt in Lublinitz (Kreis Lublinitz)	238	184	54	184	54	65	129	44	—	—	—	5	5
80. Rettungshausschule in Stendal (Kreis Stendal)	27	27	—	—	—	27	—	—	—	1	—	—	1
81. Schule der „Pleschel'schen Erziehungsanstalt für arme Kinder aus Magdeburg und Umgegend" in Burg a./Ihle (Kreis Jerichow I)	86	64	22	64	22	86	—	—	—	—	—	2	2
82. Knaben-Rettungshausschule in Genthin (Kreis Jerichow II)	18	18	—	—	—	18	—	—	—	1	—	—	1
83. Mädchen-Rettungshausschule in Kalbe a./S. (Kreis Kalbe)	30	—	30	—	—	30	—	—	—	—	1	—	1
84. Schule der städtischen Erziehungsanstalt in Magdeburg	18	16	2	16	2	18	—	—	—	—	—	1	1
85. Knaben-Rettungshausschule in Hillersleben (Kreis Neuhaldensleben)	12	12	—	—	—	12	—	—	—	1	—	—	1
86. Mädchen-Rettungshausschule in Althaldensleben (Kreis Neuhaldensleben)	19	—	19	—	—	19	—	—	—	—	1	—	1
87. Rettungshausschule in Quedlinburg (Kreis Aschersleben)	64	50	14	50	14	64	—	—	—	—	—	2	2
88. Knabenschule im Rettungshause des „Lindenhofes" in Neinstedt (Kreis Aschersleben)	84	84	—	—	—	84	—	—	—	3	—	—	3
89. Knabenschule der Diakonen-Bildungsanstalt des „Lindenhofes" in Neinstedt (Kreis Aschersleben)	23	23	—	—	—	23	—	—	—	1	—	—	1
90. Rettungshausschule in Thürungen (Kreis Sangerhausen)	8	—	8	—	—	8	—	—	—	—	1	—	1
91. Schule des Knaben-Rettungshauses „Eckartshaus" in Eckartsberga (Kreis Eckartsberga)	62	62	—	—	—	62	—	—	—	2	—	—	2
92. Schule der Provinzial-Lehr- und Erziehungsanstalt in Moritzburg (Kreis Zeitz)	155	121	34	121	34	155	—	—	—	—	—	4	4
93. Knaben-Rettungshausschule in Langensalza (Kreis Langensalza)	22	22	—	—	—	22	—	—	—	1	—	—	1
94. Rettungshausschule in Gefell (Kreis Ziegenrück)	26	—	26	—	—	26	—	—	—	—	1	—	1
95. Schule der Rettungsanstalt für verwahrloste Kinder im „Martinsstift" in Flensburg	39	31	8	31	8	39	—	—	—	—	—	1	1
96. Rettungshausschule des „Elisabethheims" in Havetoft (Kreis Schleswig)	28	10	18	10	18	28	—	—	—	—	—	1	1
97. Rettungshausschule des Kastanienhofes „Anscharhöhe" in Lockstedt (Kreis Pinneberg)	25	—	25	—	—	25	—	—	—	—	3	—	3
98. Schule des Baur'schen Rettungshauses für sittlich verwahrloste Knaben in Altona	22	22	—	—	—	22	—	—	—	1	—	—	1
99. Schule des Rettungshauses „Stephansstift" in Kirchrode (Landkreis Hannover)	55	55	—	—	—	55	—	—	—	3	—	—	3
100. Knaben-Rettungshausschule der „Pestalozzi-Stiftung" in Ricklingen (Landkreis Linden)	29	29	—	—	—	29	—	—	—	1	—	—	1
101. Schule der Rettungsanstalt „Klein Bethlehem" in Hildesheim	43	28	15	28	15	43	—	—	—	—	—	1	1

[1]) Die Bezeichnung der Anstalten ist den Materialien der Schulstatistik vom 25. Mai 1891 entnommen. — [2]) wendisch und deutsch.

Zwangserziehungs-Anstalten und dergl.

Unter den Schulen befinden sich solche mit															Vollbeschäftigte										Nicht vollbeschäftigte Hülfslehrkräfte			Handarbeits-Lehrerinnen		Wiederholung der Bezeichnung in Spalte 1.
1		2			3			4			5				ordentliche Lehrkräfte						Hülfslehrkräfte									
aufsteigenden Klassen:															Lehrer			Lehrerinnen			Lehrer			Lehrerinnen						
Schulen	mit Schulkindern	Schulen	mit Unterrichtsklassen	mit Schulkindern	Schulen	mit Unterrichtsklassen	mit Schulkindern	Schulen	mit Unterrichtsklassen	mit Schulkindern	Schulen	mit Unterrichtsklassen	mit Schulkindern	evangelisch	katholisch	zusammen	evangelisch	katholisch	zusammen	evangelisch	katholisch	zusammen	evangelisch	Lehrer	Lehrerinnen	zusammen	geprüfte	ungeprüfte	
15	16	17	18	19	20	21	22	23	24	25	26	27	28	29	30	31	32	33	34	35	36	37	38	39	40	41	42	43	
1	47	—	—	—	—	—	—	—	—	—	—	—	—	—	—	—	1	—	1	—	—	—	—	—	—	—	1	—	51.
—	—	1	2	50	—	—	—	—	—	—	—	—	—	1	—	1	—	—	—	1	—	1	—	—	—	—	—	—	52.
1	39	—	—	—	—	—	—	—	—	—	—	—	—	1	—	1	—	—	—	—	—	—	—	—	—	—	—	—	53.
—	—	—	—	—	1	3	39	—	—	—	—	—	—	1	—	1	—	—	—	1	—	1	—	1	—	1	—	—	54.
1	14	—	—	—	—	—	—	—	—	—	—	—	—	1	—	1	—	—	—	—	—	—	—	—	—	—	—	—	55.
—	—	1	2	56	—	—	—	—	—	—	—	—	—	1	—	1	—	—	—	2	—	2	—	—	—	—	—	—	56.
1	63	—	—	—	—	—	—	—	—	—	—	—	—	1	—	1	—	—	—	1	—	1	1	—	—	—	—	1	57.
—	—	—	—	—	1	3	53	—	—	—	—	—	—	—	2	2	—	—	—	—	—	—	—	—	—	—	—	—	58.
1	20	—	—	—	—	—	—	—	—	—	—	—	—	—	—	—	—	—	—	1	—	1	—	—	—	—	—	—	59.
1	28	—	—	—	—	—	—	—	—	—	—	—	—	1	—	1	—	—	—	—	—	—	—	—	—	—	—	—	60.
—	—	—	—	—	1	3	115	—	—	—	—	—	—	1	1	2	—	—	—	1	—	1	—	—	—	—	—	1	61.
1	30	—	—	—	—	—	—	—	—	—	—	—	—	1	—	1	—	—	—	—	—	—	—	—	—	—	—	—	62.
1	16	—	—	—	—	—	—	—	—	—	—	—	—	—	—	—	—	1	1	—	—	—	—	1	—	1	1	—	63.
—	—	1	2	37	—	—	—	—	—	—	—	—	—	—	—	—	1	—	1	—	—	—	1	—	—	—	—	2	64.
1	56	—	—	—	—	—	—	—	—	—	—	—	—	—	—	—	—	1	1	—	—	—	—	—	—	—	—	1	65.
1	19	—	—	—	—	—	—	—	—	—	—	—	—	1	—	1	—	—	—	—	—	—	—	—	—	—	—	—	66.
—	—	1	2	16	—	—	—	—	—	—	—	—	—	1	—	1	—	—	—	—	—	—	—	—	—	—	—	—	67.
—	—	1	2	86	—	—	—	—	—	—	—	—	—	1	—	1	—	—	—	1	—	1	—	—	—	—	—	—	68.
—	—	—	—	—	1	3	180	—	—	—	—	—	—	—	4	4	—	—	—	—	—	—	—	—	—	—	—	1	69.
1	32	—	—	—	—	—	—	—	—	—	—	—	—	—	—	—	—	1	1	—	—	—	—	—	—	—	—	1	70.
1	16	—	—	—	—	—	—	—	—	—	—	—	—	1	—	1	—	—	—	—	—	—	—	—	—	—	—	—	71.
—	—	1	2	61	—	—	—	—	—	—	—	—	—	1	—	1	1	—	1	—	—	—	—	—	—	—	—	1	72.
—	—	1	2	42	—	—	—	—	—	—	—	—	—	1	—	1	—	—	—	—	—	—	—	—	—	—	—	1	73.
—	—	1	2	64	—	—	—	—	—	—	—	—	—	1	—	1	—	—	—	1	—	1	—	—	—	—	—	1	74.
—	—	1	2	29	—	—	—	—	—	—	—	—	—	2	—	2	—	—	—	—	—	—	—	—	—	—	—	1	75.
—	—	1	2	45	—	—	—	—	—	—	—	—	—	1	—	1	—	—	—	1	—	1	—	—	—	—	—	1	76.
1	19	—	—	—	—	—	—	—	—	—	—	—	—	1	—	1	—	—	—	—	—	—	—	—	—	—	—	—	77.
1	16	—	—	—	—	—	—	—	—	—	—	—	—	1	—	1	—	—	—	—	—	—	—	—	—	—	—	1	78.
—	—	—	—	—	—	—	—	—	—	—	1	5	238	—	5	5	—	—	—	—	—	—	—	1	1	2	—	1	79.
1	27	—	—	—	—	—	—	—	—	—	—	—	—	1	—	1	—	—	—	—	—	—	—	—	—	—	—	—	80.
—	—	1	2	80	—	—	—	—	—	—	—	—	—	3	—	3	—	—	—	—	—	—	—	—	—	—	—	1	81.
1	18	—	—	—	—	—	—	—	—	—	—	—	—	—	—	—	—	—	—	—	—	—	—	3	—	3	—	—	82.
1	30	—	—	—	—	—	—	—	—	—	—	—	—	1	—	1	—	—	—	—	—	—	—	—	—	—	—	1	83.
1	18	—	—	—	—	—	—	—	—	—	—	—	—	1	—	1	—	—	—	—	—	—	—	1	—	1	—	—	84.
1	12	—	—	—	—	—	—	—	—	—	—	—	—	1	—	1	—	—	—	—	—	—	—	—	—	—	—	—	85.
1	19	—	—	—	—	—	—	—	—	—	—	—	—	1	—	1	—	—	—	—	—	—	—	—	—	—	—	2	86.
—	—	1	2	64	—	—	—	—	—	—	—	—	—	2	—	2	—	—	—	—	—	—	—	—	—	—	—	1	87.
—	—	—	—	—	1	3	34	—	—	—	—	—	—	—	—	—	—	—	—	3	—	3	—	—	—	—	—	—	88.
1	23	—	—	—	—	—	—	—	—	—	—	—	—	4	—	4	—	—	—	—	—	—	—	—	—	—	—	—	89.
1	8	—	—	—	—	—	—	—	—	—	—	—	—	1	—	1	—	—	—	—	—	—	—	—	—	—	—	1	90.
—	—	1	2	62	—	—	—	—	—	—	—	—	—	2	—	2	—	—	—	—	—	—	—	1	—	1	—	—	91.
—	—	—	—	—	—	—	—	1	4	155	—	—	—	4	—	4	—	—	—	—	—	—	—	1	—	1	—	1	92.
1	22	—	—	—	—	—	—	—	—	—	—	—	—	1	—	1	—	—	—	—	—	—	—	—	—	—	—	—	93.
1	26	—	—	—	—	—	—	—	—	—	—	—	—	1	—	1	—	—	—	—	—	—	—	—	—	—	—	1	94.
1	39	—	—	—	—	—	—	—	—	—	—	—	—	1	—	1	—	—	—	—	—	—	—	—	—	—	—	1	95.
1	28	—	—	—	—	—	—	—	—	—	—	—	—	1	—	1	—	—	—	—	—	—	—	—	—	—	—	1	96.
—	—	—	—	—	1	3	25	—	—	—	—	—	—	1	—	1	1	—	1	—	—	—	—	—	—	—	—	2	97.
1	22	—	—	—	—	—	—	—	—	—	—	—	—	1	—	1	—	—	—	—	—	—	—	—	—	—	—	—	98.
—	—	—	—	—	1	3	55	—	—	—	—	—	—	2	—	2	—	—	—	—	—	—	—	1	—	1	—	—	99.
1	29	—	—	—	—	—	—	—	—	—	—	—	—	—	—	—	—	—	—	1	—	1	—	1	—	1	—	—	100.
1	43	—	—	—	—	—	—	—	—	—	—	—	—	—	1	1	—	—	—	—	—	—	—	—	—	—	—	—	101.

Bezeichnung und Lage der Schulen bezw. Anstalten[1])	Schulkinder					Familiensprache der Schulkinder: Es sprechen in ihren Familien				Zahl der Unterrichtsklassen und zwar			
	überhaupt	Knaben	Mädchen	davon werden in gemischten Klassen unterrichtet: Knaben	Mädchen	nur deutsch	nur polnisch	polnisch und deutsch	nur eine andere nicht deutsche Sprache bezw. eine andere nicht deutsche Sprache und deutsch	Knabenklassen	Mädchenklassen	gemischte Klassen	überhaupt
1	2	3	4	5	6	7	8	9	10	11	12	13	14
102. Rettungshausschule in Schladen a. Harz (Kreis Goslar)	53	53	—	—	—	53	—	—	—	1	—	—	1
103. Schule der Rettungsanstalt für Knaben und Mädchen „Linerhaus“ in Altencelle (Landkreis Celle)	84	48	36	—	—	84	—	—	—	1	1	—	2
104. Lutherische Armenhausschule in Neuland (Kreis Kehdingen)	7	4	3	4	3	7	—	—	—	—	—	1	1
105. Knabenschule der Rettungsanstalt „St. Georgsstift“ in Thuine (Kreis Lingen)	94	94	—	—	—	94	—	—	—	3	—	—	3
106. Mädchenschule der Rettungsanstalt „St. Georgsstift“ in Thuine (Kreis Lingen)	69	—	69	—	—	69	—	—	—	—	3	—	3
107. Schule der Rettungsanstalt „zur Hünenburg“ in Krukum (Kreis Melle)	27	18	9	18	9	27	—	—	—	—	—	1	1
108. Gasthausschule: Schule für Waisen, verwahrloste und verlassene Kinder in Emden	70	35	35	35	35	70	—	—	—	—	—	2	2
109. Schule der ostfriesischen Rettungsanstalt in Großefehn (Kreis Aurich)	54	39	15	39	15	54	—	—	—	—	—	2	2
110. Schule der katholischen Zwangs-Erziehungsanstalt für Knaben zu Haus Hall (Gdg. Tungerloh-Capellen, Kreis Coesfeld)	191	191	—	—	—	191	—	—	—	3	—	—	3
111. Schule der Zwangs-Erziehungsanstalt für verwahrloste Mädchen „auf Marienburg“ in Coesfeld (Kreis Coesfeld)	53	—	53	—	—	53	—	—	—	—	1	—	1
112. Schule der Rettungsanstalt „Gottesshütte“ in Kleinenbremen (Kreis Minden)	54	46	8	46	8	54	—	—	—	—	—	2	2
113. Schule der Rettungsanstalt „Pollertshof“ in Preußisch Oldendorf (Kreis Lübbecke)	42	34	8	34	8	42	—	—	—	—	—	1	1
114. Rettungshausschule in Schildesche (Landkreis Bielefeld)	118	77	41	77	41	118	—	—	—	—	—	3	3
115. Schule der evangelischen Erziehungsanstalt „zum St. Petri-Stift“ in Höxter (Kreis Höxter)	60	37	23	37	23	60	—	—	—	—	—	1	1
116. Schule des „St. Walburgis-Kinderstifts“ in Soest (Kreis Soest)	25	—	25	—	—	25	—	—	—	—	1	—	1
117. Schule des „Hellweger-Erziehungshauses“ in Holzwickede (Kreis Hörde)	60	35	25	35	25	60	—	—	—	—	—	2	2
118. Rettungshausschule in Overdyk (Gdg. Hamme, Landkreis Bochum)	26	26	—	—	—	26	—	—	—	1	—	—	1
119. Schule der städtischen Erziehungsanstalt für verwahrloste Knaben in Kassel	13	13	—	—	—	13	—	—	—	1	—	—	1
120. Rettungsanstaltsschule in Rengshausen (Kreis Rotenburg i. Hessen-Nassau)	36	36	—	—	—	36	—	—	—	1	—	—	1
121. Schule der Erziehungsanstalt des hessischen Diakonissenhauses in Treysa (Kreis Ziegenhain)	36	—	36	—	—	36	—	—	—	—	1	—	1
122. Schule der Zwangs-Erziehungsanstalt für katholische Mädchen in Neuberg (Kreis Fulda)	30	—	30	—	—	30	—	—	—	—	1	—	1
123. Rettungshausschule zu Hof Reith (-Raith) (Gdg. Kloster Höchst, Kreis Schlüchtern)	40	40	—	—	—	40	—	—	—	1	—	—	1
124. Schule der Rettungsanstalt für katholische Knaben in Sannerz (Kreis Schlüchtern)	43	43	—	—	—	43	—	—	—	1	—	—	1
125. Schule der Rettungsanstalt „zum heiligen Joseph“ in Marienhausen (Gdg. Aulhausen, Kreis Rheingau)	150	150	—	—	—	150	—	—	—	3	—	—	3
126. Schule des evangelischen Rettungshauses in Wiesbaden	59	52	7	26	7	59	—	—	—	1	—	1	2
127. Schule der Königlichen Erziehungs- und Besserungsanstalt „St. Martin“ in Boppard (Kreis St. Goar)	93	65	28	—	—	93	—	—	—	3	1	—	4
128. Schule der Rettungsanstalt in Schmiedel (Gdg. Nannhausen, Kreis Simmern)	49	37	12	37	12	49	—	—	—	—	—	1	1
129. Rettungshausschule der Konfirmandenanstalt für Diasporakinder in Schmiedel (Gdg. Nannhausen, Kreis Simmern)	51	37	14	37	14	51	—	—	—	—	—	1	1
130. Schule der Erziehungsanstalt für verlassene und verwahrloste Kinder in Ober Bieber (Kreis Neuwied)	28	28	—	—	—	28	—	—	—	1	—	—	1
131. Rettungsanstaltsschule zu Hof Rechtenbach (Gdg. Klein Rechtenbach, Kreis Wetzlar)	14	14	—	—	—	14	—	—	—	1	—	—	1
132. Schule der Diakonenanstalt in Duisburg	38	38	—	—	—	38	—	—	—	1	—	—	1
133. Schule der Erziehungsanstalt in Götterswickerhamm (Kreis Ruhrort)	33	33	—	—	—	33	—	—	—	1	—	—	1
134. Schule der Niederrheinischen Erziehungsanstalt für verwahrloste Kinder in Gorsicker (Kreis Ruhrort)	32	32	—	—	—	32	—	—	—	1	—	—	1
135. Rettungshausschule „Düsselthal“ in Düsseldorf	134	88	46	88	46	134	—	—	—	—	—	2	2
136. Rettungshausschule „Zoppenbrück“ in Düsseldorf	36	27	9	27	9	36	—	—	—	—	—	1	1
137. Schule des lutherischen Rettungshauses in Elberfeld	34	16	18	16	18	34	—	—	—	—	—	1	1
138. Schule der städtischen Anstalt für verlassene Kinder in Barmen	82	45	37	45	37	82	—	—	—	—	—	2	2
139. Schule der Knaben-Erziehungsanstalt „St. Joseph an der Höhe“ in Bonn	115	115	—	—	—	115	—	—	—	2	—	—	2
140. Knabenschule der Königlichen Erziehungs- und Besserungsanstalt in Steinfeld (Gdg. Wahlen, Kreis Schleiden)	196	196	—	—	—	192	—	2	[2]) 2	4	—	—	4
141. Mädchenschule der Königlichen Erziehungs- und Besserungsanstalt in Steinfeld (Gdg. Wahlen, Kreis Schleiden)	39	—	39	—	—	39	—	—	—	—	1	—	1
Schulen in Rettungshäusern u. s. w. überhaupt	6 898	5 170	1 728	2037	905	6 553	204	132	9	109	35	81	225
davon: in den Städten (62 Schulen)	3 114	2 145	969	1026	521	2 921	132	57	4	42	15	41	98
auf dem Lande (79 Schulen)	3 784	3 025	759	1011	384	3 632	72	75	5	67	20	40	127

[1]) Die Bezeichnung der Anstalten ist den Materialien der Schulstatistik vom 25. Mai 1891 entnommen. — [2]) darunter 1 nur französisch, 1 nur holländisch. — [3]) 1 Schule mit 2

häusern, Zwangserziehungs-Anstalten und dergl.

Unter den Schulen befinden sich solche mit 1 aufsteigenden Klassen: Schulen	1: mit Schulkindern	2: Schulen	2: mit Unterrichtsklassen	2: mit Schulkindern	3: Schulen	3: mit Unterrichtsklassen	3: mit Schulkindern	4: Schulen	4: mit Unterrichtsklassen	4: mit Schulkindern	5: Schulen	5: mit Unterrichtsklassen	5: mit Schulkindern	Vollbeschäftigte ordentliche Lehrkräfte, Lehrer: evangelisch	Lehrer: katholisch	Lehrer: zusammen	Lehrerinnen: evangelisch	Lehrerinnen: katholisch	Lehrerinnen: zusammen	Hülfslehrkräfte, Lehrer: evangelisch	Lehrer: katholisch	Lehrer: zusammen	Lehrerinnen: evangelisch	Nicht vollbeschäftigte Hülfslehrkräfte: Lehrer	Lehrerinnen	zusammen	Handarbeits-Lehrerinnen: geprüfte	ungeprüfte	Wiederholung der Bezeichnung in Spalte 1.
15	16	17	18	19	20	21	22	23	24	25	26	27	28	29	30	31	32	33	34	35	36	37	38	39	40	41	42	43	
1	53	—	—	—	—	—	—	—	—	—	—	—	—	1	—	1	—	—	—	—	—	—	—	1	—	1	—	—	102.
*) 1	84	—	—	—	—	—	—	—	—	—	—	—	—	2	—	2	1	—	1	—	—	—	1	—	—	—	2	—	103.
1	7	—	—	—	—	—	—	—	—	—	—	—	—	1	—	1	—	—	—	—	—	—	—	—	—	—	—	—	104.
—	—	—	—	—	1	3	94	—	—	—	—	—	—	—	1	1	—	2	2	—	—	—	—	—	—	—	—	—	105.
—	—	—	—	—	1	3	69	—	—	—	—	—	—	—	—	—	—	2	2	—	—	—	—	—	—	—	—	—	106.
1	27	—	—	—	—	—	—	—	—	—	—	—	—	1	—	1	—	—	—	—	—	—	—	—	—	—	—	1	107.
—	—	1	2	70	—	—	—	—	—	—	—	—	—	2	—	2	—	—	—	—	—	—	—	—	—	—	1	1	108.
—	—	1	2	54	—	—	—	—	—	—	—	—	—	1	—	1	—	—	—	2	—	2	—	—	—	—	1	1	109.
—	—	—	—	—	1	3	191	—	—	—	—	—	—	—	3	3	—	—	—	—	—	—	—	—	—	—	—	—	110.
1	53	—	—	—	—	—	—	—	—	—	—	—	—	—	—	—	—	1	1	—	—	—	—	—	—	—	—	—	111.
—	—	1	2	54	—	—	—	—	—	—	—	—	—	1	—	1	—	—	—	—	—	—	—	—	—	—	—	1	112.
1	42	—	—	—	—	—	—	—	—	—	—	—	—	1	—	1	—	—	—	1	—	1	—	—	—	—	—	1	113.
—	—	—	—	—	1	3	118	—	—	—	—	—	—	4	—	4	—	—	—	—	—	—	—	—	—	—	—	—	114.
1	60	—	—	—	—	—	—	—	—	—	—	—	—	1	—	1	—	—	—	—	—	—	—	—	—	—	—	1	115.
1	25	—	—	—	—	—	—	—	—	—	—	—	—	—	—	—	1	—	1	—	—	—	—	—	—	—	—	—	116.
—	—	1	2	60	—	—	—	—	—	—	—	—	—	1	—	1	—	—	—	1	—	1	—	—	—	—	—	1	117.
1	26	—	—	—	—	—	—	—	—	—	—	—	—	1	—	1	—	—	—	—	—	—	—	—	—	—	—	—	118.
1	13	—	—	—	—	—	—	—	—	—	—	—	—	1	—	1	—	—	—	—	—	—	—	—	—	—	—	—	119.
1	36	—	—	—	—	—	—	—	—	—	—	—	—	1	—	1	—	—	—	—	—	—	—	—	—	—	—	—	120.
1	36	—	—	—	—	—	—	—	—	—	—	—	—	—	—	—	1	—	1	—	—	—	—	—	—	—	—	3	121.
1	30	—	—	—	—	—	—	—	—	—	—	—	—	—	1	1	—	—	—	—	—	—	—	—	—	—	—	1	122.
1	40	—	—	—	—	—	—	—	—	—	—	—	—	1	—	1	—	—	—	—	—	—	—	—	—	—	—	—	123.
1	43	—	—	—	—	—	—	—	—	—	—	—	—	—	1	1	—	—	—	—	—	—	—	1	—	1	—	—	124.
—	—	—	—	—	1	3	150	—	—	—	—	—	—	—	1	1	—	1	1	—	1	1	—	1	—	1	—	—	125.
—	—	1	2	58	—	—	—	—	—	—	—	—	—	2	—	2	—	—	—	—	—	—	—	—	—	—	1	—	126.
—	—	—	—	—	1	4	93	—	—	—	—	—	—	3	—	3	1	—	1	—	—	—	—	1	1	2	1	1	127.
1	49	—	—	—	—	—	—	—	—	—	—	—	—	1	—	1	—	—	—	1	—	1	—	—	—	—	—	1	128.
1	51	—	—	—	—	—	—	—	—	—	—	—	—	1	—	1	—	—	—	—	—	—	—	—	—	—	—	1	129.
1	26	—	—	—	—	—	—	—	—	—	—	—	—	1	—	1	—	—	—	—	—	—	—	—	—	—	—	—	130.
1	14	—	—	—	—	—	—	—	—	—	—	—	—	1	—	1	—	—	—	—	—	—	—	—	—	—	—	—	131.
1	38	—	—	—	—	—	—	—	—	—	—	—	—	1	—	1	—	—	—	—	—	—	—	—	—	—	—	—	132.
1	33	—	—	—	—	—	—	—	—	—	—	—	—	1	—	1	—	—	—	—	—	—	—	—	—	—	—	—	133.
1	32	—	—	—	—	—	—	—	—	—	—	—	—	1	—	1	—	—	—	—	—	—	—	—	—	—	—	—	134.
—	—	1	2	134	—	—	—	—	—	—	—	—	—	2	—	2	—	—	—	—	—	—	—	—	—	—	—	1	135.
1	30	—	—	—	—	—	—	—	—	—	—	—	—	1	—	1	—	—	—	—	—	—	—	—	—	—	—	1	136.
1	34	—	—	—	—	—	—	—	—	—	—	—	—	1	—	1	—	—	—	—	—	—	—	—	—	—	—	1	137.
—	—	1	2	82	—	—	—	—	—	—	—	—	—	3	—	3	—	—	—	—	—	—	—	—	—	—	—	2	138.
—	—	1	2	115	—	—	—	—	—	—	—	—	—	—	2	2	—	—	—	—	—	—	—	—	—	—	—	—	139.
—	—	—	—	—	—	—	—	1	4	196	—	—	—	—	3	3	—	—	—	—	1	1	—	—	—	—	—	—	140.
1	33	—	—	—	—	—	—	—	—	—	—	—	—	—	—	—	—	1	1	—	—	—	—	—	—	—	—	—	141.
90	2431	30	60	1823	15	46	1476	3	13	462	3	15	700	145	30	175	14	10	24	30	2	32	9	20	4	24	11	64	Überh.
39	1146	17	34	1155	3	10	185	1	5	111	2	10	515	68	10	78	10	4	14	6	—	6	4	10	4	14	7	33	St.
51	1285	13	26	668	12	36	1291	2	8	351	1	5	185	77	20	97	4	6	10	24	2	26	5	10	—	10	4	31	L.

Unterrichtsklassen.

H. Die Schulen in Waisen-

Bezeichnung und Lage der Schulen bezw. Anstalten[1].	Schulkinder			davon werden in gemischten Klassen unterrichtet		Familiensprache der Schulkinder: Es sprechen in ihren Familien					Zahl der Unterrichtsklassen und zwar				Unter- … 1 … auf-	
	überhaupt	Knaben	Mädchen	Knaben	Mädchen	nur deutsch	nur polnisch	polnisch und deutsch	wendisch und deutsch	englisch und deutsch	Knabenklassen	Mädchenklassen	gemischte Klassen	überhaupt	Schulen	mit Schulkindern
1	2	3	4	5	6	7	8	9	10	11	12	13	14	15	16	17
1. v. Gocke-Bachmann'sche Stiftsschule in Bachmann (Kreis Memel)	25	25	—	—	—	23	—	1	—	1	2	—	—	2	—	—
2. Mittelschule des Königlichen Waisenhauses in Königsberg i. Pr.	10	10	—	—	—	10	—	—	—	—	1	—	—	1	1	10
3. Schule in der Waisenanstalt des „Sankt Joseph-Stifts" in Heilsberg (Kreis Heilsberg)	154	95	59	22	14	154	—	—	—	—	1	1	1	3	—	—
4. Schule des evangelischen Waisenhauses in Wartenburg i. Ostpr. (Kreis Allenstein)	45	23	22	23	22	45	—	—	—	—	—	—	1	1	1	45
5. Kreis-Waisenhausschule in Pr. Holland (Kreis Pr. Holland)	21	—	21	—	—	21	—	—	—	—	—	1	—	1	1	21
6. Schule des C. Bellnus'schen Waisenhauses in Marggrabowa (Kreis Oletzko)	56	40	16	40	16	56	—	—	—	—	—	—	2	2	—	—
7. Evangelische Schule des Spend- und Waisenhauses in Danzig	55	35	20	35	20	55	—	—	—	—	—	—	1	1	1	55
8. Evangelische Schule im Kinder- und Waisenhause in Pelonken (Bg. Oliva, Kreis Danziger Höhe)	121	70	51	70	51	121	—	—	—	—	—	—	2	2	—	—
9. Schule des Anton v. Osten'schen Waiseninstituts in Jastrow (Kreis Deutsch Krone)	57	36	21	36	21	57	—	—	—	—	—	—	2	2	—	—
10. Katholische Waisenschule für Knaben in Berlin (Thurmstraße 44)	80	80	—	—	—	79	—	1	—	—	1	—	—	1	1	80
11. Evangelische Waisenhausschule des Luisenstifts in Berlin (Hollmannstraße 15)	42	42	—	—	—	42	—	—	—	—	1	—	—	1	1	42
12. Schule des Frauenvereins zur Erziehung katholischer Waisenkinder in Berlin (Lindenstraße 39)	72	—	72	—	—	72	—	—	—	—	—	2	—	2	—	—
13. Städtische Waisen-Depotschule in Berlin (Alte Jakobstraße 33)	47	16	31	16	31	47	—	—	—	—	—	—	1	1	1	47
14. Schule des französischen Kinder-Hospizes in Berlin (Friedrichstraße 129)	128	80	48	—	—	128	—	—	—	—	4	4	—	8	—	—
15. Schule der Wadzeck-Anstalt, Erziehungs-Anstalt für arme Kinder, in Berlin (Wadzeckstraße 7 und 8)	88	48	40	48	40	88	—	—	—	—	—	—	3	3	—	—
16. Waisenhausschule der deutschen Pestalozzi-Stiftung in Pankow (Kr. Niederbarnim)	74	74	—	—	—	74	—	—	—	—	2	—	—	2	—	—
17. Schule des jüdischen Erziehungshauses in Pankow (Kreis Niederbarnim)	25	25	—	—	—	25	—	—	—	—	2	—	—	2	—	—
18. Waisenhausschule des Friedrichsstifts in Görlitz (Kreis Teltow)	73	42	31	42	31	73	—	—	—	—	—	—	2	2	—	—
19. Schule der Waisen-Versorgungsanstalt in Klein Glienicke (Kreis Teltow)	53	53	—	—	—	52	—	—	1	—	2	—	—	2	—	—
20. Städtische Waisenhausschule in Frankfurt a./O.	660	314	346	—	—	660	—	—	—	—	6	6	—	12	—	—
21. Mädchenschule der katholischen Waisen- und Kommunikanden-Anstalt in Frankfurt a./O.	24	—	24	—	—	24	—	—	—	—	—	1	—	1	1	24
22. Evangel. Waisenhausschule des Bugenhagen-Stifts in Ducherow (Kreis Anklam)	31	31	—	—	—	31	—	—	—	—	1	—	—	1	1	31
23. Mädchenschule des Diakonissen- und Kinderhauses „Stift Salem" in Stettin	39	—	39	—	—	39	—	—	—	—	—	4	—	4	—	—
24. Waisenhausschule in Rokitten (Kreis Schwerin a./W.)	58	51	7	51	7	58	—	—	—	—	—	—	2	2	—	—
25. Katholische Waisenschule in Bruczkow (Kreis Koschmin)	40	22	18	22	18	—	40	—	—	—	—	—	1	1	1	40
26. Schule des Kurfürstlichen Orphanotropheum für katholische adelige Kinder beiderlei Geschlechts in Breslau	37	19	18	—	—	37	—	—	—	—	2	3	—	5	—	—
27. Schule des J. F. Präger'schen Waisen-Instituts in Reichenbach i. Schl. (Kreis Reichenbach)	35	15	17	18	17	35	—	—	—	—	—	—	2	2	—	—
28. Gepler'sche Waisenhausschule in Wüstewaltersdorf (Kreis Waldenburg)	30	14	16	14	16	30	—	—	—	—	—	—	1	1	1	30
29. Schule der katholischen Kleinkinder-Bewahr- und Waisenerziehungsanstalt des Sankt Vincenz- und Elisabeth-Vereins in Glatz (Kreis Glatz)	32	14	18	14	18	32	—	—	—	—	—	—	1	1	1	32
30. Knaben-Mittelschule der Königl. Waisen- u. Schulanstalt in Bunzlau (Kreis Bunzlau)	170	170	—	—	—	170	—	—	—	—	4	—	—	4	—	—
31. Höhere Knaben-Schulanstalt der Schwabe-Priesemuth'schen Waisenstiftung in Goldberg (Kreis Goldberg-Hainau)	121	121	—	—	—	121	—	—	—	—	5	—	—	5	—	—
32. Schule des ständischen Waisenhauses in Reichenbach i./Oberl. (Landkr. Görlitz)	64	28	36	28	36	64	—	—	—	—	—	—	2	2	—	—
33. Waisenhausschule in Kreuzburg i. Oberschl. (Kreis Kreuzburg)	37	37	—	—	—	27	—	10	—	—	1	—	—	1	1	37
34. Schule des katholischen Waisen- u. Rettungshauses „Heinrichsstift" in Czarnowanz (Kreis Oppeln)	123	76	47	76	47	48	43	32	—	—	—	—	3	3	—	—
35. Schule der Grotowski'schen Erziehungsanstalt in Schloß Lublinitz (Kr. Lublinitz)	77	38	39	38	39	63	4	10	—	—	—	—	3	3	—	—
36. Katholische Waisenhausschule in Gleiwitz (Kreis Tost-Gleiwitz)	97	69	28	69	28	45	2	50	—	—	—	—	1	1	1	97
37. Waisenhausschule des „Kaiser Wilhelmstifts" in Beuthen i. Oberschl.	26	20	6	20	6	1	7	18	—	—	—	—	1	1	1	26
38. Schule des Waisenheims „Kaiser-Wilhelm-Augusta-Stiftung" in Kattowitz (Kreis Kattowitz)	47	16	31	16	31	29	4	14	—	—	—	—	1	1	1	47
39. Waisenhausschule in Bogutschütz (Kreis Kattowitz)	68	50	18	50	18	—	27	41	—	—	—	—	1	1	1	68
40. Mädchen-Waisenhausschule in Altdorf bei Pleß (Kreis Pleß)	41	—	41	—	—	41	—	—	—	—	—	2	—	2	—	—
41. Schule des katholischen Waisenhauses in Oschersleben (Kreis Oschersleben)	89	53	36	53	36	89	—	—	—	—	—	—	2	2	—	—
42. Schule der Landwaisen-Anstalt in Langendorf (Kreis Weißenfels)	57	33	24	33	24	57	—	—	—	—	—	—	1	1	1	57
43. Schule des katholischen Waisen- und Rettungshauses in Groß Bartloff (Kreis Heiligenstadt)	38	21	17	21	17	38	—	—	—	—	—	—	2	2	—	—

[1]) Die Bezeichnung der Anstalten ist den Materialien der Schulstatistik vom 25. Mai 1891 entnommen.

häusern und dergl.

Unter den Schulen befinden sich solche mit 2 aufsteigenden Klassen: Schulen	2: mit Unterrichtsklassen	2: mit Schulkindern	3: Schulen	3: mit Unterrichtsklassen	3: mit Schulkindern	4: Schulen	4: mit Unterrichtsklassen	4: mit Schulkindern	5 und mehr: Schulen	5 und mehr: mit Unterrichtsklassen	5 und mehr: mit Schulkindern	Vollbeschäftigte, ordentliche Lehrkräfte, Lehrer: evangelisch	katholisch	jüdisch	zusammen	Lehrerinnen: evangelisch	katholisch	jüdisch	zusammen	Hülfslehrkräfte, Lehrer: evangelisch	katholisch	jüdisch	zusammen	Lehrerinnen: evangelisch	katholisch	jüdisch	zusammen	Nicht vollbeschäftigte Hülfslehrkräfte: Lehrer	Lehrerinnen	zusammen	Handarbeits-Lehrerinnen: geprüfte	ungeprüfte	Wiederholung der Bezeichnung in Spalte 1.
18	19	20	21	22	23	24	25	26	27	28	29	30	31	32	33	34	35	36	37	38	39	40	41	42	43	44	45	46	47	48	49	50	
1	2	25	—	—	—	—	—	—	—	—	—	2	—	—	2	—	—	—	—	1	—	—	1	—	—	—	—	—	—	—	—	—	1.
—	—	—	—	—	—	—	—	—	—	—	—	1	—	—	1	—	—	—	—	—	—	—	—	—	—	—	—	—	—	—	—	—	2.
1	3	154	—	—	—	—	—	—	—	—	—	—	—	—	—	—	3	—	3	—	—	—	—	—	—	—	—	—	—	—	—	1	3.
—	—	—	—	—	—	—	—	—	—	—	—	1	—	—	1	—	—	—	—	—	—	—	—	—	—	—	—	—	—	—	—	1	4.
—	—	—	—	—	—	—	—	—	—	—	—	—	—	—	—	1	—	—	1	—	—	—	—	—	—	—	—	1	1	2	—	1	5.
1	2	56	—	—	—	—	—	—	—	—	—	1	—	—	1	—	—	—	—	1	—	—	1	—	—	—	—	—	—	—	—	1	6.
—	—	—	—	—	—	—	—	—	—	—	—	1	—	—	1	—	—	—	—	—	—	—	—	—	—	—	—	—	1	1	1	—	7.
1	2	121	—	—	—	—	—	—	—	—	—	2	—	—	2	—	—	—	—	—	—	—	—	—	—	—	—	—	1	1	—	1	8.
1	2	57	—	—	—	—	—	—	—	—	—	1	—	—	1	—	—	—	—	1	—	—	1	—	—	—	—	—	—	—	—	—	9.
—	—	—	—	—	—	—	—	—	—	—	—	—	1	—	1	—	—	—	—	—	—	—	—	—	—	—	—	—	—	—	—	—	10.
—	—	—	—	—	—	—	—	—	—	—	—	1	—	—	1	—	—	—	—	—	—	—	—	—	—	—	—	1	—	1	—	—	11.
1	2	72	—	—	—	—	—	—	—	—	—	—	—	—	—	—	2	—	2	—	—	—	—	—	—	—	—	—	—	—	1	—	12.
—	—	—	—	—	—	—	—	—	—	—	—	1	—	—	1	—	—	—	—	1	—	—	1	—	—	—	—	—	—	—	—	—	13.
—	—	—	—	—	—	1	8	126	—	—	—	7	—	—	7	2	—	—	2	—	—	—	—	—	—	—	—	2	1	3	2	—	14.
—	—	—	1	3	86	—	—	—	—	—	—	3	—	—	3	1	—	—	1	—	—	—	—	2	—	—	2	1	—	1	1	3	15.
1	2	74	—	—	—	—	—	—	—	—	—	2	—	—	2	—	—	—	—	—	—	—	—	—	—	—	—	1	—	1	—	—	16.
1	2	25	—	—	—	—	—	—	—	—	—	—	—	2	2	—	—	—	—	—	—	—	—	—	—	—	—	1	—	1	—	—	17.
1	2	73	—	—	—	—	—	—	—	—	—	2	—	—	2	—	—	—	—	—	—	—	—	—	—	—	—	1	1	2	—	—	18.
1	2	53	—	—	—	—	—	—	—	—	—	2	—	—	2	—	—	—	—	—	—	—	—	—	—	—	—	1	—	1	—	—	19.
—	—	—	—	—	—	—	—	—	1	12	660	10	—	—	10	2	—	—	2	1	—	—	1	—	—	—	—	—	—	—	—	1	20.
—	—	—	—	—	—	—	—	—	—	—	—	—	—	—	—	—	1	—	1	—	—	—	—	—	—	—	—	—	—	—	—	1	21.
—	—	—	—	—	—	—	—	—	—	—	—	3	—	—	3	—	—	—	—	—	—	—	—	—	—	—	—	—	—	—	—	—	22.
—	—	—	—	—	—	1	4	32	—	—	—	—	—	—	—	3	—	—	3	—	—	—	—	2	—	—	2	2	1	3	1	—	23.
1	2	53	—	—	—	—	—	—	—	—	—	1	—	—	1	—	—	—	—	2	—	—	2	—	—	—	—	—	—	—	—	1	24.
—	—	—	—	—	—	—	—	—	—	—	—	—	—	—	—	—	1	—	1	—	—	—	—	—	—	—	—	—	—	—	—	—	25.
—	—	—	—	—	—	—	—	—	1	5	37	—	2	—	2	—	2	—	2	—	—	—	—	—	—	—	—	1	1	2	1	—	26.
1	2	35	—	—	—	—	—	—	—	—	—	2	—	—	2	—	—	—	—	—	—	—	—	—	—	—	—	—	—	—	—	1	27.
—	—	—	—	—	—	—	—	—	—	—	—	1	—	—	1	—	—	—	—	—	—	—	—	—	—	—	—	—	—	—	—	1	28.
—	—	—	—	—	—	—	—	—	—	—	—	—	—	—	—	—	1	—	1	—	—	—	—	—	—	—	—	1	—	1	—	1	29.
—	—	—	—	—	—	1	4	170	—	—	—	6	—	—	6	—	—	—	—	2	—	—	2	—	—	—	—	2	—	2	—	—	30.
—	—	—	—	—	—	—	—	—	1	5	121	5	—	—	5	—	—	—	—	3	—	—	3	—	—	—	—	—	—	—	—	—	31.
1	2	64	—	—	—	—	—	—	—	—	—	1	—	—	1	—	—	—	—	—	—	—	—	—	—	—	—	—	—	—	—	1	32.
—	—	—	—	—	—	—	—	—	—	—	—	1	—	—	1	—	—	—	—	—	—	—	—	—	—	—	—	—	—	—	—	—	33.
—	—	—	1	3	128	—	—	—	—	—	—	—	1	—	1	—	—	—	—	—	2	—	2	—	—	—	—	—	—	—	—	1	34.
—	—	—	1	3	77	—	—	—	—	—	—	1	1	—	2	—	—	—	—	—	1	—	1	—	—	—	—	—	1	1	—	1	35.
—	—	—	—	—	—	—	—	—	—	—	—	—	1	—	1	—	—	—	—	—	—	—	—	—	—	—	—	—	—	—	—	—	36.
—	—	—	—	—	—	—	—	—	—	—	—	1	—	—	1	—	—	—	—	—	—	—	—	—	—	—	—	1	—	1	—	1	37.
—	—	—	—	—	—	—	—	—	—	—	—	—	—	—	—	—	1	—	1	—	—	—	—	—	—	—	—	—	—	—	—	1	38.
—	—	—	—	—	—	—	—	—	—	—	—	—	—	—	—	—	1	—	1	—	—	—	—	—	—	—	—	1	—	1	—	1	39.
1	2	41	—	—	—	—	—	—	—	—	—	—	—	—	—	2	—	—	2	—	—	—	—	—	—	—	—	—	—	—	—	—	40.
1	2	39	—	—	—	—	—	—	—	—	—	—	—	—	—	—	1	—	1	—	—	—	—	—	1	—	1	—	—	—	—	2	41.
—	—	—	—	—	—	—	—	—	—	—	—	1	—	—	1	1	—	—	1	—	—	—	—	—	—	—	—	—	—	—	—	1	42.
1	2	38	—	—	—	—	—	—	—	—	—	—	—	—	—	—	3	—	3	—	—	—	—	—	—	—	—	—	—	—	—	2	43.

Bezeichnung und Lage der Schulen bezw. Anstalten¹).	Schulkinder			davon werden in gemischten Klassen unterrichtet		Familiensprache der Schulkinder: Es sprechen in ihren Familien					Zahl der Unterrichtsklassen und zwar				Unter… 1 … auf-	
	überhaupt	Knaben	Mädchen	Knaben	Mädchen	nur deutsch	nur polnisch	polnisch und deutsch	wendisch und deutsch	englisch und deutsch	Knabenklassen	Mädchenklassen	gemischte Klassen	überhaupt	Schulen	mit Schulkindern
1	2	3	4	5	6	7	8	9	10	11	12	13	14	15	16	17
44. Waisenhaus- und Armenschule in Kropp (Kreis Schleswig)	27	17	10	17	10	27	—	—	—	—	—	—	1	1	1	27
45. Katholische Waisenhausschule in Henneckenrode (Kreis Marienburg i. Hann.)	90	46	44	14	16	90	—	—	—	—	1	1	1	3	—	—
46. Katholische Waisenhausschule zu Sankt Mauritz in Münster i. Westf.	60	31	29	31	29	60	—	—	—	—	—	—	1	1	1	60
47. Schule des Bürgerwaisenhauses in Münster i. Westf.	20	12	8	12	8	20	—	—	—	—	—	—	1	1	1	20
48. Katholische Waisenhausschule in Herford (Kreis Herford)	55	33	22	33	22	55	—	—	—	—	—	—	1	1	1	55
49. Schule des israelitischen Waisenhauses für Rheinland und Westfalen in Paderborn (Kreis Paderborn)	50	35	15	35	15	50	—	—	—	—	—	—	1	1	1	50
50. Katholische Waisenhausschule in Höxter (Kreis Höxter)	90	57	33	57	33	90	—	—	—	—	—	—	2	2	—	—
51. Katholische Mädchen-Waisenhausschule in Brakel (Kreis Höxter)	39	—	39	—	—	39	—	—	—	—	—	1	—	1	1	39
52. Waisenhausschule der v. Melling'schen Stiftung in Ost Uffeln (Stadt Werl, Kreis Soest)	52	52	—	—	—	52	—	—	—	—	2	—	—	2	—	—
53. Waisenhausschule der v. Melling'schen Stiftung in West Uffeln (Stadt Werl, Kreis Soest)	50	50	—	—	—	50	—	—	—	—	1	—	—	1	1	50
54. Schule des „Friedrich-Wilhelm-Stifts" in Hamm (Kreis Hamm)	40	26	14	26	14	40	—	—	—	—	—	—	1	1	1	40
55. Schule des Waisen- u. Erziehungshauses Lohernocken in Vörde (Kreis Schwelm)	62	36	26	36	26	62	—	—	—	—	—	—	1	1	1	62
56. Schule des reformierten Waisenhauses in Kassel	106	106	—	—	—	106	—	—	—	—	3	—	—	3	—	—
57. Mädchen-Waisenschule „Sankt Barbara" in Koblenz	38	—	38	—	—	38	—	—	—	—	—	1	—	1	1	38
58. Schule der katholischen Knaben-Erziehungsanstalt in Kemperhof (Bgm. Moselweiß, Landkreis Koblenz)	60	60	—	—	—	60	—	—	—	—	1	—	—	1	1	60
59. Katholische Waisenhausschule in Krefeld	164	98	66	98	66	164	—	—	—	—	—	—	3	3	—	—
60. Schule des G. u. L. Schmitz-Waisenstifts in Mülheim a./Ruhr (Kreis Mülheim a./Ruhr)	30	15	15	15	15	30	—	—	—	—	—	—	1	1	1	30
61. Schule des Königlichen Waisenhauses in Steele (Landkreis Essen)	148	79	69	79	69	148	—	—	—	—	—	—	3	3	—	—
62. Evangelische Waisenhausschule in Neukirchen (Kreis Mörs)	55	37	18	37	18	55	—	—	—	—	—	—	1	1	1	55
63. Evangelische Waisenhausschule in Kaiserswerth (Landkreis Düsseldorf)	33	—	33	—	—	33	—	—	—	—	—	3	—	3	—	—
64. Lutherische Waisenhausschule in Barmen	50	28	22	28	22	50	—	—	—	—	—	—	1	1	1	50
65. Evangelische Waisenhausschule in Barmen	70	35	35	35	35	70	—	—	—	—	—	—	1	1	1	70
66. Reformierte Waisenhausschule in Barmen	28	18	10	18	10	28	—	—	—	—	—	—	1	1	1	28
67. Städtische Waisenhausschule in Köln	186	96	90	71	49	186	—	—	—	—	1	1	3	5	—	—
68. Schule des Diasporahauses (Waisen- und Konfirmanden-Anstalt) in Godesheim (Bgm. Godesberg, Landkreis Bonn)	32	21	11	21	11	32	—	—	—	—	—	—	1	1	1	32
69. Katholische Knaben-Waisenschule des Hospitals in Trier	41	41	—	—	—	41	—	—	—	—	1	—	—	1	1	41
70. Katholische Mädchen-Waisenschule des Hospitals in Trier	28	—	28	—	—	28	—	—	—	—	—	1	—	1	1	28
71. Katholische Waisenhausschule in Sankt Vith (Kreis Malmedy)	87	73	14	73	14	87	—	—	—	—	—	—	2	2	—	—
72. Schule des katholischen Waisenhauses „Nazareth" in Sigmaringen (Oberamt Sigmaringen)	28	16	12	16	12	28	—	—	—	—	—	—	1	1	1	28
Schulen in Waisenhäusern und dergl. überhaupt	5 086	3 127	1 959	1 607	1 098	4 780	127	177	1	1	45	32	67	144	38	1 652
davon: in den Städten (50 Schulen)	3 826	2 285	1 541	1 065	749	3 720	13	93	—	—	34	29	44	107	28	1 190
auf dem Lande (22 Schulen)	1 260	842	418	542	349	1 060	114	84	1	1	11	3	23	37	10	462

¹) Die Bezeichnung der Anstalten ist den Materialien der Schulstatistik vom 25. Mai 1891 entnommen.

häusern und dergl.

Von den Schulen befinden sich solche mit												Vollbeschäftigte																Nicht vollbeschäftigte Hülfslehrkräfte			Handarbeits-Lehrerinnen		Wiederholung der Bezeichnung in Spalte 1.
2			3			4			5 und mehr			ordentliche Lehrkräfte								Hülfslehrkräfte													
aufsteigenden Klassen:												Lehrer				Lehrerinnen				Lehrer				Lehrerinnen									
Schulen	mit Unterrichtsklassen	mit Schulkindern	Schulen	mit Unterrichtsklassen	mit Schulkindern	Schulen	mit Unterrichtsklassen	mit Schulkindern	Schulen	mit Unterrichtsklassen	mit Schulkindern	evangelisch	katholisch	jüdisch	zusammen	evangelisch	katholisch	jüdisch	zusammen	evangelisch	katholisch	jüdisch	zusammen	evangelisch	katholisch	jüdisch	zusammen	Lehrer	Lehrerinnen	zusammen	geprüfte	ungeprüfte	
18	19	20	21	22	23	24	25	26	27	28	29	30	31	32	33	34	35	36	37	38	39	40	41	42	43	44	45	46	47	48	49	50	
—	—	—	—	—	—	—	—	—	—	—	—	1	—	—	1	—	—	—	—	—	—	—	—	—	—	—	—	—	—	—	—	1	44.
1	3	90	—	—	—	—	—	—	—	—	—	—	1	—	1	—	1	—	1	—	1	—	1	—	—	—	—	—	—	—	—	1	45.
—	—	—	—	—	—	—	—	—	—	—	—	—	—	—	—	—	1	—	1	—	—	—	—	—	—	—	—	—	—	—	—	—	46.
—	—	—	—	—	—	—	—	—	—	—	—	—	—	—	—	—	1	—	1	—	—	—	—	—	—	—	—	1	1	2	—	1	47.
—	—	—	—	—	—	—	—	—	—	—	—	—	—	—	—	—	1	—	1	—	—	—	—	—	—	—	—	—	—	—	1	—	48.
—	—	—	—	—	—	—	—	—	—	—	—	—	—	1	1	—	—	—	—	—	—	—	—	—	—	—	—	—	—	—	—	1	49.
1	2	90	—	—	—	—	—	—	—	—	—	—	—	—	—	—	2	—	2	—	—	—	—	—	—	—	—	—	—	—	2	—	50.
—	—	—	—	—	—	—	—	—	—	—	—	—	—	—	—	—	1	—	1	—	—	—	—	—	—	—	—	—	—	—	1	—	51.
1	2	53	—	—	—	—	—	—	—	—	—	—	2	—	2	—	—	—	—	—	—	—	—	—	—	—	—	—	—	—	—	—	52.
—	—	—	—	—	—	—	—	—	—	—	—	2	—	—	2	—	—	—	—	—	—	—	—	—	—	—	—	—	—	—	—	—	53.
—	—	—	—	—	—	—	—	—	—	—	—	1	—	—	1	—	—	—	—	—	—	—	—	—	—	—	—	—	—	—	—	1	54.
—	—	—	—	—	—	—	—	—	—	—	—	1	—	—	1	—	—	—	—	—	—	—	—	—	—	—	—	—	—	—	—	1	55.
—	—	—	1	3	106	—	—	—	—	—	—	2	—	—	2	—	—	—	—	1	—	—	1	—	—	—	—	—	—	—	—	—	56.
—	—	—	—	—	—	—	—	—	—	—	—	—	—	—	—	—	1	—	1	—	—	—	—	—	—	—	—	—	—	—	—	1	57.
—	—	—	—	—	—	—	—	—	—	—	—	—	1	—	1	—	—	—	—	—	—	—	—	—	—	—	—	2	—	2	—	—	58.
—	—	—	1	3	164	—	—	—	—	—	—	—	3	—	3	—	—	—	—	—	—	—	—	—	—	—	—	1	1	2	—	1	59.
—	—	—	—	—	—	—	—	—	—	—	—	—	—	—	—	1	—	—	1	—	—	—	—	—	—	—	—	—	—	—	1	—	60.
—	—	—	1	3	148	—	—	—	—	—	—	—	2	—	2	—	1	—	1	—	—	—	—	—	—	—	—	1	—	1	1	—	61.
—	—	—	—	—	—	—	—	—	—	—	—	2	—	—	2	—	—	—	—	—	—	—	—	—	—	—	—	—	—	—	—	1	62.
—	—	—	1	5	33	—	—	—	—	—	—	—	—	—	—	2	—	—	2	—	—	—	—	—	—	—	—	—	2	2	1	—	63.
—	—	—	—	—	—	—	—	—	—	—	—	2	—	—	2	—	—	—	—	—	—	—	—	—	—	—	—	—	—	—	—	1	64.
—	—	—	—	—	—	—	—	—	—	—	—	2	—	—	2	—	—	—	—	—	—	—	—	—	—	—	—	—	—	—	—	2	65.
—	—	—	—	—	—	—	—	—	—	—	—	3	—	—	3	—	—	—	—	—	—	—	—	—	—	—	—	—	—	—	—	1	66.
—	—	—	—	—	—	1	5	180	—	—	—	—	3	—	3	—	2	—	2	—	—	—	—	—	—	—	—	—	—	—	2	—	67.
—	—	—	—	—	—	—	—	—	—	—	—	1	—	—	1	—	—	—	—	—	—	—	—	—	—	—	—	—	—	—	—	1	68.
—	—	—	—	—	—	—	—	—	—	—	—	—	1	—	1	—	—	—	—	—	—	—	—	—	—	—	—	—	—	—	—	—	69.
—	—	—	—	—	—	—	—	—	—	—	—	—	—	—	—	—	1	—	1	—	—	—	—	—	—	—	—	—	—	—	1	—	70.
1	2	37	—	—	—	—	—	—	—	—	—	—	—	—	—	—	2	—	2	—	—	—	—	—	—	—	—	—	—	—	—	—	71.
—	—	—	—	—	—	—	—	—	—	—	—	—	—	—	—	—	1	—	1	—	—	—	—	—	—	—	—	—	—	—	1	—	72.
20	42	1 354	7	21	739	4	21	523	3	22	818	76	19	3	98	15	31	—	46	13	4	—	17	4	1	—	5	22	12	34	18	39	Bezirk.
10	21	756	5	15	539	4	21	523	3	22	818	54	15	1	70	12	25	—	37	10	—	—	10	4	1	—	5	15	9	24	18	25	St.
10	21	598	2	6	200	—	—	—	—	—	—	22	4	2	28	3	6	—	9	3	4	—	7	—	—	—	—	7	3	10	—	14	L.

Nachrichten über das Volksschulwesen der außerpreußischen deutschen Bundesstaaten.

In den vorhergehenden Theilen dieser Denkschrift ist lediglich von dem niederen Schulwesen des preußischen Staates die Rede gewesen. Im Nachstehenden soll noch ein kurzer Überblick über das Volksschulwesen der übrigen deutschen Bundesstaaten gegeben werden. Vorweg darf bemerkt werden, daß an dieser Stelle eine erschöpfende und allseitige Darstellung des einschlägigen Gebietes nicht versucht werden soll. Das würde über das Ziel und den Raum dieser Denkschrift hinausgehen. Denn die Entwickelung des Volksschulwesens in den einzelnen Gebieten des Deutschen Reiches hat zwar in geschichtlicher Beziehung einigermaßen einen gleichartigen Verlauf genommen, in verwaltungsrechtlicher und gesetzgeberischer Beziehung hat aber die Selbständigkeit der Einzelstaaten sowohl nach der sachlichen Seite wie in der zeitlichen Folge der Entwickelungsstufen der Volksschule die größten Verschiedenheiten bedingt. Auch die verwaltungsrechtliche Abgrenzung des Volksschulgebietes ist in den verschiedenen Bundesstaaten nicht ohne erhebliche Abweichungen. Deshalb ist es natürlich für den Statistiker nicht leicht, ein übersichtliches Bild über das Volksschulwesen des gesammten Deutschen Reiches zu entwerfen, zumal es an gleichartigen Ermittelungen hierüber durchweg fehlt. Auch die unten mitgetheilten Zahlen sind nicht ohne Einschränkung vergleichbar und nur wenige eignen sich, zu einer Summe für das ganze Reich zusammengezogen zu werden.

I. Abschnitt. Das Volksschulrecht der nichtpreußischen deutschen Bundesstaaten.

Einige Züge aus dem Volksschulrecht einzelner Bundesstaaten mögen hier Platz finden; sie werden die Verschiedenheiten der Volksschulverhältnisse in denselben erkennen lassen und zugleich beweisen, daß eine Gesammtübersicht, wie sie für den preußischen Staat gegeben worden ist, für das Deutsche Reich zur Zeit noch nicht dargeboten werden kann. Sie werden andererseits aber doch auch einen Einblick in die Volksschulverhältnisse der außerpreußischen Staaten Deutschlands gewähren und darlegen, daß überall im Deutschen Reiche dem Volksschulwesen die thatkräftigste Sorge zugewendet wird, daß keine einzige Bundesregierung die Opfer scheut, welche für die Förderung desselben erforderlich sind.

1. Schulpflicht.

Der Grundsatz der allgemeinen Schulpflicht ist in sämmtlichen Staaten des Deutschen Reiches durchgeführt, und ein gewisses Mindestmaß geistiger Ausbildung und sittlicher Erziehung ist jedem Kinde überall gesichert. Die Staatsregierungen haben es schon seit vielen Jahrzehnten nicht mehr dem guten Willen und der Einsicht der Eltern und Pfleger überlassen, ob diese den Kindern die Gelegenheit zur Erwerbung der nothwendigsten Kenntnisse geben wollen. Bestimmte Jahre des Kindesalters sind überall der Schulpflicht vorbehalten, und während dieser Zeit erstreckt sich der Schulzwang mit der durch konfessionelle und örtliche oder sonstige zulässige Rücksichten bedingten Maßgaben auf alle in den vorgeschriebenen Lehrplänen der Volksschule aufgenommenen Unterrichtsgegenstände.

Der Schulpflicht unterliegen in erster Reihe die Kinder der Staatsangehörigen. In der Regel sind auch die Kinder von anderen Reichsangehörigen zum Schulbesuche verpflichtet, und zwar auf Grund von Verträgen, welche in dieser Richtung zwischen verschiedenen Bundesstaaten abgeschlossen sind. Die Schulpflicht, welche, wie wir gesehen haben, auch in den einzelnen Landestheilen Preußens nicht immer mit den gleichen Lebensjahren beginnt und endet, erstreckt sich in den Einzelstaaten des Deutschen Reiches mindestens über die Zeit vom vollendeten 7. bis etwa zum 14. Lebensjahre. In Bayern, Sachsen, Baden, Hessen, Elsaß-Lothringen und einigen anderen Bundesstaaten beginnt dieselbe mit dem vollendeten 6. Jahre, in anderen, z. B. in Württemberg, mit dem 7. Jahre; sie dauert in den vorgenannten

Staaten bis zum 14. Jahre, in Bayern jedoch nur bis zum 13. Jahre und ebenso in Elsaß-Lothringen für Mädchen. In einzelnen Staaten, wie in Elsaß-Lothringen, Bayern u. a., ist die Entlassung aus der Volksschule von einer Abgangsprüfung abhängig. Geistig und sittlich nicht genügend reife Volksschüler können überall um ein Jahr länger, in Baden wenigstens die Knaben, in Württemberg sogar um zwei Jahre über die gesetzliche Schulpflicht hinaus in der Volksschule zurückgehalten werden. Manche der deutschen Staaten haben auch eine über das schulpflichtige Alter hinausgehende Verpflichtung zum Besuche von Fortbildungs- und Sonntags- oder Feierabendschulen eingeführt; so verlangt Baden einen solchen Schulbesuch von den Knaben zwei Jahre lang, von den Mädchen ein Jahr; Bayern, Sachsen und Hessen fordern einen solchen drei Jahre hindurch; Württemberg hat das 18. Lebensjahr als Grenze hierfür festgesetzt; Elsaß-Lothringen kennt diese Verpflichtung nicht; andere Staaten, wie Sachsen und Hessen, machen den Besuch des Fortbildungsunterrichtes für Mädchen von der Entscheidung der Schulvorstände u. dgl. abhängig.

Zeitliche bez. vorübergehende Befreiungen von der Ableistung der allgemeinen Schulpflicht in der Volksschule werden aus gesundheitlichen, wirthschaftlichen und ähnlichen Rücksichten überall gestattet, haben aber einen Beschluß der Schulbehörden zur Voraussetzung, so daß ein Mißbrauch der Schulpflichtbefreiungen ausgeschlossen ist. Selbstverständlich fällt der Zwang zum Besuche der Volksschulen fort, wenn und so weit für die ordnungsmäßige Beschulung der Pflichtigen anderweit gesorgt ist und darüber der Nachweis erbracht wird.

Unerlaubte Schulversäumniß wird bestraft, bei den Schülern im Wege der disziplinarischen Schulstrafen, bei den schuldigen Eltern durch gerichtliche bez. Polizeistrafen u. dergl., auch durch Entziehung der Armenunterstützung (z. B. in Elsaß-Lothringen) u. s. w.

2. Schulbezirke.

Die Abgrenzung der Schulbezirke (Schulsprengel und dergl.) und damit im Zusammenhange die Umschreibung des Kreises der Träger der Schulunterhaltungspflicht ist in der Regel Sache der Schulaufsichtsbehörde und pflegt sich, der Natur der Volksschule entsprechend, den politischen Gemeinden bezw. Ortschaften u. dgl. anzuschließen, so in Bayern, Württemberg, Baden, Hessen, Elsaß-Lothringen u. a. Die Dichtigkeit der Besiedelung, konfessionelle Verhältnisse u. a. m. begründen mancherlei Ausnahmen von der Regel. In Bayern, Württemberg, Baden, Hessen ꝛc. soll grundsätzlich jede Gemeinde eine oder mehrere Schulen der in Rede stehenden Art haben; das badische Volksschulrecht sieht von einer Rücksichtnahme auf die Konfession der Betheiligten gänzlich ab; in Hessen ist die „gemeinsame“ Schule (die paritätische) die Regel, Ausnahmen sind unter Zustimmung der politischen Gemeinden und der Schulvorstände zugelassen; in Bayern ist die Einrichtung „gemischter“ (simultaner, paritätischer) Schulen die Ausnahme; in Württemberg kann die konfessionelle Minderheit erst, wenn sie aus 60 Familien besteht, die Errichtung einer Konfessionsschule fordern; in Sachsen gilt das Sozietätsprinzip.

3. Lehrgegenstände.

Die Lehrgegenstände der Volksschulen sind im Allgemeinen in allen Staaten dieselben wie in Preußen: Religion, Lesen, Schreiben, Rechnen, Anfänge der Raumlehre, Zeichnen, Geschichte, Geographie, Naturkunde, Gesang, Turnen, weibliche Handarbeiten. Die Leitung und Überwachung des Religionsunterrichtes ist meist den Geistlichen oder den Kirchenbehörden vorbehalten, und letztere haben vereinzelt, z. B. in Bayern, das Recht, Anordnungen über die Lehrbücher zu treffen; in Elsaß-Lothringen ist der Katechismusunterricht Sache der Geistlichen, die Vorbereitung dazu Sache des Lehrers; in Baden trifft die geistliche Behörde die Einrichtung des Lehrplans für den Religionsunterricht; in Bayern, Württemberg, Baden hat der Lehrer in demselben mitzuwirken; in Hessen darf der Geistliche nur auf Grund besonderer Abmachungen den Religionsunterricht ertheilen; in Sachsen ist der konfessionelle Religionsunterricht auch für dissidentische Kinder obligatorisch.

Die Volksschulen sind in einzelnen Staaten ihrer lehrplanmäßigen Einrichtung nach in verschiedene Grade getheilt: Baden und Hessen haben „erweiterte“, Sachsen „einfache“, „mittlere“ und „höhere“ Volksschulen. Auch für „Stadtschulen“ und „Landschulen“ finden sich lehrplanmäßige Besonderheiten. Die Statistik der Einzelstaaten macht diese Verschiedenheiten meist nicht ersichtlich, und deshalb ist eine Ausscheidung der Schulen mit annähernd gleichem Charakter, wie ihn die sogenannten Mittelschulen Preußens haben, vielfach nicht angängig.

4. Schulunterhaltung.

Die Schulunterhaltungskosten sind in den meisten Staaten von den Gemeinden grundsätzlich zu tragen. Antheilsweise sind auch der Staat, in wenigen Bundesstaaten auch die größeren Kommunalverbände an der Aufbringung derselben betheiligt. In Anhalt ist die Volksschule Staatsanstalt und der Staat trägt die Kosten derselben.

In der Regel hat die Schulaufsichtsbehörde die Befugniß, die Höhe des Bedarfs festzusetzen; wie in Preußen, so hat aber auch in Bayern, Württemberg, Baden, Hessen u. a. die Gesetzgebung den Organen der Verwaltungsrechtspflege bezw. den höheren Selbstverwaltungsbehörden bestimmte Befugnisse zur Beurtheilung der Verpflichtung der Gemeinden rc., der zulässigen Höhe der von der Schulaufsichtsbehörde erforderten Leistungen u. dgl. übertragen und damit die rein bureaukratische Einwirkung der letzteren beschränkt oder beseitigt.

An den Deckungsmitteln der Schulunterhaltungskosten ist fast in allen Staaten der Ertrag des Schulvermögens betheiligt, mehrfach auch der des Kirchenvermögens. „Oertliche Stiftungen", „Ortsfonds" (so in Baden), „Landabfindungen" u. dgl. sind nach den Gesetzen der einzelnen Staaten überall zunächst zur Deckung der Schulkosten heranzuziehen; in einzelnen Fällen ist sogar Vorsorge getroffen, daß die Bestandtheile eines vorhandenen Schulvermögens planmäßig vermehrt, bezw. daß ein solches neu begründet wird.

Ein anderer Theil des Bedarfes wird aus dem Schulgelde gedeckt. Wie in Preußen, so ist die Erhebung desselben neuerdings auch in einigen anderen Staaten des Reiches aufgehoben worden; viele derselben haben das Schulgeld aber beibehalten. So ist es in Sachsen eine gesetzliche Einrichtung und darf von den Gemeinden nicht abgeschafft werden, ist vielmehr als Deckungsmittel der Schulunterhaltungskosten in die erste Stelle gerückt. In Württemberg muß es erhoben werden, sobald der Fall des „Gemeindeschadens" eintritt, d. h. sobald Umlagen zur Deckung des Schulbedarfes nothwendig werden. Das Schulgeld wird in der Regel zur Gemeinde-, auch zur Staatskasse (z. B. in Anhalt) erhoben; in Bayern und Elsaß-Lothringen gebührt es aber dem Lehrer; in Baden erhält der Lehrer ein festes Aversum, welches alle drei Jahre festgesetzt wird und einen Mindestbetrag nicht unterschreiten soll. Das Schulgeld ist in Bayern auch für Kinder, welche die Schulen nicht besuchen und privatim unterrichtet werden, zu zahlen; ebenso kann in Sachsen durch die Lokalschulordnungen bestimmt werden, daß auch Kinder, welche die Ortsschule nicht besuchen, zur Schulgeldzahlung bis zur Hälfte des höchsten ortsüblichen Schulgeldsatzes herangezogen werden. Die Schulgeldsätze sind meist nach dem Höchstbetrage begrenzt, in Württemberg, Baden, Hessen u. a. nach Ortsklassen bezw. nach der Einwohnerzahl der Orte; hier und da ist es auch nach Schulklassen, nach den Vermögens- bezw. Steuerverhältnissen und nach den Familienverhältnissen der Schulgeldpflichtigen (Sachsen) abgestuft. Wo, wie in Bayern, Sachsen, Baden, das Schulgeld einen bestimmten Theil des Diensteinkommens des Lehrers bildet, ist dasselbe für Unbemittelte aus der Ortsarmenkasse u. dgl. zu zahlen.

Von besonderer Bedeutung ist die Deckung der Schulkosten durch die öffentlich-rechtlichen Kommunalverbände und den Staat.

In Preußen sind, wie wir gesehen haben, entweder die Schulsozietäten der Hausväter, oder die politischen Gemeinden und Gutsherrschaften die Träger der Schulunterhaltungspflicht; in Sachsen herrscht das Sozietätsprinzip; in allen übrigen Staaten, Anhalt ausgenommen, liegt die Schullast den politischen Gemeinden ob. Höhere Kommunalverbände haben in Bayern und Elsaß-Lothringen einen Theil der Schulunterhaltung zu übernehmen. Die Erhebung der Schulkosten erfolgt durch Umlegung von Abgaben bez. Beiträgen, wobei jeder Steuerzahler entweder, wie in Bayern und Hessen, nur zur Deckung des Bedarfes der Schule seiner Konfession herangezogen werden darf, oder, wie in Württemberg, Baden, Elsaß-Lothringen die Konfession der Gemeindebürger keinen Unterschied in der Aufbringung der Schulkosten begründet. Der Maßstab der zu erhebenden Umlagen ist in verschiedenen Staaten besonders geregelt, beispielsweise in Sachsen, wo die Schulunterhaltungskosten in einem Theile der Gemeinden zur Hälfte nach dem Verhältniß der Steuereinheiten des Grundbesitzes, zur anderen Hälfte nach dem Verhältniß der über 14 Jahre alten Gemeindemitglieder aufzubringen sind, in Baden, wo die Zahl der zur Schule gehörigen Bevölkerung den Maßstab abgiebt, in Württemberg, wo die Zahl der zum Schulverbande gehörigen Familien die Grundlage bildet u. s. w. — Die Kirchengemeinden sind herkömmlich verschiedenerorten an der Aufbringung der Lehrergehalte und an der Tragung der Baulasten betheiligt, wie denn, der Entwickelung des Volksschulwesens in Deutschland entsprechend, noch zahlreiche Lehrerstellen mit einem Kirchenamte organisch oder dauernd verbunden sind. In Bayern bestehen Klosterschulen, welche von der Kirche allein zu unterhalten sind.

Der Staat trägt einen Theil der Schulunterhaltungslast einerseits in Folge rechtlicher Verpflichtung als Rechtsnachfolger im Eigenthum früherer Stiftungen, Klöster ꝛc. bez. als Eigenthümer von Gütern und anderem unbeweglichen Vermögen, andererseits in der Form von Beihülfen und Unterstützungen, die, wie in Preußen, so auch in einzelnen anderen Staaten, theils nach festgelegten Grundsätzen zu gewähren sind, theils von den Verwaltungsbehörden nach dem schwankenden Bedürfniß bemessen werden. In Bayern erhalten die Kreise den größeren Theil der von ihnen zu leistenden Volksschulzuschüsse aus der Staatskasse; in Baden trägt der Staat gesetzlich den Theil der Schulkosten, welcher noch ungedeckt bleibt, wenn die Gemeinden einen bestimmten Höchstbetrag durch die vorgeschriebenen Umlagen aufgebracht haben, unter besonders ungünstigen Steuerverhältnissen sogar die ganze Schullast; in Hessen gewährt die Staatskasse an die Gemeinden zu Schulbauzwecken niedrig verzinsliche oder zinsfreie Darlehen; in Sachsen wird alljährlich der dritte Theil der in jeder Steuergemeinde aufkommenden Grundsteuer an die Schulgemeinde der konfessionellen Mehrheit überwiesen, welche diesen Betrag nach dem Verhältniß der Kinderzahl gegebenen Falls mit der Schulgemeinde der konfessionellen Minderheit zu theilen hat; in anderen Staaten übernimmt die Staatskasse die Pensionen und die Versorgung der Wittwen und Waisen der Lehrer.

Auf dem Gebiete der Volksschulunterhaltung besteht im Deutschen Reiche eine sehr große Vielgestaltigkeit, entsprechend der geschichtlichen Entwickelung des Volksschulwesens und des Verwaltungsrechts. Einheitlich erscheint aber überall der Grundgedanke, daß in erster Linie ein engerer Kreis von grundsätzlichen Trägern der Schulunterhaltungspflicht in den Schulgeld zahlenden unmittelbaren Schulinteressenten sowie in den politischen Gemeinden oder Schulverbänden u. dergl. geschaffen ist und erst in zweiter Linie die höheren Kommunalverbände bezw. der Staat zur Deckung der Schullasten herangezogen werden. Außer durch die in Gestalt des Schulgeldes zu zahlende Gebühr als Entgelt für die Leistung der Schulveranstaltung ist die gesammte Bevölkerung in den engeren Kreisen der gemeindlichen Organisation überall durch Leistungen ihrer Steuerkraft ganz unmittelbar und in thunlichst gleichmäßigem Umfange mit den Interessen und dem Gedeihen der Volksschule eng verknüpft, so daß diese eine echt volksthümliche Erscheinung im deutschen Volksleben genannt zu werden verdient.

5. Lehrerbildung.

Schon im vorigen Jahrhundert bestanden in mehreren deutschen Bundesstaaten Lehrerbildungsanstalten. Durch die Einführung der allgemeinen Schulpflicht erhielt die staatliche Fürsorge für das Lehrerbildungswesen in fast allen deutschen Staaten einen weiteren Anstoß. Es brach sich die Auffassung Bahn, daß es der Staat, welcher den Schulbesuch allgemein verbindlich mache, nicht dem Zufall überlassen könne, ob geeignete Personen zur Ausübung der Lehrthätigkeit an den öffentlichen Volksschulen vorhanden seien. Je mehr sich der Staat der allgemeinen Schulbildung annahm und je weniger er das Recht und die Pflicht übersehen konnte, nur Lehrkräfte von geistiger und sittlicher Tüchtigkeit zuzulassen und anzustellen, um so mehr mußte ihm obliegen, für ausreichende Gelegenheit zu gleichartiger und systematischer Heranbildung derselben zu sorgen; er hatte selbst Lehrerbildungsanstalten zu begründen und mußte auch das private Lehrerbildungswesen der Überwachung unterwerfen und es nach festen Grundsätzen regeln.

Diesen Erwägungen ist in weitem Umfange zuerst langsam, in den letzten Jahrzehnten in rascherem Schritte Folge gegeben worden. Aber in den einzelnen Staaten wurde mit der Einrichtung und Ausbildung des Seminarwesens verschieden vorgegangen, je nach den vorhandenen Anfängen, an welche sich die planmäßige Neugestaltung anzulehnen hatte, und je nach der mehr oder minder vollkommenen gesetzlichen Ordnung des Volksschulwesens überhaupt und wohl auch je nach den verfügbaren Mitteln. Deshalb ist das Lehrerbildungswesen im Deutschen Reiche im Einzelnen noch vielfach nach verschiedenen Grundsätzen geordnet und nur in dem allgemeinen Ziele, einen tüchtigen und leistungsfähigen Schullehrerstand heranzuziehen, einheitlich. Dieses Ziel wird erreicht. Ein äußeres Kennzeichen für die Gleichwerthigkeit der Lehrerbildung der einzelnen Bundesstaaten sind die bestehenden Vereinbarungen zwischen vielen derselben, daß die in dem einen erworbenen Lehrbefähigungszeugnisse auch in anderen als gültig anerkannt werden.

In einzelnen Staaten mit ausgebildeter Volksschulgesetzgebung ist die Begründung und Unterhaltung von staatlichen Lehrerbildungsanstalten von vorn herein von dem Volksschulgesetze gefordert. So bestimmt das Volksschulgesetz von Württemberg: „Vom Staate werden eigene theils mit den Erziehungshäusern in Verbindung gesetzte, theils für sich bestehende Anstalten (für Lehrerbildung) unterhalten," und weiter: „Der Unterricht in den Staatsanstalten wird unentgeltlich ertheilt. Außerdem werden an die Zöglinge zur Bestreitung des mit der Benutzung der Anstalt verbundenen Aufwandes Unterstützungen nach dem Maßstabe der Bedürftigkeit bewilligt. Die Aufnahme in die Anstalt begründet die Verbindlichkeit des Zöglings, sich dem Dienste an den Volksschulen des Vaterlandes zu widmen. Ein Zögling, welcher vor seiner Anstellung oder nach derselben vor Erfüllung einer dreijährigen Dienstzeit als Schulmeister willkürlich seinen Beruf verläßt oder dem vaterländischen Schuldienste sich entzieht oder wegen Unwürdigkeit zum Schulamte für unfähig erklärt wird, hat den Werth der genossenen Unterstützungen zu ersetzen." Diese und ähnliche Grundsätze gelten auch anderwärts. In Bayern haben die Zöglinge der Lehrerseminare für Unterricht, Wohnung, Heizung, Beleuchtung und Waschen des Bettzeuges nichts zu entrichten, die übrigen Verpflegungskosten aber selbst zu bestreiten.

Die lehrordnungsmäßige Einrichtung der Lehrerbildungsanstalten zeigt mannigfache Abweichungen in den einzelnen Bundesstaaten. Einige derselben haben sich an die preußische Gestalt und Lehrordnung angelehnt, so neuerdings Württemberg u. a. Andere Staaten sind ihre eigenen Wege gegangen. So hat Sachsen seine Seminare als sechsklassige (für Lehrerinnen fünfklassige) Anstalten, in welche der Eintritt mit dem vollendeten 14. Lebensjahre erfolgt, ausgebildet. Dort ist das Seminar eine den Gymnasien und Realschulen ähnliche und in gewissem Sinne gleichwerthige Anstalt, in welcher auch die lateinische Sprache Lehrplanbestandtheil ist und an welcher zwei Drittel der Lehrkräfte die Befähigung als Lehrer höherer Unterrichtsanstalten nachgewiesen haben müssen; den tüchtigeren Zöglingen ist der spätere Besuch der Universität und nach zweijährigem Studium auf derselben die Ablegung der gesetzlichen Prüfung für das höhere Lehrfach vorbehalten. Sachsen, das wegen seiner dichten Bevölkerung und seines Gewerbfleißes einklassige Volksschulen kaum hat und in den zahlreichen „höheren" Volksschulen die Mittelschulbildung in hervorragendem Umfange pflegt, war hierdurch auf Einführung jener erhöhten lehrplanmäßigen Anforderungen und auf die getroffenen Einrichtungen hingewiesen, denen entsprechend es dort eine besondere Präparandenbildung nicht giebt, weil diese in den Lehrplan des Seminars mit aufgenommen ist. — In Bayern haben die Lehramtsbewerber außer der Volksschule noch drei auf einander folgende Kurse durchzumachen: einen dreijährigen Präparandenkurs, einen zweijährigen Lehrkurs in den Lehrerseminaren und einen mindestens einjährigen praktischen und Fortbildungskurs an einer Volksschule unter der Leitung eines dazu befähigten Lehrers. Der obligatorische Präparandenkurs wird in den in jedem Kreise vorhandenen Präparandien bei freiem Unterricht und Gewährung von Unterstützungen an arme Zöglinge zurückgelegt und soll die jungen Leute mit positivem Wissen in den Gegenständen, welche sie in der Schule zu lehren haben, ausstatten. Der Lehrkurs der Lehrerseminare ist dagegen dazu bestimmt, den Zöglingen eine eigentliche pädagogische Fachbildung zu ertheilen, namentlich durch den Unterricht in den hierzu erforderlichen theoretischen Kenntnissen. Die Aufnahme in das Seminar hängt von dem Ergebniß einer Prüfung in sämmtlichen Lehrgegenständen der Präparandie ab. Den Schluß des Lehrkurs bildet die Seminarschlußprüfung, deren Vorschriften sich zur Zeit im Wesentlichen an die preußische Prüfungsordnung anschließen. Nach dem Bestehen der Schlußprüfung tritt der Lehramtsbewerber in den einjährigen praktischen Kursus ein, unter gewissen Voraussetzungen mit Unterstützung aus Staatsmitteln. Die Praktikanten haben unter Leitung des Lehrers, dem sie zugewiesen sind, alle auf den unmittelbaren Unterricht und Schuldienst bezüglichen Angelegenheiten zu besorgen, sich Übung bei den öffentlichen Gottesdiensten anzueignen und sich durch Selbststudium theoretisch weiter zu bilden. Vier Jahre nach dem Austritt aus dem Seminar hat der Lehramtsbewerber die eigentliche „Befähigungsprüfung" abzulegen. In allen wesentlichen Stücken besteht in Hinsicht auf Ausbildung und Prüfung zwischen Lehrern und Lehrerinnen in Bayern kein Unterschied. — Eine besonders reiche Entwickelung hat das Seminarwesen in Anhalt gehabt; auch die thüringischen Herzogthümer, darunter namentlich Gotha und Sachsen-Weimar-Eisenach, haben Vorbildliches in den Besonderheiten ihrer Seminareinrichtungen und -Leistungen. — In Schaumburg-Lippe ist das Seminar an ein Realgymnasium angelehnt. — Im übrigen Reiche ist die Übereinstimmung der Lehrordnungen und Einrichtungen der Seminare mit den preußischen eine größere, wenn auch nicht überall vollständige. — Im Allgemeinen darf gesagt werden, daß alle Lehrerseminare mindestens einen dreijährigen Lehrgang haben, dem eine organisch damit verbundene oder, wenn selbständige, doch systematische Präparandenbildung vorhergeht. Die Bildungszeit eines Lehrers umfaßt demnach überall sechs Jahre und schließt etwa mit dem 20. Lebensjahre ab.

Die Lehrerbildung beruht in den meisten deutschen Staaten auf dem Grundsatze der Konfessionalität. Nur in Baden und Hessen ist deren Gestaltung, wie auf dem gesammten Volksschulgebiete, grundsätzlich eine paritätische; in Elsaß-Lothringen ist der anfänglich eingenommene paritätische Standpunkt wieder aufgegeben worden.

Die meisten Seminare bestehen entweder für Lehrer oder für Lehrerinnen; nur in dem katholischen Seminare des Großherzogthums Oldenburg werden Lehrer und Lehrerinnen gleichzeitig ausgebildet.

Der äußeren Einrichtung nach sind die Anstalten entweder Internate oder Externate oder in diesem Sinne gemischte Anstalten. Früher, etwa bis vor 30 Jahren, gab man der Internatseinrichtung den Vorzug; seitdem ist eine Strömung zu Gunsten der Externate kräftig geworden, die indessen in neuerer Zeit wieder einer ruhigeren und wohlwollenderen Beurtheilung der Internatseinrichtungen Platz zu machen scheint.

Die Lehrerinnenbildung erfolgt außer in den der Zahl nach beschränkten staatlichen Anstalten in Gemeinde- und Privatanstalten, denen hierzu die Berechtigung verliehen ist. Die Prüfungen vollziehen sich aber überall unter der Mitwirkung staatlicher Beauftragter und nach denselben Grundsätzen, wie bei den staatlichen Anstalten.

6. Lehrkräfte.

Die Voraussetzung für die Anstellung als Lehrer oder Lehrerin ist überall vollständige und planmäßige Vorbildung und Ablegung der staatlicherseits verordneten Prüfungen. Bei Lehrern verleiht das Bestehen der am Schlusse der Seminarzeit abzulegenden ersten Prüfung (Entlassungsprüfung, Seminarschlußprüfung u. s. w.) das Recht zur vorläufigen (widerruflichen, provisorischen u. s. w.) Anstellung im Schulamte, welche in Bayern 4 Jahre, in Sachsen, Württemberg und Hessen zwei Jahre, in Baden drei bis sechs Jahre dauert. In Bayern und Hessen ist die Ausbildung auf einem staatlichen Seminar obligatorisch. In Sachsen müssen nicht seminarisch vorgebildete Lehramtskandidaten mindestens 19 (Lehrerinnen 18) Jahre alt sein, wenn sie zur ersten Prüfung zugelassen werden wollen. Mitglieder geistlicher Orden sind in Baden und Hessen vom Lehramte ausgeschlossen; in Bayern müssen Ordensschwestern, um zum Lehramte zugelassen zu werden, die zweite (Befähigungs-) Prüfung ablegen. Die Lehrerinnen müssen in der Regel unverheirathet sein und während der Dauer ihrer Lehrthätigkeit unverheirathet bleiben.

Die Pflichten der Lehrer regeln sich im Allgemeinen nach den für Staatsbeamte geltenden Gesetzen, da die Lehrer zwar in der Regel nicht als Staatsdiener, wohl aber als mittelbare Staatsbeamte angesehen werden. Hieraus ergeben sich mancherlei Beschränkungen ihrer staatsbürgerlichen Rechte; so dürfen sie Nebenbeschäftigungen gegen Entgelt nicht oder nur unter Zustimmung der Aufsichtsbehörde übernehmen, dürfen nach Reichsrecht weder zu Schöffen, noch zu Geschworenen berufen werden, dürfen hier und da Ämter (auch unbesoldete) der Selbstverwaltung nicht führen, dürfen nicht Jagdpächter im Schulsprengel (Bayern) sein u. dergl. m. Dagegen haben sie gewisse Rechte auf strafrechtlichen Schutz, auf Schutz bei der Zwangsvollstreckung, auf Befreiung von einem Theile der Militärdienstpflicht u. s. w., und vor Allem in den meisten Staaten das wichtige Recht auf den Gehaltsbezug, die Pension und die Versorgung der Wittwen und Waisen. Das Recht auf Pension fehlt den Lehrern in Bayern und Württemberg, die Pensionsgewährung besteht aber auch hier thatsächlich. Die Pensionirung setzt in Sachsen und Elsaß-Lothringen zehnjährige, in Württemberg neunjährige, in Baden und Hessen fünfjährige, in Bayern keine begrenzte Dienstzeit voraus. Die Höhe der Pension ist im Mindestbetrage in Sachsen auf 33½, in Württemberg, Baden und Hessen auf 40 Prozent des Diensteinkommens, der Höchstbetrag in Sachsen auf 80, in Hessen auf 100 Prozent festgesetzt. Die Pension steigert sich mit den Dienstjahren nach verschiedenen Abstufungen. Die Lehrerinnen erhalten in Baden nach 40 Dienstjahren das volle Diensteinkommen als Pension; in Württemberg dürfen sie die Gewährung eines „Gratials" von 40—60 Prozent ihres Gehaltes aus der Staatskasse gewärtigen. In Bayern, Württemberg und Sachsen u. a. haben die Lehrer zu den Pensionskassen Beiträge zu entrichten; in Hessen sind die Gemeinden hierzu verpflichtet.

Die Lehrkräfte der Volksschulen im Deutschen Reiche sind demnach durchweg fachlich ausgebildet, unabsetzbar sobald sie nach Ablegung der zweiten Prüfung festangestellt sind, oder nur durch Richterspruch nach ordnungsmäßigem Verfahren aus dem Amte zu entfernen, haben Anspruch auf ausreichendes Diensteinkommen, im Falle der Dienstunfähigkeit auf Ruhegehalt und im Falle des Todes auf Versorgung ihrer Wittwen und Waisen.

7. Das Privatschulwesen.

Wie in Preußen, so ist auch in den übrigen deutschen Staaten das Privatschulwesen, welches der Vorgänger des öffentlichen Schulwesens war, durch die immer mehr gesteigerte Pflege der öffentlichen Volksschulen nach und nach so sehr in den Hintergrund gedrängt worden, daß es heute, von einzelnen blühenden Anstalten abgesehen, eine erhebliche Bedeutung nicht mehr hat. Die Gesetzgebungs- und Verwaltungspraxis der einzelnen Staaten hat auch ihrerseits dazu beigetragen, daß für das Privatschulwesen wenigstens nicht ein besonders fruchtbarer Boden geschaffen wurde; sie hat überall an die Schulhalter privater Anstalten und an die Lehrkräfte sowie die Schuleinrichtungen dieselben Anforderungen gestellt, wie auf dem Gebiete des öffentlichen Volksschulwesens, und eine durch manche formellen Bestimmungen noch verstärkte staatliche Einwirkung der Schulaufsichtsbehörden geschaffen. Personen, welche Privatschulen errichten oder leiten, oder an solchen unterrichten wollen, müssen überall ihre sittliche und wissenschaftliche Befähigung nachgewiesen haben, die Begründer solcher Anstalten in Bayern und Sachsen auch einen Ausweis über den Besitz der erforderlichen Mittel beibringen. Die Errichtung von Privatschulen durch kirchliche Korporationen ist in Sachsen und Baden nur auf Grund eines besonderen Gesetzes, in Bayern nur mit landesherrlicher Genehmigung zulässig. Mitgliedern religiöser Orden kann die Lehrthätigkeit in Baden durch die Staatsregierung in einzelnen Fällen widerruflich gestattet werden. In Elsaß-Lothringen ist auch die Beherrschung der deutschen Sprache Voraussetzung.

Der Privatschulunterricht entbindet von dem Besuche der öffentlichen Volksschule, in einzelnen Staaten auch von der Tragung der Unterhaltungskosten der öffentlichen Volksschulen. Die Privatschulen werden der fortdauernden Schulaufsicht des Staates unterworfen, insbesondere in Bezug auf Einrichtung und Einhaltung des Lehrplanes und des Ganges des Unterrichtes, der Wahl der Lehrer, der Lehrmittel u. s. w., so daß die Gewähr dafür geboten ist, daß der Unterricht in Privatschulen denjenigen der öffentlichen Volksschulen ordnungsmäßig ersetzt. Die regelmäßige Besichtigung und Prüfung der Privatschulen ist allgemeiner Grundsatz.

II. Abschnitt. Statistische Nachrichten über das Volksschulwesen in den außerpreußischen deutschen Bundesstaaten.

1. Bayern.

I. Deutsche Schulen.

1. Über die deutschen Schulen des Königreichs Bayern liegen die nachstehenden statistischen Angaben für das Schuljahr 1890/91 vor:

a) Werktagsschulen.

Die Zahl der für das Königreich ermittelten Schulen beträgt 7 212, wovon 333 oder 4,6 Proz. auf die Städte (die unmittelbaren Städte rechts des Rheins und die 11 größeren Städte der Pfalz) und 6 879 oder 95,4 Proz. auf das Land entfallen.

Nach dem administrativen Charakter der Schulen zerfallen dieselben in 7 160 oder 99,3 Proz. öffentliche und 52 oder 0,7 Proz. Privatschulen.

Nach dem konfessionellen Charakter scheiden sich die Schulen in 5 083 oder 70,5 Proz. katholische, 1 905 oder 26,4 Proz. protestantische, 134 oder 1,9 Proz. simultane und 90 oder 1,2 Proz. jüdische.

Legt man der Ausscheidung die Trennung nach dem Geschlechte der Schulkinder zu Grunde, so ergeben sich 6 276 oder 87,0 Proz. in allen Klassen gemischte Schulen, 405 oder 5,6 Proz. gesonderte Mädchen-, 404 oder 5,6 Proz. gesonderte Knaben-, und 127 oder 1,8 Proz. in einzelnen Klassen gemischte Schulen.

Unterscheidet man die Schulen nach der Unterrichtsertheilung, so findet man, daß 6 847 oder 94,9 Proz. Ganzschulen, 316 oder 4,4 Proz. Halbschulen und 49 oder 0,7 Proz. gemischte Ganz- und Halbschulen sind.

Die Zahl der Klassen sämmtlicher Schulen beträgt 13 303, wovon 2 628 oder 19,8 Proz. auf die Städte und 10 675 oder 80,2 Proz. auf das Land entfallen.

Unter der Gesammtzahl der Klassen sind 1 060 oder 8,0 Proz. Parallelklassen enthalten, von welchen 900 oder 84,9 Proz. bei den Schulen in den Städten und 160 oder 15,1 Proz. bei jenen auf dem Lande bestehen.

Die Zahl der an sämmtlichen Schulen wirkenden Lehrkräfte beträgt 23 690, wovon 13 388 oder 56,5 Proz. ordentliche Lehrer, 6 030 oder 25,5 Proz. Religionslehrer und 4 272 oder 18,0 Proz. Fachlehrer für den Turn-, Zeichnen- und Arbeits- &c. Unterricht sind.

Von den ordentlichen Lehrkräften sind 11 539 oder 86,2 Proz. männliche und 1 849 oder 13,8 Proz. weibliche, von den Fachlehrern 115 oder 2,7 Proz. männliche und 4 157 oder 97,3 Proz. weibliche, wogegen sämmtliche 6 030 Religionslehrer dem männlichen Geschlechte angehören.

Der Konfession nach sind von 23 690 Lehrkräften

12 206 oder 51,5 Proz. männliche katholisch,
5 300 „ 22,4 „ „ protestantisch,
176 „ 0,7 „ „ jüdisch,
2 „ 0,008 „ „ sonstiger Konfession;
5 341 „ 22,5 „ weibliche katholisch,
653 „ 2,8 „ „ protestantisch,
12 „ 0,05 „ „ jüdisch.

Von den ordentlichen Lehrkräften sind 995 oder 7,4 Proz. geistlichen Standes, und zwar 31 oder 0,2 Proz. männliche und 964 oder 7,2 weibliche.

Die Gesammtzahl der die Werktagsschule besuchenden Kinder beträgt für das Königreich 827 279, wovon

142 601 oder 17,2 Proz. auf die Städte,
684 678 „ 82,8 „ auf das Land treffen;
405 644 „ 49,0 „ dem männlichen,
421 635 „ 51,0 „ dem weiblichen Geschlechte;
587 776 „ 71,0 „ der katholischen,
232 549 „ 28,1 „ der protestantischen,
6 354 „ 0,8 „ der jüdischen,
600 „ 0,07 „ einer sonstigen Konfession angehören.

An Schulversäumnissen wurden im Königreiche 3 045 259 Fälle und 11 429 481 Halbtage ermittelt; es treffen

auf die Städte 429 012 oder 14,1 Proz. Fälle mit 2 354 205 oder 20,6 Proz. versäumten Halbtagen,

auf das Land 2 616 247 oder 85,9 Proz. Fälle mit 9 075 276 oder 79,4 Proz. versäumten Halbtagen.

Von den Versäumnissen waren 179 334 oder 5,9 Proz. Fälle mit 407 110 oder 3,6 Proz. Halbtagen nicht entschuldigt. Die entschuldigten Versäumnisse sind von der Gesammtzahl 94,1 Proz., und von ersteren waren 2 159 694 oder 70,9 Proz. Fälle mit 9 251 592 oder 80,9 Proz. Halbtagen durch Krankheit, 706 231 oder 23,2 Proz. Fälle mit 1 770 779 oder 15,5 Proz. Halbtagen durch sonstige Ursachen veranlaßt.

Der Volksschulunterricht wurde im Königreiche in 7 488 Gebäuden ertheilt, wovon 329 oder 4,4 Proz. auf die Städte, 7 159 oder 95,6 Proz. auf das Land treffen und 7 059 oder 94,3 Proz. eigene Schulgebäude, 429 oder 5,7 Proz. andere Gebäude sind.

In den sämmtlichen Gebäuden sind 13 552 Schulzimmer vorhanden.

An Schulgeld, welches an 5 545 Schulen d. i. 76,9 Proz. der Gesammtzahl der Schulen erhoben wurde, ist eingenommen worden der Betrag von 1 661 556 ℳ, wovon 77 875 ℳ oder 4,7 Proz. auf die Städte und 1 583 681 ℳ oder 95,3 Proz. auf das Land entfallen.

Sterbefälle haben sich bei sämmtlichen die Schulen besuchenden Schulkindern im Schuljahre 1890/91 = 3 446 ergeben, wovon 498 oder 14,5 Proz. auf die Städte, 2 948 oder 85,5 Proz. auf das Land, 1 569 oder 45,5 Proz. auf die Knaben und 1 877 oder 54,5 Proz. auf die Mädchen treffen.

b) Feiertagsschulen.

Die Gesammtzahl der Feiertagsschüler beträgt im Königreiche 315 381, wovon

37 496 oder 11,9 Proz. auf die Städte,
277 885 „ 88,1 „ auf das Land treffen;
138 849 „ 44,0 „ männlichen,
176 532 „ 56,0 „ weiblichen Geschlechtes sind;
228 921 „ 72,6 „ der katholischen,
84 851 „ 26,9 „ der protestantischen,
1 428 „ 0,4 „ der jüdischen,
181 „ 0,06 „ einer sonstigen Konfession angehören.

c) Die Entlassungen vor vollendeter Schulpflicht.

Vor vollendeter Schulpflicht wurden wegen obwaltender besonderer Verhältnisse aus der Schule entlassen:

615 oder 0,[illegible] Proz. aller Werktagsschüler,
146 „ 0,[illegible] „ aller Feiertagsschüler.

Von den Werktagsschülern treffen:

44 oder 0,[illegible] Proz. auf die Städte,
571 „ 0,[illegible] „ auf das Land.

Von den Feiertagsschülern entfallen:

26 oder 0,[illegible] Proz. auf die Städte,
120 „ 0,[illegible] „ auf das Land.

d) Ausgaben für die deutschen Schulen.

Die Gesammtsumme der Ausgaben für die deutschen Schulen, „soweit dieselben in den Schul- bezw. Gemeinderechnungen vorgetragen sind", beträgt im Königreiche 17 316 422 ℳ, wovon 9 524 478 ℳ oder 55,0 Proz. auf Personalexigenzen und 7 791 944 ℳ oder 45,0 Proz. auf Realexigenzen treffen.

Von den Ausgaben für Realexigenzen entfallen:

3 779 349 ℳ oder 48,5 Proz. auf Neubauten und Erweiterungen,
928 897 „ „ 11,9 „ „ Gebäudeunterhalt,
1 286 810 „ „ 16,5 „ „ Beleuchtung und Beheizung,
207 847 „ „ 2,7 „ „ Subsellien,
295 038 „ „ 3,8 „ „ Lehrmittel,
1 294 003 „ „ 16,6 „ „ sonstige Schulzwecke.

e) Einkommen der in den deutschen Schulen verwendeten Lehrkräfte

Das Gesammt-Jahreseinkommen sämmtlicher Lehrkräfte im Königreiche beträgt 16 664 608 ℳ; hiervon entfallen:

16 260 897 ℳ oder 97,6 Proz. auf die ordentlichen Lehrkräfte, und zwar:
13 680 672 ℳ oder 84,1 Proz. auf die wirklichen Lehrer,
1 428 949 „ „ 8,8 „ „ „ Verweser,
1 157 276 „ „ 7,1 „ „ „ Hülfslehrer;
397 711 ℳ oder 2,4 Proz. auf die Religions- und Fachlehrer.

Das Gesammt-Jahreseinkommen der ordentlichen Lehrkräfte fließt:

zu 9 204 126 ℳ oder 56,6 Proz. aus dem Schuldienste,
„ 1 026 539 „ „ 6,3 „ „ dem Kirchendienste,
„ 1 616 087 „ „ 9,9 „ „ Kreisfonds,
„ 3 584 538 „ „ 22,0 „ „ Staatsfonds,
„ 835 607 „ „ 5,1 „ „ Gemeinde- und Standesamtsschreiberei.

Da in Bayern die deutschen Volksschulen gesetzlich als Gemeindeanstalten erklärt sind, den Gemeinden daher in erster Reihe die Verpflichtung zur Bestreitung des Schulaufwandes obliegt, so enthält die vorbezeichnete Quelle „aus dem Schuldienste" zunächst die Leistungen der Gemeinden für den Schulbedarf, sei es aus laufenden Mitteln, oder aus Renten der den Gemeinden zur Verwaltung unterstehenden Schulfondsstiftungen.

Das Gesammt-Jahreseinkommen der Religions- und Fachlehrer wird bestritten:

zu 379 104 ℳ oder 95,3 Proz. aus dem Schuldienste, sodann aus Gemeinde- und Distriktsmitteln,
„ 18 607 „ „ 4,7 „ aus Kreisfonds.

f) Gesammtaufwendungen für die deutschen Schulen.

Nach den unter d. und e. nachgewiesenen Summen stellen sich die gesammten Aufwendungen für die deutschen Schulen, mit Einschluß der Bestandtheile des Lehrereinkommens aus dem Kirchendienste und aus der Gemeinde- und Standesamtsschreiberei, wie folgt:

persönliche Ausgaben (Einkommen der Lehrkräfte)	16 664 608 ℳ
sächliche Ausgaben (Schulbauten und sonstige sächliche Kosten)	7 791 944 „
zusammen	24 456 552 „

An der Aufbringung dieses Betrages sind der Staat mit 3 584 538 ℳ und die Kreise mit 1 634 694 ℳ betheiligt, und zwar mit Ausgaben für Gehaltszuschüsse und Ergänzungen, für Dienstalters- und persönliche Zulagen.

II. Fortbildungsschulen.

Im Schuljahre 1890/91 bestanden im Königreiche 242 gewerbliche Fortbildungsschulen, darunter 195 selbständige und 47 mit Realschulen verbundene. An 171 Schulen ist der Besuch auf Grund Ortsstatuts ein obligatorischer.

Die Zahl der gewerblichen Fortbildungsschüler beträgt im Königreiche 31 600, wovon 580 oder 1,84 Proz. die Tageskurse und 31 020 oder 98,16 Proz. die Abend- und Sonntagskurse besuchen. Von den Schülern der letztgenannten Kurse besuchen 25 284 oder 75,05 Proz. die Elementar-, 8 407 oder 24,95 Proz. eine Fachabtheilung.

III. Präparandenschulen und Schullehrerseminare.

Über die Präparandenschulen und die Schullehrerseminare sind folgende Nachrichten für 1890/91 vorhanden:

	Präparanden (innen)-Schulen	Schullehrer (innen)-Seminare
Zahl der Anstalten	49	20
davon haben: öffentlichen Charakter	36	13
privaten „	13	7
Zahl der Schulen, mit denen Erziehungsanstalten verbunden sind	17	18
Zahl der Klassen und Abtheilungen	145	41
Zahl der Lehrer	213	153
„ „ Lehrerinnen	47	37.
Von den Lehrkräften gehören an:		
dem katholischen Bekenntniß	179	144
dem protestantischen Bekenntniß	67	42
der israelitischen Religion	14	4.
Zahl der Zöglinge am Schlusse des Schuljahres:		
männliche	1 756	835
weibliche	393	252
zusammen	2 149	1 087.
Außerdem waren vorhanden weibliche Hospitantinnen	—	12
Konfession der Zöglinge:		
katholisch	1 480	722
protestantisch	557	337
israelitisch	112	40.

2. Sachsen.

1. Öffentliche Volksschulen.

Die Zahl der öffentlichen Volksschulen betrug am 2. Dezember 1889 im Königreiche insgesammt 2 205. Dabei sind die 18 Seminar-Übungsschulen, die beiden Schulen für Kinder sächsischer Beamten zu Bodenbach und Voitersreuth und 4 als öffentliche Volksschulen staatlich anerkannte Vereins- bezw. Stiftungsschulen eingerechnet. Zu diesen 2 205 öffentlichen Volksschulen traten weiter noch 1 934 öffentliche Fortbildungsschulen hinzu, von denen 16 für Mädchen bestimmt waren.

Die Unterrichtssprache war in den meisten Volksschulen rein deutsch; 61 Schulen hatten sprachlich gemischte und nur eine einzige rein wendische Schüler.

Dem konfessionellen Charakter nach zählte man 2 165 evangelische und 40 römisch-katholische Volksschulen. Die Fortbildungsschulen werden weder nach der Unterrichtssprache, noch nach dem konfessionellen Charakter unterschieden.

Bei der Trennung der Volksschulen nach den gesetzlich festgesetzten drei Kategorien derselben ergaben sich 1 985 einfache, 208 mittlere und 12 höhere Volksschulen, wobei allerdings zu bemerken ist, daß nur ein geringer Theil der letzteren als vollentwickelt im Sinne der gesetzlichen Bestimmungen angesehen werden kann. — Von den einfachen Schulen waren 9 ausschließlich für Knaben, 9 nur für Mädchen und 1 967 für beide Geschlechter gemeinsam bestimmt; in 39 dieser gemischten Schulen waren jedoch Knaben und Mädchen durch sämmtliche Klassen getrennt, in 162 bestanden neben Knaben- und Mädchenklassen auch gemischte Klassen und in den noch übrigen 1 766 gab es nur gemischte Klassen. — Unter den mittleren Schulen zählte man 12 Knaben-, 13 Mädchen- und 183 gemischte Schulen; bei 64 der letzteren fand eine Trennung der Geschlechter durch alle Klassen, bei 91 nur in einigen Klassen statt, die übrigen 28 Schulen besaßen durchweg gemischte Klassen. — Die höheren Schulen schließlich hatten 1 Knaben-, 5 Mädchen- und 6 gemischte Schulen, darunter 2 mit durchweg getrennten, 4 mit theilweise gemischten Klassen, aufzuweisen.

Die Gliederung der Schulen nach ihrer inneren Einrichtung läßt sich aus nachstehender Tabelle ersehen.

Klassenstufen und Unterrichtsklassen der öffentlichen Volksschulen.

Zahl der Klassenstufen.	Einfache Schulen	Zahl der zugehörigen Unterrichtsklassen	Mittlere Schulen	Zahl der zugehörigen Unterrichtsklassen	Höhere Schulen	Zahl der zugehörigen Unterrichtsklassen	Überhaupt	
							Schulen	Unterrichtsklassen
1	2	3	4	5	6	7	8	9
2 Klassenstufen und 1 Lehrer	874	1 752	—	—	—	—	874	1 752
2 Klassenstufen und 2 oder mehr Lehrer	4	12	—	—	—	—	4	12
3 Klassenstufen und 1 Lehrer	128	384	—	—	—	—	128	384
3 Klassenstufen und 2 oder mehr Lehrer	13	42	2	6	—	—	15	48
4 Klassenstufen	499	2 035	20	83	—	—	519	2 118
5 „	51	272	4	23	—	—	55	295
6 „	225	1 926	41	441	—	—	266	2 367
7 „	129	1 827	46	707	1	7	176	2 541
8 und mehr Klassenstufen	62	917	95	2 310	11	174	168	3 401
Zusammen	**1 985**	**9 167**	**208**	**3 570**	**12**	**181**	**2 205**	**12 918**

Hierzu sei bemerkt, daß die Zahl der Unterrichtsklassen deshalb höher erscheint, als sich aus der Kombination der Zahl der Schulen und der Unterrichtsstufen etwa erwarten ließe, weil als Unterrichtsklassen alle getrennt unterrichteten Abtheilungen, auch wenn sie dasselbe Unterrichtsziel verfolgen, gezählt wurden, während als Unterrichtsstufen für jede Schule die Klassen mit gleichem Unterrichtsziele nur einmal in Anrechnung kamen.

Bezüglich der Fortbildungsschulen ist zu erwähnen, daß 1 912 derselben, darunter 13 für Mädchen, mit öffentlichen Volksschulen in organischem Zusammenhange standen und 22, davon 3 für Mädchen, selbständig waren. Unterrichtet wurde in 1 117 Schulen, darunter in 21 selbständigen, während des ganzen Jahres, in 712 Schulen nur während eines halben Jahres und dann zumeist im Winterhalbjahre. In den noch übrigen Schulen fiel der Unterricht gewöhnlich für 3 oder 4 Monate, besonders während der Erntezeit, aus. Als Unterrichtstage hatte man in 1 586 Schulen Wochentage, in 195 die Sonntage und in 153 theils Wochentage, theils Sonntage gewählt. Die Zahl der Klassen, in denen unterrichtet wurde, belief sich auf 3 245, wovon auf die mit den Volksschulen verbundenen Anstalten 2 932, auf die selbständigen 313 Klassen entfielen.

Die Zahl der Lehrerstellen an den öffentlichen Volksschulen betrug am 2. Dezember 1889: 7 953. Dabei sind die Stellen zu Bodenbach und Voitersreuth mitgerechnet, während die Stellen für Nadelarbeits-Lehrerinnen, sowie für die Seminar-Übungsschulen, an welchen ausschließlich Seminarlehrer bezw. Zöglinge des Seminars wirken, außer Ansatz geblieben sind. Von den vorhandenen Stellen waren am Zählungstage 7 735 ordnungsmäßig besetzt, 165 wurden voll und 1 theilweise durch Vikare verwaltet, 52 blieben unbesetzt. Der amtlichen Stellung nach gab es 269 Direktorate, 6 166 ständige Stellen (ausschließlich derjenigen für Fachlehrer), 1 428 Hülfslehrerstellen (ausschließlich der nichtständigen Fachlehrerstellen) und 90 Stellen für ständige und nichtständige Fachlehrer.

Die Zahl der am Zählungstage thatsächlich wirkenden Lehrer und Lehrerinnen an öffentlichen Volksschulen — ausschließlich wieder der den Seminarkollegien angehörigen Lehrer der Übungsschulen, sowie etwaiger Nebenlehrer — bezifferte sich auf 10 102, und zwar waren darunter 7 689 Lehrer und 2 413 Lehrerinnen; von den letzteren ertheilten 2 203 nur Nadelarbeits-Unterricht, so daß sich demnach als wirklich wissenschaftlich unterrichtende Lehrerinnen 210 ergaben. Unter den Lehrern befanden sich übrigens 1 überzähliger ständiger Lehrer, 1 Vikar, welcher eine Stelle nur theilweise verwaltete, und 4 Fachlehrer bezw. -Lehrerinnen, die je 2 Stellen vertraten.

Ihrem amtlichen Charakter nach zählte man, abgesehen von den Nadelarbeits-Lehrerinnen: 266 Direktoren, 509 Oberlehrer bezw. dirigirende Lehrer, 5 375 männliche, 144 weibliche ständige Lehrer, 1 310 männliche, 43 weibliche Hülfslehrer, 70 männliche, 16 weibliche Fachlehrer, 159 männliche, 7 weibliche Vikare.

Ihre Vorbildung hatten die meisten Lehrer, nämlich 7 570, auf Seminaren erworben; 215 waren akademisch, 114 anderweit gebildet. Der Gebürtigkeit nach unterschied man 6 966 Sachsen, 894 andere Deutsche und 39 Ausländer; der Religion nach 7 770 Evangelische, 126 Katholische und 3 Reformirte.

Die Gesammtzahl der Schüler und Schülerinnen, welche am 2. Dezember 1889 die öffentlichen Volks- und Fortbildungsschulen — einschließlich der Seminar-Übungsschulen, der sogenannten Beamtenschulen und der 4 staatlich als öffentliche Volksschulen anerkannten Vereinsschulen, aber ausschließlich der Taubstummen-Anstalten — besuchten, betrug 358 692 Knaben, 296 040 Mädchen, insgesammt also 654 732 Zöglinge.

Diese Gesammtzahl vertheilte sich auf die einzelnen Schularten folgendermaßen:

a) 578 794 Schüler entfielen auf die öffentlichen Volksschulen, und es befanden sich darunter 284 033 Knaben und 294 761 Mädchen. Von diesen Schülern besuchten 282 935 Knaben und 293 570 Mädchen, insgesammt also 576 505 Kinder Ortsschulen und 1 041 Knaben, 1 112 Mädchen, zusammen 2 153 Kinder Seminar-Übungsschulen. Die sogenannte Beamtenschule in Bodenbach wies 89 Knaben, 49 Mädchen, zusammen 88 Schüler, die zu Voitersreuth 18 Knaben, 30 Mädchen, zusammen 48 Schüler auf.

b) 75 938 Schüler entfielen auf die öffentlichen Fortbildungsschulen, und zwar 74 659 Knaben und 1 279 Mädchen.

Von den 282 992 Knaben der Ortsschulen (einschließlich der Beamtenschulen) wurden 120 970 in Knabenklassen, von den 293 649 Mädchen derselben Kategorie 125 862 in Mädchenklassen unterrichtet; die übrigen Knaben sowie Mädchen dieser Schulen genossen den Unterricht gemeinschaftlich in gemischten Klassen. Für die Schüler der Seminar-Übungsschulen bestanden überall, wo Knaben und Mädchen gleichzeitig unterrichtet wurden, gemischte Klassen; nur in 2 Klassen wurden 51 Knaben besonders unterrichtet. In Plauen besuchten die Übungsschule überhaupt nur Knaben, in Callnberg und Dresden (Lehrerinnenseminare) nur Mädchen. Insgesammt wurden also von den Übungsschülern 143 in Knabenklassen und 279 in Mädchenklassen allein unterrichtet.

Um einen Überblick darüber zu gewähren, welche Theile der Schulbevölkerung in den einfacheren und in den höheren Schulorganismen Unterricht erhielten, möge hier noch die Frequenz der verschiedenen Schulkategorien unter gleichzeitiger Berücksichtigung der anomalen Frequenzverhältnisse gegeben werden.

Schulkinder und anomale Frequenz der öffentlichen Volksschulen.

Zahl der Klassenstufen	Es befanden sich in: einfachen Schulen			mittleren Schulen			höheren Schulen			Schulen insgesammt		
	Schüler	Klassen mit anomaler Frequenz	zugehörige Schüler	Schüler	Klassen mit anomaler Frequenz	zugehörige Schüler	Schüler	Klassen mit anomaler Frequenz	zugehörige Schüler	Schüler	Klassen mit anomaler Frequenz	zugehörige Schüler
1	2	3	4	5	6	7	8	9	10	11	12	13
2 Klassenstufen u. 1 Lehrer	71 145	131	8 704	—	—	—	—	—	—	71 145	131	8 704
2 „ „ 2 od. mehr Lehrer	404	—	—	—	—	—	—	—	—	404	—	—
3 „ „ 1 Lehrer	16 937	34	2 216	—	—	—	—	—	—	16 937	34	2 216
3 „ „ 2 od. mehr Lehrer	1 748	2	127	133	—	—	—	—	—	1 881	2	127
4 „	93 741	202	13 223	[1] 2 237	—	—	—	—	—	[1] 95 978	202	13 223
5 „	14 272	75	5 028	753	2	123	—	—	—	15 025	77	5 151
6 „	95 517	265	17 445	16 938	43	2 507	—	—	—	112 455	308	19 952
7 „	91 842	166	10 712	29 288	88	4 853	76	—	—	120 706	254	15 565
8 und mehr Klassenstufen	45 977	110	7 220	[2] 93 590	206	11 337	4 696	2	83	[2] 144 263	318	18 640
Zusammen	**431 083**	**985**	**64 475**	**142 939**	**339**	**18 820**	**4 772**	**2**	**83**	**578 794**	**1 326**	**83 378**

[1]) einschl. 1 963 Seminar-Übungsschüler. [2]) einschl. 190 Seminar-Übungsschüler.

Zu dieser Tabelle ist zu bemerken, daß nach dem Gesetze vom 26. April 1873, das Volksschulwesen betreffend, nebst Ausführungsverordnung vom 25. August 1874 als normaler Zustand eine Frequenz bis zu 60 Schülern in einfachen, bis zu 50 in mittleren und bis zu 40 in höheren Volksschulen anzusehen ist. In den Seminar-Übungsschulen soll die Klassenfrequenz in der Regel nicht mehr als 24 Kinder betragen. Diese Zahl wurde aber in 50 Klassen mit 1 627 Schülern überstiegen. Die Zahl dieser Klassen ist in der Spalte 12 nicht mit inbegriffen, während die Zahl der Übungsschüler überhaupt, wie bemerkt, mitgezählt worden ist.

Dem religiösen Bekenntnisse nach waren von den die Ortsschulen besuchenden Kindern – ungerechnet die Fortbildungsschüler, welche nicht nach dem Bekenntnisse zu scheiden sind, — 562 606 Kinder evangelisch, 12 021 römisch-katholisch, 764 sonst christlich, 410 dissidentisch und 840 israelitisch; die Schüler der Seminar-Übungsschulen schieden sich in 2 139 Evangelische, 5 Römisch-Katholische, 4 sonst Christliche und 5 Israeliten.

Am Turnunterrichte betheiligten sich von der Gesammtzahl der Schüler öffentlicher Volksschulen (unter Ausschluß der Seminar-Übungsschüler, für welche diese Angaben nicht erhoben wurden, die aber mit Ausnahme weniger, auf ärztliches Zeugniß dispensirter, ebenfalls Turnunterricht genossen) 85 456 Knaben und 63 253 Mädchen; am Nadelarbeits-Unterrichte nahmen 159 337 Mädchen Theil, am Unterrichte in fremden Sprachen 12 336 Schüler und am Handfertigkeits-Unterrichte 1 002.

Der Gesammtaufwand für die dem Ministerium des Kultus und öffentlichen Unterrichts unterstehenden öffentlichen Volksschulen, einschließlich der Taubstummen-Anstalten, betrug im Rechnungsjahre 1888: 19 802 125 ℳ.

Hiervon flossen aus Staatskassen 2 910 395 ℳ, und zwar:

für die Taubstummen-Anstalten	226 263 ℳ
„ „ Inspektion der Volksschulen	248 866 „
„ „ Beförderung des Turn-, Zeichnen- und Nadelarbeits-Unterrichtes	13 243 „
„ „ Prüfungskommissionen	362 „
„ „ an 540 emeritirte Lehrer und Lehrerinnen gewährten Ruhegehalte	587 803 „
„ „ „ 1 012 Wittwen und 599 Waisen von Lehrern und Lehrerinnen gewährten Pensionen	261 181 „
„ „ außerordentlichen Unterstützungen an Lehrer und deren Angehörige	32 329 „
an Unterstützungen für die Schulgemeinden	1 540 348 „
zusammen	2 910 395 ℳ.

Der Gesammtaufwand für die öffentlichen Volksschulen allein (ausschließlich Taubstummen-Anstalten, Inspektion ꝛc.) betrug 18 154 456 ℳ, wobei die Kosten für Neubauten, die sich auf 3 429 146 ℳ beliefen, nicht inbegriffen sind. Auf persönliche Ausgaben entfielen von den Gesammtkosten 13 836 026 ℳ, auf sächliche 4 293 909 ℳ, und hierzu traten noch die Kosten für die Kreiswaisenschule zu Pirna, für welche eine Trennung der Ausgaben nicht zu bewirken war, im Betrage von 24 521 ℳ. Durch Gemeindeanlagen wurden 9 544 831 ℳ, durch Schulgeld 5 077 582 ℳ gedeckt, während den Gemeinden aus Staatskassen 1 540 348 ℳ zuflossen. Die übrigen Kosten wurden durch anderweite Einnahmen beglichen.

Das etatsmäßige Einkommen der Lehrerstellen nach den für das Rechnungsjahr 1889 genehmigten Voranschlägen belief sich insgesammt auf 12 680 810 ℳ. Davon entfiel auf 269 Direktorate die Summe von 867 452 ℳ, auf 6 166 ständige Stellen 10 136 931 ℳ und auf nichtständige Stellen 1 643 901 ℳ. Darunter befanden sich Stellen für Fachlehrer und Fachlehrerinnen mit 131 909 ℳ und für Nadelarbeits-Lehrerinnen mit 363 731 ℳ.

Nach Vorstehendem beliefen sich die Gesammtaufwendungen (mit Einschluß der Inspektionskosten) für die öffentlichen Volksschulen im Jahre 1889 auf 21 832 830 ℳ, wovon auf Staatsmittel 2 684 132 ℳ übernommen waren. Seitdem haben sich die Gesammtaufwendungen weiter erhöht und gegenwärtig entfallen auf die Staatskasse etwa 5 100 000 ℳ an Kosten für die öffentlichen Volksschulen.

II. Privatschulen.

Die Zahl derjenigen koncessionirten Privat- bezw. Stiftungsschulen, welche den Charakter der Volksschule tragen, betrug am Erhebungstermine 90. Darunter befanden sich 13 private Fortbildungsschulen für Knaben. Von den noch übrigen 77 Privat- bezw. Stiftungsschulen waren 12 für Knaben, 37 für Mädchen und 28 für beide Geschlechter bestimmt.

Dem Bekenntnisse nach waren — unter Ausschluß der Fortbildungsschulen — 65, obwohl wesentlich evangelisch, doch auch Schülern anderer Bekenntnisse geöffnet, 4 waren für Angehörige der böhmisch-mährischen Brüdergemeinde, 7 für Römisch-katholische und 1 für Israeliten.

Die Zahl der am 2. Dezember 1889 an Privat- bezw. Stiftungsschulen wirkenden Lehrer und Lehrerinnen betrug 593, von denen jedoch nur 307 an den betreffenden Anstalten allein beschäftigt, die übrigen zugleich anderwärts thätig waren. Auf die höheren Privat- bezw. Stiftungsschulen entfielen von der Gesammtzahl 420, auf die mittleren 135 und auf die einfachen 38 Lehrer bezw. Lehrerinnen.

Die Gesammtzahl der Schüler und Schülerinnen betrug am 2. Dezember 1889 einschließlich der Fortbildungsschüler 6 732 und zwar kamen davon auf die Fortbildungsschulen 1 584 Schüler. Unter den die übrigen Privat- bezw. Stiftungsschulen besuchenden Schülern waren 1 281 Knaben und 3 867 Mädchen. 600 Schüler wurden im Internat erzogen. Die Trennung der Geschlechter in den Klassen war für 863 Knaben und 3 522 Mädchen durchgeführt, während 418 Knaben und 345 Mädchen gemeinsam unterrichtet wurden. Auf die einzelnen Arten der Schulen vertheilten sich die Schüler dergestalt, daß 3 342 Schüler höhere, 1 053 mittlere und 753 einfache Schulen besuchten.

Nach dem religiösen Bekenntnisse gab es unter den Schülern der Privat- bezw. Stiftungsschulen — ausschließlich der Fortbildungsschüler — 4 437 Evangelische, 399 Katholische (davon 243 in katholischen Anstalten), 100 sonstige Christliche, 4 Dissidenten und 208 Israeliten.

An dem Unterrichte in fremden Sprachen betheiligten sich 3 458 Schüler, am Turnunterrichte 995 Knaben und 2 515 Mädchen, am Nadelarbeits-Unterrichte 3 178 Mädchen und am Handfertigkeits-Unterrichte 126 Zöglinge.

III. Lehrerseminare.

Über den Bestand der Schullehrer-Seminare ergaben die Erhebungen vom 2. Dezember 1889 Folgendes:

Es bestanden im Königreiche 19 Seminare, darunter 17 für Lehrer und 2 für Lehrerinnen; eins der Lehrerseminare (zu Bautzen) ist katholisch. Das älteste Seminar ist das zu Friedrichstadt-Dresden, welches 1788 eröffnet wurde; das jüngste die im Jahre 1876 eröffnete Anstalt zu Auerbach. Die Zahl der Zöglinge betrug 2475, und zwar waren darunter 2 330 männliche und 145 weibliche. Die Zahl der Internen bezifferte sich auf 1 916. Die 2 475 Zöglinge wurden in 115 Klassen von 248 Lehrern und 19 Lehrerinnen unterrichtet, worunter sich 5 Nebenlehrer und 5 Nebenlehrerinnen, die nur einzelne Unterrichtsstunden ertheilten, befanden. Überdies wirkten an den Seminar-Übungsschulen noch 17 Nadelarbeits-Lehrerinnen.

Für die 257 vollbeschäftigten Lehrkräfte (die 10 Nebenlehrer sind ausgeschlossen) waren 257 Lehrerstellen vorhanden; 11 derselben wurden vikariatsweise verwaltet.

Ihrem amtlichen Charakter nach waren von den am 2. Dezember 1889 thätigen vollbeschäftigten Lehrern: 18 Direktoren, 200 männliche, 10 weibliche ständige Seminar- bez. Oberlehrer, 17 männliche Hülfslehrer, 1 männlicher Fachlehrer, 7 männliche, 4 weibliche Vikare.

Die Gesammtzahl der Zöglinge (2 475) vertheilte sich am Erhebungstage nach den Klassen folgendermaßen. Man zählte in den

Lehrer-Seminaren:		Lehrerinnen-Seminaren:	
19 erste Klassen einschl. 2 Parallelklassen	mit 328 Zöglingen,	2 erste Klassen .	mit 28 Zöglingen,
17 zweite „ „ 1 Parallelklasse	„ 329 „	2 zweite „ .	„ 34 „
18 dritte „ „ 1 „	„ 365 „	2 dritte „ .	„ 27 „
17 vierte „ „ 1 „	„ 406 „	2 vierte „	„ 41 „
18 fünfte „ „ 1 „	„ 452 „	1 fünfte Klasse .	„ 15 „
17 sechste „ „ 1 „	„ 450 „		

Ihrer Gebürtigkeit nach waren 2 226 männliche und 93 weibliche Zöglinge Sachsen, 96 männliche und 40 weibliche Angehörige anderer deutscher Staaten, 8 männliche und 12 weibliche Ausländer. Dem religiösen Bekenntnisse nach gab es unter den Zöglingen 2 303 männliche und 139 weibliche Evangelische, 27 männliche und 4 weibliche Römisch-Katholische und 2 Israelitinnen. Ihre Vorbildung hatten 230 männliche und 108 weibliche Zöglinge auf höheren Schulen, 2 086 männliche und 28 weibliche in Volksschulen und 14 männliche und 11 weibliche durch Privatunterricht erhalten.

Am Turnunterrichte nahmen 2 280 männliche und 134 weibliche Zöglinge Theil, am vollen Unterrichte in Musik 2 106 männliche und 128 weibliche, am Zeichnenunterrichte 2 329 männliche und 130 weibliche, am stenographischen (fakultativen) Unterrichte 1 119 männliche und 26 weibliche Zöglinge (Dresden).

Die Zahl der Stipendien belief sich insgesammt auf 1 435, ausschließlich der den Internen als solchen gewährten Wohlthat. Von diesen Stipendien wurden 1 306 aus Staatsmitteln gewährt.

Bezüglich der Reife- oder Kandidatenprüfungen ist zu berichten, daß im Jahre 1889

	Anstaltsschüler		Auswärtige		insgesammt		überhaupt
	männl.	weibl.	männl.	weibl.	männl.	weibl.	
angemeldet waren	309	37	5	—	314	37	351
geprüft wurden	309	37	5	—	314	37	351
die Prüfung bestanden .	308	37	5	—	313	37	350.

Von den für reif befundenen Kandidaten standen 75 (59 männliche, 16 weibliche) im Alter von 19 Jahren, 184 (172 männliche, 12 weibliche) im Alter von 20 Jahren, 66 (63 männliche, 3 weibliche) im Alter von 21 Jahren, 17 (15 männliche, 2 weibliche) im Alter von 22 Jahren und 8 (4 männliche, 4 weibliche) im Alter von über 22 Jahren. 310 männliche, 5 weibliche Kandidaten traten in den öffentlichen Schuldienst, 2 männliche, 30 weibliche in Privatschul- bezw. Hauslehrerdienst und 1 männlicher, 2 weibliche in sonstige Stellungen.

Zu der Wahlfähigkeits- oder Amtsprüfung hatten sich insgesammt 363 Kandidaten, darunter 15 weibliche, gemeldet. Von diesen wurden 343 (15 weibliche) zur Prüfung zugelassen und 337 (15 weibliche) bestanden die Prüfung. 5 der wahlfähig Erklärten (1 weibliche) standen im Alter von 21 Jahren, 143 (6 weibliche) im Alter von 22 Jahren und 189 (8 weibliche) waren 23 und mehr Jahre alt.

Die Gesammtausgaben für die Seminare betrugen in dem abgeschlossenen Rechnungsjahre 1888: 1 124 646 *M.* Hiervon entfielen auf:

Lehrergehalte	716 827 *M.*
Stipendien	88 688 „
Gehalte der Anstaltsbediensteten und sonstige persönliche Ausgaben . . .	59 648 „
Erhaltung der Gebäude	65 723 „
Haus- oder Lokalmiethe	12 340 „
Erhaltung und Ergänzung der Lehrmittel	33 790 „
Erhaltung des Inventars	22 433 „
Heizung, Beleuchtung und sonstige sächliche Ausgaben	125 197 „
zusammen	1 124 646 *M.*

Diese Gesammtausgabe wurde gedeckt:

durch Zuschuß aus der Staatskasse . . . . mit	1 037 862 *M.*
„ Zuschuß aus Stiftungsfonds . . . . „	27 707 „
„ Betrag des Schulgeldes (einschl. dessen aus den Übungsschulen) . . „	48 983 „
„ vermischte Einnahmen . . . . „	10 094 „
zusammen	1 124 646 *M.*

3. Württemberg.

Am 1. Januar 1892 war im Königreiche die Zahl der Volksschulen der je ein Ganzes bildenden Schulanstalten folgende:

gewöhnliche evangelische Volksschulen:	
mit nicht oder nicht vollständig getrennten Geschlechtern	1 313
ausschließlich Knabenschulen	36
ausschließlich Mädchenschulen	40
gewöhnliche katholische Volksschulen	821
israelitische Volksschulen	27
evangelische Mittelschulen:	
mit nicht getrennten Geschlechtern	11
ausschließlich Knabenschulen	4
ausschließlich Mädchenschulen	26
katholische Mittelschulen	2
zusammen	2 280

Es entfiel je eine Volksschule auf 1 012 evangelische, auf 742 katholische und auf 468 israelitische Einwohner.

Die Zahl der **Schulklassen** betrug 4 670; darunter befanden sich 1 268 Schulklassen, in welchen theils wegen Engräumigkeit des Schullokals, theils wegen einer 90 übersteigenden Schülerzahl Abtheilungsunterricht ertheilt wird, welche also in gewissem Sinne doppelt gezählt werden dürfen.

Im Schuljahre 1891/92 wurden unterrichtet:

	Knaben	Mädchen	zusammen
in den christlichen Gemeindeschulen	149 008	164 870	313 878
„ „ israelitischen Schulen . . .	376	436	812
„ „ Seminar-Übungsschulen . .	831	85	916
„ „ Rettungsanstalten	785	580	1 345
„ weiteren Privatschulen	54	719	773
zusammen	**151 054**	**166 670**	**317 724.**

Hiervon waren evangelisch 225 669, katholisch 91 243 und israelitisch 812, d. h. von der evangelischen Bevölkerung 15,8, von der katholischen 14,3 und von der jüdischen 6,3 Proz.

Die Zahl der **Lehrerstellen** betrug 4 647, darunter 3 210 evangelische, 1 408 katholische und 29 israelitische. Die Stellen vertheilten sich auf 3 367 Schullehrerstellen, 44 sogenannte ständige Schulamtsverwesereien, 441 Unterlehrerstellen und 795 Lehrgehülfenstellen.

Mit jeder der 3 367 Schullehrerstellen ist gesetzlich neben freier Familienwohnung oder entsprechender Miethsentschädigung ein pensionsberechtigtes Gehalt von bestimmter Höhe verbunden. Hierzu treten nach dem Hauptfinanzetat für 1891/93 die pensionsberechtigten Gehaltszulagen aus der Staatskasse von 150—500 ℳ. Die Stellengehalte unter Anrechnung der jedem definitiv angestellten Schullehrer aus der Staatskasse gewährten Gehaltszulage von 150 ℳ ergeben nach dem Stande vom 1. Januar 1892 folgende Abstufung. Es waren vorhanden mit einem pensionsberechtigten Einkommen

von weniger als 1 000 ℳ	—	Schullehrerstellen
„ 1 000 bis 1 099 ℳ	520	„
„ 1 100 „ 1 199 „	1 590	„
„ 1 200 „ 1 299 „	536	„
„ 1 300 „ 1 399 „	183	„
„ 1 400 „ 1 499 „	118	„
„ 1 500 „ 1 599 „	150	„
„ 1 600 „ 1 699 „	85	„
„ 1 700 „ 1 799 „	91	„
„ 1 800 „ 1 899 „	61	„
„ 1 900 „ 1 999 „	21	„
„ 2 000 ℳ und darüber	12	„ .

In der **Heranbildung für den Volksschuldienst** waren am 1. Januar 1892 begriffen:

Schulpräparanden vom ersten und zweiten Bildungsjahre (sämmtlich Privat-Schulamtszöglinge)	334
Schulamtszöglinge vom dritten, vierten und fünften Bildungsjahre, und zwar:	
Zöglinge der Staats-Schullehrerseminare	452
„ von Privat-Schullehrerseminaren	37
„ einzelner Lehrer	—
außerdem weibliche Schulamtszöglinge	64
zusammen	**887.**

Der Stand des **Lehrerpersonals in den Lehrerbildungsanstalten** am 1. Januar 1892 war folgender:

A. **Staats-Schullehrerseminare:**

1. An den 4 evangelischen Seminaren waren angestellt 4 Rektoren, 4 wissenschaftlich gebildete Hauptlehrer (Professoren), 12 Oberlehrer (worunter 2 Titularprofessoren), 1 Turnlehrer, 7 Unterlehrer, 3 Hülfslehrer; an den mit diesen Seminaren verbundenen **Übungsschulen** 4 Oberlehrer, 4 Unterlehrer, 2 Lehrgehülfen; an den mit den Seminaren in Eßlingen und Nürtingen verbundenen Präparandenanstalten 2 Hauptlehrer und 5 Unterlehrer.

2. An den 2 katholischen Seminaren waren angestellt 2 Rektoren, 2 wissenschaftlich gebildete Hauptlehrer (Professoren), 6 Oberlehrer (warunter 2 Zeichenoberlehrer), 3 Unterlehrer, an den mit diesen Seminaren verbundenen Übungsschulen 2 Oberlehrer und 2 Unterlehrer.

B. An den 2 (evangelischen) Privat-Schullehrerseminaren sind angestellt und zwar in Tempelhof 4 Lehrer neben dem Inspektor, in Lichtenstern 1 Lehrer neben dem Inspektor.

C. An dem evangelischen Staats-Lehrerinnenseminar 1 Rektor, 2 Oberlehrer und 3 Lehrerinnen.

Der Aufwand der Staatskasse für das Volksschulwesen berechnet sich nach dem verabschiedeten Hauptfinanzetat für 1891/92 folgendermaßen:

	ℳ
1. Gehalts- und Alterszulagen der Lehrer und Lehrerinnen, einschließlich der Oberlehrer an den Schullehrerseminaren, Erziehungshäusern, den Ackerbauschulen und der Weinbauschule	1 063 223,80
2. Beiträge an Gemeinden zu den Gehalten ihrer Schulstellen, zu Belohnung der Oberlehrer an den Volksschulen und für Winterabendschulen	600 000,00
3. Unterstützung von bedürftigen Lehrern, Lehrerinnen und Lehrerwittwen	12 000,00
4. Beiträge an Gemeinden für den Turnunterricht an Volksschulen	3 000,00
5. Industrieschulen	32 960,00
6. Unterstützung von Privatschulamtszöglingen	52 455,70
7. Schullehrerseminare	238 928,10
8. Lehrerinnenseminar in Markgröningen	19 200,00
9. Besoldungen der evangelischen und katholischen Schuldiener	108 831,87
10. Entschädigungen derselben für Einkommensverluste durch Ablösungen	4 957,88
11. Sonstiger Aufwand auf die evangelischen und katholischen Volksschulen	118 350,71
zusammen	2 [illegible] 904,10

Hierzu kommen, abgesehen von dem hierher gehörigen Antheil an dem Etatssatz von 120 000 ℳ für Beiträge zu Kirchen-, Pfarr- und Schulhausbauten die Leistungen der Staatskasse auf Pensionen der Volksschullehrer und ihrer Hinterbliebenen:

	ℳ
12. an die Pensionskasse der Volksschullehrer	455 000,00
13. an die Wittwen- und Waisenpensionskasse der Volksschullehrer	176 500,00
Gesammtaufwand der Staatskasse	2 [illegible] 404,10.

Nach einer vor einigen Jahren zum Zwecke der Etatsvorlage angestellten Berechnung treten den vorstehenden Ausgaben für Volksschulzwecke aus der Staatskasse hinzu:

aus Gemeindemitteln	3 193 802,77	ℳ
„ Stiftungsmitteln etwa	635 217,00	„
„ Leistungen Dritter mindestens	23 308,00	„
an Schulgeldern nach Schätzung	533 656,00	„.

Darnach ergiebt sich ein Gesammtaufwand für die Volksschulen von 7 326 387 ℳ.

4. Baden.

Die Zahl der Volksschulen im Großherzogthume beträgt dermalen 1 580.

Diese waren im Schuljahre 1891/92 von 272 604 Schülern besucht, welche sich vertheilen:

nach dem Geschlecht auf:	132 718	Knaben
	139 886	Mädchen;
nach dem Bekenntnisse auf:	174 195	Katholiken
	94 321	Protestanten
	3 816	Israeliten
	272	Angehörige eines sonstigen Bekenntnisses.

Es kommt eine Volksschule auf durchschnittlich 1 049 Einwohner.

Im Verhältniß zu den betreffenden Theilen der Gesammtbevölkerung betragen:

die männlichen Schüler	16,97	Proz.	der männlichen Bevölkerung,
die weiblichen Schüler	16,30	„	der weiblichen Bevölkerung,
die katholischen Schüler	16,96	„	der katholischen Bevölkerung,
die evangelischen Schüler	15,18	„	der evangelischen Bevölkerung,
die israelitischen Schüler	14,37	„	der israelitischen Bevölkerung,
die Schüler sonstigen Bekenntnisses	4,95	„	des betreffenden Bevölkerungstheiles.

Die Zahl der an sämmtlichen Volksschulen des Landes beschäftigten **Lehrer** betrug am 1. Mai 1892: 3 652; davon waren etatsmäßig angestellt 2 717, in nicht etatsmäßiger Stellung als Unterlehrer waren thätig 935. Auf einen Lehrer kommen durchschnittlich 75 Schüler.

Nach den Bestimmungen des Gesetzes über den Elementarunterricht vom 13. Mai 1892 werden die **Gehalte** und Vergütungen für die etatsmäßigen und die nicht etatsmäßigen Lehrer in den Städten, welche der Städteordnung unterstehen (Baden, Bruchsal, Freiburg, Heidelberg, Karlsruhe, Konstanz, Lahr, Mannheim und Pforzheim) unmittelbar von den betreffenden Städten selbst bestritten. Die Lehrer an den Volksschulen der übrigen Gemeinden empfangen ihre Gehalte, beziehungsweise Vergütungen unmittelbar aus der Großherzoglichen Staatskasse. In beiden Fällen aber ist die Beschaffung der Wohnung Sache der Schulgemeinde. Sofern die Wohnung nicht in Natur gewährt werden kann, hat die Gemeinde eine dem wirklichen Aufwande für dieselbe entsprechende Miethzinsentschädigung zu leisten.

Die Gehalte der Hauptlehrer in den der Städteordnung unterstehenden Städten sind im allgemeinen — einschließlich der Miethzinsentschädigung — im Mindestbetrage auf 2 000 M, im Höchstbetrage auf 3 200 M festgesetzt; nur in zwei der bezeichneten Städte beträgt die Gehaltsskala 1 800—2 800 M. Aufbesserungen innerhalb der bezeichneten Grenzen werden in Beträgen von je 100 M in dreijährigen, theilweise auch in zweijährigen Terminen gewährt.

An den übrigen Volksschulen beträgt das Anfangsgehalt 1 100 M, das Höchstgehalt 2 000 M. Zulagen werden alle 3 Jahre bewilligt und zwar im Betrage von je 100 M. Zur Bestreitung der Gehalte der Lehrer an Volksschulen haben die Gemeinden an die Staatskasse als Pauschbeitrag einzubezahlen:

1. einen Jahresbeitrag für jede an der Volksschule errichtete, ständige Lehrerstelle und zwar:

a) für Hauptlehrerstellen in Gemeinden	von nicht über 500 Einwohnern . .	780 M
	von 501 bis 1 000 „ . .	840 „
	von 1 001 bis 2 500 „	960 „
	von mehr als 2 500 „ . .	1 080 „
b) für jede Unterlehrerstelle in Gemeinden	von nicht über 2 500 Einwohnern	660 „
	von mehr als 2 500 „	700 „;

2. einen weiteren Jahresbeitrag in der Höhe von 2,50 M für jedes die Volksschule besuchende Schulkind. Dieser letztere Beitrag wird jeweils auf eine Periode von 10 Jahren festgesetzt.

Der **Aufwand**, den die **Staatskasse** für die Gehalte der Volksschullehrer zu machen hat, berechnet sich für das Jahr 1893 auf 3 207 677 M. Hiervon sind gedeckt durch die von den Gemeinden an die Staatskasse zu leistenden Pauschbeiträge 2 652 120 M. Der endgiltig auf die Staatskasse fallende Aufwand beträgt sonach für das Jahr 1893: 555 557 M. Dazu kommt noch der Aufwand für die Beiträge, welche die Staatskasse ihrerseits wieder an minderleistungsfähige Gemeinden — dermalen 682 — zur antheiligen oder gänzlichen Deckung der von diesen an die Staatskasse einzubezahlenden Pauschbeiträge leistet mit jährlich 401 620 M. Der Gesammtaufwand der Staatskasse für die Lehrergehalte berechnet sich hiernach im ganzen jährlich auf 555 557 + 401 620 = 957 177 M. Die Summe von 555 557 M stellt den Betrag dar, um den die Gehalte und Vergütungen der Volksschullehrer infolge des neuen Gesetzes über den Elementarunterricht am 1. Mai 1892 erhöht worden sind. Die letztere wird sich indessen im Beharrungszustand (nach Umlauf von etwa 10 Jahren) auf 798 850 M erhöhen, so daß der gesammte, durch die Gemeindebeiträge nicht gedeckte Aufwand der Staatskasse bis zu 1 200 470 M ansteigen wird.

5. Hessen.

Über Zahl, Lehrpersonal und Schüler der einfachen und der erweiterten Volksschulen, der Fortbildungsschulen und der Privatunterrichtsanstalten im Großherzogthume liegen aus dem Frühjahr 1891 folgende Angaben vor:

a) Einfache Volksschulen.

Zahl der Schulen	992
Davon:	
nach dem Bekenntnisse:	
gemeinsame (paritätische)	879
evangelische	53
katholische	57
israelitische	3
nach dem Geschlechte:	
ganz gemischte	910
zum Theil gemischte	52
ganz getrennte	30
nach den Schulklassen:	
einklassige	522
zweiklassige	250
dreiklassige	114
vierklassige	56
mehrklassige	50
nach dem Schulgelde:	
ohne Schulgeld	600
mit Schulgeld	392
Lehrpersonal, mit Ausschluß besonderer Lehrer und Lehrerinnen:	
im Ganzen	2 403
Volksschullehrer	2 226
Volksschullehrerinnen	177
Zahl der Schulkinder im Ganzen	159 306
Davon:	
nach dem Geschlechte:	
Knaben	79 065
Mädchen	80 241
nach dem Bekenntnisse:	
evangelische	107 208
römisch-katholische	48 301
israelitische	2 785
andersgläubige	1 012
durchschnittliche Schülerzahl:	
auf 1 000 Einwohner	160,4
„ 1 Schule	161
„ 1 Lehrerstelle	66,3.

b) Fortbildungsschulen.

Zahl der Schulen	905
Davon: einklassige	771
zweiklassige	84
drei- und mehrklassige	50
Zahl der Schüler im Ganzen	25 945
Davon: evangelisch	17 764
römisch-katholische	7 675
israelitische	349
andersgläubige	157
durchschnittliche Schülerzahl:	
auf 1 000 Einwohner	26,1
„ 1 Fortbildungsschule	28,7
„ 100 Volksschüler	32,8.

c) Privat-Unterrichtsanstalten.

Zahl der Anstalten	58
Davon:	
nach dem Bekenntnisse:	
gemeinsame (paritätische)	40
evangelische	6
römisch-katholische	8
israelitische	4
nach dem Geschlechte:	
gemischte	14
für Knaben	12
für Mädchen	32
Lehrpersonal, mit Ausschluß besonderer Lehrer und Lehrerinnen,	264
Davon: Lehrer	133
Lehrerinnen	131
Zahl der Schulkinder	3 831.
Davon:	
nach dem Geschlechte:	
Knaben	1 259
Mädchen	2 572
nach dem Bekenntnisse:	
evangelische	1 687
römisch-katholische	1 638
israelitische	487
andersgläubige	19.

d) Erweiterte Volksschulen.

Zahl der Schulen	24
Davon:	
gemischte	11
für Knaben	7
für Mädchen	6
Lehrpersonal, mit Ausschluß besonderer Lehrer und Lehrerinnen,	124
Davon: Lehrer	108
Lehrerinnen	16
Zahl der Schulkinder	3 730
Davon:	
nach dem Geschlechte:	
Knaben	1 971
Mädchen	1 759
nach dem Bekenntnisse:	
evangelische	2 814
römisch-katholische	652
israelitische	167
andersgläubige	97.

Über die Gesammtkosten des Volksschulwesens im Großherzogthume liegen Nachrichten aus dem gleichen Jahre nicht vor. Im Jahre 1883/84 betrugen dieselben 8 086 775 ℳ[1]), wovon aus Staatsmitteln 1 090 455 ℳ, von den Gemeinden 6 886 104 ℳ und von besonderen Kassen 110 216 ℳ aufgebracht wurden. Der Verwendung nach entfielen von diesen Gesammtkosten 64 800 ℳ auf die Kreisschulinspektoren (ohne die Dienstbezüge derselben für auswärtige Dienstgeschäfte), 102 080 ℳ auf die Schullehrerseminare, 22 240 ℳ auf die Präparandenanstalten, 379 450 ℳ auf Zuschüsse des Staates und 2 687 218 ℳ auf Leistungen der Gemeinden für die Gehalte der Volksschullehrer, 175 242 ℳ auf Zuschüsse des Staates und 40 156 ℳ auf Beiträge der Gemeinden zum Lehrerpensionsfonds, 258 609 ℳ auf die Volksschullehrer-Wittwenkasse, 88 055 ℳ auf Zuschüsse des Staates bez. 4 158 730 ℳ und 110 216 ℳ auf Beiträge der Gemeinden und besonderer Kassen zu den Schulbauten. Die Aufwendungen des Staates zu den Kosten des Volksschulwesens betrugen nach dem Rechnungsabschluß des Rechnungsjahres 1890/91 im Ganzen 917 504 ℳ, hätten sich demnach gegen 1883/84 um 162 951 ℳ vermindert; dementsprechend und wohl darüber hinaus werden sich die Leistungen der Gemeinden erhöht haben.

6. Mecklenburg-Schwerin.

Im Großherzogthume waren zu Anfang des Jahres 1893: 73 Stadt- und Fleckensschulen und 1 119 Landschulen (darunter 4 Halbtagsschulen), zusammen 1 192 Volksschulen vorhanden. Dieselben hatten 674 bezw. 1 304, zusammen 1 978 Schulklassen und 612 bezw. 1 300, zusammen 1 912 Lehrer sowie 145 Lehrerinnen, letztere nur an den Stadtschulen vorkommend.

Die Gesammtzahl der Schulkinder belief sich auf 84 834, worunter sich 43 692 Knaben und 41 142 Mädchen befanden, und vertheilte sich

	in den Stadt und Fleckensschulen	in den Landschulen	zusammen
nach dem Bekenntnisse:			
evangelisch-lutherisch . . .	32 090	52 377	84 467
reformirt	25	9	34
katholisch	169	77	246
sonst christlich ꝛc.	1	1	2
jüdisch	81	4	85.

Nach obigen Zahlen betragen die Volksschüler in den Stadtschulen 12,[illegible] Prozent der städtischen und diejenigen der Landschulen 16,40 Proz. der ländlichen Bevölkerung, durchschnittlich 14,67 Proz. der Gesammtbevölkerung. Auf jede Schulklasse kommen in den Stadtschulen 48,[illegible], in den Landschulen 40,[illegible], durchschnittlich 42,[illegible] Schulkinder.

Unter den Volks- und Bürgerschulen der Städte und Flecken befinden sich 71 evangelische und 2 katholische Schulen mit 667 bezw. 7 Schulklassen und 32 252 bezw. 114 Schulkindern, sowie 609 bezw. 3 Lehrern und 143 bezw. 2 Lehrerinnen.

Unter den Landschulen sind 958 einklassige mit 36 408, 145 zweiklassige mit 13 120, 12 dreiklassige mit 1 965, 2 vierklassige mit 403, 1 fünfklassige mit 297 und 1 siebenklassige mit 275 Schülern.

7. Sachsen-Weimar-Eisenach.

Aus der Hauptübersicht über den Stand des Volksschulwesens ergeben sich für die beiden Schuljahre von Ostern 1890 bis Ostern 1892 folgende Hauptpunkte der Entwickelung der Schulen des Großherzogthums.

Die Anzahl der Schulorte ist von 459 im Schuljahre 1889/90 auf 461, also um 2, gewachsen. Die Zahl der evangelischen Schulen betrug 449 (1 Schule auf 699 evangelische Einwohner), die der katholischen 15 (1 auf 780 katholische Einwohner), die der israelitischen 1, im Ganzen 465 Schulen, also 1 auf 701 Einwohner.

In dem bezeichneten zweijährigen Zeitraume wurden 23 neue Lehrerstellen gegründet, in Wegfall sind dagegen gekommen 2 Lehrerstellen, so daß sich ein Mehr von 21 Lehrerstellen ergiebt. Die

[1]) Die Quelle giebt 8 056 775 ℳ an, also 30 000 ℳ weniger, und verzeichnet an Leistungen aus Staatsmitteln 1 080 455 ℳ, an Leistungen der Gemeinden 6 866 104 ℳ. Geht man indessen auf die Einzelposten zurück, aus welchen die vorgenannten Beträge sich zusammen setzen, so ergeben sich an Stelle der vorbezeichneten Summen 1 090 454 bezw. 6 886 104 ℳ, im Ganzen also 8 086 775 ℳ. Letztere Beträge sind oben eingesetzt, womit die Differenz von 30 000 ℳ beseitigt ist.

Zahl der vollbeschäftigten Lehrkräfte betrug 1891/92: 880, davon waren 856 evangelisch, 20 katholisch und 4 israelitisch. An Lehrkräften wurden zur Zeit des größten Lehrermangels, am Schlusse des Schuljahres 1878/79: 719 Lehrer, 14 Lehrerinnen, zusammen 733 Lehrkräfte gezählt. Die Gesammtzahl und die Anzahl der Lehrer ist von da an fortwährend gestiegen und betrug

1889/90:	846 Lehrer,	10 Lehrerinnen,	im Ganzen	856 Lehrkräfte
1890/91:	857 „	9 „	„ „	866 „
1891/92:	863 „	9 „	„ „	872 „ ,

während die Anzahl der Lehrerinnen seit dem Schuljahre 1880/81, wo sie mit 19 ihren Höchstbetrag erreichte, allmählich zurückgegangen ist. Ebenso hat sich die Anzahl der widerruflich angestellten Lehrer seit dem Jahre 1884/85, wo sie am größten war, stark gemindert, wie folgende Vergleichung ergiebt:

Schuljahr	Lehrer überhaupt	davon widerruflich angestellt	Verhältniß in Proz.
1884/85	794	112	14,11
1889/90	846	58	6,86
1890/91	857	56	6,53
1891/92	863	44	5,10.

Die Zahl der Schulklassen betrug 960, darunter 935 evangelische, 24 katholische und 1 jüdische.

Neugebaut wurden 14 Schulhäuser und 8 Schulsäle.

Die Anzahl der Schulkinder (53 540) hat sich im Jahre 1891/92 gegen das Vorjahr um 79 vermehrt, genauer um 80 Knaben vermehrt und um 1 Mädchen vermindert; dagegen hat sie im Vergleiche mit dem Schuljahre 1889/90 um 597, d. i. um 1,10 Proz. überhaupt abgenommen, und zwar die Anzahl der Knaben (26 506) um 447, d. i. um 1,66 Proz., die der Mädchen (27 034) um 150, d. i. um 0,55 Proz. Die Anzahl der Mädchen überwog im letzten Jahre die der Knaben um 528; auf 100 Schulkinder kamen 49,51 Knaben und 50,49 Mädchen.

Das Verhältniß, das zwischen der Anzahl der Volksschüler und der Bevölkerungszahl besteht, läßt sich nur für das Schuljahr 1890/91 feststellen, innerhalb dessen die letzte Volkszählung stattfand. Hierfür ergiebt sich, daß bei 326 091 Einwohnern und 53 461 Schulkindern 16,39 Proz. der Bevölkerung die Volksschule besuchten gegen 16,20 Proz. im Jahre 1885/86 und gegen 15,68 Proz. im Jahre 1880/81. Die Anzahl der Schulmädchen überwog nur um wenig. Im Jahre 1890/91 betrug sie 8,10 Proz. und die der Knaben 8,29 Proz. der Bevölkerung. Von der evangelischen Bevölkerung waren die evangelischen Volksschüler 16,41 Proz., von der katholischen Bevölkerung die katholischen Volksschüler 17,20 Proz., von der israelitischen Bevölkerung die israelitischen Schüler 11,70 Proz., von der dissidentischen Bevölkerung die dissidentischen Schüler 13,66 Prozent.

Die Anzahl der auf einen Lehrer kommenden Schüler beträgt im Mittel für das Großherzogthum 60,84 gegen 63,11 im Jahre 1889/90.

Von den 22 Rektoren sind 20 zugleich Lehrer der Anstalt, die ihrer Leitung anvertraut ist. Daher ist in einem Bezirke die Anzahl der Lehrkräfte (Lehrer und Lehrerinnen) um 2 kleiner als diejenige der Schulstellen. Die Anzahl der mit der Ortsschulaufsicht betrauten ersten Lehrer ist von 8 auf 9 gestiegen. Im letzten Schuljahre führten 250 Geistliche die Ortsschulaufsicht in 396 Schulorten gegen 247 in 398 Schulorten am Ende des Schuljahres 1889/90. Die Volksschulen in Eisenach unterstehen 2 Rektoren, deren einer aber auch die Ortsschulaufsicht in dem zum Gemeindebezirke gehörigen Schulorte Fischbach führt. Die Anzahl der die Ortsschulaufsicht führenden sonstigen Personen betrug 34 gegen 31 im Schuljahre 1889/90.

Turnunterricht wird nur in denjenigen Orten nicht ertheilt, wo bei vorgerücktem Alter oder ungünstigen Gesundheitsverhältnissen des Lehrers dessen Befreiung vom Turnunterrichte erforderlich wird. Er fiel nur in 3 Orten aus, d. i. in 0,65 Proz. aller Schulorte.

Die Anzahl der Schulorte, in denen Unterricht in der Obstbaumkunde ertheilt wird, ist von 413 im Jahre 1889/90 auf 434 im Jahre 1891/92 gestiegen. Er fehlt noch in 27 Orten, d. i. in 5,86 Proz. der sämmtlichen Schulorte.

In Betreff des Unterrichts in den weiblichen Handarbeiten ist ein kleiner, jedenfalls aber nur vorübergehender Rückschritt zu verzeichnen: Die Anzahl der Gemeindeanstalten ist nämlich von 240 im Jahre 1889/90 auf 235 im Jahre 1891/92 und die Zahl der Frauenvereinsanstalten von 167 auf 165 herabgegangen, dagegen die der Privatanstalten von 9 auf 10 gestiegen. Der Unterricht fehlte in 56 Orten, d. i. in 12,15 Proz. sämmtlicher Schulorte gegen 10,65 Proz. im Jahre 1889/90. In einigen

Orten bestehen verschiedene Anstalten neben einander. Die Anzahl der den Unterricht besuchenden Schulmädchen hat sich von 18 614 im Jahre 1889/90 auf 17 832 im Jahre 1891/92, d. i. um 4,20 Proz. gemindert.

Die **Fortbildungsschulen** wurden im Jahre 1891/92 von 5 387 Schülern gegen 4 939 im Jahre 1889/90 besucht; damit hat deren Besuch den höchsten Bestand unter allen bisherigen erreicht. Nur in 9 Schulorten ist der Fortbildungsschulunterricht wegen gänzlichen Mangels an Schülern oder wegen allzu geringer Schülerzahl ausgefallen.

In den beiden letzten Schuljahren bestanden 20 **Privatanstalten** gegen 21 im Jahre 1889/90.

Die gesammte **Ausgabe der Volksschulkasse** — **Staatsaufwendung**, jedoch ohne die Kosten für die Schulaufsicht (Bezirks-Schulinspektoren) und die Volksschullehrer-Seminare — betrug 1890: 520 067,70 ℳ und 1891: 520 761,44 ℳ, also auf 1 Volksschüler 9,73 ℳ an Staatsaufwendungen. Die namhafte Steigerung dieser Ausgabe gegenüber dem früheren Aufwande, der sich im Jahre 1889 auf 392 143 ℳ belief, findet vor Allem ihre Erklärung in der Wirkung des Nachtrages zum Volksschulgesetze vom 27. März 1889, wonach vom 1. Januar 1890 an sämmtlichen Schulgemeinden zur Aufbringung ihrer Schulbedürfnisse jährliche Zuschüsse von 100 ℳ für jede Schulstelle gewährt werden. Daneben ist gleichzeitig eine Erhöhung des Zuschusses zu den Minimalbesoldungen der Lehrer in bedürftigen Gemeinden um 5 000 ℳ jährlich eingetreten, sowie endlich eine nicht unwesentliche Vermehrung der Ausgaben für Alterszulagen in Folge der Einführung einer fünften Alterszulage nach dem Nachtragsgesetze vom 17. April 1889.

Im Einzelnen sind an Zuschüssen gezahlt worden:	in den Jahren 1890	1891
	ℳ	ℳ
a) an sämmtliche Schulgemeinden zur Aufbringung der Schulbedürfnisse nach Maßgabe des Nachtragsgesetzes vom 27. März 1889	87 151,87	88 105,50
b) an bedürftige Schulgemeinden zu den Mindestbesoldungen	61 002,00	61 531,89
c) „ „ „ zu den Schulbauten	21 000,00	13 600,00
d) an Lehrer Alterszulagen	168 915,67	172 509,34
e) „ „ Ruhegehalte und Wartegelder	132 208,49	134 893,56
f) „ „ Ortszulagen	2 999,13	3 000,00.

Die unter a. verzeichneten Ausgaben zur Aufbringung der Schulbedürfnisse treten im Jahre 1890 zum ersten Male auf; an Mindestbesoldungen (b) wurden im Jahre 1889 verausgabt 56 512,39 ℳ; an Alterszulagen (d) in demselben Jahre 142 092,34 ℳ; an Ruhegehalten und Wartegeldern (e) 134 596,33 ℳ; an Zuschüssen zu Schulbauten (c) sind für je drei Jahre 36 000 ℳ, im Mittel also jährlich 12 000 ℳ, an Ortszulagen (f) jährlich 3 000 ℳ verfügbar.

Aus Mitteln der **Schulgemeinden** wurden 1891 außerdem 1 099 626,03 ℳ auf die Volksschulen verwendet, also auf 1 Volksschüler 20,34 ℳ.

Aus der **Kultuskasse** erhielten im Jahre 1890: 146 Lehrer und im Jahre 1891: 144 Lehrer in solchen Stellen, mit denen besonders beschwerlicher und umfänglicher Kirchendienst verbunden ist, einmalige Zulagen im Gesammtbetrage von 5 450 ℳ. Für die Zeit vom 1. Januar 1893 ab ist eine Erhöhung dieses Fonds auf 6 000 ℳ eingetreten.

Aus der **Lehrerwittwenkasse** wurden gezahlt:

	Wittwen- und Waisengehalte	Begräbnißgelder
1890	44 658,01 ℳ	1 275,50 ℳ
1891	45 602,50 „	762,43 „.

Zur **Ausbildung von evangelischen Volksschullehrern** sind bestimmt das Großherzogliche Lehrerseminar zu Weimar, gegründet am 31. März 1788, welches aus 6 Klassen mit je einjährigem Kursus besteht und mit einer vierklassigen Knaben- und einer einklassigen Mädchen-Übungsschule verbunden ist, sowie das Großherzogliche Lehrerseminar zu Eisenach, im Jahre 1817 als selbständige Anstalt begründet, welches die drei oberen Seminarklassen enthält und mit einer vertragsmäßig von der Stadt Eisenach zu unterhaltenden vierklassigen Übungsschule ausgestattet ist. Dasselbe wird durch die an die städtische Georgenschule sich anschließende dreiklassige Sekundarschule ergänzt, welche den Volksschulunterricht mit höheren Zielen fortsetzt und zugleich als Vorbereitungsanstalt für das Lehrerseminar dient. Die Sekundarschule ist eine städtische Anstalt, jedoch mit ansehnlichen Zuschüssen aus der Großherzoglichen Staatskasse ausgestattet. Die Ausbildung katholischer und israelitischer Volksschullehrer erfolgt auf auswärtigen Seminaren, und auch ihre zweite Prüfung in der Regel auswärts. Volksschullehrerinnen werden auch an dem vorzugsweise für Lehrerinnen an höheren Mädchenschulen bestimmten städtischen Lehrerinnenseminar zu Eisenach ausgebildet.

Das Lehrpersonal an den beiden Seminaren und der Sekundarschule bildeten 1891/92:

in	Direktor und ordentliche Lehrer	Nebenlehrer und Fachlehrer	Übungsschullehrer[1]	insgesammt
Weimar, Seminar	6	6	3	15
Eisenach, Seminar	3	6	2	11
" , Sekundarschule	4	4	—	8
zusammen	**13**	**16**	**5**	**34.**

Die Zahl der Seminaristen und der Seminaranwärter auf der Sekundarschule zu Eisenach stellte sich am Ende des Schuljahres 1891/92 (einschließlich der vor Beginn des neuen Schuljahres Abgegangenen) nach den einzelnen Klassen, wie folgt. Es waren vorhanden

	Zöglinge in der Klasse						
	I	II	III	IV	V	VI	insgesammt
auf den Seminaren	30	26	28	13	21	18	136
auf der Sekundarschule	—	—	—	12	17	12	41
zusammen	**30**	**26**	**28**	**25**	**38**	**30**	**177**

Die Ausgaben für die Lehrerbildungsanstalten betrugen im Kalenderjahr 1891 für:

in	Besoldungen und ständige Vergütungen	Lehrmittel und Bibliothek	Inventar	Heizung und Beleuchtung	sonstige Aufwendungen	insgesammt
	M	M	M	M	M	M
Weimar, Seminar	27 335,66	161,77	538,49	1 694,51	2 210,80	31 940,30
Eisenach, Seminar	14 202,60	359,45	329,81	151,57	681,41	15 724,01
" , Sekundarschule	4 122,00	—	—	—	420,00	4 542,00
zusammen	**45 659,66**	**521,22**	**868,30**	**1 846,11**	**3 311,21**	**52 206,31.**

Der Anschlagswerth der Dienerwohnung bei dem Seminar in Weimar ist in vorstehenden Zahlen nicht mit begriffen. Die Stadtgemeinde Eisenach ist vertragsmäßig verpflichtet, das Gebäude des Großherzoglichen Seminars vorzuhalten, auch die Kosten der Übungsschule zu bestreiten. Diese Kosten sind im Vorstehenden ebenfalls nicht mit enthalten. Die Heizung wird von der Stadtgemeinde Eisenach gegen Entrichtung eines Zuschusses von 61,57 M gewährt. Hinsichtlich der Seminaranwärter auf der Sekundarschule sind nur die Aufwendungen aus der Staatskasse in die Tabelle aufgenommen.

Den Ausgaben standen im Kalenderjahre 1891 folgende Einnahmen gegenüber:

in	Zuschüsse aus der Staatskasse	Kapitalzinsen	Schulgeld	insgesammt
	M	M	M	M
Weimar, Seminar	30 305,15	98,01	1 537,00	31 940,30
Eisenach, Seminar	15 366,84	52,11	305,00	15 724,01
" , Sekundarschule	4 542,00	—	—	4 542,00
zusammen	**50 214,00**	**150,12**	**1 842,00**	**52 206,31.**

Unterstützungen sind 1891/92 in folgenden Beträgen gewährt worden:

in	Schulgeld-Erlasse u. Freistellen	sonstige Unterstützungen aus der Staatskasse	aus städtischen Mitteln	aus Stiftungen	insgesammt
	M	M	M	M	M
Weimar, Seminar	485,00	1 530,00	140,00	1 634,71	3 790,13
Eisenach, Seminar	640,00	1 020,00	81,00	463,11	2 204,74
" , Seminaranwärter auf der Sekundarschule	600,00[2]	450,00		—	1 050,00
außerdem für katholische Seminaristen und Präparanden	—	665,00	—		665,00
zusammen	**1 725,00**	**3 665,00**	**222,00**	**2 097,32**	**7 709,37.**

---

[1]) einschl. 1 Lehrerin für weibliche Handarbeiten. — [2]) von der Stadtgemeinde gewährt.

8. Mecklenburg-Strelitz.

Die Zahl der Volksschulen, getrennt nach Stadt und Land, betrug 1892: 236, und zwar:

Schulen in den Städten und Flecken . . .	15
Landschulen im Herzogthume Strelitz . . .	178
Landschulen im Fürstenthume Ratzeburg . . .	43
zusammen . .	**236.**

An Volksschulklassen gab es:

in den Städten und Flecken	117
in den Landschulen des Herzogthums Strelitz .	179
in den Landschulen des Fürstenthums Ratzeburg	51
zusammen . . .	**347.**

Schulkinder waren vorhanden:

	Knaben	Mädchen	zusammen
in den städtischen Volksschulen	3 097	2 859	5 956
in den Landschulen des Herzogthums Strelitz .	3 551	3 654	7 205
in den Landschulen des Fürstenthums Ratzeburg	1 078	1 070	2 148
zusammen . . .	**7 726**	**7 583**	**15 309.**

Die Zahl der Schulkinder beläuft sich auf rund 16 Prozent der Gesammtbevölkerung.

Nach dem Bekenntnisse vertheilten sich die Schüler der Volksschulen auf

	Ev.-Lutherische	Katholische	Dissidenten	Juden
in den städtischen Volksschulen	5 901 [1])	26	2	27
in den Landschulen des Herzogthums Strelitz .	7 186	14	5	—
in den Landschulen des Fürstenthums Ratzeburg	2 148	—	—	—
zusammen . . .	**15 235**	**40**	**7**	**27.**

Die Gesammtzahl der vollbeschäftigten Lehrer in den Volksschulen des ganzen Landes beträgt 355, davon entfallen auf die städtischen Volksschulen 123.

Über die Kosten des Volksschulwesens u. s. w. liegen Nachrichten nicht vor.

9. Oldenburg.

An Volksschulen sind im Großherzogthume im Ganzen 594 vorhanden; in diese Zahl sind die sogenannten Mittelschulen nicht eingerechnet. Eine Volksschule kommt demnach auf etwa 508 Einwohner. In den Volksschulen bestehen 1 007 Schulklassen, in welchen 960 vollbeschäftigte Lehrer Unterricht ertheilen.

Die Zahl sämmtlicher Schulkinder betrug im Jahre 1892: 60 407; davon waren 30 556 Knaben und 29 851 Mädchen. Der Konfession nach vertheilen sich dieselben, wie folgt:

evangelische	47 723
katholische	12 458
jüdische	226,

wobei jedoch bemerkt werden muß, daß die letzteren Zahlen auf absolute Genauigkeit keinen Anspruch erheben können, sondern theilweise auf Schätzung beruhen, da in den statistischen Mittheilungen über die Volksschulen Angaben über die Konfessionsverhältnisse der Schüler nicht enthalten sind.

Das Verhältniß der Anzahl der Volksschüler zur Gesammtbevölkerung des Großherzogthums (nach der Zählung vom 1. Dezember 1890) stellt sich folgendermaßen. Es betrugen sämmtliche Schulkinder 17,03 Prozent von der Gesammtbevölkerung, und zwar:

die Knaben allein	8,61	Proz.
die Mädchen allein	8,42	„
die evangelischen Schulkinder	13,46	„
die katholischen „	3,51	„
die jüdischen „	0,06	„ .

Die finanziellen Gesammtaufwendungen für das Volksschulwesen des Großherzogthums haben im Jahre 1892 betragen 2 068 427,99 ℳ; davon sind aus Staatsmitteln geleistet 696 420,16 ℳ.

---

[1]) 1 reformirtes Schulkind dazu gerechnet.

10. Braunschweig.

Die Zahl der Schulen im Herzogthume betrug im Jahre 1892: 410. Es kommt demnach auf 984,8 Einwohner eine Schule.

Die Zahl der Schulklassen belief sich:

an den Bürgerschulen auf	479
an den Landgemeindeschulen auf	1 102
zusammen	1 581.

Die Zahl der an den Schulklassen vollbeschäftigten Lehrer war 1 049.

Die Zahl der Schulkinder nach Konfession und Geschlecht beträgt:

	Knaben	Mädchen
a) der lutherischen Schulkinder	33 683	33 476
b) der reformirten „	208	160
c) der katholischen „	642	571
d) der jüdischen „	58	64
e) der Kinder sonstiger Religionsgemeinschaften	56	47
f) der Kinder, welche keiner Religionsgesellschaft angehören	23	11
zusammen	34 670	34 329.

Das Verhältniß der Schulkinder zur Gesammtbevölkerung von 403 773 Seelen (nach der Volkszählung vom 1. Dezember 1890) gestaltet sich folgendermaßen:

die lutherischen Schulkinder bilden in ihrer Gesammtzahl von	67 159 = 16,633	Proz.
die reformirten Schulkinder von	368 = 0,091	„
die katholischen Schulkinder von	1 213 = 0,300	„
die jüdischen Schulkinder von	122 = 0,030	„
die Kinder sonstiger Religionsgemeinschaften von	103 = 0,026	„
die Kinder, welche keinen Religionsgemeinschaften angehören	34 = 0,008	„
sämmtliche Knaben von	34 670 = 8,587	„
sämmtliche Mädchen von	34 329 = 8,502	„
sämmtliche Schulkinder von	68 999 = 17,089	„ .

Die finanziellen Aufwendungen belaufen sich

für die Bürgerschulen auf	733 032 ℳ
für die Landgemeindeschulen auf	494 842 „
zusammen	1 227 874 ℳ.

Die Leistungen aus Staatsmitteln betragen für die Bürgerschulen:

zu den allgemeinen Schullasten	112 000 ℳ
zur Deckung der Ausfälle am Schulgelde	59 112 „
für die Landgemeindeschulen:	
zu den allgemeinen Schullasten	150 000 „
zur Deckung der Ausfälle am Schulgelde	114 110 „
zusammen	435 222 ℳ

11. Sachsen-Meiningen.

Die Zahl der Volksschulen im Herzogthume betrug im Jahre 1892: 314, die Zahl der Lehrer 589; auf je 713 Einwohner entfällt eine Volksschule. Die Zahl der Schulklassen läßt sich zurzeit nicht angeben. Die Zahl der Schulkinder beträgt 39 592, worunter sich befinden:

evangelische	39 205
katholische	157
sonst christliche	51
israelitische	179.

Die Scheidung nach Geschlechtern ist aus den vorliegenden Berichten nicht zu ersehen.

Unter 100 Einwohnern überhaupt sind 17,48 Schulkinder in der Volksschule; unter 100 evangelischen Einwohnern 17,88, unter 100 katholischen Einwohnern 5,61, unter 100 sonst christlichen Einwohnern 1,61, unter 100 israelitischen Einwohnern 11,47.

Die finanziellen Aufwendungen für die Volksschulen betragen:

für den Personalaufwand	1 028 300 ℳ
hiervon: aus Staatsmitteln	294 200 „
aus Gemeindemitteln	734 100 „ .

Außerdem sind, wie in der Etatsperiode vom 1. Januar 1890 bis Ende 1892, in der laufenden Etatsperiode wieder in dem Staatshaushalts-Etat 100 000 ℳ (einmalig) zur Unterstützung der Gemeinden bei Schulneubauten vorgesehen.

Der sächliche Aufwand der Gemeinden ist zur Zeit nicht zu ermitteln.

12. Sachsen-Altenburg.

Im Jahre 1892 gab es im Herzogthume 193 Schulen, mithin kommt auf 885 Einwohner eine Schule.

Die Summe der Schulklassen beträgt 637; auf 1 Klasse kommen durchschnittlich 46 Schüler.

Die Zahl der Schulkinder beläuft sich auf 29 625. Von diesen sind 29 478 evangelisch-lutherischer, 132 römisch-katholischer Konfession, 12 Baptisten, 2 Juden, 1 Dissident; dem Geschlechte nach: 14 439 Knaben und 15 186 Mädchen. Auf die Gesammtbevölkerung von 170 865 Einwohnern entfallen demnach 17,[illegible] Prozent Schulkinder.

13. Sachsen-Coburg-Gotha.

Über das Volksschulwesen der beiden Herzogthümer liegen gleichartige Angaben vor. Es waren 1892, einschließlich der Herzoglichen Taubstummenanstalt, die für beide Herzogthümer gemeinschaftlich besteht, vorhanden: 250 Volksschulen mit 611 Klassen und 577 vollbeschäftigten Lehrern, denen 1 mit 16 wöchentlichen Stunden beschäftigte Handarbeits-Lehrerin und 2 Fachlehrer für Turnen und Gesang vielleicht hinzuzuzählen wären. Es kam sonach auf 826 Einwohner eine Volksschule.

Die Zahl der Schüler, einschließlich der 16 Zöglinge der Taubstummenanstalt, betrug 33 503, wovon 16 581 Knaben und 16 922 Mädchen waren; 33 940 Schüler waren evangelisch, 120 katholisch und 24 israelitisch. Im Durchschnitte waren von der Gesammtbevölkerung des Herzogthums 16,[illegible] Prozent Schüler der Volksschule.

Die Höhe des Gesammtaufwandes für die Volksschulen ohne die katholische Schule zu Gotha, jedoch einschließlich der 59 000 ℳ, welche die Taubstummenanstalt kostete, stellte sich auf 869 684 ℳ, worin 24 035 ℳ für die Schulreferenten des Ministeriums und für die Schulinspektion einbegriffen sind. Der Staatsaufwand war an dem Gesammtaufwande mit 303 840 ℳ, darunter mit 4 100 ℳ für die Taubstummenanstalt, betheiligt.

Für die Lehrerseminare werden rund jährlich 68 000 ℳ aus der Staatskasse verwendet.

14. Anhalt.

Am Schlusse des Schuljahres 1891/92 waren im Herzogthume 264 Schulen vorhanden, es entfallen also auf 10 000 Einwohner rund 9 Schulen.

Die Zahl der Schulklassen beträgt 980 und die der vollbeschäftigten Lehrer 786, einschließlich 93 Lehrerinnen (20 wissenschaftliche und 73 Handarbeits-Lehrerinnen).

Die Volksschule wurde besucht von 45 222 Kindern, und zwar von 22 673 Knaben und von 22 549 Mädchen. Bei einer Gesammtbevölkerung von 271 963 Einwohnern kommen auf 1 000 Einwohner 166 Volksschüler.

Nach der Konfession entfallen auf die Knaben 22 250 Evangelische, 356 Katholische, 7 Dissidenten, 60 Israeliten und auf die Mädchen 22 120 Evangelische, 362 Katholische, 8 Dissidenten, 59 Israeliten.

Die finanziellen Aufwendungen für die Volksschule — getragen vom Staate, da die Schule zur Staatsanstalt erklärt ist — belaufen sich nach dem Etat für 1892/93 (vom Bauaufwand abgesehen) auf 1 388 904 ℳ; dagegen vereinnahmt die Staatskasse 40 Proz. des aufkommenden Schulgeldes und die aus einzelnen Stellen fließenden Ackerpächte mit rund 111 000 ℳ.

Außerdem wendet der Staat im Rechnungsjahre 1892/93 für Neubauten von Volksschulen 463 275 ℳ und für die Unterhaltung der vorhandenen Schulhäuser 60 000 ℳ auf, wovon gleichfalls der größte Theil auf die Volksschulgebäude entfällt. Ein Sechstel dieser baulichen Ausgaben gelangt als gesetzlicher Beitrag der Schulgemeinden wieder zur Vereinnahmung.

In der vorstehenden Aufwendungssumme sind die von den einzelnen Schulgemeinden aufzubringenden Kosten der Lehrmittel, Heizung, Beleuchtung, Reinigung 2c. nicht enthalten.

Das Landesseminar und die höheren Mädchenschulen sind in den mitgetheilten Zahlen nicht mit einbegriffen.

15. Schwarzburg-Sondershausen.

Die Zahl der Schulen beläuft sich im Fürstenthume auf 94, die der Klassen, einschließlich der an getheilten Schulen gebildeten Klassen unter einem Lehrer, auf 241, die Zahl der vollbeschäftigten Lehrer auf 204.

Es waren am 1. Februar 1893 bei einer Gesammtbevölkerung von 75 510 Einwohnern (Zählung am 1. Dezember 1890) in den Volksschulen des Fürstenthums vorhanden: evangelische Schulkinder 12 936 — 17,13 Proz. der Gesammtbevölkerung, katholische 20 — 0,03 Proz., israelitische 7 — 0,01 Proz. Hinsichtlich des Geschlechts vertheilten sich die 12 963 Schulkinder auf 6 479 Knaben und 6 484 Mädchen. Die Schulkinder betragen 17,17 Proz. der Gesammtbevölkerung.

Der Gesammtbetrag der finanziellen Aufwendungen für das Volksschulwesen, abgesehen von den Ausgaben für die Schulbehörden, beträgt 264 032 ℳ. Der Gesammtbetrag der aufzubringenden Lehrergehalte stellt sich auf 253 605 ℳ. Die finanziellen Aufwendungen der Gemeinden für das Schulwesen belaufen sich auf 214 183 ℳ. Zu den Lehrergehalten trägt der Staat, soweit dieselben nicht durch das Stelleneinkommen oder Verpflichtungen Dritter aufgebracht werden, den zehnten Theil bei. An solchen Beiträgen werden gegenwärtig 23 009 ℳ gezahlt. Besoldungszuschüsse zu den Lehrergehalten wegen Unvermögens der Gemeinden werden in Höhe von 21 856 ℳ aus Staatsmitteln geleistet, unter anderen Titeln (Remunerationen, Lokalzulagen ꝛc.) werden noch 4 984 ℳ jährlich bewilligt, so daß die Gesammtleistung aus Staatsmitteln 49 849 ℳ beträgt.

16. Schwarzburg-Rudolstadt.

Die Zahl der Volksschulen im Fürstenthume beträgt 131; diese sind bis auf eine katholische sämmtlich evangelisch. Von diesen Schulen sind 93 mit einem Lehrer und 38 mit 2 oder mehr Lehrern besetzt. Die Zahl der Schulklassen beträgt 253 und die der Lehrer 243. Es kommt 1 Schullehrer auf 354 Einwohner bezw. auf 60 Schulkinder, eine Volksschule auf 655 Einwohner und 1 Schulklasse auf 58 Schüler.

Die Volksschulen wurden Anfang 1893 von 14 567 Kindern (bis auf 29 katholische sämmtlich evangelisch) besucht, und es entfielen auf je 100 Einwohner 16,[illegible] Volksschüler; unter denselben befanden sich 7 380 Knaben und 7 187 Mädchen.

Die Aufwendungen für die Volksschulen beliefen sich auf 298 600 ℳ, wovon aus Staatsmitteln 90 300 ℳ aufgebracht wurden; wie viel von dem Reste auf Gemeindebeiträge bezw. auf Ertrag des Schulvermögens ꝛc. entfällt, kann nicht mitgetheilt werden.

17. Waldeck und Pyrmont.

In den Fürstenthümern befanden sich 1892: 121 Volksschulen, und es kam 1 Schule auf 473 Einwohner. Die Zahl der Schulklassen betrug 285, die Zahl der vollbeschäftigten Lehrer 147.

Die Zahl der Schulkinder betrug im Ganzen 10 440 oder 18,[illegible] Proz. der Gesammtbevölkerung. Davon sind dem Bekenntnisse nach: evangelisch 10 087, katholisch 243, israelitisch 110; dem Geschlechte nach: Knaben 5 625, Mädchen 4 815.

Die finanziellen Aufwendungen für die Volksschulen betragen jährlich 218 976 ℳ. Davon werden aus Staatsmitteln geleistet 29 043 ℳ. Außerdem werden an Volksschullehrer jährlich 13 500 ℳ Dienstalterszulagen aus Staatsmitteln gewährt, welcher Betrag in den vorstehenden Beträgen von 218 976 bezw. 29 043 ℳ nicht mitenthalten ist.

18. Reuß älterer Linie.

Im Fürstenthume sind vorhanden 46 Volksschulen (1 Schule auf 1 364 Einwohner) mit 222 Klassen, 134 vollbeschäftigten Lehrern und 7 vollbeschäftigten Lehrerinnen. Die Volksschule besuchten 10 988 Kinder, 5 417 Knaben und 5 571 Mädchen, von denen 10 880 evangelisch-lutherischen, 63 katholischen Bekenntnisses, 2 jüdisch, 43 andersgläubige waren.

Es entfallen auf 100 evangelisch-lutherische Einwohner 17,61, 100 katholische Einwohner 6,1, 50 jüdische Einwohner 1,4, 100 andersgläubige Einwohner 23,6 Volksschulkinder.

Die finanziellen Aufwendungen für die Volksschulen haben sich im Jahre 1892 auf 298 947 ℳ belaufen, und hierzu sind aus Staatsmitteln 16 880 ℳ beigetragen worden.

19. Reuß jüngerer Linie.

Im Fürstenthume bestehen 114 Volksschulen mit 447 Klassen, an welchen 290 Lehrer und 18 Lehrerinnen für weibliche Handarbeiten unterrichten.

Die Schulen werden von 19 503 Schulkindern (19 428 evangelische, 58 katholische, 16 dissidentische, 1 jüdisches) und zwar von 9 702 Knaben und 9 801 Mädchen besucht.

Die gesammten Aufwendungen für das Volksschulwesen betragen gegenwärtig 571 000 ℳ, wovon 185 000 ℳ aus Staatsmitteln geleistet werden.

20. Schaumburg-Lippe.

Über das Volksschulwesen im Fürstenthume nach dem Stande vom Jahre 1891/92 liegen folgende Angaben vor:

Zahl der Schulen	42
„ „ Schulklassen	126
„ „ vollbeschäftigten Lehrer	71
Zahl der Schulkinder überhaupt	6 758
davon: Knaben	3 389
Mädchen	3 369
lutherisch	6 530
reformirt	124
katholisch	58
sonstige Christen	8
jüdisch	38
Finanzielle Aufwendungen:	
a) überhaupt	123 500 ℳ
b) aus Staatsmitteln	10 000 „ .

21. Lippe.

Im Fürstenthume waren 1892: 150 Schulen, darunter 140 evangelische, 7 katholische und 3 jüdische, vorhanden. Das Verhältniß derselben zur Gesammtbevölkerung ist 1 : 856. Die Zahl der Klassen betrug 473, die der Lehrer 273.

Die Schulkinder nach Geschlecht und Bekenntniß sind in folgender Übersicht nachgewiesen:

Konfession bezw. Religion	Knaben	Mädchen	zusammen
Evangelisch	11 808	11 220	23 028
Katholisch	237	224	461
Jüdisch	16	30	46
zusammen	**12 061**	**11 474**	**23 535.**

Das Verhältniß der Schülerzahl zur Gesammtbevölkerung ist 1 : 5.

Die finanziellen Aufwendungen aus Staatsmitteln betragen für 1893: 285 397 ℳ. Die Lehrergehalte werden, unter Einrechnung der fundationsmäßigen Einkünfte der einzelnen Stellen, nach der Altersskala (Neben- und Hülfslehrer in 2 Klassen mit 720—820 ℳ und Hauptlehrer in 5 Klassen mit 1 000—1 600 ℳ), wie auch die Pensionen, aus der zur Staatskasse gehörigen Generalschulkasse gezahlt, in welche das von den schulpflichtigen Kindern erhobene Schulgeld im Betrage von 3 000 ℳ fließt. Der Etat der Generalschulkasse beträgt den vierten Theil des Gesammtetats für den Staatshaushalt.

Den Schulgemeinden liegen nur die Aufwendungen für Bau und Unterhaltung der Schulhäuser, wozu bedürftige Gemeinden Beihülfen aus Staatsmitteln erhalten, und die Beschaffung der Lehrmittel ob.

22. Lübeck.

Das Volksschulwesen in Lübeck umfaßt die öffentlichen und die nicht öffentlichen Schulen. Nach dortigem Volksschulrechte werden zu den letzteren auch solche Schulen gerechnet, welche in verschiedenen anderen Staaten als öffentliche angesehen werden; es gehören hierher die „Kirchen-, Stiftungs- und Gemeindeschulen" in der Stadt. In das Volksschulgebiet werden auch die Mittelschulen und die Taubstummenschule einbegriffen. Die eigentlichen öffentlichen Volksschulen, 44 an der Zahl, hatten 1891/92: 8 956 Schulkinder, 4 482 Knaben und 4 474 Mädchen, bis auf 13 sämmtlich evangelisch, welche in 199 Klassen von 122 Lehrern und 78 Lehrerinnen unterrichtet wurden. Der Aufwand für diese Schulen betrug 358 352 ℳ, wovon 294 372 ℳ durch Staatszuschuß gedeckt wurden.

Über das gesammte lübeckische Volksschulwesen giebt für das Schuljahr 1891/92 nachstehende Übersicht Auskunft.

Das Volksschulwesen in dem lübeckischen Staate. 1891/92.

Bezeichnung der Schulen.	Anzahl der Schulen	Geschlecht der Schulkinder		Schulkinder zusammen	Konfession der Schulkinder:				Anzahl der Klassen	Zahl der vollbeschäft. Lehrkräfte		Finanzielle Aufwendungen	
		männlich	weiblich		evangelisch	katholisch	dissidentisch	jüdisch		männlich	weiblich	im Ganzen ℳ	davon Staatszuschuß ℳ
1	2	3	4	5	6	7	8	9	10	11	12	13	14
I. Öffentliche Schulen.													
a) In der Stadt:													
1. Mittelschulen	3	720	215	935	917	—	—	18	25	25	6	58 854	23 382
2. Volksschulen:													
a) Zahlschulen	8	1 516	1 464	2 980	2 973	3	2	2	69	39	29	292 174	257 457
b) Freischulen	10	1 965	2 051	4 016	4 011	1	3	1	85	50	37		
c) Schule f. taubstumme	1	5	4	9	9	—	—	—	3	2	1	8 833	4 147
u. schwachbefäh. Kinder		30	21	51	50	1	—	—					
zusammen	**22**	**4 236**	**3 755**	**7 991**	**7 960**	**5**	**5**	**21**	**182**	**116**	**73**	**359 861**	**284 986**
b) In den Landbezirken:													
Bezirksschulen	26	1 001	959	1 960	1 959	—	—	1	45	33	12	66 178	36 915
I. a) und b) zusammen	**48**	**5 237**	**4 714**	**9 951**	**9 919**	**5**	**5**	**22**	**227**	**149**	**85**	**426 039**	**321 901**
II. Nicht öffentliche Schulen.													
a) In der Stadt:													
1. Kirchen-, Stiftungs- und Gemeindeschulen	6	189	354	543	395	111	—	37	16	12	10		
2. Privatschulen	4	—	699	699	686	2	—	11	25	4	18		
zusammen	**10**	**189**	**1 053**	**1 242**	**1 081**	**113**	**—**	**48**	**41**	**16**	**28**		
b) In den Landbezirken:													
Privatschulen	3	45	36	81	81	—	—	—	5	5	1		
II. a) und b) zusammen	**13**	**234**	**1 089**	**1 323**	**1 162**	**113**	**—**	**48**	**46**	**21**	**29**		
Schulen überhaupt . . .	61	5 471	5 803	11 274	11 081	118	5	70	273	170	114		

23. Bremen.

Am 1. April 1892 betrug im Staate Bremen die Zahl der Schulen 58, Klassen 511, vollbeschäftigten Lehrer 541, Schulknaben 12 681, Schulmädchen 13037, Schulkinder zusammen 25 718. Am 1. Dezember 1891 bezifferte sich die Bevölkerung im bremischen Staate auf 181 072 Seelen; es entfällt somit auf 3 122 Seelen eine Volksschule und auf 7 Seelen ein Volksschüler. Über die Konfession der Schüler finden keine besonderen Aufzeichnungen statt. Sämmtliche Schulen mit einer Ausnahme, der katholischen Gemeindeschule mit 526 Schülern, sind evangelisch. Schüler anderer Konfessionen sind in denselben nur in sehr geringer Zahl vertreten.

Im Jahre 1891/92 sind für das Volksschulwesen im bremischen Staate nach Absetzung der Schulgeldeinnahmen 1 071 378 ℳ verausgabt; dabei sind die Kosten für Neu- und Umbauten, sowie für die Unterhaltung der Gebäude nicht berücksichtigt. Der Staatszuschuß läßt sich nicht angeben, da eine Trennung der Finanzen des Staates und der Städte nur theilweise besteht.

24. Hamburg.

Am 31. März 1892, als am Schlusse des Schuljahres 1891/92, waren in den 92 öffentlichen Volksschulen der Stadt und der Vororte im ganzen 66 658 Schulkinder — 33 370 Knaben und 33 288 Mädchen — vorhanden, welche in 1 360 Klassen von zusammen 1 622 Lehrpersonen einschließlich der Hauptlehrer, 1 081 Lehrern und 541 Lehrerinnen, unterrichtet wurden.

Von den Kindern gehörten 62 820 dem lutherischen, 461 dem reformirten, 645 dem katholischen, 120 dem jüdischen Bekenntnisse an und 2 612 waren konfessionslos.

Die Bevölkerungszahl der Stadt und der Vororte betrug am Schlusse des Jahres 1891: 579 884 (nach der Volkszählung vom 1. Dezember 1890 zählte der gesammte hamburgische Staat 622 530 Einwohner); mithin waren die Volksschulkinder hiervon 11,49 Proz. Auf rund 6 300 Seelen entfällt eine Volksschule.

Die finanziellen Aufwendungen betrugen, ausschließlich des Grunderwerbs: im Ganzen 4 059 472 ℳ, im Durchschnitt für ein Schulkind 60,90 ℳ; an Schulgeld ɪc. wurden aufgebracht

617 258 ℳ, durchschnittlich für ein Schulkind 9,[illegible] ℳ; mithin war ein staatlicher Zuschuß von 3 442 219 ℳ oder für das Jahr und Kind 51,[illegible] ℳ erforderlich.

25. Elsaß-Lothringen.

Nach den letzten am 1. April 1892 stattgehabten Erhebungen bestanden damals in Elsaß-Lothringen 2 779 öffentliche Elementarschulen mit 4 828 Schulklassen und 223 845 Schulkindern und 88 private Elementarschulen mit 161 Schulklassen und 5 783 Schulkindern.

Unter den öffentlichen Schulen waren 2 298 katholische mit 3 766 Schulklassen und 171 797 Schulkindern, 378 protestantische mit 737 Schulklassen und 37 436 Schulkindern, 63 israelitische mit 69 Schulklassen und 2 179 Schulkindern, sowie 40 konfessionell gemischte mit 256 Schulklassen und 12 433 Schulkindern. Die Knabenschulen hatten 1 275 Schulklassen mit 63 504 Schülern, die Mädchenschulen 1 261 Schulklassen mit 56 747 Schülerinnen und die gemischten (von Knaben und Mädchen besuchten) Schulen 2 292 Klassen mit 103 594 Schulkindern; wieviel Knaben und wieviel Mädchen in dieser Zahl begriffen sind, läßt sich nicht angeben. An diesen öffentlichen Schulen wirkten 2 657 Lehrer und 2 182 Lehrerinnen, im Ganzen 4 839 vollbeschäftigte Lehrpersonen. Von den Lehrern waren 19, von den Lehrerinnen 1 285 geistlichen Standes. Die Lehrer vertheilten sich mit 1 946 auf die Hauptlehrer und mit 711 auf die Unterlehrer. Von den Lehrerinnen waren 1 140 Haupt- und 1 042 Unterlehrerinnen.

Unter den privaten Elementarschulen waren 63 katholische mit 117 Schulklassen und 4 584 Schulkindern, 13 protestantische mit 27 Schulklassen und 821 Schulkindern, 3 israelitische mit 3 Schulklassen und 88 Schulkindern und 9 konfessionell gemischte mit 14 Klassen und 290 Schulkindern. An diesen Schulen wirkten 167 Lehrpersonen, worunter 46 Lehrer (davon 18 geistliche) und 121 Lehrerinnen (davon 80 geistliche), welche größtentheils nur an diesen Lehranstalten beschäftigt waren.

Demgegenüber steht eine Gesammteinwohnerzahl des Reichslandes von 1 603 506, wovon 805 986 männliche und 797 520 weibliche Personen sind. Darunter befinden sich 1 227 225 Katholiken, 337 476 Evangelische, 3 757 andere Christen, 34 645 Israeliten, 403 Bekenner anderer Religionen.

Für das öffentliche Elementarschulwesen wurden im Rechnungsjahre 1891/92 aus Landesmitteln rund 2 310 000 ℳ, aus Bezirksmitteln rund 290 000 ℳ verausgabt. Die Aufwendungen der Gemeinden sind nicht bekannt.

Eine Zusammenfassung der im Vorstehenden mitgetheilten Nachrichten zu einer statistischen Gesammtübersicht über das Volksschulwesen des Deutschen Reiches, so wünschenswerth sie wäre, begegnet erheblichen Schwierigkeiten. Nicht nur, daß für manche Bundesstaaten wichtige Thatsachen über das einschlägige Gebiet nicht berichtet werden; es finden sich auch in den Zahlen der lückenlosen Berichte vielfach Nachrichten untrennbar zusammengefaßt, welche sich nicht auf die eigentlichen öffentlichen Volksschulen allein beziehen. Dahin gehört die Vermengung der Volksschulen und der Mittelschulen, der „ordentlichen", „ständigen", „vollbeschäftigten" Lehrkräfte und der „nicht vollbeschäftigten", „nicht ständigen" und dgl. Hülfslehrkräfte, die Vermischung von Staatsausgaben für die allgemeine Schulverwaltung mit den unmittelbaren Aufwendungen für die Schulen u. s. w. Das Volksschulwesen im Deutschen Reiche ist eben wie viele andere Zweige der Verwaltung nicht einheitlich eingerichtet. Ist es daher unmöglich, ein genaues und einwandfreies Gesammtbild über dieses Gebiet zu entwerfen, so darf doch der Versuch einer Zusammenfassung der vorhandenen Nachrichten, aus welchen nach Möglichkeit das Unvergleichbare auszuscheiden ist und die Lücken durch sorgfältige Schätzungen auszufüllen sind, nicht unterlassen werden. In diesem Sinne und mit den angedeuteten Vorbehalten beschließen wir unsere Darstellung mit nachstehenden Zahlen, welche den Umfang und die Bedeutung des Volksschulwesens im Deutschen Reiche kennzeichnen.

Im Deutschen Reiche beträgt die Zahl der öffentlichen Volksschulen 56 563; in denselben wurden von 120 032 vollbeschäftigten Lehrkräften, unter denen sich mindestens 13 750 Lehrerinnen befanden, 7 925 688 Schulkinder unterrichtet. Der unmittelbare Aufwand für die Volksschulen — abgesehen von den Ausgaben für die allgemeine Schulverwaltung, Schulaufsicht, Lehrerbildung und dgl. — stellt sich mindestens auf rund 242 400 000 ℳ, wovon wenigstens 69 305 000 ℳ aus den Staatskassen fließen. Bei 49 428 470 Einwohnern des Deutschen Reiches entfallen demnach auf je 100 Einwohner 16,[illegible] Volksschüler und auf durchschnittlich 874 Einwohner je eine Volksschule. Eine Lehrkraft hat im Durchschnitte 66 Schüler zu unterrichten. Die Kosten eines Schulkindes der öffentlichen Volksschulen berechnen sich auf jährlich 30,[illegible] ℳ.

www.ingramcontent.com/pod-product-compliance
Lightning Source LLC
Chambersburg PA
CBHW020538300426
44111CB00008B/715

* 9 7 8 3 7 4 4 6 1 8 8 6 1 *